8 Lm 1 118 A

Paris
1865

d' Hozier, Charles-René

ndicateur du grand armorial ou table alphabétique de tous les noms de personnes, villes, communautés

12858

Indicateur du

Grand Armorial

de France

—

I - II.

Paris, 1766

Nous ne dirons que quelques mots de l'origine des armoiries, et sans vouloir faire l'histoire du blason : c'est un soin que, sans se mettre complétement d'accord, ont pris tant d'auteurs que nous croirions inutile de reproduire ici des redites que l'on peut lire partout. Par armoiries l'on entend des marques d'honneur, composées d'émaux, de couleurs et de figures déterminées, le tout disposé selon certaines règles, pour la distinction des familles : prises d'autorité, dans le principe, ou concédées depuis par les souverains.

Suivant les auteurs les plus accrédités, ce furent les expéditions de la Terre-Sainte qui mirent en vogue l'usage des armoiries, et, falloit-il, à défaut de la noblesse, avoir au moins l'agrément du roi pour en porter.

Les croisés les prenoient par nécessité, pour se reconnoître sous la bannière de leur chef respectif. Les chevaliers les faisoient peindre sur leurs écus. Aussi ne servirent-elles d'abord qu'à la guerre.

Depuis, l'usage en passa dans la vie civile. On sait qu'au

moyen âge, et jusqu'au temps de Charles VII, les seigneurs et les dames portoient leurs armoiries peintes ou brodées sur leurs vêtements. A cet égard, point de doute; les armoiries étoient le partage exclusif de la noblesse. « Il n'y a que les nobles, dit Loiseau, qui aient droit d'avoir des armoiries, *comme représentant ces anciens chevaliers qui les faisoient graver ou peindre originairement sur leurs écus.* »

Pour maintenir l'ordre et la police dans le port des armoiries et prévenir les usurpations, Philippe-Auguste créa un roi d'armes de France, dont les fonctions furent de tenir, sous l'inspection et surintendance des connétables et des maréchaux de France, des registres de toutes les familles, de leurs armoiries blasonnées, et du nom, surnom, qualité de quiconque avoit droit d'en porter. Mais ce ne fut guère qu'au XIVe siècle que les rois se réservèrent nt le droit de concéder et de fixer les armoiries; elles ne s'accordoient alors qu'aux anoblis.

> L'armoirie au premier âge
> Si précieuse on tenoit,
> Que nul n'en avoit l'usage
> N'estant noble de lignage,
> Si du prince ne l'avoit.
> Car le prince ou capitaine
> Tant seulement l'ordonnoit
> Pour une marque certaine,
> A celui qui, avec peine,
> Plus vaillamment combattoit :
> Aussi la reconnoissance
> Poussoit le cœur du soudart
> Pour monstrer que sa vaillance,
> En assaut ou en défense,
> Ne redoutoit le hasard.
> Delà, la noble armoirie
> Enfin son nom a tiré... (1)

(1) *Blason des armoiries* de F. BEROALD.

Les lettres conférant l'anoblissement exprimoient habituellement le droit de porter des armoiries, lesquelles étoient figurées sur ces mêmes lettres. Ces marques d'honneur étant ainsi scellées par l'autorité publique, il n'étoit pas plus permis de les modifier que de changer de nom.

Voilà la règle générale, mais règle qui ne tarda point à recevoir de nombreuses exceptions. Le roi Charles V ayant par sa charte de 1371 accordé aux bourgeois de Paris les priviléges de la noblesse, ceux-ci se virent autorisés à porter des armoiries; et d'après ce précédent, les notables bourgeois des autres villes ne tardèrent point à en prendre pareillement.

Au surplus, il y avoit pour la bourgeoisie plus qu'une tendance à se pourvoir d'armoiries. L'usage si répandu des emblèmes, des devises, et même des sceaux, en fournissoient l'idée et l'occasion. A l'époque où la famille ne gardoit point le nom patronimique qui la distingue aujourd'hui, il étoit tout naturel que la haute bourgeoisie surtout, eût, sinon des armes, un sceau, une devise, ou tout au moins un emblème qui se pût transmettre et être pris par chacun de ses membres, et cela sans prétention aristocratique et nobiliaire. « Si les roturiers et non nobles, dit Guyot, ne faisant point profession des armes, n'avoient point d'armoiries à apposer sur leurs actes, ils avoient leurs sceaux, leurs devises, leurs cachets particuliers, dont ils usoient comme les nobles, au lieu de signature; et ces sceaux, étant devenus héréditaires, formoient pour beaucoup de familles bourgeoises des armoiries ou marques distinctives, que les lois, règlements et arrêts ne purent jamais interdire. » — Cette porte ouverte aux convoitises héraldiques, on ne peut douter qu'elle ne donnât lieu à beaucoup d'irrégularités. A côté du droit commun, c'est-à-

dire de la faculté pour tous de se choisir un emblème, un signe de famille, qui ne portoit avec lui ni idée de noblesse, ni privilége d'aucun genre, étoit la tendance à s'approprier la devise, les armes ou les attributs de maisons nobles ou titrées. De là de graves inconvénients et de nombreuses protestations :

> Mais les choses ordonnées,
> Le mieux du commencement,
> Pour n'estre bien maniées,
> Retenues ou prisées,
> Enfin sentent changement.
> Le temps qui la fin ameine,
> A tout ce qui au monde est,
> Qui abuse notre peine
> Et qui sous la lame traîne
> Tout ce qui sous le ciel naist,
> A fait que l'ordre notable,
> Qu'en armoirie on tenoit,
> Ait eu sa fin misérable
> Par la faute inexcusable
> De ceux à qui plus touchoit.
> De là vient que la noblesse
> N'a des armes seulement,
> Mais ceux qui n'ont pas l'adresse
> De savoir comment on dresse
> Leur blason tout simplement....

Charles VIII, voulant réprimer les abus qui s'éloient introduits à cet égard, créa, en 1487, un maréchal d'armes, auquel il attribua les fonctions que l'ancien roi d'armes avoit négligé d'exercer. Les rois, successeurs de ce prince, firent dans le même esprit différents règlements sur ce sujet, comme le prouve l'article 90 de l'ordonnance d'Orléans, publiée sous Charles IX; l'article 257 de celle de Blois, publiée sous Henri III, et la déclaration de Henri IV, du 23 août 1598.

Malgré tous ces efforts de la royauté pour réglementer le

droit d'armoiries, peu à peu la vanité des uns, principalement des gens enrichis, s'arrogea la faculté, sinon le droit, de prendre des armoiries, et, chose plus grave, de timbrer de casque ou de couronne l'écu de ses meubles et de sa livrée. « ...Aujourd'hui, dit un auteur du xvii° siècle (Si- « MON, *Traité du droit de patronage*), on tolère que chacun se « fasse des armoiries telles que bon lui semble, sans aucune « peine que *la raillerie publique*. » — Ces armes arbitraires, suivant l'observation de Chassaneuz, furent appelées par dérision ARMES DE VILAINS. « *De hoc truffantur villani a nobilibus; tum dicant arma sunt villanorum, quia sumpta sunt ad placitum.* »

Mais le grand abus de tout ceci, c'est que des gens *dubiæ nobilitatis* s'approprioient sans façon les armes des meilleures maisons, et que des roturiers se donnoient des armoiries timbrées, prérogative exclusive de la vraie noblesse :

> Si que la marque de guerre
> Est comme venue à rien,
> Chacun la voulant acquerre
> Sans, loing ou près de sa terre,
> Se montrer homme de bien :
> De sorte que les années
> Ont souffert aux roturiers
> Que de couleurs honorées
> Eussent armes blasonnées,
> Dont les grands se tenoient fiers.
> Or, quoi qu'ils ayent sceu faire,
> Ils n'ont peu tant accoustrer
> Par leur faute, leur affaire
> Qu'on n'ait bien veu le contraire
> De ce qu'ils vouloient monstrer.

« La licence des temps ayant, dit Guyot, rendu les règlements sans effet, la noblesse de France supplia Louis XIII, en 1614, de faire faire une recherche de ceux qui avoient

usurpé des armoiries au préjudice de l'honneur et du rang des grandes maisons et anciennes familles. »

Sur ces remontrances, il fut créé, par édit du mois de juin 1615, un *juge d'armes de la noblesse*, auquel toute juridiction fut attribuée pour connoître du fait des armoiries. Cet officier fut en même temps chargé de dresser des registres universels pour y insérer le nom et les armes des personnes nobles, et il fut ordonné à celles-ci de fournir aux baillis et sénéchaux les blasons et armes de leurs maisons, pour qu'elles y fussent reçues et transcrites.

Mais il ne faut pas confondre les mesures prises pour la recherche des usurpateurs de la noblesse et celles qui amenèrent l'exécution de l'*Armorial général de France*, dont nous allons avoir à parler. Ces deux opérations n'eurent rien de commun. Les *recherches* qui eurent lieu dans différentes provinces, en vertu des édits précédents, avoient pour double but de sauvegarder la véritable noblesse et de ramener au droit commun de l'impôt et des servitudes féodales tous ces prétendus nobles, usurpateurs de titres et d'armoiries; car, il ne faut pas s'y tromper, dans le fait des usurpateurs poursuivis, il y avoit souvent moins de prétentions vaniteuses, que le désir de s'affranchir d'une partie des charges qui pesoient sur la simple roture, et nous avons de nombreux cas où les usurpateurs ou faux nobles sont dénoncés aux *commissaires à la recherche* par les maires et échevins des communes, comme gens qui ne se disent nobles que pour se soustraire à la corvée ou à quelques autres redevances féodales.

Dans l'établissement de l'*Armorial*, la question nobiliaire n'entra donc que fort secondairement. Il est bien parlé dans le dispositif de l'édit de poursuites à diriger, et contre les

usurpateurs de noblesse et contre ceux qui s'approprient indûment les armoiries des grandes maisons ou familles nobles ; — puis aussi de la nécessité de purger la noble langue du blason des nombreux barbarismes que l'ignorance et la vanité y introduisoient journellement ; — mais ces raisons toutes spécieuses cachoient le véritable motif, qui n'étoit autre qu'une question d'impôt, dont le besoin se faisoit si souvent sentir sous le règne du grand et fastueux monarque.

L'établissement de l'*Armorial général* ne fut donc autre chose qu'une mesure fiscale. Voici, en effet, ce que nous lisons dans un livre du temps *(les Annales de la Cour* des années 1697 et 1698, t. Ier, p. 233) :

« Quoique la nécessité eût déjà obligé de faire un grand nombre d'édits, on en fit encore tous les jours de nouveaux, et un, entre autres, qui donna lieu de dire un bon mot au duc de la Ferté... Cet édit étoit celui *des armoiries*, et comme tous les gens de qualité s'empressoient à en proposer quelqu'un, afin que le roi leur fît quelque gratification, dont la plupart avoient grand besoin... la duchesse de Roquelaure avoit donné celui-là. Or, elle en avoit eu une bonne récompense, et étant venue à Versailles, quelques jours après, avec une jupe magnifique, plusieurs de ces petits maîtres qui étoient autour de M. de la Ferté, qui prend soin quelquefois de les faire rire, lui dirent de regarder cette jupe, et de l'admirer. Il leur répondit : Elle doit être bien belle en effet, puisqu'elle est toute parsemée de vos écussons ! »

Maintenant voyons les termes de l'édit :

Dans le préambule, le législateur dit qu'il croit qu'il est de la grandeur de son règne de mettre la dernière main à l'ouvrage de ses prédécesseurs, ouvrage qui n'a été, pour

ainsi dire, qu'ébauché jusqu'à présent, et qu'il n'y a point de moyen plus convenable pour y parvenir, que de créer... « des officiers qui, ayant un caractère et un pouvoir suffisants, fassent que les armes des personnes, domaines, compagnies, corps et communautés du royaume, soient registrées, peintes et blasonnées dans l'*Armorial général* qui sera établi dans sa bonne ville de Paris. »

L'objet de cet édit, ainsi que le remarque Guyot, étoit donc de registrer, de recueillir les armes ou armoiries des *personnes*, et non pas seulement les armes des *nobles*, mais les armes des *personnes* en général ; les armoiries en général, même celles des domaines, c'est-à-dire celles des provinces, bourgs, terres de dignité, compagnies, corps et communautés. — Ces corps n'étoient point des individus qui jouissoient de la noblesse, bien loin de là, beaucoup se composoient de gens évidemment de la plus commune roture, et dont l'état eût été une véritable dérogation à la noblesse ; cependant ils avoient des armoiries dont la grande maîtrise requit l'enregistrement.

Par l'article vii de l'édit, le roi ordonne « que les officiers, tant de sa maison que de celles des princes et princesses du sang, que de ceux de l'épée, de robe, de finances et des villes, les ecclésiastiques, les gens du clergé, les bourgeois des villes franches, et autres qui jouissent, à cause de leurs charges, états et emplois, de quelques exemptions, priviléges et droits publics, jouiront aussi du droit d'avoir et de porter des armes, à la charge de les présenter dans le temps ci-dessus aux bureaux des maîtrises particulières ; autrement, ledit temps passé, le roi les en déclare déchus. »

On le voit, on reconnoît par cet article que de simples non-

nobles pouvoient, même avant cet édit, avoir des armoiries.
L'injonction qui leur est faite de les présenter au bureau
des maîtrises n'étoit donc que pour donner à leurs armoiries une époque certaine et une sorte de publicité et d'au-
thenticité, ou plutôt un moyen pour le fisc de faire valoir
les droits d'enregistrement, objet principal de l'édit.

L'article suivant autorise ceux des non-nobles qui n'a-
voient point encore d'armoiries, à s'en procurer.

« Et pour ne pas priver de cette marque d'honneur nos
autres sujets qui possèdent des fiefs et lettres nobles, *les personnes de lettres* et *autres*, qui, par la noblesse de leur profession et de leur art, ou par leur *mérite personnel*, tiennent
un rang d'honneur et de distinction dans nos estats et dans
leurs corps, compagnies et communautés, et généralement
tous ceux qui se seront signalés à nostre service dans nos
armées, négociations et autres employs remarquables; vou-
lons que les officiers de la grande maîstrise leur en puissent
accorder lorsqu'ils en demanderont, eu esgard à leur estat,
qualités et professions. »

« Voici, dit le sieur Thiffault-Cadot, dans le commentaire
ultralaudatif qu'il nous a donné de l'édit de 1696, voici ceux
qui n'ont ni armoiries de droit, ni charges, emplois ou qualités, qui leur donnent droit d'en avoir, mais qui ont seulement droit d'en demander, en justifiant qu'ils le méritent.
Ce sont ceux dont la vertu n'est point reconnue, ni par la
naissance, ni par les lettres du prince, mais qui, par leurs
actions, en auront donné des preuves qui vaudront les titres
les plus authentiques. On découvre dans tout cet édit, ajoute
le complaisant panégyriste, que la vue de Sa Majesté est de
récompenser la vertu partout où elle se trouve, et que, sui-

vant la pensée du poëte le plus galant de la cour d'Auguste, la vertu, sous un prince génèreux, ne souffre point de honteux refus :

Virtus repulsæ nescia sordidæ.

(*Hor.*)

« La vertu, voilà un mot bien élastique, dit à son tour M. M. d'Arbaumont (1), mais *in cauda venenum !* Voici venir un court supplément dans lequel éclatent le sens réel et les véritables motifs de l'édit : c'est un tarif d'enregistrement d'armoiries, depuis 20 livres pour les simples particuliers, jusqu'à 500 livres pour les gouvernements des provinces. — Un impôt sur la vanité, dans beaucoup de pays, chez nous peut-être plus que partout ailleurs, est une productive invention du fisc, et nous n'aurons pas le courage d'en reprocher l'initiative à un contrôleur général aux abois et incapable de faire face par les moyens ordinaires aux dépenses toujours croissantes du grand roi. — Nous ne serons plus étonné maintenant, continue M. d'Arbaumont, en parcourant les pages de l'*Armorial officiel* de 1696, d'y rencontrer à côté des plus grands noms de France, ceux d'humbles bourgeois et de modestes marchands. Quoi de plus séduisant que de se faire blasonner pour 20 livres, et, d'autre part, comment s'exposer, en se servant d'armoiries non enregistrées, à payer l'amende de 300 livres que prononçoit l'édit! Tout le monde presque y passa, — mais il demeura bien entendu que les brevets d'armoiries, délivrés par le garde général de l'armorial, ne pourroient en aucun cas être tirés à conséquence pour preuve de noblesse. »

(1) Dans son spirituel et judicieux article sur l'*Armorial général* (*Cabinet historique*, tome viii, p. 20).

Toute l'histoire et la signification de l'*Armorial général* est dans ces quelques lignes : Impôt sur la vanité, qui produisit au fisc, déduction faite de tous frais et bénéfices accordés et réservés aux traitants et aux officiers commis au recouvrement, une somme ronde de sept millions, à laquelle contribuèrent forcément les plus grandes et illustres maisons de France, les nobles d'ancien estoc, comme ceux de provenance douteuse; puis avec eux, une foule de plébéiens qualifiés avocats, notaires, procureurs, artistes, gens de lettres et de plume, marchands de haut et petit négoce, et tous ceux, en un mot, que leur vertu, ou plutôt leur profession plus ou moins libérale, mettoient en passe de se croire quelque chose, et qui vouloient pouvoir dûment et légalement décorer leur argenterie, leurs carosses ou leurs plaques de cheminées, d'un blason glorieusement vérifié par le grand d'Hozier.

Ceci bien entendu, revenons à la partie économique et pratique de l'édit.

Les armoiries, avant d'être enregistrées à l'*Armorial général*, devoient, suivant l'édit, être recueillies aux bureaux des maîtrises particulières pour, après examen préalable, être, avec avis des préposés, envoyées en la grande maîtrise, et là révisées, approuvées et envoyées à l'*Armorial général* pour y être registrées. Le garde de l'*Armorial général* devoit faire faire les brevets et expéditions de cet enregistrement, contenant l'explication, peinture et blason des armes, avec les noms et qualités de ceux auxquels elles appartenoient, et renvoyer les expéditions aux officiers des maîtrises particulières pour y être par eux délivrées, et mises ès mains de ceux qui, en les présentant, auroient consigné le droict de leur enregistrement, et qui en rapporteroient la quittance. Il

est dit que les brevets d'enregistrement d'armoiries, sur lesquels elles seront dessinées, peintes et blasonnées, ainsi que dans l'*Armorial général*, vaudront lettres d'armoiries, le roi relevant et dispensant ses sujets d'en obtenir d'autres, *sans cependant que ces brevets ou lettres puissent en aucun cas être tirés à conséquence pour preuve de noblesse.*

L'obligation qui fut imposée à toutes personnes de faire enregistrer leurs armoiries, ne fut donc en réalité qu'une affaire de finance, qui n'eut même pas le succès qu'on en attendoit. Bien des difficultés surgirent dans le prélèvement. Une infinité de grandes maisons, dont la notoriété se croyoit au-dessus de tout contrôle, refusèrent de soumettre leur blason à la révision. D'autres, peu soucieuses de l'impôt, échappèrent à l'enregistrement, et ce fut vainement qu'Adrien Vanier, le fermier de l'entreprise, multiplia contre les récalcitrants les arrêts du conseil et les poursuites. — On dresseroit facilement une longue liste des familles nobles qui ne figurent pas dans l'*Armorial*. — Quoi qu'il en soit, le recensement commencé en 1697 fut déclaré clos en 1709.

Quant à l'exécution matérielle, en raison précisément des résistances que rencontrèrent les commissaires, de nombreuses erreurs furent commises dans les affectations d'armoiries. Bien des noms s'y trouvèrent estropiés : des membres d'une même famille y figurèrent parfois avec des écus différents. Quelques armoiries évidemment erronées semblent avoir été décrites faute d'autres, pour éviter de longues recherches, et cependant motiver la perception du droit. Enfin, ainsi que nous l'avons déclaré en tête de notre dépouillement, la plus grande correction ne règne pas dans l'orthographe des noms qui composent ces listes, et la même

famille y figure souvent sous des noms orthographiés d'une façon différente.

Tel qu'il est toutefois, et malgré ses imperfections, l'*Armorial général*, avec son caractère officiel, est resté le plus vaste et le plus sûr répertoire de ce genre que l'on puisse consulter. Il se compose de trente-quatre volumes ou registres in-folio de texte, et de trente-cinq volumes contenant les armoiries coloriées. Il embrasse toute la France, divisée par généralités ou intendances, et présente une liste d'environ 60,000 noms.

C'est l'ensemble de tous ces noms dont nous avons entrepris le dépouillement et dont nous présentons la table générale par ordre alphabétique. Nous n'insisterons pas sur l'utilité de ce travail, qui est entièrement inédit et dont le classement, tout à fait nouveau, n'existe même pas à la Bibliothèque impériale.

Il n'y a pas une seule famille en France qui, originaire de telle ou telle province, l'ait constamment et exclusivement habitée. Toutes, à un moment donné, par suite d'alliances, ou par la force des événements, se sont divisées, et leurs rameaux, dispersés depuis plus ou moins de temps, se sont perdus de vue, de souvenir, et par cela même aujourd'hui s'ignorent mutuellement. — Pour retrouver dans l'*Armorial général* les diverses émigrations des membres d'une même famille, il falloit se résoudre à feuilleter les trente-quatre énormes in-folio de la Bibliothèque impériale. — Désormais, à l'aide de nos tables, en un clin d'œil, on fera le compte de tous les homonymes répandus sur les divers points du sol françois, et en allant aux pages indiquées, par la comparaison et le rapprochement des armoiries décrites, on se retrouvera immédiatement sur la trace des diverses branches

d'un même arbre ; en d'autres termes, chacun reconnoîtra les siens, si éloignés, si perdus de vue qu'ils soient ou aient été depuis longtemps.

Il nous reste deux mots à dire sur le mécanisme pratique de l'administration créée par le même édit de 1696 pour la vérification et l'enregistrement des armoiries. Suivant l'édit, ces armoiries, avant d'être registrées à l'*Armorial général*, devoient être portées aux bureaux des maîtrises particulières de chaque généralité pour y être vues et vérifiées par les officiers, et ensuite être envoyées avec l'avis de ces officiers en la grande maîtrise, qui les vérifioit à nouveau, et les registroit définitivement. La garde de l'*Armorial général* devoit faire les brevets ou expéditions de cet enregistrement, et en envoyer le titre aux officiers des maîtrises particulières, qui les délivroient aux intéressés contre quittance des droits d'enregistrement.

Mais cette institution, quelque peu compliquée, n'eut point de durée. Les offices créés pour les maîtrises particulières n'ayant point été levés, du moins pour la majeure partie, ces sortes de tribunaux héraldiques furent supprimés. Les concessions ou brevets d'armoiries, pour ceux qui en demandoient, furent faites par les commissaires du conseil, et l'enregistrement de ces brevets fut confié à Charles d'Hozier, lequel, avant l'édit de 1696, étoit juge d'armes, et qui depuis l'édit avoit été établi garde de l'*Armorial général*. Adrien Vanier, nommé par le roi pour le recouvrement de la finance qui devoit provenir du droit d'enregistrement des armoiries, eut la charge des frais, tant de peinture, blason, papier, parchemin ou vélin, de chaque armoirie, que de l'expédition et signature de chaque brevet d'enregistrement.

Ces brevets étoient expédiés sur un carré de parchemin,

au haut duquel les armoiries étoient peintes et blasonnées. En marge et en haut de ce parchemin étoient marquées la généralité et la résidence de l'impétrant. Voici, du reste, quelle en étoit la formule :

Par ordonnance rendue le   *par*
MM. les commissaires généraux du Conseil, députés sur le fait des armoiries,

          Celles de N.....

telles qu'elles sont ici peintes et figurées, après avoir été reçues, ont été enregistrées à l'Armorial général dans le registre coté..... Généralité de..... en conséquence du payement des droits réglés par les tarifs et arrêts du Conseil du 20 novembre 1696. — En foi de quoi le présent brevet a été délivré à Paris, par nous CHARLES D'HOZIER, *conseiller du Roi, Garde de l'Armorial général, etc.*

                      Signé : D'HOZIER.

On retrouve encore un assez grand nombre de ces brevets d'armoiries dans les archives des familles et chez les curieux d'autographes et de documents historiques (1).

                          L. P.

---

(1) Le *Cabinet historique* se charge de faire exécuter, à la demande des familles qui figurent à l'*Armorial général*, des Extraits du même genre. Ces extraits, ornés de l'écusson colorié, sont certifiés fidèles et conformes à l'original.

ARMORIAL GÉNÉRAL DE FRANCE

TABLE

DES NOMS INSCRITS DANS CE RECUEIL.

AVIS

Nous devons faire remarquer, en commençant cette table, que la plus grande correction ne règne pas dans l'orthographe des noms qui la composent. Nous avons dû nous conformer au texte écrit, si bien qu'une même famille figure souvent sous des noms orthographiés d'une façon différente.

La particule manque ou se produit souvent sans motifs; les personnes intéressées feront donc bien, quand elles auront, à l'aide de cette table, à recourir aux volumes même de l'*Armorial général*, de vérifier tous les articles du même nom, quoique ce nom soit diversement écrit.

A

Abadie. *Bretagne* II, pag. 515.
Abadie (d'). *Béarn*, 7, 33, 53, 75, 79, 83, 102, 107, 118, 122, 123, 127, 165, 166.
— *Guyenne*, 64, 85, 105, 332, 783, 851, 1164.
— *Montpellier*, 1179, 1208.
— *Toulouse-Montauban*, 327, 752, 1264, 1334, 1351.
Aban (d'). *Toul.-Montaub.*, 821, 921, 924.
Abancourt. *Flandres*, 1298.
— *Paris*, IV, 117, 129.
— *Picardie*, 502, 507, 846.

— *Provence*, I, 27.
— *Tours*, 330.
Abancourt (d'). *Normandie-Rouen*, 399, 417, 453, 1326, 1404.
— *Soissons*, 296.
Abanquesne. *Normandie-Caen*, 693.
Abat. *Toul.-Mont.*, 1477.
Abaye (l'). *Montp.*, 151.
Abbatis (d'). *Toul.-Mont.*, 465.
Abbaye (l'). *Bret.*, I, 902.
— *Orléans*, 65.
Abbé. *Alsace*, 73, 74, 670, 704.
Abbé (l'). *Alençon*, 16, 21, 76, 142, 190, 397, 805.

— *Bourgogne*, I, 958, 1075, 1218.
— *Bourg.*, II, 245.
— *Bret.*, I, 228, 294, 697, 779, 807, 808, 829.
— *Bret.*, II, 579, 754, 965, 1030, 1033.
— *Champagne*, 213, 246, 371, 465, 587, 803.
— *Lorraine*, 47, 458, 653.
— *Norm.-C.*, 157.
— *Norm.-R.*, 333, 337, 486, 933, 1186.
— *Orl.*, 718.
— *Par.*, I, 158, 693.
— *Par.*, II, 189, 716.
— *Par.*, III, 596.
— *Versailles*, 14.
Abdalaunix (d'). *La Rochelle*, 177.
Abdordiju. *Fland.*, 224.
Abeille. *Par.*, II, 354.
— *Prov.*, I, 538, 719, 777, 1278, 1345.
— *Prov.*, II, 18, 164, 328, 358, 400.
Abel. *Als.*, 998.
— *Prov.*, I, 1022.
— *Prov.*, II, 469.
Abélan. *Toul.-Mont.*, 1471.
Abeli, *Par.*, I, 613.
Abesac (d'). *La Roc.*, 343.
Abesse (d'). *Guy.*, 1196.
Abi. *Prov.*, I, 947.
Abiet. *Guy.*, 1034.
Abillon (d'). *Guy.*, 903.
— *Par.*, II, 5.
— *Poitiers*, 139, 140.
Abladie (d'). *Guy.*, 701.
Ablanc (d'). *Toul-Mont.*, 254, 1040, 1042.
Ablin. *Par.*, I, 44.
Abnian. *Bret.*, II, 1029.
Abo. *Prov.*, I, 1338.
Abon. *Par.*, II, 578.
— *Prov.*, I, 319, 1286.
Abon (d'). *Daup.*, 505.
Abonde (d'). *Par.*, IV, 16, 17.
Abos (d'). *Al.*, 232, 875, 914.
— *Par.*, II, 1107, 1181.
— *Par.*, IV, 378, 403.
— *Toul.-Mont.*, 710.
— *Vers.*, 105.
Abosville (d'). *Norm-C.*, 434.
Abot. *Al.*, 259, 260, 265, 291, 1025, 1027, 1032.
— *Pic.*, 811.
Aboval (d'). *Pic.*, 605.
Abra (d'). *Par.*, IV, 377.

Abrachi. *Prov.*, I, 1439.
Abraham. *Norm.-C.*, 794.
— *Prov.*, II, 537.
— *Tours*, 1393.
Abran. *Toul.-Mont.*, 1113.
Abran (Saint-). *Prov.*, I, 199.
Abrion. *Poit.*, 494.
Abriot. *Bourg.*, I, 1240, 1264.
Abruin. *Montp.*, 1483.
Abry. *Bourg.*, I, 1018.
Absolu. *Norm.-R.*, 856.
Abzac. *Guy.*, 438, 440, 514, 555, 588, 658, 707, 714, 730, 811, 922.
— *Lim.*, 44, 72, 85, 204.
Acard. *Al.*, 1099.
Acari. *Pic.*, 309.
Acarie. *Bret.*, II, 417, 909, 959.
— *Guy.*, 50.
— *Par.*, I, 163.
Acaron. *Prov.*, I, 240.
Accart. *Par.*, II, 9.
Accary (d'). *Toul.-Mont.*, 11.
Accault. *Par.*, II, 555, 777.
Accourt (d'). *Lor.*, 133.
Aceré. *Par.*, II, 893.
Achard. *Al.*, 238, 245, 298, 626.
— *Auv.*, 391, 398.
— *Daup.*, 424, 559.
— *Guy.*, 245, 534, 805.
— *Montp.*, 329.
— *Norm.-C.*, 353, 457, 722.
— *Poit.*, 1210.
— *Prov.*, I, 661, 1015, 1048, 1063, 1365, 1432.
— *Prov.*, II, 302, 351, 670, 843.
Achard (d'). *La Roch.*, 197.
Achart. *Fland.*, 1484.
Aché (d'). *Al.*, 112, 127, 308, 351, 433, 445, 572, 635, 885.
— *Bret.*, I, 297.
— *Norm.-C.*, 176.
— *Toul.-Mont.*, 1011.
Acher. *Norm.-C.*, 141.
Acheu (d'). *Pic.*, 242, 440, 574, 635.
Acheux (d'). *Norm.-R.*, 225.
Achey. *Bourg.*, I, 231, 642, 968.
Achi (d'). *Norm.-R.*, 343, 384.
Achin. *Auv.*, 562.
Achintre. *Bourg.*, II, 220, 221.
Achot (d'). *Lyon.*, 221.
Acier. *Par.*, IV, 767.
Acigné. *Bret.*, I, 115, 261, 423, 953.
— *Par.*, II, 280.
Acloque. *Pic.*, 764.
Acosta (d'). *Guy.*, 825.
Acqueville (d'). *Al.*, 461, 478.

Adaincourt (d'). *Lor.*, 617.
Adam. *Als.*, 396, 657, 721, 927, 980, 994.
— *Bret.*, I, 916.
— *Bret.*, II, 400, 1020.
— *Lor.*, 146.
— *Norm.-C.*, 80, 200, 606, 627.
— *Norm.-R.*, 275, 344, 828, 858.
— *Orl.*, 752.
— *Par.*, I, 1199.
— *Par.*, II, 386, 685.
— *Par.*, III, 391.
— *Poit.*, 36, 117, 118, 119, 151, 1041, 1082.
— *Sois.*, 861.
— *Tours*, 174, 764, 1197.
Adant. *Champ.*, 336, 356, 680, 681.
Adaoust. *Prov.*, I, 404, 415, 900, 1026.
Addé. *Al.*, 343.
Addée. *Norm.-R.*, 857, 868, 873.
— *La Roch.*, 15, 297.
Adelet. *Par.*, II, 1164.
Adeline. *Al.*, 1134.
— *Norm.-R.*, 771.
Adelire. *Norm.-C.*, 567.
Adenet. *Champ.*, 427 679.
Ades *Bret.*, II, 561.
Adhamar (d'). *Toul.-Mont.*, 55.
Adhémar. *Dauph.*, 330.
— *Lyon*, 723.
— *Montp.*, 165, 342.
— *Par.*, III, 35.
Adigard. *Norm.-C.*, 97, 100, 101, 463.
Adine. *Par.*, I, 148.
Adine (d'). *Montp.*, 999, 1182.
— *Toul.-Mont.*, 1008.
Adisson. *Prov.*, I, 1354.
Admirat. *Prov.*, I, 640.
Adorei. *Prov.*, II, 647, 655.
Adorne. *Fland.*, 52, 183, 653.
Adouville. *Orl.*, 295, 979.
Adouvilliers (d'). *Lor.*, 483.
Adrian. *Par.*, IV, 554.
— *Prov.*, II, 178, 193.
Adrians. *Fland.*, 1094, 1095.
Adriansius. *Tours*, 210.
Adrien. *Champ.*, 752.
Adubuleart. *Fland.*, 1165.
Aduis. *Bret.*, II, 833.
Adumeau. *Poit.*, 795.
Advenel. *Bret.*, I, 697.
Advocat (l'). *Bret.*, I, 237, 566.
— *Bret.*, II, 9.
Aerlebout. *Fland.*, 221.

Aernout. *Fland.*, 674.
Aerte. *Fland.*, 575.
Afaneur. *La Roch.*, 374.
Affalek *Als.*, 639.
Affilard (l'). *Vers.*, 39.
Afforti. *Par.*, 124.
Affray. *Poit.*, 564.
Affrique (St) (*ville*). *Montp.*, 1038.
Affry. *Bret.*, II, 710.
Afry (d'). *Bourb.*, 265, 266.
Agaisse. *Bret.*, II, 557.
Agard. *Bourges*, 10, 30, 122, 128, 229, 323, 402.
Agard (d'). *Guy.*, 537.
Agard. *Orl.*, 290.
— *Prov.*, I, 949, 981.
— *Prov.*, II, 756.
Agarrat. *Prov.*, I, 1194, 1195, 1215.
— *Prov.*, II, 839.
Agasse. *Norm.-R.*, 393, 844.
Agati. *Prov.*, I, 29.
Agde (*ville*). *Montp.*, 123, 145.
Age (l'). *Bret.*, I, 227, 672, 890.
— *Guy.*, 370, 578, 920.
Agé (d'). *Al.*, 93.
Agen. *Guy.*, 398.
Agens (d'). *Toul.-Mont.*, 1106.
Ageron. *Dauph.*, 259.
Ages. *Bourges*, 291, 191, 341.
Ages (des). *Bret.*, I, 907, 908.
— *Bret.*, II, 21.
Ageville (d'). *Champ.*, 892.
Agié (d'). *Al.*, 822.
Agier. *Bourb.*, 217.
— *Dauph.*, 463.
— *Montp.*, 1416.
Agier (d'). *Norm.-C.*, 283, 309.
Agier. *Poit.*, 432.
Agis. *Al.*, 244, 920, 1213.
Agisi. *Al.*, 448.
Agnan (St). *Norm.-R.*, 375.
— *Orl.*, 404.
Agneau (d'). *Al.*, 599.
— *Norm.-C.*, 15, 622, 623.
Agne. *Poit.*, 312.
Agneau. *Prov.*, I, 11, 490, 662, 687.
Agneaux (d'). *Norm.-R.*, 523.
Agnel. *Prov.*, I, 601, 697.
Agnelier. *Prov.*, I, 91.
Agnelot. *Bourg.*, I, 922, 1120.
Agnès. *Par.*, II, 1270.
— *Prov.*, 265.
Agnet. *Soiss.*, 53, 489, 710.
Agnez (d'). *Al.*, 329.
Agnus. *Bourg.*, I, 714, 867, 869.
Agobert. *Bourges*, 44.

Agougué. *Bourges*, 113.
Agout (d'). *Dauph.*, 21, 57, 79, 474, 516.
Agout. *Par.*, I, 98, 358.
— *Prov.*, I, 346, 384, 630, 695, 902, 950, 1089.
Agret (d'). *Montp.*, 398.
— *Toul.-Mont.*, 114, 153, 156.
Agron. *Bourg.*, II, 137, 151.
Agroue. *Poit.*, 368, 488, 1110.
Aguenin-le-Duc. *Par.*, II, 184.
— *Par.*, IV, 82.
Aguére (d'). *Champ.*, 868.
Aguerre (d'). *Guy.*, 376, 596.
— *Par.*, I, 1203.
Aguesseau (d'). *Pic.*, 36, 296, 689.
— *Par.*, I, 771, 877, 1165.
Aguesseau. *Par.*, II, 1158.
— *Poit.*, 393, 1443.
Aguet. *Tours*, 1281.
Aguillenqui. *Prov.*, I, 1425.
Aguillenqui (d'). *Prov.*, II, 88, 161.
Aguillon. *Bourg.*, II, 373.
— *Prov.*, I, 89.
Aguin (d'). *Toul.-Mont.*, 151.
Aguiraud. *Lyon*, 472, 1007.
Aguisi (d'). *Champ.*, 81, 143, 149, 273.
Agulhiac (d'). *Montp.*, 500.
Agut (d'). *Prov.*, I, 395, 509, 593.
— *Toul.-Mont.*, 13.
Ai (d'). *Guy.*, 1080.
— *Par.*, I, 393.
Aicard. *Prov.*, I, 26, 128, 1146, 1150, 1173, 1207, 1211, 1223.
— *Prov.*, II, 455.
Aid. *Als.*, 616.
Aidie. *Guy.*, 12, 428, 430, 550, 1075.
Aidie (d'). *Par.*, II, 1201.
Aidou (d'). *Toul.-Mont.*, 1106.
Aidoux. *Prov.*, I, 554, 1005, 1065.
Aigle (l'). *Al.*, 958, 1164.
— *Lorr.*, 13.
— *Norm.-C.*, 481, 482.
Aigles (des). *Par.*, I, 1050.
Aiglun. *Prov.*, I, 618.
Aignan (d'). *Montp.*, 1110, 1113.
— *Prov.*, I, 705.
— *Toul.-Mont.*, 120, 125, 365, 952, 1230, 1240.
Aignan (St). *Al.*, 166, 167, 178, 192, 220, 405, 408, 626, 696, 873, 1126.
— *Tours*, 274, 1101.
Aigneville. *Pic.*, 246, 290, 295, 558.
Aigoin. *Montp.*, 839, 848.
Aigrefeuil (d'). *Bourges*, 519.

Aigrefin (d'). *Champ.*, 75.
Aigremont (d'). *Norm.-C.*, 246, 252, 258, 264, 577, 578, 749.
— *Norm.-R.*, 1134.
— *Tours*, 939, 1268.
Aigremont. *Vers.*, 29.
Aigret. *Fland.*, 1496.
— *Orl.*, 460.
Aigrot. *Bourg.*, I, 697.
Aiguande (d'). *Bourges*, 244.
Aigue (l'). *Par.*, II, 1074.
Aiguebelle. *Dauph.*, 21.
Aiguepleine (d'). *Toul.-Mont.*, 186.
Aigueune (d'). *Als.*, 214.
Aiguillon (d). *Al.*, 442.
— *Bret.*, I, 778.
— *Fland.*, 103.
Aiguillon. *Guy.*, 398.
Aiguines (d'). *Prov.*, I, 431.
Ailiés. *Toul.-Mont.*, 1295.
Aillaud. *Prov.*, I, 1003, 1018, 1026, 1094, 1206, 1420.
Aillaud. *Prov.*, II, 6, 234, 366.
Aillault. *Orl.*, 515.
Aillencourt (d'). *Toul.-Mont.*, 559.
Aillet. *Prov.*, II, 492.
Ailli (d'). *Prov.*, II, 486.
Aillot. *Bourg.*, I, 949.
Ailloud. *Prov.*, I, 931.
Ailly. *Pic.*, 638, 751.
Ailly Sarazin. *Pic.*, 154.
Aima. *Guy.*, 1027, 1107, 1108, 1110, 1123.
Aimar. *Bourg.*, I, 121.
— *Lyon*, 1004.
— *Montp.*, 118, 372.
— *Toul.-Mont.*, 761, 1098, 1107.
— *Poit.*, 436.
— *Prov.*, I, 400, 410, 467, 481, 509, 515, 518, 524, 844, 900, 907, 908, 1010.
— *La Roch.*, 90, 92.
— *Tours*, 98.
Aimard. *Dauph.*, 580.
— *Guy.*, 1010.
— *Prov.*, II, 270, 384, 410, 562, 571, 572, 605.
Aimargues. *Montp.*, 1305.
Aime. *La Roch.*, 407.
Aimé (d'). *Bret.*, I, 330.
Aimé. *Lorr.*, 134.
— *Poit.*, 1451.
Aimer. *Poit.*, 148, 284, 110.
Aimejan. *Par.*, I, 519.
— *Par.*, III, 492.
Aimeret. *Champ.*, 201.

Aimeric. *Auv.*, 522.
Aimerit. *La Roch.*, 252.
Aimery. *Bourg.*, I, 59.
— *Orl.*, 493.
Aimier (d'). *Als.*, 4, 16.
— *Montp.*, 1032, 1418.
Aimier. *Poit.*, 1124.
Aimini. *Prov.*, I, 400, 849, 856, 860.
Aimoin. *Lim.*, 187.
Aimojan. *Par.*, II, 177.
Aimon. *Bourg.*, I, 195, 393, 411.
— *Bourg.*, II, 280.
— *Lyon*, 421.
— *Poit.*, 24, 125, 127, 128, 231, 245, 436, 604, 818, 1239, 1240, 1241.
Aimond. *Dauph.*, 88, 110, 271, 272.
— *Prov.*, II, 513, 584, 544, 658.
Aimonet. *Bourg.*, I, 878, 1137.
Aimur. *Bourg.*, II, 571.
Ainaizi. *Prov.*, II, 448.
Ainard. *Guy.*, 1049.
— *Lorr.*, 461.
Ainaude. *Prov.*, II, 454.
Ainault (l'). *La Roch.*, 297.
Aine. *Toul.-Mont.*, 1349.
Aineli. *Prov.*, I, 1259.
Aines. *Lyon*, 483.
Ainet. *Prov.*, II, 757.
Ainial (d'). *Par.*, I, 825.
Ainville (d'). *Champ.*, 164.
— *Lorr.*, 296.
Airagues. *Prov.*, I, 648.
Airal. *Toul.-Mont.*, 1186, 1189.
Airan (d'). *Aub.*, 578.
Airaut. *Bret.*, I, 164.
Airault. *Poit.*, 705, 1254, 1274, 1417.
— *Tours*, 59.
Aireau (d'). *Norm.-C.*, 211.
Airens. *Toul.-Mont.*, 360.
Aires (d'). *Toul.-Mont.*, 512.
Airi (St) (*Abb.*). *Lorr.*, 525.
Airolle (d'). *Auv.*, 541.
Aitz (d'). *La Roch.*, 82.
— *Poit.*, 113, 153, 614.
Aivelles (des). *Champ.*, 85, 156, 157, 276, 343.
Aix (des) *Pic.*, 212, 218, 673.
— *Par.*, I, 346.
— *Poit.*, 341.
Aix (*ville*). *Prov.*, I, 8, 428, 437.
Aix (*Univers.*). *Prov.*, I, 472.
Aizemar. *Bourg.*, I, 1027.
Aizenay (*Pri.*). *Poit.*, 1218.
Adjouste. *Guy.*, 1108.
Ajasson. *Bourb.*, 133.
Akakia. *Par.*, I, 630, 1225.

Akakia. *Par.*, II, 441.
Alabat. *Bourges*, 20, 101, 394, 401.
Alabc. *Bourg.*, I, 421.
Alabruie. *Fland.*, 110, 113, 159, 163, 367, 530, 534.
Alacoque. *Bourg.*, II, 205.
Aladaut. *Bourb.*, 481.
Alagrac. *Toul.-Mont.*, 731.
Alain. *Guy.*, 795, 972.
Alain (d'). *Norm.-C.*, 7, 26, 27, 143, 158, 165, 177, 181, 411, 589.
Alain. *Norm.-R.*, 731, 934.
— *Orl.*, 717.
— *Par.*, I, 567.
— *Par.*, II, 561, 1166.
— *Soiss.*, 157.
Alairac. *Auv.*, 172.
— *Toul.-Mont.*, 706.
Alairac (d'). *Montp.*, 771.
Alaire (d'). *Champ.*, 152.
Alaire. *Tours*, 1209, 883.
Alais. *Montp.*, 192.
Alamargot. *Bourb.*, 123, 296, 321, 515.
— *Poit.*, 1356.
Alamée. *Prov.*, I, 716.
Alamet. *Prov.*, II, 254, 308.
Alamont (d'). *Lorr.*, 661.
Alany. *Toul.-Mont.*, 480, 603.
Alard. *Prov.*, I, 696.
Alard (d'). *Prov.*, II, 37.
Alardon. *Prov.*, I, 1149.
Alaret. *Montp.*, 1169.
Alaric. *Montp.*, 781.
Alarose. *Bourb.*, 448.
Alart. *Fland.*, 1057.
— *Pic.*, 102, 535.
Alary (d'). *Toul.-Mont.*, 51, 53, 155, 708, 1101.
Alas (d'). *La Roch.*, 360.
Alassac. *Lim.*, 442.
Alaux. *Toul.-Mont.*, 1188.
Alavillette. *Bourg.*, II, 616.
Alavoine. *Par.*, I, 245.
— *Par.*, III, 249.
— *Pic.*, 390, 582.
Alazard. *Montp.*, 1357.
Alba (d'). *Guy.*, 366, 671, 1127.
Albanel. *Auv.*, 68, 164, 429.
— *Dauph.*, 272.
— *Lyon*, 559.
— *Tours*, 488.
Albanelli. *Prov.*, I, 212, 231, 236, 1364.
Albano. *Bret.*, II, 846.
Albarel (d'). *Montp.*, 1103.

Albarel. *Toul.-Mont.*, 1063.
Albaricy. *Toul.-Mont.*, 2.
Albée (d'). *Orl.*, 263, 264.
Albefeuille. *Toul.-Mont.*, 1472.
Albenas (d'). *Montp.*, 731, 734, 1307.
Albengue (d'). *Montp.*, 1028.
— *Toul.-Mont.*, 930, 1017.
Albergotti. *Vers.*, 120.
Albergue. *Toul.-Mont.*, 189.
Alberni (d') *Dauph.*, 314.
Albert. *Bourb.*, 358.
— *Bourg.*, II, 221, 222.
— *Fland.*, 1445.
— *Guy.*, 309, 1100.
— *Lyon*, 603, 940.
— *Norm.-C.*, 742.
— *Par.*, I, 167, 283, 412, 1253, 1266.
— *Par.*, II, 81, 781, 990, 1176.
— *Pic.*, 721.
— *Poit.*, 556.
— *Prov.*, I, 125, 341, 379, 419, 422, 467, 516, 521, 900, 970, 998, 1064.
— *Prov.*, II, 394, 432, 498.
— *La Roch.*, 160, 253.
— *Toul.-Mont.*, 713, 718, 770, 891, 1005, 1487,
Albert (d'). *Vers.*, 307
Albertas. *Par.*, I, 515, 1106.
— *Prov.*, I, 445, 595, 625, 638, 1038.
Albertas (d'). *Prov.*, II, 581.
Albertin. *Toul.-Mont.*, 1271.
Albes. *Par.*, I, 269.
Albessard. *Guy.*, 1018.
Albette (d'). *Par.*, I, 321.
— *Prov.*, II, 272.
Albi (d'). *Dauph.*, 162.
— *Guy.*, 907, 911.
Albi. *Prov.*, I, 518, 642.
— *Prov.*, II, 375.
Albiac (d'). *Auv.*, 80, 158, 292.
Albidos (d'). *Béarn*, 51, 113.
Albie. *Toul.-Mont.*, 706, 741.
Albier. *Guy.*, 1171.
— *Lim.*, 435.
Albiges. *Toul.-Mont.*, 895.
Albignac. *Auv.*, 44, 59, 277, 283.
Albignac (d'). *Montp.*, 221, 315.
Albignac. *Toul.-Mont.*, 297, 1084.
Albin. *Als.*, 870.
Albin (St). *Par.*, III, 363.
Albine (d'). *Auv.*, 307.
Albinet. *Prov.*, I, 452.
Albis (d'). *Montp.*, 776, 1045.
Albis. *Toul.-Mont.*, 2, 61.
Albissi. *Prov.*, I, 460, 695.

Alby (d'). *Toul.-Mont.*, 50, 525, 687.
Albo. *Toul.-Mont.*, 541, 719.
Alboi (d'). *Auv.*, 523.
Alboin. *Montp.*, 524.
Albok. *Par.*, I, 1228.
Albon. *Auv.*, 310.
— *Bourb.*, 156, 592.
— *Bourg.*, I, 559.
— *Lyon*, 38, 47, 503, 713, 814.
— *Montp.*, 928.
— *Par.*, I, 1222.
— *Prov.*, I, 526.
Albos. *Auv.*, 211.
Albost (d'). *Bourb.*, 175.
Albost. *Dauph.*, 320, 341.
Albout. *Orl.*, 146.
Albouy (d'). *Toul.-Mont.*, 194, 476, 1175.
Alboy (d'). *Montp.*, 1053, 1089.
Albrecht. *Als.*, 981.
Albret. *Par.*, III, 105.
Albuin (d'). *Toul.-Mont.*, 95.
Albus. *Bret.*, I, 330.
Albusquier (d'). *Toul.-Mont.*, 1093.
Albuzzy, *Lyon*, 978.
Alcial. *Montp.*, 1071.
Alcoufe. *Toul.-Mont.*, 1078.
Alcourt (d'). *Fland.*, 1299.
Aldebert. *Montp.*, 210, 211.
Aldegonde (Ste). *Fland.*, 4, 108, 123, 1041.
— *Pic.*, 789, 66.
Aldeguier (d') *Montp.*, 956, 1045.
— *Toul.-Mont.*, 6, 119, 143, 145, 1194.
Aldin (d'). *Montp.*, 383, 943.
Aleaume. *Par.*, I, 528,
Alefsen. *Guy.*, 823.
Alegambe. *Fland.*, 314.
Alègre. *Al.*, 537.
— *Montp.*, 827.
— *Par.*, I, 75, 1388.
— *Par.*, III, 574.
— *Toul.-Mont.*, 538.
Alegret (d'). *Dauph.*, 50, 424.
Alègues (d'). *Pic.*, 694.
Aleira (d'). *Fland.*, 443.
Aléiris (d'). *Bourb.*, 241.
Alemandi. *Prov.*, I, 413.
Alencé (d'). *Fland.*, 117.
— *Par.*, II, 42.
Alençon. *Al.*, 497.
Alençon (d'). *Lorr.*, 11, 150, 152, 237, 647.
— *Par.*, I, 1164.
Alençon. *Par.*, II, 111, 1265.

— *Prov.*, I, 8, 477.
Alendui (d'). *Champ.*, 82, 275.
Alengrin. *Toul.-Mont.*, 294.
Alenoncourt (d'). *Soiss.*, 142.
Alenschlager. *Als.*, 1052.
Alerac (d'). *Vers.*, 55.
Alés (d'). *Par.*, IV, 318, 325.
— *Soiss.*, 383.
— *Toul.-Mont.*, 185, 507, 509, 510.
— *Tours*, 964.
Alesme (d') *Guy.*, 32, 115, 532, 651, 802, 1074.
— *Lim.*, 125.
Alesso. *Par.*, I, 245, 322.
Alex. *Lyon*, 1037.
Alexandre. *Al.*, 447, 1103.
— *Auv.*, 373.
— *Bourb.*, 9.
— *Bourg.*, II, 338.
— *Bret.*, II, 481.
— *Fland.*, 845.
— *Guy.*, 1143.
— *Lyon*, 24, 505.
— *Lorr.*, 250, 386.
— *Norm.-C.*, 64.
— *Norm.-R.* 428, 593, 765, 836.
— *Par.*, I, 498.
— *Par.*, III, 146, 147.
— *Par.*, IV, 119, 256, 723.
— *Vers.*, 50.
Alexis. *Prov.*, I, 362, 955.
Alez. *Orl.*, 836.
Alfansi. *Prov.*, I, 1066.
Alfieu. *Toul.-Mont.*, 1321.
Alfonce. *Toul.-Mont.*, 921.
Alhoste. *Bourg.*, I, 392.
Alhinbourger. *Als.*, 668.
Aliamet. *Pic.*, 640, 641, 647.
Alibert. (d') *Montp.*, 190, 808, 894.
— *Par.*, III, 390.
Alibert. *Prov.*, I, 1415.
— *Prov.*, II, 335, 377, 450.
Alibert (d'). *Toul.-Mont.*, 215, 443.
Alichamps (d'). *Champ.*, 473.
Alichous (d'). *Montp.* 1276, 1278.
Alicotis. *Montp.*, 147.
Alidan (d'). *Norm.-C.*, 759.
— *Par.*, I, 1286.
Alidet (d'). *La Roch.*, 282.
Aliés. *Als.*, 395.
Aliez (d'). *Par.*, II, 870.
Aliez. *Toul.-Mont.*, 1105.
Aliges. *Par.*, III, 492.
Aligier. *Par.*, I, 1098.
Aligni (d'). *Bourges*, 479.
Alignon (d'). *Soiss.*, 610.

Aligre. *Bret.*, I, 274.
— *Orl.*, 57, 159, 598, 666.
— *Par.*, I, 74, 282, 773, 494, 1221, 982.
— *Par.*, I, 171.
— *Par.*, II, 1157, 1228.
— *Pic.*, 476.
— *Poit.*, 1294.
Aligret. *Champ.*, 862.
Aliguier. *Toul.-Mont.*, 734.
Alincourt (d'). *Al.*, 1202.
Alion. *Lorr.*, 385, 389.
Aliot. *Lorr.*, 151, 163.
Alirol. *Montp.*, 706.
Alison. *Toul.-Mont.*, 1134.
Alix. *Bourg.*, I, 1046.
— *Lyon*, 642.
— *Orl.*, 459, 963, 964.
Alixant. *Bourb.*, 72, 482.
Alizard. *Tours*, 529.
Alkirck (ville d'). *Als.*, 345.
Allachasse. *Par.*, I, 2.
Allaguier. *Lyon*, 476, 1002.
Allain. *Al.*, 371, 788.
— *Bret.*, I, 51, 106, 114, 333, 444, 459, 598, 708, 961.
— *Bret.*, II, 405, 501, 900, 960.
— *Par.*, III, 325.
Allaine. *Prov.*, I, 1054.
Allaire. *Bret.*, II, 448.
— *Guy.* 59.
— *Poit.*, 709.
— *La Roch.*, 135, 148.
Allais. *Poit.*, 1255.
Allamon (d'). *Prov.*, II, 722.
Allan. *Champ.*, 702, 794.
Allaneau. *Par.*, II, 767.
Allano. *Bret.*, II, 850.
Allant. *Bret.*, II, 675.
Allany. *Bret.*, II, 601.
Allard. *Bourg.*, I, 1040.
— *Bourg.*, II, 628.
— *Champ.*, 576.
— *Dauph.*, 58, 122, 252, 290.
— *Lyon*, 252, 255, 326.
— *Orl.*, 920, 1017.
— *Poit.*, 505, 837, 1299, 1318.
— *Prov.*, I, 481.
— *La Roch.*, 430,
— *Tours*, 516, 981, 1205, 1211, 1212, 1218.
Allard (d'). *Montp.*, 360, 1259.
Allardene. *Prov.*, II, 450.
Allart. *Al.*, 1144.
Allart (d'). *Bret.*, I, 291.
Allart. *Par.*, I, 370, 1268.

Allassœur. *Bourb.*, 418.
Allaus. *Montp.*, 143.
Alleaume. *Al.*, 181, 197, 346, 993.
— *Bret.*, II, 65, 66, 67.
— *Norm.-R.*, 26, 107, 110, 547.
— *Orl.*, 340, 396.
Allebrand. *Dauph.*, 390.
Allego. *Orl.*, 331, 427.
Allègre. *Prov.*, I, 314, 782, 963, 1063, 1132, 1155, 1156, 1160, 1343, 1433.
— *Prov.*, II, 356, 413 461, 777, 817, 826, 843.
Allégrez. *Prov.*, I, 130.
Allegrin. *Bret.*, II, 172.
— *Par.*, I, 1234.
Alleis. *Prov.*, II, 380.
Alleman. *Dauph.*, 18, 41, 102, 108, 145, 179, 225, 235, 245, 355, 426, 441, 445.
Allemand. *Bourb.*, 150, 546.
— *Lorr.*, 673.
Allemand (d'). *Montp.*, 307.
Allemand. *Prov.*, I, 682, 130, 831, 849, 1187.
— *Prov.*, II, 237, 299, 312, 413, 802.
Allemandi. *Prov.*, II, 560.
Allemans (d'). *Prov.*, II, 562.
Allemant (l'). *Par.*, II, 194.
Allemandet. *Bourg.*, I, 1036.
Allen. *Par.*, II, 162.
Allen Marg. *Prov.*, I, 921.
Allenat (d'). *Bourb.*, 16.
Allenet (d'). *Guy.*, 133, 134.
Allenet. *Lyon*, 946.
— *La Roch.*, 424.
Alléno (d'). *Bret.*, I, 643, 712.
Allenon. *Bret.*, II, 955.
Alléon. *Lyon*, 464, 561, 683, 772, 778.
Alleoud (d'). *Dauph.*, 273, 469, 482, 481, 496.
Allerac (d'). *Bret.*, I, 422.
Allery. *Poit.*, 496, 904, 1308.
Allery (d'). *Par.*, III, 520.
Allés. *Bourg.*, I, 428.
Alles. *Prov.*, II, 268.
Alleu. *Montp.*, 642.
Alleurs (des). *Bret.*, II, 853.
Alleux (des). *Par.*, II, 583.
— *Poit.* (*Abb.*), 1052.
Allevert. *Poit.*, 1086.
Alloigni (d'). *Par.*, I, 1037.
Allois. *Dauph.*, 6, 18, 149, 407.
Allonneau. *Poit.*, 44, 154, 459, 479, 489, 851, 1174, 1481.
Alloneau (d'). *Tours*, 202, 204.

Allonville. *Par.*, IV, 166, 780.
Allori. *Tours*, 1525.
Allou. *Par.*, II, 1253.
— *Par.*, IV, 125.
Allouin. *Tours*, 1018.
Allouville. *Orl.*, 197, 268, 936.
Alluis. *Prov.*, I, 1456.
Allus. *Champ.*, 873.
Allusneau. *Tours*, 937.
Almani (d'). *Soiss.*, 255.
Almaric (?) .489, 1004, 1034.
Almedi, *Prov.*, II, 259.
Alméida. *Prov.*, I, 618.
Almenêches. *Al.*, 727.
Almeras. *Dauph.*, 511.
— *Montp.*, 14, 42, 533, 1371.
Alogni (d'). *Fland.*, 1271.
Alogny. *Guy.*, 463.
— *Poit.*, 286, 287, 580, 588.
— *Vers.*, 71.
Aloguito. *Bret.*, II, 225.
Aloi. *Fland.*, 1462.
Alon (d'). *Guy.*, 19, 99.
Alongeville (d'). *Pic.*, 708.
Alongez. *Soiss.*, 815.
Alonne. *Poit.*, 900. (*Prioré.*)
Alonville. *Vers.*, 161.
Alorge. *Al.*, 222, 434, 439, 444, 649, 958, 960.
— *Norm.-R.*, 39, 405, 421, 528, 1219, 1326.
Aloringen. *Lorr.*, 275.
Alost (d'). *Lorr.*, 338.
Alotte. *Tours*, 1172.
Alou (d'). *Béarn*, 1, 73.
Aloux. *Toul.-Mont.*, 607.
Alliau. *Montp.*, 511.
Allier. *Lyon*, 1035.
— *Montp.*, 835.
Allier (l'). *Norm.-C.*, 257, 264, 322.
Allier. *Par.*, I, 1165, 1361.
— *Par.*, III, 336.
— *Prov.*, I, 802.
— *Soiss.*, 706.
Alliés. *Prov.*, I, 144, 1033.
Alliot. *Al.*, 786.
— *Bret.*, II, 518.
— *Fland.*, 1040.
— *Par.*, II, 500, 947.
— *Par.*, III, 170.
Allivon. *Prov.* II, 653.
Allivons. *Prov.*, I, 1431.
Allirot. *Bret.*, II, 560,
Alphansi. *Prov.*, I, 621, 622.
Alphant. *Prov.*, I, 870.
Alpherand. *Prov.*, I, 457, 525, 754.

Alphéran. *Prov.*, II, 561.
Alphonce (d'). *Guy.*, 30.
Alphonse. *Montp.*, 200.
Alpignan. *Toul.-Mont.*, 1291.
Alpy (d'). *Bourg.*, I, 681.
Alquier (d'). *Montp.* 179.
Alquier. *Poit.*, 1356.
— *Toul.-Mont.*, 721.
Alrant. *Toul.-Mont.*, 968.
Alrics (des). *Dauph.*, 51.
— *Par.*, II, 444.
Alscheid. *Lorr.*, 62.
Altenach. *Als.*, 1078.
Altkirchen. *Lorr.*, 692.
Altier. *Montp.*, 263, 325, 378.
Altries. *Prov.*, I, 702.
Alvarez. *Par.*, I, 326.
Alveda (d'). *Pic.*, 189.
Alvemare (d'). *Orl.*, 422.
Alverny (d'). *Montp.*, 178, 759.
— *Toul.-Mont.*, 175.
Alvion. *Prov.*, II, 99.
Alvizet. *Bourg.*, I, 635.
Alzade. *Toul.-Mont.*, 1354.
Alzambeque. *Orl.*, 444.
Alziari. *Prov.*, I, 242.
Alziendit. *Toul.-Mont.*, 635.
Alzon. *Orl.*, 466.
Amabert. *Dauph.*, 102.
Amabrie. *Prov.*, II, 842.
Amadieu. *Toul.-Mont.*, 1046, 1050.
Amaidrie. *Prov.*, I, 1103.
Amal. *Champ.*, 278.
Amalbert. *Prov.*, II, 327.
Amalric (d'). *Montp.*, 311.
Amalric. *Prov.* I, 12, 757.
— *Prov.*, II, 828.
Amalry. *Toul.-Mont.*, 568, 1274.
Amand. *Prov.*, II, 348, 358, 619.
Amand (St-). *Prov.*, I, 553.
Amandre (d'). *Bourg.*, I, 735, 1055.
Amandrie (d'). *Prov.*, I, 850, 1086.
Amangé. *Lyon*, 43, 780.
Amangore. *Fland.*, 1464.
Amans (St-). *Guy.*, 160.
— *Par.*, I, 1260, 1364.
Amant. *Fland.*, 404.
Amant (St-). *Auv.*, 156.
— *Fland.*, 601. (*Ville.*)
— *Montp.*, 671.
— *Par.*, II, 353, 663.
— *Toul.-Mont.*, 574, 1235.
Amanzé. *Bourg.*, I, 125, 443.
— *Bourg.*, II, 8.
— *Montp.*, 382.
Amard. *Lyon*, 741.

Amaris (d'). *La Roch.*, 25.
Amariton. *Auv.*, 57, 252, 461, 495.
Amarottes (des). *Soiss.*, 263.
Amart. *Fland.*, 1159, 1162.
Amas. *Fland.*, 300, 1231, 1502.
Amat. *Dauph.*, 91, 116, 419, 431, 511, 525.
— *Lyon.* 468.
— *Mont.*, 1313.
— *Prov.*, II, 638.
— *Toul.-Mont.*, 1078, 1082, 1106, 1146, 1147, 1302.
Amatte. *Prov.*, II, 600.
Amaury. *Lyon*, 425.
Amauri. *Par.*, I, 1383.
Amaury. *Par.*, III, 312, 375, 514.
— *Poit.*, 274, 1430.
Amaux (des). *Lim.*, 228.
Ambach (d'). *Als.*, 816.
Ambard. *Prov.*, II, 727.
Ambel (d'). *Dauph.*, 408, 409.
Ambelot (d'). *Toul.-Mont.*, 193.
Amberguer. *Als.*, 104.
Ambert. *Auv.*, 175.
— *Par.*, I, 1047.
Ambertrand (d'). *Soiss.*, 530.
Ambès (d'). *Toul.-Mont.*, 141, 157, 158, 1110.
Ambiallet, *Guy.*, 849.
Amblard. *Prov.*, I, 454, 943.
Amblemont (d'). *Lorr.*, 11.
Ambly (d'). *Soiss.*, 377, 784.
Amboise. *Champ.*, 283.
Ambournay. *Lyon*, 93, 158, 175, 368.
Ambouville (d'). *Champ.*, 283.
Ambrageac (d'). *Lim.*, 480.
Ambrai (des). *Dauph.*, 498, 623.
Ambrai (d'). *Norm.-R.*, 668, 717.
Ambre (d'). *Bourb.*, I, 1238.
Ambrois. *Bret.*, II, 766.
Ambroise (St-) (*ville*). *Montp.*, 498.
Ambroise. *Prov.*, II, 403.
Ambronay. *Bourg.*, II, 213.
Ambrun. *Montp.*, 939.
Ambrun (d'). *Prov.*, I, 1411.
Ambry (d'). *Soiss.*, 784.
Ambry. *Toul.-Mont.*, 580, 774.
Amé. *Champ.*, 341, 365.
— *Norm.-C.*, 482.
— *Par.*, I, 9, 502, 545.
— *Par.*, II, 1183.
— *Prov.*, I, 268.
— *Prov.*, II, 753.
Amecourt (d'). *Norm.-R.*, 929.
Amedé. *Par.*, I, 1281.

Amedieu. *Par.*, II, 1132.
Amédor (d'). *Bourg.*, I, 773.
— *Champ.*, 755.
Ameil. *Bourb.*, 540.
Amel. *Lyon*, 937.
— *Prov.*, I, 1192.
Ameldegui (d'). *Béarn*, 150.
Amelet. *Guy.*, 226, 464, 1045, 1079.
Amelin. *Poit.*, 1319.
Ameline. *Par.*, I, 373, 1119.
— *Par.*, II, 502.
Amelinne. *Norm.-R.*, 329.
Amelon *Par.*, I, 425.
Amelot. *Bret.*, I, 815.
— *Par.*, I, 790, 885, 1120, 1217.
— *Par.*, II, 138, 177, 271, 369, 1115.
Amerlin. *Als.*, 1084.
Amerscheweyer (d') (*ville*). *Als.*,
   203.
Amerval. *Norm.-R.*, 1333.
Amerval (d'). *Par.*, IV, 374.
— *Pic.*, 103, 104, 284, 605.
— *Soiss.*, 41, 487.
Amery. *Soiss.*, 813.
Amey. *Bourg.*, I, 658, 1155.
Amfreville (d'). *Pic.*, 845.
Amfreville. *Orl.*, 76.
Amfrie. *Norm.-R.*, 924.
Ami. *Tours*, 919.
Amic. *Prov.*, I, 242, 714, 764, 1193,
   1370.
— *Prov.*, II, 213, 812.
Amicourt (d'). *La Roch.*, 254.
Amidey. *Bourg.*, I, 1161.
Amiel. *Toul.-Mont.*, 313.
Amiet. *Bourg.*, I, 1168.
Amiel. *Lyon*, 659.
— *Montp.-Mont.*, 775.
— *Prov.*, I, 1364, 1371, 1419.
— *Prov.*, II, 386, 427, 677.
Amiens (d'). *Par.*, I, 257.
— *Pic.*, 46, 180, 387, 400, 451, 610,
   604, 682, 791, 795, 798.
Aminó. *Bourb.*, 549.
Amiot. *Bourg.*, I, 991.
— *Bourg.*, II, 40, 572.
— *Champ.*, 602.
— *Lyon*, 49.
— *Norm.-R.*, 1078.
— *Orl.*, 729.
— *Par.*, I, 276, 743.
— *Par.*, II, 358, 531, 563.
— *Par.*, III, 285, 29.
— *Par.*, IV, 30.
Amiot (V.). *Prov.*, I, 887.
Amiots (dès). *Orl.*, 891.

Amirault. *Poit.*, 460, 1331, 1407,
   1546, 1549.
— *Tours*, 1047, 1067.
Amis. *Tours*, 434.
Amizat. *Par.*, IV, 37, 650.
Amman (d'). *Fland.*, 35, 67, 133,
   361, 893.
Amonville (d'). *Norm.-R.*, 376, 394.
Amniquet. *Auv.*, 569.
Amodrie. *Prov.*, II, 681.
Amonton. *Norm.-R.*, 141.
Amonville (d'). *Par.*, II, 677.
Amonnet. *Tours*, 1158.
Amoresan (d'). *Par.*, II, 1171.
Amorezan (d'). *Par.*, III, 514.
Amouin. *Bourb.*, 235, 281, 433.
Amour (St-). *Lyon*, 781.
— *Par.*, I, 222.
— *Bourg.*, I, 964, 996, 1192.
— *Par.*, III, 312.
Amours. *Al.*, 910.
Amours (d'). *Par.*, II, 278, 263.
— *Par.*, IV, 246.
— *Lorr.*, 149, 676.
— *Norm.-C.*, 12, 14, 18, 19, 34, 648.
Amoureux. *Montp.-Mont.*, 828.
— *Prov.*, I, 696, 984, 985, 1076,
   1081.
Amoureuze. *Tours*, 129.
Amphossi. *Prov.*, I, 50.
Amphoux (d'). *Montp.-Mont.*, 1312.
Amphoux. *Prov.*, I, 744, 747, 802,
   975, 1039.
Amplement. *Pic.*, 811.
Amproux. *Bret.*, I, 167, 171.
— *Bret.*, II, 92.
— *Par.*, I, 1272.
— *Par.*, III, 566.
— *Poit.*, 175, 212.
Amy. *Par.*, III, 371.
Anape. *Bret.*, II, 465.
Anastasi (d'). *Als.*, 154.
Anastasy (d'). *Montp.-Mont.*, 921.
Anceau. *Fland.*, 1469.
— *Guy.*, 220.
— *Toul.-Mont.*, 139.
Ancel. *Fland.*, 7, 253, 1234.
— *Orl.*, 352.
— *Par.*, I, 1267.
— *Par.*, II, 936.
Ancel (d'). *Norm.-C.*, 59, 207, 214,
   286, 291, 429, 443, 517, 518, 628,
   775.
Ancelet. *Fland.*, 1188.
Ancelin. *Al.*, 573.
— *Lorr.*, 402, 613.

— *Montp.-Mont.*, 141.
— *Norm.-C.*, 141.
— *Pic.*, 564.
— *La Roch.*, 39, 92, 165.
Ancenis. *Bret.*, I, 162.
Anceresse (d'). *Montp.-Mont.*, 76.
Ancezune. *Montp.-Mont.*, 812.
Anchier. *Poit.*, 428.
Anciat. *Lyon*, 10.
Ancien. *La Roch.*, 290.
Ancienville. *Bourb.*, 392.
Andel (d'). *Al.*, 68, 126, 227, 236, 320, 562, 902.
— *Norm.-R.*, 327, 335.
Andelot. *Bourg.*, I, 1080, 1285.
Andelot (d'). *Lorr.*, 19, 20, 151, 163, 165.
Andenne (d'). *Bret.*, I, 348.
Andichon (d'). *Béarn.*, 130, 131.
Andière. *La Roch.*, 302.
Andigné. *Bret.*, I, 227, 245, 413, 485.
Andigné (d'). *Bret.*, II, 504.
— *Champ.*, 621.
— *Tours*, 72, 82, 84, 86, 97, 118, 124, 136, 147, 150, 157, 286, 425, 496, 503, 531, 532, 539, 540, 585, 690, 972, 1217.
— *Lim.*, 41.
Andiol. *Montp.-Mont.*, 429, 430.
Andlau (d'). *Als.*, 22, 23, 96, 97, 108, 114, 119, 161, 172, 206, 207, 434, 561, 671, 770, 812.
Andouins (d'). *Guy.*, 371.
Andot. *Norm.-C.*, 452.
Andouard. *Bourg.*, II, 529.
Andouillé. *Par.*, II, 340.
Andouino (d'). *Béarn.*, 15, 58, 136, 139.
Andrant. *Tours*, 1299.
Andras. *Bourb.*, 186, 255.
— *Tours*, 836.
Andrassi. *Toul.-Mont.*, 94.
Andraud *Bourg.*, I, 512.
— *Guy.*, 43, 75, 819, 1055.
— *Montp.-Mont.*, 123.
— *Prov.*, I, 131.
Andrault. *Dauph.*, 641.
— *Par.*, II, 1227, 1240.
— *Par.*, III, 84.
— *Vers.*, 266.
Andravi. *Prov.*, I, 1096.
André. *Al.*, 611.
— *Als.*, 680, 884.
— *Auv.*, 58, 79, 83.
— *Bourg.*, II, 338, 557.

— *Bret.*, II, 418, 610, 1106.
— *Champ.*, 117, 280, 458.
— *Fland.*, 320, 864, 877, 988.
— *Guy.*, 830.
— *Lim.*, 81, 356.
— *Lyon*, 66, 67, 299.
— *Lorr.*, 599, 636, 658.
— *Montp.-Mont.*, 518, 530, 1299, 1367.
— *Norm.-C.*, 4, 5, 263, 451, 452, 464, 637, 682, 761.
— *Orl.*, 584.
— *Par.*, II, 260, 791, 1029.
— *Par.*, III, 215, 429.
— *Prov.*, I, 180, 397, 442, 459, 495, 604, 838, 1048, 1100, 1124, 1131, 1267, 1280, 1337, 1339, 1356, 1358, 1458.
— *Prov.*, II, 8, 357, 367, 506, 508, 656, 693, 760.
— *La Roch.*, 257, 358.
André (d'). *Toul.-Mont.*, 8, 140, 646, 678, 702, 849.
André (St-). *Al.*, 106.
— *Guy.*, 288.
— *Lorr.*, 584.
André (St-) (m.). *Par.*, I, 278.
André (St-). *Par.*, II, 1132.
— *La Roch.*, 91, 188.
— *Vers.*, *Vers.*, 102.
Andreau. *Norm.-R.*, 387.
Andrejol. *Montp.-Mont.*, 433.
Andri. *Champ.*, 136.
— *Lorr.*, 212.
— *Par.*, I, 1067.
Andrie (d'). *Toul.-Mont.*, 1196.
Andrieu *Auv.*, 121, 126.
— *Bourg.*, 178.
— *Lim.*, 166.
— *Norm.-R.*, 73, 844, 880.
— *Par.*, II, 1265.
Andrieux, *Bret.*, II, 466, 668.
Andriou, *Prov.*, I, 1175.
Andrieu (d') *Par.*, IV, 64, 372, 398, 774.
Andrieu, *Soiss.*, 713.
— *Toul.-Mont.*, 13, 503, 687, 792, 1055, 1070.
Andrieux (des). *Montp.-Mont.*, 43, 44, 865.
Andrivet. *Prov.*, II, 361.
Androdias. *Auv.*, 233.
Androüins (des). *Lor.*, 676, 678, 679, 680.
Androl. *Lyon*, 376, 945.
Andron (d'). *Prov.*, II, 131.

Andru. *Champagne*, 509, 861.
Andrui. *Pic.*, 771.
Andruic. *Pic.*, 737.
Andry. *Par.*, iii, 146.
Anduol. *Montp.-Mont.*, 538.
Anduze. *Montp.-Mont.*, 201.
— *Toul.-Mont.*, 703.
Aneais (d'). *La Roch.*, 297.
Anectot. *Norm.-R.*, 1161.
Anethaun (d'). *Lorr.*, 276.
Anezey (d'). *La Roch.*, 207.
Anfert. *Bourg.*, i, 866.
Anfossé (d') *Prov.*, i, 713, 789.
Anfreville (d'). *Par.*, ii, 1173.
Anfrey. *Al.*, 301.
Anfrie. *Bourgogne*, i, 410.
— *Par.*, 294.
Anga (du). *Al.*, 835.
Angard. *Poit.*, 2.
Ange. *Lorraine*, 231.
— *Al.*, 306.
Angebault. *Bret.*, 799.
Angecourt. *Champ.*, 888.
Angel. *Toul.-Mont.*, 1476, 1480.
Angel (St-). *Guy.*, 24.
Angelfred. *Prov.*, i, 1102.
Angelier. *Prov.*, ii, 659.
Angelin. *Als.*, 569.
Angelis. *Fland.*, 1116.
Angelot. *Fland.*, 577.
Angely. *Bourg.*, ii, 367.
— *Lim.*, 1168.
— *Montp.-Mont.*, 1541.
— *Par.*, iii, 130.
— *Poit.*, 332.
Angeneau. *Orl.*, 920.
Angenon. *Par.*, iii, 350.
Angenoust. *Champ.*. 108, 139.
— *Par.*, iv, 18, 147.
Angennes. *Al.*, 90, 199.
— *Norm.-R.*, 1076.
— *Par.*, ii, 819.
— *Poit.*, 311.
Anger. *Bret.*, i, 411, 574, 579.
— *Bret.*, ii, 382, 475.
— *Norm.-C.*, 320.
— *Pic.*, 760.
Angeroux. *Bret.*, ii, 610.
Angerville (d'). *Al.*, 1099.
Angerville. *Norm.-C.*, 652.
Angers. *Tours*, 1255, V.
Angevien. *Tours*, 498.
Angerville. *Norm.-R.*, 338, 344, 362.
Angeville (d'), *Bourg.*, i, 19, 1287.
Angeville. *Champ.*, 834.
— *Fland.*, 134.

Angeville (d') *Lyon*, 509.
Angevin. *Poitiers*, 247.
Angibault. *La Rochelle*, 188, 380.
Angibert. *Tours*, 1066.
Angilbaud, *Daup.*, 488.
Angilbert. *Par.*, ii, 79, 83.
Angilbout. *Daup.*, 114.
Angirard. *La Roch.*, 356.
Anglade (d'). *Béarn*, 51, 125.
— *Guy.*, 407.
— *Toul-Mont.*, 1230, 1292.
Anglamet. *Bret.*, ii, 433.
Anglard (d'). *Lim.*, 456.
Anglards (d'). *Guy.*, 223.
— *Toul.-Mont.*, 1028.
Anglart. *Par.*, ii, 627.
— *Par.*, iii, 371.
Anglas (d'). *Montp.-Mont.*, 904.
Angle. *Poit.*, 924, 933 (ab.).
— *Toul.-Mont.*, 1469.
Angle (d'). *Lyon*, 617.
Anglebermer. *Champ.*, 863.
Anglebermer (d'). *Soiss.*, 289.
Anglebert (d'). *Par.*, ii, 634.
Anglefort (d'). *Dauph.*, 488.
Anglejan (d'). *Montp.-Mont.*, 1537.
Anglerai (d'). *Tours*, 211.
Angles (d'). *Montp.-Mont.*, 325.
Angles (des). *Al.*, 730.
Anglès. *Prov.*, i, 498, 527, 632, 633, 1037.
Anglesi. *Prov.*, i, 999, 1267.
Anglos (d'). *Par.*, i, 212.
Anglos. *Par.*, 129.
Anglos (d'). *Pic.*, 78.
Anglure. *Champ.*, 535.
— *Guy.*, 58.
Anglure (d') *Par.*, 80, 145, 170.
Anglure. *Par.*, ii, 374, 1190, 1191.
— *Par.*, iii, 4, 149.
Anglure (d'). *Pic.*, 502.
Ango. *Als.*, 303.
— *Norm.-R.*, 585, 586, 649, 667, 873.
Angosse (d'). *Guy.*, 932.
Angot. *Al.*, 320.
— *Bret.*, ii, 474.
— *Norm.-C.*, 504, 692.
— *Poit.*, 830.
Angouart, *Poit.*, 16.
Angoulesme. *Lim.*, 203.
Angoutures (d'). *Béarn*, 112, 131.
Angran. *Orl.*, 333, 351.
— *Par.*, i, 638, 948, 955, 1180, 1181.
— *Par.*, iii, 304.
Angremel (d'). *Pic.*, 389.

Anguechin (d'). *Par.*, ii, 114.
Anguier. *Par.*, ii. 948.
Anguille. *Par.*, iii, 583.
— *Toul.-Mont.*, 687.
— *Tours*, 838, 1056.
Anican (d'). *Bret.*, i, 371.
— *Bret.*, ii, 427.
Anicionde (d'). *Béarn*, 141, 146.
Anil. *Als.*, 451.
Anillon. *Lyon*, 49.
Aniol. *Fland.*, 261.
Anis. *Tours*, 1465.
Anise (d'). *Norm.-C.*, 17, 27, 148, 151, 170, 494, 598.
— *Par.*, i, 17, 406.
Annisson. *Dauph.*, 218, 236.
— *Par.*, ii, 1130.
Anizy (d'). *Bret.*, i, 780.
Anizi. *Soiss.*, 442. (*Comté.*)
Anjac (d'). *La Roch.*, 381.
Anjobert. *Auv.*, 51, 81.
Anjoni (d'). *Tours*, 804.
Anjorant. *Par.*, i, 802, 1136, 1396.
Anjorrant. *Bourges*, 13, 61, 227, 335.
Anjot (d'). *Prov.*, ii, 263, 265.
Anjou (d'). *Bourges*, 240.
— *Norm.-C.*, 642, 768.
— *Orl.*, 959.
— *Prov.*, i, 491.
— *Prov.*, ii, 239, 246.
Anjubault. *Tours*, 1094, 1440, 1458, 1459.
Anlezi (d'). *Par.*, i, 737.
Anlezy (d'). *Bourg.*, ii, 232.
— *Par.*, ii, 416.
Annat. *Auv.*, 136.
— *Toul.-Mont.*, 314.
Anne. *Norm.-C.*, 761.
Anneret. *Par.*, ii, 8, 117.
Annet. *Prov.*, ii, 774.
Annez. *Orl.*, 955.
Annières (d'). *Als.*, 64, 65.
Annisson. *Lyon*, 30.
Annonciades (les). *Lorraine*, 156. (*Relig.*).
Anonce (l'). *La Roch.*, 112.
Anon. *Prov.*, i, 1034.
Anost. *Fland.*, 990.
Anous (d'). *Par.*, ii, 69.
Anquetil. *Norm.-C.*, 284, 443.
Anquetil (d'). *Tours.*, 1516.
Anquetin. *Orl.*, 634.
Ansart. *Par.*, ii, 684.
— *Pic.*, 180, 182.
Anse (d'). *Al.*, 290, 1064.
Anseaume. *Norm.-R.* 896, 926, 1405.

Anselin. *Als.*, 152.
Anseline. *Als.*, 195.
Anselme. *Orl.*, 275.
— *Par.*, ii, 390.
— *Prov.*, i, 686, 800.
Anselmet. *Lyon*, 1023.
Ansouis (baron). *Prov.*, i, 910.
Ansquer. *Bret.*, ii, 195.
Ansse (d'). *Par.*, ii, 574, 582.
Anstet. *Als.*, 1025.
Anstrude. *Bourg.*, i, 169, 273.
Anstrude (d'). *Bourg.*, ii, 410, 581.
Antelmi (d'). *Prov.*, i, 114, 184, 189, 488, 1279.
Antemarie (d'). *Montp.-Mont.*, 503.
Antenaise. *Bret.*, ii, 33.
Antheaume. *La Roch.*, 174.
— *Par.*, i, 1226, 1327.
— *Par.*, iii, 302, 333, 337, 399.
— *Par.*, iv, 590.
Anthenaise (d'). *Al.*, 187, 264, 537, 1128.
— *Tours*, 97, 126, 421, 436, 584.
Anthess. *Als.*, 872.
Anthoine. *La Roch.*, 448.
Anti (d'). *Lorr.*, 315, 566.
Antibes. *Prov.*, i (*ville*). 294.
Antignac (d') *Al.*, 814.
Antigneville, *Lorr.*, 125.
Antillac. *Lim.*, 462.
Antissier. *Par.*, iii, 308.
Antoine, *Als.*, 41.
— *Bourg.*, i, 614.
— *Bourg.*, ii, 218.
— *Champ.*, 203, 206, 216, 560, 621, 839.
— *Montp.-Mont.*, 827.
— *Orl.*, 593.
— *Par.*, ii, 797.
— *Par.*, iv, 685, 75, 76, 78, 79, 593.
— *Prov.*, ii, 293, 607, 700.
— *Tours*, 838.
Antoine (d'). *Prov.*, i, 398, 458, 524, 534, 632, 718, 828, 892, 1376.
Antoine (St-). *Bret.*, ii, 527.
— *Guy.*, 420.
— *Lorr.*, 97, 562, 563. (*Relig.*).
Antonelle. *Prov.*, ii, 97, 639, 648.
Antoni. *Als.*, 378, 558, 609, 998.
Antour (d'). *Dauph.*, 252.
Antrade. *Poit.*, 499.
Antraigues (d') *Montp.-Mont.*, 1179.
— *Toul.-Mont.*, 1050.
Antras (d'). *Toul.-Mont.*, 349, 1247, 1335.

Antrechaux (d'). *Prov.*, I, 129, 143, 159.
— *Prov.*, II, (?).
Antrevaux. *Prov.*, I, 1115.
Antron. *Bret.*, II, 606.
Anvalt. *Als.*, 7.
Anvirai (d'). *Norm.-C.*, 308.
— *Norm.-R.*, 39, 606, 685, 1340.
Anzel (d') *Par.*, I, 759.
Anzerai. *Al.*, 101, 373, 976.
— *Norm.-R.*, 701.
Aousset (d'). *Montp.*,- *l.*, 778.
Aoust (d'). *Als.*, 2.
— *Auv.* 121.
— *Champ.*, 338.
— *Fland.*, 1268.
— *Par.*, II, 359.
— *Par.*, IV, 411.
— *Pic.*, 168, 660.
Aouste. *Prov.*, I, 126
Aoustin. *Bret.*, I, 97.
— *Fland.*, 255.
Aparisis. *Fland.*, 634, 646.
Apat (d'). *Béarn*, 144.
Apault. *Tours*, 1129.
Apcher. *Auv.*, 217, 460, 474.
— *Montp.-Mont.*, 331, 332.
— *Par.*, I, 1138.
Apchon, *Bourb.*, 123.
— *Bret.*, I, 161.
— *Bret.*, II, 333, 1125.
— *Lyon*, 23, 46, 903, 1014.
— *Montp.-Mont.*, 363.
— *Par.*, I, 1256.
Apelvoisin. *Par.*, I, (*M.*).
Apelvoisin. *Poit.*, 180, 283, 776, 1190.
Apelvoisin (d'). *Tours*, 185.
Apinel., *Bourg.*, I, 1125.
Apoigné (d'). *Par.*, I, 994, 1021.
Apoil. *Par.*, I, 1156.
Apostre (l'). *Par.*, I, 480.
Apoticaires. *Lorr.*, 610, 669. (*Communauté.*)
Apoticaire. *Poit.*, 273, 400, 434, 436, 798, 1256.
Appara. *Toul.-Mont.*, 607.
Apparot. *Norm.-R.*, 339.
Appelter (d'), *Lorr.*, 279.
Appougny (d'). *Par.*, 659.
Apremont. *Lorr.*, 661, 677.
Apremont (d'). *Tours.*, 1419.
Aprilis. *Prov.*, II, 220.
Aprix. *Norm.-R.*, 197.
Apt. *Prov.*, II, V. 581.
Apui (l'). *Poit.*, 288. (*Relig.*)

Aquart. *Guy.*, 130.
— *La Roch.*, 126.
Aquin (d'). *Par.*, II, 241, 549.
— *Par.*, III, 58.
Arabaud. *Prov.*, I, 1304.
Aragon (d'). *Champ.*, 19.
— *Prov.*, I, 443.
— *Toul.-Mont.*, 546.
Aragny (d'). *Toul.-Mont.*, 266.
Araignon (d'). *Toul.-Mont.*, 102.
Arailliers (?). *Par.*, II, 133.
Araine (d') *Par.*, IV, 1.
Arambert. *Bourg.*, II, 146.
Arambure (d'). *Tours*, 1251, 749.
Aramon. *Montp. - Montaub.*, 1537. (*Ville.*)
Aran. *Bret.*, II, 869.
Arances (d'). *Lorr.*, 348.
Arancei. *Lorr.*, 565.
Aranguier (d'). *Champ.*, 286.
Arany (d'). *Toul.-Mont.*, 554.
Aras (d'). *Champ.*, 30, 44, 249, 863.
— *Fland.*, 1028.
Arassus (d'). *Montp.-Mont.*, 1162.
Araude (d'). *Al.*, 124, 125, 126, 637.
Arazi. *Prov.*, II, 534.
Arbaleste. *Bourg.*, I, 455.
— *Bourg.*, II, 347.
— *Par.*, II, 1209.
Arbalestier (d'). *Dauph.*, 284, 306, 594.
Arbamon (d'). *Champ.*, 825.
Arbaud (d'). *Montp.-Mont.*, 914.
— *Prov.*, I, 392, 438, 440, 791, 924, 1150, 1313, 1314.
— *Prov.*, II, 192, 280, 282, 600, 769, 783, 788.
Arbel. *Bourg.*, I, 1232.
Arbelade (d'). *Guy.*, 1210.
Arbelaut. *Lim.*, 291.
Arbelot. *Par.*, IV, 279.
Arberatz (d'). *Béarn*, 142, 146, 164.
Arbert. *Poit.*, 269.
Arbilleur. *Bourg.*, I, 1027, 1037.
Arbo (d'). *Guy.*, 272, 321, 1155.
Arbogast. *Als.*, 813.
Arbois. (d'). *Bourg.*, I, 967.
— *Al.*, 1042.
— *Vers.*, 52.
Arbon (d'). *Lorr.*, 349, 519, 677.
— *Montp.-Mont.*, 821, 828.
— *Par.*, I, 940, 983.
— *Par.*, II, 898.
— *Toul.-Mont.*, 131, 463.
Arbonnaut. *Lim.*, 328.

Arbouet (d'). *Béarn*, 56.
Arboulin. *Par.*, ii, 599.
— *Vers.*, 278.
Arbouville. *Al.*, 654.
— *Bret.*, i, 288.
— *Norm.-R.*, 275, 1375.
— *Vers.*, 118.
Arboux. *Montp.-Mont.*, 222.
Arbusnot. *Norm.-R.*, 869.
Arbussin. *Montp.-Mont.*, 1000.
Arcangeli. *Lorr.*, 601.
Arcangues (d'). *Guy.*, 561.
Arcelin. *Bourg.*, i, 444.
Arcelot. *Bourg.*, i, 329.
— *Bourg.*, ii, 54, 71, 101.
— *Lyon*, 259.
Arcembury. *Bret.*, i, 80.
Arcère. *Prov.*, i, 702, 705.
Arces (d'). *Dauph.*, 162, 352, 415.
— *Toul.-Mont.*, 812, 813.
Archambail. *Toul.-Mont.*, 715.
Archambaul. *Bourges*, 174.
— *Bourges*, i, 104.
— *Norm.-R.*, 815.
Archambault. *Orl.*, 389, 962.
— *Par.*, ii, 50, 438, 676.
— *Par.*, iv, 405, 589.
— *Poit.*, 500.
Archambault (d'). *Tours.*, 687, 1036, 1067, 1071, 1073, 1150.
Archant. *Bret.*, i, 956.
Archault. *Bourg.*, ii, 102.
Arche (d'). *Lim.*, 470.
Arché (d'). *Guy.*, 64, 109, 1021.
Arches (d'). *Auv.*, 533, 563.
Archevesque (l'). *Par.*, iii, 383.
Archier. *Prov.*, ii, 301.
Archimbaud. *Lyon*, 130, 136, 155, 662.
Archimbaud (d'). *Prov.*, i, 567, 920.
Archimbaud. *Prov.*, ii, 265, 562.
Archis (d'). *Bourges*, 292.
Archon. *Auv.*, 4, 398.
Arci (d'). *Lyon*, 241, 781, 811.
Arcicourt (d'). *Lorr.*, 659.
Arcis. *Montp.-Mont.*, 699.
Arcoart (d'). *Prov.*, ii, 465.
Arcs (des), Marq. *Prov.*, i, 205.
Arcussia. *Prov.*, i, 161, 553, 567.
— *Prov.*, ii, 372, 479.
Arcy (d'). *Bourb.*, 183.
— *Bourg.*, ii, 240.
— *Bret.*, i, 286.
Ardailles (des). *Champ.*, 866.
Ardaillon. *Auv.*, 414.
Ardanne (d'). *Tours*, 143.

Ardenne (d'). *Bret.*, ii, 595, 967.
— *Toul.-Mont.*, 1072, 1083, 1086, 1093, 1112, 1431, 1464.
Ardennet (d'). *Lorr.*, 396.
Ardent. *Lim.*, 121, 123, 125.
Ardents (des). *Par.*, iii, 118.
— *Par.*, iv, 31, 652.
Ardes. *Auv.*, 148.
Ardignac (d'). *Prov.*, i, 469.
Ardilliers (des) *Bourb.*, 197.
Ardisson. *Prov.*, i, 271, 1188, 1395.
Ardoin. *Prov.*, i, 250.
Ardouineau. *Poit.*, 223, 524.
Ardre (d'). *Pic.*, 83.
Ardres. *Pic.*, 815.
Ardrizard. *Prov.*, ii, 680.
Aremburgd (d'). *Bourges*, 87.
Arene. *Prov.*, ii, 374, 375, 499.
Arenne (d'). *Prov.*, i, 107, 160, 560, 582, 594, 709, 720, 1146, 1196.
Arennes (d'). *Montp.-Mont.*, 3, 302, 491, 521, 672, 1424.
Arente. *Prov.*, ii, 757.
Arérye (d'). *Soiss.*, 236.
Areste (d'). (*Voy.* Dareste.) *Lyon*, 68.
Arfeuille (d'). *Bourb.*, 316.
Argault. *Norm.-R.*, 873.
Argelles (*ville*). *Toul.-Mont.*, 1445.
Argelos. *Par.*, i, 502.
Argence (. *Al.*, 244.
— *Fland.*, 2.
— *Lim.*, 37
— *Poit.*, 278, 514.
Argencourt (d'). *Montp.-Mont.*, 61, 647.
Argencourt. *Pic.*, 654.
Argenne. *Prov.*, ii, 297.
Argennes (d'). *Norm.-C.*, 343, 505, 508.
Argens (d'). *Prov.*, ii, 395.
Argent. *Bourg.*, i, 1143.
Argent (d'). *Bourg.*, ii, 47.
— *Par.*, iii, 388.
Argentan. *Al.*, 55.
Argentan (d'). *Lorr.*, 443.
Argentel (d'). *Bret.*, ii, 772.
Argentier (l'). *Par.*, iv, 31, 82.
Argentin. *Prov.*, i, 1108.
Argenton. *Poit.*, 915, 1502.
Argenton (d'). *Tours*, 806.
Argentré. *Bret.*, i, 195.
Argers (d'). *La Roch.*, 436.
Argevele (d'). *Champ.*, 297.
Argeville. *Orl.*, 986.
Argi (d'). *Champ.*, 79, 143.
— *Fland.*, 1478.

— *Tours*, 39, 491, 1063.
Argilly (d'). *Bourg.*, I, 756.
Argilly. *Bourg.*, II, 585.
Argnous (d'). *Orl.*, 72, 184.
Argot. *Norm.-C.*, 603.
Argoubet (d'). *Guy.*, 740.
Argoud. *Dauph.*, 92, 208.
— *Montp.-Mont.*, 454.
Argouge. *Par.*, I, 802, 819, 1032.
Argouges (d'). *Bret.*, I, 120.
Argouges. *Norm.-C.*, 21, 99, 100, 116, 213, 791.
— *Par.*, II, 95, 218, 437.
— *Par.*, III, 274.
Argounelle (d'). *Champ.*, 753.
Argout (d'). *Fland.*, 1373.
— *Guy.*, 368.
Argout. *Par.*, I, 1013.
Arguel (d'). *Toul.-Mont.*, 156.
Arguies (d'). *Par.*, I, 1230.
Argy. *Orl.*, 247.
Arhetz (d'). *Béarn.*, 150.
Ariat (d'). *Toul.-Mont.*, 1099.
Ariaud (d'). *La Roch.*, 241.
Aribat (d'). *Montp.-Mont.*, 1013, 1157.
Aribert. *Montp.-Mont.*, 587.
Ariene. *Toul.-Mont.*, 661.
Ariette (d'). *La Roch.*, 149.
Arispé (d'). *Bret.*, II, 1012.
Arissade (d'). *Par.*, II, 1264.
Arlac (d'). *Lim.*, 391.
Arlais (d'). *Norm.-C.* 30, 361, 655.
Arlandes. *Dauph.*, 271, 278, 306, 322.
Arlanges (d'). *Orl.*, 641, 791.
Arlatan. *Prov.*, II, 636, 637.
Arlaud. *Prov.*, II, 571.
Arlaut. *Champ.*, 869.
Arlay. *Bourg.*, I, 186, 187, 192, 615.
Arlay (d'). *Bourg.*, I, 256, 262, 277, 294, 344.
Arles. *Montp.-Mont.*, 820.
Arles (*ville*). *Prov.*, II, 72.
Arlhac (d'). *Montp.-Mont.*, 489, 490.
Arlin. *Als.*, 443, 812.
Arlocopus. *Als.*, 459.
Arlons (d'). *Guy.*, 741.
Arlon (d'). *Par.*, II, 473.
Arlos (d'). *Bourg.*, I, 14.
Arlot (d'). *Guy.*, 421, 441, 918.
Arlot. *Par.*, I, 299.
Arluc. *Prov.*, I, 262.
— *Prov.*, II, 536.
Arly. *Toul.-Mont.*, 254.
Armagnac. *Montp.-Mont.*, 1115, 1137.

— *Poit.*, 284, 329, 1470.
— *Toul.-Mont.*, 27.
Armaignac. *Guy.*, 909.
Armainville. *Dauph.*, 184.
Armand (d'). *Dauph.*, 94, 106, 179, 331, 339, 459, 482, 484, 583, 594.
Armand. *Lyon*, 530, 660.
— *Montp.-Mont.*, 793.
— *Orl.*, 480.
— *Par.*, II, 1125.
— *Poit.*, 1067.
— *Prov.*, I, 552, 754, 826.
— *Prov.*, II, 379, 389.
Armau (d'). *Toul.-Mont.*, 351, 300, 1409.
Armedée. *Par.*, 383.
Armedy. *Bourg.*, II, 112.
Armelin. *Prov.*, I, 454, 456, 995.
Armenauld. *Tours*, 129, 420, 561, 817, 1208.
Armenault. *Bourges*, 375.
— *Orl.*, 461, 960.
Armendaretz (d'). *Béarn*, 143.
Armengaud. *Toul.-Mont.*, 563, 712, 730, 1486.
Armenieu. *Prov.*, I, 1041.
Armentières (*ville*). *Fland.*, 161.
Armes (d'). *Bourb.*, 46, 254.
— *Guy.*, 326.
Armet. *Bourb.*, 87.
— *Bourg.*, I, 88.
Bourg., II, 554.
Armichon. *Tours*, 909.
Armissau. *Bret.*, II, 710.
Armite. *Prov.*, I, 946.
Armitte (d'). *Prov.*, II, 378.
Armoises (des). *Champ.*, 626.
— *Lorr.*, 57, 386, 410.
Armuriers (*communauté*). *Lorr.*, 672.
— *Poit.*, 364, 526.
Arnac (d'). *Bourges*, 81, 83.
— *Montp.-Mont.*, 379, 827.
— *Toul.-Mont.*, 226.
Arnail. *La Roch.*, 103.
Arnal (d'). *Guy.*, 812.
Arnal. *Montp.-Mont.*, 842, 845.
Arnattan. *Prov.* II, 740.
Arnaud. *Bret.* II, 395.
— *Bourg.*, I, 1010.
— *Dauph.*, 212, 410.
— *Guy.*, 144, 950.
— *Lyon*, 361, 525, 593.
— *Poit.*, 389, 411, 458, 485, 488, 501, 705, 720, 778, 860, 1058, 1088, 1112, 1113, 1139, 1175, 1212, 1241, 1351, 1486, 1447.

Arnaud. *Prov.*, I, 165, 239, 391, 432, 444, 453, 471, 568, 569, 651, 678, 783, 930, 971, 973, 997, 1043, 1046, 1049, 1067, 1089, 1093, 1099, 1185, 1205, 1212, 1279, 1335, 1410, 1412, 1433, 1437, 1448.
— *Prov.*, II, 50, 282, 329, 389, 397, 417, 434, 435, 437, 459, 546, 556, 565, 566, 570, 596, 605, 638, 679, 761, 782.
— *La Roch.*, 238, 386.
— *Soiss.*, 217.
— *Tours*, 42.
Arnaud (d'). *Montp.-Mont.*, 12, 484, 528, 739, 817, 820, 832, 1353.
— *Toul.-Mont.*, 558, 637.
Arnaud (des). *La Roch.*, 331.
Arnaudeau. *Poit.*, 1263.
Arnaudet. *Poit.*, 491, 551, 566, 707, 780, 1436.
Arnaudi. *Prov.*, II, 242, 254.
Arnaudin. *Guy.*, 736, 1195.
Arnauds (des). *Toul.-Mont.*, 89.
Arnauld. *Als.*, 557.
— *Auv.*, 193, 313.
— *Bourb.*, 134, 195, 216, 480, 564.
— *Lim.*, 40, 46, 229, 430.
— *Norm.-C.*, 411, 776.
— *Par.*, I, 4, 153, 166, 183, 216, 344.
— *Par.*, IV, 5.
— *Par.*, IV, 214.
— *Vers.*, 70, 133, 242.
Arnauds (des). *Tours*, 152, 554.
Arnault. *Orl.*, 350, 681.
— *Tours*, 439, 1352.
Arnavès. *Prov.*, I, 60.
Arne. *Toul.-Mont.*, 1262.
Arnel (d'). *Par.*, I, 184.
Arneuse (d'). *Pic.*, 699.
Arnois (des). *Norm.-R.*, 866, 1417.
Arnold. *Als.*, 163.
Arnoldi. *Als.*, 178.
Arnolet. *Par.*, III, 34.
Arnollet. *Guy.*, 618.
Arnolphini. *Par.*, II, 1089.
Arnoud. *La Roch.*, 177.
Arnoul. *Als.*, 711.
— *Bourb.*, 168.
— *Bourges*, 8.
— *Bourg.*, I, 447, 744, 1038.
— *Bret.*, II, 901.
— *Orl.*, 908.
— *Par.*, II, 862.
— *Poit.*, 885.

— *Prov.*, I, 600.
— *Vers.*, 156.
Arnoul (St-). *Dauph.*, 335.
Arnoul de Metz (St-). (*Abb.*). *Lorr.*, 391.
Arnoulet. *Champ.*, 76.
— *Par.*, II, 1120, 1265.
Arnoulph. *Bourg.*, I, 349.
Arnoult. *Champ.*, 563, 692.
— *Fland.*, 691.
Arnoult (d'). *Lorr.*, 51, 273 *bis*, 335, 477, 532.
Arnoult. *Soiss.*, 459, 776.
— *Tours*, 1191.
Arnouville. *Als.*, 71.
Arnoux. *Dauph.*, 352.
— *Poit.*, 525, 1203.
— *Prov.*, I, 314, 668, 693, 837, 857, 1160, 1205, 1207, 1401, 1403.
— *Prov.*, II, 383, 402, 500.
Arod (d'). *Lyon*, 29, 45, 1053.
Aronio. *Fland.*, 95, 96.
Arot. *Bret.*, I, 982.
Aroux. *Prov.*, II, 784.
— *Par.*, I, 1236.
Arpajon. *Par.*, III, 69.
Arparens. *Toul.-Mont.*, 368.
Arpin. *Par.*, II, 543.
Arqué (d'). *Guy.*, 854.
Arquebusiers (*commun.*). *Lorr.*, 609.
Arques (d'). *Guy.*, 295.
Arquier (d'). *Toul.-Mont.*, 332, 1246.
Arquès. *Guy.*, 378, 838, 1007.
Arquier. *Par.*, III, 188.
Arquiès. *Prov.*, I, 453, 471, 494, 871, 966.
Arquiès (d'). *Prov.*, II, 336, 339, 646, 757.
— *Toul.-Mont.*, 51, 58, 172, 508, 1227, 1240.
Arrac (d'). *Béarn*, 81.
Arragon (d'). *Montp.-Mont.*, 775.
Arragormez. *Auv.*, 43, 90, 284, 436.
Arras (d'). *Par.*, I, 386.
— *Soiss.*, 61.
— *Pic.*, 814.
Arrault. *Par.*, III, 143.
Arresche (d'). *Guy.*, 595.
Arrest (d'). *Norm.-R.*, 1153.
— *Par.*, I, 401.
— *Par.*, III, 367.
— *Pic.*, 552.
Arri (d'). *Lorr.*, 17.
Arriail (d'). *Guy.*, 1048.
Arribat (d'). *Toul.-Mont.*, 1071, 1083, 1086, 1088, 1103, 1104, 1408.

Arricault (d'). *Béarn*, 86.
Arrigran (d'). *Béarn*, 103, 108, 152.
Arrivé. *Poit.*, 358, 440, 507, 1190.
Arrivet. *Toul.-Mont.*, 1111.
Arroman (St-). *Toul.-Mont.*, 384, 1262, 1263.
Arros (d'). *Béarn*, 88, 100, 123, 124, 126.
— *Lorr.*, 186.
— *Montp.-Mont.*, 116.
Arrot (d'). *Par.*, I, 1335.
Arrouët. *Par.*, I, 1226.
Arsac (d'). *Tours*, 1151, 230.
Arsan. *Par.*, II, 775.
Arsat (d'). *Toul.-Mont.*, 1170.
Arsaud. *Prov.*, II, 825.
Arsaut (d'). *Béarn*, 93.
Arscheid. *Als.*, 692.
Arselin. *Guy.*, 1014.
Arsemalle (d'). *Poit.*, 195, 244, 357, 375, 381, 438, 613, 619, 736, 1148, 1178, 1194, 1227, 1242.
Arsi. *Lorr.*, 659.
Arson. *Bret.*, II, 24, 356, 512.
— *Bret.*, I, 931.
— *Par.*, III, 236, 362.
Arson (d'). *Toul.-Mont.*, 203, 485.
Arsonnal (d'). *Soiss.*, 241, 605.
Arsonval. *Champ.*, 170.
Arsonville (d'). *Bourges*, 48.
Artaise. *Champ.*, 386.
Artaud. *Dauph.*, 470, 495.
— *Guy.*, 974, 1010.
— *Lyon*, 68, 171, 514, 622, 628, 650, 1022, 1036.
— *Montp.-Mont.*, 71, 238, 609.
— *Prov.*, I, 284, 657, 691, 730, 733, 1045, 1130, 1371.
— *Prov.*, II, 368, 631, 661.
Artault. *Bourg.*, II, 90, 158, 250, 507.
— *Tours*, 149, 581, 934.
Artaut. *Auv.*, 179, 307, 454, 456, 465.
— *Bourb.*, 421, 433.
— *Toul.-Mont.*, 653.
Artaux. *Tours*, 827.
Artelier. *Orl.*, 426, 431.
Artemare (d'). *Voy.* Seyssel. *Bourg.*, I, 18.
Artez (d'). *Béarn*, 134.
Arthur. *Par.*, II, 1120.
Artier. *Prov.*, I, 1032.
Artignosse. *Prov.* I, 551.
Artigny (d'). *Poit.*, 1472.
Artigoïti (d'). *Lorr.*, 124.
Artigolles. *Guy.*, 976.

Artigue (d'). *La Roch.*, 298.
Artigue. *Prov.*, I, 151, 1205, 1234.
Artiguenave. *Guy.*, 335.
— *Norm.-R.*, 327.
Artiguères. *Toul.-Mont.*, 369.
Artigues. *Prov.*, II, 412, 433, 456.
Artigues (d'). *Béarn*, 97, 158.
Artius. *Tours*, 762.
Artiullin. *Prov.*, II, 681.
Artix (d'). *Guy.*, 760.
Artois (d'). *Par.*, I, 1235.
— *Pic.*, 668.
Artuis. *Bourges*, 46, 282.
Artur. *Bret.*, I, 80, 91, 154, 443, 651.
— *Bret.*, II, 20, 64, 65, 67, 462.
Artus. *Norm.-C.*, 504, 506, 517.
— *Pic.*, 379, 392.
— *Prov.*, I, 814.
— *Tours*, 733.
Arvé. *Bourb.*, 50.
Arvelli. *Prov.*, I, 808.
Arvey (d'). *Montp.-Mont.*, 119.
Arvieu. *Prov.*, I, 574, 820.
Arvieu (d'). *Montp.-Mont.*, 207.
Arvilars. *Dauph.*, 241.
Arvillon. *Bourb.*, 82, 86.
Arvisenet. *Bourg.*, II, 100.
Arviset. *Bourg.*, I, 81, 313.
— *Bourg.*, II, 78.
Arvizenet. *Bourg.*, I, 552, 563, 566, 592, 707, 715, 720, 724, 1103, 1211.
Arzac (d'). *Al.*, 377.
— *Dauph.*, 246, 298, 462.
Arzol. *Prov.*, II, 529.
Asfeld. *Lorr.*, 260.
Ashenes. *Par.*, II, 1062.
Asnières (d'). *La Roch.*, 97.
— *Poit.*, 35, 296, 297, 907.
Ason (d'). *Orl.*, 245.
Aspe (d'). *Béarn*, 133.
Aspe (d'). *Montp.-Mont.*, 1114.
— *Toul.-Mont.*, 132, 137.
Aspet. *Toul.-Mont.* (*ville*), 1333.
Aspremont. *Béarn*, 19.
— *Champ.*, 106, 151, 156.
— *Guy.*, 786, 1196, 1197.
— *Orl.*, 922.
— *Par.*, II, 1273.
— *Par.*, IV, 787.
Aspres (d'). *Al.*, 644.
Asque (d'). *Prov.*, I, 28.
Asques (d'). *Guy.*, 295.
Asquiès. *Prov.*, I, 128.
Assalenc. *Dauph.*, 168.
Assaly. *Poit.*, 139, 146, 168.

Assan. *Toul.-Mont.*, 815.
Assas (d'). *Montp.-Mont.*, 216, 217, 218, 1528.
— *Toul.-Mont.*, 918.
Assaulle. *Pic.*, 618.
Assauve. *Pic.*, 585.
Asse. *Bourges*, 407.
— *Prov.* I, 60, 934.
— *Prov.*, II, 451, 575.
Assé (d'). *Tours*, 52.
Asseaud (d'). *La Roch.*, 177.
Asseconde. *Pic.*, 761.
Asselin. *Al.*, 964.
— *Lyon*, 726.
— *Norm.-C.*, 228, 795.
— *Norm.-R.*, 12, 95, 424, 503, 518, 524, 535, 542, 656, 671, 679, 808, 830, 857, 871.
— *Orl.*, 796.
— *Par.*, II, 128, 795.
— *Par.*, III, 195.
Asselin (d'). *Par.*, I, 1281.
Asselineau. *Orl.*, 40, 355, 505.
Assescanti. *Champ.*, 185.
Asset. *Al.*, 573.
Assezat (d'). *Toul.-Mont.*, 39, 129.
Assi (d'). *Al.*, 65.
— *Bourges*, 307.
— *Lorr.*, 17, 161.
Assigni (d'). *Tours*, 16.
Assignies (d'). *Fland.*, 398, 828, 1008.
— *Pic.*, 159, 799.
Assigny. *Orl.*, 961.
— *Par.*, IV, 446, 530.
— *Vers.*, 74, 80.
Assigny (d'). *Bourg.*, I, 573.
Assolent. *Auv.*, 109, 143, 355.
Asson (d'). *Poit.*, 1293.
Assonval (d'). *Pic.*, 803.
Assonville (d'). *Soiss.*, 319.
Assy (d'). *Bourb.*, 59, 311.
— *Pic.*, 680.
Ast (d'). *Guy.*, 1069.
Astaffort (d'). *Guy.*, 1069.
Astaing (d'). *Norm.-C.*, 414, 494.
Astarac. *Toul.-Mont.*, 987, 1275, 1297.
Astauret (d'). *Guy.*, 35.
Astavières. *Auv.*, 184.
Aste (d'). *Guy.*, 9.
— *Toul.-Mont.*, 34.
Astenière. *Montp.-Mont.*, 127.
Astenoi (d'). *Lorr.*, 331.
Astier. *Auv.*, 19, 119, 173.
— *Montp.-Mont.*, 13, 127.

— *Prov.*, I, 1321.
Astier (d'). *Al.*, 445.
— *Dauph.*, 503.
— *Prov.*, II, 41, 537, 592, 567, 706.
Astier (St-). *Fland.*, 1481.
Astiers (des). *Bourb.*, 114.
Astaing (d'). *Toul.-Mont.*, 377, 378.
Astis (d'). *Béarn*, 92.
Astoin. *Prov.*, II, 501.
Aston (d'). *Guy.*, 643.
Astorg. *Par.*, II, 982.
Astorg (d'). *Toul.-Mont.*, 97, 1284.
Astour. *Prov.*, II, 431.
Astre. *Prov.*, II, 222, 223.
Astron. *Par.*, II, 259.
— *Poit.*, 1549.
Astron (d'). *Par.*, III, 249.
— *Vers.*, 15, 62.
Astruc. *Montp.-Mont.*, 11, 209, 332, 626.
— *Toul.-Mont.*, 938.
Astugue. *Toul.-Mont.*, 353, 1339.
Astugue (d'). *Montp.-Mont.*, 1132, 1133.
Atenous (d'). *Bret.*, I, 346.
Ath (d'). *Pic.*, 808.
Athéaud. *Lyon*, 813, 817.
Athenas. *Soiss.*, 45, 199, 209, 213, 439, 649.
Atheume. *Lyon*, 298.
Athie (d'). *Soiss.*, 792.
Athies (d'). *Fland.*, 1277.
Athinas. *Norm.-R.*, 550.
Athis (d'). *Par.*, IV, 88.
Attanous. *Prov.*, I, 174, 187, 192, 1322.
Attapis (d'). *Prov.*, II, 329.
Attenot. *Dauph.*, 357, 491.
Attenoux. *Prov.* II, 7, 586.
Atteyrac. *Montp.-Mont.*, 463.
Attie. *Toul.-Mont.*, 956.
Attier. *Prov.*, I, 1059.
Aubert. *La Roch.*, 233.
Aubagne (*Bar.*). *Prov.*, I, 422.
Aubaneau. *Poit.*, 332.
Aubani. *Prov.*, I, 741, 1267.
Aubant. *Fland.*, 836.
Aubarede (d'). *Bourg.*, I, 650.
— *Lyon*, 18, 19, 831.
Aubart. *Prov.*, II, 170.
Aube. *Dauph.*, 167.
— *Prov.*, I, 126, 954, 1185, 1209, 1242, 1243.
Aubé. *Pic.*, 409, 716, 833, 852. 853.
— *Soiss.*, 282.

Aubel. *Bourg.*, I, 445.
Aubenton. *Soiss.*, 821.
Aubépin. *Bourges.*, 527.
Aubepeyre. *Toul.-Mont.*, 1112.
Auberbose (d'). *Norm.-R.*, 858.
Aubereau. *Par.*, II, 865.
Auberée. *Norm.-C.*, 563.
Auberger. *Bourb.*, 502.
Aubergeon. *Toul.-Mont.*, 791.
Aubergue (d'). *Prov.*, I, 922.
Auberi. *Norm.-R.*, 111.
— *Par.*, I, 34, 283, 1398.
— *Poit.*, 281.
— *Tours*, 143, 356, 482.
Auberjon. *Dauph.*, 256, 433, 633.
Auberlique. *Pic.*, 408.
Aubermont (d'). *Fland.*, 77.
Aubernon. *Lyon.*, 637.
Auberoche. *Lim.*, 221.
Auberon. *Par.*, II, 1094, 1110.
Auberre (V.). *Lim.*, 432.
Auberrin *Als.*, 772.
Aubert. *Al.*, 13, 74, 215, 218, 468,
  504, 627, 727, 759, 817, 963, 992,
  995, 996, 1097, 1186.
— *Auv.*, 312, 464, 594.
— *Bourb.*, 149, 267, 388.
— *Bourg.*, I, 348, 723.
— *Bourg.*, II, 490.
— *Bret.*, I, 9, 204, 205, 321.
— *Bret.*, II, 49, 144.
— *Dauph.*, 166, 413.
— *Lyon*, 318.
— *Lorr.*, 616.
— *Montp.-Mont.*, 587, 611.
— *Norm.-C.*, 170, 414, 491, 493,
  512, 566.
— *Norm.-R.*, 8, 90, 267, 334, 386,
  488, 522, 526, 661, 927, 929, 1090,
  1162, 1168, 1169, 1226, 1229.
— *Par.*, I, 72, 556, 522, 1012, 1403.
— *Par.*, II, 647, 665, 676, 739, 886,
  924.
— *Par.*, III, 135, 214, 232, 293, 508,
  582.
— *Par.*, IV, 92, 95, 442, 535.
— *Pic.*, 858, 869, 150.
— *Poit.*, 184, 881, 1035.
— *Prov.*, I, 113, 279, 328, 575, 673,
  694, 723, 772, 824, 871, 878, 1025,
  1080, 1090, 1103, 1106, 1128, 1166,
  1169, 1171, 1175, 1189, 1193, 1209,
  1213, 1244, 1363, 1417, 1422, 1423.
— *Prov.*, II, 195, 330, 381, 388, 436,
  581, 547, 605, 649, 691, 709, 720,
  744, 772, 773, 799, 800, 822.

— *Soiss.*, 37, 306, 321, 548.
— *Toul.-Mont.*, 714.
— *Tours*, 247, 286, 341, 793, 889,
  900, 1105, 1112.
— *Vers.*, 8.
Aubert (d'). *Guy.*, 54, 539, 871, 953.
Aubertin. *Als.*, 775.
— *Champ.*, 218, 219, 237, 405, 418.
Aubertin (d'). *Lorr.*, 468.
Auberville. *Norm.-R.*, 453.
Aubery. *Bourb.*, 22, 267.
— *Bret.*, I, 278.
— *Orl.*, 149.
— *Par.*, II, 372, 448, 620, 1271.
— *Pic.*, 4.
Aubespin (l'). *Lyon*, 241, 1010.
— *Par.*, I, 990.
Aubespine (l'). *Par.*, I, 50, 51, 74,
  305, 435.
— *Par.*, III, 73, 91.
Aubier. *Prov.*, I, 1407.
Aubigant. *Par.*, IV, 519.
Aubigné. *Par.*, II, 704, 1233.
Aubigné (d'). *Tours*, 96, 98, 167,
  358, 1519.
— *Bourges*, 77, 79, 479.
Aubigni (d'). *Lorr.*, 386.
Aubigny. *Bret.*, II, 332.
Aubigny (d'). *Pic.*, 35.
— *Soiss.*, 657.
Aubilli (d'). *Lorr.*, 22, 164.
Aubin. *Al.*, 289, 748, 1034, 1240.
— *Bret.*, 198, 318.
— *Bret.*, II, 586, 803, 804.
— *Dauph.*, 586.
— *Lyon*, 146.
— *Norm.-C.*, 702.
— *Par.*, I, 175, 1334.
— *Poit.*, 863.
— *Prov.*, I, 242, 1023, 1336, 1354,
  1361, 1365.
— *Soiss.*, 338.
— *Tours*, 28, 802, 916, 943, 1275,
  1359.
Aubin (St-). *Al.*, 888.
— *Bourb.*, 108.
— *Bourg.*, II, 359.
— *Bret.*, I, 509.
— *Bret.*, II, 208.
— *Lor.*, 608, 616, 619.
— *Pic.*, 714.
Aubinat. *Guy.*, 946.
Aubine (d'). *Pic.*, 171.
Aubineau. *Poit.*, 49, 1493.
— *Tours*, 487, 753, 1351.
Aubinot. *La Roch.*, 148.

Aubisson. *Toul.-Mont.*, 27, 206, 455.
Aubley (d'). *Par.*, IV, 383.
Auboineau. *La Roch.*, 281, 284.
Aubois. *Champ.*, 694.
Aubonne. *Bourg.*, I, 774.
Aubonnet. *Bourges*, 426.
— *Par.*, IV, 398.
Aubost (d'). *Auv.*, 431.
Aubouin. *Par.*, I, 1063.
Aubourg. *Norm.-R.*, 65, 724.
— *Par.*, II, 808, 817, 818.
— *Par.*, IV, 126, 129, 251.
— *Poit.*, 1416.
Aubourg (d'). *Soiss.*, 136.
Auboux. *Bourb.*, 334.
— *Toul.-Mont.*, 363.
Aubraï. *Norm.-R.*, 731.
Aubrehausen (d'). *Lorr.*, 175.
Aubrelique. *Par.*, II, 773.
— *Par.*, II, 562.
— *Soiss.*, 132, 740.
Aubri. *Al.*, 1131.
— *Champ.*, 237, 495, 712, 738, 854.
— *Guy.*, 816.
— *Lorr.*, 601, 665.
— *Norm.-C.*, 1.
— *Norm.*, 387, 511, 930, 1336.
— *Par.*, I, 74, 290, 298, 884, 935, 1064, 1139.
— *Par.*, II, 113, 725, 1192.
— *Tours*, 658, 807, 1044, 1155, 1269, 1355, 1398.
Aubron. *Norm.-R.*, 1228.
— *Tours*, 150, 971.
Aubrun. *Bourges*, 255.
Aubry. *Bret.*, I, 252, 919.
— *Bret.*, II, 60, 506.
— *Lyon*, 219, 221, 782.
— *Par.*, III, 415.
— *Poit.*, 991, 1124, 1140.
— *Soiss.*, 463.
Auburgeois. *Lim.*, 140, 338.
Auburtin (d'). *Lorr.*, 181, 196, 212, 216, 226, 383, 621, 629, 630, 631, 650, 652, 654.
Aubusson. *Auv.*, 30, 352.
— *Bourb.*, 360.
— *Guy.*, 248, 419, 424.
— *Lim.*, 14, 185, 186, 187.
— *Par.*, I, 1040.
Aubusson (d'). *Lorr.*, 682.
Aucelle (d'). *Pic.*, 774.
Auch. *Montp.-Mont.* (*ville*), 1135.
Auché (d'). *La Roch.*, 292.
Auchein. *Lorr.*, 456.

Aucieux. *Toul.-Mont.*, 461.
Auclerc, *Bourg.*, II, 221.
Aucline. *Par.*, 56.
Aucoing. *Guy.*, 530.
Audart. *Norm.-R.*, 925.
Audat. *Guy.*, 133.
Aude. *Prov.*, II, 792.
Aude (d'). *Montp.-Mont.*, 223, 267.
Audean. *Orl.*, 672.
Audebart (d'). *Guy.*, 291.
Audebault. *Poit.*, 500, 1370.
Audebert. *Guy.*, 194.
— *La Roch.*, 107.
— *Lim.*, 287, 291.
— *Poit.*, 22, 315, 468.
— *Prov.*, I, 1344.
— *Tours*, 1040.
Audebran (d'). *Auv.*, 366, 396.
Audebran. *Poit.*, 927, 1402.
Audebrand (d'). *Bourb.*, 335, 575.
Audefret (d'). *Montp.-Mont.*, II, 220.
Audelan. *Fland.*, 1494.
Audelat (d'). *Auv.*, 525.
Audemar *Dauph.*, 420.
— *Prov.*, I, 1058, 1148.
— *Prov.*, II, 437.
Audemard. *Montp.-Mont.*, 874, 1319, 1334.
Auden. *Prov.*, I, 1016.
Audenac (d'). *Poit.* 769.
Audenet (d'). *La Roch.*, 226.
Audenfort (d'). *Pic.*, 216, 219.
Audet. *Bourges*, 304.
— *Bret.*, I, 507.
— *Lim.*, 84.
Audeville (d'). *Lorr.*, 151, 165.
Audibert. *Prov.*, I, 41, 57, 68, 112, 463, 670, 839, 937, 941, 1144, 1165, 1228, 1267, 1427.
— *Prov.*, II, 350, 451, 538, 551, 680.
— *Vers.*, 247.
Audibert (d'). *Dauph.*, 328.
— *Montp.-Mont.*, 196, 480, 486, 487.
— *Par.*, I, 759.
— *Par.*, II, 1188.
— *Toul.-Mont.*, 33, 300, 1486.
Audibon. *Poit.*, 1206.
Audic. *Bret.* II, 601.
Audier. *Prov.*, II, 219, 376.
— *Poit.*, 1020.
Audiffren. *Prov.*, I, 84, 157, 1164, 1203.
Audiffret. *Dauph.*, 463, 519.
Audiffret (d'). *Prov.*, I, 533, 552, 618.
Andiffrey (d'). *Par.*, 419.
Audifredi. *La Roch.*, 43.

Audifret (d'). *Prov.*, 42, 62, 67, 516, 578, 613, 614, 616, 617.
Audiger. *Par.*, i, 965.
— *Par.*, ii, 62, 126, 364.
— *Poit.*, 762.
Audigné (d'). *Par.*, ii, 723.
Audiguière (d'). *Par.*, i, 1086.
Audineau. *Poit.*, 1181.
Audinet. *Lorr.*, 17.
— *Poit.*, 779, 789, 797, 981.
Audinot. *Par.*, iii, 396.
Audiquet. *Pic.*, 583, 586.
Audoineau. *Lim.*, 344.
Audon. *Prov.*, ii, 299.
Audouin. *Bret.*, ii, 200, 470, 679, 680.
— *La Roch.*, 108.
— *Lim.*, 355.
— *Toul.-Mont.*, 234.
— *Tours*, 60, 100, 155, 568, 1276.
— *Poit.*, 1366, 1374.
Audouis. *Tours*, 928.
Audoul. *Par.*, i, 319.
Audoux. *Bourges*, 452, 456.
Audoux (d'). *Montp.-Mont.*, 1049.
Audoyer. *Montp.-Mont.*, 528, 596.
— *Poit.*, 232, 1143.
Audran. *Al.*, 613.
— *Als.*, 765.
Audren. *Bret.*, i, 112, 556, 557.
— *Bret.*, ii, 95, 285, 381, 604, 605, 1137.
Audri. *Lorr.*, 650.
— *Prov.*, ii, 207, 835.
Audrimont (d'). *Fland.*, 13, 242.
Audry. *Orl.*, 369, 463, 493.
Auduel. *Norm.-C.*, 795.
Audun. *Prov.*, ii, 258.
Audureau. *Poit.*, 1113, 1149.
Auduvert. *Lim.*, 433.
Auduy. *Bourg.*, i, 1246.
Aufans. *Prov.*, i, 1229, 1041.
Aufaure, *Bourb.*, 510, 568.
Auffier. *Prov.*, i, 678, 695, 1053.
Auffray. *Bret.*, 131, 677, 827.
— *Bret.*, ii, 23, 204, 272, 393.
Auffredic. *Bret.* i, 643.
Auffroy. *Par.*, iv, 564.
— *Norm.-C.*, 795.
Aufossi. *Par.*, i, 701.
Aufrery (d'). *Toul.-Mont.*, 7, 39.
Aufrai. *Tours.*, 932, 944.
Aufroi. *Par.*, i, 736.
Aufroy. *Par.*, iii, 184.
Augai. *Bourges*, 431.
Augarde. *Prov.*, ii, 109.

Auge (d'). *Norm.-C.*, 15.
— *Norm.*, 321, 328, 357, 1125.
— *Al.*, 305, 614.
Augeard. *Tours*, 24, 900.
Augeard (d'). *Guy.*, 367, 1114.
Augecourt. *Lorr.*, 538.
Auger. *Bourb.*, 515.
— *Bourges*, 279.
— *Lorr.*, 507.
— *Norm.-C.*, 250.
— *Norm.-R.*, 1337.
— *Orl.*, 539, 540, 917, 919.
— *Par.*, ii, 420, 931.
— *Par.*, iii, ⌐53.
— *Par.*, i'', 755.
— *Poit.*, 898, 913, 1061, 1151, 1391, 1487.
— *Prov.*, 424.
— *Soiss.*, 327.
— *Tours*, 758, 1054, 1056, 1283, 1295.
— Auger (d'). *Champ.*, 146, 250, 251, 272.
— *Vers.*, 49.
Augerand. *Guy.*, 170.
Augeran. *Poit.*, 265.
Augereau. *Poit.*, 836.
Augeri. *Prov.*, i, 175, 933.
Augerolle (d'). *Auv.*, 183.
Augeron. *Tours*, 1306.
Augery (d'). *Fland.*, 349.
Auges (des). *Bret.*, i, 52.
— *Poit.*, 429.
Auget. *Par.*, i, 954, 1040.
— *Par.*, ii, 1053.
— *Par.*, iii, 18.
— *Prov.*, ii, 566.
Augezi. *Prov.*, ii, 620.
Augias. *Prov.*, i, 86, 1183, 1202.
Augier. *Auv.*, 163, 242.
— *Bourb.*, 571.
— *Bourges*, 20.
— *Guy.*, 198, 303, 1023.
— *La Roch.*, 314, 412.
— *Montp.-Mont.*, 834.
— *Norm.-R.* 116.
— *Par.*, ii, 739.
— *Par.*, iii, 284.
— *Poit.*, 135, 494, 547, 552.
— *Prov.*, i, 252, 1025, 1104, 1164, 1261, 1333.
— *Prov.*, ii, 431, 534, 836.
— *Toul.-Mont.*, 1415.
Augières (d'). *Prov.*, ii, 74.
Augiron (d'). *Guy.*, 312.
Augrat. *Lyon*, 224.

Augris. *Poit.*, 867.
Augron. *Poit.*, 45, 47, 61, 150, 1478, 1481.
Augry. *Orl.*, 235.
Auguadrio. *Als.*, 5.
Auguet. *Bourg.*, II, 564, 566.
— *Prov.*, I, 1322.
Auguetin. *Al.*, 375.
Augui. *Poit.*, 1018, 1027.
Auguier. *Par.*, I, 483, 485.
Augustin. *Bourges*, 263.
Augustine. *Bret.*, I, 348.
Augustine (d'). *Prov.*, I, 1014.
— *Prov.*, II, 367.
Augustins (*relig.*). *Poit.*, 428.
Augustins de Metz (les). *Lorr.*, 627.
Aujac (d') (*ville*). *La Roch.*, 408.
Aujas. *Bourg.*, I, 420.
— *Bourg.*, II, 218, 375.
Aujay. *Bourb.*, 494, 495, 516.
Aulaire (St-). *Guy.*, 439, 440, 661, 804, 945.
— *Lim.*, 122, 402.
— *La Roch.*, 107, 110, 375.
Aulant. *Fland.*, 149.
Aulard. *Lyon*, 1838.
— *Prov.*, II, 774, 775.
— *Toul.-Mont.*, 678.
Aulay (St-). *La Roch.*, 391.
Auléide (d'). *Guy.*, 45, 800.
Aulleron. *Bret.*, II, 419.
Aulnette. *Bret.*, II, 769.
— *Bret.*, I, 217, 424.
Aulniers (d'). *Pic.*, 172.
Aulnin (d'). *La Roch.*, 87.
Ault (d'). *Pic.*, 266, 647.
Aumagny (d'). *Tours*, 354.
Aumaistre. *Als.*, 428.
— *Bourb.*, 19, 29, 108.
— *Bret.*, I, 76.
Aumale (d'). *Norm.-R.*, 1406.
— *Par.*, I, 11.
Aumale. *Par.*, III, 46.
— *Pic.*, 43.
Aumalle (d'). *Pic.*, 48.
— *Soiss.*, 526.
Aumas (d'). *Prov.*, II, 934.
Aumasif. *Guy.*, 865.
Aumazan (*ville*). *Toul.-Mont.*, 1304.
Aumeran. *Prov.*, I, 727.
Aumesnil (d'). *Norm.-C.*, 152, 157, 413, 480, 602.
— *Norm.-R.*, 586.
Aumont (d'). *Al.*, 31, 48, 546, 745, 753.
Aumont. *Par.*, I, 94, 132, 629, 1268.

— *Par.*, II, 166.
— *Par.*, III, 463, 468, 477, 512.
— *Poit.*, 656, 1152, 1176.
— *Tours*, 1431.
— *Vers.*, 143.
Aumosne (l'). *Al.*, 32, 220, 240, 329, 425, 460, 766, 895, 1127.
— *Norm.-C.*, 700.
Aumosnier. *Poit.*, 1033.
Aumosnier (l'). *Par.*, IV, 702.
Aunac (d'). *Toul.-Mont.*, 307.
Aunai (d'). *Champ.*, 137, 138, 224, 292, 465.
— *Norm.-C.*, 183.
— *Par.*, I, 183.
Aunais (des). *Tours*, 1159, 1188.
Aune. *Prov.*, I, 154.
Auneux (d'). *Fland.*, 290.
Auneville (d'). *Norm.-C.*, 63, 272, 273, 753.
Aunil. *Toul.-Mont.*, 735.
Aunillon. *Paris*, I, 54.
Aunis. *La Roch.*, 318.
Aunois (des). *Orl.*, 909, 918.
Auphan. *Prov.*, II, 651.
Aupepin. *Bourges*, 19.
Aupetit. *Bourb.*, 619.
Aupié. *Bourges*, 256.
Aupoix. *Al.*, 325.
— *Norm.-C.*, 35, 111, 183, 411.
— *Norm.-R.*, 304.
Auprat. *Prov.*, I, 596.
Aups (V.). *Prov.*, I, 182.
Aups (d'). *Prov.*, II, 837.
Auquier. *Prov.*, II, 618.
Aurain. *Orl.*, 716.
Auran. *Prov.*, I, 1085.
Auray. *Bret.*, II, 108.
Aurbach (d') *ou* Ausberg. *Als.* 388.
Aure (d'). *Toul.-Mont.*, 419.
Aureau. *Bourges*, 49.
Aureille (d'). *Auv.*, 75, 253.
Aurel (*bar.*). *Prov.*, II, 360.
— *Toul.-Mont.*, 649.
Aurelle (d'). *Auv.*, 420, 461.
Aurens (St-). *Par.*, II, 896.
Aurep. *Prov.*, II, 717.
Auret. *Toul.-Mont.*, 713.
Auri. *Bourges*, 116.
Auriac (d'). *Dauph.*, 423.
Auriac. *Toul.-Mont.*, 373.
Aurial. *Auv.*, 232.
Auriat (d'). *Auv.*, 383, 484.
Aurière. *Dauph.*, 511.
Auriguac. *Toul.-Mont.* 636, 1337.
Aurillon. *Bourg.*, II, 630.

Arillon (?). *Par.*, II, 57.
Aurillot (d'). *Champ.*, 537.
Auriol (d'). *Dauph.*, 414.
Auriol. *Prov.*, I, 936.
— *Prov.*, II, 508.
— *Toul.-Mont.*, 86, 132, 143, 583, 714, 871, 1477.
Auriole. *Bourges*, 455.
Auroüin. *Norm.-R.*, 737.
Aurousset. *Bourb.*, 304, 539.
Auroute. *Prov.*, II, 565.
Auroux. *Al.*, 648.
— *Bourb.*, 207.
— *Par.*, II, 1118.
Aussaguel, *Toul.-Mont.*, 127.
Aussback. *Als.*, 890.
Aussède. *Lyon*, 997.
— *Lyon*, 83, 547.
— *Prov.*, I, 1401.
Ausselin, *Pic.*, 790.
Aussenac, *Toul.-Mont.*, 703.
Aussoin (d'). *Orl.*, 1016.
Aussy (d'). *Orl.*, 285, 989.
Austry (d'). *Montp.-Mont.*, 1213.
— *Toul.-Mont.*, 26, 203, 467, 513.
Autane (d'). *Dauph.*, 497, 503.
— *Prov.*, I, 987.
Autard. *Dauph.*, 504.
Autecloche (d'). *Bourg.*, II, 14, 491.
Autefort. *Guy.*, 1076, 363, 422, 433, 456.
— *Montp.-Mont.*, 1545.
— *Par.*, I, 1176, 1179.
— *Par.*, II, 863.
Autels (des). *Bourg.*, I, 294, 297.
Auteman. *Bourg.*, II, 479.
Autemar, *Montp.-Mont.*, 780.
Auterive (d'). *Montp.-Mont.*, 173.
— *Tours*, 351.
Auteville (d'). *Prov.*, I, 908, 1301.
Auteroche (d'), *Auv.*, 391, 458, 462, 500, 515.
— *Bourg.*, 438.
Autezat (d'). *Auv.*, 186, 486.
Autheman. *Prov.*, I, 437, 439.
— *Prov.*, II, 303, 688, 700.
Autherive. *Toul.-Mont.*, 127, 167, 851.
Auterviez (d'). *Montp.-Mont.*, 130.
Autheville. *Montp.-Mont.*, 630, 633,
Authié. *Toul.-Mont.*, 1315, 1316.
Authier. *Lim.*, 230.
Authier (d'). *Orl.*, 72, 184.
— *Par.*, I, 429.
— *Poit.*, 1489.
Authuil. *Bret.*, II, 670.

Authon (d'). *Poit.*, 602, 1535, 1536.
Authun. *Bourg.*, I, 367.
Autiboul. *Prov.*, I, 1264.
Autier. *Auv.*, 245.
Autier (d'). *Prov.*, I, 932, 1277.
Autignac (d'). *Champ.*, 539.
Autigni. *Bourges.*, 260, 449.
Autin. *Par.*, III, 185.
— *Poit.*, 488.
Autran. *Prov.*, I, 1399, 1443.
— *Vers.*, 76.
Autri (*ab.*). *Lorr.*, 511.
Autri (d'). *Par.*, I, 129.
Autric. *Prov.*, I, 438.
Autric (d'). *Prov.*, II, 602.
Autriche. *Bourges*, 60.
— *Lorr.*, 29.
Autrichon. *Fland.*, 1272.
Autricole (d'). *Lyon*, 154.
Autrieux. *Als.*, 502.
Autrivay. *Montp.-Mont.*, 13, 19, 271,
Autron. *Bret.*, I, 638.
Autry (d'). *Orl.*, 41, 43.
Auvé. *Tours*, 338, 341.
Auvelier. *Montp.-Mont.*, 262, 273.
Auvelle. *Prov.*, I, 1334.
Auvelli. *Prov.*, I, 736, 1259.
Auventi. *Prov.*, I, 1308.
Auvergnat (l'). *Guy.*, 169, 1012, 532.
Auvergne (d'). *Bourges*, 182.
— *Norm.-R.*, 348.
— *Orl.*, 554, 1003.
— *Bret.*, I. 335.
— *Par.*, I, 1359.
— *Al.*, 931.
— *Pic.*, 738
— *Prov.*, I, 270.
Auverne (d'). *Norm.-C.*, 606.
Auvilar (*ville*). *Toul.-Mont.* 1200.
Auviller (d'). *Soiss.*, 369.
Auvilliers (d'). *Par.*, II, 980.
Auvin (St-). *La Roch.*, 109.
Auvoil. *Bret.*, 177.
Auvrai. *Al.*, 99, 308, 608, 751, 891, 1050, 1177.
— *Norm.-C.*, 108, 112, 220, 371, 421, 583, 763.
— *Norm.-R.*, 139, 899.
— *Par.*, I, 582, 1158.
Auvrard. *La Roch.*, 268.
Auvray. *Orl.*, 674.
— *Par.*, II, 497, 628.
— *Tours*, 1090, 1510.
Auvril. *Bret.*, I, 430, 458.
— *Bret.*, 29.
— *Orl.*, 957.

— *Tours*, 181, 889, 897.
Auvry. *Par.*, IV, 543.
Aux (d'). *Guy.*, 172, 502.
— *Poit.*, 440, 705, 692, 1155, 1459, 1469.
Aux (des). *Bourges*, 457.
Auxais (d'). *Norm.-C.*, 48, 53, 54, 56, 57, 59, 227, 287, 294, 314, 422, 463, 743.
Auxcouteaux. *Par.*, IV, 134.
— *Pic.*, 85.
Auxillon. *Montp.-Mont.*, 318.
Auxin (d'). *Lorr.*, 605.
Auxion. *Montp.-Mont.*, 1128, 1183.
Auxion (d'). *Toul.-Mont.*, 321, 1381.
Auxenne. *Bourg.*, I, 498.
Auxy. *Par.*, II, 509.
Auxy (d'). *Par.*, IV, 114, 561, 732.
ᵃ Auzan (d'). *Par.*, II, 315.
Auzance. *Bourb.*, 579.
Auzanet. *Bourg.*, II, 617.
— *Par.*, II, 8, 293, 309.
Auzas. *Montp.-Mont.*, 1344.
Auzaunet. *Par.*, I, 1159, 1285.
Auzément. *Lorr.*, 631.
Auzeretz. *Toul.-Mont.*, 672.
Auzières (d'). *Montp.-Mont.*, 59, 932.
Auzolle (d'). *Auv.*, 204.
Auzon. *Norm.-R.*, 825.
Auzoul. *Norm.-R.*, 791, 817.
Availle (d'). *Poit.*, 531.
Avaine. *Norm.-C.*, 433.
Avanne (d'). *Tours*, 1509.
Avansens (d'). *Béarn*, 84.
Avaugour. *Bret.*, I, 172, 495.
Avaux (d'). *Soiss.*, 564.
Aveine (d'). *Dauph.*, 162.
— *Lyon*, 37, 366.
Avejouls. *Toul.-Mont.*, 1108.
Aveline. *Al.*, 629, 886, 1063.
— *Norm.-R.*, 737.
— *Par.*, I, 135, 151.
— *Tours*, 7, 48, 77, 486, 498.
Avénant. *Al.*, 1234.
Avenel. *Bret.*, II, 600.
— *Norm.-C.*, 538, 588, 789, 791.
— *Norm.-R.*, 308.
Avenet. *Tours*, 1369.
Avenheim (d'). *Als.*, 489.
Avenier. *Al.*, 273.
Avennes (d'). *Norm.-R.*, 1056.
Averdoing (d'). *Par.*, II, 39.
Averel. *Norm.-C.*, 557, 582.
Averhoult (d'). *Champ.*, 144, 145.
— *Pic.*, 861.
— *Soiss.*, 140.

Averti. *Poit.*, 1215.
Averton (d'). *Orl.*, 267.
— *Tours*, 278, 906.
Avesdoing (d'). *Par.*, I, 604, 913, 1057, 1082.
Avesgo (d'). *Al.*, 28, 29, 34, 160, 192, 531, 554, 557.
Avesne (d'). *Champ.*, 105.
— *Montp.-Mont.*, 1269.
— *Par.*, I, 1289.
— (*Ville*), *Fland.*, 78, 114, 1316.
Avessens (d'). *Toul.-Mont.*, 20, 510, 854.
Avet. *Fland.*, 650, 698.
— *Pic.*, 620.
Avetel (d'). *Guy.*, 916.
Avety. *Bret.*, II, 539, 540.
Avezan (d'). *Pic.*, 10.
Avi. *Norm.-R.*, 736.
Avi (St-). *Par.*, II, 115.
Avice. *Bret.*, I, 331.
— *Norm.-C.*, 96, 244, 253, 325.
— *Norm.-R.*, 767.
— *Par.*, I, 165.
— *Par.*, II, 860.
— *Poit.*, 141, 160, 389.
Avigher. *Fland.*, 516, 591.
Avignon. *Lyon*, 665.
— *Prov.*, II, 73, 78, 162, 698, 706.
Avignon (d'). *Dauph.*, 45.
— *Fland.*, 1363.
— *Orl.*, 186, 607, 609, 611, 686.
— *Vers.*, 27.
Avile. *Par.*, III, 433.
Avinot. *Poit.*, 561.
Avis. *Lorr.*, 348.
Avisson (d'). *Par.*, II, 982.
Avizart (d'). *Toul.-Mont.*, 6, 18, 26, 39.
Avocat (l'). *Par.*, II, 553.
Avocats. *Poit.*, 1007, 1191.
Avoine (d'). *Bret.*, I, 496.
— *Tours*, 339, 538, 539, 1514.
Avoir (d'). *Poit.*, 1124.
Avoisne. *Al.*, 529.
Avold (St-) (*ville*). *Lorr.*, 610.
Avollée (d'). *Par.*, I, 19, 1235.
Avon. *Prov.*, I, 990.
— *Prov.*, II, 262, 557.
Avonil. *Toul.-Mont.*, 1356.
Avoud. *Prov.*, I, 89.
Avoust (d'). *Al.*, 180, 883.
— *Bourg.*, II, 245, 251.
— *Norm.-R.*, 29.
— *Vers.*, 51.
Avranches. *Norm.-C.*, 338.

Avril. *Bret.*, ɪ, 294, 746.
Avril. *Bret.*, ɪɪ, 490, 504, 1021, 1040.
— *Limous.*, 402, 314, 387.
— *Norm.-C.*, 434.
— *Par.*, ɪɪ, 306.
— *Prov.*, ɪ, 684, 902, 943.
— *Prov.*, ɪɪ, 497.
— *Tours*, 62, 565, 583, 601, 689, 791, 894, 905, 926, 1267, 1270.
Ax (d'). *Montp.-Mont.*, 1073.
— *Toul.-Mont.*, 1318.
Axter. *Als.*, 124.
Ay (d'). *Montp.*, 1165, 1168.
Ayette. *Prov.*, ɪɪ, 454.
— *Par.*, ɪɪɪ, 434.
Ayral. *Montp.*, 1214.

Ayrole (d'). *Montp.*, 518.
Azan. *Prov.*, ɪ, 392.
— *Auv.*, 352.
Azay (*ville*). *Tours*, 846.
Aze. *Norm.-C.*, 525.
Azamar. *Toul.-Mont.*, 187, 285, 302, 454, 633, 654, 1042, 1084, 1118, 1122, 1163.
— *Montp.-Mont.*, 15, 98, 299, 301, 343, 510, 1367.
Azemart. *Par.*, ɪv, 506.
Azemeres (d'). *Toul.-Mont.*, 502.
Azerol. *Toul.-Mont.*, 387.
Azie (d'). *Al.*, 520.
Azire. *Al.*, 42, 780.
Aziren. *Guy.*, 1033.

B

Babaud. *Lorr.*, 634.
— *Tours*, 875, 1140.
Babault. *Orl.*, 953, 957.
— *Poit.*, 768, 817, 922, 1524, 1526.
— *Rouen.* 90, 800.
Babaut. *Bret.*, ɪɪ, 107, 382.
Babel. *Par.*, ɪ, 1220.
Babert. *Poit.*, 920.
Babi. *La Roch.*, 354.
Babin. *Poit.*, 190, 452, 704, 773, 787, 887, 1154, 1198.
— *Tours*, 922, 945, 987, 1060, 1127, 1138.
Babinet. *Par.*, ɪ, 1192.
— *Par.*, ɪɪɪ, 329.
— *Poit.*, 38, 41, 452, 759.
Babiot. *Limous.*, 321.
Babon. *Bourges*, 387.
Baboulène. *Guy.*, 1124.
Babout. *La Roch.*, 127.
Babut. *Guy.*, 1094.
— *Montp.-Mont.*, 1165.
Bac (du). *Auv.*, 321, 513, 522.
— *Guy.*, 30.
— *Montp.-Mont.*, 427, 441.
— *Poit.*, 463.
Bacalan. *Guy.*, 159, 307, 385, 803.
Bacas. *Prov.*, ɪ, 242.
Baccara. *Als.*, 946.
Bacelot. *La Roch.*, 139.
Bach. *Als.*, 66.
— *Toul.-Mont.*, 253.
Bachasson. *Dauph.*, 301.
— *Montp.-Mont.*, 442.

Bachaumont. *Par.*, ɪɪ, 509.
Baché. *Lyon*, 932.
Bache. *Pic.*, 313.
Bachelai (le). *Al.*, 792, 1100.
Bachelard. *Bourg.*, ɪ, 804.
— *Lorr.*, 634.
— *Lyon*, 916.
Bachelé (le). *Caen*, 748.
Bachelerie (la). *Limous.*, 455.
Bachelet. *Béarn*, 161.
— *Lorr.*, 663.
— *Pic.*, 114.
Bachelier. *Al.*, 813.
— *Bret.*, ɪ, 155, 169, 329.
— *Bret.*, ɪɪ, 918.
— *Champ.*, 21, 46, 59, 68, 72, 73, 96, 99.
— *Guy.*, 931.
— *Par.*, ɪ, 27, 156, 581, 848, 1149, 1192.
— *Par.*, ɪɪ, 13, 108, 110, 112, 521, 1056, 1141.
— *Par.*, ɪɪɪ, 14, 46, 173.
— *Par.*, ɪv, 12.
— *Pic.*, 778.
— *Poit.*, 1443.
— *Prov.*, ɪ, 1024.
— *Rouen*, 770, 865.
— *Soiss.*, 8, 161, 795.
— *Tours.*, 960, 1426.
— *Vers.*, 8.
Bachelier (le). *Caen*, 22, 196, 403.
— *Par.*, ɪɪ, 256.
Bachellé (le). *Lorr.*, 80, 198, 235, 247.

Bachellerie. *La Roch.*, 134.
Bachelot. *Bourg.*, ii, 365.
— *La Roch.*, 410.
— *Tours*, 55.
Bachelus. *Lyon*, 125.
Bachen. *Guy.*; 1152.
Bachès. *Bourg.*, i, 477.
Bachet. *Bourg.*, i, 191, 198, 393, 396, 397.
Bachet. *Bourg.*, ii, 326, 359.
Bachevilliers. *Rouen*, 1332.
Bachis. *Montp.-Mont.*, 52, 728.
— *Prov.*, i, 843.
— *Toul.-Mont.*, 111, 1390.
Bachod. *Bourg.*, i, 1186.
— *Orl.*, 764.
Bachon. *Bourg.*, i, 429.
Bachos. *Par.*, i, 198.
Bachoué. *Béarn*, 54, 120, 121.
Backer. *Fland.*, 1169.
Baclan. *Fland.*, 75.
Bacle (le). *Champ.*, 410.
— *Tours*, 138, 526, 1339, 1530.
Baclesse. *Lorr.*, 124.
Baclet. *Bourg.*, i, 561.
Baclin. *Lorr.*, 88.
Bacon. *Bourg.*, ii. 135, 136, 139.
— *Guy.*, 139, 638, 1007, 1063.
Baconneau. *Poit.*, 468.
Baconnet. *Poit.*, 405.
Baconnier. *Bourg.*, ii, 242.
— *Bret.*, ii, 724.
Bacot. *Pic.*, 226.
— *Toul.-Mont.*, 4.
Bacoüel. *Par.*, ii, 1167.
Bacouet. *Pic.*, 565.
Bacq (le). *Par.*, ii, 219.
Bacq (de). *Pic.*, 595, 601.
Bacqchen. *Pic.*, 806.
Bacquelerot. *Fland.*, 214.
— (de). *Pic.*, 483.
Bacquen. *Bourg.*, i, 592.
Bacqueres (de). *Toul.-Mont.*, 415.
Bacques. *Par.*, i, 489.
Bacquet. *Bourg.*, i, 662, 729, 833, 1101.
— *Fland.*, 1270.
— *Par.*, iii, 280.
— *Pic.*, 691.
Bacula. *Prov.*, i, 969.
Badail. *Guy.*, 1052.
Badar. *Fland.*, 888.
Badel. *Montp.-Mont.*, 353, 456.
Bades. *Guy.*, 518.
Badet. *Béarn*, 112, 125.
— *Guy.*, 1202.

— *Toul.-Mont.*, 808.
Badi. *Fland.*, 1450.
Badie (la). *Guy.*, 260, 976.
— *Par.*, i, 1096, 1337.
— *Par.*, ii, 969.
— *Rouen*, 924.
— *Toul.-Mont.*, 1233.
Badier. *Bourg.*, i, 144, 147, 221.
— *Bourg.*, ii, 585.
— *Bret.*, i, 215.
— *Prov.*, i, 200.
— *Bourb.*, 181.
Badin. *Al.*, 713, 1135, 1136.
— *Orl.*, 731.
— *Par.*, i, 678.
— *Par.*, ii, 454.
— *Par.*, iii, 427.
— *Tours*, 563.
Badise, *La Roch.*, 85.
Badou. *Montp.-Mont.*, 432.
Badoulleau. *Par.*, i, 1172.
— *Par.*, iii, 459.
Badoult. *Al.*, 1174.
Badoux. *Bourg.*, i, 51.
— *Bourg.*, ii, 143.
Badreau. *Poit.*, 1285.
Baduel. *Rouen*, 1291.
— *Toul.-Mont.*, 1103.
Badsquier. *Fland.*, 220.
Bady. *Par.*, ii, 770.
Baelde. *Fland.*, 227.
Baellec. *Bret.*, i, 681.
Baert. *Als.*, 568.
— *Fland.*, 681, 1285, 1286.
Baescherbout. *Fland.*, 1096.
Baffard. *Orl.*, 1002.
Baffart. *Rouen*, 337.
Baffouque. *Guy.*, 1184.
Bafoil. *Par.*, ii, 1033.
Bagaret. *Montp.-Mont.*, 856.
Bagari. *Prov.*, i, 667, 833, 1047, 1063, 1135.
Bagarri. *Prov.*, ii, 385.
Bagé. *Bourg.*, i, 373.
Baglan. *Par.*, ii, 1202, 1208.
Bagland. *Orl.*, 248.
Baglion. *Poit.*, i, 683.
Bagnait. *Bourges*, 67.
Bagnard. *La Roch.*, 261.
Bagnat. *Poit.*, 1415.
Bagnet. *Als.*, 629.
Bagneux. *Bret.*, i, 336.
Bagniol. *Montp.-Mont.*, 16.
Bagot. *Bret.*, ii, 566, 571, 914.
— *Rouen*, 790.
Bagué. *Guy.*, 751.

Baguenault. *Orl.* 341, 345, 453, 469.
Baguet. *Prov.*, I, 533, 644.
Baguie. *Bourg.*, II, 565.
Baguine. *Vers.*, 309.
Bahas. *Guy.*, 812.
Baheire (le). *Bret.*, I, 113.
Bahi (le). *Caen*, 575.
Bahuno. *Bret.*, I, 682.
Bai (de). *Fland.*, 366.
Bai. *Lyon*, 108, 368.
Baige (la). *Toul.-Mont.*, 364.
Baignant. *Tours*, 227.
Baignard. *Orl.*, 357.
Baignaux. *Al.*, 271.
Baigne. *Prov.*, II, 656.
Baigneux (de). *Tours*, 280, 282, 284, 873, 1210, 1428.
Baignier. *Poit.*, 987.
Baignolles. *Par.*, IV, 62.
Baignols (*ville*). *Montp.-Mont.*, 475.
Bail. *Pic.*, 235, 266, 424, 713.
Bailbaisier. *Champ.*, 790.
Baile. *Dauph.*, 325, 328, 426, 523.
— *Lyon*, 112.
— *Montp.-Mont.*, 456, 603, 1077, 1477.
— *Prov.*, II, 279, 307, 388, 564, 565.
— *Toul.-Mont.*, 215, 773, 962.
Baile (de). *Auv.*, 29, 120, 184, 422, 593.
Baile (du). *Poit.*, 740.
Baile (la). *Guy.*, 264, 265.
Bailens. *Guy.*, 1195.
Baileux. *Béarn*, 33.
Bailhet. *Guy.*, 874, 875.
Bailies. *Toul.-Mont.*, 346, 1250.
Baillard. *Béarn*, 157.
— *Montp.-Mont.*, 678.
— *Par.*, III, 429.
— *Rouen*, 526, 673, 697, 1086.
Baillart. *Soiss.*, 202.
Baille. *Bourges.*, 286.
— *Par.*, III, 144.
— *Prov.*, I, 87, 143, 820, 1107, 1108, 1207.
Baille (la). *Bourg.*, II, 299.
Baillé. *Montp.-Mont.*, 140, 1 9.
Baillehache. *Bret.*, I, 907.
— *Caen*, 161, 407.
— *Rouen*, 382.
Baillencourt. *Pic.*, 796.
Baillergeon. *Tours*, 1262.
Baillet. *Al.*, 1200.
— *Bourg.*, I, 39, 51, 220.
— *Bourg.*, II, 582.
— *Bret.*, I, 276.

— *Champ.*, 235, 239, 240, 875.
— *Fland.*, 346.
— *Lorr.*, 197, 274, 276, 329.
— *Par.*, I, 1205.
— *Par.*, III, 426.
— *Pic.*, 182.
— *Prov.*, I, 928.
— *Rouen*, 50, 591.
— *Soiss.*, 592.
Bailletot. *Champ.*, 466.
Bailleu. *Fland.*, 490.
— *Soiss.*, 304, 329, 330, 340, 346, 663, 786.
Bailleul. *Al.*, 44, 53, 225, 292, 313, 545, 828, 833, 837, 1005, 1176, 1203.
— *Caen*, 108, 164, 184, 424, 529, 542, 543, 751.
— *Champ.*, 345.
— (*Ville*). *Fland.*, 204, 1087, 1333.
— *Par.*, I, 110, 781, 866, 990, 1044, 1328.
— *Par.*, II, 448, 855, 862, 1012, 1219.
— *Par.*, III, 217.
— *Prov.*, II, 467.
— *Rouen*, 191, 196, 503, 559, 655, 1124, 1149, 1160, 1168, 1169.
— *Tours*, 270, 390, 398, 400, 667, 1113.
Bailleur (le). *Rouen*, 24, 262, 263, 420, 1129.
Bailli. *Al.*, 1021.
— *Bourges*, 368, 384.
— *Champ.*, 225.
— *Fland.*, 603, 1493.
— *Lyon*, 426, 628, 631, 751, 841.
— *Poit.*, 1217.
— *La Roch.*, 17.
— *Soiss.*, 659.
— *Tours*, 289, 929.
Bailli (le). *Lorr.*, 578.
— *Rouen*, 812, 820, 832, 912, 919.
Bailliad. *Bourg.*, I, 150.
— *Bourg.*, II, 252, 257.
Baillié. *Pic.*, 673.
Baillif. *Orl.*, 282, 283.
Baillif (le). *Bret.*, II, 402, 913, 1002.
Baillion. *Guy.*, 556, 557.
Baillot. *Bourh.*, 545, 551.
— *Bourg.*, I, 513.
— *Lyon*, 697, 698.
— *Orl.*, 177.
— *Par.*, III, 123.
— *Par.*, IV, 33, 324.
— *Pic.*, 854.

— *Soiss.*, 206.
Baillot. *Bourg.*, II, 9.
— *Champ.*, 121, 135.
— *Lorr.*, 524, 530.
— *Par.*, III, 252.
— *Par.*, IV, 273, 275, 509.
— *Soiss.*, 206.
— *Toul.-Mont.*, 32.
Baillou. *Orl.*, 764.
Bailly. *Bourg.*, I, 439, 198, 917, 1121, 1160, 1164, 1233.
— *Bourg.*, I, 183, 358.
— *Dauph.*, 54, 82.
— *Lorr.*, 96, 116, 198, 203.
— *Montp.-Mont.*, 781.
— *Orl.*, 13, 14, 351, 356, 414, 423, 497, 782, 956, 960.
— *Par.*, I, 921, 930, 1069, 1240, 1250, 1276, 1343, 1369.
— *Par.*, II, 111, 222, 280, 565, 1116.
— *Par.*, III, 334, 342.
— *Toul.-Mont.*, 1453.
— *Vers.*, 135, 212.
Bailot, *Par.*, I, 1138.
Bailot. *Toul.-Mont.*, 78, 87.
Baimeyer. *Als.*, 572.
Bain. *Bret.*, II, 412.
— *Prov.*, I, 1345.
Bains, *Par.*, I, 406.
Baine (la). *La Roch.*, 3 26.
Bais. *Lyon*, 117.
Baison. *Bret.*, I, 971.
Baisot. *Bourg.*, I, 648.
Baisse (de). *Dauph.*, 297.
Baisselance. *Guy.*, 957, 1119.
Baizeau. *Bret.*, II, 319.
Bajasse (la). (*Prieuré*). *Poit.*, 1433.
Bajolet. *Champ.*, 545.
Bajoli. *Prov.*, I, 937.
Bajon. *Bourb.*, 168.
— *Bourges*, 307.
Bajot. *Champ.*, 113.
Bajou. *Dauph.*, 258.
Balâan. *Fland.*, 847.
Baladie. *Toul.-Mont.*, 639.
Balagué. *Béarn*, 57.
Balaguier. *Toul.-Mont.*, 255, 772, 1450.
Balahu. *Bourg.*, I, 721, 722.
Balaine. *Par.*, II, 543.
Balaire. *La Roch.*, 366.
Balalud. *Toul.-Mont.*, 1464.
Balandoine. *Rouen*, 682.
Balandre. *Toul.-Mont.*, 1442.
Balard. *Fland.*, 1455.
Balarin. *Par.*, I, 398.

Balathier. *Bourg.*, I, 261.
— *Champ.*, 472.
— *Par.*, IV, 444.
Balaud. *Bourg.*, I, 1224.
Balauzun. *Béarn.*, 103, 110.
Balavoine. *Guy.*, 45.
Balay. *Bourg.*, I, 1194, 1195, 1206, 1235.
Balbaria. *Toul.-Mont.*, 215.
Balbot. *Lorr.*, 384, 386.
Balda. *Poit.*, 1392.
Balde. *Fland.*, 680, 1074.
Balderon. *Toul.-Mont.*, 1471.
Baldever. *Als.*, 808.
Baldinade. *Fland.*, 96.
Baldoni. *Prov.*, I, 905.
Baldy. *Montp.-Mont.*, 142, 151.
Balei. *Lyon*, 397, 924.
Baleine. *Champ.*, 285.
Balerot. *Tours*, 1514.
Balès (du). *Guy.*, 554.
Balesme. *Tours*, 1522.
Balestard. *Guy.*, 1054.
Baleste. *Guy.*, 810, 1051.
— *Toul.-Mont.*, 700.
Balet. *Bret.*, I, 166.
Baleur (le). *Lyon*, 742.
Balezeau. *Bourg.*, 1118.
Balgomé. *Als.*, 1226.
Balh. *Als.*, 1012.
Balicque. *Fland.*, 286, 291, 614, 825, 1304.
Baligan. *Soiss.*, 815.
Balin. *Bourg.*, I, 706.
Baliot. *Champ.*, 837.
Baliste. *Montp.-Mont.*, 1546.
— *Prov.*, I, 1207.
Balitran. *Toul.-Mont.*, 972.
Balkener. *Als.*, 623.
Ballade. *Fland.*, 1116.
— *Par.*, III, 278.
Ballain. *Tours*, 923, 929.
Ballan. *Bret.*, II, 744, 747.
Balland. *Bourg.*, I, 564.
Ballaude. *Bourg.*, I, 556.
Ballandrin. *Bourg.*, I, 417.
Ballans. *Bourg.*, I, 1253.
Ballant. *Poit.*, 1114, 1523.
Ballard. *Bourb.*, 410, 414.
Ballard. *Bourg.*, I, 259, 260, 265, 272, 1010.
— *Par.*, I, 1345.
— *Poit.*, 1187.
Ballardet. *Bret.*, II, 1135.
Ballardi. *Prov.*, II, 722.
Ballarin. *Prov.*, II, 117.

Ballay. *Bourg.*, ii, 537.
Balle (la). *Al.*, 870.
— *Par.*, i, 1234.
— *Par.*, ii, 592.
— *Par.*, iii, 146.
Balleran. *Toul.-Mont.*, 539.
Balleret. *Auv.*, 393.
Ballet. *Auv.*, 584.
— *Dauph.*, 215, 231, 442, 451.
— *Fland.*, 1146.
— *Poit.*, 834.
— *Vers.*, 227.
Balli. *Poit.*, 1237.
Ballidart. *Champ.*, 287.
Balliet. *Bourg.*, i, 828.
Ballifon. *Dauph.*, 393.
Ballin. *Par.*, i, 391.
— *Par.*, iii, 12.
Ballini. *Lorr.*, 386.
Balliot. *Lim.*, 20, 21, 334.
Ballivert. *Auv.*, 589.
Ballivet. *Al.*, 719.
Ballon. *Par.*, ii, 1023.
— *Tours.* 1097.
— *Vers.*, 162.
Ballonfaux. *Lorr.*, 283.
Balmane. *Soiss.*, 346.
— *Toul.-Mont.*, 1215.
Balmary. *Toul.-Mont.*, 1024.
Balme. *Bourg.*, i, 1.
— *Lyon*, 18, 921.
— *Montp.-Mont.*, 687, 691, 692.
— *La Roch.*, 342.
— *Toul.-Mont.*, 1488.
Balme (la). *Bourg.*, i, 8.
— *Dauph.*, 299.
— *Par.*, i, 309.
— *Prov.*, ii, 488.
Balmier. *Toul.-Mont.*, 83.
Balmondière (la). *Bourg.*, i, 117, 123.
Balmont. *Lyon*, 647.
Balno. *Pic.*, 780.
Balode. *Guy.*, 44, 51, 57, 246.
Balodes. *La Roch.*, 95.
Balon. *Prov.*, 891.
Balot. *La Roch.*, 387.
Balour. *Tours*, 1180.
Baltallon. *Prov.*, i, 614.
Baltazard. *Bret.*, 1.
— *Fland.*, 181, 182.
— *Par.*, i, 772.
— *Par.*, ii, 820.
Balthazar. *Pic.*, 211.
Baltou. *Poit.*, 905.
Balue (de). *Bourges.*
Balue. *Lim.*, 48, 56, 62, 88, 295.

Baluze. *Lim.*, 162, 164.
— *Lyon*, 417, 637.
— *Par.*, i, 90.
— *Toul.-Mont.*, 1326.
Balza. *Montp.-Mont.*, 994.
— *Toul.-Mont.*, 1163.
Balzac. *Lim.*, 295.
— *Toul.-Mont.*, 1001, 1159, 1161, 1207.
Bambeck. *Fland.*, 458.
Bambert. *Als.*, 421.
Ban. *Al.*, 891.
— *Auv.*, 425.
Ban (du). *Bourg.*, i, 601, 714, 715, 716, 1110, 1112, 1244.
— *Lim.*, 107.
Banage. *Rouen*, 99.
Bancalis. *Par.*, iv, 7.
— *Toul.-Mont.* 853.
Bance. *Fland.*, 1439.
Bance (de). *Toul.-Mont.*, 291.
Bancel. *Dauph.*, 34.
Bancelin. *Champ.*, 323.
— *Lorr.*, 578, 614, 606.
Bancenel. *Bourg.*, i, 578.
Bancenet. *Bourg.*, i, 1126, 1227.
Banchereau. *Par.*, ii, 379.
— *Poit.*, 923.
Bandinel. *Toul.-Mont.*, 923.
Banée. *Par.*, ii, 52, 181, 290.
Baneillon. *Lyon*, 631.
Banes (des). *Orl.*, 319.
Banet. *Tours*, 1529.
Banier (le). *Par.*, iii, 3.
Baniot. *La Roch.*, 357.
Banjard. *Bret.*, ii, 900.
Bannastre. *Rouen*, 261.
Bannecrain. *Soiss.*, 255.
Bannel. *Tours*, 1348.
Bannelier. *Bourg.*, ii, 474.
— *Par.*, i, 1121.
Bannerot. *Lorr.*, 292.
Bannes. *Al.*, 81, 95, 476, 569.
— *Guy.*, 919.
— *Par.*, iii, 85.
Bannes (de). *Dauph.*, 268, 318.
— *Fland.*, 379, 666, 1155, 1241, 1149, 1174.
— *Montp.-Mont.*, 373, 1255.
Banneville. *Par.*, ii, 26.
Bannezon. *Tours*, 1429.
Bannières. *Montp.-Mont.*, 953.
Bannis. *Prov.*, ii, 394.
Banquet. *Toul.-Mont.*, 722, 770.
Banquin. *Lorr.*, 648.
Bans. *Guy.*, 926.

Bans (de). *Bourges*, 118, 259.
Bausard. *Al.*, 482.
Banton. *Montp.-Mont.*, 347.
Baon (de). *Toul.-Mont.*, 96.
Baoult. *Poit.*, 1028.
Baousan. *Poit.*, 599.
Bapaume. *Orl.*, 788.
Bapst. *Als.*, 47, 249.
Baptestin. *Prov.*, ı, 1366.
Baptiste. *Auv.*, 413.
Baquare. *Bourg.*, ı, 532.
Baquemau. *Guy.*, 834.
Baquié. *Toul.-Mont.*, 1050.
Baquier. *Bret.*, ıı, 485.
Bar. *Bourges*, 60, 230, 269, 473.
— *Bourg.*, ıı, 310.
— *Fland.*, 1039.
— *Guy.*, 179, 291.
— (*Ville*). *Lorr.*, 153.
— *Orl.*, 344.
— *Par.*, ı, 52, 219, 557, 1302, 1366.
— *Par.*, ıı, 793, 1119, 1145, 1264.
— *Par.*, ıv, 554.
— *Toul.-Mont.*, 78, 325, 1003, 1155.
Bar (de). *Bourb.*, 182, 403, 489.
— *Bret.*, ı, 338.
— *Champ.*, 3, 4, 5, 9, 18, 21, 29, 33, 361, 416, 417, 676, 681, 836, 839, 850.
— *Lim.*, 251.
— *Lorr.*, 630.
— *Montp.-Mont.*, 1009, 1220, 1221.
— *Prov.*, ıı, 469.
— *Tours*, 2.
Bars (de). *Als.*, 527.
Barabé, *Rouen*, 851.
Barachin. *Tours*, 908.
Baracy. *Bourb.*, 451.
Baradas. *Champ.*, 786.
Baradat. *Montp.-Mont.*, 1055.
Baraduc. *Als.*, 630.
Baraignes. *Guy.*, 855.
Baraigot. *Bourg.*, ıı, 537.
Barail (du). *Fland.*, 4.
— *Lorr.*, 460.
Baraillon. *Lyon*, 5, 259, 771, 791, 879.
— *Tours*, 167.
Baral. *Prov.*, ı, 825.
Baralery. *Tours*, 956.
Baralier. *Lyon*, 688.
Baralle (de). *Fland.*, 59, 815, 821, 963.
Baraly. *Bret.*, ıı, 641.
Baranger. *Poit.*, 1334.
Barangue. *Bourges*, 5, 509.

— *Par.*, ı, 543.
— *Par.*, ıı, 796.
— *Pic.*, 627.
Baranguet. *Guy.*, 913.
Baranjon. *Par.*, ıı, 105.
Baras. *La Roch.*, 297.
Barase. *Bret.*, ıı, 216.
Barassier. *Bourb.*, 612.
Barat. *Al.*, 641, 721.
— *Bourges*, 255, 404, 409.
— *Champ.*, 494.
— *Par.*, ııı, 247.
— *Par.*, ıv, 25.
— *Poit.*, 853.
— *Vers.*, 291.
Baratet. *Toul.-Mont.*, 362.
Barathe. *Caen*, 142.
Baratier. *Montp.-Mont.*, 342.
Baratière (la). *Poit.*, 378.
Baraton. *Bourb.*, 520, 598.
— *Bourges*, 47, 120, 124, 132, 169, 195, 342, 389, 508.
— *Par.*, ıı, 1070.
— *Poit.*, 376, 1087.
— *Tours*, 851.
Baratet. *Guy.*, 93, 696.
Baratte. *Guy.*, 1207.
Barau. *Montp.-Mont.*, 325.
Baraudière (la). *Orl.*, 346, 446.
Baraudin. *Tours*, 203, 214.
Baraujon. *Par.*, ı, 611, 812.
Barault. *Bourg.*, ıı, 48, 150.
— *Lim.*, 297, 355, 356, 366, 371, 422.
— *La Roch.*, 345.
— *Tours*, 1041, 1232.
Baraut. *Bourges*, 454.
Baravy. *Toul.-Mont.*, 144.
Barazin. *Al.*, 797.
Barbade. *Bret.*, ıı, 524.
Barban. *Al.*, 1019.
— *Bourg.*, ı, 1010.
— *Lyon*, 652.
Barbançois. *Bourb.*, 109.
— *Bourges*, 117, 190, 436, 503.
Barbançon. *Orl.*, 141, 151, 154, 532, 550, 554.
Barbant. *Tours*, 1098.
Barbany. *Pic.*, 439.
Barbar. *Par.*, ı, 1309.
Barbarin. *Bourges*, 146.
— *Lim.*, 86, 89, 347.
— *Montp.-Mont.*, 530.
— *Poit.*, 32, 425, 706, 825, 851, 887.
— *Tours*, 207.
Barbaroux. *Fland.*, 437.

Barbart. *Bret.*, ıı, 814.
Barbat. *Bourb.*, 199.
— *Toul. Mont.*, 422, 1354.
Barbaud. *Bourg.*, 804, 807.
Barbaudière. *Bourb.*, 588.
Barbault. *Orl.*, 893.
— *Poit.*, 46, 995, 1034, 1036, 1347.
Barbaut. *Als.*, 196, 197.
— *Pic.*, 787.
Barbazat. *Toul.-Mont.*, 523.
Barbaze (la). *Fland.*, 1119.
Barbe. *Als.*, 244.
— *Auv.*, 287.
— *Bourb.*, 302.
— *Bret.*, 395.
— *Dauph.*, 131.
— *Guy.*, 200.
— *Montp.-Mont.*, 28, 299, 514.
— *Par.*, ıı, 352.
— *Poit.*, 739.
— *Tours*, 1452.
Barbe (la). *Rouen*, 861.
Barbe (Ste-) (*relig.*). *Lorr.*, 63, 560.
Barbé. *Rouen*, 38, 191, 917.
— *Toul.-Mont.*, 1241, 1327.
Barbée (de). *Pic.*, 352.
Barbeguère. *Bret.*, ıı, 387.
Barbeirac. *Montp.-Mont.*, 877.
Barbela. *Par.*, ıı, 1038.
Barbelinière (la). *Poit.*, 1129.
Barbentane. *Prov.*, ıı, 635.
Barberanne. *Guy.*, 1191.
Barberaut. *Bret.*, ıı, 394.
Barberé. *Bret.*, ı, 179.
— *Bret.*, ıı, 337, 1107.
Barbereau. *Pic.*, 604.
Barberel. *Al.*, 1098.
Barberet. *Bourg.*, ı, 1119.
Barbereux. *Par.*, ıı, 120.
Barberi. *Prov.*, ı, 1366.
Barberie. *Par.*, ı, 778, 810, 1079, 1233, 1242.
Barberie (la). *Bret.*, ı, 695.
— *Caen*, 533, 542.
— *Tours*, 349, 350.
Barberin. *Guy.*, 131.
— *Prov.*, ı, 609.
— *Prov.*, ıı, 438, 626.
Barberon. *Montp.-Mont.*, 453.
Barberot. *Bourg.*, ı, 711, 718, 865, 870, 930, 1008, 1193, 1210, 1213.
Barberoux. *Prov.*, ı, 756, 1057, 1135.
— *Prov.*, ıı, 658, 496, 664, 725, 784.
Barbery. *Toul.-Mont.*, 1233, 1235.
Barbes. *Prov.*, ıı, 539.

Barbesières. *Lim.*, 48.
— *Par.*, ı, 1201.
— *Par.*, ıı, 1023.
Barbesieux. *Prov.*, ı, 415, 1027.
Barbet. *Par.*, ııı, 286.
Barbette. *Champ.*, 463.
Barbetz. *Fland.*, 284.
Barbey. *Bourg.*, ıı, 135.
Barbezières. *Montp.-Mont.*, 918.
Barbier. *Als.*, 144, 340, 981.
— *Bourges*, 372.
— *Bourg.*, ı, 50.
— *Bourg.*, ıı, 27.
— *Bret.*, ı, 207, 291, 489, 542, 544.
— *Champ.*, 206, 358.
— *Dauph.*, 92, 601.
— *Fland.*, 1330.
— *Caen*, 136, 178.
— *Guy.*, 102, 845, 1112, 1134.
— *Lim.*, 272.
— *Lyon*, 395.
— *Par.*, ı, 1061, 1208, 1256, 1261, 1276, 1384.
— *Par.*, ııı, 180, 416, 428.
— *Par.*, ıv, 346, 741.
— *Pic.*, 765.
— *Poit.*, 701, 773, 790, 1141, 1330, 1529.
— *Prov.*, ı, 608, 710, 1335.
— *Prov.*, ıı, 266, 766.
— *La Roch.*, 285.
— *Soiss.*, 31, 352, 483, 696.
— *Tours*, 995.
— *Vers.*, 151, 201.
Barbier (le). *Al.*, 1104.
— *Bret.*, ı, 319.
— *Bret.*, ıı, 34, 468, 592.
— *Bourg.*, ı, 1139.
— *Par.*, ıı, 803.
— *Rouen*, 284, 779.
— *Tours*, 962.
Barbin. *Champ.*, 800.
— *Par.*, ı, 385, 394, 1157.
— *Par.*, ııı, 127, 299, 427.
— *Par.*, ıv, 265, 365.
— *Tours*, 1331.
Barboi. *Caen*, 671.
Barbolas. *Bourg.*, ı, 524.
Barbon. *Caen*, 483.
— *Montp.-Mont.*, 699, 1257.
Barbosin. *Par.*, ıı, 80.
Barbot. *Al.*, 693, 712, 766, 1127, 1154.
— *Bourg.*, ıı, 41, 451.
— *Bret.*, ı, 159.
— *Bret.*, ıı, 276, 434, 505.

— *Par.*, ii, 795, 802, 986, 987.
— *Poit.*, 813, 1151, 1295.
— *La Roch.*, 139, 196.
— *Toul.-Mont.*, 1290.
— *Tours*, 908, 966.
Barbotan. *Toul.-Mont.*, 1224.
Barboteau. *Par.*, i, 889.
Barbotin. *La Roch.*, 400.
Barbottin. *Tours*, 32, 823, 824.
Barbou, *Guy.*, 401.
— *Orl.*, 91.
— *Limous.*, 114, 127.
— *Par.*, i, 1178.
— *Par.*, iii, 232.
Barbreux. *Soiss.*, 24.
Barbu (le). *Tours*, 1185, 1188, 1190.
Barbuat. *Par.*, iv, 51.
Barbuot. *Bourg.*, ii, 76, 236, 237.
Barbut. *Guy.*, 1083.
Barillon. *Bourg.*, i, 237.
— *Par.*, i, 551, 794, 844, 876.
— *Par.*, iii, 452, 556.
— *Poit.*, 1230.
Barillot. *Orl.*, 898.
— *Par.*, iii, 287.
Barilly. *Soiss.*, 310.
Barin. *Bourb.*, 212, 219.
— *Caen*, 701.
— *Lorr.*, 23, 165.
— *Par.*, i, 183, 184, 570.
— *Par.*, ii, 869.
— *Par.*, ii, 128.
Barincou. *Béarn*, 91, 93.
Barion. *Poit.*, 515, 1124.
Bariot. *Prov.*, i, 1454.
Bariou. *Lyon*, 523.
Baris. *Par.*, ii, 136.
Barise. *Auv.*, 265.
Barisy. *Bret.*, i, 638, 641, 685.
Barisy (le). *Bret.*, ii, 623.
Baritault. *Guy.*, 43, 103, 247, 626, 797.
Baritaut. *Poit.*, 1266, 1289.
Baritel. *Lyon*, 924.
— *Poit.*, 1415.
Baritre. *Poit.*, 1304.
Bariville. *Rouen*, 662.
Barjac. *Dauph.*, 457.
— *Montp.-Mont.*, 433, 444, 523, 1207.
Barjaudi. *Prov.*, i, 883.
Barjault. *La Roch.*, 316,
Barjolles. *Rouen*, 1416.
Barjon. *Bourb.*, 196, 205, 607.
— *Bourges*, 132, 457.
— *Prov.*, i, 1048.

— *Tours*, 1343.
Barjot. *Bourges*, 188, 437.
— *Bourg.*, i, 108, 116, 445, 1282.
— *Bourg.*, ii, 217.
— *Lyon*, 477, 971.
— *Par.*, i, 1133.
— *Par.*, ii, 1075.
— *Par.*, iv, 99.
— *Tours*, 809, 630.
Barjoux. *Lyon*, 385.
Barlatier. *Prov.*, i, 496, 964, 965, 966, 998, 1000.
Barlaton. *Lyon*, 318.
Barle. *Prov.*, i, 1017, 1309.
Barlet (du). *Fland.*, 3, 117.
Barlet. *Lyon*, 150, 563, 584, 612.
— *Prov.*, i, 1417.
— *Prov.*, ii, 120.
Barlugay. *Par.*, iv, 19.
Barmond. *Prov.*, ii, 698.
Barn (de). *Montp.-Mont.*, 1161.
Barnablé. *Tours*, 1071.
Barnaige. *Pic.*, 137.
Barnais (de). *Lyon*, 1019.
Barnaud. *Lyon*, 1029.
Barne. *Prov.*, i, 745.
Barneau. *Prov.*, i, 1437, 1438.
Barnéon. *Dauph.*, 599.
— *Prov.*, ii, 123.
Barnetti. *Prov.*, ii, 518.
Barneville. *Pic.*, 192.
Barnier. *Dauph.*, 340, 460.
— *Lyon*, 429, 430.
— *Montp.-Mont.*, 1320.
— *Par.*, i, 12.
— *Prov.*, ii, 548.
Barnoin. *Par.*, iii, 580.
— *Prov.*, i, 493, 628.
Barnouillie. *Lim.*, 344.
Barny. *Lim.*, 131.
Baro (de). *Dauph.*, 7, 137.
Barois. *Champ.*, 94, 441, 769, 776.
— *Par.*, ii, 625, 1249.
Barois (le). *Caen*, 514.
— *Rouen*, 194.
Barolet. *Par.*, ii, 127.
Barollet. *Bourg.*, i, 225.
— *Bourg.*, ii, 28, 327.
— *Par.*, iii, 522.
Baron. *Al.*, 996.
— *Als.*, 279.
— *Auv.*, 248.
— *Bourg.*, i, 13, 949, 1029.
Baron (le). *Bret.*, i, 788.
— *Bret.*, ii, 198, 485, 627.
Baron. *Caen*, 504.

— *Champ.*, 170, 277, 365.
— *Dauph.*, 430, 560.
— *Guy.*, 626, 801, 1226.
— *Lorr.*, 50, 57, 341, 662.
— *Par.*, I, 132, 938.
— *Par.*, II, 62, 81, 675, 871.
— *Par.*, III, 271, 344.
— *Par.*, IV, 19, 498, 651.
— *Pic.*, 57, 397, 569.
— *Poit.*, 353, 1174, 1374, 1376.
— *Prov.*, I, 5, 841, 1122, 1270.
— *La Roch.*, 78, 208, 268, 280.
— *Rouen*, 937, 307, 333.
— *Soiss.*, 815, 1122.
— *Toul.-Mont.*, 565, 641, 814, 816, 820, 1218, 1250, 1264.
— *Tours*, 810, 811, 814, 815, 962.
Baronat. *Dauph.*, 43, 207, 220.
Baronnat. *Lyon*, 432.
— *Montp.-Mont.*, 442.
— Baronneau. *Par.*, III, 594.
Baronnet. *Poit.*, 1063.
Baronnice. *Guy.*, 865.
Baronniers (des). *Orl.*, 819.
Baros. *La Roch.*, 417.
Baroudt. *Fland.*, 230.
Baroux. *Lyon*, 663.
— *Par.*, III, 481.
Barot (du). *Poit.*, 762.
Barotins. *Als.*, 957.
Barottin. *Poit.*, 821, 836.
Barquet (du). *Al.*, 6, 29, 761.
Barquet. *Rouen*, 333.
Barquier. *Prov.*, II, 536.
Barquillet. *Par.*, IV, 392.
Barquin. *Prov.*, I, 1372.
Barradas. *Guy.*, 867.
Barrafort. *Montp.-Mont.*, 849.
Barrairoa. *Montp.-Mont.*, 1342.
Barral (de). *Dauph.*, 127, 404, 621.
Barral. *Montp-Mont.*, 16, 133, 152, 219, 797.
Barralier. *Prov.*, I, 1281, 1198, 1406.
— *Prov.*, II, 690.
Barras. *Prov.*, I, 851, 853, 854, 857, 858, 1030, 1074.
— *Soiss.*, 512.
— *Prov.*, II, 77, 95, 328, 385.
Barras (la). *Fland.*, 468.
Barrat. *Prov.*, I, 14, 39.
Barrau. *Toul.-Mont.*, 502, 530, 626, 628, 661, 737, 860, 963, 1002, 1182, 1382.
Barraud. *Lyon*, 645.
Barrault. *Bourg.*, I, 284.
— *Bourg.*, II, 536.

— *Par.*, IV, 271.
— *Poil.*, 192, 220, 233, 330, 438, 486, 506, 513, 613, 1075, 1155, 1166, 1198.
Barraut. *Bourb.*, 23, 452.
Barre (la). *Al.*, 1219.
— *Auv.*, 575, 581, 587.
— *Bourb.*, 53, 188.
— *Bourges*, 74, 474, 509.
— *Bourg.*, I, 465, 1127.
— *Bourg.*, II, 46, 531.
— *Bret.*, I, 488.
— *Bret.*, II, 416, 432, 472.
— *Champ.*, 430.
— *Fland.*, 5, 139, 376, 683, 1084.
— *Lim.*, 341.
— *Lorr.*, 185, 353.
— *Lyon*, 532, 1022.
— *Orl.*, 936.
— *Par.*, I, 364, 521, 610, 1214, 1231, 1247, 1254.
— *Par.*, II, 267, 368, 967, 1058, 1090.
— *Par.*, III, 231.
— *Par.*, IV, 407.
— *Pic.*, 343, 344, 484.
— *Poit.*, 95, 107, 216, 254, 409, 536, 594, 648, 738, 1123, 1142, 1444.
— *La Roch.*, 40, 235.
— *Rouen*, 40, 229, 309, 377, 413, 828, 1255.
— *Soiss.*, 66, 166, 564, 629.
— *Tours*, 37, 108, 128, 221, 223, 232, 243, 293, 299, 357, 424, 426, 482, 485, 693, 746, 892, 960, 1046, 1070, 1093, 1244, 1394, 1429, 1521, 1523.
— *Vers.*, 50, 82.
Baerre (de). *Montp.-Mont.*, 78, 387.
Barre. *Bourg.*, I, 606.
— *Toul.-Mont.*, 1080, 1176.
Barré. *Al.*, 112, 113, 230, 237, 437, 864, 921, 1137, 1227.
— *Bourges*, 23, 49, 264.
— *Fland.*, 369, 1457.
— *Par.*, I, 399, 495, 843, 967, 1762.
— *Par.*, II, 1133, 1150.
— *Par.*, III, 373.
— *Par.*, IV, 243, 685, 686.
— *Pic.*, 377, 397, 830.
— *Poil.*, 184, 821, 1023, 1137, 1138, 1193, 1445.
— *Rouen*, 591, 816.
— *Tours*, 827, 992, 1009, 1199.
Barreau. *Par.*, III, 600.
— *Prov.*, II, 709.

Barreire. *Guy.*, **825, 1037.**
Barrol. *Auv.*, 20, 210.
— *Prov.*, II, 654, 655.
Barrelier. *Dauph.*, 147.
— *Montp.-Mont.*, 1423.
Barrême. *Par.*, I, 391, 739.
— (*Marq*), *Prov.*, I, 384, 829, 1071, 1106.
— *Prov.*, II, 153, 161, 704, 772.
Barrence. *Prov.*, II, 130.
Barrère. *Par.*, II, 716, 1092.
— *Toul.-Mont.*, 1237.
Barres (des). *Bourg.*, I, 61, 77, 314.
— *Bourg.*, II, 28, 29, 490.
— *Champ.*, 618.
Barres (de). *Montp.-Mont.*, 114.
Barret. *Lorr.*, 231.
— *Lyon*, 602, 654.
— *Orl.*, 891.
Barrez. *Montp.-Mont.*, **1510, 1546.**
Barri. *Auv.*, 153.
— *Par.*, I, 243, 299, 680.
— *Prov.*, I, 52, 36, 132, 150, 1064, 1226, 1266.
— *Prov.*, II, 313, 804, 805.
— *Toul.-Mont.*, 455, 1211.
Barri (du). *Guy.*, 117, 347, 445, 549.
— *Montp.-Mont.*, 1212, 1121, 1163, 1207.
Barriac. *Auv.*, 591.
Barrié. *Toul.-Mont.*, 295.
Barrier. *Al.*, 217.
— *Auv.*, 389.
— *Par.*, II, 467.
— *Par.*, III, 261.
Barrière. *Guy.*, 184, 819, 832, 853, 966.
— *Montp.-Mont.*, 908.
— *Par.*, I, 234, 1271.
— *Prov.*, II, 552.
Barrière (la). *Guy.*, 539, 952, 1159.
— *Limous.*, 238, 427.
— *La Roch.*, 233, 387.
— *Toul.-Mont.*, 351.
Barrieu. *Bret.*, I, 163.
— *Lyon*, 652.
Barrigue. *Prov.*, I, 611, 612.
Barrin. *Bret.*, I, 166, 167, 313, 445, 486.
— *Dauph.*, 100.
Barriol. *Prov.*, II, 647.
Barriot. *Lyon*, 624.
Barris. *Als.*, 992.
Barrogio. *Als.*, 7.
Barrois. *Lorr.*, 4, 150, 157, 529.
— *Vers.*, 31.

Barrois (le). *Al.*, 220.
Barrol. *Lyon*, 1034.
Barron. *Prov.*, I, 1431.
— *Prov.*, II, 286.
Barroquier. *Toul.-Mont.*, **1179.**
Barrot. *Prov.*, I, 751.
Barroux. *Al.*, 997, 1055, 1240.
Barry. *Par.*, III, 419.
Barsensheim. *Als.*, 446.
Barsin. *Bourg.*, II, 612.
Bar-sur-Aube (*ville*). *Champ.*, **552.**
Barsun. *Vers.*, 9.
Bart. *Fland.*, 1059.
— *Pic.*, 423.
Bart (de). *Auv.*, 236.
— *Bourg.*, I, 257, 272, 273.
— *Bourg.*, II, 554.
Bart (le). *Bret.*, II, 602, 606.
— *Caen*, 431.
— *Par.*, II, 539.
Barta (la). *Toul.-Mont.*, **1470.**
Bartallon. *Prov.*, II, 573.
Bartalon. *Prov.*, I, 730.
Barteau. *Poit.*, 523.
Bartel. *Prov.*, I, 1372.
Bartelier. *Dauph.*, 266, 453.
Bartereau. *Lorr.*, 682.
Barterot. *Guy.*, 3.
Bartet. *Par.*, I, 494, 578.
Barth. *Als.*, 108, 172, 228, 232, 679, 800, 853, 921, 1066.
Barthe. *Par.*, I, 1282.
— *Toul.-Mont.*, 214, 511, 969, 1160, 1168.
Barthe (la). *Als.*, 754.
— *Béarn*, 58, 94, 134.
— *Bourg.*, I, 579.
— *Guy.*, 13, 512, 978, 1132.
— *Montp.-Mont.*, 304, 1025, 1133.
— *Toul.-Mont.*, 694, 1239, 1350.
Bartheau. *Guy.*, 887, 888, 974.
Barthelemi. *Auv.*, 400, 479.
— *Par.*, I, 112, 113, 921, 1032, 1105, 1181.
— *Prov.*, I, 33, 45, 49, 53, 162, 362, 473, 502, 562, 671, 685, 822, 937, 1234.
— *Prov.*, II, 516.
Barthelemy. *Par.*, II, 674.
— *Par.*, III, 116, 213.
— *Bourg.*, I, 1219.
— *Montp.-Mont.*, 296, 586.
— *Soiss.*, 176.
— *Toul.-Mont.*, 8, 17, 173, 1093.
— *Vers.*, 12.
Barthelemy (St-). *Dauph.*, 460.

Barthelet. *Bourg.*, I, 1195.
Barthelot. *Bourg.*, I, 113, 121, 204.
Barthemy. *Montp.-Mont.*, 705.
Barthès (de). *Toul.-Mont.*, 397, 648, 764.
Barthine. *Als.*, 937.
Bartholy. *Lyon*, 57.
Barthomier. *Par.*, IV, 780.
Barthommé. *La Roch.*, 72, 214, 404.
Barthon. *Bourb.*, 312, 605.
Barthonnat. *Bourb.*, 495.
Barthonne. *Guy.*, 1163.
Barthou. *Toul.-Mont.*, 892.
Barthoulin. *Lyon*, 46.
Bartmen. *Als.*, 17, 18.
Barto. *Montp.-Mont.*, 193.
Bartolin. *Par.*, II, 984.
Barton. *Par.*, II, 1112.
— *Par.*, IV, 128.
— *Poit.*, 402, 562.
Bartonnière (la). *Prov.*, II, 414, 415.
Bartouille. *Toul.-Mont.*, 1302.
Bartoult. *Al.*, 307.
Bartz (le). *Bret.*, I, 28, 114, 285, 288.
Barud. *Toul.-Mont.*, 1347.
Barueil. *Prov.*, I, 1052.
Baruson. *La Roch.*, 396.
Barussia. *Poit.*, 875.
Barverin. *Prov.*, I, 1061.
Barville. *Al.*, 180, 221, 269, 270, 277, 280, 286, 287, 290, 430, 536, 614, 1060.
— *Bourges*, 74, 142.
— *Orl.*, 971, 988.
— *Tours*, 466, 643, 1116.
Barxel, *Lorr.*, 102.
Bary. *Orl.*, 415.
Barzancourt. *Lorr.*, 56.
Barzic (le). *Bret.*, I, 902, 979.
Barzie (le). *Bret.*, II, 280, 521, 1023.
Bas (le). *Al.*, 328, 840, 853.
— *Als.*, 3.
— *Bourges*, 122, 234, 358.
— *Caen*, 182, 184, 213, 244, 282, 399, 566, 611.
— *Lorr.*, 51.
— *Par.*, I, 220, 1095.
— *Par.*, II, 575, 649.
— *Rouen*, 535, 659, 679, 807.
— *Vers.*, 60.
Basan. *Toul.-Mont.*, 1416.
Basbet. *Als.*, 634.
Bascher. *Tours*, 560, 929, 1011, 1027, 1028, 1483.
Bascle. *Limous.*, 341.
Bascle (le), *Bret.*, I, 747.

— *Par.*, IV, 27, 439.
— *Poit.*, 1394.
Basclou. *Lyon*, 1041.
Bascot. *Par.*, III, 423.
Basemon. *Dauph.*, 133, 129, 228.
Basile. *Par.*, I, 40, 1343.
Basillat. *Lyon*, 740.
Basinette. *Bourg.*, I, 818.
Baslard. *Bret.*, II, 1110.
Basle. *Bourb.*, 17.
Basle. *Prov.*, II, 249.
Baslin. *Champ.*, 230.
Basoche (la). *Caen*, 789.
Basquaux. *Bourg.*, II, 108.
Basquet. *La Roch.*, 434.
Basquiot. *Guy.*, 888.
Basrocher. *Par.*, II, 1000.
Bass. *Als.*, 815.
Bassabat. *Guy.*, 390.
Bassabat. *Montp.-Mont.*, 1143, 1146.
— *Toul.-Mont.*, 323.
Bassac. *Montp.-Mont.*, 1186.
Bassalin. *Poit.*, 276.
Bassand. *Bourg.*, I, 829, 1009, 1144, 1258, 1261, 1265.
Bassard. *Poit.*, 1064.
Basse. *Fland.*, 1159.
Basse (de). *Champ.*, 372.
Bassecourt. *Pic.*, 493, 496.
Bassée (la). *Fland.*, 348.
Basselard. *Par.*, II, 501.
Basselers. *Pic.*, 231.
Basselier. *Fland.*, 289.
Basselot. *Lorr.*, 418.
Basserode. *Bret.*, II, 58.
Basset. *Bourges*, 136, 285.
— *Bret.*, II, 579.
— *Dauph.*, 47, 81, 117.
— *Lyon*, 33, 47, 78, 130, 159, 399, 610, 973, 795, 805.
— *Montp.-Mont.*, 681, 1268.
— *Prov.*, I, 487, 1275.
— *Toul.-Mont.*, 767, 858.
Basset (du). *Rouen*, 618.
Basseuil. *Bourg.*, II, 205.
Bassie (la). *Als.*, 50.
Bassier. *Prov.*, II, 262, 272.
— *Tours*, 837.
Bassompierre. *Lorr.*, 144, 464.
Basson. *Poit.*, 913.
— *Prov.*, II, 294.
Bassot. *Lyon*, 1028.
Basta. *Fland.*, 31.
Bastard. *Al.*, 95, 329.
— *Bret.*, II, 378, 384, 515.
— *Orl.*, 556.

— *Poit.*, 484, 1096.
— *Prov.*, I, 927.
— *Toul.-Mont.*, 7, 226, 849.
— *Vers.*, 37.
Bastard (de). *Tours*, 528, 712, 713.
Bastard (le). *Tours*, 218, 1149, 1249, 1289.
Bastelier (le). *Al.*, 123.
Basterot. *Guy.*, 950.
Basterre. *Lyon*, 84.
Bastet. *Lyon*, 263.
Basteur (le). *Soiss.*, 711.
Basti. *Lyon*, 645.
— *Poit.*, 1273.
Bastide. *Bourg.*, II, 340.
— *Bourges*, 424.
— *Lyon*, 777.
— *Par.*, III, 387.
— *Poit.*, 923.
— *Prov.*, I, 429, 569.
— *Prov.*, II, 436, 491.
— *Toul.-Mont.*, 464, 1167, 1189, 1306.
Bastide (la), *Auv.*, 486.
— *Béarn (ville)*, 143.
— *Bourb.*, 202.
— *Bret.*, I, 345.
— *Guy.*, 665, 805, 854, 887, 1005.
— *Limous.*, 275.
— *Montp.-Mont.*, 205, 570, 1172.
— *Poit.*, 299.
— *(bourg). Prov.*, II, 146.
— *Toul.-Mont.*, 1081, 1374.
Bastie (la). *Bourg.*, I, 417.
— *Dauph.*, 240, 597.
— *Montp.-Mont.*, 452, 500.
Bastien. *Als.*, 603.
— *Bourg.*, II, 346.
Bastier. *Bourges*, 189.
— *Montp.-Mont.*, 487, 489.
— *Pic.*, 841.
Bastier (le). *Par.*, I, 498.
— *Par.*, II, 234.
— *Par.*, IV, 119.
— *Rouen*, 451.
Bastière (la). *La Roch.*, 427.
Bastine (la). *Prov.*, I, 657.
Bastite. *Guy.*, 1087.
Baston. *Bret.*, II, 85, 595, 599, 971.
Bastonneau. *Par.*, I, 926, 1254.
— *Par.*, II, 209, 273, 799.
— *Par.*, IV, 142.
Bastonnier. *Bourg.*, II, 240.
Bat. *Guy.*, 971.
Batac (de). *Montp.-Mont.*, 1157.
Bataillard. *Lyon*, 972.

Bataille. *Al.*, 890.
— *Bourb.*, 214, 326.
— *Bourg.*, II, 18, 24, 38.
— *Par.*, II, 612.
— *Par.*, III, 479.
— *Pic.*, 119.
— *Prov.*, II, 494, 495.
— *Rouen*, 819, 826.
— *Soiss.*, 166.
— *Toul.-Mont.*, 536, 736, 737, 778, 849, 873.
Bataillei. *Guy.*, 826, 830.
Batailler. *Par.*, I, 1253.
Batalin. *Prov.*, I, 787.
Batarel. *Lyon*, 634.
— *Prov.*, I, 1209.
Batbédat. *Guy.*, 1202.
Bate (la). *La Roch.*, 112.
Batellard. *Bret.*, I, 180.
Batellini. *Prov.*, I, 811.
Batenchon. *Guy.*, 836.
Batet. *Lyon*, 670.
Bathéon. *Fland.*, 581.
— *Lyon*, 72, 29, 278.
Batifolié. *Bret.*, II, 54.
Batilli. *Lorr.*, 641.
Batilly. *Par.*, III, 402.
Batisol. *Toul.-Mont.*, 739.
Batissier. *Bourb.*, 405.
— *Par.*, II, 220.
Batiste. *Lim.*, 467.
Batle. *Toul.-Mont.*, 1476, 1478, 1488.
Baton. *Poit.*, 423.
Batonneau. *Poit.*, 890.
— *Prov.*, I, 520.
Batrel. *Bret.*, II, 238.
Batsale (de). *Béarn*, 74, 158.
Battalin. *Dauph.*, 187.
Battant. *Lyon*, 808.
Battarel. *Prov.*, II, 427.
Battefort. *Bourg.*, I, 615.
— *Par.*, I, 990.
Battel. *Prov.*, II, 638.
Battemont. *Fland.*, 1163.
Batti. *Prov.*, I, 1239.
Batteur (le). *Fland.*, 1263.
Battrel. *Pic.*, 839.
Batut. *Toul.-Mont.*, 1014.
Batz (de). *Béarn.*, 15, 48, 98, 101, 138.
— *Guy.*, 325, 328, 595, 905.
Batz de Castelmore (de). *Toul.-Mont.*, 342.
Bau. *Bret.*, II, 32.
Baubinet. *Bourb.*, 516.
Baubion. *Béarn*, 85, 118.

Baucan. *Lyon*, 444.
Bauce. *Bourg.*, II, 495.
Baucher. *Poit.*, 543.
— *Tours*, 173, 1028.
Bauchereau. *Tours*, 1014.
Baucheron. *Bourges*, 442.
Baucheton. *Bourges*, 267.
Baucier. *Bourg.*, II, 304.
Baucire. *Par.*, II, 586.
Baud. *Bourg.*, I, 1109, 1144.
— *Dauph.*, 393.
— *Lim.*, 108.
Baud (de). *Bret.*, I, 26, 644, 894.
— *Bret.*, II, 255, 847.
— *Montp.-Mont.*, 1257, 1262.
— *Orl.*, 136.
— *Toul.-Mont.*, 524.
Baudaen. *Par.*, I, 24.
Baudan. *Dauph.*, 176.
— *Montp.-Mont.*, 21, 239, 309, 731, 1306, 1326.
Baudard. *Poit.*, 1017.
— *Tours.*, 873.
Baudart. *Caen*, 495, 498, 501.
— *Par.*, II, 3, 1273.
— *Pic.*, 815, 883.
Baude (de). *Lorr.*, 274, 327, 337, 682.
Baude. *Orl.*, 604.
— (bourg). *Prov.*, I, 984, 1195, 1198.
— *Prov.*, II, 799, 830.
Baudé. *Soiss.*, 855.
Baudean. *Poit.*, 987.
Baudeau. *Par.*, I, 204.
— *Par.*, II, 1085, 1186.
— *Poit.*, 1344.
— *Toul.-Mont.*, 383.
Baudechon. *Fland.*, 983.
Baudecourt. *Toul.-Mont.*, 534.
Baudelot. *Par.*, 1240.
— *Par.*, III, 364, 374.
Baudemont. *Al.*, 868.
Bauden. *Prov.*, I, 680.
Baudenet. *Bourg.*, I, 142.
— *Bourg.*, II, 83, 585.
— *Champ.*, 410.
Baudenot. *Bourg.*, II, 261.
Baudequin. *Fland.*, 60, 99, 270, 282, 421, 824.
— *Par.*, I, 172, 500.
Bauderon. *Bourg.*, II, 217, 218, 220, 375.
Bauderat. *Bourg.*, I, 1283.
Baudesson. *Bourb.*, 545.
— *Bourg.*, I, 187, 457.
— *Champ.*, 586.

Baudet. *Auv.*, 122.
— *Bourges*, 294, 342.
— *Bret.*, II, 384.
— *Champ.*, 445.
— *Dauph.*, 123, 138.
— *Guy.*, 903.
— *Lyon*, 939.
— *Montp.-Mont.*, 935.
— *Orl.*, 482.
— *Par.*, I, 316.
— *Poit.*, 1126.
— *Tours*, 1069.
Baudeville. *Prov.*, II, 478.
Baudichon. *Bourges*, 435.
Baudier. *Al.*, 991, 1215.
Baudiére. *Montp.-Mont.*, 1049.
— *Par.*, I, 989.
Baudière (de). *Champ.*, 243.
Baudin. *Bourg.*, I, 793.
— *Bret.*, II, 889.
— *Champ.*, 150.
— *Par.*, I, 1260.
— *Par.*, III, 329, 460, 473.
— *Par.*, IV, 476, 498.
— *Poit.*, 1093, 1102, 1248.
— *Prov.*, II, 576.
Baudineau. *Poit.*, 1314.
Baudinot. *Als.*, 157, 500.
— *Bourg.*, I, 34, 46.
— *Bourg.*, II, 302, 614.
— *Vers.*, 219.
Baudon. *Bourges*, 261, 399.
— *Par.*, I, 1137.
— *Par.*, II, 673, 1138.
— *Prov.*, I, 104, 842.
— *Tours*, 1518.
Baudot. *Al.*, 228, 448, 639, 951.
— *Bourg.*, I, 56, 57, 216, 259, 1063.
— *Bourg.*, II, 19, 107, 500, 501.
— *Champ.*, 215, 768.
— *Par.*, I, 1008, 1371.
Baudouart. *Bret.*, II, 904.
Baudouin. *Als.*, 558.
— *Bret.*, I, 162, 173, 496.
— *Bret.*, II, 41.
— *Dauph.*, 41, 78, 391.
— *Fland.*, 344, 1272, 1455.
— *Guy.*, 242.
— *Limous.*, 268.
— *Lorr.*, 120, 132.
— *Orl.*, 180, 356, 771.
— *Par.*, I, 31, 180, 255, 619, 735, 878, 1129, 1260.
— *Par.*, II, 113, 159, 215, 371, 525, 1147.
— *Par.*, III, 304, 454, 554.

— *Pic.*, 64, 422, 568.

— *Poit.*, 443, 484, 492, 986, 1183, 1293.

— *Prov.*, I, 1323.

— *Prov.*, II, 444.

— *La Roch.*, 13, 127, 317.

— *Rouen*, 8, 93, 105, 435, 517, 631, 632, 637, 638, 826, 1056, 1232.

— *Soiss.*, 475.

— *Tours*, 912.

Baudouyer. *Als.*, 18.

Baudrais. *Al.*, 1009.

Baudran. *Als.*, 744.

— *Bret.*, I, 81.

— *Bret.*, II, 13.

— *Lyon*, 460, 611.

— *Par.*, I, 11.

— *Par.*, II, 305, 535.

— *Par.*, III, 235.

— *Prov.*, II, 654.

Baudrand. *La Roch.*, 3.

Baudre. *Caen*, 18, 28, 29, 34, 36, 106, 114, 151, 384, 420, 457, 617, 622, 714, 729.

Baudré. *Bret.*, I, 627.

Baudreuil. *Pic.*, 689.

Baudri. *Al.*, 506, 802, 1198.

— *Auv.*, 143.

— *Fland.*, 55.

— *Par.*, I, 635, 850.

— *Prov.*, II, 578, 619.

— *Rouen*, 50, 92, 416, 430, 656, 1163, 1256.

— *Tours*, 69, 650, 953.

Baudrier. *Par.*, III, 491.

— *Prov.*, I, 172.

— *Prov.*, II, 519, 619.

— *Tours*, 970, 1029.

Baudrieu. *Al.*, 1205.

Baudrion. *Bourb.*, 89, 489.

Baudron. *Orl.*, 727, 757.

Baudry. *Bourb.*, 333.

— *Bourg.*, II, 371, 587.

— *Montp.-Mont.*, 321, 881.

— *Orl.*, 86, 755, 761, 806, 822.

— *Par.*, II, 205, 232.

— *Par.*, III, 427.

— *Par.*, IV, 552.

— *Poit.*, 222, 245, 388, 638, 640, 1020, 1042, 1094, 1259, 1271, 1294, 1293, 1298.

— *Vers.*, 83.

Bauduer. *Guy.*, 120.

Bauduf. *Prov.*, II, 363.

Bauduin. *Pic.*, 69, 404.

Baudus. *Montp.-Mont.*, 1097.

— *Toul.-Mont.*, 241.

Baudy. *Poit.*, 543, 1449, 1476.

Baufremont. *Lorr.*, 594, 653.

— *Par.*, I, 841.

Bauffremont. *Bourg.*, II, 490.

Baufremez. *Fland.*, 145, 274, 362.

Baugais. *Tours*, 919.

Baugard. *Fland.*, 1149, 1157, 1160.

Bauge (du). *Par.*, IV, 384.

Baugé. *Poit.*, 990.

— *Tours*, 197, 355, 662, 1286.

Bauger. *Par.*, II, 1269.

Bauget. *Par.*, I, 1152.

Baugi. *Tours*, 395.

Baugier. *Champ.*, 4, 22, 33.

— *Par.*, II, 390.

— *Poit.*, 129.

— Baugin. *Orl.*, 482, 975.

Baugouin. *Bret.*, II, 945.

Baugrand. *Bret.*, I, 76.

— *Fland.*, 1175.

— *Par.*, IV, 666, 796.

— *Tours*, 1461.

Baugy. *Bourb.*, 7, 108, 146.

— *Par.*, II, 399.

— *Par.*, III, 186.

— *Par.*, IV, 38.

Bauin. *Pic.*, 622.

Baujan. *Lyon*, 740.

Baulard. *Bourg.*, I, 715, 725, 732, 1133.

Baulat. *Lyon*, 481.

Bauld. *La Roch.*, 319.

Baulen. *Toul.-Mont.*, 707.

Baulin. *Fland.*, 330, 982.

Baullon. *La Roch.*, 431.

Baulos. *Guy.*, 841, 869, 948.

Bault. *Bret.*, II, 1106.

— *Pic.*, 33.

— *Tours*, 74, 114, 676, 880, 899.

Bault (de). *Lorr.*, 98.

Bault (le). *Bourg.*, II, 47.

— *Bourb.*, 470.

— *Par.*, IV, 177.

— *Poit.*, 326, 1020, 1226, 1407.

Baumavielle. *Montp.-Mont.*, 887.

Baume. *Bourg.*, I, 995.

Baume (la). *Als.*, 522, 593.

— *Bourg.*, I, 124, 170, 616, 630.

— *Bourg.*, II, 288.

— (*V. Tertules*). *Dauph.*, 9, 10, 116, 130, 144, 341, 354, 355, 357, 395.

— *Fland.*, 49.

— *Limous.*, 339.

— *Lyon*, 32.

— *Montp.-Mont.*, 262, 797, 803.

— *Par.*, i, 108, 124, 201, 1270.
— *Par.*, iii, 31.
— *Prov.*, i, 665, 722, 1412.
— *Prov.*, ii, 371, 474.
— *Vers.*, 296.
— *Lorr.*, 138.
Baumelle. *Prov.*, ii, 154.
Baumer. *Rouen*, 30, 521, 568, 680, 808.
Baumer (St-). *Rouen*, 1300.
Baumevieille. *Auv.*, 380.
Baumeyer. *Als.*, 863.
Baumguerten. *Guy*, 827.
Baumier. *Poit.*, 565.
Baune (la). *Montp.-Montaub.*, 1112, 1124.
— *Par.*, i, 933, 986, 1218.
— *Par.*, iii, 305, 549.
— *Vers.*, 5.
Baupte. *Caen*, 282, 286.
Bauquemare. *Al.*, 123, 456, 1213.
— *Als.*, 849.
— *Par.*, i, 1215.
— *Par.*, iii, 449.
Bauquemarre. *Rouen*, 548, 584, 697, 712, 832, 1073.
Bauquet. *Caen*, 64, 65, 81, 265, 279, 316, 426.
Baur. *Als.*, 582, 587, 614, 666, 815.
Baur (de). *Lorr.*, 267.
Bauraet. *Fland.*, 213, 482.
Baure (de). *Béarn*, 107, 108.
Baure (la). *Soiss.*, 566.
Baures. *Pic.*, 347.
Baurie. *Guy.*, 802.
Bausot. *Par.*, ii, 522.
Baussai. *Par.*, i, 134.
— *Tours*, 1455.
Baussan. *Par.*, i, 78, 787.
— *Par.*, ii, 476.
Baussans. *Lim.*, 432.
Baussant (St-). *Lorr.*, 264, 421.
Baussat. *Auv.*, 298.
Baussaz. *Poit.*, 488, 834, 879.
Baussen. *Orl.*, 194, 600, 617.
Bausser. *Fland.*, 1032.
Bausset. *Prov.*, i, 474, 588, 589, 617, 627, 725, 1055, 1098.
— *Prov.*, ii, 439.
Baussi. *Prov.*, i, 1388.
Bausson. *Prov.*, i, 878.
Bauté (la). *Toul.-Mont.*, 632.
Bautéac. *Dauph.*, 318.
Bautier, *Rouen*, 377.
Bautineau. *Poit.*, 561.
Bautoux. *Poit.*, 1234.

Bautoy. *Bret.*, i, 564.
Bautru. *Par.*, i, 45, 177, 210.
— *Par.*, ii, 884, 889, 891.
— *Par.*, iv, 37.
— *Tours*, 155, 260.
— *Vers.*, 175.
Bauves. *Rouen*, 1364.
Bauves (de). *Toul.-Mont.*, 540.
Bauville. *Caen*, 23, 366, 374, 377, 397.
Baux. *Poit.*, 522.
— (M.). *Prov.*, ii, 112.
Baux (de). *Als.*, 35.
Baux (des). *Fland.*, 642.
— *Rouen*, 854.
— *Toul.-Mont.*, 687, 692, 1355.
Bauzec. *Bret.*, ii, 602.
Bauzille (St-). *Montp.-Mont.*, 384.
Bavard. *Soiss.*, 856, 857.
Bave. *Fland.*, 115, 153, 546, 764, 805.
Bavelier. *Bourg.*, i, 871, 1015.
Bavereux. *Par.*, iii, 130.
Baverey. *Bourg.*, i, 1174.
Bavette. *Fland.*, 23.
Baveux. *Bourg.*, i, 574.
Bavière. *Als.*, 430.
Bavières. *Par.*, i, 1181.
Bavin. *Par.*, i, 168, 214, 601, 1022, 1339.
Bavolier. *Guy.*, 245.
Bavousset. *Bourg.*, i, 1073.
Bavoux. *Bourg.*, i, 714, 834, 868.
Bavyn. *Bourg*, i, 35.
— *Par.*, iii, 452.
Bay (de). *Orl.*, 465.
Bay. *Par.*, ii, 662.
Bayard. *Bourb.*, 24.
— *Bourg.*, i, 1278.
— *Bourg.*, ii, 254.
— *Fland.*, 96, 117, 125, 253, 317, 322.
— *Lyon*, 217, 296, 363, 733.
— *Montp.-Mont.*, 318.
Baye. *Bret.*, i, 178.
— *Bret.*, ii, 168, 177.
— *Poit.*, 376.
Bayebair. *Lorr.*, 122.
Bayée (le). *Bret.*, ii, 525.
Bayel. *Lim.*, 83.
Bayen. *Par.*, i, 472.
Bayer. *Als.*, 421.
Bayet. *Auv.*, 302.
— *Dauph.*, 132, 475.
Bayeul. *Pic.*, 557.
Bayeux. *Bourb.*, 22.

— *Caen*, 1, 7, 335, 564, 607.
Bayle (de). *Bourb.*, 26, 128.
Bayne (de). *Toul.-Mont.*, 56, 57. (*V.* Beyne.)
Bayol. *Prov.*, I, 416, 1197.
Bayolle. *Rouen*, 5.
Bayon. *Prov.*, I, 275, 894, 902
— *Prov.*, II, 285.
Bayonne. *Guy.*, 961.
— *Toul.-Mont.*, 648.
Bays. *Bret.*, I, 778.
Bazadas. *Tours*, 1438.
Bazaille. *Lorr.*, 677.
Bazan. *Caen*, 65, 200, 267, 270, 280, 299.
Bazanier. *Par.*, II, 246, 661.
Bazard. *Rouen*, 1152.
Bazas. *Guy.*, 933.
Bazau. *Prov.*, I, 631, 1046.
Bazé (de). *Bourges.*, 268.
Bazelle. *Bourg.*, II, 185.
— *Fland.*, 1206.
— *Toul.-Mont.*, 586.
Bazier. *Par.*, IV, 93.
Bazignan. *Guy.*, 210, 346.
Bazil. *Bret.*, II, 536.
Bazillais. *Bret.*, II, 1106.
Bazille. *Par.*, III, 595.
— *Tours*, 1145.
Bazin. *Auv.*, 416.
— *Bourb.*, 145.
— *Bourg.*, I, 32, 935, 1031.
— *Bourg.*, II, 44.
— *Bret.*, II, 7, 724.
— *Caen*, 226, 553, 556.
— *Guy.*, 346, 581, 872, 1057.
— *Lim.*, 151, 374.
— *Lorr.*, 35 *bis*, 510.
— *Orl.*, 600, 636.
— *Par.*, I, 26, 156, 161, 173, 406, 815, 954.
— *Par.*, II, 731, 975, 1245.
— *Par.*, III, 122, 395, 402.
— *Soiss.*, 695.
Bazinière (la). *Poit.*, 517.
Bazire. *Al.*, 851, 870.
— *Caen*, 140, 183, 222, 39?, 571.
— *Par.*, IV, 73, 75.
— *Rouen*, 539, 961.
Bazoges. *Tours*, 419.
Bazon. *Montp.-Mont.*, 1001, 1148.
— *Toul.-Mont.*, 101.
Bazonnière (la). *Toul.-Mont.*, 946.
Bazouges. *Tours*, 612.
Bazouls. *Toul.-Mont.*, 935.
Bazourdi. *Tours*, 60, 888.

Bé (du). *Poit.*, 1240.
Bé (le). *Champ.*, 118.
— *Lyon*, 11, 134, 165, 544.
— *Toul.-Mont.*, 1234.
Béal. *Lyon*, 534.
Bealle (le). *Tours*, 1375.
Beanne. *La Roch.*, 167.
Béar. *Toul.-Mont.*, 1229, 1243.
Beard. *Bret.*, I, 811.
— *Bret.*, II, 394.
Béard. *Rouen*, 879.
Béarn. *Béarn*, 16, 49, 88.
— *Guy.*, 33.
— *Toulouse Montaub.*, 1418, 1421, 1429.
Beasquin. *Béarn*, 144, 147.
Beasse. *Tours*, 1127.
Beat (St-) (*ville*). *Montp.-Montaub.*, 1187.
Béatrix. *Bourg.*, I, 3.
— *Caen*, 58, 109.
— *Dauph.*, 66, 107.
— *Rouen*, 162, 523.
Béau. *Als.*, 637.
Beau. *Guy.*, 1097.
— *Poit.*, 1136, 1392, 1394, 1399.
— *Prov.*, I, 591, 615, 798, 1044.
— *Prov.*, II, 369, 371.
— *La Roch.*, 378.
Beau (de). *Bourg.*, II, 245.
Beau (du). *Lyon*, 173. 508.
Beau (le). *Bourg.*, I, 44, 45, 1269.
— *Bret.*, II, 452, 453, 478, 481, 806, 808, 812, 1077, 1087.
— *Orl.*, 202, 596, 597, 598, 621, 622, 628, 630, 640, 668, 671, 678, 684.
— *Par.*, I, 519.
— *Par.*, IV, 55, 648.
— *Poit.*, 189, 377, 566, 707.
— *Soiss.*, 65.
— *Tours*, 383, 1377.
Beau du Boujon (le). *Fland.*, 1318.
Beaubaudrais. *La Roch.*, 314.
Beauberard (la). *Dauph.*, 562.
Beaubois. *Bourg.*, II, 5.
Beaubourg. *Par.*, II, 1188.
— *Par.*, IV, 660.
Beaubrun. *Par.*, I, 128, 251.
Beaucaire. *Bourges.* 76, 78.
— *Montp.-Mont.*, 819.
— *Prov.*, II, 474.
Beaucamp. *Lyon*, 163.
Beaucé. *Bret.*, I, 208.
Beauchaire. *Orl.*, 811, 824.
Beauchamp. *Lim.*, 69.
— *Par.*, I, 663.

— *Par.*, IV, 778.
— *Poit.*, 1024, 1550.
Beauchamps. *La Roch.*, 103, 215, 412, 447.
Beaucharnois. *Orl.*, 21, 339, 462.
Beaucher. *Bret.*, II, 17.
Beauchesne. *Orl.*, 743, 744, 752, 759.
— *La Roch.*, 287.
Beaucier. *Orl.*, 894.
Beauclair. *Auv.*, 570.
Beauclaus. *Toul.-Mont.*, 1124.
Beauclerc. *Bourg.*, II, 490.
— *Par.*, I, 628.
— *Par.*, II, 114.
— *Tours*, 1327.
Beaucorps. *La Roch.*, 77, 211.
Beaucourt (de). *Pic.*, 202.
Beaucousin. *Bourb.*, 144.
— *Soiss.*, 464, 689.
Beaudelet. *Pic.*, 735.
Beaudiez. *Bret.*, I, 546.
Beaudivi. *Prov.*, II, 618, 620.
Beaudrap. *Caen*, 285, 305, 321.
Beaufils. *Al.*, 846, 1062.
— *Als.*, 747.
— *Auv.*, 220, 320, 322.
— *Lyon*, 639.
— *Par.*, III, 322.
Beaufort. *Auv.*, 127. (*Voy.* Mont-voisier.)
— *Bourb.*, 446.
— *Bourges*, 75.
— *Bourg.*, I, 348.
— *Bourg.*, II, 492.
— *Bret.*, II, 291.
— *Champ.*, 50, 89, 781, 889.
— *Dauph.*, 73, 114.
— *Fland.*, 291, 1298.
— *Guy.*, 923.
— *Lorr.*, 372.
— *Montp.-Mont.*, 1106.
— *Par.*, I, 15, 206, 968.
— *Par.*, II, 72, 1018.
— *Par.*, III, 609.
— *Par.*, IV, 81, 85, 297, 659, 793, 803.
— *Pic.*, 168, 195, 199, 677, 734, 735.
— *Prov.*, II, 484.
— *Toul.-Mont.*, 549.
— (*ville*). *Tours*, 1261.
Beaufossé. *Poit.*, 516.
Beaufranchet. *Bourb.*, 219.
Beaufremez. *Pic.*, 794.
Beaufresne. *Fland.*, 405.
Beaugard. *Lyon*, 644.
Beaugendre. *Bret.*, II, 430.

— *Caen*, 53, 64, 84, 248, 566.
Beaugerais. *Par.*, III, 162.
Beaugrand. *Tours*, 895.
Beauharnois. *Bret.*, II, 54.
— *Par.*, I, 632, 779, 1009.
Beaujardin. *La Roch.*, 24.
Beaujeu. *Lyon*, 692.
— *Bourg.*, I, 719.
— *Champ.*, 591.
— (*ville*). *Lyon*, 973.
— *Par.*, I, 1338.
— *Par.*, IV, 473, 476, 499.
— (*bar.*). *Prov.*, I, 1077.
— *Prov.*, II, 80.
Beaujouan. *Tours*, 748, 922, 1041.
Beaulac. *Guy.*, 308.
— *Montp.-Mont.*, 2, 19, 20, 59.
— *Par.*, II, 918.
Beaulard. *Caen*, 183.
Beaulieu. *Al.*, 1173.
— *Als.*, 497.
— *Auv.*, 171.
— *Bourb.*, 445.
— *Champ.*, 856.
— *Fland.*, 531.
— *Guy.*, 553, 904, 1193.
— *Lorr.*, 586.
— *Montp.-Mont.*, 372, 678, 1560.
— *Orl.*, 172, 624, 639, 690.
— *Par.*, I, 407, 1283.
— *Par.*, II, 1150.
— *Par.*, III, 475.
— (*rel.*). *Poit.*, 704, 997.
— *Prov.*, I, 54, 688.
— *La Roch.*, 198, 396.
— *Rouen*, 141.
— *Tours*, 833, 1308.
— *Vers.*, 20, 22.
Beaulieu (de). *Pic.*, 812.
Beaulinsaut. *Als.*, 45.
Beaulis (St-). *Toul.-Mont.*, 649.
Beaumais. *Al.*, 122, 440.
Beaumaistre. *Al.*, 111, 119, 365, 434, 1245.
Beaumanoir. *Bret.*, I, 31.
— *Par.*, I, 1235, 1248.
— *Par.*, II, 856.
— *Tours*, 358, 399, 1195.
Beaumares. *Fland.*, 97, 408, 1122.
Beaume (la). *Guy.*, 363.
Beaumetz. *Rouen*, 495.
Beaumont. *Al.*, 797.
— *Als.*, 213.
— *Auv.*, 592.
— *Bret.*, I, 588.
— *Bret.*, II, 753.

— Caen, 534.
— Champ., 143, 269.
— Dauph., 250, 259, 260, 328, 357, 358, 359, 632, 633.
— (ville). Fland., 162, 700, 795, 1327.
— Guy., 224, 381, 514, 555, 726, 990.
— Lyon, 433, 753.
— Montp.-Mont., 427, 1022, 1050, 1097.
— Orl., 733.
— Par., I, 3.
— Par., II, 1206.
— Par., III, 152.
— Poit., 354, 947, 1148.
— Prov., I, 511, 823, 950, 1010, 1066.
— Prov., II, 75, 770.
— La Roch., 73, 80, 92, 96, 180, 210, 378, 396.
— Rouen, 454.
— Toul.-Mont., 247, 1027.
— Tours, 55.
— Vers., 75.
Beaumy. Pic., 558.
Beaunais. Rouen, 1165.
Beaune. Bourg., I, 357.
— Guy., 818.
Beaune (de). Tours, 1416.
Beaunier. Orl., 698.
Beaunière. Bret., I, 157.
Beaupère. Bourg., II, 256.
Beaupin. Bourg., I, 167.
Beauplan. Rouen, 1131.
Beaupoil. Guy., 428, 439 440, 1102.
— Limous., 231.
— Par., II, 875.
— Poit., 393, 534, 541, 761, 1438, 1447, 1449.
— Prov., I, 156.
— La Roch., 327.
Beaupoli. Prov., II, 106.
Beauport. Bret., I, 133.
Beaupré. Caen, 78.
— Guy., 808.
— Lorr., 662.
— Orl., 685.
Beaupréau (ville). Tours, 1506.
Beaupui. La Roch., 212.
Beaupuy. Guy., 55, 977, 1110.
Beaurains. Par., I, 295, 1074.
Beauredon. Montp.-Mont., 1006.
Beauregard. Auv., 489.
— Bourges, 274, 276, 369, 521.
— Bourg., II, 285.

— Guy., 1179.
— Limous., 384.
— Montp.-Mont., 478.
— Par., IV, 726.
— Poit., 405, 442, 453, 536, 1460.
— Soiss., 154.
— Toul.-Mont., 1135, 1194, 1284.
— Tours., 151, 193, 195, 410.
— Vers., 217.
Beaurepaire. Al., 47, 96, 562, 563, 625, 744.
— Auv., 431.
— Bourg., I, 286.
— Caen, 184.
— Champ., 577.
— Lyon, 54, 55.
— Orl., 797.
— Par., I, 712, 1286.
— Par., II, 1031.
— Poit., 1294.
— Tours, 314.
Beaurieu. Fland., 175.
Beaurin. Bret., I, 893.
Beausaguet. Montp.-Mont., 1570.
Beausergent. Par., II, 6.
— Par., III, 166.
Beausin. Prov., I, 1007.
Beausire. Als., 50.
— Lorr., 660.
— Tours, 1141.
Beaussart. Pic., 773.
Beausse (de). Fland., 1041.
Beausse. Orl., 350, 461, 468.
— Par., II, 728.
Beausson. Caen, 502.
— Rouen, 344.
Beaussier. Prov., I, 18, 21, 25, 28, 48, 52, 69, 113, 154, 157, 659, 831, 1088, 1180, 1203, 1215, 1219, 1223, 1224, 1228.
— Prov., II, 409, 449, 468.
Beauté. Toul.-Mont., 952.
Beauvaès. Prov., I, 573.
Beauvaès. Pic., 434, 444, 728.
Beauvais. Al., 283, 1096, 1191.
— Bret., II, 905.
— Caen, 421.
— Champ., 375.
— Fland., 1186, 1434.
— Orl., 456.
— Par., I, 244, 751, 1100.
— Par., III, 9.
— Par., IV, 80, 127, 742.
— Rouen, 657, 997.
— Soiss., 254, 386, 402, 789.
— Tours, 287, 291.

Beauval. *Lorr.*, 150, 418.
Beauvalet. *Rouen*, 926.
Beauvallet. *Tours*, 1023.
Beauvalot. *Bourg.*, II, 325.
Beauvarlet. *Pic.*, 234, 250, 251, 294, 457, 640, 645.
Beauvau. *Al.*, 284.
— *Bret.*, I, 516.
— *Guy.*, 870.
— *Lorr.*, 387, 463 bis, 464, 467.
— *Orl.*, 148.
— *Par.*, II, 1185.
— *Rouen*, 950.
— *Tours*, 191, 334.
Beauve. *Limous.*, 288.
Beauverger. *Auv.*, 51, 188, 191, 295.
— *Bourb.*, 126.
— *Bret.*, II, 516.
— *Par.*, II, 1265.
Beauvesine. *Prov.*, II, 452.
Beauvezé. *Al.*, 372.
Beauvieux. *Limous.*, 289.
Beauvilain. *Bourges*, 138.
— *Poit.*, 721, 783, 855, 1434, 1437.
Beauvilliers. *Par.*, I, 167, 275.
— *Vers.*, 54.
Beauvisage. *Soiss.*, 848, 849.
Beauvoir. *Dauph.*, 450.
— *Limous.*, 401.
— *Lyon*, 1020.
— (*Voy.* du Roure et Grimoard). *Montp.-Montaub.*, 377, 522, 922, 1239, 1441.
— *Par.*, I, 1255.
— *Toul.-Mont.*, 611, 1274.
Beauvoir (de). *Pic.*, 854.
Beauvois. *Bourb.*, 610.
— *Guy.*, 904.
Beauvoisien. *Al.*, 153, 176, 403, 464, 566, 697, 820.
Beauvoisin. *Montp.-Mont.*, 748.
Beauvolier. *Tours*, 661.
Beaux (de). *Dauph.*, 479.
Beauxante. *Par.*, II, 102.
Beauxhostes. *Dauph.*, 110.
— *Montp.-Mont.*, 60, 765.
Beauxoncles. *Orl.*, 15, 343, 1014.
Bebée. *Guy.*, 830, 832.
Bebesdère. *Bret.*, I, 540.
Bébiau. *Toul.-Mont.*, 1002.
Bec. *Prov.*, I, 471, 476, 986, 1106.
Bec (de). *Lyon*, 712, 814.
Bec (du). *Bret.*, II, 483, 487.
— *Guy.*, 1172, 1213.
— *Par.*, I, 308.
Bec (le). *Tours*, 900.

Becaert. *Fland.*, 222.
Becaille. *Par.*, I, 1032.
Bécanne (la). *Tours*, 352.
Bécarie (*Voy.* Pavie). *Toul.-Mont.*, 204.
Bécart. *Pic.*, 740.
Bécas. *Bourges*, 290.
Becasseau. *Tours*, 1240.
Becasson. *Bret.*, I, 834.
Becave. *Montp.-Mont.*, 1002.
Becavis. *Prov.*, I, 342.
Beçay. *Toul.-Mont.*, 1105.
Beccais. *Guy.*, 313.
Becdelièvre. *Bret.*, I, 8, 153, 490, 987.
— *Bret.*, II, 10.
— *Rouen*, 32, 340, 606, 647, 670, 676, 733, 734, 1101.
Becel. *Pic.*, 12.
Becerel. *Bourg.*, I, 406, 419.
Beceval. *Rouen*, 444.
Bech (de). *Als.*, 20, 443.
— *Prov.*, II, 728.
Bechade. *Fland.*, 1223.
Bechamel. *Par.*, I, 1145.
— *Par.*, II, 510, 864, 930.
Bechameil. *Vers.*, 94.
Bechamps. *Lorr.*, 486, 620, 654, 659.
Béchard. *Rouen*, 1165.
Beche. *Par.*, III, 152.
Beché. *Tours*, 461.
Becheau. *Guy.*, 626.
Bechennec. *Bret.*, I, 38, 399.
Béchel. *Als.*, 996.
Bécherant. *Montp.-Mont.*, 6, 866, 659.
Bechet. *Al.*, 1229.
— *Bourges*, 375.
— *Bourg.*, I, 1057.
— *Lorr.*, 312, 435.
— *Par.*, II, 508, 735.
— *Pic.*, 784.
— *Poit.*, 462, 572.
— *La Roch.*, 214, 402.
Becheveau. *Bourges*, 267, 393.
Bechevel. *Al.*, 183.
— *Caen*, 94, 95, 100, 743.
— *Lorr.*, 182.
Bechillon. *Poit.*, 333, 736, 1077.
Béchillon. *La Roch.*, 447.
Bécho. *Als.*, 385.
Béchon. *Guy.*, 147, 394, 518, 812, 1185.
— *Soiss.*, 323.
Bechonnet. *Bourb.*, 610.
Bechtoldt. *Als.*, 428.

Bechu (le). *Bret.*, II, 599, 907.
Béchu. *Tours*, 1129.
Beck. *Als.*, 840.
Beck (de). *Lorr.*, 317.
Becker. *Fland.*, 620.
Beckler. *Als.*, 110, 441, 639.
Béclaron. *Als.*, 1104.
Beclineau (du). *Par.*, II, 206.
Becmeur (du). *Bret.*, II, 147, 220.
Becmur. *Bret.*, I, 259.
Becot. *Par.*, III, 439.
Bécouyeur. *Poit.*, 1476.
Bécourt. *Pic.*, 723, 730.
Bécoux. *Bourb.*, 221.
Becq (de). *Fland.*, 278.
Becquerel. *Par.*, I, 643.
Becquet. *Caen*, 647, 702, 777.
— *Fland.*, 24, 28, 368, 387, 392, 393, 420, 651, 831, 832, 841, 972, 975, 1278, 1305.
— *Par.*, I, 379.
— *Rouen*, 148, 1163, 1365.
Becquin. *Pic.*, 246, 259, 299, 426, 471.
Bectaux. *Dauph.*, 223.
Becu (de). *Champ.*, 340.
Bécu. *Fland.*, 441.
Becuau. *Bourges*, 17, 115, 166, 421.
Bécuau. *Fland.*, 57.
Bedado. *Guy.*, 929, 1184.
Bédarides. *Montp.-Mont.*, 896.
Bédasne. *Tours*, 886, 888, 942.
Bedé. *Limous.*, 297.
— *Par.*, II, 976, 983, 1187.
— *Par.*, IV, 159.
— *Tours*, 364, 1155.
Bedeard. *Tours*, 1283.
Bedeau. *Bret.*, I, 155, 169, 175.
Bedée. *Bret.*, I, 825.
Bedel. *Bret.*, I, 937.
— *Bret.*, II, 1133.
— *Toul.-Mont.*, 1203.
Bedelle. *Soiss.*, 702.
Bedent. *Par.*, III, 477.
Bedes. *Toul.-Mont.*, 1240.
Bedesque. *Poit.*, 1280.
Bedey. *Bourg.*, II, 503.
Bediant. *Poit.*, 369.
Bedier. *Par.*, IV, 93.
Bedoie. *Par.*, I, 405.
Bedoir. *Montp.-Mont.*, 264.
Bedora. *Guy.*, 406.
Bedorabras. *Guy.*, 1202.
Bedoré. *Par.*, I, 377.
Bedorede. *Guy.*, 465, 468.
Bedos. *Montp.-Mont.*, 212.

— *Toul.-Mont.*, 860.
Bedot. *Prov.*, II, 665.
Bédouel. *Caen*, 396.
Bedourch. *Guy.*, 1194, 1213.
Bedoy. *Bret.*, II, 472.
Bédu. *Pic.*, 703.
Bée (le). *Bret.*, II, 1036.
Beer. *Als.*, 456.
Béer (de). *Fland.*, 31, 726.
Beffroi. *Champ.*, 150.
Beffroy. *Soiss.*, 141, 315, 508, 611.
— *Vers.*, 7.
Béfort. *Par.*, II, 484.
Bega. *Par.*, III, 129.
Begaignon. *Bret.*, I, 105.
— *Bret.*, II, 206.
Begand. *Par.*, III, 481.
Bégard. *Pic.*, 699.
Begary. *Poit.*, 204, 205, 1143, 1144.
Bégas. *Poit.*, 1182.
Bégasse. *Bret.*, II, 431.
Bégasson. *Bret.*, II, 122.
Begassoux. *Bret.*, I, 19, 20, 424, 476.
Bégaud. *Bret.*, I, 516.
— *Poit.*, 886, 1210.
— *Tours*, 187, 188, 624.
Bégault. *Montp.-Mont.*, 260.
— *La Roch.*, 256.
Bégaut. *Bret.*, II, 458, 853.
Begat (le). *Champ.*, 427.
Beget. *Lyon*, 984.
— *Montp.-Mont.*, 676.
Begin. *Bourg.*, II, 475.
Beglin. *Als.*, 1058.
Bégon. *Auv.*, 164.
— *Lyon*, 728.
— *Orl.*, 400, 506.
— *Par.*, I? 48, 169, 559.
— *Par.*, II, 1009.
— *La Roch.*, 1, 2.
Begot. *Bourg.*, II, 160.
Begou. *Prov.*, II, 108.
Begué. *Guy.*, 854.
— *Toul.-Mont.*, 1293.
Bègue. *Prov.*, II, 315.
Bègue (le). *Als.*, 835, 976.
— *Auv.*, 73.
— *Bourb.*, 7, 11, 86.
— *Bourges*, 19, 24, 26.
— *Bourg.*, I, 278.
— *Bourg.*, II, 555.
— *Champ.*, 337.
— *Guy.*, 967, 995, 1210.
— *Lorr.*, 100, 472.
— *Par.*, I, 322, 1022.

— Par., II, 44, 165, 591, 908.
— Par., III, 130.
— Par., IV, 128, 667.
— Prov., I, 529, 786, 916.
Bégué (le). La Roch., 435.
Begueret. Bret., II, 390.
Bègues (de). Auv., 118.
Beguier. Poit., 818, 891.
Beguier. Tours, 932, 939, 1273.
Béguin. Al., 964.
— Bourges, 42.
— Bourg., II, 307.
— Champ., 66, 67.
— Par., I, 324.
— Par., II, 331.
— Par., III, 597.
— Soiss., 724.
— Tours, 213.
Béguinet. Lorr., 566.
Behic. Guy., 561.
Beho. Als., 329, 895.
Behot. Al., 632.
Behotte. Rouen, 73.
Bei (de). Als., 976.
Beignot. Par., II, 70.
Beih. Als., 1050.
Beile. Guy., 1169.
Beili. Guy., 428.
Beille (de). Toul.-Mont., 530.
Bein. Prov., I, 5, 1351.
Beinac. Guy., 512, 705, 919.
— Poit., 173.
— Toul.-Mont., 321, 1080.
Beine (de). Par., II, 1252, 1247.
— Soiss., 5, 106, 251.
Beine (la). Caen, 711.
Beins (de). Vers., 90.
Beirback. Als., 457.
Beirie (la). Guy., 206, 1155, 1168.
— Toul.-Mont., 1227.
Beiriès. Guy., 971.
Beisselaine. Guy., 1111.
Beissier. Prov., I, 748.
Beissière. Prov., I, 604.
Béjault. Tours, 1053.
Béjui. Dauph., 117.
Bel. Prov., I, 1204.
— Toul.-Mont., 765.
Bel (le). Bourb., 106, 124, 125, 516, 597.
— Bret., I, 207, 212, 216, 220, 561, 841.
— Bret., II, 146, 186, 225, 229, 334, 409, 418, 579.
— Champ., 56, 147, 208, 423.
— Guy., 114, 551.

— Par., I, 179. 959, 1218.
— Par., II, 362, 733.
— Par., III, 280.
— Par., IV, 2.
— Poit., 152, 1097, 1111.
— Soiss., 262, 566, 784, 793.
— Vers., 3.
Belaigue. Auv., 142.
Belair. Fland., 853.
— Guy., 1053.
— Lyon, 905.
Belair (de). Poit., 266.
Belamy. Toul.-Mont., 579.
— Vers., 111.
Belan (de). Montp.-Mont., 466.
Belande. Prov., I, 837.
Belanger. Fland., 136, 185, 1494.
Bellanger. Par., IV, 58, 563.
Belaine. Tours, 1342.
Belarbre. Fland., 1260.
Belart. Par., I, 370.
Belastel. Lorr., 470.
Belaut. Als., 663.
Belavoine. Par., I, 1180.
Belay. Orl., 727, 729.
Belbeuf. Rouen, 499.
Belbeze. Montp.-Mont., 1182, 1183.
Belcaire. Montp.-Mont., 1056.
Belcastel. Guy., 222, 707.
— Toul.-Mont., 1035.
Belchamps. Lorr., 96, 594, 603.
Belcier. Guy., 156.
Belech. Guy., 1030.
Belengin. Fland., 819.
Beler. Als., 570.
Belestre. Par., III, 424.
Belet. Tours, 759, 920.
Belet (de). Bourges, 141.
Beleurget. Bourg., I, 249.
Beley. Bourg., I, 577.
Belfort (ville). Als., 213.
Belgue. Als., 1083.
Belhomme. Al., 144, 533.
— Par., I, 1302.
Belhoste. Caen, 442.
Belhostel. Bourg., I, 556, 928.
Beli. Toul.-Mont., 13, 1033.
Beliard. Bourg., I, 1041.
Belichon. Par., III, 329, 485.
Belicier. Guy., 559.
Belie (la). Guy, 160, 1079.
Belier. Al., 403, 533, 1109.
— Dauph., 139.
Belimont. Toul.-Mont., 1139.
Belin. Al., 624.
— Bourb., 389.

— *Bourg.*, i, 71, 199, 221, 246, 467, 468, 472, 601, 694, 751, 1078.
— *Bourg.*, ii, 354, 495.
— *Bret.*, i, 199.
— *Caen*, 196, 218.
— *Dauph.*, 594.
— *Lyon*, 771.
— *Orl.*, 866.
— *Par.*, i, 1148.
— *Par.*, iii, 224.
— *Poit.*, 40, 1065.
— *Soiss.*, 277, 725.
— *Toul.-Mont.*, 159.
— *Tours*, 330, 337.
Belin (du). *Prov.*, ii, 363.
Belin (le). *Bourg.*, i, 35, 38, 50, 56, 82, 240, 324.
— *Bourg.*, ii, 17, 19, 29, 46, 61, 480.
Belin (St-). *Bourg.*, i, 222, 343.
— *Bourg.*, ii, 16.
— *Bret.*, i, 171, 176.
— *Champ.*, 659.
— *Tours*, 555.
Belinaix. *Auv.*, 524.
Belinas. *Toul.-Mont.*, 20.
Belinde. *Prov.*, i, 866.
Belineau (du). *Tours*, 430, 1195.
Belingant. *Bret.*, i, 290, 297.
— *Bret.*, ii, 765.
Belisme. *Par.*, i, 321.
Belissen. *Prov.*, i, 1325
Belissent. *Montp.-Mont.*, 170, 172, 387.
— *Toul.-Mont.*, 21, 402, 518.
Bellissime. *Prov.*, i, 228, 271.
Belitte. *Guy.*, 965.
Belivet. *Als.*, 81.
Bella (de). *Prov.*, ii, 586.
Bellac. *Béarn*, 153.
— *Limous.*, 201.
Bellai. *Poit.*, 401.
Bellai (du). *Champ.*, 579.
— *Fland.*, 1013.
— *Soiss.*, 190.
— *Tours*, 156, 1013.
Bellalée. *Tours*, 1197.
Bellande. *Orl.*, 796.
Bellandon. *Rouen*, 89.
Bellanger. *Al.*, 606, 769, 802, 1056, 1123.
— *Bret.*, ii, 487.
— *Orl.*, 748, 921; 1016, 889.
— *Par.*, ii, 764.
— *Par.*, iii, 10, 296.
— *Soiss.*, 67, 602.

— *Tours*, 280, 438, 1441, 1519.
Bellangeraye (la). *Bret.*, ii, 746.
Bellangerie (la). *Tours*, 1415.
Bellangier (le). *Bret.*, ii, 217.
Bellard. *Poit.*, 1513.
— *Tours*, 1472.
Bellardière (la). *Fland.*, 1306.
Bellaude. *Bourg.*, ii, 134.
Bellault. *Poit.*, 1577.
Bellavoine. *Als.*, 776.
— *Par.*, ii, 657.
— *Par.*, iii, 561.
Bellay (de). *Par.*, ii, 257.
Belle. *Dauph.*, 456, 512.
— *Fland.*, 697, 1333.
— *Par.*, iii, 344.
Belleau. *Al.*, 293, 307, 459, 510, 555, 645, 815, 871, 1207.
— *Poit.*, 380, 543.
Bellebezières. *Soiss.*, 462.
Bellebrune. *La Roch.*, 362.
Bellec. *Bret.*, i, 889.
Bellecher. *Al.*, 267.
Bellechère. *Caen*, 721.
Belleclat. *Lyon*, 465, 778.
Bellecombe. *Bourb.*, 469.
— *Bourg.*, i, 115.
Bellecroix. *Als.*, 271.
Belledame (de). *Pic.*, 827.
Bellefeuille. *Par.*, ii, 1217.
Belleforest. *Montp.-Mont.*, 1206.
Belleforière (de). *Pic.*, 657.
Belleforière. *Tours*, 397,
Belleforrière. *Fland.*, 26.
Bellefourière. *Par.*, i, 1210.
— *Par.*, ii, 647.
Bellegarde. *Auv.*, 484.
— *Toul.-Mont.*, 377.
— *Tours*, 783, 813, 843, 844.
Bellego (le). *Bret.*, ii, 578.
Belle-Isle. *Par.*, i, 602.
Belle-Isle (de). *Pic.*, 767.
Bellejambe. *Al.*, 286, 1247.
Bellejau. *Toul.-Mont.*, 605.
Bellemare. *Al.*, 68, 228, 229, 232, 235, 296, 457, 459, 635, 637, 644, 902, 908, 937, 940, 1302
— *Bret.*, ii, 937.
— *Caen*, 405.
— *Rouen*, 290, 312, 1238, 1239, 1240.
Bellemie. *Limous.*, 403.
Bellen. *Prov.*, ii, 241.
Bellenger. *Par.*, ii, 448.
— *Poit.*, 46, 77, 217.
Bellenost. *Orl.*, 841.
Bellepeire. *Guy.*, 787.

Belleperche. *Al.*, 977.
Belleplaine. *Poit.*, 468.
Bellere. *Tours*, 183, 319, 1282.
Bellerian. *Bourg.*, I, 295.
Bellérie (la). *Poit.*, 894.
Bellerient. *Tours*, 263.
Bellerot. *Prov.*, I, 547.
Belles (de). *Par.*, I, 57.
Bellesaigne. *Montp.-Mont.*, 382.
Bellesme. *Al.*, 1253.
Bellessord. *Tours*, 1077.
Bellet. *Caen*, 554.
— *Champ.*, 354.
— *Guy.*, 1027.
— *Lyon*, 17, 25, 215, 505, 832, 849.
— *Montp.-Montaub.*, 507.
— *Par.*, I, 682.
— *Par.*, II, 619.
— *Poit.*, 959.
— *Rouen*, 862.
Belletoile. *Caen*, 504.
Belletrus. *Prov.*, I, 1076, 1079.
Belleval. *Montp.-Mont.*, 49, 24, 67.
Belleval (de). *Pic.*, 83, 84, 112, 553, 560, 755, 826.
Bellever. *Fland.*, 1094.
Belleville. *Al.*, 970.
— *Als.*, 29.
— *Bret.*, I, 274.
— *Caen*, 256, 287, 296.
— (ville). *Lyon*, 484.
— *Poit.*, 171, 172, 464.
— *La Roch.*, 360.
— *Rouen*, 192, 232, 1093.
Belleveüe. *Bourg.*, II, 612.
Belli. *Dauph.*, 44, 68.
Belliard. *Al.*, 789.
— *Bourb.*, 613.
— *Poit.*, 854, 1333.
— *Prov.*, I, 587, 1033.
— *Prov.*, II, 378, 570, 591.
— *Rouen*, 925.
Bellidentis. *Montp.-Mont.*, 366, 1443.
— *Par.*, I, 72.
Bellier. *Bret.*, I, 337.
— *Bret.*, II, 293, 667.
— *Orl.*, 75.
— *Pic.*, 756.
— *Par.*, I, 24, 287, 631, 632, 1207.
— *Par.*, II, 555, 1248.
— *Tours*, 764.
Bellier (du). *Prov.*, II, 138.
— *Lyon*, 459.
Bellière. *Tours*, 921, 923.
Bellière (la). *Caen*, 226, 503, 507, 510, 516, 773, 774, 775.

Belligon. *La Roch.*, 434.
Bellin. *Montp.-Mont.*, 540.
Bellinaye (la). *Bret.*, 208, 215.
— *Bret.*, II, 237.
Bellineau. *Par.*, III, 116.
Bellinzani. *Par.*, I, 1230.
Bellinzany. *Par.*, II, 116.
Belliot. *Bret.*, II, 1075.
Belliquet. *Guy.*, 140, 146, 910.
Bellivert. *Poit.*, 699.
Bellivier. *Poit.*, 313.
Bellizen. *Prov.*, I, 650.
Belloart. *Bret.*, II, 91.
Belloc. *Béarn*, 109, 118.
— *Toul.-Mont.*, 428, 1272.
Bellocier. *Par.*, II, 267, 356, 357.
Belloi. *Caen*, 459.
— *Lorr.*, 178.
— *Par.*, I, 261.
— *Rouen*, 633, 1324, 1407.
— *Soiss.*, 204, 571, 800.
Belloi (du). *Fland.*, 842, 1302.
Bellon. *Bret.*, II, 1108.
— *Prov.*, I, 961, 1352, 1324.
— *Prov.*, II, 189, 733, 796, 797, 800, 826, 827, 831, 842.
Bellone. *Soiss.*, 16.
Bellonne. *Prov.*, II, 446.
Bellonnet. *Montp.-Mont.*, 975.
Bellonnet (du). *Prov.*, II, 543.
Bellot. *Bret.*, I, 157, 158, 312, 502.
— *Bret.*, II, 473.
— *Caen*, 48, 84, 753.
— *Champ.*, 780.
— *Guy.*, 57, 240, 805.
— *Montp.-Mont.*, 13.
— *Par.*, II, 275, 372.
— *Pic.*, 716.
— *Poit.*, 1542.
— *La Roch.*, 235.
— *Soiss.*, 149, 279, 543, 752.
— *Toul.-Mont.*, 16, 308, 633, 661.
Belloteau. *Bret.*, II, 468.
Bellotte. *Soiss.*, 153, 516, 478, 480, 491, 601, 647, 660.
Bellou. *Prov.*, II, 603.
Bellouan. *Bret.*, I, 206.
Bellouart. *Bret.*, II, 425.
Bellouse. *Prov.*, II, 238.
Belloy. *Orl.*, 179.
— *Par.*, II, 96.
— *Par.*, III, 59.
— *Par.*, IV, 14, 737.
— *Pic.*, 55, 89, 298.
Bellozanne. *Rouen*, 67.
Belluc. *Toul.-Mont.*, 952.

Belluchau. *Vers.*, 289.
Belluchon. *Poit.*, 868.
Belluie. *Guy.*, 128.
Belluot. *Tours*, 280.
Belly. *Bourg.*, I, 13.
Belmas. *Toul.-Mont.*, 696.
Belmont. *Guy.*, 183.
— *Lorr.*, 126.
Belobière. *Tours*, 1169.
Beloc. *Guy.*, 882, 1214.
Belod. *Bourg.*, II, 381.
Beloeil. *Bret.*, II, 584, 585, 920.
Beloeuvre. *Tours*, 1386.
Beloir. *Poit.*, 41, 1399, 1404.
Belon. *Bourb.*, 544.
— *Bourg.*, I, 661.
— *Bret.*, I, 182.
— *Dauph.*, 543.
— *Par.*, III, 97, 98.
— *Par.*, I, 1199.
— *Toul.-Mont.*, 1449.
Belonne (*ab.*). *Prov.*, I, 1196.
Belonzard. *Al.*, 964.
Belot. *Al.*, 150.
— *Bourg.*, I, 667, 900, 1106, 1162, 1164.
— *Fland.*, 1374.
— *Orl.*, 92, 93.
— *Par.*, III, 466.
— *Tours*, 579, 901, 942, 1079, 1092, 1401.
— *Vers.*, 22.
Beloteau. *Tours*, 654.
Belozon. *Bourg.*, I, 421.
Belouard. *Poit.*, 1134, 1288.
Beloin. *Poit.*, 1433.
Belouze. *Bourg.*, I, 127.
— *Bourg.*, II, 208.
Belrieu. *Guy.*, 47.
— *Par.*, I, 788.
Belsie. *Guy.*, 687.
Belsier. *Orl.*, 151, 152, 555.
Belso. *Al.*, 447.
— *Guy.*, 1043.
Belsonie. *Toul.-Mont.*, 1081.
Belsunce. *Guy.*, 297.
Belu. *Par.*, III, 513.
Beluart. *Bret.*, I, 323.
Belluchau. *Par.*, II, 649, 650.
Beluche. *Tours*, 822.
Beluchet. *Par.*, I, 1218.
Beluteau. *La Roch.*, 266.
Belval. *Par.*, III, 390.
Belvalet. *Fland.*, 408, 747.
— *Pic.*, 155, 369, 492.
— *Vers.*, 17.

Belvèze. *Toul.-Mont.*, 965, 969, 1005, 1063.
Belvezet. *Auv.*, 249.
Bely. *Lyon*, 74.
Belz. *Fland.*, 209, 1230.
Belzais. *Al.*, 529, 530, 768, 771, 776.
Belzepine. *Als.*, 1001.
Belzunce. *Béarn*, 20.
Benneja. *Toul.-Mont.*, 550.
Ben (la). *Pic.*, 228.
Bena. *Pic.*, 358, 360.
Benac. *Guy.*, 1188.
— *Par.*, I, 719.
Bénaguet. *Toul.-Mont.*, 138.
Bénard. *Auv.*, 389.
— *Bourg.*, I, 571.
— *Caen*, 167, 396, 408, 416, 494, 781, 782.
— *Dauph.*, 435.
— *Fland.*, 313.
— *Guy.*, 1041.
— *Orl.*, 92, 1021.
— (?) *Par.*, I, 131, 132, 377, 488, 815, 860, 946, 1058, 1120, 1239, 1271.
— *Par.*, IV, 503.
— *Poit.*, 824.
— *Prov.*, I, 1126.
— *Prov.*, II, 632, 794.
— *Rouen*, 113, 348, 442, 768, 878, 896, 971, 984.
Benardon. *Orl.*, 808.
Benart. *Bret.*, I, 900.
— *Pic.*, 260.
Benaste (la). *Guy.*, 350.
Benaste. *La Roch.*, 385.
Benat. *Prov.*, I, 579.
Benault. *Tours*, 832.
Benaud. *Prov.*, I, 890, 892.
Benaud. *Guy.*, 805.
Benay. *Lyon*, 149.
Benazé. *Bret.*, I, 633, 750.
Benazet. *Toul.-Mont.*, 820.
Bender. *Als.*, 40, 384, 876.
Bendi. *Fland.*, 1397.
Bendier. *Pic.*, 507, 534.
Benech. *Bret.*, I, 289.
— *Par.*, I, 740.
— *Toul.-Mont.*, 637, 1247.
Benèche. *Guy.*, 502.
Bénédictins de St-Avold (les). *Lorr.*, 563.
— de Flavigny. *Lorr.*, 149.
— de la Grandeville. *Lorr.*, 155.
— de Marville. *Lorr.*, 565.
— de Metz. *Lorr.*, 564.

— de Nanci. *Lorr.*, 58.
— de Saint-Nicolas. *Lorr.*, 113.
— de Pont-à-Mousson. *Lorr.*, 148.
— de Senonne. *Lorr.*, 59.
— de Saint-Vincent. *Lorr.*, 312.
— (*relig.*). *Poit.*, 121, 910.
Bénée. *Rouen*, 373, 374, 395, 821.
Benefici. *Montp.-Mont.*, 353.
Bénéhard. *Tours*, 358.
Bénéon. *Lyon*, 113, 907.
Bénéourn. *Bret.*, I, 840.
Beneré. *Al.*, 1102.
Benesie (le). *Par.*, IV, 3.
Benesteau. *La Roch.*, 378.
— *Tours.*, 1131.
Benestreau. *Poit.*, 515, 1387.
Benestruy. *Bourg.*, I, 994.
Benet. *Montp.-Mont.*, 174.
— *Prov.*, I, 928.
— *Prov.*, II, 232.
Beneton. *Bourb.*, 620.
— *Prov.*, I, 941.
Benevaut. *Lyon*, 1000.
Beneyton. *Par.*, III, 128.
Benezech. *Montp.-Mont.*, 59, 1289, 1413.
Benezet. *Fland.*, 189.
— *Pic.*, 263.
— *Toul.-Mont.*, 700.
Benezit. *Auv.*, 124.
Bengel. *Als.*, 694.
Bengi. *Bourges*, 3, 41, 164, 177, 291, 320, 475.
— *Par.*, I, 949.
Bengue. *Toul.-Mont.*, 102.
Benier. *Caen*, 787.
— *Pic.*, 516.
— *Rouen*, 126.
Beniéré. *Rouen*, 813, 850.
Benignon. *Poit.*, 333.
Bénigué. *Montp.-Mont.*, 837.
Benin. *Prov.*, I, 1127.
Beninguer. *Als.*, 936.
Beniquet. *Bourg.*, II, 241.
Benisy. *Vers.*, 57.
Beniteau. *Poit.*, 572.
Benjai. *Fland.*, 871.
Benjamin. *Al.*, 812, 821.
— *Orl.*, 397.
Benne (la). *Toul.-Mont.*, 1211.
Bennes (de). *Tours*, 272.
Bennevent. *Montp.-Mont.*, 761.
Benoise. *Bret.*, II, 127.
— *Guy.*, 943.
— *Par.*, III, 29, 32, 66, 71, 560, 609.
— *Pic.*, 373.

Benoismont. *Champ.*, 721, 722.
Benoist. *Als.*, 593.
— *Auv.*, 19, 48.
— *Bourg.*, I, 961.
— *Bourg.*, II, 39, 273, 586.
— *Bret.*, I, 886.
— *Bret.*, II, 402, 800, 873.
— *Caen*, 212, 530, 655.
— *Dauph.*, 194.
— *Fland.*, 292, 1028, 1312.
— *Guy.*, 144.
— *Limous.*, 15, 364, 387.
— *Lyon*, 382, 727, 746, 944.
— *Orl.*, 580, 751.
— *Par.*, I, 437, 1226, 1394.
— *Par.*, II, 327, 566. 1100.
— *Par.*, III, 374, 464.
— *Par.*, IV, 17, 91, 99, 201, 260, 336, 522, 526.
— *Pic.*, 857.
— *Poit.*, 487, 1020, 1054, 1154, 1275, 1311, 1347, 1444.
— *Prov.*, I, 12, 37, 359, 799, 1265, 1449.
— *Prov.*, II, 22, 295, 444, 480, 642.
— *Rouen*, 12, 355.
— *Soiss.*, 121, 725, 734.
— *Toul.-Mont.*, 605, 1085, 1165.
— *Tours*, 870, 1052, 1066, 1104, 1296, 1304, 1481.
— *Vers.*, 30, 69, 154, 296.
Benoist (de). *Montp.-Mont.*, 363, 423, 1180.
— Benoist (St-). *Poit.*, 516, 881, 887.
Benon. *Champ.*, 782, 891.
Benonville. *Rouen*, 1190.
Benque. *Béarn*, 87.
— *Bourg.*, I, 1175.
Bensse. *Guy.*, 130.
Bentein. *Fland.*, 688, 1100.
Bentzman. *Guy.*, 795.
Beon. *Montp.-Mont.*, 1073.
Béon. *Par.*, II, 369, 373.
Béquerel. *Pic.*, 578.
Bequet. *Al.*, 867.
— *Bourg.*, II, 625.
Béquin. *Champ.*, 291, 730, 754.
— *Poit.*, 1193.
Ber (le). *Par.*, II, 665, 1082.
— *Pic.*, 555.
— *Prov.*, II, 829.
— *Rouen*, 120, 682, 727, 810.
Bera. *Par.*, IV, 326.
Berage. *Prov.*, I, 999.
Berail. *Toul.-Mont.*, 359, 1173, 1288.
Béral (de). *Auv.*, 213.

Béral. *Toul.-Mont.*, 38.
Berance. *Par.*, III, 384.
Beranger. *Champ.*, 184.
— *Fland.*, 441.
— *Poit.*, 91. 366, 1081, 1287, 1288.
— *Tours*, 1032, 1369.
Bérard. *Bourb.*, 208.
— *Bourg.*, II, 100, 301.
— *Bret.*, I, 224, 289, 626, 816, 935.
— *Caen*, 718.
— *Dauph.*, 136, 526, 534, 553, 582.
— *Guy.*, 122.
— *Lorr.*, 647.
— *Orl.*, 95.
— *Montp.-Mont.*, 6, 225, 479, 668, 820. 1315, 1538.
— *Par.*, I, 103, 109, 225.
— *Par.*, II, 224.
— *Par.*, III, 258.
— *Par.*, IV, 234.
— *Prov.*, I, 184, 615, 686, 945, 1124.
— *Prov.*, II, 86, 242, 254, 399, 450, 588, 610, 678, 747.
— *Rouen*, 906.
Berarday. *Bourg.*, II, 222.
Berardi. *Prov.*, I, 698.
Bérardie. *Prov.*, II, 358.
Berardier. *Bourg.*, I, 231, 332, 342, 783.
— *Bourg.*, II, 85. 328, 343, 357.
— *Lyon*, 67, 773.
Berardière (la). *Tours*, 212, 339, 655.
Bérat. *Toul.-Mont.*, 491.
Béraud. *Als.*, 132.
— *Auv.*, 321. 413, 521.
— *Bret.*, I, 174, 464, 518.
— *Lorr.*, 406.
— *Lyon*, 241, 262, 617, 711, 811, 994, 1009.
— *Montp.-Mont.*, 535, 1423, 1430, 1435.
— *Prov.*, I, 650, 719, 729, 735, 737, 853, 950.
— *Prov.*, II, 277, 281, 382, 568.
— *La Roch.*, 90, 287.
Béraudin. *La Roch.*, 28, 35.
— *Tours*, 187.
— *Poit.*, 351.
Béraudière (la). *Poit.*, 748, 806, 843.
Berauld. *Par.*, II, 153, 1052, 1147.
Berault. *Al.*, 222, 578.
— *Bourges*, 147, 235, 432, 528.
— *Bourg.*, II, 95.
— *Par.*, III, 283, 556.
— *Poit.*, 176, 217, 789, 1001, 1095.
— *Tours*, 148, 429, 599, 994.

Béraut. *Bourb.*, 14, 23, 26, 27, 196, 270.
— *Bret.*, II, 320.
— *Guy.*, 107, 361.
— *Par.*, I, 203, 301, 633, 1162, 1347, 1378.
Berauville. *Caen*, 214.
Berbezu. *Auv.*, 485.
Berbier. *Par.*, I, 74, 920.
— *Par.*, II, 734.
Berbis. *Bourg.*, I, 37, 39, 43, 68, 86, 224, 225, 230, 251, 266, 270, 328, 349, 467, 471, 620.
— *Bourg.*, II, 70, 158.
Berbisi. *Par.*, I, 1244.
— *Rouen*, 400.
Berbisy. *Bourg.*, I, 26, 30, 35, 90.
— *Bourg.*, II, 50.
Bercan. *Als.*, 499.
Bercé. *Rouen*, 1337.
Bercenette. *Limous.*, 52.
Berche (la). *Orl.*, 338, 355, 390, 455, 480.
Berche. *Soiss.*, 493.
Bercher. *Al.*, 1019, 1022.
— *Par.*, I, 1251.
Berckeim. *Als.*, 239, 257, 258, 262, 777.
Berdel. *Toul.-Mont.*, 1346.
Bereau. *Tours*, 1292.
Berei. *Soiss.*, 669.
Bereil. *Al.*, 1244.
Berel. *Lyon*, 672.
Berenfelz. *Als.*, 146, 179, 948.
Berenger. *Al.*, 208, 574, 782.
— *Bourg.*, I, 1019.
— *Auv.*, 63.
— *Dauph.*, 104, 146, 195, 318, 333.
— *Prov.*, I, 560, 1206.
— *Rouen*, 278.
Berengier. *Prov.*, I, 1051.
— *Prov.*, II, 142, 532, 618, 648, 810.
Berenguier. *Montp.-Mont.*, 217.
— *Prov.*, I, 816, 1020, 1210, 1330, 1400.
— *Toul.-Mont.*, 603, 799.
Bereul. *Bourg.*, II, 377.
Bereur. *Bourg.*, I, 565, 790, 791, 911, 926, 1127.
Bérez. *Montp-Mont.*, 622, 623.
Berge. *Orl.*, 549, 555.
— *Prov.*, I, 918, 1152.
— *Prov.*, II, 829, 841, 842.
Berge (la). *Par.*, I, 688.
Bergeau. *Limous.*, 250.
Bergeick. *Fland.*, 602.

Bergeon. *Par.*, I, 1277.
Bergeot. *Champ.*, 106.
Berger. *Bourb.*, 236, 395, 396, 418, 495, 577, 612.
— *Dauph.*, 7, 56, 149, 157, 197, 348, 433, 441, 486.
— *Lyon*, 436, 444, 75, 10325.
— *Orl.*, 169, 631, 886.
— *Montp.-Mont.*, 591.
— *Par.*, I, 1108, 1173.
— *Par.*, II, 245, 278, 680.
— *Par.*, III, 6, 230.
— *Poit.*, 850, 1434.
— *Prov.*, II, 243, 658, 827.
Berger (de). *Bourg.*, I, 268.
Berger (le). *Pic.*, 762.
— *Tours*, 1397.
Bergerac. *Guy.*, 590.
Bergerat. *Bret.*, II, 775.
— *Par.*, II, 115.
— *Par.*, III, 354.
— *Vers.*, 292.
Bergereau. *Tours*, 939.
Bergeret. *Bourg.*, I, 610, 1192.
— *Bourg.*, II, 368, 476.
— *Par.*, I, 47, 400.
— *Prov.*, II, 466.
Bergeresse *Tours*, 1070.
Bergerie. *Limous.*, 424.
Bergerioux. *Poit.*, 1148.
Bergeron. *Bourges*, 517.
— *Bourb.*, 25, 178.
— *Dauph.*, 80, 375.
— *Guy.*, 809.
— *Lyon*, 99, 178.
— *Orl.*, 758.
— *Par.*, I, 713.
— *Par.*, II, 574, 1090.
— *Poit.*, 603, 1264.
— *Toul.-Mont.*, 195, 803.
— *Tours*, 49, 378, 1381.
Bergerot. *Bourg.*, II, 45.
— *Lorr.*, 315.
Bergeroux. *Montp.-Mont.*, 1563.
Berget. *Bourg.*, II, 169.
— *Bret.*, II, 512.
— *Lorr.*, 131.
Berghe (de). *Lorr.*, 318, 321.
Bergheim. *Als.*, 280.
Berghes (ville). *Fland.*, 64, 212, 301.
— *Pic.*, 497, 498.
Berghette. *Fland.*, 1203.
Bergier. *Lyon*, 778.
— *Montp.-Mont.*, 215.
— *Prov.*, I, 699.
Bergier (du). *Guy.*, 843, 912.

Bergiraud. *Dauph.*, 585.
Bergiron. *Lyon*, 113, 716.
Bergoing. *Guy.*, 215, 1187.
Bergonhon. *Montp.-Mont.*, 681.
Bergoux. *Toul.-Mont.*, 602.
Bergues. *Guy.*, 714.
Beri. *Bourges*, 286.
— *Poit.*, 706.
— *Tours*, 1507.
Beri (de). *Pic.*, 564.
Beridon. *Par.*, IV, 568.
Bérière. *La Roch.*, 375.
Bérigny. *Rouen*, 1082.
Berillon. *Par.*, III, 421.
Beringer. *Als.*, 663.
Beringuier. *Toul.-Mont.*, 1314.
Beringhen. *Par.*, I, 154.
— *Par.*, II, 1010.
Béritault. *Tours*, 904, 1010, 1132.
Berlaimont. *Fland.*, 349, 898, 1233, 1287, 1358, 1498, 1499, 1503.
Berlancourt. *Pic.*, 711.
Berland. *Lyon*, 319, 440.
— *Tours*, 231.
— *Montp.-Mont.*, 1494.
Berlaud. *Poit.*, 528, 1515.
Berle. *Champ.*, 242, 552.
Berleman. *Rouen*, 1215.
Berlemont. *Lorr.*, 341.
Berlet. *Prov.*, I, 826.
— *Tours*, 1482.
Breleu. *Soiss.*, 124.
Berleuf. *Bourb.*, 415.
Berlié. *Bourb.*, 405.
Berlier. *Bourg.*, II, 293.
— *Prov.*, I, 198.
— *Prov.*, II, 520.
Berlin (de). *Soiss.*, 262.
Berlion. *Dauph.*, 620.
Berlis (de). *Pic.*, 809.
Berlise. *Champ.*, 497.
Berlize. *Lorr.*, 593.
— *Par.*, I, 521.
Berlo. *Fland.*, 324, 999, 1328, 1329.
Berlouin. *Poit.*, 702, 1032.
Berlu. *Bret.*, II, 944.
— *Prov.*, II, 566.
Berlus. *Prov.*, I, 1312.
— *Prov.*, II, 247, 750.
Berman. *Al.*, 223, 357.
Berment. *Par.*, I, 273.
Bermond. *Dauph.*, 539.
— *Par.*, I, 378.
— *Par.*, II, 920.
— *Prov.*, I, 650, 921, 1213.
— *Prov.*, II, 41, 45, 61, 564, 582, 570.

— Toul.-Mont., 184, 496, 639, 651, 653, 670.
Bermondet. Limous., 149.
Bermondie. Guy., 554.
Bermondez. Champ., 194, 195, 733.
Bermont. Bourg., I, 1218.
— Montp.-Mont., 53, 126, 287, 202, 293, 668.
Bernabé. Bret., II, 1079.
— Tours, 559.
— Vers., 23.
Bernada. Guy., 342, 542.
Bernadet. Guy., 972, 1204.
Bernadi. Prov., I, 618.
Bernadou. Toul.-Mont., 960.
Bernage. Guy., 112, 1047.
— Par., I, 797.
— Par., II, 1201, 1205.
— Pic., 133.
— Prov., I, 555.
Bernai. Al., 449, 968.
— Caen, 596.
— Par., I. 1086, 1176.
Bernan. Lorr., 353.
Bernappel. Als., 1060.
Bernard. Al., 18, 20, 30, 263, 309, 399, 464, 539, 556, 642, 649, 710, 976, 954.
— Als., 337, 464, 500, 574, 873, 899, 1035.
— Auv., 113, 497.
— Bourges, 49, 264, 281, 426.
— Bourb., 85, 213, 409, 417, 419.
— Bourg., I, 26, 28, 36, 64, 80, 91, 92, 104, 105, 112, 126, 316, 658, 1023, 1072.
— Bourg., II, 19, 50, 74, 100, 211, 214, 215, 411, 485.
— Bret., I, 154, 199, 215, 284, 608, 747, 908, 953.
— Bret., II, 2, 250, 255, 330, 385, 423, 430, 548, 682, 914.
— Caen, 180, 261, 405, 743, 764.
— Champ., 888.
— Dauph., 273, 335, 346, 487.
— Fland., 64, 300, 312, 316, 322, 324, 586, 849, 900, 1115.
— Guy., 822, 1009, 1049.
— Limous., 377.
— Lorr., 629.
— Lyon, 111, 112, 376, 635, 669, 730, 786, 787, 1035, 1046.
— Orl., 154, 193, 288, 399, 440.
— Montp.-Mont., 308, 421, 474, 690, 700, 1235, 1248.
— Par., I, 124, 301, 369, 550, 575,

806, 1155, 1192, 1204, 1283, 1374, 1395.
— Par., II, 11, 90.
— Par., III, 77, 136, 263, 381, 402, 486.
— Par., IV, 27, 36, 357, 529, 569, 570,
— Pic., 785.
— Poit., 543, 576, 877, 1057, 1184, 1341, 1524.
— Prov., I, 22, 40, 92, 108, 229, 411, 431, 592, 804, 920, 929, 960, 963, 964, 972, 974, 977, 986, 1000, 1031, 1126, 1167, 1190, 1191, 1208, 1227, 1264, 1294, 1295, 1356, 1357, 1371, 1425, 1426, 1440.
— Prov., II, 7, 12, 94, 224, 228, 235, 237, 324, 355, 387, 493, 641.
— La Roch., 194, 328, 333, 341, 363.
— Rouen, 71.
— Soiss., 2.
— Toul.-Mont., 394, 561, 663, 668, 714, 744, 1109, 1293, 1294.
— Vers., 204, 219.
Bernard (de). Tours, 45, 94, 96, 109, 140, 220, 521, 572, 587, 980, 1249, 1269, 1372.
Bernard de Montbrizon (de). Montp.-Mont., 1248.
Bernard (du). Guy., 263, 553, 1182.
Bernadon. Bourg., I, 51, 323, 495.
— Bourg., II, 336.
— Lyon, 378.
Bernastre. Pic., 231, 678.
Bernat (du). Guy., 1161.
Bernaudat. Bourg., I, 538.
Bernault. Par., IV, 244, 470.
Bernaus. Als., 942.
Bernaut. Pic., 577.
Bernaver. Als., 346.
Bernaville. Soiss., 747.
Bernay. Lyon, 812, 1009.
— Poit., 890.
Bernay (de). Pic., 476.
Bernay (du). Bourg., II, 615.
Berne. Fland., 1212.
— Lyon, 294.
— Montp.-Mont., 443.
— Prov., II, 154, 645, 758.
— La Roch., 18, 297.
Berne (de). Toul. Mont., 726.
Berne (du). Guy., 361, 787.
Bernedé. Guy., 947.
— Toul.-Mont., 487.
Bernicourt. Fland., 274, 286.
Bernenc. Toul.-Mont., 652.

Bernéon. *Prov.*, ii, 172.
Berneron. *Bourges*, 429.
Bernes (de). *Pic.*, 307, 312, 347.
Bernet. *Toul.-Mont.*, 376.
Bernet (du). *Guy.*, 161, 407, 944.
Bernets. *Soiss.*, 572.
Bernetz. *Par.*, ii, 998.
Berneuil. *Fland.*, 1444.
Bernholdf. *Als.*, 34, 632.
Berni. *Par.*, i, 942, 1392.
— *Pic.*, 401.
Bernicourt. *Fland.*, 25, 28.
Bernier. *Al.*, 567, 584, 594, 601, 750, 765, 1003.
— *Bourg.*, ii, 11.
— *Bret.*, ii, 1105.
— *Par.*, iii, 288.
— *Par.* iv, 208.
— *Poit.*, 1166.
— *La Roch.*, 298, 423.
— *Toul.-Mont.*, 1356.
— *Tours*, 1133, 1204.
Bernières. *Caen*, 150, 160, 543.
— *Al.*, 212, 238, 553, 556, 571, 595, 903.
— *Rouen*, 639, 640.
Bernin. *Par.*, i, 901, 902.
Bernoet. *Fland.*, 228.
Bernoin. *Prov.*, ii, 215.
Bernon. *Dauph.*, 184, 592.
Bernardeau. *Poit.*, 76, 103, 507, 968, 1005, 1150, 1165, 1168, 1172, 1175, 1190.
— *La Roch.*, 146.
Bernardel. *Guy.*, 1194, 1195.
Bernardet. *Bourg.*, i, 692, 693, 1053.
— *Bret.*, ii, 471.
— *Orl.*, 836.
Bernardi. *Lorr.*, 148.
— *Par.*, i, 665.
— *Poit.*, 965.
— *Prov.*, i, 224, 228, 1365, 1371, 1457.
— *Prov.*, ii, 34, 399, 400.
— *Toul.-Mont.*, 8, 868.
Bernardière. *La Roch.*, 65
Bernardières (des). *Limous.*, 69.
Bernardin. *Al.*, 283, 731.
— *Bourges*, 340.
— *Caen*, 8.
— *Poit.*, 1360, 1409.
Bernon. *La Roch.*, 61, 155.
— *Poit.*, 562.
Bernot. *Bourges*, 64, 69,
— *Bourg.*, ii, 84.
Bernou. *Par.*, ii, 901.

— *Lyon*, 154, 461, 752, 923.
Bernouin. *Toul.-Mont.*, 585.
Bernouville. *Lyon*, 673.
Bernu. *Bourb.*, 406.
Berny. *Par.*, ii, 781.
— *Par.*, iii, 205.
— *Limous.*, 274.
— *Bret.*, ii, 391.
Beroldingen. *Als.*, 112, 1050.
Berolles. *Bret.*, i, 784.
Beron. *Caen*, 90, 97.
— *Guy.*, 434, 550.
— *Tours*, 1112.
Berot. *Caen*, 763.
Bérot. *Par.*, ii, 115.
Béroult. *Al.*, 467, 809.
Berperre. *La Roch.*, 182.
Berquerie. *Soiss.*, 298.
Berquerie (la). *Fland.*, 1363.
— *Rouen*, 438, 456, 457.
Berquerolle. *Montp.-Mont.*, 530.
Berre (de). *Lyon*, 432, 926, 733.
— (bar.). *Prov.*, i, 445, 851, 1168.
— *Toul.-Mont.*, 470.
Berrendi. *La Roch.*, 128.
Berri. *Toul.-Mont.*, 512, 1091.
— *La Roch.*, 172.
Berriat. *Orl.*, 836.
Berrier. *Par.*, i, 1341.
Berrin. *Prov.*, i, 1313.
Berruyer. *Bourg.*, i, 124, 126.
— *Bourg.*, ii, 570.
— *Caen*, 335.
— *Lyon*, 80.
— *Orl.*, 244, 912.
— *Rouen*, 516.
Berruyer (le). *Bret.*, i, 611.
Berry. *Bret.*, i, 561.
Bersan (de). *Pic.*, 674.
Bersellot. *La Roch.*, 176.
Berset. *Tours*, 1487.
Bersière. *Bret.*, ii, 680.
Berson. *Fland.*, 1350.
— *Par.*, iii, 379, 505.
— *Soiss.*, 702.
Berstett. *Als.*, 248.
Bert. *Bourb.*, 416.
Bert (le). *Poit.*, 867, 1534.
— *Bourg.*, i, 221.
— *Par.*, iv, 171, 771.
— *La Roch.*, 22.
Bertail. *Dauph.*, 203.
Bertatis. *Prov.*, i, 1081.
Bertaucourt. *Pic.*, 389.
Bertaud. *Dauph.*, 437.
Bertault. *Bourges*, 112, 402, 520.

— *Fland.*, 857.
— *Poit.*, 859.
— *Soiss.*, 71, 155, 162, 629.
— *Orl.*, 379.
— *Tours*, 619.
Bertaut. *Bret.*, II, 1066.
— *Lyon*, 620, 943.
— *Montp.-Mont.*, 737.
— *Par.*, II, 596.
Bertazouni. *Fland.*, 1298.
Berte. *Prov.*, I, 772, 1013, 1014.
Bertel. *Champ.*, 300.
Bertelier. *Champ.*, 402, 583.
Bertelin. *Champ.*, 374.
Bertellemy. *Soiss.*, 548.
Bertelot. *Al.*, 620, 1092.
Bertet. *Lyon*, 504, 725.
— *Prov.*, I, 846, 933, 934.
— *Prov.*, II, 125, 201, 391.
— *La Roch.*, 200.
Berteuil (de). *Montp.-Mont.*, 1269.
Bertezène. *Montp.-Mont.*, 847.
Berthaud. *Bret.*, I, 212.
Berthault. *Bourg.*, II, 130, 188, 205, 224, 369.
— *Pic.*, 808.
— *Par.*, I, 547, 982, 1141.
— *Rouen*, 299.
Berthaut. *Bourg.*, I, 288, 619.
Berthe. *Al.*, 1137.
— *Fland.*, 885.
— *Par.*, I, 395.
— *Par.*, II, 218, 781.
— *Par.*, III, 232.
— *Pic.*, 40, 311, 377.
— *Poit.*, 525, 616, 712, 953, 1287, 1306.
Berthé. *Tours*, 43.
Berthé (de). *Als.*, 155.
Bertheau. *Bourg.*, II, 483, 585.
— *Orl.*, 294, 976.
Bertheaume. *Orl.*, 750.
— *Rouen*, 43.
Berthelas. *Lyon*, 244.
Berthélemy. *Par.*, III, 129, 412.
Berthelet. *Bret.*, II, 411.
— *Montp.-Mont.*, 57.
Bertheley. *Bourg.*, 6, 8, 66.
Berthelier. *Bourg.*, II, 532.
— *Montp.-Mont.*, 106, 768.
Berthelin. *Par.*, III, 356, 536.
— *Poit.*, 304.
Berthelon. *Bourb.*, 482, 483.
— *Lyon*, 51, 94, 644.
Berthelot. *Bourb.*, 486.
— *Bourg.*, II, 217.

— *Bret.*, I, 157, 481, 249, 255, 617, 620, 828, 884, 934.
— *Bret.*, II, 127, 196, 423, 447, 477, 671.
— *Dauph.*, 543, 601.
— *Fland.*, 162.
— *Lyon*, 546, 1048.
— *Par.*, I, 9, 179, 225, 244, 784, 878.
— *Par.*, II, 518, 656, 1268.
— *Par.*, III, 227, 309, 569.
— *Par.*, IV, 73.
— *Poit.*, 1144.
— *Prov.*, I, 938.
— *Prov.*, II, 355.
— *La Roch.*, 114, 273.
— *Rouen*, 932.
— *Tours*, 566, 898, 999, 1029, 1067, 1072, 1321.
— *Vers.*,
Berthemot. *Par.*, II, 787.
— *Par.*, III, 299.
— *Soiss.*, 458, 648.
Berthemin. *Bourg.*, I, 1146.
Bertherand. *Soiss.*, 3, 15, 42, 135.
Berthereau. *Orl.*, 336, 343, 536.
Bertherie (la). *Al.*, 38.
Bertherol. *Bret.*, II, 170.
Berthet. *Bourb.*, 12, 179, 502, 503, 507, 514, 515.
— *Bourg.*, I, 19, 120, 1148.
— *Bourg.*, II, 141, 142, 168, 218.
— *Par.*, I, 464.
— *Poit.*, 1297.
— *Rouen*, 83.
Berthez. *Bourg.*, II, 278.
Berthier. *Als.*, 218.
— *Bourb.*, 90, 467, 594.
— *Bourges*, 46, 245.
— *Bourg.*, I, 64, 76, 237, 245.
— *Bourg.* II, 552, 582.
— *Dauph.*, 224.
— *Orl.*, 225, 788, 841.
— *Par.*, I, 97, 341.
— *Par.*, II, 269.
— *Par.*, III, 384.
— *Par.*, IV, 254, 255.
— *Prov.*, I, 943, 945.
— *Vers.*, 199.
Berthineau. *Poit.*, 154.
Bertho. *Bret.*, I, 608.
— *Bret.*, II, 288, 573, 581.
Berthod. *Bourg.*, I, 190.
Berthole. *Bret.*, II, 774.
Bertholon. *Montp.-Mont.*, 433.
Berthome. *Limous*, 370.

Barthomieu. *Guy.*, 1058.
Berthomme. *Poit.*, 1045.
Berthomier. *Bourges*, 431.
Berthommier. *Bourb.*, 601.
Berthou. *Auv.*, 114.
— *Bourg.*, II, 85.
— *Poit.*, 532, 536, 882. 1023, 1439, 1483.
Berthon (le). *Par.*, III, 188.
Berthot. *Bourg.*, II, 531.
Berthouné. *Poit.*, 506.
Berthonneau. *Poit.*, 769, 914.
— *Prov.*, I, 987.
Berthou. *Bret.*, I, 201, 444, 939.
— *Bret.*, II, 543.
— *Lyon*, 94, 142, 327.
Berthus. *La Roch.*, 88, 171.
Berti. *Prov.*, I, 575.
Berti (de). *Montp.-Mont.*, 1266.
Berti (du). *Lorr.*, 40.
Bertier. *Auv.*, 193, 501.
— *Lyon*, 237.
— *Prov.*, I, 528.
— *Prov.*, II, 519.
— *Toul.-Mont.*, 134, 169, 171, 770, 865, 866.
Betillet. *Lyon*, 661.
Bertin. *Al.*, 20, 22, 38, 503, 548, 556, 585, 772.
— *Bourg.*, I, 116.
— *Bourg.*, II, 381, 476.
— *Bret.*, I, 247.
— *Bret.*, II, 386, 407, 595.
— *Champ.*, 160, 180, 786, 894.
— *Dauph.*, 309.
— *Fland.*, 1503.
— *Guy.*, 319.
— *Lyon*, 714, 911.
— *Orl.*, 643.
— *Par.*, I, 818.
— *Par.*, II, 580.
— *Par.*, III, 257.
— *Par.*, IV, 75, 797.
— *Prov.*, I, 565, 964.
— *Rouen*, 824.
— *Soiss.*, 569, 613.
— *Toul.-Mont.*, 352.
Bertin (de). *Pic.*, 846.
Bertin (St-). *Pic.*, 188, 842, 843.
Bertinauld. *La Roch.*, 86, 192.
Bertineau. *Bret.*, II, 1067.
Bertinières. *Par.*, I, 1270.
Bertinville. *Par.*, III, 421.
Bertoche (la). *Orl.*, 958.
Bertole. *Orl.*, 149.
Berton. *Bret.*, II, 553.

— *Tours*, 1054, 1055.
Berton (le). *Guy.*, 4, 28, 83.
Bertonnière (la). *Prov.*, II, 426.
Bertot. *Al.*, 931.
Bertou. *Als.*, 323.
— *Prov.*, I, 1305.
Bertoult. *Rouen*, 671, 670, 806.
— *Soiss.*, 482, 498.
Bertrand. *Al.*, 1102, 1147, 1195.
— *Als.*, 851.
— *Bourges*, 79, 98, 147, 195, 343, 454, 504.
— *Bourg.*, I, 731.
— *Bourg.*, II, 268.
— *Bret.*, II, 535, 635, 694, 794, 1028.
— *Champ.*, 462, 597.
— *Dauph.*, 68, 111, 250, 261, 267, 397, 476, 493, 532, 552.
— *Fland.*, 1247.
— *Guy.*, 949.
— *Limous.*, 387.
— *Lorr.*, 193, 224, 490, 654.
— *Lyon*, 342, 523, 711, 920, 922.
— *Montp.-Mont.*, 65, 397, 626, 680, 683, 1206, 1367.
— *Par.*, 556, 1251.
— *Par.*, II, 36, 68.
— *Par.*, IV, 256, 571.
— *Poit.*, 643, 1303, 1304, 1307, 1315, 1410, 1412, 1549.
— *Prov.*, I, 885, 981, 1019, 1049, 1097, 1370.
— *Prov.*, II, 194, 244, 267, 292, 340, 4'5, 635, 695, 737, 790.
— *La Roch.*, 317.
— *Rouen*, 792.
— *Toul.-Mont.*, 5, 338, 477, 485, 810, 812, 861, 1216, 1408.
— *Tours*, 915.
Bertrandi. *Champ.*, 26.
— *Prov.*, II, 397.
Bertranne. *Bret.*, I, 859.
Bertre. *Tours*, 606.
Bertsch. *Als.*, 263.
Bertucat. *Bourb.*, 30.
Bertuel. *Montp.-Mont.*, 288, 296.
Beruez. *Bret.*, II, 1024.
Berulle. *Auv.*, 100.
— *Dauph.*, I, 42.
— *Par.*, I, 151.
— *Par.*, II, 350.
Berule (de). *Soiss.*, 659.
Berus. *Bret.*, II, 905.
Berusse. *Prov.*, II, 837.
Beruyer. *Bret.*, II, 855.

Berville. *Orl.*, 924.
Berziau. *Champ.*, 304, 792.
— *Orl.*, 88, 770.
— *Tours*, 52, 173, 1026, 1046, 1070, 1380.
Besacherot. *Béarn*, 156.
Besagle. *Par.*, iv, 717.
Besançon. *Orl.*, 432.
— *Par.*, iii, 94, 280.
Besannes. *Champ.*, 78.
— *Poit.*, 276.
Besaud. *Bourg.*, i, 1182.
Besaudun. *Prov.*, ii, 382.
Besault. *Par.*, ii, 171, 225, 356.
Beschard. *Bret.*, i, 198, 414, 415, 571.
— *Bret.*, ii, 443.
Beschaye. *Bret.*, ii, 375, 494, 511.
Beschefer. *Champ.*, 198, 333, 676, 677.
Bescontin. *Prov.*, i, 723.
Besdon. *Poit.*, 906.
Besgua. *Toul.-Mont.*, 164, 180, 487.
Besigni. *Par.*, i, 1102.
Beslière. *Al.*, 866.
Besmi. *Soiss.*, 64.
Besnard. *Al.*, 721, 723, 1024, 1190.
— *Bret.*, ii, 476, 505, 970.
— *Limous.*, 50.
— *Orl.*, 145, 146, 537, 701.
— *Par.*, iii, 355.
— *La Roch.*, 265.
— *Soiss.*, 479.
— *Tours*, 4, 25, 198, 484, 891, 963, 1073.
Besne (de). *La Roch.*, 272.
— (*Voy.* Beine). *Toul.-Mont.*, 1204.
Besne (de). *Bret.*, i, 519.
Besner. *Als.*, 897.
Besneraie (la). *Tours*, 925.
Besnier. *Par.*, ii, 623, 810.
— *Poit.*, 715.
— *Tours*, 1461.
— *Vers.*, 150.
Besoux. *Prov.*, ii, 663.
Bespier. *Champ.*, 274.
Bessac. *Bourg.*, i, 117.
— *Poit.*, 445, 1527.
Bessard. *Bret.*, i, 180.
Bessarie. *Toul.-Mont.*, 1152.
Bessaude. *Prov.*, i, 534, 564.
Bessay. *Poit.*, 78, 79, 199, 210, 219, 234, 243, 613, 1142, 1181, 1228.
Besse. *Bourb.*, 313.
— *Bourg.*, i, 1104.
— *Guy.*, 115, 1140.

— *Limous.*, 440.
Bessel. *Par.*, iv, 84, 802, 805.
Bessé. *La Roch.*, 425.
Besse (de). *Auv.*, 9, 101.
— *Bourb.*, 66, 67, 182, 189, 570.
— *Par.*, i, 444.
— *Poit.*, 59, 61.
Bessei. *Toul.-Mont.*, 946, 1030.
Bessel. *Pic.*, 51.
Besse. *Toul.-Mont.*, 333, 490, 734, 860.
Besselard. *Fland.*, 208.
Besser. *Als.*, 98.
— *Lorr.*, 80, 389, 639, 663.
Bessère. *Auv.*, 420.
Bessereich. *Als.*, 410.
Besseron. *Poit.*, 1398.
Besset. *Dauph.*, 583.
— *Lyon*, 394, 472, 792.
— *Montp.-Mont.*, 364.
— *Par.*, i, 537.
— *Par.*, ii, 540.
— *Par.*, iii, 300.
— *Par.*, iv, 84, 802, 805.
— *Toul.-Mont.*, 559, 808.
Besseville. *Lyon*, 543, 554.
Bessey (du). *Par.*, iii, 431.
— *Lyon*, 240.
Bessi (du). *Lyon*, 1011.
Bessier. *Lyon*, 208, 210, 211, 550, 734.
Bessière. *Guy.*, 220.
— *Prov.*, i, 980.
— *Prov.*, ii, 312, 557.
— *Toul.-Mont.*, 9, 1181, 1184, 1194.
— *Vers.*, 299.
Bessin. *Bret.*, ii, 668, 970.
— *Orl.*, 863.
Bessinet *Par.*, ii, 515.
Bessol. *Toul.-Mont.*, 540.
Besson. *Auv.*, 154.
— *Dauph.*, 77, 277.
— *Guy.*, 382, 558, 709, 712.
— *Lorr.*, 645.
— *Lyon*, 131, 957, 972.
— *Montp.-Mont.*, 368, 374, 661, 892, 1036.
— *Par.*, i, 552.
— *Prov.*, i, 92, 545, 546, 648, 674, 756, 787, 807, 1031, 1066, 1091.
— *Prov.*, ii, 601.
— *Poit.*, 1140.
— *Toul.-Mont.*, 532, 1343.
— *Tours*, 1043.
— *Vers.*, 265.
Besson (le). *Als.*, 655.
Bessoni. *Prov.*, i, 1126.

Bessone. *Prov.*, I, 662.
Bessonneau. *Tours*, 969.
Bessonnet. *Montp.-Mont.*, 38.
— *Par.*, III, 353.
Bessot. *Fland.*, 503.
— *Par.*, II, 1155.
Best (du). *Guy.*, 866.
Bestagne. *Prov.*, I, 1263.
Bestiaux. *Champ.*, 704.
Besuchet. *Par.*, I, 1107.
Besude. *Prov.*, I, 1197.
Besville. *Caen*, 687.
Besze. *Bourb.*, 66.
Bet (du). *Bourges*, 24. 88, 191, 332, 342, 441.
Betari. *Auv.*, 449.
Betaut. *Par.*, I, 575.
Betbeder. *Guy.*, 785, 969, 1151.
Betbeze. *Béarn*, 123.
Beteille. *Prov.*, I, 839.
Betencourt. *Lyon*, 398.
— *Par.*, I, 109.
Betfort. *Rouen*, 1404.
Bethencourt. *Rouen*, 51, 440, 441, 461, 462, 514, 560, 720, 721, 915, 1359, 1404.
Bethery. *Bourg.*, II, 240, 365.
Bethines (Pr.). *Poit.*, 884.
Bethisi. *Par.*, I, 67, 600.
Bethisy. *Bourb.*, 38.
— *Soiss.*, 171, 376.
— *Toul.-Mont.*, 343.
Bethmont. *Par.*, II, 600.
Béthune. *Fland.*, 1488.
— *Montp.-Mont.*, 1263.
— *Par.*, I, 122, 127, 162, 1145, 1206.
— *Par.*, II, 76, 216, 273, 439, 864, 865.
— *Soiss.*, 541.
— *Vers.*, 71.
Béthune. *Pic.*, 511, 666.
Beti (de). *Als.*, 958.
Betille. *Caen*, 778.
Betizy. *Soiss.*, 631.
Béton. *Caen*, 102, 733.
Betoulat. *Bourges*, 46, 195, 245, 501.
Bétoulaud. *Guy.*, 10.
Betouzet. *Béarn*, 116, 167.
Bettaudier. *Prov.* I, 572.
Bettenhouen. *Lorr.*, 88, 285, 319.
Bettier. *Tours*, 987.
Betting. *Lorr.*, 627.
Betz. *Lorr.*, 323.
Betz (de). *Als.*, 127.
— *Bourb.*, 363, 578.
— *Bret.*, II, 281.
— *Guy.*, 646.

— *Par.*, I, 1286.
— *Tours*, 732.
Betzel. *Als.*, 807.
Beu (du). *Champ.*, 788.
Beuche. *Als.*, 618.
Beuchot. *Bourg.*, II, 332.
Beudin. *Tours*, 757, 1475.
Beudon. *Al.*, 952, 962, 965.
Beuf. *Prov.*, II, 93, 150, 230, 817, 819.
Beuf (le). *Als.*, 318.
— *Prov.*, I, 40, 538, 698, 974, 979, 1246, 1289, 1301.
— *Tours*, 614, 615, 621, 694, 1034, 1375.
Beufferant. *Dauph.*, 141, 201, 240.
Beugny. *Fland.*, 1451.
Beugre (de). *Bourg.*, II, 140, 148.
Beulque (de). *Fland.*, 1201.
Beurback. *Als.*, 982.
Beuret. *Als.*, 1074.
Beurier. *Bret.*, I, 397.
Beuriot. *Rouen*, 1186.
Beurlant. *Prov.*, I, 736.
Beuvelet. *Lorr.*, 599.
Beurville (de). *Champ.*, 321, 916.
Beuscher. *Tours*, 1119.
Beutot. *Bourg.*, II, 368.
Beutz. *Als.*, 108, 684.
Beuve. *Bret.*, II, 580.
Beuve (Ste-). *Par.*, II, 1166.
— *Vers.*, 147.
Beuverand. *Bourg.*, I, 283, 285, 291.
— *Bourg.*, II, 136, 150.
Beuvet. *Fland.*, 152.
Beuvillé. *Lorr.*, 39.
Beuzé. *Par.*, I, 390.
Beville. *Par.*, I, 36.
Beuvier. *Poit.*, 200.
Beuvillon. *Lorr.*, 675.
Beuvin. *Pic.*, 600.
— *Rouen*, 1403.
Beuvreau. *Lorr.*, 222, 654.
Beuvrier. *Orl.*, 55, 171.
Beuvry. *Soiss.*, 257.
Beuzart. *Soiss.*, 502.
Beuzelin. *Al.*, 969, 1009.
— *Rouen*, 121, 574, 645.
Beuzeville. *Caen*, 36.
Bevalet. *Bourg.*, I, 1163.
Bevier. *Fland.*, 773, 955, 1453.
Bevière. *Soiss.*, 339, 499.
Beville. *Par.*, III, 292, 403, 473.
Bevolant. *Prov.*, I, 555.
Bevry (le). *Orl.*, 265.
Bévy. *Bourg.*, II, 291.
Beyer. *Als.*, 511, 606.

Beyerman. *Bret.*, II, 167.
Beyne (de). *Toul.-Mont.*, 514, 544, 877, 878.
Bez. *Toul.-Mont.*, 654.
Bezac. *Montp.-Mont.*, 518, 605.
Bezamat. *Toul.-Mont.*, 738, 739.
Bezancelle. *Toul.-Mont.*, 519, 566.
Bezancenot. *Bourg.*, I, 1145.
Bezanne. *Bourg.*, II, 581.
Bezanne (de). *Soiss.*, 41, 153, 259, 260, 290, 524, 600, 601.
Bezannes. *Bourb.*, 224, 410.
Bezard. *Bret.*, I, 913.
— *Lorr.*, 52.
Bezart. *Orl.*, 387, 394, 425.
Bezas. *Bourb.*, 38.
Bezaud. *Champ.*, 82.
Bezaudin. *Prov.*, I, 644, 646.
Bèze (la). *Orl.*, 858.
Bèze (de). *Orl.*, 863, 906.
Bezenac. *Guy.*, 1082.
Bezer. *Als.*, 574.
Bezesse. *Montp.-Mont.*, 199.
Bezi (du). *Tours*, 534.
Beziade. *Par.*, I, 258.
Bezic (du). *Bret.*, I, 958.
Beziel. *Bret.*, II, 416, 446.
Beziers (*ville*). *Montp.-Mont.*, 558.
Bezieux. *Prov.*, I, 386, 1374.
— *Prov.*, II, 206.
Bezin. *Guy.*, 197.
— *Par.*, III, 534.
Bezis (de). *Toul.-Mont.*, 496.
Bezolles. *Guy.*, 176, 853, 1152.
— *Montp.-Mont.*, 1123.
Bezombes. *Montp.-Mont.*, 152, 153, 1156.
— *Toul.-Mont.*, 739, 1482.
Bézu. *Pic.*, 463.
Bezu. *Rouen*, 422.
Bezuchet. *Bourg.*, I, 761, 1100, 1181.
— *Bourg.*, II, 136, 337, 352.
Bi. *Lyon*, 956.
Biache. *Par.*, II, 87.
Bial. *Guy.*, 722.
Biale. *Poit.*, 1192.
Bianchi. *Prov.*, I, 565.
Biard. *Als.*, 757.
— *Poit.*, 1001, 1007.
Biardelles (du). *Guy.*, 223.
Biardière (la). *Par.*, I, 585.
Biars (du). *Tours*, 346.
Biart. *Bret.*, II, 585.
Biaudos. *Guy.*, 468, 1197.
Biaur (de). *Toul.-Mont.*, 1216.
Bibal. *Bret.*, II, 864.

Bibaut. *Soiss.*, 729.
Biebron. *Lorr.*, 491.
— *Par.*, I, 973.
— *Par.*, IV, 266, 658, 659.
Biçai. *Prov.*, I, 917.
Bichard. *Bourges*, 428.
— *Champ.*, 805.
Bichot (du). *Caen*, 95.
Biche (la). *Fland.*, 1381.
— *Limous.*, 108, 113.
Bicher. *Bourges*, 5, 328, 423, 428.
Bicheron. *Prov.*, I, 941.
Bichet. *Champ.*, 759.
Bichin. *Bourg.*, I, 773.
Bichof. *Als.*, 475.
Bichon. *Dauph.*, 399.
— *Poit.*, 170, 1157.
Bichot. *Bourg.*, I, 71, 321, 334, 532.
— *Bourg.*, II, 78.
— *Poit.*, 1367.
Bichüe. *Caen*, 680.
Bicquet. *Par.*, II, 437
Bicquillin. *Lorr.*, 43.
Bidache. *Par.*, IV, 43.
Bidal. *Guy.*, 1024.
— *Orl.*, 18, 19.
— *Par.*, II, 176.
— *Par.*, III, 19.
Bidant. *Fland.*, 1476.
Bidard. *Bourges*, 403.
— *Caen*, 570.
— *Par.*, III, 524.
— *Tours*, 728.
Bidart. *Fland.*, 138, 803.
— *Lorr.*, 344.
Bidaud. *Tours*, 1305, 1444.
Bidault. *Bourg.*, I, 748.
— *Bourg.*, II, 365.
— *Bret.*, I, 923.
— *Bret.*, II, 88, 479, 901.
— *Orl.*, 527.
— *Par.*, II, 1172.
— *Par.*, III, 311.
— *Par.*, IV, 87, 689, 807.
— *Poit.*, 143, 169, 437, 486, 821.
— *Vers.*, 179.
Bidaut. *Als.*, 948.
— *Prov.*, I, 2.
Bidé. *Bret.*, I, 157, 172, 174, 473, 475, 488.
— *Bret.*, II, 108.
— *Par.*, II, 262.
— *Rouen*, 1162.
— *Tours*, 226, 361.
Bidement. *Bret.*, II, 539.
Bidéren. *Guy.*, 165, 364, 559, 1103.

Bidet. *Champ.*, 94.
— *Dauph.*, 483.
— *Caen*, 607.
Bidier. *Fland.*, 1302.
Bidois (le). *Rouen*, 1070.
Bidon. *Béarn*, 17, 62.
— *Bourb.*, 545.
— *Bret.*, ii, 1112.
Bidouet. *Tours*, 1313.
Bidulot. *Bourg.*, i, 1121.
Bidurdettel. *Als.*, 630.
Bie. *Bourg.*, i, 282.
Bie (du). *Bourg.*, i, 1187.
Biegetsein. *Als.*, 202, 960.
Bielet. *Lyon*, 107.
Bien. *Bourg.*, i, 141.
Bien (de). *Bourges*, 441.
— *Bourg.*, ii, 251.
— *Fland.*, 1467.
Bienaise. *Par.*, i, 673.
Bienassize. *Lorr.*, 547.
Biencoleli. *Par.*, i, 1166.
Biencourt. *Bourb.*, 132, 538.
— *Par.*, i, 116.
— *Par.*, iv, 27, 29, 33, 452, 643.
Bienfait. *Orl.*, 796, 817.
Biénix. *Bourg.*, 595.
Bientz. *Als.*, 72.
Bienvenu. *Bourges*, 179, 400, 416.
— *Dauph.*, 16.
— *Par.*, iv, 259.
— *Soiss.*, 132, 461, 507.
— *Tours*, 1343.
Bienvenu (de). *Rouen*, 299, 359, 1220.
Bierne (de). *Pic.*, 210.
Bierri. *Par.*, i, 116.
Biers. *Als.*, 857.
Biesse. *Lyon*, 662.
Biesse (de). *Vers.*, 117.
Biet. *Bourges*, 13.
— *Par.*, ii, 895.
Bietri. *La Roch.*, 308.
Biétrix. *Bourg.*, i, 1037.
Bieulle (*ville*). *Toul.-Mont.*, 945.
Bieurre. *Soiss.*, 60.
Biewaut. *Als.*, 181.
Biéver. *Lorr.*, 310.
Biez (des). *Bourg.*, 945, 1162.
Biez (du). *Fland.*, 855.
— *Orl.*, 228.
— *Par.*, ii, 279.
Biffart. *Bret.*, ii, 401.
Bigan. *Pic.*, 319, 346.
— *Rouen*, 466.
Bigarat. *Montp.-Mont.*, 809.
Bigaré. *Bret.*, ii, 5, 845.

Bigard. *Prov.*, i, 1045.
Bigaron. *Prov.*, i, 764.
Bigars. *Al.*, 310, 828, 884, 1207.
Bigault. *Champ.*, 490.
Bigé. *Orl.*, 877, 880.
Bige (le). *Tours*, 753.
Bigeard. *Dauph.*, 305.
Bigeardet (du). *Limous.*, 181.
Bigeaud. *Bret.*, i, 292, 293, 362.
Bigeault. *Bret.*, ii, 167, 1105.
Bigeaut. *Al.*, 714.
Bigeon. *La Roch.*, 244.
Bigeot. *Bourg.*, i, 992.
Biger. *Al.*, 784.
Bigeran. *Par.*, iii, 12.
Biget. *Poit.*, 409.
Bigillon. *Dauph.*, 192, 398.
Bignals (le). *Al.*, 1101.
Bigne (la). *Caen*, 33, 36, 408, 649.
Bignereau. *Poit.*, 424.
Bignet. *Al.*, 971.
Bigni. *Bourges*, 322, 402.
Bignicourt. *Champ.*, 107.
— *Par.*, i, 1202.
— *Par.*, ii, 266.
Bignolet. *Poit.*, 701.
Bignon. *Al.*, 799, 1188, 1192, 1233.
— *Orl.*, 67.
Bignon. *Par.*, i, 795, 1268.
— *Par.*, ii, 546, 621.
— *Tours*, 600, 756, 1180, 1191, 1279, 1445.
Bignon (du). *Par.*, iii, 136, 507.
Bigny. *Bourb.*, 123.
— *Orl.*, 857.
Bigodet. *Par.*, 765.
Bigorne. *Pic.*, 558, 710.
Bigos. *Guy.*, 174, 184.
Bigot. *Pic.*, 498, 649.
— *Poit.*, 193, 273, 1030, 1070.
— *La Roch.*, 431.
— *Al.*, 869, 931, 1033, 1170.
— *Auv.*, 509, 510.
— *Bourges*, 14, 325, 384.
— *Bret.*, i, 89, 542.
— *Bret.*, ii, 71, 224, 395, 402, 442, 595, 1021.
— *Caen*, 144.
— *Fland.*, 548, 669.
— *Guy.*, 92, 197.
— *Lyon*, 246.
— *Orl.*, 835, 917.
— *Par.*, i, 716, 891, 1285, 1303, 1306.
— *Par.*, ii, 106, 215, 303, 362, 363, 660, 835, 1062, 1172.

— *Rouen*, 18, 37, 57, 279, 365, 379, 535, 558, 560, 566, 580, 581, 588, 637, 660, 663, 735, 891, 962.
— *Soiss.*, 277.
— *Toul.-Mont.*, 560, 1092, 1097.
— *Tours*, 5, 6, 367, 1173, 1440.
— *Vers.*, 74, 154.
Bigot (le). *Bourb.*, 300.
— *Bret.*, i, 24, 104, 107, 247, 357, 707.
— *Tours*, 986, 1031.
Bigoteau. *La Roch.*, 26, 136, 137, 305.
Bigots (des). *Lorr.*, 128.
Bigottière (la). *Tours*, 540, 932.
Bigoud. *Dauph.*, 497.
Bigourie. *Lim.*, 342.
Bigre (le). *Par.*, iv, 550.
Bigres. *Par.* i, 130.
— *Par.*, ii, 568.
Bihan (le). *Bret.*, i, 546, 645, 648, 651, 948.
— *Bret.*, ii, 779, 1011, 1032.
Bihannic. *Bret.*, i, 536.
Bihoran. *Paris*, i, 1344.
Bihorel. *Rouen*, 690, 796.
Bijaudi. *Prov.*, ii, 166, 676.
Bilars. *Par.*, iii, 115.
Bilger. *Als.*, 491.
Bilhault. *Pic.*, 633.
Bilheust. *Al.*, 1095.
Bilhon. *Guy.*, 305.
Bilhot. *Toul.-Mont.*, 1172.
Billaire. *Bret.*, ii, 850.
Billan. *La Roch.*, 283.
Billard. *Al.*, 26, 51, 309, 716, 721, 734, 737, 740, 1102, 1175, 1228, 1239.
— *Als.*, 492.
— *Bourb.*, 268.
— *Bourg.*, 229, 1101.
— *Champ.*, 407.
— *Lorr.*, 134.
— *Montp.-Mont.*, 614.
— *Par.*, i, 786, 1123.
— *Prov.*, ii, 259.
— *Toul.-Mont.*, 813.
— *Tours*, 751, 1161.
Billarde. *Par.*, ii, 174.
Billardet. *Bourg.*, i, 1064, 1143.
Billatte. *Guy.*, 835, 910.
Billaud. *Als.*, 1105.
— *Limous.*, 383, 420.
— *Prov.*, ii, 324.
— *La Roch.*, 143, 203, 242.
Billaudel. *Champ.*, 878.

Billault. *Poit.*, 983, 1175, 1477, 625.
Billaut. *Lorr.*, 32, 33, 101, 102, 162.
Billaye (la). *Bret.*, i, 5.
Bille (de). *Pic.*, 856.
Billebaut. *Par.*, iv, 54, 59.
Billecart. *Champ.*, 9, 414.
Billecot. *Pic.*, 868.
Billeheust. *Caen*, 354, 358, 377, 541.
Billeheust (de). *Tours*, 166.
Billei. *Rouen*, 786.
Billeres (de). *Béarn*, 90.
Billery. *Als.*, 258.
Billerez. *Bourg.*, i, 662, 664.
Billet. *Bourb.*, 204.
— *Bourg.*, i, 110, 299.
— *Bourg.*, ii, 301.
— *Bret.*, ii, 524.
— *Champ.*, 5, 19, 42, 339, 387, 670, 875.
— *Fland.*, 1488.
— *Par.*, iii, 299, 332, 487.
Billette. *Bret.*, ii, 238, 608.
— *Orl.*, 620.
— *Poit.*, 1476.
— *Rouen*, 898.
Billeur. *Bret.*, ii, 524.
Billi. *Al.*, 881.
— *Caen*, 356.
— *Champ.*, 686.
— *Guy.*, 108.
— *Par.*, i, 221.
— *Poit.*, 1359, 1365, 1413.
— *Prov.*, ii, 450.
Billiard. *Bourb.*, 618.
— *Par.*, i, 1118.
Billiart. *Pic.*, 866.
Billiau. *Fland.*, 1229.
— *Pic.*, 792.
Billié. *Par.*, iii, 333.
Billière. *Prov.*, ii, 676.
Billiert. *Montp.-Mont.*, 148.
Billiesme. *Bourg.*, ii, 633.
Billion. *Bourg.*, ii, 270.
Billoc. *Poit.*, 562.
Billon. *Al.*, 197.
— *Auv.*, 277, 8.
— *Bourg.*, i, 12, 1206.
— *Bret.*, i, 156, 158, 321.
— *Bret.*, ii, 475, 555, 713, 1016, 1019.
— *Lyon*, 654.
— *Orl.*, 657.
— *Pic.*, 706.
— *Prov.*, i, 422, 693, 814.
— *Prov.*, ii, 327, 353, 842.
Billot, *Bourges*, 366.

— *Bourg.*, II, 244.
— *Champ.*, 263.
— *Guy.*, 836.
— *Lorr.*, 268.
— *Orl.*, 541.
— *Prov.*, I, 1250.
Billouard. *Bret.*, I, 699, 889.
Billouart. *Par.*, I, 1231.
Billouet. *Rouen*, 119.
Billy. *Bourg.*, I, 922.
— *Bret.*, II, 191, 727.
— *Lyon*, 107, 283, 512, 748
— *Par.*, II, 509, 515.
— *Pic.*, 117,
— *Rouen*, 405.
— *Soiss.*, 167, 267, 383, 834.
Bilony. *Als.*, 296.
Bilson. *Prov.*,, II, 350.
Bimard. *Montp.-Mont.*, 240.
Bimenet. *Par.*, I, 364.
Bin. *Prov.* I, 648.
Binard. *Bret.*, II, 449, 912.
— *Par.*, II, 653.
Binaud. *Bret.*, I, 222.
— *La Roch.*, 312.
Bindault. *Bret.*, II, 22.
Bindel. *Als.*, 682.
Binder. *Als.*, 594, 786.
Bindouel. *Tours*, 805.
Bineau. *Par.*, IV, 7.
— *Poit.*, 1170, 1408.
Binet. *Al.*, 952.
— *Bret.*, I, 310, 312.
— *Lim.*, 167.
— *Par.*, I, 112, 665, 847, 1070, 1271.
— *Par.*, II, 368, 681, 714.
— *Par.*, III, 115, 140, 513.
— *Par.*, IV, 124, 751.
— *Poit.*, 1095.
— *Rouen*, 875, 889.
— *Soiss.*, 30.
— *Toul.-Mont.*, 806.
— *Tours*, 4, 35, 81, 876, 893, 954, 973, 1062, 1199.
— *Vers.*, 178.
Bingant. *Soiss.*, 798.
Binier. *Bourg.*, I, 274.
Bino. *Bret.*, I, 5.
Binolaie (la). *Caen*, 518, 521.
Binon. *Bourb.*, 331.
Binos, *Guy.*, 3.
— *Vers.*, 179.
— *Toul.-Mont.*, 1354, 1385, 1386, 1389.
Binot. *Bret.*, I, 631.

— *Fland.*, 830.
— *Par.*, II, 861.
— *Vers.*, 57.
Binq. *La Roch.*, 198.
Bintinaye (la). *Bret.*, I, 246, 405, 425.
— *Bret.*, II, 772.
Binville. *Bourb.*, 26.
Biochard. *Par.*, IV, 42.
Bioche. *Bret.*, II, 395.
— *Par.*, III, 276.
Biodos. *Vers.*, 122.
Biollay. *Bourg.*, II, 227, 362.
Bion. *Poit.*, 169, 374, 721, 1447.
— *La Roch.*, 147, 151, 273.
— *Soiss.*, 665.
— *Tours*, 1353.
Bionaud. *Caen*, 30.
Bionneau. *Prov.*, I, 648, 475.
— *Tours*, 1202, 1273.
Biort (de). *Prov.*, II, 639.
Biottière (de). *Bourb.*, 105, 122, 325, 429, 513, 560.
Biotières (de). *Bourges*, 124, 303.
Bipper. *Als.*, 1068.
Bira. *Toul.-Mont.*, 1330.
Birabent. *Toul.-Mont.* 1280.
Birague. *Tours*, 368.
— *Vers.*, 233.
Biragues. *Orl.*, 44, 125, 127.
Biran. *Montp.-Mont.*, 1137.
Biraud. *Limous.*, 379.
Birault. *Poit.*, 501, 1126.
Biré. *Bret.*, I, 173, 496.
— *Guy.*, 44.
Birekel. *Als.*, 452.
Biroat. *Guy.*, 873.
Birode. *Bourg.*, II, 381.
Biron. *Par.*, I, 853.
— *Poit.*, 367.
— *Rouen*, 248.
Bironnet. *Poit.*, 781.
Birot. *Limous.*, 40, 49.
— *Par.*, I, 1142, 1277.
— *Poit.*, 125, 1097.
— *La Roch.*, 235, 369.
Birotteau. *Poit.*, 1214.
Birouste. *Lyon*, 668.
Birton. *Vers.*, 6.
Bisault. *Tours*, 543.
Biscaras. *Poit.*, 1163.
Biscaye. *Toul.-Mont.*, 782.
Biseau. *Par*, IV, 103.
— *Rouen*, 905.
Biset. *Rouen*, 860.
Bisme. *Montp.-Mont.*, 1105.

Bissardou. *Lyon*, 174.
Bisse (la). *Al.*, 867.
Bisseghem. *Pic.*, 152.
Bisson (du). *Par.*, IV, 18.
Bisson (du). *Prov.*, II, 814.
Bissuel. *Lyon*, 209, 958.
Bistorte. *Guy.*, 1026.
Bistroff. *Lorr.*, 639.
Bitault. *Bret.*, I, 310.
— *Par.*, II, 548, 558, 1173.
— *Tours*, 160, 1531.
Bitaut. *Pic.*, 554.
— *Rouen*, 380.
Bitherne. *Bourges*, 417.
Biton. *Par.*, II, 598.
Bitousé. *Caen*, ...
Bitzac. *Guy.*, 287.
Bitsch. *Als.*, 453, 709.
Bittel. *Als.*, 220, 222.
Bitto. *Als.*, 451.
Biville. *Montp.-Mont.*, 1443.
— *Rouen*, 429.
Bivy. *Als.*, 572.
Bizal (de). *Bourges*, 274.
Bizault. *Rouen*, 81.
Bize (de). *Bourges*, 125.
— *Bourg.*, II, 186, 557.
Bizemont. *Par.*, II, 50, 51.
— *Par.*, IV, 266.
Bizerie (la). *Lyon*, 674.
Bizet. *Par.*, III, 282.
— *Poit.*, 492.
— *Tours*, 1045.
Bizeuil. *Bret.*, II, 292, 425, 816, 1103.
Bizeul. *Al.*, 693.
— *Par.*, III, 283.
— *Tours*, 734.
Bizien. *Bret.*, I, 673.
Bizon. *Soiss.*, 716.
Bizot. *Bourg.*, I, 1116.
— *Orl.*, 955.
— *Par.*, I, 614.
— *Tours*, 911.
Bizoton. *Par.*, II, 1195.
— *Par.*, III, 493.
Bizotton. *Orl.*, 422, 454.
Bizouard. *Bourg.*, II, 17.
— *Lorr.*, 597.
Bizouart. *Bourg.*, I, 86, 350.
Blacas. *Prov.*, I, 199, 243, 432, 489, 1388.
Blacars. *Prov.*, II, 788.
Blache. *Dauph.*, 82.
Blache (la). *Montp.-Mont.*, 451.
Blacher. *Caen*, 565, 572, 576.
Blacherie (la). *Poit.*, 978.

Blacheron. *Montp.-Mont.*, 822.
Blaches (des). *Bourg.*, II, 616.
Blachier. *Montp.-Mont.*, 445, 454.
Blachière (la). *La Roch.*, 89.
Blachon. *Lyon*, 462, 656.
Blacourt. *Pic.*, 673.
Blactot. *Poit.*, 143, 1353, 1409, 1410.
Blacuod. *Poit.*, 51, 64, 65, 886.
Blacuvoet. *Fland.*, 680.
Bladis. *Auv.*, 501.
Blagneau. *Poit.*, 1171.
Blai. *Poit.*, 1202.
Blaie. *Guy.*, 585.
— *Toul.-Mont.*, 504, 649.
Blain (de). *Dauph.*, 308, 328, 333, 465.
Blain. *Lyon*, 1008.
— *Prov.*, I, 128, 1002, 1146, 1219.
— *La Roch.*, 145.
Blaine (de). *Toul.-Mont.*, 1336, 1388.
Blains. *Prov.*, II, 787.
Blainville. *Bourg.*, II, 390.
— *Prov.*, I, 772.
Blair. *Béarn*, 7, 101, 109.
— *Guy.*, 737.
— *Pic.*, 722.
Blair (de). *Lorr.*, 205, 207, 624, 625.
— *Par.*, III, 117.
Blairie (la). *Tours*, 538.
Blais. *Bret.*, II, 404.
— *Guy.*, 851.
Blais (le). *Caen*, 17, 30, 176, 412, 413, 482, 609.
— *Rouen*, 44, 46.
Blaise. *Lorr.*, 400, 641.
Blaise (St-). *Champ.*, 199, 732.
— *Lorr.*, 249, 412 (62 confrérie).
Blaisel (du). *Champ.*, 142.
— *Vers.*, 77.
Blaisinger. *Als.*, 642.
Blaismont (de). *Fland.*, 1323.
Blait. *Prov.*, I, 106.
Blaiville. *Al.*, 755.
Blaizel (du). *Pic.*, 34, 312, 315, 324, 325, 340, 357, 777.
Blaizot. *Bret.*, II, 950.
— *Par.*, I, 406.
Blamont. *Orl.*, 700.
Blampignon. *Champ.*, 68, 136.
Blanc. *Caen*, 568.
— *Guy.*, 97.
— *Montp.-Mont.*, 169, 254, 297, 315, 348, 357, 428, 447, 917, 1480.
— *Prov.*, I, 169, 267, 385, 436, 452, 453, 523, 529, 547, 594, 597, 616, 686, 706, 739, 762, 776, 895, 900, 929, 933, 972, 978, 994, 996, 997,

1018, 1093, 1278, 1279, 1283.
— *Prov.*, II, 13, 99, 240, 245, 249, 250, 282, 318, 319, 322, 351, 356, 441, 498, 669, 786.
— *Toul.-Mont.*, 29, 629, 1078, 1137, 1284, 1292, 1294.
Blanc (le). *Al.*, 540.
— *Bourb.*, 471.
— *Bourges*, 283, 287.
— *Bourg.*, I, 220, 337, 465, 1073.
— *Bourg.*, II, 357.
— *Bret.*, I, 416, 605.
— *Bret.*, II, 462.
— *Champ.*, 193, 224, 227, 228, 290, 565, 730.
— *Dauph.*, 503, 580.
— *Fland.*, 760, 770, 771.
— *Guy.*, 105, 474.
— *Limous.*, 423.
— *Lyon*, 71, 713.
— *Lorr.*, 595.
— *Montp.-Mont.*, 57, 120, 534, 683, 1217.
— *Orl.*, 594.
— *Par.*, I, 399, 424, 815, 1122, 1255, 1324.
— *Par.*, IV, 8, 36.
— *Par.*, III, 430.
— *Pic.*, 173, 865, 866.
— *Poit.*, 205, 518, 643, 1215.
— *La Roch.*, 381.
— *Rouen*, 122, 214, 494, 495, 569, 574, 815, 821, 827, 830, 869, 870, 1084, 1215.
— *Soiss.*, 73, 561, 849.
— *Tours*, 1286.
Blanc (de). *Dauph.*, 260, 409, 564, 569.
Blanc (du). *Guy.*, 808, 904.
— *Lyon*, 364, 688.
Blancan. *Guy.*, 840.
Blancard. *Montp.-Mont.*, 71, 1288.
— *Prov.*, I, 237, 1185.
— *Toul.-Mont.*, 817.
Blancat (St-). *Toul.-Mont.*, 431.
Blancbaton. *Rouen*, 222.
Blancbureau. *Rouen*, 802.
Blancha. *Poit.*, 784.
Blanchan. *Champ.*, 54.
Blanchant. *Fland.*, 474.
Blanchard. *Al.*, 74, 84, 163, 295, 506, 583, 703, 704, 734, 993.
— *Auv.*, 272.
— *Bourges*, 103, 145, 434.
— *Bourg.*, I, 1070.
— *Bourg.*, II, 294, 329.

— *Bret.*, I, 12, 178, 387, 688.
— *Bret.*, II, 15, 70, 92, 293, 454, 704.
— *Caen*, 65, 130, 161, 162, 163, 171, 398.
— *Champ.*, 499.
— *Guy.*, 845.
— *Limous.*, 374.
— *Lorr.*, 265, 325, 415.
— *Par.*, I, 610, 952, 1140.
— *Par.*, II, 699, 931.
— *Par.*, III, 465.
— *Par.*, IV, 41, 42.
— *Poit.*, 1148, 1233, 1271.
— *Prov.*, I, 1028.
— *Prov.*, II, 338.
— *La Roch.*, 205, 377.
— *Toul.-Mont.*, 709.
— *Tours*, 443, 1159, 1339.
Blanchardière (la). *Bret.*, II, 172.
Blanchardière. *Tours*, 1444.
Blanchart. *Soiss.*, 308.
Blanche. *Al.*, 120.
— *Bourg.*, I, 89.
— *Bourg.*, II, 484.
Blanche (la). *Lyon*, 785.
Blanchebarbe. *Champ.*, 62, 458.
— *Par.*, II, 1198.
Blanchecoste. *Bret.*, I, 843.
Blanchefort. *Bourb.*, 455.
— *Bourg.*, II, 172.
— *Par.*, I, 94, 591, 1182.
— *Par.*, II, 1193.
Blanchelande. *Champ.*, 539.
Blancher. *Auv.*, 266.
Blanchet. *Bourb.*, 40.
— *Bourges*, 140, 264, 371.
— *Bourg.*, II, 350, 493.
— *Bret.*, I, 180.
— *Bret.*, II, 401, 435, 768.
— *Fland.*, 1336.
— *Guy.*, 732.
— *Lyon*, 111, 245, 647, 931.
— *Orl.*, 94, 360, 546.
— *Par.*, I, 1119, 1277.
— *Par.*, II, 382.
— *Pic.*, 401.
— *Poit.*, 532, 540, 951, 1073, 1203, 1212, 1273, 1286.
— *Prov.*, I, 1326.
— *Prov.*, II, 425, 667, 714.
— *La Roch.*, 241.
— *Soiss.*, 525.
— *Toul.-Mont.*, 763.
Blanchet (du). *Tours*, 368, 574, 949, 1128, 1383, 1518.

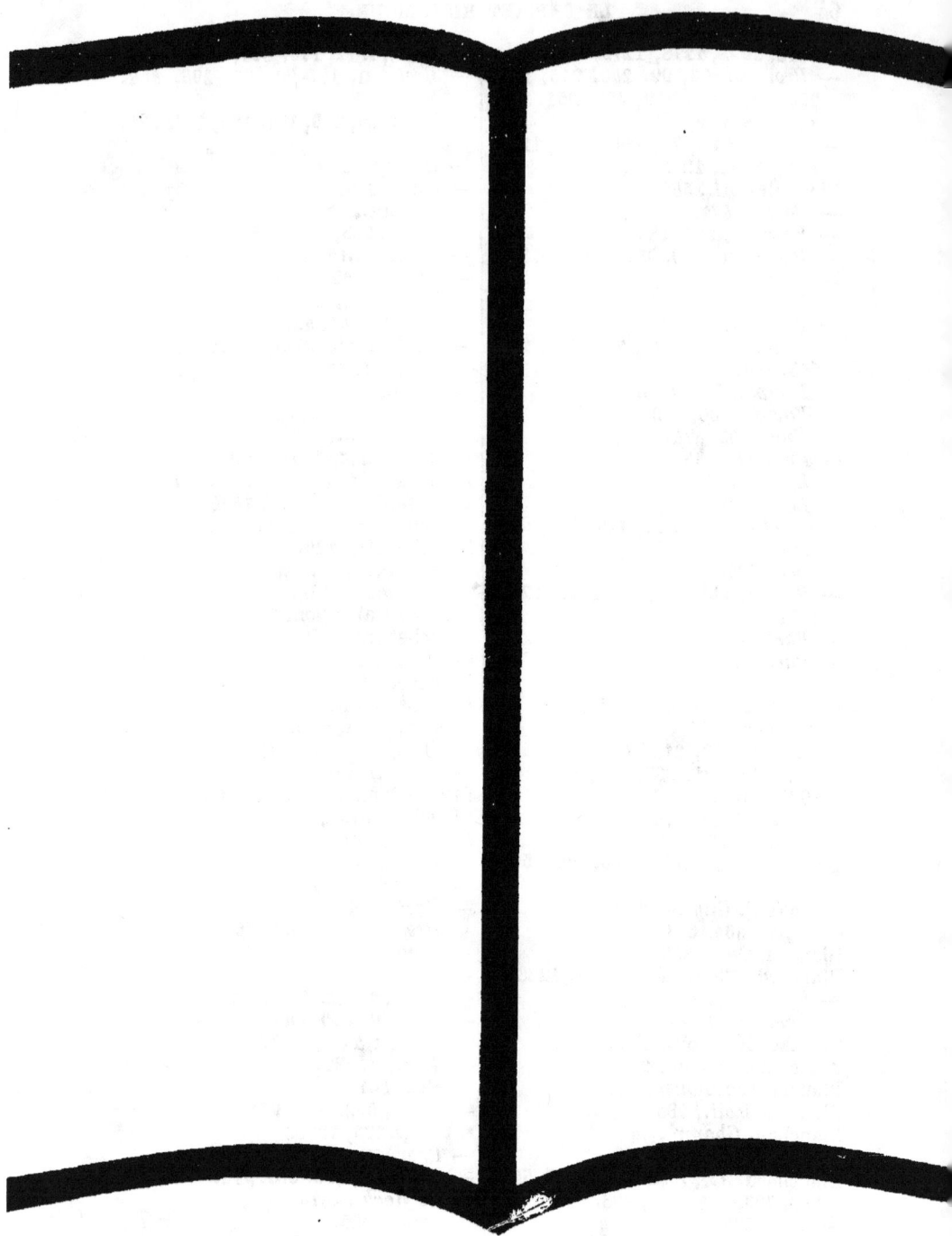

Blancheteau. *La Roch.*, 276.
Blancheton. *Bourg.*, I, 65.
— *Bourg.*, II, 21, 26.
— *Lorr.*, 216.
Blanchi. *Toul.-Mont.*, 1335.
Blanchin. *Par.*, III, 275.
— *Poit.*, 1368.
Blanchoin. *Tours*, 1466.
Blanchon. *Champ.*, 72.
— *Lyon*, 764.
Blanchouin. *Al.*, 278, 280, 660, 993, 1022, 1064, 1253.
— *Bret.*, II, 588.
Blanchot. *Bourg.*, II, 497.
Blanckart. *Fland.*, 191, 547.
Blançon. *Prov.*, I, 682.
Blanconne. *Toul.-Mont.*, 483.
Bland. *Pic.*, 792.
Blondeau. *Orl.*, 576.
Blandecques. *Pic.*, 212.
Blandin. *Bourb.*, 526.
— *Bret.* II, 380, 485.
— *Lyon*, 512, 645.
— *Par.*, I, 1340, 1341.
— *Prov.*, I, 822.
— *Soiss.*, 402.
Blandineau. *Guy.*, 842.
Blandinière. *Auv.*, 431.
Blandinière (la). *Rouen*, 28.
Blandinière. *Toul.-Mont.*, 135.
Blanes. *Lyon*, 645, 676.
Blangy (de). *Pic.*, 624.
Blanlus. *Dauph.*, 35, 69.
Blanot. *Bourb.*, 278.
— *Bourg.*, I, 146, 219, 315.
— *Bourg.*, II, 51, 246, 259, 262.
Blanpain. *Bret.*, II, 57.
— *Fland.*, 627.
Blanpignon. *Par.*, I, 1067.
Blanpin, *Par.*, I, 781.
— *Par.*, III, 436.
Blanquet. *Toul.-Mont.*, 28, 613, 1000.
Blans. *Lyon*, 649.
Blanvillain. *Al.*, 468, 819.
— *Tours*, 1138.
Blanville. *Dauph.*, 21.
Blanwart. *Fland.*, 1203.
Blanzat. *Bourb.*, 253.
Blanzère. *Auv.*, 484.
Blanzi. *Guy.*, 844.
— *Par.*, I, 734.
Blanzignac. *Guy.*, 157.
Blanzy. *Par.*, II, 539.
Blaquier. *Prov.*, II, 831.
Blard. *Rouen*, 804, 820, 872.
Blarenbergh. *Fland.*, 1096.

Blariette. *Tours*, 1121.
Blaschère. *Monp.-Mont.*, 898.
Blasseau. *Fland.*, 871.
Blasset. *Als.*, 647.
— *Pic.*, 580.
Blasy. *Montp.-Mont.*, 996, 1004.
Blatiers. *Poit.*, 814.
Blatin. *Auv.*, 143.
Blatonnière (la). *Poit.*, 1219.
Blaud. *Montp.-Mont.*, 794.
— *Poit.*, 560.
Blauf. *Auv.*, 184, 408, 444.
— *Lyon*, 2, 69, 120, 608.
Blavet. *Par.*, II, 980, 982.
— *Soissons*, 784.
Blavette. *Champ.*, 896.
— *Par.*, I, 747.
Blawart. *Fland.*, 799.
Blay (le). *Bret.*, I, 482.
Blay. *Montp.-Mont.*, 16.
Blé (du). *Bourg.*, II, 236.
— *Champ.*, 707.
— *Par.*, II, 855.
Bleicher. *Als.*, 474.
Bléchon. *Béarn*, 94.
Blécourt. *Par.*, I, 250.
Blegier. *Prov.*, I, 501, 925, 1030.
Blégier. *Prov.*, II, 838.
Blégiers. *Dauph.*, 479, 480.
Blégin. *Prov.*, II, 693.
Bleinhaut. *Bret.*, I, 558.
Blemet. *Prov.*, I.
Blenie (la). *Guy.*, 876, 1101.
Blenon, *Par.*, IV, 28.
Blereau. *Soissons*, 374.
Blergi. *Rouen*, 1406.
Bleric. *Soissons*, 570.
Blery. *Fland.*, 317.
Blesle. *Auv.*, 479, 8.
Blesimart. *Par.*, IV, 413.
Bleslin. *La Roch.*, 310.
Blessebois. *Al.*, 647, 951.
— *Fland.*, 1468.
Blesson. *Montp.-Mont.*, 476, 477.
— *Par.*, IV, 86.
— *Toul.-Mont.*, 1059.
Blet. *Poit.*, 1517.
Blet (de). *Tours*, 182.
Bleteau. *Bret.*, II, 422.
Bleterdich. *Par.*, I, 1337.
Bleton. *Lyon*, 743.
Bletonnière (la). *Bourg.*, I, 442.
— *Bourg.*, II, 222.
Bletterans. *Bourg.*, I, 1255.
Bletterie (la). *Bret.*, II, 377.
Bleu (le). *Als.*, 963.

Bleumortiers (des). *Fland.*, 255, 895.

Bleville. *Bret.*, II, 445.
— *Rouen*, 1175.
Bley. *Lyon*, 616.
Blez. *Guy.*, 56.
Blic. *Auv.*, 398.
Blicourt. *Prov.*, I, 572.
Blics (de). *Fland.*, 50, 580.
Blieux. *Prov.*, I, 802.
Bligni. *Bourges*, 346.
Bligny. *Par.*, III, 141.
Blimont (St). *Pic.*, 74, 82, 249, 271.
Blin. *Al.*, 957, 962, 1219.
— *Bourb.*, 217.
— *Caen*, 404.
— *Par.*, I, 1020.
— *Par.*, II, 649.
— *Par.*, III, 366, 406.
— *Pic.*, 82, 249.
— *Prov.*, I, 7, 175.
— *Rouen*, 310.
— *Soiss.*, 714.
— *Tours*, 279, 752.
Blinière (la). *Tours*, 1188.
Blistein. *Lorr.*, 471.
Blitterswick. *Bourg.*, I, 608.
Bloc. *Rouen*, 848.
Bloci. *Fland.*, 728.
Blocklin. *Als.*, 164.
Blocq. *Fland.*, 1476.
Blocquet. *Fland.*, 297.
Bloi (le). *Bourges*, 40, 85, 108, 387.
— *Tours*, 792.
Blois. *Al.*, 231.
Blois. *Guy.*, 865, 991, 1087, 1089.
— *Par.*, I, 97.
Blois (de). *Champ.*, 467, 468, 691, 711.
— *Par.*, IV, 81, 380.
— *Pic.*, 32.
— *Soiss.*, 47, 16, 17, 44, 54, 488.
Blois (le). *Poit.*, 219.
Blomme. *Fland.*, 444.
Blon (de). *Poit.*, 553, 590.
Blond (le). *Al.*, 369, 999, 1207.
— *Par.*, I, 479.
— *Pic.*, 238, 251, 253, 478, 749.
— *Poit.*, 748.
— *Rouen*, 199.
— *Soiss.*, 662.
Blondat. *Bourg.*, II, 189.
Blondé. *Tours*, 1002.
Blondeau. *Al.*, 1009.
— *Bourg.*, I, 484, 762, 1053, 1182, 1192.

— *Bourg.*, II, 219.
— *Bret.*, I, 505, 696.
— *Bret.*, II, 444, 445.
— *Champ.*, 768.
— *Fland.*, 601.
— *Lim.*, 117
— *Par.*, I, 399, 621, 814.
— *Par.*, II, 7, 531.
— *Par.*, III, 116, 417.
— *Par.*, IV, 630
— *Tours*, 727, 1003, 1013, 1015, 1033.
Blondel. *Al.*, 713, 722, 754.
— *Bourg.*, II, 283, 510.
— *Caen*, 4, 169, 289, 307, 308, 406, 449.
Blondel (du). *Caen*, 254.
Blondel. *Champ.*, 337.
— *Fland.*, 25, 104, 112, 128, 1120.
— *Lorr.*, 528.
— *Lyon*, 564.
— *Par.*, I, 280.
Blondel. *Par.*, II, 198, 579, 619, 770, 796.
— *Pic.*, 152, 413, 771, 891, 892.
— *La Roch.*, 435.
— *Rouen*, 64, 235, 520, 702.
— *Soiss.*, 306.
— *Vers.*, 175.
Blondelot, *Bret.*, I, 334.
— *Prov.*, II, 430.
Blondet. *Pic.*, 778.
— *Poit.*, 558.
— *Prov.*, I, 99.
Blondin. *Pic.*, 498, 474.
Blonsart (le). *Bret.*, II, 367.
Bloquel. *Pic.*, 177.
Blos. *Par.*, I, 547.
Blosset. *Bourb.*, 87.
— *Dauph.*, 41, 63, 417.
— *Par.*, IV, 471.
Blossier. *Tours*, 751.
Blot. *Auv.*, 125.
— *Orl.*, 204, 460.
— *Par.*, III, 325.
— *La Roch.*, 230.
— *Tours*, 577.
Blotefières. *Soiss.*, 132, 273.
Blotteau. *Al.*, 513.
Blottefières. *Par.*, IV, 124.
— *Pic.*, 62.
Blou (de). *Dauph.*, 9.
— *Montp.-Mont.*, 1245.
Blou. *Rouen*, 23.
Blouart. *Fland.*, 1120.
Bloud. *Lyon*, 153.

Blouet. *Als.*, 267.
— *Bret.*, ii, 378, 414, 416, 422, 669.
— *Caen*, 163, 407, 677.
— *Lorr.*, 691.
— *Rouen*, 349, 663.
Bloueven. *Als.*, 257.
Blouin. *Als.*, 929.
— *Bret.*, i, 899.
— *Bret.*, ii, 441.
— *Par.*, i, 268, 539, 690, 822.
— *Par.*, ii, 447, 1013, 1269.
— *Par.*, iv, 181.
— *Poit.*, 300, 438, 609, 700, 1189.
— *Tours*, 512, 555, 791, 865, 869.
Blottière. *Tours*, 1125.
Blusseau. *Fland.*, 1407.
Boais (du). *Bret.*, 29.
Bobé. *Orl.*, 200.
— *Par.*, iii, 119.
— *Par.*, iv, 95.
Bobeau. *Poit.*, 833.
Bobeiche. *Tours*, 369.
Bobel. *Par.*, i, 69.
Boberil (du). *Bret.*, i, 209, 223, 402.
Bobet. *Bret.*, ii, 806, 866.
Bobi. *Guy.*, 372, 1147, 1155.
Bobié. *Par.*, i, 1083.
Bobière. *Vers.*, 147.
Bobony. *Bret.*, ii, 535, 775.
Bobusse. *Par.*, i, 452.
Boc. *Guy.*, 501.
Boc (du). *Par.*, ii, 882.
Bocail. *Guy.*, 303.
Bocalande. *Prov.*, i, 1184.
Bocan. *Bret.*, i, 157.
Bocat (de). 120. *Toul.-Mont.*, 120.
Boccard. *Bourg.*, ii, 293-571.
Boccasse. *Par.*, iv, 40.
Bochard. *Al.*, 263.
— *Auv.*, 74.
— *Dauph.*, 300.
— *Montp.-Mont.*, 1417.
— *Orl.*, 55.
— *Par.*, i, 782, 869, 1285.
— *Par.*, iii, 217, 222.
— *Par.*, iv, 65, 753.
Bochart. *Fland.*, 1202.
— *Par.*, ii, 1022.
Bochasset. *Auv.*, 571.
Boche. *Als.*, 668, 442, 639.
Boche (de). *Prov.*, ii, 85, 91.
Bocheron. *Bourges*, 288.
Bochet. *Als.*, 708.
Bochet (du). *Bret.*, i, 20.
Bochet. *Bret.*, ii, 387, 390.
— *Champ.*, 673.

— *Par.*, i, 1347.
Bochetail. *Lyon*, 1002.
Bochouze (le). *Bret.*, ii, 973.
Bochut. *Auv.*, 448.
— *Lyon*, 522.
Bock (de). *Als.*, 34, 35, 571, 638, 664, 786, 793, 806.
Bock. *Lorr.*, 688.
Bockablas. *Als.*, 395.
Bockel. *Als.*, 33, 156, 246, 250, 273, 484.
Bocklin. *Als.*, 274, 682, 780, 781.
Bocon. *Dauph.*, 183, 450.
Bocou. *Bret.*, ii, 844.
Bocozel (du). *Bret.*, i, 358.
Bocquet. *Bourges*, 140.
— *Bourg.*, i, 591, 990.
— *Fland.*, 710.
— *Guy.*, 1179.
— *Orl.*, 644.
— *Par.*, iii, 189, 586.
— *Soiss.*, 264.
Bocsozel. *Dauph.*, 11, 16, 87.
Boctey (le). *Al.*, 832.
Bocu. *Als.*, 476.
Boctz (de). *Dauph.*, 285.
Bodard. *Al.*, 607.
Bodart. *Lorr.*, 272.
— *Poit.*, 1494.
Boddeus. *Fland.*, 210, 211, 730.
Bodean. *Bret.*, i, 388.
Bodenius. *Als.*, 857.
Bodère. *Par.*, iii, 480.
Boderie (la). *Caen*, 369, 460.
Bodesquier. *Montp.-Mont.*, 1157.
Bodet. *Guy.*, 1049.
— *Poit.*, 512, 624, 625.
Bodey. *Bourg.*, ii, 19, 108.
Bodillon *Poit.*, 1062.
Bodin. *Bret.*, i, 31, 377, 846.
— *Bret.*, ii, 388.
— *Guy.*, 507.
— *Orl.*, 87, 88.
— *Par.*, i, 161.
— *Par.*, ii, 1213.
— *Poit.*, 191, 194, 235, 534, 535, 702, 1032, 1320, 1367, 1452, 1455, 1465.
— *Tours*, 1388.
Bodineau. *Orl.*, 247.
— *Par.*, i, 1190.
— *Poit.*, 1274, 1290.
— *Tours*, 1076, 1329.
Bodinot. *Al.*, 55.
Bodise. *La Roch.*, 175.
Bodoyer. *Bret.*, i, 121, 318, 384.

Boë. *Toul.-Mont.*, 1341.
Bœil (de). *Béarn*, 16, 48.
Bœeler. *Als.*, 285.
Bœmer. *Lorr.*, 287.
Rœnic (le). *Bret.*, II, 1023.
Bœry. *Toul.-Mont.*, 1312.
Boessin. *Bourb.*, 500.
Boest. *Orl.*, 790.
Boeste. *Als.*, 702.
Boet. *Montp.-Mont.*, 683.
Boette. *Al.*, 831.
Boetet. *Al.*, 791, 966.
Boetz. *Prov.*, I, 139.
Bœuf (le). *Al.*, 976.
Bœuf (Le). *Bourg.*, I, 230, 886.
— *Bourg.*, II, 372.
Bœuf (de). *Champ.*, 285, 425.
Bœuf (du). *Dauph.*, 71, 490.
Bœuf (le). *Lorr.*, 60.
— *Par.*, I, 270, 1049, 1300.
— *Par.*, II, 282, 838, 839.
— *Par.*, III, 2.
— *Par.*, IV, 390.
Bœuf (du). *Poit.*, 1415.
Bœuf (le). *Poit.*, 260, 263, 638, 708, 1278.
Bœuf. *Prov.*, I, 456, 1060, 1099, 1134.
Boet. *Par.*, III, 297.
Boeze. *Bret.*, II, 500.
Boffin. *Dauph.*, 4, 10, 138, 139, 140.
Boffiniac. *Toul.-Mont.*, 732.
Boffles. *Soiss.*, 243, 260, 385.
Boffzheim. *Als.*, 33.
Bogart. *Par.*, III, 371.
Boget. *Al.*, 1165.
Bogne. *Bourb.*, 67.
— *Orl.*, 228.
— *Par.*, III, 138.
Boguet. *Prov.*, II, 687.
Bohain. *Soiss.*, 233. V.
Bohal. *Bret.*, I, 521.
Boham. *Par.*, II, 1233.
— *Soiss.*, 140.
Bohan. *Champ.*, 145, 164.
Bohelier. *Bourg.*, I, 752.
Bohéno (du). *Bret.*, I, 324.
Bohier. *Champ.*, 233.
— *La Roch.*, 409.
Bohm. *Als.*, 38.
Boï (de). *Champ.*, 246.
Boi (Saint-). *Toul.-Mont.*, 1205.
Boicaut. *Bourg.*, II, 632.
Boichard. *Bourg.*, I, 1180.
Boichot. *Lorr.*, 484.
— *Par.*, III, 124.

Boidier. *Orl.*, 743.
Boidin. *Fland.*, 774, 813.
— *Poit.*, 1480, 1481, 1483, 1485.
Boigoigne. *Toul.-Mont.*, 1209.
Boileau. *Al.*, 1021.
— *Bourg.*, I, 331.
— *Bourg.*, II, 366.
— *Bret.*, II, 311.
— *Champ.*, 373, 697, 794.
— *Dauph.*, 397.
— *Montp.-Mont.*, 735, 736.
— *Orl.*, 644.
— *Par.*, II, 456, 1235.
— *Poit.*, 175.
— *Soiss.*, 74, 540.
— *Tours*, 822, 847.
Boilet. *Tours*, 1272.
Boilesme. *Fland.*, 229.
Boileux. *Fland.*, 263, 264.
Boillaud. *Bourg.*, I, 250.
— *Bourg.*, II, 329.
Boillay. *Bourg.*, I, 1144.
Boilleau. *Par.*, III, 168, 193, 398.
— *Pic.*, 527.
Boillenu. *Par.*, I, 65, 129, 183, 715, 1103, 1203, 1248.
Boilletot. *Champ.*, 130.
— *Par.*, I, 493.
Boillon. *Bourg.*, I, 954.
Boillot. *Bourg.*, I, 347, 787, 1258.
— *Bourg.*, II, 20, 34, 376, 474, 495.
Boin. *Poit.*, 652.
Boinard. *Al.*, 983.
— *Par.*, I, 271.
— *Tours*, 218.
Boindieu. *Bourg.*, I, 1124.
Boindre (le). *Par.*, I, 904.
— *Bourb.*, 2.
Boineau. *Poit.*, 358.
— *Tours*, 384, 762.
Boinet. *Poit.*, 54, 332, 407.
— Boinot *La Roch.*, 287, 438.
Boinoin. *Par.*, 1059.
Boirac. *Guy.*, 1092.
Boiras. *Auv.*, 393.
Boirat. *Par.*, I, 408.
Boire. *Auv.*, 189.
— *Bourg.*, II, 373.
Boire. *Prov.*, II, 260.
— *Toul.-Mont.*, 783.
Boire (la). *Poit.*, 271, 1343.
Boiré. *Tours*, 1310.
Boireau. *Guy.*, 103, 166.
— *Tours*, 378.
— *Par.*, III, 204, 307.
Boirel. *Al.*, 739.

Boiret. *Bourb.*, 412, 420.
Boirie (de). *Béarn*, 69.
Boirie. *Guy.*, 166.
Boirie (la). *Guy.*, 32, 92, 384, 871.
Boiron (*Lyon*), 585, 618.
— *Par.*, II, 1027.
— *Par.*, III, 353.
Bois. *Orl.*, 205, 843.
— *Lyon*, 253, 730, 868, 979.
— *Prov.*, I, 988, 670, 691.
Bois (de). *La Roch.*, 103, 358.
Bois (du). *Al.*, 26, 100, 101, 144, 226, 246, 291, 463, 540, 559, 565, 577, 594, 696, 704, 706, 714, 730, 743, 744, 785, 816, 818, 847, 850, 859, 956, 960, 1016, 1061, 1152, 1168.
— *Auv.*, 12, 14, 18, 28, 352, 353, 356, 375, 499.
— *Bourb.*, 315, 489.
— *Bourges*, 81, 141, 259, 388, 415, 433, 519.
Bois (des). *Bourg.*, I, 101, 108, 118, 251.
— *Bourg.*, II, 158, 207, 400, 569.
— *Bret.*, I, 285, 292, 293.
— *Orl.*, 469.
— *Par.*, I, 713.
— *Par.*, II, 412.
— *Por.*, III, 349.
— *Tours*, 349, 1512.
Bois (du). *Bret.*, I, 169, 179, 290, 315, 569, 715, 831, 844, 895, 902.
— *Bret.*, II, 63, 178, 393, 442, 475, 489, 491, 555, 566, 592, 593, 766, 769, 784, 793, 950, 969.
— *Caen*, 24, 94, 96, 134, 135, 146, 147, 163, 169, 213, 216, 414, 426, 519, 600, 673, 700, 745.
— *Champ.*, 11, 12, 13, 19, 22, 31, 85, 98, 149, 161, 296, 297, 299, 620, 673, 681, 689, 695, 745, 746, 843, 853.
— *Dauph.* 146, 435.
— *Bourg.*, I, 154, 205, 548, 708, 1014, 1167, 1169, 1208, 1217.
— *Bourg.*, II, 23, 38, 94, 140, 238, 298, 567.
— *Fland.*, 51, 67, 154, 319, 330, 409, 477, 517, 878, 989, 1019, 1322, 1355, 1464, 1499.
— *Guy.*, 34, 49, 51, 52, 362, 834, 880, 1149.
— *Limous.*, 22, 112, 179, 214, 294, 360, 395,
— *Lorr.*, 96, 144, 236, 326, 404, 616.
— *Lyon*, 238, 328, 784, 903, 904.

— *Montp.-Mont.*, 345, 560, 624, 1217, 1275.
— *Orl.*, 23, 58, 186, 229, 274, 527, 540, 559, 616, 617, 623, 727, 751, 932.
— *Par.*, I, 127, 176, 178, 244, 376, 422, 712, 762, 790, 793, 1066, 1081, 1124, 1167, 1172.
— *Par.*, II, 118, 399, 419, 551, 581, 762, 1153.
— *Par.*, III, 141, 161, 342, 450, 574.
— *Par.*, IV, 67, 129, 380, 362, 568, 619, 760.
— *Pic.*, 132, 233, 443, 711, 872, 894.
— *Poit.*, 77, 159, 187, 326, 356, 443, 480, 565, 607, 659, 763, 818, 882, 960, 1132, 1240, 1333, 1339, 1355, 1363, 1414, 1435, 1488.
— *Prov.*, II, 586, 633, 650, 668.
— *La Roch.*, 84, 182, 190, 298, 318, 388.
— *Rouen*, 691, 791, 875, 1358, 1405.
— *Soiss.*, 235, 459, 547, 719, 753.
— *Toul.-Mont.*, 982, 1352.
— *Tours*, 20, 21, 31, 74, 88, 135, 147, 257, 318, 485, 535, 581, 672, 771, 796, 804, 818, 821, 977, 1189, 1210, 1437, 1480, 1514.
— *Vers.*, 79, 192.
Bois (le). *Par.*, III, 121.
Boisadam (du). *Bret.*, I, 31, 577.
Boisadam. *Caen*, 376, 379, 385, 455.
Boisamin. *Al.*, 1033.
Boisanger. *Bret.*, II, 1033.
Boisard. *Tours*, 134, 622, 1515. *Voy. Boissard.*
Boisaubin. *Bourges*, 477.
Boisbaud (du). *Bret.*, I, 27, 193, 195, 196, 214, 437, 757.
Boisbelleaux. *La Roch.*, 172.
Boisberanger (du). *Tours*, 417, 498.
Boisberenger (du). *Bret.*, I, 223.
Boisberthelot. *Bret.* I, 713.
Boisbilly (du). *Bret.*, I, 109, 115, 682.
Bois-Billy (du). *Bret.*, II, 586, 947.
Boisblanc. *La Roch.*, 202, 357.
Boisblault. *La Roch.*, 370.
Boisboudan. *Par.*, I, 31.
Boisbouessel. *Bret.*, I, 651, 964.
Boisboulain (du). *Bret.*, I, 242.
Boischevalier. *Bret.*, II, 1122.
Boiscervoise. *Par.*, I, 1203.
— *Par.*, IV, 132, 534.
Boisclair. *Orl.*, 172, 639.
Boiscon. *Bret.*, I, 30, 201.

Boiscorbeau. *Bret.*, ii, 1120.
Boiscourjon. *Par.*, 82, 95.
Boiscourjon. *Par.*, iii, 1, 2.
Boisdavid. *Bret.*, i, 167, 180.
Bois de Boutaric (du). *Toul.-Mont.*, 99, 750.
Bois de la Salle (du). *Bret.*, ii, 735.
Bois de la Ville. *Al.*, 234, 458, 907, 919, 1211.
Boisdelle. *Caen*, 21, 115.
Boisdesecours (du). *Tours*, 284.
Boisdeuil. *Limous.*, 430.
Boisdiscours. *La Roch.*, 64.
Boisdon. *Poit.*, 275.
Boisé. *Guy.*, 116.
Boisel. *Tours*, 1171.
Boiséon. *Poit.*, 257.
Boiset. *Orl.*, 341, 357, 358, 360, 366, 411, 415, 504.
Boisfeuillet, *Bret.*, ii, 550.
Boisgardon (du). *Bret.*, ii, 774.
Boisgautier. *Als.*, 65, 147, 707, 938, 1001.
— *Orl.*, 535.
— *Tours*, 759, 1247.
Boisgelon (du). *Bret.*, i, 128, 202, 249, 250, 257, 381, 426, 468, 604, 668, 822, 937, 939.
Boigontier. *Tours*, 324, 870.
Boisgueheneuc. *Bret.*, i, 177, 726.
Boisgueret. *Orl.*, 85, 143, 548.
Boisguérin (du). *Vers.*, 202.
Boisgrolaud (*abb.*). *Poit.*, 378, 932.
Boisgrolier. *Poit.*, 857.
Boishaumont. *Bret.*, ii, 164.
Boishuguet. *Tours*, 331.
Boisi. *Tours*, 117.
Boisillier. *Bret.*, ii, 1053.
Bois-Ivon. *Caen*, 366, 521, 541.
Boisjaffier. *Bourges*, 76.
Boisjeffroy. *Par.*, iv, 503.
Boisjollin. *Bret.*, ii, 1110.
Boisjoly. *Pic.*, 557.
Boisjourdain. *Tours*, 670, 350.
Bois-Lambert (du). *Champ.*, 386.
Boisle (du). *Al.*, 243, 1049.
Boislebon (du). *Bret.*, i, 230.
Bois-le-Comte. *Al.*, 1213.
— *Tours*, 12, 1231.
Boislehoux. *Bret.*, i, 215, 321.
Boisleroy (de). *Tours*, 490.
Boislesve. *Tours*, 58, 59, 62, 63, 65, 91, 122, 134, 156, 352, 530, 537, 544, 550, 583, 1505, 1266.
Boislevé. *Par.*, ii, 1022.
— *Par.*, iv, 168, 552.

— *Vers.*, 156.
Bois-l'Evêque. *Al.*, 114, 119, 236, 442, 623.
— *Rouen*, 311.
Bois-le-Vicomte. *Rouen*, 45.
Boislinard. *Bourges*, 87, 89, 438, 448, 505.
Boisloges (du). *Lorr.*, 191.
Boisluché. *Poit.*, 1547.
Boismaillard. *Al.*, 895.
Boismarin. *Bourges*, 448.
Boismartin. *Orl.*, 764.
Boismenez. *Poit.*, 1343, 1477.
Bois-Milon. *Rouen*, 390, 391.
Boismorin. *Bret.*, ii, 403.
— *Poit.*, 780.
Boismovin. *La Roch.*, 104.
Boisne (le). *Bret.*, ii, 971.
Boisnice. *Orl.*, 729.
Boisnier. *Tours*, 907.
Boison. *Bourg.*, i, 316.
Boisorhan (du). *Bret.*, ii, 166, 492.
Boisorhan. *Bret.*, ii, 306, 316, 765.
Boisourdi. *Tours*, 1076, 1517.
Boispean (du). *Bret.*, i, 5, 198, 309.
Boisrarque. *Prov.*, ii, 483.
Boisreclaut. *Poit.*, 924.
Boisredon. *Poit.*, 1521.
Boisrenaud. *Pic.*, 852.
Boisricher. *Tours*, 1528.
Boisriou (du). *Bret.*, i, 570.
Bois-Roger. *Rouen*, 120.
Boisruault. *Bret.*, ii, 558.
Boissai. *Bourges*, 260.
Boissanté. *Orl.*, 50.
Boissade. *Limous.*, 469.
Boissalmont. *Bret.*, ii, 512.
Boissard. *Bourg.*, i, 760, 938.
— *Tours*, 296, 924, 1528.
Boissat. *Dauph.*, 17.
— *Guy.*, 1086, 1090.
— *Limous.*, 422.
Boisse (de). *Bourges*, 429.
— *Limous.*, 174.
— *Poit.*, 1119.
Boisse. *Lyon*, 73, 86.
— *Toul.-Mont.*, 1169, 1308.
Boisseau. *Al.*, 964.
— *Bourg.*, i, 578, 936.
— *Limous.*, 55, 229.
— *Orl.*, 815.
— *Par.*, i, 245, 742.
— *Par.*, ii, 313.
— *Par.*, iii, 468.
— *Poit.*, 483, 1265, 1334.
— *La Roch.*, 75.

— *Soiss.*, 119, 571.
— *Tours*, 1302.
Boissei. *Rouen*, 1189.
Boissel. *Bourges*. 256.
— *Orl.*, 506.
Boissel (le). *Par.*, III, 288.
Boisselet. *La Roch.*, 394.
Boisseli. *Prov.*, I, 611, 612.
Boisselier. *Bourg.*, I, 292.
— *Poit.*, 513.
Boisseret. *Auv.*, 416, 463.
— *Par.*, II, 144, 193.
— *Rouen*, 324.
Boisset. *Auv.*, 479, 526.
— *Bourg.*, II, 292.
— *Dauph.*, 257.
— *Fland.*, 1360.
— *Guy.*, 123, 989.
— *Limous.*, 377.
— *Montp.-Mont.*, 831.
— *Par.*, II, 1035.
— *Prov.*, II, 236.
— *Toul.-Mont.*, 181, 189, 669, 671,
858, 886, 889, 1028, 1031.
Boisset (du). *Tours*, 1175.
Boissetier (la). *Caen*, 698.
Boisseuil (le). 1114, 1115.
Boisseuil. *Vers.*, 76.
Boisseul. *Guy.*, 425.
Boissi. *Auv.*, 531, 569.
— *Guy.*, 45.
— *Par.*, I, 1063.
Boissi (de). *Toul.-Mont.*, 127.
— *Tours*, 1365.
Boissier. *Caen*, 299.
— *Par.*, I, 925.
— *Par.*, II, 119, 874.
Boissière (la). *Bret.*, I, 45, 102, 110,
454, 656, 666, 715, 717.
— *Bret.*, II, 1138.
— *Dauph.*, 160.
— *Montp.-Mont.*, 1002.
— *Orl.*, 10, 377, 408, 514, 904.
— *Par.*, II, 229.
— *Poit.*, 627.
— *Prov.*, II, 474.
— *Rouen*, 1329, 1344.
— *Toul.-Mont.*, 288, 1181.
— *Tours*, 828.
Boissière. *Lyon*, 853.
— *Par.*, III, 120.
— *Prov.*, I, 20, 120.
— *Soiss.*, 20.
Boissieux. *Auv.*, 308, 460, 467, 485.
540.
— *Lyon*, 1023.

Boissin. *Montp.-Mont.*, 1515.
— *Prov.*, I, 84, 934.
Boissineux. *Tours*, 896.
Boissinot. *Poit.*, 816, 889.
Boisson. *Auv.*, 371. 402.
— *Bourges*, 458, 461.
— *Bourg.*, II, 291, 536.
— *Guy.*, 120, 846.
— *Limous.*, 39, 225.
— *Lyon*, 1038.
— *Par.*, I, 892.
— *Par.*, II, 684.
— *Poit.*, 211. 709, 761, 1147, 1257,
1296, 1356, 1382, 1383.
— *Prov.*, I, 123, 396, 401, 411, 431,
733, 734, 950, 1036, 1037, 1061.
— *Prov.*, II, 248.
— *La Roch.*, 328, 330, 342, 346, 347,
363.
— *Toul.-Mont.*, 372.
Boissonade. *Guy.*, 519, 591, 868.
— *Toul.-Mont.*, 42, 444, 1310.
Boissonnet. *Limous.*, 356.
Boissy. *Bret.*, I, 169.
— *Montp.-Mont.*, 1011.
— *Par.*, III, 234.
Boistard. *Par.*, II, 603.
Boistel (le). *Fland.*, 178.
— *Orl.*, 260.
— *Par.*, I, 866, 1142, 1233, 1344.
— *Par.*, IV, 168, 332.
— *Soiss.*, 5, 234, 458.
Boistel. *Par.*, II, 581, 661, 923.
— *Pic.*, 23, 103, 385, 393, 880.
Boistenant (de). *Tours*, 1249.
Boisthiéry. *Al.*, 621.
Boisvéclou. *Als.*, 992.
Boisverdun. *Prov.*, II, 92.
Boisvert. *Guy.*, 690.
Boisviliers. *Orl.*, 145. 150, 556.
Boisville. *Soiss.*, 423.
Boitard. *Bourges*, 185.
— *Par.*, III, 260.
— *Pic.*, 553.
Boistart. *Rouen*, 725.
Boitat. *Poit.*, 1481.
Boitaut. *Par.*, II, 951.
— *Poit.*, 428.
Boitauzet. *Bourg.*, I, 575, 646, 655,
Boiteau. *Tours*, 1016.
Boitel. *Par.*, II, 794.
— *Pic.*, 110, 406, 544.
Boitet. *Guy.*, 962.
— *Par.*, III, 142.
Boiteux. *Bourg.*, II, 84.
Boiteux (le). *Par.*, I, 47, 166.

— *Par.*, II, 378, 402.
Boiteuzet. *Poit.*, 795.
Boitier. *Par.*, II, 281.
Boitraut. *Poit.*, 1186.
Boitteau. *Al.*, 959.
Boivin. *Par.*, I, 209, 318, 705, 814, 1179, 1373.
Boitier. *Bourges*, 307.
Boitou (le). *Bret.*, I, 817.
Boitte. *Rouen*, 819.
Boitteux. *Bourg.*, I, 1129.
Boival. *Bourb.*, 29.
Boiveau. *Bourg.*, I, 276.
— *Bourg.*, II, 187-617.
— *Par.*, II, 650.
Boiville. *Al.*, 700, 701, 1109.
Boivin. *Bret.*, I, 282.
— *Caen*, 359, 460.
— *Par.*, IV, 523.
— *Poit.*, 1204.
— *Rouen*, 14, 547, 684.
— *Tours*, 1282.
Boivinet. *Rouen*, 524.
Boivre (de). *Poit.*, 886.
Boizard. *Bret.*, II, 858.
— *Tours*, 558, 937.
Boizé (de). *Bourges*, 137, 197, 233.
Boize. *Caen*, 133.
Boizot. *Bourg.*, I, 243, 251, 589, 590, 598, 606, 1010, 1105, 1110, 1111, 1115.
Bol. *Bourg.*, I, 1168.
Bolacre. *Bourb.*, 3, 12, 67, 188, 407.
— *Par.*, IV, 243.
Bolan (du). *Bret.*, I, 224.
Bolard. *Bourg.*, I, 1183.
Bolas. *Bourg.*, I, 420.
Bolay. *Bret.*, II, 685.
Boldeu. *Guy.*, 1024.
Bolé. *Paris*, II, 697.
Boléat. *Bourg.*, I, 15.
Bolemback. *Als.*, 128.
Bolenger. *Fland.*, 1242.
Boleré. *Guy.*, 818.
Bolerne. *La Roch.*, 203.
Bolet. *Bourg.*, II, 344.
Bolian. *Dauph.*, 423.
Bolinière (la). *Poit.*, 1247.
Bollau. *Lorr.*, 336.
Bollard. *Montp.-Mont.*, 1283.
Bollaert. *Fland.*, 1178.
Bolle. *Fland.*, 701.
Bollegon. *Prov.*, I, 158.
Bollioud. *Dauph.*, 312.
— *Lorr.*, 400, 580.
— *Lyon*, 80, 106, 107, 122, 383, 583.

— *Par.*, II, 779.
Bologne. *Dauph.*, 340.
— *Soiss.*, 710.
— *Vers.*, 39.
— (*ville*). *Toul.-Mont.*, 1346.
Bolonnier. *Bourg.*, I, 392, 430.
Bolonzac. *Montp.-Mont.*, 1213.
Bolore. *Bret.*, II, 1012.
Bolot. *Bourg.*, I, 1151, 1152.
Bolozon. *Bourg.*, I, 10.
— *Lyon*, 12, 96.
Boltier. *Als.*, 498, 499.
Bolz. *Als.*, 689.
Bolzenheim. *Als.*, 25, 762.
Bolzheim. *Als.*, 483, 977.
Bomai. *Prov.*, I, 602.
Bomard. *Guy.*, 913.
Bombard. *Auv.*, 161.
Bombe. *Champ.*, 300.
Bombelle. *Als.*, 116.
— *Champ.*, 719.
Bombelles. *Prov.*, I, 604.
Bombes. *Al.*, 156.
— *Par.*, III, 246.
Bombos. *Toul.-Mont.*, 1483.
Bomé. *Fland.*, 1354.
Bomin. *La Roch.*, 369.
Bommard. *Bourg.*, I, 926.
— *Tours*, 295, 369.
Bomme. *Poit.*, 181.
Bommer. *Tours*, 1095.
Bommi. *Rouen*, 463.
Bomnier. *Tours*, 990.
Bompar. *Bourb.*, 501.
— *Montp.-Mont.*, 1424.
— *Prov.*, I, 212, 442, 750, 1042.
Bompart. *Auv.*, 290.
Bompas. *Guy.*, 960.
Bomy (de). *Pic.*, 242.
Bon. *Auv.*, 492.
— *Bourg.*, I, 577.
— *Bret.*, I, 900.
— *Fland.*, 1009.
— *Par.*, I, 745.
— *Poit.*, 925, 930, 1389.
— *Prov.*, I, 656, 758, 1121, 1414, 1445, 1446.
— *Prov.*, II, 760.
Bon (de). *Montp.-Montaub.*, 97, 298, 750, 1029.
Bon (le). *Caen*, 584.
— *Dauph.*, 59, 273, 293.
— *Par.*, II, 598.
— *Pic.*, 40, 42, 443, 573.
— *Prov.*, I, 820.
— *Soiss.*, 236, 786.

— Vers., 4.
Bonodona. Prov., i, 95.
Bonafaux. Tours, 208, 215, 1303.
Bonafons. Montp.-Mont., 827.
Bonafou. Par., ii, 727.
Bonal. Guy., 306.
— Toul.-Mont., 284, 309, 1013, 1076, 1113, 1124.
Bonami. Auv., 9.
— Bourges, 255.
— La Roch., 359.
Bonamour. Bourg., i, 297.
— Bourg., ii, 70.
— Par., iii, 564.
Bonamy. Bret., ii, 672.
— Par., i, 1307.
Bonand. Lyon, 391.
Bonardel Bourges, 382.
Bonarden. Prov., ii, 259.
Bonardin. Bourg., ii, 587.
Bonaud. Lyon, 100.
— Prov., i, 406.
Bonavan. Prov., i, 1162, 1181, 1175, 1176.
Bonavent. Montp.-Mont., 317.
Bonay (de). Bourb., 84.
— Toul.-Mont., 579.
Bonbanville. Rouen, 714.
Bonbony. Bret., i, 292.
Boncasal. Toul.-Mont., 473.
Bonchamps. Poit., 644.
Bonchamps (de). Tours, 173.
Bonchon. Prov., ii, 659.
Boncourt. Lorr., 416, 604, 616.
Bonde (la). Caen, 137, 481.
Bondieu. Bourg., i, 579.
Bondona. Par., iii, 351.
Bondonneau. Fland., 97.
Bonel. Auv., 191.
Bonenfant Als., 150.
— Bret., ii, 405.
— Par., ii, 619.
— Prov., ii, 630.
— Toul.-Mont., 1134.
— Tours, 1437.
Bonety. Dauph., 110.
Bonfils. Tours, 1136.
— Bret., i, 171, 906.
— Bret., ii, 168.
— La Roch., 315, 364.
— Poit., 1352.
— Prov., i, 898, 902, 932.
Bonfillon. Prov., ii, 304.
— Prov., i, 915, 939, 941, 954, 976, 1019, 1020, 1021, 1063.
Bonfontan. Toul.-Mont., 889.

Bonfonton. Toul.-Mont., 509, 514.
Bongard. Rouen,, 16, 338, 445, 465.
— Bourges, 381.
— Champ., 166.
— Orl., 14, 15, 346, 347, 398, 444, 578.
Bongars. Tours, 1314.
— Bourb., 74, 412.
— Poit., 334.
Bongeant. Bret., ii, 201.
Bongiraud. Guy., 620.
Bongueret. Bourges, 211.
Bonhomme (le). Bret., i, 915.
— Lorr., 609,
Bonhomme. Guy., 1043.
— Montp.-Mont., 511, 1031, 1166.
— Par., i, 353, 484.
— Par., iii, 318, 468.
— Prov., i, 1366.
— Toul.-Mont., 1185, 1208, 1485.
Bonhoure. Auv., 555, 565, 572.
— Toul.-Mont., 1066.
Boni. Guy., 366.
Bonichon. Lyon, 1040.
Bonié. Toul.-Mont., 1343.
Boniel. Dauph., 40, 77, 400.
— Toul.-Mont., 766.
Boniès. Guy., 1056.
Bonieux. Prov., i, 451, 509.
Boniface. Pic., 730.
— Prov., i, 415, 901, 947, 1005.
Bonifai. Prov., i, 679.
Bonifas. Toul.-Mont., 731.
Bonigalle. Par., i, 927.
Bonin. Par., ii, 303.
— Par., iv, 593.
Boniot. Caen, 298.
Bonissent. Caen, 433.
Bonjean. Lorr., 688.
Bonjeu. Poit., 1105.
Bonlieu. Auv. 174.
Bonmartin. Guy., 1102.
Bonmont. Caen, 715.
Bonnafau. Orl., 525, 528, 532, 554, 555, 558.
— Pic., 730.
Bonnafaux. Fland., 16.
Bonnafos. Poit., 1177.
Bonnafoux. Auv., 478.
— Lyon, 919.
— Montp.-Mont., 12, 261, 1481.
Bonnail. Montp.-Mont., 544, 737.
Bonnaire (de). Fland., 31, 150, 165, 207, 295.
— Par., iv, 290, 558, 784, 792.
— Pic., 388, 414, 587, 867.

— *Tours*, 1158.
Bonnaire. *Caen*, 223.
— *Guy.*, 1133.
— *Montp.-Mont.*, 1185.
— *Par.*, I, 943.
— *Par.*, III, 335.
— *Poit.*, 1134.
Bonnaisset. *Poit.*, 1556.
Bonnal. *Bourg.*, II, 349.
— *Montp.-Mont.*, 258, 1037.
Bonnard. *Orl.*, 295.
Bonmarchier. *Fland.*, 243, 405.
Bonnard. *Bourges*, 522
— *Bourg.*, I, 166, 168, 169, 630.
— *Bourg.*, II, 557.
— *Dauph.*, 558.
— *Lyon*, 153, 620, 667, 673, 757.
— *Poit.*, 665, 864.
— *Prov.*, I, 930.
Bonnardel. *Lyon*, 616, 730.
— *Prov.*, I, 957.
Bonnardet. *Lyon*, 646.
Bonnarie. *Montp.-Mont.*, 134.
Bonnarq. *Bourg.*, II, 112.
Bonnart. *Bret.*, 843.
Bonnaud. *Montp.-Mont.*, 262.
— *Par.*, II, 312.
— *Poit.*, 141, 869, 1116.
— *Prov.*, I, 184, 403, 899, 966.
Bonnanaud. *Prov.*, II, 431, 488.
Bonnault. *Orl.*, 536, 1002.
— *La Roch.*, 368.
Bonnaut. *Auv.*, 505.
— *Prov.*, I, 965.
Bonnatet. *Guy.*, 756.
Bonnaventure. *Pic.*, 272.
— *La Roch.*, 272.
Bonnay. *Bourg.*, I, 775.
— *Pic.*, 708.
Bonne. *Bourg.*, I, 594, 1109.
— *Montp.-Mont.*, 317, 319.
— *Par.*, I, 227.
— *Prov.*, II, 778.
— *Toul.-Mont.*, 511, 769.
Bonne (de). *Dauph.*, 350, 439, 596.
Bonne (la). *Lim.*, 240, 342.
— *Toul.-Mont.*, 214.
Bonneau. *Bourb.*, 103.
— *Bourges*, 76, 278.
— *Bret.*, I, 497.
— *Guy.*, 30, 45, 163, 167, 534, 827.
— *Lorr.*, 85 bis, 176.
— *Lyon*, 410.
— *Orl.*, 225, 498, 564.
— *Par.*, I, 159, 1014.
— *Par.*, II, 9, 272, 302.

— *Par.*, III, 357, 382, 392.
— *Poit.*, 109, 978, 985, 1016, 1052.
   1053, 1316, 1510, 1533, 1551,
— *Prov.*, I, 233, 443, 764.
— *Prov.*, II, 261, 275, 351, 535.
— *La Roch.*, 80.
— *Tours*, 38, 123, 366, 979, 1180.
Bonnecamp. *Bret.*, I, 334.
Bonnecase. *Béarn*, 5, 31, 50, 82.
Bonnechose, *Al.*, 52, 293, 316, 455,
   510, 618, 753, 838, 846, 853.
— *Rouen*, 335, 362, 1225.
Bonnefemme. *Orl.*, 315.
Bonnefeu. *Toul.-Mont.*, 652.
Bonnefoi, *Auv.*, 153.
— *Caen*, 407.
— *Lorr.*, 189, 527, 546.
— *Prov.*, I, 853, 1412, 1421.
— *Prov.*, II, 234, 787.
— *Rouen*, 1124.
Bonnefon. *Guy.*, 306, 681, 1215.
Bonnefond, *Prov.*, II, 628.
Bonnefons. *Montp.-Mont.*, 1143.
Bonnefont. *Al.*, 771.
— *Auv.*, 121, 126, 128, 136, 139,
   145, 224, 577.
— *Béarn*, 152.
— *Bret.*, I, 879, 880.
— *Caen*, 156.
— *Lyon*, 143, 157, 880.
— *Toul.-Mont.*, 227, 230, 233, 261,
   766, 769, 771, 1206, 1290, 1341.
Bonnefoux. *Guy.*, 756.
— *Toul.-Mont.*, 256, 723, 728.
Bonnefoy. *Bourb.*, 496.
— *Bourg.*, I, 660, 663, 957.
— *Par.*, III, 419.
— *La Roch.*, 37, 111, 183.
— *Toul.-Mont.*, 470, 704, 1349.
Bonegent. *La Roch.*, 206.
Bonnegrace. *Prov.*, I, 1193.
Bonnegrand. *Prov.*, II, 502.
Bonneguise. *Guy.*, 647.
Bonnejan. *Rouen*, 1295.
Bonnejoie. *Rouen*, 909.
Bonnel. *Caen*, 395, 413, 417, 488, 613.
— *Lyon*, 37.
— *Montp.-Mont.*, 795, 888, 1083.
Bonnelière (la). *Tours*, 19.
Bonnemain. *Bourg.*, I, 202.
Bonneman. *Dauph.*, 309.
Bonnemer. *Al.*, 470, 757, 1100.
Bonnemez. *Bret.*, I, 171, 172, 287,
   836.
— *Bret.*, II, 265, 992.
Bonnemie. *Caen*, 668.

— *La Roch.*, 106.
Bonnemin. *Poit.*, 824.
Bonnemart. *La Roch.*, 13.
Bonnenfant. *Al.*, 193, 314, 406, 501, 572, 596, 695, 815, 959.
— *Caen*, 152, 159, 482, 605.
— *Poit.*, 1301, 1358.
Bonneri. *Prov.*, ii, 147.
Bonneron. *Lim.*, 371.
Bonnes (des). *Par.*, i, 991.
Bonnes (de). *Par.*, iv, 449.
Bonnéset. *Lim.*, 324, 335.
Bonnestat. *Orl.*, 953.
Bonnestie. *Lim.*, 319.
Bonnestraine. *Champ.*, 873.
Bonnet. *Al.*, 32, 50, 73, 92, 351, 472, 502, 540, 543, 555, 563, 770, 1175, 1178.
— *Als.*, 899, 1062.
— *Auv.*, 61, 90, 238, 444.
— *Bourb.*, 131, 310, 358, 407, 511,
— *Bourges*, 37, 46, 73, 238, 371, 379, 383, 472, 509.
— *Bourg.*, i, 1147.
— *Bourg.*, ii, 228, 250.
— *Bret.*, i, 174.
— *Bret.*, ii, 331, 492, 667.
— *Caen*, 137, 335.
— *Champ.*, 765.
— *Dauph.*, 50, 127.
— *Fland.*, 72, 145, 982, 1185.
— *Guy.*, 144, 580, 716, 813, 1169.
— *Lim.*, 245, 291.
— *Lorr.*, 3, 8, 130, 158, 242, 687.
— *Lyon*, 206, 687.
— *Montp.-Mont.*, 22, 252, 274, 361, 1274.
— *Orl.*, 638.
— *Par.*, i, 4, 103, 179, 238, 308, 371, 1211.
— *Par.*, ii, 272, 404.
— *Par.*, iv, 546.
— *Pic.*, 464, 627.
— *Poit.*, 563, 569, 1041, 1402, 1440, 1482, 1528.
— *Prov.*, i, 266, 401, 466, 642, 732, 906, 918, 948, 955, 982, 987, 1056, 1125, 1126, 1212, 1342.
— *Prov.*, ii, 340, 671, 696, 726, 736, 748, 776, 803, 819.
— *La Roch.*, 212, 269, 337.
— *Rouen*, 298, 467, 486, 492, 913, 1094, 1416.
— *Soiss.*, 13, 33, 222, 223, 234.
— *Toul.-Mont.*, 527, 633, 639, 699, 802, 806, 1006, 1183, 1479.

— *Tours*, 838, 648, 979, 1080, 1362, 1377.
Bonnet (Saint-). *Bourges*, 29.
— *Lyon*, 583, 687, 975.
Bonnetable. *Tours*, 1116 *(ville)*.
Bonnetat. *Bourb.*, 564.
— *Tours*, 346, 347, 1426.
Bonnetempe. *Guy.*, 326.
Bonnetiers. *Lorr.*, 105, 615, 672 *(communauté)*.
— *Poit.*, 129, 802 *(communauté)*.
Bonnetot. *Rouen*, 928.
Bonnetre (de). *Poit.*, 115, 338, 1024, 1010.
Bonnets (des). *Fland.*, 1493.
Bonneuil. *Al.*, 120.
— *Poit.*, 922, 1498.
Bonneuil (de). *Soiss.*, 40.
Bonneval. *Bourb.*, 108, 574.
— *Rouen*, 57, 657.
Bonnevau. *Poit.*, 918 *(rel)*.
Bonneviale. *Toul.-Mont.*, 1188.
Bonnevie. *Auv.*, 27.
— *Prov.*, i, 162.
Bonneville. *Al.*, 452, 622, 889, 917.
— *Lyon*, 976.
— *Montp.-Mont.*, 1255.
— *Toul-Mont.*, 1061.
Bonnevier. *Poit.*, 454, 1245.
Bonnevin. *Par.*, i, 709.
— *La Roch.*, 117.
Bonnevoye. *Lorr.*, 284 *(abb)*.
Bonni. *Bourges*, 293.
— *Par.*, i, 52.
— *Poit.*, 305.
Bonniard. *Bourg.*, ii, 31, 357, 552.
— *Dauph.*, 513.
Bonniel. *Lyon*, 550.
Bonnier. *Bourg.*, ii, 380.
— *Bret.*, i, 173, 202, 204, 216, 383, 386, 399, 452, 754.
— *Bret.*, ii, 445.
— *Caen*, 728.
— *Lorr.*, 626.
— *Montp.-Mont.*, 47, 62, 68, 662, 833, 879, 884.
— *Par.*, i, 1306.
— *Tours*, 1438.
Bonnière. *Bourg.*, ii, 344.
— *Lyon*, 630, 650.
Bonnière (la). *Poit.*, 374.
Bonnières. *Rouen*, 919.
Bonniet. *Pic.*, 705.
Bonnieu. *Bret.*, i, 185.
Bonnigalle. *Tours*, 1372.
Bonnin. *Bourges*, 50, 291.

— *Bret.*, I, 166, 224.
— *Bret.*, II, 30.
— *Caen*, 720.
— *Dauph.*, 450, 557
— *Fland.*, 530.
— *Guy.*, 386.
— *Limous.*, 382.
— *Montp.-Mont.*, 1.
— *Poit.*, 60, 267, 292, 379, 384, 408, 841, 843, 875, 977, 1239, 1375, 1526.
— *Prov.*, I, 13.
— *La Roch.*, 318.
Bonninière (la). *Tours*, 1380.
Bonniol. *Montp.-Mont.*, 353, 376, 1273, 1371.
Bonnissent. *Rouen*, 485, 533, 541, 1384.
Bonnot. *Bret.*, I, 968.
— *Bourg.*, I, 901, 910, 924.
— *Dauph.*, 530, 533.
— *Montp.-Mont.*, 350, 352, 1146, 1238.
— *Orl.*, 150, 873.
— *Par.*, II, 649, 732.
— *Prov.*, II, 643.
Bonnot de Charlus. *Limous.*, 477.
Bonnoust. *Bret.*, II, 1032.
Bonouvrier. *Tours*, 1089.
Bonochère. *Prov.*, I, 670.
Bononaud. *Prov.*, I, 91.
Bonot. *Par.*, III, 462.
Bonpas. *Tours*, 906.
Bonque. *Limous.*, 239.
Bonrepos. *Toul.-Mont.*, 1275.
Bons (de). *Bourg.*, II, 314, 629.
Bonsens. *Bret.*, I, 554, 555.
— *Par.*, I, 1229.
— *Rouen*, 299.
— *Vers.*, 83.
Bonsol. *Guy.*, 262, 385, 504.
Bonté. *Toul.-Mont.*, 647.
Bontemps. *Bourb.*, 404.
Bontemps. *Bourg.*, I, 789, 1275.
— *Guy.*, 164, 363, 671.
— *Par.*, I, 918, 1315.
— *Par.*, IV, 501.
— *Poit.*, 58, 455, 969, 1536.
— *Prov.*, II, 279, 581.
— *Rouen*, 561, 1085.
— *Vers.*, 38, 59.
Bonterascle. *Guy.*, 1049.
Bontin. *Guy.*, 1055.
Bontoux. *Dauph.*, 517.
Bonval. *Par.*, II, 839.
Bonvalet. *Poit.*, 834.

Bonvallet. *Par.*, III, 533.
— *Tours*, 905, 896, 949.
Bonvalot. *Bourg.*, I, 558, 565.
Bonvarlet. *Als.*, 756.
— *Bret.*, I, 346.
— *Champ.*, 96, 880.
Bonvau. *La Roch.*, 403.
Bonvezard. *Caen*, 751.
Bonvin. *Poit.*, 525.
Bonvoisin. *Dauph.*, 569.
— *Fland.*, 10.
Bonvouloir. *Bourg.*, II, 633.
Bonvoust. *Al.*, 172, 186, 273, 275, 401, 493, 675, 692, 1015, 1016, 1108.
— *Caen*, 33.
— *Orl.*, 877.
— *Par.*, I, 1131.
— *Par.*, II, 1132.
Bony. *Limous.*, 142, 152.
Bonzeré. *Soiss.*, 33, 102.
Bonzy. *Montp.-Mont.*, 73, 295, 577.
Bool. *Als.*, 697.
Boone. *Pic.*, 739.
Boquencé. *Al.*, 236, 239, 322, 323, 510, 1210.
Boquet. *Caen*, 742.
— *Rouen*, 97, 772, 857, 1160.
— *Bret.*, II, 55.
— *Poit.*, 374.
— *Toul.-Mont.*, 1277, 1484.
Boquetei (le). *Al.*, 313.
Boqui. *Prov.*, I, 1211.
— *Prov.*, II, 655, 711.
Boquien. *Bret.*, I, 592, 631, 822.
Boquier. *Prov.*, I, 783.
Boquin. *Soiss.*, 844.
Bora (de). *Tours*, 672.
Boradon. *Guy.*, 300.
Boran. *Caen*, 139.
— *Rouen*, 654.
Borart. *Fland.*, 1162.
Borassol. *Toul.-Mont.*, 10.
Bord. *Bourges*, 290.
Borda (du). *Guy.*, 552, 597, 734, 786, 1196.
Bordage. *Limous.*, 230.
— *Poit.*, 1002.
Bordarier. *Montp.-Mont.*, 637.
Bordas. *Lyon*, 744.
Bordat. *Bourg.*, I, 422.
Borde. *Guy.*, 1197.
Borde (la). *Al.*, 266, 1012.
— *Auv.*, 151.
— *Béarn*, 52, 99, 104, 117, 123.
— *Bourges*, 26.

— *Bourg.*, I, 629.
— *Bret.*, II, 285.
— *Champ.*, 625.
— *Guy.*, 1197.
— *Guy.*, 213, 325, 375, 397, 471, 472, 688, 705, 976, 1032, 1060, 1158, 1163, 1164, 1174, 1196, 1197.
— *Par.*, I, 84, 127.
— *Par.*, IV, 352, 539, 578.
— *Poit.*, 548, 1160.
— *La Roch.*, 289.
— *Toul.-Mont.*, 166, 1235.
— *Tours*, 246, 1043.
Bordeau. *Poit.*, 575.
Bordeaux. *Guy.*, 584.
— *Par.*, I, 47, 1083, 1139.
— *Par.*, II, 386.
— *Rouen*, 147, 408, 409, 410, 630, 640, 1159.
Bordel. *Al.*, 269, 281, 1043, 1046.
— *Montp.-Mont.*, 690.
— *Orl.*, 597.
— *Par.*, I, 1166, 1313.
— *Par.*, II, 1266.
— *Rouen*, 99.
Bordel (le). *Bret.*, II, 878.
Bordelai. *Al.*, 563.
— *Tours*, 405, 1190.
Bordelles (de). *Auv.*, 457.
Bordelon. *Bret.*, I, 901.
Bordenave. *Béarn*, 26, 102, 109.
— *Guy.*, 321, 1155, 1167.
Borderay. *Bret.*, II, 858.
Borderel. *Par.*, I, 1248.
Borderes (de). *Béarn*, 5, 47, 91.
Bordereuil. *Bourges*, 375.
Bordéria. *Toul.-Mont.*, 390.
Borderie. *Par.*, I, 164.
— *Par.*, III, 551.
Borderie (la). *Bourb.*, 531.
— *Guy.*, 812, 1060, 1176.
— *Limous.*, 157, 340.
— *Toul.-Mont.*, 1281.
Bordes. *Lyon*, 156, 160, 364, 919, 1035.
— *Toul.-Mont.*, 1236, 1358.
Bordes (de). *Béarn*, 11, 117.
— *Champ.*, 359.
— *Guy.*, 39, 91, 194, 246, 920, 957.
Bordes (des). *Als.*, 748.
— *Bourg.*, I, 15.
— *Bourg.*, II, 292.
— *Caen*, 212.
— *Limous.*, 50, 59, 403.
— *Par.*, IV, 276, 280, 645.
— *La Roch.*, 229.

— *Tours*, 995.
Bordet. *Bourg.*, I, 104.
— *Toul.-Mont.*, 393.
Bordier. *Bret.*, II, 1030.
— *Guy.*, 450.
— *Par.*, I, 485.
— *Par.*, II, 391, 1015, 1088, 1139.
— *Par.*, III, 261.
— *Par.*, IV, 789.
— *Poit.*, 1105.
— *La Roch.*, 143.
Bordin. *Al.*, 180, 735.
Bordon. *Bourb.*, 362, 387.
— *Poit.*, 459.
Bordonel. *Toul.-Mont.*, 540, 736.
Boré. *Bret.*, II, 460.
— *Guy.*, 1100.
Borel. *Als.*, 655.
— *Bret.*, II, 60.
— *Caen*, 501.
— *Prov.*, I, 794.
— *Prov.*, II, 98, 575.
— *Rouen*, 14, 321, 333, 351, 357, 780, 854.
— *Toul.-Mont.*, 80.
Borelle. *Par.*, II, 1050.
Borelli. *Prov.*, I, 285, 178, 580, 593, 599, 917, 615, 664, 699, 780.
— *Prov.*, II, 376, 379.
Borelly. *Par.*, II, 691.
— *Toul.-Mont.*, 1063.
Borely. *Montp.-Mont.*, 196, 508.
Boret. *Tours*, 608.
Borey. *Bourg.*, I, 550, 771, 964.
— *Bourg.*, II, 627.
Borgade. *Toul.-Mont.*, 1308.
Borgne (le). *Bret.*, I, 51, 58, 165, 176, 258, 319, 538, 539, 547, 631, 652, 662, 666, 701, 818, 946, 958.
— *Bret.*, II, 148, 210, 538.
— *Champ.*, 915.
— *Orl.*, 73.
— *Rouen*, 869.
— *Soiss.*, 750.
Borgnet. *Bret.*, II, 1128, 1129.
— *Poit.*, 383.
Boria (de). *Toul.-Mont.*, 369.
Borie (la). *Al.*, 810.
— *Auv.*, 157, 281, 460.
— *Guy.*, 16, 297, 510, 812, 906, 921.
— *Limous.*, 117, 145.
— *Montp.-Mont.*, 99, 376, 683, 1104, 1105, 1253.
— *Toul.-Mont.*, 260, 996, 1374.
Borie. *Limous.*, 461.

Borie. *La Roch.*, 284.
Borié. *Bret.*, ii, 530.
Borien. *Toul.-Mont.*, 558.
Borière. *Toul.-Mont.*, 1214.
Boriès. *Toul.-Mont.*, 78, 975.
Borillec. *Prov.*, ii, 766.
Borique. *Toul.-Mont.*, 1474.
Boris. *Toul.-Mont.*, 477.
Borista. *Toul.-Mont.*, 125, 1215.
Borjon. *Montp.-Mont.*, 764.
— *Montp.-Mont.*, 73.
Borlhe (le). *Limous.*, 287, 288, 290.
Bormes. *Prov.*, ii, 192.
Born (du). *Toul.-Mont.*, 936.
Bornaguis. *Als.*, 810.
Bornal. *Par.*, i, 623.
Bornat. *Par.*, i, 1191.
— *Par.*, iii, 126.
Borne (la). *Al.*, 875.
Borne (la). *Limous.*, 403.
— *Par.*, i, 1378.
Borne (de). *Montp.-Mont.*, 759, 1029, 1239.
Borne. *Lyon*, 99, 550.
— *Par.*, iii, 405.
— *Poit.*, 894.
— *Toul.-Mont.*, 703.
Borneau. *Guy.*, 888.
Bornet. *Bourg.*, i, 749.
Bornier. *Toul.-Mont.*, 25, 70.
Bornière. *Par.*, ii, 64.
Bornisien. *Fland.*, 740, 741.
Bornou (du). *Toul.-Mont.*, 1128.
Borny. *Orl.*, 675.
Boron. *Fland.*, 1457.
— *Poit.*, 570.
— *Toul.-Mont.*, 697.
Borot. *Bourg.*, ii, 580.
Borrat. *Lyon*, 251.
Borrel. *Dauph.*, 273, 323, 360, 419, 492, 532.
Borret. *Prov.*, ii, 658.
Borri, *Prov.*, i, 1218.
Borrit. *Guy.*, 1153.
Borry. *Fland.*, 231.
— *Par.*, ii, 784.
Borsac. *Bourg.*, ii, 312, 313, 316.
Borsier. *Bourg.*, i, 5.
— *Bourg.*, ii, 275.
Bort. *Toul.-Mont.*, 1310.
Bort (de). *Limous.*, 167, 396.
— *Auv.*, 404, 427.
Bortaris. *Al.*, 28, 560.
Borthon. *Bourg.*, i, 465, 567.
Borton. *Par.*, i, 1126.
— *Bourg.*, ii, 97, 339, 399.

Bos. *Bourg.*, i, 451.
Bos (du). *Bret.*, 442, 737.
— *Par.*, ii, 410.
— *Par.*, iv, 534.
— *Pic.*, 10, 17, 55, 78, 473, 606, 622, 658, 853, 880.
— *Poit.*, 947, 950.
— *Rouen*, 463, 1089.
Bosanquet. *Montp.-Mont.*, 302.
Bosard. *Bret.*, i, 690.
Bosas. *Montp.-Mont.*, 442, 449.
Bosc (du). *Al.*, 53, 79, 83, 323, 325, 771, 808, 817, 879, 1178, 1187.
— *Als.*, 307
— *Bret.*, ii, 226.
— *Caen*, 49, 183, 245, 253, 323, 508, 636, 638.
Bosc (de). *Lyon*, 83.
Bosc. *Montp.-Mont.*, 22, 45, 64, 125, 644.
— *Par.*, i, 1267, 1391.
— *Par.*, ii, 1244.
— *Prov.*, ii, 669, 670, 751, 807, 825, — *Toul.-Mont.*, 17, 21, 526, 556, 557, 648, 768, 783, 913, 915.
— *Vers.*, 39.
Bosc (du). *Par.*, ii, 362, 1143.
— *Rouen*, 211, 223, 238, 268, 382, 383, 713, 722, 912, 1171, 1230, 1234.
— *Vers.*, 241.
Boscas. *Montp.-Mont.*, 1215.
Boscguérard. *Rouen*, 372.
Bosch. *Lorr.*, 308 bis.
Boschenry. *Al.*, 233, 244, 293, 301, 355, 459, 460, 643.
Bocher. *Al.*, 842.
— *Bret.*, ii, 580.
Boscheron. *Al.*, 716.
— *Par.*, iii, 470.
Boschet. *Montp.-Mont.*, 303.
— *Pic.*, 578.
— *Soiss.*, 311.
Boschier. *Bret.*, i, 106, 253.
— *Bret.*, ii, 123, 129, 130.
— *Montp.-Mont.*, 724, 1335.
Boschre (de). *Fland.*, 576.
Bosco. *Lyon*, 607.
Bosco (de). *Prov.*, i, 497.
Boscq (du). *Guy.*, 60, 169, 247, 826, 118, 119, 1185, 1199, 1208.
Bosczégnoult. *Rouen*, 1240.
Boscroger. *Rouen*, 363.
Bosderu (du). *Bret.*, i, 637, 686.
Bosenwald. *Als.*, 520.
Bosguais. *Tours*, 946.

Boslerot. *Pic.*, 449.
Bosmier. *Tours*, 1464.
Bosmilliau. *Bret.*, ii, 529.
Bosne (de). *Als.*, 304.
Bosnier. *Al.*, 792.
Boson. *Bourg.*, i, 1.
— *Bourg.*, ii, 632.
Bosquat (de). *Montp.-Mont.*, 9, 388, 712.
Bosquel (du). *Fland.*, 154, 379, 549, 581, 766.
Bosquel. *Pic.*, 486.
Bosquelin. *Orl.*, 913.
Bosquer. *Fland.*, 1483.
Bosquet. *Bret.*, ii, 267.
— *Caen*, 108, 119, 204, 414, 765.
— *Lorr.*, 621.
— *Pic.*, 722, 736.
— *Prov.*, i, 49, 55, 119, 707, 525.
— *Prov.*, ii, 729.
— *Rouen*, 483, 731.
— *Toul.-Mont.*, 66, 1476.
Bosquet (du). *Al.*, 432, 1247.
— *Montp.-Mont.*, 302, 399, 1101, 1108.
Bosquezel. *Bret.*, ii, 530.
Bosquier. *Prov.*, i, 277.
Bosquilhon. *Pic.*, 831, 847, 857.
Bosquillon. *Soiss.*, 173, 407.
Bosredon. *Auv.*, 113, 137, 138, 234, 236, 235, 392, 393, 395, 488, 538, 570.
— *Bourb.*, 135, 319, 322, 334, 530.
— *Toul.-Mont.*, 996.
— *Vers.*, 95.
Bossancourt. *Champ.*, 281, 282, 283.
Bossard. *Prov.*, ii, 103.
Bossart. *Bret.* ii, 166.
— *Fland.*, 1152.
Bosse. *Prov.*, i, 1012.
Bossebœuf. *Poit.*, 1541.
Bossenet. *Bret.*, ii, 560.
Bosseret. *Rouen*, 310.
Bosseur (le). *Par.*, i, 392.
Bossinot. *Bret.*, i, 812.
— *Bret.*, ii, 12, 426.
Bosson. *Bourg.*, ii, 315.
— *Montp.-Mont.*, 878.
Boissonnière (la). *Caen*, 387.
Bossu (le). *Bourges*, 143, 436.
— *Par.*, i, 303, 1034.
— *Par.*, ii, 361.
— *Par.*, iv, 44.
— *Poit.*, 283.
— *Tours*, 659, 878, 1143.
Bossuejoux. *Montp.-Mont.*, 604.

Bossuet. *Lorr.*, 384.
— *Par.*, i, 37. 81.
— *Par.*, ii. 294, 743.
— *La Roch.*, 189.
Bossuges. *Toul.-Mont.*, 915.
Bost (du). *Bourb.*, 385, 432, 500.
— *Bourges*, 450.
— *Bourg.*, i, 408.
— *Lyon*, 215, 780, 793, 813, 968, 970, 971, 981, 1020.
Bost-Moulin (de). *Lorr.*, 278, 327.
Bostat (du). *Rouen*, 331.
Bostica. *Fland.*, 313.
Bosviel. *Toul.-Mont.*, 575.
Bot (du). *Bret.*, i, 894.
— *Bret.*, ii, 764, 787, 1116.
Botére (le). *Bret.*, i, 316.
Botet. *Lorr.*, 635.
Boteve (le). *Par.*, i, 1108.
Botey (le). *Bret.*, i, 934.
Bothereau. *Par.*, ii, 776.
Botherel. *Bret.*, ii, 26, 549.
Botloy (du). *Bret.*, i, 111, 112, 119.
Botmilliau. *Bret.*, i, 604, 724.
Bottay. *Bret.*, ii, 859.
Botteau. *Orl.*, 525.
Bottée. *Pic.*, 533, 532, 535, 514.
— *Soiss.*, 40, 353, 355, 520, 602.
Bottereau. *Poit.*, 455. 531, 532.
Botterel. *Bret.*, i, 24, 25, 100, 121, 195, 215, 220, 401, 419, 578, 639, 689, 785.
Botteville. *Lorr.*, 610.
Bottezelard. *Caen*, 61.
Bottin. *Caen*, 448.
Bottu. *Lyon*, 6, 52, 211, 562, 618, 945.
Bou (de). *Toul.-Mont.*, 1438, 1450, 1470, 1476.
Bouais (du). *Bret.*, i, 571, 573.
— *Bret.* ii, 265.
Boual. *La Roch.*, 94.
Bouan. *Bret.*, i, 254, 428, 829, 904.
— *Bret.*, ii, 586, 954, 1089.
Bouardi. *Prov.*, ii, 401.
Bouart. *Als.*, 837.
Bouat. *Par.*, i, 80.
Bouault. *Tours*, 17, 490.
Bouaut. *Bret.*, ii, 483.
Boubée (la). *Guy.*, 1048.
Boubée. *Toul.-Mont.*, 345, 619, 1238.
Boubers. *Par.*, iv, 331, 335.
Boubert. *Pic.*, 554, 691, 759, 788.
Boubier. *Bourg.*, 321.
Boubin. *Orl.*, 422.
Bouc (*marquisat*). *Prov.*, i, 920.
Bouc (du). *Orl.*, 586.

Bouc (le). *Tours*, 728.
Boucalande. *Prov* , ii, 444, 445.
Boucard. *Bourg.*, ii, 247, 251, 372, 262, 265, 474.
Boucard. *Montp.-Mont.*, 66.
— *Toul.-Mont.*, 529, 876.
— *Vers.*, 11.
Boucardi. *Prov.*, ii, 414.
Boucaud. *Bourg.*, i, 898.
— *Guy.*, 15, 28.
— *Montp.-Mont.*, 2, 53, 601, 888, 1366, 1429.
Boucault. *Poit.*, 513, 1139.
— *Tours*, 139, 1204.
Boucaut. *Bret.*, ii, 38, 329, 338, 887, 1083, 1112.
Bouch (de). *Als.*, 249, 250.
Bouchage. *Lyon*, 359, 669, 736.
Bouchamp. *Al.*, 94.
Bouchard. *Al.*, 300, 981, 1135.
— *Auv.*, 53, 55, 67, 76, 138, 171, 289, 291, 411, 438.
— *Bourg.*, i, 316, 317, 392, 413, 414, 659.
— *Bret.*, i, 532.
— *Bret.*, ii, 464.
— *Caen*, 149, 395.
— *Guy.*, 419.
— *Lyon*, 319, 375.
— *Orl.*, 266, 702.
— *Par.*, i, 1386.
— *Par.*, iii, 359.
— *Prov.*, i, 441.
— *Rouen*, 54, 270, 445, 493, 638, 669, 734.
— *Toul.-Mont.*, 966.
— *Tours*, 888, 966, 1526.
— *Vers.*, 213.
Bouchardière. *Bourges*, 171.
Bouchardière (la). *Tours*, 214, 634.
Boucharel. *Montp.-Mont.*, 1517.
Boucharlat. *Lyon*, 95, 732.
— *Par.*, i, 367.
Bouchart. *Lorr.*, 34.
— *Pic.*, 839.
— *Soiss.*, 558.
Bouchat. *Montp.-Mont.*, 473.
Bouchaud. *Bret.*, i, 161.
— *Bret.*, ii. 40, 482.
— *Lyon*, 950, 1006.
— *Prov.*, i, 1321.
— *Prov.*, ii, 122, 135.
— *La Roch.*, 216.
Bouchaud (du). *Poit.*, 926.
Bouchault. *Orl.*, 316.
Bouche. *Prov.*, i, 845, 1002, 1098.

— *Prov.*, ii, 271, 401.
— *Toul.-Mont.*, 445.
Bouche (de). *Al.*, 609.
Bouche (la). *La Roch.*, 395.
Bouché. *La Roch.*, 159, 416.
Bouché (de). *Pic.*, 16.
Bouché (le). *Pic.*, 392.
Bouchel *Pic.*, 816.
— *La Roch.*, 137.
— *Soiss.*, 116, 220, 463, 652, 697, 835.
Bouchelier. *Bourg.*, i, 924.
Boucher. *Al.*, 404.
— *Als.*, 562, 591.
— *Bourges*, 106, 405, 447.
— *Bourg.*, i, 184, 189.
— *Bret.*, ii, 464, 1080.
— *Champ.*, 471, 654, 702, 717, 734, 836.
— *Guy.*, 511, 516, 858.
— *Lyon*, 917.
— *Orl.*, 27, 356, 365, 419, 658, 735, 909, 937.
— *Par.*, i, 97, 114, 211, 323, 330, 528, 894, 958, 1121, 1127, 1218, 1327.
— *Par.*, ii, 57, 311, 455, 532, 811, 881, 1253.
— *Par.*, iii, 121, 140, 146, 406, 455.
— *Par.*, iv, 549, 687, 688.
— *Poit.*, 168, 434, 477, 1099, 1535.
— *Prov.*, i, 595.
— *Prov.*, ii, 238.
— *La Roch.*, 339.
— *Soiss.*, 152, 161.
— *Toul.-Mont.*, 11.
— *Tours*, 252.
Boucher (le). *Al.*, 89, 94, 100, 232, 349, 464, 578, 822, 1195.
— *Bourges*, 425.
— *Bret.*, i, 182.
— *Bret.*, ii, 401, 412.
— *Caen*, 165, 168, 181, 229, 404, 414, 608, 642, 785.
— *Par.*, ii, 1032.
— *Par.*, iv, 114, 401.
— *Pic.*, 8, 237, 240, 101, 392, 398, 399, 404, 409, 610, 753, 830, 830.
— *Rouen*, 79, 887.
— *Tours*, 46, 1363.
Bouchevat. *Als.*, 817.
— *Par.*, i, 551, 774, 787, 867.
— *Par.*, ii, 548, 724.
Bouchereau. *La Roch.*, 32, 95.
Boucherie. *Guy.*, 1061.
Boucherie (la). *Poit.*, 192, 217, 571, 577, 604, 672.

Boucherie (la). *La Roch.*, 139,232.
Boucherimbaut. *Toul.-Mont.*, 53.
Boucherolle. *Montp.-Mont.*, 1258.
Boucherolles *Par.*, III, 20.
Boucheron. *Auv.*, 178.
— *Bourg.*, I, 473.
— *Limous.*, 167, 170, 178, 179, 377, 380.
— *Tours*, 381.
— *Vers.*, 219.
— *Par.*, I, 985, 992.
Bouchers de Danvillers (les). *Lorr.*, 671.
— de Marvilles. *Lorr.*, 632.
— de Metz. *Lorr.*, 77.
— de Montmédy. *Lorr.*, 633.
— de Rembervilliers. *Lorr.*, 685.
— de Thionville. *Lorr.*, 689.
— de Toul, *Lorr.*, 105.
— de Verdun. *Lorr.*, 569.
— de Vic. *Lorr.*, 569.
— *(comté). Poit.*, 342, 396, 507, 552, 715, 845, 930, 1025, 1064, 1520, 1551.
Bouchet. *Als.*, 252.
— *Auv.*, 219.
— *Bourb.*, 565.
— *Par.*, III, 396.
— *Poit.*, 965, 1370.
— *Prov.*, I, 387, 1442.
— *Prov.*, II, 641.
— *Soiss.*, 567.
Bouchet (du). *Al.*, 514, 705, 733, 1061.
— *Bourges*, 367, 368.
— *Bourg.*, I, 533, 671, 1007.
— *Bourg.*, II, 170.
— *Guy.*, 1008, 1025.
— *Par.*, II, 4, 156, 359, 666, 701, 702.
— *La Roch.*, 9, 12, 55.
— *Toul.-Mont.*, 1158.
— *Tours*, 1046, 1098.
Bouchetal. *Lyon*, 804.
Bouchetaut. *Orl.*, 481.
Bouchetière (la). *Poit.*, 351.
Boucheul. *Limous.*, 139.
Bouchi. *Fland.*, 182.
Bouchier. *Bourg.*, II, 281.
— *La Roch.*, 330.
Bouchière *Guy.*, 1125.
Bouchin. *Bourg.*, I, 217, 235, 333.
— *Bourg.*, II, 329.
Bouchon. *Prov.*, II, 682, 684.
Bouchot (du). *Bourg.*, II, 232, 240.
Bouchu, *Bourges*, 65.

Bouchu. *Bourg.*, I, 26, 660.
— *Bourg.*, II, 31.
— *Champ.*, 773.
— *Lyon*, 477.
— *Par.*, I, 811.
— *Par.*, II, 292.
— *Par.*, III, 452, 556.
Bouchut. *Guy.*, 869.
Boucicault. *Par.*, III, 357.
— *Prov.*, II, 667.
Bouck (le). *Fland.*, 10, 11, 14, 361, 364, 393, 619, 1034, 1158.
Bouckeis. *Als.*, 1061.
Bouclet. *Pic.*, 38.
Bouconne. *Rouen*, 706.
Boucot. *Par.*, I, 1216.
— *Par.*, II, 504, 817, 1063, 1244, 1248.
— *Par.*, III, 250.
Boudaine. *Lorr.*, 254.
Boudant. *Poit.*, 908.
Boudart. *Fland.*, 347.
— *Pic.*, 139.
— *Prov.*, II, 156.
— *Rouen*, 510.
Boudat. *Lorr.*, 410.
Boudeau. *Fland.*, 492.
Boude. *Soiss.*, 838.
Boudé. *Auv.*, 179.
Boudean. *Poit.*, 565.
— *La Roch.*, 385.
Boudei *Guy.*, 132.
Boudeil. *Toul.-Mont.*, 806.
Boudeix. *Auv.*, 194.
Boudenot *Fland.*, 1241, 1243.
— *Pic.*, 786.
Boudequin. *Pic.*, 601.
Boudereau. *Lyon.*, 641.
— *Orl.*, 42.
Boudet. *Auv.*, 342.
— *Bourb.*, 570, 575.
— *Guy.*, 848, 1140.
— *Lorr.*, 619.
— *Lyon*, 421, 754.
— *Par.*, I, 314, 1228.
— *Par.*, II, 130.
— *Poit.*, 1009, 1010, 1031.
— *Prov.*, I, 1366.
— *Toul.-Mont.*, 956.
Boudeville. *Par.*, I, 1323.
Boudier. *Bourg.*, I, 223.
— *Bourg.*, II, 52, 529.
— *Caen*, 54, 76, 113, 195, 197, 201, 465, 515, 672, 681.
— *Champ.*, 110.
— *Lorr.*, 658.

Boudier. *Prov.*, I, 1037.
Boudin. *Al.*, 885, 955.
— *Bret.*, II, 958.
— *Guy.*, 11.
— *Par.*, III, 535.
— *Soiss.*, 463, 760, 813.
— *Vers.*, 76.
Boudinet. *Fland.*, 1384.
Boudinière (la). *Poit.*, 382.
Boudinot. *Soiss.*, 571, 597.
Boudon. *Fland*, 1459.
— *Guy.*, 307, 1067, 1136.
— *Limous.*, 143.
— *Montp.-Mont.*, 18, 597, 1556.
— *Orl.*, 619, 820.
Boudonville. *Lorr.*, 271, 521, 679.
Boudor. *Rouen*, 501.
Boudot. *Bourg.*, I, 855, 1261.
— *Bourg.*, II, 174.
— *Montp.-Mont.*, 29.
Boudou. *Toul.-Mont.*, 1054.
Boudoul (le). *Bret.*, I, 122, 318.
— *Bret.*, II, 149.
Boudoux, *Bret.*, II, 393.
Boudrat. *Dauph.*, 556.
Boudret. *Bourg.*, I, 634, 636, 644, 903, 1006, 1019.
Boudrey. *Par.*, IV, 50.
Boudri. *Lorr.*, 314.
Boudrot. *Champ.*, 254, 752.
Bouech (du). *La Roch.*, 174.
Bouedes. *Toul.-Mont.*, 1269.
Boueix (du). *Par.*, I, 1257.
Bouer. *Poit.*, 542.
— *Prov.*, I, 936.
— *Prov*, II, 305.
Bouerat. *Lyon*, 236.
Bouere. *Prov.*, I, 1114.
Bouere (la). *Caen*, 507.
— *Tours*, 139, 502, 586, 793.
Bouesnel. *Bourg.*, II, 249.
Bouessel. *Bret.*, I, 576.
Bouesset. *Par.*, II, 725.
Bouessière (la). *Bret*, I, 590.
Bouet. *Prov.*, I, 1233.
— *Prov*, II, 433.
— *La Roch.*, 301, 355.
— *Tours*, 4, 887.
— *Par.*, I, 598.
Bouet (de). *Dauph.*, 96, 205, 281, 282, 286, 287.
Boueti, *Prov.*, I, 1122.
Bouetière (la). *Bret.*, I, 642.
Bouetiez (du). *Bret.*, I, 123, 317.
Bouette. *Par.*, II, 632.
Bouettin. *Par.*, I, 356.

Bouexic (du). *Bret.*, I, 34, 208, 214, 221, 222, 227, 245, 375, 778, 896.
— *Bret.*, II. 37, 41, 69, 376.
Bouexière (la). *Bret*, I, 83, 268, 623, 645, 862.
- - *Bret.*, II, 158, 653.
Bouezo. *Bret.*, II, 602.
Bouffard. *Toul.-Mont.*, 533, 536. 539.
Bouffart. *Bourg.*, I, 275.
— *Prov.*, II, 711.
Bouffé. *Al.*, 294, 311.
Bouffet. *Bourges*, 14, 60, 166, 329.
— *Lyon*, 922.
Boufflier. *Als.*, 917.
— *Dauph.*, 509, 612.
— *Prov.*, I, 100, 1043.
— *Prov.*, II, 501, 747.
Bouffil. *Toul.-Mont.*, 546.
Boufflers. *Fland.*, 822.
— *Par.*, II, 719.
— *Par.*, IV, 137, 731.
Boufflers (de). *Pic.*, 74, 406, 835.
Bouffuier. *Poit.*, 1199.
Boug. *Als.*, 129.
Bougard. *Dauph.*, 526.
— *Rouen*, 338.
Bougarel. *Par.*, I, 700.
Bougaud. *Bourg.*, I, 563, 785, 1118, 1208.
Bougaut. *Bourg.*, II, 356.
Bouge. *Prov.*, II, 738.
Bougé. *Tours*, 1175.
Bouge (de). *Pic.*, 756.
Bougelot. *Par.*, II, 946.
Bougenien. *Fland.*, 1036.
Bougenier. *Fland.*, 825.
Bougerel. *Prov.*, I, 326, 330, 406, 413, 439, 464, 638, 987, 1428, 1431, 1441.
— *Prov.*, II, 244.
Bouget. *Als.*, 727.
— *Prov*, II, 431.
Bouget (du). *Caen*, 161.
Bougiard. *Al.*, 1166.
Bougier. *Auv.*, 513.
— *Prov.*, I, 148.
— *Soiss.*, 57, 550.
Bouginville. *Par.*, I, 1332.
Bougis. *Al.*, 150, 401, 532, 722, 744, 1106.
— *Par.*, I, 341.
— *Par.*, III, 245, 391.
Bouglet. *Bourg.*, I, 688.
Bougne (la). *Rouen*, 1165.
Bougnes. *Par.*, I, 1363.

Bougot. *Bourg.*, i, 229.
Bougran. *Al.*, 1242.
— *Caen*, 649.
Bougrei. *Bret.*, ii, 165, 416.
Bougros. *La Roch.*, 278.
Bougué. *Orl.*, 223.
Bouguet. *Fland.*, 1157.
— *Montp.-Mont.*, 612.
— *Poit.*, 1176.
Bouguier. *Bourges*, 123, 372.
— *Pic.*, 807.
Bouguin. *Prov.*, i, 538.
Bougy. *Montp.-Mont.*, 1009.
— *Orl.*, 294.
Bouhaut. *Poit.*, 1091.
Bouhel. *Poit.*, 1361.
Bouhelier. *Bourg.*, i, 551, 904, 930, 944.
Bouhelis. *Bourg.*, i, 919.
Bouhet. *Poit.*, 1283.
Bouhier. *Bourg.*, i, 26, 27, 34, 35, 47, 82, 85, 88, 343, 495, 1064.
— *Champ.*, 486.
— *Par.*, ii, 26, 1151.
— *Poit.*, 239, 367, 375, 522, 561, 574, 1029, 1201, 1213, 1219.
— *La Roch.*, 235.
— *Rouen*, 49, 754.
Boui. *Prov.*, i, 1194.
Bouillac. *Montp.-Mont.*, 67.
Bouillaguet. *Guy.*, 687.
Bouillat. *Dauph.*, 169, 394, 397.
— *Guy.*, 1178.
Bouillaud. *Poit.*, 1264, 1317.
Bouillé. *Caen*, 216.
— *Par.*, i, 1261.
— *Par.*, ii, 809.
— *Tours*, 385, 640, 1108.
Bouillé (de). *Lorr.*, 321.
Bouillerot. *Par.*, i, 1365.
— *Par.*, ii, 588, 616.
— *Par.*, iv, 530.
Bouillet. *Bourg.*, i, 4, 5, 92, 93, 319, 831.
— *Bourg.*, ii, 88, 299, 615, 631.
— *Caen*, 795.
— *Fland.*, 1360.
— *Par.*, ii, 914, 950.
— *Par.*, iii, 126.
Bouilli. *Al.*, 517, 1130, 1246, 1247, 1252.
Bouilliant. *Bret.*, i, 342.
Bouillon. *Al.*, 978.
— *Caen*, 698.
— *Fland.*, 1305.
— *Limous.*, 354.

Bouillon (du). *Rouen*, 669.
Bouillonné (du). *Al.*, 27, 343, 447, 537, 641, 1123.
Bouillot. *Rouen*, 934.
Bouillotte. *Bourg.*, ii, 254, 260.
Bouilloud. *Lyon*, 606, 905.
Bouilly (du). *Bret.*, i, 249, 253, 428, 598, 624.
— *Bret.*, ii, 123, 587, 1068.
Bouin. *Bret.*, i, 460, 758.
— *Champ.*, 667.
— *Poit.*, 395.
— *Prov.*, ii, 568, 569.
— *Soiss.*, 675.
Bouineau. *Tours*, 947.
Bouis. *Guy.*, 304.
— *Prov.*, i, 195, 1002, 1041, 1125.
— *Prov.*, ii, 42, 739, 740, 741, 787, 789, 790.
Bouis (de). *Auv.*, 115.
Bouis (des). *Bourb.*, 171.
Bouis (du). *Bourb.*, 299, 506, 507.
Bouisses (les). *Toul.-Mont.*, 720.
Bouisson. *Toul.-Mont.*, 1030.
Bouissoni. *Prov.*, ii, 729, 732.
Boujasson. *Bourb.*, 528, 529.
Boujonnier. *Par.*, ii, 121, 244.
— *Pic.*, 759.
Boujot. *Soiss.*, 239, 559.
Bouju. *Orl.*, 533, 540.
— *Par.*, iv, 13, 253, 465.
— *Rouen*, 1388.
Boul (du). *Tours*, 104, 171, 297, 427, 538, 616.
Boula. *Par.*, ii, 105.
Boulach. *Als.*, 784, 786, 1008.
Boulade. *Toul.-Mont.*, 725.
Boulai. *Al.*, 697, 775, 1240.
Boulai (du). *Al*, 113, 356.
— *Als.*, 389.
— *Tours*, 1174, 1187. (*Voy.* du Boullai.)
Boulaie (la). *Al.*, 622, 892, 911.
— *Bourges*, 278.
— *Champ.*, 244.
— *Guy.*, 34.
Boulain. *Bret.*, ii, 999.
— *Caen*, 397.
— *Tours*, 1153.
Boulainvilliers. *Bret.*, i, 338.
— *Par.*, iii, 16.
— *Par.*, iv, 4, 376.
— *Rouen*, 1354, 1407.
Boulan. *Par.*, iii, 172.
Boulanc. *Soiss.*, 417.
Boulanger. *Bourges*, 523.

Boulanger.*Bourg.*, i, 201,1151,1152.
— *Bourg.*, ii, 133, 501.
— *Fland.*, 287, 288, 622, 1208.
— *Lorr.*, 392.
— *Pic.*, 59, 60, 74, 84, 610.
— *La Roch.*, 195, 364.
— *Soiss.*, 344, 497, 810.
Boulanger (le). *Par.*, i, 320, 490, 607, 806, 807, 905, 932, 1177, 1242.
— *Par.*, ii, 324, 546, 561, 854.
— *Par.*, iii, 291.
Boulangers (les) de Metz. *Lorr.*, 398.
— de Nancy. *Lorr.*, 118.
— de Rembervilliers. *Lorr.*, 685.
— de Thionville. *Lorr.*, 689.
— de Verdun. *Lorr.*, 670.
— Communauté. *Poit.*, 127, 364, 399, 552, 567, 717, 718, 805, 930, 1102, 1268, 1296, 1520.
Boulant. *Par.*, ii, 13.
— *Tours*, 1190.
Boulard. *Caen*, 568.
— *Lyon*, 734.
— *Par.*, ii, 630.
— *Par.*, iv, 524.
— *Tours*, 1160.
Boularie. *Montp.-Mont.*, 1168.
Boulart. *Par.*, i, 1178.
Boulaud. *Champ.*, 377.
Boulay (du). *Par.*, ii, 274.
— *Par.*, iii, 455.
Boulaye (la). *Bret.*, i, 852.
— *Vers.*, 152.
Bouldoire. *Champ.*, 552.
— *La Roch.*, 66.
— *Par.*, i, 311.
Bouldouère. *Guy.*, 1242.
Boulduc. *Par.*, ii, 1016.
Boulé. *Fland.*, 56, 258, 1267.
— *Par.*, iii, 370.
— *Rouen*, 1363.
— *Toul.-Mont.*, 145 (*ville*).
— *Par.*, i, 1250.
Boulebart. *Toul.-Mont.*, 333.
Bouledé. *Guy.*, 313, 993.
Bouléne. *Al.*, 654, 655. (*Voy.* Saint-Remi.)
Boulenet. *Bourg.*, i, 1137.
Boulenne. *Par.*, ii, 897.
Boulentrade. *Béarn*, 130
Bouleste. *Poit.*, 1492.
Boulet. *Caen*, 6.
— *Fland.*, 134, 252.
— *Lyon*, 316.
— *La Roch.*, 294.

Boulet. *Toul.-Mont.*, 460.
Boulet (du). *Champ.*, 744.
Bouleu. *Prov.*, ii, 753.
Bouleur (le). *Caen*, 74.
Boulez. *Toul.-Mont.*, 1163.
Boulhiat. *Bourges*, 102, 263, 433.
Bouli. *Fland.*, 874, 876.
Bouliane. *Dauph.*, 337, 464.
Boulias. *Montp.-Mont.*, 1433.
Boulicaut. *Bret.*, ii, 751.
Boulié. *Guy.*, 315.
Boulier. *Bourges*, 270, 519.
— *Bourg.*, i, 66, 260.
— *Tours*, 1447.
Bouliers. *Prov.*, i, 342.
— *Prov.*, ii, 240.
Boulieu. *Auv.*, 174, 487.
— *Montp.-Mont.*, 434.
Boulin. *Caen*, 567.
— *Par.*, ii, 528.
— *Par.*, iii, 554.
— *Tours*, 1400.
Boullai (du). *Rouen*, 669, 682, 995.
— *Tours*, 515, 945, 947, 958, 1442.
Boullain. *Bret.*, i, 560, 575.
Boullais. *Caen*, 320.
— *Rouen*, 485, 509, 705, 713.
Boullan. *Tours*, 1298.
Boullanger. *Bret.*, ii, 637.
Boullard. *Bret.*, ii, 391.
— *Lorr.*, 653.
— *Orl.*, 367, 388, 421.
— *Par.*, iii, 411.
— *Rouen*, 22, 785, 1368.
Boullat. *Orl.*, 1011.
Boullay. *Bourg.*, ii, 167, 173, 354.
— *Bret.*, i, 660.
— *Orl.*, 442, 818.
— *Par.*, i, 492, 1085.
Boullay (du). *Bret.*, ii, 482, 555, 725.
Boullay (la). *Orl.*, 918.
Boulle. *Par.*, ii, 545.
— *Par.*, iv, 263.
— *Pic.*, 603, 837, 838, 841, 848.
— *Prov.*, i, 607, 640, 725, 819, 1249.
Boullée. *Bourg.*, ii, 331.
Boullemer. *Al.*, 140, 141, 142, 392, 495, 705.
— *Par.*, iii, 378.
Boullenger. *Al.*, 983.
Boullenger (le). *Rouen*, 53, 91, 307, 484, 687, 1162, 1166.
Boullenois. *Par.*, ii, 1023.
Boullerie. *Tours*, 1317.
Boullet. *Bourg.*, ii, 606.

Boullet. *Montp.-Mont.*, 630.
— *Pic.*, 22, 546, 858, 881.
— *Prov.*, I, 113.
— *Soiss.*, 207, 405.
Boulleuc. *Bret.*, I, 579, 586.
Boulleur (le). *Al.*, 225, 226, 268, 270, 815, 1057, 1248, 1254, 1255.
— *Orl.*, 74, 175, 179, 196.
Bouilli. *Soiss.*, 707.
Bouillia. *Bret.*, II, 506.
— *Par.*, I, 418.
Bouilliant. *Par.*, I, 255.
Bouilliaud. *Poit.*, 645, 649.
Bouillié. *Poit.*, 1083.
— *Tours*, 795.
Bouillie (la). *Par.*, II, 763.
Bouillier. *Bourg.*, II, 631.
— *Rouen*, 77.
— *Par.*. I, 826.
Boulliorde. *La Roch.*, 312.
Boulloche. *Rouen*, 1358, 1367.
Boullon (de). *Lorr.*, 238, 243.
Boullot (du). *Al.*, 659.
Boullu. *Orl.*, 882.
Boully. *Pic.*, 473.
Boulmer. *Bret.*, II, 385.
Bouloc. *Toul.-Mont.*, 98, 336.
Boulogne. *Bret.*, II, 90.
— *Fland.*, 1305, 1321.
— *Par.*, II, 926.
Boulogne (de). *Pic.*, 123, 424, 426, 661, 762.
Bouloin (le). *Bret.*, I, 957.
— *Bret.*, II, 209.
Boulon. *Al.*, 465.
— *Bourg.*, I, 263.
— *Bourg.*, II, 140.
— *Rouen*, 1334.
— *Toul.-Mont.*, 463.
Boulonche. *Caen*, 182.
Boulongne. *Prov.*, II, 383.
Boulonois. *Bret.*, II, 320.
— *Lim.*, 462.
Boulou. *Toul.-Mont.*, 1446 *(ville)*.
Boulouche. *Soiss.*, 378.
Bouloud. *Dauph.*, 194.
Boulot. *Caen*, 16.
Boult. *Orl.*, 94.
— *Poit.*, 1221.
Boultz (le). *Lorr.*, 217.
— *Par*, I, 774, 870, 1233, 1344.
— *Par.*, II, 1107.
Bouloux (de). *Toul.-Mont.*, 354.
Boumard. *Lorr.*, 2, 526, 536.
Boumart. *Poit.*, 468.
Boumeu. *Orl.*, 251.

Boumey. *Bourg.*, II, 159.
Bounaud. *Guy.*, 1081, 1099.
Bouneaud. *Guy.*, 1072.
Bouniot. *Guy.*, 57.
Bouquel. *Par.*, II, 762.
— *Pic.*, 139, 140, 177.
Bouquerel. *Al.*, 1181.
Bouquerelle. *Tours*, 964.
Bouquet. *Bourg.*, II, 276, 628.
— *Bret.*, I, 201.
— *Lyon*, 239, 756, 1034.
— *Par.*, II, 1089.
— *Poit.*, 366, 532, 1361.
— *Prov.*, II, 366.
— *Toul.-Mont.*, 375.
— *Tours*, 394.
Bouquetot. *Rouen*, 317, 325.
Bouquier. *Guy.*, 1178.
Bouquières. *Al.*, 358.
Bouquiez. *Toul.-Mont.*, 286, 329.
Bouquillon. *Fland.*, 770.
Bouquin. *Orl.*, 355.
— *Par.*, I, 1046.
Bouquinet. *Bourg.*, II, 509.
Bouquinville. *Par.*, III, 345.
Bouracher (le). *Rouen*, 1341.
Bourachot. *Bourb.*, 172.
Bouragneau. *La Roch.*, 277.
Bourai. *Tours*, 1319.
Bouran. *Caen*, 19.
Bourard. *Caen*, 119.
Bourassé. *Tours*, 839, 844, 1376.
Bourasseau. *Poit.*, 1267, 1274.
Bourasson. *Toul.-Mont*, 500.
Bourat. *Montp.-Mont.*, 139.
Bourault. *Poit.*, 1084.
Bourbail. *Montp.-Mont.*, 820.
Bourbault. *Bourg.*, I, 718.
Bourbel. *Rouen*, 238.
Bourbon. *Als.*, 481.
— *Bourg.*, I, 124.
— *Bourg.*, II, 228.
— *Lim.*, 149, 270.
— *Lyon*, 92, 160, 224.
— *Montp.-Mont.*, 1235, 1278.
— *Par.*, II, 984.
— *Par.*, III. 30, 47, 87.
— *Prov.*, I, 658.
— *Toul.-Mont.*, 729, 1210, 1256, 1396.
— *Vers.*, 17, 69.
Bourbon-Lancy. *Bourg.*, II, 194.
Bourbonne. *Bourg.*, I, 200, 202.
— *Par.*, I, 261.
— *Par.*, IV, 569.
Bourbot. *Poit.*, 770.

Bourboury. *Fland.*, 472 *(ville)*.
Bourceau. *Tours*, 898, 933, 975.
Bourcet. *Prov.*, I, 1372.
Bourchault. *Fland.*, 17.
Bourchemin. *Bret.*, I, 342.
Bourcier. *Tours*, 820.
Bourciquot. *La Roch.*, 362.
Bourdacheau. *Poit.*, 1264.
Bourdais. *Bret.*, I, 572.
— *Bret.*, II, 397, 401, 601, 729.
Bourdaiseau. *Poit.*, 779.
— *Tours*, 333.
Bourdaiserie (la). *Tours*, 152.
Bourdaloue. *Bourges*, 21, 105, 120, 121, 166, 172.
Bourdaloüe. *Orl.*, 319.
Bourdas. *Bret.*, II, 67, 505.
Bourdeau. *Lim.*, 118.
— *Poit.*, 501, 1441.
Bourdeaux. *Bret.*, II, 506.
— *Poit.*, 1101.
Bourdeille. *La Roch.*, 160.
Bourdeilles. *Par.*, I, 106.
Bourdeix. *Auv.*, 113.
Bourdelet. *Par.*, I, 1337.
Bourdelier. *Bourb.*, 158, 292, 541.
Bourdelin. *Par.*, I, 523, 615.
Bourdelot. *Vers.*, 59.
Bourdelouet. *Bret.*, II, 189.
Bourdens. *Toul.-Mont.*, 1241.
— *Par.*, I, 1091.
Bourdereau. *Par.*, II, 142.
— *Par.*, IV, 4.
Bourdet. *Al.*, 923.
— *Par.*, I, 1308.
Bourdialet. *Béarn*, 161.
Bourdicaut. *Lim.*, 188, 333.
Bourdier. *Bourb.*, 14, 147, 282.
— *Bourg.*, I, 82.
— *Lim.*, 134.
Bourdieu (du). *Bret.*, I, 181.
Bourd.llon. *Auv.*, 239.
— *Bourges*, 432.
Bourdin. *Bourg.*, I, 539.
— *Bourg.*, II, 634.
— *Bret.*, I, 310.
— *Champ.*, 733.
— *Lim.*, 355.
— *Lyon*, 365, 452, 632.
— *Orl.*, 969.
— *Par.*, I, 55, 343, 1384.
— *Par.*, II, 1100.
— *Prov.*, II, 648.
— *Rouen*, 902, 914.
— *Soiss.*, 399.
— *Toul.-Mont.*, 473.

Bourdin. *Tours*, 1257.
Bourdion. *Poit.*, 1112.
Bourdois. *Par.*, I, 625.
— *Par.*, II, 627, 1011.
Bourdon. *Al.*, 703, 707, 1224.
— *Bourges*, 366.
— *Bourg.*, I, 120.
— *Bret.*, I, 901.
— *Bret.*, II, 397, 1032.
— *Caen*, 142, 146, 158, 193, 426, 579, 590, 666, 677.
— *Fland.*, 276, 287, 296, 920, 963, 1031.
— *Lyon*, 222, 470.
— *Par.*, I, 951, 1078, 1264.
— *Par.*, II, 1053.
— *Par.*, III, 164, 473.
— *Par.*, IV, 237.
— *Poit.*, 774.
— *Prov.*, I, 490, 946.
— *Prov.*, II, 249.
— *Rouen*, 24, 1002.
Bourdonnaie (la). *Rouen*, 732.
Bourdonnaye (la). *Bret.*, I, 124, 159, 164, 176, 177, 317, 362, 426, 432, 439, 470, 515, 779, 861.
— *Bret.*, II, 42.
Bourdonné. *Par.*, IV, 158.
Bourdot. *Bourg.*, I, 714.
— *Rouen*, 1231.
Bourdy. *Montp.-Mont.*, 69.
Bouré. *Par.*, II, 768.
Boure (de). *Toul.-Mont.*
Boureau. *Orl.*, 730.
— *Par.*, III, 534.
— *La Roch.*, 270.
— *Tours*, 38, 544, 615, 618, 988, 1020.
Bourée. *Bourg.*, I, 81, 89, 217, 220, 242, 326, 333.
— *Bourg.*, II, 12, 37, 81, 190, 261.
— *Lyon*, 71.
— *Pic.*, 28.
Bouregene. *La Roch.*, 218.
Boureignac. *Toul.-Mont.*, 1089.
Bourel. *Pic.*, 791.
— *Prov.*, I, 1009, 1401.
— *Toul.-Mont.*, 36, 763, 765, 774.
Bourelier. *Bourg.*, I, 82, 290.
Bourelis. *Prov.*, II, 765.
Bourelli. *Prov.*, II, 372, 512, 818.
Bourely. *Toul.-Mont.*, 498.
Bouresche. *Soiss.*, 537.
Bouresse. *Poit.*, 905.
Bouret. *Guy.*, 141, 155, 182, 903.
— *Par.*, I, 675, 902.

Bourg. *Als.*, 759.
— *Bourg.*, I, 373.
Bourg Saint-Andéol.*Montp.-Mont.*, 357 *(ville)*.
Bourg (du). *Al.*, 113, 120, 330, 433, 436, 986.
— *Caen*, 364, 433, 602, 720.
— *Dauph.*, 202.
— *Fland.*, 1265, 1397.
— *Guy.*, 91, 209, 585, 820.
— *Limous.*, 315.
— *Lyon*, 95, 285, 418.
— *Orl.*, 194, 479.
— *Par.*, I, 289, 1241.
— *Par.*, II, 1149.
— *Pic.*, 519.
— *Prov.*, II, 522.
— *La Roch.*, 170, 225, 391.
— *Toul.-Mont.*, 17, 101, 110, 501, 671, 1321.
— *Tours*, 1149, 1155, 1174.
Bourg (le). *Rouen*, 307, 784.
Bourgade. *Par.*, IV, 39.
— *Toul.-Mont.*, 1299, 1319.
Bourgaise. *Caen*, 591.
Bourgal. *Prov.*, II, 248.
Bourgarel. *Prov.*, I, 805.
— *Prov.*, I, 38, 293.
Bourgaud. *Bret.*, II, 356.
Bourgault. *Par.*, III, 497.
— *Tours*, 200, 815.
Bourgau. *Lorr.*, 123.
Bourgblanc (du). *Bret.*, I, 101, 104, 118, 281, 320, 670.
— *Bret.*, II, 779.
Bourge. *Bret.*, II, 1074.
Bourgeat. *Lyon*, 128.
Bourgeois. *Bourb.*, 308.
— *Bourg.*, I, 10, 789, 1076.
— *Bourg.*, II, 570.
— *Bret.*, I, 183.
— *Bret.*, II, 424, 839.
— *Champ.*, 90, 496.
— *Fland.*, 986, 1061, 1145.
— *Guy.*, 405.
— *Lorr.*, 144, 644, 673.
— *Lyon*, 314, 536, 914.
— *Orl.*, 498, 792.
— *Par.*, I, 846.
— *Par.*, II, 1067.
— *Par.*, III, 137, 338.
— *Poit.*, 800.
— *Prov.*, II, 780.
— *La Roch.*, 347, 403.
— *Rouen*, 370, 491, 1357.
— *Soiss.*, 136, 566, 717, 822.

Bourgeois. *Toul.-Mont.*, 1053.
— *Tours*, 1186.
Bourgeois (le). *Al.*, 369, 798, 869, 1103.
— *Caen*, 164, 172, 321, 412, 557.
— *Lorr.*, 523.
— *Pic.*, 136.
Bourgeoise. *Rouen*, 1157.
Bourgeoise (la). *Limous.*, 413.
Bourgeon. *Bourb.*, 525.
Bourgeot. *Bourges*, 127, 281.
— *Par.*, I, 319.
Bourgerel (du). *Bret.*, I, 107.
Bourgeron. *Par.*, III, 443.
Bourges. *Béarn*, 133.
— *Bourges*, 209 *(ville)*.
— *Dauph.*, 74.
— *Montp.-Mont.*, 352, 1079, 1089.
— *Par.*, I, 567, 1053, 1242.
— *Par.*, II, 500, 1052.
— *Prov.*, I, 985.
— *Toul.-Mont.*, 468.
Bourges (de). *Par.*, III, 171, 332, 351.
— *Soiss.*, 789.
Bourges (des). *Guy.*, 823.
Bourget. *Orl.*, 598.
Bourget (du). *Al.*, 208.
— *Caen*, 416.
— *Par.*, I, 299.
Bourgevin. *Par.*, II, 820.
Bourglaud. *Poit.*, 455.
Bourgneuf. *Bret.*, II, 305.
Bourgnon. *Poit.*, 455.
Bourgnot (de). *Bourb.*, 488, 593.
Bourgogne. *Bourg.*, II, 113.
— *Bret.*, I, 159, 313.
— *Champ.*, 365, 500, 689.
— *Fland.*, 1258.
— *Lorr.*, 461.
— *Orl.*, 900.
— *Par.*, I, 1209.
— *Par.*, II, 56.
— *Par.*, III, 334.
— *Prov.*, I, 556, 628.
— *Prov.*, II, 804.
Bourgoin. *Bourb.*, 65, 72, 75, 91, 459, 461, 474.
— *Bourges*, 262, 389.
— *Bourges*, I, 1147.
— *Bret.*, II, 28, 34, 476.
— *Lyon*, 932.
— *Par.*, I, 111, 327, 478, 304, 1102.
— *Par.*, II, 524, 1101, 1115.
— *Poit.*, 1538.
— *Tours*, 837, 1313, 1214.

Bourgon. *Bret.*, I, 36.
— *Guy.*, 314.
— *La Roch.*, 40.
Bourgondi. *Prov.*, II, 711.
Bourgonnière. *Bret.*, I, 762.
Bourgonnière (la). *Bret.*, II, 804.
Bourgraff. *Als.*, 656.
Bourg (du) Saint-Pierre. *Soiss.*, 373.
Bourgueneux. *Bourg.*, I, 872, 1147.
Bourguenou. *Als.*, 143.
Bourguier. *Als.*, 567, 678, 853.
Bourguerieu. *Guy.*, 1154.
Bourgues (de). *Bret.*, II, 473.
Bourguet. *Limous.*, 434.
— *Par.*, II, 657.
— *Toul.-Mont.*, 728.
Bourguet (du). *Guy.*, 993.
— *Rouen*, 95, 558.
Bourguier. *Pic.*, 647.
Bourguigneau. *Tours*, 746.
Bourguignet. *Bourg.*, I, 304, 1077, 1140.
Bourguignon. *Bourb.*, 445.
— *Bourg.*, I, 346, 1257.
— *Lorr.*, 646.
— *Par.*, II, 933.
— *Prov.*, I, 493, 604, 699, 716, 717, 1003, 1038, 1042, 1051, 1184, 1231.
— *Prov.*, II, 828, 847.
— *La Roch.*, 322.
— *Soiss.*, 732.
— *Toul.-Mont.*, 603.
Bourguignon (le). *Lyon*, 716.
Bourguillaut. *Poit.*, 1254.
Bourguille. *Tours*, 1378.
Bourguin. *Bourg.*, I, 1165.
— *Pic.*, 251.
Bourguinioux. *Auv.*, 142.
Bourguinou. *Montp.-Mont.*, 716.
Bouri. *Bourges*, 137.
— *Tours*, 1271.
Bouriani. *Prov.*, II, 172.
Bourie. *Bret.*, II, 1075.
Bourié. *Toul.-Mont.*, 28.
Bourie (la). *Poit.*, 1484.
Bourienne. *Caen*, 566.
Bourigault. *La Roch.*, 188, 364.
Bourigaut. *Tours*, 1132.
Bourignant. *Bret.*, II, 965.
Bourilhou. *Toul.-Mont.*, 747.
Bourillon. *Orl.*, 545.
Bourjade. *Limous.*, 241.
Bourjon. *Par.*, II, 237.
Bourjot. *Par.*, IV, 500, 539.
Bourla. *Fland.*, 890, 1435.
Bourlaise. *Par.*, I, 682.

Bourlamback. *Als.*, 580.
Bourlasque. *Par.*, II, 904.
— *Prov.*, I, 28.
Bourlat. *Montp.-Mont.*, 183.
Bourlemagne. *Par.*, II, 904.
— *Par.*, IV, 172.
Bourlet. *Par.*, I, 62, 63.
— *Par.*, III, 371.
— *Rouen*, 1294.
Bourlier. *Lyon*, 49, 160, 747.
Bourlin. *Auv.*, 64, 87, 155, 287.
Bourlon. *Champ.*, 222.
— *Par.*, I, 105, 432, 1133, 1312.
— *Par.*, II, 393, 430, 1115.
— *Par.*, IV, 90.
— *Soiss.*, 23.
Bourmant. *Poit.*, 1243.
Bournac. *Lorr.*, 472.
Bournan. *Tours*, 1218.
Bournat. *Auv.*, 150, 282, 417, 420, 423.
Bournazel. *Guy.*, 1118.
— *Toul.-Mont.* 662.
Bourne (du). *Bret.*, I, 610.
Bourneau. *Poit.*, 1001.
— *Tours*, 202.
Bournel. *Pic.*, 557.
Bournelle (de). *Pic.*, 165.
Bournet. *Toul.-Mont.*, 607.
Bournier. *Bourg.*, I, 805.
Bournigal. *Bret.*, II, 334.
Bourniquel. *Toul.-Mont.*, 668, 930.
Bournon. *Lorr.*, 25, 166.
Bournonville. *Champ.*, 152, 235, 218.
— *Par.*, I, 990.
— *Vers.*, 6, 68.
Bournot. *Champ.*, 759.
Bouron. *Champ.*, 693, 719.
— *Poit.*, 1205.
Bourot. *Bret.*, II, 711.
Bourrain. *Guy.*, 695.
Bourraine. *Orl.*, 675.
Bourran. *Guy.*, 251, 532.
— *Toul.-Mont.*, 1093, 1102.
Bourrée. *Al.*, 1233.
— *Par.*, III, 339, 556.
Bourreliers. *Lorr.*, 610 (*communauté*).
Bourreliers (les). *Poit.*, 363, 864 (*communauté*).
Bourrelli. *Prov.*, I, 727, 454, 455, 949, 989, 1049, 1059, 1420.
Bourrelon. *Prov.*, I, 899.
Bourret. *Par.*, I, 100, 288.
Bourrier. *Bourg.*, I, 273.
Bourrousse. *Toul.-Mont.*, 233, 988.

Boursault. *Al.*, 609.
— *Bourges*, 499.
— *Par.*, III, 372,
— *Poit.*, 228, 832, 999, 1062, 1076, 1329, 1468.
— *Tours*, 209, 1148.
Bourscht. *Als.*, 507.
Bourse. *Bourg.*, II, 57.
— *Caen*, 569.
— *Pic.*, 688.
Bourseau. *Par.*, II, 979.
— *Poit.*, 1372.
— *Tours*, 142.
Boursel. *Prov.*, I, 276.
Boursette. *Fland.*, 791.
Bourseul. *Bret.*, I, 563.
Bourseville. *Prov.*, I, 639.
Boursier. *Fland.*, 1339.
— *Limous.*, 381.
— *Lorr.*, 246, 461, 476.
— *Montp.-Mont.*, 778.
— *Par.*, IV, 21, 28, 32.
— *Rouen*, 915.
— *Tours*, 809, 826.
— *Par.*, 495, 1212.
Boursier (le). *Lyon*, 602.
Boursin. *Par.*, I, 341, 1251.
— *Par.*, II, 605.
— *Poit.*, 481.
Boursolles. *Al.*, 299.
Boursonne. *Soiss.*, 672.
Boursorcille. *Poit.*, 382.
Bourste. *Al.*, 5, 76, 181, 309.
Bourt. *Vers.*, 153.
Bourtault. *La Roch.*, 293.
Bourtel. *Par.*, III, 600.
Bourthoumieu. *Toul.-Mont.*, 1284.
Bourtin. *Tours*, 1340.
Bouru. *Tours*, 49, 686, 817, 830, 1244.
— *Vers.*, 214.
Bourzac. *Guy.*, 559.
Bourzejc. *Auv.*, 391, 482.
Bourzes. *Toul.-Mont.*, 1183.
Bourzolles. *Guy.*, 712, 715, 942.
Bousard. *Prov.*, 1, 1019.
Bousaric (*Voy.* du Bois). *Toul.-Mont.*, 120, 502.
Bouscarat. *Toul.-Mont.*, 1008.
Bouscault. *Bourg.*, II, 96.
Bouscaut. *Bourg.*, I, 66.
Bouseau. *Bourg.*, I, 326.
Bousaudon. *Lyon*, 120.
Bouset. *Par.*, II, 238, 846, 1249.
Bousi (de). *Fland.*, 1340, 1487.
Bousiger. *Montp.-Mont.*, 1327.

Bousigot. *Toul.-Mont.*, 1249.
Bousigues. *Toul.-Mont.*, 422, 1269, 1290.
Bousne. *Poitou*, 533.
Bousquet. *Caen*, 8, 16, 24, 31, 104, 421, 730.
— *Toul.-Mont.*, 613, 844.
— *Pic.*, 796.
— *Prov.*, I, 576, 651, 1232.
— *Prov.*, II, 393, 408, 801.
Bousquet (du). *Dauph.*, 507.
— *Guy.*, 224, 1023, 1159.
— *Toul.-Mont.*, 18, 314, 460, 461. 492, 497, 515, 548, 651, 688, 735, 972, 1035, 1118, 1122, 1164, 1303.
Boussac. *Guy.*, 112, 366.
— *Toul.-Mont.*, 638, 1203.
— *Tours*, 930, 949, 1264.
Boussages. *Auv.*, 215.
Boussai. *Poit.*, 435.
Boussard. *Al.*, 974.
— *Bourg.*, I, 338.
— *Prov.*, I, 135.
Boussardière (la). *Al.*, 431, 1001.
Bousseau. *Poit.*, 561, 1259, 1263, 1277.
Boussel. *Caen*, 395, 406, 410.
Bousselin. *Par.*, I, 6.
— *Vers.*, 212.
Boussemare. *Fland.*, 1119.
Boussemas. *Pic.*, 662.
Boussemy. *Bourg.*, I, 339.
Boussenne. *Poit.*, 811.
Boussenni. *Prov.*, II, 806.
Bousset. *Lorr.*, 660.
Boussicault. *Orl.*, 632.
Boussié. *Toul.-Mont.*, 392.
Boussier. *Guy.*, 369.
Boussinean. *Bret.*, I, 154, 155, 451.
Boussingault. *Fland.*, 1114.
— *Par.*, II, 817, 848.
Bousson. *Bourg.*, I, 560, 575, 682, 692, 1050, 1052.
— *Toul.-Mont.*, 608.
Boussonnelle. *Montp.-Mont.*, 631.
Boussost. *Toul.-Mont.*, 418.
Boussot. *Prov.*, I, 1012.
Boust. *Poit.*, 1114.
Bout (de). *Bourg.*, II, 325.
Bout (le). *Dauph.*, 14.
Boutandon. *Auv.*, 446.
Boutard. *Par.*, II, 271.
— *Poit.*, 1174.
— *Prov.*, I, 435, 1043.
— *Prov.*, II, 666, 670.

Boutard. *Tours*, 358.
Boutarel. *Auv.*, 406, 407.
Boutart. *Montp.-Mont.*, 21.
— *Par.*, I, 128.
Boutassi. *Prov.*, I, 409, 680, 767.
Boutaudon. *Par.*, III, 230.
— *Tours*, 745, 854.
Boutaut. *Bourb.*, 604.
— *Orl.*, 735.
Bouté. *Caen*, 206, 209.
— *Rouen*, 1347.
Bouteille. *Bret.*, II, 469.
— *Lyon*, 674.
— *Prov.*, I, 941, 1025.
— *Toul.-Mont.*, 1126.
Bouteiller. *Guy.*, 838.
— *Lorr.*, 50, 197.
— *Poit.*, 249, 880, 1153.
Bouteiller (le). *Bret.*, 185, 399.
Bouteix. *Auv.*, 378.
Bouteland. *Limous.*, 297.
Boutelet. *Al.*, 709.
Boutenet. *Bourg.*, II, 550.
Bouteros. *Caen*, 159.
Boutereau. *Lyon*, 667.
Boutet. *Al.*, 1220.
— *Bourb.*, 5, 263.
— *Bourges*, 291.
— *Champ.*, 768.
— *Montp.-Mont.*, 1449.
— *Orl.*, 368, 598, 935.
— *Par.*, III, 323.
— *Poit.*, 452, 823, 861, 1368, 1424, 1550.
— *La Roch.*, 289.
— *Toul.-Mont.*, 1164.
— *Tours*, 813.
— *Par.*, I, 52, 70, 968, 1106, 1161, 1206, 1270.
Bouteux (le). *Par.*, III, 133.
Bouteville. *Par.*, III, 469.
Bouttevilain. *Par.*, II, 1006.
Boutevine. *Auv.*, 391.
Bouthier. *Bourg.*, II, 302, 376.
— *Prov.*, I, 703, 726, 806.
Bouthilier. *Par.*, I, 1305.
— *Par.*, II, 185, 245, 294, 441, 932.
— *Vers.*, 176, 177, 223.
Bouthillier. *Champ.*, 107, 108.
— *Prov.*, I, 531.
Bouthillier (le). *Rouen*, 574.
Bouticourt. *Al.*, 1236.
Boutier. *Bret.*, I, 580.
— *Lorr.*, 230, 656.

Boutier. *Par.*, III, 349.
— *Poit.*, 318, 412.
— *La Roch.*, 294.
— *Vers.*, 19.
Boutier (le). *Toul.-Mont.*, 553.
Boutière (la). *Par.*, I, 768, 886.
Boutigni. *Prov.*, II, 480.
Boutigniergue. *Bourb.*, 316.
Boutillier. *Orl.*, 144, 154, 544, 547.
— *Par.*, III, 123, 377.
— *Par.*, IV, 164, 252, 569.
— *Pic.*, 511, 514, 517, 874.
— *Soiss.*, 705.
— *Tours*, 509, 1101, 1138.
Boutillier (le). *Fland.*, 126, 854.
Boutillière (la). *Fland.*, 845.
Boutillon. *Fland.*, 1306.
Boutin. *Auv.*, 115.
— *Guy.*, 1051.
— *Orl.*, 502.
— *Par.*, II, 119, 584.
— *Par.*, III, 227.
— *Poit.*, 551, 541, 851, 1401.
Boutinaut. *Limous.*, 17.
Boutineau. *Poit.*, 452.
Boutiron. *La Roch.*, 258.
Bouton. *Al.*, 932.
— *Bourg.*, I, 1139.
— *Champ.*, 250, 366.
— *Par.*, II, 4, 170, 265.
— *Par.*, IV, 523.
— *Poit.*, 206, 208, 622, 701.
Boutonnier. *Toul.-Mont.*, 604.
Boutonnière (la). *Rouen*, 245, 270.
Boutonge. *Lyon*, 132.
Boutonillie. *Bret.*, I, 686, 687, 784.
— *Bret.*, II, 4, 149, 675.
Boutrais. *Al.*, I, 848, 1049.
Boutren. *Rouen*, 122, 495, 584, 691, 725, 735, 736.
Boutri. *Al.*, 955.
— *Fland.*, 1314.
Boutroi. *Soiss.*, 813.
Boutron. *Poit.*, 1164.
Boutrou. *Al.*, 652.
Boutroüe. *Orl.*, 657.
— *Par.*, II, 4, 170, 265.
Boutry. *Par.*, IV, 160.
Bouttechoux. *Bourg.*, I, 567, 632, 647, 1225.
Bouttenotte. *Dauph.*, 420.
Boutteroüe. *Par.*, I, 723, 1143.
Bouttes. *Montp.-Mont.*, 79.
— *Toul.-Mont.*, 494, 725.
Bouttevilain. *Par.*, IV, 528.
Bouttevile. *Pic.*, 408, 695, 696.

Boutteville. *Soiss.*, 460, 573.
Bouttier. *Bret.*, ii, 623.
Bouvan. *Prov..* ii, 438.
Bouvard. *Bourg.*, ii, 22.
— *Lorr.*, 481.
— *Lyon*, 656.
— *Par.*, i, 525, 888.
Bouvardet. *Lyon*, 952.
Bouvart. *Orl.*, 594, 602, 612, 665, 630.
— *Tours*, 1071.
Bouve. *Fland.*, 1089.
Bouvé. *Bret.*, ii, 813.
Bouvel. *Al.*, 1157.
Bouvenot. *Prov.*, iii, 335.
Bouvens. *Bourg.*, i, 12.
— *Bret.*, i, 297.
— *Champ.*, 772.
— *Fland.*, 181.
Bouverie *Limous.*, 19.
Bouverin. *Par.*, ii, 98.
Bouverot. *Bourg.*, i, 609, 857.
— *Par.*, ii, 951.
Bouvet. *Al.*, 1036, 1093.
— *Dauph.*, 442.
— *Montp.-Mont.*, 273.
— *Tours*, 265, 1098.
Bouvier. *Al.*, 764.
— *Dauph.*, 642.
— *Fland.*, 190.
— *Lyon*, 322.
— *Montp.-Mont.*, 952.
— *Toul.-Mont.*, 919.
— *Tours*, 938, 954, 1099.
Bouvier (le). *Caen*, 116.
— *Par.*, i, 841.
Bouvignes. *Fland.*, 1463.
Bouvigny. *Fland.*, 813, 814, 817.
Bouville. *Caen*, 612.
— *Prov.*, ii, 620
Bouvin. *Poit.*, 458.
Bouvot. *Bourg.*, ii, 306, 334.
— *Champ.*, 764.
Bouvresse. *Rouen*, 1087.
Boux. *Bret.*, i, 162, 170.
Boux (le). *Bret.*, ii, 421.
— *Par.*, i, 1085.
Bouxières. *Lorr.*, 145.
Bouy (de). *Par.*, iv, 593.
Bouyeau. *Tours*, 1513.
Bouyer. *Guy.*, 818, 1078.
— *Prov.*, i, 1176.
— *Prov.*, ii, 194.
— *La Roch.*, 198, 317.
Bouyet. *Prov.*, i, 1047.
Bouyon. *Prov.*, i, 132.

Bouzanquet. *Montp.-Mont.*, 674, 856
Bouze. *Fland.*, 882.
Bouzemont. *Champ.*, 413.
Bouzeré. *Par.*, i, 681.
Bouzet (du). *Guy.*, 172, 182.
— *Montp.-Mont.*, 1133, 1140, 1141.
— *Par.*, ii, 522, 885.
— *Toul.-Mont.*, 319, 1204, 1205, 1210, 1212, 1214.
Bouzey. *Orl.*, 958.
Bouziat. *Bourges*, 458.
Bouzier. *Par.*, i, 980.
— *Par.*, ii, 351.
— *Pic.*, 510.
Bouziers. *Poit.*, 1153.
Bouzinat. *Toul.-Mont.*, 189.
Bouzitat. *Lorr.*, 228.
— *Par.*, ii, 934.
— *Par.*, iii, 231.
Bouzon. *Bourg.*, i, 1223.
Bouzonville. *Champ.*, 881.
— (ab.). *Lorr.*, 563.
Bouzou. *Toul.-Mont.*, 1018, 1055.
Boveller (de). *Soiss.*, 29.
Bovonet. *Auv.*, 256.
Boves (de). *Par.*, ii, 731.
Bovier. *Dauph.*, 223, 435.
Boy. *Bourg.*, i, 786.
Boyat. *Bourg.*, i, 108.
— *Bourg.*, ii, 212.
— *Lyon*, 1046.
Boyau. *Tours*, 1515.
Boye. *Fland.*, 729, 795.
Boyeau. *Bourg.*, 228, 468.
Boyer. *Auv.*, 32, 491, 494, 497.
— *Bourges*, 25.
— *Bourg.*, i, 25.
— *Bourg.*, ii, 204, 209, 226, 294.
— *Guy.*, 805, 1050, 1114.
— *Limous.*, 183, 276, 477.
— *Lyon*, 262, 264, 423, 469, 501, 794, 799, 802, 805, 973, 1011.
— *Montp.-Mont.*, 153, 222, 286, 307, 320, 402, 769, 771, 801, 914, 1129, 1416, 1419, 1183.
— *Orl.*, 135.
— *Par.*, ii, 770, 1000.
— *Par.*, iii, 487.
— *Poit.*, 914, 1197.
— *Prov.*, i, 22, 228, 337, 338, 340, 519, 521, 620, 623, 651, 681, 715, 734, 840, 1017, 1052, 1093, 1094, 1196. B. 1220, 1268, 1451.
— *Prov.*, ii, 38, 231, 262, 293, 356, 403, 725, 788, 809.
— *Toul.-Mont.*, 35, 36, 55, 121, 153.

176,505,617,650,651,652,702,706,
711, 785, 788, 818, 1092,1197,1264.
— Par., 1,124, 573, 698. 1096.
Bover (le). Al., 262, 658, 962, 1019,
1028.
Bovère. Al., 1038.
— Prov., I, 1186.
Bovetet. Orl., 330.
— Par., 11, 529, 672. 682.
— Par., 111, 237, 553.
Bovlesre. Bret., 1, 428, 439, 455,
880.
Bovol. Toul.-Mont., 168.
Bovot. Champ., 60, 202, 363.
— Poit., 504
Bovtesve. Orl., 6, 348, 355, 361,
393, 457.
Bozalz. Toul.-Mont., 658.
Boze. Rouen, 700.
Bozelli. Fland., 458.
Bozon. Dauph., 581.
Bozonnat. Dauph., 87.
Bozonnier. Dauph., 63, 432.
Bozu. Dauph., 581.
Brac. Lyon, 862, 970.
— Prov., 1, 1212.
Brac (du). Limous., 340.
Bracbien. Pic., 773.
Brach. Guy., 529, 531.
Brachet. Bourb., 26, 132.
— Champ., 212, 370.
— Limous., 183, 393.
— Orl., 338, 342, 346, 409, 457.
— Par., 11, 362.
Brackenhoff. Als., 407, 438, 459.
Braconier. Bourg., 1, 869.
Bracounier. Champ., 638.
— Lorr., 184 bis, 420.
Braconot. Limous., 241.
Bradasne. Tours, 982.
Brade (de). Bourb., 356.
Bradelair. Auv., 524.
Braen. Fland., 461.
Bragelone. Auv., 503.
— Bret., 1, 437.
— Par., 1, 159, 182, 217, 784, 908,
909, 1300.
— Par., 11, 217, 311, 350, 443,
554, 1054, 1219.
Bragerac. Vers., 224.
Braba. Lorr., 121.
Brahampiot. Poit, 492.
Brahier. Bourg., 1, 1195.
Brai. Par., 1, 491.
Brai (de). Al., 284.
— Caen, 63, 244, 444, 751.

Brai (de). Fland., 1302, 1456.
Brai (du). Poit., 1013.
— Soiss., 861.
Braiac. Guy., 1007.
Brailb. Toul.-Mont., 579.
Braille. Par., 1, 488.
Braille (de). Poit., 703.
Braillon. Soiss., 811.
Brain. Bret., 11, 1077.
Brainville. Orl., 665.
Braire (le). Rouen, 1166.
Brais (de). Toul.-Mont., 1448.
Braivet. Tours, 907.
Bramant. La Roch., 294.
Brame. Fland., 563.
Brancas. Dauph., 477.
— Montp.-Mont., 527, 1309.
— Par., 1, 438.
— Prov.. 1, 340.
Brancas (de). Prov., 11, 46, 57, 233.
Branche. Soiss., 47, 55, 221, 287,
484, 603.
Branche (de). Bourg., 11, 251, 284.
Branche (la). Lyon, 938.
Brancher. Tours, 620.
Branches. Bourg., 1, 141.
Branchet. Tours, 1374.
Branchot. Bourg., 1, 752.
Branchu. Poit., 198.
Brancion. Bourg., 1, 7, 205.
Branda. Guy., 587.
Brandat. Bret., 11, 788.
Brande (la). Montp.-Mont., 1166.
Brandeli. Tours, 1105.
Brandelin. Toul.-Mont., 1007.
Brandin. Limous., 342.
Brandon. Lyon, 421.
— Par., 111, 318.
— Poit., 512.
Brandonnier (le). Bret., 1, 636.
Brandons (des). Bourb., 128.
Brandohoff. Als., 797.
Brandoüi. Toul.-Mont., 55, 647.
Brandoüin. Toul.-Mont., 729, 1187,
1189.
Brandt. Als., 285, 286.
Brane. Fland., 1165.
— Guy., 108.
Braneire. Guy., 820, 1035
Brange. Bourg., 1, 1187.
— Bourg., 11, 150.
— La Roch., 282.
Brangier. Poit., 491.
Branjon. Bret., 1, 310.
— Bret., 11, 331.
— Par., 111, 115.

Branlard. *Par.*, I, 313, 329, 1136.
— *Par.*, II, 598.
Branne. *Guy.*, 31.
Branque. *Toul.-Mont.*, 567.
Branwert. *Fland.*, 187, 678.
Braque. *Al.*, 49, 367, 547.
— *Par.*, II, 465, 1243.
— *Pic.*, 666.
— *Vers.*, 25, 188.
Braquet. *Par.*, I, 1134.
Braqueti. *Prov.*, I, 66, 140.
Brard. *Al.*, 1149.
Brard. *Tours*, 996.
Brardin. *Poit.*, 1291.
Brarie. *Montp.-Mont.*, 66.
Bras. *Toul.-Mont.*, 296, 1124,
Bras (de). *Lorr.*, 343.
— *Pic.*, 31.
Brasdefer. *Al.*, 14, 15, 16, 20, 23, 47, 550, 742, 767, 782, 1179.
Braseux. *Guy.*, 1156, 1165.
Brassac. *Limous.*, 82.
— *Poit.*, 1167.
Brassai. *Guy.*, 916.
Brassalai. *Béarn*, 106.
Brassard. *Caen*, 321.
— *Toul.-Mont.*, 231, 962, 963, 1004.
Brassart. *Fland.*, 1058.
Brassat. *Toul.-Mont.*, 1158.
Brassault. *Als.*, 295.
Brasseur. *Fland.*, 1439.
— *Soiss.*, 144.
Brasseur (le). *Orl.*, 360, 463.
Brasseurs de Damvilliers (les). *Lorr.*, 632.
— de Verdun. *Lorr.*, 669.
Brasset. *Par.*, II, 1188.
Brasserin. *Prov.*, II, 434.
Brassier. *Guy.*, 111.
Braud. *Als.*, 1013.
— *Guy.*, 1027.
— *Pic.*, 784.
— *Poit.*, 1278.
Braudou. *Toul.-Mont.*, 200, 219.
Braudoux. *Orl.*, 728.
Brault. *Poit.*, 781, 795, 1189.
— *Tours*, 1474, 1477.
Braun. *Als.*, 289, 303, 310, 482.
Braut. *Orl.*, 164.
Braux. *Al.*, 971.
— *Champ.*, 8, 16, 26, 31, 32, 840.
Braux (de). *Fland.*, 319.
— *Par.*, II, 103.
Bratz. *Tours*, 93.
Bray (de). *Par.*, III, 151.
— *Pic.*, 598, 608, 715.

Brayer. *Champ.*, 497, 499.
— *Soiss.*, 205.
— *Par.*, I, 172, 174, 886.
Brazard. *Caen*, 31.
Brazi. *Lorr.*, 691.
Bréal. *Bret.*, I, 204, 215, 218.
— *Bret.*, II, 756.
Bréan. *La Roch.*, 202.
Bréant. *Al.*, 434, 1215.
— *Caen*, 345.
— *Rouen*, 19, 133, 390, 1335.
Bréard. *Caen*, 54, 67, 68, 610, 651.
Bréart. *Bret.*, I, 423.
— *Rouen*, 7, 150.
Breau. *Par.*, III, 314.
Breaud. *Bourb.*, 101.
Breaudat. *Par.*, I, 479.
Bréault. *Par.*, II, 497.
Breauté. *Caen*, 263.
Breauté. *Par.*, I, 163.
Brebart. *Par.*, I, 922.
Brebier. *Par.*, I, 940.
— *Par.*, III, 177.
Brebion. *Poit.*, 787.
— *Prov.*, I, 694.
Brébion. *La Roch.*, 252.
Brébisson. *Caen*, 112.
Brébœuf. *Caen*, 9, 51, 315.
Brébriand. *Tours*, 310.
Brébut. *La Roch.*, 345.
Brecey. *Caen*, 534.
Brech (de). *Fland.*, 1271.
Bréchard. *Bourb.*, 193.
Breche. *Caen*, 28.
Brechet. *Orl.*, 345.
Brechon. *Poit.*, 1493, 1495.
Bréchot. *Bourg.*, II, 364.
Bréchu. *Bret.*, I, 429.
— *Tours*, 691, 920.
Breckewelt. *Fland.*, 93, 361, 570, 762, 1202.
Bréci. *Rouen*, 484.
Brecq (de). *Pic.*, 603.
Brécourt. *Rouen*, 365.
Breda. *Par.*, I, 1078.
Brederback. *Lorr.*, 314.
Brederé. *Al.*, 772.
Bredet. *Par.*, IV, 237, 553.
Bredier. *Bourb.*, 533.
Brédif. *Tours*, 823.
Brédon. *Poit.*, 562, 777.
Brédy. *Bourg.*, I, 1236.
Brée. *Orl.*, 932.
Bref (le). *Lorr.*, 692.
Brefel. *Toul.-Mont.*, 1324.
Breffort. *Poit.*, 1073.

Breffort. *Soiss.*, 773.
Bregbois. *Fland.*, 265.
Bregé. *Par.*, ii, 985.
Bregel. *Bret.*, ii, 89, 599, 970.
Breget. *Lorr.*, 601.
Bregette. *Bret.*, ii, 593.
Brehamel. *Bret.*, ii, 581.
Bréhan. *Bret.*, 1, 4, 5, 128, 249, 252, 405, 413, 459, 473, 541, 615.
Brehan. *Par.*, iii, 218.
Brehant. *Bourg.*, ii, 219.
— *Bret.*, ii, 79, 80.
Brehaud. *Bret.*, i, 725.
Breheret. *Par.*, i, 1332.
Bréhier. *Bret.*, i, 498.
— *Bret.*, ii, 250.
Brehons. *Fland.*, 894.
Breids. *Als.*, 791.
Breignan. *Poit.*, 1207.
Breil. *Tours*, 92, 93.
Breil (du). *Bret.*, i, 15, 167, 219, 237, 256, 258, 262, 306, 515, 520, 565, 574, 579, 582, 584, 593, 623, 667, 783, 880.
— *Bret.*, ii, 407.
— *Champ.*, 635.
— *Pic.*, 824.
— *Toul.-Mont.*, 677, 1016.
Breillet. *Tours*, 94, 586, 140.
Breilli. *Rouen*, 1137.
Breisse. *Toul.-Mont.*, 759.
Breitten. *Als.*, 208, 930.
Bréjan. *Orl.*, 636.
Bréjon. *La Roch.*, 368.
Brelai. *Poit.*, 1073.
Brelet. *Toul.-Mont.*, 50.
Brelluet. *Poit.*, 1185.
Brelut. *Par.*, i, 1329.
Brémand. *La Roch.*, 327.
Brenne (de). *Prov.*, ii, 455.
Bremières. *Poit.*, 554.
Bremoi. *Rouen*, 792.
Bremoin. *Orl.*, 789.
Bremond. *Dauph.*, 506.
— *Guy.*, 5.
— *Poit.*, 75, 110, 582, 1374.
— *Prov.*, i, 137, 304, 510, 746, 750, 760, 815, 827, 947, 955, 956, 957, 1023, 1106, 1168, 1194, 1365, 1393, 1394, 1410, 1412, 1414, 1416, 1442.
— *Prov.*, ii, 234, 257, 360, 410, 450, 489, 601, 629, 747, 830.
— *La Roch.*, 322.
— *Par.*, i, 1123.
Bremont. *Montp.-Mont.*, 763.
Bremontier. *Rouen*, 904.

Bremoy. *Al.*, 11, 552, 765.
Brems. *Fland.*, 879.
Brenard. *Al.*, 125, 221, 354, 1216.
— *Montp.-Mont.*, 663.
Brenas. *Montp.-Mont.*, 118.
Brenet. *Poit.*, 1276.
Breneule. *Guy.*, 1175.
Brengnes. *Toul.-Mont.*, 1172.
Brengnier. *Toul.-Mont.*, 975.
Brenier. *Bourg.*, ii, 358.
— *Dauph.*, 619, 620, 622, 623.
— *Montp.-Mont.*, 1161.
— *Poit.*, 892.
Brenne. *Bret.*, i, 49.
— *Par.*, i, 410.
— *Par.*, ii, 1036, 1130.
— *Par.*, iv, 84, 264, 426, 431.
Brennelet. *Als.*, 97.
Brennier. *Orl.*, 766.
Brenod. *Bourg.*, i, 268.
— *Bourg.*, ii, 75.
— *Guy.*, 63.
— *Lorr.*, 235, 657.
— *Par.*, i, 290.
Bréon. *Tours*, 421, 670.
Bréons. *Bourg.*, i, 1241.
Brequesi. *Prov.*, ii, 797.
Brequelle. *Auv.*, 384.
Brès (de). *Prov.*, i, 780.
Brésal. *Bret.*, i, 288, 544.
Brésaut. *Als.*, 566.
Brésiel. *Pic.*, 281.
Bresier. *Prov.*, ii, 415.
Breslai. *Tours*, 322, 547, 935, 959.
Bresne. *Caen*, 718.
— *Bret.*, ii, 512.
Bressac. *Dauph.*, 36, 37, 91, 302, 303, 315,
Bressan. *Bourg.*, i, 876, 983, 1014, 1107, 1173, 1253.
— *Prov.*, i, 814, 941.
— *Prov.*, ii, 377.
Bressard. *Bourg.*, ii, 211.
Bresse. *Bourg.*, ii, 239.
Bresse (de). *Bourg.*, i, 298, 1286.
Bresseau. *Tours*, 267.
Bressei. *Lorr.*, 607, 612, 687.
Bressey. *Par.*, i, 1037.
Bressier. *Prov.*, i, 922.
Bressieux. *Dauph.*, 73.
Bressolles. *Auv.*, 463, 488.
Bressier. *Als.*, 289.
Bressolles. *Bourb.*, 114, 275.
— *Guy.*, 295.
Bresson. *Bourb.*, 547.
— *Bourg.*, ii, 345.

Bresson. *Lyon*, 749.
— *Montp.-Mont.*, 825.
Bressoncourt. *Lorr.*, 407.
Bressuire (*ville*) *Poit.*, 653.
Bressy. *Fland.*, 92.
Brest. *Bret.*, II, 110.
— *Prov.*, I, 972, 1005, 1006.
— *Prov.*, II, 302.
Brest (le). *Bret.*, I, 343, 925.
— *Par.*, I, 176, 478.
Brestet. *Al.*, 969.
Bret. *Bourg.*, I, 1021.
— *Par.*, III, 536.
Bret (de). *Prov.*, II, 139.
Bret (le). *Al.*, 980, 1223.
— *Bourg.*, II, 48, 93, 326.
— *Caen*, 111, 112, 456.
— *Par.*, II, 391, 903.
— *Prov.*, I, 377, 458, 901.
— *Rouen*, 525, 576, 133.
— *Toul.-Mont.*, 945.
— *Tours*, 342.
— *Vers.*, 198.
— *Par.*, I, 27, 34, 480, 543, 801.
Bretage. *Bourg.*, II, 5, 14, 99, 494, 574.
Bretagne. *Bourb.*, 224.
— *Bourges*, 16.
— *Bourg.*, I, 28, 33, 35, 36, 87, 147, 162, 220, 315, 316, 324, 1116.
— *Bret.*, II, 329, 621, 1054.
— *Lorr.*, 204, 616.
— *Lyon*, 711.
— *Par.*, III, 50.
— *Par.*, IV, 277, 446.
Bretanges. *Auv.*, 72, 451.
Bretault. *Bret.*, II, 866.
Breteau. *Par.*, II, 859.
— *Tours*, 1467.
— *Par.*, I, 676, 969, 1301.
Bréteche. *Orl.*, 497.
Bréteil. *Als.*, 152.
Bretel. *Fland.*, 309, 413, 897, 1265.
— *Rouen*, 124, 499, 579, 593, 1119, 1120, 1121.
Breteren. *Toul.-Mont.*, 702.
Bretesche (la). *Soiss.*, 652, 46, 837.
Brethe. *Bret.*, I, 305.
— *Guy.*, 1162.
— *Montp.-Mont.*, 825.
— *Par.*, II, 556.
— *Par.*, IV, 371, 382, 399, 608.
— *Poit.*, 101, 298, 1196.
— *Par.*, I, 84, 430.

Bretignières. *Als.*, 117, 123, 330, 646, 647, 901, 942, 1254, 1258.
— *Par.*, II, 557, 563.
— *Rouen*, 1132.
Brétignolles. *La Roch.*, 334.
Bretigny. *Par.*, I, 642, 643.
Bretineau. *Bret.*, II, 1060.
Breton. *Bourges*, 378.
Breton (de). *Toul.-Mont.*, 300.
— *Bourg.*, I, 1081.
— *Bourg.*, II, 49, 106, 498, 608.
— *Fland.*, 868.
— *Lorr.*, 147, 230, 580, 656.
— *Orl.*, 931.
— *Prov.*, I, 1011, 1045.
— *La Roch.*, 382.
— *Tours*, 754, 823, 1213, 1311.
Breton (le). *Al.*, 269, 276, 1001, 1224, 1251, 1253.
— *Bourb.*, 175, 474, 494.
— *Bret.*, I, 78, 79, 92, 160, 212, 383, 907, 908, 913.
— *Bret.*, II, 15, 31, 410, 411, 424, 427, 434, 476, 492, 510, 867, 960, 1023, 1101.
— *Caen*, 8, 11, 29, 81, 212, 230, 232, 284, 543, 570, 614, 662, 665, 728, 747.
— *Guy.*, 770, 804.
— *Montp.-Mont.*, 354, 1048.
— *Orl.*, 245, 612, 718, 827.
— *Par.*, II, 110, 935, 1223.
— *Par.*, III, 62, 65, 327, 339.
— *Par.*, IV, 157, 162.
— *Pic.*, 98, 700, 720.
— *Poit.*, 479, 522, 756, 1220.
— *Rouen*, 939, 1094, 1161.
— *Soiss.*, 565.
— *Tours*, 39, 96, 146, 221, 235, 330, 519, 760, 772, 807, 881, 1087, 1096, 1102, 1181, 1268, 1485.
— *Vers.*, 177.
— *Par.*, I, 664, 1314.
Bretonneau. *Poit.*, 105, 1362.
— *Tours*, 696.
Bretonnet. *Par.*, III, 280.
Bretonnier. *Lyon*, 162.
— *Par.*, I, 528.
Bretonnière (la). *Al.*, 949.
— *Als.*, 268.
— *Poit.*, 895.
— *Prov.*, I, 1221.
Bretonvilliers. *Caen*, 159.
Bretoux. *Guy.*, 332, 371, 886, 972, 1156.
Brets (des). *Bourb.*, 407, 447, 543, 544.

Brette (de). *Limous.*, 286.
Brettes (de). *Montp.-Mont.*, 409, 715, 717, 1288.
— *Toul.-Mont.*, 22.
Brettin. *Bourg.*, II, 168, 172.
Breu. *Toul.-Mont.*, 786.
Breuil. *Bourges*, 336.
Breuil (de). *Montp.-Mont.*, 1162, 1448.
Breuil (du). *Al.*, 660, 1030.
— *Auv.*, 344, 361, 427.
— *Bourb.*, 534.
— *Bourg.*, I, 16.
— *Bret.*, I, 283, 378, 401, 829.
— *Bret.*, II, 334.
— *Caen*, 195, 215, 218, 246, 343.
— *Dauph.*, 338.
— *Fland.*, 399.
— *Guy.*, 916, 1019.
— *Limous.*, 375, 468, 478.
— *Lorr.*, 596.
— *Orl.*, 148.
— *Par.*, III, 422, 439.
— *Par.*, IV, 75.
— *Pic.*, 75.
— *Poit.*, 309, 593, 816, 1032, 1147, 1183, 1470.
— *La Roch.*, 98, 197, 217, 237, 345, 360.
— *Soiss.*, 465, 788.
— *Toul.-Mont.*, 51, 401, 509, 647, 984.
— *Tours*, 195, 524, 764.
— *Par.*, I, 1178.
Breuil-Cherbaut (du), (abb.). *Poit.*, 931.
Breuil-Elion (du). *Poit.*, 1557.
Breuille (la). *Auv.*, 588.
— *Limous.*, 295.
Breuillet. *Par.*, I, 1168.
Breuilli. *Caen*, 309, 310.
Breuillès. *Lyon*, 739, 935.
Breuillo. *Bret.*, II, 21.
Breuvet. *Tours*, 621.
Breux (de). *Toul.-Mont.*, 730.
Breuze (de). *Champ.*, 471, 553.
— *Par.*, IV, 57.
— Bréval. *Orl.*, 842.
— Brevant. *Montp.-Mont.*, 53.
Brevaux. *Vers.*, 82.
Brevedent. *Al.*, 354.
Brévedent. *Rouen*, 339, 355, 520, 567, 574, 662, 734, 906, 1251.
Brever. *Als.*, 14.
Brevet. *Bret.*, II, 473.
Brevez. *Als.*, 803.

Brevignon. *Par.*, IV, 153.
Breville. *Caen*, 19.
— *Orléans*, 860.
Brevolles. *Caen*, 99, 275, 293.
Brevot. *Par.*, IV, 272.
Brey. *Montp.-Mont.*, 607.
Breyas. *Fland.*, 1003.
Brez (de). *Montp.-Mont.*, 192, 634.
Breze (St). *Toul.-Mont.*, 1256.
Brezet. *Guy.*, 67, 1130.
Brezetz (de). *Fland.*, 2.
Brezous. *Auv.*, 193.
Bri (de). *Poit.*, 953, 1392.
Briacon. *Lyon*, 664.
Briais. *Orl.*, 727.
Brial. *Toul.-Mont.*, 699.
Brialmont. *Lorr.*, 442.
Brian. *Bourges*, 10, 396.
Briançon (ville). *Dauph.*, 96, 139, 569.
— *Fland.*, 1319.
— *Prov.*, I, 1457.
Briancourt. *Bret.*, II, 1070.
Briand. *Orl.*, *Bourg.*, I, 185.
Briand (de). *Poit.*, 170, 314, 868, 1312, 1537, 1541.
Briandet. *Bourg.*, II, 580.
Briane. *Par.*, I, 1050.
Brianne. *Montp.-Mont.*, 286.
Brians. *La Roch.*, 29, 143, 149.
Brianson. *Prov.*, II, 669.
Briansson. *Guy.*, 362, 364, 1076.
Briant. *Bret.*, I, 242, 244, 364, 442, 681.
— *Bret.*, II, 359, 488, 504, 512, 608, 825, 974, 1103.
— *Fland.*, 114.
— *Limous.*, 63, 356.
Briard. *Lorr.*, 312.
Brias. *Fland.*, 243, 302.
Brias (de). *Pic.*, 143, 227, 683, 788.
Briaud. *Tours*, 946, 1181, 1206.
Briaudet. *Bourb.*, 132, 609.
Bricard. *Bourg.*, II, 12, 496.
— *Bret.*, II, 513.
— *Lorr.*, 412, 675.
— *Prov.*, I, 727, 647.
— *Toul.-Mont.*, 700.
Brice. *Par.*, II, 507, 566.
— *Par.*, III, 76.
— *Rouen*, 94, 154, 632, 670.
— *Soiss.*, 271.
— *Par.*, I, 1226.
Bricet. *Orl.*, 529.
Brichanteau. *Par.*, I, 394.

Brichet. *Bret.*, II 863.
— *Lyon*, 923.
— *Tours*, 518, 892.
Bricheteau. *Poit.*, 396, 533.
Bricht. *Als.*, 654, 656.
Briçonnet. *Bourges*, 2.
— *Orl.*, 348, 555.
— *Par.*, I, 119, 276, 662, 870, 885, 1088, 1179.
— *Par.*, II, 185, 294, 567, 646, 1146, 1205.
— *Par.*, IV, 77.
— *Poit.*, 161, 804, 846, 1461.
— *Rouen*, 414.
Bricourt. *Soiss.*, 717.
Bridaine. *Montp.-Mont.*, 1438.
Bridault. *Par.*, III, 310, 575.
— *Pic.*, 819.
— *Par.*, I, 1405.
Bridat. *Guy.*, 1177.
Bridel. *Pic.*, 577.
Bridet. *Bourg.*, I, 127.
Bridier. *Tours*, 937, 938, 971.
Bridiers. *Bourges*, 503.
Bridiès. *Guy.*, 174.
Bridieu. *La Roch.*, 185.
— *Rouen*, 403.
Bridon. *Bret.*, I, 156.
— *Bret.*, II, 478, 602.
— *Tours*, 888.
— *Vers.*, 178, 226.
Bridonneau. *Poit.*, 895, 1197.
— *Tours*, 228, 634, 1048, 1058, 1068.
Bridou. *Bourges*, 275.
— *Pic.*, 291.
— *Rouen*, 1391.
— *Par.*, I, 236.
Bridoul. *Fland.*, 103, 118, 134, 158, 578, 797, 899.
Brie. *Al.*, 1225.
— *Guy.*, 549.
— *Orl.*, 242.
— *Par.*, I, 1195.
— *Par.*, IV, 634, 636, 701.
Brie (de). *Lorr.*, 21, 164, 238, 636.
— *Lyon*, 405.
— *Soiss.*, 566.
Brie (la). *Montp.-Mont.*, 834.
Brie (St). *La Roch.*, 218.
Brié (du). *Bret.*, II, 596.
Briéaut. *Orl.*, 359, 363, 468.
Briécard. *Prov.*, II, 372.
Brieff. *Als.*, 440.
Briel, *Champ.*, 462, 597.
— *Lorr.*, 86, 455.

Brielles (des). *Bourges*, 273.
Briclet. *Toul.-Mont.*, 768.
Brienne. *Champ.*, 174, 778.
— *Limous.*, 269.
— *Prov.*, I, 960.
Brier (de). *Fland.*, 178, 185, 221, 1382.
Brière. *Al.*, 715, 745, 746, 757.
— *Par.*, I, 34.
— *Par.*, II, 241, 415, 1142.
Bries (de). *Pic.*, 193.
Briet. *Bourg.*, I, 1009, 1020.
— *Pic.*, 237, 397, 426, 438, 456.
— *Prov.*, I, 1240.
Briet (de). *Fland.*, 852.
Brieu. *Prov.*, I, 1332, 1333.
Brieuc (St). *Bret.*, I, 248.
— *Bret.*, II, 122.
Brieugne. *Prov.*, II, 563.
Briffard. *Par.*, III, 444.
Briffault. *Fland.*, 971.
— *Rouen*, 678, 778, 807, 884.
Briffaut. *Bourg.*, II, 111.
— *Tours*, 829.
Briffe (la). *Al.*, 329.
— *Par.*, I, 589, 876, 985.
Brifon. *Toul.-Mont.*, 1298.
Brigain. *Bret.*, II, 501.
Brigant (le). *Bret.*, II, 1016.
Brigeon. *Par.*, III, 306.
Brigeon (des). *Orl.*, 910.
Brignac. *Montp.-Mont.*, 657.
Brignan. *Montp.-Mont.*, 539, 1543.
Brignol. *Prov.*, II, 253, 796, 837.
Brignolle (ville). *Prov.*, II, 722.
Brignon. *Bret.*, I, 924.
— *Bret.*, II, 61.
— *Par.*, II, 471, 1188.
— (ab.). *Poit.*, 1424.
Brigoulet. *Limous.*, 176.
Briguier (le). *Bret.*, II, 540.
Brihon. *Rouen*, 247, 254.
Brillac. *Bourg.*, I, 17.
— *Bourg.*, II, 274.
— *Par.*, I, 889, 1287.
— *Poit.*, 55, 63, 76, 82, 328.
— *Rouen*, 356.
Brillac (de). *La Roch.*, 206.
Brillant, *Poit.*, 1369.
Brillard. *Tours*, 1402, 1427.
Brillet. *Bret.*, II, 598.
— *Par.*, IV, 688.
— *Tours*, 434, 565, 927, 1198.
Brilli. *Rouen*, 264, 1190.
Brilliard. *Soiss.*, 218.
Brillon. *Orl.*, 727.

Brillon. *Par.*, I, 1259, 1283, 1360, 1388.
— *Par.*, II, 1219.
— *Tours*, 820.
Brillouet. *Poit.*, 1090.
— *La Roch.*, 233.
Brimbeuf. *Orl.*, 410.
— *Par.*, I, 394.
Brin. *Caen*, 717, 757.
— *Montp.-Mont.*, 326.
— *Tours*, 1037.
— *Vers.*, 201.
Brindejonc. *Bret.*, I, 195.
Bringuier. *Montp.-Mont.*, 979, 981.
Brinningkoffen. *Als.*, 157.
Brinon. *Rouen*, 525, 529, 531, 549, 550, 672, 1273.
— *Bourb.*, 101, 237.
— *Par.*, II, 174.
— *Par.*, III, 117.
Brinsy. *Als.*, 214.
Briois. *Bourg.*, I, 631.
— *Fland.*, 141, 782, 821.
— *Pic.*, 167, 801.
Briolay. *Bourg.*, II, 56.
— *Par.*, III, 552.
Brion. *Bret.*, II, 359.
— *Champ.*, 496.
— *Dauph.*, 246.
— *Lyon*, 927.
— *Montp.-Mont.*, 37, 347.
— *Orl.*, 490.
— *Par.*, I, 309, 885, 889.
— *Par.*, II, 1158, 1195.
— *Par.*, III, 112.
— *Soiss.*, 169.
Brion (de). *Poit.*, 1181, 1227, 1326, 1332, 1337, 1354.
Brionet. *Dauph.*, 218.
Briord. *Bourg.*, II, 201.
Briosne. *Orl.*, 732.
Briot. *Bret.*, II, 32.
- *Champ.*, 608.
Briou. *Bourg.*, I, 403.
— *Orl.*, 579, 584, 585.
— *Par.*, I, 380.
Brioude (*ville*). *Auv.*, 466.
Brioy. *Als.*, 492.
Brique (la). *Fland.*, 1437.
Briquemault. *Par.*, III, 86.
Briquenet. *Champ.*, 653.
Briquet. *Als.*, 337.
— *Bourges*, 35, 410, 499.
— *Fland.*, 282, 411.
— *Prov.*, I, 960.
Briqueville. *Al.*, 1167.

Briqueville. *Bret.*, I, 332.
— *Caen*, 6, 33, 102, 242.
— *Par.*, II, 1076, 1077.
Brirot. *Bourb.*, 37, 266, 291.
Bris (de). *Prov.*, II, 358.
Bris (du). *Fland.*, 1018.
— *Pic.*, 791.
Bris (le). *Bret.*, II, 274.
Brisac. *Guy.*, 177.
Brisack (*ville*). *Als.*, 346.
Brisacier. *Bourges*, 7.
Brisai. *Lorr.*, 181.
Brisard. *Al.*, 272, 1228, 1243.
— *Par.*, II, 1116, 1114, 1123, 1124.
— *Soiss.*, 515.
Brisay. *Par.*, II, 706.
— *Vers.*, 14, 295.
Brisbarre. *Soiss.*, 559, 761.
Briseur (le). *Champ.*, 138.
Brisejon. *Bourges*, 60.
Brison. *Caen*, 702.
Brisquet. *Bret.*, II, 908.
Brisquet (de). *Vers.*, 309.
Brissac. *Par.*, II, 465.
— *Prov.*, II, 83.
— *Tours*, 146, 364, 555, 955, 1152.
— *Vers.*, 8.
Brissart. *Par.*, I, 1330.
Brissaud. *Guy.*, 1111.
Brissault. *Limous.*, 338.
— *Poit.*, 1022.
— *Tours*, 749, 1364.
Brisse. *Bourb.*, 298, 373.
— *Caen*, 609, 707.
Brisseau. *Fland.*, 321, 325, 594.
— *Pic.*, 503.
Brisset. *Al.*, 213, 591, 1033.
— *Dauph.*, 324.
— *Lorr.*, 297.
— *Par.*, I, 811.
— *Par.*, II, 608.
— *Par.*, III, 330.
— *Par.*, IV, 131.
— *Soiss.*, 688, 648.
— *Tours*, 918, 924.
Brissier. *Champ.*, 343.
Brissieux. *Dauph.*, 164.
Brissol. *Orl.*, 517.
Brisson. *Al.*, 1056, 1238.
— *Bourb.*, 70, 73, 75, 428, 450, 473.
— *Bourges*, 142, 234.
— *Bret.*, II, 1103.
— *Champ.*, 757.
— *Orl.*, 330, 342, 344, 348.
— *Par.*, I, 373.
— *Poit.*, 177, 200, 368, 369.

Brissonneau. *Poit.*, 1169.
Brissot. *Caen*, 697.
Britanni. *Als.*, 594.
Britaut. *Bret.*, II, 1109.
Brivazac. *Guy.*, 119, 839, 847.
Brivedeau. *Tours*, 978.
Brives (de). *Auv.*, 110.
Brivezat. *Limous.*, 161.
Brivigkoffen. *Als.*, 913.
Brix. *Caen*, 27, 48, 761.
Brizai. *Toul.-Mont.*, 450.
Brizard. *Tours*, 513.
Brizart. *Bret.*, I, 75.
— *Par.*, I, 874.
Brizay. *Orl.*, 167, 603.
Briziaux. *Par.*, II, 845.
Broa. *Toul.-Mont.*, 1235.
Broal. *Par.*, I, 325.
Brobal. *Fland.*, 1072.
Brobecker. *Als.*, 696, 673.
Broc. *Al.*, 1169.
— *Bourg.*, I, 558, 716, 918, 1216.
— *Champ.*, 666.
— *Prov.*, I, 1393.
— *Prov.*, II, 518, 522.
Broc (de). *Tours*, 37, 296, 300, 302, 306, 1325, 1512, 1514, 1515, 1521.
Broc (du). *Bourges*, 474, 507.
— *Guy.*, 372, 373.
Broc (le). *Lorr.*, 480.
Brocâ. *Béarn*, 34.
Broca (du). *Guy.*, 176.
Brocard. *Bourg.*, I, 481, 634, 778, 1170, 1174, 1181.
— *Lorr.*, 546.
— *Orl.*, 667.
— *Par.*, IV, 131, 135.
— *Rouen*, 921.
Brocardy. *Montp.-Mont.*, 820.
Brocas. *Guy.*, 5, 402, 493, 1205.
Brocha. *Guy.*, 1210.
Brochand. *Par.*, IV, 65.
Brochant. *Al.*, 77.
— *Par.*, I, 125, 1240.
— *Par.*, III, 132, 133.
Brochard. *Al.*, 373, 501.
— *Guy.*, 423, 433.
— *Orl.*, 607.
— *Par.*, I, 1170.
— *Poit.*, 219, 545.
— *La Roch.*, 262.
— *Tours*, 267.
Brochardière. *Poit.*, 998.
Brochardière (la). *Tours*, 1465.
Brochart. *Bret.*, I, 173.
Broche. *Montp.-Mont.*, 537, 962.

Broche. *Par.*, I, 1229.
Brocherieux. *Dauph.*, 32.
Brochet. *Fland.*, 1141.
— *Lyon*, 528.
— *Orl.*, 275.
— *Prov.*, II, 713.
Brochier. *Prov.*, I, 961, 1443.
— *Prov.*, II, 754, 686.
Brochon. *Caen*, 640.
Brochon. *Guy.*, 635.
Brocht. *Als.*, 485.
Brocot. *Prov.*, II, 259.
Brodart. *Champ.*, 147, 155.
— *Par.*, I, 935.
— *Par.*, II, 480.
— *Soiss.*, 57, 188, 189, 664.
Brodeau. *Bourg.*, I, 568.
— *Par.*, I, 915, 978, 1198.
Brody. *Bourg.*, I, 1284.
Broé. *Bret.*, II, 164.
— *Par.*, I, 159, 478.
— *Par.*, II, 14.
— *Par.*, IV, 58.
Broglein. *Als.*, 84.
Broglia. *Par.*, II, 12.
— *Prov.*, I, 400, 404, 441.
— *Prov.*, II, 235.
Broglio. *Par.*, I, 172, 269, 1250, 1260.
Broguet. *Fland.*, 1399.
Broguier. *Prov.*, II, 810.
Broischeidt. *Lorr.*, 441.
Broichot. *Als.*, 498.
Broide (de). *Fland.*, 22, 23, 91, 117, 159.
Broie (la). *Fland.*, 785.
Broise (la). *Al.*, 26.
— *Als.*, 368.
— *Caen*, 534.
— *Rouen*, 21.
— *Tours*, 376, 417, 1361, 1452.
Broliat. *Auv.*, 517.
Bron (de). *Bourb.*, 27.
— *Par.*, II, 479.
Bronac. *Montp.-Mont.*, 412.
Bronais. *Bret.*, II, 1078.
Bronchon. *Prov.*, II, 492.
Bronde. *Prov.*, II, 368, 369.
Brondeau. *Bourg.*, I, 59, 236.
— *Guy.*, 810.
Bronder. *Als.*, 1063.
Brones. *Bret.*, I, 912.
Bronho. *Bret.*, II, 1134.
Bronne (la). *Guy.*, 650.
Bronner. *Als.*, 108, 504, 713.
Brons. *Guy.*, 1168.

Bronsvich. *Als.*, 682.
Broôn. *Bret.*, ii, 268.
— *Par.*, i, 297.
Broôn (de). *Dauph.*, 169.
Broonecq (de). *Pic.*, 738.
Broot. *Poit.*, 1260.
Broqua. *Toul.-Mont.*, 386.
Broqua (du). *Guy.*, 1157.
Broquas. *Guy.*, 487.
Broquevillers (de). *Pic.*, 764.
Broqueri. *Prov.*, i, 727, 1044, 1270.
Broquet. *Al.*, 1197.
— *Par.*, i, 1160.
— *Par.*, iii, 234.
Broquier. *Prov.*, i, 918.
Bros (de). *Toul.-Mont.*, 1383.
Brosnier. *Tours*, 960.
Brossai (du). *Tours*, 901, 1363.
Brossamin. *Par.*, ii, 1017.
Brossand. *Bourg.*, ii, 285.
Brossard. *Al.*, 29, 39, 66, 475, 519, 562, 591, 594, 598, 606, 954, 994, 1125.
— *Als.*, 1103.
— *Bourb.*, 44.
— *Bourges*, 193, 278, 429.
— *Bourg.*, i, 191.
— *Bourg.*, ii, 354.
— *Bret.*, i, 205, 220.
— *Bret.*, ii, 332.
— *Caen*, 360, 363, 706.
— *Guy.*, 60, 88.
— *Limous.*, 391, 460.
— *Lyon*, 422, 658.
— *Orl.*, 803, 960.
— *Par.*, i, 293, 327.
— *Pic.*, 860, 861.
— *La Roch.*, 160, 305, 325, 339.
— *Rouen*, 16, 42, 195, 575, 1092.
— *Soiss.*, 870.
— *Tours*, 50, 294, 305, 315, 352, 390, 1113, 1157, 1174, 1524.
Brossardière. *Poit.*, 349, 1217, 1232.
Brossart. *Champ.*, 168, 913.
— *Poit.*, 1345, 1346.
Brosse. *Als.*, 840.
Brosse (de). *Orl.*, 337, 492, 786.
Brosse (la). *Bourb.*, 598.
— *Lorr.*, 369.
— *Lyon*, 739.
— *Montp.-Mont.*, 758.
— *Par.*, iv, 44.
— *La Roch.*, 18.
— *Toul.-Mont.*, 175.
— *Tours*, 960, 1176.
Brossé (du). *Tours*, 534.

Brosseau. *Par.*, ii, 40, 1037.
— *Poit.*, 1283.
Brossée. *Guy.*, 888.
Brosseguin. *Poit.*, 410.
Brossen. *Béarn*, 129.
Brosser. *Guy.*, 81.
Brosses (de). *Bourg.*, i, 32.
— *Lyon*, 13, 17, 307, 512.
— *Pic.*, 690.
Brosses (des), *Bourg.*, ii, 615.
— *Lyon*, 43, 242.
— *Orl.*, 759.
— *Poit.*, 1341.
— *Rouen*, 379, 407.
Brosset. *Al.*, 169, 195, 602.
— *Lyon*, 651, 658, 958.
Brossié. *Guy.*, 174.
Brossier. *Al.*, 675.
— *Bourges*, 190, 230.
— *Par.*, ii, 243, 800.
— *Tours*, 243, 1021.
Brossin. *Par.*, i, 1203.
— *Tours*, 629, 1045.
Brossiniac. *Auv.*, 537.
Brossot. *Par.*, iii, 892.
Brotant. *Par.*, i, 495.
Brotet. *Dauph.*, 427.
Brotin. *Par.*, i, 1260.
Brottin. *Dauph.*, 324.
Brottier. *Limous.*, 425.
— *Orl.*, 865.
Brou (de). *Bourg.*, i, 294, 437.
Brouard. *Bret.*, ii, 603.
— *Caen*, 348.
— *Poit.*, 1361, 1391.
— *Rouen*, 1330.
— *Soiss.*, 844.
Brouart. *Bourges*, 268.
Brouassin. *Par.*, iv, 165.
Brouch. *Als.*, 270, 275.
Brouch (de). *Fland.*, 1084.
Brouchard. *Guy.*, 923.
Brouchier. *Prov.*, i, 915.
Broucker. *Als.*, 697.
Broude. *Par.*, i, 1096.
Broudières (des). *Al.*, 1024.
Broñc (la). *Guy.*, 515.
— *Limous.*, 289.
— *Montp.-Mont.*, 407, 989.
— *Poit.*, 50.
— *Toul.-Mont.*, 1374.
Brouhée (la). *Guy.*, 516.
Brouilhé. *Guy.*, 990.
Brouilhoni. *Prov.*, i, 182, 1310, 1311, 1312.
Brouillac. *Guy.*, 162.

Brouillac. *Poit.*, 566, 597, 1519.
— *La Roch.*, 405.
Brouillard. *Al.*, 971, 1014.
Brouillére (la). *Bret.*, ii, 1059.
Brouillet. *Orl.*, 673.
— *Tours*, 956, 1257.
Brouillet (du). *Limous.*, 294.
Brouillon. *Prov.*, ii, 717.
Brouilloni. *Prov.*, ii, 394.
Brouilly. *Par.*, i, 129.
— *Pic.*, 433.
— *Suiss.*, 118, 275.
— *Vers.*, 143.
Brouin. *Als.*, 422.
— *Tours*, 1304.
Broulard. *Bourg.*, i, 689.
Broulaudie. *Guy.*, 1181.
Broulette (de). *Pic.*, 763.
Broullart. *Orl.*, 1005.
Brouost. *Bourg.*, i, 239.
Brous (de). *Toul.-Mont.*, 251.
Broussard. *Guy.*, 1178.
— *Limous.*, 423, 424.
Broussaud. *La Roch.*, 193.
Broussaut. *Par.*, iv, 266.
Brousse. *Bourb.*, 574.
— *Montp.-Mont.*, 285, 798.
Brousse (de). *Auv.*, 111
Brousse (la). *Guy.*, 24, 380, 418, 421, 656, 730, 798, 1034, 1040, 1123, 1180, 1229.
— *Limous.*, 419.
— *Par.*, ii, 187, 914.
— *Poit.*, 977, 1055.
— *Vers.*, 26.
Broussel. *Champ.*, 288, 289.
Brousseliéres (de). *Auv.*, 177, 459.
Brousses (des). *La Roch.*, 315.
Brousset. *Montp.-Mont.*, 825.
Broussette (de). *Auv.*, 586, 566.
Broussin. *Tours*, 1125.
Brousson. *Prov.*, i, 592.
Broussoré. *Montp.-Mont.*, 8, 300.
— *Par.*, iii, 252.
— *Toul.-Mont.*, 521.
Broust. *Rouen*, 83.
Broutel. *Par.*, i, 990.
Broutier. *Bourb.*, 461.
— *Poit.*, 864.
Broutin. *Al.*, 891.
— *Par.*, ii, 704.
Brouvede. *Prov.*, ii, 817.
Broux (de). *Fland.*, 1026.
Brouzos. *Toul.-Mont.*, 1145, 1161.
Brouzet. *Montp.-Mont.*, 814, 1335.
Broyart. *Pic.*, 605.

Broyére. *Prov.*, ii, 470.
Bru. *Guy.*, 960.
Bru (de). *Montp.-Mont.*, 402.
Brû (de). *Par.*, i, 3, 283.
Brua (de). *Poit.*, 401.
Bruan. *Bourg.*, i, 1005.
Bruand. *Tours*, 1462.
Bruant. *Par.*, i, 989.
— *Par.*, ii, 369, 511.
Bruault. *Poit.*, 466, 467.
Bruc. *Bret.*, i, 162, 173, 391, 431, 501, 519, 817.
— *Par.*, i, 107.
Bruc (de). *Bret.*, ii, 751.
— *Poit.*, 239, 1441.
— *Tours*, 319.
Brucan. *Caen*, 218, 269, 452.
Brucé (de). *Poit.*, 1472.
Brucelle. *Suiss.*, 697.
Bruchaux. *Rouen*, 202.
Bruché. *Champ.*, 796.
Bruchet. *Bourg.*, i, 422.
— *Bourg.*, ii, 287, 288.
— *Par.*, i, 221.
Bruchier. *Par.*, iii, 145.
— *Pic.*, 859.
Brucourt. *Al.*, 209, 304, 507, 618.
Brue. *Fland.*, 378.
— *Prov.*, ii, 814.
Brüe (la). *Guy.*, 833.
Bruel. *Bourg.*, i, 14.
— *Prov.*, i, 17.
Bruel (du). *Toul.-Mont.*, 1078, 1086, 1452.
Bruerat. *Lyon*, 252.
Bruere. *Bourges*, 113.
— *Par.*, i, 1332.
Bruere (la). *Par.*, iii, 455.
Bruerre. *Bourg.*, ii, 377, 508.
Bruet. *Toul.-Mont.*, 707.
Bruez. *Orl.*, 190.
Bruez (de). *Montp.-Mont.*, 240, 501, 603, 657, 738, 928, 940.
Bruëz. *Par.*, ii, 471.
Brure. *Champ.*, 391.
Brugelet. *Toul.-Mont.*, 583.
Brugeron. *Al.*, 393.
— *Montp.-Mont.*, 331, 1261.
Brugès. *Béarn*, 32.
Bruges. *Montp.-Mont.*, 405.
Brugeul. *Auv.*, 413.
Brughes. *Fland.*, 1121.
Brugie. *Toul.-Mont.*, 1012.
Brugies. *Auv.*, 221, 511, 512.
Brugière. *Guy.*, 678.
Brugiéres. *Auv.*, 237.

Brugnard. *Pic.*, 711.
Brugnier (de). *Pic.*, 794.
Bruguier. *Montp.-Mont.*, 1282.
Bruguière. *Montp.-Mont.*, 1016.
Bruguières. *Guy.*, 1176.
— *Toul.-Mont.*, 415, 711, 1088, 1467.
Bruguiroux. *Montp.-Mont.*, 710, 711, 1561.
Bruhet. *Guy.*, 316, 317, 880.
Bruie (de). *Orl.*, 1006.
Bruillée (la). *La Roch.*, 389.
Bruillard. *Lorr.*, 226.
Bruin. *Montp.-Mont.*, 1234.
Bruin (de). *Pic.*, 165, 192, 224.
Bruis. *Prov.*, I, 454.
Bruix. *Guy.*, 371, 702.
Brujard. *Lorr.*, 312.
Brulaire (la). *Tours*, 526.
Bruland. *Bourg.*, II. 208.
Brulard. *Dauph.*, 520.
— *Orl.*, 651, 810.
— *La Roch.*, 416.
— *Tours*, 353, 641.
Brulart. *Bourg.*, I, 1072.
— *Par.*, I, 81, 239, 1016, 1154, 1285, 1338.
— *Par.*, II, 11, 128, 245, 246, 451, 1082, 1122, 1168.
— *Par.*, III, 79.
— *Soiss.*, 29, 118, 238, 262, 356, 386, 774, 787.
Brulaut. *Bourb.*, 414.
Brulé. *Caen*, 481.
— *Champ.*, 630.
— *Pic.*, 707, 895.
— *Par.*, I, 1241, 1305.
Brulefer. *Champ.*, 614.
Brulet. *Champ.*, 578.
— *Montp.-Mont.*, 122.
Brulh (de). *Montp.-Mont.*, 1213.
Brullon. *Bourg.*, I, 661.
— *Par.*, III, 420.
Brulon. *Auv.*, 167, 169.
— *Poit.*, 480, 977, 1041, 1045.
Brumault. *Limous.*, 385.
Brumeau. *Tours*, 992.
Brument (le). *Rouen*, 833, 916.
Brumont. *Béarn*, 156.
Brun. *Als.*, 264.
— *Auv.*, 38, 85, 214, 402.
— *Bourges*, 104.
— *Guy.*, 1108, 1126.
— *Limous.*, 61.
— *Lyon*, 260, 533, 927, 1023.
— *Orl.*, 152, 529, 555.
— *Poit.*, 563, 567, 812, 1597.

Brun. *Prov.*, I, 4, 21, 33, 53, 167, 174, 175, 176, 183, 201, 773, 785, 826, 923, 1186, 1193, 1196, 1219, 1238, 1327, 1372.
— *Prov.*, II, 192, 253, 284, 286, 430, 505, 517, 518, 519, 587, 590, 667, 688, 737, 738, 802.
Brun (de). *Bourg.*, I. 552, 598, 1014, 1040, 1282.
Brun (de). *Champ.*, 628.
— *Montp.-Mont.*, 12, 324, 498, 634, 657, 792, 921, 924.
— *Toul.-Mont.*, 11, 67, 580, 713, 721, 760, 763, 1285.
Brun (le). *Al.*, 44, 214, 739.
— *Bourg.*, I, 290, 696.
— *Bret.*, I, 101, 163, 232, 252, 498.
— *Bret.*, II. 16, 391, 463, 1002.
— *Caen*, 345, 601, 718, 719.
— *Champ.*, 569, 867.
— *Dauph.*, 103.
— *Fland.*, 880, 1271, 1502.
— *Lorr.*, 333, 566.
— *Montp.-Mont.*, 294, 330, 686.
— *Par.*, I, 1143, 1144, 1348.
— *Par.*, II, 1103, 1113, 1141, 1251.
— *Par.*, III, 68, 131, 375.
— *Par.*, IV, 794.
— *Pic.*, 192, 378.
— *Poit.*, 282, 867, 1160, 1162.
— *Rouen*, 343, 346, 488, 595, 793, 1360.
— *Toul.-Mont.*, 114, 508.
Brunain. *Montp.-Mont.*, 334.
Brunat. *Bourg.*, II, 550.
Brunaud. *Guy.*, 946, 1030.
— *Prov.*, II, 337.
Brunaulieu. *Lorr.*, 402.
Brunaux. *Lyon*, 762.
Bruncamp. *Soiss.*, 687.
Brunck. *Als.*, 80, 165, 177, 221.
Prune. *Als.*, 686.
— *Prov.*, II, 432, 813.
Brune (la). *Fland.*, 1158, 1396.
— *Par.*, IV, 775.
Bruneau. *Bourges*, 268.
— *Bret.*, I, 496.
— *Bret.*, II, 33, 177, 488, 806, 812, 1086.
— *Champ.*, 869.
— *Fland.*, 50, 168, 341, 576.
— *Montp.-Mont.*, 519, 1422.
— *Orl.*, 364.
— *Par.*, I, 674, 900, 967, 1125.
— *Par.*, II, 589, 871, 872.
— *Par.*, III, 291.

Bruneau. *Poit.*, 561, 639, 773, 790, 793, 797, 802, 1046, 1253, 1418, 1500, 1502.
— *La Roch..* 40, 159.
— *Soiss.*, 871.
— *Tours*, 819, 995, 1473.
Brunel. *Al.*, 932, 1018, 1124.
— *Auv.*, 39, 437, 481.
— *Bourg.*, I, 653.
— *Bret.*, II, 387.
— *Dauph.*, 212, 270, 591.
— *Fland.*, 905.
— *Lorr.*, 238.
— *Montp.-Mont.*, 203, 352, 365, 402, 706, 822, 909, 1045.
— *Orl.*, 263.
— *Par.*, I, 1386.
— *Par.*, IV, 147.
— *Pic.*, 6, 714, 786, 881.
— *Prov.*, I, 203, 204, 1287, 1318.
— *Prov.*, II, 439.
— *La Roch.*, 320.
— *Rouen*, 915.
— *Toul.-Mont.*, 1198.
Brunelles. *Poit.*, 797, 831.
Brunelière. *Poit.*, 1276.
Brunerie. *Limous.*, 469.
Brunet. *Al.*, 172, 178, 401, 404, 719, 802, 942, 955, 1062, 1182.
— *Bourges*, 266, 283.
— *Bourg.*, I, 60, 88, 227, 290, 336, 337, 342, 345, 479, 605, 848.
— *Bourg.*, II, 13, 89, 179, 630.
— *Bret.*, I, 226, 586, 626.
— *Bret.*, II, 145, 913.
— *Dauph.*, 124, 590.
— *Fland.*, 1156.
— *Guy.*, 374, 1013.
— *Lyon*, 75, 386, 630.
— *Par.*, I, 819, 874, 880, 1082, 1120.
— *Par.*, II, 14, 92, 364, 547, 669.
— *Par.*, III, 290, 312.
— *Par.*, IV, 252.
— *Pic.*, 663.
— *Poit.*, 132, 142, 199, 222, 226, 343, 429, 431, 434, 435, 487, 539, 540, 624, 905, 970, 987, 1013, 1131, 1183, 1185, 1199, 1368, 1385, 1390, 1438, 1518, 1523.
— *Prov.*, I, 659, 832, 1436.
— *Prov.*, II, 4, 47, 75, 138, 226, 274, 331, 430, 608, 617, 619, 620, 745.
— *La Roch.*, 840.
— *Rouen*, 1003.
— *Soiss.*, 128.

Brunet. *Toul.-Mont.*, 953, 1299, 1316, 1379.
— *Tours*, 307, 1246.
— *Vers.*, 10.
Brunet (de). *Montp.-Mont.*, 62, 961, 1009, 1515.
Bruneteau. *La Roch.*, 346.
— *Tours*, 1343.
Bruneti. *Prov.*, I, 1430.
Brunetière. *Bret.*, II, 813.
— *Poit.*, 1100.
Brunetière (la). *La Roch.*, 225.
— *Tours*, 90, 518.
Brunetot. *Champ.*, 89.
Bruni. *Prov.*, I, 551.
— *Prov.*, II, 211, 254, 747.
Brunie (la). *La Roch.*, 229.
— *Toul.-Mont.*, 951.
Brunier. *Dauph.*, 213.
— *Orl.*, 93.
— *Prov.*, II, 683.
Brunil. *Toul.-Mont.*, 1169.
Brunino. *Lyon*, 91.
Bruno. *Bourg.*, I, 1058.
— *Dauph.*, 30.
— *Guy.*, 1076.
— *Prov.*, I, 436.
Brunon. *Lyon*, 149, 689.
Brunot. *Par.*, I, 1153.
— *Par.*, III, 516.
Brunot (du). *Bret.*, I, 952.
Brunsard. *Tours*, 987.
Brunville. *Caen*, 158, 176, 398.
Bruny. *Bret.*, II, 814.
Bruroleau. *Tours*, 873.
Bruscoly. *Par.*, I, 955, 1203.
— *Par.*, III, 237.
Bruslai. *Al.*, 282, 659, 1249.
Bruslé. *Orl.*, 823.
— *Par.*, II, 1105.
— *Par.*, III, 519.
— *Par.*, IV, 11.
— *La Roch.*, 140, 229, 360.
Bruslon, *Bret.*, II, 269.
— *Prov.*, II, 458.
— *Tours*, 410, 1523.
Brussault. *Lorr.*, 612.
Brusse. *Bourg.*, I, 1057.
Brusse. *Poit.*, 595.
Brusseau *La Roch.*, 378.
Brussel. *Par.*, II, 1246.
Brussi. *Tours*, 2.
Brussi (de). *Pic.*, 814.
Brussineau. *Bret.*, I, 183.
Brusson. *Bourg.*, I, 88, 280.
— *Bourg.*, II, 156.

Brusson. *Lorr.*, 509.
Brussy. *Par.*, I, 1246.
Brustel. *Fland.*, 23.
Brustis. *Guy.*, 951.
Brutel. *Prov.*, II, 683.
Bruxelles. *Soiss.*, 67.
Bruxelles (de). *Pic.*, 769.
Bruxs. *Guy.*, 258, 335, 336.
Bruyant. *Fland.*, 136.
— *Pic.*, 723.
Bruyas. *Auv.*, 28, 405.
— *Lyon*, 731.
Bruyel. *Prov.*, I, 361.
Bruyère. *Lyon*, 664, 665.
Bruyère (la). *Champ.*, 102, 866.
— *Lorr.*, 181, 259.
— *Par.*, II, 231, 580, 794.
Bruyères (ville). *Lorr.*, 154, 479.
Bruyères (de). *Toul.-Mont.*, 1072.
Bruzat. *Guy.*, 652.
Bruzon. *Poit.*, 1136.
Bry. *Orl.*, 239, 745.
Buac (du). *Lorr.*, 219.
Buade. *Bourg.*, II, 152.
— *Montp.-Mont.*, 732.
— *Par.*, II, 197.
Buard. *Guy.*, 351, 1138.
— *Par.*, I, 228.
— *Tours*, 1157.
Buart. *Bret.*, II, 1060.
Buarts (des). *Fland.*, 1349.
Buat (de). *Rouen*, 20.
Buat (des). *Caen*, 534, 544.
Buat (du). *Al.*, 17, 191, 261, 265,
   402, 430, 542, 553, 554, 561, 588,
   661, 699, 776, 1001, 1030.
— *Par.*, IV. 300.
— *Tours*, 437, 1193, 1197.
Buatier. *Bourg.*, I, 222.
— *Bourg.*, II, 5.
Buats (des). *Al.*, 214.
— *Caen*, 712.
Buault. *Bret.*, II, 501.
Buc (du). *Caen*, 371.
— *Par.*, I, 253.
— *Prov.*, II, 472.
— *Rouen*, 811, 1109.
— *Toul.-Mont.*, 632, 1236.
Bucaille. *Al.*, 915, 1221.
Bucaille (la). *Par.*, I, 615.
Bucé. *Soiss.*, 781.
Bucelle. *Prov.*, I, 986, 1418, 1424,
   1436, 1437.
Buché. *Bret.*, II, 377, 797.
Buchel. *Als.*, 478, 1017.
Buchenau. *Als.*, 924.

Buchepot. *Bourges*, 292.
Bucher. *Dauph.*, 159.
— *Par.*, I, 1175.
Buchère. *Al.*, 697.
— *Par.*, II, 554, 795.
— *Par.*, III, 552.
Bucheron. *Orl.*, 891.
— *Poit.*, 1150.
Buchet. *Bourges*, 412.
— *Bourg.*, I, 122.
— *Bret.*, II, 378.
— *Par.*, II, 663.
— *La Roch.*, 145.
Buchon. *Poit.*, 1111.
Buci. *Rouen*, 429.
Bucquet. *Par.*, I, 1272.
— *Pic.*, 850.
— *Soiss.*, 203, 731.
Burichard (du). *Par.*, IV, 375, 612.
Budan. *Bret.*, I, 489.
— *Bret.*, II, 36.
— *Par.*, III, 285.
Budé. *Par.*, II, 811, 1116.
— *Par.*, III, 34.
Budeblé. *Par.*, II, 696.
Budes. *Bret.*, I, 378, 593.
Budet. *Par.*, II, 76.
Budier. *Bourg.*, II. 218.
Budoi. *Guy.*, 29.
Bueb. *Als.*, 162.
Buech. *Prov.*, I, 679, 1039.
Buecklin. *Als.*, 508.
Bucd. *Als.*, 191.
Bueil. *Bourg.*, I, 279.
— *Par.*, I, 79.
Bueïl. *Par.*, II, 1186.
Buer. *Lyon*, 1003.
Buest (de). *Fland.*, 1148.
Buet. *Bret.*, I, 715.
— *Poit.*, 611, 1293.
Buetin. *Lyon*, 82.
Buffanier. *Toul.-Mont.*, 1167.
Buffart. *Lyon*, 389.
— *Par.*, I, 690.
— *Poit.*, 783.
Buffe (le). *Bret.*, II, 507, 731.
Buffebran. *Tours*, 1451, 1532.
Bufferant. *Par.*, II, 816.
Buffereau. *Lyon*, 153.
— *Orl.*, 575, 879.
Buffet. *Fland.*, 1209.
— *Par.*, I, 731.
— *Par.*, III, 300.
Buffevant. *Bourges*, 72.
Buffevaut. *Als.*, 28.
— *Par.*, I, 1338.

Bruffreuil. *Rouen*, 1162, 1185, 1187.
Buffevent. *Lyon*, 285.
Buffier. *Par.*, III, 125.
Buffot. *Bourg.*, I, 259, 264.
— *Bourg.*, II, 171, 189.
Bugard. *Rouen*, 258.
Bugarel. *Par.*, I, 1331.
Bugat. *Toul.-Mont.*, 178, 868.
Buget. *Als.*, 224.
— *Tours*, 627.
Bugis. *Toul.-Mont.*, 630.
Bugle (le). *Al.*, 779.
— *Soiss.*, 712.
Buglet. *Bret.*, I, 881.
— *Champ.*, 462.
— *Montp.-Mont.*, 612.
Bugnatre. *Soiss.*, 43, 48, 200, 312, 317, 480, 486, 489.
Bugniet. *Bourg.*, I, 11.
Bugnon. *Poit.*, 853.
Bugnons. *Par.*, II, 15, 350, 371.
Bugnons (de). *Bret.*, I, 514.
Bugnot. *Champ.*, 205, 206, 217, 377.
Bugnoux. *Orl.*, 728.
Bugny. *Fland.*, 1338.
Buguet. *Prov.*, II, 377.
Bugy. *Orl.*, 550, 740.
Buha, *Par.*, I, 250.
Bu arais (le). *Bret.*, II, 750.
Buharey. *Poit.*, 739.
Buheré. *Al.*, 693, 735.
Buhigné. *La Roch.*, 243.
— *Tours*, 1196, 1209, 1462.
Buhon. *Par.*, I, 226, 600, 745.
Buhot. *Bourg.*, I, 1282.
— *Caen*, 431, 649.
Buignon. *Poit.*, 96, 697, 702, 765, 1384.
— *Tours*, 625.
Buille. *Bourg.*, I, 923.
Buillon (du). *Lorr.*, 471.
Buinard. *Tours*, 404.
Buinaut. *Bourg.*, II, 277.
Buins (de). *Montp.-Mont.*, 79.
Buire (de). *Fland.*, 837.
Buirette. *Par.*, I, 716.
— *Par.*, II, 1114.
— *Soiss.*, 100, 590, 642, 644, 645, 646.
Buirin. *Lyon*, 65.
Buiron. *Poit.*, 951.
Buis. *Fland.*, 1144.
Buis (le), (ville). *Dauph.*, 474.
Buissac. *Toul.-Mont.*, 1147.
Buissard. *Fland.*, 964.
Buisseret. *Fland.*, 339, 786, 791.

Buissi (de). *Fland.*, 55, 109.
Buissière. *Dauph.*, 157.
Buissières. *Par.*, I, 1121.
Buissière (la). *Pic.*, 677, 807.
Buisson. *Bourges*, 290.
— *Bourg.*, I, 338, 658.
— *Bourg.*, II, 48, 278, 327, 331, 335, 338.
— *Bret.*, II, 870.
— *Limous.*, 352.
— *Montp.-Mont.*, 6, 321, 322, 425, 435, 993, 1212.
— *Orl.*, 761, 762, 766.
— *Par.*, IV, 81, 198, 199.
— *La Roch.*, 10.
— *Soiss.*, 172, 462.
— *Tours*, 201, 810, 987.
Buisson (de). *Béarn*, 31.
— *Toul.-Mont.*, 22, 25, 183, 151, 481, 578, 1079, 1102, 1125, 1146.
Buisson (de). *Al.*, 372, 475, 603, 606, 760, 863.
— *Bourb.*, 5, 10, 11, 22, 174, 180, 264, 271, 346, 438, 439.
— *Caen*, 198, 423, 428.
— *Champ.*, 588.
— *Fland.*, 598, 1205, 1330, 1446.
— *Lyon*, 606, 734, 866.
— *Montp.-Mont.*, 176, 408, 1094.
— *Par.*, I, 57, 411, 445, 435, 1088, 1189.
— *Par.*, II, 100, 332, 932, 1097, 1200.
— *Par.*, III, 305, 332, 597.
— *Pic.*, 226, 779.
— *Poit.*, 723.
— *La Roch.*, 367.
— *Vers.*, 117.
— *Rouen*, 56, 702, 898, 1325.
— *Tours*, 356, 1096.
Buissonnets. *Rouen*, 934.
Buissonnier. *Dauph.*, 427.
Buissonnière (la). *Prov.*, I, 17.
Buissons (des). *Fland.*, 113, 351, 1258.
Buissy. *Pic.*, 253, 270.
Bulabois. *Bourg.*, I, 927.
Buleart. *Fland.*, 1169.
Buli. *Prov.*, I, 433.
Buliod. *Montp.-Mont.*, 490, 492.
Bullay. *Bourg.*, II, 163.
Bulles (ville). *Soiss.*, 795.
Bullet. *Bret.*, II, 1113.
Bulleux. *Pic.*, 611.
Bulli. *Bourges*, 519.
— *Rouen*, 778.
Bulliarn. *Als.*, 487.

Bullier. *Bourg.*, ii, 350.
Bullion. *Al.*, 284.
— *Par.*, i, 193, 518, 700, 861, 1118, 1258.
— *Par.*, ii, 709, 739, 837, 991, 1086.
— *Par.*, iii, 248, 361.
— *Par.*, iv, 169.
Bullioud. *Lorr.*, 400, 580.
Buloot. *Fland.*, 690, 706.
Bulté. *Orl.*, 755.
Bulteau. *Par.*, ii, 656, 1055.
— *Rouen*, 18, 65, 78, 494, 514, 662.
Bultet. *Fland.*, 207, 463, 467.
Bultot. *Caen*, 607.
Bunas. *Fland.*, 587.
Bunaudière (la). *Rouen*, 482, 697, 715.
Bunault. *Par.*, i, 967, 1163.
Buneau. *Champ.*, 720.
Bunel. *Caen*, 427, 590.
Bunon. *Tours*, 835.
Bunot. *Par.*, i, 703.
— *Par.*, ii, 126.
Bunoult. *Rouen*, 781.
Buob. *Als.*, 880, 881.
Buon. *Tours*, 1125.
Buor. *Poit.*, 213, 233, 241, 263, 1247, 1248, 1249.
Buot. *Al.*, 146.
— *Par.*, iv, 66.
Buquet. *Al.*, 427, 1015.
— *Bret.*, ii, 788.
— *Par.*, iii, 346, 352, 405.
— *Rouen*, 229, 494.
— *Toul.-Mont.*, 396, 1288.
— *Vers.*, 293.
Buquetière (la). *Al.*, 903.
Buquin. *Pic.*, 479.
Burault. *Poit.*, 710.
Burckards. *Als.*, 978.
Burckwald. *Als.*, 252, 560, 821, 1006.
Burcourt. *Pic.*, 518.
Burdelot. *Par.*, iv, 244, 593.
Burdin. *Bourg.*, ii, 530.
Bure. *Auv.*, 543.
— *Guy.*, 302.
Bure (de). *Fland.*, 1123.
Bureau. *Bourges*, 268, 269.
— *Bourg.*, i, 291.
— *Bourg.*, ii, 137, 151, 189.
— *Bret.*, ii, 7, 419, 449, 1038.
— *Guy.*, 862.
— *Lyon*, 209.
— *Par.*, i, 308.

Bureau. *Par.*, iv, 50, 275, 449, 543, 551.
— *Poit.*, 767.
— *La Roch.*, 174, 250, 255.
— *Tours*, 755, 1073.
Bureau (des). *Fland.*, 295.
Burée. *Bourg.*, ii, 330.
Burel. *Bret.*, ii, 682.
— *Par.*, iii, 335.
— *Prov.*, i, 450, 936, 1025.
— *Prov.*, ii, 501.
— *Soiss.*, 859.
Burelle. *Bourb.*, 406.
— *Lyon*, 1021.
Bures. *Rouen*, 461.
Bures (de). *Caen*, 109.
— *Als.*, 304.
Bures (des). *Toul.-Mont.*, 1209.
Bureseau. *Bourg.*, ii, 210.
Buret. *Bourg.*, i, 1.
— *Fland.*, 688, 693.
— *Tours*, 883, 932.
Buretel. *Bourg.*, i, 767, 777, 1075.
Burez. *Par.*, ii, 196.
Burg (de). *Toul.-Mont.*, 872.
Burgade (la). *Toul.-Mont.*, 991.
Burgat. *Bourg.*, i, 277, 324, 336.
— *Bourg.*, ii, 44, 79, 157, 173, 192.
Burgaud. *Poit.*, 833.
— *La Roch.*, 149, 404.
Burgault. *Par.*, i, 1258.
Burge (de). *Fland.*, 385.
Burgeat. *Par.*, i, 1229.
Burgeaud. *Pic.*, 589.
Burges (de). *Bourg.*, i, 400.
— *Lorr.*, 150, 151, 159, 162.
— *Prov.*, ii, 427, 428.
Burget. *Orl.*, 681.
Burgevin. *Par.*, iii, 412.
Burgou. *Béarn.*, 125.
Burgues (de). *Prov.*, i, 1, 22, 59, 155.
Burguet. *Vers.*, 25.
Burier. *Toul.-Mont.*, 1012.
Burignot. *Bourg.*, i, 454.
— *Bourg.*, ii, 129, 133.
Burin. *Auv.*, 160.
— *Guy.*, 166.
— *Lyon*, 636.
— *Par.*, ii, 51.
Buriot. *Guy.*, 1161.
Burlat. *Lyon*, 1040.
Burle. *Prov.*, i, 982, 1440.
Burles. *Prov.*, ii, 383, 616, 620.
Burlet. *Dauph.*, 401.
— *Prov.*, ii, 538.

Burlurault. *Lorr.*, 356, 364.
Burne. *Toul.-Mont.*, 1167.
Burnel. *Al.*, 771.
Burnez. *Fland.*, 883.
Burnouse. *Par.*, III, 151.
Burolleau. *Tours*, 1261.
Buron. *Lyon*, 174.
— *Par.*, II, 998.
Buronne. *Lyon*, 1061.
Burot. *Bret.*, II, 829, 988.
Burquières. *Toul.-Mont.*, 1318.
Burta. *Toul.-Mont.*, 111, 123, 144, 531.
Burtay. *Par.*, I, 1278.
Burte. *Fland.*, 1163.
Burte (la). *Guy.*, 884, 950, 1228.
Burtet (de). *Montp.-Mont.*, 351.
Burteur. *Bourg.*, I, 40, 44, 82, 312.
— *Bourg.*, II, 23, 27.
Burtin. *Lyon*, 103, 652.
Burtio. *Dauph.*, 38.
Bury. *Orl.*, 339.
— *Par.*, III, 277, 392.
Bus (de). *Als.*, 748.
— *Poit.*, 1470.
Bus (du). *Champ.*, 164, 718, 720.
— *Fland.*, 7, 108, 109, 256, 362, 364.
— *Pic.*, 566, 793, 884.
Busançois (*ville*). *Bourges*, 431.
Busc (du). *Rouen*, 683, 857.
Busca. *Montp.-Mont.*, 1060, 1134.
Buscaillon. *Montp.-Mont.*, 78, 771.
Buscarlet. *Toul.-Mont.*, 1182.
Busch. *Als.*, 85, 1015, 1039.
Busens. *Prov.*, I, 580.
Busillet. *Par.*, I, 1168.
Busnel. *Al.*, 1103.
— *Bret.*, I, 13, 221, 407.
— *Bret.*, II, 5.
Busquet. *Prov.*, II, 837.
— *Rouen*, 259, 595, 648.
— *La Roch.*, 275.
— *Toul.-Mont.*, 42, 1261.
Bussac. *Auv.*, 314.
— *Limous.*, 225.
Bussac (la). *La Roch.*, 346.
Busseau. *Bret.*, II, 760.
— *Poit.*, 916.
— *La Roch.*, 296.
Busselet. *Bourb.*, 304.
Busselot. *Lorr.*, 292 bis, 418.
Busserolles. *Par.*, I, 1314.
Busset. *Bourb.*, 589.
— *Bourg.*, II, 209.
Busseuil. *Bourg.*, II, 225.

Busseul. *Bourb.*, 589.
Bussi. *Bourges*, 347.
— *Lyon*, 843.
— *Poit.*, 1412.
— *Prov.*, I, 270.
— *Toul.-Mont.*, 970.
Bussi (de). *Tours*, 360.
Bussier. *Bret.*, II, 788.
Bussière. *Lyon*, 56, 212, 226, 230, 262, 360.
Bussières, *Par.*, I, 1361.
Bussière (de). *Bourges.*, 343.
Bussière (la). *Als.*, 842.
— *Bourb.*, 83.
— *Bourges*, 520, 521, 522.
— *Bret.*, I, 970.
— *Fland.*, 1295.
— *Orl.*, 961, 1018.
— *Poit.*, 391, 1444.
Bussifontaine. *Poit.*, 265.
Busille. *La Roch.*, 332.
Busillet. *Lyon*, 29.
Busson. *Bourges*, 8, 102, 261, 401.
— *Bret.*, II, 7, 155, 156, 181, 185.
— *Bret.*, II, 40, 420, 421, 593.
— *Par.*, II, 332.
— *Prov.*, II, 535.
— *Tours*, 1431.
Bussy. *Orl.*, 919.
— *Par.*, II, 614.
— *Par.*, III, 158.
— *Pic.*, 253, 270, 297, 458, 459.
— *Soiss.*, 406.
Bustreau. *Poit.*, 1383.
But (du). *Al.*, 1096.
Butan (de). *Dauph.*, 588.
Butard. *Par.*, I, 1152.
Butaut. *Bret.*, I, 454.
Butay. *Par.*, III, 68.
Butel. *Fland.*, 1087.
— *Orl.*, 84, 86, 761.
Butemps. *Al.*, 862.
Buterne. *Par.*, III, 172.
— *Toul.-Mont.*, 187.
Butet. *Bret.*, I, 159.
— *Par.*, II, 542.
Buteurs. *Pic.*, 382.
Buteux (le). *Par.*, III, 169.
Buthelaire. *La Roch.*, 286.
Buthiers. *Bourg.*, I, 912.
Butigny. *Poit.*, 517, 574.
Butin. *Bourb.*, 404.
— *Bret.*, I, 179.
— *Par.*, I, 1349.
— *Pic.*, 834.
— *Tours*, 8.

Butor. *Bret.*, II, 429.
— *Par.*, III, 359.
Butord. *Bourg.*, II, 610.
Butot. *Bret.*, II, 297.
Buttard. *Bourg.*, II, 493.
Butteau. *Champ.*, 762.
Butterfiel. *Par.*, I, 1052.
Butterieux. *Lyon*, 403.
Buttet. *Orl.*, 537.
Buttin. *Soiss.*, 465.
Butv. *Lyon*, 971.
Buvelle. *Soiss.*, 500.

Buverie (la). *Poit.*, 1222.
Buvillon. *Champ.*, 373.
Bux (la). *Fland.*, 1223.
Buy. *Bourg.*, I, 958.
Buyet. *Lyon*, 79.
Buzelette. *Tours*, 357.
Buzet. *Guy.*, 1068.
Buzod. *Bourg.*, I, 1071.
Buzon. *Bourg.*, I, 600, 603, 620, 644,
791, 792, 1103, 1108, 1127, 1164.
— *Orl.*, 398.
Buzy. *Orl.*, 379.

C

Cabaille. *Bourb.*, 466.
— *Par.*, III, 364.
— *Pic.*, 833.
Caballey. *Toul.-Mont.*, 415, 553, 873.
Cabanac. *Guy.*, 812.
Cabanes. *Lorr.*, 5.
Cabanieux. *Guy.*, 394.
Cabanne. *Lyon*, 668, 925.
— *Toul.-Mont.*, 1286.
Cabanne (la). *Guy.*, 836.
— *Toul.-Mont.*, 1060.
Cabannes. *Fland.*, 1363.
— *Guy.*, 326, 472, 1155.
— *Montp.-Mont.*, 1160, 1209, 1354.
— *Prov.*, II, 383, 399, 444, 459, 475,
546, 606, 900, 1390.
Cabardi. *Toul.-Mont.*, 1345.
Cabare. *Toul.-Mont.*, 624.
Cabaret. *Caen*, 336.
— *Champ.*, 260, 403.
— *Poit.*, 1540.
— *Soiss.*, 704.
— *Toul.-Mont.*, 713.
— *Tours*, 184.
Cabaretiers de Verdun (les). *Lorr.*,
673.
Cabaretiers (les) *(commun.)*. *Poit.*,
364, 718.
Cabarroque. *Guy.*, 849.
Cabart. *Orl.*, 356.
— *Par.*, I, 278, 1158.
Cabassole. *Montp.-Mont.*, 527.
— *Prov.*, I, 416, 898, 957, 991.
Cabassolle. *Bourg.*, I, 568.
— *Dauph.*, 527.
Cabassol. *Prov.*, II, 838.
Cabasson. *Prov.*, I, 23, 24, 56, 172,
472, 1206, 1214.
— *Prov.*, II, 836, 788.

Cabassut. *Toul.-Mont.*, 1054.
Cabat. *Guy.*, 23.
Cabaud. *La Roch.*, 237, 243, 407.
Cabault. *La Roch.*, 410.
Cabaussel. *Toul.-Mont.*, 89.
Cabazar. *Caen*, 15.
Cabecé. *La Roch.*, 34.
Cabet. *Bourg.*, I, 603, 663.
Cabeuil. *Rouen*, 80, 816, 897.
— *Par.*, III, 331.
Cabiac. *Montp.-Mont.*, 251.
Cabié. *Toul.-Mont.*, 201.
Cabien. *Caen*, 558.
Cabillot. *Als.*, 418.
Cabiro. *Guy.*, 806.
Cabiron. *Montp.-Mont.*, 381, 911.
Cablanne. *Guy.*, 330.
Caboche. *Fland.*, 216.
— *Pic.*, 14, 814, 836, 848.
— *Soiss.*, 855.
Caboeche. *La Roch.*, 148.
Cabon. *Bret.*, I, 273, 902.
— *Bret.*, II, 1030, 1033.
Cabos. *Toul.-Mont.*, 640.
Cabot. *Bret.*, II, 953.
— *Montp.-Mont.*, 491.
— *Rouen*, 902.
Caboud. *Bourg.*, I, 831.
Cabouilli. *Lorr.*, 155.
Cabourg. *Caen*, 279.
Cabourt. *Tours*, 983.
Cabravene. *Toul.-Mont.*, 737.
Cabre. *Par.*, II, 504.
— *Prov.*, I, 465, 577, 1190.
— *Prov.*, II, 348, 481.
Cabrepine. *Auv.*, 560.
Cabrerolle. *Prov.*, I, 629.
Cabrérolles. *Montp.-Mont.*, 271,
288, 293.

Cabreirolles. *Toul.-Mont.*, 723.
Cabreton. *Guy.*, 1214.
Cabridène. *Toul.-Mont.*, 1055.
Cabrier. *Toul.-Mont.*, 713, 724.
Cabrières. *Toul.-Mont.*, 1122, 1143. 1162.
Cabriès. *Guy.*, 958.
Cabrillon. *Champ.*, 220, 223, 224.
Cabrol. *Lyon*, 746.
— *Montp.-Mont.*, 712, 713, 714, 718.
— *Prov.*, ii, 322, 323, 324.
— *Toul.-M.*, 217, 218, 665, 694, 760.
Cabron. *Toul.-Mont.*, 508.
Cabut. *Rouen*, 901.
Cabutte. *Caen*, 725.
Cacault. *Poit.*, 224, 296, 466, 467, 483, 556, 560, 1158.
Cachat. *Champ.*, 14.
Caché (le). *Rouen*, 782.
Cachedenier. *Lorr.*, 8, 157.
Cachel. *Pic.*, 432.
Cacheleu. *Pic.*, 89, 242, 245, 284, 297, 755, 862.
Cachet. *Lyon*, 3, 10, 714.
Cachot. *Lyon*, 155, 840.
Cachulet. *Toul.-Mont.*, 809.
Cacquet. *Fland.*, 1398.
Cadaine. *Par.*, i, 383.
Cadaran. *Bret.*, i, 170, 193.
— *Bret.*, ii, 169, 446.
Cadart. *Champ.*, 704, 876.
Cadaureille. *Guy.*, 1065.
Cadeau. *Lorr.*, 204.
— *Par.*, i, 72, 373, 501, 602, 689, 875, 936.
— *Par.*, iii, 194.
Cadejou. *Limous.*, 320.
Cadelac. *Bret.*, i, 727.
— *Bret.*, ii, 398.
Cadenelle. *Prov.*, 799, 827.
Cadenet. *Prov.* i, 385, 483.
— *Prov.*, ii, 9, 10, 14.
Cadet. *Bret.*, ii, 359.
— *Champ.*, 214, 231, 901.
— *Par*, i, 578, 1303.
— *Par.*, ii, 648.
— *Poit.*, 1162.
— *Prov.*, i, 966.
— *Prov.*, ii, 232, 233.
Cadie. *Poit.*, 389.
Cadier. *Al.*, 553.
— *Bourb.*, 28, 149, 253, 496.
— *Champ.*, 802.
— *Lyon*, 1047, 1048.
— *Par.*, ii, 128.
Cadière. *Prov.*, ii, 1152.

Cadière. *Prov.*, ii, 418.
Cadieu. *Tours*, 1110.
Cadilhac. *Toul.-Mont.*, 1185.
Cadillac. *Bret.*, i, 229.
— *Bret.*, ii, 1001.
— *Limous.*, 334.
Cadillon. *Béarn*, 96.
Cadio. *Bret.*, i, 522.
Cadiot. *Limous.*, 86, 263, 373.
Cadiou. *Bret.*, ii, 505, 1011.
Cadis. *Poit.*, 490.
Cadolle. *Montp.-Mont.*, 44, 68.
Cador. *Tours*, 342, 909.
Cadoret. *Bret.*, i, 165.
Cadot. *Al.*, 70.
— *Als.*, 648.
— *Bourg.*, i, 716.
— *Bourg.*, ii, 566.
— *Bret.*, i, 286.
— *Caen*, 69, 70, 199, 254, 260, 757.
— *Guy.*, 314.
— *Orl.*, 921.
— *Par.*, i, 255, 423, 472.
— *Par.*, ii, 326.
— *Par.*, iii, 312, 350, 564.
— *Soiss.*, 355, 516.
— *Tours*, 760, 1271.
— *Vers.*, 28.
Cadouin. *Guy.*, 538.
Cadour. *Bret.*, i, 806.
Cadours. *Toul.-Mont.*, 942.
Cadoux. *Bret.*, ii, 605, 847.
— *Tours*, 1106.
Cadavet. *La Roch.*, 242.
Cadoz. *Prov.*, i, 258.
Cadre (le). *Bret.*, i, 228.
— *Bret.*, ii, 405.
Cadri. *Prov.*, ii, 727.
Cadrieux. *Lorr.*, 117.
— *Montp.-Mont.*, 1019.
— *Toul-Mont.*, 242, 1088.
Cadroy. *Guy.*, 1166.
Cadry. *Prov.*, i, 261, 1359.
Caen. *Caen*, 574.
Cafaget. *Guy.*, 323.
Caffaro. *Bret.*, i, 276.
— *Prov.*, ii, 475.
Caffet. *Fland.*, 4.
Caffin. *Poit.*, 1323.
— *Rouen*, 1332.
Caffod. *Bourg.*, i, 757, 759.
Cages (des). *Guy.*, 317.
Caget. *Al.*, 1109.
Cagnac. *Guy.*, 460.
Cagnard. *Lorr.*, 596.
— *Soiss.*, 501.

Cagnart. *Orl.*, 443.
Cagnet. *Par.*, I, 709.
— *Par.*, II, 281.
Cagnie, *Par.*, II, 187.
Cagnou. *Orl.*, 351.
Cagnyé. *Vers.*, 144, 222.
Cahazac. *Montp.-Mont.*, 378.
Cabideur. *Bret.*, I, 414.
Cahier. *Bret.*, II, 1022.
— *Rouen*, 829.
Cahon. *Pic.*, 469.
Cahors *(ville)*. *Montp.-Mont.*, 1216.
— *Toul.-Mont.*, 467, 1429.
Cahouet. *Fland.*, 338.
Cahoüet. *Orl.*, 1, 16, 336, 343, 348,
 415, 416, 418, 457, 473, 475, 587.
Cahours. *Montp.-Mont.*, 132.
— *Toul.-Mont.*, 663.
Cahusac. *Toul.-Mont.*, 930, 968,
 1299.
Cahaignes. *Caen*, 147.
— *Rouen*, 1369.
Cahu. *Orl.*, 538, 540.
Caich. *Toul.-Mont.*, 704.
Caichoult. *La Roch.*, 162.
Caignan. *Toul.-Mont.*, 949.
Caignard. *Pic.*, 511, 512, 520, 533,
 584, 872.
Caignart. *Bret.*, I, 889.
Caignat. *Guy.*, 451.
Caignet. *Pic.*, 21.
Caignon. *Rouen*, 33.
Caignou. *Al.*, 92, 217, 463, 602,
 816, 817.
Caila (de), *Toul.-Mont.*, 138, 1042,
 1079.
Caila (du). *Montp.-Mont.*, 845.
Cailar. *Montp.-Mont.*, 335, 1056.
Cailar (de). *Par.*, I, 378.
Cailar (du). *Auv.*, 538, 569.
Caileux *(ville)*.*Montp.-Mont.*,1162.
Cailhassou. *Toul.-Mont.*, 756.
Cailhaut. *Toul.-Mont.*, 520, 801.
Cailhot. *Prov.*, I, 805, 1056.
Caillabar. *Guy.*, 1215.
Caillabeuf. *Poit.*, 1527.
Caillain. *Bret.*, II, 859.
Caillard. *Orl.*, 315, 416.
— *Par.*, II, 1136.
— *Par.*, III, 376.
— *La Roch.*, 387.
— *Tours*, 288, 1006.
Caillart. *Bret.*, I, 897.
Caillasson. *Toul.-Mont.*, 801.
Caillat. *Champ.*, 371.
Caillaud. *Poit.*, 194, 547, 563, 605,

 608, 848, 1012, 1145, 1326, 1352,
 1451, 1533.
Caillavel. *Toul.-Mont.*, 189, 780.
Caille. *Auv.*, 348.
— *Bourb.*, 498.
— *Bourg.*, II, 204.
— *Par.*, I, 960, 1281.
— *Prov.*, II, 465, 511, 512.
— *La Roch.*, 388.
— *Rouen*, 797.
— *Toul.-Mont.*, 1488.
Caille (la). *Par.*, III, 523.
— *Pic.*, 544.
— *Tours*, 395.
Caillé. *Poit.*, 700.
Caillet. *Orl.*, 216.
Cailleau. *Poit.*, 162.
Caillebot. *Dauph.*, 313.
— *Fland.*, 64.
— *Par.*, I, 150.
Caillère. *La Roch.*, 181.
Cailleri. *Poit.*, 923.
Caillet. *Als.*, 121.
— *Auv.*, 181.
— *Bourb.*, 169.
— *Bourg.*, I, 63, 218.
— *Bourg.*, II, 62.
— *Caen*, 434.
— *Champ.*, 37, 488.
— *Fland.*, 386, 533, 768.
— *Lorr.*, 153, 160, 167.
— *Montp.-Mont.*, 117.
— *Par.*, I, 410, 984.
— *Par.*, II, 1039.
— *Par.*, III, 122, 466.
— *Rouen*, 1161.
— *Tours*, 1435.
— *Vers.*, 41.
Cailleteau. *Bret.*, I, 173.
— *Bret.*, II, 107.
— *Poit.*, 1165.
Cailletel. *Als.*, 810.
Cailletot. *Caen*, 612.
Caillette. *Bret.*, II, 953.
Cailleu. *Als.*, 134.
Cailli. *Caen*, 560.
— *Fland.*, 1363.
Caillier. *Bret.*, II, 782.
Caillières. *Poit.*, 859.
Caillon. *Montp.-Mont.*, 1133.
— *Poit.*, 855.
— *La Roch.*, 161.
— *Tours*, 1171.
— *Bourg.*, II, 253.
Caillot. *Caen*, 530.
— *Champ.*, 782.

Caillot. *Fland.*, 1329.
— *Lyon*, 220.
— *Poit.*, 47, 992.
— *Prov.*, ii, 819.
— *Rouen*, 113, 729, 783, 867, 921.
— *Toul.-Mont.*, 735.
Caillou. *Champ.*, 341, 435.
— *Par.*, i, 684.
Cailloud. *La Roch.*, 145.
Cailloux. *Lorr.*, 420.
— *Lyon*, 737.
Cailly. *Als.*, 354.
— *Par.*, i, 1361.
— *Pic.*, 642, 748.
Callus. *Montp.-Mont.*, 1267.
Calmis. *Lyon*, 314.
Caire. *Bret.*, i, 805.
— *Prov.*, i, 605, 618, 776, 994, 1209.
— *Prov.*, ii, 356, 726.
— *Toul.-Mont.*, 716.
Cairel. *Toul.-Mont.*, 287.
Cairol. *Auv.*, 154.
— *Toul.-Mont.*, 792, 812, 818.
Cairon. *Caen*, 139, 140, 147, 150, 151, 179, 358, 368.
Cairon (de). *Toul.-Mont.*, 269, 288, 1103.
Cais. *Prov.*, i, 1297.
— *Prov.*, ii, 80.
Caisne. *Als.*, 755.
Caissac. *Montp.-Mont.*, 1020.
Caissac (de). *Auv.*, 443, 444, 452, 544.
Caizel. *Bourg.*, i, 1115.
Cajac. *Montp.-Mont.*, 1019.
Cajare. *Montp.-Mont.*, 1106.
— *Toul.-Mont.*, 1045, 1053.
Caje (le). *Bret.*, ii, 996.
Cajet. *Pic.*, 582.
Caladon. *Montp.-Mont.*, 220, 221, 959, 963.
Calages. *Toul.-Mont.*, 333.
Calain. *Fland.*, 1206.
Calair. *Toul.-Mont.*, 338.
Calais. *Bourges*, 97.
— *Bourg.*, i, 1029.
— *Pic.*, 139.
Calais (St) *(ville)*. *Tours*, 1320.
Calamand. *Prov.*, i, 565, 955, 1011.
Calamard. *Bourg.*, ii, 149.
Calamart. *Bourg.*, i, 449.
Calameau. *Montp.-Mont.*, 536.
Calando. *Bret.*, ii, 678.
Calandre (de). *Soiss.*, 255.
Calandrin, *Guy.*, 1031.
Calange. *Rouen*, 386.

Calant. *Par.*, ii, 928.
Calas. *Toul.-Mont.*, 761.
Calavin. *Toul.-Mont.*, 92.
Calbel. *Toul.-Mont.*, 637.
Caldaguez. *Auv.*, 35, 245, 280, 293.
Calemard. *Montp.-Mont.*, 364.
Calene. *Toul.-Mont.*, 688.
Calennes. *Prov.*, ii, 822.
Calers. *Toul.-Mont.*, 867.
Calignon. *Dauph.*, 15, 69, 138, 164, 265.
— *Montp.-Mont.*, 1242.
Calippe. *Pic.*, 632, 753.
Callaes. *Bret.*, ii, 529.
Callaques. *Toul.-Mont.*, 560.
Callard. *Bourg.*, i, 271.
Callari. *Poit.*, 1387.
Callars. *Bourges*, 140.
Callas. *Prov.*, i, 194.
Calles. *Par.*, iii, 129, 144.
Callines. *Prov.*, i, 128.
Calliol. *Toul.-Mont.*, 197.
Calliorne. *Bret.*, ii, 392.
Callon. *Bourg.*, ii, 488.
Callongue. *Par.*, iii, 374.
Callot. *Auv.*, 150, 404, 430.
— *Bourb.*, 458, 459, 483.
Callouel. *Bret.*, i, 420.
Callouet. *Bret.*, i, 33, 117, 118, 252, 261, 274, 591, 657, 659, 885.
— *Bret.*, ii, 130.
Calluet. *Montp.-Mont.*, 526.
Callus. *Als.*, 1017.
Calm (de). *Toul.-Mont.*, 529, 582.
Calmeil. *Al.*, 14.
— *Guy.*, 171, 806, 903.
Calmel. *Montp.-Mont.*, 181.
Calmels. *Toul.-Mont.*, 542, 1043.
Calmenil. *Al.*, 38, 217, 550, 767, 769, 1187.
Calmès. *Montp.-Mont.*, 189.
Calmesnil., *Par.*, i, 1287.
Calmet. *Als.*, 180, 279, 1054.
Calmette. *Toul.-Mont.*, 893, 1113.
Calmières. *Montp.-Mont.*, 736.
Calone. *Prov.*, i, 543.
Caloneri. *Toul.-Mont.*, 402.
Calonne. *Fland.*, 71, 310, 314, 318, 330, 363, 601.
— *Par.*, i, 781.
— *Par.*, ii, 855.
— *Pic.*, 48, 456, 488, 490, 603, 614.
Calot. *Guy.*, 107.
Calou. *Als.*, 993.
— *Tours*, 1342.
Calouet. *Montp.-Mont.*, 383.

Calquier. *Prov.*, ii, 429.
Calsat. *Toul.-Mont.*, 1136.
Calvairac. *Toul.-Mont.*, 540, 1194.
Calvaire (*couv.*). *Poit.*, 99.
Calvas. *Montp.-Mont.*, 1563.
Calvel. *Montp.-Mont.*, 1188.
Calvet. *Bret.*, ii, 482.
— *Montp.-Mont.*, 508, 526, 919.
— *Par.*, i, 1273.
— *Par.*, ii, 867.
— *Toul.-Mont.*, 155, 242, 467, 664, 770, 805, 941, 1130, 1306.
Calvez (le). *Bret.*, ii, 539.
Calvières. *Montp.-Mont.*, 308, 509, 618, 874.
Calvimont. *Guy.*, 457, 460, 513, 517, 725, 809, 905, 1008, 1116.
— *Rouen*, 1073, 1387.
Calvin. *Montp.-Mont.*, 1416.
Calvinhac. *Toul.-Mont.*, 1014.
Calvo. *Par.*, i, 1201.
— *Toul.-Mont.*, 1428.
Calvos. *Montp.-Mont.*, 261.
Calvy. *Orl.*, 125.
— *Prov.*, i, 1321, 1372, 1389.
Cam. *Bret.*, ii, 1004.
— *Lorr.*, 99.
Camain. *Guy.*, 666, 669, 1075.
Camajor. *Pic.*, 772.
Camalières. *Toul.-Mont.*, 542 (*Voy.* Pins).
Camanère. *Béarn*, 11.
Camat. *Prov.*, ii, 525.
Camatte. *Prov.*, i, 1400.
Cambacérès. *Montp.-Mont.*, 299, 594
— *Toul.-Mont.*, 920.
Cambare. *Toul.-Mont.*, 649.
Cambarieu. *Montp.-Mont.*, 992.
Cambe. *Caen*, 180.
Cambe (de). *Prov.*, i, 166.
Cambécerel. *Montp.-Mont.*, 658.
Cambefort. *Auv.*, 323, 547, 558, 571.
— *Guy.*, 289.
— *Lorr.*, 118.
— *Toul.-Mont.*, 663, 1074.
Cambefort (de). *Soiss.*, 368.
Camberlin. *Fland.*, 1353.
Cambert. *Montp.-Mont.*, 288.
Cambery (de). *Pic.*, 865.
Cambes. *Guy.*, 1138.
Cambiès. *Fland.*, 843, 129, 998, 1116.
Cambies (le). *Pic.*, 814.
Cambieuve. *Toul.-Mont.*, 789.
Cambis. *Montp.-Mont.*, 47, 209, 916.
— *Prov.*, i, 55, 681.
Cambois. *Limous.*, 376.

Cambolas. *Toul.-Mont.*, 122.
Cambon. *Guy.*, 1040.
— *Montp.-Mont.*, 742, 744, 799.
— *Toul.-Mont.*, 121, 132.
Cambons (des). *Montp.-Mont.*, 509.
Cambouch. *Guy.*, 625.
Cambous. *Limous.*, 89, 90.
Cambout (du). *Par.*, i, 92.
Cambout (de). *Par.*, ii, 497, 703, 705, 717.
Camboux. *Montp.-Mont.*, 799.
Cambrai. *Champ.*, 358.
— (*ville*). *Fland.*, 17.
Cambrassers. *Montp.-Mont.*, 7.
Cambrault. *Poit.*, 366.
Cambray. *Orl.*, 293.
— *Par.*, ii, 96.
— *Par.*, iii, 575.
— *Prov.*, i, 562.
Cambray (de). *Pic.*, 832.
— *Soiss.*, 194.
Cambron. *Fland.*, 1437.
Cambronne. *Par.*, i, 433.
— *Pic.*, 537, 652, 890, 891.
Cameilles. *Toul.-Mont.*, 282.
Camel. *Als.*, 444, 752.
Camelin. *Bourges*, 260, 277, 468.
— *Bourg.*, i, 771.
— *Orl.*, 866.
— *Par.*, ii, 409.
— *Prov.*, i, 176, 179, 206, 1280.
— *Prov.*, ii, 524.
Camels. *Toul.-Mont.*, 1157.
Camerini. *Tours*, 967.
Cameron. *Prov.*, i, 163, 408, 486, 899.
— *Prov.*, ii, 288.
Camerot. *Montp.-Mont.*, 997.
Camessin. *Fland.*, 1165.
Camet. *Als.*, 176.
— *Dauph.*, 87.
— *Par.*, i, 1191.
— *Toul.-Mont.*, 1241.
Cameveuc (de). *Bret.*, ii, 205.
Cameveur (du). *Bret.*, i, 256, 972.
Camgran. *Béarn*, 79.
Camguilhem. *Béarn*, 151.
Cami. *Béarn*, 84.
Camin. *Poit.*, 316.
Camin (du). *Guy.*, 462, 920, 921.
Caminel. *Toul.-Mont.*, 947, 958.
Camlon. *Béarn*, 61.
Camoch. *Lorr.*, 343.
Camoin. *Prov.*, i, 738, 801, 997, 1056.
Camou. *Béarn*, 117.

Camou. *Guy.*, 248.
Camp (de). *Par.*, iii, 122.
— *Tours*, 378, 700, 1366.
Camp (du). *Béarn*, 51.
— *Guy.*, 470, 1199.
— *Montp.-Mont.*, 1562.
— *Par.*, i, 838.
Camp (le). *Fland.*, 774.
Campa. *Toul.-Mont.*, 601.
Campagne. *Béarn*, 81.
— *Prov.*, i, 635.
— *Toul.-Mont.*, 601.
Campagne (de). *Pic.*, 303, 326, 351, 360, 669, 748, 812, 820.
Campagne (la). *Soiss.*, 320, 494, 520, 526, 625.
Campagno (de).*Montp.-Mont.*,1112.
Campagnol. *Bret.*, i, 333.
Campaigne. *Guy.*, 1164.
— *Montp.-Mont.*, 401.
Campan. *Montp.-Mont.*, 9, 15, 54.
Campanus. *Als.*, 436.
Campau. *Toul.-Mont.*, 1234.
Campe. *Fland.*, 687.
— *Pic.*, 148, 318.
Campedron. *Champ.*, 776.
Campels. *Toul.-Mont.*, 367, 373.
Campemajor. *Pic.*, 347, 669.
Campenhout. *Fland.*, 354.
Campesval. *Montp.-Mont.*, 855.
Campet. *La Roch.*, 118.
Campet (de). *Guy.*, 159, 759.
Campez (de). *Guy.*, 942.
Campigni. *Al.*, 806, 1211.
Campin. *Poit.*, 1526.
— *Rouen*, 936.
Campion. *Al.*, 92, 358, 362, 363, 570.
— *Caen*, 117, 210, 231, 233, 641, 643, 646.
— *Rouen*, 158, 823, 1014, 1123.
Campis (de). *Prov.*, ii, 301.
Campistron. *Toul.-Mont.*, 21,
Camplessis. *Al.*, 918.
Campmart. *Montp.-Mont.*, 1008.
Campmartin.*Toul.-Mont.*,183,461.
Campmas. *Toul.-Mont.*, 216,272, 1077, 1085, 1088, 1174.
Camporsin. *Prov.*, i, 457.
Campou. *Prov.*, i, 766, 781.
Campourcin. *Prov.*, ii, 248.
Campoyer. *Rouen*, 416.
Campredon. *Montp.-Mont.*, 570.
— *Toul.-Mont.*, 1420, 1421.
Camprenier (de). *Pic.*, 815.
Camproger. *Al.*, 66, 212.

Camprond. *Caen*, 71, 201, 277, 442, 451, 512, 522, 530.
Camps (de). *Montp.-Mont.*, 1079, 1483.
— *Par.*, ii, 1137.
— *Rouen*, 402.
— *Toul.-Mont.*, 137.
Camps (des).*Fland.*, 1438.
— *Prov.*, i, 668, 818.
Campserveur. *Caen*, 245.
Campugnan. *Lorr.*, 288.
Campunan. *Toul.-Mont.*, 38, 164.
Campulley. *Rouen*, 427, 436, 1400.
Camus. *Als.*, 150, 730.
— *Bourg.*, i, 787, 908, 981, 1074.
— *Bourg.*, ii, 507.
— *Bret.*, i, 184.
— *Champ.*, 79, 482.
— *Dauph.*, 146, 211, 290, 622.
— *Guy.*, 1085.
— *Lyon*, 6, 13, 32, 33, 44, 284, 718.
— *Par.*, i, 7, 69, 782, 868.
— *Par.*, ii, 3, 188, 226, 352, 653.
— *Par.*, iii, 222.
— *Poit.*, 495, 1254, 1334.
— *Toul.-Mont.*, 1420.
— *Tours*, 323, 1025.
Camus (de). *Lorr.*, 12, 643.
Camus (le). *Al.*, 831.
— *Bourg.*, i, 635.
— *Bret.*, i, 622.
— *Bret.*, ii, 121, 1093.
— *Dauph.*, 641.
— *Fland.*, 771.
— *Lorr.*, 62.
— *Orl.*, 260, 945.
— *Par.*, i, 88, 595, 1036.
— *Par.*, ii, 414, 442, 472, 1085.
— *Par.*, iii, 44, 61, 66, 81, 291.
— *Pic.*, 332, 338, 765.
— *Prov.*, i, 339, 718, 1434.
— *Prov.*, ii, 456.
— *Soiss.*, 314, 600, 790.
Camusat. *Bourg.*, i, 269.
— *Champ.*, 111, 137, 475, 483, 485, 486, 487, 788.
— *Par.*, ii, 592, 1231.
Camuset. *Bret.*, i, 168.
— *Par.*, i, 571, 1315.
— *Par.*, ii, 402.
— *Soiss.*, 869, 848.
Camusot. *Par.*, i, 1303.
Camussa. *Lorr.*, 627.
Camuzet. *Bourg.*, ii, 92.
— *Par.*, iii, 527.
Canabelin. *Bourg.*, ii, 56, 782.

Canabert. *Bret.*, I, 846.
Canablin. *Bourg.*, 1, 15, 26, 35, 71, 97.
Canablon. *Bourg.*, 328.
Canale. *Caen*, 415.
— *Rouen*, 361.
Canals. *Montp.-Mont.*, 1071.
— *Toul.-Mont.*, 1102.
Canaple. *Fland.*, 1475.
Canard. *Montp.-Mont.*, 1434.
— *Poit.*, 1094.
Canart. *Soiss.*, 678.
Canasod. *Bourg.*, I, 395.
Canat. *Bourg.*, I, 293.
— *Lyon*, 934.
Canaux. *Guy.*, 181.
Canaye. *Par.*, III, 450.
Canée. *Montp.-Mont.*, 154.
Cancé. *Toul.-Mont.*, 1066.
Cancer. *Lorr.*, 276.
— *Pic.*, 813.
— *Vers.*, 215.
Canceris, *Prov.*, I, 525.
— *Toul.-Mont.*, 1073.
Canchant. *Par.*, II, 103.
Canchi. *Rouen*, 38, 1335.
Candal. *Par.*, I, 742.
— *Pic.*, 775.
Candal (du). *Par.*, II, 351, 357.
Candalle. *Guy.*, 256.
Candart. *Lyon*, 921.
Candas. *Pic.*, 59.
Candé (*ville*). *Tours*, 34, 1873.
Candeilh. *Toul.-Mont.*, 574.
Candeuvre. *Soiss.*, 510, 518.
Candidos. *Als.*, 437.
Candidus. *Als.*, 437.
Candollé. *Prov.*, I, 533, 729, 1043.
Candot. *Champ.*, 628.
— *Lorr.*, 118, 144, 271, 462.
Candrat. *Bourg.*, I, 269.
Candron. *Tours*, 1208.
Cane. *Fland.*, 1262.
Caneau. *Als.*, 1094.
— *Béarn*, 14, 94, 103.
— *Fland.*, 72.
Canel. *Dauph.*, 4, 423.
Canellat. *Lyon*, 407.
Canelle. *Champ.*, 146, 154, 858, 867, 878.
— *Par.*, I, 1396.
— *Par.*, III, 140.
— *Soiss.*, 343.
Canet. *Bourg.*, I, 48, 67, 1248.
— *Bourg.*, II, 46, 133.
— *Lyon*, 388.
Canet (du). *Soiss.*, 513.

Canetty. *Prov.*, I, 1314.
Caney. *Al.*, 697.
Cange (du). *Poit.*, 835.
Cangue. *Auv.*, 134, 267.
Cani. *Rouen*, 1101.
Canier. *Bourg.*, I, 408.
Canillar. *Prov.*, II, 140.
Caniot. *Fland.*, 62, 992, 1313.
Canivet. *Caen*, 6, 12, 628, 657.
Cannailles. *Orl.*, 158, 682.
Cannelet. *Rouen*, 269, 1158, 1188.
Cannelier (le). *Caen*, 314, 430.
Cannet. *Pic.*, 766.
— *Rouen*, 841.
Cannet (du). *Prov.*, I, 577.
Cannetel. *Lorr.*, 230.
Cannin. *Fland.*, 461.
Cannivet. *Rouen*, 816, 822.
Canol. *Soiss.*, 793.
Canon. *Al.*, 1094.
— *Lorr.*, 292.
Canonne. *Fland.*, 283, 296, 1385.
Canonville. *Al.*, 115, 440, 441, 584, 948, 1216.
— *Par.*, I, 418.
— *Rouen*, 124, 714, 1087.
Canonville. *Tours*, 82, 524.
Canot. *Bourg.*, II, 535.
— *Guy.*, 627.
— *Lyon*, 677.
Canourgue (la) (*ville*). *Montp.-Mont.*, 557.
Canovelle. *Pic.*, 524.
Canquoin. *Bourg.*, I, 336.
Cansau. *Als.*, 254.
Cansebourg. *Rouen*, 909.
Cansidou. *Toul.-Mont.*, 465.
Cant. *Fland.*, 1144.
Cant (le). *Poit.*, 1152, 1401.
Cantaloup. *Fland.*, 105, 999.
Cantarel. *Guy.*, 503.
Cantaricr. *Poit.*, 561.
Cantarini. *Par.*, II, 432.
— *Tours*, 146.
Cantat. *Bourb.*, 499, 515.
Cantau. *Als.*, 254.
— *Toul.-Mont.*, 1232.
Cantel. *Al.*, 614.
— *Caen*, 312.
— *Prov.*, I, 1105.
— *Rouen*, 9, 11, 13, 234, 271.
Canteleu. *Pic.*, 294.
Cantelou. *Al.*, 613.
— *Caen*, 459, 714.
Canteloup. *Montp.-Mont.*, 1142.
— *Toul.-Mont.*, 1237

Cantenac. *Guy.*, 343.
Canterac. *Guy.*, 53.
Canterenne. *Par.*, II, 763.
Cantier. *Lyon*, 1052.
Cantilly. *Bret.*, II, 753.
Cantineau, *Fland.*, 1306.
— *Poit.*, 643, 654.
— *Tours*, 199, 348, 671.
Cantinière (la). *Poit.*, 202, 619, 1186, 1192, 1214.
Canto. *Par.*, II, 1200.
Cantogril. *Toul.-Mont.*, 806.
Cantois. *Prov.*, II, 605.
Cantrel. *Al.*, 864.
— *Toul.-Mont.*, 487.
Cantvert. *Bourg.*, I, 192.
Céard. *Champ.*, 392.
Céas. *Dauph.*, 506.
Céaul (de). *Prov.*, II, 317.
Ceaux. *Limous.*, 169.
Cebe. *Toul.-Mont.*, 766.
Ceberet. *Auv.*, 430.
— *Fland.*, 1060.
Cebert. *Al.* 1011.
Ceboret. *Par.*, I, 90, 149, 309, 310.
Cécile. *Bourg.*, I, 681, 757.
Cécile. (Sainte-). *Tours*, 317.
Cécillon. *Bret.*, II, 1114, 1115.
Céciré. *Rouen*, 353, 354.
Ceilesson. *Prov.*, II, 777.
Ceiret. *Prov.*, II. 754.
Celarier, *Toul.-Mont.*, 982.
Céleriez. *Toul.-Mont.*, 768.
Celers. *Pic.*, 790.
Celery. *Montp.-Mont.*, 1173.
Celestins (les), de Metz. *Lorr.*, 77.
Celier. *Bourb.*, 107.
— *Par.*, I, 1167.
— *Prov.*, I, 608.
Celière. *Par.*, I. 67.
Cellaris. *Limous.*, 480.
Celle (la). *Bourb.*, 133, 134, 301, 311, 314.
— *Bret.*, II, 727.
— (abb.). *Poit.*, 882.
— (couvent). *Poit.*, 451.
Celleau. *Al.*, 969.
Cellemaud. *Pic.*, 706.
Celleron. *Par.*, II, 71.
Celles. *Par.*, III, 337, 525.
Celles (de). *Toul.-Mont.*, 876, 1451.
Cellier. *Montp.-Mont.*, 114.
— *Par.*, III, 511.
— *Tours*, 971.
Cellier (du). *Bret.*, I, 485, 777.
— *Par.*, II, 1024.

Cellier (le). *Champ.*, 103.
Cellière. *Bourb.*, 272.
Cellois. *Limous.*, 463.
Cellon. *Poit.*, 1174.
Celme (de). *Bourb.*, 293.
Celloni. *Prov.*, I, 498.
Celot. *Par.*, I. 391.
— *Par.*, III, 461.
Celquet. *Fland.*, 1323.
Cenat. *Montp.-Mont.*, 373.
Cenclèves. *Tours*, 1118.
Cenderie (La). *Bourg.*, II, 613.
Cendret. *La Roch.*, 439.
Cendrier. *Tours*, 1172.
Cens (de). *Bret.*, II, 409.
Censal. *Prov.*, I, 1050, 1055.
Censent. *Fland.*, 227.
Censier. *Als.*, 517.
— *Pic.*, 882.
Cenzier. *Als.*, 517.
Cerceau. *Poit.*, 495.
Cerceau (du). *Par.*, IV, 2.
Cercei (de). *Champ.*, 749, 750.
Cercelet. *Champ.*, 505.
Cercleux. *Bret.*, I, 387.
Cercey. *Bourg.*, II, 170, 557.
Cercle (le). *Rouen*, 857.
Cerède. *Toul.-Mont.*, 1091.
Cereste (bourg). *Prov.*, II, 45.
Ceret (ville). *Toul.-Mont.*, 1443.
Cerdie. *Fland.*, 1020.
Cerf (de). *Pic.*, 669.
Cerf (du). *Dauph.*, 242.
— *Fland.*, 205, 457, 1047, 1080.
Cerf (Le). *Al.*, 235, 240, 621, 758
Cerf (le). *Bret.*, II, 198, 404, 581.
— *Champ.*, 602.
— *Fland.*, 22, 103.
— *Pic.*, 155.
— *Poit.*, 556, 783.
— *Rouen*, 66, 91, 292, 341, 523, 604, 681, 726, 809.
Ceris (de). *Limous.*, 44.
Cerisai. *Caen*, 194.
— *Rouen*, 837, 924.
Cerizay. *Bret.*, I, 157, 168, 568, 574.
— *Par.*, II, 1035.
Cerisy. *Lorr.*, 638.
— *Orl.*, 76, 79, 1014.
Cermoise (de). *Pic.*, 476.
Cermont. *Champ.*, 725.
Cernai. *Poit.*, 1472.
Cernaisot. *Bourg.*, II, 364.
Cernay (ville). *Als.*, 95.
— *Fland.*, 1445.
Cerne du). *Tours*, 942.

Cernei. *Al.*, 326, 912.
Ceron *Caen*, 130, 416.
Cerretani. *La Roch.*, 85.
Cersane. *Bourges*, 427.
Cersellier. *Par.*, I, 56.
Certain. *Als.*, 109.
Certain (le). *Champ.*, 7, 179, 183, 516, 811.
Certaine. *Bret.*, I, 277.
Certaine (de). *Bourb.*, 85, 224.
Certani. *Lorr.*, 579, 611.
Certe. *Lyon*, 627.
Ceruste. *La Roch.*, 436.
Cerveau. *Par.*, I, 317, 1105.
— *Par.*, IV, 276, 273, 375.
Cervelle (la). *Caen*, 118, 741, 746.
Cervignien. *Par.*, III, 133.
Cervon. *Par.*, III, 147.
— *Vers.*, 12.
Cès (de). *Guy.*, 930, 931.
César. *Als.*, 411.
— *Guy.*, 96.
Cesbron. *Tours*, 324, 890, 927, 982.
Cesne (le). *Al.*, 1097.
Cesneau. *Tours*, 640.
Cesnet. *Tours*, 1154.
Cessac. *Par.*, IV, 565.
Cessas. *Guy.*, 1119.
Cessillon. *Dauph.*, 216
Cestier. *Prov.*, II, 51, 622, 668.
Cestières. *Auv.*, 526, 567.
Cetti. *Als.*, 867.
Cevelet. *Al.*, 1007.
Ceveri. *Champ.*, 746.
Cezanne. *Prov.*, I, 1057.
Cezar. *Prov.*, I, 1269.
— *Prov.*, II, 368.
Cézard. *Rouen*, 505.
— *Vers.*, 71.
Cezarges. *Dauph.*, 237.
Cezary. *Montp.-Mont.*, 636.
Chaalons. *Champ.*, 9, 313, 339, 456, 457, 595, 610, 700, 735.
Chabaille. *Soiss.*, 798.
Chabamel. *Limous.*, 161.
Chabane. *La Roch.*, 184.
Chabane (la). *Auv.*, 42.
— *Guy.*, 85, 111, 942.
Chabanelle. *Toul.-Mont.*, 920.
Chabange. *Toul.-Mont.*, 335.
Chabanier. *Auv.*, 418.
Chabannes. *Auv.*, 24, 446.
— *Bourb.*, 429, 530.
— *Bourges*, 66.
— *Limous.*, 159, 296, 471.
— *Lyon*, 471.

Chabannes. *Montp.-Mont.*, 679.
— *Orl.*, 277.
— *Par.*, II, 123, 1156.
Chabanon. *Lyon*, 758.
— *Montp.-Mont.*, 705, 707.
Chabans. *Guy.*, 438, 444, 447.
Chabas. *Par.*, I, 671.
Chabasse. *Poit.*, 1080.
Chabaud. *Bourges*, 349.
— *Montp.-Mont.*, 254, 741, 901.
— *Prov.*, I, 1037, 1450.
— *Prov.*, II, 102, 648.
Chabenat. *Bourb.*, 557.
— *Bourges*, 33, 421.
— *Par.*, I, 275.
Chabert. *Bourb.*, 388, 588.
— *Caen*, 516, 775.
— *Dauph.*, 101, 251.
— *Montp.-Mont.*, 1052, 1428, 1438.
— *Par.*, I, 1242.
— *Par.*, II, 922.
— *Poit.*, 275, 1323, 1332, 1350.
— *Prov.*, I, 15, 18, 25, 40, 566, 862, 909, 944, 1008, 1032, 1166, 1184, 1192, 1202, 1388, 1401.
— *Prov.*, II, 21, 145, 156, 159, 507, 508, 660, 677.
— *Soiss.*, 615.
— *Toul.-Mont.*, 283.
— *Tours*, 812.
Chabestan. *Dauph.*, 511.
Chabier. *Poit.*, 825.
Chabiot. *Bourg.*, II, 187.
Chabirand. *Toul.-Mont.*, 14.
Chabirant. *La Roch.*, 196, 202, 298.
— *Poit.*, 515.
Chables. *Al.*, 793.
Chaboisseau. *Poit.*, 290, 331, 903, 1545.
Chaboissière. *Poit.*, 1083.
Chabos. *Bourg.*, I, 1053.
Chabot. *Al.*, 389, 539, 1060.
— *Bourg.*, II, 306, 393.
— *Bret.*, II, 910.
— *Orl.*, 825, 989, 1020.
— *Par.*, III, 39.
— *Poit.*, 134, 185, 254, 263, 283, 346, 1044, 1060, 1529, 1549, 1551.
— *Tours*, 184, 188, 242, 291, 628, 635, 616.
Chaboud. *Dauph.*, 43, 85, 151, 180, 400, 401.
Chabouillé. *Par.*, I, 313, 387, 1164.
— *Par.*, IV, 171, 663.
Chaboureau. *Bourges*, 390.
Chabraine. *Prov.*, I, 1210.

Chabran. *Prov.*, I, 833.
— *Prov.*, II, 137.
Chabray. *Par.*, I, 684.
Chabre. *Auv.*, 2.
Chabrefey. *Limous.*, 430.
Chabregnac. *Soiss.*, 237.
Chabrerie. *Limous.*, 241.
Chabri. *Poit.*, 1071.
Chabridon. *Bourges*, 286, 500.
Chabrié. *Lyon*, 235.
Chabriel. *Prov.*, II, 827.
Chabrier. *Auv.*, 21.
— *Bourg.*, I, 17.
— *Guy.*, 103, 350, 926, 1081.
— *Montp.-Mont.*, 826.
— *Prov.*, I, 1430.
— *La Roch.*, 106.
Chabrières. *Dauph.*, 62, 63, 350, 597.
Chabrin. *Prov.*, I, 278.
Chabrol. *Auv.*, 23.
— *Lyon*, 546.
Chabrou. *Poit.*, 564.
Chabroulard. *Poit.*, 1490.
Chabrus. *Montp.-Mont.*, 428.
Chacaton. *Bourb.*, 128.
Chacerat. *Guy.*, 1075.
Chachereau. *Poit.*, 1315.
Chachignon. *Par.*, I, 620.
Chadenier. *Limous.*, 177.
Chadenne. *La Roch.*, 232.
Chadennes. *Limous.*, 53.
Chadepeau. *Limous.*, 471.
Chadirac. *Guy.*, 170, 242.
Chadonneau. *Poit.*, 1289.
Chadonnière (la). *Lyon*, 378.
Chadouin. *Prov.*, II, 213.
Chaerlop. *Fland.*, 216.
Chaffault. *Lorr.*, 211, 650.
Chafault (du). *Poit.*, 252, 640.
Chafaut. *Dauph.*, 75.
Chaffaut (du). *Prov.*, I, 430, 440.
Chafferay. *Par.*, II, 522.
Chaffoy (du). *Bourg.*, I, 1177, 1217.
Chaffus. *Bourg.*, II, 360.
Chagnard. *Dauph.*, 143.
Chagné. *Als.*, 209, 498, 915.
Chagrin. *Al.*, 538, 631, 916.
Chahu. *Tours*, 1098.
Chaiget. *Bourg.*, I, 1058.
Chaigneau. *Poit.*, 59, 219, 344, 495, 502, 506, 511, 570, 760, 973, 984, 1005, 1019, 1120, 1260, 1279, 1380.
Chaignon. *Poit.*, 119, 867, 988, 1005.
Chaillan. *Prov.*, I, 323, 381, 870, 963, 1024.

Chailland. *Tours*, 428, 762, 1201, 1213.
Chaillat. *Dauph.*, 161.
Chaillé. *Bourg.*, II, 330.
— *La Roch.*, 315, 316, 318, 319.
Chaille (de). *Bret.*, II, 487.
Chailleau. *La Roch.*, 201.
Chaillet. *Bourg.*, I, 695, 877, 939, 1224.
— *Prov.*, I, 691.
Chailleu. *Tours*, 352.
Chaillol. *Prov.*, II, 229, 230.
Chaillon. *Par.*, II, 777.
Chaillot. *Bourb.*, 406.
— *Bourg.*, I, 557, 597, 668, 900, 901, 1111, 1129.
— *Bourg.*, II, 202.
— *Lorr.*, 604.
— *Par.*, IV, 437, 667.
Chaillot (du). *Dauph.*, 530, 531.
Chaillou. *Al.*, 1034, 1042, 1232.
— *Bourg.*, I, 671.
— *Bret.*, II, 209, 368, 453, 454.
— *Par.*, I, 560, 1234, 1280.
— *Par.*, II, 295.
— *Par.*, III, 530.
— *Par.*, IV, 754.
— *Poit.*, 1386, 1387, 1406, 1534.
— *Tours*, 959, 1076, 1100, 1104.
Chaillouet. *Par.*, I, 934.
Chaine. *Guy.*, 1031, 1108.
Chaintron. *Tours*, 1076.
Chairol. *Auv.*, 575, 581.
Chairon. *Caen*, 24.
Chairte (de). *Pic.*, 722.
Chais. *Prov.*, I, 286, 311, 316, 330, 441, 464, 850, 1100, 1155.
— *Prov.*, II, 243, 396, 651, 692.
Chaise (la). *Al.*, 213.
— *Auv.*, 31.
— *Bourb.*, 11, 110, 113, 152, 155, 264, 290, 541.
— *Bourges*, 272.
— *Bourg.*, I, 433.
— *Bourg.*, II, 178.
— *Bret.*, I, 164.
— *Guy.*, 30, 110, 946, 1031, 1156.
— *Lyon*, 117, 239, 287, 876.
— *Orl.*, 91.
— *Par.*, I, 538.
— *Par.*, II, 1076.
— *Par.*, IV, 779.
— *Poit.*, 884, 933.
— *Prov.*, II, 463.
— *Vers.*, 113, 159.
Chaises (des). *Bourb.*, 277.

Chaissan. *Guy.*, 1102.
Chaix. *Bret.*, i, 292.
— *Lyon*, 787.
Chalabre. *Montp.-Mont.*, 346, 680, 1314.
Chalale. *Lyon*, 441, 671, 893.
Chalamon. *Lyon*, 993.
— *Prov.*, ii, 100, 173.
Chalan. *Guy.*, 805.
Chalander. *Montp.-Mont.*, 371.
Chalandière. *Dauph.*, 85, 447.
Chalandri. *Poit.*, 519.
Chalant. *Bourg.*, ii, 576.
Chalaux. *Par.*, i, 1305.
Chaléat. *Dauph.*, 264, 276.
Chalencon. *Bourg.*, ii, 286.
Chaléon. *Dauph.*, 60, 83.
Chaleux (le). *Par.*, i, 612, 1095, 1153.
Chaliat. *Auv.*, 212.
Chalier. *Toul.-Mont.*, 958.
Chalignay. *Bret.*, ii, 817.
Chalioux (du). *Bourg.*, ii, 335.
Chaline. *Orl.*, 159. 661.
Chaliveau. *Par.*, i, 1118, 1136, 1212.
Challemaison. *Bourb.*, 409.
Challe. *Poit.*, 1072.
Challemeaux. *Bourb.*, 81.
Challemoux. *Bourb.*, 261, 459.
— *Bourg.* i, 270, 274.
— *Bourg.*, ii, 191, 192, 557.
Challet (de). *Orl.*, 180.
Challeux (le). *Par.*, ii, 311.
Challier. *Pic.*, 275.
Challot. *Rouen*, 885.
Challou. *Orl.*, 612.
Chalmas. *Lyon*, 918.
Chalmette. *Lyon*, 176, 288.
— *Par.*, i, 850.
— *Par.*, ii, 792.
— *Par.*, iii, 445.
— *Prov.*, i. 1047.
Chalmot. *Poit.*, 111, 124, 594, 993, 1105.
Chalon. *Guy.*, 157.
— *Bourg.*, i, 378.
— *Bourg.*, ii, 167, 245, 303.
— *Prov.*, i, 740.
— *Rouen*, 48, 90, 139, 552, 565, 663, 664, 685, 716.
— *Tours*, 1340.
Chalonnière (la). *Poit.*, 514.
Chalons. *Bourg.* i, 855.
— *Bret.*, i, 123.
— *Lorr.*, 603.
— *Montp.-Mont.*, 761.

Chalopin. *Bourg.*, ii, 205.
— *Par.*, i, 321.
— *Par.*, ii, 886.
— *Tours*, 36, 141, 150.
Chalot. *Bourg.*, ii, 134.
Chalou. *Al.*, 69, 86, 99, 464, 474, 501, 592, 809.
Chalouette. *Par.*, iii, 147.
Chalu. *Lyon*, 915.
Chaludet. *Bourb.*, 255, 410.
— *Bourges*, 458, 463.
Chaluës. *Guy.*, 1120.
Chaluin. *Prov.*, i, 1129.
Chalumeau. *Orl.*, 137.
Chalup. *Guy.*, 449, 779, 1074.
Chalus. *Tours*, 758.
Chalvet. *Auv.*, 578.
— *Dauph.*, 2, 65, 135, 417.
— *Toul.-Mont.*, 4, 21, 113, 302.
— *Vers.*, 242.
Chalvert. *Guy.*, 1126.
Chalvoix (de). *Pic.*, 875.
Chalvon. *Auv.*, 128.
Chamaillard — *Par.*, i, 1261.
— *Par.*, iii, 326, 431.
Chamalière. *Auv.*, 288.
Chamans (St-). *Bourb.*, 116.
— *Dauph.*, 448.
— *Par.*, iv, 681.
Chamant. *Auv.*, 223.
— *Guy.*, 992.
Chamarante. *Al.*, 1134.
Chamare. *Poit.*, 1325.
Chamari. *La Roch.*, 283.
Chamaroux. *Bourg.*, i, 339.
— *Montp.-Mont.*, 701.
Chamarron. *Lyon*, 1027.
Chamas (St-). *Prov.*, i, 728, 905.
— *Prov.*, ii, 334.
Chamayou. *Toul.-Mont.*, 1310.
Chambancé. *Auv.*, 513.
Chambard. *Bourg.*, ii, 285.
— *Toul.-Mont.*, 625.
Chambaron. *Auv.*, 523.
— *Lyon*, 789.
Chambarlhac. *Montp.-Mont.*, 365, 570.
Chambart. *Bourg.*, i, 418.
Chambaud. *Bourb.*, 111.
— *Lyon*, 35, 901.
— *Montp.-Mont.*, 351, 435, 441.
Chambelain. *Par.*, iii, 568.
— *Poit.*, 327.
Chambelan. *Tours*, 1376.
Chambellain. *Bret.*, i, 290.
— *Par.*, ii, 563.

Chambellan. *Al.*, 98, 125.
— *Bourges*, 231.
— *Poit.*, 1366.
— *Rouen*, 269.
Chambellé. *Bret.*, I, 176.
Chamberan. *Dauph.*, 209.
— *Lyon*, 982.
Chamberlain. *Rouen*, 723.
Chamberlin. *Montp.-Mont.*, 589.
Chambert. *Bourg.*, I, 1148.
— *Guy.*, 988.
— *Montp.-Mont.*, 77.
— *Toul.-Mont.*, 99.
Chambery. *Limous.*, 329.
Chambes. *Bourg.*, I, 104, 120, 440.
— *Bourg.*, II, 216, 563, 564.
— *Par.*, II, 701, 703.
— *Poit.*, 295.
Chambes (de). *Tours*, 178.
Chambet. *Dauph.*, 458.
Chambge (du). *Fland.*, 94, 106, 112, 318, 587, 996, 1000.
Chambin. *Bourg.*, II, 32.
Chamblet. *Bourg.*, II, 169.
Chambli. *Fland.*, 648.
Chamblin. *Soiss.*, 191.
Chambly. *Soiss.*, 711, 878.
Chambly (de). *Pic.*, 886.
Chamboi. *Al.*, 267, 1009, 1057.
Chamboissier. *Auv.*, 406.
Chambon. *Al.*, 112, 117.
— *Auv.*, 387, 468, 507.
— *Bourb.*, 106, 125, 555, 578.
— *Bourges*, 423.
— *Montp.-Mont.*, 311, 376, 465, 471, 502, 1251.
— *Orl.*, 63, 510, 595, 608, 695.
— *Par.*, II, 179, 544, 783, 1038.
— *Par.*, III, 136, 438.
— *Poit.*, 892, 1387.
— *Prov.*, I, 653, 657.
— *Prov.*, II, 302, 680.
— *La Roch.*, 350.
— *Toul.-Mont*, 846.
— (ab.). *Poit.*, 1429.
Chambon (du). *Guy.*, 915.
— *Limous.*, 315.
Chambonneau. *Rouen*, 59.
Chambonnet. *Auv.*, 123, 271.
Chamborant. *Bourb.*, 16, 532.
— *Limous.*, 146, 442.
— *Poit.*, 411, 858.
Chambort. *Bourb.*, 18, 22, 173, 276, 372.
Chambosse. *Bourg.*, II, 531.
Chambost. *Lyon*, 226.

Chambou. *Als.*, 564.
Chambouet. *Bourb.*, 419.
Chambout. *Limous.*, 245.
— *Par.*, II, 63.
Chambrai. *Al.*, 435.
Chambray. *Orl.*, 811.
Chambre. *Bourg.*, I, 112, 119.
— *Bourg.*, II, 609.
— *Guy.*, 968, 1183, 1184, 1209.
— *Par.*, II, 903.
Chambre (la). *Bret.*, I, 218.
— *Caen*, 540, 541.
— *La Roch.*, 93, 182, 184, 389.
Chambrier. *Dauph.*, 72, 83.
Chamburcy. *Bourg.*, I, 393.
Chamburé. *Lorr.*, 117.
Chameau. *Pic.*, 10.
— *Poit.*, 801, 1117, 1118.
Chamel. *Auv.*, 585.
— *Guy.*, 1095, 1096.
— *Lorr.*, 166.
Chamereau. *Bourg.*, I, 164.
Chamerlat. *Auv.*, 5.
Chameroy. *Bourg.*, II, 260.
Chames. *Auv.*, 552.
Chamié. *Poit.*, 1088.
Chamigny. *Bourg.*, I, 656.
Chamillac. *Guy.*, 924, 1170.
Chamillard. *Bourges*, 21.
Chamillart. *Bret.*, I, 296.
— *Bret.*, II, 9.
— *Par.*, I, 776.
Chamili. *Rouen*, 1186.
Chamissot (de). *Lorr.*, 330.
Chammes. *Als.*, 1024.
Chamneau. *La Roch.*, 307.
Chamois. *Par.*, III, 300.
— *Poit.*, 538.
Chamont. *Par.*, IV, 573, 638.
Chamontin. *Montp.-Mont.*, 463, 829.
Chamoreau. *Bourg.*, II, 260.
Chamousseaux. *Als.*, 32.
Chamoux *Bourg.*, II, 613.
Chamoy. *Soiss.*, 76.
Chamoye. *Bourg.*, I, 804.
Champ (du). *Bourg.*, I, 563, 567, 931.
— *Lyon*, 739.
— *Montp.-Mont.*, 691.
— *Tours*, 15, 493, 814, 850, 851, 852.
Champagne. *Als.*, 124.
— *Bourg.*, I, 243, 576, 646.
— *Bourg.*, II, 47, 233, 391.
— *Fland.*, 490, 838.
— *Par.*, II, 1138.

Champagne. *Par.*, iv, 298, 387.
— *Poit.*, 1145.
— *Prov.*, i, 588.
— *La Roch.*, 172.
Champagne (la). *Par.*, i, 726.
— *Rouen*, 260, 515.
Champagne (de). *Tours*, 1391.
Champagné. *Tours*, 80, 112, 139, 531, 560, 985.
Champaignac. *Guy.*, 653, 1096.
Champaigny. *Lyon*, 247.
Champal. *Bret.*, ii, 816.
Champalinaut. *Limous.*, 124, 323.
Champanois. *Poit.*, 1096.
Champbuisson. *Bret.*, ii, 439.
Champeau, *Bourg.*, ii, 181, 258, 311, 334, 581.
Champeaux. *Al.*, 611, 1207.
— *Bourg.*, i, 153, 257.
— *Bourg.*, ii, 16.
— *Bret.*, ii, 313, 651.
— *Caen*, 462.
— *Limous.*, 190.
— *Tours*, 821.
Champeheuri (de). *Tours*, 946.
Champeheurier (de). *Tours*, 343, 354.
Champelière. *Poit.*, 1554.
Champelon. *Poit.*, 724.
Champenois. *Champ.*, 837.
Champereux. *Bourg.*, i, 645, 702.
Champès. *Guy.*, 874.
Champestières. *Auv.*, 466.
Champet. *Auv.*, 451.
Champeynard. *Prov.*, i, 572.
Champfeu. *Bourb.*, 21, 101, 280, 352.
— *Vers.*, 127.
Champfleury. *Par.*, iii, 115.
Champfleury (de). *Tours*, 1005.
Champflour. *Auv.*, 53, 65, 85, 86, 162, 452.
Champfour. *Par.*, ii, 1226.
Champfray. *Lyon*, 947.
Champgrand. *Soiss.*, 372, 375, 671.
Champhuon. *Par.*, ii, 1234, 1235.
Champi. *Par.*, i, 436, 1267.
Champier. *Bourg.*, i, 114.
— *Lyon*, 208.
— *Vers.*, 224.
Champignelle. *Par.*, iv, 439.
Champigni. *Poit.*, 823.
— *Prov.*, ii, 463.
Champignolles. *Al.*, 930.
Champignon. *Tours*, 1286.
Champigny. *Al.*, 1206.
— *Par.*, iv, 657.
Champin. *Par.*, i, 132, 280.

Champinot. *Bourg.*, ii, 496.
Champion. *Al.*, 913, 1036.
— *Bourges*, 116.
Champion. *Bourg.*, i, 157, 774, 1067, 1080.
— *Bourg.*, ii, 234, 248, 253.
— *Bret.*, i, 375, 469.
— *Bret.*, ii, 77, 269.
— *Caen*, 559.
— *Lorr.*, 638.
— *Orl.*, 601.
— *Par.*, ii, 224, 671, 1132, 1172.
— *Par.*, iii, 147, 301.
— *Tours*, 1157.
— *Prov.*, i, 818.
— *Prov.*, ii, 555.
— *Poit.*, 501.
Champirault. *Bret.*, ii, 801.
Champlais. *Par.*, ii, 848.
— *Par.*, iii, 366.
— *Tours*, 1343.
Champlin. *Champ.*, 343.
Champmari. *Poit.*, 710.
Champmorel. *Caen*, 525.
Champoiseau. *Orl.*, 908.
Champrobert. *Bourb.*, 414.
Champrond. *Tours*, 964.
Champrougy. *Bourg.*, i, 724, 1135.
Champsmorel (des). *Vers.*, 80.
Champs-Morel (des). *Par.*, i, 565.
Champs (des). *Limous.*, 17, 24, 365.
— *Lorr.*, 272.
— *Guy.*, 709, 1115.
— *Fland.*, 61, 512, 598, 617, 867, 1266, 1394, 1454.
— *Caen*, 140, 141, 152, 461, 603.
— *Bret.*, i, 181.
— *Bret.*, ii, 383, 403, 574, 725.
— *Bourg.*, i, 201.
— *Bourg.*, ii, 242, 360.
— *Bourges*, 174, 391.
— *Bourb.*, 9, 123, 124, 128, 281, 282, 298, 391, 442, 500, 501, 599, 613.
— *Bourb.*, 237, 412.
— *Als.*, 610.
— *Al.*, 178, 600, 607, 916.
— *Tours*, 236, 292, 405, 984, 1461.
— *Toul.-Mont.*, 545, 581.
— *Soiss.*, 815.
— *Rouen*, 18, 243, 247, 248, 249, 252, 253, 264, 275, 289, 715, 828, 906, 1153, 1156, 1185.
— *Poit.*, 871, 1449, 1538.
— *Pic.*, 378, 590, 743.
— *Par.*, i, 404.

Champs (des). *Par.*, 11, 224, 299, 597, 611, 663, 1145.
— *Par.*, 111, 181, 230.
— *Par.*, 1v, 113.
— *Orl.*, 284, 296, 297, 549.
— *Montp.-Mont.*, 621.
— *Lyon*, 50, 86, 101, 158, 304, 380, 499, 672, 943.
Champneufs (des). *Bret.*, 1, 181.
Champtassin. *Prov.*, 11, 23.
Champtot. *Bourg.*, 11, 100.
Champy. *Bret.*, 1, 337.
— *Par.*, 111, 145.
Chamtron. *Orl.*, 346.
Chamussin. *Par.*, 111, 120.
Chana. *Lyon*, 80, 88, 388, 1019.
— *Par.*, 111, 371.
Chanain. *Par.*, 11, 1207.
Chanaleille. *Par.*, 11, 1207.
Chanaud. *Guy.*, 1085, 1093.
Chanaveille. *Montp.-Mont.*, 1245.
Chanbardon. *Montp.-Mont.*, 823.
Chanceler. *Par.*, 11, 155.
Chancelier. *Poit.*, 1255.
Chancenai. *Bourges*, 37, 420.
Chancenotte. *Bourg.*, 1, 925.
Chancey. *Lyon*, 174.
Chandebois. *Al.*, 168, 260, 263, 274, 397, 407, 1013, 1028.
Chandeire. *Auv.*, 348.
Chandeleur. *Caen*, 764.
Chandelier. *Par.*, 111, 391.
— *Poit.*, 485.
Chandelier (le). *Rouen*, 111, 143, 850, 872, 883.
Chandeliers (des). *Orl.*, 716.
Chandeliers de Metz (les). *Lorr.*, 608.
Chandeliers (les), (*commun.*). *Poit.*, 812, 1101.
Chandelux. *Bourg.*, 1, 283.
— *Bourg.*, 11, 134.
Chandiot. *Bourg.*, 1, 599, 600.
Chandon. *Par.*, 1, 1297.
— *Vers.*, 182.
Chandonné. *Orl.*, 907.
Chandru. *Orl.*, 818, 822.
Chanée. *Bret.*, 11, 594, 597.
Chanel. *Lorr.*, 25.
Chanelot. *Dauph.*, 622.
Chanes. *Lyon*, 1017.
Change (du). *Bret.*, 1, 877.
— *V.* Du Chambge. *Fland.*
Changenay. *Bourg.*, 1, 323.
— *Bourg.*, 11, 111.
Changeon. *La Roch.*, 135, 147.

Changeur (le). *Lorr.*, 293.
Changy. *Bourg.*, 11, 172.
— *Par.*, 111, 382.
— *Par.*, 1v, 639.
Chani. *Montp.-Mont.*, 1568.
Chanier. *Poit.*, 1058.
Chanières. *Tours*, 1348.
— *Guy.*, 957.
Chanlaire. *Champ.*, 404, 519.
Chanlatte. *Par.*, 1, 374.
— *Par.*, 11, 555.
— *Par.*, 111, 190.
— *Pic.*, 414.
Channes (de). *Par.*, 1v, 51.
Channevelle. *Par.*, 1, 86.
Chanoi. *Poit.*, 700.
Chanoine. *Lyon*, 661.
Chanoine (le). *Caen*, 133, 403.
Chanoines de Pont-à-Mousson (les). *Lorr.*, 97.
Chanoing. *Auv.*, 375.
Chanollière (la). *Poit.*, 211.
Chanot. *Bourg.*, 11, 613, 615.
Chanrenault. *Bourg.*, 1, 55, 74, 553.
— *Bourg.*, 11, 52.
Chansaud. *Prov.*, 1, 919.
Chansel. *Guy.*, 651.
Chanselot. *Bourb.*, 111, 179, 590.
Chanseloube. *Bourb.*, 210.
Chanseret. *Bourg.*, 11, 598.
Chantaire. *Poit.*, 888.
Chantant. *Lorr.*, 628.
Chantarel. *Dauph.*, 171, 172.
Chante (le). *La Roch.*, 353.
Chanteau. *Als.*, 772.
— *Bret.*, 11, 357.
Chantecaille. *Poit.*, 1057, 1059.
Chanteclerc. *Champ.*, 714.
Chanteduc. *Prov.*, 1, 775.
Chantelin. *Tours*, 1281.
Chantegril. *Guy.*, 917.
Chantelause. *Lyon*, 998.
Chantelot. *Par.*, 11, 162.
Chantelou. *Al.*, 69, 595, 1087.
— *Auv.*, 281.
— *Caen*, 101, 116, 117, 225, 226, 408, 512.
— *Champ.*, 580.
— *Tours*, 99, 1300, 1399.
Chanteloube. *Guy.*, 869.
Chantemerle. *Auv.*, 407.
— *Guy.*, 226.
— *Par.*, 11, 1097.
Chantemerle (de). *Tours*, 518.
Chantepie. *Al.*, 70.
— *Caen*, 197, 429, 492, 493.

Chantepie. *Tours*, 1412, 1482.
Chantereau. *Als.* 775.
— *Par.*, I, 352, 1138.
— *Par.*, III, 273, 400, 414.
— *Poit.*, 213, 622.
— *Soiss.*, 14, 141.
Chantereine. *Als.*, 185.
Chanterel. *Bret.*, II, 424.
Chanteret. *Bourg.*, I, 349.
Chanteveau. *Als.*, 753.
Chantier. *Bourg.*, II, 109.
— *Par.*, III, 286, 314.
Chantigni. *La Roch.*, 207.
Chantin. *Pic.*, 865.
Chantoi. *Pic.*, 755.
Chantonna. *Bourg.*, I, 706.
Chantosme. *Par.*, I, 1200.
Chantrans. *Bourg.*, I, 732, 1010.
Chantre. *Lyon*, 435.
— *Prov.*, I, 1015, 1104.
Chantre (le). *Montp.-Mont.*, 484, 921.
— *Par.*, II, 36.
Chantreau. *Bourg.*, II, 610.
— *Bret.*, II, 470.
— *Tours*, 186, 187, 660.
Chantrier. *Bourg.*, II, 476.
Chantillon. *Tours*, 1299.
Chantoin. *Lim.*, 213.
Chanu. *Bourg.*, I, 289.
Chanui. *Prov.*, II, 259.
Chanut. *Prov.*, II, 59, 560.
Chanut. *Al.*, 304, 535, 889.
— *Bourg.*, II, 41.
— *Par.*, I, 25, 392, 953, 1313.
— *Par.*, II, 400.
Chany. *Bourg.*, I, 410, 424.
Chaosne. *Orl.*, 499.
Chapard. *Lyon*, 453.
Chaparon. *Dauph.*, 359.
Chapazet. *Guy.*, 910.
Chapdelaine. *Bret.*, II, 420, 951.
— *Tours*, 111, 400, 1180, 1183.
Chape. *Auv.*, 574.
— *Dauph.*, 125.
Chapeau. *Bourg.*, I, 219, 243.
— *Poit.*, 771, 1240.
— *Prov.*, II, 353.
— *Champ.*, 751.
Chapeiroul. *Guy.*, 1092.
Chapel. *Auv.*, 136, 571.
— *Lyon*, 684.
— *Montp.-Mont.*, 1316.
Chapelain. *Al.*, 1047.
— *Bourb.* 420, 620.
— *Bret.*, I, 941.
— *Bret.*, II, 75, 541.

Chapelain. *Montp.-Mont.*, 324, 517.
— *Orl.*, 239.
— *Par.*, III, 174, 175.
— *Poit.*, 782, 990, 1167.
— *Rouen*, 383.
— *Tours*, 1389.
Chapelains de Sainte-Marie (les).
  Poit., 121.
Chapelas. *Guy.*, 111, 541, 809.
— *Par.*, I, 217.
Chapelet. *Champ.*, 449.
— *Par.*, I, 1071.
— *Soiss.*, 462.
— *Tours*, 1372.
Chapelet (du). *Al.*, 451.
Chapelier. *Al.*, 1022.
— *Montp.-Mont.*, 400, 817, 1343.
— *Par.*, I, 1130.
— *Par.*, II, 507, 1231.
Chapelier (le). *Par.*, IV, 23.
Chapeliers de Damvillers (les).
  Lorr., 632.
— de Metz. *Lorr.*, 560.
— de Lembervilliers. *Lorr.*, 685.
— de Verdun. *Lorr.*, 670.
— de Vic. *Lorr.*, 570.
— (comm.). *Poit.*, 400, 433, 550,
  800, 810, 920, 1092, 1496, 1508.
Chapelin. *Guy.*, 908.
Chapellain. *Par.*, I, 1227.
Chapellart. *Lim.*, 248, 396.
Chapelle. *Al.*, 469, 821, 1100.
— *Als.*, 730.
— *Bourg.*, I, 806.
— *Par.*, I, 694.
— *Prov.*, I, 117.
— *Prov.*, II, 644.
— *Soiss.*, 361.
— *Tours*, 755, 1029.
Chapelle (de). *Bourb.*, 387, 408.
Chapelle (la). *Bourg.*, 13, 31, 39, 41,
  187, 338, 340, 401, 437, 499, 524.
— *Bourb.*, 364, 499.
— *Bourg.*, II, 251.
— *Bret.*, I, 619, 936.
— *Bret.*, II, 437, 596.
— *Fland.*, 369, 371, 1246.
— *Guy.*, 362, 364, 957, 1006, 1130,
  1161, 1168.
— *La Roch.*, 98, 186, 330.
— *Lim.*, 180, 127.
— *Par.*, II, 222.
— *Poit.*, 197, 1355.
— *Rouen*, 1183.
— *Tours*, 355, 918.
Chapelles (des). *Rouen*, 1372.

Chapelles (des). *Tours*, 285, 611.
Chapellier (le). *Rouen*, 712, 912.
Chapellon. *Lyon*, 674.
— *Montp.-Mont.*, 10, 534.
Chapene. *Toul.-Mont.*, 716.
Chaperelle. *Par.*, i, 695.
Chaperon. *Als.*, 212.
— *Dauph.*, 554.
— *Fland.*, 1335.
— *Guy.*, 145, 834.
— *Orl.*, 459.
— *Par.*, i, 587.
— *Par.*, ii, 651.
— *Par.*, iii, 402.
— *Poit.*, 151, 868.
— *Tours*, 521, 998.
Chapes (de). *Champ.*, 468.
Chapette. *Auv.*, 346.
Chapillais. *Tours*, 999.
Chapiot. *La Roch.*, 428.
Chapiteau. *Limous.*, 269, 273, 365.
Chapitre (de). *La Roch.*, 426.
Chapitres de Bourmont (les). *Lorr.*, 156.
— de Saint-Dié. *Lorr.*, 33.
— de Marsal. *Lorr.*, 569.
— de Sarrebourg. *Lorr.*, 688.
— de Verdun. *Lorr.*, 535.
— de Vic. *Lorr.*, 569.
Chapon. *Guy.*, 716.
— *Lyon*, 508.
— *Poit.*, 1388.
Chaponai. *Dauph.*, 10, 56, 245, 255.
Chaponay. *Par.*, ii, 1019.
Chaponel. *Orl.*, 914.
— *Par.*, ii, 670, 926.
Chaponnay. *Lyon*, 4, 6, 23, 697.
Chaponne. *Prov.*, ii, 453.
Chaponnel. *Fland.*, 1266.
Chaponnier (le). *Bret.*, i, 17, 102, 108, 110, 616, 618.
— *Bret.*, ii, 149.
Chapot. *Bourg.*, ii, 508.
Chapotin. *Bourg.*, i, 186.
— *Par.*, iii, 461.
Chapotot *Bourg.*, i, 56.
— *Bourg.*, ii, 62, 79, 98.
— *Par.*, i, 476.
Chapouille. *Auv.*, 376.
Chappais. *Lyon*, 289.
Chappé. *Champ.*, 588.
— *Pic.*, 709.
Chappel. *Bret.*, i, 35, 475.
Chappelain (le). *Caen*, 544, 744.
Chappelaine. *Caen*, 717.
Chappron *Rouen*, 75, 709.

Chappuis. *Lyon*, 19, 24, 46, 79, 87, 226, 258, 329, 331, 340, 358, 468, 508, 741, 789, 790, 794, 879, 977, 982, 998.
Chapt (le). *Champ.*, 177.
Chapu. *Bourges*, 420, 456.
Chapuis. *Bourg.*, i, 106, 281, 432, 556, 607, 752, 961, 964, 1059, 1113, 1122, 1139, 1208.
— *Bourg.*, ii, 130, 136, 148, 151, 224.
— *Dauph.*, 448, 589.
— *Par.*, i, 160.
— *Rouen*, 817.
— *Toul.-Mont.*, 501, 890, 1433.
Chapuiset. *Tours*, 250.
Chapus. *Montp.-Mont.*, 1431.
— *Prov.*, i, 920, 930, 976.
— *Prov.*, ii, 268, 342.
— *Tours*, 1253.
Chapuseau. *Par.*, ii, 772.
Chaput. *Dauph.*, 84, 248, 438.
Chapuy. *Bourb.*, 221, 417.
Chapuzeau. *Par.*, i, 1214.
Chapuzet. *Par.*, iii, 287.
Charal. *Par.*, iii, 507.
Charamat. *Prov.*, i, 1424.
Charamboure. *Guy.*, 963.
Charamel. *Dauph.*, 452.
Charandar. *Montp.-Mont.*, 433.
Charars. *Toul.-Mont.*, 655.
Charault. *Orl.*, 787.
— *La Roch.*, 233.
Charavey. *Lyon*, 855.
Charbois. *Par.*, iii, 144.
Charbon. *Lyon*, 752, 1009.
Charbonier. *Prov.*, ii, 73, 639.
Charbonneau. *Bret.*, ii, 1096.
— *Dauph.*, 66, 67, 311.
— *Poit.*, i, 3, 4, 737, 738, 739, 1111.
— *Tours*, 975, 1130, 1131.
Charbonnel. *Lyon*, 94, 795.
— *Montp.-Mont.*, 371, 1240.
Charbonnier. *Auv.*, 448.
— *Bourb.*, 112.
— *Bourges*, 264, 276.
— *Bourg.*, i, 195, 196, 400.
— *Bourg.*, ii, 289.
— *Lorr.*, 11, 483.
— *Orl.*, 335.
— *Par.*, iii, 143.
— *Prov.*, i, 491, 1065.
— *Soiss.*, 702.
— *Tours*, 124, 156, 486, 903, 1212.
Charbonnière. *Lyon*, 1019.

Charbonnières. *Bret.*, I, 36.
Charboy. *Bourb.*, 148.
Charbut. *Par.*, I, 470.
Charce (la) *(monast.). Prov.*, I, 310.
Charcellai. *Tours*, 749.
Charcolin. *Lyon*, 668.
Charcot. *Bourg.*, I, 6.
Chardavoine. *La Roch.*, 369.
Chardé. *Al.*, 865.
Chardebœuf. *Limous.*, 114.
— *Poit.*, 918.
Chardel. *Al.*, 818.
— *Bret.*, II, 543, 607.
Chardin. *Lorr.*, 114.
— *Par.*, 708.
Chardon. *Al.*, 31, 158, 167, 199, 546, 1158.
— *Auv.*, 13, 36, 435.
— *Bourges*, 500.
— *Bourg.*, II, 362, 363.
— *Caen*, 11.
— *Lorr.*, 395, 648.
— *Lyon*, 952.
— *Orl.*, 50, 153, 862.
— *Par.*, I, 10, 125, 126, 475, 559, 628, 1074, 1153, 1247, 1286, 1300.
— *Par.*, II, 122, 938.
— *Par.*, IV, 3.
— *Pic.*, 427.
— *Poit.*, 1522.
— *Soiss.*, 632, 804.
— *Tours*, 1067, 1178.
Chardonnay. *Bret.*, I, 167, 175, 485.
— *Par.*, IV, 779.
Chardonneau. *Tours*, 1005.
Chardouillet. *Als.*, 1096.
Chardouret. *Par.*, I, 1108.
Chardousse. *Prov.*, I, 480.
Chareil. *Bret.*, II, 447.
Charel. *Bret.*, I, 984, 985.
Charet. *Poit.*, 588.
— *La Roch.*, 353.
Charette. *Bret.*, II, 1111.
Charey. *Lyon*, 758.
Charezieu. *Lyon*, 395, 414, 531, 920.
Charge (du). *Bourg.*, II, 342.
Chargé. *Poit.*, 137, 138, 1153.
— *Tours*, 1286.
Chargères. *Bourg.*, I, 270.
Chargères (de). *Bourg.*, II, 402.
Charier. *Bourg.*, I, 116.
— *Montp.-Mont.*, 423, 475.
— *Orl.*, 546.
— *Par.*, IV, 432.
— *Poit.*, 462, 496, 1079, 1386.
— *Prov.*, II, 393.

Charière. *Guy.*, 695, 866.
— *Par.*, III, 476.
Charil. *Bret.*, II, 902, 904, 906, 910, 911.
Chariet. *Lyon*, 629.
Charité, *Pic.*, 731.
— *Rouen*, 1373.
Charité (la) *(ville). Bourges*, 216.
Charlary. *Toul.-Mont.*, 206, 1240.
Charlemagne. *Bourges*, 280, 326, 337.
— *Orl.*, 748.
— *Par.*, I, 625.
— *Rouen*, 507, 515, 809.
Charlemont *(ville). Fland.*, 1324.
Charleroy *(ville). Fland.*, 1355.
Charles. *Als.*, 150.
— *Bourb.*, 406, 548, 550.
— *Bourg.*, I, 1142.
— *Bourg.*, II, 477.
— *Bret.*, I, 340.
— *Lorr.*, 114.
— *Montp.-Mont.*, 268.
— *Orl.*, 746.
— *Par.*, III, 375, 422.
— *Poit.*, 629, 991, 1112.
— *Prov.*, I, 539.
— *Prov.*, II, 786, 799.
— *Rouen*, 520, 733, 818.
— *Soiss.*, 645.
— *Tours*, 1126.
Charlet. *Bourb.*, 103.
— *Bourg.*, I, 651.
— *Champ.*, 272, 273, 543.
— *Lorr.*, 648.
— *Lyon*, 154.
— *Pic.*, 715.
— *Par.*, I, 287, 807, 1097.
— *Par.*, III, 421, 531.
— *Par.*, IV, 680.
— *Poit.*, 74, 103, 772.
— *Vers.*, 58, 266.
Charleux. *Bourg.*, II, 176.
Charleville. *Tours*, 1390.
Charlevoix. *Pic.*, 562 (?).
Charlier. *Fland.*, 127.
— *Guy.*, 132.
— *Par.*, II, 268, 369.
— *Par.*, III, 307.
— *Soiss.*, 330, 607.
Charlière. *Par.*, I, 405.
Charlière (la). *Champ.*, 508, 720.
Charlieu *(ville). Lyon*, 359, 1014.
Charliez. *Montp.-Mont.*, 1046.
Charloi. *Al.*, 993.
Charlois. *Prov.*, I, 802, 1039.

Charlon. *Prov.*, i, 968.
Charlonie (la). *Limous.*, 295.
Charlonnet. *Par.*, ii, 498.
Charlot. *Bourg.*, i, 200.
— *Champ.*, 374, 384.
— *Par.*, i, 85, 86.
— *Par.*, ii, 1026, 1122.
— *Par.*, iv, 561.
— *Poit.*, 583.
— *Prov.*, i, 58, 1237.
— *Tours*, 62, 505, 755, 1441, 1451.
— *Bret.*, ii, 547.
Charmail. *Guy.*, 12.
Charmartz. *Guy.*, 675.
Charme (du). *Bourg.*, i, 1259.
Charme (la). *Bourg.*, i, 443.
— *Lyon*, 756.
Charmeil. *Al.*, 443.
Charmel. *Champ.*, 684.
Charmelieu. *Bourg.*, i, 62.
Charmes (de). *Montp.-Mont.*, 1544.
Charmet. *Bourg.*, i, 1025.
Charmette. *Lyon*, 626.
Charmeux. *Par.*, iv, 33.
Charmoie (la). *Al.*, 918, 920.
Charmoille. *Bourg.*, i, 1144.
Charmolue. *Lyon*, 535.
Charmolué. *Par.*, i, 76.
— *Par.*, ii, 331, 694.
— *Par.*, iv, 322, 323, 324.
— *Pic.*, 408.
— *Soiss.*, 17, 80, 164, 611.
Charmoy. *Bret.*, i, 14.
— *Montp.-Mont.*, 175.
— *Orl.*, 880.
Charnacé. *Bret.*, i, 92, 916.
— *Tours*, 972.
Charnage. *Bourg.*, i, 1284.
Charne (du). *Bourg.*, ii, 473.
Charné (de). *Tours*, 388.
Charnée (la). *Lyon*, 718.
Charnel. *Bret.*, ii, 443.
Charnier. *Prov.*, ii, 621.
Charnière (de).*Tours*, 306, 883, 1520.
Charnières. *Par.*, i, 1075.
Charolles. *Bourg.*, ii, 306.
Charollois. *Bourg.*, i, 284.
— *Bourg.*, ii, 81.
Charon. *Al.*, 1019.
— *Bourg.*, ii, 273.
— *Bret.*, ii, 402, 480, 816, 831.
— *Guy.*, 170, 365, 583, 676, 677, 678.
— *Limous.*, 133, 223.
— *Orl.*, 466, 754.
— *Par.*, iii, 316, 513.

Charon. *Pic.*, 503.
— *La Roch.*, 38, 74, 161, 278, 312, 320.
— *Soiss.*, 776.
— *Toul.-Mont.*, 144.
— *Tours*, 1375.
Charon (le). *Par.*, i, 1321.
— *Par.*, iv, 791.
Charons (les) *(communauté)*. *Poit.*, 804, 1092.
Charons (des). *Soiss.*, 217.
Charondas. *Soiss.*, 572.
Charonnier. *Lyon*, 912.
Charonnière. *Poit.*, 517.
Charopin. *La Roch.*, 363.
Charot. *Lyon*, 738.
Charotte. *Bourg.*, ii, 534.
Charouillière (la). *Poit.*, 1407.
Charoux (*abb.*). *Poit.*, 901.
Charoyer. *Orl.*, 509.
Charpei. *Dauph.*, 305.
Charpentier. *Al.*, 736, 800, 1011, 1017, 1053.
— *Als.*, 188.
— *Bourg.*, ii, 476.
— *Bret.*, i, 324, 322, 323, 724, 859.
— *Bret.*, ii, 292.
— *Champ.*, 18, 705.
— *Dauph.*, 189.
— *Fland.*, 1357.
— *Guy.*, 42.
— *Lorr.*, 352, 359.
— *Orl.*, 653, 836.
— *Par.*, i, 53, 75, 588, 848, 933, 917, 1053, 1075, 1213, 1279, 1283.
— *Par.*, ii, 209, 210, 276, 378, 467, 666, 719, 738, 889.
— *Par.*, iii, 78, 142, 170, 192, 284, 318, 344, 398, 415, 422, 452, 579.
— *Par.*, iv, 323, 506, 677.
— *Poit.*, 907, 1442.
— *Prov.*, i, 616, 1191.
— *Prov.*, ii, 416.
— *Rouen*, 112.
— *Soiss.*, 7, 23, 219, 327, 379, 591, 698.
— *Tours*, 22, 687, 1037, 1399.
— *Vers.*, 56, 228.
Charpentier (le). *Caen*, 214, 385, 455, 734.
Charpentiers. *Pic.*, 117, 524, 525, 526, 683, 818, 874, 889, 890.
Charpentiers de Marville (les). *Lorr.*, 632.
— de Metz. *Lorr.*, 620.
— de Verdun. *Lorr.*, 670.

Charpentiers (les) *(commun.). Poit.*, 312, 397, 399, 545, 552, 705, 815, 928, 1089, 1179, 1519.

Charpey. *Par.*, II, 845.

Charpi. *Al.*, 1002.

— *Champ.*, 113.

— *Dauph.*, 140.

— *Par.*, I, 818, 947.

Charpignon. *Bourges*, 120.

Charpin. *Dauph.*, 227.

— *Lyon*, 35, 39, 762, 789, 834, 905.

Charps. *Guy.*, 1156.

Charpuis. *Prov.*, I, 718, 719.

Charpy. *Bourg.*, I, 224, 234, 249, 291.

Charraud. *Poit.*, 863.

Charreau. *Bourg.*, II, 577, 578.

Charrée. *Soiss.*, 22, 219, 696, 701.

Charret. *Bret.*, II, 820.

Charreton. *Bourb.*, 207, 208, 238, 502.

— *Bourg.*, I, 1241, 1263.

— *Par.*, I, 4, 154, 169, 775.

— *Par.*, II, 711, 1207.

Charrette. *Bret.*, I, 156, 162, 163, 177, 181, 459, 510.

Charrier. *Auv.*, 76, 159.

Charrier. *Bret.*, I, 308, 363.

— *Bret.*, II, 326.

— *Lyon*, 33, 41, 43, 48, 77, 83, 85, 95, 122, 497.

— *Prov.*, II, 522, 531, 533.

— *Toul.-Mont.*, 917.

Charrière (la). *Bourg.*, II, 571.

Charrin. *Lyon*, 81.

Charrogne. *Soiss.*, 292.

Charroi. *Poit.*, 927.

Charron. *Bourges*, 211.

— *Par.*, I, 91, 234, 258, 326, 867, 1379.

— *Toul.-Mont.*, 548.

Charrons de Metz (les). *Lorr.*, 611.

— de Remberviller. *Lorr.*, 686.

— de Verdun. *Lorr.*, 669.

— de Vic. *Lorr.*, 570.

Charrüel. *Lorr.*, 218.

Charruyer. *Poit.*, 1120.

Charry. *Bret.*, I, 277.

— *Orl.*, 273, 277.

Chars (de). *Par.*, I, 683.

— *Toul.-Mont.*, 62.

Chartain. *Orl.*, 160, 786.

— *Par.*, II, 1224.

Charté. *Par.*, I, 1220.

Chartier. *Al.*, 1010, 1245.

— *Bourb.*, 553.

Chartier. *Bourges*, 255.

— *Lyon*, 236.

— *Orl.*, 8, 342, 376, 457, 477, 956.

— *Par.*, I, 118, 479, 499, 850, 1061, 1318.

— *Par.*, III, 368.

— *Par.*, IV, 85.

— *Poit.*, 782, 1300, 1479, 1480, 1538.

— *Tours*, 972.

Chartier (le). *Caen*, 30, 31, 110, 113, 724.

— *Rouen*, 358, 359.

Chartogne. *Vers.*, 288.

— *Champ.*, 159, 160, 244.

Chartois. *Prov.*, II, 840.

Charton. *Als.*, 763.

— *Bourges*, 36.

— *Champ.*, 334.

— *Soiss.*, 15, 210, 404.

Chartrain. *Al.*, 999, 1005, 1250, 1255.

— *Orl.*, 674.

— *Tours*, 1056.

Chartraire. *Bourg.*, I, 37, 45, 320.

— *Par.*, I, 1281.

Chartres. *Bourb.*, 290.

— *Guy.*, 250.

— *Lyon*, 363.

— *Orl.*, 214, 258, 703, 943.

Chartres (de). *Lorr.*, 182.

Chartreux de Rethel (les). *Lorr.*, 691.

Chartroux. *Prov.*, II, 102.

Charuau. *Bourg.*, II, 552.

Charüe. *Bret.*, II, 869.

Charuel. *Champ.*, 567, 568, 574, 788, 859.

Charueix. *Bret.*, II, 755.

Charult. *Dauph.*, 180.

Charoil. *Par.*, I, 996.

Charvilliers. *Par.*, I, 1005.

Chary. *Bourb.*, 23, 171, 489.

— *Bret.*, II, 551.

Chasans. *Par.*, II, 191.

Chasarel, *Guy.*, 450, 549.

Chasaud. *Poit.*, 18, 59, 83.

Chaseau. *Al.*, 791, 1177.

Chaseraire. *Lyon*, 909.

Chasey. *Bourg.*, I, 401.

Chaslan. *Als.*, 625.

Chaslard (du) *Limous.*, 138.

— *Par.*, II, 1222.

Chasle. *Par.*, I, 705, 1256.

Chaslier (de). *Auv.*, 210.

Chaslière. *Auv.*, 155.

Chaslon. *Caen,* 423.
— *Lyon,* 809.
Chalus. *Auv.,* 29, 230, 346, 387, 433.
— *Bourb.,* 387.
Chasnay. *Par.,* I, 614.
Chaspoux. *Vers.,* 11.
Chassagnac. *Limous.,* 417.
Chassagne (la). *Auv.,* 142, 373, 420.
— *Bourges,* 74.
— *Limous.,* 151, 289, 293, 459.
— *Prov.,* II, 25.
— *Toul.-Mont.,* 920.
Chassaigne (la). *Bourb.,* 78, 86, 311.
— *Guy.,* 195, 1043.
— *Lyon,* 10, 692.
Chassaing. *Auv.,* 396, 463, 562.
— *Guy.,* 40.
— *Limous.,* 166.
— *Lyon,* 260, 629, 806, 811, 817, 1003.
Chassan. *Limous.,* 394.
Chassat. *Auv.,* 392.
Chasse. *Als.,* 462.
— *Fland.,* 283.
— *Pic.,* 721.
— *Prov.,* I, 484.
— *Soiss.,* 176.
Chasse (la). *Champ.,* 496, 712.
— *Lyon,* 635.
— *Par.,* III. 166.
Chassé. *Bret.,* II, 421.
Chasseau. *Poit.,* 1327.
Chasseau (du). *Bourb.,* 124.
Chasseaubodéau. *Bourb.,* 427, 497.
Chassebras. *Par.,* I, 1265, 1327.
— *Par.,* II, 648, 1110.
Chassel. *Bourg.,* I, 1143.
Chasselain. *Bourb.,* 417.
— *Bourg.,* I, 1243.
Chasselard. *Bourg.,* I, 6.
— *Bourg.,* II, 380.
Chasselas. *Bourg.,* II, 570.
Chasselet (du). *Bourg.,* I, 638, 902.
Chasselière (la). *Poit.,* 523.
Chasseloup. *Poit.,* 547.
— *La Roch.,* 181, 446.
Chasselus. *Bourg.,* II, 495.
Chasselux. *Bourg.,* I, 237.
Chassenant. *Al.,* 704.
Chassenay. *Bourg.,* II, 310, 478, 624.
Chassepot. *Par.,* I, 908, 1110.
— *Par.,* II, 214, 525.
Chasserai. *Poit.,* 986.
Chasseur (le). *Als.,* 100.

Chasseveau. *La Roch.,* 67, 390.
Chassevent. *Als.,* 779.
Chassignet, *Bourg.,* I, 614, 842.
Chassignole. *Bourg.,* I, 1133.
Chassignole (la). *Bourb.,* 574.
Chassignoles. *Auv.,* 256, 459.
Chassignolles. *Prov.,* I, 945.
Chassin. *Bret.,* II, 582.
— *Orl.,* 365.
Chassingre, *Bourb.,* 115.
Chassy. *Par.,* IV, 42.
Chastagnet. *Guy.,* 857. 1128.
Chastaigner. *Guy.,* 811.
Chastaignier. *Limous.,* 63, 78.
— *La Roch.,* 58.
Chastaigneraye (la). *La Roch.,* 112.
Chastaing. *Dauph.,* 272.
— *Guy.,* 344.
Chastanet. *Dauph.,* 465.
— *Toul.-Mont.,* 844. 1213, 1409.
Chastanier. *Toul.-Mont.,* 746.
Chastau. *Prov.,* II, 585.
Chastaut. *Montp.-Mont.,* 328.
Chaste. *Dauph.,* 352.
— *Lyon,* 75, 651.
Chasteau. *Par.,* IV, 41.
— *Toul.-Mont.,* 715.
— *Tours,* 905, 1066, 1139, 1268.
Chasteau (du). *Bourges,* 75.
— *Fland.,* 96, 780, 1264.
— *Poit.,* 667, 739, 795.
Chasteaubodeau. *Auv.,* 389.
Chasteaubriant. *Bret.,* II, 106.
Chasteauchalon. *Tours,* 194.
Chasteauclocher *(prieure). Poit.,* 902.
Chasteaucouvert. *La Roch.,* 405.
Chasteaudais. *La Roch.,* 398.
Chasteaudorei. *Tours,* 343.
Chasteauduloir *(ville). Tours,* 1319.
Chasteaugiron. *Bret.,* I, 217, 386.
Chasteauneuf, *Al.,* 972.
— *Auv.,* 209.
— *Bret.,* I, 306.
— *Lyon,* 38, 722.
— *Montp.-Mont.,* 427.
— *Poit.,* 135, 159.
— *Prov.,* I, 520, 1101.
— *Prov.,* II, 156.
— *La Roch.,* 207, 414.
— *Tours,* 796.
Chasteaupercien. *Champ.* 441.
Chasteauregnaut *(ville). Tours,* 846.
Chasteauroux *(ville). Bourges.* 431.
Chasteauthieri. *Al.,* 152, 153, 169, 174, 264, 985, 1258.

Chasteau-Thiery (*ville*). *Soiss.*, 532.
Chasteauverdun.*Montp.-Mont.*, 316.
— *Toul.-Mont.*, 310, 530.
Chasteauvieux, *Dauph.*, 336, 460,
461.
— *Poit.*, 1148.
— *Prov.*, I, 317.
— *Prov.*, II, 468, 524.
Chasteigner. *Par.*, II, 523.
Chasteigneraie (la). *Als.*, 8.
Chasteignier. *Poit.*, 22, 30, 148, 214,
291, 532, 776, 810, 891, 1125,
1363, 1413, 1429, 1546.
Chastel. *Lyon*, 819.
— *Prov.*, I, 1435.
Chastel (de). *Bourges*, 464.
Chastel (du). *Bret.*, I, 55, 364, 964.
— *Auv.*, 237.
— *Al.*, 506, 997, 1246.
— *Bret.*, II, 79, 161, 209, 289, 358,
518, 1001.
— *Caen*, 14, 20, 21, 37, 38, 74, 80,
105, 109, 113, 375, 384, 463, 491,
494, 533, 544, 665, 750.
— *Fland.*, 124, 887, 1103.
— *Par.*, II, 400.
— *Pic.*, 208, 798.
— *Rouen*, 147, 448, 449, 959.
— *Tours*, 179, 1018, 1026, 1027,
1258.
Chastelain. *Champ.*, 163.
— *Fland.*, 159.
— *Lyon*, 216, 1021.
— *Montp.-Mont.*, 593.
— *Pic.*, 407, 894.
— *Par.*, I, 756, 1062, 1330.
— *Par.*, II, 1021, 1092.
— *Par.*, IV, 3.
— *Tours*, 932.
— *Vers.*, 70.
Chastelard. *Lyon*, 327.
Chastelard (de). *Dauph.*, 65, 240,
255, 265, 450, 453, 592.
Chastelet. *Poit.*, 1269.
— *Prov.*, I, 255.
Chastelet (du). *Champ.*, 288.
— *Fland.*, 183.
— *Lorr.*, 510, 646.
— *Par.*, I, 69, 129.
— *Par.*, II, 560.
— *Rouen*, 464.
— *Tours*, 571, 881.
Chastelier. *Par.*, II, 966.
— *Poit.*, 509, 1168, 1197.
Chastelier (de). *Dauph.*, 150, 247,
297, 300.

Chastelier (du). *Bret.*, I, 390, 393.
— *Par.*, I, 170.
Chasteliers (de). *Par.*, IV, 17, 645,
Chasteliers (des). *Orl.*, 915, 924, 955.
Chastellain. *Soiss.*, 76.
Chastellerault (*ville*). *Poit.*, 661,
1471.
Chastellier (du). *Bret.*, II, 455, 644,
1005, 1129.
Chastellier (du). *Orl.*, 249.
Chastelus. *Lyon*, 1027.
— *Par.*, IV, 359.
Chastenay. *Bourg.*, I, 102, 349, 450.
— *Dauph.*, 306.
— *Par.*, I, 762.
— *Par.*, IV, 372.
Chastenere. *Poit.*, 365.
Chastenet. *Bret.*, II, 160.
— *Toul.-Mont.*, 319.
— *Soiss.*, 190, 226, 231, 695.
Chastenet (de). *Limous.*, 188, 192,
402.
— *La Roch.*, 353.
Chastenet (du). *Poit.*, 144, 164, 869.
Chasteni (du). *Lorr.*, 144.
Chastenier (du). *Bret.*, I, 421.
Chastennie. *La Roch.*, 308.
Chasteuil. *Prov.*, I, 576.
Chastillon. *Bourges*, 265, 425, 426.
— *Bourg.*, I, 288, 376, 392, 579.
— *Bourg.*, II, 288, 399, 626.
— *Champ.*, 334.
— *Dauph.*, 231.
— *Fland.*, 69, 71, 596.
— (*abb.*). *Lorr.*, 361.
— *Lyon*, 6.
— *Orl.*, 532, 1004.
— *Par.*, I, 1346, 1372, 1395.
— *Par.*, II, 1084.
— *Par.*, IV, 607.
— *Tours*, 1166.
— *Vers.*, 77, 104.
Chastillon-sur-Indre (*ville*). *Bour-*
ges, 288.
Chastilly. *Orl.*, 698.
Chastoux. *Prov.*, I, 1112.
Chastre (la). *Bourges*, 7, 49, 125,
195, 281, 285, 253, 271, 287, 292,
411, 420, 526.
— *Orl.*, 332, 429.
Chastre (La). *Par.*, I, 1239.
— *Par.*, II, 856.
— *Poit.*, 280, 663, 664, 1164.
— *Tours*, 222.
Chastri. *Poit.*, 1363.
Chastrier. *Guy.*, 903.

Chastrier. *Guy.*, 198, 615.
— *Limous.*, 222, 311.
— *Montp.-Mont.*, 1419.
— *Par.*, iv, 40, 154.
— *Pic.*, 824.
— *Poit.*, 780, 1553.
— *Prov.*, i, 154.
— *Prov.*, ii, 261, 398, 400.
Chat. *Guy.*, 380, 425.
Chat (de). *Montp.-Mont.*, 1100.
Chat (du). *Lorr.*, 653.
Chat (le). *Bourg.*, i, 304, 1022.
— *Bret.*, i, 79.
— *Par.*, iv, 54, 60.
— *Tours*, 11, 63, 540.
Chate (la). *Par.*, ii, 220.
Chatanier. *Guy.*, 319.
Chatard. *Montp.-Mont.*, 824.
Chateau, *Par.*, i, 361.
Chateminois, *Tours*, 922.
Chateuil. *Par.*, i, 717.
Chateuvert. *Poit.*, 1195.
Chaton. *Tours*, 1466.
Chatillon. *Guy.*, 273.
Chatoine (la). *Limous.*, 316.
Chatre. *Soiss.*, 20.
Châtre. *Vers.*, 107.
Chatri. *Caen*, 554.
Chatrier. *Par.*, i, 710,
Chattin. *Fland.*, 61.
Chation. *Bret.*, i, 673, 851.
Chau. *Bret.*, i, 917.
— *Par.*, iii, 321.
— *Prov.*, i, 459.
Chau (la). *Dauph.*, 19.
Chau (le). *Prov.*, ii, 330.
Chaubard. *Toul.-Mont.*, 202, 637, 1117.
Chaubet. *Toul.-Mont.*, 1321.
Chaubier. *Poit.*, 40, 42, 70, 813, 814.
Chauchard. *Toul.-Mont.*, 1119.
— *Tours*, 1367.
Chaud. *Limous.*, 9, 10.
Chaudeau. *Bourg.*, i, 291.
— *Bourg.*, ii, 534.
Chaudelet. *Bourg.*, ii, 504.
Chaudenet. *Bourges*, 141.
Chaudereux. *Orl.*, 435.
Chaudesaigues (*ville*). *Auv.*, 318.
Chaudessole. *Auv.*, 156, 172.
Chaudet. *Caen*, 138.
— *Par.*, ii, 306, 476.
— *Par.*, iv, 27.
— *Tours*, 910.
Chaudeteste. *Lorr.*, 370.

Chaudey. *Bourg.*, i, 720.
Chaudli. *Prov.*, i, 477.
Chaudiot. *Bourg.*, i, 857.
Chaudon. *Auv.*, 468.
— *Prov.*, i, 661, 927, 1095, 1097, 1098.
— *Prov.*, ii, 398, 399.
Chaudreau. *Poit.*, 116, 122.
Chaudron. *Par.*, ii, 162.
Chaudronniers de Metz (les). *Lorr.*, 611.
Chaudronniers (les) (*communauté*). 1188.
Chauf (le). *Bret.*, ii, 1006.
Chauffot. *Champ.*, 839.
Chauffour. *Rouen*, 420, 1374, 1376.
— *Tours*, 631, 1047, 1051.
Chaufour. *Al.*, 844.
— *Als.*, 65.
— *Guy.*, 124.
— *Par.*, i, 1265.
— *Par.*, ii, 513, 1203.
— *Par.*, iv, 7.
— *Poit.*, 1507.
Chaufourneau. *Par.*, ii, 292, 874, 1234.
Chaufourier. *Tours*, 1467.
Chaugeart. *Par.*, iii, 297.
Chaugi. *Poit.*, 284.
Chaugy. *Bourb.*, 419.
— *Bourg.*, i, 35, 145, 164, 258, 261, 267.
Chaulan. *Prov.*, i, 7, 1039, 1061, 1064.
Chaulce. *Por.*, i, 294.
Chaulde. *Lyon*, 803.
Chauliaguet. *Auv.*, 212, 217, 221, 414, 499, 522.
Chaulieu. *Al.*, 230, 908.
— *Poit.*, 1361.
Chaulne (de). *Soiss.*, 162.
Chaulnes. *Dauph.*, 30, 257.
Chaulnes (de). *La Roch.*, 69.
Chaumaret. *Champ.*, 447.
Chaumasson. *Bourges*, 471.
Chaumat. *Dauph.*, 429.
Chaume (de). *Auv.*, 301.
— *Bourg.*, ii, 179.
— *Orl.*, 134.
Chaume (La). *Bourb.*, 496.
— *Bourg.*, i, 89, 803.
Chaume (la). *Als.*, 180.
— *Bourges*, 411.
— *Poit.*, 857.
— *Tours*, 666.
Chaumé (la). *Fland.*, 1358.

Chaumeil. *Guy.*, 1182.
Chaumejan. *Champ.*, 574.
— *Montp.-Mont.*, 342.
— *Par.*, i, 61, 240.
Chaumel. *Guy.*, 124, 696.
Chaumelis. *Bourg.*, i, 39, 79.
Chaumeron. *Poit.*, 848.
Chaumet. *Auv.*, 502.
— *Bourges*, 428.
Chaumeton. *Guy.*, 846.
Chaumette. *Guy.*, 1100.
Chaumette (la). *Poit.*, 1401.
Chaumiliau. *Champ.*, 734.
Chaumin. *Prov.*, ii, 312.
— *Champ.*, 862.
Chaumont. *Al.*, 437, 1030.
— *Als.*, 609.
— *Champ.*, 584.
— *Guy.*, 856, 864.
— *Lorr.*, 122.
— *Montp.-Mont.*, 733.
— *Par.*, i, 278.
— *Par.*, ii, 999, 1127.
— *Poit.*, 1509.
— *Prov.*, i, 554, 1159.
— *Rouen*, 1187, 1272.
Chaumonet. *Bourg.*, ii, 504.
Chaumontel. *Al.*, 1187.
— *Caen*, 112, 138, 139, 143, 399, 401, 494, 500, 579, 599, 730.
Chaumoret. *Par.*, iv, 28.
Channat. *Auv.*, 221.
Chaunel. *Lorr.*, 25.
— *Montp.-Mont.*, 638.
Chaunes. *Montp.-Mont.*, 1109.
— *Par.*, i, 350, 798.
— *Par.*, ii, 285, 855, 1122, 1123.
Chaunes (de). *Poit.*, 499.
Chauney. *Bourg.*, i, 1026.
Chauny (ville). *Soiss.*, 438.
Chaupi. *Toul.-Mont.*, 1479.
Chauriguesse. *Prov.*, i, 1133.
Chauron. *Lyon*, 818.
Chaury. *Bourg.*, i, 194.
Chausarel. *Toul.-Mont.*, 1035.
Chausit. *Toul.-Mont.*, 301.
Chaussangue. *Guy.*, 1014.
Chaussard. *Bourb.*, 523.
Chaussay. *Tours*, 825.
Chausse. *Lyon*, 58, 154, 378.
— *Limous.*, 367.
— *Prov.*, ii, 298.
Chaussechat. *Par.*, i, 1121.
Chaussecourte. *Auv.*, 410.
— *Bourb.*, 568.
— *Lyon*, 792.

Chaussée. *La Roch.*, 192, 357.
Chaussée (la). *Fland.*, 788.
— *Guy.*, 623.
— *Lorr.*, i, 98, 148.
— *Par.*, ii, 315.
— *Par.*, iv, 61.
— *Poit.*, 113, 437.
Chaussée d'Eu. *Pic.*, 241.
Chaussegros. *Prov.*, i, 51, 1103.
— *Prov.*, ii, 30.
Chaussemer. *Guy.*, 1050.
Chaussepied. *Par.*, i, 348.
Chausser (le). *Bret.*, i, 270.
Chaussetiers (les) de Metz. *Lorr.*, 592.
Chaussière (la). *Bret.*, i, 620.
Chaussiergues. *Montp.-Mont.*, 432, 434.
Chaussignargues. *Montp.-Mont.*, 1430.
Chaussin. *Bourg.*, i, 277.
Chausson. *Al.*, 558.
— *Bourg.*, ii, 554.
— *Par.*, ii, 171.
— *Toul.-Mont.*, 733.
Chaussoy (du). *Pic.*, 628.
— *Par.*, i, 1260.
Chaussy. *Orl.*, 505.
Chautard. *Prov.*, i, 147, 633, 1324.
— *Prov.*, ii, 182, 263, 727, 798.
Chautier. *Prov.*, ii, 792.
Chauton. *Guy.*, 1201.
Chautte. *Fland.*, 366.
Chauve. *Tours*, 1481.
Chauveau. *Par.*, iv, 78.
Chauveau. *Bourg.*, i, 142.
— *Bourg.*, ii, 484.
— *Limous.*, 172, 173, 243.
— *Orl.*, 333, 651.
— *Par.*, i, 210.
— *Par.*, ii, 941, 999, 1156.
— *Pic.*, 503.
— *Poit.*, 412, 506, 868, 1341, 1346.
— *La Roch.*, 414, 432.
— *Toul.-Mont.*, 144.
— *Tours*, 5, 504, 1312.
Chauvel. *Bret.*, i, 412, 463, 464, 559.
— *Bret.*, ii, 402, 356, 540, 563, 585.
— *Lorr.*, 25.
— *Montp.-Mont.*, 28.
— *Orl.*, 93, 94.
— *Par.*, ii, 1256.
— *Par.*, iv, 53.
— *Rouen*, 224, 722.
— *Tours*, 243, 248, 549, 920.
Chauvelier. *Poit.*, 895.

Chauvelin. *Bourb.*, 135.
— *Bourges*, 367.
— *Orl.*, 513.
— *Par.*, I, 785, 1079.
— *Poit.*, 83.
Chauvelot. *Bourg.*, I, 218, 340, 468.
Chauvenet. *Bourg.*, II, 327.
— *Pic.*, 520, 532, 876.
Chaveney. *Dauph.*, 49.
Chauvereau. *Par.*, II, 672.
— *Tours*, 44, 840.
Chauveret. *Orl.*, 975.
Chauvreux. *Orl.*, 358, 368.
Chauveron. *Bourges*, 380.
— *Guy.*, 446, 1078.
— *Limous.*, 147.
Chauves. *Par.*, IV, 636.
Chauvet. *Bourg.*, I, 110, 1023.
— *Bourg.*, II, 223, 226.
— *Bret.*, II, 26.
Chauvet. *La Roch.*, 158, 168, 432.
— *Toul.-Mont.*, 562.
— *Tours*, 536.
Chauveteau. *Poit.*, 1182.
Chauveton. *Bourges*, 46.
Chauvière. *Poit.*, 708, 709, 1255, 1264.
Chauvignaud. *La Roch.*, 18.
Chauvigny. *Par.*, I, 134.
— *Tours*, 248, 552.
Chauvin. *Al.*, 958, 998, 1018, 1023.
— *Bourb.*, 428.
— *Bret.*, I, 182.
— *Fland.*, 115, 255, 288, 964.
— *Lorr.*, 509.
— *Lyon*, 105, 633, 662.
— *Par.*, I, 123, 150, 166, 194, 1178.
— *Poit.*, 119, 931, 1433.
— *Prov.*, I, 317.
— *Prov.*, II, 538.
— *Rouen*, 235, 237.
Chauvinot. *Par.*, III, 153.
Chauvirei. *Tours*, 197.
Chauvivé. *Lorr.*, 130.
Chaux (des). *Béarn*, 94, 149.
Chaux (la). *Auv.*, 255.
— *Bourg.*, II, 529.
— *Bret.*, II, 774.
— *Limous.*, 394, 467.
Chavagnac. *Auv.*, 422.
— *Bourb.*, 154, 567.
— *Lyon*, 793, 813, 1013.
— *Par.*, I, 1216.
Chavaille. *Guy.*, 78, 191.
— *Limous.*, 17.
Chavain. *Caen*, 554.

Chavain. *Par.*, II, 1248.
Chavally. *Prov.*, I, 1446.
Chavance. *Lyon*, 650.
Chavange. *Par.*, II, 714.
Chavanel. *Bourg.*, II, 203.
Chavanhac. *Montp.-Mont.*, 944.
Chavaniac. *Limous.*, 128.
Chavannes. *Lyon*, 8, 21, 410, 479.
— *Orl.*, 938.
— *Tours*, 812.
Chavanon. *Bourg.*, I, 93.
Chavansol. *Bourg.*, II, 75, 484, 578.
Chavari. *Prov.*, II, 75.
Chavassieu. *Lyon*, 475, 916.
— *Par.*, I, 41.
Chavault. *Bourges*, 278.
Chave (de). *Montp.-Mont.*, 1254.
Chavenel. *Lorr.*, 182.
Chaverou. *Limous.*, 330.
Chavet. *Bourg.*, II, 206.
— *Poit.*, 805, 836.
— *Vers.*, 218.
Chavignac. *Limous.*, 459.
Chavigne. *Tours*, 526.
Chavigny. *Orl.*, 784.
— *Par.*, III, 419.
— *Par.*, IV, 82.
Chavirey. *Bourg.*, I, 632.
Chavolière. *Poit.*, 1219.
Chavot. *Bourg.*, I, 118.
Chazalis. *Dauph.*, 459.
— *Montp.-Mont.*, 513.
Chazard. *Lyon*, 938.
Chazat. *Limous.*, 167.
Chazan. *Guy.*, 919, 920.
Chazaux. *Montp.-Mont.*, 376.
Chaze. *Prov.*, II, 108, 656.
Chazeau. *Poit.*, 818, 1488.
Chazel. *Montp.-Mont.*, 402, 722, 740.
— *Prov.*, I, 467, 496, 959.
Chazelede. *Auv.*, 144.
Chazelet. *Lyon*, 303.
Chazelle. *Lyon*, 161, 163, 464, 1023, 1036.
Chazelles. *Auv.*, 500.
Chazelon. *Auv.*, 441.
Chazerat. *Auv.*, 47, 448.
— *Bourb.*, 353.
Chazeray. *Orl.*, 272, 954, 961.
Chazeron. *Auv.*, 24.
Chazette. *Lyon*, 132.
Chazey. *Bourg.*, II, 286, 292.
Chazon. *Bourg.*, II, 333.
Chazot. *Bourg.*, II, 17.
— *Caen*, 136, 398, 417, 480.
— *Lorr.*, 206, 384.

Chazot. *Lyon*, 676, 943.
— *Rouen*, 426.
Chazotte. *Toul.-Mont.*, 692, 702, 718.
Cheauveau. *Soiss.*, 358, 714, 836.
Chébassière (la). *Poit.*, 564, 926.
Chebe. *Bret.*, II, 599.
Chebere. *Tours*, 1416.
Cheboeuf. *Par.*, II, 74.
Chebrier. *Par.*, IV, 469.
Chebron. *Par.*, II, 517, 731, 947.
Chébron. *Poit.*, 151.
Chedaue. *Bret.*, II, 158.
Chedaneau. *Poit.*, 1253.
Cheddé. *Par.*, I, 311.
— *Par.*, IV, 551.
Chedet. *Champ.*, 841.
Chédeville. *Auv.*, 374.
Chedieu. *Orl.*, 817.
Chefdebien. *Montp.-Mont.*, 764, 777.
Chefderue. *Par.*, II, 258.
Chefdeville. *Bret.*, II, 208.
— *Par.*, I, 1213, 1241.
Chefdubois. *Bret.*, I, 363, 680, 891.
Chefirel. *Bret.*, II, 710.
Chefsailles. *Al.*, 516.
Cheiladeu. *Prov.*, I, 694.
Cheilard. *Guy.*, 557.
Cheilau. *Prov.*, II, 681.
Cheilus. *Dauph.*, 471, 472.
— *Prov.*, II, 488.
Cheiron. *Prov.*, II, 689.
Cheirout. *Guy.*, 868.
Cheissac. *Guy.*, 660, 1112.
Chelamont. *Prov.*, II, 705, 620.
Chelandre. *Champ.*, 158.
Chélard (du). *Montp.-Mont.*, 346.
Cheldaguet. *Auv.*, 189.
Cheiers. *Pic.*, 786.
Cheleurs (de). *Pic.*, 702.
Chelin *Champ.*, 341.
Chelles. *Par.*, II, 244.
Chelon. *Prov.*, II, 530.
Chemin. *Par.*, III, 448, 517.
— *Soiss.*, 101.
Chemin (du). *Al.*, 23, 49, 239, 372, 630, 783, 1174, 1186, 1188.
— *Bret.*, I, 363, 727.
— *Bret.*, II, 509, 898.
— *Caen*, 93, 247, 274, 367, 448, 720, 742.
— *Champ.*, 294.
— *Lorr.*, 271.
— *Lyon*, 956.
— *Orl.*, 528, 1002.
— *Par.*, I, 529, 1214.

Chemin (du). *Par.*, II, 694, 805, 1214.
— *Par.*, IV, 161.
— *Toul.-Mont.*, 519.
— *Rouen*, 30, 265, 828.
— *Tours*, 132, 757, 1456, 1457, 1459, 1450, 1476, 1477, 1478.
Cheminadet. *Orl.*, 55.
Cheminais. *Bret.*, II, 553.
Cheminard. *Bret.*, I, 174.
— *Par.*, III, 389.
Chemineau. *Par.*, I, 93, 94.
— *Tours*, 1179.
Chenagou. *Poit.*, 787, 790.
Chenais. *Par.*, I, 395, 1083.
Chenard. *Al.*, 691.
— *Par.*, II, 438, 766, 983.
Chenardière (la). *Champ.*, 90.
Chenart. *Par.*, I, 177.
Chenaux. *Limous.*, 868.
Cheneau. *Tours*, 953, 977, 983, 1100.
Chenedé. *Tours*, 498, 973, 978.
— *Vers.*, 93.
Chenelaie (la). *Tours*, 1171.
Chenel. *Pic.*, 612.
Chenerille. *Prov.*, I, 500.
Chenet. *Par.*, II, 184, 206.
— *Tours*, 605, 1517, 1520.
Chenevas. *Dauph.*, 406.
Chenevi. *Lorr.*, 399.
Chenicourt. *Dauph.*, 310.
Chenier. *Poit.*, 73, 504, 837.
Chenleslegrand (de). *La Roch.*, 71.
Chennesaille. *Par.*, II, 119.
Chennetier (le). *Par.*, I, 477.
Chenetz (des). *Bret.*, II, 755.
Chenevière. *Limous.*, 226.
— *Lyon*, 82, 670, 926.
Chennevières. *Al.*, 84, 99, 211, 212, 213, 568, 608, 1094, 1196, 1198.
— *Bourg.*, I, 1014, 1018.
— *Caen*, 173.
— *Par.*, I, 1190.
Chenon. *Poit.*, 895.
Chenory. *Orl.*, 225.
Chenou. *Orl.*, 277.
— *Tours*, 1025.
Chent. *Fland.*, 714.
Chenu. *Bourges*, 31, 261, 324, 329.
— *Bret.*, 177.
— *Dauph.*, 439.
— *Orl.*, 433, 816.
— *Poit.*, 426.
— *La Roch.*, 175, 318.
— *Tours*, 510, 512.
Chenuot. *Par.*, II, 1040.
Chenut. *Prov.*, I, 967.

Cheny. *Bret.*, II, 421.
Cherade. *Limous.*, 39.
Cheraudie. *Par.*, III, 380.
Cherbaie. *Tours*, 102, 143, 507, 578.
Cherbonnel. *Poit.*, 1279.
Cherbonnier. *Al.*, 699.
— *Poit.*, 1497, 1500.
— *La Roch.*, 240.
Cherbonnière (de). *La Roch.*, 215.
Cherbourg. *Caen.*, 241.
Cherconnai. *Poitiers*, 460.
Chercot. *Lyon*, 1008.
Cheré. *Caen.*, 746.
. — *Par.*, I, 179, 939.
— *Par.*, II, 526, 546, 552, 841.
— *Par.*, III, 238, 251, 278.
Chereau. *Bret.*, II, 330.
— *Toul.-Mont.*, 55.
— *Tours*, 329, 1117.
Chereil. *Bret.*, I, 750.
Cherel. *Bret.*, II, 401, 415.
Cherez. *Flond.*, 1144.
Chergé. *Limousin*, 69.
— *Tours*, 192.
Cheri. *Prov.*, I, 1338, 1367, 1897, 1398.
Chéri (du). *Auv.*, 191.
Cherier. *Bourges*, 168-266.
— *Caen*, 557.
— *Par.*, I, 1080, 1347.
— *Par.*, II, 744, 1081.
— *Poitiers*, 928.
— *Vers.*, 216.
Cherière. *Par.*, I, 925.
Chérisé. *Vers.*, 298.
Chérité. *Tours*, 532, 501, 511, 86, 1068.
Chermillier. *La Roch.*, 348.
Chermont. *Lorr.*, 262.
— *Vers.*, 7.
Cheron. *Al.*, 895, 930.
— *Orl.*, 718.
— *Par.*, II, 40.
— *Poitiers*, 1361, 1365.
— *Rouen*, 344, 352, 493, 911.
— *Soiss.*, 70, 805, 847.
Chéron. *Montp.-Mont.*, 723.
— *Par.*, III, 401, 524.
Cheronnet. *Soiss.*, 779.
Cheronnière (la). *Tours*, 1176.
Cherot. *Tours*, 926.
Cherouvrier. *Bret.*, I, 166.
— *Bret.*, II, 38.
— *Par.*, I, 211.
— *Tours*, 1404.
Cherprais. *Poitiers*, 1262.

Cherprenet. *Poitiers*, 779.
Cherreau. *Par.*, I, 583.
Cherruyer, *Poitiers*, 500.
Chertemps. *Bret.*, I, 425, 461.
— *Champ.*, 785.
— *Par.*, II, 1206.
— *Soissons*, 248, 435, 600.
Chertier. *Bret.*, I, 254.
Chervel. *Al.*, 693.
Cherville. *Al.*, 127, 542, 554, 769.
Chervin. *Bourbonnais*, 389.
Chervize. *Caen*, 201.
Chervy. *Par.*, 1015.
Chery. *Bourbonnais*, 183.
— *Picardie*, 449, 866.
Cheseaux, *Par.*, II, 86.
Chesnai. *Poitiers*, 1476.
Chesnai (du). *Al.*, 185, 271, 533, 662.
— *Caen*, 715.
— *Lorr.*, 9.
— *Tours*, 256, 749.
Chesnaie. *Al.*, 155.
Chesnaie (la). *Fland.*, 1501.
— *Guy.*, 32, 371.
— *Poitiers*, 286, 340, 665, 1472.
— *Tours*, 49, 193, 1074.
Chesnard. *Bourg.*, 102, 106, 107, 113, 121.
— *Bourg.*, II, 218, 225.
— *Bret.*, II, 468, 1071.
— *Rouen*, 390.
Chesnay (du). *Bret.*, I, 30.
— *Bret.*, II, 455, 587.
Chesnaye (la). *Bret.*, I, 385.
— *Bret.*, II, 106, 428.
Chesne. *Bourg.*, II, 54, 575.
Chesne (du). *Al.*, 531, 534, 874, 878, 1098.
— *Bourges*, 257, 271, 279.
— *Bourg.*, I, 240, 241, 248, 414, 850, 852.
— *Bret.*, 842
— *Bret.*, II, 45, 457, 909, 1007.
— *Caen.*, 784.
— *Champ.*, 198, 557, 617.
— *Fland.*, 1328.
— *Guy.*, 923.
— *Lorr.*, 329, 470, 530.
— *Orl.*, 478, 543, 746, 874.
— *Par.*, I, 278, 1224, 1247, 1261, 1346.
— *Par.*, II, 277, 401, 595.
— *Par.*, III, 114, 274, 418.
— *Pic.*, 450, 757.
— *Poitiers*, 133, 611, 993, 1034, 1353, 1405.

Chesne (du). *Prov.*, II, 127, 705.
— *Rouen*, 4, 313, 885.
— *Soissons*, 4, 30, 113, 167, 233, 291, 299.
— *Toul.-Mont.*, 316.
— *Tours*, 173, 200, 213, 758, 963, 1078, 1395. 1442, 1474.
— *Vers.*, 111, 146, 185.
Chesne (le). *Caen*, 743.
Chesne (Saint-). *Dauph.*, 112.
Chesneau. *Bourg.*, 413.
— *Champ.*, 800.
— *Fland.*, 1471.
— *Orl.*, 462.
— *Par.*, III, 491.
— *Par.*, IV, 571.
Chesneau (du). *Poit.*, 95, 531, 777, 1267, 1377.
— *Tours*, 199, 491, 642, 660, 931, 1352, 1392.
Chesnebrun. *Al.*, 1026.
Chesnée. *Rouen*, 1189.
Chesnel. *Al.*, 730, 1054.
— *Lyon*, 639.
— *Par.*, I, 1402.
— *La Roch.*, 324.
Chesnelay. *Par.*, III, 521.
Chesnelon. *Par.*, I, 799, 1761.
— *Par.*, II, 181.
— *Par.*, III, 406, 435.
Chesnereau. *Poit.*, 563.
Chesneron (du). *Champ.*, 431.
Chesnes (des). *Al.*, 978.
Chesnet. *La Roch.*, 335.
Chesneteau. *Fland.*, 759.
Chesnoi. *Caen*, 343.
Chesnoi (du). *Lorr.*, 158, 507.
Chesnoir (le). *Bret.*, 249, 668.
Chesnon. *Tours*, 236, 490, 1048, 1050, 1058, 1064, 1066, 1067.
Chesnot. *Bret.*, 968.
— *Orl.*, 350.
Chesnots (des). *Orl.*, 481.
Chesnoy (du). *Orl.*, 868.
Chessé (de). *Poit.*, 88, 496.
Chessy. *Lyon*, 749.
Chetardie (la). *Tours*, 1285.
Chétive. *Prov.*, I, 1214.
Chetiveau. *Al.*, 799.
— *Soissons*, 243.
Cheton. *Poit.*, 792.
Cheud. *Prov.*, II, 348.
Cheurgien. *Auv.*, 401.
Cheusse (de). *Poit.*, 177.
Cheux (de). *Caen*, 172, 335.
Cheuzeville. *Lyon*, 1039.

Chevadame. *Al.*, 731, 864.
Chevaie. *Tours*, 86, 517.
Chevaille. *Montp.-Mont.*, 1156.
— *Toul.-Mont.*, 1279.
Chevaix. *Bret.*, II, 1090.
Cheval. *Bourg.*, II, 185, 190.
— *Orl.*, 975.
Chevaldin. *Bourg.*, I, 58.
— *Bourg.*, II, 623.
Chevaleau. *Poit.*, 341, 996.
Chevalereau. *Poit.*, 88, 1086, 1143, 1156, 1178.
Chevalerie (la). *Al.*, 1257.
— *Poit.*, 986.
— *Tours*, 436, 437, 1161. 1398.
Chevalier. *Al.*, 114, 316, 437, 438, 714, 818, 847, 860, 977, 1019, 1036, 1042, 1048, 1057, 1183, 1232.
— *Auv.*, 89, 378, 577, 585.
— *Bourb.*, 452, 467.
— *Bourges*, 236.
— *Bourg.*, I, 122, 742, 746, 750.
— *Bourg.*, II, 615, 616.
— *Bret.*, I, 311, 535, 562, 650, 904, 905.
— *Bret.*, II, 68, 237, 414, 449, 744, 763, 1026.
— *Champ.*, 65, 344, 777, 784, 882, 883, 903.
— *Dauph.*, 9, 395.
— *Fland.*, 426.
— *Guy.*, 452, 802, 1081.
— *Lorr.*, 129, 157, 595.
— *Montp.-Mont.*, 308, 325, 333, 335, 635.
— *Orl.*, 482, 531, 769.
— *Par.*, I, 42, 91, 105, 116, 118, 163, 259, 575, 647, 770, 871, 966, 1177, 1197, 1201.
— *Par.*, II, 106, 205, 383, 533, 534, 712, 999, 1040, 1196, 1220.
— *Par.*, III, 80, 455.
— *Par.*, IV, 353, 654.
— *Pic.*, 581, 598.
— *Poit.*, 60, 113, 116, 119, 191, 340, 456, 465, 528, 993, 1043, 1046, 1054, 1084, 1151, 1199, 1307, 1465.
— *Prov.*, 1454.
— *La Roch.*, 82, 280, 392.
— *Soissons*, 250, 302, 481, 624.
— *Tours*, 1076, 325, 608, 751, 905, 959, 1190, 1527.
Chevalier (le). *Bret.*, 201, 430.
— *Rouen*, 54, 371, 433, 673, 682, 695, 706, 777, 901, 1105, 1136, 1149, 1333, 1387.

Chevalleraye (la). *Par.*, iv, 681.
Chevallerie (la). *Rouen*, 825.
Chevallier (le). *Caen*, 22, 181, 397,
  496, 587, 588, 589, 608, 638, 650.
Chevallier. *Lyon*, 442, 622, 646, 732.
Chevalon. *Poit.*, 860.
Chevalot. *Par.*, i, 1200.
Chevanay. *Bourg.*, i, 628.
Chevannes. *Bourg.*, i, 255, 258.
Chevard. *Limous.*, 333.
— *Lyon*, 512.
— *Orl.*, 670.
Chevassu. *Bourg.*, i, 1279.
Chevause. *Par.*, iii, 298.
Chevaux (des). *Par.*, i, 404, 1389.
Chevé. *Tours*, 761.
Cheveau. *Champ.*, 481.
Chever. *Lorr.*, 538.
Cheveray. *Toul.-Mont.*, 335.
Cheveri. *Guy.*, 376, 1142.
Cheverlange. *Auv.*, 64, 142, 468.
Cheverue. *Tours*, 72, 123, 143, 144,
  160, 167, 507, 585.
Chevery. *Fland.*, 424.
— *Par.*, i, 723.
— *Toul.-Mont.*, 59, 335.
— *Vers.*, 146.
Chevestre. *Al.*, 513, 514.
— *Rouen*, 412, 415.
Chevez. *Bourges*, 527.
Chevier. *Bourges*, 60.
Chevière. *Pic.*, 97.
— *La Roch.*, 118.
Chevière (la). *Bret.*, i, 21, 195, 309,
  373, 380, 409, 526, 783.
— *Tours*, 524.
Chevignac. *Bourb.*, 535.
Chevignard. *Bourg.*, i, 73, 74, 87,
  314, 318, 332.
— *Bourg.*, ii, 98.
Chevigné. *Bret.*, i, 311, 312, 482.
— *Poit.*, 635.
Chevigney. *Bourg.*, i, 1238.
Chevigni. *Poit.*, 1272.
Chevigny. *Bourg.*, i, 258, 269.
— *Bourg.*, ii, 556.
— *Bret.*, i, 180.
Chevillard. *Bourg.*, i, 1256.
— *Par.*, i, 1311.
— *Par.*, iii, 401.
— *Tours*, 1534.
Cheville. *Bret.*, i, 239.
Chevillé. *Tours*, 1506.
Chevillet. *Bourg.*, i, 1210.
Chevillet. *Par.*, ii, 1066.
Chevilli. *Lorr.*, 593.

Chevillon. *Al.*, 985.
— *Poit.*, 1090, 1202.
Chevinot. *Prov.*, i, 711.
Chevistre. *Pic.*, 749.
Chévogéon. *Auv.*, 350, 385.
Chevraie. *Caen*, 529.
Chevre. *Guy.*, 462, 921.
Chevré. *Bret.*, i, 566.
— *Bret.*, ii, 68.
Chevreau. *Al.*, 402, 1168.
— *Bourb.*, 479.
— *Bourg.*, i, 1244.
— *Tours*, 632, 963.
Chevrel. *Bret.*, i, 48.
— *Par.*, i, 132.
— *Par.*, iii, 141.
Chevreuil. *La Roch.*, 211, 386.
Chevreuse. *Limousin*, 273.
— *Poit.*, 1080.
Chevreux. *Orl.*, 878.
— *Tours*, 620, 1025, 1162, 1189.
Chevrier. *Bret.*, i, 418.
— *Bret.*, ii, 143, 164.
— *Champ.*, 173.
— *Fland.*, 1190.
— *Lyon*, 26, 608.
— *Pic.*, 718.
— *Tours*, 956.
Chevriers. *Bourg.*, i, 109, 113, 122,
  193, 427, 1239.
— *Bourg.*, ii, 209, 271.
Chevrollier. *Bret.*, ii, 486.
— *Tours*, 1217.
Chevrollière. *Poit.*, 996.
Chevrot. *Bourg.*, i, 336.
— *Bourg.*, ii, 490, 494.
— *Par.*, iii, 174.
Chevry. *Par.*, ii, 1131.
Chezelles. *Par.*, iv, 268.
Chezette. *Poit.*, 1119.
Chiavari. *Prov.*, ii, 115, 121, 175.
Chiavary. *Montp.-Mont.*, 1318.
Chibert. *Champ.*, 605.
— *Par.*, ii, 533, 1152.
Chicard. *Poit.*, 840.
Chicaudière (la). *Tours*, 751.
Chicault. *Par.*, iv, 646.
Chiché. *Poit.*, 243.
Chicoineau. *Montp.-Mont.*, 5, 649.
— *Orl.*, 576.
— *Tours*, 808.
Chicolet. *Par.*, 1235.
Chicq. *Guy.*, 172, 208, 210.
Chicquat. *Guy.*, 546.
Chien. *Al.*, 798.
— *Poit.*, 562.

Chien (de). *Limous.*, 78.
Chien (le). *Rouen*, 763.
Chiens (des). *Béarn.*, 3.
— *Fland.*, 1296.
— *Par.*, ii, 504, 746, 790, 1058.
Chierdel. *Bret.*, ii. 578, 582.
Chieure (de). *La Roch.*, 328, 374.
— *Pic.*, 813.
Chieusse. *Prov.*, i, 171, 177, 558.
Chièvres (de). *Fland.*, 285, 825.
— *Limous.*, 77.
Chieze. *Guy.*, 1106.
Chifflet. *Bourg.*, i, 590, 901, 1107.
— *Champ.*, 279, 555.
Chifflot. *Bourg.*, i, 62, 274.
— *Bourg.*, ii, 76, 182, 555.
Chignat. *Guy.*, 202.
Chigot. *Bourges*, 403.
Chilhaud, *Guy.*, 158, 363, 365, 455.
Chillac. *Montp.-Mont.*, 684.
Chilleau (du). *Poit.*, 64, 279.
Chilli. *Soiss.*, 272.
Chilloux. *Limous.*, 50.
Chimai. *Fland.*, 1307.
Chimbaud. *Guy.*, 250 535.
Chinat. *Guy.*, 947.
Chindret. *Par.*, ii, 636.
Chineau. *Par.*, iv, 662.
Chinion. *Lyon*, 552.
Chinoir (de . *Champ.*, 58.
Chinon. *Tours*, 236 (*ville*).
Chinot. *Pic.*, 815, 672.
Chioche. *Poit.*, 1556.
Chiouse. *Prov.*, ii, 505.
Chiousse. *Prov.*, i, 361.
Chipilly (de). *Pic.*, 715.
Chipres (de). *Dauph.*, 260, 282, 611, 633.
Chiquet. *Bourg.*, i, 382.
— *Bourg.*, ii, 103, 156, 220.
— *Lyon*, 152, 285.
Chiquot. *Bourg.*, ii, 181, 356.
Chirac. *Montp.-Mont.*, 43.
Chirat. *Lyon*, 261, 395, 1004.
— *Par.*, ii, 1266.
Chiré. *Poit.*, 901.
Chirox. *Par.*, ii, 599.
Chiron. *Bret.*, i, 160.
— *Bret.*, ii, 494, 521, 525, 631.
Chiron (du). *La Roch.*, 27.
— *Vers.*, 15.
Chirons. *Poit.*, 629, 1335.
Chirot. *Auv.*, 407.
— *Tours*, 914.
Chirurgiens de Bar (les). *Lorr.*, 149.
D. de Metz. *Lorr.*, 618.

D. de Thionville. *Lorr.*, 690.
Chirurgiens (les) (*communauté*). *Poit.*, 273, 385, 400, 433, 436, 508, 545, 551, 567, 713, 788, 850, 929, 930, 1151, 1180, 1493, 1496, 1522, 1544.
Chisaux (des). *Par.*, ii, 1018.
Chisoin. *Fland.*, 338.
Chisseret. *Bourg.*, i, 252.
— *Bourg.*, ii, 54.
Chitin. *Bourb.*, 170.
Chiton. *Par.*, ii, 1134.
Chitton. *Limous.*, 380.
Chivalet. *Dauph.*, 219, 220, 230, 238.
Chivré. *Caen*, 295, 423.
— *Par.*, ii, 1213.
Chizeaux (des). *Bourg.*, ii, 215.
Choart. *Par.*, i, 214, 760, 1138.
— *Par.*, ii, 727, 845.
— *Par.*, iii, 119.
Chobard. *Tours*, 692.
Chocart. *Soiss.*, 148.
— *Orl.*, 345, 719.
Chocquel. *Fland.*, 697.
Chocquet. *Soiss.*, 784.
Choderlos. *Par.*, ii, 671.
Choderlot. *Bourg.*, i, 645.
Chofflet. *Bourg.*, ii, 614.
Chohan. *Bret.*, i. 122, 123.
— *Par.*, ii. 1051.
Choillon. *Bourb.*, 357, 359.
Choinel. *Par.*, i, 476.
Choiseau. *Al.*, 1038.
Choisei. *Champ.*, 746.
Choisel. *Al.*, 440, 639.
Choisely. *Montp.-Mont.*, 1536.
Choiset. *Tours*, 1097.
Choiseul. *Bourb.*, 83, 223.
— *Bourg.*, i, 238, 343.
— *Bourg.*, ii, 14, 309.
— *Champ.*, 762.
— *Lorr.*, 46, 47.
— *Par.*, i, 422, 844, 1029.
— *Par.*, ii, 1201.
— *Par.*, iii, 449.
Choisey. *Bourg.*, ii, 504.
Choisi. *Caen*, 35.
— *Champ.*, 174, 176.
— *Lorr.*, 405.
— *Poit.*, 329, 775.
— *Soiss.*, 658.
Choisin. *Fland.*, 738.
— *Par.*, i, 98.
— *Par.*, ii, 598.
Choisity. *Lyon*, 36, 286, 503, 512.
Choisnen. *Tours*, 192.

Choisnet. *Tours*, 733.
Choisy. *Bourb.*, 155, 549.
Choisy. *Par.*, I, 429, 517.
— *Par.*, III, 147, 359.
Choit (du). *Fland.*, 1144.
Choizeville. *Champ.*, 774.
Chol (du). *Lyon*, 49, 306, 383, 449, 850, 922.
— *Vers.*, 14.
Cholat. *Toul.-Mont.*, 788.
Cholence (le). *Bret.*, I, 790.
Cholet. *Guy.*, 829.
— *Lorr.*, 562.
— *Par.*, IV, 61.
— *Toul.-Mont.*, 1217, 1218.
Cholin. *Auv.*, 587.
Chollet. *Al.*, 1056.
— *Bourges*, 27, 36, 233.
— *Lyon*, 430.
— *Pic.*, 173, 174.
— *Poit.*, 1266, 1522.
— *Soiss.*, 703.
— (ville). *Tours*, 653, 984, 1129.
Chollier. *Lyon*, 122.
Chollière. *Tours*, 823, 829, 1321, 1377.
Cholloux. *Tours*, 654.
Cholus. *Lorr.*, 127, 150.
Choluvie. *Rouen*, 490.
Cholux. *La Roch.*, 234.
Choluy. *Limous.*, 390, 470.
Chomalus. *Par.*, I, 1285.
Chomart. *Bret.*, II, 296, 297.
Chomas. *Par.*, III, 440.
Chomat. *Lyon*, 303, 644, 684.
Chomel. *Auv.*, 192.
— *Bourb.*, 18.
— *Dauph.*, 283.
— *Lyon*, 379.
— *Montp.-Mont.*, 362, 698.
— *Par.*, I, 252.
— *Par.*, II, 297, 1146.
— *Prov.*, 584, 656.
— *Rouen*, 489.
Chomelert. *Dauph.*, 556.
Chomet. *Lyon*, 141, 557, 744.
Chomeulz. *Lorr.*, 592.
Chomin. *Bret.*, II, 183.
Chon (du). *Prov.*, I, 552, 720.
Chony. *Limous.*, 289.
Chopelin *Bret.*, II, 730.
Chopin. *Lyon*, 565.
— *Par.*, I, 1093.
— *Par.*, II, 328, 771.
— *Par.*, IV, 36, 58.
Choppelet. *Par.*, I, 690.

Choppin. *Champ.*, 844.
Chopy. *Montp.-Mont.*, 751.
Choquart. *Lorr.*, 147.
Choquel. *Pic.*, 98.
Choquet. *Pic.*, 137, 549, 562.
— *Tours*, 1160, 1442.
Chorel. *Lyon*, 96.
Chorier. *Lyon*, 1024.
Chornet. *Par.*, III, 352.
Chorot. *Dauph.*, 396.
— *Lyon*, 362.
Chosey. *Bourg.*, II, 625.
Chossat. *Bourg.*, I, 304, 307, 407.
— *Bourg.*, II, 278, 283.
Chosse (de). *Pic.*, 490.
Chosson. *Dauph.*, 73, 391, 401.
Chostard. *Bret.*, II, 431, 805, 768.
Chotard. *Bourg.*, I, 329.
— *Bourg.*, II, 60.
— *Tours*, 535, 572, 816, 900, 906, 936, 351, 1217, 1258.
Chotart. *Fland.*, 125.
— *Par.*, I, 352.
Choton. *Poit.*, 56, 77, 91, 236, 661.
Chottart. *Poit.*, 949.
Chouaisnai (de). *Tours*, 644.
Chouaisne. *Par.*, II, 895.
Chouainet. *Rouen*, 249.
Chouan. *Bourges*, 435.
Chouané. *Tours*, 640.
Chouart. *Bret.*, I, 853.
Chouel. *Par.*, I, 206.
Chouen. *Al.*, 1150.
— *Par.*, III, 361.
Chouet. *Al.*, 182, 1015, 1130.
— *Bourg.*, I, 1218.
— *Limous.*, 148.
— *Lyon*, 827.
— *Par.*, I, 889, 1230.
— *Tours*, 282, 286.
Chouet. *Caen*, 398.
Chouil. *Lyon*, 1001.
Chouiston. *Al.*, 754.
Choula. *Champ.*, 446.
Chouli. *Poit.*, 444.
Choult. *Poit.*, 851.
Choulx. *Par.*, I, 1258.
Choumarotte. *Orl.*, 438.
Choupes (de). *Poit.*, 56, 584.
— *Tours*, 117, 206, 360, 1349.
Choure. *Tours*, 202.
Chourier. *Toul.-Mont.*, 1045.
Chours (de). *Montp.-Mont.* (V. Ursy), 309.
Chourses. *Par.*, I, 251.
Choussi. *Auv.*, 153.

Chousy (du). *Fland.*, 198.
Choutault. *La Roch.*, 365.
Chouvest. *Poit.*, 818.
Chovigny. *Bourb.*, 40, 216, 553, 565.
— *Bourg.*, II, 570.
Chouville. *Lorr.*, 559.
Chrestien. *Al.*, 235, 264, 270, 272, 450, 719, 1025.
— *Bourb.*, 429.
— *Bret.*, I, 113, 250, 650, 964.
— *Bret.*, II, 76, 212 230.
— *Lorr.*, 97, 659.
— *Lyon*, 110, 221, 552.
— *Par.*, I, 1257.
— *Par.*, II, 1150.
— *Par.*, III, 365.
— *Par.*, IV, 587.
— *Prov.*, I, 109, 1367.
— *Rouen*, 369, 370, 597, 786.
— *Soiss.*, 458, 578, 582, 708, 804.
— *Tours*, 1009.
Chrestiennot. *Par.*, II, 834.
Chrétien. *Caen*, 523.
Christ. *Prov.*, I, 1361.
Christian. *Prov.*, I, 94, 122.
Christianne (*abb.*). *Prov.*, I, 1196.
Christie (Sainte-). *Toul.-Mont.*, 1246.
Christin. *Lyon*, 129, 620.
Christoile. *Fland.*, 246.
Christol. *Toul.-Mont.*, 580.
Christolp. *Prov.*, I, 790.
Christon. *Guy.*, 817.
Christophe. *Lorr.*, 667.
Christophe (Saint-) (*ville*). *Tours*, 846.
Christophe de Vic (Saint-) (*prieuré*). *Lorr.*, 585.
Christot. *Par.*, II, 189, 1036.
Chuberé. *Par.*, II, 466, 673.
Chudoin. *Prov.*, I, 928.
Chuffet. *Champ.*, 52.
Chulot. *La Roch.*, 329.
Chupin. *Bret.*, I, 697.
Chuppin. *Par.*, I, 285.
— *Par.*, II, 498, 806.
— *Par.*, III, 5, 436, 465.
Chupprel. *Bret.*, I, 350.
Courlaud. *Poit.*, 560.
Chusin. *Lyon*, 960.
Cibault. *Bourg.*, I, 867.
Cibert. *Bourg.*, 155.
Cibié. *Auv.*, 553.
Cibille. *Tours*, 135, 548. V. Sibille.
Cibot. *Limous.*, 22, 47, 415.
— *Poit.*, 797.
Cibourg. *Tours*, 483.

Cicotteau. *Poit.*, 247, 256, 566, 637, 1198.
Ciergiers (les) (*communauté*). *Poit.*, 481, 811.
Ciergues (Saint-). *Auv.*, 408.
Ciet. *Bret.*, I, 349.
Cieutat. *Guy.*, 1132, 1133.
Cillard. *Bret.*, I, 117, 131, 258.
— *Bret.*, II, 539, 549.
Cilleus (le). *Bret.*, I, 570, 810.
Cillon. *Tours*, 1520.
Cimont (de). *Lorr.*, 287.
Cinac. *Lorr.*, 335.
Cinet. *Bourg.*, I, 1181.
Cingal. *Caen*, 173, 409.
Cinq (Saint-). *Guy.*, 28.
Cinqfonds. *Bourg.*, II, 499.
Cinqpères. *Toul.-Mont.*, 1188.
Ciolley. *Vers.*, 194.
Ciotat (la) (*ville*) *Prov.*, I, 492.
Cipières. *Prov.*, I, 343, 414, 491, 978.
Ciprian. *Prov.*, I, 926.
Cipriani. *Prov.*, I, 500, 584, 708.
— *Prov.*, II, 371.
Ciprien (Saint-) (*abbé*). *Poit.*, 102 479.
Cipriot. *Prov.*, I, 1015.
Cir (Saint-). *Al.*, 1210.
— *Par.*, I, 180.
Cirac. *Guy.*, 907, 908.
Cirannis (de). *Par.*, IV, 148.
Ciraudie. *Montp.-Mont.*, 153.
Ciraudin. *Bourg.*, II, 570.
Cireau. *Bourg.*, I, 446.
Ciresme. *Caen*, 36, 105, 650.
Ciret. *Tours*, 617.
Cirey. *Bourg.*, I, 327, 330.
Cirier (le). *Al.*, 519, 267.
— *Par.*, III, 243.
— *Soiss.*, 169.
Ciriers (les) de Metz (*communauté*). *Lorr.*, 401.
Cirlot. *Lyon*, 715.
— *Prov.*, I, 1339.
— *Prov.*, II, 523, 524.
Cirol. *Toul.-Mont.*, 602.
Ciron. *Caen*, 637.
— *Montp.-Mont.*, 406.
— *Par.*, I, 233, 1052.
— *Par.*, II, 890.
— *Toul.-Mont.*, 111, 505, 602, 846, 1157.
Cironi. *Toul.-Mont.*, 8.
Cironis (de). *Pic.*, 501.
Cissay. *Al.*, 280, 283, 1061.

Cissé (de). *Poit.*, 645, 1324.
Cisson (de). *Lorr.*, 21.
Cist (de). *Guy.*, 971, 975, 1160.
Cist *Par.*, III, 277.
Citernay. *Orl.*, 272.
— *Par.*, III, 37, 41.
Cisternes. *Auv.*, 35, 283, 434, 437.
Citey. *Pic.*, 153.
Citois. *Par.*, I, 1064.
Citon. *Montp.-Mont.*, 715.
Citrani. *Prov.*, I, 402, 496, 1042.
Citri. *Champ.*, 859.
Cittois. *Poit.*, 15, 371, 775, 877, 1227, 1228.
Citton. *Toul.-Mont.*, 535, 543.
Civa. *Bourg.*, I, 1033.
Civadière. *La Roch.*, 341.
Civard. *Poit.*, 915.
Civatte. *Prov.*, I, 275.
Civenne. *Bourg.*, I, 1133.
Civet. *Dauph.*, 104.
— *Prov.*, I, 1413,1415.
Civilie. *Par.*, III, 64.
— *Rouen*, 25, 631, 632, 639, 996, 1191.
— *Tours*, 980.
Civrai. *Poit.*, 1334.
Civrai (*juridiction*). *Poit.*, 905.
Civri. *Prov.*, II, 427.
Cizeron. *Lyon*, 686.
Clabat. *Poit.*, 24, 45, 72, 698.
Cladech. *Guy.*, 903.
Cladie. *La Roch.*, 178.
Claerbout. *Fland.*, 1067.
Clagny. *Orl.*, 278.
Claie (de). *Prov.*, II, 481.
Claie (la). *Tours*, 842, 1042.
Claies (de). *Fland.*, 213, 481, 675, 681, 1165, 1169.
Clain. *Toul.-Mont.*, 1153.
Clair. *Montp.-Mont.*, 831.
Clair (Saint-). *Al.*, 102, 859, 1052, 1051.
— *Guy.*, 706.
— *Rouen*, 1360.
— *Toul.-Mont.*, 1384.
Clairac. *Toul.-Mont.*, 938.
Clairambault. *Bourg.*, II, 248.
— *Poit.*, 1356.
Claire (la). *Prov.*, I, 555.
Claire (Ste-) (*monastère*). *Poit.*, 714.
Claire (Ste-) d'Estennac. *Lorr.*, 267.
— de Metz. *Lorr.*, 564.
— de Verdun. *Lorr.*, 566.
Clairefontaine. *Bret.*, I, 694.
— (*abbé*). *Lorr.*, 263.

Clairembault. *Al.*, 1094.
— *Bret.*, I, 331.
Clairembaut. *Champ.*, 780.
Clairolles. *Bourges*, 523.
Claira. *Fland.*, 1156.
Clais (de). *Tours*, 512.
Claissen. *Fland.*, 440.
Clamecy. *Lorr.*, 594.
Clamenel. *Bourg.*, II, 20, 498.
Clamout. *Prov.*, I, 325.
Clamorgan. *Caen*, 208, 216, 290, 319, 690.
Clamusson. *Soiss.*, 745.
Claneuvier. *La Roch.*, 60.
Claparède. *Montp.-Mont.*, 648.
Clapasson. *Dauph.*, 390.
Claperon. *Dauph.*, 486.
— *Lyon*, 770, 942.
Clapier. *Bret.*, II, 1086.
Clapier (du). *Guy.*, 659.
Clapier. *Prov.*, I, 423, 425, 456, 598, 681, 809, 987, 1213, 1308, 1341.
— *Prov.*, II, 180, 181, 257, 329, 378, 392, 402, 490, 492, 725, 792, 834.
Clapiez. *Montp.-Mont.*, 1277.
Clapisson. *Par.*, II, 1068, 1078, 1198.
Claquenelle. *Par.*, III, 435.
Clar (St-). *Guy.*, 722.
— (*ville*). *Toul.-Mont.*, 1198.
Clarac. *Toul.-Mont.*, 91.
Clarac (de). *Montp.-Mont.*, 397, 1075.
Claras. *Toul.-Mont.*, 747.
Clarens. *Toul.-Mont.*, 1264, 1322.
Clarenti. *Prov.*, I, 1095.
Clarentin. *Par.*, I, 1069.
Claret. *Bourg.*, II, 511.
— *Prov.*, I, 1434.
Clari. *Auv.*, 37, 436.
— *Guy.*, 132.
— *Prov.*, I, 735, 1445.
Clari. *Dauph.*, 466.
Claris. *Fland.*, 227, 394.
— *Montp.-Mont.*, 9, 205, 206, 625, 1323.
Clarmont. *Guy.*, 675, 907.
Claro. *Fland.*, 814, 815.
Clary (de). *Toul.-Mont.*, 128, 142.
Classe. *La Roch.*, 255.
Classi. *Caen*, 137, 147, 410.
— *Rouen*, 1265.
Clasteim. *Al.*, 352, 1060.
Clatat (du). *Guy.*, 948.
Clau (la). *Poit.*, 266, 1305, 1323.
Claud. *Poit.*, 977, 995.

Claudat. *Bourg.*, ii, 607.
Claude. *Bret.*, ii, 396.
— *Lorr.*, 42.
Claude (Saint-). *Bourg.*, i, 889.
— *Pic.*, 674.
Claudier. *Tours*, 1297.
Clausel. *Guy.*, 25.
— *Montp.-Mont.*, 10, 40, 419, 662, 891, 1076, 1266.
Clausière. *Par.*, ii, 1225.
Clausman. *Lorr.*, 296.
Clautrier. *Bourb.*, 517.
Clauvetz. *Fland.*, 281, 297, 300.
Claux. *Auv.*, 579.
Claux (des). *Béarn*, 12, 72, 73, 95, 125.
— *Guy.*, 827.
Clauzade. *Toul.-Mont.*, 620, 854.
Clauze (la). *Toul.-Mont.*, 699.
Clauzel. *Lyon*, 662, 1052.
— *Toul.-Mont.*, 1128.
Clauzelle (de). *Dauph.*, 336, 460, 463.
Clavandier. *Lyon*, 1020.
Clavaut. *Limous.*, 267.
Clavé. *Toul.-Mont.*, 1241.
Claveau. *Bourges*, 21, 180, 369.
— *Orl.*, 357, 386.
— *Poit.*, 1339.
Clavel. *Bourb.*, 445.
— *Dauph.*, 217
— *Lyon*, 124, 310, 737, 955.
— *Prov.*, i, 55, 1168.
— *Prov.*, ii, 418.
— *Toul.-Mont.*, 1119.
Claventin. *Pic.*, 387.
Clavereau. *Par.*, i, 1178.
Claveri. *Al.*, 984.
Claverie. *Béarn*, 4, 109, 132, 136.
— *Bourg.*, ii, 376.
— *Guy.*, 1158, 1204.
Claverie (la). *Bret.*, ii, 427.
— *Montp.-Mont.*, 1212.
— *Toul.-Mont.*, 90, 201, 482, 610.
Claveson. *Dauph.*, 214, 215, 236, 239.
Clavet. *Lyon*, 21, 22, 34, 301, 393, 505, 607.
— *Montp.-Mont.*, 1169.
Clavet (de). *Champ.*, 869.
Claveurier (le). *Poit.*, 114.
Clavié. *Prov.*, i, 145, 1186.
Clavier. *Lyon*, 651.
— *Poit.*, 296, 293, 1484.
— *Prov.*, ii, 744.
— *Rouen*, 363.

Clavier. *Toul.-Mont.*, 1311.
— *Tours*, 845.
Clavier (le). *Bret.*, i, 10, 466, 581.
— *Bret.*, ii, 266.
Clavières. *Auv.*, 570, 580.
— *Prov.*, ii, 195.
Clavigny. *Lyon*, 665.
Clavin. *Bourg.*, ii, 261, 367.
Clavion. *Prov.*, ii, 665.
Clavissière (la). *Tours*, 1183.
Cleaux (des). *Bourg.*, ii, 299.
Clebsattel. *Als.*, 91, 692, 918.
Clech. *Pic.*, 621.
Cledat. *Limous.*, 441.
Clède (la). *Auv.*, 18.
Cledier. *Toul.-Mont.*, 61, 1372.
Clef (La). *Bourg.*, i, 565.
— *Par.*, i, 287.
Clef (la). *Soiss.*, 706.
Clef (le). *Bret.*, ii, 679.
Cleize. *Prov.*, i, 1050.
Clemans. *Prov.*, i, 541.
Clemaud. *Poit.*, 1150.
Clemenceau. *Poit.*, 206, 612, 1196, 1371.
Clémenceot. *Bourg.*, i, 1013.
Clémencet. *Bourg.*, i, 478.
— *Lyon*, 48.
Clémencin. *Lyon*, 676.
Clémençon. *Par.*, ii, 1075.
Clémençon. *Poit.*, 137, 1021.
Clemendière (La). *Par.*, iii, 334.
Clémendot. *Bourg.*, i, 235.
Clemens. *Prov.*, ii, 132, 163, 500, 599, 621, 703, 704.
Clément. *Auv.*, 236.
— *Bourg.*, i, 16, 631, 850, 1017, 1160.
— *Bourg.*, ii, 390, 484, 612.
— *Bret.*, i, 477, 696.
— *Caen*, 5, 136.
— *Champ.*, 214, 751, 783, 836.
— *Dauph.*, 186, 458.
— *Fland.*, 108, 193.
— *Limous.*, 336.
— *Lorr.*, 15, 18, 160, 248, 642.
— *Lyon*, 100, 451, 701.
— *Orl.*, 399, 788.
— *Par.*, i, 17, 408, 605, 1117.
— *Par.*, ii, 645, 664, 1238.
— *Par.*, iii, 1, 282, 408, 464, 535.
— *Par.*, iv, 35, 526, 536.
— *Poit.*, 118, 461, 1530.
— *Prov.*, i, 735, 835, 1448.
— *Prov.*, ii, 284, 540, 621.
— *La Roch.*, 396.

Clément. *Rouen*, 79, 446.
— *Soiss.*, 569, 818.
— *Tours*, 668, 1117.
Clément du Vaulx. *Pic.*, 238.
Clément (Saint-). *La Roch.*, 411.
— *(abbé). Lorr.*, 560.
Clémentin (St-) *(prieure). Poit.*, 912.
Clemry. *Lorr.*, 690.
Clenneverck. *Fland.*, 216, 729.
Cléon (de). *Montp.-Mont.*, 76.
Clequennec. *Bret.*, II, 738, 767.
Clequennel. *Bret.*, I, 842.
Clerai. *Al.*, 405.
Clérambourg. *Bourg.*, II, 96.
Cléran. *Montp.-Mont.*, 251.
Cleraunay. *Tours*, 1091.
Cleray. *Poit.*, 564.
Clerc. *Bourg.*, I, 284, 617, 710, 770,
779, 852, 927. 1008, 1061, 1077,
1098, 1104, 1146.
— *Bourg.*, II, 69, 136, 141, 145, 146,
175, 279, 347, 360, 531.
— *Par.*, II, 1215.
Clerc (de). *Montp.-Mont.*, 713, 714,
1376.
— *Prov.*, II, 129, 672.
Clerc (le). *Al.*, 288, 743, 776, 998,
1027, 1219.
— *Als.*, 227, 1018.
— *Bourb.*, 10, 11, 44.
— *Bourges*, 277, 322.
— *Bourg.*, I, 1, 16, 163, 535, 1138,
1215.
— *Bourg.*, II, 85, 231, 236, 293,
369, 375, 503.
— *Bret.*, I, 318, 526.
— *Bret.*, II, 401, 478, 857, 908.
— *Caen*, 231.
— *Champ.*, 60, 64, 168, 172, 179,
355, 531, 676, 683, 686, 694.
— *Dauph.*, 89.
— *Fland.*, 2, 254, 255, 475, 711,
881, 1496.
— *Guy.*, 864, 986.
— *La Roch.*, 56.
— *Lorr.*, 22, 23, 165, 415, 582.
— *Lyon*, 136.
— *Orl.*, 255, 315, 332, 351, 458.
— *Par.*, I, 84, 277, 292, 313, 320,
882, 893, 897, 919, 911, 932, 987,
1063, 1088, 1090, 1096, 1166,
1133, 1218, 1277, 1319, 1321,
1333.
— *Par.*, II, 18, 258, 265, 363, 374,
485, 521, 650, 940, 943, 1009,
1024, 1111, 1137, 1229.

Clerc (le). *Par.*, III, 138, 164, 179,
219, 222, 247, 251, 305, 381, 526,
577, 578.
— *Par.*, IV, 49, 56, 57, 59, 60, 96,
119, 222, 270, 415, 542, 595, 698,
779.
— *Pic.*, 432, 763, 767, 824, 841, 855.
— *Poit.*, 483, 576, 593, 1490.
— *Prov.*, I, 185.
— *Rouen*, 137, 236, 540, 794, 812,
879, 923, 1405.
— *Soiss.*, 9, 135, 174, 285, 807, 324,
326, 339, 351, 495, 536, 799.
— *Toul.-Mont.*, 195.
— *Tours*, 61, 101, 114, 151, 351,
371, 394, 434, 440, 502, 505, 674,
691, 724, 754, 756, 879, 1265, 1447.
— *Vers.*, 41, 51.
Clerci. *Champ.*, 871.
— *Al.*, 114, 639.
— *Lyon*, 321, 433, 540
Clere. *Par.*, III, 101.
Clere (de). *Fland.* 473
Clereau. *Par.*, I, 760.
Clerei. *Rouen*, 203, 215, 268, 271.
Clerel. *Caen*, 107, 247, 248, 325.
Clerembault. *Par.*, I, 447.
— *Par.*, III, 327.
Cleresse (de). *Als.*, 256.
Cleret. *Caen*, 692.
— *Par.*, I, 372.
Clerey. *Lyon*, 383.
Clergé. *Bret.*, II, 854.
— *Fland.*, 157.
— *Par.*, II, 86.
Clergerie (la). *Guy.*, 312, 463, 662.
Clerget. *Bourg.*, I, 230, 1234.
— *Champ.*, 138, 520.
Clergue (de). *Toul.-Mont.*, 67, 70,
661.
Clerguet. *Bourg.*, I, 283, 288.
— *Bourg.*, II, 139, 142, 143, 350, 351.
Clerhaut. *Bret.*, I, 531.
Cleri. *Poit.*, 1089, 1128.
— *Rouen*, 414.
Clerin. *Prov.*, I, 148.
Clérisse. *Toul.-Mont.*, 1238.
Clerisseau. *Poit.*, 1305, 1307, 1311.
Clerjault. *Bourges*, 412.
Clermetz. *Par.*, IV, 137.
Clermont. *Als.*, 306.
— *Bourg.*, I, 1050, 1145, 1149.
— *Bourg.*, II, 55.
— *Champ.*, 181.
— *Dauph.*, 53, 228, 269, 267, 298,
313, 355, 451, 590, 643.

Clermont. Guy., 4, 381, 954, 1113.
— (nulle). Montp.-Mont., 556.
— Par., I, 320, 1164, 1177.
— Par., II, 438, 462. 629, 960, 1117, 1118, 1173.
— Par., IV, 90.
— Prov., I, 559.
— (ville) Soiss., 579, 860.
— Toul.-Mont. 701.
— Tours, 1084, 1328.
— Vers., 285.
Clermontel. Bourb.
Clerneoud. Prov., II, 614.
Cléron. Bourg., I, 258, 270, 532, 936, 1174.
— Bourg., II, 586.
Cleronde. Caen, 419.
Cleroy (de). Bourb., 53, 187, 492.
Clers. Caen, 401.
Clerselier. Par., I, 26.
Clersin. Par., II, 1241.
Clerval. Bourg., I, 959.
— Caen, 260.
Clervaux. Poit., 310, 340, 432.
Clerville. Al., 941, 1032.
Clerx. Par., 666.
Clesle. Lyon, 1030, 1032.
Clet (la). Tours, 146, 556.
Clet (le). Orl., 727.
Cleux (de). Bret., I, 542.
Clevenin. Pic., 688.
Clèves. Champ., 717, 880.
— Par., III, 215.
— Par., I, 1007.
Clevimout. Pic., 15.
Clichet. Fland., 1463.
Clie (la). Poit., 1523.
Clignet. Champ., 701.
Clinchamp. Al., 314, 315, 324, 462, 599, 635, 640, 1203.
— Bourg., I, 292.
— Caen, 134, 136, 364, 382, 420, 518, 781, 782.
— Orl., 985.
— Par., I, 134.
— Par., II, 435.
— Rouen, 553.
— Tours, 264, 344, 1418.
Clinchamps. Bourg., II, 5.
Clinchard. Prov., II, 739.
Clinel. Caen, 794.
Clinet. Par., II, 658, 833.
Clion. Poit., 509.
Clipel. Fland., 314. 979, 980, 994.
Clipet. Soiss., 461.
Cliquart. Fland., 1033.

Cliquet. Caen, 586.
— Fland., 19, 26, 27, 401, 1128.
— Champ., 148, 149.
Cliquot. Champ., 859.
Clisson. Bret., I, 953.
— Poit., 1128, 1156, 1432.
Clisson (de). Pic., 523.
Clivaldely. Bourg., I, 731.
Cloarec. Bret., II, 963, 1025, 1026.
Cloben. Guy., 589.
Cloche. Guy., 257, 335, 931.
— Poit., 835.
Clochefilet. Caen, 171.
Cloistrier. Par., II, 660, 607.
Cloistvier. Par., III, 594.
Clok. Guy., 828.
Clol. Tours, 1522.
Clopel. Al., 1133.
Clopin. Bourg., I, 46, 336.
— Bourg., II, 33, 310.
— La Roch., 241.
Clopstein. Lorr., 101, 162.
Cloquemain. Poit., 1068.
Cloquet. Champ., 441, 446, 454.
Clos (des). Al., 984.
— Bourg., II, 177.
— Bret., II, 391, 395, 396.
Clos (du). Al., 229, 314, 699.
— Als., 144, 381.
— Auv., 532.
— Bourg., I, 439.
— Bret., I, 797.
— Bret., II, 378.
— Dauph., 97, 165, 327, 425, 473.
— Limous., 435, 441.
— Lorr., 195, 287, 418, 585.
— Lyon, 50, 471, 651, 658, 839.
— Orl., 483, 507.
— Par., I, 324.
— Poit., 646, 780.
— Prov., II, 89, 652.
— Soiss., 854.
— Toul.-Mont., 346, 494, 1169, 1272, 1273.
— Tours, 825, 849.
Clos (la). Bourg., I, 572.
Closel (du). Orl., 526.
Closmartin. Al., 1217.
Clot. Lyon, 115.
Clotter. Toul.-Mont., 783.
Clottets (des) Caen, 554.
Clou. Prov., II, 151.
Clou (du). Limous., 9.
Cloud (St-). Al., 897.
Clouët. Al., 249, 1047.
— Bret., II, 395.

Cloüet. *Caen*, 134, 614.
— *Lorr.*, 534.
Clousier. *Al.*, 1010.
Cloustier (le). *Al.*, 214, 505, 576, 577, 599.
Cloustrier. *Bourb.*, 601.
Cloutier (le). *Caen*, 176, 603.
— *Rouen*, 161, 356, 421, 639.
Clouvet. *Auv.*, 359.
Cloux (du). *Orl.*, 348.
— *Par.*, III, 518.
Clouzi. *Poit.*, 1541.
Clozanges. *Par.*, I, 1274.
Clozel (du). *Soiss.*, 257.
Clozer. *Par.*, I, 631.
Clozier. *Champ.*, 339, 354, 685, 698.
— *Vers.*, 124.
Cluet. *Tours*, 1511.
Clugny. *Bourb.*, 3.
— *Bourg.*, I, 35, 37, 69, 334.
— *Bourg.*, II, 230, 311, 329.
Clumane (de). *Montp.-Mont.*, 774.
Clume. *Bourg.*, I, 481.
Clunan. *Bret.*, II, 787.
Cluni. *Prov.*, II, 661.
Cluquart. *Pic.*, 876.
Cluseau (du). *Limous.*, 420.
— *Montp.-Mont.*, 444.
Clusel (du). *Guy.*, 54, 667, 1096.
Cluys (de). *Bourb.*, 111, 125, 325, 393.
Cluzeau (du). *Auv.*, 235.
Cluzel. *Fland.*, 1483.
— *Toul.-Mont.*, 1196.
Cluzel (de). *Dauph.*, 487.
Cluzet (de). *Montp.-Mont.*, 350.
Coadalan. *Bret.*, I, 935.
Coadiez. *Bret.*, II, 1013.
Coadinet. *Montp.-Mont.*, 1180.
Coagne. *Bourges*, 162, 171, 232.
Coatrouel. *Bret.*, II, 573.
Cob. *Als.*, 1014.
— *Lorr.*, 339.
Cobbaert. *Fland.*, 678.
Coc (le). *Al.*, 312, 1246.
Cocagne. *Bourg.*, I, 1069.
— *Orl.*, 333.
Cocany. *Bret.*, II, 506.
Cocarel. *Prov.*, II, 682.
Cocault. *Champ.*, 784.
— *Poit.*, 1013.
Coch. *Par.*, II, 933.
Cochard. *Bourg.*, I, 314.
— *Bourg.*, II, 134.
— *Bret.*, I, 231, 698.
— *Bret.*, II, 428, 454.

Cochard. *Rouen*, 389.
— *Tours*, 1081.
— *Caen*, 70, 225, 787.
— *Dauph.*, 591.
— *Lyon*, 619.
Cochardet. *Bourg.*, II, 225, 362.
— *Lyon*, 40, 87, 704, 915, 931, 987.
Cochardière. *Prov.*, I, 607.
Cochart. *Pic.*, 485.
— *Par.*, I, 342.
Cochaud. *Lyon*, 961.
Cochelin. *Par.*, I, 101.
Cochepin. *Par.*, II, 596.
— *Pic.*, 600.
— *Poit.*, 1495.
Cocherel. *Par.*, I, 1240.
— *Par.*, II, 430.
Cochet. *Bourb.*, 191.
— *Bourg.*, II, 12.
— *Orl.*, 830.
— *Par.*, I, 1038, 1253, 1394.
— *Par.*, II, 376.
— *Pic.*, 795.
— *Tours*, 165.
Cocheu. *Orl.*, 98.
Cochin. *Par.*, I, 1331.
— *Par.*, III, 410.
Cochois. *Orl.*, 658.
Cochon. *Bourg.*, II, 18.
— *Bret.*, I, 903.
— *Fland.*, 258.
— *Poit.*, 353, 489, 1006, 1028.
Cochouet. *Lyon*, 745.
Cochonnat. *Bourb.*, 609.
Cochot. *Bourg.*, II, 348.
Cochu. *Vers.*, 215.
Cocille (le). *Pic.*, 801.
Cockembac. *Als.*, 86.
Cocle. *Fland.*, 204, 463, 1174.
Coçon. *Bourg.*, I, 391, 392, 416.
Cocorel. *Prov.*, I, 1265.
Cocq. *Pic.*, 183, 786, 804.
Cocq (le). *Bourg.*, II, 63.
— *Bret.*, I, 986.
— *Bret.*, II, 87, 558, 591, 828, 868, 899.
— *Caen*, 65, 118, 160, 214, 227, 230, 276, 559, 584, 587, 642, 692, 741.
— *Fland.*, 296, 315, 613, 963.
— *Guy.*, 436.
— *Lorr.*, 240, 628, 639.
— *Orl.*, 149.
— *Par.*, I, 23, 24, 346, 421, 883, 1122.
— *Par.*, II, 997, 1129.
— *Par.*, IV, 804.

Cocq (le). *Poit.*, 13, 78, 330, 480, 722, 980, 1053, 1459.
— *Rouen*, 546, 890, 904, 905.
— *Soiss.*, 624.
— *Tours*, 917.
Cocqborne. *Bourges*, 42, 410.
Cocquart. *Bret.*, II, 458, 462.
— *Champ.*, 24, 29, 356, 848.
Cocquart. *Lorr.*, 562.
Cocqueau. *Fland.*, 245, 248, 1041.
Cocquebert. *Champ.*, 48, 55, 57, 62, 68, 69, 99, 100, 694, 699.
— *Lorr.*, 223, 676.
— *Soiss.*, 795, 857.
Cocqueborne. *Par.*, IV, 38, 64.
Cocquei. *Champ.*, I, 611.
Cocquel. *Fland.*, 54, 313.
Cocquelet. *Fland.*, 889.
Cocquelin. *Par.*, III, 391.
Cocquereau. *Tours*, 499, 693.
Cocquerel. *Caen*, 573, 586.
— *Pic.*, 838, 840.
— *Rouen*, 480, 534, 550, 586, 889.
Cocquiel. *Pic.*, 431.
— *Rouen*, 512.
Cocquillette. *Soiss.*, 256.
Coctaudon. *Bret.*, II, 212.
Cocu. *Par.*, I, 602.
Cocud. *Pic.*, 786.
Cocuel. *Par.*, I, 331.
Codder. *Dauph.*, 493.
Codebec. *Champ.*, 633.
Codere. *Toul.-Mont.*, 325.
Coderey. *Toul.-Mont.*, 303.
Codonel. *Montp.-Mont.*, 1330.
Codony. *Par.*, II, 1069.
Codt (de). *Fland.*, 470.
Coducher. *Montp.-Mont.*, 1040, 1043.
Codur (de). *Prov.*, I, 847, 848.
Coefard. *La Roch.*, 379.
Coeffier. *Lyon*, 364.
Coenigsterser. *Als.*, 343.
Coesar. *Soiss.*, 138.
Coesplan. *Bret.*, I, 722.
Coestquen. *Par.*, II, 1193.
Coetanscourt. *Bret.*, I, 53, 117, 291.
Coetaudon. *Bret.*, I, 352.
Coethuel. *Bret.*, II, 1039.
Coetlogon. *Bret.*, I, 18, 37, 200, 256, 348, 380, 388, 447, 705, 711, 936, 978.
— *Bret.*, II, 123, 706, 781.
— *Par.*, I, 274.
Coetlosquet. *Bret.*, I, 539, 647, 660.
— *Bret.*, II, 278, 541.
Coetloury. *Bret.*, I, 405, 672.

Coetmen. *Bret.*, I, 647.
— *Bret.*, II, 547.
Coetnenpren. *Bret.*, I, 534, 541, 545.
Coetnours. *Bret.*, I, 361, 363.
Coeton. *Pic.*, 466.
Coetplan. *Bret.*, II, 63.
Coetquen. *Bret.*, I, 199.
Coetrieu. *Bret.*, I, 115.
Coettarel. *Bret.*, I, 132, 618, 954.
Coette. *Fland.*, 211.
Cœuillet. *Rouen*, 1399.
Cœur. *Bourges*, 392.
Cœur (de). *Prov.*, I, 42.
Cœur (Le). *Par.*, III, 126, 322.
Cœur (le). *Al.*, 761.
Cœurdechesne. *Montp.-Mont.*, 8.
Cœurderoy. *Bourg.*, I, 42, 54, 62, 94, 163, 324, 340.
— *Bourg.*, II, 31.
— *Poit.*, 548, 552.
— *Soiss.*, 511, 840, 841.
Cœurdoux. *Bourges*, 173.
Cœuret. *Caen*, 366, 415.
Cœuret. *Par.*, I, 63.
— *Rouen*, 347.
Cœurjolli. *Al.*, 1040.
Cœurlié. *Guy.*, 689.
Cœurlis. *Vers.*, 41.
Cœurot. *Par.*, III, 327.
Coffard. *Al.*, 125, 638.
Coffe. *Dauph.*, 587.
Coffinet. *Bourg.*, II, 369.
Coffresne. *Al.*, 1256.
Cogan. *Dauph.*, 142.
Cognard. *Par.*, II, 79.
Cognel. *Lorr.*, 582.
Cognet. *Fland.*, 1074.
— *Guy.*, 861.
— *Lyon*, 52, 980, 1038.
— *Par.*, II, 1035.
Cognets (des). *Bret.*, II, 2, 77, 215, 221, 569, 945.
Cogney. *Lorr.*, 394, 462.
Cogniasse. *Limous.*, 312.
Cognon. *Lorr.*, 357.
Cognoz (voy. Coni). *Dauph.*, 151.
Cogolin. *Prov.*, I, 1243.
Cogomblis. *Montp.-Mont.*, 74, 76.
Cogorde. *Prov.*, I, 69.
Cohade. *Auv.*, 464.
— *Lyon*, 110, 796, 994.
Cohiduel. *Bret.*, II, 487.
Cohier. *Bret.*, I, 532.
— *Bret.*, II, 764.
Cohin. *Bret.*, II, 436.
Cohon. *Monp.-Mont.*, 741.

Cohon. *Par.*, III, 577.
— *Tours*, 437.
Cohours. *Caen*, 454.
Cohüe. *Bret.*, I, 582, 808, 816.
Coicault. *Par.*, I, 783.
Coic. *Prov.*, II, 120.
Coiffard. *Par.*, III, 271.
Coiffart. *Bourb.*, 462.
— *Guy.*, 904.
Coiffat. *Par.*, IV, 277.
Coiffé. *Tours*, 1317.
Coifferel. *Caen*, 611.
Coifferel (le). *Al.*, 6, 747, 1147.
Coiffet. *Prov.*, II, 3, 10.
Coiffier. *Bourb.*, 9, 39, 104, 143, 177, 346, 352, 387, 443.
— *Bourg.*, I, 875.
— *Par.*, II, 851, 1019, 1024.
Coiffy. *Par.*, II, 670. 808.
Coignac. *Lyon*, 242.
— *Poit.*, 460.
Coignacourt. *Fland.*, 1441.
Coignard. *Bret.*, I, 383.
— *Par.*, I, 826.
— *Rouen*, 504, 658, 723, 724, 823, 903.
Coignet. *Bourg.*, I, 184.
— *Lorr.*, 394.
— *Par.*, I, 152.
— *Par.*, II, 745.
Coigneux. *Rouen*, 1150.
Coigneux (le). *Par.*, I, 223, 398.
— *Par.*, II, 203, 308, 923.
Coigni. *Al.*, 122, 634, 637.
Coignou. *Tours*, 116.
Coignoux. *Orl.*, 411.
Coigny. *Par.*, IV, 783.
Coile. *Par.*, II, 1166.
Coillot. *Bourg.*, I, 747, 748.
Coin. *Bret.*, II, 444.
Coin (du). *Bourg.*, II, 301.
— *Orl.*, 334.
Coin (le). *Soiss.*, 747, 861.
Coinard. *Par.*, III, 8, 139.
Coinat. *Par.*, I, 1068.
Coinaut. *Par.*, III, 326.
Coindal. *Lyon*, 543.
Coinde. *Lyon*, 931.
Coing (du). *Bourges*, 40, 531.
— *Guy.*, 202, 203.
— *Lyon*, 461, 1021.
Cointe (le). *Caen*, 200, 213, 576.
— *Montp.-Mont.*, 743.
— *Par.*, I, 297.
Cointel. *Toul.-Mont.*, 517.
Cointereau. *Par.*, III, 462.

Cointerel. *Par.*, I, 683.
Cointet. *Als.*, 230.
Cointot. *Bourg.*, I, 73, 230, 250, 917.
— *Bourg.*, II, 148.
Cointrai. *Al.*, 104.
Cointre. *Al.*, 280, 281.
Cointre (le). *Par.*, I, 1285.
Cointrot. *Toul.-Mont.*, 636, 710.
Coipel. *Caen*, 175.
— *Champ.*, 140.
— *Par.*, I, 260.
Coipens. *Fland.*, 180.
Coirard. *Tours*, 625.
Coiraud. *Poit.*, 897.
Coireau. *Poit.*, 648, 851.
Coirin. *Par.*, II, 925.
Coiseau. *Par.*, III, 373.
— *Tours*, 537, 936, 940, 942.
Coisonnier. *Tours*, 866.
Coispel. *Al.*, 251.
— *Tours*, 1456, 1482.
Coissinier. *Prov.*, I, 706.
Coivière. *Bourg.*, I, 1280.
Cojaleu. *Bret.*, I, 203.
Cojon. *Lyon*, 763.
Col. *Montp.-Mont.*, 1496.
Colabeau. *Lyon*, 53.
Colanges. *Orl.*, 269, 365, 584, 722, 728, 730.
— *Par.*, I, 1368.
— *Par.*, II, 211.
Colardin. *Rouen*, 677.
Colart. *Poit.*, 698.
Colas. *Caen*, 253.
— *Dauph.*, 327.
— *Bourg.*, I, 533.
— *Lyon*, 126, 663.
— *Orl.*, 6, 32, 330, 345, 348, 354, 364, 403, 406, 411, 412, 414, 423, 452, 454, 455, 456, 561, 610.
— *Par.*, III, 399.
— *Prov.*, I, 1208.
— *Rouen*, 590, 1102.
— *Soiss.*, 460.
Colasseau. *Poit.*, 33, 1308, 1349, 1405, 1419.
— *Tours*, 94, 109, 527.
Colasson. *Bourg.*, I, 262.
Colaud. *Dauph.*, 122.
Colbaut. *Fland.*, 362.
— *Pic.*, 725, 729.
Colbert. *Béarn*, 80.
— *Bourg.*, I, 458.
— *Lorr.*, 204.
— *Montp.-Mont.*, 882.
— *Par.*, I, 34, 241, 275, 1094, 1246.

Colbert. *Par.*, II, 9, 13, 14, 39, 165, 295, 352, 358, 374, 380, 500, 622, 702, 707, 863, 875, 882, 891, 892, 1170.
— *Pic.*, 535.
— *Prov.*, I, 579.
— *Rouen*, 943.
— *Toul.-Mont.*, 717.
— *Vers.*, 70.
— *Toul.-Mont.*, 863.
Coldebœuf. *Poit.*, 1103.
Colenbuen. *Fland.*, 458, 1088.
Colendal. *Fland.*, 879.
Colette. *Par.*, III, 442.
Coleur (le). *Vers.*, 178.
Colibeaux. *Al.*, 482.
Colibert. *Caen*, 229.
Colibœuf. *Caen*, 410, 501.
Colignac. *Prov.*, II, 208.
Colignon. *Champ.*, 556, 781, 784, 890.
— *Fland.*, 970.
— *Montp.-Mont.*, 315.
Coligny. *Par.*, II, 984, 1224.
Colimeau. *Orl.*, 719, 721.
Colin. *Bourg.*, I, 452, 835, 1225, 1264.
— *Caen*, 231.
— *Dauph.*, 48.
— *Lorr.*, 5, 10, 163, 642, 674.
— *Montp.-Mont.*, 679.
— *Prov.*, I, 426.
— *La Roch.*, 151.
Colinars. *Prov.*, I, 854.
Colincourt (de). *La Roch.*, 210.
Colineau. *La Roch.*, 196.
Colinet. *Auv.*, 323, 566.
— *Champ.*, 138.
— *Poit.*, 1209, 1225.
— *Vers.*, 217.
Colins. *Fland.*, 256, 1331.
Colioure (ville). *Toul.-Mont.*, 1456.
Coll. *Toul.-Mont.*, 1046, 1444, 1470, 1471.
Coll (de). *Fland.*, 20.
Colla. *Prov.*, I, 1009.
Collabeau. *Bourg.*, I, 395.
Colladon. *Bourges*, 62, 405, 406.
Collard. *Bret.*, II, 1024
— *Caen*, 585.
— *Lyon*, 657.
— *Tours*, 903.
Collardeau. *Orl.*, 829.
Collardin. *Caen*, 352, 513, 776.
Collaret. *Toul.-Mont.*, 1428.
Collart. *Bourg.*, I, 640, 1153, 1264.

Collart. *Champ.*, 336, 674, 679, 799.
— *Fland.*, 1271, 1462.
— *Par.*, I, 556, 1401.
— *Par.*, II, 679.
Collas. *Bourg.*, II, 533, 564.
— *Bret.*, I, 343, 716.
— *Bret.*, II, 250, 409, 944, 1009.
— *Tours*, 170, 512, 555, 1528.
Collasson. *Bourb.*, 129.
Collavery. *Prov.*, I, 515.
Collavon. *Lyon*, 114.
Colle. *Prov.*, II, 416.
— *Soiss.*, 815.
Collé. *Par.*, I, 1240.
— *Par.*, IV, 386.
Colleau. *Orl.*, 133.
— *Par.*, IV, 562, 564.
— *Rouen*, 246, 282.
Collégiale de Pont-à-Mousson (la) *Lorr.*, 97.
Colleman. *Par.*, III, 345.
Collemieu. *Lyon*, 112, 310.
Collemont. *Pic.*, 108.
Colleson. *Al.*, 239, 623, 624.
Collesson. *Par.*, I, 526.
— *Champ.*, 199.
Collet. *Bourg.*, I, 418.
— *Bourg.*, II, 283, 393.
— *Bourges*, 261, 468.
— *Al.*, 283, 288, 506, 693, 712, 1004, 1017, 1035, 1108, 1181, 1256.
— *Bret.*, I, 649.
— *Bret.*, II, 190, 273, 402, 407, 427, 457, 568, 999.
— *Caen*, 161.
— *Champ.*, 103, 337, 568, 731, 843, 899.
— *Dauph.*, 265.
— *Fland.*, 1262.
— *Limous.*, 427.
— *Lorr.*, 134.
— *Montp.-Mont.*, 225.
— *Orl.*, 786.
— *Par.*, I, 1048.
— *Par.*, II, 413, 1264.
— *Par.*, III, 559.
— *Par.*, IV, 532, 544, 758.
— *La Roch.*, 435.
— *Rouen*, 343, 1151.
— *Soiss.*, 222.
Colletet. *Par.*, II, 851.
Collette. *Vers.*, 195.
Colleville. *Rouen*, 555.
Colli. *Prov.*, I, 1444.
Colliac. *Guy.*, 1040.
Collier. *Bourg.*, I, 9.

Collier. *Guy.*, 349.
— *Orl.*, 521.
— *Par.*, I, 1095.
— *Soiss.*, 105.
Collières. *Al.*, 1217.
Collignon. *Lorr.*, 389, 629, 637.
Collin. *Als.*, 757, 992.
— *Bourb.*, 618.
— *Bourg.*, II, 29, 37, 204, 255, 475, 479.
— *Bret.*, I, 5, 319, 435, 646, 653.
— *Bret.*, II, 8, 427.
— *Champ.*, 182, 723, 737.
— *Fland.*, 1242, 1301.
— *Guy.*, 859.
— *Par.*, I, 25, 174, 175, 259, 901, 919, 1098, 1156, 1324, 1347.
— *Par.*, II, 444, 453, 683, 1107.
— *Par.*, III, 121, 530, 600.
— *Par.*, IV, 254, 560.
— *Poit.*, 133, 176, 228, 334.
— *Prov.*, II, 280, 283, 647.
— *Tours*, 39, 234, 1307.
— *Vers.*, 3.
Collineau *Bret.*, II, 335.
— *Tours*, 1296.
Collinet. *Bourg.*, II, 87, 492, 502, 503.
— *Bourb.*, 509.
— *Bret.*, II, 419.
— *Par.*, IV, 307.
Collius. *Par.*, I, 125.
Collins (de). *Par.*, II, 877.
Colliquet. *Lorr.*, 3, 12, 33, 35, 159.
— *Par.*, II, 1018.
Collomb. *Guy.*, 901.
Collon. *Poit.*, 1060.
Collonger. *Bourg.*, II, 300.
Collongue. *Prov.*, I, 423, 456, 549, 858, 1132.
Collons. *Bourb.*, 415, 464.
— *Orl.*, 53, 484.
Collony. *Bourg.*, II, 628.
— *Bret.*, I, 184.
Collot. *Rouen*, 411.
— *Al.*, 981, 982.
— *Par.*, I, 148, 285.
Colluce. *Al.*, 1132.
Colmar (*ville*). *Als.*, 230.
— *Prov.*, II, 837.
Colmat. *Pic.*, 138.
Colmé. *Lorr.*, 643.
Colmès (de). *Toul.-Mont.*, 875.
Colmont. *Bourg.*, I, 287, 617.
Colnet. *Fland.*, 1303, 1312.
— *Soiss.*, 264, 337, 400, 817, 844.

Colobel. *Bret.*, II, 656.
— *Toul.-Mont.*, 1055.
Colomb. *Bret.*, II, 682.
— *Dauph.*, 81, 428.
— *Lyon*, 326, 331, 850.
— *Montp.-Mont.*, 249, 370, 701, 798, 931, 1166, 1167, 1369.
— *Prov.*, I, 481, 690, 798, 854, 1120, 1204.
— *Prov.*, II, 433, 465.
— *Toul.-Mont.*, 12, 831, 963, 1051, 1064, 1066.
Colombe (Ste-). *Bourg.*, I, 1102.
— *Guy.*, 266.
— *Lyon*, 341, 344, 780.
— *Rouen*, 996.
Colombel. *Bourg.*, I, 1051.
— *Caen*, 764.
— *Par.*, II, 4, 881.
— *Par.*, IV, 592.
— *Pic.*, 703.
— *Rouen*, 708, 750.
Colombet. *Bourg.*, I, 149, 150, 152, 577, 693, 1187, 1272.
— *Bourg.*, II, 16.
— *Dauph.*, 321, 322.
— *Lyon*, 384, 634, 644, 732, 966.
— *Montp.-Mont.*, 324.
— *Par.*, II, 432.
Colombez. *Béarn*, 141, 149.
Colombi. *Lyon*, 513, 948.
— *Montp.-Mont.*, 793.
— *Prov.*, I, 440, 657.
— *Prov.*, II, 553, 620.
Colombier. *Auv.*, 179, 180.
— *Guy.*, 592.
— *Lyon*, 816.
Colombier (du). *Toul.-Mont.*, 1133, 1162.
Colombière (la). *Dauph.*, 17, 244, 436.
Colombre. *Montp.-Mont.*, 608.
Colome. *Béarn*, 117.
Colomés. *Toul.-Mont.*, 206, 367, 607, 1340.
Colomez, *Vers*, 84.
Colomiez. *Béarn*, 57, 124.
Colomna. *Prov.*, II, 797.
Colon. *Bourg.*, I, 350.
— *Bourg.*, II, 359.
— *Toul.-Mont.*, 970.
Colonge (la). *Lyon*, 1027.
Colonger. *Guy.*, 889, 1152.
— *Toul.-Mont.*, 273, 274, 1086, 1087, 1101, 1102.
Colonges. *Auv.*, 27, 120, 306, 310, 345, 467.

Colongue. *Prov.*, II, 51, 613.
Colonia. *Prov.*, I, 128, 480, 508, 641.
— *Prov.*, II, 726, 748.
Colonna. *Montp.-Mont.*, 1243.
— *Prov.*, I, 196.
Colonne. *Al.*, 667.
— *Par.*, I, 343.
Colonnier. *Poit.*, 512.
Colonques, *Par.*, I, 146, 195.
Colou. *La Roch.*, 415.
Colouin. *Toul.-Mont.*, 578, 581.
Colpaert. *Fland.*, 735, 741.
Colson. *Lorr.*, 646.
Colus. *Par.*, I, 1142.
Colutio (de). *Pic.*, 798.
Coma. *Toul.-Mont.*, 1473.
Comans. *Par.*, I, 804.
Combabessouze. *Guy.*, 815.
Combacau. *Montp.-Mont.*, 961.
Combaret. *Limous.*, 302.
Combarrieux. *Toul.-Mont.*, 243, 748.
Combat. *Lyon*, 537.
Combault. *Par.*, IV, 115.
Combaud. *Guy.*, 830.
— *Prov.*, I, 540.
— *Orl.*, 477.
Combe. *Lyon*, 406, 453, 1050.
Combe (la). *Béarn*, 107, 110.
— *Bourg.*, 430.
— *Dauph.*, 43, 254.
— *Fland.*, 1382.
— *Guy.*, 510, 721, 796, 816, 1084.
— *La Roch.*, 262, 277.
— *Limous.*, 422.
— *Lyon*, 146.
— *Montp.-Mont.*, 398.
— *Orl.*, 761.
— *Par.*, I, 256.
— *Par.*, III, 385.
— *Poit.*, 1038.
— *Prov.*, I, 589.
— *Prov.*, II, 560.
— *Toul.-Mont.*, 504, 945, 1006, 1032, 1049, 1172, 1175.
Combedieu (la). *Limous.*, 431.
Combelle. *Montp.-Mont.*, 794.
Combes. *Al.*, 416.
— *Bourb.*, 499.
— *Dauph.*, 411, 553.
— *Fland.*, 198.
— *Montp.-Mont.*, 243, 255, 470, 514, 615, 675, 773, 1290, 1333, 1415.
— *Prov.*, 266, 299, 401.
— *Toul.-Mont.*, 14, 779, 866, 950, 963, 1062.

Combes (de). *Auv.*, 1, 8, 344, 380.
— *Bourg.*, II, 303.
— *Par.*, III, 123, 466.
— *Pic.*, 860.
— *Prov.*, I, 66.
Combes (des). *La Roch.*, 316.
— *Lyon*, 21, 48.
— *Poit.*, 336.
Combes (las). *Auv.*, 548.
Combet. *Montp.-Mont.*, 10.
— *Par.*, IV, 9.
Combette. *Bourg.*, I, 685.
Combettes. *Fland.*, 372.
— *Lyon*, 741.
Combettes (de). *Toul.-Mont.*, 60, 61, 67, 509, 522.
Combevert. *Bourg.*, I, 73.
Combi. *Prov.*, II, 274.
Combladour. *Bourb.*, 19.
Comblat. *Auv.*, 215, 570.
Comblé. *Poit.*, 903.
Combley. *Bret.*, 121.
Combort. *Lim.*, 173.
Combourcier. *Dauph.*, 90, 178.
Combredet. *Bourb.*, 606.
Combres (de). *Auv.*, 397, 424, 467.
Combressi. *Bourges*, 274.
Combrughes. *Fland.*, 33.
Combuert. *Bourg.*, II, 25.
Combardi. *Prov.*, II, 794.
Comeau. *Bourg.*, I, 43, 62, 84, 91, 94, 312, 348, 496.
— *Bourg.*, II, 13, 43, 372.
— *Par.*, II, 599.
— *Poit.*, 1100.
Comeiras. *Montp.-Mont.*, 1039.
Comendaire. *Prov.*, I, 410.
Comere (de). *Toul.-Mont.*, 1, 29, 886.
Comet. *La Roch.*, 226.
— *Toul.-Mont.*, 1155.
Comette. *Par.*, I, 467.
Comian. *Fland.*, 1493.
Comidou. *La Roch.*, 326.
Comiers. *Dauph.*, 32, 267, 411, 567.
Comignac. *Toul.-Mont.*, 519, 1303.
Comin. *Als.*, 612.
Cominet. *Bourg.*, II, 1, 367.
Cominck. *Fland.*, 469, 1230.
Cominihan. *Toul.-Mont.*, 2, 175, 229, 454, 501, 641, 847.
Comitin. *Lorr.*, 21, 163, 617.
Comitis, *Toul.-Mont.*, 1194.
Comma. *Par.*, 660.
Commanche. *Al.*, 1182.
Commandaire. *Prov.*, II, 505.
Commanville. *Rouen*, 802, 823.

Commargon. *Al.*, 1220.
— *Orl.*, 181, 195, 669, 836, 838.
Commarieu. *Guy.* 1194 ,
Commarimont. *Lyon*, 315, 758, 852.
Commarque. *Guy.*, 178, 306, 492, 875.
Comme (de). *Poit.*, 167.
Commeau. *Por.*, I, 951, 1160.
Commenge. *Montp.-Mont.*, 766, 1070. 1072, 1162.
— *Par.*, II, 914.
Commes. *Guy.*, 799.
Comminges. *Par.*, I, 233.
-- *Vers.*, 78.
Commines. *Fland.*, 364, V.
Common. *Poit.*, 1151.
Compagnac. *Toul.-Mont.*, 1060.
Compagnon. *Lorr.*, 44, 48.
— *Lyon*, 661, 664.
— *Orl.*, 71, 622.
— *Par.*, III, 507.
— *Tours*, 603.
Compagnot. *Bourg.*, II, 208.
Compagny. *Bourg.*, I, 596, 876, 1103.
Compaigne. *Toul.-Mont.*, 893.
Compaigno. *Montp.-Mont.*, 1212.
Compaiguon. *Par.*, IV, 164.
Compain. *Al.*, 430.
— *Lyon*, 74, 419.
— *La Roch.*, 151, 306.
— *Soiss.*, 461.
— *Tours*, 1504.
Compaing. *Toul.-Mont.*, 988, 1289.
Compaire. *Toul.-Mont.*, 671.
Compan. *Prov.*, II, 637.
Compans. *Par.*, II, 219.
— *Par.*, IV, 114.
— *Poit.*, 543.
Comparot. *Champ.*, 109, 551.
Compasseur (le). *Bourg.*, I, 27, 31, 46, 89, 226, 235, 347.
— *Bourg.*, II, 52, 55, 61.
Compeire. *Montp.-Mont.*, 1054 V.
Compenins. *Als.*, 570.
Compère. *Caen*, 678.
— *La Roch.*, 240, 291.
Compian. *Prov.*, I, 584.
Compierre. *Bourb.*, 601.
Compigny. *Par.*, IV, 149, 150, 764
— *Pic.*, 169.
Compin. *Bourg.*, II, 565.
Complude. *Bret.*, II, 31.
Compoin. *Bourg.*, II, 16.
Compoint. *Par.*, I, 1279.
— *Rouen*, 1149, 1161.

Compols. *Rouen*, 253.
Compré. *Caen*, 637.
Comps (de). *Toul.-Mont.*, 124, 748, 1267.
Compts (de). *Lim.*, 465.
Compte (le) *La Roch.*, 104.
Compter. *Toul.-Mont.*, 1472.
Comptour. *Par.*, III, 486.
Comte. *Bourg.*, I, 109, 399, 1275.
— *Bourg.*, II, 536.
— *Guy.*, 562, 1081, 1083.
— *Limous.*, 166, 175.
— *Prov.*, I, 585, 675, 942, 1373, 1374.
— *Prov.*, II, 299, 309, 366.
Comte (le). *Al.*, 149, 163, 164, 170, 188, 292, 294, 307, 368, 377, 410, 644, 651, 704, 826, 914, 958, 966, 992, 994, 999, 1029, 1041, 1105, 1114, 1196, 1227, 1234, 1248.
— *Als.*, 850.
— *Bourges*, 181, 254, 402.
— *Bourg.*, I, 807.
— *Bret.*, II. 397, 399, 848.
— *Caen*, 56, 162, 185, 224, 273, 582, 637, 641, 677, 692, 742, 743, 700, 761.
— *Champ.*, 606, 627, 869.
— *Fland.*, 110, 181, 1007, 1165, 1492.
— *Guy.*, 71, 206.
— *Lyon*, 745.
— *Montp.-Mont.*, 9, 151, 264, 1068.
— *Orl.*, 162, 165, 330, 548, 549, 554, 556, 652, 677, 679, 900, 933.
— *Par.*, I, 43, 977.
— *Par.*, II, 361, 369, 370, 452, 609, 671, 1049, 1062, 1091, 1207 (?).
— *Par.*, III, 231, 533, 610.
— *Par.*, IV, 164, 261, 556.
— *Pic.*, 225, 573, 662, 680, 815.
— *Poit.*, 89, 119, 120, 121, 427, 583, 587, 783, 863, 865, 872, 909, 990, 1001, 1310.
— *Rouen*, 288, 364, 392, 736, 775, 782, 842, 995.
— *Soiss.*, 253, 701, 753, 791.
— *Toul.-Mont.*, 100, 202, 745.
— *Tours*, 760, 917, 925, 991, 1019, 1278.
— *Vers.*, 141, 293.
Comté (de). *Toul.-Mont.*, 544.
Comté (la). *Als.*, 142.
Comtelen (de). *Pic.*, 200.
Conac. *Par.*, II, 1182.
Conan. *Guy.*, 431, 437.

Conat. *Als.*, 529.
— *Boury.*, ii, 135.
Couart. *Rouen*, 97, 528.
Concarneau. *Bret.*, i, 62.
Concert. *Bret.*, i, 657.
Concel. *Lorr.*, 621.
Conchon. *Auv.*, 10.
Concorde. *Prov.*, i, 462.
Concquant. *Par.*, iv, 123.
Condamine, *Toul.-Mont.*, 638.
Condamine (la). *Par.*, i, 351.
Condat. *Toul.-Mont.*, 1132.
Condé (*ville*). *Fland.*, 253, 281, 1475.
— (*ville*). *Tours*, 1507.
Condé (de). *Soiss.*, 107, 113.
Condeau. *Bourg.*, i, 332.
Condie (la). *Toul.-Mont.*, 253.
Condognan. *Montp.-Mont.*, 28.
Condoing *Guy.*, 1138.
Condom. *Guy.*, 407.
Condomnie. *Toul.-Mont.*, 583.
Condonneau. *Prov.*, i, 723.
Condren. *Soiss.*, 582.
Condrieu (*ville*). *Lyon*, 1039.
Condut (du). *Guy.*, 1177.
Conelais *Bourg.*, i, 164.
Conen. *Bret.*, ii, 112, 113, 114, 920.
Conflans *Bourg.*, i, 1079.
— *Champ.*, 439.
— (*ville*). *Lorr.*, 623.
— *Par.*, i, 1163.
— *Par.*, ii, 170.
— *Rouen*, 1331, 1333.
Conflans (de). *Soiss.*, 102, 135, 332, 457, 577.
Confrelle (la). *Poit.*, 1078.
Congnac. *Bourges*, 428.
Congnant. *Tours*, 1243.
Congot. *Toul.-Mont.*, 604, 1270.
Congrégations de Marsal (les religieuses des). *Lorr.*, 564.
— de Metz. *Lorr.*, 563.
— de Nanci. *Lorr.*, 117.
— de Nomeni. *Lorr.*, 565.
Congrégation de Notre-Dame (la) *Poit.*, 391.
— de Verdun. *Lorr.*, 566.
— de Vic. *Lorr.*, 569.
Coni (*Voy.* Cognoz). *Dauph.*, 493.
Coniac. *Bret.*, i, 402, 725, 771.
Coniac (le). *Bret.*, ii, 582, 583, 587, 732.
Conigan. *Champ.*, 135.
— *Bourg.*, i, 155.
Connna. *Als.*, 435.
Connart. *Soiss.*, 607.

Connelaye (la). *Bret.*, i, 406.
— *Par.*, ii, 705.
Connestable *Bret.*, ii, 453.
Connestable (le). *Caen*, 738.
Connil. *Prov.*, ii, 286, 645.
Couonge. *Lorr.*, 145.
Conourgue. *Prov.*, ii, 286.
Conquant. *Auv.*, 536.
— *Montp.-Mont.*, 1000.
Conquerant. *Als.*, 149.
Conquérant., *Champ.*, 158.
Conquet. *Toul.-Mont.*, 695.
Conrard. *Als.*, 637.
— *Lorr.*, 274.
— *Par.*, i, 156.
Conrart. *Fland.*, 247, 897.
Conros. *Auv.*, 539.
Conroy. *Bourg.*, i, 144, 163.
Conseil. *Caen*, 4, 671.
— *Guy.*, 1105.
— *Montp.-Mont.*, 46, 666.
— *Par.*, iii, 425.
— *Toul.-Mont.*, 29, 205, 920.
Consirven *Toul.-Mont.*, 769.
Consolat. *Prov.*, i, 256.
Constable. *Bourg.*, i, 643.
— *Tours*, 869, 928.
Constance. *Rouen*, 275.
Constans. *Prov.*, i, 456, 503, 507, 998, 1016.
Constant. *Bret.*, ii, 57, 1068.
— *Champ.*, 72, 73, 90, 861.
— *Guy.*, 344, 345, 543, 1024.
— *Limous.*, 14, 425.
— *Lyon*, 53, 513.
— *Montp.-Mont.*, 995, 1429.
— *Par.*, i, 272, 1372.
— *Par.*, ii, 102.
— *Par.*, iv, 88, 102.
— *Pic.*, 169, 351, 686.
— *Poit.*, 21, 37, 56, 62, 72, 77, 503, 756, 919, 1423.
— *La Roch.*, 261.
— *Soiss.*, 344, 528, 657, 712, 713, 842.
— *Toul.-Mont.*, 987, 1154, 1171.
Constantin. *Auv.*, 567.
— *Béarn*, 54.
— *Bourges*, 377, 500.
— *Bourg.*, i, 16.
— *Bourg.*, ii, 111.
— *Bret.*, i, 172, 472.
— *Bret.*, ii, 944.
— *Dauph.*, 233.
— *Guy.*, 87, 222, 223, 728, 809.
— *Lyon*, 1038.

Constantin. *Orl.*, 154.
— *Prov.*, I, 492.
— *Prov.*, II, 74,
— *La Roch.*, 387.
— *Tours*, 56, 622, 1267.
Consul. *Toul-Mont.*, 920.
Consuls (les) (*commun.*). *Poit.*, 697.
Contade. *Par.*, II, 978.
Contal. *Toul.-Mont.*, 1270.
Contauchau. *La Roch.*, 264.
Contaut. *Bourg.*, I, 1232.
Contay. *Pic.*, 159.
Conte (du). *Als.*, 330.
Conte. *Auv.*, 546.
— *Bourg.*, II, 214.
Contenot. *Par.*, I, 962, 1172.
Conte. *Prov.*, 819, 827, 968, 1103.
— *La Roch.*, 200.
Conte (le). *La Roch.*, 304.
— *Tours*, 193, 605.
Conteau. *Fland.*, 1011,
Contes (de). *Lyon*, 280, 300, 409.
Contest. *Orl.*, 176.
Contesse. *Lorr.*, 56.
— *Par.*, II, 40, 210, 724.
Conti. *Poit.*, 82, 89, 132, 313.
Contié. *Toul.-Mont.*, 854.
Contugi. *Par.*, I, 843.
Coatugy. *Par.*, III, 479.
Conty. *Soiss.*, 855.
Conty (de). *Pic.*, 615, 835.
Converset. *Par.*, IV, 74.
Conzie. *Bourg.*, I, 14.
Coopman. *Fland.*, 702.
Coorte. *Dauph.*, 588.
Cop (de). *Par.*, I, 972.
— *Tours*, 5, 16, 22, 813, 845, 1241.
Copillon. *Champ.*, 861.
Copin. *Pic.*, 591.
Copineau. *Par.*, III, 429.
— *Soiss.*, 374.
Coppel. *Als.*, 608.
Coppie. *Dauph.*, 387.
Coppin. *Bourb.*, 477.
— *Dauph.*, 132.
— *Fland.*, 315, 419, 1027, 1173.
— *Guy.*, 851.
— *Lorr.*, 334.
— *Lyon*, 163.
— *Par.*, I, 753.
Coppinet. *Par.*, I, 667.
Copval. *Toul.-Mont.*, 1054, 1061.
Coqfontaine. *Als.*, 216.
Coquard. *Guy.*, 219.
Coquart. *Bourg.*, II, 536.
— *Par.*, I, 424, 624.

Coquart. *Soiss.*, 601.
Coquebert. *Als.*, 319.
— *Par.*, I, 927, 1052.
Coquebrune. *Tours*, 210.
Coquelay. *Bourg.*, I, 538.
— *Par.*, II, 193.
Coquelin. *Bourg.*, I, 595, 899.
Coquemard. *Poit.*, 769.
Coquerel. *Prov.*, II, 489.
Coquerre. *Toul. Mont.*, 1208.
Coquet. *Al.*, 636.
— *Bourg.*, I, 314, 333.
— *Bourg.*, II, 79.
— *Guy.*, 402.
— *Montp.-Mont.*, 1137.
— *Rouen*, 325, 336, 541, 892.
Coquiet. *Lyon*, 982.
Coquigni. *Rouen*, 277.
Coquilhat. *Prov.*, I, 456, 513.
Coquillard. *Lyon*, 531.
Coquillart. *Fland.*, 1490.
Coquillat. *Prov.*, I, 1419.
— *Prov.*, II, 321, 323.
Coquille. *Bourb.*, 488.
— *Orl.*, 511.
— *Par.*, I, 213.
— *Par.*, II, 127, 945.
Coquillier. *Fland.*, 712.
Coquinot. *Par.*, II, 172.
Corail. *Prov.*, I, 656, 696.
Coral. *Lyon* 135, 666.
Coral (de). *Poit.*, 553.
Coran. *Bret.*, I, 283, 287, 292, 663.
Corand. *Lyon*, 653.
Corantin. *La Roch.*, 437.
Corard. *Bourges*, 500.
Coras. *Toul.-Mont.*, 664.
Corason. *Pic.*, 669.
Coratois. *Par.*, I, 469.
Corbabon. *Bourg.*, II, 154.
Corban. *Prov.*, I, 327.
Corbeau. *Dauph.*, 143, 229.
— *Lyon*, 729.
— *Prov.*, I, 945.
Corbec. *Dauph.*, 97.
Corbehan. *Fland.*, 189.
Corbeil. *Orl.*, 74, 653.
Corbeiller. *Rouen*, 1082.
Corbelin. *Al.*, 755.
Corbères. *Béarn*, 27.
Corberon. *Champ.*, 112, 116.
— *Lorr.*, 228, 624.
— *Par.*, I, 1217.
— *Par.*, II, 1111.
— *Par.*, III 245.
Corbery. *Par.*, IV, 218.

Corbet. *Al.*, 1185.
— *Bret.*, ii, 203, 213.
— *Caen*, 216.
Corbian. *Guy.*, 266.
Corbic. *Rouen*, 446.
— *Vers.*, 221.
Corbier. *Poit.*, 194, 354, 358, 462, 1181, 1290.
Corbière. *Lyon*, 926.
— *Prov.*, 1, 658.
Corbière (la). *Tours*, 758.
Corbières (bourg). *Prov.*, ii, 54.
— *Toul.-Mont.*, 13, 487, 727.
Corbin. *Bourges*, 164, 239, 324, 400.
— *Bret.*, ii, 412.
— *Poit.*, 798, 682, 997, 1053.
— *Rouen*, 922.
— *Tours*, 919, 1163.
Corbineau. *Tours*, 1135.
Corbinehelan. *Lyon*, 138, 622.
Corbinelli. *Par.*, ii, 277.
Corbinière (la). *Bret.*, 1, 226.
— *Poit.*, 1229.
Corbins. *Guy.*, 45.
Corbion, *Bourg.*, 1, 775.
— *Champ.*, 258.
Corbis. *Fland.*, 345.
Corbon. *Bret.*, ii, 167,
Corceral. *Par.*, 1, 545.
Corcessin. *Par.*, 1. 1325.
Corchard. *Tours*, 1200.
Corches (des). *Al.*, 22, 26, 40, 223, 261, 274, 321, 324, 517, 550, 598, 612, 766, 778, 783, 845, 1013, 1019, 1025, 1197, 1208, 1228, 1242.
— *Guy.*, 243.
— *Orl.*, 692.
— *Rouen*, 353.
— *Par.*, ii, 1195.
Corcol. *Lorr.*, 113, 115,
Corcin (le). *Bret.*, 1, 7.
Cordai. *Caen*, 111, 362, 743.
Cordaire (le). *Bourg.*, 1, 868.
Cordais (la). *Tours*, 856.
Cordaun. *Poit.*, 1302.
Corday. *Rouen*, 355.
Cordei. *Al.*, 19, 21, 312, 547, 557, 1180, 1192, 1196.
Cordeil. *Bourges*, 17.
— *Prov.*, 1, 3, 31, 93, 114, 134, 1089.
— *Prov.*, ii, 422, 429, 461.
Cordelier. *Auv.*, 375.
— *Lyon*, 256.
— *Soiss.*, 128, 648.
— *Vers.*, 131.
Cordelier (le). *Par.*, 1, 1107.

Cordelle. *Soiss.*, 721.
Cordemoi. *Auv.*, 167.
Cordemoy. *Bourg.*, 1, 779.
Corderane. *Champ.*, 683.
Corderoy. *Poit.*, 559, 560, 561, 569, 1507.
Cordes. *Toul.-Mont.*, 630, 869.
Cordes (de). *Limous.*, 148.
— *Montp.-Mont.*, 403.
Cordets. *Par.*, 1, 199.
Cordier. *Auv.*, 62.
— *Bourb.*, 18, 39, 270, 390.
— *Bourg.*, ii, 143, 145, 149, 152, 398.
— *Fland.*, 1019, 1020.
— *Lyon*, 929.
— *Orl.*, 64.
— *Par.*, iii, 276, 527.
— *Pic.*, 665, 715, 868.
— *Prov.*, 1, 570, 1057.
— *Soiss.*, 221, 462, 496, 573.
— *Tours*, 814, 957.
Cordier (le). *Al.*, 121.
— *Bret.*, ii, 1011.
— *Caen*, 146, 156, 172, 370, 564, 711.
— *Par.*, 106, 395, 1239.
— *Rouen*, 125, 452, 554, 561, 672, 685, 710, 908.
Cordiers (les) (commun.). *Poit.*, 345, 519, 1071.
Cordin. *Prov.*, 1, 897.
Cordoan. *Prov.*, ii, 234.
Cordon. *Champ.*, 559.
— *Poit.*, 1230.
— *Tours*, 508, 964.
Cordonnay. *Soiss.*, 254.
Cordonnier. *Bret.*, 1, 376, 398.
— *Fland.*, 526, 574, 577.
— *Pic.*, 785.
Cordonnier (le). *Rouen*, 847.
Cordonniers de Montmédy (les). *Lo-raine*, 633.
— de Rambervillers. *Lorr.*, 685.
— de Thionville. *Lorr.*, 690.
— de Verdun. *Lorr.*, 667.
— de Vic. *Lorr.*, 569.
Cordonniers (les) (commun.). *Poit.*, 344, 363, 521, 527, 551, 568, 809, 1015, 1065, 1315, 1477.
Cordonnière. *Tours*, 1170.
Cordouon. *Limous.*, 57.
— *Tours*, 286, 601, 795.
Cordouen. *Al.*, 100, 479, 856.
Corduan. *Fland.*, 52, 393, 398, 402, 411.

Corduan. *Lyon*, 930.
Coré. *Par.*, III, 389.
Coré (de). *Tours*, 1307.
Coreil. *Prov.*, I, 1177.
Coreis (de). *Prov.*, I, 91.
Corgne (le). *Bret.*, II, 580, 951.
— *Pic.*, 739.
Corgne de Buisse (le). *Champ.*, 915.
Corielle. *Bourg.*, II, 399.
Corimbert. *Par.*, IV, 323.
Coriol. *Prov.*, I, 1082, 1090.
Coriolis. *Par.*, I, 4.
Coris (de). *Prov.*, I, 902.
— *Prov.*, II, 622.
Corlier. *Limous.*, 273.
Corlieu. *La Roch.*, 435.
Corlieu (du). *La Roch.*, 287.
Cormane. *Guy.*, 1048.
Cormeau. *Poit.*, 1181, 1184.
Cormeille. *Bourges*, 336.
Cormeilles. *Rouen*, 332.
Cormeray. *Bret.*, II, 1107.
Cormeri. *Tours*, 1309.
Cormerie (la). *Prov.*, I, 1216.
Cormery. *Toul.-Mont.*, 710.
Cormielle. *Poit.*, 1503.
Cormier. *Bourb.*, 264, 430.
— *Bret.*, I, 209, 222, 356.
— *Bret.*, II, 256, 396, 529, 620.
— *Lyon*, 423.
— *Montp.-Mont.*, 445.
— *Orl.*, 207.
— *Poit.*, 1034, 1225.
— *Tours*, 384.
Cormir. *Prov.*, I, 571.
Cormis. *Par.*, II, 746.
— *Prov.*, II, 703.
Cormis (de). *Prov.*, I, 261, 352, 418, 421, 1390.
Cormoult. *Toul.-Mont.*, 978.
Cormuel. *Rouen*, 106.
Cornabé. *Orl.*, 957.
Cornac. *Prov.*, II, 155.
Cornaille. *Pic.*, 151, 679.
Cornarel. *Prov.*, I, 513.
Cornau (du). *Guy.*, 974, 975, 1165.
Corne. *Al.*, 994.
Corne (de). *Guy.*, 247.
Cornée. *Champ.*, 151.
Corneillan. *Soiss.*, 544.
— *Toul.-Mont.*, 556, 879, 979, 1083.
Corneillau. *Tours*, 389.
Corneille. *Al.*, 1014.
— *Par.*, I, 385, 1066.
— *Poit.*, 633.
— *Prov.*, 491, 941.

Corneille. *La Roch.*, 26, 36.
— *Rouen*, 86, 835, 898.
— *Vers.*, 13.
Corneillet. *Al.*, 727.
Corœillon. *Toul.-Mont.*, 546.
Cornelissen. *Fland.*, 191, 443, 1235.
Cornelius. *Soiss.*, 248.
Cornelle. *Par.*, III, 569.
— *Prov.*, II, 686.
Cornelon. *Poit.*, 276.
Cornely. *Toul.-Mont.*, 1066.
Cornemann. *Als.*, 261.
Cornemont. *Fland.*, 1326.
Cornet. *Caen*, 18, 35, 38, 623.
— *Champ.*, 459.
— *Pic.*, 379, 381, 390, 395, 396, 400, 545, 565, 604, 609.
— *Rouen*, 1160.
Cornet (du). *Par.*, I, 203, 470.
Cornets (des). *Vers.*, 1.
Corneu. *Guy.*, 1043.
Cornhuze (la). *Fland.*, 710.
Corniac. *Guy.*, 835.
Cornic. *Bret.*, II, 678.
Cornier. *Bourg.*, I, 687.
— *Champ.*, 875.
— *Lyon*, 729.
— *Par.*, I, 106.
— *Prov.*, I, 623, 629.
— *Tours*, 950.
Cornier (le). *Rouen*, 522, 562, 669, 712.
Cornil. *Prov.*, I, 569.
— *Toul.-Mont.*, 719, 766.
Cornilla. *Toul.-Mont.*, 1482.
Cornillat. *Bourges*, 262.
Cornillau. *Par.*, I, 161, 534.
— *La Roch.*, 359.
Cornilh. *Guy.*, 112.
Cornille. *Montp.-Mont.*, 73.
Corniller. *Par.*, I, 155.
Cornillière (la). *Bret.*, I, 87, 247, 696.
Corniol. *Limous.*, 65.
Cornoaille. *Rouen*, 298.
— *Soiss.*, 409.
Cornoailles. *Par.*, I, 1010, 1011, 1120.
— *Par.*, IV, 2, 6.
Cornouaille. *Bret.*, I, 545, 549.
— *Poit.*, 786.
Cornu. *Bourb.*, 460.
— *Bret.*, I, 309.
— *Bret.*, II, 385, 1140.
— *Par.*, I, 30, 385, 851.
— *Pic.*, 402, 413.
— *Soiss.*, 674.

Cornu. *Tours*, 701.
— *Vers.*, 3, 14, 233.
Cornu (le). *Al.*, 108, 110, 124, 185.
  219, 227, 408, 447, 558, 619, 701,
  1151.
— *Bret.*, 1, 988.
— *Fland.*, 1329.
— *Rouen*, 14, 47, 59, 666, 731, 918.
Cornuau. *Orl.*, 443.
Cornuel *Fland.*, 572.
— *Lorr.*, 615.
— *Lyon*, 650.
— *Par.*, 1, 382.
— *Par.*, 11, 715.
— *Par.*, 111, 436.
Cornuille. *Prov.*, 11, 629.
Cornulier. *Bret.*, 1, 153, 154, 163,
  176, 307, 452, 467.
Corolles. *Bret.*, 1, 946.
Coromp. *Lyon*, 632.
Coroni. *Fland.*, 212.
Corose. *Montp.-Mont.*, 1061.
Coroset. *Par.*, 1, 1202.
Corotter. *Bret.*, 11, 82.
Corpeau. *Par.*, 1, 86.
Corporau. *Prov.*, 1, 112.
Corps. *Par.*, 1, 1079.
Corps (le). *Pic.*, 400.
Corquerac. *Toul.-Mont.*, 1190.
Corrara. *Champ.*, 112, 130.
— *Dauph.*, 432.
— *Par.*, 1, 1224.
Corraud. *Lyon*, 383.
Corre. *Als.*, 584.
Corre (le). *Bret.*, 11, 228, 670, 963,
  1024.
Corréard. *Lyon*, 155.
— *Prov.*, 1036.
Correge. *Vers.*, 279.
Correnson. *Lyon*, 728.
— *Montp.-Mont.*, 472.
Correr. *Bret.*, 11, 192.
Corret. *Guy.*, 1102.
Correur. *Par.*, 1, 96.
Corrin. *Orl.*, 1006.
Corriolis. *Prov.*, 1, 65, 379, 395, 429,
  483.
— *Prov.*, 11, 76, 612.
Corrol. *Orl.*, 230.
Corroyer. *Par.*, 111, 272, 535.
Corroyer (le). *Rouen*, 212.
Corroyeurs (les) (commun.). *Poit.*,
  527, 719, 814, 1058.
Cors (des). *Guy.*, 973.
Corsant. *Bourges*, 490.
Corsel. *Tours*, 1232.

Corset. *Bourges*, 202.
Corsonnois (le). *Al.*, 207.
Cortade. *Guy.*, 62, 798.
Cortasse. *Prov.*, 11, 583.
Cortelet. *Bourg.*, 11, 13.
Cortelot. *Bourg.*, 1, 255, 256, 259,
  260.
— *Bourg.*, 11, 113.
Corlet. *Bourb.*, 595.
— *Bourg.*, 11, 72.
Cortey. *Lyon*, 727.
Cortez. *Prov.*, 1, 392, 983.
— *Prov.*, 11, 180.
Cortiade. *Guy.*, 372.
Cortial. *Poit.*, 143.
Cortier. *Bret.*, 11, 436.
Cortille. *Fland.*, 1240.
Cortiuel. *Par.*, 11, 965.
Cortois. *Bourg.*, 1, 55.
— *Bourg.*, 11, 374.
Corut (de). *Al.*, 939.
Corvaisier. *Bret.*, 11, 413, 552, 556,
  968.
Corvaisier (le). *Bret.*, 1, 183, 237,
  243, 283, 692, 697, 856, 933.
Corviot. *Prov.*, 1, 1239.
Corvisard. *Champ.*, 392.
Corvisier. *Champ.*, 11, 22, 40, 218,
  677.
— *Par.*, 11, 73.
— *Par.*, 1v, 516.
Corvol. *Bourb.*, 67, 84, 90, 184, 188.
Corvoye. *Rouen*, 1239.
Cos (du). *Béarn*, 126.
— *Guy.*, 1154.
— *Montp.-Mont.*, 1007, 1081, 1212.
— *Toul.-Mont.*, 1006, 1228, 1262,
  1385.
Coskaer (du). *Bret.*, 1, 469.
Cosme. *Orl.*, 177.
— *Par.*, 1, 666.
— *Par.*, 111, 158.
— *Rouen*, 866.
Cosmon. *Prov.*, 11, 687.
Cosnac. *Guy.*, 173.
— *Par.*, 1, 1230.
— *Prov.*, 1, 427.
Cosnard. *Al.*, 730.
Cosne (de). *Orl.*, 12, 166.
Cosnier. *Bret.*, 1, 157, 171.
— *La Roch.*, 238.
Cosnual. *Bret.*, 1, 202, 893.
Cosquer (du). *Bret.*, 11, 537, 704,
  891, 1114.
Cosquinot (le). *Bourg.*, 1, 145.
Cossan (du). *Champ.*, 866.

Cossard. *Par.*, IV, 247, 464, 745.
Cossart. *Al.*, 3.
— *Bret.*, I, 173.
— *Par.*, II, 766.
— *Par.*, III. 141, 348.
Cossant. *Toul.-Mont.*, 960.
Cossay. *Bourb.*, 89.
Cosse. *Bret.*, II, 432.
— *Montp.-Mont.*, 598, 607, 1257.
Cosse (de). *Fland.*, 374.
Cossé. *Par.*, I, 133, 1144, 1145.
— *Par.*, II, 469.
— *La Roch.*, 437.
— *Tours*, 138, 986.
Cossen. *Bret.*, II, 265.
Cossettes. *Al.*, 643.
Cossin. *Par.*, I, 612.
— *Par.*, II, 312, 1266.
Cosson. *Bourges*, 39.
— *Bret.*, II, 583.
— *Champ.*, 340, 358.
— *Guy.*, 451, 506, 623, 656, 668.
— *Lorr.*, 164, 165.
— *Par.*, I, 1257.
— *Par.*, III, 485.
— *Tours*, 1020.
Cosson (de). *Bret.*, I, 280.
Costa. *Bret.*, II, 1033.
— *Fland.*, 1257.
— *Prov.*, I, 1127.
Costa (de). *Toul.-Mont.*, 126, 336, 1468.
Costal. *Dauph.*, 453.
Costaing. *Dauph.*, 231.
Costard. *Al.*, 13, 68, 171, 211, 309, 343, 544, 640, 708, 834, 839, 863, 871.
— *Caen*, 14, 145, 147, 156, 157, 170, 413, 606.
— *Par.*, I, 426, 1287.
Costart. *Par.*, III, 420.
Costat. *Lyon*, 741.
Coste. *Lyon*, 1024.
— *Montp.-Mont.*, 197, 238, 506, 541, 815, 856, 876, 1017, 1413, 1448.
— *Par.*, I, 811, 1034.
— *Prov.*, I, 195, 318, 474, 915, 924, 1032, 1046, 1067, 1265, 1303, 1320.
— *Prov.*, II, 293, 296, 689.
— *Rouen*, 71, 649.
— *Tours*, 23, 487, 1049.
Coste (de). *Guy.*, 1182.
— *Toul.-Mont.*, 488, 1080, 1184.
Coste (la). *Al.*, 985.
— *Bourges*, 424.
— *Bourg.*, I, 79, 553, 853, 1288.

Coste (la). *Dauph.*, 258, 534, 535.
— *Fland.*, 375, 650.
— *Guy.*, 3, 13, 311, 645, 987, 1011, 1164, 1190, 1214.
— *Limous.*, 340.
— *Lyon*, 304.
— *Montp.-Mont.*, 1005, 1006, 1021.
— *Par.*, III, 484, 393.
— *Poit.*, 863.
— *Toul.-Mont.*, 23, 261, 572, 574, 575, 859, 937, 974, 1037, 1154, 1357.
— *Vers.*, 114.
Costé. *Als.*, 19.
— *Par.*, III, 333.
Costeaux (des). *Poit.*, 630.
Costebadie. *Guy.*, 129.
Costecaude. *Toul.-Mont.*, 658.
Costentin. *Bret.*, II, 408.
— *Caen*, 220.
— *Par.*, I, 1128, 1250.
Coster. *Fland.*, 1237.
— *Auv.*, 220, 561.
Costodant. *Montp.-Mont.*, 954.
Costy. *Toul.-Mont.*, 1193.
Cotart. *Rouen*, 284, 322, 327, 864, 1233, 1235.
Cotdereaux. *Tours*, 1531.
Cotel. *Par.*, III, 448.
— *Prov.*, II, 89.
— *Rouen*, 1157.
Cotelle. *Caen*, 378, 606, 673, 721.
— *Lyon*, 829.
— *Par.*, II, 612.
— *Pic.*, 846, 857.
— *Poit.*, 562, 1325.
— *Prov.*, I, 710.
— *Tours*, 1472.
Cotherel. *Bourg.*, II, 4.
Cothu. *La Roch.*, 338.
Cotignon. *Bourges*, 469.
— *Par.*, I, 1243.
— *Par.*, III, 3.
Cotolandi. *Prov.*, II, 277, 589.
Cotonier. *Por.*, I, 1031.
Cotonis. *Prov.*, I, 1003.
Cotta. *Prov.*, I, 609, 636, 813.
Cotte. *Lorr.*, 371.
— *Par.*, II, 626.
— *Pic.*, 386, 389.
— *Soiss.*, 308, 479, 709.
Cotté. *Orl.*, 463.
— *Rouen*, 772.
Cottel. *Montp.-Mont.*, 1338.
— *Soiss.*, 125, 720.
Cottelier. *Montp.-Mont.*, 747.

Cotteraye (la). *Bret.*, II, 913.
Cottereau. *Bourges*, 326, 431.
— *Par.*, I, 372.
— *Poit.*, 49, 57, 58, 352, 910.
— *Prov.*, I, 605.
— *Tours*, 3, 153, 363, 831, 1520.
Cotterel. *Al.*, 755.
— *Dauph.*, 153.
Cotteret. *Bourg.*, II, 507.
Cotteron. *Par.*, I, 1308.
— *Poit.*, 130, 339, 1538.
Cottes (de). *Montp.-Mont.*, 1058, 1422.
Cottés (de). *Toul.-Mont.*, 403.
Cottet. *Orl.*, 661.
— *Poit.*, 849.
Cottibi. *Poit.*, 454, 457.
Cottier. *Par.*, III, 367.
Cottignies. *Fland.*, 1118.
Cottignon. *Bourb.*, 77, 89, 222, 223.
— *Lorr.*, 348.
— *Vers.*, 29.
Cottin. *Bourb.*, 617.
— *Bourg.*, I, 48.
— *Bourg.*, II, 20, 06, 75, 101, 361.
— *Lyon*, 167.
— *Par.*, III, 419, 427.
— *Pic.*, 700.
— *Soiss.*, 352.
— *Toul.-Mont.*, 500.
— *Vers.*, 173.
Cottineau. *Bret.*, II, 1061.
Cotton. *Bourg.*, II, 607.
— *Bret.*, II, 377.
— *Dauph.*, 299
— *Lyon*, 504, 506, 717.
— *Montp.-Mont.*, 251.
— *Pic.*, 838.
— *Rouen*, 587.
Cotyman. *Als.*, 606.
Cou (le). *Tours*, 959.
Couadic (du). *Bret.*, I, 703.
Couaillier. *Tours*, 1435.
Couaisuier. *Tours*, 1487.
Couaisnon. *Bret.*, I, 223.
— *Tours*, 760.
Couarideuc. *Bret.*, I, 478, 576.
Couanlt. *Bourb.*, 617.
Couay. *Caen*, 324.
Coubart. *Bret.*, II, 516.
Coubran. *La Roch.*, 305.
Coubronne. *Fland.*, 1117.
Couchard. *Bourg.*, II, 570.
— *Lyon*, 439.
Couchaut. *Pic.*, 788.
Couché. *Bourg.*, I, 850.

Couché (de). *Tours*, 198.
Couchet. *Bourg.*, I, 72.
— *Bourg.*, II, 32, 43.
— *Lorr.*, 215.
Couchet (du). *Tours*, 1169.
Couchon. *Bourg.*, II, 328.
— *Toul.-Mont.*, 618.
Couchotte. *Par.*, I, 828.
Couci. *Champ.*, 82, 92, 566, 570, 868.
Coucicault. *Par.*, I, 368.
Coucy (ville). *Soiss.*, 239.
Coudault. *Bret.*, I, 700.
Coude. *Bret.*, I, 888, 892.
Coude (la). *Par.*, I, 1284.
Coudemy. *Montp.-Mont.*, 1179.
Couder. *Lyon*, 937.
Coudere. *Guy.*, 796, 1040, 1108, 1115, 1118, 1134.
— *Toul.-Mont.*, 5, 151, 819.
Coudert. *Bourb.*, 310, 358.
— *Limous.*, 165.
— *Montp.-Mont.*, 314.
Coudier. *Poit.*, 1040.
Coudier (du). *Limous.*, 344.
Coudière (la). *Limous.*, 333.
Coudon. *Toul.-Mont.*, 522.
Coudonneau. *Prov.*, I, 825.
— *Prov.*, II, 358.
Coudonnier. *Bourb.*, 345.
Coudou. *Lorr.*, 190.
Coudoulet. *Prov.*, II, 12.
Coudoullet. *Prov.*, I, 1439.
Coudougnan. *Montp.-Mont.* (?).
Coudrai. *Poit.*, 1155.
Coudrai (du). *Bourges*, 273, 518.
— *Dauph.*, 170.
— *Tours*, 203, 381, 656, 1333, 1478.
Coudraie (la). *Rouen*, 853.
Coudray. *Par.*, I, 949.
— *Soiss.*, 463.
Coudray (du). *Bret.*, I, 517, 633, 779.
— *Bret.*, II, 509.
— *Orl.*, 24, 315, 922, 923.
— *Par.*, IV, 461.
Coudraye (la). *Bret.*, I, 158.
— *Par.*, II, 158.
Coudre (du). *Caen*, 767.
Coudre (la). *Caen*, 83, 490.
— *Champ.*, 477.
— *Limous.*, 286.
Coudreau. *Lyon*, 409.
— *La Roch.*, 169.
— *Poit.*, 1455.
— *Tours*, 6, 14, 15, 26, 215, 851.

Coudren. *Soiss.*, 582, 853.
Coudroyer. *Prov.*, I, 1284.
Coudu. *Als.*, 791.
Coudurier. *Prov.*, II, 167.
Coué. *Bourges*, 18, 241.
Couedic (du). *Par.*, I, 1249.
Coueffé. *Tours*, 893.
Couel. *Al.*, 162.
Couespelle. *Bret.*, I, 584.
Couessec. *Bret.*, II, 498.
Couessin. *Bret.*, I, 180.
— *Bret.*, II, 187.
Couet. *Lyon*, 19, 713.
— *Orl.*, 391.
— *Par.*, I, 288, 290.
— *Par.*, III, 325.
Couet (de). *Prov.*, I, 446.
Couette. *Lorr.*, 186, 404, 612.
— *Tours*, 1316.
Couette (la). *Toul.-Mont.*, 1255.
Cougni. *Bourges*, 284.
Cougourdan. *Prov.*, II, 385.
Cougourde. *Prov.*, II, 419.
Couhé. *Champ.*, 705.
— *Limous.*, 76, 80.
— *Poit.*, 697.
— *Toul.-Mont.*, 940.
Couignac. *Poit.*, 1158.
Couillard. *Caen*, 57, 759.
Couillarville. *Al.*, 244, 450.
Couillaud. *Poit.*, 1529.
— *Tours*, 1134.
Couillaut. *Bret.*, II, 472, 474.
Couillière. *Prov.*, I, 909.
Coujard. *Bourb.*, 398.
Coulaines (de). *Tours*, 1403.
Coulanges. *Bret.*, II, 595.
— *Tours*, 1192.
Coulard. *Poit.*, 35, 48, 73, 903, 911.
Coulas. *Montp.-Mont.*, 796.
Coulaud. *Dauph.*, 88, 433.
— *Lyon*, 90.
Coulault. *Bourges*, 48.
Coule. *Fland.*, 276.
Coulens. *Guy.*, 1025.
Coulet. *Dauph.*, 303.
— *Montp.-Mont.*, 843, 957.
— *Pic.*, 63.
— *Prov.*, II, 296.
Coulette. *Pic.*, 389.
Couleur. *Bourges*, 462.
Couleur [de]. *Lyon*, 5, 514.
Couleurs. *Pic.*, 118, 138.
Coulez. *Lorr.*, 614.
Coulibœuf. *Al.*, 20, 35, 215, 760.
Coulin. *Prov.*, II, 225, 643.

Coullange. *Pic.*, 849.
Coullaud. *Poit.*, 306, 564, 566.
Coulleau. *Bourges*, 184.
Couillière. *Prov.*, II, 294.
Coulliette. *Prov.*, I, 610.
Coullon. *Bourb.*, 414.
— *Bret.*, II, 422, 568.
— *Pic.*, 265, 459.
Coulmont. *Als.*, 989.
— *Fland.*, 1270.
Coulomb. *Guy.*, 54.
— *Prov.*, I, 103, 613, 1340, 1342, 1435.
— *Prov.*, II, 220.
Coulombe. *Bret.*, I, 335.
Coulombeau. *Bourges*, 452.
— *Orl.*, 331, 332, 431.
Coulombel. *Al.*, 957.
— *Bourg.*, II, 86.
Coulombiac. *Toul.-Mont.*, 653.
Coulombie (la). *Toul.-Mont.*, 730.
Coulombier. *Par.*, I, 368.
— *Par.*, III, 385.
Coulon. *Als.*, 486, 977.
— *Bourg.*, I, 904, 1031.
— *Champ.*, 32.
— *Fland.*, 1324.
— *Guy.*, 508, 1059, 1181.
— *Lyon*, 250.
— *Montp.-Mont.*, 810.
— *Par.*, I, 41, 1401.
— *Par.*, II, 173, 202, 312, 358, 434, 1189.
— *Par.*, III, 292.
— *Prov.*, I, 543.
— *Rouen*, 703, 779.
— *Soiss.*, 250, 293.
— *Tours*, 1126.
Coulondon. *Bourb.*, 300.
Coulsaut. *Limous.*, 414.
Couman. *Toul.-Mont.*, 1209.
Coup (de). *Prov.*, II, 340, 341.
Coupard. *Bret.*, II, 389.
Coupat. *Lyon*, 1004, 1038.
Coupé. *Bret.*, II, 423, 444.
Coupeau. *Par.*, I, 1139.
— *Poit.*, 1304.
Coupel. *Al.*, 245, 247, 248, 250, 482, 1165, 1170.
— *Tours*, 131, 555.
Couperie. *Bret.*, II, 172, 327, 1080, 1086.
Coupevin. *Vers.*, 294.
Coupigny. *Fland.*, 154, 296.
— *Pic.*, 790.
— *Soiss.*, 538.

Coupillet. *Pic.*, 523.
Couppé. *Bret.*, i, 951.
Coupperie. *Poit.*, 152.
Couppi. *Fland.*, 1471.
Couppies. *Lyon*, 630.
Coupriac. *Montp.-Mont.*, 810.
Coupy. *Par.*, ii, 617.
Couquereaut. *Orl.*, 130.
Cour. *Guy.*, 365, 457.
— *Orl.*, 746.
Cour (la). *Al.*, 48.
— *Bourges*, 254, 518.
— *Bourg.*, i, 295, 654. 841, 1031.
— *Bret.*, ii, 182, 430.
— *Caen*, 13, 21, 141, 145, 160, 168, 179, 254, 281, 282, 401, 409, 445, 499, 603, 615, 648.
— *Champ.*, 246, 259, 411, 631, 885.
— *Dauph.*, 158, 167, 210, 461.
— *Guy.*, 13.
— *Limous.*, 331.
— *Lorr.*, 363, 364, 492, 534.
— *Montp.-Mont.*, 131, 145, 220, 639, 844, 848, 959.
— *Par.*, i, 66, 1055, 1164, 1171.
— *Par.*, ii, 79, 698, 915.
— *Par.*, iii, 321.
— *Par.*, iv, 205.
— *Pic.*, 592.
— *Poit.*, 650, 929, 1115, 1395, 1404.
— *La Roch.*, 22, 109, 111, 114, 117, 180, 365.
— *Rouen*, 419, 1184. 1358, 1366, 1404.
— *Soiss.*, 458, 459, 561, 700.
— *Toul.-Mont.*, 1175, 1214, 1345.
— *Tours*, 326.
— *Vers.*, 158.
Courade. *Guy.*, 1162.
Couradet. *Tours*, 551.
Couradin. *Par.*, i, 1228, 1229.
— *Tours*, 1402.
Conrageot. *Par.*, iii, 573.
Courand. *Montp.-Mont.*, 597.
Couraud. *Al.*, 890.
— *Guy.*, 856.
Couraudin. *Bourges*, 293.
— *Tours*, 711.
Courault. *Bourges*, 82, 108, 370.
— *Poit.*, 866.
Couraut. *Tours*, 163.
Courbe. *Bourg.*, i, 1236, 1245.
Courbé. *Als.*, 655,
— *Fland.*, 1453.
Courbeau. *Prov.*, i, 1066.
Courbelmo. *Als.*, 655.

Courbes (des). *Tours*, 1456.
Courbillière. *Tours*, 1380.
Courbon. *Lyon*, 141, 284, 1041.
— *Par.*, i, 197, 198.
— *Prov.*, i, 1097, 1454, 1455.
— *La Roch.*, 376.
Courboulai. *Tours*, 431, 481.
Courbous (*marquis*). *Prov.* i, 1072.
Courcelle. *Prov.* ii, 470.
Courcelles. *Al.*, 164.
— *Als.*, 501, 683.
— *Bourg.*, i, 41.
— *Bret.*, ii, 555.
— *Lorr.*, 12, 159.
— *Par.*, i, 286, 482, 1172.
— *Par.*, iii, 114.
Courchetet. *Bourg.*, i, 591, 1009, 1111.
Courci. *Al.*, 103, 105, 508, 563.
— *Caen*, 169.
Courcier. *Bourg.*, i, 641.
— *Champ.*, 119, 407.
— *Par.*, i, 25.
Courcillon. *Par.*, i, 1086, 1130, 1260.
Courcin. *Lyon*, 548.
Courcol. *Rouen*, 432.
Courcoué. *Bret.*, ii, 574.
Courcoul. *Al.*, 598.
Courcy. *Rouen*, 324, 380.
Courdanet. *Par.*, iv, 74.
Courdil. *Tours*, 878.
Courdurier. *Montp.-Mont.*, 99.
— *Toul.-Mont.*, 90.
Courent. *Toul.-Mont.*, 1235.
Couret. *Montp.-Mont.*, 1346.
— *Toul.-Mont.*, 564, 1016.
Couret (du). *Poit.*, 1345.
Courette. *Prov.*, i, 151.
Courey. *Bret.*, i, 231.
Courèze. *Limous.*, 396.
Courgeon. *Al.*, 965.
Couriault (le). *Bret.*, i, 359, 677.
Couricl. *Lorr.*, 607.
Couries. *Lyon*, 613.
Couriue. *Prov.*, i, 1400, 1406.
Couriolle. *Bret.*, i, 693.
Courivault. *Poit.*, 412, 414, 569.
Courlay. *Par.*, ii, 637.
Courlet. *Bourg.*, i, 595, 885, 1103, 1172.
Courlier. *Poit.*, 1097.
Cournasson. *Bourges*, 262.
Cournaud. *Prov.*, ii, 228, 686.
Courneau. *Poit.*, 1335.
— *Toul. Mont.*, 40.
Cournelle. *Prov.*, ii, 687.

Cournetz. *Tours*, 501.

Cournon. *Bourb.*, 218, 561.

Cournut. *Guy.*, 815.

— *Montp.-Mont.*, 829.

Courolles (des). *Tours*, 333.

Couronnat. *Toul.-Mont.*, 814.

Couronne. *Toul.-Mont.*, 1100.

Couronneau. *Guy.* 212.

Couronnes (des). *Fland.*, 866.

Couroubles. *Fland.*, 119, 151, 368, 572.

Couroy. *Als.*, 321.

Courroy (du). *Bourg.*, II, 260.

Courpotin. *Al.*, 993.

Courpron. *La Roch.*, 311.

Courrand. *Guy.*, 811.

Courrant. *La Roch.*, 233.

Courreche (du). *Guy.*, 131.

Courroyer, *Caen*, 649.

Courry. *Bret.*, II, 1086.

Cours. *Guy.*, 302, 332, 704.

— *Prov.*, II, 785.

Cours (de). *Montp.-Mont.*, 41, 105, 1116.

— *Prov.*, I, 878.

Cours (des). *Al.*, 790.

Coursac. *Montp.-Mont.*, 40, 142, 615, 641.

Coursai. *Poit.*, 492.

Coursan. *Lyon*, 947.

Coursant. *La Roch.*, 197.

Coursas. *Montp.-Mont.*, 433, 817.

Coursault. *Poit.*, 1247.

Coursegoulles (*ville*). *Prov.*, I, 218.

Courset. *Prov.*, II, 840.

Courseuil. *Al.*, 215, 331, 502, 783.

Courseulle. *Rouen*, 342, 358, 424.

Courseulles. *Caen*, 174.

Coursier. *Bret.*, II, 897.

Coursin. *Prov.*, I, 1408.

Courson. *Bret.*, I, 131, 133, 602, 609, 616, 619.

— *Bret.*, II, 218, 539.

— *Par.*, I, 122.

— *Soiss.*, 112.

— *Tours*, 1082.

— *Guy.*, 368, 876, 877, 881, 1111, 1118.

Court. *Prov.*, I, 394, 455, 459, 1002, 1404.

— *Prov.*, II, 322, 470.

Court (de). *Par.*, I, 402, 689.

— *Pic.*, 25, 29, 65, 689, 759.

— *La Roch.*, 308.

Court (le). *Al.*, 248, 1014, 1175, 1244.

Court (le). *Auv.*, 40, 41, 57, 74, 438.

— *Bret.*, I, 775.

— *Bret.*, II, 1088.

— *Caen*, 23, 232, 718.

— *Lorr.*, 458.

— *Lyon*, 319, 449.

— *Par.*, I, 972, 1048.

— *Par.*, II, 385, 445.

— *Par.*, III, 234, 441, 561.

— *Par.*, IV, 49.

— *Pic.*, 9, 403, 547, 556, 559, 597, 712.

— *Poit.*, 1078.

— *Rouen*, 322, 326, 820, 831, 1234.

— *Tours*, 128, 850, 1067.

Courtade. *Auv.*, 118.

— *Toul.-Mont.*, 1281.

Courtaillon. *Bourg.*, I, 641, 1147.

Courteix (de). *Bourb.*, II, 116, 325.

Courtalvert. *Orl.*, 212, 215, 217, 785, 819.

— *Par.*, II, 445, 1138, 1218.

— *Tours*, 248, 267, 274, 278, 466, 1127.

Courtault. *Tours*, 134.

Courtaurelle. *Auv.*, 367, 396, 403.

Courte. *Tours*, 390.

Courtebonne. *Prov.*, I, 543.

Courtecuisse. *Fland.*, 1267.

Courteille. *Al.*, 1162.

— *Tours*, 1191.

Courteire. *Auv.*, 371.

Courtemanche. *Al.*, 218, 969.

Courtemer. *Al.*, 244.

Courtemontagne. *Als.*, 430.

Courtenai. *Fland.*, 1286.

— *Rouen*, 621.

Courtenay. *Par.*, III, 76, 78, 94.

Courtenvaux. *Orl.*, 921.

Courteret. *Prov.*, II, 387.

Courtes (de). *Prov.*, I, 462.

Courtet. *Champ.*, 528, 594.

Courteville (de). *Pic.*, 324, 345, 357, 668.

Courtiade. *Par.*, III, 255.

Courtial. *Montp.-Mont.*, 401.

Courtiau. *Guy.*, 961.

Courtieu. *Guy.*, 832, 845.

Courtier. *Par.*, IV, 504, 505.

— *Pic.*, 685.

— *Prov.*, II, 298.

— *Soiss.*, 500.

Courtieux (des). *Par.*, III, 347.

Courtignon. *Soiss.*, 242, 248.

Courtil. *Caen*, 740.

— *Montp.-Mont.*, 463.

Courtilier. *Montp.-Mont.*, 16.
— *Par.*, IV, 533.
Courtillat. *Bourges*, 109.
Courtille (de). *Auv.*, 237.
— *Bourb.*, 605.
Courtille (la). *Champ.*, 893.
Courtilles. *Montp.-Mont.*, 12.
Courtillier. *Par.*, II, 132.
— *Tours*, 1059.
Courtillis. *Montp.-Mont.*, 589.
Conrtils (des). *Par.*, II, 144.
— *Par.*, IV, 120.
Courtin. *Al.*, 284, 285, 1039, 1041, 1043, 1044, 1227, 1252.
— *Auv.*, 2, 18, 358.
— *Bourges*, 283, 474.
— *Bret.*, I, 432.
— *Caen*, 313.
— *Lyon*, 241, 243, 313, 842, 1019.
— *Orl.*, 377, 763, 770, 927.
— *Par.*, I, 7, 163, 164, 257, 411, 1124, 1163.
— *Par.*, II, 651, 803, 813.
— *Par.*, III, 272, 423.
— *Par.*, IV, 173,
— *Pic.*, 414, 615, 785.
— *Poit.*, 192, 1347, 1379.
— *Tours*, 273, 301, 302, 353.
— *Vers.*, 14.
Courtine. *Dauph.*, 589.
Courtineau. *Poit.*, 968.
Courtinées. *Poit.*, 291.
Courtines. *Bourg.*, I, 14.
— *Montp.-Mont.*, 1038.
Courtinet. *Toul.-Mont.*, 295.
Courtiou. *Poit.*, 893.
Courtioux. *Bourg.*, I, 429.
— *Orl.*, 351.
— *Par.*, III, 425.
Courtis. *Tours*, 1024.
Courtis (des). *Bret.*, II, 430.
Courtodes. *Tours*, 1516.
Courtois. *Bourges*, 465.
— *Bourb.*, 602.
— *Bourg.*, I, 1176.
— *Bret.*, I, 466, 772, 984.
— *Champ.*, 915.
— *Guy.*, 129.
— *Limous.*, 224.
— *Montp.-Mont.*, 1092, 1566.
— *Orl.*, 290.
— *Par.*, III, 134, 285, 440, 468.
— *Par.*, IV, 25.
— *Pic.*, 577, 584.
— *Poit.*, 764.
— *Rouen*, 922, 931, 1415.

Courtois. *Toul.-Mont.*, 133, 140, 1043.
Courtois (le). *Al.*, 1101.
— *Bret.*, II, 269, 1023.
— *Caen*, 261, 554. 559, 565.
— *Champ.*, 107, 118, 132, 134, 470, 472, 500, 618.
— *Tours*, 419, 496.
Courtot. *Par.*, I, 693.
Courtoulen. *Prov.*, II, 443.
Courtot. *Bourg.*, II, 367, 477.
Courtoux. *Al.*, 274.
— *Tours*, 242, 277, 286, 1512.
Courtouzet. *Guy.*, 1183.
Courtrai (*ville*). *Fland.*, 31, 928.
Courtrod. *Bourg.*, I, 826.
Courtroin. *Bourges*, 80.
Courvaut. *Bourg.*, I, 68.
Courvoisier. *Bourg.*, I, 758, 1219.
Cous (de). *Guy.*, 182.
Cousin. *Al.*, 92, 94, 576, 757, 790, 804, 862, 1074.
— *Bret.*, II, 394.
— *Caen*, 145, 173, 524, 571, 604.
— *Champ.*, 172, 178, 868.
— *Fland.*, 767, 768, 870.
— *Lyon*, 935.
— *Montp.-Mont.*, 535.
— *Orl.*, 748.
— *Par.*, I, 516, 623, 1144.
— *Par.*, II, 321, 658, 1118.
— *Par.*, III, 136, 288, 423, 528.
— *Par.*, IV, 148.
— *Pic.*, 534, 538, 692, 841.
— *Prov.*, I, 1389.
— *Rouen*, 781, 812, 841, 1016.
— *Soiss.*, 71, 164, 230, 705.
— *Toul.-Mont.*, 34, 65.
— *Tours*, 275, 757, 959, 1093, 1095, 1284, 1412.
Cousin (du). *Guy.*, 492.
Cousina. *Champ.*, 360, 671.
Cousineri. *Prov.* I, 548, 575, 654, 961, 1050, 1061.
Cousinet. *Bourg.*, I, 107.
— *Par.*, I, 446, 567, 923.
— *Par.*, II, 677.
— *Par.*, III, 18, 28.
— *Poit.*, 1359.
Cousinier. *Toul.-Mont.*, 763.
Cousinière (la). *Tours*, 1185.
Cousinot. *Par.*, IV, 639.
Coussa (de). *Toul.-Mont.*, 1409.
Coussac. *Toul.-Mont.*, 1343.
Coussaie (la) *Poit.*, 88, 586, 768, 888, 1518.
Cousse. *Par.*, IV, 15.

Cousseau. *Limous.*, 374.
— *Poit.*, 1259.
Coussedain. *Guy.*, 863.
Coussemacker. *Fland.*, 668, 682, 1069.
Cousset. *Prov.* II, 232.
Coussin. *Tours*, 335.
Coussin (le). *Champ.*, 758.
Coussines. *Guy.*, 822.
Coussol. *Toul.-Mont.*, 353.
Cousson. *Bourb.*, 590.
— *Bret.*, II, 527, 919.
— *Guy.*, 741.
— *Lorr.*, 358.
Cousson (du). *Caen*, 560.
Coussy. *Bret.*, II, 325, 326.
Cousta. *Toul-Mont.*, 697.
Coustade. *Béarn*, 4.
Coustadeau. *Montp.-Mont.*, 930.
Coustan. *Prov.*, I, 621, 961, 1396.
— *Toul.-Mont.*, 1196.
Coustant. *Par.*, IV, 696.
— *Poit.*, 747.
Coustard. *Par.*, I, 884, 1139, 1392.
— *Par.*, II, 649, 653.
— *Tours*, 754, 931, 941, 946, 960, 965, 969, 1133, 1256.
Coustart. *Par.*, III, 281.
Coustau. *Als.*, 500.
Coustault. *Orl.*, 287, 944.
Couste. *Par.*, IV, 454, 651, 655.
Cousté. *Par.*, I, 464.
Cousteau. *Par.*, II, 1101, 1180.
Cousteaux (aux). *Pic.*, 85, 398.
Coustel. *Orl.*, 735.
— *Par.*, I, 155.
Coustet. *Prov.*, II, 677.
Cousti. *Auv.*, 159.
Coustin. *Bourg.*, I, 161.
— *Limous.*, 106, 147.
Coustis. *Tours*, 614.
Coustol. *Montp.-Mont.*, 17, 1272.
Coustolier. *Montp.-Mont.*, 1078.
— *Par.*, III, 339.
Couston. *Prov.*, I, 761.
Coustou. *Toul.-Mont.*, 960.
Coustre (de). *Champ.*, 166.
Coustre (le). *Rouen*, 265, 774.
Coustron. *Montp.-Mont.*, 144.
Cousts. *Lorr.*, 640.
Cousturier. *Bourb.*, 139, 305, 307, 357, 604.
— *Vers.*, 190.
Cousty. *Als.*, 13.
Coutan. *Par.*, III, 122.
Coutance. *Bret.*, I, 178, 311.

Coutance. *Bret.*, II, 123.
— *Orl.*, 238.
Coutance (de). *Tours*, 17, 244, 245, 251, 496, 685.
Coutances. *Caen*, 194.
Coutanchau. *Pic.*, 30, 83.
Coutancière (la). *Poit.*, 1228.
Coutancin. *Poit.*, 535.
Coutandon. *Bret.*, I, 283.
Coutant. *Par.*, I, 18, 676.
Coutard. *Poit.*, 510, 1149.
— *Toul.-Mont.*, 1478.
Coutart. *Bret.*, II, 593.
Coutasse. *Guy.*, 1104.
Coutavereau. *Poit.*, 570.
Coute. *Bourg.*, II, 205.
— *Orl.*, 70.
Coute (de). *Orl.*, 716.
Couté. *Par.*, II, 929.
Couteau. *Fland.*, 328.
Coutel. *Auv.*, 200, 510.
— *Par.*, II, 1006, 1194.
— *Prov.*, I, 233.
Coutelier. *Al.*, 150, 151, 171.
— *Guy.*, 1015.
Coutelier. (le). *Bret.*, I, 518.
— *Caen*, 33, 558.
— *Tours*, 280.
Couteliers. *Poit.*, 397, 815.
Couteliers de Metz (les) (*commun.*). *Lorr.*, 562.
Coutellier. *Par.*, IV, 255.
Coutensais (la). *Tours*, 976.
Conterat. *Prov.*, II, 662.
Coutère (la). *Montp.-Mont.*, 1209.
Couterne. *Par.*, I, 1167.
Coutesse. *Al.*, 452.
Coutet. *Guy.*, 923.
— *Montp.-Mont.*, 1319.
Couteuvre. *Al.*, 308.
Couteux (le). *Bret.*, II, 476.
— *Par.*, I, 28, 175, 1380.
— *Rouen*, 53, 57, 96, 98, 514, 600, 729, 845.
Couthier. *Bourg.*, II, 256, 339.
— *Par.*, III, 13, 149.
Coutier. *Bourg.*, I, 144.
Coutin. *Poit.*, 178, 972.
Coutineau. *Poit.*, 430.
Coutis. *Prov.*, II, 539.
Coutochau. *Poit.*, 844.
Coutolleau. *Tours*, 872.
Couton. *Montp.-Mont.*, 829.
— *Prov.*, II, 357, 370.
Coutoulenq. *Prov.*, I, 1170.
Coutran (de). *La Roch.*, 378.

Coutraubat. *Tours*, 958.
Couture. *Al.*, 865.
— *Prov.*, II, 493.
— *Rouen*, 707.
— *Soiss.*, 564.
Couture (la). *Poit.*, 844, 1552.
Coutures. *Guy.*, 824.
Couturier. *Bourges*, 239.
— *Bourg.*, II, 111.
— *Bret.*, I, 453.
— *Lyon*, 115.
— *Pic.*, 724.
Couturier (le). *Al.*, 238, 453, 826, 857, 871, 917.
— *Caen*, 430.
— *Par.*, I, 296.
— *Par.*, II, 53, 277, 592, 1204.
— *Par.*, III, 303, 424.
— *Par.*, IV, 333, 371, 969.
— *Rouen*, 21, 87, 155, 362, 371, 1133.
Coutz. *Als.*, 261.
— *Guy.*, 1082.
Couvains. *Caen*, 96, 103, 104, 118, 743, 746·
Couval. *Tours*, 760.
Couvalet. *Guy.*, 830.
Couvanges (de). *Lorr.*, 145·
Couvans. *Lorr.*, 638.
Couvé. *Bret.*, I, 25.
Couvei. *Caen*, 536.
Couvent. *Soiss.*, 703.
Couvert. *Caen*, 11.
— *Tours*, 1116.
— *Al.*, 326.
— *Montp.-Mont.*, 585.
— *Par.*, II, 763.
Couvet. *Prov.*, II, 698, 708.
Couvidou. *Poit.*, 407.
Couvinck. *Fland.*, 183, 993.
Couvisson. *Lyon*, 867.
Couvran. *Bret.*, I, 39.
Couvrard. *Pic.*, 667.
Couvreur. *Fland.*, 55, 420, 595, 816.
— *Par.*, III, 123, 308, 341, 466.
Couvreur (le). *Pic.*, 8, 28, 588, 595,
— *Soiss.*, 240.
Couvreurs de Verdun (les) (*commu-nauté*). *Lorr.*, 672.
Couvrot. *Champ.*, 677.
Coux (des). *Limous.*, 462.
Couyard. *Poit.*, 234.
Couyault *Poit.*, 138, 438, 504, 1021, 1044.
Couyer. *La Roch.*, 190.
Couzancé. *Auv.*, 178.

Couzans (de). *Auv.*, 207, 588.
Couzon. *Lyon*, 661.
Covet. *Dauph.*, 358.
Coyau. *Par.*, III, 293.
Coyé. *La Roch.*, 345.
Coz (le). *Bret.*, I, 358.
Cozager. *Guy.*, 810.
Coze (le). *Bret.*, II, 544, 1139.
Cozette. *Par.*, I, 1382.
Cozic (le). *Bret.*, I, 648.
Cozic (le). *Bret.*, II, 677.
Cozou. *Bret.*, I, 628, 966.
Crabos. *Guy.*, 890.
Crachats (des). *Poit.*, 1488.
Crai (de). *Fland.*, 1113, 1120.
Craimieux. *Toul.-Mont.*, 705.
Craissi. *Pic.*, 787.
Craissin. *Pic.*, 785.
Cramans. *Lorr.*, 287.
Cramant. *Bourg.*, I, 575, 1227.
Cramaridas. *Limous.*, 267.
Cramazeuil. *Bret.*, II, 1073.
Cramelion. *Fland.*, 1213.
Crames (de). *Tours*, 1360.
Crametot. *Caen*, 662.
Cramoizy. *Par.*, I, 247.
Crandale. *Pic.*, 304, 350, 728, 768, 776.
Crangeac. *Bourg.*, I, 537.
Cranson. *Par.*, IV, 255, 789.
Crantz. *Lorr.*, 583.
Craon (*ville*). *Tours*, 1204, 1214.
Crapisson. *Lyon*, 84, 766.
Crapone *Par.*, II, 691.
Craseck. *Als.*, 644.
Crassous. *Montp.-Mont.*, 292, 614.
Crasville. *Al.*, 935.
Crausse. *Als.*, 1019.
Crauth. *Als.*, 455, 482.
Cray (de). *Montp.-Mont.*, 238.
— *Par.*, II, 388.
Cray (du). *Bourb.*, 60, 63, 90, 413, 414, 594.
Creagh. *La Roch.*, 6.
Créars (de). *La Roch.*, 159.
Créat (de). *Toul.-Mont.*, 1075, 1081.
Créchenou. *Bret.*, II, 1013.
Crechouart. *Bret.*, II, 542.
Crecquerault. *Bret.*, I, 942.
Crecy. *Par.*, IV, 546.
Crecy (de). *Bourg.*, II, 557·
Crécy. *Bourg.*, I, 970.
— *Soiss.*, 187.
Credy. *Par.*, I, 1390.
Cref. *Bret.*, II, 1025.
Crégut. *Montp.-Mont.*, 844.

Creil (de). *Par.*, I, 14, 574, 775, 895.
— *Par.*, II, 218, 293, 499, 1049, 1206.
— *Tours*, 41.
Creissel. *Prov.*, I, 435, 391, 564, 894.
— *Prov.*, II, 374, 452.
Crel (de). *Bourg.*, II, 149.
Cremadel. *Toul.-Mont.*, 1487.
Cremainville. *Orl.*, 195.
— *Rouen*, 295, 1238.
Creme (de). *Tours*, 152.
Cremeaux. *Bourg.*, I, 122, 123, 125.
— *Lyon*, 607.
— *Par.*, II, 1218.
Cremesse. *Fland.*, 1205.
Cremet. *Orl.*, 733.
Cremeur. *Al.*, 435.
— *Bret.*, I, 110, 626, 945.
Cremeur (du). *Bret.*, II, 579.
Cremiere. *Tours*, 1146.
Cremieu. *Caen*, 722.
Cremille. *Bourges*, 171, 422.
Crémille. *Poit.*, 311.
Crémois. *Poit.*, 1131, 1132.
Crenai. *Champ.*, 346.
Crenan. *Par.*, III, 722.
Crenau. *Montp.-Mont.*, 1102.
Crenciel. *Als.*, 1049.
Crenier. *Par.*, III, 400.
Creny. *Pic.*, 555.
— *Rouen*, 203, 270, 437, 443.
Crep (le). *Rouen*, 793, 796.
Crepelaine. *Guy.*, 58.
Crepet. *Pic.*, 728.
Crepié. *Toul.-Mont.*, 1219.
Créqui. *Al.*, 124.
Crequi. *Fland.*, 65, 206, 228, 1087.
Crequi (de). *Pic.*, 133, 135, 352, 500.
Crequid'offeu. *Pic.*, 561.
Crequy. *Par.*, I, 82, 181, 1016, 1106.
— *Par.*, II, 449.
— *Par.*, III, 68.
Crescent. *Soiss.*, 409.
Cresgueguen. *Bret.*, II, 541.
Cresmartin. *Prov.*, I, 433.
— *Prov.*, II, 223.
Cresp. *Prov.*, I, 241, 1366, 1367, 1373.
Crespat. *Auv.*, 18, 292, 408, 409.
Crespel. *Bret.*, II, 463.
— *Caen*, 425.
Crespi. *Lorr.*, 611.
— *Tours*, 58, 104.
Crespin. *Bourges*, 747.
— *Caen*, 747.
— *Fland.*, 575, 826, 1118.

Crespin. *Lorr.*, 395, 604, 613.
— *Orl.*, 540, 558.
— *Par.*, IV, 425, 632.
— *La Roch.*, 118, 343.
— *Rouen*, 485, 690.
— *Soiss.*, 192.
Crespon. *Tours*, 1079.
Crespy. *Bret.*, I, 463.
— *Par.*, I, 306.
— (*ville*). *Soiss.*, 463.
— *Vers.*, 204.
Cresquel. *Bret.*, II, 842.
Cresquerault. *Bret.*, II, 154, 211, 1137.
Cresquierre. *Toul.-Mont*, 507.
Cressac. *Par.*, I, 290.
— *Poit.*, 903.
— *Toul.-Mont.*, 1077, 1208.
Cressant. *Montp.-Mont.*, 380.
Cressanville. *Rouen*, 1216.
Cressé. *Fland.*, 1437.
— *Par.*, I, 322, 393, 644, 907.
Cresseau. *Fland.*, 594.
Cresseil. *Toul.-Mont.*, 941.
Cressi. *Dauph.*, 566.
Cressin. *Bourg.*, I, 293.
Cressolles. *Bret.*, I, 56, 961.
— *Bret.*, II, 236, 536, 342.
Cresson. *Bourg.*, II, 377.
— *Soiss.*, 813.
Cressy. *Par.*, III, 438.
— *Prov.*, I, 124.
Crest (de). *Prov.*, I, 457, 441.
Crest (du). *Bourb.*, 185, 187.
— *Dauph.*, 299.
Crestal. *Soiss.*, 833.
Creste. *Al.*, 992.
Cresté. *Bourges*, 275.
— *Bret.*, I, 917.
Crestin. *Bourg.*, II, 294, 535.
Crestin (de). *Pic.*, 225.
Crestounet. *Prov.*, II, 421.
Cret (de). *Bourg.*, II, 171.
Cret (du). *Als.*, 694.
— *Lyon*, 156.
— *Toul.-Mont.*, 338.
Cretay. *Lyon*, 956.
Cretel. *Bourg.*, I, 1264.
Cretelot. *Fland.*, 402.
Creti. *Caen*, 556.
Cretin. *Lyon*, 1037.
Cretois. *Par.*, IV, 203.
Creton. *Champ.*, 460.
— *Par.*, II, 577.
— *Pic.*, 377, 398.
— *Tours*, 759.

Créton. *Fland.*, 820.
Cretot. *Al.*, 289, 451, 658, 967.
— *Par.*, I, 246, 1262.
— *Tours*, 1176.
Cretté. *Par.*, III, 409.
— *Rouen*, 1103.
Creuilly. *Caen*, 115, 693, 701.
Creuseau. *Bourg.*, II, 489.
Creusel. *Pic.*, 808.
Creusenault. *Bourg.*, II, 495.
Creuset (du). *Bourb.*, 87, 601.
Creux (du). *Bret.*, I, 899.
Creux (le). *Orl.*, 412, 435.
Creuzé. *Poit.*, 1436, 1464.
Creuzenet. *Limous.*, 136.
Creuzet. *Par.*, I, 1314.
Creuzy. *Montp.-Mont.*, 1003, 1183.
Crevalle. *Poit.*, 1060, 1094.
Crevant. *Bourges*, 84.
— *Fland.*, 133.
— *Lyon*, 713.
— *Par.*, I, 178, 1239.
— *Par.*, II, 178, 441, 1165.
Crevecœur. *Caen*, 571.
— *Rouen*, 416, 438.
Crevel. *Bourb.*, 82.
Crever. *Tours*, 554.
Creverlh. *La Roch.*, 174.
Crevilly. *Par.*, III, 297.
Crevoiseret. *Bourg.*, I, 828.
Crevoiset. *Bourg.*, I, 946.
Crevon. *Par.*, II, 1238.
Crezelz. *Toul.-Mont.*, 529.
Cri (St-). *Béarn*, 156.
Cribleau. *Bourges*, 259, 324.
Cricq (St-). *Guy.*, 1066.
Cricque (la). *Rouen*, 596.
Crié. *Par.*, I, 169.
— *Par.*, II, 1112.
— *Tours*, 1443.
Crieul. *Tours*, 332.
Crieurs d'enterrement de Verdun (les) (*commun.*). *Lorr.*, 672.
Crignon. *Pic.*, 268, 426, 648.
Crindalle. *Vers.*, 215.
Criniot. *Bourg.*, II, 576.
Criquebeuf. *Par.*, I, 258.
Cris. *Tours*, 1419.
Crissart. *Soiss.*, 570.
Cristé. *Als.*, 373.
Cristenau. *Als.*, 605.
Cristian. *Prov.*, II, 801.
Cristin. *La Roch.*, 408.
Cristy. *Lyon*, 944.
Croaren. *Béarn*, 166.
Croc (du). *Auv.*, 188, 192.

Croc (du). *Guy.*, 850.
— *Limous.*, 286.
— *Lyon*, 242.
— *Poit.*, 997, 1063.
— *Vers.*, 29.
Crocelay. *Bret.*, I, 306.
Crochar. *Tours*, 1530.
Crochard. *Orl.*, 260.
— *Tours*, 294, 732, 1511, 1514, 1527.
Crochart. *Soiss.*, 494, 520, 844.
Crochereau. *Bourges*, 293.
Croches (des). *Bourg.*, II, 294.
Crochet. *Par.*, I, 671.
Crochet (du). *Al.*, 260, 262, 519.
Crochets (des). *Vers.*, 28.
Crochinière (la). *Tours*, 1403.
Crocq (du). *Par.*, I, 728, 763.
— *Pic.*, 309, 345, 346, 390, 406, 766, 780.
Croefer. *Pic.*, 210.
Crogni. *Prov.*, II, 268.
Croi (de). *Pic.*, 135, 884.
Croichet. *Bourg.*, I, 744.
Croiselle. *Soiss.*, 199.
Croiset, *Al.*, 790.
— *Lorr.*, 616.
— *Par.*, I, 984, 1038.
— *Par.*, II, 567.
— *Pic.*, 538.
— *Prov.*, I, 540, 637, 680, 714.
— *Vers.*, 141.
Croiset (du). *Auv.*, 301, 432, 483, 486.
Croisette. *Par.*, III, 311.
Croisettes (des). *Par.*, IV, 122, 742.
— *Soiss.*, 406, 407, 677.
Croisi. *Rouen*, 506.
Croisic. *Auv.*, 387.
Croisié. *Guy.*, 57.
Croisier. *Auv.*, 380.
Croisier (du). *Bourb.*, 113.
— *Bourg.*, I, 139, 167.
— *Bourg.*, II, 148.
— *Bret.*, II, 992.
Croisilles. *Al.*, 104, 475, 563, 584.
— *Caen*, 134, 163, 380.
— *Par.*, I, 1320.
— *Pic.*, 190.
Croisillon. *Lorr.*, 622.
Groismare. *Caen*, 145.
— *Par.*, I, 1252.
— *Rouen*, 406, 407, 420.
Croissant (du). *Bret.*, II, 961.
Croit (du). *Auv.*, 144.
Croix (de). *Fland.*, 51, 67, 105, 120,

121, 122, 123, 124, 142, 146, 147, 339, 425, 899.
Croix (des). *Lyon*, 785.
Croix (la). *Al.*, 452, 800, 862, 1058.
— *Als.*, 574.
— *Auv.*, 135.
— *Béarn*, 81.
— *Bourg.*, I, 347.
— *Bourg.*, II, 41, 92, 152, 182.
— *Bret.*, I, 509.
— *Bret.*, II, 397, 436.
— *Caen*, 24, 369, 375, 649, 663.
— *Dauph.*, 62, 108, 133, 134, 156, 191, 355, 621, 640.
— *Fland.*, 74, 250, 282, 390, 399, 1315.
— *Guy.*, 923, 1193.
— *Limous.*, 5, 6, 66, 73, 177, 342.
— *Lorr.*, 180, 232, 504, 655.
— *Lyon*, 50, 98, 230, 551.
— *Montp.-Mont.*, 48, 54, 55, 154, 186, 482, 519, 577, 616, 639. 754, 758, 713.
— *Orl.*, 730.
— *Par.*, I, 176, 920, 937, 1322.
— *Par.*, II, 34, 297, 353, 356, 884, 977, 1119.
— *Par.*, III, 527.
— *Pic.*, 181, 194, 377, 409, 574, 728, 736, 796.
— *Poit.*, 224, 607, 841, 1025.
— *Prov.*, I, 620, 841, 1048, 1145, 1288, 1290.
— *La Roch.*, 230.
— *Rouen*, 63, 80, 340, 342, 543, 555, 1384.
— *Soiss.*, 601, 812.
— *Toul.-Mont.*, 168, 662, 737, 1032, 1085, 1208, 1237.
— *Tours*, 645, 802, 807, 827, 1126, 1328.
— *Vers.*, 61, 83.
Croix (Ste-) (*ville*). *Als.*, 231.
— *La Roch.*, 195.
— *Poit.*, 946, 1480.
— *Prov.*, I, 427, 434.
Croizant. *Limous.*, 271.
Croizier. *Tours*, 1117.
Crombecque. *Fland.*, 1027.
Crombière (de). *Bourg.*, II, 610.
Cromelin. *Par.*, III, 2, 36.
— *Pic.*, 509, 510, 527, 536, 893.
Cromer. *Als.*, 416, 689.
Crommeler. *Par.*, I, 297.
Cromot. *Bourg.*, I, 156.
— *Par.*, II, 533.

Cronanbourg. *Bourg.*, II, 19.
Crone. *Par.*, II, 1069.
Cronier. *Bret.*, II, 1130.
— *Soiss.*, 511.
Croppet. *Lyon*, 13, 14, 18, 51, 123, 126, 132, 148, 366, 373, 510, 518, 651.
Cropte (la). *Guy.*, 810.
— *Par.*, III, 105.
Croquet. *Par.*, I, 1403.
— *Pic.*, 399, 556.
Croquet (du). *Fland.*, 254, 856.
Croquoison. *Pic.*, 546.
Cros (du). *Bourg.*, I, 12.
— *Dauph.*, 63, 224, 486.
— *Guy.*, 351, 959, 1084, 1188, 1200.
— *Limous.*, 288.
— *Lyon*, 1008.
— *Montp.-Mont.*, 60, 254, 318, 381, 806, 850, 1007, 1205, 1235.
— *Pic.*, 704.
— *Toul.-Mont.*, 56, 712, 714, 1141.
Crosat. *Par.*, I, 355, 356.
Crose (de). *Prov.*, I, 448, 487, 549, 844.
Crosec (du). *Bret.*, I, 196.
Croset. *Prov.*, II, 749.
Croset (du). *Bourg.*, I, 110.
Crosey. *Bourg.*, I, 904, 957, 1253.
Crosneau. *Orl.*, 244.
Crosnier. *Par.*, I, 1245.
— *Rouen*, 965.
— *Tours*, 923, 928, 945, 1023, 1429.
Cross (des). *Bourg.*, I, 260.
Crossard. *Champ.*, 804.
Crosset. *Par.*, I, 757.
Crosville. *Caen*, 34, 246, 258, 444, 451.
— *Rouen*, 427, 650.
Crot (du). *Bourg.*, II, 527.
Crotay. *Soiss.*, 632.
Crotel. *Toul.-Mont.*, 386.
Crots (des). *Prov.*, I, 552, 720.
Crottai (du). *Rouen*, 9, 197.
Crotte. *Montp.-Mont.*, 1116.
— *Prov.*, I, 182.
Crottier. *Montp.-Mont.*, 459.
Crouail. *Tours*, 370, 1447.
Crouchet. *Prov.*, I, 1275, 1284, 1285.
Crouézé. *Bret.*, I, 50.
Crouin. *Bret.*, I, 908.
Croullebois. *Tours*, 1470.
Croupière (*ville*). *Auv.*, 141.
Creusel. *Prov.*, II, 794.
Crousil. *Prov.*, I, 591.
— *Prov.*, II, 368.

Crousilles (*prieuré*). *Poit.*, 916.

Croussé. *Poit.*, 541.

Crousse (la). *La Roch.*, 181.

Croussoulles. *Montp.-Mont.*, 929.

Crouzailles. *Toul.-Mont.*, 953.

Crouzant. *Poit.*, 1536.

Crouzat. *Prov.*, 1, 797.

Crouzeil. *Limous.*, 113.

Crouzel. *Toul.-Mont.*, 604.

Crouzet. *Montp.-Mont.*, 3, 58, 105,
— *Toul.-Mont.*, 484, 635.

Crouzilles. *Toul.-Mont.*, 326.

Crouy. *Par.*, iv, 475, 695.
— *Soiss.*, 883.

Crovetel. *Rouen*, 447.

Croy. *Vers.*, 68.
— *Par.*, iv, 85.

Croy (de). *Montp.-Mont.*, 936.

Crozat. *Auv.*, 215, 508.
— *Dauph.*, 279. 282, 301, 309, 310.
— *Lyon*, 738, 1045.
— *Montp.-Mont.*, 1038.

Croze. *Auv.*, 492.
— *Bourg.*, 1, 394.

Croze (de). *Par.*, ii, 899.

Croze (la). *Lyon*, 139.

Crozes. *Toul.-Mont.*, 579, (?), 733.

Crozes (des). *Prov.*, ii, 271, 695.

Crozet. *Bourb.*, 347.
— *Dauph.*, 558.
— *Prov.*, 1, 637, 775.

Crozier. *Lyon*, 287.

Crozillac. *Guy.*, 823.

Crozon. *Bourg.*, ii, 634.

Cruau. *Par.*, 1, 953.

Crublier. *Bourges*, 39, 144, 188, 410.

Cruchet. *La Roch.*, 290.

Crudy. *Prov.*, 1, 295, 301, 1418,
1431.

Crugeot. *Pic.*, 729.

Cruis (de). *Prov.*, ii, 679.

Crupemin. *Guy.*, 1037.

Crusseau. *Poit.*, 1256.

Crusset. *Als.*, 592.

Crussol. *Montp.-Mont.*, 42, 886.
— *Par.*, 1, 11, 1138, 1195.
— *Par.*, ii, 507, 890, 1159.
— *Par.*, iii, 46.
— *Prov.*, 1, 446.
— *Toul.-Mont.*, 12, 76, 1376.
— *Vers.*, 62.

Crust. *Als.*, 1073.

Crux (de). *Bret.*, 1, 510.
— *Lorr.*, 683.
— *Par.*, ii, 1024.
— *Poit.*, 261.

Cruzel. *Guy.*, 682.

Cry (de). *Bourg.*, ii, 532.

Cua (la). *Bourg.*, 1, 397, 417.

Cube (la). *Orl.*, 1004.

Cubières. *Montp.-Mont.*, 469.

Cubort (*prieuré*). *Poit.*, 798.

Cuchet (de). *Dauph.*, 50, 77.

Cudel. *Bourg.*, 1, 299.

Cuder. *Bourg.*, 1, 1028.

Cueillet. *Lorr.*, 215, 460, 461, 462.

Cuermin. *Als.*, 120.

Cueron. *Toul.-Mont.*, 687.

Cuers (*ville*). *Prov.*, 1, 9, 37, 877.

Cuers (de). *Prov.*, 1, 110 419, 158,
179, 1222.
— *Prov.*, ii, 420, 434.

Cuessat. *Lorr.*, 635.

Cueu. *Al.*, 725.

Cueul. *Soiss.*, 566, 782.

Cuevut. *Als.*, 953.

Cuffeu. *La Roch.*, 213.

Cuffier. *Par.*, 1, 1083.

Cugenon. *Champ.*, 685.

Cuges (de). *Prov.*, 1, 60, 62, 141,
142. 144, 1156, 1157, 1168, 1169,
1177, 1182, 1186, 1189, 1221.

Cugieux. *Guy.*, 1048.

Cugis. *Prov.*, 1, 1064, 1142.

Cugis (de). *Prov.*, ii, 464, 741.

Cugnac. *Guy.*, 381, 428, 512.
— *Montp.-Mont.*, 1103.
— *Orl.*, 256. 297, 669, 943.
— *Toul.-Mont.*, 240.

Cugnar. *La Roch.*, 207.

Cugnat. *La Roch.*, 74.

Cugnet. *Bourg.*, 1, 877, 1125.
— *Par.*, iii, 293.

Cugni. *Champ.*, 11, 336

Cugnière. *Soiss.*, 298.

Cugnois. *Bourg.*, ii, 32, 55, 368.

Cuguin. *Lorr.*, 470.

Cuignet. *Pic.*, 595.

Cuigy. *Par.*, ii, 268.

Cuillerie. *Bourg.*, 1, 982.

Cuillier. *Par.*, 1, 302.

Cuil'iers. *Par.*, iii, 355.

Cuinet. *Bourg.*, 1, 428, 967, 1118.

Cuinghien. *Fland.*, 14, 165.
— *Pic.*, 141.

Cuirblanc. *Poit.*, 564, 783, 797.

Cuiret. *Soiss.*, 4, 20, 230, 590, 650,
651.

Cuisi. *Soiss.*, 515, 525.

Cuisi (de). *Pic.*, 71.

Cuisine (la). *Bret.*, 1, 954.

Cuissart. *Tours*, 170, 578.

Cuisse (la). *Lorr.*, 433.
Cuissotte. *Champ.*, 22, 37, 83, 356.
Cul (de). *Bourg.*, ı, 778.
Culan. *Bourb.*, 38, 104, 269, 346, 449, 516.
— *Bourges*, 63.
— *La Roch.*, 39.
— *Par.*, ıı, 229.
Culan (de). *La Roch.*, 245, 352, 429.
Culant. *Orl.*, 365.
— *Par.*, ıv, 797.
Culas. *Par.*, ııı, 426.
Culbre (de). *Lorr.*, 317.
Culembourg. *Par.*, ııı, 4.
Culf. *Bourg.*, ı, 1009, 1073.
Culhat. *Bourb.*, 560, 562, 564.
Culhens. *Toul.-Mont.*, 1294.
Cullant. *Par.*, ı, 241, 397.
Cullembourg. *Soiss.*, 418, 805.
Cullet. *Bourg.*, ı, 3.
Cullissome. *Prov.*, ı, 490.
Culloteau. *Champ.*, 877.
Culon (de). *Bourges*, 108, 311, 328. 454, 466, 469.
Cuminal. *Guy.*, 1106.
Cumont. *Poit.*, 620, 1108.
Cumont (de). *La Roch.*, 100.
— *Tours*, 128, 435, 1217.
Cunast. *Als.*, 457.
Cunat. *Bret.*, ı, 3.
Cunchy. *Pic.*, 679.
Cuni. *Lorr.*, 297, 628, 653.
— *La Roch.*, 16.
Cuninghan. *Bourg.*, ıı, 609.
— *Toul.-Mont.*, 1489.
Cunot. *Als.*, 729.
Cunotio. *Guy.*, 292, 697.
Cuny. *Montp.-Mont.*, 481.
Cup (de). *Montp.-Mont.*, 173.
— *Toul.-Mont.*, 77, 79, 680.
Cup (du). *Rouen*, 360.
Cupere (de). *Fland.*, 184.
Cuperly. *Par.*, ı, 487.
— *Pic.*, 659.
Cupif. *Tours*, 66, 69, 536, 977, 1168.
Curault. *Orl.*, 5, 330, 344, 413, 453, 495.
Curbale. *Toul.-Mont.*, 706.
Cure (de). *Bourges*, 68.
Curé. *Guy.*, 378
Cureau. *Bourg.*, ıı, 242.
— *Tours*, 1516.
Curef. *Bret.*, ıı, 710.
Cures (des). *Bourb.*, 104.
Curet. *Prov.*, ı, 487, 581, 611, 930, 956, 1207, 1208.

Curet. *Prov.*, ıı, 419, 687.
Cureux. *Tours*, 532.
Curi (de). *Champ.*, 162.
Curia. *Béarn*, 91.
Curié. *Als.*, 67, 909.
Curier. *Bourg.*, ı, 1025.
Curières. *Toul.-Mont.*, 306.
Curieux. *Tours*, 1350, 1353.
Curiol. *Prov.*, ı, 414, 682.
Curnier. *Prov.*, ı, 1449.
Currault. *Prov.*, ı, 267.
Cursol. *Guy.*, 536.
Curtan. *Béarn*, 78.
Curtial. *Lyon*, 333.
Curtil. *Bourg.*, ı, 5, 8, 191, 396, 406.
Curtillet. *Lyon*, 609.
Curty. *Bourg.*, ıı, 101.
Curue (la). *Bourg.*, ı, 408
Curzai. *La Roch.*, 344.
Curzay. *Limous.*, 269.
Cusac. *Par.*, ııı, 411.
— *Toul.-Mont.*, 11.
Cuslain. *Poit.*, 1079.
Cusmin. *Limous.*, 64.
Cussau. *Lyon*, 774.
Cussas. *Poit.*, 459.
Cussat. *Auv.*, 168, 172.
Cussay (de). *Par.*, ıv, 250.
Cusselan. *Prov.*, ıı, 785.
Cussequel. *Rouen*, 824.
Cusset. *Bourg.*, ıı, 349.
— *Lyon*, 133, 170, 660, 945.
— *Prov.*, ıı, 731.
Cussignat. *Lyon*, 747.
Cussigni. *Lorr.*, 467.
Cussigny. *Bourg.*, ı, 268, 779.
— *Bourg.*, ıı, 167.
Cussinet. *Dauph.*, 227.
Cussol. *Toul.-Mont.*, 1307, 1329.
Cussol (la). *Montp.-Mont.*, 1080.
Cusson. *Auv.*, 397.
Cussonnel. *Montp.-Mont.*, 301.
— *Toul.-Mont.*, 1063.
Cussy. *Caen*, 7, 12, 13, 106, 203, 216, 219, 225, 230, 266, 273, 500, 655, 703.
Cussy (de). *Bret.*, ı, 918.
Custer. *Als.*, 1095.
Custine. *Als.*, 64.
Custine (de). *Lorr.*, 294, 415, 488, 489, 679.
Custode. *Bourb.*, 415
Custor. *Als.*, 821.
Custos. *Toul.-Mont.*, 745.
Cuttart. *Lorr.*, 282.

Cutzler. *Als.*, 508.
Cuvelin. *Fland.*, 136.
Cuverville. *Rouen* (?).
Cuves. *Vers.*, 200.
Cuvier. *Par.*, II, 544.
— *Par.*, III, 349.
— *Soiss.*, 310, 500, 723.
— *Vers.*, 13, 306.
Cuvilier. *Poit.*, 467, 557, 1080.
Cuville. *Par.*, I, 310.
— *Poit.*, 97.

Cuvillier. *Pic.*, 3, 734, 772.
— *Soiss.*, 572.
Cuvilliers. *Par.*, I, 405.
— *Par.*, III, 279.
Cuvillon. *Fland.*, 144, 168.
Cuvilly. *Bourb.*, 220.
Cuxac (de). *Toul.-Mont.*, 695.
Cuzemenet. *Bourg.*, I, 570, 1226.
Cuzenou. *Bret.*, II, 115, 361.
Cuzin. *Lyon*, 221, 222, 483.
Cuzy. *Bourges*, 372.

Par une regrettable distraction, les noms qui suivent de la lettre **C** (CANU *à* CAZOT) *ont été omis à la composition; nous les rétablissons ici avant de commencer la lettre* **D.**

Canu. *Rouen*, 195, 251, 851, 914, 1158, 1269.
Canu (le). *Caen*, 55, 759.
Canuel. *Guy.*, 315.
Canut. *Par.*, I, 1204.
— *Toul.-Mont.*, 757.
Canvel. *Lyon*, 500.
Canville. *Rouen*, 1163.
Cap. (du). *Rouen*, 360.
— *Toul.-Mont.*, 578.
Capaum. *Als.*, 1024.
Capbern. *Guy.*, 1158.
Capbert. *Guy.*, 886.
Capdan. *Guy.*, 1139.
Capdeville. *Béarn.*, 8, 11, 18, 34, 62, 115, 138, 145, 162, 164.
— *Guy.*, 217, 324, 631, 785, 930, 1152, 1189.
— *Toul.-Mont.*, 1373.
Capdepy. *Toul.-Mont.*, 767.
Capeau. *Montp.-Mont.*, 1440.
— *Prov.*, I, 920, 1009.
— *Prov.*, II, 105.
Capeblan. *Bourges*, 524.
Capel. *Fland.*, 728, 729, 1171.
— *Prov.*, I, 257, 696, 1133.
— *Tours*, 158, 992.
Capele. *Prov.*, II, 498.
Capelé. *Toul.-Mont.*, 1351.
Capelet. *Prov.*, I, 124.
Capella (de). *Toul.-Mont.*, 88, 130, 617.
Capellain. *Al.*, 1099.
Capelle (la). *Montp.-Mont.*, 1012.
Capello. *Montp.-Mont.*, 399.
Capenas. *Montp.-Mont.*, 816.

Capendu (de). *Soiss.*, 104, 116, 169.
Caperon. *Par.*, III, 395.
— *Pic.*, 619, 718.
Capestan. *Fland.*, 204.
Capet. *Toul.-Mont.*, 646.
Capgras. *Guy.*, 243.
Capi. *Lorr.*, 407 660.
Capieu. *Montp.-Mont.*, 1411.
Capion. *Montp.-Mont.*, 950.
Capisuchi. *Prov.*, II, 9.
Capisuchi-Boulogne. *Champ.*, 749, 750.
Capitain. *Par.*, II, 351.
Capitaine. *Als.*, 627.
— *Montp.-Mont.*, 794.
Capitan. *Fland.*, 1505.
Caplane. *Béarn.*, 71, 90.
Capmartin. *Toul-Mont.*, 31.
Capon. *Montp.-Mont.*, 13, 58, 461.
— *Par.*, III, 293.
— *Prov.*, I, 1407.
— *Tours*, 669.
Caponel. *Toul.-Mont.*, 330.
Caponi. *Bourb.*, 511.
— *Lyon*, 45.
Capons. *Toul.-Mont.*, 427.
Capot. *Lyon*, 615.
— *Par.*, I, 724.
— *Toul.-Mont.*, 328, 329.
Cappe. *Champ.*, 226, 495, 636.
— *Par.*, III, 15.
— *Soiss.*, 499.
— *Toul.-Mont.*, 1266.
Cappé. *Fland.*, 1037.
— *Par.*, I, 1134.
Cappelain (le). *Rouen*, 160.

Cappelain. *Caen*, 232, 451.
— *Par.*, I, 1339.
— *Par.*, II, 241.
Cappelier (le). *Fland.*, 68, 70, 313.
Cappellet. *Rouen*, 241, 889.
Capperon. *Par.*, II, 454.
Cappi. *Champ.*, 401.
Cappon (le). *Caen*, 265.
Cappu. *Als.*, 750.
Capon. *Guy.*, 1033.
Capot. *Guy.*, 943.
Capoulau. *Guy.*, 672.
Capre. *Caen*, 481.
Capremont. *Fland.*, 1202.
Caprenier. *Par.*, II, 140.
Capréze. *Guy.*, 885.
Capriol. *Montp.-Mont.*, 319.
— *Toul.-Mont.*, 864, 879.
Capron. *Vers.*, 130.
Capronnier. *Par.*, III, 407.
Captal. *Guy.*, 1092.
Captan. *Guy.*, 323.
Captier. *Toul.-Mont.*, 558.
Capus. *Prov.*, I, 973.
— *Prov.*, II, 352.
Capusi. *Prov.*, II, 247, 281.
Capussy. *Prov.*, I, 508.
Caput. *Prov.*, II, 813.
Caquerai. *Rouen*, 218, 221, 430, 433, 438, 441, 460, 1076, 1337, 1395, 1415.
Caqueré. *Al.*, 115.
Caquerelle. *Soiss.*, 403.
Caquian. *Fland.*, 1032.
Car. *Prov.*, I, 393.
Car (de). *Toul.-Mont.*, 318.
Cara. *Dauph.*, 261.
— *Pic.*, 716.
Caradas. *Par.*, II, 392.
— *Rouen*, 6, 42, 58, 407.
Caradet. *Prov.*, I, 556, 628.
Caradeuc. *Bret.*, II, 764.
Caradeur. *Bret.*, I, 440, 471, 927.
Caradreux. *Bret.*, I, 196.
Caraguel. *Toul.-Mont.*, 557.
Caramani. *Toul.-Mont.*, 1435.
Caranague. *Prov.*, I, 778.
Caraud. *Bourges*, 284.
Caraudet. *Bourg.*, I, 1024.
Caraussan. *Prov.*, II, 298.
Caray. *Lim.*, 419.
Carbon. *Als.*, 625.
— *Champ.*, 366.
— *Lyon*, 381.
— *Montp.-Mont.*, 884, 1169.
— *Soiss.*, 775.

Carbonel. *Pic.*, 84, 86, 94, 446, 447 456.
Carbonnais (la). *Bret.*, II, 426.
Carbonne (*ville*). *Toul.-Mont.*, 872.
Carbonneau. *Bret.*, I, 341.
— *Toul.-Mont.*, 320, 1208, 1213.
Carbonnel. *Bourg.*, II, 103, 104.
— *Caen*, 104, 157, 168, 215, 218, 280, 413, 443, 504, 640.
— *Lim.*, 120.
— *Montp.-Mont.*, 488.
— *Par.*, II, 1178, 1187, 1189.
— *Prov.*, I, 799, 991, 1038, 1084.
— *Prov.*, II, 247, 391, 392, 404, 418, 597.
— *Toul.-Mont.*, 243, 1297, 1387.
Carbonnelle. *Tours*, 969.
Carbonnet. *Bourg.*, I, 471.
— *Par.*, II, 1098.
Carbonnié. *Guy.*, 364.
Carbonnier (le). *Al.*, 316, 827.
— *Rouen*, 288, 861.
Carbonnière (la). *Rouen*, 882.
Carbonnières. *Lim.*, 110.
Carbonniers. *Guy.*, 554, 681, 720, 732.
Carcassonne (*ville*). *Toul.-Mont.*, 874.
Carcavy. *Par.*, I, 447.
Carcenac. *Toul.-Mont.*, 1184, 1192.
Carcenat. *Lyon*, 925.
Carces (*comté*). *Prov.*, II, 732.
Carchet. *Toul.-Mont.*, 370.
Carclos. *Champ.*, 486.
Cardaillac. *Limous.*, 275.
— *Toul.-Mont.*, 565, 1069, 1298, 1312.
Cardaillat. *La Roch.*, 64.
Cardé. *Par.*, 464.
Cardel. *Al.*, 1106.
— *Bret.*, I, 984.
— *Bret.*, II, 901.
— *Par.*, III, 308.
— *Pic.*, 629.
Cardenac. *Fland.*, 293.
Cardenau. *Guy.*, 1187, 1208.
Cardenoy. *Lorr.*, 336.
Carderaque. *Pic.*, 111, 733.
Cardevaque. *Par.*, II, 1161.
Cardeurs (les) (*commun.*). *Poit.*, 343, 397, 806.
Cardin. *Lyon*, 125.
— *Montp.-Mont.*, 49.
— *Poit.*, 186.
— *Prov.*, I, 458.
Cardinal. *Bourg.*, II, 378.

Cardinal. *Fland.*, 699.
— *Guy.*, 1024.
— *Par.*, I, 1207.
Cardinal (le). *Bret.*, I, 112, 132, 247, 259.
— *Bret.*, II, 525.
Cardinet. *Orl.*, 346, 347, 348, 352, 441, 486.
Cardon. *Fland.*, 94, 100, 163, 164, 337, 347, 348, 378, 571, 772, 1112, 1115, 1125.
— *Lorr.*, 53.
— *Lyon*, 106.
— *Par.*, II, 683.
— *Pic.*, 391, 424, 428, 580, 740.
— *Prov.*, II, 718.
— *Toul.-Mont.*, 219.
Cardonnai. *Rouen*, 347.
Cardonnay. *Al.*, 8.
Cardonnet. *Montp.-Mont.*, 855.
Cardou. *Guy.*, 560.
— *Toul.-Mont.*, 1356.
Cardoze. *Guy.*, 1145.
Caré. *Soiss.*, 378.
Caréat. *Bourges*, 45, 130.
Carel. *Al.*, 360, 471.
— *Bourg.*, I, 8, 1182.
— *Bret.*, II, 492.
— *Caen*, 3.
— *Par.*, I, 1162.
Carence. *Prov.*, I, 250.
Carendefoi. *Champ.*, 558.
Carens. *Prov.*, II, 527.
Carentan. *Caen*, 72.
Caret. *Orl.*, 831.
Carette. *Fland.*, 162.
Carfadet. *Orl.*, 184.
Carfentan. *Bret.*, II, 874.
Carfeuil. *Prov.* I, 829, 830.
Cargouet. *Bret.*, II, 79, 224.
Carguet. *Toul.-Mont.*, 216.
Carhaix. *Bret.*, I, 355.
Carheil. *Bret.*, I, 309, 896.
— *Bret.*, II, 170.
Cari. *Prov.*, I, 784, 835.
Carichon. *Prov.*, II, 601.
Carier. *Soiss.*, 760.
Carière (la). *La Roch.*, 96.
Cariès. *Toul.-Mont.*, 726.
Carieul. *Pic.*, 128, 167, 415.
Carignan (*ville*). *Lorr.*, 648.
Carillon. *Bourg.*, II, 614.
Carime. *Pic.*, 768.
Carin (du). *Soiss.*, 32, 474.
Carion. *Soiss.*, 803.
— *Tours*, 651, 733.

Cariou. *Bret.*, I, 657.
— *Bret.*, II, 687, 200, 201.
— *Tours*, 546.
Carita. *Lorr.*, 564.
Caritat. *Dauph.*, 471.
Carla. *Toul.-Mont.*, 545, 1099.
Carlat (*ville*). *Montp.-Mont.*, 1178.
— *Toul.-Mont.* (illisible, effacé).
Carle. *Prov.*, I, 307, 308.
Carlé. *Prov.*, I, 260, 1042, 1409.
Carlene. *Toul.-Mont.*, 506.
Carlerie. *Tours*, 1393.
Carles. *Guy.*, 7, 57.
— *Montp.-Mont.*, 843.
— *Toul.-Mont.*, 298, 1048, 1449, 1450, 1480.
Carleur. *Bret.*, II, 877.
Carlier. *Als.*, 180.
— *Fland.*, 573, 849, 872, 884, 1191, 1265.
— *Par.*, I, 274.
— *Par.*, II, 514, 736, 884.
Carlier (du). *Bourb.*, 121.
Carlier (le). *Par.*, II, 327, 331, 658, 804, 841.
— *Pic.*, 106, 122, 131.
— *Soiss.*, 49, 55, 59, 135, 249, 302, 308, 217, 336, 479, 483, 486, 491, 595, 603.
Carlière. *Rouen*, 422.
Carlière (la). *Par.*, III, 394.
— *Tours*, 1186.
Carlin. *Dauph.*, 441.
Carlot. *Als.*, 529.
— *Champ.*, 600.
Carlouet. *Poit.*, 25, 26, 60, 335, 586.
Carlus. *Soiss.*, 623.
Carly. *Bret.*, II, 484.
Carmagnas. *Limous.*, 420.
Carman (*ville*). *Toul.-Mont.*, 338.
Carme. *Montp.-Mont.*, 1422.
Carmélites de Metz (les). *Lorr.*, 563.
— de Nanci. *Lorr.*, 116.
— de Verdun. *Lorr.*, 566.
Carmélites (les (*monast.*). *Poit.*, 98, 174.
Carmentran. *Auv.*, 75, 80, 249, 282, 290.
— *Guy.*, 1159.
— *Bourg.*, I, 771.
Carmes de Metz (les). *Lorr.*, 416.
Carmes (les) (*couvent*). *Poit.*, 763, 1069, 1395, 1545.
Carmier. *Pic.*, 770.
Carmin. *Pic.*, 606.
Carmoise. *Fland.*, 839.

Carmouin. *Prov.*, I, 996.
Carnac. *Toul.-Mont.*, 776.
Carnaud. *Prov.*, II, 248.
Carnaye (la). *Tours*, 283, 633.
Carnazet. *Fland.*, 1332.
Carne (la). *Bourg.*, II, 398.
Carné. *Bret.*, I, 214, 379, 521, 536, 537, 540, 544.
— *Bret.*, II, 82, 270, 786, 895.
Carneille (la). *Al.*, 1216.
Carneville. *Caen*, 444.
Carnier. *Prov.*, I. 311.
Carnier (le). *Rouen*, 213.
Carnin. *Fland.*, 561.
Carnot. *Bourg.*, I, 59.
— *Bourg.*, II, 34, 474.
— *Champ.*, 503.
— *Par.*, I, 599.
— *Par.*, II, 1242.
— *Par.*, III, 463.
Caro. *Bret.*, II, 962.
Caron. *Bourg.*, II, 275, 339. 499.
— *Fland.*, 110, 341, 618, 1394.
— *Lyon*, 55, 93, 749.
— *Par.*, I, 24, 113, 554, 1275, 1307.
— *Par.*, III, 48, 55, 119, 351.
— *Pic.*, 16, 26, 40, 56, 152, 359, 474, 405, 425, 438, 571, 583, 585, 588, 590, 603, 608, 659, 674, 695, 699, 703, 707. 815, 819, 842, 844, 854, 856, 889.
— *Poit.*, 1514.
— *Rouen*, 118, 209, 438.
— *Soiss.*, 711, 799.
Caron (le). *Al.*, 1138.
— *Par.*, II, 360.
— *Soiss.*, 572.
— *Vers.*, 179.
Carondas. *Pic.*, 810.
Carondelet. *Fland.*, 1339.
Carouge. *Bourg.*, II, 177.
— *Montp.-Mont.*, 613.
— *Pic.*, 439.
Caroy. *Par.*, I, 1308.
Caroy (du). *Vers.*, 135.
Carpatry. *Par.*, II, 290.
Carpeau. *Fland.*, 1313.
— *Par.*, I, 61.
— *Soiss.*, 42, 134.
Carpenel. *Prov.*, I, 1300.
Carpentei. *Guy.*, 3, 396, 910.
Carpentier. *Al.*, 440, 800, 1141, 1218.
— *Als.*, 731.
— *Bourb.*, 74, 81, 104, 411, 465, 470.
— *Caen*, 666.

Carpentier. *Fland.*, 137, 349, 764, 1093, 1173, 1263.
— *Orl.*, 811.
— *Par.*, II, 278, 518. 1057.
— *Pic.*, 587, 590, 666, 785.
— *Soiss.*, 15, 108, 642.
— *Vers.*, 296.
Carpentier le). *Par.*, I, 286.
— *Rouen*, 128, 504, 505, 688, 690, 771, 893, 903, 909, 919.
Carpentin. *Pic.*, 280, 861.
Carpiletti. *Prov.*, I, 222.
Carpos. *Guy.*, 810.
Carpot. *Par.*, II, 677.
— *Par.*, III, 257.
Carquerane. *Prov.*, I, 360.
Corquet. *Bret.*, II, 516.
— *Montp.-Mont.*, 58, 652.
— *Toul.-Mont.*, 732.
Carqueville. *Par.*, I, 1015.
Carra. *Lyon*, 294, 558, 675.
Carraire. *Prov.*, I, 624, 672.
Carras. *Prov.*, I, 1173.
— *Toul.-Mont.*, 661, 662.
Carrat. *Prov.*, II, 168.
Carraud. *Auv.*, 352.
— *Lyon*, 163, 636.
Carre (la). *Béarn*, 140.
Carré. *Bourb.*, 428.
— *Bret.*, I, 320, 803.
— *Bret.*, II, 678, 955.
— *Bourges*, 264.
— *Champ.*, 703.
— *Fland.*, 1316.
— *Dauph.*, 585.
— *Orl.*, 4, 30, 332, 332, 349, 354, 519, 553, 563, 750.
— *Par.*, I, 238, 297, 816, 1248.
— *Par.*, III, 381, 480.
— *Poit.*, 279, 1097, 1180, 1448.
— *Rouen*, 577, 655, 723, 932.
— *Toul.-Mont.*, 54, 992.
— *Tours*, 24, 266, 809.
Carré (la). *Orl.*, 943.
Carréa. *Toul.-Mont.*, 1479.
Carrei. *Al.*, 234, 241, 302, 734, 1047.
— *Tours*, 260, 647, 1102.
Carrel. *Dauph.*, 541.
— *Lyon*, 58, 81, 93, 608, 916, 930, 940.
— *Par.*, II, 660.
— *Par.*, III, 130, 398.
— *Poit.*, 1198.
— *Rouen*, 322, 364, 421, 685, 826, 1182.
Carrelet. *Bourg.*, I, 57, 325, 336, 346.

Carrelet. *Bourg.*, ii, 31, 54, 78, 103, 506.
Carrendié. *Toul.-Mont.*, 467, 1086, 1096.
Carrer. *Par.*, i, 228.
Carrère. *Béarn*, 126, 153.
— *Guy.*, 971, 1227.
— *Par.*, ii, 943.
— *Toul.-Mont.*, 955, 1472.
Carréry. *Toul.-Mont.*, 1276.
Carrette. *Lyon*, 506, 722, 723.
— *Par.*, i, 1306.
Carrie. *Guy.*, 681.
Carrié. *Toul.-Mont.*, 326, 859, 948, 993, 1164.
Carrier. *Guy.*, 882, 1121, 1176.
— *Lyon*, 168, 332, 769, 776.
— *Par.*, i, 387, 1154.
— *Par.*, iii, 172, 282, 347, 465.
— *Orl.*, 25, 330.
— *Rouen*, 6, 774.
Carrière. *Montp.-Mont.*, 640, 1307.
— *Prov.*, i, 532, 632.
Carrière (de). *Toul.-Mont.*, 160, 191, 504, 545, 1180.
Carrière (la). *Auv.*, 222, 527, 554, 564.
Carrières (des). *Pic.*, 890.
Carriès. *Guy.*, ..4.
Carrige. *Lyon*, 32, 301, 724.
Carrigue. *Toul.-Mont.*, 733, 752.
Carillon. *Bourg.*, i, 473.
Carrion. *Bret.*, i, 164, 665.
— *Fland.*, 212.
— *Toul.-Mont.*, 340.
Carrion (de). *Montp.-Mont.*, 72.
Carroi (du). *Poit.*, 853, 1049.
Carron. *Bourg.*, i, 6.
— *Bret.*, ii, 878.
— *Dauph.*, 218.
Carrüe. *Toul.-Mont.*, 1220.
Carruyer. *Orl.*, 863, 884.
Cars. *Als.*, 280.
Cars (des). *Par.*, i, 292.
Carselier. *Par.*, i, 1312.
— *Par.*, iii, 497.
Cart. *Poit.*, 985, 989.
Cartagnon. *Prov.*, i, 948.
Cartault. *Poit.*, 1495.
Cartaut. *Bourb.*, 204.
— *Par.*, i, 739.
Carte (la). *Tours*, 1149.
Cartelier. *Prov.*, i, 983.
Carteron. *Bret.*, i, 351.
— *Bret.*, ii, 1001.
— *Champ.*, 255.

Carteroy. *Bourg.*, ii, 612.
Cartes (des). *Bret.*, i, 10, 23, 32, 162, 200, 222, 308, 427, 428, 474.
— *Champ.*, 259.
— *Par.*, i, 1325.
— *Tours*, 815.
Cartier. *Bourges*, 144, 294, 434.
— *Bourg.*, i, 260.
— *Bourg.*, ii, 186.
— *Dauph.*, 304.
— *Guy.*, 1122.
— *Lyon*, 207, 617, 951, 952, 953.
— *Orl.*, 654, 788.
— *Par.*, i, 89, 1329.
— *Par.*, iii, 130.
— *Poit.*, 466, 510.
— *Prov.*, i, 985, 1009, 1010, 1279, 1280.
— *Prov.*, ii, 181, 315, 803.
— *Toul.-Mont.*, 215, 420, 492, 624.
— *Tours*, 985.
Cartier (du). *Lorr.*, 544.
Cartier (le). *Soiss.*, 16.
Cartiers jurés de Metz (les). *Lorr.*, 620.
Cartigny. *Bourg.*, i, 340.
— *La Roch.*, 70.
— *Par.*, ii, 659.
Carton. *Bourb.*, 619.
— *Lyon*, 803, 806, 981.
— *Par.*, iii, 21.
— *Vers.*, 80.
Carton (du). *Bourges*, 292.
Cartot. *Caen*, 754.
Caruel. *Als.*, 179, 966.
— *Soiss.*, 176, 420.
Carvaille. *Guy.*, 1143, 1145.
Carvalon. *Bret.*, ii, 774.
Carville. *Al.*, 576, 581.
Carvoisin. *Guy.*, 54.
— *Par.*, i, 851.
— *Pic.*, 439.
— *Soiss.*, 273.
Cas (de). *Montp.-Mont.*, 400.
Casabau. *Montp.-Mont.*, 188.
Casau. *Guy.*, 31, 739.
Casaubon. *Par.*, i, 87.
Casaus. *Vers.*, 97.
Casaux. *Guy.*, 90, 620.
Case (de). *Toul.-Mont.*, 1001.
Case (la). *Béarn*, 99.
— (Voy. La Caze). *Toul.-Mont.*, 324, 743, 1114, 1223.
Caseau. *Bourg.*, i, 741.
Caselles. *Toul.-Mont.*, 1300.
Cases (la). *Montp.-Mont.*, 675.

Cases (les). *Guy.*, 290.
Casenave. *Par.*, I, 280.
Casmart. *Bret.*, II, 673.
Casparin. *Als.*, 638.
Caspoix. *Champ.*, 489.
Casquin. *Bourg.*, I, 1138.
Cassagnan. *Rouen*, 1152.
Cassagne. *Bret.*, II, 865.
— *Montp.-Mont.*, 726, 804, 1008, 1418.
Cassagne (la). *Béarn*, 49, 95, 97.
Cassagnet. *Bourg.*, I, 107.
— *Guy.*, 173.
— *Par.*, II, 710, 884.
— *Toul.-Mont.*, 1052.
Cassagnol. *Toul.-Mont.*, 60, 671.
Cassaignau. *Toul.-Mont.*, 131, 200, 789, 848.
Cassaigne. *Guy.*, 5, 1056.
Cassaigne (la). *Par.*, II, 987.
— *Toul.-Mont.*, 1050.
— *Vers.*, 153.
Cassaignes. *Toul.-Mont.*, 921.
Cassaignoles. *Toul.-Mont.*, 61, 1234.
Cassaire. *Lyon*, 639.
Cassal (du). *Lorr.*, 273, 345.
Cassan. *Montp.-Mont.*, 273, 275, 1424.
— *Par.*, I, 716.
— *Par.*, III, 497.
— *Poit.*, 1110.
— *Prov.*, I, 622.
— *Toul.-Mont.*, 10, 13, 31, 177, 466, 1062, 1179.
Cassanhau. *Toul.-Mont.*, 324, 1203.
Cassant. *Lorr.*, 639.
Cassaqués. *Fland.*, 1464.
Cassarave. *Guy.*, 1035.
Cassard. *Dauph.*, 114.
Cassart. *Bret.*, I, 156, 176, 181, 307.
— *Bret.*, II, 388, 798.
Cassary. *Bret.*, I, 799.
Casse (du). *Béarn*, 79, 127, 134.
— *Bret.*, II, 433.
— *Guy.*, 177, 254, 640, 1017, 1048, 1070, 1217.
— *Lorr.*, 630.
— *Par.*, I, 492.
— *Par.*, III, 389.
— *Toul.-Mont.*, 3, 26, 491, 604, 1237, 1238, 1265.
Casse. *Tours*, 806.
Casse (la). *Poit.*, 510.
Cassé. *La Roch.*, 272.
Casseau. *Tours*, 921.
Cassegrain. *Orl.*, 679.

Cassel (*ville*). *Fland.*, 720.
Cassella (de). *La Roch.*, 427.
Cassemin. *La Roch.*, 288.
Cassenave. *Tours*, 1379.
Cassequel. *Rouen*, 824.
Casseralles. *Montp.-Mont.*, 25, 68, 615.
Casseur (le). *Soiss.*, 676.
Cassia (du). *Bret.*, I, 156, 162, 164, 165, 182.
Cassiau. *Lyon*, 660.
Cassière. *Auv.*, 169, 172, 412.
Cassiens. *Guy.*, 925.
Cassille. *Lyon*, 401, 619.
Cassin. *Bret.*, II, 565.
— *Pic.*, 555, 770.
— *Poit.*, 1086.
— *Prov.*, I, 426.
— *Tours*, 935.
Cassin (du). *Prov.*, II, 421.
Cassin (la). *Toul.-Mont.*, 1334, 1335.
Cassini. *Par.*, II, 1094.
Cassins. *Guy.*, 509, 1230.
Cassis. *Prov.*, I, 1353.
Cassis (de). *Béarn*, 124.
Cassolet. *Guy.*, 1211.
Cassolle. *Bourg.*, II, 42.
Casson. *Toul.-Mont.*, 1298.
Casson (de). *Béarn*, 118, 122.
Castagne. *Prov.*, I, 1278, 1279, 1349.
Castagnede. *Guy.*, 1270.
Castagnère. *Béarn*, 92.
Castagni. *Prov.*, I, 310, 315, 319, 1459.
— *Prov.*, II, 539.
Castagnier. *Prov.*, II, 349.
Castagny. *Lyon*, 647.
Castaigna. *Guy.*, 1059.
Castaignard. *Toul.-Mont.*, 337.
Castaignède. *Guy.*, 1198.
Castaignes. *Guy.*, 325.
Castain. *Montp.-Mont.*, 48.
— *Vers.*, 8.
Castaing. *Guy.*, 28, 826, 1023, 1065, 1162, 1200.
— *Par.*, I, 293.
— *Toul.-Mont.*, 37.
Castaing (du). *Guy.*, 404, 925, 1116, 1118.
Castaigné. *Toul.-Mont.*, 381, 382, 476, 1245, 1386.
Castaignet. *Bourg.*, I, 1030.
Castala. *Toul.-Mont.*, 662.
Castan. *Toul.-Mont.*, 1163.
— *Tours*, 1103.
Castanet, *Orl.*, 425.

Castanet. *Toul.-Mont.*, 1103, 1106.
Castani. *Montp.-Mont.*, 1370.
Castanier. *Montp.-Mont.*, 178, 187, 290.
— *Toul.-Mont.*, 1034.
Castaniol. *Toul.-Mont.*, 1051.
Casteaulin (le). *La Roch.*, 182.
Castéjat (de). *Lorr.*, 103.
Castéju. *Guy.*, 1188.
Castel. *Als.*, 965.
— *Bret.*, I, 414.
— *Bret.*, II, 253.
— *Caen*, 319, 415, 659, 716.
— *Fland.*, 904, 1125.
— *Montp.-Mont.*, 172, 401.
— *Par.*, I, 200, 273, 402.
— *Pic.*, 711.
— *Prov.*, I, 831, 1080, 1105.
— *Prov.*, II, 236.
— *Rouen*, 235, 236, 240.
— *Toul.-Mont.*, 482, 500, 701.
Castel (du). *Fland.*, 1114.
— *Par.*, III, 153.
— *Soiss.*, 130.
Castela. *Montp.-Mont.*, 1495.
Castelan. *Bret.*, I, 174.
— *Bret.*, II, 44.
— *Bourb.*, 69.
— *Prov.*, II, 287, 761, 835.
Castelane. *Dauph.*, 25, 330, 499.
Castelanne. *Poit.*, 86.
Castelannes. *Lyon*, 723.
Castelas. *Fland.*, 1318.
— *Lorr.*, 320.
— *Prov.*, I, 968.
— *Prov.*, II, 459.
Castelat. *Auv.*, 416.
Castelbajac. *Toul.-Mont.*, 317.
Castelberg. *Als.*, 818.
Castelbert. *Béarn*, 162.
Castelbon. *Toul.-Mont.*, 757.
Castelet. *Pic.*, 381, 559, 569.
— *Prov.*, I, 541.
Castelfranc. *Toul.-Mont.*, 662.
Castelier (du). *Rouen*, 768.
Castelin. *Fland.*, 148, 152, 579, 783, 803, 804, 1213.
— *Pic.*, 725.
Casteljaloux. *Guy.*, 940.
Castellane. *Par.*, I, 1364.
— *Par.*, II, 164, 1178, 1208.
— *Prov.*, I, 170, 180, 286, 319, 417, 421, 425, 461, 573, 574, 867, 896, 950.
— *Prov.*, II, 31, 195, 349, 397, 678, 681, 833, 836, 839.

Castelli. *Prov.*, I, 1069.
Castello (de). *La Roch.*, 411.
Castelmerie. *Guy.*, 1195.
Castelmoron. *Guy.*, 1038, 1134.
Castelnau. *Béarn*, 77, 83.
— *Guy.*, 164, 394, 815.
— *Lyon*, 338.
— (*ville*). *Montp.-Mont.*, 1131, 1135.
— *Par.*, I, 240, 252.
— *Par.*, III, 176.
— (*ville*). *Toul.-Mont.*, 247.
Castelnaudary (*ville*). *Toul.-Mont.*, 577.
Castelpers. *Toul.-Mont.*, 162, 200.
Castel St-Estève. *Toul.-Mont.*, 922.
Castelsarrasin. *Toul.-Mont.*, 972.
Castelvieil. *Montp.-Mont.*, 959.
Castemback. *Lorr.*, 544.
Castens. *Béarn*, 98.
Castera. *Béarn*, 109.
— *Guy.*, 372, 271, 887, 974.
Casteras. *Auv.*, 512.
— *Montp.-Mont.*, 74, 992.
— (*Voy.* La Rivière). *Par.*, I, 421.
— *Toul.-Mont.*, 179, 323, 591, 1260, 1431.
Castereau. *Tours*, 625.
Castères. *Toul.-Mont.*, 1261, 1273.
Castés. *Guy.*, 55.
Castelz. *Toul.-Mont.*, 26, 871, 873, 1358.
Castelz (de). *Montp.-Mont.*, 1178.
Castille. *Par.*, I, 560, 1214.
— *Par.*, II, 985.
— *Par.*, III, 33.
Castillon. *Als.*, 88.
— *Montp.-Mont.*, 294, 506.
— *Par.*, I, 571.
— *Prov.*, I, 424, 937, 1018, 1020, 1159.
— *Prov.*, II, 76, 338, 521, 691.
— *Toul.-Mont.*, 430, 1225.
Castillonnes (*ville*). *Guy.*, 1137.
Castin. *Limous.*, 47, 56.
Castineu. *Prov.*, I, 115.
Castor. *Prov.*, I, 834.
— *Prov.*, II, 626.
Castoul. *Prov.*, I, 1394.
Castras (*Voy.* Casteras). *Par.*, I.
Castre (*ville*). *Fland.*, 469.
Catreffe. *Guy.*, 402.
Castres. *Toul.-Mont.*, 876, 1161.
Castres (de). *Bret.*, II, 1013.
— *Champ.*, 85, 97, 145, 430, 705.
— *Lorr.*, 185.
Castrevieil. *Montp.-Mont.*, 349.

Castro. *Fland.*, 647.
Cat. *Pic.*, 750, 770.
— *Prov.*, II, 654.
Cat (de). *Toul.-Mont.*, 10.
Cat (le). *Fland.*, 121, 576.
— *Par.*, II, 887.
Cataffe. *Toul.-Mont.*, 999.
Catala. *Montp.-Mont.*, 187, 773, 991, 1284.
— *Toul-Mont.*, 1326, 1358.
Catalan. *Béarn*, 132, 158.
Catel. *Champ.*, 345.
— *Toul.-Mont.*, 458.
Catel (du). *Bret.*, I, 352.
— *Par.*, I, 350.
— *Tours*, 890.
Catelan. *Bret.*, I, 204, 211.
— *Montp.-Mont.*, 772, 773, 1482.
— *Par.*, I, 1272.
— *Par.*, II, 744.
— *Poit.*, 718.
— *Prov.*, II, 895.
— *Toul.-Mout.*, 63, 111, 117, 122, 472, 528, 551, 557, 449.
— *Vers.*, 138.
Catelet. *Par.*, II, 8.
Catelin. *Prov.*, I, 3, 5, 13, 165, 169, 1205, 1212.
— *Prov.*, II, 437, 448.
Caterby. *Vers.*, 223.
Caternault. *Tours*, 910, 924.
Cathala. *Orl.*, 1021.
Cathédrale de Toul (la). *Lorr.*, 39.
Cathelars (de). *La Roch.*, 164.
Catherine. *Bourg.*, II, 9.
— *Dauph.*, 139.
Catherine (Ste-). *Bourg.*, II, 145, 157.
— (*relig.*), *Poit.*, 99.
— *Prov.*, II, 23.
Catherinot. *Bourges*, 25, 50, 137, 340, 358, 445.
Catheu. *Par.*, I, 787.
Catimel. *Bourg.*, I, 415.
Catin. *Prov.*, II, 386.
Catinat. *Al.*, 288, 998.
— *Par.*, I, 868, 1016, 1272.
— *Par.*, II, 984, 1223, 1230.
Catineau. *Poit.*, 156.
Catoire. *Soiss.*, 731.
Catoire (la). *Fland.*, 280.
Catois. *Als.*, 554.
Catou. *Tours*, 969.
Catreux. *Soiss.*, 821.
Catris. *Pic.*, 481.
Cattei. *Al.*, 84, 100, 210, 274, 474, 704, 814.

Catti. *Dauph.*, 497.
Cattibert. *Bourg.*, I, 911.
Cattin. *Bourg.*, I, 180, 190, 743.
— *Lyon*, 102, 845.
Catus. *Toul.-Mont.*, 254.
Catusseau. *Guy.*, 1041.
Cau. *Als.*, 301.
Caubarus. *Béarn*, 155.
Caubere. *Toul.-Mont.*, 633.
Caubeyres. *Guy.*, 1066.
Caubiers. *Guy.*, 498.
Caubios. *Béarn*, 86, 113.
Caucat. *Montp.-Mont.*, 617.
Cauce. *Al.*, 1144.
Cauchetz. *Fland.*, 102.
Cauchois. *Al.*, 733.
— *Par.*, II, 520.
Cauchois (le). *Par.*, I, 236, 330, 704.
— *Rouen*, 447, 450, 458, 490, 728, 772, 1164, 1332, 1333.
Cauchon. *Champ.*, 27, 150, 454, 684, 872.
— *Lim.*, 83, 196.
— *Par.*, II, 1214.
— *Soiss.*, 198, 656.
Cauchy. *Par.*, IV, 208.
Caudebec. *Rouen*, 282.
Caudecoste (*ville*). *Toul.-Mont*, 1199.
Caudel. *Pic.*, 434.
Caudern. *Pic.*, 737.
Cauderonne. *Prov.*, I, 1214.
Caudesaigues. *Toul.-Mont.*, 706.
Caudi. *Prov.*, II, 711.
Caudière. *Prov.*, I, 903.
— *Prov.*, II, 296.
Caudron. *Fland.*, 854, 855.
— *Soiss.*, 749.
— *Pic.*, 717.
Cauf. *Rouen*, 25.
Cauf (le). *Caen*, 63, 693, 701.
Coulaincourt. *Pic.*, 511, 513.
Caule. *Guy.*, 1217.
Caulet. *Fland.*, 832.
— *Montp.-Mont.*, 844, 848.
— *Toul.-Mont.*, 120, 194, 492, 842, 865, 992.
Caulier. *Fland.*, 327, 581, 967, 1205.
Caulière. *Pic.*, 557.
Caulière (de). *Pic.*, 436.
Cauliet. *Rouen*, 485, 769.
Caulles (de). *Pic.*, 757.
Cault. *Bourg.*, II, 348.
Caumaille. *Bourg.*, II, 352.
Caumartin. *Toul.-Mont.*, 631.
Caumel. *Montp.-Mont.*, 858.
Caumels. *Toul.-Mont.*, 7, 119.

Caumette. *Montp.-Mont.*, 246.
Caumia. *Béarn*, 167.
Caumont. *Als.*, 164.
— *Béarn*, 88, 129.
— *Guy.*, 248, 711, 887, 931.
— *Toul.-Mont.*, 100, 356, 549, 1022.
— *Par.*, I, 278.
— *Par.*, II, 589, 645.
— *Caen*, 179.
— *Rouen*, 17, 1406.
— *Poit.*, 179, 185, 507, 1165.
Caupenne. *Guy.*, 465, 473.
Caupos. *Guy.*, 56, 87, 491.
Cauquebanne. *Guy.*, 504.
Cauquil. *Toul.-Mont.*, 767.
Caure (la). *Lim.*, 152, 166.
Cauré. *Par.*, IV, 506.
Caurel. *Pic.*, 433.
— *Rouen*, 392.
— *Soiss.*, 43, 294.
Cauret. *Bret.*, II, 914.
Caurie (la). *Pic.*, 741.
Caurois. *Pic.*, 578, 647.
Cauron. *Par.*, IV, 369.
— *Soiss.*, 63.
Cauroy (du). *Par.*, III, 123, 124.
— *Par.*, IV, 132.
Caurri. *Pic.*, 875.
Causa (de). *Champ.*, 684.
Cause (du). *Guy.*, 286, 915.
Caussade. *Toul.-Mont.*, 241, 457, 1297, 1372.
Causse. *Lim.*, 666.
— *Montp.-Mont.*, 49, 1329.
Causse (de). *Toul.-Mont.*, 172, 571, 573, 737, 955, 988, 1198, 1206.
Causse (la). *Guy.*, 426, 660.
Caussemille. *Prov.*, I, 191.
Caussia (de). *Montp.-Mont.*, 1185.
Caussidère. *Toul.-Mont.*, 862.
Caussin. *Toul.-Mont.*, 196.
Caussines. *Guy.*, 1133.
Causson. *Guy.*, 989.
Cauvel. *Par.*, III, 321.
— *Pic.*, 840.
Cauvergne. *Pic.*, 746.
Cauvet. *Caen*, 16, 211.
— *Pic.*, 662.
— *Prov.*, I, 675.
— *Prov.*, II, 178, 186, 742, 797.
Cauvière. *Prov.*, I, 81.
— *Prov.*, II, 463, 446.
Cauvigny. *Caen*, 147, 149, 181.
Cauville. *Rouen*, 56.
Cauvin. *Al.*, 472.
— *Prov.*, I, 788, 1263, 1288, 1292.

Cauvis. *Prov.*, I, 1405.
Cauvry. *Soiss.*, 196
Caux. *Prov.*, I, 677.
Caux (de). *Lim.*, 83, 91.
— *Pic.*, 823.
— *Tours.* 170, 1068.
Cavaignac. *Toul.-Mont.*, 1072.
Cavaille. *Montp.-Mont.*, 316.
Cavaillon. *Montp.-Mont.*, 529.
— *Prov.*, I, 975, 976, 1007.
— *Prov.*, II, 700.
Cavaler. *Toul.-Mont.*, 1471, 1479, 1480.
Cavalerie. *Toul.-Mont.*, 245, 1375.
Cavalier. *Montp.-Mont.*, 851.
— *Prov.*, I, 1297.
— *Toul.-Mont.*, 1191.
Cavalle. *Prov.*, II, 1285.
Cavallier. *Prov.*, I, 259, 1314, 1315, 1373, 1398, 1399.
Cavasse. *Prov.*, II, 64, 1012, 1395.
Cave. *Pic.*, 817, 855, 857.
Cave (la). *Al.*, 787.
— *Toul.-Mont.*, 483.
Cavé. *Rouen*, 772.
Cavelande. *Rouen*, 681, 809.
Cavelier. *Par.*, I, 168, 403.
— *Rouen*, 60, 136, 257, 304, 404, 435, 562, 563, 601, 704, 932, 966.
Cavelle (ou Canelle). *Soiss.*, 343.
Caverel. *Fland.*, 420.
Caverot. *Par.*, IV, 152.
Caverton. *Montp.-Mont.*, 383.
Caves (de). *Caen*, 222.
Cavey. *Al.*, 15, 758, 775, 1180.
Cavillat. *Lyon*, 128, 131.
Cavilliers. *Soiss.*, 274, 852.
Cavillon. *Pic.*, 578.
Cavilloux. *Bourg.*, II, 36.
Cavolleau. *Poit.*, 1282, 1309.
Cavonne. *Pic.*, 734.
Cavoye. *Pic.*, 406, 663, 841, 871.
Cayé. *Champ.*, 870.
— *Soiss.*, 230.
Cayen (ou Cayeu). *Lim.*, 404.
Cayeux. *Par.*, IV, 153.
Cayrac. *Lim.*, 171.
Cazade. *Guy.*, 795.
Cazajust. *Toul.-Mont.*, 187.
Cazalat. *Par.*, I, 538.
Cazaledes. *Montp.-Mont.*, 386, 782.
— *Toul.-Mont.*, 922.
Cazalent. *Toul.-Mont.*, 508.
Cazalés. *Bret.*, II, 320.
— *Montp.-Mont.*, 749, 1031.
— *Toul.-Mont.*, 66, 495.

Cazalot. *Toul.-Mont.*, 1384.
Cazals. *Toul.-Mont.*, 1302.
Cazanove. *Prov.*, I, 522.
Cazanove. *Guy.*, 361.
Cazantine. *Auv.*, 278.
Cazatte. *Bourg.*, II, 105, 493.
Cazaubon. *Toul.-Mont.*, 1256, 1265.
Cazaux. *Béarn.*, 12, 162.
— *Guy.*, 90, 620, 1062, 1217.
— *Lim.*, 353.
— *Montp.-Mont.*, 1033.
— *Toul.-Mont.*, 374, 376, 1246, 1257, 1258, 1259, 1264, 1337, 1339, 1389.
Cazaux (des). *Bret.*, I, 314.
— *Bret.*, II, 1059.
Caze. *Lim.*, 163.
— *Lyon*, 262, 464.
— *Prov.*, I, 1300.
Caze (la). *Bret.*, I, 62, 495.
— *Guy.*, 182, 453.
— *Montp.-Mont.*, 882, 999.
— *Toul.-Mont.*, 393, 396, 1289.
Cazeau. *Poit.*, 1381.
Cazebonne. *Guy.*, 90.
— *Toul.-Mont.*, 1350.
Cazedepar. *Béarn.*, 132, 134, 135, 136.
Cazelles. *Guy.*, 117.

Cazemajor. *Béarn*, 111, 119, 24, 136.
— *Guy.*, 117.
— *Poit.*, 991.
— *Toul.-Mont.*, 457, 589, 868.
Cazemé (*ou* Cazenée). *Bourg.*, I, 317.
Cazemont. *Guy.*, 903.
Cazenault. *Als.*, 628.
Cazenaux. *Béarn*, 105.
Cazenave. *Béarn*, 14, 76, 116.
— *Guy.*, 21, 22, 405, 579.
Cazeneuve. *Montp.-Mont.*, 503.
— *Prov.*, I, 1015.
— *Prov.*, II, 325, 369.
— *Toul.-Mont.*, 317, 324, 331, 675.
Cazenon (*ou* Cazenou). *Bret.*, II, 115, 361.
Cazenoves. *Toul.-Mont.*, 624.
Cazes. *Guy.*, 544, 1017, 1057.
— *Toul.-Mont.*, 1250, 1307, 1343.
— *Tours*, 385, 735.
Cazet. *Par.*, III, 203.
— *Toul.-Mont.*, 886.
Cazettes. *Guy.*, 879, 881.
Cazier. *Fland.*, 73, 76.
— *Par.*, II, 659.
Cazin. *Bret.*, I, 674.
Cazot. *Lyon*, 840.

D

Da. *Par.*, I, 486.
Dabarde. *Bourges*, 269.
Dabeaux. *Fland.*, 73.
Dabel. *Dauph.*, 518, 598.
Dabemont. *Bourg.*, I, 905.
Dablaud. *Bourg.*, II, 355.
Dabolin. *Toul.-Mont.*, 873.
Dabony. *Bret.*, II, 526.
Dabresne. *Fland.*, 445.
Daché. *Montp.-Mont.*, 652.
— *Pic.*, 236.
Dacheri. *Pic.*, 888.
Dacla. *Prov.*, II, 643.
Dacolas. *Bourg.*, I, 1216.
Dacourt. *Lorr.*, 33.
Dacq. *Orl.*, 931.
Dacquelin. *Bourg.*, I, 1026, 1104.
Dadde. *Tours*, 238.
Dadé. *Poit.*, 1153.
Dadin. *Orl.*, 554.

Dadolle. *Par.*, I, 371.
Dadre. *Poit.*, 1216.
Daën. *Bret.*, I, 595, 611.
Daeten. *Fland.*, 692.
Dafaux. *Lyon*, 125.
Daffet. *Toul.-Mont.*, 423.
Daffetard. *Par.*, III, 289.
Dagallier. *Lyon*, 227.
Dagan. *Orl.*, 519.
Dagault. *Tours*, 403.
Dagaut. *Par.*, III, 114.
Dagay. *Bourg.*, I, 549, 591, 746, 899, 1125.
Dagbert. *Pic.*, 777.
Dagès. *Guy.*, 971.
Daget. *Par.*, IV, 744.
— *Tours*, 1063.
Dagier. *Limous.*, 331.
— *Montp.-Mont.*, 600, 606.
— *Rouen*, 59.

Dagnaux. *Par.*, IV, 588.
Dagneau. *Soiss.*, 302, 354, 358, 490, 491, 493, 498, 509, 510.
Dagonneau. *Bourg.*, I, 295, 296.
— *Bourg.*, II, 27.
— *Champ.*, 445.
Dagonnet. *Rouen*, 995.
Dagorne. *Bret.*, II, 192, 910.
Dagory. *Par.*, III, 132.
— *Par.*, IV, 615.
Dagot. *Dauph.*, 395.
Dagre. *Guy.*, 1129.
Dagre (l'). *Orl.*, 583.
Dagrin. *Montp.-Mont.*, 356.
Dagu (le). *Al.*, 1143.
Daguerie (la). *Lorr.*, 593.
Daguern. *Bret.*, II, 849.
Daguet. *Bourg.*, I, 956, 1155.
— *Orl.*, 812.
Daguillon. *Toul.-Mont.*, 768.
Daguin. *Poit.*, 482.
Daguindeau. *Tours*, 222, 635, 826, 1051, 1052, 1053, 1057, 1068, 1245.
Daguinet. *Par.*, III, 319.
Dagure. *Prov.*, II, 256.
Dagussoue. *Auv.*, 567.
Dai. *Béarn*, 29, 81.
— *Toul.-Mont.*, 1048, 1070.
Daidé. *Montp.-Mont.*, 750.
— *Toul.-Mont.*, 625.
Daidigna. *Toul.-Mont.*, 1313.
Daiglan. *Prov.*, I, 944.
Daignan. *Toul.-Mont.*, 1245, 1299.
Daigne. *La Roch.*, 332.
Daigneau. *Al.*, 1040.
Daigre. *Orl.*, 557.
Daigua. *Toul.-Mont.*, 1088.
Daiguemont. *Pic.*, 808.
Daihère. *Bret.*, II, 472.
Dailaux. *Toul.-Mont.*, 1186.
Dailhe. *Dauph.*, 492.
Dailhenecq. *Guy.*, 1204.
Daillan. *Prov.*, II, 694.
Daillant. *Bourb.*, 404.
Daillemont (*ville*). *Fland.*, 620.
Daillet. *Montp.-Mont.*, 1083.
Daillier. *Champ.*, 72, 75, 879.
Daillischou. *La Roch.*, 63.
Daillon. *Vers.*, 72.
— *Prov.*, I, 956.
Dailly. *Bourg.*, I, 1062, 1071.
Daima. *Toul.-Mont.*, 1034.
Daimar. *Guy.*, 1148.
Daimaud. *Guy.*, 625.
Daimeris. *Toul.-Mont.*, 61.
Daimes. *Toul.-Mont.*, 134.

Dain. *Bret.*, I, 324, 830.
— *Champ.*, 335.
— *Tours*, 685.
Dain (le). *Orl.*, 954.
— *Rouen*, 794, 907, 911.
Dainard. *Par.*, III, 324.
Dainque. *Pic.*, 777.
Dairac (de). *Montp.-Mont.*, 1003, 1162.
Daire. *Guy.*, 320.
Dairin. *Tours*, 623.
Dairosse. *Guy.*, 405.
Daisse. *Guy.*, 1095.
Daix. *Par.*, III, 438.
Dalail. *Lyon*, 858.
Dalaurière. *Poit.*, 196.
Daldart (de). *Orl.*, 132.
Dale (le). *Champ.*, 245, 340, 879.
Dalemeau. *Guy.*, 850.
Dalengrin. *Toul.-Mont.*, 725.
Dalest. *Poit.*, 303.
Dalgac. *Montp.-Mont.*, 964.
Dalgairos. *Montp.-Mont.*, 1032.
Dali. *Guy.*, 113.
Dalican. *Par.*, IV, 176.
Daliez. *Toul.-Mont.*, 1095.
Dalin. *Par.*, I, 1067.
Daliot. *Toul.-Mont.*, 1323, 1325.
Dalissy. *Prov.*, II, 289.
Dall (le). *Bret.*, I, 342, 534.
Dallais. *Fland.*, 1070.
Dallard. *Prov.*, II, 587.
Dallé. *Par.*, III, 335.
Dalle. *Prov.*, I, 955.
Dalledens. *Pic.*, 865.
Dallen. *Dauph.*, 376.
— *Prov.*, II, 146, 476.
Dalleray. *Bourg.*, I, 293.
Dalleret. *La Roch.*, 404.
Dalles. *Toul.-Mont.*, 653.
Dallet. *Limous.*, 397.
— *Rouen*, 1105, 1108.
— *Toul.-Mont.*, 1110.
Dallier. *Dauph.*, 562.
— *Lyon*, 331, 446, 772, 773.
Dallonet. *Prov.*, II, 483.
Dallot. *Rouen*, 49, 773.
Dalloüi. *Poit.*, 828.
Dalloume. *Prov.*, I, 118.
Dalloy. *Pic.*, 547.
Dalmais. *Lyon*, 174.
Dalmaret. *Prov.*, II, 841.
Dalmas. *Auv.*, 42, 150, 152, 182, 438.
— *Bourb.*, 3.
— *Dauph.*, 80, 104, 565, 567.
— *Lorr.*, 213.

Dalmas. *Montp.-Mont.*, 47, 135, 558, 762, 1167.
— *Par.*, II, 307.
— *Par.*, III, 204.
— *Prov.*, I, 54, 59, 259, 511, 990, 1190, 1242, 1441, 1452.
— *Prov.*, II, 323.
— *Toul.-Mont.*, 29, 273, 283, 1424.
Dalmeirac. *Toul.-Mont.*, 1115, 1176.
Dalmincerre. *Orl.*, 789.
Dalmon. *Lorr.*, 633.
Dalon. *Bourg.*, I, 1288.
Dalpy. *Bourg.*, I, 1226.
Dalvepar. *Toul.-Mont.*, 1220.
Dalvoy. *Bourg.*, II, 536.
Damain. *Fland.*, 1408.
Daman. (*Voy.* d'Amman). *Fland.*, 1211.
— *Pic.*, 787.
Damane. *Rouen*, 763.
Damar. *Bret.*, I, 938.
Damard. *Bret.*, II, 566.
Damaron. *Vers.*, 183.
Damas. *Auv.*, 295, 304, 489, 490.
— *Bourb.*, 48.
— *Bourg.*, I, 118, 145, 269, 271, 320, 321, 447, 451.
— *Bourg.*, II, 231, 232, 256, 298.
— *Champ.*, 536.
— *Limous.*, 331.
— *Lyon*, 31, 36, 249, 503, 719, 779, 796, 806, 859.
— *Par.*, I, 121, 410, 433.
— *Par.*, II, 1196.
Damazan. *Guy.*, 1068.
Dambertrand. *Soiss.*, 613.
Dambrageac. *Limous.*, 480.
Dambran. *Prov.*, I, 311.
Dambreuil. *Par.*, I, 385.
Dambrines. *Pic.*, 173.
Damedor. *Bourg.*, I, 1076.
Damei. *Lorr.*, 27, 167.
Damelin. *Guy.*, 958.
Damer. *Bourb.*, 602.
Damet. *Bourb.*, 547.
Damey. *Bourg.*, I, 953, 955, 994, 1273.
Damiau. *Poit.*, 1013.
— *Prov.*, II, 94, 226, 228, 343.
Damiel. *Toul.-Mont.*, 62.
Damien. *Rouen*, 930.
Damiette. *Soiss.*, 410.
Daminois. *Par.*, I, 378, 1271.
Damion. *Poit.*, 899.
Damiot. *Al.*, 1000, 1210.
Damiron. *Lyon*, 226, 228, 230.

Dammartin. *Orl.*, 344, 454, 470.
Damoiseau. *Bourg.*, I, 140.
— *Fland.*, 1469.
— *Lorr.*, 656.
— *Par.*, IV, 637.
Damoisel (le). *Al.*, 774.
Damoiseux. *Lorr.*, 230,
Damoizeau. *Bourg.*, II, 251.
Damond. *Champ.*, 796.
Damondans. *Bourg.*, I, 696, 899.
Damont. *Par.*, I, 123.
— *Par.*, II, 734, 808, 809.
Damonville. *Par.*, I, 1287.
Damoreau. *Par.*, III, 411.
Damorezan. *Pic.*, 14.
Damours. *Bourges*, 19, 234.
— *Lorr.*, 149.
Dampare. *Toul.-Mont.*, 1092.
Dampelai. *Al.*, 706.
Dampierre. *Bourges*, 280.
— *Bret.*, I, 771.
— *Caen*, 680.
— (*abbaye*). *Lorr.*, 119.
— *Lyon*, 948.
— *Par.*, IV, 135.
— *Prov.*, II, 479.
— *Rouen*, 440, 443, 452, 1078, 1188, 1405.
— *Soiss.*, 158.
Dampmartin. *Montp.-Montaub.*, 11, 1366.
Dampoint. *Al.*, 655, 1151.
Dampont. *Bret.*, II, 557.
— *Par.*, IV, 556.
Damville. *Poit.*, 532, 828.
Damvillers (*ville*). *Lorr.*, 631.
Danau. *Bourges*, 452.
Dancel. *Poit.*, 16, 337.
— *Prov.*, II, 804.
Dancelonne. *Prov.*, II, 778.
Dancereau. *Par.*, I, 1126.
Danché. *Limous.*, 341, 452.
— *Poit.*, 341.
— *La Roch.*, 163, 165.
Danchel, *Pic.*, 221.
Danchemant. *Bourg.*, I, 245, 272, 276.
Danchenet. *Auv.*, 580.
Danchi. *Fland.*, 1270.
Dancier. *Bourg.*, I, 1054, 1211.
Danclose. *Bret.*, II, 328.
Dancoisne. *Fland.*, 809.
Dancourt. *Soiss.*, 862.
Dardé (*Voy.* d'Appougny). *Par.*, I, 1'21.
Dandeville. *Lorr.*, 151, 165.

Dandin. *Vers.*, 134
Dandine. *Poit.*, 1460.
Dardoin. *Toul.-Mont.*, 655, 656.
Dardogne. *Montp.-Mont.*, 1274.
Dandré. *Dauph.*, 586.
Dandreau. *Par.*, II, 79.
— *Par.*, III, 236.
Dandron. *Prov.*, II, 696.
Dane. *Prov.*, II, 249.
Danery. *Fland.*, 179, 194.
Danès. *Par.*, I, 230, 1278, 1359.
— *Par.*, III, 525.
Danet. *Bret.*, II, 841.
— *Par.*, I, 39.
Danger. *Montp.-Mont.*, 499.
Dangereux. *Par.*, I, 52.
Dangeroux. *Toul.-Mont.*, 1324.
Dangest. *Pic.*, 596.
Dangie (la). *Caen*, 100.
Danglard. *Limous.*, 456.
Dangoise. *Bret.*, II, 479.
Dangui. *Auv.*, 385.
— *Caen*, 531.
Danguy. *Bourb.*, 58, 188.
— *Bret.*, I, 494.
— *Bret.*, II, 333, 1061, 1096.
Dani. *Soiss.*, 149, 288, 327, 350, 479.
Danian. *Par.*, II, 187. 192, 278.
— *Poit.*, 564, 831, 864, 906.
Danicaud. *La Roch.*, 434.
Dandet. *Caen*, 518.
Daniel. *Al.*, 641, 756, 892.
— *Bourges*, 408.
— *Bret.*, I, 239, 559, 925.
— *Bret.*, II, 396, 561.
— *Caen*, 562.
— *Dauph.*, 207.
— *Guy.*, 795, 804, 805.
— *Limous.*, 128.
— *Lorr.*, 194.
— *Orl.*, 359, 479.
— *Par.*, I, 1209, 1377.
— *Poit.*, 249, 485.
— *Prov.*, I, 36, 46, 814, 815, 1022, 1171, 1172, 1191, 1212, 1222, 1223, 1224, 1225.
— *Prov.*, II, 212, 415, 475.
— *La Roch.*, 251.
— *Rouen*, 555, 711, 1090.
— *Toul.-Mont.*, 65, 610.
Danier. *Lorr.*, 625.
Danière (la). *Tours*, 1165.
Daniez. *La Roch.*, 173.
Danin. *Fland.*, 710.
Danneau. *Soiss.*, 517.
Dannelet. *Prov.*, II., 466.

Dannequin. *Par.*, III, 159.
Dannery. *Toul.-Mont.*, 1061.
Dannet. *Soiss.*, 628, 679.
Dannezey. *Bourg.*, I, 728, 773, 903, 1076.
Danniou. *Bret.*, II, 860.
Danois (le). *Al.*, 867, 898.
— *Caen*, 131, 690.
— *Champ.*, 88.
— *Fland.*, 1268, 1445.
— *Rouen*, 82, 100, 227.
Danol. *Rouen*, 655.
Danon. *Bourg.*, II, 361.
Danoul. *Montp.-Mont.*, 494.
Danré. *Soiss.*, 28. 34, 645.
Dansai. *Poit.*, 1555, 1556.
Dansain. *Bret.*, I, 313.
Dansien. *Fland.*, 255.
Dansuiq. *Par.*, I, 381.
Dantan. *Prov.*, I, 532.
Danté. *Par.*, I, 1218, 1325.
Dantec (le). *Bret.*, II, 622.
Dantecourt. *Par.*, II, 506.
Dantès. *Guy.*, 374.
Danthon. *Toul.-Mont.*, 1018.
Danti. *Lorr.*, 362, 566.
— *Pic.*, 426.
Dantin. *Pic.*, 680, 681.
— *Toul.-Mont.*, 1255.
Danton. *Lyon*, 643.
— *Par.*, IV, 178, 559.
Danty. *Par.*, III, 511.
Danuel. *Al.*, 1169.
Danvière. *Guy.*, 147.
Danvin. *Pic.*, 283, 462, 790.
Danzel. *Pic.*, 235, 270, 282, 285, 286, 454, 464, 469, 612, 748, 754, 755.
Danzelle. *Soiss.*, 177.
Dapeinier. *Prov.*, I, 1133.
Dapré. *Tours*, 1524.
Dapuin. *Fland.*, 691.
— *Par.*, I, 453, 454. 795.
— *Poit.*, 757, 760.
— *Prov.*, I, 1307.
Daquoquat. *Toul.-Mont.*, 1331.
Daragon. *Bourg.*, II, 504.
Darail. *Toul.-Mont.*, 1289.
Daran. *Toul.-Mont.*, 1222, 1252.
Darand. *Lyon*, 585.
Darandeau. *La Roch.*, 434.
Daranton. *Bourg.*, I, 1286.
Darassus. *Toul.-Mont.*, 954.
Darbaud. *Prov.*, I, 1340.
Darbessins. *Orl.*, 880.
Darbez. *Prov.*, I, 979.
Darbezy. *Prov.*, I, 1432.

Darbo. *Guy.*, 254.
Darbousset. *Prov.*, I, 1062.
Darche. *Bourg.*, I, 724.
— *Limous.*, 162, 470.
Darché. *Toul.-Mont.*, 97.
Darcher. *Guy.*, 868, 876.
Darchières. *Prov.* II, 603.
Darci. *Lorr.*, 659.
Darcicourt. *Lorr.*, 659.
Darcon. *Bourg.*, I, 569.
Darcy. *Bourg.*, I, 159.
Dard. *Bourg.*, I, 1024, 1059.
— *Lyon*, 687, 785.
Dardaillon. *Montp.-Mont.*, 1567.
Darde. *Toul.-Mont.*, 519.
Dardemy. *Bret.*, I, 158.
Dardes. *Guy.*, 959.
Dardin. *Poit.*, 1034.
Darduy. *Montp.-Mont.*, 370.
Dareau. *Bourges*, 246.
— *Bourg.*, II, 233.
Daremont. *Par.*, IV, 569.
Darcrye. *Soiss.*, 236.
Daresche. *Bourg.*, I, 946.
Dareste. *Lyon*, 74, 97, 496, 558.
Daret. *Par.*, I, 1299.
— *Par.*, IV, 386.
Dargent. *Lyon*, 932.
Daricalat. *Guy.*, 1192.
Daricau. *Guy.*, 1156, 1157.
Dariceau. *Poit.*, 522.
Darie. *Bourg.*, II, 582.
— *Rouen*, 1080.
Dariet. *Fland.*, 1.
— *Guy.*, 24.
Darigrand. *Guy.*, 1192, 1213.
Darimont. *Lorr.*, 266.
Darin. *Bourg.*, I, 830.
Darinthod. *Bourg.*, I, 1187, 1273.
Dariou. *Guy.*, 734, 1205.
Daris. *Par.*, II, 904.
Darles. *Auv.*, 497.
Darlix. *Montp.-Mont.*, 1430.
Darlous. *Guy.*, 215.
Darloux. *Guy.*, 1187.
Darluë. *Limous.*, 158.
Darmesin. *Lyon*, 235, 236 624, 2370.
Darmet. *Lyon*, 660.
Darmur. *Lorr.*, 215.
Darnaldie. *Toul.-Mont.*, 1070.
Darnault. *Orl.*, 429.
— *Pic.*, 757, 801.
Darnin. *Montp.-Mont.*, 828, 829.
Darnis. *Montp.-Mont.*, 1201.
Darnoux. *Montp.-Mont.*, 1515.
Darnoye. *Montp.-Mont.*, 1268, 1269.

Darodes. *Guy.*, 501.
Darollas. *Toul.-Mont.*, 1255.
Daron. *Toul.-Mont.*, 1306.
Darous. *Toul.-Mont.*, 58.
Daroux. *Tours*, 308.
Darraing. *Guy.*, 810.
Darras. *Par.*, III, 350.
— *Par.*, IV, 131.
Dar at. *Lyon*, 1005.
Darraut. *Toul.-Mont.*, 1300.
Darreau. *Al.*, 1047.
Darri. *Lorr.*, 17.
Darrot. *Poit.*, 223, 295, 348, 614, 702, 1234.
Darsen. *Fland.*, 246.
Darsmolie. *Toul.-Mont.*, 1053.
Dartault. *Bourg.*, II, 89.
Dartielle. *Par.*, IV, 162.
Dartigaux. *Guy.*, 1022.
Dartois. *Pic.*, 518, 668, 740.
— *Tours*, 331.
Daru. *Par.*, IV, 51.
Darvault. *Par.*, IV, 423.
Dary. *Par.*, IV, 121.
Dasle. *Bourg.*, I, 1158.
Daslier. *Tours*, 751.
Daslu. *Bourges*, 519.
Dasquemy. *Montp.-Mont.*, 703.
Dassas. *Montp.-Mont.*, 800, 801, 818, 824.
Dassié. *Toul.-Mont.*, 95.
Dassier. *Lyon*, 676, 714.
— *Montp.-Mont.*, 11, 349.
Dassin. *Bourg.*, I, 12.
Dasson. *Tours*, 320.
Dassy. *Montp.-Mont.*, 465.
Dastain. *Prov.*, I, 1090.
Daste. *Montp.-Mont.*, 1021.
Dastour. *Prov.*, I, 40, 45, 67, 1060, 1199.
— *Prov.*, II, 429, 433, 442.
Datel. *Lorr.*, 95, 247, 248, 544.
Datie. *Toul.-Mont.*, 751.
Datoze. *Bourg.*, I, 437, 430.
Datte. *Par.*, II, 1168.
Daubanton. *Par.*, III, 512.
— *Bourg.*, I, 335.
— *Bourg.*, II, 47, 90.
Daubert. *Prov.*, II, 548.
— *Tours*, 771, 1272.
Daubeuf. *Bourg.*, I, 1232.
Daubi. *Auv.*, 566.
— *Dauph.*, 72.
— *Fland.*, 52, 392, 400, 407, 841, 975.
— *Poit.*, 870.

Daubichon. *Al.*, 847.
Daubier. *Prov.*, ii, 533.
Daubilly. *Lorr.*, 22, 164.
Daubin. *Al.*, 839.
— *Rouen*, 850.
Daubinet. *Bourb.*, 475.
— *Bourges*, 280.
Daubonnet. *Par.*, iii, 315.
Daubons. *Béarn*, 165.
Daubray. *Par.*, ii, 54.
Daubrin. *Guy.*, 141.
Daubry. *Als.*, 508.
Dauch *Toul.-Mont.*, 773.
Dauchel. 221.
Dauchier. *Pic.*, 669.
Dauchin. *Caen*, 417.
Dauchut. *Caen*, 131.
Daucionde. *Toul.-Mont.*, 429.
Daucroix. *Lyon*, 138.
Daudasne. *Rouen*, 99, 210, 650.
Daude. *Auv.*, 557.
Daudelle. *Pic.*, 892.
Daudelot. *Bourg.*, ii, 566.
Daudenas. *Tours*, 1001.
Dauderie. *Montp.-Mont.*, 750.
Daudet. *Montp.-Mont.*, 1320.
Daudeteau. *Poit.*, 177.
Daudier. *Tours*, 496.
Daudignon. *Guy.*, 885.
Daudin. *Auv.*, 532.
— *Bret.*, ii, 307.
— *Orl.*, 734, 748.
Daudrin. *Auv.*, 566.
Dauduit. *Lyon*, 241.
Daufan. *Toul.-Mont.*, 1256.
Daufer. *Poit.*, 1149.
Daufin. *Al.*, 286.
Daufin (le). *Bret.*, ii, 288, 437, 910.
Daugard. *Béarn*, 131.
Dauge. *Par.*, iii, 352.
— *Tours*, 1164.
Daugeri. *Toul.-Mont.*, 16.
— *Prov.*, ii, 669.
Daugi. *Soiss.*, 571.
Daugier. *Montp.-Mont.*, 779.
— *Prov.*, i, 1067.
Daugis. *Bret.*, i, 331.
Daugni. *Dauph.*, 245.
Dauguer (le). *Bret.*, i, 353.
Dauguy. *Lyon*, 948.
Daugy. *Bourb.*, 596.
— *Bourg.*, ii, 569.
Daujan. *Pic.*, 686.
Daujol. *Montp.-.-Mont.*, 350.
Daujon. *Guy.*, 956.
Daulede. *Par.*, i, 1286.

Daulier. *Par.*, ii, 660.
Daulin. *Lorr.*, 691.
Daulmait. *Bourg.*, i, 187.
Dault. *Pic.*, 646.
Daulun. *Prov.*, ii, 780.
Dauman. *Monpt Mont.*, 746.
Daumart. *Par.*, ii, 115.
Daumas. *Prov.*, i, 1275.
Daumesnil. *Bret.*, ii, 50.
Daumez. *Dauph.*, 374.
Daumoncourt. *Prov.*, ii, 478.
Daumont. *Bourg.*, ii, 394.
— *Par.*, iii, 285.
Daumot. *Par.*, iii, 512.
Daumuy. *Par.*, i, 45, 384.
Daune. *Bourges*, 403.
Daunean. *Tours*, 904.
Daunet. *Orl.*, 696.
Daunou. *Al.*, 755.
Daunous. *Toul.-Mont.*, 937, 1304.
1309, 1311.
Dauphin. *Auv.*, 13, 39, 41, 43, 293,
439.
— *Bourges*, 425.
— *Bourg.*, i, 126.
— *Bourg.*, ii, 202, 227.
— *Dauph.*, 57, 158, 167, 589.
— *Limous.*, 68, 75, 357.
— *Pic.*, 773.
— *Poit.*, 658, 662.
— *Prov.*, i, 963, 1174.
— *Prov.*, ii, 547.
Dauphin (le). *Soiss.*, 166.
Daurade. *Toul.-Mont.*, 734.
Daurai. *Caen*, 513, 542, 774, 784.
Daurat. *Guy.*, 15, 83, 1203.
— *Par.*, i, 802, 810.
— *Par.*, ii, 1127.
— *Toul.-Mont.*, 997, 1040.
Daure. *Toul.-Mont.*, 608, 633.
Dauré. *Soiss.*, 28.
Daurée. *Guy.*, 308, 878.
Daurel. *Toul.-Mont.*, 485.
Daurelin. *Montp.-Mont.*, 68.
Dauret. *Soiss.*, 482.
Dauriac. *Toul.-Mont.*, 606.
Dauriat. *Guy.*, 861.
Dauridière. *Bourb.*, 571.
Daurie. *Caen*, 558.
Daurieûlat. *Guy.*, 1200.
Daurieux. *Bourg.*, ii, 314.
Dauril. *Bourges*, 271.
Daurimont. *Toul.-Mont.*, 999.
Dauron. *Guy.*, 1101.
— *Prov.*, i, 1020, 1021.
Daurusse. *Montp.-Mont.*, 1063, 1064.

Daussy. *Pic.*, 412, 576.
Dautan. *Prov.*, I, 532.
Dautane. *Prov.*, II, 751.
Dautard. *Par.*, I, 74.
Dautart. *Al.*, 1133.
Dautel. *Als.*, 477, 1011.
Dauthen. *Soiss.*, 713.
Dautier. *Prov.*, I, 209.
— *Prov.*, II, 320.
Dauty. *Toul.-Mont.*, 525.
Dauveau. *Poit.*, 1226.
Dauvel. *Auv.*, 238, 296.
Dauverge. *Lyon*, 845.
Dauvers. *Par.*, I, 500.
Dauvet. *Al.*, 228.
— *Bret.*, I, 470.
— *Par.*, I, 373, 1075, 1146, 1257.
— *Par.*, III, 33.
— *Par.*, IV, 261.
Dauviller. *Soiss.*, 785.
Dauvillier. *Prov.*, II, 706.
Dauvilliers. *Par.*, II, 1086.
Dauvy. *La Roch.*, 174.
Daux. *Par.*, II, 235, 313.
— *Poit.*, 398.
Daux (de). *Tours*, 1060.
Dauxin. *Lorr.*, 605.
Dauzac. *Guy.*, 1127.
Dauzı. *Poit.*, 114, 124, 154, 255, 598, 1009, 1022.
Dauzon. *Bret.*, II, 841.
Dauzut. *Guy.*, 952.
Daval. *Toul.-Mont.*, 1216.
Davau. *Dauph.*, 410.
Davaud. *Tours*, 1254.
Davazé. *Tours*, 1469, 1485.
Daveau. *Tours*, 909.
Davel. *Fland.*, 408.
Davelle. *Bret.*, II, 864.
Davenay, *Par.*, III, 402.
Davene. *Par.*, I, 727.
Daverdy. *Lyon*, 549, 958.
Daverhond. *Pic.*, 861.
Daveroux. *Toul.-Mont.*, 723.
Davet. *Béarn*, 78.
Davi. *Caen*, 45, 55, 68, 84, 156, 210, 217, 221, 225, 226, 274, 338, 344, 347, 511, 518, 538.
— *Rouen*, 49, 257, 268.
— *Tours*, 74, 75, 76, 78, 104, 374, 551, 916, 927, 954.
Daviau. *Limous.*, 362.
— *Poit.*, 886, 1244.
— *Tours*, 326, 625, 1278.
David. *Al.*, 325, 788, 968, 1046, 1048.

David. *Auv.*, 142, 288,
— *Béarn*, 55.
— *Bourges*, 165.
— *Bourg.*, I, 34, 71, 75, 82, 90, 160, 312, 320, 321, 918, 1284.
— *Bourg.*, II, 33, 39, 50, 64, 94, 111, 138, 142, 144, 149, 154, 341, 398.
— *Bret.*, I, 258, 282.
— *Bret.*, II, 46, 413, 420, 745.
— *Caen*, 271, 302, 749, 750, 754, 757, 759.
— *Champ.*, 261, 262, 263, 264, 269.
— *Dauph.*, 93, 208, 220.
— *Fland.*, 228, 714, 1155.
— *Guy.*, 197, 395, 402, 545, 910, 1050, 1051, 1055.
— *Limous.*, 128, 156, 189, 218, 354.
— *Lorr.*, 645.
— *Lyon*, 608, 633, 868, 876.
— *Montp.-Mont.*, 177, 1480, 1482, 1537, 1538.
— *Orl.*, 469, 615, 717.
— *Par.*, I, 44, 288, 945, 957, 981, 1238.
— *Par.*, II, 378, 664, 858, 1273.
— *Par.*, III, 323, 532.
— *Par.*, IV, 378, 519.
— *Poit.*, 113, 504, 537, 563, 777, 798, 1035, 1056, 1069, 1072, 1236, 1237, 1301, 1310, 1392, 1401, 1408, 1510, 1554.
— *Prov.*, I, 18, 61, 62, 547, 640, 729, 928, 975, 1032, 1059, 1149, 1187, 1200, 1201, 1215, 1332, 1333.
— *Prov*, II, 256, 311, 580, 779, 796.
— *La Roch.*, 236, 252.
— *Rouen*, 413.
— *Soiss.*, 542, 861.
— *Toul.-Mont.*, 52, 634, 646, 683, 1313.
— *Tours*, 543, 554, 905, 1026, 1050, 1152, 1201, 1389.
— *Vers.*, 31, 270.
Davier. *Bret.*, II, 847.
— *Par.*, IV, 42.
Davillaud. *Poit.*, 1274.
Davillers. *Par.*, III, 399.
Davin. *Prov.*, II, 541, 664.
— *Soiss.*, 608.
Davine. *Prov.*, II, 365.
Davines. *Montp.-Mont.*, 1169.
Daviot. *Bourg.*, I, 1146, 1149.
Davisseau. *Poit.*, 1250.
Daviti. *Dauph.*, 31, 109, 176.
Davohel. *Soiss.*, 792.
Davois. *Al.*, 812.

Davolle. *Par.*, ii ,744.
Davonneau. *Orl.*, 464, 505.
Davot. *Bourg.*, ii, 490, 506.
Davou. *Bret.*, i, 183.
Davoult, *Rouen*, 788, 803, 827.
Davoust. *Par.*, iii, 281.
— *Tours*, 639.
Davout. *Bourg.*, i, 148, 151.
Davy. *Bret.*, i, 178.
— *Bret.*, ii, 757.
— *Orl.*, 44.
— *Par.*, i, 935.
Dax. *Guy.*, 598.
— *Prov.*, i, 1132.
Dazeine. *Bourg.*, i, 474.
Dazelle. *Poit.*, 1005.
Dazemart. *Pic.*, 535.
Dazenat. *Prov.*, ii, 651.
Dazeron. *Toul.-Mont.*, 1205.
Eazie. *Pic.*, 643.
Dazol. *Prov.*, ii, 531.
Dazols. *Toul.-Mont.*, 1026.
Dazy. *Par.*, ii, 896.
— *Par.*, iv, 188.
Déalis. *Guy.*, 160.
Dean. *Tours*, 1193.
Déard. *Prov.*, ii, 453.
Deaudet. *Prov.*, i, 847.
Deaux. *Prov.*, ii, 835.
Deaux (de). *Dauph.*, 315.
Deavaye. *Prov.*, i, 613.
Debat (de). *Béarn*, 159.
Debia. *Toul.-Mont.*, 943, 957.
Débotté (le). *Al.*, 722, 1153. 1159.
Decart. *Soiss.*, 717.
Decat. *Auv.*, 471.
Déchaut (le). *Champ.*, 728.
Decimator. *Als.*, 461.
Deck. *Fland.*, 1259·
— *Lorr.*, 487.
Decker. *Als.*, 749, 968.
— *Fland.*, 422, 768, 1114.
Declin. *Bret.*, i, 423.
Decmy (de). *Champ.*, 241.
Décoria. *Prov.*, ii, 551, 575.
Decorio. *Prov.*, i, 435.
Dedai. *Dauph.*, 425.
Dedons. *Prov.*, i, 397, 401, 435, 961, 1130.
Defenti. *Bourges*, 372.
Deffend (du). *Champ.*, 153.
— *Lyon*, 70.
— *Par.*, ii, 270.
— *Par.*, iv, 530.
— *Vers.*, 116.
Deffend. *Poit.*, 374.

Definicourt. *Als.*, 275.
Defisa. *Par.*, iii, 237, 457.
Defita. *Par.*, i, 12, 1155.
Degans. *Toul.-Mont.*, 1221, 1223.
Degé. *Lyon*, 753.
Deghelcke. *Fland.*, 1068.
Degieu. *Auv.*, 247.
Degors. *Montp.-Mont.*, 1238.
Degua. *Montp.-Mont.*, 185.
Dégua. *Montp.-Mont.*, 792.
Dehapt. *Guy.*, 1120.
Dehez. *Lorr.*, 605, 607.
Dehors. *Rouen*, 7, 835.
Dehors (la). *Par.*, i, 718.
— *Par.*, iii, 260, 388.
Deichan. *Guy.*, 342.
Deidé. *Montp.-Mont.*, 9, 43.
Deidier. *Auv.*, 45, 148.
— *Montp.-Mont.*, 242, 264, 589.
— *Prov.*, i, 414, 462, 546, 702, 967, 999, 1005.
— *Prov.*, ii, 262, 326.
Deigmont. *Guy.*, 1032.
Deiriard. *Guy.*, 951.
Deirieux. *Lyon*, 941, 950.
Deiroux. *Prov.*, ii, 36.
Dei sac. *Auv.*, 308.
Deissat. *Bourg.*, i, 280.
Déit. *Guy.*, 320.
Dejault. *Tours*, 1057.
Dejon *Bourges*, 306.
Delaister (le). *Bret.*, ii, 604. 605.
Délan. *Par.*, i, 277.
Delbarre. *Fland.*, 818.
Delbaque. *Fland.*, 1025, 1113.
Delbé. *Orl.*, 150.
Delbecq. *Pic.*, 179.
Delbes. *Toul.-Mont.*, 895.
Delbor. *Lorr.*, 488.
— *Toul.-Mont.*, 1004.
Delbos. *Guy.*, 1107.
— *Montp.-Mont.*, 816.
Delbose. *Par.*, iii, 438, 507.
Delboy. *Toul.-Mont.*, 501.
Delbreil. *Guy.*, 833, 953.
Delcaila. *Toul.-Mont.*, 1065.
Delcampe. *Prov.*, i, 1235.
Delcamp. *Toul.-Mont.*, 1029.
Delchie. *Guy.*, 1172.
Delchock. *Fland.*, 820.
Delcluzel. *Toul.-Mont.*, 979.
Delcourt. *Fland.*, 647, 1204.
— *Pic.*, 593, 717, 726.
Deldicque. *Fland.*, 836.
Delduq. *Pic.*, 817.
Delevigne. *Fland.*, 1009.

Delevoix. *Fland.*, 1005.
Delfau. *Toul.-Mont.*, 1061.
Delfeuille. *Fland.*, 399, 409.
Delfigau. *Guy.*, 821.
Delphin. *Orl.*, 835, 906.
Delfios. *Toul.-Mont.*, 999.
Delfolio. *Fland.*, 1270.
Delfosse. *Fland.*, 50, 53, 64, 73, 999, 1002.
Delgas. *Montp.-Mont.*, 1411.
Delgat. *Toul.-Mont.*, 801.
Delguy. *Toul.-Mont.*, 478.
Delgorge. *Pic.*, 648.
Delhalle. *Fl.*, 1475.
Delhas. *Toul.-Mont.*, 1299.
Delberin. *Toul.-Mont.*, 1384.
Delhienne. *Fl.*, 292.
Deliet (de). *Lorr.*, 521.
Delin. *Bourb.*, 476.
Delis (St-). *Par.*, II, 1194.
Delivre (le). *Bret.*, II, 578.
Dellampe. *Prov.*, I, 69.
Dellauzen. *Als.*, 1028.
Delle. *Als.*, 129. V.
Delleau. *Fland.*, 1495.
Dellier (de). *Montp.-Mont.*, 1144.
Dellort. *Guy.*, 867.
Delmas. *Guy.*, 882.
— *Lim.*, 395.
— *Toul.-Mont.*, 954, 962, 1046.
Delmasse. *La Roc.*, 161.
Delmestre. *Guy.*, 837.
Delmstat. *Lorr.*, 646.
Delmur. *Bret.*, II, 187.
Delon. *Auv.*, 551.
— *Bourg.*, I, 843.
— *Montp.-Mont.*, 1484.
Deloy. *Guy.*, 1098.
— *Par.*, III, 142, 353.
Delpas. *Toul. - Mont.*, 1416, 1466, 1474.
Delpech. *Guy.*, 76, 87, 812, 848, 1113, 1180.
— *Toul.-Mont.*, 10, 52, 971, 1068, 1105.
— *Par.*, I, 892, 1222.
Delpeche. *Fland.*, 1146.
Delpeire. *Toul.-Mont.*, 950, 986.
Delpère. *Montp.-Mont.*, 1202.
Delperle. *Auv.*, 527.
Delpeu. *Auv.*, 272.
Delphin. *Prov.*, II, 321, 322.
Delpi. *Guy.*, 1177.
Delpont. *Montp.-Mont.*, 305, 798, 1370.
Delprat. *Auv.*, 589.

Delpech. *Par.*, II, 661.
Delpuech. *Montp.-Mont.*, 214.
— *Toul.-Mont.*, 511, 1093, 1109.
Delpy. *Par.*, III, 202, 457.
— *Toul.-Mont.*, 143, 1049.
Delrue. *Fland.*, 1259.
Delsalez. *Toul.-Mont.*, 1376.
Delsart. *Fland.*, 726.
Delsault. *Fland.*, 373, 835.
Delseré. *Toul.-Mont.*, 1040.
Delsiviech. *Toul.-Mont.*, 1012.
Delsol. *Fland.*, 1435.
Delsons. *Auv.*, 552, 573.
Delsouix. *Pic.*, 736.
Deltor. *Toul.-Mont.*, 22.
Deltoux. *Lyon*, 711.
Deltriou. *Toul.-Mont.*, 1127.
Delval. *Pic.*, 170.
— *Toul.-Mont.*, 1088.
Delvat. *Toul.-Mont.*, 1110.
Delvigne. *Fland.*, 1004, 1009.
Delvouble. *Toul.-Mont.*, 995.
Delvoué. *Toul.-Mont.*, 185.
Dely. *Prov.*, 460.
Dely (St-). *Sois.*, 561.
Delzons. *Guy.*, 307.
Demaine (du). *Bret.*, II, 387.
Deman. *Fland.*, 1222.
Demanche. *Bourg.*, I, 143.
— *Bourg.*, II, 575.
Demande. *Fland.*, 1336.
Demandé (le). *Caen*, 101, 102.
Demandé (le). *Rouen*, 746.
Demandol. *Montp.-Mont.*, 1357.
Demandol (de). *Prov.*, I, 185, 850, 870.
Demberg. *Als.*, 467.
Dembeuf. *Toul.-Mont.*, 887.
Dembouis. *Toul.-Mont.*, 1384.
Demé (le). *Al.*, 1162.
Démel. *Bourges*, 244.
Demerat. *Poit.*, 291.
Demery. *Par.*, III, 395.
Demeville. *Fland.*, 966.
Dermitans. *Prov.*, II, 595, 571.
Demnat. *Bret.*, II, 787.
Demoix. *Toul.-Mont.*, 1303.
Demon. *Caen*, 699.
Demongeot. *Par.*, II, 336.
Demont. *Bourg.*, II, 160.
Demounart. *Champ.*, 452.
Demours. *Lorr.*, 149.
Denai. *Poit.*, 1355.
Denanes. *Montp.-Mont.*, 1428.
Denapt. *Bourg.*, II, 24, 38.
Denault. *Lyon*, 123.

24

Denay. *Bret.*, I, 502.
Denays (le). *Bret.*, I, 625.
Dencher. *Als.*, 472.
Denée (St-). *Bret.*, II, 994.
Denesvre. *Bourg.*, I, 158.
Denetz. *Par.*, I, 1262.
— *Par.*, III, 393.
Deniac. *Guy.*, 754.
Deniau. *Bourges*, 490.
— *Fland.*, 17.
— *Guy.*, 199.
— *Par.*, III, 142.
— *Poit*, 432, 1204, 1452, 1454.
— *Toul.-Mont.*, 353.
— *Tours*, 275, 295, 336, 871, 906, 907, 919, 946, 974, 1086, 1103, 1135, 1266.
Denicourt. *Dauph.*, 129.
— *Poit.*, 189, 191.
Denielle. *Par.*, I, 1262.
Denieude. *Tours*, 1175.
Denion. *Bret.*, II, 1089.
— *Tours*, 1032.
Deniot. *Soiss.*, 655.
Denis. *Al.*, 38, 482, 777, 1241. 393, 552, 646, 1126.
Denis. *Als.*, 650.
— *Bourb.*, 271.
— *Bourg.*, I, 297.
— *Bourg.*, II, 225, 327, 567.
— *Bret.*, I, 484, 556.
— *Bret.*, II, 943.
— *Caen*, 113, 152, 217.
— *Champ.*, 121, 127, 128, 129, 229, 590, 609.
— *Pic.*, 120, 127, 160, 196, 588, 624, 661, 733, 795.
— *Poit.*, 463, 1173, 1283.
— *La Roc.*, 24, 434.
— *Rouen*, 782, 795, 1241.
— *Soiss.*, 148, 289, 291.
— *Tours*, 16, 27, 486, 1010, 1211, 1465.
— *Fland.*, 195, 276, 602, 693, 794, 838, 926, 1115, 1123, 1126, 1331, 1399, 1437, 1477.
— *Guy.*, 84, 98, 169, 820, 827, 835.
— *Lyon*, 401, 482.
— *Montp.-Mont.*, 1253.
— *Orl.*, 334.
— *Par.*, I, 46, 57, 285, 352, 381, 622, 816, 818, 1311, 1312.
— *Par.*, II, 429, 659, 708, 710, 1059.
— *Par.*, III, 152, 195, 257, 400, 495.

Denis (St-). *Al.*, 37, 172, **183**,
— *Vers.*, 211.
— *Caen*, 118, 221, 674.
— *Par.*, I, 255, 861, 1006.
— *Par.*, IV, 545.
— *Poit.*, 1465. p.
— *La Roc.*, 394.
— *Tours*, 129.
Denise. *Champ.*, 114, 120, 461.
— *Par.*, III, 126.
— *Par.*, IV, 29.
— *Soiss.*, 789.
— *Vers.*, 198.
Deniseau. *Poit.*, 1040.
Deniset. *Champ.*, 787, 793.
— *Sois.*, 159.
Denison. *Par.*, II, 154.
— *Par.*, III, 360.
— *Poit.*, 1501.
— *Soiss.*, 752.
Denisot. *Bourg.*, I, 59, 248.
— *Bourg.*, II, 41.
— *Tours*, 1104.
— *Toul.-Mont.*, 313.
Denisy. *Par.*, III, 353.
Denizau. *Lim.*, 274.
Dennel. *Pic.*, 751.
Denner. *Als.*, 499.
Denrot. *Guy.*, 555.
Densart. *Lim.*, 367.
Dente. *Guy.*, 1228.
Denti. *Tours*, 944.
Dentichac. *Toul.-Mont.*, 1073, **1090.**
Dentil. *Montp.-Mont.*, 1355.
Denyau. *Bret.*, I, 428, 439, 455. **V. De** Nyau.
Deodeau. *Lorr.*, 202.
Déon. *Par.*, IV, 272.
Depé. *Guy.*, 832.
Dequan. *Pic.*, 100.
Dequereaux. *Bourb.*, 572.
Deraine. *Par.*, III, 383.
Dérand, *ou* Déraud. *Lorr.*, 294.
Derbais. *Par.*, II, 616.
Derbés. *Prov.*, I, 663.
Dercé. *Tours*, 805.
Dercle. *Fland.*, 205.
Dercy. *Bourg.*, II, 499.
Derdeau. *Tours*, 380, 1365, **1377.**
Derdet. *Prov.*, I, 1085.
Deré. *Bourb.*, 481.
Derelo. *Vers.*, 222.
Derer. *Bourges*, 279.
Deréte. *Toul.-Mont.*, 344, 653, 658, 853, 1171, 1177, 1304.
Dergé. *Bourg.*, II, 475.

Dergniers. *Pic.*, 649.
Deri. *Auv.*, 301, 398, 457.
Dericy. *Bourg.*, i, 1125.
Derien. *Bret.*, i, 286.
Derizon. *Guy.*, 849.
Derlon. *Soiss.*, 514.
Derne. *Prov..*, i, 1063.
Derniger. *Poit.*, 453.
Dernusson. *Par.*, iii, 304.
Dérouet. *Tours*, 539.
Derpis. *Toul.-Mont.*, 507.
Derre. *Toul.-Mont.*, 641.
Derrez. *Fland.*, 837, 1268, 1269.
Derrua. *Toul.-Mont.*, 944.
Dersigny. *Par.*, i., 425.
Dersu. *Soiss.*, 860.
Derval (de). *Bret.*, i, 461, 575, 582, 632, 634, 220, 244.
— *Bret.*, ii, 109, 250, 1121.
Dervault. *Poit.*, 169.
Derves. *Prov.*, ii, 467.
Dervieu. *Lyon*, 41, 394, 510, 725, 911, 1044.
Dervisseau. *Bret.*, ii, 834.
Desbaldit. *Toul.-Mont.*, 452.
Desbaux. *Toul.-Mont.*, 782, 818.
Descach. *Toul.-Mont.*, 412.
Descaich. *Als.*, 255.
Descalongue. *Pic.*, 717.
Descamp. *Prov.*, ii, 436.
Descaye. *Montp.-Mont.*, 1175.
Deschal. *Bourg.*, ii, 209.
Deschalle. *Lyon*, 636, 666.
Deschard. *Bourg.*, i, 579.
Deschevin. *Bourg.*, i, 858.
Deschodt. *Fland.*, 693, 694, 1176.
Descolard. *Bourges*, 426.
Descornaix. *Fland.*, 259.
Descosson. *Lorr.*, 164, 165.
Descons. *Béa.*, 85.
Descôt. *Bourg.*, ii, 268.
Descouboé, *ou* Descoubré. *Par.*, iv, 76.
Descoufins. *Als.*, 437.
Descrick. *Als.*, 508.
Descrot. *Bourb.*, 108.
Descubes. *Poit.*, 723, 1491.
Descudier. *Montp.-Mont.*, 1311.
Descures. *Toul.-Mont.*, 990.
Desenci. *Béa.*, 10.
Desert (du). *Guy.*, 909, 1156, 1158.
Desgault. *Tours*, 1232, 1297.
Desgeard. *Guy.*, 650.
Desgret. *Sois.*, 188.
Desguimonet. *Orl.*, 433.
Desgujols. *Sois.*, 852.
Desideri. *Prov..* i, 424, 654.

Desions. *Bourg.*, ii, 355.
Desir. *Bourg.*, i, 286, 291.
Désir. *Bourg.*, ii, 262, 359.
Désirat. *Lorr.*, 69.
Désiré. *Picard.*, 789.
Désiré. *Tours*, 1151.
Desjobards. *Par.*, i, 1323.
Deslansan. *Toul.-Mont.*, **1353.**
Deslavie. *Pic.*, 734.
Desle. *Bourg.*, i, 1144.
Desler. *Als.*, 630.
Deslon. *Toul.-Mont.*, 410.
Desmaz. *Soiss.*, 121, 126, 853.
Desmé. *Orl.*, 229.
Desmé (le). *Par.*, iii, 288.
— *Par.*, iv, 396.
— *Poit.*, 1403.
— *Vers.*, 12.
Desmée. *Tours*, 1024, 1484.
Desmiers. *Poit.*, 93, 317, 564, 1068, 1514.
Desmont. *Champ.*, 790.
— *Prov.*, ii, 477.
Desnard. *Prov.*, i, 1040.
Desnau. *Guy.*, 85.
Desnaud. *Poit*, 1020.
Desnave. *Fland.*, 54, 549.
Desnormont. *Pic.*, 168.
Desparo. *Toul.-Mont.*, 1296.
Despeaux. *Tours*, 683, 1272.
Despense. *Bourg.*, i, 141.
— *Bourg.*, ii, 411
Desperon. *Montp.-Mont.*, 1061.
Despiaute. *Fland*, 869.
Despie. *Toul.-Mont.*, 199.
Despievieux. *Toul.-Mont.*, 454.
Despiez. *Montp.-Mont.*, 1304.
Desplat. *Par.*, iv, 422.
Desplaz. *Toul.-Mont.*, 1347.
Despoei. *Lorr.*, 422.
Despommar. *Pic.*, 496.
Despont. *Montp.-Mont.*, 1019.
Desponti. *Par.*, i, 555, 641.
Despontin. *Fland.*, 1462.
Desponty. *Par.*, ii, 296.
Despors. *Lim.*, 245.
Despouy. *Toul.-Mont.*, 1258.
Desprat. *Prov.* i, 797.
Desprete. *Fland.*, 220.
Desprioz. *Par.*, iii, 462.
Despuech. *Montp.-Mont.*, 635.
Despueches. *Prov.*, i, 621.
Desquerre. *Montp.-Mont.* 401.
Desqueux. *Pic.*, 33.
Desquiesse. *Caen*, 287.
Desschodz. *Fland.*, 197.

Desseaux. *Al.*, 799.
Dessei. *Al.*, 817.
Desseins. *Montp.-Mont.*, 804.
Desson. *Lorr.*, 645.
— *Rouen*, 285, 296, 319.
Dessuras. *Soiss.*, 711.
Dessus. *Toul.-Mont.*, 755.
Dessus-le-Pont (de). *Par.*, IV, 382.
Dessus-le-Pont. *Rouen*, 420.
Destagier. *Prov.*, II, 314.
Destaignes. *Bourg.*, I, 440.
Destailleurs. *Pic.*, 655.
Destais. *Guy.*, 1068.
Desté. *Fland.*, 1474.
— *Par.*, IV, 696.
Destelle. *Montp.-Mont.*, 406.
Desteuc. *Lim.*, 168.
Destincalenfels. *Als.*, 319.
Destou. *Guy.*, 1206.
Destoue. *Pic.*, 101.
Destrechy. *Vers.*, 116.
Destret. *Prov.*, II, 100.
Destriché. *Tours*, 935.
Destros. *Montp.-Mont.*, 796.
Deswinter. *Fland.*, 228, 231.
Deszerée. *Tours*, 1195.
Detchepare. *Béarn*, 141, 146, 147.
Dettlingen. *Als.*, 763.
Dettois. *Poit.*, 829.
Detz (le). *Vers.*, 220, 229.
Deu. *Champ.*, 14, 38, 42, 354, 358, 677, 839.
— *Tours*, 276.
Deudon. *Fland.*, 879.
Deulan. *Fland.*, 1024.
Deulant. *Par.*, II, 615.
Deunier. *La Roch.*, 113, 349.
Deupac. *Montp.-Mont.*, 186.
Deuveray. *Par.*, I, 1268.
Devert. *Par.*, IV, 96.
Deuvet. *Soiss.*, 628.
Devetz. *Par.*, I, 1278.
Deuzet. *Al.*, 1189.
Devache. *Fl.*, 1125.
Devant (du). *Lorr.*, 635.
Devanséet. (?) *Fl.*, 787.
Devéze (la) *Guy.*, 916.
— *Toul.-Mont.*, 344, 653, 658, 853, 1171, 1177, 1304.
Deveze. *Montp.-Mont.*, 799.
Devin. *Als.*, 768.
— *Bret.*, I, 790.
— *Par.*, I, 317, 1344.
— *Par.*, II, 111.
— *Par.*, III, 281.
Devois. *Soiss.*, 858.

Devot. *Lyon*, 933.
Dexmier. *Lim.*, 43, 66, 67, 347, 360, 377, 430.
— *La Roch.*, 178, 333, 334, 337.
Déya. *Champ.*, 28, 29, 40.
Deya. *Par.*, II, 194, 195.
— *Par.*, IV, 272, 447.
Dez. *Champ.*, 236.
Dez (le). *Par.*, III, 403.
Dezein. *Prov.*, I, 1067.
Dezallier. *Par.*, I, 993.
Diacre (le). *Caen*, 666.
— *Champ.*, 357.
— *Rouen*, 509, 553, 917.
Dian. *La Roch.*, 292.
Diard. *Rouen*, 1169.
Diart. *Soiss.*, 701.
Dibarbouve. *Guy.*, 961.
Dibart. *Bret.*, II, 63, 165.
Diboine. *Tours*, 836.
Dibusti. *Guy.*, 594.
Dicard. *Montp.-Mont.*, 819.
— *Prov.*, II, 638, 649.
Dicktrazheim. *Als.*, 548, 549.
Didelet. *Lorr.*, 625.
Didier. *Auv.*, 573.
— *Bourg.*, II, 503.
— *Champ.*, 267.
— *Dauph.*, 86, 89, 189, 190, 508.
— *Lorr.*, 261, 619.
— *Lyon*, 73.
— *Montp.-Mont.*, 300.
— *Par.*, II, 484.
— *Par.*, III, 296.
— *Pic.*, 670.
— *Vers.*, 160.
Didier (Petit). *Lorr.*, 118.
Didier (Saint). *Lorr.*, 231.
— *Lyon*, 909.
— *Fl.*, 833.
Dieche. *Toul.-Mont.*, 852, 853.
Didon. *Dauph.*, 309, 582.
Diduet. *Lorr.*, 682.
Didus. *Lorr.*, 682.
Dié. *Bourg.*, I, 1069.
Diébold. *Als.*, 440, 634.
Diéboldschel. *Als.*, 1047.
Dièche. *Toul.-Mont.*, 852, 853.
Dièchy. *Als.* 1074.
Diedman. *Fl.*, 103, 128.
— *Par.*, I, 61.
Dieffenbecker. *Als.*, 473.
Dieffenbecher. *Als.*, 836.
Diego. *Toul.-Mont.*, 1471.
Diel. *Par.*, II, 1006.
— *Rouen*, 273, 1123, 1170.

Dien (le). *Orl.*, 988.
— *Pic.*, 619, 383.
Diene. *Prov.*, I, 694.
Dienhenn. *Als.* ?
Dienne (de). *Auv.*, 102, 206, 316, 496.
Diennée (la) *Pic.*, 163, 187, 229.
Dieppedalle. *Rouen*, 84, 899.
Dierie. *Fland.*, 688.
Diernac. *Toul.-Mont.*, 1196.
Dierre. *Als.*, 428.
— *Par.*, I, 1220.
Dierres. *Rouen*, 925.
Diesme. *Fland.*, 1187, 1309, 1310, 1451
Dieterman. *Als.*, 496, 938.
Dietreman. *Lorr.*, 583.
Dietrelin. *Als.*, 442.
Dietrick. *Als.*, 280, 367, 766, 8021, 052.
Dieu. *Lorr.*, 229.
Dieu. *Tours*, 1032.
Dieu (le) *Bret.*, II, 610.
— *Champ.*, 14, 88, 356, 451, 452, 565, 652, 863, 866.
— *Fland.*, 246, 254, 1301.
— *Lim.*, 359.
— *Par.*, III, 584.
— *Pic.*, 383.
— *Soiss.*, 68.
Dieuavant. *Caen*, 174.
Dieubion. *Poit.*, 1062.
Dieudie (la). *Guy.*, 723.
Dieudonné. *Als.*, 721.
Dieulefit. *Poit.*, 1452, 1458.
Dieuleveut. *Al.*, 818.
Dieuloard. *Lorr.*, 623. V.
Dieupart. *Rouen*, 412.
Dieupentalle. *Toul.-Mont.*, 397.
Dieupentalle. *Montp.-Mont.*, 1029.
Dieusaide. *Toul.-Mont.*, 329.
Dieuxivoye. *Par.*, I, 950.
— *Par.*, II, 278, 280.
Dieuzaert. *Fland.*, 504, 796, 812, 1148.
Dieuzas. *Fland.*, 666.
Dieuze. *Lorr.*, 290. V.
Dieuzie (de). *Tours*, 509, 522, 528, 585, 879, 980, 101, 105.
Dièvre. *Lorr.*, 224.
Diez. *Bret.*, II, 473.
Digautray. *Bret.*, II, 578, 587.
Digenois. *Bourg.*, I, 1185.
Digeon. *Guy.*, 517, 1130.
— *Par.*, III, 292.
— *Pic.*, 593.
Dignaron. *Lyon*, 332, 334, 464, 687.
Digne. *Caen*, 441.
— *Prov.* I, 844, E. 845, V. 1134.
— *Prov.*, II, 510, 512.

Digniat. *Guy.*, 1073.
Dignossi. *Prov.*, I, 898.
Digoine. *Auv.*, 311.
— *Lyon*, 21, 477.
— *Montp.-Mont.*, 1243.
Digon. *Guy.*, 925.
Digons (de). *Auv.*, 429, 497.
Diguent. *Guy.*, 579, 810.
Digues. *Par.*, III, 335.
Diguières. *Par.*, III, 337.
Dijols. *Toul.-Mont.*, 1148.
Dijon. *Bourg.*, I, 497.
— *Par.*, I, 725.
Dilanges. *Lorr.*, 81, 645.
Dilbert. *Lyon*, 266, 772.
Dilhe. *Montp.-Mont.*, 649.
Dille. *Prov.*, I, 414.
— *Prov.*, II, 621, 758, 813, 814, 818.
Dillemart. *Rouen*, 843.
Dillon. *Champ.*, 599, 619.
Dimart. *Rouen*, 736.
Dimisie. *Bret.*, II, 871.
Dimonier. *Dauph.*, 499.
— *Prov.*, II, 479.
— *Prov.*, I. 460.
Din. *Prov.*, I, 601.
Dinan. *Bret.*, I, 99.
Dinan. *Fland.*, 1457. V.
— *Orl.*, 458, 1023.
Dinant. *Vers.*, 291.
Dinard. *Prov.*, II, 214, 221, 223.
Dinat. *Prov.*, II, 253.
Dinaty. *Prov.*, I, 981.
Dindy. *Montp.-Mont.*, 459.
Dinechin. *Lyon*, 233.
Dinemasin. *Limous.*, 112.
Dinematin. *Guy.*, 822.
Dinet. *Bourb.*, 115.
— *Bourg.*, I, 535.
— *Bourg.*, II, 158.
— *Par.*, III, 376, 494.
— *Poit.*, 1158.
Dinety. *Toul.-Mont.*, 1016.
Dinezat (le). *Bret.*, II, 534.
Dinot. *Bourg.*, II, 166.
— *Poit.*, 1212.
Dinuen. *Fland.*, 1137.
Dintilhac. *Toul.-Mont.*, 1073, 1090.
Dio. *Bourges.* V. *Palatin.*
Dio (de). *Bourg.*, I, 267.
Dion (de). *Pic.*, 224, 682.
Dionguel (le). *Bret.*, I, 45, 46, 297, 320.
— *Bret.*, II, 159, 1004, 1132.
Dionis. *Al.*, 781.
— *Caen*, 255, 581.
— *Par.*, I, 616.

— *Par.*, ii, 681.
— *Par.*, iii, 10, 11.
— *Vers.*, 61,75, 82, 292.
Dioquey (du). *Bret.*, i, 360, 440.
Dioré. *Tours*, 1168.
Diotte. *Tours*, 1155, 1352.
Dipy. *Vers.*, 116.
Dirat. *Toul.-Mont.*, 1293.
Direau. *Poit.*, 1393.
Diriger. *Pic.*, 474.
Dirodouer. *Bret.*, ii, 333.
Dironde. *Guy.*, 1180.
Diroudois. *Tours*, 752.
Disain. *Tours*, 735.
Disca. *Lorr.*, 334.
Diserot. *La Roch.*, 299.
Disissari. *Guy.*, 832.
Disme. *Orl.*, 363, 425.
Disoir. *Als.*, 175.
Disque. *Pic.*, 306, 452.
Disquemue (de). *Pic.*, **305, 306, 314,**
   448, 667.
Disranne. *La Roc.*, 367.
Dissez (le). *Bret.*, ii, 560.
Disson. *Par.*, iii, 390.
— *Vers.*, 209.
Distillateurs d'eau-de-vie (les) (*com_
   munauté*). *Lorr.*, 83.
Dittely. *Orl.*, 719, 721, 722.
Diturbigny. *Par.*, iii, 379.
Dive. *Fland.*, 310.
Dive (la). *Poit.*, 381.
Divé. *Par.*, i, 1093.
Divé. *Poit.*, 201, 426, 772, 839.
Divers. *Orl.*, 43.
Diversin. *Toul.-Mont.*, 60.
Divery. *Par.*, iv, 115.
Diveu. *Bret.*, ii, 444.
Divoute. *Als.*, 754.
Divou. *Als.*, 719.
Divoy. *Bourges*, 409.
Dixchat. *Bourg.*, ii, 379.
Diximier. *La Roc.*, 196.
Dixmude. *Fland.*, 203, 1091.
Dize. *Prov.*, i, 979, 1011.
Dizevin. *Fland.*, 776.
Dizier (St-). *Champ.*, 294. **V.**
Dizimière. *Daup.*, 212. V. Martin.
— *Lyon*, 57.
Doarre. *Montp.-Mont.*, 333.
Doat (de). *Béarn*, 3.
Dobaie. *Poit.*, 1541.
Dobbé. *Pic.*, 846.
Dobet. *Orl.*, 648.
— *Par.*, i, 1326.
Dobin. *Bourges*, 267.

Doby. *Bret.*, ii, 848.
— *Pic.*, 736.
Docei. *Champ.*, 128.
Doché. *Guy.*, 1037.
Dodard. *Par.*, iii, 17.
— *Par.*, i, 540.
— *Tours*, 406, 1182.
— *Vers.*, 65.
Dodat. *Lyon*, 604, 942.
Dodenon. *Champ.*, 798.
Doderet. *Pic.*, 585.
Dodet. *Lyon*, 671.
Dodeteau. *Poit.*, 606.
Dodieu. *Lyon*, 295, 522.
— *Par.*, i, 120.
— *Soiss.*, 410.
Dodingé. *Bret.*, i, 336.
Dodon. *Tours*, 853.
Dodoyer. *Mont.-Mont.*, 446, 453.
Dodun. *Bourg.*, i, 219.
— *Par.*, i, 895.
— *Par.*, ii, 648, 801, 807.
— *Par.*, iv, 270, 281.
Doé. *Champ.*, 108, 113.
— *Par.*, i, 549, 1213.
— *Par.*, ii, 357, 679.
Doesche. *Bourb.*, 349, 405, 446.
Doetu. *Champ.*, 238.
Doffus. *Als.*, 319.
Dogerdias. *Auv.*, 351, 358.
Dogère. *Lorr.*, 613.
Dogon. *Bret.*, ii, 423.
Dohet. *La Roch.*, 229, 240.
Dohin. *Tours*, 1117.
Doicieux. *La Roch.*, 175.
Doie (de). *Fland.*, 223, 784.
Doig (du). *Tours*, 1243.
Doilye. *Fland.*, 1039.
Doillet. *Par.*, i, 640.
Doiné. *Lyon*, 408.
Doineau. *Poit.*, 1167.
— *La Roch.*, 41.
Doinel. *Rouen*, 674.
Doiray. *Par.*, i, 1303.
Doire (la). *Guy.*, 1037.
Doirieu. *Par.*, iii, 480.
Doirvaux. *Poit.*, 630.
Doison. *Fland.*, 316.
Doisseau. *Tours*, 345.
Doissin. *Dauph.*, 200.
— *Prov.*, i, 1157.
Doit (du). *Orl.*, 806.
— *Par.*, i, 666.
— *Par.*, ii, 90.
— *Poit.*, 587.
Doize. *Mont.-Mont.*, 1423.

Dol. *Bret.*, II, 502.
— *Prov.*, I, 1062, 1167, 1096.
Dolars. *Lim.*, 439.
Dolas. *Par.*, II, 745.
Dolbeau. *Tours*, 997.
Doldain. *Tours*, 237.
Dole. *Prov.*, I, 837, 1319.
Dolet. *Bret.*, I, 337.
— *Fland.*, 982.
— *Limous.*, 458.
— *La Roch.*, 356.
Dolhopff. *Als.*, 457.
Dolhonde. *Guy.*, 883.
Dolier. *Toul.-Mont.*, 538, 987.
Dolin. *Bret.*, I, 214.
Dolive. *Par.* III, 358.
Dolle. *Prov.* III, 325.
Dollé. *Soiss.*, 232, 733.
Dollet. *Bourb.*, 69.
Dolli. *Fland.*, 1472.
Dollier. *Bret.*, I, 154, 500.
Dollin. *Bret.*, II, 1113.
Dollivier. *Prov.*, II, 660.
Dollo. *Bret.*, I, 621, 632.
Dollouere. *Tours*, 375.
Dollu. *Bret.*, II, 481.
Dolmère. *Lorr.*, 34.
Dolu. *Par.*, I, 218.
Domaigné. *Tours*, 1529.
Domanchère (la). *Bret.*, II, 756.
Dombale. *Champ.*, 196, 360.
Domballe. *Lorr.*, 479, 537.
Dombidau. *Béarn*, 138.
Dombras. *Soiss.*, 247.
Dombray. *Bourg.*, II, 146, 213.
Dombrock. *Als.*, 273.
Domecy (de). *Béarn*, 120, 121, 154.
Domedé. *Par.*, II, 466.
Domeni. *Prov.*, II, 664.
Domenié. *Toul.-Mont.*, 1305.
Domere. *Toul.-Mont.*, 78, 91, 1228.
Domergue. *Als.*, 272.
— *Montp.-Mont.*, 212, 239, 508, 509, 661, 1105, 1371, 1415, 1498.
— *Paris*, II, 578.
— *Toul.-Mont.*, 1158, 1175.
Domet. *Bourg.*, I, 1195, 1238.
Domeg. *Toul.-Mont.*, 1471.
Domfront. *Al.*, 1165.
Domilliers. *Paris*, I, 1288.
— *Paris*, II. 52, 668.
Domirge. *Champ.*, 345.
Domingon. *Toul.-Mont.*, 751.
Domingue (St-). *Bret.*, I, 154, 172, 201, 954.
Domingue. *Toul.-Mont.*, 744.

Dominicaines de Vic. (les religieuses) *Lorr.*, 568.
Dominisse. *Montp.-Mont.*, 196.
Domino. *Bourg.*, I, 477, 523.
— *Bourg.*, II, 28.
Dommagné. *Bret.*, I, 310.
Dommartin. *Bourg.*, II, 528.
— *Guy.*, 1116.
— *Par.*, III, 433.
Dommenget. *Guy.*, 877.
Domon. *Par.*, III, 307.
— *Rouen*, 15.
Dompère. *Lorr.*, 119. Ab.
Dompierre (de). *Pic.*, 257, 272, 449, 557.
Dompmartin. *Champ.*, 6, 34.
Domptey. *Bourg.*, I, 1070.
Don. *Bourg.*, I, 1187.
Don (du). *Lorr.*, 612, 613.
— Don. *Montp.-Mont.*, 184.
Donadie. *Poit.*, 849.
Donat. *Bourg.*, I, 702.
— *Bourg.*, II, 380.
— *Guy.*, 461.
— *Prov.*, I, 746.
Donauld. *Toul.-Mont.*, 27, 37.
Doncheri. *Champ.*, 157. V.
Doncœur. *Pic.*, 475.
Doncourt. *Lorr.*, 387.
Donde. *Prov.*, II, 353.
Dondel. *Bret.*, I, 121, 315, 359, 470, 522.
Doudin. *Bourg.*, II, 207, 212.
Done. *Par.*, I, 299.
Doney. *Bourg.*, I, 1157.
Dongay. *Bourg.*, I, 117, 119.
Donges. *Fland.*, 395.
Dongois. *Par.*, I, 879.
Donguy. *Lyon*, 237, 619.
Donier. *Bourg.*, I, 686.
Donix. *Poit.*, 1401.
Donnadieu. *Montp.-Mont.*, 49, 809, 858, 1480.
— *Prov.*, I, 353.
— *Toul.-Mont.*, 82, 525, 711, 1193.
Donnant. *Orl.*, 422.
Donneau. *Par.*, I, 801.
— *Par.*, II, 6, 812, 835, 904.
— *Vers.*, 129.
Donnel. *Al.*, 869.
Donnes. *Toul.-Mont.*, 1233.
Donnet. *Prov.*, I, 998, 1434.
Donneux. *Bourg.*, 963.
Donnieux. *Rouen*, 1154.
Donon. *Soiss.*, 383, 388, 790.
Dons (de) *Guy.*, 162.
Donseil (de). *Mont.*, 310, 1219.
Donton. *Fland.*, 839.

Donzel. *Lyon.*, 1044, 1050.
Donzi. *Bourg.*, 508. v.
Donzy. *Lyon*, 478, 1034.
Doprel. *Bourg.*, ii, 27.
Dor. *Fland.*, 285.
— *Prov.*, ii, 687.
Dorat. *Bourb.*, 101, 174.
— *Bret.*, ii, 1021.
— *Guy.*, 140, 1025.
— *Lim.*, 113, 202, 265, 266.
— *Lyon*, 170.
— *Orl.*, 687.
— *Par.*, i, 1238. 1262.
— *Par.*, ii, 314, 940, 1267.
— Dorbay. *Par.*, i, 1327.
Dorbay. *Par.*, i, 1327.
Dorbé. *Tours*, 1357.
Dorbes. *Tours*, 375.
Dorbey. *Montp.-Mont.*, 1566.
Dorcas. *Guy.*, 535.
Dorcel. *Prov.*, i, 408.
Dorchêmer. *Par.*, iv, 621.
Dorchevance. *Lorr.*, 66.
Dorcin. *Prov.*, i, 895, 1025.
— *Prov.*, ii, 796.
Dordan. *Poit.*, 1011.
Dordaygne. *Guy.*, 316.
Dordet. *Lyon*, 741.
— *Prov.*, ii, 372.
Doré. *Bret.*, i, 505, 775.
Doré. *Caen*, 97, 135.
Doré. (le). *Al.*, 473, 864.
Doré (le). *Bret.*, ii, 583.
— *Fland.*, 245.
— *Par.*, 1232, 1266, 1334.
— *Par.*, iii, 120, 149.
— *Poit.*, 837, 965, 1497, 1499, 1501.
— *Rouen*, 104, 262, 920.
Doreau. *Bourb.*, 414.
— *Bourges*, 474.
— *Par.*, ii, 1031.
Dorée. *Montp.-Mont.*, 824.
Dorègue. *Béarn*, 141, 145.
Dorein. *Prov.*, i, 982.
Dorel. *Montp.-Mont.*, 717.
— *Par.*, i, 113.
— *Prov.*, ii, 603.
Dorelli. *Toul.-Mont.*, 280.
Doremieux. *Par.*, i, 512.
Doresmieux. *Pic.*, 201.
Dorey. *Bourg.*, i, 1123.
— *Bourg.*, ii, 325, 479.
— *Daup.*, 586.
Dorgnon. *Prov.*, ii, 274, 558.
Dorgot. *Prov.*, ii, 367.
Dorgeoise (de). *Daup.*, 176.

Dorgon. *Prov.*, i, 358.
Dorguin. *Bourges*, 448. 504.
Doria. *Prov.*, ii, 142.
Doribeau. *Prov.* ii. 395.
Doridau. (*quater*) *Lorr.* 154.
Doridon. *Poit.*, 1514.
Dorie (la) *Montp.-Mont.*, 1569.
— *Par.*, iv, 1.
Dorieu. *Par.*, i, 902.
— *Par.*, ii, 308.
Dorieux. *Par.*, iii, 144.
— *Par.*, iv, 157.
Dorigny. *Par.*, iii, 356.
Dorignier. *Par.*, iii, 430.
Dorimus. *Tours*, 857.
Dorin. *Bourg.*, i, 1153.
Doringer. *Als.* 171, 1059.
Dorinière. *Orl.*, 676, 699.
Dorion. *Guy.*, 737.
— *Lim.* 70.
Doriple. *Mont.-Mont.*, 360.
Dorival. *Bourg.*, 591, 608, 612, 627, 642, 831, 832, 847, 1261.
Dorivillier. *Montp.-Mont.*, 827.
Dorjeu. *Fland.*, 1466.
Dormai. *Soiss.*, 143, 424, 814, 819.
Dormans (de). *Als.*, 240.
Dormaud. *Lyon*, 689.
Dorimeau. *Poit.*, 235, 629.
Dormoy. *Par.*, i, 761.
— *Par.*, ii, 60.
Dormux. *Soiss.*, 662.
Dormy. *Bourg.*, i, 279.
— *Fland.*, 34.
— *Pic.*, 799.
Dorne (de). *Daup.*, 389.
Dornezac. *Guy.*, 1126.
Dornet. *Bourg.*, i, 969, 1026.
Doro. *Guy.*, 970, 1016.
Doros. *Bourg.*, i, 577, 597, 694, 747, 1185.
Dorsans. *Bourg.*, i, 320
Dorsanville. *Orl.*, 944, 946.
Dorset. *Toul.-Mont.*, 23, 563, 567.
Dorsier. *Prov.* i, 234.
Dorsin, *Prov.*, i, 383.
Dorsner. *Als.*, 603.
Dorson. *Orl.*, 416.
— *Par.*, i, 275.
— *Par.*, ii, 678, 1054.
Dorsy. *Pic.*, 98.
Dort (du). *Par.*, i, 666.
Dortemant. *Montp.-Mont.*, 300.
Dortans. *Bourg.*, i, 11, 549, 1287.
— *Bourg.*, ii, 10, 21.
Dortans (de). *Dauph.*, 171, 236.

Dortenet. *Guy.*, 139.
Dortet. *Montp.-Mont.*, 220.
Dortie. *Guy.*, 906.
Dortous. *Montp.-Mont.*, 271, 295.
Dorval. *Vers.*, 246.
Dorvault. *Orl.*, 438.
Dorvo. *Bret.*, II, 609.
Dory. *Bourg.*, I, 576.
— *Par.*, III, 151.
Dos (St.-). *Béarn*, 116.
Dossonville. *Orl.*, 471.
Dostel. *Par.*, III, 365.
Dot (le). *Bret.*, II, 415, 528.
Dot. *Prov.*, I, 623.
Dou. *Prov.*, I, 1058.
Douai. *Champ.*, 860.
— v. *Fland.*, 19, 56, 422.
Douan (de). *Dauph.*, 323.
Doüan. *Soiss.*, 491, 498.
Douanne (de). *Orl.*, 970.
Douanne (le). *Tours.* 938.
Douard. *Bourges*, 38, 39, 391.
— *Par.*, I, 1299.
Douarin (le). *Bret.*, II, 44, 260, 579.
Douart. *Bret.*, II, 380.
— Douart. *Par.*, II, 805.
— *Tours*, 433, 1044.
Douat. *Guy.*, 889, 973.
Douault. *Orl.*, 26, 400, 604.
Douay (de). *Pic.*, 658, 724.
Douazit. *Guy.*, 1202.
Douazy. *Bourg.*, I, 424.
Doublard. *Tours*, 890, 1264, 1265.
Double. *Fland.*, 904.
— *Prov.*, I, 988.
Doublet. *Bourg.*, II, 169.
— *Caen*, 441, 678.
— *Lorr.*, 601.
— *Par.*, I, 34, 1219, 1222, 1232.
— *Par.*, II, 2, 49, 165, 597, 867, 868, 1177.
— *Par.*, III, 202.
— *Par.*, IV, 165, 691.
— *La Roch.*, 232.
— *Rouen*, 803.
— *Tours*, 1134.
Doublon. *Montp.-Mont.*, 1180.
Doublot. *Bourg.*, II, 243.
Doubre (le). *Par.*, I, 931.
— *Par.*, III, 14.
Doubrie (la). *Tours*, 1174.
Doucault. *Tours*, 956.
Doucel. *Par.*, II, 901.
Doucement. *Fland.*, 885.
Douceron. *Orl.*, 489.
Douc, *ou* Doue. *Poit.*, 1045.

Doucet (le). *Caen*, 183, 385, 569.
Doucet. *Champ.*, 93, 272, 343, 503, 864.
— *Daup.*, 145, 215, 415.
— *Fland.*, 548.
— *Orl.*, 409.
— *Par.*, I, 514, 742, 1129, 1239.
— *Par.*, II, 310.
— *Par.*, IV, 121.
— *Poit.*, 190, 509, 852.
— *Soiss.*, 227, 457.
— *Tours*, 626.
Douché. *Fland.*, 58, 217, 1119.
Doucheray. *Bourg.*, II, 356.
Douchet. *Bourg.*, II, 382.
— *Pic.*, 572.
Douchin. *Bret.* II, 914.
Doucieux (de). *Bourg.*, II, 295.
Doudan. *Poit.*, 1351.
Doudard. *Bret.* I, 6, 853.
Doudart. *Bret.*, II, 1123.
Doudas. *Guy.*, 954.
Doudel. *Bret.*, II, 401.
Douder. *Prov.*, II, 425.
Doudet. *Guy.*, 913.
— *Rouen*, 910.
Doudinot. *Lim.*, 153, 154.
Doudon (de). *Prov.*, II, 463.
Doué. *Champ.*, 465.
Doué (la). *Guy.*, 975.
Doué (de). *Lorr.*, 346.
Doué. *Tours*, 180. v.
Douen. *Champ.*, 693.
— *Par.*, III, 481.
Doueres (de). *Prov.*, II, 616.
Douës. *Béarn*, 121.
Douespe (la). *Poit.*, 1185.
Douestiau. *Tours*, 970.
Doüet (du). *Al.*, 397, 1063.
— *Caen*, 433.
Douet. *La Roch.*, 187, 204.
— *Toul.-Mont.*, 1276.
Douey. *Bourg.*, I, 947, 1159.
Doucz. 834.
Dougé. *Bret.*, II, 1087.
Douges. *Guy.*, 794.
Douguignan. *Dauph.*, 413.
Douhault. *Champ.*, 706.
— *Par.*, II, 232.
Douhaut. *Bourges*, 52, 243.
Douhet. *Auv.*, 114, 128, 476, 579, 581.
Douhet (de). *Lim.*, 286, 290.
Douhin. *Bourg.*, I, 244.
Douaillard. *Rouen*, 922.
Douillet. *Fland.*, 247.

Douin. *Poit.*, 775.
Douinet. *Bourg.*, I, 156.
Douis. *Prov.*, II, 820.
Douis (des). *Al.*, 742.
Doujat. *Par.*, 268, 521, 868, 905.
— *Par.*, II, 417, 559, 1126.
— *Par.*, IV, 177.
— *Toul.-Mont.*, 30, 464.
Doujet. *Rouen*, 398.
Douleau. *Bret.*, II, 1087.
Doulec (le). *Bret.*, II, 255.
Doulinger. *Als.*, 425.
Doullé. *Bourges*, 2, 8, 332.
— *Orl.*, 129, 131, 356.
— *Par.*, IV, 381, 397.
— *Rouen*, 436, 1189.
Doullerot. *Orl.*, 532.
Doulmet. *Montp.-Mont.*, 48.
Doulsat. *Toul.-Mont.*, 1473, 1481, 1482.
Doultre. *Bourb.*, 176, 352.
Doulx (le). *Guy.*, 118.
Doumenge. *Toul.-Mont.*, 102.
Doumengin. *Par.*, II, 253, 293.
Doumissan. *Guy.*, 12.
Dounion (du). *Guy.*, 1091.
Dounon. *Lorr.*, 602.
Douper. *Als.* 656.
Dourdaine. *Orl.*, 698.
Dourdin. *Orl.*, 545.
Dourdon. *Auv.*, 536.
Dourdu. *Bret.*, I, 291.
Doure (le). *Caen*, 724.
Dourgny. *Bret.*, II, 55.
Douri. *Rouen*, 818, 854.
Dourlens. *Pic.*, 257, 261.
Dournault. *La Roch.*, 408.
Dourne. *Lorr.*, 346.
Dournel. *Par.* II, 333.
— *Par.*, III, 598.
— *Pic.*, 368, 410, 702.
Doursin. *Prov.*, I, 900.
Dourville (la). *Montp.-Mont.*, 213.
Dousiech. *Toul.-Mont.*, 1081, 1098.
Doussain. *Auv.*, 122.
Doussé. *Bret.*, II, 400.
Dousseau. *Bret.*, II, 415.
— *Par.*, II, 287, 621, 898.
— *Par.*, III, 185.
— *Tours*, 1134.
Doussel. *Fland.*, 326.
Dousseron. *Poit.*, 154.
Dousset. *Tours*, 1069, 1298.
Doussous. *Guy.*, 847.
Doustet. *Poit.*, 438, 440.
Douté. *Bourges*, 214.

— *Par.*, I, 228.
Doutey. *Bourg.*, I, 1262.
Doutrel. *Soiss.*, 365.
Doutremer. *Bret.*, II, 448.
Doutres. *Toul.-Mont.*, 1481.
Douveau. *Al.*, 988.
Douvet. *Lyon*, 942.
Douvil. *Soiss.*, 191.
Douville. *Al.*, 477.
— *Rouen*, 1056, 1389.
Douvillé. *Fland.*, 1367.
Douvoi. *Fland.*, 1031.
Douvot. *Bourg.*, I, 1230.
Douvre (le). *Tours*, 883.
Douvry. *Pic.*, 868.
Doux (le). *Al.*, 435.
— *Bourges*, 254.
— *Bret.*, II, 837.
— *Champ.*, 239, 335.
— *Fland.*, 507, 1258.
— *Orl.*, 733.
— *Par.*, I, 224, 871.
— *Par.*, III, 134, 371, 379, 389, 550.
— *Rouen*, 367, 368, 388, 396, 720.
— *Soiss.*, 53, 151, 307, 517.
— *Toul.-Mont.*, 1108.
Douyau. *Toul.-Mont.*, 1244.
Douzami. *Poit.*, 478.
Douzan. *Guy.*, 941.
Douzat (du). *Auv.*, 498.
Douze (la). *Als.*, 5.
— *Bourg.*, II, 4.
— *Lyon*, 933.
Douzé. *Als.* 725.
Douzel. *Bourg.*, II, 273.
Douzenac, *ou plutôt* Donzenac. *Lim.*, 441.
Douzon. *Guy.*, 1134, 1137, 1138.
Douzy. *Als.*, 658.
— *Bourg.*, I, 414.
Dovelli. *Toul.-Mont.*, 280.
Doxeron. *Bourg.*, I, 1016.
Doyard. *Bourb.*, 460.
— *Caen*, 292.
— *Par.*, I., 365.
Doyel. *Prov.*, I, 1364.
Doyen (le). *Al.*, 243, 453.
Doyen. *Als.*, 200.
Doyen. *Bourg.*, I, 953, 955.
Doyen (le). *Fland.*, 617, 1440.
— *Par.*, II, 61, 311.
— *Par.*, III, 464, 474.
Doyen (le). *Par.*, I, 756.
— *Rouen*, 267, 297, 305, 313, 1254.
— *Tours*, 1001, 1025, 1035.
Doyer (du). *Auv.*, 428.

— *Bourges*, 287.
Doyer (du). *Orl.*, 664.
— *Vers.*, 154.
Doyen. *Dauph.*, 439.
Doyseau. *Bret.*, I, 414.
Dozanne. *Champ.*, 336.
Dozil. *Montp.-Mont.*, 356.
Dozin. *Poit.*, 870.
Dozol. *Prov.*, I, 1391.
Drac (du). *Poit.*, 89.
Drac. *Prov.*, II, 147.
Drac (du). *Rouen*, 911.
Draeck (de). *Fland.*, 719.
Dragon. *Fland.*, 104, 127.
— *Pic.*, 51, 397, 601.
— *Prov.*, I, 1053, 1167.
— *Prov.*, II, 441, 455.
Dragonne. *Orl.*, 522.
Draguie (la). *Lorr.*, 627.
Drake. *Bret.*, II, 16.
Dramard. *Rouen*, 1264.
Dran (le). *Par.*, I, 1141.
Drancher. *Caen*, 644.
Drandorff. *Als.*, ...
Drantière (la). *Dauph.*, 465.
Drap. *Bourg.*, II, 370.
Drapeau. *La Roch.*, 408, 433.
Drapier. *Al.*, 963.
— *Lyon*, 727.
— *La Roch.*, 250.
Drapiers (les) de Luxembourg. *Lorr.*,
683.
Drapiers (les) (*commun.*). *Poit.*, 457,
544, 704, 719, 1285, 1295, 1303.
— de Marville. *Lorr.*, 632.
— de Metz. *Lorr.*, 614.
Drapron. *Poit.*, 1165.
Draud. *Poit.*, 228, 514, 515, 1166.
Dravedon. *Prov.*, I, 923.
Dray (de). *Bourb.*, 60.
Drée (de). *Lyon*, 244.
Dregant. *Bret.*, II, 561.
Drenée (du). *Bret.*, I, 212, 558.
Dresic (du). *Bret.*, I, 118, 355, 646,
982.
Dresnay (du). *Bret.*, I, 53, 256, 259,
275, 291, 663, 669, 709.
— *Bret.*, II, 579.
Dreuil (de). *Bourb.*, 107, 110, 115,
326.
Dreux. *Fland.*, 15, 962.
— *Guy.*, 799.
— *Par.*, I, 907, 1146, 1147.
— *Par.*, II, 36, 558, 933, 1106, 1107,
1151.
— *Par.*, IV, 66. V.

— *Poit.*, 14, 39, 65, 101, 380, 564,
585, 1236, 1242.
— *Tours*, 200, 232, 240, 309, 491,
1387.
Dreuillard. *La Roch.*, 142.
Dreveton. *Prov.*, I, 449.
Driancourt. *Pic.*, 538.
— *Fland.*, 279, 301, 623.
Driencourt. *Soiss.*, 132, 494, 690,
733.
Drière (la). *Fland.*, 276, 513, 802,
1004, 1120.
Driger. *Toul.-Mont.*, 81.
Drignet. *Als.*, 670.
Drillault. *Poit.*, 1368, 1389.
Drillet. *Bret.*, II, 234.
Drillon. *La Roch.*, 379, 392.
Drincqbis. *Pic.*, 737.
Drivet. *Lyon*, 429.
— *Prov.*, I, 758.
Drivon. *Lyon*, 957.
Drobois. *Par.*, III, 375.
Drogis. *Poit.*, 1341.
Droguat. *Dauph.*, 70.
Drogue. *Prov.*, I, 1011.
Droisière (la). *Orl.*, 51.
Droit. *La Roch.*, 372, 380, 393.
Droit (de). *Champ.*, 628.
Droit (le). *Par.*, II, 784, 1060.
— *Soiss.*, 264.
Dromet. *Champ.*, 100.
Dron. *Fland.*, 826.
Dronier. *Bourg.*, I, 879.
Dronot. *Lorr.*, 146, 164.
Drop. *Bourg.*, I, 1169, 1172, 1173,
1178.
Droslin. *Als.*, 1062.
Drossanges (de). *Auv.*, 498.
— *Montp.-Mont.*, 1446.
Drossei. *Al.*, 75, 605.
Drot (du). *Soiss.*, 488, 573, 551, 518.
Drouaire. *Al.*, 1062.
Drouallen. *Bret.*, I, 709.
Drouancé. *Soiss.*, 751.
Drouard. *Bret.*, II, 490.
— *Lorr.*, 295.
— *Orl.*, 133.
— *Par.*, I, 229, 1173.
— *Par.*, II, 300.
— *Par.*, IV, 466.
— *Prov.*, I, 960.
— *Tours*, 1082, 1207, 1469.
Drouart. *La Roc.*, 187.
Drouas. *Bourg.*, I, 315.
— *Bourg.*, II, 259.
— *Bret.*, II, 856.

Drouault. *Poit.*, 1226.
— *Soiss.*, 251.
— *Tours*, 984.
Druayz (de). *Bourg.*, i, 195.
Drouel. *Als.*, 720.
Drouer. *Bret.*, ii, 202.
— *Tours*, 151.
Drouet. *Bret.*, i, 7, 160, 182, 203, 205, 378, 382, 880, 887.
— *Bret.*, ii, 163, 171, 250.
— *Champ.*, 237.
— *Fland.*, 603.
— *Lyon*, 165.
— *Par.*, i, 1131.
— *Par.*, ii, 52, 902.
— *Prov.*, i, 719.
— *Rouen*, 414.
— *Tours*, 436, 937, 975, 1389.
Drouette. *Par.*, iii, 529.
Drouhet. *Poit.*, 436.
Droüi. *Soiss.*, 661.
Drouilhe. *Montp.-Mont.*, 619.
Drouillard *Guy.*, 827, 1046.
Drouillart. *Tours*, 96.
Drouillet. *Bourb.*, 614.
— *Guy.*, 98, 641.
— *Par.*, i, 249.
Drouillon. *Orl.*, 376, 538.
— *La Roc.*, 2.
Drouin. *Als.*, 7.
— *Lorr.*, 100, 101, 146, 156, 183, 188.
— *Orl.*, 97, 287, 378.
— *Par.*, i, 850, 1126, 1203.
— *Par.*, ii, 403, 1146.
— *Poit.*, 1446.
— *Prov.*, ii, 442.
— *Soiss.*, 27, 387.
— *Tours*, 44, 237, 499, 568, 1052, 1057, 1063.
— *Vers.*, 118, 144.
Drouineau. *Poit.*, 478, 650, 826, 1329, 1342.
— *Tours*, 961, 967, 1077, 1523.
Drouix. *Guy.*, 963.
Drouon. *Fland.*, 690.
Drouot. *Bourg.*, ii, 15, 63.
Droüot. *Lorr.*, 22, 146, 164, 524.
Drouslin. *Als.*, 6, 8, 10, 13, 16, 327. 374, 554, 600, 615, 747, 749, 751, 761, 770.
— *Bourges*, 260.
Droyerer. *Soiss.*, 353.
Dru (le). *Fland.*, 1035.
Dru. *Par.*, ii, 843.
Druais. *Bret.*, ii, 1123.
Druant. *Fland.*, 1169.

Druard. *Fland.*, 11, 248, 260, 1362.
Druays. *Bret.*, i, 164, 179.
Drudes. *Caen*, 136, 544.
Drué. *Fland.*, 592.
Druel. *Al.*, 461.
— *Rouen*, 104, 542.
Druet. *Bourg.*, ii, 293.
— *Bret.*, ii, 1107.
— *Lyon*, 428.
Druffin. *Par.*, iv, 543.
Drugeon. *Par.*, iii, 490.
Druilhe (de). *Toul.-Mont.*, 143, 144.
Druilhet. *Toul.-Mont.*, 885.
Druilherg. *Toul.-Mont.*, 639.
Druillet. *Tours*, 285.
Druillette. *Bourb.*, 537.
Druillon. *Orl.*, 738, 760.
Druinot. *Par.*, iii, 423.
Drujou. *Lyon*, 317.
Drulhe. *Toul.-Mont.*, 65, 1078.
Drumard. *Al.*, 40.
Drumarc. *Rouen*, 346.
Druot. *Bourg.*, ii, 341.
Druotte. *Fland.*, 967.
Drun. *Guy.*, 48.
Duassey. *Bourg.*, i, 1151.
Duberon. *Fland.*, 112, 213.
Duberti. *Lorr.*, 40.
Dubeuf. *Vers.*, 181.
Dubin. *Orl.*, 738.
Dubroy. *Par.*, iv, 535.
Dubré. *Tours*, 1213.
Duby. *Lyon*, 474.
Duc. *Bourg.*, i, 604.
Duc (le). *Als.*, 340.
— *Bret.*, i, 195, 901, 930.
— *Bret.*, ii, 365, 605.
— *Caen*, 29, 98, 184, 383, 515, 744.
— *Champ.*, 22, 23, 359, 378.
— *Fland.*, 8, 280, 961, 1497.
Duc (du). *Guy.*, 813, 829.
Duc. *Lyon*, 127.
— *Montp.-Mont.*, 717.
Duc (du). *Orl.*, 152.
Duc (le). *Par.*, i, 310, 819, 1265.
— *Par.*, ii, 919.
— *Par.*, iii, 178, 394.
— *Par.*, iv, 474.
— *Poit.*, 157, 759.
— *Rouen*, 242, 848.
— *Soiss.*, 720.
Duc. *Toul.-Mont.*, 1003.
Duc (le). *Tours*, 810, 1458, 1464.
Ducade. *Toul.-Mont.*, 962.
Ducail. *Auv.*, 501.
Ducant. *Montp.-Mont.*, 1325, 1326.

Ducard. *Bourg.*, I, 1213.
Ducault. *Guy.*, 366.
Duceau. *Guy.*, 878.
Ducel. *Toul.-Mont.*, 622.
Duchat (le). *Lorr.*, 221, 383, 385 bis, 649, 653.
Duché. *Als.*, 711.
— *Bourb.*, 333.
— *Montp.-Mont.*, 6.
— *Par.*, II, 636.
— *Pic.*, 835.
Duchic. *Toul.-Mont.*, 322.
Duchon. *Bret.*, II, 470, 488.
— *Dauph.*, 49, 405.
— *Fland.*, 1146.
— *Lyon*, 777.
Ducla. *Guy.*, 504, 780.
Ducrion. *Pic.*, 725.
Dudanjon. *Bourges*, 408.
Dudart. *Soiss.*, 812.
Dudenault. *Poit.*, 1241.
Dudere. *Rouen*, 44.
Dudon. *Guy.*, 824, 974.
— *Lorr.*, 612, 613.
Duculny. *Lyon*, 290.
Ducz. *Par.*, I, 744.
Duf (le). *Bret.*, II, 1035.
Dufferie (la). *Tours*, 399, 901, 1356.
Dufin. *Bourg.*, I, 733.
Dugas. *Par.*, IV, 39, 74.
Duget. *Poit.*, 1207, 1209.
Dugla. *Par.*, III, 362.
Duglas. *Bourg.*, I, 15.
Dugonc. *Toul.-Mont.*, 953, 985.
Duguay. *Bourg.*, II, 4, 365.
Dugué, *Bourg.*, II, 4.
Duguer. *Prov.*, I, 1187.
Duguie (la). *Guy.*, 686.
— *Toul.-Mont.*, 230, 251, 256.
Duhil. *Bret.*, II, 465.
Duhot. *Al.*, 763.
Duicque. *Bourges*, 259.
Duis (de). *Bourges*, 455.
Duisse. *Guy.*, 326.
Duit (du). *Par.*, IV, 298.
Dujai. *Guy.*, 214.
Dulard. *Prov.*, I, 615.
Dulez. *Bret.*, II, 532.
Dully. *Pic.*, 715.
Dumain. *Bret.*, II, 281.
Dumalle. *Guy.*, 103.
Dumiéré. *Lyon*, 786.
Damler. *Als.*,
Dun (de). *Rouen*, 769, 788.
Dun-le-Roy. *Bourges*, 212. V.
Dunant. *Als.*, 686.

— *Orl.*, 521.
Dunau. *Guy.*, 397.
Dunegon. *Lim.*, 365.
Duner. *Guy.*, 1039.
Duner (de). *Montp.-Mont.*, 289.
Dunier. *Guy.*, 1147.
Dunkerque. *Fland.*, 177, V.
Dunod. *Bourg.*, I. 1280.
Duon. *Lyon*, 87, 336.
Dupi. *Prov.*, II, 736.
Dupée. *Guy.*, 1198.
Duplenin. *Als.*, 279.
Dupio. *Prov.*, II, 183.
Duprat. *Prov.*, II, 714.
Dupy. *Lyon*, 748.
— *Prov.*, I, 135.
Duquet. *Lyon*, 469.
Duraguet. *Bourg.*, I, 557.
Durand. *Al.*, 112, 243, 281, 430, 459, 698, 863, 870, 962.
— *Auv.*, 36, 77, 89, 246, 283, 293, 353, 435.
— *Bourb.*, 309.
— *Bourges*, 508, 509.
— *Bourg.*, I, 75, 249, 252, 266, 282, 287, 331, 531, 650. 855, 1080, 1170.
— *Bourg.*, II, 2, 75, 80, 85, 95, 112, 177, 179, 272, 365, 476, 616.
— *Bret.*, I, 4, 506, 808.
— *Bret.*, II, 126, 210, 550, 605, 839.
— *Caen*, 153. 163, 399, 555.
— *Champ.*, 388, 593, 717, 880, 885, 897.
— *Dauph.*, 65, 71, 72. 112, 187, 289, 321, 322, 324, 398, 462.
— *Guy.*, 306, 429, 456, 458, 545, 1080, 1089, 1109, 1171, 1172.
— *Lim.*, 251.
— *Lor.*, 96, 196, 214, 459, 507, 630. 651.
— *Lyon*, 75, 97, 161, 293, 450, 613, 629, 639, 853, 959.
— *Montp.-Mont.*, 6, 26, 52, 68, 207, 208, 211, 251, 355, 417. 597, 646, 810, 852. 955, 956, 1440.
— *Par.*, IV, 553.
— *Pic.*, 810.
— *Poit.*, 200, 229, 372, 382, 541, 653, 959, 1228, 1453.
— *Prov.*, I, 57, 68, 133, 173, 216, 566, 703, 706, 750, 794, 817, 824, 827, 1061, 1164, 1165, 1245, 1260, 1410.
— *Prov.*, II. 341, 398. 495. 684, 693, 694.

— *La Roch.*, 16, 38. 196, 242.
— *Rouen*, 506, 541, 597, 666, 778, 880, 1239, 1295, 1250,
— *Toul.-Mont.*, 30, 63, 290, 292, 293, 391, 473, 722, 765, 767, 845, 1042, 1090, 1118, 1121, 1184. 1382.
— *Tours*, 239, 419. 796, 893, 938, 1178, 1508, 1522.
— *Vers.*, 82, 193.
Durande. *Toul.-Mont.*, 1292.
Durandel. *Fland.*, 1103.
Durandet. *Bourg.*, II, 533.
Durant. *Als.*, 115.
— *Orl.*, 333, 337, 348, 349, 535, 924.
— *Par.*, I, 55, 314, 720, 836, 929, 944, 1258.
— *Par.*, II, 27, 559, 947, 1058, 1072, 1151.
— *Par.*, III, 253, 316, 317, 396.
— *Soiss.*, 558, 559, 781, 782, 783, 786.
Durantet. *Montp.-Mont.*, 631.
— *Prov.*, I, 635.
Duranti. *Prov.*, I, 1024.
— *Prov.*, II, 335, 352.
Durantic (la). *Auv.*, 574.
Durantin. *Lyon*, 1017.
Duranty. *Als.*, 374.
Duranville, *Al.*, 883.
Duras. *Par.*, II, 220.
Durasse. *Als.*, I, 1018.
Durat (de). *Bourb.*, 494, 577.
Duraud. *Bourg.*, 313.
Duraud. *Lyon*, 75, 97, 161, 293, 450, 613, 629, 639, 853, 959.
— *Prov.*, I, 1123.
Duraude (de). *Lorr.*, 202.
Durban. *Champ.*, 542, 543, 544.
— *Toul.-Mont.*, 231, 951, 1098.
Durbé. *Par.*, I, 1072.
Durbec. *Montp.-Mont.*, 793, 885.
— *Prov.*, I, 922.
Durbellière (la). *Tours*, 943.
Durbiat. *Auv.*, 460.
Durbois (de). *Orl.*, 536, 1005.
Durcan. *Poit.*, 823.
Durcet. *Pic.*, 129.
Durcez (de). *Orl.*, 165.
Durckem. *Als.*, 866.
Durcot. *Poit.*, 621, 631.
Durdan. *Rouen*, 246.
Durdos. *Béarn*, 35, 147.
Duré. *Toul.-Mont.*, 1379.
Dureau. *Bret.*, II, 308, 1065.

— *Champ.*, 598.
— *Guy.*, 1023.
— *Poit.*, 104, 508.
Duressier. *Bourg.*, I, 688.
Duremburguer. *Als.*, 843.
Durency. *Bourg.*, I, 1031.
Duret. *Bourb.*, 274.
— *Bourg.*, II, 35, 225.
— *Champ*, 225, 878.
— *Lorr.*, 254.
— *Lyon*, 57, 85, 167, 953.
— *Montp.-Mont.*, 524.
— *Par.*, III, 37, 287, 379.
— *Par.*, II, 564, 669.
Duretal (de). *Bourg.*, I, 108.
Duretal. *Tours*, 1531, V.
Dureteste. *Bret.*, I, 154.
— *Champ.*, 878.
Durevie. *Caen*, 271, 275, 324.
Dureville. *Bret.*, I, 886.
Durey. *Bourg.*, I, 95.
— *Bourg.*, II, 258.
— *Paris*, II, 350.
Durfort. *Guy.*, 50, 165, 252, 492, 498, 512, 536.
— *Lim.*, 249.
— *Montp.-Mont.*, 1101, 1183.
— *Par.*, I, 1182.
— *Par.*, II, 6, 434, 499, 645.
— *Par.*, III, 91.
— *Poit.*, 303.
— *Toul.-Mont.*, 894, 1025.
Duri. *Fland.*, 34.
— *Poit.*, 724.
Durian. *Par.*, IV, 560.
Duriat. *Auv.*, 115.
Durié. *Par.*, I, 405.
Durier. *Bourg.*, I, 439.
— *Fland.*, 1259.
Duriés. *Toul.-Mont.*, 1339.
Duriez. *Pic.*, 660.
Durieux. *Par.*, II, 787.
Durif. *Auv.*, 115.
Durin. *Auv.*, 453.
Duris. *Bourb.*, 432.
— *Dauph.*, 402.
— *Par.*, IV, 241.
Durland. *Poit.*, 1301.
Durlat. *Prov.*, II, 709.
Durlin. *Pic.*, 498.
Durnay. *Bourg.*, I, 1071.
Durmant. *Dauph.*, 593.
Duroi. *Toul.-Mont.*, 944, 975.
Duron. *Toul.-Mont.*, 813.
Durondeau. *Fland.*, 1499.
Durot. *Par.*, III, 145.

Durrane. *Prov.*, I, 708.
Durrieu. *Montp.-Mont.*, 1080.
— *Toul.-Mont.*, 1030, 1101, 1103, 1172, 1331, 1408.
Dursel. *Pic.*, 157.
Dursens. *Fland.*, 878.
Durson. *Tours.*, 1004.
Duru. *Par.*, I, 24, 219, 348, 545, 865, 916, 1209.
— *Par.*, II, 333.
— *Soiss.*, 558.
Durvau. *Tours*, 1179.
Dury. *Bret.*, I, 50.
— *Lyon*, 653, 1049.
— *Par.*, III, 494.
Duryer (de). *Vers.*, 222.
Durzet. *Guy.*, 1159.
Dussap. *Toul.-Mont.*, 663.
Dussaud. *La Roch.*, 168, 424.
Dussau. *Toul.-Mont.*, 1286, 1282.

Dussaut. *Montp.-Mont.*, 359.
— *Toul.-Mont.*, 624.
Dussé. *Par.*, I, 702.
Dussi. *Rouen*, 1315.
Dusson. *Bourg.*, II, 577.
Dussueil. *Prov.* II, 730.
Dussuel. *Prov.*, II, 805.
Dussus. *Béarn*, 155.
Dustes. *Toul -Mont.*, 1342.
Duston. *Al.*, 1054.
Dutelle. *Lorr.*, 95.
Duten. *Guy.*, 1212.
Dutrun. *Lorr.*, 490.
Duverdan. *Rouen*, 272.
Duvet (le). *Rouen*, 318.
Duvete. *Fland.*, 1145.
Duxio. *Lyon.*, 104, 519.
Duyé. *Poit.*, 703.
Duzily. *Montp.-Mont.*, 1353.
Dyel. *Par.*, IV, 63.

E

Eaux et forêts de Bar. (la maîtrise des). *Lorr.*, 152.
Ebelman. *Als.*, 705.
Eberard. *Als.*, 262, 281.
Ebérard. I, *Bret.*, 196, 437.
Eberard. *Bret.*, II, 430, 435.
— *Lorr.*, 647.
Ecacher. *Al.*, 893.
Ecaillet. *Bourg.*, II, 330.
Ecarant. *Bret.*, II, 595.
Echallier. *Tours*, 1202.
Echasseau. *Poit.*, 1131.
Echaudé (l'). *Rouen.* 985.
Echel. *Bret.*, II, 570.
Ecker. *Als.*, 179.
Eclesia (d'). *Tours.*, 308.
Ecluse (l') *Al.*, 740.
— *Bourb.*, 438.
— *Bret.*, I, 701.
— *Orl.*, 388, 437, 475.
— *Par.*, I, 1235.
— *Par.*, IV, 445.
Ecolasse. *Bret.*, II, 399, 406.
Ecorce (l'). Voy. l'Escorce. *Poit.*, 639.
Ecossois (l'). *Fland.*, 186.
Ecotière. *Poit.*, 763, 765, 827.
Ecouttes (des). *Par.*, I, 753, 1102.
Ecures (des). *Bourb.*, 14, 277, 250, 450.
Ecures. *Bourges*, 16, 76.

Ecusson (l'). *Toul.-Mont.*, 1205.
Ecuyer (l'). *Fland.*, 196, 362.
Edain. *Bret.*, I, 778.
Edelin. *Bret.*, II, 474.
Edeline. *Al.*, 560.
— *Bret.*, II, 443.
— *Par.*, I, 1284.
— *Par.*, II, 374.
— *Vers.*, 223.
Edell. *Als.*, 473.
Edellouth. *Als.*, 85.
Edemin. *Bret.*, I, 774.
Edern. *Bret.*, II, 1035.
Ediard. *Al.*, 981.
Edmé. *Lyon*, 49.
Edouard (d'). *Bourg.*, I, 334, 405.
Edouart. *Al.*, 4, 697, 760.
— *Pic.*, 201.
— *Soiss.*, 530.
Edouis. *Prov.*, II, 227.
Eduard. *Lorr.*, 567.
Edy. *Bret.*, II, 621.
Effoais (des). *Dauph.*, 498.
Effroy. *Orl.*, 627, 667.
Egard. *Pic.*, 828.
Egasse. *Par.*, IV, 556.
Egisheim. *Als.*, 194. V.
Eglise (l'). *Guy.*, 93.
— *La Roch.*, 228.
Egletons. *Lim.*, 170.
Egmont. *Par.*, I, 1230.

Egresset. *Orl.*, 723.

Egrot. *Orl.*, 8, 14, 331, 342, 345, 353, 354, 361, 453, 499.

Eguilletin. *Prov.*, I, 1231.

Eguisier (d'). *Prov.*, I, 448, 460, 534, 668, 821, 81, 1007.

Ehret. *Als.*, 85.

Ehvinger. *Als.*, 206, 220.

Eicignon. *Lorr*, 307.

Eiden. *Prov.*, I, 495.

Eidier (d'). *Montp.-Mont.*, 1310.

— *Prov.*, II, 464.

Eidieu. *Par.*, II, 696.

Eidins. *Prov.*, I, 660.

Eidous. *Prov.*, I, 447, 956.

Eieb (d'). *Als.*

Eigalier (d'). *Montp.-Mont.*, 436, 510, 521.

Eiglun (d'). *Prov.*, I, 289, 327, 1441.

Eigna (d'). *Toul.-Mont.*, 131.

Eiguisier (d'). *Prov.*, II, 332, 358.

Eiguyer. *Prov.*, II, 809.

Eiltz (d'). *Lorr.*, 546.

Eimard (d'). *Prov.*, II, 596.

Eimeri. *Dauph.*, 156, 166, 241, 402, 598.

Eimini. *Prov.*, II, 50, 96, 98, 142, 614, 615, 704.

Einard. *Dauph.*, 308.

— *Prov.*, II, 69.

Einaud. *Prov.*, I, 47, 312, 1142.

Einautier. *Prov.*, II, 734.

Einville (d'). *Lorr.*, 296.

Eiraud. *Dauph.*, 12, 26, 173, 392.

— *Guy.*, 445.

Eiriés. *Prov.*, I, 1444.

Eisenchmit. *Als.*, 290. voyez d'Erichaussen.

Eissautier. *Prov.*, II, 398, 624, 715, 748, 781, 782.

Eivolas. *La Roch.*, 240.

Elaines (d'). *Poit.*, 1195.

Elbenne. *Par.*, I, 174.

Elbenne (d'). *Par.*, II, 156.

Elbeuf (d'). *Par.*, II, 368.

— *Rouen*, 1224.

Elbode. *Fland.*, 731, 737.

Elborde. *Fland.*, 1233.

Election de Chastellerault. *Poit.*, 401.

Elfaut (d'). *Soiss.*, 103, 216.

Elian. *Par.*, I, 1157.

Elie. *La Roch.*, 271, 306.

— *Rouen.* 1227.

Eliebault de Luxembourg, confr. (St.-). *Lorr.*, 684.

Elier (St.-). *Pic.*, 753.

Eliés. *Al.*, 578, 819, 1184.

— *Par.*, III, 255, 256.

Elinck. *Fland.*, 1058.

Elisabeth de Metz. Monast. (Ste-). *Lorr.*, 563.

Elisabeth des deux amans (religieuse de Sainte-). *Lyon*, 909.

Elix. *Montp.-Mont.* 124.

Elne. *Toul.-Mont.*, 1456. v.

Eloi (St.-). *Lorr.*, 63. confrérie.

Eloy. *Bourg.*, II, 509.

— *Pic.*, 889.

Elsasser. *Als.*, 1031.

Elsenheim (d'). *Als.*, 244, 260.

Eltz (d'). *Als.*, 323, 782.

Elvange (d'). *Lorr.*, 568.

Elvède (d'). *Fland.*, 1153.

Elzierre. *Montp.-Mont.*, 918.

Emolle. *Guy.*, 834.

Emanuel. *Prov.*, I, 1029.

Emart. *Pic.*, 449.

Embel (d'). *Guy.*, 653.

Embriet. *Lorr.*, 688.

Embrun. *Dauph.*, 521. v.

— *Prov.*, II, 91.

Emé. *Dauph.*, 39, 129, 223, 237.

— *Rouen*, 91.

— *Toul.-Mont.*, 339.

Emelin. *Pic.*, 529.

Emenard. *Prov.*, II, 523.

Emeri. *Rouen*, 794.

Emeric. *Guy.*, 1115.

— *Prov.*, I, 118.

Eméric (l'). *La Roch.*, 213.

Emerick. *Als.*, 26, 462.

Emerie. *Prov.*, II, 439.

Emery. *Fland.*, 1169.

— *Montp.-Mont.*, 828.

— *Orl.*, 737, 836.

— *Par.*, I, 1202.

— *Par.*, II, 185, 527.

— *Par.*, IV, 202, 722.

— *Pic.*, 583.

— *Tours*, 1227, 1444.

Emerye. *Prov.*, I, 147, 47, 1061, 1148.

Emillard. *Bret.*, II, 584.

Emimbre. *Toul.-Mont.*, 675.

Eminère. *Pic.*, 889.

Emmerez. *Par.*, I, 1076.

Emond. *Al.*, 846.

— *Par.*, 394.

Emonin. *Par.*, III, 120.

Empereur (l'). *Bourb.*, 410.

— *Caen*, 503.

— *Dauph.*, 330.

Empereur (l'). *Fland.*, 188.
— *Par.*, ii, 279.
Empérière (l'). *Caen*, 241, 253, 255, 269, 445, 447, 752.
— *Rouen*, 787, 638.
Empérogez. *Prov.*, i, 544.
Empio. *Fland.*, 1397.
Empis. *Pic.*, 369.
Emplinne (d'). *Fland.*, 1317.
Emporte. *Als.*, 223.
Emskerke (d'). *Bourg.*, i, 607.
Enard. *Lorr.*, 222, 461.
Enaud (d'). *Prov.*, i, 136.
Encausse (d'). *Toul.-Mont.*, 1387.
Enchère (l'). *La Roch*, 189, 349.
Enclos (des). *Par.*, i, 93.
Enezard. *Orl.*, 799.
— *Pic.*, 732.
Enfandieu (l'). *Bret.*, i, 159.
Enfans (des). *Fland.*, 75, 77.
Enfant (l'). *Bret.*, i, 171.
— *Caen*, 247, 446.
— *Par.*, i, 756.
— *Par.*, ii, 538.
— *Par.*, iv, 568.
— *Poit.*, 70.
— *Rouen*, 882.
Enfer (d'). *La Roch.*, 283.
Enfermat (St-). *Par.*, iv, 40, 49.
— *Al.*, 128, 221, 355, 642, 643, 1216.
Enfernet (l'). *Caen*, 144, 348, 611.
Enfert. *Bourb.*, 477.
Engel. *Als.*, 411.
Engelback. *Als.*, 413, 422.
Engelgrave. *Fland.*, 362.
Engelhard. *Als.*, 790, 1012, 1032.
Engenin. *La Roch.*, 447.
Enghien (d'). *Fland.*, 79.
Engignard. *Poit.*, 1327.
Englés, *Bourg.*, i, 1244.
Enguehard. *Par.*, iii, 454.
Enjalbert. *Toul.-Mont.*, 1189.
Enjalmin. *Par.*, iii, 168.
Enjalvin. *Lyon*, 808.
Enjubaute. *Al.*, 701.
Enjucre. *Tours*, 1467.
Enis. *Al.*, 192.
Enlart. *Pic.*, 205, 213, 797, 821.
Ennetières (d'). *Fland.*, 69, 77, 251, 292, 310, 311, 316, 318, 323, 330, 601.
Enquetil. *Al.*, 966.
Enscringen (d'). *Als.*, 782.
Ensuque. *Prov.*, ii, 424.
Entraigues (d'). *Montp.-Mont.*, 479.
Entrasaux (d'). *Prov.*, ii, 495.

Entrecasteaux. *Pr.*, ii, 741. M.
Entrechaud. *Prov.*, ii, 777.
Entrechaux (d'). *Prov.*, i, 38, 103.
Eon. *Bret.*, ii, 67.
— *Bret.*, i, 92, 196, 241, 273, 906.
— *Prov.*, i, 607.
Espagnol (l'). *Champ.*, 48, 55, 63, 77, 82, 99, 366, 865.
Epain (St-). *Tours*, 1073. V.
Epée. *Al.*, 94, 96, 1187.
— *Rouen*, 331, 333, 347.
Eperon. *Poit.*, 1153, 1154, 1155, 1385.
Eperon (l'). *Rouen*, 862, 887.
Eperonniers (les) (*Com.*). *Poit.*, 433.
Epiciers (les) de la ville de Ramber-villers (*Com.*). *Lorr.*, 687.
Epiciers (les) (*Com.*). *Poit.*, 386, 457, 570.
Epinai (l'). *Rouen*, 354, 358, 622.
Epine (l'). *Al.*, 120, 654, 865.
— *Rouen*, 657, 802, 873, 876, 1317, 1398.
Epingliers (les) de la ville de Metz. (*Com.*). *Lorr.*, 610.
— (*Com.*). *Poit.*, 819.
Epron. *Tours*, 310.
Eptingen (d'). *Als.*, 204, 205, 708, 958.
Epurard. *Lorr.*, 507.
Equitaine (d'). *Al.*, 1243.
Erard (d'). *Al.*, 156, 160, 179, 182, 191, 194, 224, 349, 394, 400, 409, 713.
Erard. *Par.*, i, 546.
— *Par.*, ii, 862.
— *La Roch.*, 41, 251.
— *Rouen*, 39, 563, 668.
Erauville (d'). *Orl.*, 267.
Erback. *Als.*, 1049.
Ercles (d'). *Fl.*, 720.
Ercuiers (d'). *Orl.*, 613.
Erginoust. *Orl.*, 22.
Ergonnière. *Poit.*, 1171.
Ericou (d'). *Lyon*, 45.
Ericourt (d'). *Bourges*, 427.
Eris (d'). *Lorr.*, 153.
Erlen. *Als.*, 812.
Ermar. *Bret.*, i, 228, 399, 521.
Ermard. *Bret.*, ii, 990.
Erme. *Als.*, 620.
Ermenault. *Tours*, 1126.
Ernaul. *Champ.*, 358.
Ernault. *Orl.*, 912.
— *Al.*, 589, 809, 965.
— *Bret.*, i, 16, 312, 452, 809, 810, 815.
— *Bret.*, ii, 8, 110, 408, 557, 1085.

— *Tours*, 68, 123, 136, 144, 885.
Eraée. *Tours*, 392. V.
Ernelois. *Pic.*, 619.
Ernest. *Lorr.*, 227, 261, 276, 491,
Erneville (d'). *Al.*, 626, 638, 847, 682.
    903, 912, 913, 236, 239.
— *Rouen*, 24.
Ernoul. *Bret.*, ii, 480, 484, 500,
    1065.
Ernut. *Al.*, 747.
Eroerd. *Fl.*, 1259.
Erondel. *Bret.*, ii, 388.
Erqueri. *Soiss.*, 615, 651, 700.
Erqueville. *Rouen*, 588.
Errault. *Tours*, 563.
Erreau. *Tours*, 561.
Errembault. *Fl.*, 59, 64, 70, 536, 604.
Ertanltt. *Bret.*, i, 776.
Ertebrad. *Als.*, 1065.
Erthel. *Als.*, 575.
Ertlin. *Als.*, 195.
Ertqman. *Als.*, 608.
Erust. *Als.*, 867.
Ervault. V. *Juvigny*. *Caen*. 341, 509,
    512, 515, 516, 776.
Ervaux (d'). *Poit.*, 911.
Erville (d'). *Tours*, 1313, 1314, 1317.
Esbaldit. *Toul.-Mont.*, 670.
Esbelés. *Als.*, 510.
Esbert. *Lyon*, 528.
Esbrayat. *Montp.-Mont.*, 690, 703.
Esbrech. *Als.*, 332.
Escabelle (d'). *Lorr.*, 19.
Escabillou. *Lim.*, 342.
Escaffre. *Toul.-Mont.*, 647.
Escafre (d'). *Auv.*, 536, 561.
Escageul (d'). *Par.*, i, 1161, 1274.
Escaille (l'). *Lorr.*, 15, 26.
Escaillé (l'). *Lorr.*, 153, 160, 167.
Escairas (d'). *Guy.*, 1135.
— *Toul.-Mont.*, 1036.
Escajeul. *Caen*, 28, 388.
Escajeul (d'). *Soiss.*, 422.
Escalard. *Al.*, 452, 888.
Escale (l'). *Guy.*, 288, 1090.
Escalier (l'). *Al.*, 975.
Escalin. *Dauph.*, 317.
Escalis (d'). *Prov.*, i, 580.
Escalle (l'). *Al.*, 85, 200
— *Caen*, 664.
Escalle. *Poit.*, 1002, 1005.
Escalle (d'). *Rouen*, 288, 319.
Escallei (l'). *Caen*, 4, 25, 26.
Escalles (d'). *Prov.*, i, 426.
Escallier. *Auv.*, 683.
— *Prov.*, ii, 664.

Escalap (d'). *Guy.*, 804.
Escamin (d'). *Par.*, ii, 219.
— *Par.*, iii, 488.
Escamus (l'). *Lorr.*, 12.
Escanavin (d'). *Orl.*, 649.
Escannevelle (d'). *Champ.*, 68, 69,
    146, 161.
Escarguel (d'). *Toul.-Mont.*, 81.
Escars. *Auv.*, 540, 556.
— *Lim.*, 147.
— *Par.*, 937.
Escars (d'). *Poit.*, 218, 277, 368,
    1143, 1253.
Escat (d'). *Toul.-Mont.*, 101, 867.
Escata (d'). *Guy.*, 925, 928.
Escaude. *Toul.-Mont.*, 719.
Escaules (d'). *Pic.*, 265, 249, 427,
    478.
Escault (d'). *Pic.*, 352.
Escaurelle (d'). *Pic.*, 169.
Escaut. *Montp.-Mont.*, 1476.
Escavots (des). *Guy.*, 664.
Escayeul (d'). *Pic.*, 302.
Eschalé. *Poit.*, 466, 669.
Eschallard. *Orl.*, 78.
Eschallart. *Lim.*, 237.
— *Par.*, iii, 64.
Eschalus (l'). *Par.*, i, 1325.
Eschard. *Al.*, 435.
— *Als.*, 446.
— *Rouen*, 48, 60, 122, 735.
— *Tours*, 1442.
Eschaupre. *Lim.*, 19.
Eschiradoux (d'). *Lim.*, 338.
Esclaibes (d'). *Fland*, 157, 163,
    283, 288, 765, 886, 1339.
Esclairci. *Poit.*, 563.
Esclaies (d'). *Fland.*, 32.
Esclan (d'). *Bourg.*, i, 903.
Esclangeon (d'). *Bourg.*, i, 682.
Esclangon. *Prov.*, i, 530.
Esclassan. *Toul.-Mont.*, 1257.
Esclebeck (d'). *Fland.*, 219.
Escodeca. *Guy.*, 6, 263.
Escoffier. *Prov.*, i, 1101, 1374,
    1420.
— *Prov.*, ii, 561, 594.
Escolan. *Bret.*, ii, 420.
Escolier (l'). *Rouen*, 242.
Escolle. *Prov.*, i, 1296, 1298.
Escomont (d'). *Bret.*, i, 449.
Escorailles (d). *Auv.*, 478, 574, 581.
— *Guy.*, 309.
Escorbiac (d'). *Montp.-Mont.*, 1161.
    Par., ii, 682.
    Toul.-Mont., 17, 886.

Escorci (d'). *Champ.*, 747.
Escornebeuf (d'). *Par.*, i, 1400.
Escorse. *Als.*, 636.
Escosson (d'). *Lorr.*, 22, 24, 164, 165.
Escot. *Guy.*, 1105, 1107.
— *Lyon*, 403.
— *Poit.*, 1096, 1104.
Escotay. *Lyon*, 255.
Escots (des). *Lim.*, 271.
Escobué (d'). *Guy.*, 180.
Escoubet. *Toul.-Mont.*, 1217.
Escoublanc (d'). *Tours*, 133.
Escoublans. *Poit.*, 165.
Escoubleau. *Guy.*, 159.
— *Par.*, 306, 836.
— *Poit.*, 4, 17, 252, 291, 580, 614, 1127.
Escouettes. *Par.*, i, 291.
Escougnay (d'). *Bret.*, i, 969.
Escouillant. *Caen.* 219, 221, 643, 674.
Escoulon (d'). *Par.*, i, 324.
Escouloubre. *Toul.-Mont.*, 374.
Escour (l'). *La Roc.*, 72.
Escous. *Bourges*, 187.
Escravaillys (d'). *Lim.*, 390.
Escribe. *Toul.-Mont.*, 1057, 1067.
Escrivain (l'). *Caen*, 194.
Escrivieux (d'). *Bourg.*, i, 195, 402.
Escroner (d'). *Orl.*, 177, 826.
Escruer (d'). *Bourg.*, ii, 281.
Escudié. *Toul.-Mont.*, 1051.
Escudier. *Lyon*, 95.
Escuilles. *Toul.-Mont.*, 1241.
Escumont (d'). *Bret.*, ii, 1124.
Escureux. *Bourg.*, i, 760.
Escuyer. *Prov.*, i, 765.
Escuyer (d'). *Champ.*, 34, 150, 151, 704, 861.
Escuyer (l'). *Al.*, 662, 956.
— *Bret.*, i, 279.
— *Caen*, 613.
— *Orl.*, 668.
— *Par.*, i, 224, 1125, 1180.
— *Par.*, ii, 743.
— *Par.*, iii, 298.
— *Par.*, iv, 258.
Esgabetz (d'). *Lorr.*, 479, 537.
Esgardel (d'). *Lorr.*, 69.
Eslie. *Poit.*, 1191.
Eslin. *Soiss.*, 853.
Eslion. *Poit.*, 412.
Esmal. *Vers.*, 308.
Esmale. *Bourb.*, 477.
Esmangard. *Par.*, iv, 319, 324, 327.
Esmard. *Tours*, 1352.
Esmart. *Poit.*, 1093.

Esmé. *Tours.* 1517.
Esmenard (d'). *Prov.*, i, 461.
— *Prov.*, ii, 243, 333, 666.
Esmery. *Pic.*, 703.
Esmict. *Lorr.*, 253.
Esmieu. *Prov.*, i, 660.
Esmiol. *Prov.*, i, 248, 749.
— *Prov.*, ii, 382.
Esmonet. *Bourb.*, 407.
Esnart. *Poit.*, 221, 1113, 1190.
Esnaud (d'). *Prov.*, ii, 422.
Esnault. *Pl.*, 1017, 1035.
— *Caen*, 613.
— *Pic.*, 709.
— *La Roch.*, 186.
— *Tours*, 414, 436, 882, 895, 896, 973, 1052, 1463.
Esnay. *Bourges*, 262.
Esnay (d'). 117.
Esneau. *La Roc.*, 95.
Esnier. *Poit.*, 1144.
Esnon. *Poit.*, 1340, 1408.
Esnoul. *Bret.*, ii, 426.
Espagne. *Auv.*, 414.
Espagne (d'). *Bret.*, ii, 958.
— *Lorr.*, 512.
— *Pic.*, 267.
— *Rouen*, 747, 1229, 1236, 1253.
— *Tours*, 1514.
— *Toul.-Mont.*, 24, 141, 456.
Espagnet (d'). *Guy.*, 73, 800.
— *Prov.*, i, 360, 387, 1004.
Espagnol. *Bourg.*, ii, 500.
Espagnol (l'). *Fland.*, 137, 967.
— *Par.*, ii, 1114, 1115.
Espagnol. *Poit.*, 1070.
Espaigne (d'). *Par.*, ii, 1272.
Espalion (d'). *Montp.-Mont.*, 1054.
Espalungue (d'). *Guy.*, 196.
Espalunguer (d'). *Béarn*, 30, 53, 59, 78, 110.
Espan. *Toul.-Mont.*, 591.
Espanel. *Dauph.*, 320.
Espanet (d'). *Prov.*, i, 541, 636, 714, 716.
Espanhiac (d'). *Montp.-Mont.*, 273.
Espanhou. *Montp.-Mont.*, 361,
Esparbes. *Guy.*, 173, 182, 183, 419.
Esparbes (d'). *Toul.-Mont.*, 14, 957.
Esparbesque (d'). *Béarn*, 120.
Esparbey (d'). *Par.*, ii, 1021.
Esparbier. *Montp.-Mont.*, 991.
Espariat (d'). *Prov.*, i, 825.
Esparou. *Montp.-Mont.*, 808.
Esparra (d'). *Prov.*, i, 367.

— *Prov.*, II, 183, 187, 728, 735, 742, 838.

Esparvier (d'). *Prov.*, II, 109.

Espaudch. *Poit.*, 995.

Espaute (l'). *Montp.-Mont.*, 488.

Espavie (d'). *Montp.-Mont.*, 132, 143.

Espernai. *Bourges*, 348.

Espérance. *Pic.*, 29.

Esperendieu (d'), *Montp-Mont.*, 499, 503.

Esperon (d'). *Toul.-Mont.*, 374.

Esperonbourg. *Toul.-Mont.*, 677.

Esperonnat (d'). *Toul.-Mont.*, 805.

Esperonnet (d'). *Toul.-Mont.*, 588.

Esperonnière (l'). *Poit.*, 269.

— *La Roch.*, 55.

— *Tours*, 84, 163, 1267, 1391.

Espert. *Bret.*, I, 771.

— *Par.*, I, 1262.

Espervier. *Auv.*, 203.

Espès (Saint). *Guy.*, 1150.

Espeuchard. *La Roch.*, 256.

Espezel. *Toul.-Mont.*, 809.

Espiard. *Bourg.*, I, 9, 33, 36, 313, 402, 611, 1102.

— *Bourg.*, II, 66, 239, 253.

— (d'). *Montp.-Mont.*, 494.

— *Par.* II, ,178.

Espiau. *Guy.*, 870.

— *Toul.-Mont.*, 366, 625, 638.

Espick. *Als.*, 291.

Espiennes (d'). *Fland.*, 69, 251, 316, 1264, 1336.

Espierre (d') *Prov.*, 1017.

Espierres (d') *Fland.*, 69.

Espigat. *Toul.-Mont.*, 636.

Espigoux. *Auv.*, 466.

Espilli. *Prov.*, II, 692.

Espinai. *Caen*, 139, 406.

— (l'). *Poit.*, 257, 258, 637, 708, 1282, 242.

— *Rouen*, 24, 334, 715.

Espinal. *Lorr.*, 477. V.

Espinars (d'). *Toul.-Mont.*, 100.

Espinas (d'). *Montp.-Mont.*, 1079.

Espinas. *Prov.*, 622, 821, 1046.

Espinasse (l'). *Bourb.*, 46, 286.

— *Bourg.*, 66, 107, 323.

— *Bourg.*, I, 282.

— (d'). *Dauph.*, 158, 207.

— (l'). *Guy.*, 660, 1100, 1102.

— *Lim.*, 170, 437, 467.

— *Lyon*, 26, 41, 229.

— *Montp.-Mont.*, 1086.

— *Orl.*, 952.

— *Par.*, IV, 52.

— *Toul.-Mont.*, 38, 150, 533, 934, 1095.

Espinasseau. *Poit.*, 244, 709.

Espinassi (d') *Prov.*, I, 641, 792.

— *Prov.* II, 827, 828, 841, 842.

Espinassol. *Auv.*, 553.

Espinaud d'). *Dauph.*, 478.

— *Montp.-Mont.*, 1282.

Espinay. *Al.*, 126, 227, 374, 407, 447, 624, 895, 896.

— *Orl.*, 57, 682.

— *Par.*, I, 689, 1287, 1330.

— *Paris*, II, 655, 973.

— *Par.*, III, 52.

— *Vers.*, 289, 310.

Espinay (d'). *Als.*, 81.

— *Bret.*, I, 8, 27, 33, 37, 584.

Espinay (d'). *Lyon*, 206, 219, 222, 553, 785.

— *Tours*, 362, 1310.

Espinay (l'). *Bret.*, I, 36, 169, 220, 382, 398, 409, 760, 832.

— *Bret.*, II, 142, 856.

— *La Roch.*, 215.

— *Par.*, I, 58, 347.

— *Par.*, IV, 115, 203, 726.

Espinau (l'). *Par.*, II, 677, 778.

Espinchal. *Dauph.*, 296.

Espinchal (d'). *Lyon*, 814.

Espine (l'). *Bret.*, I, 294, 814.

— *Bret.*, II, 437, 814, 906, 907, 386.

— *Caen*, 529, 535.

— *Lorr.*, 323.

— *Montp.-Mont.*, 7, 620.

— *Par.*, I, 839.

— *Par.*, II, 717, 838, 1153.

— *Par.*, III, 117.

— *Poit.*, 1307.

— *La Roch.*, 285.

— *Toul.-Mont.*, 480, 1433,

Espinet. *Lim.*, 162, 457, 472.

— *Toul.-Mont.*, 668.

Espinghel (d'). *Fland.*, 1165.

Espingle (d') *Bourg.*, II, 23.

Espingole. *Lorr.*, 617.

Espinoi (d')*Champ.*, 283, 243, 404, 418.

Espinose. *Caen*, 655.

Espinouze. *Auv.*, 585.

Espinoy (d'). *Fland.*, 1489.

Espinoy. *Par.*, I, 785, 860, 888.

— *Par.*, III, 313.

Espinoy (d'). *Soiss.*, 338, 645, 707.,

Espinoze (d'). *Bret.*, I, 166, 183, 456 468, 500, 501.

Espinoze. *Bret.*, II, 28, 29, 315. 1113.
Espitalier (d'), *Prov.*, I, 174, 1007.
Espivent. *Bret.*, II, 72.
Espinville (d'). *Prov.*, II, 466.
Espoei (d'). *Lorr.*, 422.
Espoey (d'). *Béarn*, 107, 110.
Espotte. *Dauph.*, 116.
Espourin (d'). *Béarn*, 133.
Esprit (Saint), de Thionville, ab. *Lorr.*, 543.
Esprit *Montp.-Mont.*, 292.
Esprit (Saint). *Montp.-Mont.*, 561.
Esprit. *Par.*, II, 646, 651, 800.
— *Par.*, III, 138.
— *Poit.*, 196.
Espomare (d'). *Pic.*, 492.
Esquencourt. *Rouen*, 450.
Esquerre (d'). *Toul.-Mont.*, 142.
Esqueux (d') *Fland.*, 1126.
Esquilles (d'). *Béarn*, 2, 28, 72, 150.
Esquiennes (d'). *Fland.*, 204.
Esquière. *Béarn*, 142.
Essards (des). *Tours*, 1453, 1524.
Essars (des). *Al.*, 187, 188, 261, 732, 734, 1129.
— *Caen*, 416.
— *Dauph.*, 590.
— *Fland.*, 1491.
— *Par.*, I, 300, 661, 662, 1150.
— *Par.*, II, 807.
— *Par.*, III, 98.
— *Par.*, IV, 729.
— *Poit.*, 1148, 1515.
— *Rouen*, 53, 1239.
Essarts (des). *Pic.*, 270, 279, 440, 767, 813.
Essautier. *Prov.*, I, 57, 165, 990, 1015, 1068, 1445.
Essautior. *Prov.*, I, 823.
Essaux (d') *Lorr.*, 431.
Esse (d'). *Pic.*, 585.
Essei (d') *Al.*, 184.
Esselle. *Prov.*, II, 256.
Esselles. *Prov.*, I, 542.
Essenault. *Guy.*, 76, 91.
Esserteau. *Poit.*, 156, 801.
Esseville. *Rouen*, 877.
Essigeux, *Tours*, 1107.
Estaäl (d'). *Als.*, 144.
— *Montp.-Mont.*, 436.
Estabé (d'). *Montp.-Mont.*, 141, 150.
Estable (l'). *Guy.*, 725.
— *Lim.*, 473.
Estadens (d'). *Toul.-Mont.*, 204, 427, 491, 1241.

Estaffe (d') *Champ.*, 432.
Estagel. *Toul.-Mont.*, 1443. V.
Estager. *Prov.*, II, 584.
Estagnier. *Prov.*, II, 297.
Estai *Al.*, 1033, 1037.
Estail (d'). *Auv.*, 534.
Estain (d'). *Auv.*, 333.
— *Toul.-Mont.*, 1259.
Estaing. *Par.*, III, 100, 101, 104, 609.
Estaing (d'). *Lorr.*, 310.
Estaires (d'). *Fland.*, 715, V. 1188, 1232.
Estalins (d'). *Fland.*, 470.
Estampes. *Bourges*, 57.
— *Orl.*, 152, 539.
— *Par.*, I, 164, 483.
— *Par.*, II, 11.
— *Par.*, IV, 241.
Estampes (d'). *Champ.*, 439.
Estancelin. *Par.*, III, 135.
Estanchaux (d'). *Par.*, I, 154, 402.
Estandre (d'). *Fland.*, 697.
Estang (d'). *Bret.*, I, 296, 661.
Estang (d'). *Bret.*, II, 994.
Estang (l'). *Bourges*, 46, 62, 87, 128, 285.
Estang (l'). *Guy.*, 905.
— *Lim.*, 70.
— *Lyon*, 35.
— *Par.*, I, 8, 698, 1049.
— *Par.*, III, 148.
— *Poit.*, 79, 539, 596, 1065, 1101.
— *Prov.*, I, 382.
— *La Roch.*, 324, 342.
— *Rouen*, 749.
— *Toul.-Mont.*, 444, 1402.
Estange (l'). *Bourb.*, 574, 575, 621.
Estanger (d'). *Caen*, 536.
Estangs (des). *Par.*, IV, 4.
Estaniol (d'). *Montp.-Mont.*, 1278.
Estannier. *Toul.-Mont.*, 767.
Estaque. *Toul.-Mont.*, 175.
Estard. *Al.*, 750, 900, 1106.
— *Prov.*, II, 604.
— *Rouen*, 546.
Estars (des). *Bret.*, II, 960, 1104.
Estart. *Par.*, I, 502.
Estat (d'). *Orl.*, 349.
Estausan (d') *Toul.-Mont.*, 427.
Estavannes (d'). *Montp.-Mont.*, 999.
Estavé (d'). *Auv.*, 534.
Estave. *Bourges*, 376.
Estedt (d'). *Als.*, 335.
Estelle. *Prov.*, I, 1040.
— *Prov.* II, 363, 367.

Estenave (d'). *Guy.*, 635.
Estendart (l'). *Fland.*, 1271.
— *Rouen*, 38, 255, 448, 1014.
Esteres (d'). *Montp.-Mont.*, 1069, 1077.
Esterlin. *Bourges*, 33.
— *Guy.*, 1070.
Esternack (d'), ab. *Lorr.*, 279.
Esterne (d'). *Bourb.*, 269.
Esternos (d'). *Bourg.*, I, 683.
Estevart. *Bourges*, 117.
Estève. *Bourges*, 292.
Estève (d'). *Montp.-Mont.*, 602, 650, 810, 1023.
— *Toul.-Mont.*, 569, 763.
Esteven (Saint), *Béarn*, 20.
Esteven (d'). *Toul.-Mont.*, 1357.
Estiard. *Bourg.*, I, 1011.
Estiemble. *Rouen*, 130.
Estienne. *Al.*, 35, 98, 389, 769, 806, 1131.
— *Als.*, 643.
— *Bourg.*, I, 251, 339.
— *Caen*, 80, 205, 209, 662, 758.
— *Lyon*, 415, 618.
— *Orl.*, 614, 683.
— *Par.*, I, 971.
— *Par.*, II, 814.
— *Par.*, III, 164.
— *Par.*, IV, 518.
— *La Roch.*, 250.
— *Rouen*, 781, 1127, 1357, 1360.
Estienne (d'). *Bret.*, I, 278.
— *Bret.*, II, 95.
— *Dauph.*, 510, 564.
— *Prov.*, I, 386, 417, 423, 452, 457, 482, 483, 491, 510, 605, 613, 722, 743, 828, 838, 892, 927, 930, 942, 983, 1022, 1034, 1163.
— *Tours*, 398, 1062.
— *Prov.*, II, 43, 235, 245, 333, 813.
Estienne (Saint). *Als.*, 389.
— *Caen*, 891.
— *Montp.-Mont.*, 810.
— *Prov.*, I, 948.
— *Rouen*, 1088.
— *Toul.-Mont.*, 355, 559.
— *Tours*, 809.
Estiennot (d'). *Bourg.*, I, 162.
Esticure. *Rouen*, 719.
Estignard. *Bourb.*, 395.
— *Bourg.*, I, 993, 1162, 1163.
Estignols (d'). *Guy.*, 23, 25, 533.
Estillac (d'). *La Roch.*, 214.
Estimanville (d'). *Rouen*, 358.

Estin. *Bret.*, II, 416.
Estiner (d'). *Fland.*, 1476.
Estival, ab. *Lorr.*, 58.
— *Lyon*, 506, 725, 847, 937.
— *Montp.-Mont.*, 534.
— *Par.*, II, 501, 651, 730, 941.
Estival (d'). *Bret.*, I, 691.
— *Toul.-Mont.*, 1207.
Estive. *Prov.*, I, 1128.
Estoc. *Caen*, 32, 254, 444.
Estoile (l'), ab. *Poit.*, 274, 1419, **333.**
Estoille (l'). *Guy.*, 609.
— *Lim.*, 46.
— *Pic.*, 85, 323, 460, 802.
— *Rouen*, 108, 490, 714.
Estopan. *Prov.*, I, 264, 267.
Estopinia. *Toul.-Mont.*, 25.
Estoquoi (d'). *Champ.*, 460.
Estore. *Montp.-Mont.*, 716, **1265,** 1266.
Estot (d'). *Orl.*, 883.
Estoupan. *Prov.*, I, 619.
Estourmel. *Par.*, I, 1178.
— *Par.*, IV, 117.
— *Pic.*, 5, 107.
Estourmel (d'). *Lorr.*, 467.
— *Soiss.*, 118, 120, 128, 616.
Estournaud. *Guy.*, 1078.
Estourneau. *Bourges*, 425.
— *Poit.*, 411.
— *La Roch.*, 424.
— *Tours*, 189.
Estournel. *Lyon*, 556.
Estournelles. *Prov.* I, 1443, **1453.**
Estrac (d'). *Guy.*, 883, 884.
Estrade (d'). *La Roch.*, 355.
Estrade (l'). *Guy.*, 174, 439.
— *Lim.*, 296.
— *Montp.-Mont.*, 70.
— *Toul.-Mont.*, 379, 805.
— *Vers.*, 1.
Estrades. *Par.*, I, 268, 269.
— *Par.*, II, 1157.
— *Toul.-Mont.*, 1485.
Estrange (l'). *Bourb.*, 131, **335.**
Estream (d'). *Bret.*, I, 440.
Estrechy (d') *Par.*, I, 1266.
Estrées. *Par.*, I, 177.
— *Par.*, II, 726, 728.
Estrées (d'). *Bourges*, 37.
— *Fland.*, 782, 1481.
— *Pic.*, 595.
Estrehan (d'). *Fland.*, 947.
Estrelin (d'). *Pic.*, 224.
Estrepagui (d'). *Rouen*, 216, **223.**
Estringer. *Als.*, 686.

Estroa (d'). *Montp.-Mont.*, 1018.
Estru (d'). *Pic.*, 711.
Estuc. *Rouen*, 1184.
Estud (d'). *Bourb.*, 404.
Estuer (d'). *Bret.*, II, 74.
Esturdy. *Bret.*, II, 811.
Esturny. *Bret.*, II, 964.
Estut (d'). *Bourges*, 16, 25, 66, 337, 521.
Esve. *Rouen*, 676.
Etain. *Lorr.*, 623. V.
Etain (d'). *Soiss.*, 461.
Etaux (des). *Lorr.*, 196.
Etays. *Prov.*, I, 836, 1001.
Etendart (l'). *Par.*, II, 1211.
Etienne. *Lorr.*, 59, 209, 263, 624.
Etienne (St). de Hombourg. (*Chap. coll.*), *Lorr.*, 419.
Etlin. *Als.*, 78.
Etoille (l'). *Par.*, I, 981.
Ety (d'). *Bourg.*, I, 116.
Eu (d'). *Rouen*, 468.
Eude. *Par.*, II, 1274.
Eudel. *Pic.*, 22, 113, 372, 394, 397, 602, 694.
Eudelin. *Rouen*, 130.
Eudemaine (d'). *Al.*, 88.
Eudes. *Al.*, 97, 104, 580, 818, 973.
— *Lorr.*, 41.
— *Rouen*, 200, 271, 345.
— *Tours*, 728.
Eudire. *Caen*, 609.
Eudo. *Bret.*, I, 445, 527, 529, 840.
Eufrai. *Caen*, 453.
Euffroy. *Par.*, I, 1171.
— *Par.*, III, 370.
Eugallier. *Prov.* I,, 1285.
— *Prov.*, II, 445.
Eugen. *Pic.*, 495, 799.
Eulart. *Pic.*, *voy.* Enlart.
Eumer (d'). *Lorr.*, 345.
Eura. *Champ.*, 495.
Eurache. *Pic.*, 621.
Eurri (d'). *Caen*, 165, 199, 604.
Eusche. *Par.*, I, 261.
Eusenée. *Bourg.*, I, 71.
Eustache. *Caen*, 289, 449.
— *Fland.*, 1464.
— *Montp.-Mont.*, 25, 47, 58, 62.
— *Orl.*, 542.
— *Rouen*, 538, 696, 877, 881, 1168, 1170.
Eustache (d'). *Als.*, 131.
— *Auv.*, 464.
Eustache (St.) de Vergaville, monast. *Lorr.*, 560.

Euth. *Als.*, 570, 1063.
Euve (d'). *Al.*, 640.
Euvrard. *Boury.*, I, 655, 852.
— *Dauph.*, 70.
— *Pic.*, 423.
Euvremer. *Caen*, 203.
Evard. *Als.*, 472, 1065.
Evasmus. *Als.*, 565.
Evaud. *Montp.-Mont.*, 833.
Evaux. *Bourb.*, 578.
Eveillac. *Bret.*, II, 585.
Eveillard. *Bret.*, I, 463.
— *Poil.*, 380.
— *Tours*, 325, 340, 897, 967, 1104.
Eveillé (l'). *Bret.*, I, 204.
Eveillon. *Tours*, 141.
Evelange (d'). *Lorr.*, 264, 266.
Even. *Bret.*, I, 747.
— *Bret.*, II, 419, 448, 611.
Evene. *Lyon*, 105.
Everard. *Als.*, 294.
Everlange (d'). *Lorr.*, 264, 266, 325 *bis.*
Everris. *Lorr.*, 688.
Evesque (l'). *Al.*, 737, 1161.
— *Bourb.*, 415, 419, 471.
— *Bourg.*, II, 184.
— *Bret.*, I, 194, 629.
— *Caen*, 258, 640.
— *Champ.*, 106, 363, 439, 484, 500.
— *Lyon*, 428, 540.
— *Montp.-Mont.*, 496.
— *Orl.*, 318, 330, 345.
— *Par.*, I, 323, 513, 983, 1171, 1242, 1256, 1323.
— *Par.*, II, 974, 1105, 1250.
— *Par.*, III, 228, 365, 468.
— *Par.*, IV, 130, 687, 699.
— *Poil.*, 120, 224, 606, 612, 703, 999, 1016, 1042, 1537.
— *Prov.*, I, 1425,
— *La Roch.*, 239, 372.
— *Rouen*, 1331.
— *Vers.*, 28, 221, 232.
Evignac (d'). *Bret.*, I, 905, 910.
Evin. *Bret.*, I, 196.
— *Fland.*, 556.
Evon. *Rouen*, 576.
Evrard. *Bourb.*, 201.
— *Caen*, 717.
— *Fland.*, 852, 1270, 1435.
— *Lorr.*, 82, 277, 507, 537.
— *Par.*, I, 422.
— *Par.*, III, 146.
— *Par.*, IV, 744.
— *Vers.*, 134, 214.

Evri (d'). *Al.*, 589.
Exéa (d'). *Fland.*, 1006.
Exel. *Als.*, 376.
Expert. *Guy.*, 433, 864.
— *Toul.-Mont.*, 762, 811.
Experts (les) jurés de Metz , (*Com.*).
    Lorr., 641.

— de Verdun (*com.*). *Lorr.*, 674.
Expilly. *Dauph.*, 587.
— *Prov.*, I, 626, 630.
Exprès. *Toul.-Mont.*, 1465, 1485.
Exudié. *Guy.*, 1139.
Ey (d'), *Voy.* d'Y. *Pic.*, 718.
Ezelin. *Lorr.*, 503.

F

Fà (du). *Toul.-Mont.*, 25.
Fa (la). *Poil.*, 1558.
Fabarel. *Bourg.*, II, 335, 503.
— *Toul.-Mont.*, 11, 934.
Fabars. *Toul.-Mont.*, 342, 464.
Fabas. *Guy.*, 870.
Faber. *Als.*, 66, 116, 178, 439, 609.
Fabert. *Lorr.*, 604, 607.
— *Par.*, I, 180, 1282.
— *Par.*, III, 93.
Fabien. *Caen*, 271, 439.
— *Poil.*, 1365.
— *Toul.-Mont.*, 1351.
Fabre. *Als.*, 1001.
— *Auv.*, 64, 379, 471.
— *Bourg.*, I, 412.
— *Bret.*, I, 480.
— *Guy.*, 1131.
— *Lorr.*, 287.
— *Lyon*, 375.
— *Montp.-Mont.*, 10, 117, 129, 241,
    377, 632, 653, 721, 758, 762, 766,
    774, 799, 821, 892, 1307, 1348,
    1408, 1432, 1436, 1485, 1561.
— *Par.*, II, 746.
— *Par.*, III, 405.
— *Prov.*, I, 62, 136, 170, 345, 450,
    589, 611, 633, 634, 740, 851, 946,
    965, 1076, 1109, 1146, 1176, 1192,
    1263, 1293, 1308, 1312, 1313,
    1318, 1326, 1333, 1350.
— *Prov.*, II, 284, 322, 381, 395, 432,
    440, 549, 618, 622, 691, 692, 722,
    838.
Toul.-Mont., 89, 294, 464, 526, 568,
    687, 718, 766, 777, 1023, 1185, 1192.
Fabrégue (la). *Montp.-Mont.* 386.
Fabrégue. *Prov.*, II, 378.
Fabregues. *Toul.-Mont.* 707, 916.
Fabreguette. *Montp.-Mont.*, 1043.
Fabrei. *Prov.*, I, 454.
Fabresse. *Prov.*, I, 1229.
Fabri. *Als.*, 809.

— *Lyon*, 216, 482, 664, 779, 859.
— *Montp.-Mont.*, 124, 504, 506, 511.
— *Prov.*, I, 1, 183, 461, 840, 1056,
    1088, 1396.
— *Prov.*, II, 743.
Fabrier. *Montp.-Mont.* 124.
Fabron. *Prov.*, I, 1040, 1052.
Fabrony. *Bret.*, I, 225, 472, 725.
Fabry. *Bourg.*, I, 4, 602, 651.
— *Bourg.*, II, 275.
— *Fland.*, 1310.
— *Par.*, II, 186, 444.
— *Toul.-Mont.*, 312, 948.
Faburaye (la). *Tours*, 1187.
Faci. *Prov.*, II, 392.
Facié. *Soiss.*, 557.
Factet. *Bourg.*, I, 166, 268.
Factis. *Toul.-Mont.*, 92.
Faculté de Pont-à-Mousson (la). *Lorr.*,
    146.
Fadat. *Bourges*, 245.
Fadeville. *Toul.-Mont.*, 1345.
Faé (le). *Rouen*, 69, 653.
Fagan. *Par.*, II, 1066.
Fagas. *Bret.*, II, 1036.
Fage. *Prov.*, I, 1045.
Fage (la). *Auv.*, 405, 449.
— *Bourg.*, I, 225.
— *Bourg.*, II, 210.
— *Lyon*, 813.
— *Montp.-Mont.*, 1013.
— *Toul. - Mont.*, 179 , 408 , 425 ,
    652, 1065.
Fagerdie (la). *Lim.*, 160, 396, 464, 472.
Fages (de). *Dauph.*, 624.
Fages. *Montp.-Mont.*, 10, 616.
— *Par.*, II, 746.
— *Toul.-Mont.*. 1056, 1193.
Faget. *Béarn*, 12, 95.
— *Bret.*, I, 769.
— *Bret.*, II, 788, 864, 873.
— *Toul.-Mont.*, 1044.
— *Tours*, 524.

Fagez. *Orl.*, 35.
Fagnien. *Lorr.*, 231.
Fagnier. *Champ.*,, 567, 678, 685.
— *Lorr.*, 253.
Fagon. *Vers.*, 65.
Fagot. *Prov.*, 1, 1063.
Fagoue. *Prov.*, I, 942, 977, 1027.
Faguer. *Bret.*, II, 443.
Faguet. *Bourg*, II, 352.
— *Par.*, IV, 122.
— *Tours*, 270, 409, 1120.
Faguet (du). *Al.*, 860.
— *Rouen*, 694.
Faguier. *Champ.*, 70, 79, 573,
— *Pic.*, 838.
Fahi. *Lyon*, 943.
Fai. *Dauph.*, 23, 278, 298, 449, 589, 600.
Fai (de). *Montp.-Mont.*, 443, 450, 460, 677, 1446.
Fai (du). *Al.*, 95, 191, 233, 450, 570, 684, 818, 1076, 1103, 1199.
— *Fland.*, 315, 995, 1265, 1490, 1502.
— *Poit.*, 345.
— *Rouen*, 254, 409, 423, 496, 519, 531, 556, 629, 1169, 1216, 1234, 1293, 1295.
— *Soiss.*, 61, 176, 284, 286, 522, 578, 579, 679, 717.
— *Toul.-Mont.*, 198, 690.
— *Tours*, 1061, 1232.
Faï. *Auv.*, 296.
Faï (du). *Champ.*, 305, 902.
Faidi. *Poit.*, 986, 989.
Failhon. *Prov.*, 1, 659.
Failli. *Champ.*, 83, 87, 90, 101, 245, 346, 430, 705, 865.
— *Lorr.*, 491.
— *Soiss.*, 507.
Faillonnet. *Lorr.*, 27, 28, 167 *bis*.
Fain. *Champ.*, 117.
Fain (de). *Montp.-Mont.*, 353, 354.
Faine (Ste). *Orl.*, 538.
Faing (du). *Lorr.*, 60 *bis*, 323, 419.
Fains (de). *Bret.*, II, 446.
Faisan. *Bourges*, 367.
— *Prov.*, I, 688, 718.
Faisan (du). *Lorr.*, 620.
— *Lyon*, 87, 96.
Faishade. *Montp.-Mont.*, 263.
Faissat. *Montp.-Mont.*, 225.
Faissot. *Tours*, 733.
Faiti. *Poit.*, 1012, 1164.
Faivre. *Bourg.*, I, 1136, 1265.
Faix. *Bourb.*, 327.

Faix (de). *Bourges*, 405, 408.
Faix (du). *Poit.*, 1039.
Fajac. *Toul.-Mont.*, 1260.
Fajon. *Toul.-Mont.*, 488.
Falais. *Lyon*, 158, 436.
Falaise. *Al.*, 577.
Falaiseau. *Par.*, I, 133, 615.
— *Poit.*, 394, 400.
Falanier. *Bourg.*, II, 10
Falbelli. *Auv.*, 568.
Falck. *Als.*, 751.
Falckeinstein. *Als.*, 110, 112.
Falckenberg. *Als.*, 259.
Falcon. *Lyon*, 735.
Falconi. *Par.*, II, 371.
Falconis. *Prov.*, I, 895.
Falconnet. *Bourg.*, I, 426.
— *Dauph.*, 261, 431.
— *Lyon*, 72, 168, 711.
— *Par.*, III, 139.
Falconnier. *Dauph.*, 561.
Falcoz. *Dauph.*, 183, 232, 257, 271.
Fale (de). *Toul.-Mont.*, 535.
Falely. *Montp.-Mont.*, 141.
Falemagne. *Auv.*, 311.
Falentin. *Montp.-Mont.*, 1176.
— *Toul.-Mont.*, 412.
Falet (de). *Prov.*, II, 640.
Falet. *Toul.-Mont.*, 658.
Falguerolles. *Toul.-Mont.*, 532, 877.
Falguières. *Montp.-Mont.*, 326.
— *Toul.-Mont.*, 1, 982.
Faligan. *Poit.*, 414.
Faligaut. *Fland.*, 984.
Falignon. *La Roch.*, 390.
Falize. *Fland.*, 418.
Falize (la). *Par.*, I, 329.
Fallet. *Als.*, 748.
Falletans. *Bourg.*, I, 641.
Fallon. *Tours*, 835.
Falloux. *Tours*, 582, 654, 1007.
Falme. *Prov.*, II, 680.
Falourd. *Poit.*, 464.
Faloux. *Poit.*, 906, 1344, 1426.
Falque (de). *Fland.*, 1364.
— *Par.*, I, 1150, 1393.
Falret. *Toul.-Mont.* 1044, 1055, 1056, 1057.
Falry. *Toul.-Mont.*, 1031.
Falsan. *Mont.-Mont.*, 806.
Falsi. *Tours*, 763.
Falviet. *Bourg.*, I, 1076.
Fama. *Soiss.*, 307.
Famechon. *Pic.*, 47, 581, 584.
Famichon. *Caen*, 224.
Famin. *Par.*, IV, 507.

Faneuil. *La Roch.*, 147, 267, 282.
Fangeoux. *Auv.*, 380.
Fanier. *Champ.*, 8, 20.
Fanjau. *Toul.-Mont.*, 863. V.
Fanne (de). *Als.*, 244.
Fanoil. *Al.*, 1090.
Fantelin. *Al.*, 866.
— *Rouen*, 1237.
Fantin. *Dauph.*, 406, 536.
Fanton. *Par.*, I, 1338.
— *Prov.*, I, 215, 256, 1368, 1374.
— *Prov.*, II, 526, 583.
Fanu (le). *Bret*, I, 294.
— *Caen*, 165, 497, 604.
Faoucq. *Par.*, I, 1059.
— *Rouen*, 671.
Faoulcq. *Caen*, 20, 26, 309.
Faral. *Toul.-Mont.*, 264.
Faramont. *Montp.-Mont.*, 404.
— *Toul.-Mont.*, 275, 1081, 1112, 1141, 1160.
Farare. *Poit.*, 524.
Farbos. *Toul.-Mont.*, 1324.
Farbus. *Fland.*, 1340, 1489.
Farci. *Fland.*, 253.
— *Prov.* II, 715.
Farcy. *Bret.*, I, 13, 14, 185, 184, 205, 207, 229, 406,4 62, 463, 762, 796.
— *Par.*, I, 250.
Farcy (de). *Pic.*, 240, 750.
Fardeau. *Tours*, 913.
Fardelière (la) *Tours*, 81.
Fardi. *Poit.*, 481.
Fardoil. *Al.*, 146.
Fardoil. *Par.*, II, 527.
Farre (la). *Bourges*, 460.
Fare. *Guy.*, 430, 448.
Fare (la). *Montp.-Mont.*, 192, 193, 194, 195, 306, 359, 1538.
— *Par.*, II, 501.
Faré. *Par.*, I, 310.
Fareau. *Poit.*, 652.
Fareault. *Par.*, IV, 694.
Farei. *Al.*, 166, 342, 571.
Farel. *Fland.*, 1454.
Farelle (la). *Bret.*, II, 295.
— *Montp.-Mont.*, 118, 127, 147, 199, 205, 216, 241, 247, 264.
Faret. *Bret.*, I, 248.
— *Caen*, 567.
— *Toul.-Mont.*, 917.
Farey. *Bret.*, II, 97.
— *Par.*, III, 127, 242, 248, 475.
Farge. *Lim.*, 240, 247, 248, 458,469.
Farge (la). *Auv.*, 487.
— *Montp.-Mont.*, 953, 656.

— *Toul.-Mont.*, 457.
Farge des Faux (la). *Lim.*, 473.
Fargeau. *Tours*, 1370.
Fargeon. *Montp.-Mont.*, 10, 17, 51, 630.
Fargère (de). *Fland.*, 711.
Farges (de). *Bourg.*, II, 226.
Farges. *Fland.*, 1400.
Farges (des). *Guy.*, 753.
Farges. *Lyon*, 639, 648, 753.
Farges. *Toul.-Mont.*, 331.
Fargot. *Orl.*, 913.
Fargue (la). *Béarn*, 7, 76, 99, 100.
— *Bourg.*, I, 803.
Fargue (la). *Bret.*, II, 491.
— *Guy.*, 175, 846, 848, 1018, 1037, 1096, 1106, 1136.
— *Montp.-Mont.*, 147.
— *La Roch.*, 201, 351.
— *Toul.-Mont.*, 355, 381, 1129, 1177, 1251, 1321.
Fargué. *Als.*, 1026.
Farguerrolles. *Prov.*, I, 949.
Farguerolle. *Prov.*, II, 304.
Fargues. *Guy.*, 381, 693.
— *Montp.-Mont.*, 168.
Fargues (de). *Prov.*, I, 474.
— *Toul.-Mont.*, 27, 692.
Farigot. *Bret.*, I, 220.
Fariney. *Bourg.*, I, 708, 724.
Farjonel. *Bourb.*, 22, 169, 348.
Farnoux. *Toul.-Mont.*, 1488.
Farnaud. *Prov.*, I, 803.
Farne. *Lim.*, 13, 127, 314.
Farnése. *Guy.*, 669.
Farnier. *Bret.*, II, 384.
Farnou. *Prov.*, II, 443.
Farnoux. *La Roch.*, 316.
Farochon. *Champ.*, 335.
Faron. *Par.*, III, 405.
— *Par.*, IV, 182.
— *Tours*, 1154, 1216.
Faronil. *Guy.*, 1032.
Farot. *Prov.*, I, 1059.
Farou. *Orl.*, 578.
Farouard. *Par.*, I, 291, 387.
Faroüil. *Rouen*, 41.
Farouil. *Tours*, 1145.
Farnous. *Prov.*, I, 25, 29, 54.
Farre (la). *Prov.*, I, 586.
Farrez. *Fland.*, 1035.
Farvacques. *Fland.*, 106, 139.
Fasardi. *Soiss.*, 817.
Fasileau. *Guy.*, 198.
Fasse. *Fland.*, 118, 164, 280, 339, 342, 506, 510, 763, 796.

Fassin. *Prov.*, II, 644.
Fassion. *Bourg.*, II, 158.
— *Dauph.*, 251, 259, 396, 632, 633.
Fassoy. *Caen*, 736.
Fastier. *Lorr.*, 488.
Fatin. *Rouen*, 1356.
Fatoi. *Rouen.* (?)
Fatouville. *Al.*, 305, 826.
— *Rouen*, 217, 297.
Fattet. *Als.*, 76, 85, 101, 718.
Fau. *Guy.*, 823, 1046.
Fau ou Foux. *Lyon*, 452. V.
Fau (du). *Béarn*, 161.
— *Dauph*, 176.
— *Guy.*, 682, 828, 837, 1080.
Fau (du) *Montp.-Mont.*, 268, 643, 1211.
— *Par.*, I, 290.
— *Soiss.*, 65.
— *Toul.-Mont.*, 352, 499, 1062, —1069, 1188, 1376.
Faubert. *Bourg.*, II, 167, 176.
— *Lim.*, 60, 237.
Faucé. *Par.*, III, 181.
Fauchart. *Par.*, I, 531.
Fauche. *Al.*, 75, 79.
— *Bourg.*, I, 1053, 1196.
— *Bret.*, I, 284.
Fauché (le). *Bret.*, I, 173.
Fauchehaut. *Al.*, 700.
Faucher. *Auv.*, 133.
— *Guy.*, 450, 454.
— *Poit.*, 566, 628, 998.
— *Prov.*, II, 414.
— *Toul.-Mont.*, 767.
Faucherie (la). *Caen*, 532, 533, 536.
— *Tours*, 95.
Faucheron. *Poit.*, 1133.
Fauchet. *Bret.*, I, 410.
— *Bret.*, II, 359.
— *Par.*, I, 686.
Faucheur (le). *Al.*, 1059.
— *Bret.*, II, 350.
Faucheur. *Par.*, I, 434.
Faucheu. *Champ.*, 879.
Faucheux (le). *Bret.*, I, 732.
— *Tours*, 972, 1258.
Fauchier. *Guy.*, 819.
— *Prov.*, I, 1327.
— *Prov.*, II, 657.
Fauchon. *Par.*, IV, 548.
Faucillon. *Al.*, 367, 543, 773.
— *Rouen*, 699.
Faucomprés. *Fland.*, 1261.
Faucon. *Al.*, 212, 218, 607.
— *Als.*, 39, 978.

— *Auv.*, 192, 217, 312, 313, 502.
— *Bret.*, II, 21.
— *Caen*, 178, 410.
— *Montp.-Mont.*, 511, 919, 954.
— *Par.*, I, 1246.
— *Par.*, II, 506, 1119.
— *Poit.*, 392, 526, 535, 540, 838, 908.
— *Prov.*, I, 419, 968.
— *Prov.*, II, 9, 397.
— *Rouen*, 542, 766, 899.
— *Toul.-Mont.*, 1265.
Fauconier. *Bret.*, II, 747.
Fauconnet. *Bourb.*, 289.
— *Par.*, I, 70.
— *Rouen*, 1082.
Fauconnier. *Bourb.*, 104.
— *Fland.*, 91, 161, 177, 188, 199, 1113.
— *Lim.*, 132.
— *Rouen*, 20.
Fauconnier (le). *Caen*, 84, 498, 753.
— *Champ.*, 342.
Faudel. *Champ.*, 371.
— *Par.*, II, 322, 673.
— *Vers.*, 139.
Faudier. *Fland.*, 232.
Faudoas. *Montp.-Mont.*, 1140, 1143.
— *Toul.-Mont.*, 230, 355, 1228, 1247.
Faudoire. *Par.*, I, 557.
Faudois (de). *Tours*, 257, 267.
Faudon. *Prov.*, I, 1086.
Faudouen. *Montp.-Mont.*, 1043.
Faudran *Prov.*, I, 490, 643.
Faudri. *Poit.*, 522, 587.
Faugé. *Par.*, I, 1373.
Faugeron. *Poit.*, 766.
Fauget. *Béarn*, 90.
Faugier. *Lyon*, 545.
Faugières. *Auv.*, 182.
— *Lorr.*, 393, 598.
Faugouin. *Als.*, 1053.
Faugueirou. *Guy.*, 1107.
Fauguou. *Prov.*, I, 1343.
Faujean. *Guy.*, 853.
Faulat. *Guy.*, 422.
Faulquesse. *Prov.* II, 817.
Faulquier. *Bourg.*, I, 574, 1243.
— *Orl.*, 879.
Faulquin. *Par.*, III, 480.
Fault. *Als.*, 458.
Faulte (du). *La Roch.*, 413.
Faulx (de). *Caen*, 119.
Fauquel. *Bret.*, II, 1027.
Fauquemont. *Bourb.*, 294, 329, 589.
Fauqueux. *Fland.*, 872.

Faur (du). *Bourg.*, i, 43, 148.
— *Dauph.*, 507.
— *Guy.*, 515, 547, 628, 723, 1175.
— *Montp.-Mont.*, 1032, 1034, 1211, 1260, 1436.
— *Orl.*, 270.
— *Par.*, ii, 502.
— *La Roch.*, 242, 309.
— *Toul.-Mont.*, 24, 32, 123, 140, 165, 217, 327, 341, 347, 368, 548, 634, 887, 1209, 1220, 1223, 1231, 1288.
Faure. *Als.*, 278, 394, 793.
— *Auv.*, 560.
— *Bourg.*, i, 233, 418, 431, 628, 629.
— *Bret.*, i, 532.
— *Champ.*, 841.
— *Dauph.*, 39, 293, 518, 587.
— *Guy.*, 304, 688, 689, 817, 856, 924, 940, 1026, 1098, 1210.
Faure. *Lyon*, 135, 152, 360, 495, 617, 619, 659, 674, 687, 769, 770, 833, 878, 926, 974.
Faure. *Montp.-Mont.*, 252, 436, 438, 466, 590, 1068, 1076, 1120, 1254, 1415.
— *Par.*, i, 911.
— *Par.*, ii, 140, 228, 366, 380, 551, 614, 844.
— *Par.*, iii, 549.
— *Poit.*, 331, 788, 1544.
— *Prov.*, i, 672, 795.
— *La Roch.*, 239, 370.
— *Soiss.*, 78, 368, 394.
— *Toul.-Mont.*, 82, 112, 120, 232, 263, 390, 481, 648, 673, 691, 695, 760, 847, 877, 943, 1322.
Faure (de). *Bourb.*, 89, 211, 415, 462.
— *Bourg.*, ii, 2.
Faure (du). *Dauph.*, 237, 280, 281, 285, 346, 347, 562, 593.
— *Lim.*, 148, 242.
— *Lyon*, 39, 42, 369, 830.
Faure (la). *Tours*, 1022.
Faure (le). *Bret.*, ii, 393, 423.
Faures (des). *Montp.-Mont.*, 1174.
— *Toul.-Mont.*, 1320.
Faurel. *Al.*, 1193.
Fauretil. *Al.*, 813.
Faurichon. *Guy.*, 460, 461.
Faurie. *Guy.*, 843.
Faurie (la). *Montp.-Mont.*, 115, 128, 1081, 1163.
— *Toul.-Mont.*, 1039, 1383.

Faurion *ou* Fauriou. *Poit.*, 906.
Fauris. *Prov.*, i, 423, 580.
— *Prov.*, ii, 62, 491, 497, 614, 615.
Faurre. *Bourges*, 33, 167.
Fausene. *Prov.*, ii, 822.
Faussabry. *Orl.*, 867.
Fausselier. *Bourg.*, ii, 533.
Fausset. *Par.*, i, 577.
Faust. *Als.*, 293, 448, 453, 1046.
Faust (St). *Toul.-Mont.*, 950, 1232.
Fauste. *Lorr.*, 683.
Faute. *Guy.*, 627.
— *Lim.*, 10, 11.
Fautereau. *Rouen*, 585.
— *Al.*, 292, 1207.
— *Par.*, i, 1238.
Fauthier. *Prov.*, ii, 723.
Fautier. *Orl.*, 878.
Fautras. *Par.*, iii, 356.
— *Tours*, 1103.
Fautray (du). *Par.*, iii, 320.
Fautrel. *Pic.*, 739.
— *Rouen*, 793.
Fautrier. *Bourg.*, i, 155, 433.
— *Dauph.*, 320.
— *Par.*, i, 44, 252, 358.
— *Prov.*, i, 858, 1004, 1451.
Fautrière. *Bourg.*, ii, 262.
Fauveau. *Poit.*, 424.
— *Tours*, 880.
Fauvel. *Bret.*, i, 917.
— *Caen*, 571, 693.
— *Fland.*, 1259.
— *Par.*, i, 1089.
— *Rouen*, 51, 498, 513, 661, 687.
— *Vers.*, 106.
Fauvelet. *Bourg.*, i, 866.
— *Par.*, iii, 358.
— *Par.*, iv, 39, 292, 523, 825.
Fauvereau. *Poit.*, 1453.
Fauverger. *Toul.-Mont.*, 1067.
Fauville. *Orl.*, 573.
Fauvin. *Lyon*, 936.
Fauvon. *Lyon*, 420.
Faux. *Als.*, 730.
— *Bourg.*, i, 636.
Faux (de). *La Roch.*, 398.
Faux (des). *Auv.*, 422.
Faux (du). *Bret.*, i, 228.
— *Lyon*, 237, 290.
— *Pic.*, 111, 716.
Faux (la). *Champ.*, 786.
— *Soiss.*, 215.
Faux (le). *Bret.*, i, 564.
— *Tours*, 920.
Faval. *Par.*, iii, 319.

— *Toul.-Mont.*, 1319.
Favard. *Auv.*, 62, 409.
— *Lyon*, 150, 640.
Favarel. *Montp.-Mont.*, 400.
— *Toul.-Mont.*, 852.
Favart. *Champ.*, 45, 48, 50, 60, 61, 69, 93, 366, 428, 455.
— *Par.*, I, 17.
— *Par.*, II, 1216.
— *Par.*, III, 594.
Favas. *Guy.*, 968.
Favé. *Al.*, 966.
— *Bourb.*, 52, 59.
Favélard. *Auv.*, 84.
Faventines. *Montp.-Mont.*, 846.
Favereau. *Champ.*, 718.
— *Orl.*, 393.
— *Poit.*, 251, 878, 1299.
— *Soiss.*, 210.
Faverel. *Par.*, I, 821.
— *Par.*, II, 129.
Faveret. *Champ.*, 835.
Favergnes. *Bourg.*, I, 1090.
Faveries (des). *Al.*, 179, 268, 341, 495, 660, 1014.
— *Caen*, 227.
Faverolles. *Bourges*, 77, 78.
— *Bret.*, I, 163.
— *Orl.*, 346.
— *Par.*, I, 31, 38, 54, 494, 854, 949, 956, 1221.
— *Par.*, II, 432, 679.
— *Par.*, III, 328.
— *Soiss.*, 211.
Faverot. *Bourb.*, 3, 21, 252.
Favery. *Vers.*, 27.
Fayet. *Prov.*, I, 1404.
— *Prov.*, II, 309, 313.
— *Vers.*, 229.
Favier. *Als.*, 133.
— *Auv.*, 269.
— *Bourg.*, I, 198.
— *Champ.*, 601.
— *Dauph.*, 559.
— *Fl.*, 356, 851.
— *Lyon*, 807.
— *Montp.-Mont.*, 1303.
— *Par.*, I, 161, 567, 866.
— *Par.*, II, 35, 96, 1196.
— *Par.*, III, 411.
— *Pic.*, 835.
— *Poit.*, 343, 967, 988, 997, 1043, 1095, 1134, 1273.
— *Prov.*, I, 960.
— *Prov*, II, 533.
— *Rouen*, 440, 554.

— *Toul.-Mont.*, 66, 160, 638, 663.
Favières. *Bourb.*, 511, 1194.
— *Bourg.*, I, 595, 775, 1112.
— *Orl.*, 280, 964.
— *Par.*, I, 701, 758, 938, 945, 987.
— *Par.*, II, 328.
Favin. *Soiss.*, 625.
Favois. *Bret.*, II, 878.
Favot. *Lyon*, 312.
Favre. *Lorr.*, 287, 421, 585.
Fay. *Bourg.*, II, 505.
Fay (de). *Bourb.*, 441.
— *Pic.*, 54, 232, 447, 553, 841.
Fay (du). *Par.*, I, 1210.
— *Par.*, IV, 267.
— *Pic.*, 317, 477.
Fay (la). *Lyon*, 27, 28, 619, 622.
Fayard. *Dauph.*, 403.
— *Guy.*, 79, 901, 921.
— *Lyon*, 172, 361, 392, 414, 919.
— *Par.*, I, 233.
— *Toul.-Mont.*, 638.
Fayau (de). *Tours*, 528.
Faye. *Al.* 988, 989.
— *Bret.*, II, 311.
— *Par.*, II, 254, 376, 880, 94.
— *Par.*, III, 357.
— *Vers.*, 126.
Faye (de). *Bourb.*, 275, 404.
— *Bourg.*, II, 357.
— *Lim.*, 418.
— *Montp.-Mont.*, 192.
— *La Roch.*, 390.
Faye (la). *Bourg.*, II, 569.
— *Fl.* 30, 35.
— *Guy.*, 434, 442, 645, 919, 923, 1077, 1124.
— *La Roch.*, 332.
— *Lorr.*, 483, 484.
— *Lyon*, 144, 640.
— *Montp.-Mont.*, 368.
— *Orl.*, 474.
— *Par.*, I, 205.
— *Par.*, IV, 274, 275.
— *Poit.*, 308, 542, 1505, 1520.
— *Rouen*, 322, 550.
— *Toul.-Mont.*, 88.
Fayel. *Al.*, 331, 335, 634.
— *Orl.*, 318.
Fayel (du). *Caen*, 22, 35, 426, 622.
— *Rouen*, 456, 808.
Fayenciers (les). *Poitiers.* (*Communauté*). 528.
Fayet. *Guy.*, 95.
— *Montp.-Mont.*, 625.
— *Par.*, I, 302, 962, 986.

— *Par.*, II, 975.
Fayet (du). *Auv.*, 10, 540, 579.
— *Lim.*, 393.
— *Rouen*, 41, 752.
— *Soiss.*, 416.
Fayette (la). *Auv.*, 515.
— *Par.*, II, 375, 374, 962.
Fayol. *Guy.*, 722, 1176.
Fayoles. *Auv.*, 435.
Fayolle. *Bourb.*, 536.
— *Montp.-Mont.*, 369.
— *Prov.*, I, 1132.
— *La Roch.*, 326.
— *Toul. - Mont.*, 278, 1117, 1121, 1395.
Fayolle (la). *Dauph.*, 80, 262, 426, 633.
—*Soiss.*, 332, 811.
Fayolles. *Guy.*, 364, 366, 427, 430, 649, 674, 710, 991, 1133.
Fayolles. *Poit.*, 566.
Fayon. *Montp.-Mont.*, 1441.
Fé. *Lim.*, 274.
— *La Roch.*, 321, 331, 337.
— *Tours*, 1306.
Fé (Le). *Orl.*, 491.
Féau. *Tours*, 5, 483.
Féaud. *Prov.*, I, 724, 827.
Feautrier. *Prov.*, II, 147, 277.
Febercy. *Als.*, 500.
Febert. *Bourg.*, II, 614.
Febure. *Lyon*, 441.
Fécan. *Par.*, II, 284.
Fecand. *Bourg.*, I, 777.
Fécant. *Lyon*, 529.
Fechter. *Als.*, 460.
Fédargue (de). *Lorr.*, 96.
Fedé. *Orl.*, 788.
— *Prov.*, I, 490.
Fedon. *Prov.*, I, 1269.
Feger. *Bret.*, II, 528, 1004.
Feguela. *Guy.*, 1106.
Feguiran. *Prov.*, I, 1001.
Feideau. *Al.*, 1080.
— *Fl.*, 17.
— *Par.*, I, 212, 818, 1018, 1191.
— *Pic.*, 380.
Feidit. *Auv.*, 6, 268, 351, 353, 390, 430.
Feillens. *Prov.*, II, 458.
Feilleuse. *Al.*, 651.
Feinoit. *La Roch.*, 336.
Feitis. *Guy.*, 172, 304, 493, 868.
Feiton. *Guy.*, 680, 880.
Feix (du). *Dauph.*, 329.
Felets. *Guy.*, 382.

Félibien. *Orl.*, 79.
— *Par.*, I, 708.
— *Par.*, II, 718.
Felines. *Lim.*, 191.
— *Lyon*, 208, 212, 214. V. *Phélines.*
Felins. *Par.*, I, 208.
— *Par.*, II, 771.
— *Rouen*, 399.
Félix. *Als.*, 220.
— *Bourg.*, I, 1186.
— *Bourg.*, II, 163.
— *Champ.*, 840, 843, 850.
— *Montp.-Mont.*, 368, 369.
— *Orl.*, 859, 880.
— *Par.*, I, 1242.
— *Par.*, II, 817.
— *Par.*, III, 531.
— *Prov.*, I, 411, 468, 473, 562, 563, 619, 666, 852, 1058, 1031, 1104.
— *La Roch.*, 215, 216.
— *Vers.*, 57, 154, 217.
Félix (St.). *Lorr.*, 292, 295.
— *Toul.-Mont.*, 41, 198.
Felizot. *Fl.*, 79.
Fellan. *Tours*, 1371.
Fellequier. *Guy.*, 1072.
Felleries. *Fl.*, 978.
Fellonneau. *Bret.*, II, 1053.
Felonnière (La). *Par.*, II, 435.
Feltz. *Als.*, 39, 447, 506, 620, 666, 923.
— *Lorr.*, 286.
Fenard. *Champ.*, 111.
Fenel. *Als.*, 563.
— *Lyon*, 536.
— *Par.*, III, 506.
Fénelon. *Toul.-Mont.*, 237.
Fenes (de). *Montp.-Mont.*, 268.
Fenestrel. *Dauph.*, 601. V.
Feni. *Lorr.*, 187.
Fenieux. *Lim.*, 135.
— *Poit.*, 821.
Fénis. *Lim.*, 157, 182, 397, 436, 438, 439.
— *Par.*, I, 1143.
— *Par.*, III, 231.
Fennelon. *Guy.*, 134, 437.
Fenneroux. *Montp.-Mont.*, 305.
Fénot. *Par.*, III, 306.
Fenouil (du). *Bourg.*, I, 16.
— *Lyon*, 976.
— *Par.*, II, 566.
Fenouillette (de). *Tours*, 47.
Fepfer. *Als.*, 452.
Fequental. *Als.*, 336.
Fer. *Bret.*, II, 666.

Fer (de). *Champ.*, 778.
— *Dauph.*, 336, 337, 464, 557.
— *Par.*, III, 436, 506.
Fer (le). *Bourges*, 475.
— *Bret.*, I, 240, 241, 917, 918.
Fera. *Orl.*, 307.
— *Par.*, I, 315.
Feragut. *Pic.*, 728.
Ferand. *Prov.*, II, 20, 799, 801.
— *La Roch.*, 171.
Ferandin. *Prov.*, II, 747.
Feraporta. *Prov.*, I, 1183.
Feraporte. *Prov.* II, 332.
Feraud. *Prov.*, I, 332, 791, 925, 1081, 1087, 1120, 1134, 1167, 1168, 1444, 1448.
— *Prov.*, II, 289, 370, 561.
Féranoière (La). *Bourges*, 526.
Ferault. *Al.*, 173, 535.
Feraut. *Rouen*, 679.
Ferault. *Tours*, 993.
Ferbaux. *Montp.-Mont.*, 1118.
Ferber. *Als.*, 617.
Ferbos. *Guy.*, 632.
Fercet. *Fl.*, 1259.
Ferchat. *Guy.*, 494.
Ferchaud. *Poit.*, 358, 1262.
Ferchault. *Tours*, 968.
Fercoq. *Tours*, 1420.
Fère (La). *Bourges*, 139, 185, 378, 451.
— *Guy.*, 1135.
— *Lorr.*, 269.
— *Poit.*, 304.
— *Soiss.*, 286, 289, 849.
Fereaux. *Lyon*, 732.
Féréol (St-). *Dauph.*, 317, 318, 319, 488, 495.
Fereria. *Toul.-Mont.*, 888.
Feret (Le). *Bret.*, I, 639.
Feret. *Par.*, II, 161, 648.
— *La Roch.*, 289.
— *Rouen*, 215, 220.
Fergeolles. *Rouen*, 717, 998.
Ferger. *Bret.*, I, 950.
Feric. *Bourg.*, I, 1138.
Ferier. *Lorr.*, 582, 583.
— *Par.*, I, 595.
— *Par.*, II, 142.
Feriet. *Lorr.*, 189 *bis*, 289, 582, 583.
Feriolles. *Par.*, II, 796, 816, 817.
Feris (de). *Prov.*, I, 585.
Ferlet. *Par.*, I, 238.
Ferlé. *Tours*, 268.
Ferlo. *Bret.*, II, 520.
Ferlue, *Auv.*, 544.

Fernandès. *Tours*, 1018.
Fermanel. *Al.*, 908.
— *Rouen*, 483.
Fermat. *Guy.*, 840.
Fermatius. *Rouen*, 1357.
Fermaud. *Montp.-Mont.*, 815.
Fermé. *Par.*, II, 270, 782.
— *La Roch.*, 278.
Fermelins. *Par.*, II, 415.
— *Par.*, I, 725.
Fermier. *Prov.*, I, 846. 850.
Fermieu. *Prov.*, I, 1335.
Fermin. *Caen*, 538.
Fermineau. *Montp.-Mont.*, 825.
Fermont. *Bret.*, I, 497.
— *Champ.*, 77.
Fernandès. *Guy.*, 911.
Fernet. *Prov.*, II, 759.
Fernex (du). *Lyon*, 372.
Fernier. *Soiss.*, 761.
Fernière (La). *Als.*, 627.
Fernon. *Lim.*, 421.
Féron. *Caen*, 565, 567.
— *Prov.*, I, 275.
— *Rouen*, 675.
Feron (de). *Orl.*, 219, 403.
Féron (du). *Champ.*, 744.
Feron (Le). *Fl.*. 1357, 1467.
— *Orl.*, 191, 192, 602, 785, 808, 831, 834.
Feron (le). *Par.*, I, 281, 349, 901, 909.
— *Par.*, II, 450, 1091.
— *Par.*, III, 208, 298.
— *Par.*, IV, 170, 318, 319, 321, 322, 330.
— *Soiss.*, 22, 797.
— *Tours*, 283, 289.
Ferronière (la). *Par.*, II, 243.
Férot. *Pic.*, 871
Ferou. *Fland.*, 1167.
Ferou (de). *Poit.*, 282, 400, 1468, 1476.
Feroul. *Montp.-Mont.*, 297.
— *Toul.-Mont.*, 332.
Ferrabout. *Montp.-Mont.*, 1122, 1132.
Ferragut. *Montp.-Mont.*, 1115, 1132.
— *Toul.-Mont.*, 344, 1226.
Ferraillon. *Dauph.*, 284, 307, 472.
Ferrand. *Auv.*, 17.
— *Bourg.* II, 564.
— *Caen*, 220, 673.
— *Guy.*, 460, 804, 1028.
— *Lorr.*, 621.
— *Prov.*, I, 105, 545, 640, 1187. 1355.

— *Toul -Mont.*, 83, 116, 130.
— *Tours*, 762, 925, 926, 1000, 1067, 1069.
Ferrandteste. *Dauph.*, 256.
Ferrant. *Bourges*, 275.
— *Bourg.*, i, 709.
— *Bret.*, i, 425.
— *Fland.*, 1332.
— *Par.*, i, 288, 786, 859, 1018, 1097, 1147, 1169, 1230, 1342.
— *Par.*, ii, 25, 99, 145, 159, 470, 629.
— *Par.*, iii, 290.
— *Par.*, iv, 553.
— *Poit.*, 1348.
— *Rouen*, 564, 788, 789, 821, 845.
— *Vers.*, 10.
Ferrard. *Lyon*, 336.
Ferrare. *Rouen*, 490.
Ferrari. *Prov.*, i, 645.
— *Prov.*, ii, 372.
— *Lyon*, 718.
Ferrary. *Par.*, i, 130.
— *Par.*, ii, 82, 234, 318, 1083, 1098.
Ferrat. *Montp.-Mont.*, 4.
— *Prov.*, i, 1215.
Ferrateri. *Prov.*, ii, 281, 283.
Ferratory. *Prov,*, i, 1017.
Ferraud. *Bourges*, 434.
— *Lyon*, 903.
— *La Roch.*, 438.
— *Soiss.*, 542, 572, 678, 819, 860.
Ferraut. *Champ.*, 684.
Ferre. *Prov.* ii, 519.
Ferré. *Al.*, 721, 1021.
— *Bret.* i, 35, 130, 456, 823.
— *Bret.*, ii, 400, 898.
— *Guy.*, 813.
— *Par.*, iii, 123.
— *Poit.*, 492, 562, 593, 859, 1102, 1505.
Ferrebœuf. *Montp.-Mont.*, 695.
Ferrenc. *Prov.*, i, 548.
Ferres (des). *Prov.* ii, 569.
Ferret. *Bret.*, i, 10, 392, 441, 448, 474.
— *Fland.*, 1032, 1033, 1473.
— *Lim.*, 271.
— *Lyon*, 653.
— *Par.*, iii, 144, 360.
Ferretière (la). *Prov.*, i, 411.
Ferrette. *Als.*, 107, 146, 147, 159, 214, 692, 693, 710, 715, 892, 1056.
— *Champ.*, 155, 162, 200.
Ferri. *Guy.*, 782.

— *Lorr.*, 252.
— *Par.*, i, 1232.
— *Prov.*, i, 817.
— *Prov.*, ii, 374, 734.
— *Rouen*, 1406.
Ferreur. *Al.*, 1124.
Ferriau. *Poit.*, 52, 759.
Ferrier. *Als.*, 142.
— *Auv.*, 268.
— *Bourg.*, ii, 631.
— *Bret.*, i, 55.
— *Montp.-Mont.*, 1085.
— *Prov.*, i, 341, 475, 863, 936, 1010.
— *Prov.*, ii, 340.
Ferrier (de). *Pic.*, 659.
— *La Roch.*, 459.
Ferrier (du). *Toul.-Mont.*, 23, 41, 243, 1056, 1162, 1326.
Ferrière. *Bret.*, ii, 81, 190.
— *Guy.*, 886, 1144.
— *Montp.-Mont.*, 606.
— *La Roch.*, 95.
Ferrière (de). *Champ.*, 698.
— *La Roch.*, 41, 174.
Ferrière (la). *Bret.*, ii, 88, 1130.
— *Caen*, 223, 752, 761.
— *Orl.*, 251.
— *Par.*, i, 1340.
— *Tours*, 251, 1420.
Ferrières. *Bourg.*, i, 874.
— *Lim.*, 332.
— *Poit.*, 34, 337, 591, 907, 1426.
— *Toul.-Mont.*, 942.
Ferriès. *Lyon*, 756.
Ferrieu. *Toul.-Mont.*, 814.
Ferrin. *Bret.*, ii, 267.
Ferriol. *Lyon*, 684.
— *Toul.-Mont.*, 1481.
Ferrioles. *Auv.*, 11, 445.
Ferriolles. *Prov.*, ii, 116, 598.
Ferris (de). *Prov.*, ii, 595.
Ferron. *Bourges*, 274.
— *Bret.*, i, 219, 245, 420, 442, 572, 577.
— *Guy.*, 25, 26, 323.
— *Lorr.*, 466.
— *Par.*, i, 112, 233.
— *Par.*, iv, 94.
— *Prov.*, i, 1389.
— *Prov.*, ii, 531.
Ferron (de). *Dauph.*, 70.
— *Montp.-Mont.*, 1139.
— *Par.*, ii, 628.
Ferronniers (*communauté*) (les). *Poit.*, 1090.

Ferrot. *Als.*, 504.
— *Prov.*, II, 379.
Ferrouillat. *Lyon*, 167.
Ferrus. *Dauph.*, 5, 99, 601.
— *Lyon*, 30, 38, 111.
Ferruyau. *Poit.*, 1115, 1117, 1118.
Ferry. *Bourg.*, I, 224, 476, 769.
Ferst. *Als.*, 49.
Fert (le). *Bret.*, II, 999.
Ferté (la). *Champ.*, 115, 461, 469.
— *Poit.*, 179, 367 1121.
— *Prov.*, II, 467.
— *Rouen*, 631, 1166.
Ferté-Milon (la). *Soiss.*, 570. V.
Ferteil. *Auv.*, 548.
Fertière (la). *Orl.*, 915.
Fertillière. *Soiss.*, 837.
Férufin. *Bourg.*, I, 766.
Ferval. *Par.*, I, 316.
Fery. *Par.*, II, 1033.
Fescan. *Tours*, 20.
Fesnes (de). *Vers.*, 74.
Fesque. *Orl.*, 656.
— *Par.*, II, 1069.
Fesque (de). *Tours*, 319, 340.
Fesques. *Al.*, 662.
Fesquet. *Montp.-Mont.*, 12, 61, 223, 895, 1325.
Fessanvilliers. *Al.*, 653.
Fessart. *Pic.*, 93.
Fesse. *Prov.*, I, 1068, 1094.
Fessy. *Lyon*, 729.
Festard. *Par.*, I, 305, 1092.
Festier. *Als.*, 726.
Festu. *Al.*, 1049.
— *Rouen*, 1368.
Fétans. *Bourg.*, I, 402.
Fetart. *Par.*, II, 1134.
Feteau. *Bourb.*, 480.
Fétilly. *La Roch.*, 305.
Fetiq. *Lorr.*, 195, 658.
Fetou. *Par.*, III, 140.
Feu. *Par.*, II, 359, 976.
— *Par.* IV, 26, 49, 50, 330.
Feu (de). *Bret.*, I, 694, 695.
— *Par.*, III, 179.
Feu (du). *Bourg.*, I, 275.
— *Bret.*, I, 217, 218.
— *Par.*, I, 740.
Feuchot. *Bourg.*, II, 254.
Feudé. *Bret.*, I, 883.
— *Bret.*, II, 73.
Feudon. *La Roch.*, 213.
Feuga (du). *Guy.*, 942.
Feugerets (des). *Al.*, 269, 279, 1250, 1255.

Feugerolles. *Orl.*, 604.
Feugray. *Par.*, I, 699.
Feuguerolles. *Lyon*, 342.
Feuillade. *Guy.*, 904, 939.
Feuillade (la). *Lyon*, 369.
Feuillans. *Bourg.*, II, 104.
Feuillans (les) (*Relig.*). *Poit.*, 89.
Feuillant. *La Roch.*, 157.
Feuille (la). *Bourges*, 518.
— *Lorr.*, 680.
— *Par.*, II, 791.
Feuillet. *Bourb.*, 112.
— *Orl.*, 610.
Feuillois. *Par.*, III, 428.
Feuillot. *Bourg.*, I, 535.
Feulcon. *Prov.*, II, 710.
Feumouze. *Guy.*, 994, 1103.
Feuquel. *Pic.*, 545.
Feuquerolles, *Prov.*, I, 571.
— *Lyon*, 342.
Feuquerolles (de). *Tours*, 293, 314, 752.
Feur (du). *Lorr.*, 530.
Feusten. *Als.*, 1054.
Feuvre (le). *Tours*, 13, 86, 364.
Féval. *Rouen*, 780.
Fevardant. *Caen*, 300, 301, 307, 313, 318, 325.
Fevin. *Pic.*, 852.
Fevray. *Bret.*, II, 486.
Févre. *Bourg.*, I, 307, 1177.
— *Champ.*, 155, 233, 359, 463, 497, 523, 617, 706, 766.
— *Dauph.*, 463.
— *Montp.-Mont.*, 17, 242, 458.
Fevre (de) *Prov.*, I, 592.
Févre (le). *Al.*, 3, 4, 95, 285, 456. 715, 770, 796, 1012, 1026, 1112, 1124.
Fevre (le). *Als.*, 598, 744.
— *Auv.*, 33, 450.
— *Bourb.*, 30, 170, 412, 468.
— *Bourg.*, I, 339, 588, 859.
— *Bourg.*, II, 146, 351.
— *Bret.*, I, 29, 156, 157, 160, 216, 272, 312, 347, 393, 425, 426, 432, 446, 453, 459, 770.
— *Bret.*, II, 27, 268, 330, 389, 459, 535, 553, 576, 898, 1082.
— *Caen*, 242, 249, 258, 259, 283, 287, 367, 371, 445, 561, 563. 568, 681, 723.
— *Fland.*, 122, 128, 134, 193, 194, 208, 263, 312, 320, 343, 525, 569, 727, 765, 993, 1117, 1123, 1147, 1161, 1174, 1261, 1470.

— *Guy.*, 144.
— *Lorr.*, 214, 231, 322, 465, 481, 576, 595, 606, 637, 643, 645, 651, 656.
— *Lyon*, 635, 642.
— *Orl.*, 69, 264, 434, 766.
— *Par.*, I, 146, 322, 384, 573, 768, 877, 882, 886, 898, 1130, 1131, 1146,1173, 1191,1235, 1244,1245, 1308.
— *Par.*, II, 10, 59, 80, 157, 211, 368, 450, 478, 483, 626, 529, 583, 613, 656, 791, 1007, 1030, 1060, 1100, 1131, 1226.
— *Par.*, III, 49, 59, 129 263, 282, 288, 362, 385, 455, 477, 551, 566.
— *Par.*, IV, 116, 118, 128, 235, 246, 254, 278, 370, 410, 432, 561, 563, 565, 628, 672.
— *Pic.*, 160, 255, 263, 282, 285, 382, 395, 396, 427, 456, 458, 575, 599, 640, 646, 707, 728, 750, 752, 754, 758, 816, 886.
— *Poit.*, 117, 120, 479, 521, 766, 1049, 1193, 1251, 1252, 1313.
— *Prov.*, I, 631.
— *Rouen*, 17, 55, 225, 252, 266, 273, 397, 561, 573, 585, 694, 783, 839, 937, 996, 1231.
— *Soiss.*, 14, 60, 67, 69, 72, 115, 193, 248, 312, 313, 316, 348, 375, 406, 423, 484, 557, 558, 794, 856, 783.
— *Tours*, 9, 101, 132, 140, 142, 262, 282, 573, 758, 828, 876, 1034, 1071, 1074, 1182,1246,1266,1468, 1518.
— *Vers.*, 125, 153, 164, 182, 806, 216.
Fevreau. *Tours*, 986.
Fevret. *Bourg.*, I, 27, 29, 315, 325.
— *Bourg.*, II, 71, 99.
— *Lorr.*, 154, 213, 651.
Fevrerie (la). *Guy.*, 955.
Fevrier. *Bourb.*, 41, 384.
— *Dauph.*, 406.
— *Montp.-Mont.*, 864.
— *Par.*, I, 366.
— *Par.*, III, 143, 418.
— *Rouen*, 157.
— *Tours*, 221.
Févrot. *Bourg.*, II, 47.
Fevry. *Bourg.*, I, 1068.
Feydeau. *Bourb.*, 4, 15, 30, 206, 277, 280, 301, 438.

— *Bret.*, II, 686.
— *Orl.*, 58.
— *Par.*, II, 236, 322, 367, 1177.
— *Par.*, III, 216, 219, 554.
— *Poit.*, 740, 1504.
Fez (de). *Par.*, II, 442.
Fez (le). *Soiss.*, 720.
Fezel. *Als.*, 464.
Fezelot. *Tours*, 1127.
Fezer. *Als.*, 676.
Fialon. *Poit.*, 1036.
Fiani. *Guy.*, 44, 1006.
Fiard. *Bourg.* I, 767, 1008.
Ficher. *Lyon*, 118, 170.
— *Prov.*, II, 449.
Fiches. *Montp.-Mont.*, 544.
Ficklissin. *Als.*, 631.
Fidel. *Als.*, 458.
Fides. *Montp.-Mont.*, 594.
Fié (de). *Soiss.*, 487.
Fié (du), voy. Patournay. *Bourg.*, I, 1050.
Fiébrard. *La Roch.*, 366.
Fief. *Prov.*, I, 101.
Fief (du). *Fland.*, 327.
— *Poit.*, 521.
Fieffé. *Guy.*, 122.
Fiennes. *Fland.*, 123, 504.
— *Montp.-Mont.*, 524.
— *Par.*, I, 1242.
— *Par.*, II, 872, 873.
— *Soiss.*, 258.
Fiennes (de). *Pic.*, 188, 206, 323, 348, 482, 492, 682.
Fier. *La Roch.*, 54.
Fierrard. *Pic.*, 827.
Fiers. *Als.*, 319.
Fiesque. *Par.*, II, 316, 1155.
— *Soiss.*, 112.
Fiette (de). *Par.*, I, 1119.
Fieubet. *Guy.*, 383.
— *Par.*, I, 814, 815.
— *Par.*, II, 182.
— *Toul.-Mont.*, 125, 141, 888.
Fieusal. *Guy.*, 1039.
Fieux. *Rouen*, 408.
Fieuzet. *Toul.-Mont.*, 219
Fievet. *Fland.*, 286.
Fiéville (de). *Bourges*, 521.
Fievre (le). *Tours*, 1338, 1137.
Figanier. *Prov.*, II, 789.
Figeac. *Auv.*, 168.
— *Montp.-Mont.*, 1168. V.
Figou. *Montp.-Mont.*, 1260.
Figuet. *Fland.*, 1166.
Figuier. *Toul.-Mont.*, 228.

Figuière. *Prov.*, ɪ, 41, 42, 400.
— *Prov.*, ɪɪ, 52, 242.
Figuières. *Montp.-Mont.*, 803.
— *Lyon*, 728.
Figullas. *Prov.*, ɪ, 1274.
Figurey. *Bourg.*, ɪ, 1118.
Filassier *Par.*, ɪɪɪ, 531.
Filastreau. *La Roch.*, 369.
Filatreau. *Par.*, ɪɪɪ, 868.
Filgay. *Bret.*, ɪ, 261.
Filhol. *Bourb.*, 14, 275.
— *Montp.-Mont.*, 1005, 1095.
— *Toul.-Mont.*, 1373, 1383.
Filhon. *Guy.*, 1030.
Filhot. *Guy.*, 159, 535, 609, 611.
Filhoul. *Bourb.*, 555.
Filiol. *Auv.*, 386.
— *Guy.*, 965.
Filiolie (la). *Guy.*, 380, 1183.
Filioux. *Bourb.*, 307.
Fillart. *Par.*, ɪɪ, 809.
Fillartigue. *Guy.*, 852.
Fillastre. *Poit.*, 1290.
Fillastre (le). *Caen*, 54, 323, 448, 749, 752.
Filleau. *Par.*, ɪɪ, 418.
— *Poit.*, 37, 880.
Fillei. *Fland.*, 1469.
Fillelin. *Par.*, 397.
Fillemain. *Al.*, 354.
Filleres. *Montp.-Mont.*, 500, 702.
Fillet. *Par.*, ɪ, 177.
Fillette. *Tours*, 1327.
Filleul. *Par.*, ɪɪ, 71.
— *Pic.*, 578.
— *Rouen*, 43, 242, 274, 754.
Filleul (le). *Al.*, 231, 232, 236, 237, 238, 312, 832, 1167.
— *Bret.*, ɪ, 98.
— *Bret.*, ɪɪ, 503.
Fillevie. *La Roch.*, 253.
Filleux. *Pic.*, 580.
Filleux (le). *Bret.*, ɪɪ, 503.
Fillias. *Auv.*, 389.
Fillichais (la) *Bret.*, 727.
Fillisot. *Pic.*, 172.
Filliol. *Lim.*, 250.
Filliolet. *Lim.*, 341.
Fillion. *Lyon*, 290, 388, 516, 548.
Fillioux. *Lim.*, 184.
Fillol. *Dauph.*, 71.
— *Prov.*, ɪ, 1210.
— *Prov.*, ɪɪ, 329.
Fillon. *Bourg.*, ɪ, 955.
— *Lorr.*, 471.
— *Montp.-Mont.*, 804.

— *Par.*, ɪv, 102.
— *Poit.*, 983, 1063.
— *La Roch.*, 281.
— *Tours*, 1012.
Filloque. *Par.*, ɪɪɪ, 567.
Fillotte. *Bourg.*, ɪɪ, 25.
Fillouze. *Bret.*, ɪɪ, 49.
Filly, *Bret.*, ɪɪ, 918.
Filoche. *Tours*, 523.
Filocque. *Champ.*, 23, 654.
Filonnière. *Orl.*, 720.
Fils. *Par.*, ɪ, 1157.
— *Prov.* ɪɪ, 498.
Filsjean. *Bourg.*, ɪ, 30, 52, 63, 93, 150, 219, 222, 318, 1207.
— *Bourg.*, ɪɪ, 50, 53, 77, 90, 488, 509.
— *Champ.*, 751.
— *Par.*, ɪ, 929.
Fin. *Poit.*, 1104.
Finances (des). *Lorr.*, 479.
Finantière (la). *Al.*, 728, 729.
Finé. *Dauph.*, 537.
Fines (de). *Fland.*, 205.
Finesme (de). *Lorr.*, 128 *ter*.
Finet. *Bourb.*, 202.
— *Bourg.*, ɪ, 59.
— *Bourg.*, ɪɪ, 72.
— *Dauph.*, 582.
— *Par.*, ɪɪ, 718.
Finfre. *Champ.*, 166.
Fingeat. *Lim.*, 219.
Finiels. *Toul.-Mont.*, 1181.
Finolle. *Als.*, 592.
Finot. *Par.*, ɪ, 501.
Finx. *Als.*, 639, 659.
Fiorany. *Par.*, ɪv, 138.
Fioravanty. *Bourb.*, 29, 287.
Fiot. *Bourg.*, ɪ, 27, 28, 29, 41, 43, 90.
— *Bourg.*, ɪɪ, 491.
— *Bret.*, ɪɪ, 168.
— *Lyon*, 131.
— *Par.*, ɪ, 891.
Fiquelmont. *Bourg.*, ɪɪ, 68.
— *Lorr.*, 178, 578.
Fiquepal. *Guy.*, 1061.
Fiquet. *Par.*, ɪɪɪ, 436.
Fiquières. *Lyon*, 728.
Firmin. *Par.*, ɪv, 545.
— *Pic.*, 465, 690, 756, 760.
Firmini. *Prov.*, ɪ, 1267.
Fische. *Als.*, 635.
Fischer. *Als.*, 306, 401, 477, 487, 581, 608, 629, 641, 719, 909, 1012.
Fisdame. *Caen*, 642.

Fiseau. *Par.*, III, 117.
Fisicat. *Lyon*, 135.
Fisme. *Champ.*, 387. **V.**
Fisquenel. *Bret.*, II, 537.
Fisquet. *Bret.*, II, 610.
Fisse. *Rouen*, 526.
Fisson. *Guy.*, 170.
— *La Roch.*, 189.
Fitau (la). *Guy.*, 1034.
Fitefany. *Bret.*, II, 508.
Fitte (de). *Orl.*, 265.
— *Par.*, I, 379.
Fitte (de). *Par.*, IV, 258.
Fitte (la). *Béarn.*, 19.
— *Guy.*, 184, 335, 942, 989, 1067, 1157, 1167.
— *Lorr.*, 191.
— *Par.*, I, 1173.
— *Par.*, IV, 547.
— *Poit.*, 339.
— *Soiss.*, 10, 647.
— *Toul.-Mont*,, 401, 1283, 1344.
Fix. *Als.*, 825, 877.
Fizes, *voy.* Pujol. *Montp.-Mont.*, 8, 618, 656.
Fizet. *Pic.*, 336.
— *Montp.-Mont.*, 616.
Flach. *Als.*, 469, 470. 1067.
Flachat. *Lyon*, 431, 434, 790, 982.
Flachère. *Lyon*, 801, 1023.
Flacheron. *Lyon*, 299.
Flachon. *Lyon*, 754.
Flacourt. *Bourg.* I, 4.
— *Bret.*, I, 340.
Flacques. *Pic.*, 385.
Flahault. *Pic.*, 327, 337, 360, 765, 766, 770.
— *Soiss.*, 288.
— *Vers.*, 15.
Flais. *Al.*, 891.
Flaman. *Bourb.*, 192.
Flamand. *La Roch.*, 280.
Flamant (le). *Al.*, 1026, 1041.
Flamant. *Par.*, II, 1184.
— *Par.*, IV, 544.
— *Poit.*, 1016.
— *Tours*, 809, 815.
Flambart. *Al.*, 225, 297, 843.
— *Bret.*, I, 910.
— *Fland.*, 1449.
Flamen, *Bourg.*, I, 673.
— *La Roch.*, 315.
Flamenat. *Lim.*, 423.
Flamenc. *Prov.*, I, 33, 1216, 1220.
Flamenq. *Prov.*, I, 1161.
Flament. *Fland.*, 265.

— *Guy.*, 1088.
Flament. *Par.*, III, 346.
— *Pic.*, 110.
— *Prov.*, I, 152.
Flamer. *Pic.*, 787.
Flanchenaut. *Tours*, 1475.
Flancourt. *Champ.*, 701.
Flandi. *Dauph.*, 44, 412.
Flandin. *Par.*, I, 269.
Flandres. *Als.*, 649.
— *Par.*, I, 818.
Flandres (de). *Fland.*, 106, 351, 572.
Flandrin. *Lyon*, 646, 917.
Flandrinck. *Fland.*, 713.
Flaneaud. *Lim.*, 460.
Flanqueville. *Rouen*, 95.
Flantz. *Als.*, 483.
Flard. *Tours*, 1192.
Flatté. *Bret.*, II, 968.
Flaucbart. *Bret.*, I, 910.
Flaudri. *Poit.*, 81.
Flaugergue. *Par.*, II, 617.
Flaugergues. *Montp.-Mont.*, 72, 881.
Flauvans. *Dauph.*, 581.
Flavandrie (la). *Poit.*, 809.
Flavard. *Montp.-Mont.*, 201, 202.
Flavigné. *Soiss.*, 60, 115, 266, 306, 477, 603, 604.
Flavigny. *Bourg.*, I, 1136.
— *Fland.*, 868.
— *Lorr.*, 398, 402, 413.
Flaxelande. *Als.*, 171, 172, 237, 255, 786, 965.
Flay (de). *Par.*, IV, 97.
Flayol. *Prov.*, I, 155.
— *Prov.*, II, 297, 298.
Flayosc. *Prov.*, I, 1293.
Flèche (la). *Al.*, 1008.
— *Par.*, IV, 79.
— *Prov.*, I, 554.
— *Tours*, 1532.
Fléchier. *Montp.-Mont.*, 719.
Fléchin. *Pic.*, 498.
Fleck. *Als.*, 948.
Fleckenstein. *Als.*, 25, 26.
Flégoi. *Champ.*, 630.
Fleires (de). *Montp.-Mont.*, 265, 992, 1087, 1158.
— *Toul.-Mont.*, 99.
Fleming. *Tours*, 735.
Fléron. *Fland.*, 144.
Flers. *Al.*, 573.
Fleschart. *Bret.*, I, 116, 965.
Flesche (la). *Par.*, II, 41.
Flesgin. *Lorr.*, 326.

Flesselle. *Pic.*, 383, 384, 392, 573, 625.
Flessières. *Montp.-Mont.*, 839.
Flet. *Poit.*, 1507.
Fleur. *Bourg.*, I, 751.
Fleur (de). *Lyon*, 958.
Fleurare. *Orl.*, 660,692.
Fleurat. *Poit.*, 502.
Fleur-de-Lis. *Lyon*, 292.
Fleureau. *Orl.*, 365, 410, 420.
— *Par.*, I, 389.
— *Rouen*, 120, 708.
Fleurence. *Toul.-Mont.*, 1199. V.
Fleureteau. *Pic.*, 882.
Fleuret. *Bret.*, I, 863.
— *Rouen*, 1166.
Fleurette. *Par.*, III, 443.
Fleuri. *Al.*, 766, 808, 950, 953, 1138.
— *Bourges*, 277, 285, 453.
— *Caen.* 716.
— *Champ.*, 35, 510, 588, 843.
— *Dauph.*, 225.
— *Lorr.*, 30.
— *Par.*, I, 130, 1216, 1303.
— *Poit.*, 360, 482, 515, 558, 559, 698, 1137, 1164 1317, 1130.
— *Prov.*, II, 407.
— *Rouen*, 875.
— *Soiss.*, 20, 573.
— *Tours*, 811, 992.
Fleurial. *Toul.-Mont.*, 482.
Fleuriau. *Par.*, I, 28, 783, 1154.
— *Poit.*, 529, 530, 531.
— *Toul.-Mont.*, 760.
Fleuriel (le). *Al.*, 187, 710, 1003.
Fleurière. *Guy.*, . .
Fleurigant. *Rouen*, 872.
Fleurigny, *voy.* Le Clerc. *Orl.*
— *Par.*, I, 397.
— *Par.*, II, 894.
— *Par.* IV, 416, 657.
Fleurimont. *La Roch.*, 236.
Fleuriot. *Bret.*, I, 241, 781.
— *Bret.*, II, 169, 170, 433.
— *Champ.*, 797.
— *Par.*, II, 331.
— *Tours*, 148, 558, 568, 871, 923, 985.
Fleurisson. *Poit.*, 478, 488.
Fleury. *Als.*, 591, 775.
— *Bourb.*, 405.
— *Bourg.*, I, 32, 93, 319, 344.
— *Bret.*, I, 198, 284, 473, 809.
— *Bret.*, II, 833.
— *Lyon*, 19, 376, 1022, 1024, 1047.

— *Montp.-Mont.*, 22, 598, 1495.
— *Orl.*, 167.
— *Par.*, II, 215, 1108, 1208.
— *Par.*, III, 117, 149.
— *Par.*, IV, 233, 236, 553.
— *Prov.*, I, 1229.
— *Vers.*, 26, 192.
Fleurs (de). *Par.*, I, 434.
Fleute. *Par.*, III, 126.
Feutrie (la). *Par.*, II, 7.
Flexelles. *Par.*, I, 62, 1150.
— *Par.*, II, 8, 202, 388, 546, 840.
Flichon. *Prov.*, I, 1043.
Flie (la). *Fland.*, 618.
Fligny. *Lorr.*, 526.
Fline (de). *Par.*, III, 330.
Flines (de). *Fland.*, 54, **312, 313**, 326, 358, 587, 1000.
Flo. *Toul.-Mont.*, 751.
Flo (le). *Bret.*, II, 1010.
Flobert. *Champ.*, 110.
Flocard. *Bourg.*, I, 1229.
— *Dauph.*, 72, 219.
Floch. *Bret.*, I, 341, 660.
Flode. *Pic.*, 644.
Flon (le). *Fland.*, 310, 329.
Floor. *Fland.*, 1170.
Floquet (du). *Bourb.*, 155, 295, **355**.
— *Auv.*, 296, 299, 349.
Florainville. *Lorr.*, 83.
Florant. *Poit.*, 487.
Florati. *Lyon*, 837.
Florenceau. *La Roch.*, 233.
Florence. *Béarn*, 60, 126, **162**.
Florens. *Prov.*, I, 83, 1153, 1244.
Florent. *Lorr.*, 323.
— *Prov.*, II, 407.
Florent (St). *Tours*, 1506, V.
Florentin. *Soiss.*, 822.
Flores. *Guy.*, 1211, 1214.
Flori. *Bourges*, 119.
— *Prov.*, I, 1363, 1367.
Floriet. *Bourg.*, II, 104.
— *Montp.-Mont.*, 557.
— *Par.*, III, 599.
Florignier. *Champ.*, 727.
Florimond. *Bourg.*, I, 561.
Florimont. *Bret.*, II, 452.
Florin. *Lyon*, 360.
Floriot. *Lorr.*, 129.
— *Par.*, I, 249.
— *Par.*, III, 363.
Floris. *Béarn*, 87. *Voy.* Tarrides.
— *Prov.* I, 269.
Florizonne. *Fland.*, 1149, 1273, **1238**.
Flory. *Bourg.*, I, 1035.

— Lyon, 44.
— Par., ii, 1056.
— Par., iii, 579.
— Toul.-Mont., 445, 1074, 1082.
Flos (du). Par., i, 1200, 1350.
— Par., iv, 13.
— Pic., 645, 813, 816, 858.
— Poit., 40, 55, 337.
— Soiss., 484.
Flot (le). Bret., i, 676, 897.
Flotelot. Bourg., ii, 26, 48, 219, 310, 493, 501.
Flottat. Als., 130.
Flotte. Montp.-Mont., 114, 346.
— Par., ii, 381.
— Prov., i, 94, 205, 234, 873, 934, 951.
— Toul.-Mont., 40, 281, 660, 924.
Flotte (de). Dauph., 162, 185, 453, 505, 507.
— Prov., ii, 31, 482.
Flotté. Tours, 1331.
Flottes (des). Bourb., 133.
— Lim., 23, 223.
Flou. Montp.-Mont., 452.
Flour. Montp.-Mont., 932.
— Prov., ii, 514.
Flour (de). Prov., i, 216, 250, 406, 1413.
Flour (St). Auv., 320. V.
Flouret. Toul.-Mont., 1324.
Flourt. Pic., 705.
Floze. Lorr., 180.
Floyd. Bret., i, 714.
Fluglaye (la). Bret., i, 592.
Flui (de). Champ., 316.
Flustre. Bret., i, 174.
— Bret., ii, 1123.
Flutelot. Bourg., i, 88, 94, 313, 341.
— Bourg., ii, 26, 48, 219, 310, 453, 501.
Flutot. Bourg., i, 228.
— Lorr., 54, 193.
Fluxin. Bourg., i, 1011, 1019.
Foadie. Par., i, 1155.
Foat. Montp.-Mont., 1347.
Foblan. Bourg., i, 937.
Focard. Als., 331.
Focau. Guy., 731.
Focher. Montp.-Mont.,, 495 1430.
Foert (du). Toul.-Mont., 1266.
Foës. Lorr., 592 bis, 593, 603 bis, 612, 615, 616.
Fogasse. Prov., i, 704.
Foguier. Bret., ii, 623.
Foi (la). Al., 317, 1206.

— Poit., 780, 910.
Foi (St). Guy., 300, 590.
Foi (Ste). Toul.-Mont., 390. V.
Foignot. Bourg., ii, 498,
Foillard. Bourg., ii, 210, 567.
Foillenot. Bourg., i, 766, 769.
Foin (le). Par., iii, 451.
Foinat. Paris, iv, 637, 638.
Foinz. Als., 981.
Fois (de). Caen, 516, 783.
Fois (du). Fland., 1504.
Foissac. Toul.-Mont., 1006.
Foissart. Par., ii, 1195.
Foisseau. Poit., 1104.
Foissey. Bourg., ii, 501.
Foissin. Par., i, 209, 329.
Foissy. Par., iv, 462.
Foisy. Par., iii, 356.
Foix. Guy., 17, 759.
— Montp.-Mont., 1067, 1070. V.
- Par., ii, 646.
— Toul.-Mont., 33, 410, 1418.
Fol (le). Bourg., i, 846, 1175, 1176
— Caen, 747, 754.
— La Roch., 446.
Folenfant. Tours, 922.
Foley. Bourg., i, 778, 1078. 1148.
Folie (La). Bourg., ii, 10, 480, 481.
— Caen. 421.
— Fl., 705, 1113.
— Par., i, 627.
— Pic., 347, 768.
— Tours, 1521.
Folin. Bourg., i, 95, 550, 792.
Folion. Dauph., 253.
Follenoy. Bret., ii, 130.
— Bret., i, 590, 599.
Follet. Al., 1016.
— Bret., i, 962.
— Poit., 147, 350, 497, 1069, 1120.
Folleville. Al., 1077.
— Rouen, 446.
Folleville (de). Pic., 95.
Follie (La). Par., iii, 182.
Folliet. Bourg., ii, 272.
Folliot. Caen, 660.
Folo, Bret., ii, 678.
Folquet. Toul.-Mont., 1474.
Folras. Toul.-Mont., 1373.
Foltz. Als., 279.
Foltzer. Als., 1058.
Foluais. Bret., i, 56, 964.
Fomaigne., Guy., 945.
Fomensin. Lorr., 129.
Fomerville. Lorr., 25, 166.
Foncon. Fl., 1446.

Fond. *Toul.-Mont.*, 886, 792.
Fond (La). *Lorr.*, 620.
— *La Roch.*, 336, 339.
— *Toul.-Mont.*, 125, 130, 140, 167, 329, 352, 455, 511, 522, 617, 645, 958, 789, 871, 981, 1208, 1324, 1327, 1478.
Fondari. *Auv.*, 156.
Fondères. *Toul.-Mont.*, 13, 181.
Fondeurs. *Fl.*, 797.
Fondeurs de Metz (les). *Lorr.*, 614, (*Communauté*).
— de Rambervilliers. *Lorr.*, 686 (*Communauté*).
Fondeville. *Béarn*, 60.
— *Guy.*, 215, 1187, 1207.
Fondraine. *Pic.*, 712.
Fondron. *Lim.*, 468.
Fondronde. *La Roch.*, 366.
Fonds (des). *Tours*, 1252.
Fonds (la). *Soiss.*, 127, 550, 664, 843.
Fonfrède. *Auv.*, 41, 76, 89, 290, 411, 432.
Fonfredé. *Guy.*, 1019, 1033.
Fongrave. *Lim.*, 377.
Fons (la). *Pic.*, 510, 530.
Fonsinte. *Auv.*, 481.
Fonsomme. *Pic.*, 877.
Font (la). *Auv.*, 114, 384, 421.
— *Bourb.*, 50, 311.
— *Bourg.*, I, 126, 305, 770.
— *Bret.*, II, 523.
— *Dauph.*, 313, 528.
— *Guy.*, 82, 297, 801, 1036, 1851, 1053, 1086, 1148, 1173.
— *Lim.*, 143, 363, 378, 473.
— *Lyon*, 67, 110, 210, 455, 631.
— *Montp.-Mont.*, 150, 310, 464, 753, 822, 1111, 1159, 1182, 1210, 1355, 1437.
— *Orl.*, 318, 335, 347, 501.
— *Par.*, I, 1118, 1143.
— *Par.*, II, 289, 290, 335, 538, 839.
— *Par.* III, 224.
— *Poit.*, 554.
— *Prov.*, I, 549, 666, 722, 801.
— *Prov.*, II, 617, 669.
— *Tours*, 1440.
Fontaine. *Al.*, 310, 330, 715, 1002, 1005, 1030, 1105, 126, 186, 222.
— *Als.*, 63, 685, 687, 1081.
— *Auv.*, 432.
— *Bourg.*, I, 573, 698, 762.
— *Bourg.*, II, 834.
— *Bret.*, II, 275, 561, 966.
— *Fl.*, 53, 95, 684, 766, 845, 1409.

— *Guy.*, 369.
— *Lyon*, 585.
— *Montp.-Mont.*, 167, 478.
— *Orl.*, 331, 348, 361, 385, 399, 430, 432, 481.
— *Par.*, I, 374, 541.
— *Par.*, II, 313, 558, 671, 672.
— *Par.*, III, 138, 250, 432.
— *Pic.*, 101, 108, 247, 254, 256, 464, 608, 618, 658, 664, 749, 806, 812, 824, 826, 832.
— *Prov.*, II, 27.
— *Soiss.*, 419, 600, 835.
— *Tours*, 270, 325, 336, 1085, 1242.
Fontaine (la). *Al.*, 582, 1253.
— *Bourb.*, 269, 492.
— *Bret.*, II, 730.
— *Caen*, 138, 289, 440.
— *Fland.*, 93, 221, 522.
— *Lorr.*, 263, 340, 482.
— *Par.*, II, 26, 720, 979.
— *Par.*, IV, 371.
— *Poit.*, 74, 438, 489, 579, 1152, 1165.
— *Rouen*, 73, 202, 399, 422, 818.
— *Soiss.*, 68, 157, 207, 263, 293, 532, 597, 602.
— *Tours*, 1156.
— *Vers.*, 163.
Fontaine-la-Combe. *Poit.*, 917. Ab.
Fontaine-le-Comte, *Poit.*, 447.
Fontaine-l'Evesque. *Fl.*, 1308. V.
Fontainemarie, *Guy.*, 101, 148.
Fontaineblanche (la). *Bret.*, II, 536.
Fontaine-Pean. *Par.*, II, 240.
— *Vers.*, 21.
Fontaines. *Par.*, I, 1182.
— *Toul.-Mont.*, 217, 959.
Fontaines (de). *Poit.*, 248, 254, 477, 771, 782, 1157.
Fontaines (des). *Al.*, 603, 634.
— *Bourb.*, 21, 106, 111, 125, 126, 335, 345.
— *Bret.*, I, 988.
— *Bret.*, II, 542.
— *Fl.*, 246, 248, 1030, 1450.
— *La Roch.*, 405.
— *Rouen*, 518, 1376.
Fontamin. *Par.*, II, 801.
Fontan (la). *Guy.*, 1166, 1167.
— *Toul.-Mont.*, 1285.
Fontaneau. *Poit.*, 458, 1110, 1557.
Fontanel. *Toul.-Mont.*, 1062.
Fontaner. *Montp.-Mont.*, 797.
Fontanès. *Montp.-Mont.*, 1339.
Fontanez. *Bourg.*, I, 104.

— *Lyon*, 907.
Fontanger. *Auv.*, 90, 386, 528, 571.
— *Montp.-Mont.* 1107.
Fontanges. *Par.*, I, 60.
Fontaniés. *Toul.-Mont.*, 656.
Fontanieu. *Lyon*, 142.
Fontanon. *Montp.-Mont.*, 69, 871.
Fontas. *Guy.*, 221.
Fontaut. *Lim.*, 376.
Fontazelne. *Toul.-Mont.*, 787.
Fontbaudri. *Poit.*, 699.
Fontbert. *Bourb.*, 16, 263.
Fontbesse. *Toul.-Mont.*, 1129.
Fontblon. *Bret.*, I, 566, 592, 633.
Fontbon. *Montp.-Mont.*, 98, 596, 652.
Fontbonne. *Dauph.*, 215, 283.
Fontchesne. *Dauph.*, 135.
Fontdouce. *Montp.-Mont.*, 286.
Fontebon. *Par.*, II, 1108.
Fontelaie (la). *Al.*, 795, 890.
Fontelles. *Par.*, IV, 122.
Fontemain. *Guy.*, 1052, 1053.
Fontenai. *Caen*, 61, 536.
— *Par.*, I, 1200.
— (*Ville*). *Poit.*, 176, 1193.
— *Tours*, 267, 277, 285.
Fontenay. *Al.*, 221, 263, 266, 269, 276, 279, 282, 283, 290, 516, 731, 1059, 1228, 1232, 1238, 1247, 1253.
— *Bourg.*, I, 863.
— *Bret.*, I, 345, 663.
— *Orl.*, 180, 181, 194.
— *Par.*, II, 356.
Fontenailles. *Bret.*, II, 1115.
Fonteneau. *Bret.*, I, 126.
Fontenelle. *Als.*, 369, 727.
— *Guy.*, 828.
— *Poit.*, 469, 1196, 1497.
— *Prov.*, I, 550.
— *Tours.* 99, 541, 585, 1161, 1196.
Fontenelle (la). *Poit.*, 156, 215, 221, 1145.
Fontenelles (des). Ab. *Poit.*, 933, 1229.
Fontenette. *Poit.*, 565, 756, 898.
Fontenilles. *Auv.*, 170, 241, 274.
Fontenoy. *Bourg.*, I, 781.
— *Par.*, III, 385.
Fontenu. *Par.*, I, 22.
— *Par.*, III, 49.
Fontereau. *Poit.*, 525.
Fontés. *Toul.-Mont.*, 638.
Fontéte. *Rouen.*, 402.
Fontfrèze. *Poit.*, 647.
Fontfroide. *Montp.-Mont.*, 248.

Fontgarnaud. *Toul.-Mont.*, 84.
Fontin. *Bourg.*, II, 186.
Fontine (la). *Toul.-Mont.*, 1309.
Fontlebon. *Bret.*, II, 574, 772.
Fontmorant. (*Prieuré.*) *Poit.*, 306.
Fontneuve. *Lyon*, 477.
Fontpernac. *Bourges*, 450.
Fonton. *Par.*, II, 713, 900.
Fontrière. *Bourg.*, II, 2.
Fontrouge. *Montp.-Mont.*, 405.
— *Toul.-Mont.*, 169.
Fonts (des). *Montp.-Mont.*, 440.
Fontval. *Lim.*, 443.
Fonvenaz. *Pic.*, 860.
Fouvens. *Boury.*, I, 733, 734.
Fontvieille. *Toul.-Mont.*, 53.
Foquart. *Montp.-Mont.*, 176, 638.
Foquier. *Montp.-Mont.*, 198, 285, 1088.
Foraignan. *Guy.*, 851.
Forant. *La Roch.*, 62.
Forasteau (de). *Tours*, 224.
Forbet. *Bourb.*, 364.
— *Bourg.*, I, 616.
— *Par.*, I, 647, 818.
Forbi. *Champ.*, 208, 215, 219.
Forbin. *Prov.*, I, 427, 429, 430, 540, 574.
Forcade. *Béarn*, 97, 100, 105, 130, 166.
— *Guy.*, 179, 404.
Forcade (la). *Par.*, II, 866.
— *Toul.-Mont.*, 184.
Forcadel. *Al.*, 659.
— *Par.*, I, 650, 1196.
— *Par.*, II, 883.
— *Par.*, III, 488.
Forcalquier. *Prov.*, II, 28. V.
Forcel. *Par.*, II, 770.
Forceville (de). *Pic.*, 558.
Forcieux. *Lyon*, 681, 682, 683.
Forclor. *Pic.*, 809.
Fordie. *Poit.*, 869.
Foréau. *Fl.*, 1313.
Forel. *Par.*, II, 472.
Foresse. *Bourg.*, I, 1010.
Foressen. *Als.*, 451.
Forest. *Al.*, 1043.
— *Auv.*, 123, 180, 131, 133, 134, 398.
— *Bourges*, 529.
— *Bourg.*, II, 206, 332, 487, 563.
— *Lim.*, 186, 187, 190.
— *Lorr.*, 633.
— *Lyon*, 234.
— *Par.*, III, 555.

— *La Roch.*, 341.
— *Tours*, 782, 1373.
— *Toul.-Mont.*, 628.
Forest (de). *Champ.*, 533.
Forestz (du). *Dauph.*, 159.
— *Fl.*, 58, 246, 248, 264, 581, 1267.
Forest (la). *Als.* 656, 772.
— *Auv.*, 412.
— *Bourg.*, I, 221.
— *Bourg.*, II, 85, 314, 315, 317, 617.
— *Bret.*, I, 658, 903.
— *Bret.*, II, 412, 1128.
— *Champ.*, 724.
— *Guy.*, 958, 1096.
— *Lorr.*, 660.
— *Lyon*, 179, 497, 500, 550, 563, 604, 608, 911.
— *Par.*, I, 1322.
— *Par.*, III, 320, 553.
— *Par.*, II, 220.
— *Poit.*, 370, 378, 553, 567, 1249.
— *Prov.*, I, 768, 809, 1059.
— *Prov.*, II, 310.
Foresta. *Prov.*, I, 381, 549, 559, 563, 587, 629, 920, 1031.
— *Prov.*, II, 326, 403, 488.
— *Toul.-Mont.*, 442.
Forestel. *Par.*, IV, 489.
Forestier. *Bourb.*, 550.
— *Bret.*, I, 202.
— *Bourg.*, II, 96, 99, 240, 231, 372.
— *Lim.*, 316.
— *Montp.-Mont.*, 136.
— *Par.*, III, 307, 404, 510.
— *Par.*, II, 785.
— *Pic.*, 827.
— *Poit.*, 140, 203, 486, 1186.
— *La Roch.*, 97, 185, 352.
— *Soiss.*, 212, 292, 506, 561.
Forestier (le). *Al.*, 86, 120, 126, 220, 446, 461, 468, 508, 513, 569, 632, 637, 638, 716, 751, 821, 968, 1198.
— *Bret.*, II, 64, 69, 74, 202, 948.
— *Caen*, 37, 58, 60, 69, 72, 75, 85, 643, 664, 754, 756.
— *Orl.*, 187, 195, 889.
— *Par.*, I, 99, 990.
— *Rouen*, 583, 836, 908.
— *La Roch.*, 119.
— *Tours*, 250, 251, 1074.
Forestz. *Par.*, I, 2, 105, 780, 907, 1263.
— *Par.*, II, 727.
— *Par.*, IV, 62.
Foret. *Bourges*, 336.
— *Champ.*, 123.

— *Par.*, 1, 667.
Forcy. *Bourg.*, II, 36.
Forffuer. *Als.*, 805.
Forgant. *Caen*, 572.
Forge. *Lyon*, 162, 881, 960, 1120.
Forge (de). *La Roch.*, 400.
Forge (la). *Bourg.*, II, 142, 397.
— *Bret.*, II. 331.
— *Caen*, 736.
— *Toul.-Mont.*, 807.
Forgeau. *Par.*, I, 1068.
— *Poit.*, 1481.
Forgerat. *Bourg.*, II, 616.
Forgereau. *Poit.*, 1246.
Forgerie (la). *Poit.*, 570, 869.
Forgerin. *Lim.*, 228.
Forgeron. *Bourb.*, 555.
— *Vers.*, 230.
Forges. *Bret.*, II, 146.
Forges (des). *Al.*, 757.
— *Champ.*, 230.
— *Fland.*, 1211.
— *Guy.*, 806, 922.
— *Lim.*, 270, 272, 361.
— *Lorr.*, 202.
— *Lyon*, 869.
— *Par.*, II, 13".
— *Par.*, III, 467.
— *Pic.*, 52.
— *Poit.*, 485.
— *Soiss.*, 57, 421, 814.
— *Tours*, 699.
Forget. *Al.*, 925.
— *Auv.*, 26, 375, 388.
— *Bret.*, II, 490.
— *Caen*, 431.
— *Par.*, III, 56, 439.
— *Poit.*, 1305.
— *Soiss.*, 677.
— *Tours*, 1145, 1305.
— *Vers.*, 267.
Forgon. *Par.*, III, 127.
Forgue (la). *Toul.-Mont.*, 381, 1268, 1328, 1337, 1338.
Forgues (de). *Lim.*, 44.
Forissier. *Lyon*, 263.
Forjot. *Soiss.*, 778.
Formage. *Caen*, 401, 408.
Formanoir. *Fland.*, 315, 328.
Formanton. *Dauph.*, 232.
Formé. *Lorr.*, 598.
— *Par.*, I, 319.
Forment. *Montp.-Mont.*, 1564.
Formentin. *Par.*, II, 413.
— *Pic.*, 465, 759.
Formeville. *Al.*, 850.

Formont. *Champ.*, 802.
— *Par.*, IV, 89.
— *Rouen*, 80.
Fornas. *Montp.-Mont.*, 253.
Forne. *Dauph.*, 13.
— *Par.*, I, 460, 1214, 1259.
— *Par.*, III, 313.
Fornel. *Lyon*, 743.
Fornel (du). *Montp.-Mont.*, 366, 373, 1250.
Fornet. *Dauph.*, 275, 287, 312, 345.
Forniel. *Lim.*, 59.
Fornier. *Bourg.*, II, 58.
— *Champ.*, 762.
— *Montp.-Mont.*, 187, 188, 224, 247, 263, 1261.
— *Par.*, II, 1052, 1083, 1156, 1157, 1255.
Forot. *Bourg.*, I, 197.
Forquet. *Dauph.*, 349.
Forquie. *Guy.*, 10.
Forquin. *Par.*, I, 314.
Forsan. *Bret.*, I, 592, 881, 979.
Forsans. *Bret.*, II, 126, 216.
— *Guy.*, 960.
Forst. *Als.*, 764.
Forstuer. *Bourg.*, I, 802.
Fort. *Prov.*, I, 549, 643, 645, 686.
— *Prov.*, II, 373.
Fort (du). *Als.*, 810.
— *Champ.*, 260.
— *Lim.*, 427.
— *Lorr.*, 293, 491.
— *Montp.-Mont.*, 1478.
— *Par.*, I, 939.
— *Par.*, II, 439.
— *Par.*, III, 132, 203.
— *Prov.*, I, 450.
— *Toul.-Mont.*, 86, 1268.
Fort (le). *Als.*, 492.
— *Bret.*, II, 434, 554.
— *Caen*, 314, 427, 572.
— *Fland.*, 153, 963.
— *Orl.*, 271, 278, 424, 488.
— *Par.*, III, 119.
— *Pic.*, 41, 79, 396, 567, 568, 601, 688.
— *Rouen*, 287, 1256.
— *Soiss.*, 459, 762.
— *Tours*, 966.
Fortage. *Guy.*, 171.
Fortaner. *Béarn*, 80, 125, 135.
Fortanier. *Toul.-Mont.*, 79.
Fortarouche. *Bret.*, II, 457.
Fortassin. *Toul.-Mont.*, 577.
Forteau. *Bourg.*, I, 139.

— *Bourg.*, II, 576.
Forterie (la). *Fland.*, 535.
— *Soiss.*, 158.
— *Tours*, 751.
Fortes (de). *Prov.*, I, 417.
Fortoscu. *Caen*, 102, 256, 730.
Fortet. *Auv.*, 548.
— *Orl.*, 270.
Forti. *Poit.*, 1134.
Fortia. *Montp.-Mont.*, 920.
— *Par.*, II, 503, 583, 555, 964.
Fortia (de). *Prov.*, I, 420, 546.
Fortier. *Als.*, 957.
— *Bret.*, I, 807.
— *Montp.-Mont.*, 222.
— *Orl.*, 721.
— *Par.*, I, 344.
— *Par.*, III, 470.
— *Soiss.*, 567, 797.
Fortillesse (la). *Poit.*, 1505.
Fortin. *Al.*, 89, 212, 277, 294, 309, 312, 360, 437, 464, 473, 477, 566, 596, 821, 837, 849, 1037, 1124.
Fortin. *Caen*, 159, 360, 510, 529, 542, 564, 715.
— *Champ.*, 403.
— *Guy.*, 619.
— *Par.*, I, 1014, 1034, 1103.
— *Par.*, III, 397.
— *Poit.*, 615, 1048.
— *Rouen*, 332, 381.
— *Tours*, 899, 1030.
Fortisson. *Béarn*, 95.
— *Guy.*, 329, 333.
Forton. *Montp.-Mont.*, 245.
— *Prov.*, I, 99.
Fortoul. *Prov.*, I, 977.
Fortunerie (la). *Poit.*, 931.
Fortuson. *Montp.-Mont.*, 1433.
Forty. *Bret.*, II, 12.
Forville. *Prov.*, I, 420.
Forzi. *Soiss.*, 607.
Fos. *Guy.*, 888.
— *Toul.-Mont.*, 443, 533, 709.
Fos (de). *Prov.*, I, 557.
Fos (du). *Par.*, I, 978, 116.
Fos (le). *Pic.*, 723, 834.
Fossac. *Poit.*, 1047.
Fossan. *Al.*, 958.
Fossard. *Caen*, 441.
Fossart. *Par.*, II, 123, 230.
— *Par.*, III, 386.
— *Rouen*, 779, 837, 1120.
— *Vers.*, 78.
Fossas. *Guy.*, 1210.
Fossat. *Montp.-Mont.*, 1160.

Fosse (de). *Bourg.*, ii, 355.
— *Toul.-Mont.*, 39, 443, 717.
Fosse (la). *Al.*, 894, 915.
— *Bourg.*, i, 156.
— *Bourg.*, ii, 2, 332, 615.
— *Bret.*, i, 277, 832.
— *Bret.*, ii, 414, 531, 586.
— *Caen*, 597.
— *Fland.*, 75, 673.
— *Guy.*, 200, 1060.
— *Lim.*, 114, 123.
— *Par.*, ii, 414.
— *Par.*, iii, 515.
— *Par.*, iv, 5, 7.
— *Pic.*, 215, 253.
— *Poit.*, 500, 972.
— *Rouen*, 51, 698.
— *Soiss.*, 565, 566.
— *Tours*, 71, 913, 926, 1050.
— *Vers.*, 9.
Fossé. *Montp.-Mont.*, 917.
Fossé (du). *Al.*, 576, 599, 1203.
— *Bret.*, ii, 765.
— *La Roch.*, 237.
— *Rouen*, 422.
— *Vers.*, 22, 49.
Fossei. *Pic.*, 179.
Fosses (des). *Champ.*, 453.
Fosset. *Al.*, 457.
Fossevet. *Toul.-Mont.*, 873. V.
Fossez (des). *Pic.*, 717, 845.
— *Soiss.*, 168, 260, 265, 294, 380, 397, 401, 790.
Fossi. *Lorr.*, 436.
Fossiat. *Bourb.*, 534.
Fossier. *Par.*, i, 439, 530.
— *Soiss.*, 146, 712, 842.
Fossieu. *Toul.-Mont.*, 652.
Fossin. *Prov.*, i, 1057.
Fostier. *Fland.*, 1304.
Fou (du). *Bret.*, i, 323, 635.
— *Toul.-Mont.*, 971.
Fouache. *Fland.*, 1128.
— *Pic.*, 42.
— *Rouen*, 831.
Fouard. *Vers.*, 64.
Fouas. *Als.*, 473.
Fouasse. *Caen*, 296.
— *Par.*, iii, 564.
Fouasse (la). *Champ.*, 571.
— *Paris*, i, 1208.
Fouasseau. *Poit.*, 48, 950.
Fouassier. *Al.*, 1038.
— *Par.*, i, 1171.
— *Par.*, iv, 92.
— *Tours*, 154.

Fouay. *Bret.*, ii, 330.
Fouay (de). *Bret.*, i, 508.
Foubert. *Caen*, 298, 443, 553.
— *Orl.*, 497.
— *Pic.*, 542.
Foubrésière (la). *Poit.*, 466.
Foucachon. *Prov.*, i, 985, 1403.
Foucard. *Prov.*, ii, 529.
— *Soiss.*, 26.
Foucart. *Prov.*, i, 1030, 1374.
Foucaud. *Dauph.*, 93.
— *Lim.*, 185.
— *Montp.-Mont.*, 172, 1067.
Foucaud. *Toul.-Mont.*, 63, 142, 665, 854, 886, 1389.
Foucaudière. *Poit.*, 442.
— *Tours*, 281.
Foucault. *Al.*, 1036, 1163.
— *Bourb.*, 544.
— *Bourges*, 32, 36, 66, 226, 339, 400.
— *Bret.*, i, 171.
— *Caen*, 129.
— *Fland.*, 1314.
— *Guy.*, 437, 642, 754.
— *Orl.*, 315, 331, 336, 344, 348, 483, 789, 960.
— *Par.*, i, 258, 86, 1359.
— *Par.*, ii, 841.
— *Par.*, iii, 119, 340.
— *Par.*, iv, 165, 331, 480.
— *Poit.*, 859, 1081, 1103.
— *La Roch.*, 341.
— *Soiss.*, 51, 605, 353, 522.
— *Tours*, 599, 756, 758.
Foucaut. *Bret.*, ii, 173, 1083.
Fouchais. *Al.*, 266, 662.
— *Orl.*, 826.
Fouchard. *Bourges*, 508.
— *Bret.*, ii, 491.
— *Poit.*, 1548.
Fouchardière (la). *Poit.*, 1441, 1462, 1463.
Fouché. *La Roch.*, 237.
Foucher. *Al.*, 700, 876, 983, 1100, 1190, 1102.
— *Caen*, 579.
— *Par.*, i, 1019.
— *Pic.*, 411, 413, 415.
— *Poit.*, 311, 371, 378, 984, 1525.
— *La Roch.*, 295, 431.
— *Tours*, 323, 812, 903, 1013, 1101, 1360, 1435.
Fourcherie (la). *Poit.*, 538.
Foucherolles. *Par.*, iii, 311.
Fouchet. *Par.*, i, 1225.

Fouchier. *Bourges*, 59, 81, 231, 347, 348, 416.
— *Prov.*, I, 1109.
— *Tours*, 624.
Foucoin. *Tours*, 1386.
Foudin. *Fland.*, 1127.
Foudras. *Bourb.*, 112.
— *Bourg.*, I, 291.
— *Lyon*, 34, 110,
— *Par.*, I, 182.
— *Vers.*, 3.
Foudriac. *Bourg.*, I, 874.
Foudrier. *Fland.*, 1294.
Foudron. *Lim.*, 468.
Foueras. *Montp.-Mont.*, 1089.
Fouéré. *Poit.*, 1194.
Fouesnel. *Bret.*, II, 414.
Fouert. *Guy.*, 1151.
Fouet. *Bourb.*, 151, 289, 296.
— *Tours*, 1116.
Fouët. *Caen*, 481, 561.
Fougasse. *Montp.-Mont.*, 72.
— *Prov.*, II, 489.
Fouger. *Lyon*, 673.
— *Par.*, II, 591, 659.
Fougerai. *Tours*, 1421.
Fougeranze. *Orl.*, 612, 620.
Fougeray. *Bret.*, II, 1059.
Fougère (la). *Par.*, III, 410.
Fougères. *Bourb.*, 430.
— *Bret.*, I, 3.
— *Bret.*, II, 379, 1077.
— *Champ.*, 80.
Fougères (de). *Bourges*, 427, 458.
— *Poit.*, 280, 281.
Fougeret. *Pic.*, 108.
Fougerote. *voy.* Pillot. *Bourg.*, II. 170.
Fougerolles. *Bourb.*, 275.
Fougerou. *Orl.*, 503.
Fougerousse. *Lyon*, 1003.
Fougeroux. *Bourg.*, I, 1236, 1240.
Fouget. *Lorr.*, 125.
Fougeu. *Orl.*, 286, 298.
— *Par.*, I, 495.
Fougières. *Par.*, I, 419.
Fougières (de). *Bourb.*, 15, 109, 122, 125, 126.
Fouglais (le). *Bret.*, I, 590, 826, 827, 251.
— *Bret.*, II, 944.
Fougoux. *Auv.*, 412.
Fougret. *Caen*, 559.
Fougtz. *Als.*, 662.
Fouidin. *Fland.*, 1227.
Foüier. *Tours*, 567.

Fouillac. *Lim.*, 169.
— *Montp.-Mont.*, 1096.
Fouillen. *Bret.*, II, 1136.
Fouilleul. *Al.*, 1163, 1164.
Fouilleuse. *Par.*, I, 1240.
— *Par.*, IV, 94, 98, 136.
— *Rouen*, 1169, 1328.
Fouilloux (du). *Poit.*, 1550.
Fouin. *Lyon*, 473.
— *Soiss.*, 253.
Fouin (le). *Par.*, I, 285, 366.
— *Par.*, II, 475, 796.
Fouinat. *Bourges*, 383.
Fouinc. *La Roch.*, 169.
Fouineau. *Bret.*, II, 1092.
Foujean. *Bourb.*, 145.
Foul. *Tours*, 994.
Foulaquier. *Montp.-Mont.*, 462.
Foulé. *Al.*, 784.
Fouliac. *Toul.-Mont.*, 1051.
Foulian. *Prov.*, I, 94.
Foulieux. *Tours*, 1176.
Foullé. *Par.*, I, 802.
— *Par.*, II, 561, 599.
— *Par.*, III, 313.
— *Par.*, IV, 216.
Foullongue. *Tours*, 266.
Foullot. *Orl.*, 410.
Foulogne. *Al.*, 103, 199, 270, 1092.
— *Caen*, 20, 177.
Foulon. *Als.*, 190.
— *Caen*, 491.
— *Fland.*, 276, 297, 301.
— *Orl.*, 367.
— *Tours*, 1280.
Foulon (le). *Al.*, 78, 83, 592, 1184, 1199.
— *Dauph.*, 152.
Foulques. *Tours*, 14.
Foulourion. *Bourb.*, 206.
Founeau. *Bret.*, II, 339.
Fouquart. *Pic.*, 510.
Fouque. *Pic.*, 236, 635, 756, 758.
— *Prov.*, I, 280, 916, 932, 1351.
Fouqué. *Tours*, 402, 1105, 1354.
Fouquelin. *Al.*, 1108.
— *Par.*, II, 625, 665.
Fouquer. *Al.*, 242, 300, 377, 721, 846, 1138, 1140.
— *Bret.*, I, 164.
— *La Roc.*, 335.
— *Rouen*, 81, 118, 621.
Fouqueré. *Tours*, 383.
Fouquerolles. *Pic.*, 79, 88.
Fouques. *Guy.*, 825.
— *Montp.-Mont.*, 380.

— Poit., 1044, 1333.
Fouquet. Tours, 1279.
— Al., 614, 730, 1184, 1226.
— Bourb., 52.
— Bourges, 31, 75, 272, 289.
— Bourg., II, 259.
— Bret., I, 130, 442, 457, 712, 914, 945.
— Bret., II, 445.
— Caen, 277, 311, 322, 681.
— Montp.-Mont., 148, 1358.
— Orl., 599, 960, 962.
— Par., I, 127, 483, 1092.
— Par., II, 122, 255, 985.
— Par., III, 403.
— Par., IV, 409.
— Poit., 656, 1061, 1350.
— Rouen, 76, 866.
— Soiss., 523.
— Toul.-Mont., 573.
— Tours, 7, 432, 844, 1475.
— Vers., 11, 129, 184, 191, 216.
Fouqueteau. Poit., 42, 793.
Fouqueville. Rouen, 345.
Fouquier. Bret., II, 460, 1067.
— Montp.-Mont., 387.
— Plc., 888.
— Prov., I, 412, 587, 640, 680.
— Toul.-Mont., 474, 818, 1076, 1165.
Fouquière. Toul.-Mont., 241.
Fouquieres. Fland., 779, 1112.
Four (du). Al., 5, 33, 39, 47, 48, 51, 54, 55, 109, 120, 365, 397, 545, 549, 633, 783, 779, 891, 892, 870, 1171, 1178.
— Als., 438, 591.
— Auv., 25, 43, 53, 58.
— Béarn, 159.
— Bourb., 538.
— Bourges, 184, 476.
— Bourg., II, 317.
— Caen, 140, 425.
— Champ., 117.
— Dauph., 121.
— Fland., 1021, 1065, 1212.
— Lim., 270, 402.
— Lorr., 624.
— Lyon, 1025.
— Montp.-Mont., 593, 1414.
— Orl., 377, 466, 491, 580.
— Par., I, 20, 82, 83, 375, 1160, 1254, 1287, 1362.
— Par., II, 51, 399, 405, 1051, 1063, 1109, 1182.
— Par., III, 143, 306, 565.

— Pic., 475, 552, 727, 763.
— Prov., II, 307.
— Rouen, 14, 481, 498, 545, 566, 587, 601, 660, 680, 689, 716, 726, 814, 888, 903, 1184, 1220, 1233, 1324.
— Soiss., 480, 538, 567, 803.
— Toul.-Mont., 382, 1030, 1039.
— Tours, 906.
— Vers., 21, 142, 257.
Fouras. Lyon, 641.
Fourateau. Orl., 242.
Fourault. Par., IV, 591.
Fourbin. Par., II, 990.
— Prov., II, 15, 82, 149, 465.
Fourbin (de). Prov., I, 434, 455, 889, 1003.
Fourbisseurs de Metz (les). (Communauté.) Lorr., 620.
Fourbisseurs (les). (Communauté.) Poit., 839, 1074.
Fourcade. Bret., II, 1060.
— Toul.-Mont., 1278, 1292.
Fourcade (la). Guy., 962, 966, 1066.
Fourcault. Guy., 402, 1054,
Fourché. Bret., I, 180.
Fourcher. Poit., 1071.
Fourci. Par., I, 350, 781, 787, 815, 1232.
— Poit., 584.
Fourcroi. Soiss., 122.
Fourcroy. Par., I, 643, 1017.
— Par., II, 939.
Fourcy. Par., II, 836.
— Par., III, 299.
Fouré. Bret., I, 183.
— Caen, 712.
— Par., I, 1047.
— Par., III, 571.
Foureau. Bourg., II, 263.
— Tours, 674, 957.
Fourel. Al., 98.
Fourel. Champ., 766.
— Par., I, 1057.
— Par., III, 289.
Fourestier. La Roch., 181, 189.
Fourey. Caen, 373, 545.
Fourgeon. Prov., I, 1184.
Fourier. Bourb., 484.
— Pic., 712.
— Lyon, 931.
Fourissen. Als., 644.
Fourmenoir. Pic., 815, 817.
Fourment. Pic., 840, 846.
Fourmentin. Par., 346.
Fourmestraux. Fland., 93, 112, 113,

118, 131, 136, 150, 242, 348, 571, 762, 773, 792, 847, 1120.
Fourmillier. *Prov.*, I, 1217.
Fourmillière. *Prov.*, I, 1056.
Fourmy(de). *Tours.*, 366, 1250, 1349,
Fourn. *Toul.-Mont.*, 821.
Fournage. *Bourg.*, I, 937.
Fournant. *Dauph.*, 444.
Fournat. *Par.*, III, 120.
Fourneau. *Bret.*, I, 182.
— *Poit.*, 514, 1131.
Fourneaux. *Bourb.*, 498, 512.
Fourneaux (des). *Bourg.*, I, 829.
— *Pic.*, 771.
— *Vers.*, 104.
Fournée. *Toul.-Mont.*, 536, 635.
Fournel. *Al.*, 98.
— *Guy.*, 248, 923.
— *Lorr.*, 536, 666, 680.
— *Pic.*, 862.
Fournel (du). *Bret.*, I, 587, 927.
— *Bret.*, II, 187.
— *Lyon*, 45, 124, 178, 406, 415, 606, 648, 654, 723, 944, 959.
— *Montp.-Mont.*, 702.
Fournerat. *Par.*, III, 390.
Fourneret. *Bourg.*, I, 70, 71, 228.
— *Bourg.*, II, 9, 28, 343.
Fourneri. *Prov.*, II, 745.
Fournerie (la). *Al.*, 196, 1107.
Fourneron. *Caen*, 278.
— *Toul.-Mont.*, 16.
Fournery. *Prov.*, I, 48, 1187.
Fournés. *Toul.-Mont.*, 766.
Fournet. *Bourg.*, I, 834.
— *Guy.*, 862.
— *Par.*, I, 748, 972.
— *Par.*, III, 475.
— *Pic.*, 710, 858.
Fournet (du). *Bret.*, I, 632.
Fourney. *Bourg.*, II, 510.
Fourni. *Rouen*, 887.
Fournials. *Toul.-Mont.*, 710.
Fournier. *Al.*, 1153, 1239.
— *Auv.*, 370, 481, 247, 255, 291, 351.
— *Bourg.*, I, 104, 328, 1061.
— *Bourg.*, II, 79, 106, 141, 312.
— *Bret.*, I, 174, 178, 260, 422, 458, 934.
— *Bret.*, II, 44, 160, 459, 600.
— *Caen*, 406, 481, 496.
— *Champ.*, 208, 732.
— *Dauph.*, 174, 205.
— *Fland.*, 156, 667, 668.
— *Guy.*, 62, 839.

— *Lorr.*, 117, 459, 466, 468.
— *Lyon*, 47, 135, 419.
— *Montp.-Mont.*, 166, 454, 540, 541, 543, 645, 771, 1084, 1171, 1368.
— *Orl.*, 189, 335, 446, 595.
— *Par.*, I, 5, 527, 580, 1173, 1389, 1402.
— *Par.*, II, 1009, 1239.
— *Par.*, III, 124.
— *Par.*, IV, 135, 253, 389.
— *Pic.*, 377, 485, 579, 587, 589, 622, 720, 840, 860, 892.
— *Poit.*, 68, 74, 791, 812, 1256, 1526.
— *Prov.*, I, 48, 93, 121, 148, 683, 1234.
— *Prov.*, II, 237, 240, 351, 496, 502, 636, 720.
— *Rouen*, 101, 706, 730.
— *Soiss.*, 461, 489, 490, 549, 571, 788, 791.
— *Toul.-Mont.*, 675, 788, 816, 877, 941, 967, 1333.
— *Tours*, 328, 616, 655, 724, 1128, 1178, 1213, 1511.
— *Vers.*, 230.
Fournière. *Prov.*, II, 455.
Fournière (la). *Lim.*, 382.
Fournieux (des). *Orl.*, 405.
Fournillon, *Lyon*, 709.
Fourniquet. *Par.*, III, 133.
Fournoir. *Bret.*, I, 642.
Fournol. *Toul.-Mont.*, 1191.
Fournols. *Auv.*, 583.
Fournoux (de). *Bourb.*, 111.
Fournoux (du). *Lim.*, 297.
Fourny. *Par.*, III, 407.
Fourny (de). *Tours*, 366, 1350, 1349
Fourquemin. *Al.*, 893.
Fourquet. *Champ.*, 883.
— *Toul.-Mont.*, 1251.
Fourré. *Bret.*, II, 180, 1109
— *Par.*, II, 1250.
— *Rouen*, 138.
Fourrel. *Prov.*, I, 1059.
Fours (de). *Soiss.*, 224.
Fours (des). *Montp.-Mont.* 817.
Fourson. *Bourges*, 451.
Fourtet. *Toul.-Mont.*, 1015.
Fourtier. *Toul.-Mont.*, 641.
Fourtin. *Toul.-Mont.*, 1432.
Fourton. *Guy.*, 1018.
— *Lyon*, 541.
Fourure. *Soiss.*, 540.
Fousneau. *Bret.*, II, 1098, 1101.

Foussa. *Montp.-Mont.*, 824, 833.
Foussard. *Al.*, 1010,1040,1041, 1060.
Foussart. *Soiss.*, 802.
Foussat. *Auv.*, 362.
Foussé (du). *Bret.*, I, 121, 892.
Foussedoire. *Bourges*, 279, 377.
Foussier. *Bourb.*, 591.
— *Bourg.*, II, 325.
— *Bret.*, I, 159.
— *Tours*, 438, 506, 544, 925, 942.
Fousteaux. *Al.*, 1008, 1013.
Foustré. *Soiss.*, 564.
Fouvant. *Bourg.*, I, 1132.
Fouveau. *Bret.*, II, 1029.
Fouvelle (de). *Lorr.*, 487.
Foux. *Als.*, 353, 509.
Foux (du). *Prov.*, I, 810.
Foux (la). *Montp.-Mont.*, 2812.
Fox. *Guy.*, 1202.
Fouyer. *Bret.*, II, 1096.
Foville. *Rouen*, 199, 218, 1155, 1157, 1309.
Foy. *Par.*, I, 1093, 1266, 2268.
— *Par.*, II, 325.
— *Par.*, IV, 116, 126, 129, 134, 138.
Foy (de). *Rouen*, 36, 415.
Foyal (de). *Orl.*, 92, 678, 947.
Foyen. *Par.*, I, 372.
Foyer. *Tours*, 1035.
Foyer (du). *Rouen*, 361.
Frachot. *Bourges*, 458.
— *Lyon*, 115, 844.
— *Bourb.*, 409.
Frachoteau. *Bret.*, II, 432.
Fracq (du). *Bret.*, II, 589.
Frade. *Par.*, I, 716.
Fradel. *Bourb.*, 176, 384, 387, 394.
Fradet. *Auv.*, 369.
— *Bourb.*, 327, 420.
— *Bourges*, 400.
— *Par.*, II, 853.
— *Par.*, III, 304.
— *Poit.*, 522, 1233.
Fradin. *Poit.*, 102, 129, 340, 465, 468, 1164, 1266, 1356, 1411, 1413, 1443, 1446.
Fraget. *Guy.*, 943, 1163.
Fraguier. *Par.*, I, 903, 1074.
— *Par.*, II, 525, 1083.
— *Par.*, III, 554.
Fragunard. *Prov.*, I, 1375.
Fraguyer. *Pic.*, 5.
Frai (du). *Par.*, I, 1314.
Fraigneau. *Poit.*, 485, 975, 999.
Fraigne. *Bourb.*, 124.

Frain. *Al.*, 1241.
— *Orl.*, 838.
— *Par.*, IV, 300.
— *Tours*, 57, 134, 298, 556, 567, 958, 1123.
Fraisse. *Lim.*, 164, 460, 467.
— *Lyon*, 448, 552.
— *Toul.-Mont.*, 751.
Fraisse (du). *Auv.*, 3, 37, 75, 79, 246, 273, 315, 350, 361, 436, 442.
Fraissé. *Montp.-Mont.*, 179.
Fraissi. *Auv.*, 534.
Fraissinet. *Montp.-Mont.*, 268, 186,5 1445.
Fraix (de). *Montp.-Mont.*, 1256.
Fraizier. *Tours*, 73.
Framboisière (la). *Als.*, 189.
— *Fland.*, 259.
— *Par.*, III, 519.
Framery. *Par.*, II, 332.
— *Par.*, III, 124.
— *Par.*, IV, 424, 442, 617.
— *Pic.*, 351, 766, 811.
Franbire. *Rouen.*, 123.
Franc. *Toul.-Mont.*, 558, 660, 1384.
Franc (de). *Bourg.*, II, 212.
— *Bret.*, I, 394, 517.
— *Prov.*, I, 386, 896.
Franc (du). *Pic.*, 845.
Franc (le). *Al.*, 11.
— *Bret.*, II, 516.
— *Caen*, 460.
— *Fland.*, 249, 1213, 1321.
— *Guy.*, 884, 974.
— *Lim.*, 238.
— *Lyon*, 387.
— *Montp.-Mont.*, 994, 997, 1000, 1181.
— *Par.*, I, 46, 659, 804, 1339.
— *Par.*, III, 137, 345.
— *Poit.*, 215, 621.
— *Rouen*, 375.
— *Tours*, 377.
— *Vers.*, 61, 227.
Francardière (la). *Al.*, 884.
Francart. *Fland.*, 1465.
Francazale. *Toul.-Mont.*, 426.
France. *Guy.*, 757.
— *Fland.*, 1007.
— *Poit.*, 150, 349.
— *Prov.*, II, 452.
— *Rouen*, 880.
— *Toul.-Mont.*, 933, 936.
— *Vers.*, 16.
France (de). *Champ.*, 44, 298, 694, 863, 864.

— *Bret.*, I. 394, 517.
— *Par.*, IV, 63, 499.
— *Pic.*, 163.
— *Soiss.*, 333.
Francelle. *Soiss.*, 562.
Francenot. *Lorr.*, 54.
Franceq'. *Poit.*, 1125.
Francfort (de). *La Roch.*, 99, 205.
Franchand. *La Roch.*, 304.
Franchart. *La Roch.*, 16.
Franchesquy. *Prov.*, I, 1031.
Franchet. *Bourg.*, I, 604, 605, 614, 657, 758, 759, 900, 1040, 1127, 1182.
Franchet. *Bret.*, I, 690.
— *Bret.*, II, 593.
Francheville. *Bret.*, I, 16, 165, 782.
— *Guy.*, 417.
Franchiscou. *Prov.*, I, 727, 1031.
— *Prov.*, II, 372.
Franchise. *Dauph.*, 280.
Francia. *Guy.*, 911.
Francie. *Pic.*, 99.
Francier (le). *Bret.*, II, 378.
Francière. *Pic.*, 620.
Francières. *Bourges*, 37.
— *Orl.*, 150, 537.
Francini. *Par.*, III, 46, 59, 63, 80.
— *Rouen.*, 629.
Francisque (de). *Pic.*, 134.
Franck. *Fland.*, 1177.
Franclieu. *Pic.*, 45.
François. *Bourges*, 197, 440.
— *Bourg.*, I, 570, 575, 1140.
— *Bourg.*, II, 361.
— *Champ.*, 575.
— *Bret.*, II, 394, 477, 486.
— *Fland.*, 445, 769, 1042, 1191, 1496.
— *Guy.*, 1067.
— *Lorr.*, 368, 397, 617, 634, 646,
— *Lyon*, 315.
— *Par.*, I, 213, 221, 300, 302, 382, 1156, 1373.
— *Par.* II, 329.
— *Par.*, III, 388.
— *Poit.*, 736, 1113, 623, 1195, 1364.
— *Prov.*, I, 424, 944.
— *Prov.*, II, 617, 757.
— *La Roch.*, 136.
— *Soiss.*, 112.
François (des). *Lyon*, 1045.
— *Montp.-Mont.*, 443, 444, 451.
François (le). *Al.*, 25, 157.
— *Caen*, 306, 403, 404, 520, 704, 734, 750.

— *Fland.*, 346.
— *Orl.*, 968.
— *Pic.*, 207, 220, 664, 724.
— *La Roch.*, 173, 201.
— *Rouen*, 762, 795, 871, 911, 1171.
François (St), ord. relig. *Poit.*, 325, 355, 438, 718.
Francon. *Dauph.*, 16, 34.
Franconi. *Prov.*, II, 122, 155, 632
Francou. *Als.*, 592 (?).
Francoul. *Prov.*, I, 859.
Franecourt. *Lorr.*, 129.
Francs (des). *Orl.*, 459.
— *Poit.*, 16, 55, 90, 148.
— *Prov.*, II, 443, 444.
Frane. *Prov.*, I, 982, 1452.
Franeau. *Fland.*, 408, 1339.
Frangin. *Lyon*, 313.
Frangous. *Toul.-Mont.*, 1095.
Frangy. *Bourg.*, I, 286.
Frangue. *Lorr.*, 200.
Franhiac. *Toul.-Mont.*, 1039.
Franport. *Fland.*, 324.
Franquemont. *Lorr.*, 14, 160.
Franquenelles. *Fland.*, 649.
Franquet. *Bret.*, II, 695, 704, 967.
— *Fland.*, 840, 853, 854.
— *Toul.-Mont.*, 738.
Franquetot. *Caen*, 66, 84, 295, 715.
Franquetot. *Par.*, II, 223, 536.
— *Par.*, III, 88.
— *Rouen*, 701.
Franqueville. *Al.*, 451, 905, 1175, 1213.
— *Fland.*, 278, 280, 291, 301, 302, 614, 748, 961.
— *Par.*, I, 996.
Franqui. *Prov.*, II, 512.
Franquières. *Vers.*, 287.
Franquin. *Champ.*, 805.
Frans. *Fland.*, 511, 526.
Frans (des). *Tours*, 659.
Fransot. *Pic.*, 804.
Franssures. *Soiss.*, 262.
Franssures (de). *Pic.*, 409, 842.
Fraon. *Fland.*, 1459.
Frapa. *Prov.*, II, 624.
Frapi. *Bourges*, 503.
Frapier. *Bourges*, 68, 309, 310, 396.
— *Lyon*, 733.
— *Poit.*, 1227, 1281.
Frapin. *Par.*, II, 862.
Fraret. *Als.*, 592.
Frarin. *Soiss.*, 567.
Fraschot. *Orl.*, 858.
Fraslin. *Par.*, II, 421.

Frasse (la). *Lyon*, 89.
Frat (le). *Tours*, 70.
Frauck. *Als.*, 25, 493.
Fraust (de). *Toul.-Mont.*, 3, 170, 1067, 1081.
Frauville. *Al.*, 1202.
Fraxine. *Toul.-Mont.*, 405.
Fray (du). *Par.*, IV, 60.
Frayemoux. *Toul.-Mont.*, 1166.
Frayer. *Dauph.*, 14.
Frayez (du). *Par.*, I, 1402.
Fraysse (du). *Guy.*, 225.
Frazans. *Bourg.*, I, 68, 215, 328.
— *Bourg.*, II, 24, 79, 92.
Fréard. *Al.*, 215, 821.
— *Bret.*, I, 9.
— *Caen*, 132, 167, 587.
— *Par.*, II, 27.
— *Rouen*, 51, 350.
— *Tours*, 255, 756.
Fébin. *Bret.*, I, 914.
Frebourg. *Orl.*, 158.
Frébourg. *Tours*, 264.
Frécas. *Toul.-Mont.*, 291.
Frechancourt (de). *Pic.*, 573.
Freche (du). *Guy.*, 973.
Fréche (du). *Toul.-Mont.*, 1343.
Fréchou. *Béarn*, 140.
Fréchou. *Guy.*, 1157.
— *Toul.-Mont.*, 1263.
Frécine (de). *Prov.*, I, 34.
Fredefont. *Auv.*, 40, 50, 438, 445.
— *Par.*, I, 582.
Fredet. *Par.*, IV, 379, 397.
Fredeville. *Auv.*, 411.
Fredi. *Par.*, I, 238, 717, 1121, 1224.
Frédian. *Prov.*, I, 542.
Frédureau. *Al.*, 968.
— *Orl.*, 902, 907, 923.
— *Tours*, 33.
Frédy. *Als.*, 341.
— *Par.*, II, 271, 1014, 1130.
— *Par.*, IV, 387.
Fregefond. *Bret.*, II, 797.
Frégère (la). *Als.*, 1018.
Fregerville. *Par.*, II, 516.
Frégier. *Prov.*, I, 402, 404.
Freidenger. *Als.*, 1083.
Freidenstein. *Als.*, 27, 67.
Freimau. *Guy.*, 1059.
Frein. *Bret.*, I, 229, 230.
Freiquet. *Guy.*, 11.
Freisse. *Als.*, 1039.
Freissinet. *Prov.*, I, 828.
Frejacques. *Par.*, I, 407.
Frejavisse. *Toul.-Mont.*, 21, 30.

Fréjus. *Prov.*, I, 181, V., 724, 840
Fréjus (St). *Pic.*, 711.
Frélard. *Al.*, 372, 820.
Frelecq. *Als.*, 638.
Frelingue. *Als.*, 644.
Frelix. *Champ.*, 592.
Frelon. *Par.*, IV, 84.
Frémaudière (la). *Poit.*, 1144.
Fremeck (le). *Fland.*, 252, 262.
Frémentel. *Al.*, 873.
Fremèri. *Lorr.*, 622.
Freméry. *Bret.*, II, 432.
— *Pic.*, 304.
Fremery (le). *Fland.*, 1405, 1448.
Fremicourt. *Pic.*, 407, 821, 847.
Fremiet. *Bourg.*, I, 46.
Fremigère (la). *La Roch.*, 195.
Frémin. *Caen*, 645.
— *Champ.*, 339, 340, 430, 455, 456.
— *Fland.*, 820.
— *Lorr.*, 204, 211.
— *Lyon*, 312.
— *Par.* I, 1306, 1317.
— *Par.*, II, 1052.
— *Par.*, III, 421, 494.
— *Poit.*, 1445.
Frémiot. *Bourg.*, I, 817.
Fremont. *Al.*, 351, 704, 1254, 1255.
— *Bret.*, I, 181, 182, 308, 490.
— *Bret.*, II, 39, 387, 447, 1099.
— *Lyon*, 515.
— *Orl.*, 27, 250, 947.
— *Par.*, I, 104, 123, 778.
— *Par.*, II, 34, 434.
— *Poit.*, 393, 998.
— *Rouen*, 767, 920, 1057.
— *Soiss.*, 594.
— *Tours*, 22.
Frémont (St). *Als.*, 263.
Fremy. *Bret.*, II, 899.
— *Orl.*, 861.
Frenais (la). *Tours*, 24.
Frenée (la). *Par.*, II, 802.
— *Pic.*, 408.
Frénicle. *Par.*, II, 325.
— *Par.*, III, 564.
Frépat. *Prov.*, II, 59.
Frépinière (la). *Tours*, 1092.
Fréquart. *Champ.*, 765.
Fréras. *Toul.-Mont.*, 1174.
Frère. *Als.*, 916.
— *Boury.*, I, 290, 761, 877, 1171, 1179.
— *Guy.*, 188, 334, 1228.
— *Par.*, I, 1389.

— *Par.*, II, 706.
— *Par.*, III, 128.
— *Poit.*, 130, 529, 600, 816, 982, 1305.
— *La Roch.*, 120, 230.
Frère (le). *Al.*, 150, 160, 163, 165, 190, 532, 533, 534, 536, 731, 735, 760, 787, 1128, 1149.
— *Rouen*, 540.
Freré. *Fland.*, 1473.
Frérct. *Caen*, 58, 758, 764.
— *Par.*, I, 741.
— *Soiss.*, 32, 211, 563, 707.
Frérot. *Al.*, 791.
— *Orl.*, 639.
Frescarod. *Guy.*, 1120.
Fresche (de). *Béarn*, 135, 158.
Fresches (de). *Pic.*, 848.
Fresleau. *Poit.*, 1058, 1060.
Freslon. *Bret.*, I, 219, 475, 476.
— *Champ.*, 873.
Fresnai (du). *Dauph.*, 39, 402.
Fresnaie (la). *Al.*, 786.
— *Caen*, 172, 411.
— *Guy.*, 94.
Fresnard. *Al.*, 1134.
Fresnay (du). *Als.*, 561.
— *Bret.*, I, 13.
— *Tours*, 1149, 1152.
Fresnaye (la). *Bret.*, I, 216, 724.
— *Bret.*, II, 22, 675, 988.
Fresné. *Al.*, 42.
Fresne (de). *Bourg.*, I, 146, 736.
— *Orl.*, 654.
Fresne (du). *Al.*, 756, 866.
— *Bourges*, 269.
— *Bourg.*, II, 163, 246.
— *Bret.*, I, 88, 89, 479, 593, 759, 914.
— *Bret.*, II, 108, 287, 652, 780, 1133.
— *Caen*, 13, 784.
— *Champ.*, 180, 265.
— *Dauph.*, 37.
— *Fland.*, 211, 248.
— *Lorr.*, 222, 580.
— *Par.*, I, 331, 363, 1231, 1304.
— *Par.*, II, 1057.
— *Par.*, III. 217, 261.
— *Pic.*, 17, 19, 27, 44, 45, 71, 80, 400, 447, 571, 574, 577, 599, 606, 801.
— *Poit.*, 896.
— *Rouen*, 11.
— *Soiss.*, 103.
— *Tours*, 111.

Fresneau. *Bret.*, I, 160, 314.
— *La Roch.*, 409.
Fresneau (du). *Bourges*, 255.
— *Tours*, 195, 1027.
Fresnel. *Al.*, 318, 1017.
— *Caen*, 144.
— *Rouen*, 538, 588, 849.
Fresneley. *Pic.*, 386.
Fresnels. *Pic.*, 579.
Fresnes (des). *Pic.*, 410.
Fresnet. *Bret.*, II, 21.
Fresnier. *Lorr.*, 457.
Fresnoi (du). *Prov.*, II, 19.
Fresnoy (du). *Bourg.*, II, 111.
— *Par.*, II, 807, 808, 813, 914, 1198.
— *Par.*, III, 410.
— *Par.*, IV, 8.
— *Pic.*, 355, 701, 709.
Fresnoye (de). *Pic.*, 301, 312.
Fresnot. *Orl.*, 360.
Fresquienne. *Rouen*, 520.
Fresquières. *Par.*, I, 1267.
— *Prov.*, I, 753.
— *Prov.*, II, 721, 835.
Fressan. *Par.*, IV, 669.
Fressanges. *Auv.*, 146.
Fresse. *Prov.*, I, 403, 859.
— *Toul.-Mont.*, 973.
Fressenneville. *Pic.*, 580.
Fressieu. *Montp.-Mont.*, 821, 883.
Fressinet. *Toul.-Mont.*, 618, 984, 1090, 1114.
Fressine. *Montp.-Mont.*, 932, 934.
Fret. *Bret.*, II, 393.
Fretansi. *Rouen*, 1228.
Frétard. *La Roch.*, 213.
Frétart. *Orl.*, 492.
Frétat. *Auv.*, 50, 57, 84, 86, 375, 400, 436.
— *Par.*, I, 1218.
Frétault. *Tours*, 915.
Fretel. *Caen*, 109, 114, 727, 742.
Fretière (de). *Lorr.*, 121.
Fretoville. *Bret.*, II, 456.
Fretté. *Poit.*, 1117, 1118.
— *Soiss.*, 651.
Frotté (la). *Toul.-Mont.*, 932, 933.
Frotteau. *Par.*, III, 289.
Frety. *Montp.-Mont.*, 132.
Fréval. *Bret.*, I, 729.
— *Caen*, 459, 544, 721.
Fréville. *Al.*, 34, 319.
— *Pic.*, 695.
— *Poit.*, 785.
— *Rouen*, 88, 594, 804, 1135, 1223, 1231.

Frey. *Caen*, 228.
Freyberg. *Als.*, 601.
Freyermat. *Als.*, 472.
Frezolis. *Montp.-Mont.*, 1048.
Frézars. *Toul.-Mont.*, 202.
Frezeau. *Par.*, II, 729, 812.
Frézelière (la). *La Roch.*, 11.
Frezeville. *Toul. - Mont.*, 537, 710, 712.
Frozi. *Caen*, 185.
Frezon. *Par.*, I, 1272.
— *Par.*, II, 163, 373, 1121.
Fri (de). *Rouen*, 91.
Friancourt (de). 480, 690.
Friand. *Par.*, I, 305.
Friant. *Lorr.*, 135.
Friard. *Al.*, 829.
Fribois. *Al.*, 98.
— *Caen*, 166.
Fribourg. *Al.*, 1062.
— *Als.*, 101. V.
Fricault. *Tours*, 1153.
Friche (du). *Al.*, 159, 165.
Frichel. *Par.*, III, 275.
Friches (des). *Al.*, 951.
— *Bourges*, 5, 111.
— *Orl.*, 362.
— *Par.*, I, 16.
— *Par.*, II, 1243.
— *Par.*, IV, 4.
— *Pic.*, 13, 834.
Friches. *Rouen*, 437, 884.
Frichot (le) *Par.*, II, 1082.
— *Par.*, IV, 373, 381.
Frickt. *Als.*, 1038.
Fricon. *Lim.*, 154.
Fricon (de). *Bourb.*, 130, 316.
Friconneau. *Poit.*, 234, 517.
Fricot. *Poit.*, 563, 1202.
Fricourt (Prieuré). *Lorr.*, 647.
— *Par.*, II, 237.
Fricque. *Soiss.*, 699.
Fridolzheim. *Als.*, 664, 665.
Fridt. *Als.*, 290, 492.
Friefer. *Als.*, 452.
Friencourt. *Pic.*, 480.
Friot. *Guy.*, 885.
Frier (du). *Rouen*, 1230.
Friès. *Als.*, 168, 366, 500.
Frigot. *Rouen*, 836.
Friley. *Al.*, 800.
Frillet. *Bourg.*, I, 399, 405.
Friloux. *Al.*, 167, 896.
Frimont. *Soiss.*, 849.
Frindelezheim. *Als.*, 474.
Frion. *Rouen*, 1078.

— *Soiss.*, 700.
Friot. *Poit.*, 1135.
Fripper. *Als.*, 245.
Friquant. *Lorr.*, 689.
Frique (le). *Champ.*, 52, **96**, **690.**
Friquet. *Al.*, 497.
— *Par.*, II, 1032.
Frissolle. *Prov.*, I, 953.
Frisson. *Vers.*, 180.
Frittchin. *Als.*, 510.
Fritz. *Als.*, 92.
Frixet. *Als.*, 200.
Frizon. *Champ.*, 51, 82, **283**, **363**, 367, 368.
— *Par.*, I, 238, 580, 943, **1023.**
— *Par.*, II, 38, 952.
— *Par.*, III, 132, 563.
Frochard. *Pic.*, 349.
Frochier. *Prov.*, II, 637.
Froger. *La Roch.*, 372.
— *Rouen*, 780, 684, 777.
— *Tours*, 762.
Frogerais. *Bret.*, II, 420.
Frogerie. *Tours*, 1002.
Frogier. *Bret.*, I, 524.
— *Poit.*, 85, 1308, 1330.
Froideau. *Lorr.*, 361, 441, **680.**
Froidemont. *Fland.*, 341.
Froidoux. *Par.*, I, 1167.
Froidous. *Sois.*, 150, 288.
Froissant. *Pic.*, 855, 868.
Froissard. *Bourg.*, I, 549, 559, **648**, 672, 742, 827, 1011, 1056, **1105**, 1129.
Froissart. *Par.*, II, 154.
— *Pic.*, 461, 640.
Froit. *Lyon*, 1036.
Frolan. *Par.*, III, 366.
Frollant. *Caen*, 251, 322, 693, **701.**
Frollois. *Bourg.*, I, 219, 572.
Frolo. *Bret.*, II, 867, 678.
Fromage. *Al.*, 1102.
— *Caen*, 753.
— *Soiss.*, 501, 818.
Fromageau. *Tours*, 912, 930.
Fromageot. *Bourg.*, II, 11, 478.
Fromager. *Bourg.*, I, 252.
— *Par.*, I, 668.
Fromaget. *Bourg.*, II, 390, 583.
— *Par.*, I, 631.
— *Poit.*, 534, 1449.
— *La Roch.*, 307.
Fromain. *Tou.-Mont.* 1061.
Froman. *Par.*, I, 282.
Fromant. *Poit.*, 197, 571, **1146.**
Froment. *Bourb.*, 177.

— *Bourg.*, i, 1139.
— *Bret.*, ii, 93.
— *Champ.*, 775.
— *Dauph.*, 331.
— *Lim.*, 13.
— *Lorr.*, 620.
— *Montp.-Mont.*, 467, 570, 632, 674, 925.
— *Orl.*, 901, 920.
— *La Roch.*, 3.
— *Toul.-Mont.*, 960.
Fromentet. *Pic.*, 807.
Fromentières (de). *Tours*, 250, 637.
Fromentin. *Al.*, 1154.
— *Orl.*, 406.
— *Par.*, iv, 138.
Fromessan *Pic.*, 777. (de).
Fromont. *Als.*, 777.
— *Caen*, 423.
— *Champ.*, 268.
— *Fland.*, 897.
— *Par.*, i, 1118.
— *Tours*, 1188.
Fronan. *La Roch.*, 205.
Froncet (du). *Lyon*, 517, 610.
Frondat. *Bret.*, ii, 1101.
Fronsac. *Guy.*, 161.
Front (du). *Bret.*, ii, 1078.
Frontenay. *Bourg.*, i, 1285.
Frontigni. *Soiss.*, 460.
Frontiguière. *Al.*, 961.
Frontin. *Champ.*, 841.
— *Rouen*, 795.
Fronton. *Lyon*, 955.
Frontot. *Par.*, iv, 200.
Fronville. *Orl.*, 316, 344.
Frosset. *Als.*, 1024.
Frost (du). *Bret.*, i, 417.
Frotier. *Poit.*, 34, 44, 84, 94, 316, 317, 329, 413, 698, 870, 1502.
Froton. *Lyon*, 776.
Frotte. *Orl.*, 737.
Frotté. *Par.*, i, 983.
— *Tours*, 167.
Frotter (le). *Bret.*, i, 260.
Frottet. *Bourb.*, 510.
— *Bret.*, i, 200.
— *Fland.*, 258.
Frottey. *Al.*, 156, 176, 217, 395, 529, 530, 815, 1188.
Frottez. *Par.*, iii, 263.
Frottier. *Lim.*, 87, 88.
— *La Roch.*, 215, 397.
Frottin. *Bret.*, i, 181.
— *Bret.*, ii, 576.
Frotton. *Prov.*, i, 740.

Frou (le). *Al.*, 716.
Frouart. *Pic.*, 477.
— *Soiss.*, 155.
Frouin. *Poit.*, 1355.
Froulay. *Al.*, 208, 784.
— *Lyon*, 715.
Froullai. *Caen*, 171.
Froullay. *Par.*, i, 36, 540, 1012, 1013.
Frouoffer. *Als.*, 925.
Froutier. *Par.*, iii, 150.
Frovillers. *Lorr.*, 50, 464.
Fructus. *Bourg.*, i, 537, 716.
Fruestier. *La Roch.*, 203.
Fruges (de). *Soiss.*, 157.
Frugi. *Al.*, 1133.
Frugie. *Guy.*, 658.
Frugier. *La Roch.*, 232.
Frueguer. *Guy.*, 21.
Fruit. *Fland.*, 94, 119, 130, 149, 155, 763, 794, 806, 807.
Fruitier. *Pic.*, 680.
Frundt. *Als.*, 484.
Fruque. *Prov.*, ii, 611.
Frutier. *Fland.*, 218.
Fuchs. *Als.*, 685, 687.
Fuchshuber. *Als.*, 412, 422.
Fugger. *Als.*, (?).
Fugerat. *Poit.*, 501.
Fugy (de). *Montp.-Mont.*, 1261.
Fuich. *Als.*, 913.
Fuie (la). *Tours*, 985.
Fuiter. *Lyon*, 159.
Fuitte (la). *Poit.*, 1313.
— *Soiss.*, 603.
Fulaines (de). *Lorr.*, 490.
Fulconis. *Prov.*, ii, 736.
Fulgent (St-). *Lyon*, 1013.
— *Poit.*, 636.
Fuligean. *Tours*, 1015.
Fulquon. *Prov.*, ii, 267.
Fumai. *Fland.*, 1367. V.
Fumas. *Lyon*, 655.
Fumat. *Montp.-Mont.*, 1435.
Fumechon. *Rouen*, 904.
Fumée. *Caen*, 670.
— *Par.*, i, 1262.
— *Par.*, ii, 654.
— *Par.*, iii, 352.
— *Poit.*, 27, 75, 76, 662, 663, 816.
Fumel. *Guy.*, 296, 300, 301, 679, 800, 1082.
Fumeron. *Als.*, 323.
Fumichon. *Al.*, 732.
Fumières. *Par.*, iii, 348.
Funereau. *Lyon*, 676.

Furconis. *Lyon*, 151.
Furel. *Fland.*, 1187.
Furet. *Bourg.*, I, 886.
— *Bret.*, I, 603, 973.
— *Par.*, III, 147.
Furetier. *Par.*, II, 117.
Furgaud. *Bourb.*, 203.
Furgaut. *Par.*, I, 1191.
Furie. *Bret.*, II, 91, 733.
Furivade. *Par.*, IV, 634.
Furnes. *Fland.*, 226. V.
Fursy. *Pic.*, 409, 411, 718.
Fusée. *Par.*, II, 5.
— *Par.*, IV. 547.
— *Vers.*, 186.
Fusils (des). *Bourg.*, I, 1039.
Fusimagne. *Par.*, II, 324.
Fusquel. *Pic.*, 825.
Fussey. *Bourg.*, I, 287, 322.
— *Bourg.*, II, 101.
Fussien. *Pic.*, 837, 856.

Fussion (St-). *Soiss.*, 806.
Fuste (la). *Auv.*, 284.
Fustel. *Par.*, I, 632.
— *Par.*, II, 585.
Fuvel. *Prov.*, I, 1367.
Fuvier. *Als.*, 706.
Fuyard. *Par.*, II, 949.
Fuzeau. *Poit.*, 249.
Fuzeaux (des). *Tours*, 1212.
Fuzée. *Poit.*, 14.
Fuzelet. *Dauph.*, 80, 243, 298.
Fuzelier. *Par.*, III, 412.
Fuzellier. *Pic.*, 260, 459, 627, 643, 748, 822.
Fuzier. *Dauph.*, 150, 399, 414.
— *Prov.*, II, 167.
Fuzil. *Tours*, 1516.
Fuzilier (le). *Orl.*, 114.
Fuzillac. *Lim.*, 245.
Fuzillier. *Lyon*, 547.
— *Pic.*, 643.

G

Gaâlon. *Caen*, 30, 32, 66, 177, 411, 531, 783.
Gaalon. *La Roch.*, 26, 56, 59.
Gabaille. *Par.*, IV, 554.
Gabard. *Tours*, 1130, 1338.
Gabart. *Bret.*, I, 120, 166, 172, 174, 175, 178, 179, 205, 485.
— *Bret.*, II, 132.
— *Poit.*, 1081.
Gabaret. *La Roch.*, 149, 162.
— *Toul.-Mont.*, 869.
Gabbé. *Soiss.*, 719.
Gabe (du). *Montp.-Mont.*, 1083.
Gabé (du). *Toul.-Mont.*, 407.
Gabeau. *Tours*, 501.
Gabelles (des). *Lorr.*, 19, 163.
Gabelles (les officiers des). *Poit.*, 1297.
Gabent. *Toul.-Mont.*, 1233.
Gaberol. *Tours*, 214.
Gabert (de). *Prov.*, I, 904.
Gabet. *Bourg.*, I, 944.
— *Prov.*, I, 1208.
— *La Roch.*, 8.
Gabetz (des). *Lorr.*, 479, 537.
Gabi. *Poit.*, 1273.
— *Tours*, 1053.
Gabiano. *Lyon*, 503.
Gabilli. *Poit.*, 1354, 1359.
Gabillot. *Bourg.*, I, 749.

Gabilloteau. *La Roch.*, 234.
Gabiolle. *Toul.-Mont.*, 632.
Gabion. *La Roch.*, 312, 314.
Gabirot. *Poit.*, 865, 1507.
Gaboriau. *Poit.*, 1262.
Gaborin. *Poit.*, 1296.
Gaborit. *Poit.*, 82, 339, 370, 1070, 1243.
— *Bret.*, I, 168.
Gabovin. *Tours*, 517.
Gabré (du). *Toul.-Mont.*, 28.
Gabriac. *Montp.-Mont.*, 350, 522.
Gabriau. *Par.*, I, 1137, 1174.
— *Poit.*, 583, 1051.
— *La Roch.*, 286.
Gabriel. *Bourg.*, I, 872.
— *Lorr.*, 197.
— *Lyon*, 749.
— *Par.*, II, 140, 866, 917.
— *Prov.* I, 474, 1109.
— *Prov.*, II, 665.
Gac (le). *Bret.*, I, 348, 532, 541, 546, 902, 944, 945, 955. *Voy.* Legac, 49, 100, 289, 293, 296, 336.
— *Bret.*, II, 273, 672.
Gach (de). *Toul.-Mont.*, 112, 114.
Gache. *Montp.-Mont.*, 35, 808.
— *Prov.*, I, 844.
Gache (la). *Dauph.*, 51.
— *Fland.*, 827, 1117, 1121.

Gache (le). *Orl.*, 655.
Gaché. *Toul.-Mont.*, 576.
Gaché (le). *Par.*, I, 315.
Gacherie (la). *Tours*, 1031.
Gacher. *Auv.*, 529.
— *Toul.-Mont.*, 731, 872.
Gachet. *Bourg.*, I, 844.
— *Champ.*, 261.
— *Guy.*, 1021.
— *Tours*, 328.
Gachié *ou* Gachie. *Guy.*, 739, 1157.
Gachon. *Auv.*, 144.
— *Guy.*, 1, 8, 1004.
Gacier. *Als.*, 491.
Gacon. *Par.*, I, 1177.
Gacouin. *Tours*, 1168.
Gadagne. *Auv.*, 8.
Gadaud. *Lim.*, 321.
Gadien. *Bourb.*, 462.
Gadiou. *Poit.*, 1513.
Gadois. *Orl.*, 516.
Gadou. *Toul.-Mont.*, 310.
Gadouin. *La Roch.*, 207, 399.
Gadrel. *Caen*, 429.
Gadremont. *Lorr.*, 390, 681.
Gaeidan. *Prov.*, I, 403.
Gaesbel. *Als.*, 679.
Gaesbreck. *Fland.*, 733.
Gaest (de). *Fland.*, 322, 329, 650.
Gaffard. *Toul.-Mont.*, 1454.
  affarel. *Prov.*, I, 327.
— *Prov.*, II, 566, 572.
Gaffart. *Par.*, III, 384.
Gafferin. *Prov.*, I, 1214.
Gagé. *Bourg.*, II, 252.
Gagelleuc (du). *Bret.*, I, 105.
Gageot. *Bourg.*, I, 921.
Gager (le). *Caen*, 507, 538.
Gaget (de). *Toul.-Mont.*, 1128.
Gagnard. *Prov.*, I, 1216.
Gaguat. *Par.*, III, 413.
Gagnault. *Prov.*, II, 432.
Gagne. *Bourg.*, II, 55.
Gaignerel. *Pic.*, 458.
Gagneron. *Orl.*, 736.
Gagneurtufet. *La Roch.*, 151.
Gagneux. *Bourges*, 439.
Gagniard. *Bourg.*, II, 185.
Gagoutin. *Bret.*, II, 359.
Gahil (du). *Bret.*, II, 640.
Gai. *Als.*, 699.
— *Bourges*, 404.
— *Guy.*, 445, 818.
— *Lyon*, 101, 395, 621, 1052.
— *Prov.*, I, 119, 906, 1101.
— *Prov.*, II, 656, 714.

Gai (de). *Montp.-Mont.*, 138. 130, 145, 292, 940, 1257.
— *Toul.-Mont.*, 89, 1187, 1285.
Gai (le). *Auv.*, 373, 374.
— *Champ.*, 415, 868.
— *Fland.*, 75, 97, 150. 154, 374, 1097.
— *Lorr.*, 631.
— *Par.*, I, 762, 1270.
— *Poit.*, 561, 612, 616, 620, 1142.
— *Tours*, 1333.
Gaibier. *Prov.*, I, 1288, 1289.
Gaiche. *Toul.-Mont.*, 818.
Gaignabet. *Toul.-Mont.*, 1109.
Gaignant. *Par.*, I, 1101.
Gaigne. *Bourg.*, I, 46, 47, 51.
— *Par.*, I, 226.
— *Soiss.*, 109, 651.
Gaigneau. *Orl.*, 17.
Gaignepain. *Poit.*, 1076, 1113.
Gaignereau. *Montp.-Mont.*, 361.
Gaignery. *Als.*, 489.
Gaigneur. *Lyon*, 998.
— *La Roch.*, 149.
Gaigneur (le). *Al.*, 1146.
— *Par.*, II, 1121.
— *Tours*, 7, 298, 1430.
Gaignoux (le). *Par.*, I, 956, 1360.
Gaignières. *Par.*, II, 365.
Gaignon. *Auv.*, 3, 112.
— *Vers.*, 189.
Gaignot. *Bourg.*, I, 606.
Gaigot. *Bret.* I, 423.
Gail. *Prov.*, I, 676.
Gailey (du). *Lyon*, 157.
Gailing. *Als.*, 29, 777, 789.
Gaillac. *Montp.-Mont.*, 14.
— *Toul.-Mont.*, 852, 874, 1156.
Gaillarbois. *Par.*, II, 622.
Gaillard. *Al.*, 838, 1035.
— *Bourg.*, I, 80, 281, 524, 730.
— *Bourg.*, II, 70.
— *Bret.*, I, 76, 77, 94, 344, 918, 923.
— *Bret.*, II, 480, 535.
— *Champ.*, 255.
— *Dauph.*, 117, 254, 410, 502.
— *Guy.*, 1036.
— *Lorr.*, 184.
— *Lyon*, 958.
— *Montp.-Mont.*, 703, 876, 1071.
— *Orl.*, 510.
— *Par.*, I, 529.
— *Par.*, II, 390, 531, 837, 1025.
— *Par.*, III, 508.
— *Par.*, IV, 10.
— *Pic.*, 36, 89, 159, 209, 286, 299, 457, 458, 461, 467, 752, 754.

— *Prov.*, I, 65, 281, 282, 328, 464, 544, 950, 1196 *bis*.
— *Prov.*, II, 21, 383.
— *Poit.*, 128, 1351, 1383, 1463.
— *Soiss.*, 389.
— *Toul.-Mont.*, 165, 268, 849, 1039, 1333.
— *Tours*, 381, 1075.
Gaillardbois. *Par.*, IV, 397.
— *Rouen*, 26, 412, 836, 1325, 1236.
Gaillardet. *Bourg.*, I, 1128.
— *Bourg.*, II, 255.
Gaillardi. *Tours*, 1142.
Gaillardie. *Guy.*, 929, 960.
— *Par.*, III, 471.
Gaillardin. *La Roch.*, 295.
Gaillat. *Lyon*, 101.
Gaillaud. *La Roch.*, 35, 106, 208, 255.
Gaille. *Prov.*, I, 1375.
Gaille (de). *Als.*, 519, 624.
Gailleri. *Poit.*, 414.
Gaillet. *Pic.*, 397.
Gailliac. *Guy.*, 1176.
Gaillon. *Bret.*, II, 903, 1108.
Gaillons. *Orl.*, 521.
Gaillot. *Lorr.*, 134.
— *Lyon*, 55.
— *Poit.*, 1481.
Gailpain. *Bret.*, II, 517.
Gain (de). *Bourb.*, 297.
— *Lim.*, 171, 291, 461, 473.
— *Montp.-Mont.*, 609.
— *Poit.*, 1077.
— *Tours*, 726.
Gainare. *Bourg.*, I, 783.
Gainche. *Bret.*, II, 238.
Gainot. *Lorr.*, 16, 161.
Gairal. *Toul.-Mont.*, 338.
Gairard. *Bourg.*, I, 436.
— *Toul.-Mont.*, 54.
Gairaud. *Montp.-Mont.*, 708.
— *Toul.-Mont.*, 812, 1178.
— *Vers.*, 244.
Gairault. *Poit.*, 1121.
Gaissier. *Champ.*, 671.
Gaitat. *Vers.*, 160.
Gaîte. *Auv.*, 303, 494.
Gaîte. *Poit.*, 948.
Gajac. *Montp.-Mont.*, 1476, 1497.
Gajon. *Toul.-Mont.*, 1350.
Gajot. *Prov.*, II, 339.
Gal (de). *Prov.*, II, 319.
Gal (le). *Montp.-Mont.*, 362.
Galateau. *Guy.*, 19, 252.
Galauba (de). *Toul.-Mont.*, 468.
Galaud. *Guy.*, 367.

Galaup. *Guy.*, 819.
— *Toul.-Mont.*, 701.
Galaben. *Prov.*, II, 311.
Galabert. *Guy.*, 461, 463.
— *Montp.-Mont.*, 798.
Galafré. *Montp.-Mont.* 748.
Galaire (la) *Tours*, 1023.
Galais (des). *La Roch.*, 397.
Galan. *Toul.-Mont.*, 423, V.
Galard. *Guy.*, 305, 692.
Galaud. *Pic.*, 721.
Galautaire. *Prov.*, II, 671.
Galavant. *Lorr.*, 680.
Galbart. *Pic.*, 118, 132, 499, 797.
Galbé. *Tours*, 1483.
Galbert. *Dauph.*, 54.
Galby. *Toul.-Mont.*, 521.
Galderie. *Toul.Mont.*, 1475.
Galdi. *Montp.-Mont.*, 64.
Galdin. *Montp.-Mont.* 826.
Galdon. *Toul.Mont.*, 1306.
Galdy. *Lyon*, 151.
Galéasse. *La Roch.*, 79.
Galegre. *Bret.*, I, 505.
Galeix. *Auv.*, 444.
Galène. *Tours*, 1179.
Galenières. *Al.*, 1230.
Galepin. *Montp.-Mont.*, 732.
Galerou. *Montp.-Mont.*, 913.
Galessard. *Montp.-Mont.*, 1343.
Galet (du). *Bret.*, I, 901.
Galetoi. *Guy.*, 1020, 1047.
Galette. *Pic.*, 759.
Galher. *Toul.-Mont.*, 670.
Galiau. *Dauph.*, 46, 59, 82, 105.
Galibert. *Guy.*, 689.
— *Lyon*, 613.
— *Toul.-Mont.*, 695, 714, 715, 722, 765.
Galibourt. *Par.*, III, 322.
Galice. *Champ.*, 732.
— *Prov.* I, 891.
Galichet. *Poit.*, 557.
Galien. *Dauph.*, 3, 138, 249, 306, 486, 541.
Galier. *Dauph.*, 375.
Galière. *Auv.*, 174.
Galiffet. *Prov.*, I, 512, 1014.
Galimar. *Prov.*, I, 228.
Galimard. *Par.*, III, 490, 491.
Galimardet. *Prov.*, I, 554.
Galipaud. *Bret.*, I, 180.
Galis (le). *Par.*, II, 1231.
Galisset. *Fland.*, 1399.
Galizet. *Bret.*, I, 922.
Gall. *Poit.*, 1192.

Gall (le). *Bret.*, i, 381, 387, 444, 734, 852.
— *Bret.*, ii, 850, 1123.
— *Par.*, i, 311.
Gallais. *Bourb.*, 144, 287, 484.
— *Bret.*, i, 248, 596.
— *Bret.*, ii, 75, 571.
— *Poit.*, 1301.
— *Tours*, 914, 1206, 1207.
Galland. *Bourb.*, 317, 320.
— *Bourges*, 445.
— *Bret.*, i, 915.
— *Bret.*, ii, 356.
— *Champ.*, 797.
— *Fland.*, 443.
— *Par.*, i, 32, 274, 624, 706, 926.
— *Par.*, ii, 10, 308, 894.
— *Par.*, iii, 279, 383.
— *Pic.*, 383, 388, 392.
— *Tours*, 1172.
Gallard. *Al.*, 803, 858.
— *Lim.*, 49, 232, 270, 272.
— *Orl.*, 335.
— *Par.*, iii, 122, 299.
— *Poit.*, 1103, 1255.
— *La Roch.*, 428.
— *Toul.-Mont.*, 1040.
— *Tours*, 367, 842, 983.
Gallart. *Par.*, i, 1111, 1159.
Gallatin. *Bourg.*, ii, 271.
Gallau. *Toul.-Mont.*, 190.
Gallaud. *Bourg.*, ii, 203, 226.
Galle. *Als.*, 486.
— *Bourg.*, i, 1033.
— *Dauph.*, 113.
— *Montp.-Mont.*, 291.
Galleman. *Rouen*, 132.
Gallentine. *Rouen*, 107.
Gallepin. *Par.*, iii, 332.
— *Tours*, 983.
Gallepui. *Bourges*, 424.
Galleran. *Bourges*, 256.
Gallerand. *Par.*, i, 342.
Gallère. *Poit.*, 1076.
Galleri. *Al.*, 246, 248, 250. 480.
Gallerne. *Bret.*, ii, 189.
Galleron. *Al.*, 186.
— *Lyon*, 928.
Gallès. *Toul.-Mont.*, 717, 951.
Gallet. *Bourg.*, i, 429, 1014.
— *Bourg.*, ii, 289, 293.
— *Bret.*, i, 84.
— *Dauph.*, 320.
— *Fland.*, 329.
— *Montp.-Mont.*, 173, 177.
— *Orl.*, 730.

— *Par.*, i, 314, 1273.
— *Pic.*, 261, 297, 763.
— *Rouen*, 1334.
Galli. *Toul.-Mont.*, 142.
Galli (de). *Montp.-Mont.*, 243.
Gallian. *Prov.*, i, 434, 417.
Galliard. *Lim.*, 291.
Gallibert. *Montp.-Mont.*, 595.
Gallibourg. *Orl.*, 349.
Gallice. *Prov.*, i, 457.
Gallicher. *Lim.*, 133.
Gallichon. *Tours*, 506, 545, 566. 762, 763, 905, 1107.
Gallie. *Par.*, i, 103.
— *Prov.*, i, 202.
— *Rouen*, 212, 219, 221, 226, 238, 1092, 1401.
Gallien. *Bourg.*, i, 430.
— *Bourg.*, ii, 282.
— *Champ.*, 115, 493, 497, 799.
— *Lyon*, 1040.
Gallier. *Lyon*, 1007.
— *Soiss.*, 75, 77, 307, 504, 525, 537, 563, 712.
Gallière (de). *Montp.-Mont.*, 65, 197.
Galliet. *Pic.*, 740.
Galliezon. *Tours*, 28.
Gallimard. *Par.*, iv, 55, 541.
Gallimart. *Poit.*, 1122.
Gallin. *Dauph.*, 53, 442.
Gallines. *Par.*, ii, 175.
Gallion. *Orl.*, 864.
Galliot. *Bourg.*, i, 1036.
— *Li* ., 231, 429.
— *Or* ., 532.
— *Par* ., i, 328.
— *Par.*, ii, 403, 1061, 1121, 1135.
— *Pic.*, 92, 516.
— *La Roch.*, 177.
— *Rouen*, 267.
Gallipaut. *Bret.*, ii, 483.
Gallissonnière (la). *La Roch.*, 2.
Gallo. *Lorr.*, 329.
Galloche. *Bourg.*, ii, 33, 87.
Gallois. *Al.*, 719, 1139, 1144.
— *Als.*, 81.
— *Bourb.*, 14.
— *Bourges*, 20, 99, 276.
— *Bourg.*, ii, 14, 494.
— *Champ.*, 292.
— *Fland.*, 205, 465, 848, 849, 1211.
— *Guy.*, 697, 1200.
— *Lorr.*, 28, 367, 526.
— *Orl.*, 632, 905, 1005.
— *Par.*, i, 203. *Voy.* Lislecourt, 285, 310, 364, 674, 739, 1071.

— *Par.*, ii, 413, 498, 713, 812, 1176.
— *Par.*, iii, 317.
— *Pic.*, 872, 876.
— *Soiss.*, 233.
— *Tours*, 258, 339, 771, 1205.
— *Vers.*, 66.
Gallois (des). *Bourb.*, 115.
Gallois (le). *Caen*, 347, 530.
— *La Roch.*, 287.
Gallon. *Bret.*, i, 6, 255.
— *Bret.*, ii, 474, 518, 673.
— *Orl.*, 787.
— *Prov.*, i, 6, 245.
— *Prov.*, ii, 261.
Gallonde. *Pic.*, 889.
Gallonnier. *Par.*, i, 586.
Gallonnière (la). *Poit.*, 384.
Gallopin. *Al.*, 870.
— *Par.* iii, 579.
— *Rouen*, 74.
Gallors (de). *Poit.*, 559, 560.
Gallot. *Fland.*, 814.
— *Montp.-Mont.*, 362.
— *Pic.*, 724.
Galloüc. *Caen*, 720.
Gallus. *Bourges*, 178, 330.
— *Orl.*, 144, 153, 530, 546.
Galmart. *Par.*, ii, 458.
Galmet. *Orl.*, 1018.
Galmier (St-). *Lyon*, 975. **V.**
Galobié. *Auv.*, 284.
Galoche. *Bourg.*, i, 68.
— *Par.*, iii, 392.
Galois. *Montp.-Mont.*, 1059.
Gâlon. *Par.*, ii, 1084.
Galonde. *Fland.*, 1396.
Galonnais (la). *Bret.*, ii, 400.
Galonnier. *Rouen.*, 1336.
— *Toul.-Mont.*, 1178.
Galopin. *Bourg.*, i, 428, 444.
— *Bret.*, ii, 578.
— *Lorr.*, 538.
— *Par.*, iv, 115.
Galot. *Al.*, 826.
Galtier. *Lyon*, 668.
— *Poit.*, 697, 788.
— *Toul.-Mont.*, 1119. 1126, 1165, 1184, 1187.
Galuver (du). *Bret.*, ii, 4.
Galuvert (du). *Bret.*, i, 780.
Galva. *Prov.*, i, 318.
Galvagne (la). *Vers.*, 80.
Galvin. *Dauph.*, 417.
Galzin. *Toul.-Mont.*, 732.
Gamaches. *Bourges*, 18, 119, 177, 322.
Gamardes. *Guy.*, 1158.

Gamare. *Par.*, iii, 368, 476.
Gamart. *Par.*, i, 607, 1195.
— *Par.*, ii, 458, 590, 658, 772.
Gamaud. *Pic.*, 731.
Gambard. *Sois.*, 511, 517.
Gambart. *Pic.*, 839.
Gambec. *Als.*, 477.
Gambier. *Fland.*, 964.
— *Pic.*. 639.
— *Poit.*, 779.
Gambis. *Als.*, 470.
Gambs. *Als.*, 337, 466, 565, 569.
Gamel. *Prov.*, i, 140.
Gameri. *Champ.*, 459.
Gameron. *Bourges*, 310.
Gamet. *Bourg.*, ii, 376.
Gamin. *Poit.*, 904.
Gamon. *Dauph.*, 286, 581.
Gan. *Béarn*, 19. **V.**
— *Orl.*, 224.
Ganac. *Toul.-Mont.*, 1332.
Ganai. *Tours*, 1394.
Ganay. *Bourg.*, i, 256, 271, 296, 337.
— *Bourg.*, ii, 172.
— *Lyon*, 218.
— *Prov.*, i, 717, 819.
Ganbezon. *Lyon*, 660,
Gand. *Bourg.*, i, 155, 326.
— *Par.*, i, 178.
— *Par.*, iv, 762.
Gand (de). *Bourg.*, ii, 392.
— *Fland.*, 77, 143, 353, 1017, 1489.
— *Pic.*, 565.
Gandille (la). *Rouen*, 1336.
Gandillot. *Lim.*, 65, 82, 362.
Gandin. *Lyon*, 149.
Gandobert. *Poit.*, 972.
Gandon. *Prov.*, ii, 221.
Gandouart. *Poit.*, 975.
Gandouin. *Poit.*, 1175.
Ganeau. *Orl.*, 170, 554, 652, 677.
— *Par.*, i, 1316.
Ganges. *Montp.-Mont.*, 803.
Gangneux (le). *Orl.*, 574, 577.
Gangnot. *Par.*, ii, 899.
Gangnières. *Lyon*, 4, 46, 509, 514, 517.
Ganière. *Auv.*, 390.
Ganil. *Toul.-Mont.*, 334.
Ganios. *Toul.-Mont.*, 1352.
Gannat. *Bourb.*, 220.
Ganne (de). *Lyon*, 341.
Gannery. *Orl.*, 906.
Gannes (de). *Lim.*, 177.
— *Poit.*, 277, 281, 1472.
— *Tours*, 185, 725, 1282, 1346.
Ganot. *Lorr.*, 363.

Gante. *Par.*, i, 329.
Ganteaume. *Prev.*, i, 775, 983, 1217.
— *Prov.*, ii, 318, 327.
Gantel. *Prov.*, i, 932.
Gantelmy. *Prov.*, i, 807.
Gantes. *Toul.-Mont.*, 1465.
— *Prov.*, i, 384.
Gautier. *Prov.*, i, 24.
— *La Roch.*, 312.
Gantier (le). *Orl.*, 929.
Gantiers (les). *Comm. Poit.*, 803.
Gautin. *Lyon*, 872.
Gantois. *Fland.*, 311.
Gappon. *Fland.*, 772.
Garabi. *Caen*, 113.
— *Rouen*, 677, 806.
Garabœuf. *Guy.*, 668, 918, 919, 1074.
Garac. *Toul.-Mont.*, 1336.
Garache. *Bourg.*, ii, 477.
Garadeur. *Lyon*, 4.
Garagnol. *Dauph.*, 51, 116, 249.
Garance. *Par.*, i, 1346.
Garand. *Bourg.*, ii, 287.
— *Par.*, i, 76.
— *Pic.*, 518.
— *Tours*, 1203.
Garande. *Lorr.*, 351, 681.
Garanger. *Par.*, i, 319.
Garangue. *Guy.*, 82.
Garanjot. *Bret.*, ii, 908.
Garanné (de). *Toul.-Mont.*, 371.
Garannou. *Toul.-Mont.*, 1332.
Garante. *Pic.*, 809.
Garasse. *Caen*, 646.
Garat. *Guy.*, 251, 1032, 1044.
— *Lim.*, 21, 119, 134, 322.
Garaud. *La Roch.*, 337.
— Garaud. *Par.*, i, 76.
Garaud (de). *Toul.-Mont.*, 1, 4, 26, 30, 31, 782.
Garbaz. *Toul.-Mont.*, 1353.
Garbe. *Par.*, i, 1164.
— *Soiss.*, 603.
Garbuzat. *Lyon*, 499.
Garcelan. *Dauph.*, 414.
Garcelon. *Auv.*, 586.
— *Bourg.*, i, 216.
Garceval. *Lorr.*, 7, 157.
— *Montp.-Mont.*, 1057.
Garcin. *Bourg.*, ii, 362.
— *Dauph.*, 22, 62, 84, 107, 137, 140, 397.
— *Orl.*, 541.
— *Prov.*, i, 89, 511, 607, 796, 829, 980, 1118, 1120, 1232, 1325, 1348.
— *Prov.*, ii, 387, 389, 448, 623, 628.

— *Poit.*, 1098, 1530.
Garcini. *Prov.*, ii, 514, 515.
Garçon. *Par.*, iii, 281.
— *Pic.*, 486.
— *Prov.*, ii, 288.
Garçons (des). *Poit.*, 1543.
Gard (du). *Bourg.*, i, 397.
— *Par.*, ii, 1068, 1202.
— *Rouen*, 882.
Gardanc. *Prov.*, i, 30, 125, 153, 167, 440, 638, 761, 1210, 1341.
Gardanne. *Prov.*, ii, 491, 502.
Garde. *Soiss.*, 282, 719, 722.
Garde (la). *Als.*, 591.
— *Béarn*, 87, 89, 94.
— *Bourges*, 286.
— *Bret.*, i, 979.
— *Bret.*, ii, 90.
— *Champ.*, 230.
— *Dauph.*, 435.
— *Guy.*, 433, 660, 858, 942, 1097.
— *Lim.*, 158, 168, 180, 192, 247, 391.
— *Lorr.*, 531, 533, 646, 681.
— *Lyon*, 555, 851.
— *Montp.-Mont.*, 260, 341, 359, 926, 1203, 1369.
— *Orl.*, 558.
— *Par.*, i, 60, 899, 1237, 1383.
— *Par.*, ii, 359, 651, 1169.
— *Pic.*, 259, 274.
— *Prov.*, i, 776, 894, 1232.
— *Prov.*, ii, 26.
— *Poit.*, 1310, 1456, 1541, 1546.
— *Toul.-Mont.*, 734, 918, 936, 1049, 1051, 1060.
— *Tours*, 1285.
— *Vers.*, 206.
Gardeau. *Tours*, 609.
Gardel. *Fland.*, 1264, 1269.
— *Montp.-Mont.*, 51.
— *Par.*, i, 230.
— *Toul.-Mont.*, 216.
Gardelle (la). *Auv.*, 407.
— *Montp.-Mont.*, 1164.
Gardembois. *Caen*, 558.
— *Par.*, ii, 803.
Gardemps. *Bourges*, 292.
Gardenqui. *Prov.*, i, 266.
Gardère. *Toul.-Mont.*, 1243.
Gardère (la). *Guy.*, 945, 1217.
Gardes. *Guy.*, 1138.
— *Montp.-Mont.*, 117.
— *Toul.-Mont.*, 63, 649, 991, 1276.
Gardet. *Prov.*, i, 1056.
Gardette (la). *Auv.*, 407, 151.
— *Par.*, i, 840.

Gardeur (le). *Caen*, 150.
— *Toul.-Mont.*, 425, 426.
Gardia (de). *Toul.-Mont.*, 28, 29.
Gardien. *Als.*, 511.
— *Par.*, II, 419.
— *Poit.*, 569, 833.
— *Vers.*, 287.
Gardin. *Bourb.*, 153.
— *Bret.*, I, 78, 221, 907.
— *Bret.*, II, 771.
— *Dauph.*, 142.
— *Pic.*, 287.
— *Poit.*, 1482.
— *Toul.-Mont.*, 1336.
Gardin (du). *Caen*, 303, 689, 694.
— *Fland.*, 9, 1057.
Gardins (des). *Fland.*, 882, 1031.
— *Pic.*, 422.
Gardiol. *Prov.*, I, 1339.
Gardon. *Bret.*, II, 565.
— *Dauph.*, 382.
— *Montp.-Mont.*, 348.
— *Prov.*, I, 133.
— *Poit.*, 368.
Gardy. *Par.*, III, 278.
Gareau. *Bourg.*, II, 252.
— *Prov.*, I, 1191.
— *Poit.*, 846.
— *Vers.*, 231.
Garelli. *Prov.*, I, 126, 1217.
— *Prov.*, II, 426.
Garellon. *Guy.*, 1160.
Garengeau. *Bret.*, I, 2.
Garenger. *Par.*, II, 123, 199.
Garenne (la). *Bret.*, II, 598.
— *Rouen*, 753, 1250, 1363.
— *Soiss.*, 79.
Garennes. *Al.*, 902.
Garensse. *Prov.*, I, 1296.
Garentières. *Al.*, 242, 362, 890, 897.
Garepuy. *Toul.-Mont.*, 357, 1296.
Gareschè. *La Roch.*, 310, 313.
Garet. *Bourb.*, 451.
— *Bret.*, II, 1112.
Garet (du). *Poit.*, 647, 1352.
Gargan. *Champ.*, 15, 835.
— *Lorr.*, 208.
— *Par.*, I, 84, 85, 99, 1102.
— *Pic.*, 167, 203, 677.
Gargant. *Par.*, II, 169, 381.
Gargas. *Montp.-Mont.*, 1048.
— *Toul.-Mont.*, 640.
Garges (de). *Par.*, IV, 10.
— *Soiss.*, 113, 165, 172, 234, 382, 700.
Gargian. *Bret.*, I, 974.

— *Bret.*, II, 1131.
Gari. *Toul.-Mont.*, 732.
Garibal. *Par.*, I, 770.
Garibald. *Toul.-Mont.*, 1077.
Garibardi. *Orl.*, 318.
Garidel. *Prov.*, I, 916.
— *Prov.*, II, 611.
Garigue (la). *Als.*, 100.
— *Béarn*, 89.
— *Guy.*, 1085.
— *Toul.-Mont.*, 150, 988, 1100.
Garrigou. *Guy.*, 727.
Garil. *Lyon*, 969.
Garillau. *Bourb.*, 286, 482.
Garin. *Bourg.*, I, 3.
— *Bourg.*, II, 627, 628.
— *Fland.*, 968.
— *Prov.*, II, 621.
— *Rouen*, 854.
Garinet. *Bourg.*, I, 611.
Garini. *Prov.*, I, 316.
Garion. *Bret.*, I, 356.
Garipeau. *Poit.*, 220, 563, 625.
Garisson. *Toul.-Mont.*, 231, 235, 937, 965, 1001.
Garjanne. *Prov.*, I, 1219.
— *Prov.*, II, 226, 334.
Garle. *Pic.*, 883.
Garle (le). *Bret.*, II, 531.
Garléré (la). *Poit.*, 1220.
Garlin. *Béarn*, 92. V.
Garloet (du). *Bret.*, I, 828, 958.
Garmeau. *Bret.*, I, 49.
Garmenson. *Béarn*, 131.
Garnat. *Fland.*, 1266.
Garnau. *Fland.*, 1209.
Garnaud. *Auv.*, 36, 155, 170, 347, 358, 435.
— *Bourg.*, I, 1032.
— *Toul.-Mont.*, 469.
Garnault. *Bourb.*, 480.
— *Poit.*, 1360.
Garnaux. *Bret.*, I, 365.
Garnetot. *Rouen*, 606.
Garnier. *Al.*, 1047, 1158.
— *Als.* 23, 633, 745, 983.
— *Auv.*, 120, 356.
— *Bourb.*, 113, 278.
— *Bourges*, 270.
— *Boury.*, I, 221, 240, 246, 411, 482, 555, 931.
— *Bourg.*, II, 58, 71, 203, 580.
— *Bret.*, I, 179, 239, 889.
— *Bret.*, II, 164, 361, 388, 866, 973, 1079.
— *Caen*, 780.

— *Champ.*, 377, 615, 753.
— *Dauph.*, 23, 60, 73, 99, 174, 205, 228, 391, 446, 447, 555.
— *Lim.*, 242.
— *Lorr.*, 204.
— *Lyon*, 11, 34, 49, 139, 141, 209, 210, 407, 502, 918.
— *Montp.-Mont.*, 431, 446.
— *Orl.*, 70, 74, 185, 188, 193, 319, 339, 353, 453, 597, 623, 657, 684, 725, 871, 1012.
— *Par.*, i, 532, 536, 617, 635, 1384.
— *Par.*, ii, 234, 235, 254, 361, 393, 446, 543.
— *Par.*, iii, 161, 176, 313, 346, 429, 432, 450, 463, 507, 573.
— *Par.*, iv, 53.
— *Prov.*, i, 16, 54, 143, 574, 617, 632, 649, 651, 995, 1146, 1170, 1433.
— *Prov.*, ii, 45, 48, 68, 214, 234, 435, 456, 616, 728, 731, 753, 763, 764, 767.
— *Poit.*, 81, 90, 131, 146, 456, 502, 511, 568, 595, 599, 761, 763, 796, 846, 1015, 1021, 1025, 1029, 1059, 1122, 1313, 1333, 1337, 1360, 1385, 1393, 1510, 1516, 1550.
— *La Roch.*, 43, 191, 362, 368, 373.
— *Rouen*, 878.
— *Soiss.*, 543, 568.
— *Toul.-Mont*, 633, 657.
— *Tours*, 749, 847, 903, 907, 949, 1061, 1075, 1243, 1283.
— *Vers.*, 4, 40.
Garnison. *Bourg.*, i, 1115.
— *Bret.*, i, 155.
Garno. *Bret.*, ii. 848.
Garnosset. *Toul.-Mont.*, 1390.
Garnot. *Par.*, i, 971.
— *Par.*, ii, 942.
— *Par.*, iii, 309, 419.
Garo. *Bret.*, ii, 57.
Garon (le). *Bourb.*, 510.
Garonce. *Par.*, i, 1346.
Garons. *Prov.*, i, 1333.
Garos. *Al.*, 1151.
Garosite (la). *Lim.*, 375.
Garotel. *Lorr.*, 163.
Garou (le). *Bret.*, i, 922.
— *Bret.*, ii, 444.
Garoulhe. *Prov.*, ii, 834.
Garoulte. *Prov.*, i, 737, 1063.
Garouste. *Toul.-Mont.*, 1170.

Garrault. *Poit.*, 1130, 1180.
Garravaque. *Prov.*, i, 645.
Garré. *Poit.*, 1340.
Garreau. *Bourb.*, 121, 134, 135, 303, 506, 607.
— *Bret.*, ii, 466.
— *Lim.*, 337.
— *Tours*, 725, 1138, 1295, 1387.
Garrelle. *Prov.*, i, 136.
Garric. *Toul.-Mont.*, 240.
Garric (de). *Montp.-Mont.*, 1103, 1106.
Garrigues. *Toul.-Mont.*, 280, 950, 982.
Garrigues (de). *Montp.-Mont.*, 714.
Garrisson. *Montp.-Mont.*, 1011.
Garroches (de). *Toul.-Mont.*, 466, 478.
Garron. *Bourg.*, i, 197.
Garros. *Béarn*, 158.
— *Toul.-Mont.*, 1202, 1205, 1271.
Garrot. *Par.*, ii, 896, 1126.
— *Par.*, iii, 182.
Garroux. *Fland.*, 195.
Garry. *Par.*, ii, 575.
Gars. *Par.*, ii, 37.
— *Prov.*, i, 1166.
Gars (de). *Par.*, i, 974, 1112.
— *Par.*, iv, 374, 614.
— *Vers.*, 297.
Garsalan. *Tours*, 138.
Garsalie. *Caen*, 24, 35.
Garsantan. *Soiss.*, 241.
Garsault. *Par.*, ii, 1109.
— *Par.*, iii, 94.
— *Poit.*, 1306, 1337.
— *Rouen*, 875.
— *Vers.*, 126.
Garsement. *Par.*, iv., 20, 656.
Garsenlan. *Bret.*, i, 159.
Garsin. *Prov.*, i, 1121.
Garsion. *Bret.*, ii, 477.
Garsnier. *Tours*, 1519.
Garson. *Par.*, i, 1147.
— *Poit.*, 1173.
Gart. *Par.*, i, 1255.
Gartiau. *Bret.*, ii, 483.
Gary. *Par.*, i, 401,
Garzeken. *Fland.*, 464.
Gas. *Guy.*, 1005.
Gas (de). *Bourb.*, 198.
Gas (du). *Lyon*, 25, 52, 282, 499, 766.
Gasan. *Prov.*, ii, 746.
Gascher. *Bret.* i, 210, 213, 221, 254.

Gascherier. *La Roch.*, 321.
Gaschet. *Lim.*, 83.
— *Poit.*, 467, 902, 1506.
Gaschier. *Auv.*, 66, 86, 274, 439.
Gaschinat. *La Roch.*, 274.
Gaschot. *La Roch.*, 301.
Gascoing. *Bourb,*, 6, 25, 54, 55, 56, 58, 59, 62, 75, 77, 79, 82, 83, 254, 287, 458, 469, 471, 472.
— *Caen*, 203, 217.
— *Poit.*, 232, 628.
Gascoing (le). *Bret.*, I, 594.
Gascon. *Bourg.*, I, 666.
— *Lyon*, 445, 742.
— *Poit.*, 972.
Gascov. *Béarn*, 141.
Gascq. *Caen*, 135.
— *Guy.*, 18, 19, 21, 24, 32, 34, 44, 48, 78, 167, 386, 1016, 1019.
Gascq (de). *La Roch.*, 88.
— *Toul.-Mont.*, 298, 1006, 1195.
Gasme. *Lyon*, 1031.
Gasmeau. *Tours*, 1198.
Gason (du). *La Roch.*, 348.
Gaspard. *Als.*, 645.
— *Lyon*, 781.
— *Prov.*, II, 290.
— *Tours*, 280.
Gaspari. *Als.*, 320.
— *Prov.*, I, 343, 346, 467.
Gasparigny. *Lyon*, 173.
Gaspern (du). *Bret.*, I, 117, 567.
— *Bret.*, II, 217.
Gasque. *Bourb.*, 415, 473.
Gasque (de). *Montp.-Mont.*, 342.
Gasqué. *Montp.-Mont.*, 479, 489.
Gasquet. *Prov.*, I, 1063.
— *Prov.*, II, 206, 505, 534, 710, 785.
— *La Roch.*, 167.
— *Toul.-Mont.*, 768.
Gasqui. *Prov.*, I, 956.
— *Prov.* II, 615, 622.
Gassan. *Prov.*, II, 575.
Gassaud. *Prov.*, II, 31, 371, 574, 617.
Gasse. *Pic.*, 454, 637.
— *La Roch.*, 82.
— *Toul.-Mont.*, 763.
Gassebois. *Par.*, IV, 456.
Gassel. *Prov.*, II, 351.
Gasselier. *Par.*, I, 1286.
Gasselinais. *Tours*, 396.
Gassendi. *Prov.*, I, 382, 402, 519, 635, 899, 940, 978.
— *Prov.*, II, 396, 397, 399, 433.
Gassier. *Prov.*, II, 762, 794.
Gassin. *Prov.*, II, 808.

Gassion. *Béarn*, 2, 8, 16, 17, 80.
— *Bret.*, I, 512.
— *Guy.*, 259.
— *Par.*, I, 102, 170. 364.
— *Tours*, 1002.
Gassiot. *Guy.*, 912.
Gasson. *Pic.*, 131.
Gassot. *Bourges*, 3, 12, 24, 25, 168, 181, 330, 339, 340, 525.
— *Par.*, I, 1332.
Gast. *Als.*, 820.
— *Bourg.*, II, 528.
— *Fland.*, 1157.
— *Guy.*, 1122.
— *La Roch.*, 358.
— *Par.*, I, 1255.
Gast (du). *Bret.*, II, 1078.
— *Poit.*, 522, 573, 1284.
— *Tours*, 32, 262, 377.
Gastan. *Prov.*, I, 1323.
Gastaignalde. *Par.*, I, 1268.
Gastaud. *Montp.-Mont.*, 1436.
— *Prov.*, I, 402, 438, 988, 1306, 1351.
— *Prov.*, II, 839.
Gastaudi. *Prov.*, I, 309.
Gasté. *Bret.*, II, 963.
Gaste. *Prov.*, II, 26.
Gasteau. *Bourg.* II, 335.
— *Par.*, I, 169.
— *Poit.*, 1204, 1229, 1236.
— *La Roch.*, 414.
— *Tours*, 1344.
Gastebois. *Guy.*, 305, 926.
— *Lorr.*, 398.
Gastel. *Al.*, 242, 344.
— *Bourg.*, I, 1151.
Gastelier. *Orl.*, 771.
Gastelier (le). *Bourg.*, II, 309.
— *Lorr.*, 251.
— *Par.*, IV, 94.
Gatey. *Montp.-Mont.*, 639.
Gastier. *Par.*, II, 77.
Gastille. *Prov.*, II, 385.
Gastine. *Prov.*, I, 493.
Gastineau. *Champ.*, 224.
— *Poit.*, 973, 992, 1164.
Gastinel. *Al.*, 122, 359, 632.
— *Prov.*, I, 318, 320, 1270.
Gastines (des). *Al.*, 914.
Gaston. *Als.*, 109.
— *Auv.*, 576.
— *Guy.*, 36, 1009.
— *Prov.*, I, 1288.
— *Toul.-Mont.*, 1148.
Gasz. *La Roch.*, 204.
Gatbindt. *Als.*, 1073.

Gatien. *Par.*, I, 929.
— *Tours*, 803, 844.
Gatignol. *Guy.*, 1172.
Gatinare. *Poit.*, 1, 5, 738.
Gatine (la). *Fland.*, 1446.
Gatineau. *Orl.*, 321.
Gatte. *Pic.*, 636, 751.
Gatinhol. *Toul.-Mont.*, 1030.
Gattechair. *Bret.*, I, 520.
— *Bret.*, II, 188.
Gatton. *Bret.*, II, 476.
Gattot (de). *Orl.*, 78.
Gatty. *Prov.* I, 929.
Gatus. *Prov.*, I, 406.
Gatz. *Als.*, 410.
Gauban. *Toul.-Mont.*, 1288.
Gaube. *Guy.*, 976.
Gaubert. *Bourg.*, I, 1017.
— *Bret.*, I, 82.
— *Lim.*, 205.
— *Toul.-Mont.*, 657, 1169.
Gaubin. *Poit.*, 1231.
Gauchard. *Bourg.*, II, 346.
Gaucher. *Al.*, 239.
— *Bourb.*, 618.
— *Bourges*, 114.
— *Bret.*, I, 564.
— *Bret.*, II, 969.
— *Champ.*, 598, 617, 760.
— *Fland.*, 1266.
— *Guy.*, 694.
— *Lyon*, 941.
— *Par.*, II, 133, 163, 951.
— *Par.*, III, 516.
— *Prov.*, I, 564.
Gaucher (le). *Tours*, 562.
Gaucheraud. *Montp.-Mont.*, 530.
Gaucherie (la). *Tours*, 972.
Gauchet. *Par.*, II, 1125.
Gauchot. *Bourg.*, II, 147.
Gauchy. *Pic.*, 599.
Gaucourt. *Bourges*, 86, 196.
Gaudail. *Guy.*, 954.
Gaudais. *Tours*, 1160.
Gaudan. *Lorr.*, 120.
Gaudard. *Par.*, III, 426.
Gaudart. *Bourges*, 9.
— *Par.*, I, 900, 1165.
Gaude. *Bret.*, II, 406.
— *Par.*, I, 1133.
— *Pic.*, 17, 425.
Gaudeau. *Orl.*, 556.
Gaudechard. *Par.*, IV, 118.
— *Vers.*, 97, 98.
Gaudechart. *Rouen*, 37.
Gaudechetz (des). *Tours*, 1458.

Gaudelet. *Bourg.*, I, 59, 94, 330, 470.
— *Bourg.*, II, 53, 70, 483.
Gaudelier (le). *Poit.*, 35.
Gaudelin. *Poit.*, 1077.
Gaudellou. *Prov.*, I, 793.
Gaudelphe. *Prov.*, I, 1315.
Gaudemar. *Prov.*, I, 862, 1092.
— *Prov.*, II, 460, 469, 578.
Gaudemont. *Bret.*, I, 617.
Gaudens (St-). *Montp.-Mont.*, 1188. V.
Gauderon. *Par.*, IV, 95.
Gaudet. *Bourg.*, II, 579.
— *Lorr.*, 578, 676, 677.
— *Orl.*, 54.
— *Par.*, I, 382, 735.
— *Tours*, 390.
Gaudier (le). *Soiss.*, 533.
Gaudière (la). *Bourb.*, 405.
— *Tours*, 1054.
Gaudies. *Prov.*, I, 672.
Gaudin. *Al.*, 803, 811.
— *Bourges*, 417.
— *Bret.*, II, 405, 1038.
— *Caen*, 343, 344, 509, 513, 515, 521.
— *Lyon*, 393, 685.
— *Orl.*, 678.
— *Par.*, I, 1362, 1406.
— *Poit.*, 310, 427, 509, 518, 521, 1204, 1207, 1214.
— *Prov.*, II, 481.
— *La Roch.*, 78.
— *Rouen*, 892, 928.
— *Tours*, 258, 416, 483, 909, 1337, 1468, 1473, 1484.
Gaudinez. *Pic.*, 827.
Gaudinot. *Bourges*, 21.
Gaudion. *Par.*, II, 678.
Gaudissant. *Bret.*, II, 912.
Gaudon. *Bourb.*, 322.
— *Bourges*, 287.
— *Bret.*, I, 167.
— *Bret.*, II, 424.
— *Par.*, II, 980.
— *Poit.*, 302, 303.
— *Tours*, 429, 890, 951.
Gaudot. *Bourg.*, II, 239, 579.
— *Lorr.*, 597.
Gaudou. *Tours*, 940.
Gaudouart. *Poit.*, 194.
Gaudouin. *Rouen*, 1320, 1343.
— *Tours*, 938.
Gaudré. *Bret.*, I, 620.
— *Tours*, 1038.
Gaudri. *Soiss.*, 138.
Gaudrillet. *Bourg.*, II, 479.

Gaudrion. *Bret.*, I, 568, 570, 580, 581, 585.
Gaudron. *Bret.*, II, 435.
Gaudronnière (la). *Tours*, 1345.
Gaudru. *Tours*, 724, 725.
Gaudry. *Bourg.*, I, 262.
— *Bourg.* II, 168, 172, 552.
— *Vers.*, 102.
Gaudu (le). *Bret.*, I, 960.
Gaufre. *Toul.-Mont.*, 542.
Gaufre (le). *Tours*, 575, 906, 933.
Gaufreteau. *Guy.*, 55, 157, 170, 252, 619, 853, 1062.
Gaugé. *Lorr.*, 641.
Gaugi. *Rouen*, 26.
Gaugoing. *Poit.*, 147.
Gaugoui. *Prov.*, II, 621.
Gauguin. *Tours*, 1311.
Gaujal. *Montp.-Mont.*, 1040.
— *Toul.-Mont.*, 304.
Gaulard. *Champ.*, 374.
— *Par.*, II, 1246.
— *Rouen*, 123, 833. 909.
Gaulé. *Tours*, 245, 1096.
Gaulejac. *Montp.-Mont.*, 992, 1010, 1015, 1035.
— *Par.*, I, 262.
— *Toul.-Mont.*, 92, 1001, 1038.
Gaulette. *Prov.*, I, 157.
Gaulier. *Par.*, IV, 94.
— *Poit.*, 86.
— *Soiss.*, 630.
Gaulin. *Bourg.*, 278, 279, 371, 501, 525.
Gaullard. *Al.*, 982.
Gaullepied. *Tours*, 484.
Gaullier. *Orl.*, 461.
— *Tours*, 1103, 1108.
Gaulmin. *Bourb.*, 2, 19, 101, 265 271, 439.
— *Bourges*, 13, 159.
— *Par.*, II, 810.
Gaulon. *Orl.*, 877.
Gaulon (de). *Champ.*, 177.
Gault. *Bret.*, I, 395.
— *Caen*, 519.
— *Orl.*, 460, 640, 681.
— *Champ.*, 707.
— *Par.*, IV, 562, 563.
— *Poit.*, 1022, 1085, 1486.
— *Tours*, 536, 897, 944, 966, 982, 1272, 1276.
Gault (le). *Bret.*, II, 392, 418, 424, 443, 604.
Gaultier. *Guy.*, 519, 778, 860, 1016, 1131.
— *La Roch.*, 234, 389.

Gauma. *Guy.*, 905.
Gaumer. *Al.* 482.
Gaumont. *Bret.*, I, 438.
— *Par.*, I, 44, 318. 512.
— *Par.*, II, 531.
— *Par.*, III, 360, 552.
Gaune. *Lyon*, 240, 632, 1002.
Gaune (de). *Soiss.* 366, 367, **170.**
Gaunes (de). *Bourges*, 232.
Gauquelin. *Caen*, 529.
Gaurau. *Toul.-Mont.*, 132.
Gaure (de). *Fland.*, 1306, **1384.**
Gaureaul. *Caen*, 482.
— *Tours*, 157, 612.
— *Vers.*, 19.
Gaureault. *Bret.*, I, 305.
Gaurel. *Soiss.*, 342.
Gauri. *Tours*, 933.
Gausi. *Montp.-Mont.*, **1280.**
— *Toul.-Mont.*, 84.
Gausie (la). *Montp.-Mont.*, **1168.**
— *Toul.-Mont.*, 319.
Gausridi. *Prov.*, I, 425.
Gaussen. *Guy.*, 1124.
Gaussent. *Par.*, II, 1150.
Gausseran. *Toul.-Mont.*, 1096.
Gausserand. *Auv.*, 493.
Gauston. *Vers.*, 308.
Gaut. *Bourg.*, I, 75.
— *Lyon*, 1004.
Gautard. *Prov.*, II, 312.
Gautelier. *Tours*, 1244.
Gautereau. *Poit.*, 204, 218. 615, 1008, 1114, 1214, 1400.
Gauterie (la). *Pic.*, 435, 436.
Gauteron. *Bourb.*, 479.
— *Bret.*, I, 180.
— *Montp.-Mont.*, 642.
— *Poit.*, 539, 906, 1093, 1221. 1148.
Gauteu. *Fland.*, 72, 1293, **1334.**
Gautez. *Prov.*, I, 905.
Gautherin. *Bourg.*, II, 577, 585.
Gautheron. *Bourg.*, I, 438.
— *Dauph.*, 172.
— *Par.*, II, 400.
Gautherot. *Bourg.*, II, 21, 59, 342, 613.
Gauthier. *Als.*, 80, 1093.
— *Bourges*, 114, 178, 263, 266, 267, 278.
— *Bourg.*, I, 37, 38, 58, 283, 293, 396.
— *Bourg.*, II, 77, 144, 214, 221, 243, 336, 363, 482, 496, 586.
— *Bret.*, I, 78, 210, 394, 405, 907, 933.
— *Bret.*, II, 12, 399, 452, 453, 542,

571, 583, 594, 609, 631, 681, 691, 693, 756, 919.
— *Dauph.*, 521.
— *Fland.*, 160, 167, 1203, 1287, 1477.
— *Lim.*, 363, 430.
— *Lorr.*, 36, 284, 475.
— *Lyon*, 54, 98, 151, 277, 337, 498, 511, 516, 635, 775, 902.
— *Orl.*, 543, 547, 920.
— *Par.*, ii, 353, 586.
— *Par.*, iv, 28, 34, 137, 270, 545, 572, 573, 642.
— *Pic.*, 430.
— *Tours*, 36, 58, 154, 432, 440, 570, 666, 670, 731, 754, 914, 1004, 1018, 1043, 1178, 1206, 1290, 1307, 1332, 1344, 1427, 1470.
— *Vers.* 122, 213.
Gauthiery. *Lorr.*, 260.
Gauthirot. *Champ.*, 740.
Gautier. *Al.*, 2, 3, 13, 18, 21, 24, 25, 26, 29, 39, 53, 80, 82, 87, 102, 193, 213, 350, 540, 548, 564, 583, 587, 706, 726, 738, 747, 755, 778, 784, 848, 944, 1013, 1019, 1046, 1056, 1059.
— *Auv.*, 415.
— *Caen*, 194, 195, 209, 210, 228, 229, 232, 346, 352, 353, 372, 437, 515, 561, 626, 783.
— *Montp.-Mont.*, 80, 428, 438, 439, 636, 643, 800, 875, 889, 1562.
— *Par.*, i, 173, 254, 299, 318, 1250, 1395.
— *Par.*, iii, 135, 154, 377.
— *Poit.*, 83, 124, 404, 549, 798, 832, 883, 1000, 1061, 1339, 1443, 1452, 1538.
— *Prov.*, i, 94, 127, 133, 139, 397, 431, 451, 460, 477, 599, 606, 645, 661, 725, 742, 835, 869, 896, 922, 931, 951, 953, 1000, 1013, 1158, 1174, 1283, 1455.
— *Prov.*, ii, 24, 43, 215, 351, 628, 710, 724, 729, 780, 781, 782.
— *Rouen*, 588.
— *Toul.-Mont.*, 14, 195, 942.
Gautier (le). *Tours*, 52.
Gauton. *Tours*, 736.
Gautraie (la). *Tours*, 1399.
Gautray. *Bret.*, ii, 571.
Gautreau. *La Roch.*, 200.
— *Tours*, 1267.
Gautron. *Soiss.*, 461.
Cauvain. *Bourg.* i, 216, 318.

Gauville. *Bourges*, 119.
— *Orl.*, 515.
— *Par.*, ii, 1093.
Gauvin. *Bret.*, i, 310, 758, 775.
— *Bret.*, ii, 474, 475, 485, 492, 819, 1057.
— *Caen*, 336.
— *Lorr.*, 117, 118.
— *Poit.*, 775, 789, 793, 1324, 1325, 1354, 1522.
— *Tours*, 654.
Gauvri. *Poit.*, 524.
Gauvry. *Lim.*, 359, 427.
Gauzan. *Guy.*, 871.
Gauzin. *Prov.*, i, 1368.
Gavain. *Bourg.*, i, 1246.
Gavaret. *Toul.-Mont.*, 468.
Gavarry. *Prov.*, i, 1358.
Gavaudan. *Guy.*, 942.
— *Prov.*, ii, 238.
Gaveau. *Soiss.*, 857.
— *Tours*, 833.
Gavelle. *Vers.*, 285.
Gavet. *Bourg.*, i, 9.
— *Tours*, 876.
Gavignet. *Bourg.*, i, 915.
Gavinel. *Bourg.*, ii, 59, 63, 67.
Gavinet. *Lyon*, 928.
Gavion. *Rouen*, 553, 693, 705, 709.
Gavoti. *Prov.*, i, 138.
Gaxquerie (la). *Toul.-Mont.*, 530.
Gay. *Bourg.*, i, 278, 569, 688.
— *Bourg.*, ii, 627.
— *Bret.*, ii, 144.
— *Par.*, iii, 233.
— *Pic.*, 599.
Gay (de). *Lim.*, 149.
Gay (le). *Lyon*, 108, 946.
— *Par.*, ii, 1192.
— *Rouen*, 937.
Gaya. *Par.*, iv, 317, 330.
Gayac. *Guy.*, 610.
Gayant. *Dauph.*, 440.
— *Lyon*, 213.
— *Par.*, i, 1236.
— *Par.*, iv, 517, 518.
Gayard. *Par.*, i, 714.
Gayardan. *Lyon*, 976, 977.
Gayardon. *Par.*, ii, 58.
Gayault. *Bourges*, 127, 281, 399.
Gaye. *Toul.-Mont.*, 631.
Gayet. *Champ.*, 334, 338.
— *Lyon*, 142, 152, 440, 849.
Gayon. *Guy.*, 962.
— *Lyon*, 246.
— *Montp.-Mont.*, 4, 1273.

Gayot. *Al.*, 250.
— *Bourb.*, 405.
— *Bourg.*, II, 24.
— *Lorr.*, 392.
— *Lyon*, 16, 20, 30, 32, 42, 69, 73,
88, 90, 126, 172, 180, 404, 449.
494, 509, 699, 766, 833, 838, 874,
1006.
— *Par.*, I, 241, 1213.
— *Par.*, II, 1253.
— *Par.*, IV, 128.
— *Vers.* 200.
Gazaquaire. *Prov.*, I, 1401.
Gazan. *Prov.*, I, 268, 1004, 1143,
1355, 1360, 1368.
Gazanchon. *Lyon*, 724.
Gazaniola. *Toul.-Mont.*, 1429, 1465.
Gazaquaire *ou* Gazagnaire. *Prov.*, I,
1387.
Gazaux. *Toul.-Mont.*, 1354.
Gaze. *Lorr.*, 622.
Gazeau. *Bourges*, 243.
— *Poit.*, 219, 232, 253, 259, 353,
566, 609, 636, 637, 707, 1031,
1147, 1292, 1298, 1497.
Gazeau. *Tours*, 1471.
— *Tours*, 1471.
Gazel. *Prov.*, I, 507, 967.
Gazelle. *Par.*, I, 660.
— *Prov.*, I, 559.
Gazelles. *Lyon*. 770.
Gazet. *Bret.*, I, 174, 180, 780.
— *Lyon*, 133.
Gazier. *Bret.*, I, 200.
Gazin. *Guy.*, 543.
Gazon. *Al.*, 400.
— *Bret.*, II, 409.
— *Orl.*, 1021.
— *Par.*, I, 1341.
Geai. *Poit.*, 148, 490, 971, 1423.
Geai (le). *Al.*, 276.
— *Poit.*, 184, 185, 202, 223, 820.
— *Tours*, 755, 1460, 1479.
Géant (le). *Lorr.*, 527, 610.
Géard. *Tours*, 1478.
Geay. *Bourg.*, II, 628.
Gébert. *Tours*, 709, 711.
Gebhart. *Als.*, 722.
Gebman. *Als.*, 404.
Gebu. *Poit.*, 1270.
Gedelle. *Par.*, II, 1029.
Gédoin. *Bourb.*, 135.
— *La Roch.*, 296.
— *Vers.*, 101.
Gédouin. *Orl.*, 318, 342.
— *Par.*, II, 838.

Gefflot. *Bret.*, I, 230.
— *Par.*, II. 477.
Geffrard. *Bret.*, I, 158, 185.
— *Bret.*, II, 387, 392, 435.
Geffrelot. *Bret.*, II, 78.
Geffron. *Tours*, 1246.
Geffroy. *Bret.*, II, 150, 161, 669,
1080.
— *Caen*, 364, 401, 404, 666.
Gefré. *La Roch.*, 279.
Gefrotin. *Par.*, I, 643.
Geguin. *La Roch.*, 79.
Géhard. *Tours*, 1449.
Géhère. *Tours*, 964.
Gehier. *Tours*, 910.
Geiger. *Als.*, 101.
Geis (de). *Dauph.*, 279.
— *Montp.-Mont.*, 444.
Geisen. *Lorr.*, 275, 280.
Gelain. *Bourg.*, II, 568.
— *Par.*, I, 318, 300, 1175.
Gelais (St-). *Par.*, II, V. Lusignan.
— *Poit.*, 266.
— *La Roch.*, 105.
Gelas. *Lyon*, 633, 634.
— *Montp.-Mont.*, 1127.
— *Par.*, II, 733.
Gelas (de). *Champ.*, 894.
Gélas. *Dauph.*, 557.
Gelant. *Bret.*, II, 597.
Gelderic. *Bourg.*, I, 801.
Gelée. *Bret.*, I, 773.
— *Bret.*, II, 1067.
— *Lorr.*, 586.
— *Par.*, I, 270, 1136.
— *Par.*, II, 963.
— *Par.*, IV, 564.
— *Pic.*, 615, 625, 713, 714.
— *Poit.*, 154.
— *Tours*, 1013.
Gelet. *Lorr.*, 675.
Gelfe. *Fland.*, 738.
Gelfroy. *Prov.*, I, 1349.
Geli. *Auv.*, 359.
Gelin. *Als.*, 68.
Gelinard. *Par.*, I, 989.
— *Par.*, II, 1165.
Gelinotte. *Bourg.*, II, 57.
Gellain. *Caen*, 136.
Gellant, *Par.*, III, 339.
Gellé. *Par.*, III, 411.
Gellouart. *Bret.*, I, 429.
Gelu. *Soiss.*, 761.
Gelves (de). *Toul.-Mont.*, 142.
Gemaris. *Par.*, I, 32.
Gemarre. *Rouen*, 328, 329.

32

Gemay. *Poit.*, 885. Ab.
Gemboust. *Tours*, 761.
Gemelette. *Lorr.*, 683.
Gemin. *Tours*, 734.
Génard. *Guy.*, 475.
Genard. *Poit.*, 1525.
Genas. *Montp.-Mont.*, 724.
Génas (de). *Dauph.*, 296, 357.
Gence. *Prov.*, I, 1151.
— *Prov.*, II, 455.
— *Soiss.*, 65, 374, 460.
Gencien. *Tours*, 710, 581.
Gendre. *Bourges*, 433.
— *Lyon*, 769.
— *Poit.*, 878.
Gendre (le). *Al.*, 927, 1003, 1130, 1222.
— *Bourb.*, 103, 115, 147, 251, 280.
— *Bret.*, I, 297.
— *Bret.*, II, 529, 966.
— *Caen*, 679.
— *Champ.*, 184, 788.
— *Montp.-Mont.*, 256.
— *Orl.*, 420, 424, 472, 492.
— *Par.*, I, 18, 19, 23. 60, 355, 793, 796, 798, 1035, 1155, 1194, 1203, 1287, 1224.
— *Par.*, II, 560, 731, 763, 784, 1237.
— *Par.*, III, 247, 254, 357, 395.
— *Pic.*, 553.
— *Prov.*, 707.
— *La Roch.*, 292, 395.
— *Rouen*, 147, 536, 571, 572, 672, 700, 701, 703, 710, 750, 863.
— *Tours*, 525, 1431.
Gendré. *Fland.*, 1055.
Gendreau. *Poit.*, 1528.
— *La Roch.*, 288.
Gendri. *Tours*. 1212.
Gendron. *Bret.*, II, 485, 1054, 1098.
— *Par.*, I, 480.
— *Par.*, III, 132.
— *Par.*, IV, 159.
— *Vers.*, 121.
Gendronneau. *Poit.*, 1194.
Gendrot. *Bourg.*, I, 1037.
— *Bret.*, II, 916.
Geneau. *Pic.*, 766.
Genebrard. *Auv.*, 342.
Genebrouse (de). *Toul.-Mont.*, 722, 723.
Genent. *Prov.*, II, 596.
Generes. *Toul.-Mont.*, 1419.
Genes (de). *Champ.*, 736.
Genés (St-) *Guy.*, 973, 1164, 1217.
Genest. *Caen*, 789.

— *Par.*, I, 1220.
— *Par.*, III, 459.
— *Prov.*, II, 456.
— *Toul.-Mont.*, 34.
— *Vers.*, 140.
Genest (du). *Tours*, 191, 1073.
Geneste, *Par.*, I, 572, 1241, 1367.
Genestet. *Guy.*, 494.
— *Montp.-Mont.*, 372, 677, 684, 694.
— *Par.* II, 798.
— *Toul.-Mont.*, 739.
Genet. *Al.*, 781.
— *Par.*, II, 821.
Genet (le). *Rouen*, 840.
Genetois (des). *Fland.*, 1482.
Geneton. *Toul.-Mont.*, 52.
Genest (des). *Dauph.*, 525.
— *Orl.*, 976, 1022.
Genettes (des). *Caen*, 568.
Geneviére. *Bourg.*, II, 581.
Genevey. *Lyon*, 89, 170, 606, 725, 746.
Genevois. *Champ.*, 619.
Genevois (le). *Par.*, I, 371.
Gengoux (St-). *Bourg.*, II. 574.
— *Lorr.*, Egl. Collégiale, 103.
Genguiot. *Bourg.*, II, 337.
Geni. *Lorr.*, 605, 627.
Geniau. *Bret.*, II, 360.
Geniel. *Lyon*, 278.
Geniers. *Par.*, II, 386.
Genies. *Prov.*, II, 671.
Geniés (de). *Toul.-Mont.*, 1036.
Geniés (St-). *Champ.*, 421.
— *Toul.-Mont.* 349, 968, 1340.
— *Montp.-Mont.*, 1180. V.
Genin. *Lorr.*, 360, 389, 671.
Genions (des). *Al.*, 867.
Genis (de). *Lim.*, 181.
Genis (St-). *Bret.*, I, 238.
— *Caen*, 517.
— *Champ.*, 10, 198, 207, 209, 210.
— *Par.*, II, 1061.
Genisel (le). *Tours*, 1355.
Genissac. *Guy.*, 165.
Genistel (de). *Al.*. 715.
Genitour. *Bourges*, 523.
Gennay. *Par.*, IV, 296.
Gennegé. *Orl.*, 625.
Gennes. *Bret.*, I, 13, 857, 983, 984, 986, 987.
— *Bret.*, II, 96, 295, 410, 421, 526, 555, 557, 907, 912.
— *Orl.*, 337, 632.
— *Rouen*, 42, 408.
Gennes (de). *Poit.*, 37, 58, 68, 85, 337, 452, 567, 775, 844.

— *Tours*, 795.
Genneterre (de). *Lorr.*, 308.
Gennevières. *Pic.*, 202, 208, 213, 676, 800.
Genneville. *Fland.*, 1505.
Gennin. *Bret.*, ii, 906.
Genot. *Bourg.*, ii, 204, 326.
Genou. *Bourg.*, i, 1041.
Genoud. *Par.*, i. 898.
— *Par.*, ii, 557.
Genouigni. *Sois.*, 267.
Genouilhac. *Montp.-Mont.*, 499.
— *Toul.-Mont.*, 64.
Genoul. *Prov.*, ii, 810.
Genouves. *Prov.*, ii, 408.
Genouville. *Par.*, ii, 58.
— *Poit.*, 1129.
Genoux. *Toul.-Mont.*, 1235.
Genoval. *Sois.*, 69.
Genreau. *Bourg.*, i, 63, 65.
— *Bourg.*, ii, 49, 61, 94, 328, 342, 391.
Gensac. *Toul.-Mont.*, 397.
Gense. *Par.*, i, 1215.
— *Par.*, ii, 72.
Gense (de). *Montp.-Mont.*, 1104.
Gensollen. *Prov.*, i, 101, 1152.
— *Prov.*, ii, 499, 500, 501, 753, 754.
Gensous. *Guy.*, 1216.
Gente. *Prov.*, i, 1389.
Gentet. *Par.*, iv, 35.
— *Poit.*, 195.
Genti. *La Roc.*, 20, 28.
Gentien. *Toul.-Mont.*, 1398.
Gentil. *Bourb.*, 192, 417.
— *Bourg.*, ii, 354.
— *Bret.*, ii, 505.
— *Guy.*, 443.
— *Lim.*, 37.
— *Montp.-Mont.*, 379, 1428, 1436.
— *Par.*, i, 430, 670, 1206.
— *Par.*, iii, 322.
— *Poit.*, 212, 1019, 1178, 1390, 1485.
— *Vers.*, 309.
Gentil (de). *Orl.*, 222, 330, 345, 866.
Gentil (le). *Al.*, 217, 312, 318, 815, 836, 837, 1029.
— *Bret.*, i, 415, 416, 704, 705, 707, 912, 977.
— *Caen*, 196, 426.
— *Champ.*, 260, 337, 354, 674.
— *Lyon*, 430.
— *Par.*, i, 980.
— *Par.*, iv, 800.
— *Rouen*, 867.
— *Sois.*, 752, 818.

Gentileau. *Poit.*, 1347.
Gentilhomme. *Par.*, i, 528.
— *Par.*, iii, 286.
— *Pic.*, 823.
Gentileau. *Bret.*, i, 344.
Gentillot. *Guy.*, 1125.
Gentils (des). *Bourb.*, 595.
Genton. *Dauph.*, 188.
Gentot. *Bourg.*, i, 218, 1248.
Genty. *Als.*, 598.
Geoffrai. *Auv.*, 132.
Geoffre. *Montp.-Mont.*, 559.
Geoffret. *Guy.*, 631.
Geoffriau. *Poit.*, 1013, 1024.
Geoffrin. *Par.*, i, 449, 532.
Geoffroi. *Caen*, 567.
— *Champ.*, 238, 553, 607, 793.
— *Prov.*, ii, 524, 582, 735.
— *La Roch*, 109, 170, 201, 331, 351.
Geoffroy. *Bret.*, i, 805, 947.
— *Lim.*, 388.
— *Lorr.*, 79, 183, 185 *bis*, 186, 193, 210, 222, 229, 240, 401, 421, 542, 580, 592, 601, 604, 615, 656, 662.
— *Lyon*, 614, 916.
— *Poit.*, 1074, 1108, 1542, 1543.
— *Orl.*, 226, 231.
— *Par.*, i, 114, 382.
— *Par.*, iii, 345, 472.
— *Prov.*, i, 220, 506, 554, 672, 723, 946, 1179, 1236, 1389, 1402.
Geofre. *Dauph.*, 326, 335.
Geofrenet. *Bourges*, 257, 280.
Geofroy. *Dauph.*, 123, 433.
Geolier (le). *Rouen*, 840.
George. *Als.*, 579, 585.
— *Fland.*, 1241.
— *Lorr.*, 119, 194, 527, 547, 600, 649, 651, 664.
George (St-). *Als.*, 745.
— *Pic.*, 856.
— *Poit.*, 44, 298, 300, 1328.
Georgeri. *Lorr.*, 601.
Georges. *Al.*, 210.
— *Bourb.*, 620.
— *Bourges*, 14.
— *Bourg.*, i, 153, 1163.
— *Lim.*, 468.
— *Prov.*, i, 580.
— *Rouen*, 331.
Georges (de). *Montp.-Mont.*, 245, 725.
Georges (St-). *Al.*, 1197.
— *Bourb.*, 134, 317.
— *Bourg.*, i, 914.
— *Caen*, 650.
— *Guy.*, 156.

— Lim., 8.
— Lyon, 43, 367, 720, 721, 1014.
— Montp.-Mont., 404.
— La Roch., 36, 73.
— Rouen, 885.
Georget. Bourges, 438.
— Bret., II, 745, 907.
— Par., IV, 325.
— Tours., 760, 948.
Georgi. Tours, 944.
Georgin. Lorr., 641.
— Par., I, 83.
Geot (de). La Roch., 374.
Geotais (des). Tours, 37.
Gep. Als., 600.
Gep (de). Montp.-Mont., 298, 1281.
Geps (de). Champ., 801.
Geraers. Prov., I, 668.
Geraldin. Fland., 183.
Gerante. Bourg., II, 282.
Gérard. Al., 988, 1003, 1108, 1152.
— Bourg., I, 772, 863, 906, 951,
1027, 1173, 1207, 1211.
— Bret., I, 160, 165, 174.
— Bret., II, 390, 418, 422, 450,
466, 473, 903.
— Champ., 253.
— Dauph., 512, 519.
— Fland., 452, 994, 1065, 1494.
— Guy., 800.
— Lorr., 149, 151, 161, 226, 358,
477, 530, 617, 677.
— Lyon, 411, 674.
— Montp.-Mont., 515, 1235.
— Par., I, 1298.
— Par., III, 401.
— Pic., 489, 867, 680.
— Poit., 1302.
— Prov., I, 212, 229, 579, 610, 675,
863, 1041, 1060.
— Prov., II, 251, 265, 645.
— Rouen, 600.
— Soiss., 773, 774.
— Toul.-Mont., 1254.
— Vers., 96.
Gérardel. Fland., 285.
Gérardièré (la). Lorr., 147.
Gérardin. Bret., I, 315, 345, 487,
906, 919.
— Lorr., 523, 680.
Géraud. Auv., 118, 119, 270.
— Bret., II, 1084.
— Guy., 171, 828, 839, 1105, 1119,
1227.
— Lorr., 477.
— Orl., 474.

— Prov., II, 786.
— Toul.-Mont., 606.
— Lim., 236, 382.
— Par., I, 28, 235.
— Pic., 401, 705, 853.
— Soiss., 39, 300, 303, 325, 514.
Gerbais. Bourg., II, 101.
— Par., II, 1216.
Gerbat. Lyon, 459.
Gerbaud. Guy., 1091.
Gerbaulet. Bourg., I, 1066, 1067.
— Soiss., 336.
Gerbaut. Champ., 368.
Gerbe. Par., IV, 167.
Gerbeau. Bourb., 481.
Gerber. Als., 89, 115, 390, 1025.
Gerberoy. Par., IV, 119.
Gerbet. Guy., 1113.
— Lyon, 672.
Gerbevillers. Lorr., 467.
Gerbier. Poit., 120, 1079, 1088,
1092.
— La Roch., 4.
Gerbillon. Fland., 1272.
— Lorr., 349, 432.
Gerbou. Lyon, 627, 672.
Gercy. Guy., 1044.
Gérémie. Prov., I, 541.
Gerente. Par., II, 485.
— Par., III, 483.
Gerentet. Bourg., II, 315.
— Lyon, 809, 874.
Gerenton. Prov., I, 678.
Geres. Guy., 162, 813.
Gergeau. Poit., 428.
Gerges. Tours, 1359.
Geri. Pic., 791.
— Poit., 863.
Geri (St-). Toul.-Mont., 282, 319,
1085.
Gérié. Toul.-Mont., 890, 891.
Géril. Bret., II, 74.
Gerin. Dauph., 103, 553.
Gérin. Prov., I, 43, 135.
Gerioxed. Prov., II, 765.
Geris. Prov., II, 769.
Germain. Al., 954, 1099.
— Bourg., I, 257.
— Bourg., II, 553.
— Bret., II, 650, 749.
— Caen, 736.
— Guy., 341.
— Lyon., 691.
— Montp.-Mont., 98.
— Orl., 230, 688.
— Par., I, 235, 243, 1220.

— *Par.*, ii, 65, 767.
— *Par.*, iii, 128, 133.
— *Par.*, iv, 8, 9.
— *Poit.*, 641, 985, 1267, 1365, 1375, 1414.
— *Prov.*, i, 671, 672, 1020.
— *Prov.*, ii, 310.
— *Toul.-Mont.*, 1089.
— *Tours*, 171, 621, 965.
Germain (St-). *Al.*, 246, 373, 584, 591.
— *Auv.*, 297. V.
— *Bourg.*, i, 579, 1106, 1186.
— *Bret.*, ii, 1137.
— *Caen*, 66, 77, 222, 360, 371, 374, 389, 456, 530, 539, 699, 712, 713, 716, 750, 754, 757, 758.
— *Dauph.*, 141.
— *Guy.*, 370.
— *Lim.*, 52.
— *Par.*, i, 301.
— *Par.*, iv, 114.
— *Pic.*, 393, 704.
— *Poit.*, 696.
— *Rouen*, 214, 1086.
— *Toul.-Mont.*, 324, 383, 890.
— *Tours*, 162, 170, 254, 622, 1010.
Germe. *Soiss.*, 710.
Germe (de). *Soiss.*, 614.
Germe (St-). *Guy.*, 183.
Germé. *Bret.*, ii, 362.
— *Orl.*, 350.
— *Vers.*, 296.
Germenaud. *Béarn*, 87, 92.
Germier. *Bret.*, i, 493.
— *Poit.*, 624.
Germier (St-). *Toul.-Mont.*, 1271.
Germigney. *Bourg.*, i, 571, 819.
Germignou. *Par.*, i, 661.
Germon. *Poit.*, 1364.
Germondy. *Prov.*, i, 1272, 1273.
Germont. *Al.*, 483.
— *Orl.*, 465, 795.
— *Par.*, i, 956, 1196.
— *Par.*, ii, 242.
— *Rouen*, 121, 913.
— *Tours*, 1085, 1092.
Gernig. *Als.*, 893.
Gérou. *Poit.*, 1528.
— *Prov.*, ii, 771.
Gerouille. *Bourb.*, 526, 538.
Geroult. *Rouen*, 995.
Gerri. *Lorr.*, 605, 683.
Gerson. *Lyon*, 215.
Gertz. *Als.*, 672.
Gertzer. *Als.*, 576.

Gervain. *Guy.*, 875.
Gervais. *Al.*, 813.
— *Als.*, 645.
— *Bourg.*, i, 994.
— *Bret.*, i, 84, 85.
— *Bret.*, ii, 12, 358, 506.
— *Caen*, 105, 522, 554.
— *Dauph.*, 374.
— *Lyon*, 731.
— *Montp-Mont.*, 29, 855, 1249.
— *Par.*, i, 364, 733, 1054, 1136, 1248, 1382.
— *Par.*, iii, 126, 382.
— *Par.*, iv, 87, 804.
— *Poit.*, 772, 811.
— *Prov.*, i, 111, 146, 961.
— *Toul.-Mont.*, 80, 709.
Gervaise. *Caen*, 205.
— *Par.*, i, 1153.
— *Tours*, 13.
Gervasi. *Prov.*, i, 282, 1435.
Gervasi (St-). *Auv.*, 182.
Gervasot. *Champ.*, 220.
Gervasy. *Dauph.*, 564.
Gervier. *Bret.*, i, 176.
Gerville. *Rouen*. 1130.
Gés (St-). *Toul.-Mont.*, 1335, 1386.
Gesbert. *Al.*, 1024.
Geslin. *Al.*, 151, 738, 980.
— *Bret.*, i, 130, 132, 218, 406, 454, 578, 621, 935, 963.
— *Bret.*, ii, 78, 559, 747, 897, 1100.
— *Dauph.*, 542.
— *Poit.*, 493, 799, 1321.
— *La Roch.*, 278.
— *Tours*, 904.
Gesse. *Toul.-Mont.*, 1334.
Gessei. *Lorr.*, 602, 604.
Gesselin. *Soiss.*, 778.
Gestart. *Par.*, ii, 818.
Gestas. *Béarn*, 117.
— *Toul.-Mont.*, 1347.
Gestat. *Orl.*, 883.
Gestes (de). *Bourg.*, i, 340.
— *Toul.-Mont.*, 870.
Gestiére. *Tours*, 1185.
Gestran. *Bret.*, ii, 903.
Gestrard. *Bret.*, i, 732.
Gette (la). *Montp.-Mont.*, 143.
Gettes (de). *Toul.-Mont.*, 375.
Getton. *Orl.*, 749.
— *La Roch.*, 80.
Geuge. *Soiss.*, 521.
Geullier. *Bourg.*, ii, 139.
Geuron (de). *Poit.*, 703.
Gévalois. *Bourg.*, i, 265, 327, 349.

Gévaudan. *Bourg.*, ɪ, 312.
Gevezeau. *Tours*, 90.
Gevigney. *Bourg.*, ɪ, 722, 730.
Gevigny. *Lorr.*, 545.
— *Par.*, ɪɪɪ, 168, 509.
Gevinet. *Bourb.*, 563.
Gevreau. *Bourg.*, ɪɪ, 21.
Gevry. *Bourges*, 100, 270, 498.
Gex. *Bourg.*, ɪɪ, 318.
Geyer. *Als.*, 614.
Geyling. *Als.*, 777.
Gez. *Fland.*, 403.
Gezu. *Par.*, ɪ, 535.
Ghaine. *Bret.*, ɪɪ, 324.
Ghelling. *Fland.*, 428.
Ghens (de). *Fland.*, 191.
Gherbode. *Fland.*, 142, 206, 366.
Ghesquière. *Fland.*, 230.
Ghewict. *Fland.*, 309.
Gheuze (de). *Fland.*, 1069.
Ghilinghien. *Fland.*, 959.
Ghis. *Fland.*, 1099.
Ghistelle. *Fland.*, 219.
Ghistelles. *Pic.*, 133.
Giac. *Guy.*, 987.
Giannis. *Bourg.*, ɪ, 279.
Giart. *Lorr.*, 15.
Gibaud. *Prov.*, ɪ, 1242.
Gibaudière. *Guy.*, 368.
Gibault. *Lorr.*, 634.
Gibault. *Poit.*, 1309.
Gibaut. *Fland.*, 1463.
Gibeaud. *La Roch.*, 179.
Gibellier (le). *Rouen*, 1152.
Giberne. *Bret.*, ɪɪ, 392.
Gibert. *Guy.*, 60, 843.
— *Lyon*, 738.
— *Par.*, ɪᴠ, 221.
— *Prov.*, ɪ, 534, 908, 974, 1011, 1021, 1128.
— *Prov.*, ɪɪ, 339, 717.
— *Tours*, 1047.
Gibertet. *Montp.-Mont.*, 949.
Giberville. *Caen*, 154.
Gibier. *Par.*, ɪᴠ, 25, 26, 651.
Gibieu. *Bourges*, 11, 30, 329, 332, 386.
Giboine. *Montp.-Mont.*, 381.
Gibon. *Al.*, 991.
— *Bret.*, ɪ, 24, 317, 881.
— *Bret.*, ɪɪ, 767.
Giboreau. *Poit.*, 108.
Gibot. *Guy.*, 680.
— *Tours*, 63, 526.
Gibou. *Poit.*, 974.
Gibouin. *Par.*, ɪ, 370.

— *Prov.*, ɪ, 90, 918, 1342.
Giboutet. *Als.*, 944.
Giboust. *Lim.*, 75.
Gibral. *Auv.*, 507.
Gichard. *Poit.*, 295.
Gidouin. *Orl.*, 357.
Giel. *Al.*, 790, 917.
Gien. *Orl.*, 352.
Gierdet. *Bret.*, ɪ, 879.
Giesse. *Toul.-Mont.*, 1159.
Giet. *La Roch.*, 406.
— *Rouen*, 824.
Gicules. *Toul.-Mont.*, 785.
Giez. *Bourb.*, 481.
Giffoi. *Champ.*, 355.
Giffard. *Orl.*, 658.
— *Par.*, ɪᴠ, 372, 373.
Giffart. *Caen*, 677.
— *Par.*, ɪ, 1141.
— *Rouen*, 392, 987.
— *Tours*, 111, 176, 560, 1021.
Gigault. *Auv.*, 224.
— *Caen*, 69, 270, 300, 305.
— *Par.*, ɪ, 441, 927, 935.
— *Par.*, ɪɪ, 235, 255, 718.
— *Tours*, 34, 486, 1454, 1477.
Gigaut. *Orl.*, 604, 976.
Gigeau. *Prov.*, ɪ, 1064.
Gigeou. *Bret.*, ɪ, 604, 821, 962.
— *Bret.*, ɪɪ, 221.
Giginous. *Guy.*, 1175.
Gignac. *Par.*, ɪ, 1238.
Gignel. *Bret.*, ɪ, 316, 317.
Gignet. *Lorr.*, 145.
Gigniau. *Bret.*, ɪɪ, 1109.
Gignot. *Prov.*, ɪ, 812.
Gignoux. *Guy.*, 1029.
— *Montp.-Mont.*, 538, 1415.
Gigon. *Al.*, 803.
Gigord. *Montp.-Mont.*, 152.
Gigot. *Bourb.*, 477, 487.
— *Bourges*, 265, 395.
— *Bret.*, ɪɪ, 443.
Gigou. *Bret.*, ɪɪ, 594.
— *Poit.*, 133, 736, 1044.
Gilain. *Par.*, ɪ, 1211.
Gilbert. *Al.*, 483, 484, 701, 1160.
— *Auv.*, 588.
— *Bourb.*, 418.
— *Bourges*, 345.
— *Bourg.*, ɪ, 618, 672, 825, 827, 1155.
— *Bret.*, ɪ, 912.
— *Champ.*, 316, 874.
— *Fland.*, 465, 769.
— *Lim.*, 300.

— *Lorr.*, 126.
— *Lyon*, 783.
— *Par.*, I, 783, 892, 906, 919, 1274.
— *Par.*, II, 462, 590, 649, 654, 666.
— *Par.*, III, 358.
— *Poit.*, 59, 248, 461, 808, 978, 1016, 1066, 1123.
— *Soiss.*, 463.
— *Vers.*, 151, 197.
Gilbertez. *Auv.*, 187.
Gilberton. *Bourges*, 476.
Gilède (de). *Toul.-Mont.*, 139.
Gilequin. *Lyon*, 343.
Giles. *Toul.-Mont.*, 1028.
Gili (St-). *Montp.-Mont.*, 1098.
— *Toul.-Mont.*, 256, 980.
Gilibert. *Guy.*, 1149.
— *Lim.*, 384.
Giligman. *Als.*, 580.
Gillabert. *Montp.-Mont.*, 1568.
Gillabos. *Bourg.*, I, 970.
Gillade. *Montp.-Mont.*, 775.
Gillain. *Caen*, 167, 409, 489.
Gillard. *Bourb.*, 557.
Gillart. *Bret.*, I, 349, 787.
— *Fland.*, 1043.
Gillemaut. *Fland.*, 560.
Gillers. *Als.*, 833.
Gilles. *Bret.*, II, 485, 698.
— *Caen*, 432, 658.
— *Champ.*, 509.
— *Fland.*, 1474.
— *Lorr.*, 9.
— *Montp.-Mont.*, 492, 530, 930, 1345, 1439.
— *Par.*, I, 87, 1208.
— *Par.*, II, 261.
— *Poit.*, 1057, 1094.
— *Prov.*, II, 88, 692.
— *Tours*, 69, 82, 132, 339, 423, 491, 521, 524, 535, 955, 1027.
Gilles (de). *Prov.*, I, 343, 344, 490.
Gilles (St-). *Bret.*, I, 400, 562, 583.
— *Bret.* II, 939.
— *Caen*, 51, 98, 101, 110, 347, 539.
— *Guy.*, 291, 310.
— *Montp.-Mont.*, 256, 1311.
— *Par.*, II, 518.
Gillet. *Auv.*, 511.
— *Bourges*, 271, 523.
— *Bourg.*, I, 192, 335, 347.
— *Bourg.*, II, 284, 287, 288.
— *Bret.* II, 603.
— *Champ.*, 202, 211, 218, 241, 301, 302.
— *Dauph.*, 194.

— *Guy.*, 21, 79.
— *Lorr.*, 523, 606, 648.
— *Lyon*, 176, 758, 950.
— *Par.*, I, 301, 694, 1016, 1117.
— *Par.*, III, 461, 473.
— *Par.*, IV, 419, 659.
— *Poit.*, 424, 781.
— *Prov.*, I, 710.
— *La Roch.*, 268, 433.
— *Soiss.*, 798.
Gillette. *Orl.*, 160.
— *Par.*, I, 59.
Gilley. *Bourg.*, I, 647.
Gilli. *Prov.*, II, 261, 769.
— *Tours*, 928.
Gilli (de). *Prov.*, I, 467, 738, 864, 906, 1068, 1175, 1178.
Gilli (St-). *Tours*, 1214.
Gillibert. *Dauph.*, 491.
Gillier. *Bourg.*, II, 316.
— *Dauph.*, 483, 469, 495.
— *Fland.*, 465.
— *Lyon*, 771, 1050.
— *Par.*, III, 56, 325.
— *Poit.*, 114.
— *Toul.-Mont.*, 87.
— *Tours*, 734, 753.
Gilliers. *Par*, II, 354, 1210.
Gilloire. *Tours*, 1053.
Gillois. *Poit.*, 573, 574.
— *La Roch.*, 273.
Gillon. *Par.*, III, 340.
— *Pic.*, 382, 672.
Gillon (le). *Fland.*, 363, 367, 582.
— *Pic.*, 76, 568.
Gillot. *Al.*, 141, 692, 1107, 1112.
— *Bourg.*, I, 719.
— *Bourg.*, II, 497.
— *Bret.*, I, 413.
— *Fland.*, 1323.
— *Lorr.*, 81.
— *Orl.*, 272, 274, 874.
— *Par.*, I, 878.
— *Par.*, II, 25, 99, 1028.
— *Soiss.*, 720.
Gillotte. *Par.*, IV, 151.
Gilloy. *Soiss.*, 227.
Gilly. *Montp.-Mont.*, 587.
Giloux. *Prov.*, II, 295.
Gilvecourt. *Lorr.*, 194.
Gimat. *Par.*, II, 868.
— *Toul.-Mont.*, 1234, 1303.
— *Vers.*, 148.
Gimbal. *Par.*, II, 652.
Gimbardière (la). *Orl.*, 911.
Gimbert. *Prov.*, II, 529.

Ginibrouze. *Montp.-Mont.*, 1449.
Gimel. *Guy.*, 558.
— *Lyon*, 38, 507, 519.
Gimezane. *Lim.*, 454.
Gimondrie. *Tours*, 998.
Gimonnière (la). *Tours*, 1349.
Gimont. *Montp.-Mont.*, 1022. V.
Gincard. *Bourg.*, ii, 614,
Ginebral (de). *Toul.-Mont.*, 385.
Gineste. *Bourges*, 7.
— *Montp.-Mont.*, 271.
— *Par.*, i, 520, 1129, 1260. *Voyez*
Geneste.
— *Par.*, iii, 181.
— *Prov.*, i, 7.
— *Prov.*, ii, 480.
— *Toul.-Mont.*, 461, 556, 771, 940,
1104.
Ginestet. *Guy.*, 494.
Gineston. *Par.*, ii, 1028.
Ginestou. *Bourg.*, i, 552.
Ginestous. *Bourb.*, 113.
— *Montp.-Mont.*, 71, 214, 219, 428,
538, 667, 1514.
Ginet. *Orl.*, 199.
Ginguené. *Bret.*, i, 415.
— *Bret.*, ii, 1009.
Ginhoux. *Montp.-Mont.*, 1563.
Ginis. *Prov.*, i, 1055.
Ginoisier. *Prov.*, ii, 241, 242.
Ginon. *Dauph.*, 553.
Ginouard. *Prov.*, ii, 566.
Ginouves. *Prov.*, i, 1173.
Ginouvier. *Prov.*, i, 1187.
Ginoux. *Prov.*, i, 1006.
Gintrac. *Guy.*, 820.
Gintzer. *Als.*, 131.
Giochon. *Poit.*, 440, 1537.
Giollot. *Lorr.*, 132.
Giot. *Champ.*, 334.
— *Vers.*, 207.
Gioux. *Par.*, iii, 551.
Gigneau. *Bret.*, ii, 325, 746.
Giquel. *Bret.*, ii, 3, 409.
Giquet. *Montp.-Mont.*, 334.
Giradcourt. *Lorr.*, 121.
Giran. *Prov.*, i, 152.
Girande. *Lyon*, 637.
Giranet. *Champ.*, 750.
Girard. *Al.*, 226, 329, 346, 435, 515,
645, 656, 677, 759, 823, 824, 958,
961, 985, 986, 1088.
— *Auv.*, 12, 59, 67, 69, 70, 191,
278, 281, 289, 290, 410, 411, 439.
— *Bourb.*, 80, 454, 467.
— *Bourg.*, i, 290, 454, 554, 740, 1049.

— *Bourges*, 44, 45, 141, 193, 412,
500, 529.
— *Bourg.*, ii, 76, 149, 492, 528.
— *Bret.*, i, 921.
— *Bret.*, ii, 417.
— *Champ.*, 531.
— *Dauph.*, 90, 157.
— *Guy.*, 156, 1122.
— *Lyon*, 85, 255, 256, 257, 296,
796, 819, 850, 978, 981, 990, 1027.
— *Montp.-Mont.*, 7, 18, 348, 590,
614. 890.
— *Orl.*, 289, 460, 607, 622, 650.
— *Par.*, i, 173, 179, 547, 777, 1046,
1054, 1147. 1328.
— *Par.*, ii, 294, 351, 453.
— *Par.*, iii, 83, 431.
— *Pic.*, 775.
— *Poit.*, 116, 132, 209, 250, 259,
268, 305, 312, 339, 478, 499, 570,
957, 1065, 1184, 1234, 1248, 1281,
1308, 1314, 1367, 1376, 1406, 1463,
1537, 1540, 1546.
— *Prov.*, i, 37, 712, 979, 1050, 1095,
1312, 1356, 1360, 1426.
— *Prov.* ii, 269.
— *La Roch.*, 163, 249, 288.
— *Rouen*, 88.
— *Tours*, 699, 809, 1448, 1533.
Girarde. *Guy.*, 1132.
Girardeau. *Bourg.*, ii, 353.
— *Poit.*, 1388.
Girardelet. *Par.*, i, 306.
Girardet. *Bourg.*, i, 1181.
— *Bourg.*, ii, 497.
— *Lyon*, 394.
— *Par.*, ii, 2.
Girardez. *Al.*, 353.
Girardière. *Poit.*, 566.
— *Tours*, 1470.
Girardin. *Bourg.*, ii, 531.
— *Montp.-Mont.*, 366.
— *Par.*, i, 8, 117.
— *Par.*, ii, 116, 242.
— *Par.*, iv, 572, 573.
— *Prov.*, ii, 485.
— *Toul.-Mont.*, 893.
Girardon. *Champ.*, 714.
— *Par.*, i, 378.
Girardot. *Par.*, i, 181, 1127, 1128, 1138.
— *Poit.*, 425.
— *Bourb.*, 615, 616.
— *Bourges*, 272.
— *Bourg.*, i, 239, 246.
— *Bourg.*, ii, 235, 580.
— *Champ.*, 600.

— *Orl.*, 223, 910.
— *Pic.*, 447.
Giraucourt. *Lorr.*, 121.
Giraud. *Bourb.*, 105, 251, 253, 542, 570.
— *Bourges*, 268, 291, 359.
— *Bourg.*, ii, 415.
— *Bret.*, i, 154, 313, 484.
— *Dauph.*, 5, 56, 389, 532, 565.
— *Lyon*, 24, 65, 69, 627, 642, 700, 807.
— *Montp.-Mont.*, 364, 1439.
— *Par.*, i, 215, 574, 854.
— *Par.*, iii, 336.
— *Poit.*, 35, 338, 357, 455, 500, 501, 597, 836, 857, 859, 877, 977, 1000, 1396, 1417, 1453.
— *Prov.*, i, 3, 12, 160, 161, 173, 207, 256, 263, 326, 329, 465, 498, 694, 730, 793, 859, 862, 885, 925, 1018, 1033, 1061, 1095, 1097, 1109, 1197, 1296, 1304, 1325, 1337, 1359, 1360, 1361, 1368, 1444.
— *Prov.*, ii, 216, 230, 243, 271, 283, 315, 316, 326, 360, 528, 534, 536, 610, 640, 675, 676, 677, 769.
— *Toul.-Mont.*, 171.
Giraudan. *Montp.-Mont.*, 50. 721.
Giraudeau. *Poit.*, 482, 1185, 1207.
— *La Roch.*, 293.
Girauden. *Prov.*, i, 486.
Giraudet. *Bourb.*, 451. 572.
— *Lyon*, 27, 281, 301.
Giraudi. *Montp.-Mont.*, 469, 473.
— *Prov.*, i, 557, 1097.
— *Prov.*, ii, 320.
Giraudière (la). *Al.*, 1222.
Giraudin. *Poit.*, 1208.
— *La Roch.*, 56.
Giraudon. *Prov.*, i, 552, 626, 999, 1043.
Giraudot. *Orl.*, 250.
Girault. *Bourg.*, i, 326, 1099.
— *Bret.*, ii, 473, 1075, 1093.
— *Champ.*, 536, 537.
— *Lorr.*, 542.
— *Orl.*, 730, 732.
— *Par.*, ii, 69, 183, 203, 678.
— *Par.*, iv, 594, 629.
— *La Roch.*, 272, 338, 435.
— *Tours*, 11, 60, 97, 819, 929, 1200, 1277.
Giraults (des). *Lorr.*, 18 bis, 162.
Giraux. *Pic.*, 825.
Girbal. *Toul.-Mont.*, 1176.
Gircourt. *Lorr.*, 478.

Gire. *Par.*, ii, 102.
Giré. *Tours*, 1393.
Gireau *Poit.*, 1161.
Girels. *Toul.-Mont.*, 1172.
Giret. *Caen*, 445.
Giri. *Guy.*, 508.
— *Lyon*, 16, 609.
Girin. *Lyon*, 470.
Girod. *Bourg.*, i, 689.
Giron. *Auv.*, 572.
— *Orl.*, 742.
— *Poit.*, 219, 1458.
— *Rouen*, 1120.
Giron (St-). *Auv.*, 26.
Gironde. *Guy.*, 514, 707, 755, 879.
— *Montp.-Mont.*, 991, 1016, 1098, 1099, 1100.
— *Toul.-Mont.*, 245, 1007, 1111.
— *Tours*, 52.
Gironne. *Toul.-Mont.*, 817.
Gironnet. *Montp.-Mont.*, 294.
Girons (St-). *Toul.-Mont.*, 430. V.
Gironville. *Lorr.*, 373.
Girost. *Soiss.*, 258.
Girou. *Guy.*, 1166.
Girouard. *Poit.*, 760.
— *Prov.*, i, 836.
Girouas. *Tours*, 1406, 1407, 1430.
Giroud. *Lyon*, 864.
Giroult. *Al.*, 949.
— *Bourg.*, ii, 350.
— *Bret.*, ii, 39, 565.
Giroust. *Tours*, 1518, 1525.
Giroux. *Fland.*, 1498.
— *Tours*, 1390.
Girval. *Fland.*, 1296.
— *Par.*, i, 96.
— *Vers.*, 74, 188.
Giry. *Montp.-Mont.*, 506.
Gisart. *Toul.-Mont.* 493.
Gisbert. *Toul.-Mont.*, 1026.
Giscard. *Guy.*, 209.
— *Toul.-Mont.*, 892, 1037.
Giscarde (la). *Toul.-Mont.*, 1236.
Gislain. *Al.*, 139, 348, 429, 658, 1224.
— *Par.*, i, 129.
Gislay. *Orl.*, 945.
Gislin. *Tours*, 1099.
Gispert. *Toul.-Mont.*, 1475.
Gissey. *Bourg.*, i, 49, 90.
— *Bourg.*, ii, 623.
— *Lorr.*, 602, 604.
— *Par.*, iii, 353.
Gisson. *Guy.*, 379.
Giteau. *Tours*, 1009.

Gittard. *Fland.*, 1468.
— *Par.*, IV, 566.
Gittars. *Orl.*, 1006.
Gittaud. *Poit.*, 829.
Gitton. *Orl.*, 543.
— *Par.*, I, 991.
— *Par.*, II, 665.
— *Poit.*, 1236.
— *La Roch.*, 158.
Gittons (des). *Poit.*, 307.
Giuste. *La Roch.*, 91.
Giverville. *Rouen*, 304. *Voy.* Guier-
   ville.
Gives (de). *Par.*, II, 314.
Givet. *La Roch.*, 436.
Giveton. *Lyon*, 999.
Givet. *Fland.*, 1480. v.
Givez (de). *Orl.*, 163, 211, 458, 592.
Givre (le). *Par.*, IV, 89, 807.
— *Soiss.*, 13, 66, 156, 391, 536, 762,
   759, 847, 848.
Givri. *Al.*, 166, 229, 233, 892.
Givri. *Guy.*, 990.
Givry. *Soiss.*, 177.
Glace (la). *Bourg.*, I, 225.
— *Bourg.*, II, 111.
Glachamp. *Rouen*, 41.
Glachant. *Pic.*, 403, 584, 752.
Glade. *Als.*, 542.
Gladier. *Lim.*, 433.
Glain. *Bret.*, II, 45.
— *Rouen*, 906.
Glaine (la). *Poit.*, 771.
Glanco (de). *Dauph.*, 294.
Glandéves. *Prov.*, I, 170, 339, 373,
   435, 842, 844, 856, 865, 866, 867,
   873, 1038.
Glane (de). *Bourg.*, I, 1193, 1239.
Glanes (de). *Lim.*, 434.
Glanne. *Bourg.*, II, 164.
Glans (de). *Bourg.*, I, 554, 668.
Glapion. *Al.*, 184, 188, 228, 277,
   290, 342, 426, 447, 696, 1054, 1222,
   1239, 1256.
— *Rouen*, 377.
Glaran. *Toul.-Mont.*, 470.
Glarges (de). *Fland.*, 286.
Glas (du). *Champ.*, 88.
— *Montp.-Mont.*, 636.
— *Soiss.*, 133, 349, 664.
Glasson. *Dauph.*, 86, 403, 438.
Glat. *Lyon*, 630.
Glateins. *Toul.-Mont.*, 10.
Glatigni. *Al.*, 461, 1147, 1213.
— *Fland.*, 964.
— *Poit.*, 808.

Glatigny. *Lyon*, 53, 299.
Glaton. *Par.*, III, 522.
Glatou. *Lyon*, 634.
Glaubis. *Als.*, 239, 840.
Glaudeves. *Prov.*, II, 29, 48, 504,
   577, 623.
Glavenas. *Montp.-Mont.*, 1048.
— *Toul.-Mont.*, 310.
Glavignac. *Bret.*, II, 847.
Glé. *Bret.*, II, 75.
— *Par.*, I, 201.
Glect. *Bret.*, I, 214, 500.
Gledel. *Bret.*, II, 600.
Gleflin. *Als.*, 841.
Gleize. *Prov.*, I, 503, 591, 1154, 1204.
— *Prov.*, II, 689, 690.
Gleize (de). *Montp.-Mont.*, 326, 803,
   1290, 1518.
Glemisson. *La Roch.*, 180.
Glené. *Bourb.*, 270.
Glenest. *Lim.*, 379.
Glenest (des). *Fland.*, 184.
Gléon. *Montp.-Mont.*, 771, 772.
Glequin (du). *Bret.*, I, 219.
Gleye. *Toul.-Mont.*, 984.
Gleze. *Toul.-Mont.*, 1090.
Glezen. *Bret.*, II, 872.
Glig. *Als.*, 901.
Glimes (des). *Fland.*, 1329.
Glin (de). *Fland.*, 1020.
Glizier. *Par.*, III, 320.
Glizière. *Par.*, I, 1084, 1330.
Gloise. *Par.*, I, 563.
Gloquet. *Rouen*, 1237.
Gloria. *Poit.*, 854.
— *Rouen*, 104.
Glories. *Toul.-Mont.*, 575.
Glorieux. *Fland.*, 298, 823, 824.
Glossinde (Ste) de Metz (abbaye).
   Lorr., 560.
Gloton. *Bourg.*, I, 248.
— *Bourg.*, II, 79.
Gloutons (de). *Toul.-Mont.*, 846.
Gloxin. *Als.*, 888.
Gluch. *Als.*, 217.
Glué. *Par.*, I, 741.
Glué. *Par.*, II, 554.
— *Par.*, I, 741.
Gluet. *Par.*, II, 107.
Goä. *Fland.*, 1473.
Goagueller (le). *Bret.*, I, 630.
Goalez (le). *Bret.*, I, 968, 973.
— *Lyon*, 691.
Goarant (le). *Bret.*, I, 279, 287, 293.
Goaron. *Poit.*, 173.
Goas. *Toul.-Mont.*, 1201.

Goasbec (le). *Bret.*, ii, 292.
Goasledre. *Bret.*, ii, 186.
Goasmoal. *Bret.*, i, 658, 943.
Goazre (le). *Bret.*, i, 707.
Gobard. *Bourg.*, ii, 579.
Gobart. *Al.*, 904.
— *Poit.*, 428.
Gobau. *Fland.*, 1205.
Gobaut. *Soiss.*, 323.
Gobbé. *Par.*, i, 1092.
Gobé. *Bret.*, ii, 744.
Gobeau. *Soiss.*, 110.
Gobeil. *Poit.*, 980.
Gobelet. *Fland.*, 257, 822.
Gobelin. *Champ.*, 338.
— *Par.*, i, 396, 735, 968.
— *Par.*, ii, 175.
Gobell. *Als.*, 89.
Gobelle. *Fland.*, 1025.
Gobereau. *Par.*, iii, 366.
Goberon. *Par.*, iii, 313.
Gobert. *Als.*, 191.
— *Bret.*, ii, 788.
— *Fland.*, 909, 972, 1050, 1163.
— *Lorr.*, 114.
— *Par.*, ii, 747.
— *Par.*, iii, 361.
— *Poit.*, 540, 952.
— *Vers.*, 182, 309.
Gobert (St-). *Par.*, iv, 3.
Gobertière. *Bourb.*, 384.
Gobet. *Soiss.*, 546.
Gobien (le). *Bret.*, i, 91.
— *Bret.*, ii, 70, 268.
Gobillon. *Al.*, 995, 996, 1015, 1028, 1255.
— *Bourges*, 275.
— *Par.*, i, 1269.
Gobin. *Par.*, i, 669.
— *Par.*, ii, 135.
— *Par.*, iii, 513.
— *Poit.*, 1291.
Gobineau. *Orl.*, 54, 596, 619.
Gobinet. *Orl.*, 61.
— *Pic.*, 505.
— *Soiss.*, 610, 666.
Goblet. *Par.*, iii, 479.
Goby. *Bourb.*, 466.
Godail. *Montp.-Mont.*, 1162.
Godaire. *Bourges*, 307.
Godal. *Par.*, ii, 635.
Godan. *Caen*, 437.
Godard. *Bourb.*, 476.
— *Bourges*, 75, 238, 325.
— *Bourg.*, i, 949.
— *Bourg.*, ii, 84, 247, 327, 535.

— *Vers.*, 180.
Godart. *Bret.*, ii, 434, 596.
— *Caen*, 400, 405.
— *Champ.*, 213, 377, 741, 764.
— *Fland.*, 60.
— *Lorr.*, 691.
— *Orl.*, 484, 834.
— *Pic.*, 235, 283, 292.
— *Rouen*, 428, 433, 434, 455, 499, 509.
— *Soiss.*, 369, 861.
Godeau. *Bret.*, ii, 449.
Goddes (de). *Tours*, 137, 569, 965.
Godé. *Al.*, 1038.
Godeau. *Poit.*, 571, 1062.
— *La Roc.*, 304.
— *Tours*, 22, 269.
Godéche. *La Roch.*, 373.
Godefroi. *Bourges*, 98, 326.
— *Caen*, 47, 56, 72, 248, 394, 446, 512, 514, 630, 778.
— *Fland.*, 97, 98.
— *La Roch.*, 145.
— *Rouen*, 500, 517, 521, 600, 1119.
— *Soiss.*, 565.
Godefroot. *Fland.*, 374.
Godefroy. *Al.*, 268, 849, 1181, 1234, 1253, 1254.
— *Bret.*, ii, 1022, 1029.
— *Lorr.*, 78, 576, 577, 592, 627, 635, 659.
— *Lyon*, 90, 147, 513, 913.
— *Orl.*, 351, 368, 419, 428, 436, 474, 505.
— *Par..*, i, 294, 1316, 1376.
— *Par.*, ii, 274, 276.
— *Par.*, iii, 483.
— *Pic.*, 51.
— *Tours*, 256.
Godeheu. *Par.*, i, 1350.
— *Rouen*, 497, 846.
Godelar. *Par.*, i, 1055.
Godelard. *Par.*, iii, 194, 529.
Godelart. *Soiss.*, 787.
Godelet. *Champ.*, 316.
Gedemel. *Bourb.*, 562.
— *Par.*, iii, 489.
Godequin. *Pic.*, 606, 607.
— *Par.*, i, 761.
— *Rouen*, 1415.
Godereau. *Poit.*, 356, 704.
Godescart. *Rouen*, 716, 964.
Godet. *Bret.*, i, 35, 156, 498.
— *Champ.*, 28, 43, 56, 90, 402, 421, 425, 653, 680.
— *Lyon*, 225.

— *Orl.*, 96.
— *Par.*, ii, 1090.
— *Par.*, iii, 578.
— *Poit.*, 197, 354, 1171, 1172, 1269.
— *Vers.*, 40.
Godieges, *Guy.*, 165.
Godier. *Bret.*, ii, 377.
— *Poit.*, 1040.
— *Rouen*, 925.
Godiére. *Guy.*, 1012, 1024.
Godignon. *Bourg.*, i, 560.
— *Fland.*, 135.
Godillon. *Par.*, i, 1319.
Godillot. *Bourg.*, ii, 556, 557.
Godin. *Bourb.*, 8, 416.
— *Champ.*, 901.
— *Fland.*, 12, 1461.
— *Lorr.*, 630, 636.
— *Lyon*, 122.
— *Par.*, i, 374.
— *Par.*, ii, 1236.
— *Pic.*, 105.
— *Poit.*, 983.
— *Soiss.*, 252.
— *Tours*, 1158.
Godinac. *Prov.*, i. 544.
Godineau. *Orl.*, 870, 897, 921.
Godinel. *Auv.*, 419.
Godinot. *Champ.*, 789.
— *Lyon*, 524.
— *Vers.*, 175.
Godiveau. *Poit.*, 1187.
Godon. *Montp.-Mont.*, 670.
Godot. *Par.*, i, 1328.
— *Par.*, ii, 776.
— *Par.*, iii, 250.
— *Soiss.*, 838.
Godran. *Bourg.*, i, 81.
Godu. *Tours*, 852, 883, 1511.
Goeite (la). *Guy.*, 474, 784.
Goeman. *Fland.*, 685.
Goesnel. *Par.*, i, 49.
Gœri d'Epinal-Abaze (St-). *Lorr.*, 473.
Goesbriant. *Par.*, ii, 1081.
Goeslard. *Caen*, 206, 207, 209, 219, 430.
— *Par.*, i, 903.
Goetzman. *Als.*, 88, 153.
Gœury. *Lorr.* 81, 123, 663.
Goez (de). *Lorr.*, 403, 602 *bis*, 615, 616.
Goezeau. *Fland.*, 1328.
— *Tours*, 151.
Goff (le). *Bret.*, i, 106.
— *Bret.*, ii, 68, 71.
Goffier. *Prov.*, ii, 769.

Goffin. *Prov.*, i, 1158.
Goffury. *Par.*, ii, 983.
Gogeré. *Poit.*, 431.
Gogué. *Al.*, 352.
— *Poit.*, 433, 435, 1038.
Gogué (le). *Bret.*, ii, 456.
Goguerée (le). *Orl.*, 833.
Goguet. *Par.*, i, 71.
Goguez. *Caen*, 583.
— *Bourg.*, i, 358, 1026.
Goguier. *Par.*, ii, 44.
— *Par.*, iii, 433.
Goguiez. *La Roch.*, 395.
Goguin. *La Roch.*, 84.
Gohard. *Par.*, iii, 382.
Gohel. *Bret.*, ii, 952.
Gohier. *Bret.*, i, 728.
— *Bret.*, ii, 397, 403.
— *Caen*, 142, 359, 404, 611.
— *Par.*, ii, 511.
— *Rouen*, 877.
Gohin. *Tours*, 73, 85, 119, 499, 558, 567, 600, 870.
Gohon. *Rouen*, 695, 1108, 1109.
Gohorry. *Orl.*, 65.
Gohory. *Par.*, ii, 238.
Goi. *La Roch.*, 373, 379.
Goi (de). *Prov.*, ii, 473.
— *Tours*, 1361.
Goiffon. *Bourg.*, ii, 631.
Goile (la). *Guy.*, 738.
Goille (la). *Champ.*, 875.
Goineau. *Poit.*, 1265.
Goinnesse. *Tours*, 1367.
Goinville. *Orl.*, 766.
Goiran. *Prov.*, i, 205, 448.
Goirans (de). *Toul.-Mont.*, 851.
Goirant. *Montp.-Mont.*, 1411.
Goirel. *Lyon*, 688.
Gois (des). *Toul.-Mont.*, 920.
Gois (le). *La Roch.*, 128.
Goisalain. *Bret.*, ii, 399.
Goislard. *Al.*, 998, 1040.
— *Orl.*, 528.
— *Par.*, i, 903.
Goisson. *Guy.*, 802.
Goite. *Auv.*, 440.
Goix. *Bret.*, ii, 881.
Goix (le). *Bourg.*, ii, 80.
— *Champ.*, 690, 744, 855.
— *Rouen*, 791, 1336.
Golan. *Guy.*, 922.
Golbac. *Als.*, 617.
Golbery. *Als.*, 128.
Goldin. *Als.*, 255.
Golée (la). *Guy.*, 311.

Golion. *Bourg.*, I, 282.
Golio-Tignac. *La Roch.*, 116.
Goll. *Als.*, 336, 425, 447, 454, 479, 837, 854, 863, 880, 922.
Golleman. *Als.*, 703.
Golletti. *Bourg.*, I, 431.
Golla. *Bourg.*, I, 613.
Golseaume. *Al.*, 446.
Gomart. *Pic.*, 751.
Gomba. *Als.*, 1104.
Gombard. *Prov.*, I, 153.
Gombaud. *Guy.*, 86, 105, 106, 113, 537, 809, 872, 1005, 1010.
— *Par.*, I, 1322.
Gombauld. *Dauph.*, 298.
Gombault. *Bourges*, 126.
— *Bourg.*, I, 203, 238.
— *Bret.*, II, 515.
— *Champ.*, 127, 712, 732, 856.
— *Orl.*, 418, 366.
— *Par.*, II, 405.
— *La Roch.*, 100, 208, 277, 353.
Gombaut. *Par.*, III, 317, 634.
Gombert. *Al.*, 954.
— *Par.*, I, 757.
— *Prov.*, I, 293, 297, 307, 1186, 1457.
— *Prov.*, II, 568, 623.
— *Toul.-Mont.*, 1481.
Gomé. *Lorr.*, 13, 27, 44, 45, 159, 167, 199, 596.
Gomel. *Soiss.*, 571.
Gomer. *Champ.*, 422.
— *Par.*, IV, 213.
— *Pic.*, 285, 614, 688.
Gomereil. *Bret.*, II, 86.
Gomerigue. *Toul.-Mont.*, 1333.
Gomés. *Guy.*, 1144.
Gomes. *Prov.*, I, 618.
Gomet. *Auv.*, 132.
Gomez. *Fland.*, 774.
Gomichon. *Bourg.*, I, 709.
Gomiecourt. *Fland.*, 312.
— *Pic.*, 140.
Gommard. *Poit.*, 562.
Gomme. *Fland.*, 1153, 1170.
Gommé. *Rouen*, 840.
Gommer. *Guy.*, 135.
Gommeret. *Bourg.*, II, 212.
Gommier. *La Roch.*, 371.
Gommiers (de). *La Roch.*, 402, 458.
Gommont. *Rouen*, 22, 1148.
Gomont. *Par.*, I, 545, 688, 903, 1056.
— *Par.*, II, 532.
— *Par.*, IV, 233.

— *Soiss.*, 329, 524.
Gon. *Champ.*, 507.
— *Par.*, I, 409, 943.
— *Par*, II, 528.
— *Par.*, III, 221.
Gon (de). *Bourg.*, II, 480.
Gon (du). *Bourb.*, 58.
Gon (St-). *Champ.*, 801.
Gonai. *Al.*, 811.
Gonay. *Bret.*, I, 197.
Goncé. *Champ.*, 789.
Gondault. *Tours*, 603.
Gondeville. *Soiss.*, 780.
Gondichaud. *Guy.*, 1018, 1057.
Gondot. *Par.*, III, 373.
Gondouin. *Al.*, 407, 708, 772, 838.
— *Als.*, 816.
— *Bourg.*, I, 276.
— *Dauph.*, 15, 45, 276.
— *Par.*, I, 321, 1152, 1374.
Gondran. *Lyon*, 932.
— *Prov.*, I, 181, 1310.
— *Prov.*, II, 555, 563.
Gondrecourt. *Champ.*, 517, 583.
— *Lorr.*, 4, 6, 10, 19, 26, 163, 166.
Gondreville. *Soiss.*, 674.
Gondrin. *Toul.-Mont.*, 344. V.
— *Vers.*, 62.
Gondy. *Par.*, I, 1182.
Gonet. *Prov.*, II, 697.
— *La Roch.*, 358.
Gonevret. *Al.*, 1245.
Gonfray. *Pic.*, 723.
Gonfroi. *Caen*, 142, 735.
Gong. *Als.*, 767.
Gonidec (le). *Bret.*, I, 258, 418, 432, 666, 963, 965.
— *Bret.*, II, 544.
Gonin. *Lyon*, 131, 878.
— *Prov.*, II, 313.
Gonnelier (le). *Rouen.*, 320.
Gonnelieu. *Rouen*, 36, 425.
— *Soiss.*, 259.
Gonnelle. *Tours*, 1286.
Gonnes (de). *Bret.*, II, 906.
Gonnet. *Lyon*, 861.
— *Par.*, I, 317.
— *Pic.*, 103, 407.
Gonnet (du). *Toul.-Mont*, 189.
Gonneville. *Al.*, 993.
— *Rouen*, 1153, 1263.
Gonnivière (la). *Al.*, 209, 472.
— *Caen*, 20, 47, 107, 108, 109, 111, 114, 119, 164, 199, 461, 463, 727.
Gonnot. *Bourg.*, I, 844.
Gonod. *Bourg.*, I, 410.

Gonon. *Bourg.*, I, 905, 1260.
— *Lyon*, 137, 658, 870.
Gonran. *Pic.*, 737.
Gonsalve. *Toul.-Mont.*, 1466, 1486.
Gonsans. *Bourg.*, I, 905, 1288.
Gont (du) *Par.*, II, 664.
Gontaire. *Toul.-Mont.*, 718.
Gontard. *Bret.*, I, 407.
— *Dauph.*, 560.
Gontaud. *Guy.*, 273, 367, 680, 856.
Gontaut. *Auv.*, 245.
— *Montp.-Mont.*, 1010.
— *Par.*, II, 302.
— *Toul.-Mont.*, 265.
— *Vers.*, 199, 208, 228.
Gonthier. *Fland.*, 1320.
— *Par.*, I, 728.
Gontier. *Bourg.*, I, 32, 34, 49, 236, 315, 332.
— *Guy.*, 805, 875.
— *Lyon*, 238.
— *Montp.-Mont.*, 318.
— *Par.*, IV, 555.
— *Rouen*, 829.
— *Toul.-Mont.*, 758, 759.
Gontievre. *Guy.*, 1084.
Gonzales. *Pic.*, 189.
Gonzel. *Bourg.*, I, 950.
Gooel. *Als.*, 122.
Goôre. *Als.*, 216, 694.
Gorand. *Orl.*, 392, 414, 419.
Gorant. *Par.*, I, 1258.
Gorathy. *Bourg.*, II, 630.
Gorce (de). *Lyon*, 460.
Gorce (la). *Montp.-Mont.*, 1309.
— *Prov.*, II, 170.
Gorcy (de). *Lorr.*, 485 bis, 488, 491.
Gord. *Lyon*, 1006.
Gorde. *Prov.*, I, 103.
Gordes. *Prov.*, II, 607. M.
Gorée (la). *Guy.*, 247, 811, 865.
— *Toul.-Mont.*, 171, 190.
Gorel. *Bret.*, I, 427.
— *Rouen*, 658, 834.
Goret. *Bret.*, I, 83, 84, 155, 242, 243, 585, 930.
— *Bret.*, II, 594, 598.
— *Lim.*, 45, 380.
— *Par.*, II, 938.
— *Par.*, III, 531.
— *Pic.*, 710, 758.
— *Poit.* 466, 468, 1516.
Gorey. *Fland.*, 266.
Gorgant. *Par.*, II, 169, 381.
Gorge. *Lorr.*, 78.
— *Par.*, I, 62, 109, 853, 1231.

— *Prov.*, I, 1048, 1050.
Gorget. *Bourb.*, 472.
— *Orl.*, 870.
Gorgias. *Soiss.*, 292.
Gorgon (St-) de Gorze-Chap. *Lorr.*, 560.
Gorgue (la). *Fland.*, 342. V.
— *Poit.*, 375.
Gorgue (le). *Pic.*, 452, 453.
Gorguette. *Pic.*, 41, 68, 70, 395, 566, 690.
Gori. *Poit.*, 1512.
Gorichon. *La Roch.*, 409.
Corie (la). *Toul.-Mont.*, 917.
Gorier. *Poit.*, 1022, 1030.
Gorillon. *Bourges*, 498.
— *Par.*, I, 278, 1117, 1175.
— *Par.*, II, 168, 253, 392, 1103.
Gorin. *Bourg.*, I, 1053.
Goriot. *Par.*, III, 391.
Goris (des). *Al.*, 175.
Gorlier (le). *Champ.*, 17, 27, 420, 675, 678, 683, 855.
— *Par.*, I, 960.
— *Par.*, II, 373.
Gorne. *Lorr.*, 199.
Goron. *Champ.*, 893.
Gorot. *Prov.*, II, 302.
Gorre. *Guy.*, 844.
Gorse. *Bret.*, I, 180.
— *Bret.*, II, 86.
— *Guy.*, 1115.
Gorse (la). *Toul.-Mont.*, 50, 1163.
Gorseval. *Lorr.*, 157.
Gorteau. *Orl.*, 828.
Gory. *Als.*, 477.
— *Pic.*, 744.
Gorze (ab.). *Lorr.*, 646.
Gorze (ville). *Lorr.*, 623.
Gosbon. *Bourg.*, II, 631.
Gosnier. *Al.*, 598, 915.
Gossart. *Fland.*, 546.
— *Soiss.*, 45, 48, 485, 505.
Gosse. *Bourb.*, 665.
Gossé. *Rouen*, 339, 977.
Gosseau. *Par.*, II, 874.
Gosseaume. *Rouen*, 902.
Gosselin. *Al.*, 963.
— *Caen*, 9, 148, 149, 412, 499, 533, 763, 777.
— *Fland.*, 1015.
— *Par.*, I, 270.
— *Par.*, II, 1233.
— *Par.*, III, 327.
— *Rouen*, 233.
— *Soiss.*, 654.

— *Tours*, 1374.
Gossent. *Rouen*, 919.
Gosset. *Al.*, 852, 1180.
— *Als.*, 633.
— *Bourg.*, II, 536.
— *Lorr.*, 604.
— *Par.*, I, 367.
— *Rouen*, 847.
— *Soiss.*, 6, 229, 699, 784.
Gossetière. *Al.*, 870.
Gossin. *Lorr.*, 505.
Gosson, *Pic.*, 494.
Got. *Al.*, 143, 177, 533, 782, 1180, 1245.
— *Bret.*, II, 542.
— *Lyon*, 541.
Goth. *Guy.*, 173.
Gotier. *Guy.*, 838.
Goton. *Bourg.*, II, 88.
Gots (des). *Bret.*, I, 338.
Gottesheim. *Als.*, 297, 453, 476.
Gotting. *Als.*, 192.
Goty. *Montp.-Mont.*, 1082.
— *Toul.-Mont.*, 5, 401.
Gotz. *Caen*, 395.
Cotz (de). *Als.*, 1038, 1069.
Goualard. *Guy.*, 181.
Gouallart. *Par.*, III, 422.
Gouandour. *Bret.*, I, 479, 687.
Gouanes (de). *Toul.-Mont.*, 469.
Gouard (St-). *Poit.*, 893.
Gouart. *Fland.*, 785, 1245.
Gouasche. *Bret.*, II, 420.
Gouau. *Tours*, 1523.
Gouault. *Champ.*, 131.
— *Par.*, I, 245, 384.
— *Par.*, II, 202.
Goubard. *Bourg.*, II, 130.
Goubaud. *Prov.*, I, 1045.
Goubé (le). *Al.*, 866.
Goubermart. *Par.*, II, 965.
Goubert. *Al.*, 841.
— *Par.*, I, 1225.
— *Par.*, IV, 403.
Gouberville. *Caen*, 448, 686, 687.
— *Rouen*, 459.
Goubet. *Fland.*, 621.
Goubier. *Montp.-Mont.*, 641, 826.
Goubin. *Bret.*, I, 421.
— *Bret.*, II, 417, 423.
Goublai. *Als.*, 410.
Goucher. *Prov.*, II, 613.
Gouchon. *Pic.*, 751.
Gouchy. *Pic.*, 873.
Goudal. *Montp.-Mont.*, 1218.
— *Toul.-Mont.*, 1174, 1379.

Goudard. *Bret.*, II, 391.
Goudart. *Montp.-Mont.*, 807.
Goude. *Prov.*, I, 805.
— *Tours*, 1080.
Goudé. *Tours*, 303.
Goudelin. *Bret.*, 318.
Goudeman. *Fland.*, 115.
Goudendorf. *Als.*, 425.
Goudenhoff. *Fland.*, 667, 1101, 1222.
Goudier. *Bourg.*, II, 477.
Goudin. *Guy.*, 379.
— *Lim.*, 6.
— *Montp.-Mont.*, 57, 501.
— *Par.*, IV, 321.
— *Prov.*, II, 572.
— *Toul.-Mont.*, 359.
Goudolphe. *Prov.*, I, 1316.
Goudon. *Montp.-Mont.*, 1050.
— *Poit.*, 547, 548, 550, 554.
— *Prov.*, II, 598, 599.
— *Toul.-Mont.*, 726.
Goudou. *Fland.*, 1244.
Goudé (de). *Tours*, 399, 415, 1362.
Goué (le). *Bret.*, I, 514.
— *Tours*, 1097, 1186.
Goueile (la). *Guy.*, 741.
Gouel, *Prov.*, II, 779.
— *Rouen*, 1245, 1255.
Goueneche. *Béarn*, 149.
Goueslier (le). *Rouen*, 321.
Goueslin. *La Roch.*, 271.
Gouesse. *Tours*, 430.
Gouest. *Toul.-Mont.*, 534.
Gouet. *Caen*, 648.
— *Par.*, III, 171.
Goueyton. *Bret.*, I, 279.
Gouez (le). *Al.*, 238.
— *Caen*, 143, 164, 398, 658.
— *Rouen*, 313, 342, 347.
Gouezi. *Al.*, 1152.
Goueznon. *Bret.*, II, 193, 196.
Gouezou. *Bret.*, II, 1014.
Gouffart. *Fland.*, 1323.
Gouffier. *Guy.*, 420, 901.
— *Par.*, I, 1253.
— *Par.*, IV, 113.
— *Pic.*, 63, 601, 849.
— *Rouen*, 427.
— *Vers.*, 184.
Gouffuec. *Bret.*, I, 967.
Gougenberg, *Als.*, 64, 183, 201.
Gougenot. *Par.*, II, 1151.
Gougeon. *Pic.*, 592.
— *Tours*, 1448.
Gougerot. *Par.*, II, 168.
Gouges. *Bourg.*, I, 957.

— *Caen*, 429, 565.
Gouges (de). *Par.*, I, 293.
— *Soiss.*, 840.
Gough. *Fland.*, 1286.
Gougier. *Pic.*, 380.
Gougnec (le). *Bret.*, II, 669.
Gougnon. *Bourges*, 228, 235.
Gouhault. *Al.*, 1112, 1162, 1163.
Gouhelans. *Bourg.*, I, 1077.
Gouhier. *Al.*, 3, 18, 27, 103, 151, 159, 181, 239, 409, 432, 633, 729, 733, 758, 777, 778, 783, 881, 1172, 1194.
— *Rouen*, 388.
— *Tours*, 371.
Goui. *Par.*, I, 371.
Goüi *Soiss.*, 174, 415.
Goui (de). *Fland.*, 23, 833, 994.
Goui (de). *Montp.-Mont.*, 417.
Gouie. *Caen*, 26, 69.
Goüiette. *Béarn*, 110.
Gouiettes. *Guy.*, 1209.
Gouignet. *Bret.*, I, 250, 622, 675.
Gouillé. *Poit.*, 563.
Gouillière. *Rouen*, 1397.
Gouilloud. *Lyon*, 326.
Gouin. *Bourg.*, 266.
— *Bret.*, I, 238, 334, 879, 978.
— *Par.*, III, 2, 137, 179, 528.
— *Tours*, 943, 952, 976.
— *Vers.*, 73.
Gouin. *Caen*, 509.
— *Poit.*, 1235.
Gouin. *Al.*, 281, 1225.
Gouin (le). *Rouen*, 1183.
Gouiquet. *Bret.*, II, 751.
Gouiran. *Prov.*, I 836, 1014, 1062, 1282.
Gouirand. *Prov.*, II, 275, 281, 369, 515.
Goujart. *Soiss.*, 322.
Goujet. *Bourg.*, II, 2, 7, 8, 56, 107.
Goujon. *Al.*, 693.
— *Bourb.*, 57, 600, 608.
— *Bourg.*, I, 118, 265, 336.
— *Bourg.*, II, 78, 94, 141, 333, 338, 363, 491, 492.
— *Bret.*, II, 466.
— *Champ.*, 131, 653.
— *Guy.*, 829, 1213.
— *Lyon*, 212, 389, 965.
— *Montp.-Mont.*, 373.
— *Par.*, I, 407, 493, 766, 769, 801, 995, 1345.
— *Par.*, III, 509.
— *Par.*, IV, 66.

— *Prov.*, I, 1038.
— *Prov.*, II, 48, 616, 629.
— *Soiss.*, 41, 602, 759.
— *Tours*, 752, 1192.
Gouju (le). *Al.*, 1042.
Goulaffre. *Al.*, 918.
Goulai. *Fland.*, 958.
— *Tours*, 1396.
Goulaine. *Par.*, III, 88.
— *Poit.*, 2, 3, 4, 620, **738, 739,** 1414.
Goulaines. *Bret.*, II, 124, **1121.**
Goulande (la). *Al.*, 247.
Goulard. *Bourges*, 15.
— *Bret.*, I, 507, 521.
— *Champ.*, 102, 868.
— *Fland.*, 1393, 1454.
— *Guy.*, 227, 228, 383, 497.
— *Lim.*, 46, 180, 236.
— *Lyon*, 129, 500, 506, 625.
— *Montp.-Mont.*, 1138, 1139, **1142.**
— *Orl.*, 125, 127.
— *Par.*, I, 1312.
— *Poit.*, 164, 217, 223, 351, **377,** 390, 484, 615, 618, 622, **1171,** 1232.
— *Toul.-Mont.*, 330, 1317.
— *Tours*, 485.
Goulas. *Par.*, I, 754, **1140.**
— *Rouen*, 707.
Gould. *La Roch.*, 127.
Gouleme. *Prov.*, I, 979.
Goulet. *Lorr.*, 611, 614 *bis.*
— *Tours*, 351, 759.
— *Poit.*, 981, 982.
Goulheque. *Bret.*, I, 48.
Goulhezre. *Bret.*, I, 351, 545.
Goullart. *Par.*, II, 515.
Goullei. *Rouen*, 799, 800, 844, **849.**
Goullet. *Bret.*, II, 411, 447, 456.
Goullon. *Prov.*, I, 663.
Goulon (le). *Lorr.*, 190, **197, 214,** 238, 243 *bis*, 412, 581, 617, **651.**
Goullot. *Poit.*, 980.
Goulu. *Bourg.*, 261.
— *Orl.*, 338.
— *Rouen*. 1154.
Gouma. *Toul.-Mont.*, 1330.
Goumain. *Lim.*, 426.
Gouneau. *Bourg.*, II, 174.
Goupi. *Par.*, II, 225.
Goupil. *Al.*, 44, 748, 1094.
— *Par.*, II, 161.
— *Poit.*, 248.
— *Rouen*, 535.
— *Tours*, 973, 977, 979, **1160.**

Goupillard. *Poit.*, 573.
Goupillart. *Par.*, III, 532.
Goupillère (la). *Poit.*, 1133, 1184.
— *Tours.* 247, 280.
Gouppi. *Lorr.*, 272.
Goupy. *Par.*, III, 131.
— *Tours*, 1119.
Gour (du). *Auv.*, 351.
— *Toul.-Mont.*, 636.
Gourault. *La Roch.*, 197.
Gouray (du). *Bret.*, I, 22, 128, 248.
— *Par.*, III, 84.
Gourbeire. *Auv.*, 455.
Gourbine. *Auv.*, 376.
Gourby. *Orl.*, 262.
— *Par.*, III, 440.
Gourci. *Lorr.*, 364, 406.
Gourdan. *Bourg.*, I, 1066.
Gourdan. *Par.*, I, 1180.
— *Par.*, II, 567.
— *Prov.*, I, 741, 820, 1400.
Gourde. *Guy.*, 864.
Gourdeau. *Poit.*, 186, 198, 204, 217, 340, 369, 610, 1139, 1143.
Gourdelin. *Bret.*, II, 278.
Gourdeneau. *Soiss.*, 364.
Gourdet. *Guy.*, 246.
— *Bret.*, II, 1104.
— *Lorr.*, 2, 27, 167.
— *Prov.*, II, 309.
Gourdi. *La Roch.* 209.
Gourdin. *Lim.*, 232, 274, 296.
— *Orl.*, 502.
— *Par.*, III, 382.
— *Poit.*, 891.
— *Prov.*, I, 927.
— *La Roch.*, 357.
Gourdineau. *Bret.*, II, 486.
Gourdon. *Bourges*, 118, 266, 267.
— *Bret.*, II, 831.
— *Guy.*, 539.
— *Lim.*, 182.
— *Montp.-Mont.*, 1164, 1217.
— *Par.*, I, 262.
— *Par.*, II, 459, 568, 804.
— *Poit.*, 717.
— *Prov.*, I, 1375.
— *Toul.-Mont.*, 1113, 1128.
— *Tours.* 653.
Goureau. *Fland.*, 231.
— *Orl.*, 433, 857, 869.
— *Par.*, I, 25.
— *Poit.*, 1369.
Gourel. *Bret.*, II, 627.
Gourel (du). *Rouen*, 37.
Gouret. *Caen*, 338.

— *Par.*, I, 755.
Goureux (de). *Bret.*, I, 710.
Gourfaleur. *Caen*, 59.
Gourfault. *Poit.*, 1349.
Gourgeon. *Lyon*, 620, 633.
Gourgie. *Bourg.*, II, 629.
Gourgouillat. *Lyon*, 329, 961.
Gourgue (la). *Guy.*, 842.
Gourgues. *Guy.*, 73.
— *Par.*, I, 791, 794.
Gourichon. *Tours*, 1129.
Gourier. *Prov.*, II, 689.
Gourin. *Lyon*, 429.
Gourio. *Bret.*, I, 659, 788.
— *Bret.*, II, 155, 698, 712.
Gouriou. *Tours*, 1134.
— *Bret.*, I, 257, 969.
Gourjault. *Poit.*, 113, 124, 165, 309, 313, 408, 494, 1037, 1332, 1524.
Gourlade. *Vers.*, 201.
Gourlain. *Bret.*, I, 589.
Gourlat. *Auv.*, 532, 560.
Gourlin. *Par.*, II, 1026.
Gourmelou. *Bret.*, II, 1027.
Gourmont. *Caen*, 62, 98, 50, 755, 756, 760.
Gournai. *Lorr.*, 179 bis, 180 bis, 396.
— *Rouen*, 425.
Gournaud. *Poit.*, 1273.
Gournay. *Par.*, II, 198.
— *Par.*, IV, 592.
Gournay (de). *Pic.*, 569.
Gourneau. *Par.*, III, 382.
— *Rouen*, 1115.
Gourny. *Orl.*, 297.
Gouro. *Bret.*, I, 229, 387, 338, 721.
Gourreau. *Tours*, 65, 67, 90, 99, 111, 539, 541, 564, 690.
Gourseau. *Poit.*, 908.
Gourtière. *Tours*, 1386.
Gourvezan. *Bret.*, II, 1024.
Gourvinec. *Bret.*, I, 316.
Goury. *Bret.*, II, 230, 418.
— *Orl.*, 350, 368, 496.
— *Par.*, I, 50, 86.
— *Par.*, II, 131, 194, 195, 842.
— *Par.*, III, 536.
Gousabat. *Bret.*, II, 1014.
Gouscabel. *Bret.*, II, 549.
Gousey. *Bourg.*, I, 1159.
Gousmap. *Bret.*, II, 270.
Gouson. *Prov.*, II, 801.
Goussai. *Par.*, I, 295.
— *Tours*, 1448, 1452.
Goussan. *Montp.-Mont.*, 800.
Goussancourt (de). *Pic.*, 849.

Goussard. *Orl.*, 659.
Goussault. *Lorr.*, 241, 659.
— *Orl.*, 737.
— *Par.*, I, 1366.
— *Par.*, II, 84.
Gousse (la). *Prov.*, II, 684.
Goussé. *Poit.*, 159, 1326, 1340, 1348.
— *La Roch.*, 382.
— *Tours*, 186, 1075.
Goussé (le). *Bret.*, I, 59.
Gousseaume. *Bret.*, II, 385.
Gousselin. *Champ.*, 527, 530, 770.
Gousser. *Bret.*, II, 860.
Gousseret. *Bourg.*, I, 1119.
Gousset. *Par.*, III, 525.
Goussot. *Bourb.*, 189, 462.
Goustre (le). *Rouen*, 1157.
Goustoulin. *Prov.*, I, 1062.
Gout. *Guy.*, 881.
Gout (de). *Montp.-Mont.*, 1000, 1004, 1141, 1518.
Gout (du). *Toul.-Mont.*, 967.
Goutard. *Rouen*, 1355.
— *Tours*, 1122.
Gouteneyre. *Auv.*, 545, 546.
Goutiére. *Bret.*, II, 579.
— *Champ.*, 777.
— *Poit.*, 1454.
Goutimesnil. *Fland.*, 685.
— *Rouen*, 1150, 1163.
Goutte (la). *Bourg.*, I, 261.
— *Bourg.*, II, 181, 189.
— *Guy.*, 292, 530, 713.
— *Lyon*, 177, 792, 975.
Gouttes. *Montp.-Mont.*, 320.
Gouttes (de). *Toul.-Mout.*, 566.
Gouttes (des). *Bourb.*, 461.
— *Lyon*, 44, 46, 283, 500, 514, 676.
— *Orl.*, 519.
Gouttière. *Bourg.*, I, 1019.
Gouvello (le). *Par.*, II, 869.
Gouverne. *Soiss.*, 803.
Gouvernement (le) de Metz et du pays Messin. *Lorr.*, 644.
Gouvernet. *Par.*, III, 346.
Gouverneur (du). *Bret.*, II, 239.
Gouverneur (le). *Bret.*, I, 27, 54, 242.
— *Bret.*, II, 413.
Gouvet. *Par.*, II, 1187.
Gouvet (le). *Lyon*, 646.
Gouvetz. *Caen*, 341, 342, 379, 465, 505, 508, 510, 517, 519, 525, 539, 744, 777, 780.
— *Rouen*, 1078.
Gouvier. *Rouen*, 1230.
Gouvignon. *Lyon*, 408.

Gouville. *Caen*, 135, 562.
Gouvin. *Lim.*, 422.
Goux (le). *Bourg.*, I, 36, 42, 45.
— *Bourg.*, II, 24, 97.
— *Bret.*, I, 27, 118, 197, 213, 629, 671, 755.
— *Bret.*, II, 426, 745.
— *Caen*, 764.
— *Champ.*, 769, 774.
— *Par.*, I, 768, 1304.
— *Par.*, II, 997, 1124, 1129.
— *Toul.-Mont.*, 49.
— *Tours*, 294, 1263, 1529.
Gouy (de). *Pic.*, 792.
— (de). *Toul.-Mont.*, 36, 1281.
Gouyard. *La Roch.*, 140.
Gouz (le). *Bourg.*, I, 64, 315.
— *Tours*, 301, 306.
Gouzekech, *Bret.*, 673.
Gouzens. *Toul.-Mont.*, 804.
Gouzillon. *Bret.*, I, 259, 339, 355, 610, 653, 948, 949.
Gouzon. *Guy.*, 1087.
Gouzot. *Guy.*, 1169.
Govello (le). *Bret.*, I, 120, 123, 168, 193, 317, 318, 464, 527, 683.
— *Bret.*, II, 734.
Goy. *Bourg.*, I, 428.
— *Par.*, II, 505.
Goy (de). *Bourb.*, 210.
Goy (le). *Par.*, IV, 127, 756.
Goyart. *Champ.*, 377.
Goyau. *Tours*, 1209.
Goyault. *Bourges*, 18.
Goyel. *Pic.*, 696.
Goyer. *Al.*, 890.
— *Bourges*, 472.
— *Caen*, 173.
— *Orl.*, 340.
— *Soiss.*, 270.
Goyeron. *Tours*, 759.
Goyet. *Lyon*, 217, 688.
— *Par.*, I, 1127.
— *Tours*, 25, 40, 1528.
Goyet (St-). *Tours*, 1530.
Goyon. *Bret.*, I, 110, 180, 204, 253, 317, 318, 420, 583, 593, 597, 620, 622, 814, 825, 935.
— *Bret.*, II, 121, 142, 358, 503, 513, 586.
— *Guy.*, 642, 941.
— *Par.*, I, 1272.
— *Poit.*, 1279.
Goys. *Lim.*, 424.
Goz (de). *Lorr.*, 178, 580.
Gozard. *Bourb.*, 518.

Gozeran (du). *Bret.*, I, 730.
Gozmoal. *Bret.*, I, 292.
Gozou. *Montp.-Mont.*, 1184.
Graben. *Als.*, 628, 994.
Grabot. *Poit.*, 1338, 1402.
Grabusat. *Lyon*, 76, 79, 857.
Grac (de). *Prov.*, II, 682.
Grace. *Fland.*, 110.
Grach. *Toul.-Mont.*, 1192.
Grad. *Als.*, 826.
Gradet. *Tours*, 563.
Graesbeck. *Fland.*, 290.
Grafard. *Bret.*, II, 904.
Grafeuil (de). *Champ.*, 80, 340, 524.
Graff. *Als.*, 684, 809, 854.
Graffan. *Toul.-Mont.*, 814, 815.
Graffard. *Caen*, 691.
— *Poit.*, 1378.
— *Tours*, 403.
Graffin. *Caen*, 561.
— *Fland.*, 1504.
Graffine. *Prov.*, 832.
Graffy. *Als.*, 421.
Grai (de). *Lorr.*, 187, 592.
Grail. *Par.*, I, 404.
Graillet. *Champ.*, 364, 459.
— *Fland.*, 1395.
— *Par.*, III, 9, 183.
Grailli. *Guy.*, 16, 40, 902.
Graillot. *Bourb.*, 494.
Grailly. *Tours*, 1148.
Grain. *Bourg.*, I. 292.
— *Lim.*, 76, 234.
— *Poit.*, 313, 1102, 1240.
— *La Roch.*, 78, 103, 329, 354.
Grain (de). *Pic.*, 579.
Grain (le). *Al.*, 157, 714, 962.
— *Bourg.*, II, 189.
— *Par.* II, 451, 690, 1163, 1170.
— *Champ.*, 133.
— *Par.*, II, 879.
— *Rouen*, 870.
— *Soiss.*, 220, 376, 458, 641, 686.
Graindor. *Fland.*, 1488.
— *Rouen*, 226, 519, 539.
Graind'Orge. *Al.*, 215, 216, 365, 556, 567, 578, 774, 1196.
— *Caen*, 388, 400.
Grains. *Fland.*, 1489.
Grainville, *Rouen*, 440.
Graisch. *Lorr.*, 327.
Grajan. *Par.*, III, 595.
Grajon. *Par.*, IV, 551.
Gralle. *Bret.*, II, 155.
Grallien. *Dauph.*, 325.
Gramesse. *Montp.-Mont.*, 1433.

Gramiot. *Toul.-Mont.*, 530.
Grammont. *Bourg.*, 589, **599, 620,** 1009, 1078, 1287.
— *Par.*, II, 720, 850.
— *Soiss.*, 626.
— *Vers.*, 60, 64.
Gramont. *Dauph.*, **358.**
— *Fland.*, 709.
— *Guy.*, 497, 969.
Granche (la). *Par.*, II, 779.
— *Par.*, III, 186.
— *Soiss.*, 165, 166, 631, 854.
Grand. *Bourb.*, 476.
— *Bourg.*, I, 1070.
— *Guy.*, 444, 588, 1083.
— *Lim.*, 63, 373.
Grand (de). *Bourg.*, II, 231.
— *Champ.*, 625, 803.
Grand (le). *Al.*, 220, 223, 224, 226, 908, 970, 975.
— *Béarn*, 78.
— *Bourg.*, I, 300.
— *Bourg.*, II, 17, 51, 140, 310.
— *Bret.*, I, 281, 472.
— *Bret.*, II, 805, 1099.
— *Caen*, 506, 559, 574, 783.
— *Champ.*, 111, 120, 359, 605, 782, 799, 876, 891.
— *Fland.*, 71, 136, 256, 328, 545, 1258, 1265.
— *Guy.*, 1028, 1087.
— *Lorr.*, 221, 457, 580.
— *Orl.*, 336, 353, 476.
— *Par.*, I, 274, 486, 694, 751, 937, 1361.
— *Par.*, II, 100, 190, 213, 306, 469, 604, 624, 1017.
— *Par.*, III, 146, 241, 294, 435, 473, 474.
— *Par.*, IV, 73, 77, 746, 758.
— *Pic.*, 12, 512, 576, 715, 726, 764, 777, 817.
— *Prov.*, II, 33, 586, 588.
— *La Roch.*, 74.
— *Rouen*, 2, 3, 143, 276, 294, 297, 418, 905.
— *Soiss.*, 739.
— *Toul.-Mont.*, 419.
— *Tours*, 1051, 1056, 1251.
— *Vers.*, 244.
Grandain. *La Roch.*, 243.
Grandan. *Lyon*, 982.
Grandbois. *Poit.*, 1111.
Grandchamp. *Bourg.*, I, 423.
— *Dauph.*, 283.
— *Lim.*, 459, 460.

— *Lorr.*, 578.
Grandchamps. *Poit.*, 848.
— *Rouen*, 843.
Grandchaume *Par.*, I, 357.
Grandcloze (la). *Bret.*, I, 214.
Grandcolas. *Lorr.*, 623.
Grandcourt. *Fland.*, 1085.
Grandes. *Guy.*, 1042.
Grandet. *Orl.*, 634.
— *Tours*, 57, 442, 539, 968.
Grandfemme (la). *Bourg.*, I, 1013.
Grandfief. *La Roch.*, 71, 214, 400.
Grand'homme. *Tours*, 1074, 1318, 1519.
Grandière (la). *Caen*, 442.
— *Par.*, II, 195.
— *Rouen.*, 412.
— *Tours*, 120, 165, 407, 897, 979.
Grandin. *Orl.*, 234.
— *Par.*, IV, 400.
— *Pic.*, 873.
— *Rouen*, 402, 1207, 1328, 1329, 1335.
— *Soiss.*, 719.
Grandis. *Dauph.*, 204, 480.
Grandjambe. *Lorr.*, 606, 607.
Grandjean. *Bourg.*, I, 851, 1150.
— *Lorr.*, 248, 634.
— *Lyon*, 338.
— *Montp.-Mont.*, 601, 796.
Grandmaison. *Bourg.*, I, 565.
— *Caen*, 643.
— *Tours*, 818.
Grandmare. *Rouen*, 831.
Grandmongin. *Bourg.*, I, 1012.
Grandmont. *Prov.*, I, 458.
— *Soiss.*, 294.
Grandmoulin. *Pic.*, 661.
Grandouet. *Rouen*, 433, 1266.
Grandpere. *Champ.*, 510.
Grandpré. *Bret.*, I, 272.
— *Bret.*, II, 867.
— *Pic.*, 515.
Grands (des). *Lyon*, 77, 84.
Grandsaigne. *Montp.-Mont.*, 1165.
Grandseigne. *Auv.*, 139, 168.
— *Poit.*, 297, 316.
— *Toul.-Mont.*, 1179.
Grandsire. *Pic.*, 712.
Grandsomme. *Poit.*, 884. *Pri.*
Grandval. *Auv.*, 212.
— *Bourg.*, I, 1058.
— *Prov.*, II, 473.
Grandvalet. *Pic.*, 840, 845.
Grandvarlet. *Bret.*, II, 606.
Grandvilain. *Orl.*, 467.

Grandville. *Caen*, 226, 635.
— *Tours*, 1062, 1294.
Grandvillemin. *Bourg.*, I, 938.
Grane. *Fland.*, 1235.
Granefaine. *Montp.-Mont.*, 755.
Granet. *Bourb.*, 546.
— *Lorr.*, 540.
— *Montp.-Mont.*, 504.
— *Prov.*, I, 1190, 1205, 1207.
— *Prov.*, II, 750.
Granette. *Prov.*, I, 831.
Grange. *Lyon*, 257, 666.
— *Prov.*, I, 581, 633.
Grange (de). *Bourg.*, II, 632.
Grange (la). *Als.* 474, 1073.
— *Auv.*, 216, 342, 347, 388.
— *Bourb.*, 182, 324.
— *Bourges*, 285.
— *Bourg.*, II, 331, 332.
— *Champ.*, 856.
— *Dauph.*, 250, 254.
— *Fland.*, 22, 52, 1116.
— *Guy.*, 393, 1174.
— *Lim.*, 221, 276, 326.
— *Lorr.*, 370 *bis.*
— *Montp.-Mont.*, 437, 453, 1217.
— *Orl.*, 56, 268, 598, 727.
— *Par.*, I, 867, 887.
— *Par.*, II, 197, 524, 810, 895, 1034.
— *Par.*, III, 196, 439, 516.
— *Par.*, IV, 530.
— *Pic.*, 244.
— *Poit.*, 632, 1128.
— *La Roch.*, 40, 80, 160, 161, 405.
— *Soiss.*, 414.
— *Toul.-Mont.*, 246, 1054, 1060.
— *Tours*, 956, 1184.
Grangé. *Orl.*, 819.
Granger. *Bourb.*, 499.
— *Bourg.*, II, 509.
Grangerie (la). *Bret.*, II, 554.
Grangeron. *Toul.-Mont.*, 459.
Granges. *Bourg.*, I, 39.
Granges (de). *Dauph.*, 247.
— *Orl.*, 797.
— *Par.*, II, 988.
Granges (des). *Bourg.*, I, 10, 242.
— *Bourg.*, II, 167, 632.
— *Fland.*, 1439.
— *Lyon*, 302.
— *Par.*, III, 292.
— *Poit.*, 1137.
— *La Roch.*, 163.
Grangier. *Bourg.*, I, 268, 269, 271, 1260.

— Bourg., ii, 558.
— Guy., 951.
— Lyon, 687.
— Orl., 1019.
— Par., ii, 197, 814, 1168.
— Par., iv, 104, 416, 650.
— Poit. 986.
— Prov., i, 1001, 1109.
— Prov., ii, 348.
Graniac. Montp.-Mont., 468.
Granjan. Bourg., i, 1292.
Granier. Auv., 543, 576.
— Montp.-Mont., 830, 1083, 1337, 1369.
— Poit., 839, 1547.
— Prov., i, 598, 648, 843, 855, 981, 992, 997, 1108.
Granier (de). Toul.-Mont., 303, 1069, 1078, 1094.
Granissei. Lorr., 112.
Granjan. Orl., 542.
— Par. iii, 595.
Granjon. Auv., 132.
Grannat. Toul.-Mont., 265.
Granot. Prov., i, 726.
Grante. Al., 1125.
— Rouen, 102.
Granval (la). Guy., 1182.
Grapé. Tours, 1361.
Grappet. Bourg., i, 725.
Grart. Fland., 876.
Gras. Auv., 155, 347, 445.
— Toul.-Mont., 35, 462.
Gras (de). Bret., i, 333, 363, 376, 974.
— Dauph., 115, 116.
— Lyon, 127.
— Montp.-Mont., 204, 241, 327, 604.
— Prov., i, 383, 610, 985, 995, 1043, 1208, 1238, 1273, 1303.
— Prov., ii, 141, 126, 169, 279, 542.
Gras (le). Bret., ii, 163, 165, 766.
— Caen, 666.
— Champ., 215, 585, 588, 599, 604, 836.
— Lorr., 213.
— Orl., 915.
— Par., i, 135, 277, 373.
— Par., ii, 68, 552, 618, 932.
— Par., iii, 218, 328.
— Par., iv, 24, 56.
— Rouen, 272, 603, 829, 849, 889.
— Soiss., 11, 23, 108, 419, 563, 571, 642, 676, 803.
— Tours, 4.
Graslœuil (de). Tours, 1251.

Grasmenil. Tours, 403.
Grasse. Par., i, 429.
Grasse (de). Dauph., 272.
— Prov., i, 211, 215, 219, V., 228, 376, 425, 432, 1118, 1406.
— Prov., ii, 223, 252, 326, 372, 442, 472, 473.
Grasse (la). Toul.-Mont., 525, V.
Grassellier. La Roch., 273.
Grasset. Bourges, 35.
— Lorr., 84, 399.
— Lyon, 159.
— Montp.-Mont., 3, 8, 130, 647, 869.
— Orl., 226, 227, 875, 878.
— Poit., 1284, 1371.
— Prov., i, 103.
— Prov., ii, 169, 699, 708.
— Toul.-Mont., 733, 770.
Grasseteau. Par., i, 348.
Grassi. Dauph., 288.
— Prov., i, 438, 655, 1319, 1322.
Grassin. Par., i, 1124.
— Par., iv, 17, 18, 37.
Grassineau. Bret., ii, 1087.
— Poit., 373, 521.
Grassol. Auv., 503.
Grasson. Prov., i, 24.
Grassot. Par., i, 960.
Grassy. Lyon, 55.
Grata. Par., ii, 1189.
Gratas. Lyon, 755.
Gratat. Par., i, 648.
Grateau. Poit., 508.
Gratecap. Toul.-Mont., 1158.
Gratel. Toul.-Mont., 521.
Grateloup. Als., 781.
— Guy., 201, 1203.
— Toul.-Mont., 1294.
Gratemesnil. Par., iv, 544.
Gratereau. La Roch., 231.
Gratet. Dauph., 8, 29, 44, 45, 112, 128, 165.
Gratian. Prov., i, 203, 445, 553, 571, 898.
— Prov., ii, 246, 292, 296.
Gratiani. Prov., ii, 378.
Gratien. Bret., i, 276.
— Champ., 704.
— Lyon, 621.
— Par., iv, 15, 521, 527.
Gratier. Bourg., ii, 203.
— Lyon, 403.
Gratin. Bourges, 526.
Graton. Poit., 1173.
Grattet. Bourg., ii, 400.
Grattigny. Lorr., 22.

Grau. *Als.*, 48, 50, 569, 775.
— *Fland.*, 979.
Graud. *Prov.*, II, 768.
Graugela. *Guy.*, 1097.
Graugnard. *Prov.*, I, 516.
Graule. *Toul.-Mont.*, 816.
Graulée (la). *Lyon*, 58, 857.
Grault. *Poit.*, 546.
Grault (le). *Fland.*, 1049.
Gravadel. *Soiss.*, 289, 422, 488.
Gravaud. *La Roch.*, 228.
Gravay. *Bret.*, II, 850.
Gravé. *Bret.*, I, 240, 757, 931.
— *Bret.*, II, 14, 671.
— *Tours*, 882.
Gravel. *Par.*, I, 78, 124.
— *Par.*, II, 247.
Gravelines. *Fland.*, 473, V.
Gravelle. *Al.*, 127, 274, 440, 617, 647, 660, 739, 766, 768, 776, 992, 1150, 1172.
— *Bourg.*, I, 604.
— *Bret.*, II, 456.
— *Orl.*, 170, 173, 437.
— *Tours*, 1172.
Gravelle (la). *La Roch.*, 181.
Graveron. *Al.*, 127, 638, 937.
Graves. *Al.*, 367.
— *Montp. - Mont.*, 116, 120, 125, 1487.
Graves (de). *Toul.-Mont.*, 62, 512, 646, 914.
Graves (des). *Bret.*, II, 431.
Gravet. *Orl.*, 335, 351, 365.
— *Par.*, I, 610.
Gravier. *Bourb.*, 156.
— *Bourg.*, I, 72, 73.
— *Bourg.*, II, 22, 397.
— *Bret.*, I, 518.
— *Dauph.*, 144, 421.
— *Lyon*, 67, 150, 359, 960.
— *Par.*, , 1278.
— *Poit.*, 1109.
— *Prov.*, I, 44, 90, 664 868, 1108, 1133, 1274.
— *Prov.*, II, 297, 662.
— *Tours*, 15, 37, 808.
Gravier (du). *Guy.*, 173.
— *Orl.*, 765.
Gravière. *Guy.*, 676.
— *Montp.-Mont.*, 1436.
Gravière (la). *Toul.-Mont.*, 390, 966, 1001.
Gravil. *Toul.-Mont.*, 493.
Gravois. *Bret.*, II, 1127.
Gray. *Bourg.*, I, 736. V.

Grazer. *Als.*, 471.
Grazon. *Bourges*, 285.
Gré (de). *Champ.*, 156.
Gréard. *Caen*, 319.
— *Rouen*, 579, 594.
Gréasque. *Prov.*, I, 1060.
Gréars. *Prov.*, I, 323.
Gréaton. *Bret.*, I, 347.
Gréaulme. *Tours*, 186.
Gréaulx (de). *Prov.*, I, 584.
Greaume. *Poit.*, 1504.
Gréaume (de). *Bourges*, 502.
Grébart. *Als.*, 367.
Grébauval. *Rouen*, 775.
Grebert. *Fland.*, 258.
— *Pic.*, 382.
Grebion. *Fland.*, 1045.
Greder. *Als.*, 502.
Grée (la). *Bourg.*, I, 990.
— *Bret.*, I, 441.
— *Bret.*, II, 309.
— *Par.*, IV, 565.
— *Tours*, 156.
Greffcrat. *Bourg.*, I, 412.
Greffeuille (de). *Montp.-Mont.*, 8, 22, 47, 131, 881, 888.
Greffier. *Bret.*, II, 769.
— *Par.*, I, 540.
— *Par.*, II, 1100, 1220.
— *Poit.*, 127, 430, 971, 1041
Greffier (le). *Rouen*, 793.
Greffin. *Bret.*, II, 838.
— *Pic.*, 165.
— *Soiss.*, 381.
Greffreis. *Poit.*, 215.
Grefolct. *Toul.-Mont.*, 149.
Grégic (la). *Auv.*, 540.
Grégis. *Guy.*, 1173.
Grégoire. *Bourg.*, I, 879.
— *Bret.*, II, 389.
— *Dauph.*, 295.
— *Guy.*, 1017.
— *Lyon*, 426, 652.
— *Montp.-Mont.*, 39, 300, 345, 381, 603, 1044.
— *Par.*, I, 1347.
— *Par.*, II, 920.
— *Pic.*, 162.
— *Prov.*, II, 378, 564.
— *La Roch.*, 386.
— *Rouen*, 1159.
— *Soiss.*, 460, 563, 735.
— *Toul.-Mont.*, 548, 552.
Grégoireau. *Guy.*, 107, 1044.
— *La Roch.*, 163, 383, 399.
Gregorius. *Als.*, 1048.

Grégouaine. *Bourg.*, II, 220, 568.
Gregy (de). *Lorr.*, 584.
Gréhault. *Rouen*, 88.
Gréhomme. *Guy.*, 670.
Grelain. *Par.*, I, 1254.
Grélaud. *La Roch.*, 388.
Grelé. *Lyon*, 927.
Greleau. *Toul.-Mont.*, 480.
Grelet. *Lim.*, 323.
— *Poit.*, 287, 367, 1265.
Grelette (la). *Champ.*, 736, 737.
Grelier. *Poit.*, 182, 183, 253, 367, 490, 636, 1146, 1354, 1360, 1362, 1364, 1417, 1427.
Gremelin. *Lorr.*, 337.
Gremi. *Tours*, 1126.
Gremonville. *Par.*, II, 186, 1169.
— *Pic.*, 376.
Grempf. *Als.*, 840.
Grenade. *Als.*, 271.
— *Montp.-Mont.*, 1024. V.
Grenaille. *Lim.*, 440.
— *Poit.*, 1182.
Grenault. *Tours*, 1317.
Grené. *Bourges*, 383.
— *Fland.*, 326.
Grené (la). *Pic.*, 45, 582, 606.
Grénel. *Auv.*, 458.
Grenelais (du). *Tours*, 936.
Grenelle. *Bourg.*, I, 220, 440.
Grenet. *Fland.*, 278, 824.
— *Orl.*, 59, 60, 198, 612, 679, 682, 684.
— *Pic.*, 203, 481.
— *Prov.*, II, 795.
Grenetière (la). *Poit.*, 932, 936.
Grenier. *Als.*, 342.
— *Fland.*, 866.
— *Guy.*, 13, 92, 115, 596, 869, 990, 1104, 1108, 1123.
— *Lim.*, 314.
— *Par.*, I, 611.
— *Par.*, II, 780.
— *Prov.*, II, 831.
— *La Roch.*, 119.
— *Rouen*, 654.
— *Toul.-Mont.*, 421, 470, 1287, 1304.
Grenier (du). *Al.*, 153, 278, 403, 999, 1000, 1022, 1038.
Grenieu. *Bret.*, II, 581.
Grenis. *La Roch.*, 108.
Grenneville. *Caen*, 646.
Grenoble. *Dauph.*, 81. V.
Grenoilleau. *Guy.*, 1013.
Grenolias. *Par.*, III, 272.

Grenon. *Par.*, III, 317.
— *Prov.*, II, 401.
— *La Roch.*, 127, 140.
Grenos. *Bourg.*, I, 578.
Grenot. *Soiss.*, 338.
Grenouillon. *Tours*, 169, 359.
Grenovelle. *Fland.*, 219.
Grenu. *Fland.*, 579, 790, 794, 801.
— *Pic.*, 667.
— *Tours*, 251.
Gréoulx. *Prov.*, I, 1427.
Grés (de). *Toul.-Mont.*, 501.
Grés (des). *Bret.*, I, 211.
— *Par.*, I, 103.
Grés (du). *Tours*, 611.
Gresel. *Bret.*, II, 671.
Greselle (la). *Montp.-Mont.*, 1069.
Gresfert. *Prov.*, I, 411.
Grésil. *Tours*, 951.
Gresillemont. *Pic.*, 838.
Greslan. *Bret.*, II, 483.
Gresle. *Als.*, 620.
Gresle (le). *Soiss.*, 168.
Greslé. *Par.*, II, 769.
— *Vers.*, 27.
Gresli. *Prov.*, II, 482.
Greslin. *Tours*, 1111.
Gress. *Als.*, 751.
Gresse (St-). *Montp.-Mont.*, 1118, 1131.
Gresseau. *Poit.*, 517, 1119.
Gressens. *Toul.-Mont.*, 613.
Gressier. *Pic.*, 775.
Gressin. *Bourges*, 376.
Gresson. *Bret.*, II, 449.
— *Poit.*, 832.
Grésy. *Bourg.*, I, 1239.
Greteau. *Tours*, 1016.
Gretz (des). *Soiss.*, 188.
Gréve (la). *Bret.*, I, 107, 110.
— *Bret.*, II, 535, 536.
— *Lyon*, 844.
— *Guy.*, 1036.
Grevier. *Poit.*, 403.
Grevin. *Pic.*, 570.
— *Soiss.*, 225.
Grey. *Bourg.*, II, 153.
Grez (de). *Pic.*, 815.
Grézard. *Bourg.*, II, 628.
Greze. *Guy.*, 956.
Greze (St-). *Lim.*, 295.
Grezel. *Guy.*, 710.
Grezillemont. *Als.*, 318.
Grezillonnais (la) *Bret.*, II, 392, 405.
Grézolles. *Lyon*, 797, 815, 866, 1013.
Griau. *Lim.*, 354.

Gribal. *Bourg.*, II, 629.
Gribaldy. *Bourg.*, II, 315.
Gribemesnil. *Pic.*, 641.
Griche (de). *Lorr.*, 129.
Gricourt. *Pic.*, 644.
Gridé. *Par.*, I, 389.
Gridefeuille. *Bourg.*, II, 430.
Grie (la). *Lyon*, 245.
Griessat. *Als.*, 731.
Grieu. *Al.*, 231.
— *Par.*, II, 391.
— *Par.*, IV, 104.
— *Rouen*, 326, 340, 345, 362, 1240, 1282.
Griffe (le). *Orl.*, 552.
Griffet. *Bourb.*, 8, 10, 24, 443.
— *Prov.*, II, 364.
Griffeuil. *Prov.*, II, 103.
Griffon. *Bourg.*, I, 395.
— *Bourg.*, II, 282, 287.
— *Guy.*, 382, 1045.
— *Lyon*, 297, 638.
— *Par.*, I, 1273.
— *Pic.*, 78.
— *Poit.*, 497, 634, 1259.
— *La Roch.*, 83, 136.
— *Rouen*, 1390.
— *Tours*, 1134.
Griffy. *Montp.-Mont.*, 14, 43, 600, 672, 1481.
Grifolière. *Toul.-Mont.*, 717.
Grifouille (la). *Toul.-Mont.*, 1186.
Grifueil (de). *Bourg.*, I, 557.
Grigaut. *Pic.*, 622.
Grignan. *Prov.*, I, 1008.
— *Prov.*, II, 78, 226.
Grignard. *Bret.*, I, 424, 777.
— *Fland.*, 310.
Grignet. *Bourg.*, I, 726, 728, 1056, 1124.
— *Bourg.*, II, 32.
Grigneuseville. *Al.*, 899, 905.
Grignols. *Auv.*, 324.
Grignon. *Bret.*, II, 384.
— *Champ.*, 346.
— *Fland.*, 576, 1278.
— *Lyon*, 835.
— *Orl.*, 362.
— *Par.*, III, 158.
— *Poit.*, 90, 267, 511.
— *La Roch.*, 127, 264.
— *Tours*, 1011, 1144.
Grignoz. *Guy.*, 667.
Gril (le). *Bret.*, II, 670.
Grillard. *Par.*, I, 166.
Grillau. *Poit.*, 792.

Grille. *Par.*, II, 1227.
— *Prov.*, II, 76, 77, 92, 152, 171.
Grille (de). *Dauph.*, 510, 598.
Grilleau. *Bret.*, I, 313.
Grillet. *Bourb.*, 388.
— *Bourg.*, I, 598.
— *Bret.*, II, 403, 1070.
— *Fland.*, 1094.
— *Par.*, I, 1058.
— *Par.*, IV, 61, 63, 559.
— *Poit.*, 765.
— *Prov.*, II, 486.
— *Rouen*, 378.
— *Tours*, 217.
— *Vers.*, 53, 73, 188.
Grillière. *Guy.*, 1093.
Grillon. *Bourg.*, I, 406.
— *Guy.*, 318.
— *Prov.*, I, 1245.
Grillot. *Bourg.*, I, 55, 85, 86, 92, 318.
— *Bourg.*, II, 488.
— *Champ.*, 282.
— *Par.*, I, 763.
— *Par.*, IV, 578.
Grimal. *Montp.-Mont.*, 996.
— *Toul.-Mont.*, 283.
Grimaldi. *Par.*, I, 1195.
— *Par.*, II, 440.
— *Prov.*, I, 272, 378, 475, 488, 536, 563, 1387.
— *Rouen*, 1154.
— *Toul.-Mont.*, 738, 753.
Grimaldy. *Par.*, III, 55.
— *Vers.*, 37.
Griman. *Als.*, 574.
Grimard. *Guy.*, 72, 696, 878.
Grimaucourt. *Soiss.*, 672.
Grimaud. *Bourb.*, 216, 230, 331.
— *Dauph.*, 83.
— *Lim.*, 385.
— *Prov.*, I, 635, 682, 693, 719, 990, 1066.
— *Prov.*, II, 539, 542.
Grimaudet. *Bourg.*, I, 188.
— *Bret.*, I, 14, 430.
— *Orl.*, 87, 98, 378.
— *Par.*, I, 1084, 1257.
— *Poit.*, 78.
— *Tours*, 83, 87, 90, 144, 147, 523, 550, 690, 1261.
Grimaudière (la). *Poit.*, 737.
Grimauld. *La Roch.*, 236.
Grimault. *Al.*, 1162.
— *Poit.*, 204, 461, 566, 567, 619, 642.
— *Tours*, 196, 324, 1284, 1339.

Grimberge. *Champ.*, 142.
Grimberghe. *Pic.*, 97, 706.
Grimbert. *Soiss.*, 66, 161, 163, 164.
Grimenalt. *Als.*, 617.
Grimesnil. *Caen*, 506.
Grimessin. *Als.*, 573.
Grimoard. *Montp.-Mont.*, 377.
— *Par.*, I, 1120.
— *Poit.*, 214, 215, 220, 621.
Grimod. *Dauph.*, 239.
— *Par.*, I, 307, 1132.
— *Par.*, II, 512.
— *Prov.*, I, 598.
Grimoir. *Guy.*, 646, 924.
Grimoire. *La Roch.*, 350.
Grimont. *Al.*, 92, 210, 564, 578, 579, 596, 604.
— *Champ.*, 732.
— *Guy.*, 650.
— *Par.*, III, 142.
Grimonville. *Caen*, 3, 23, 195, 465, 634, 652, 654, 660, 677.
Grimord. *Lyon*, 71, 249, 737, 758, 940.
Grimot. *Caen*, 505.
Grimoult. *Caen*, 224.
Grimperel. *Par.*, II, 630.
— *Par.*, III, 347.
Grin (le). *Bret.*, II, 856.
Grinsard. *Lorr.*, 626.
Grion. *Prov.*, I, 1216.
Grip. *Caen*, 257.
Gripel (du). *Al.*, 70, 817.
— *Auv.*, 192.
— *Caen*, 501.
Gripière. *Guy.*, 1130, 1131.
Gripoulleau. *Tours*, 849.
Grippiere. *Vers.*, 142.
Gris. *Bret.*, I, 242, 243.
— *Tours*, 865.
Gris (le). *Al.*, 235.
— *Bret.*, II, 50, 671, 858, 999.
— *Orl.*, 629.
— *Pic.*, 747.
— *Rouen*, 303, 1159, 1227, 1232.
Grisard. *Bourg.*, I, 1063.
— *Bourg.*, II, 615.
Grisel. *Rouen*, 153, 790, 933.
Grisolet. *Soiss.*, 559, 710.
Grisolle. *Prov.*, II, 188, 806.
Grisolles. *Prov.*, I, 97.
Grison. *Bret.*, II, 394.
Grissel. *Poit.*, 1362.
Grisset. *Al.*, 1020.
Grissier. *Par.*, III, 534.
Grivart. *Bret.*, I, 347.
Grive. *Lyon*, 227.

Griveau. *Bret.*, I, 170.
— *Orl.*, 518.
— *Par.*, II, 902.
— *Par.*, IV, 242.
Grivel. *Bourg.*, I, 1198.
— *Bret.*, II, 416.
Grivolle. *Par.*, I, 36.
Grivet. *Poit.*, 802.
Grizollet. *Auv.*, 869.
— *Par.*, II, 143.
Grizot. *Montp.-Mont.*, 1345.
Gro. *Fland.*, 197.
Groardcourt. *Lorr.*, 118.
Grobost. *Auv.*, 7.
Groesquer (du). *Bret.*, I, 205, 614.
Groetelz. *Als.*, 631.
Grofres. *Als.*, 886.
Grognard. *Prov.*, I, 422.
Groguet. *Par.*, I, 326.
Grogui. *Prov.*, II, 268.
Groicard. *Bourg.*, I, 1076.
Groignaux. *Al.*, 36, 265, 266, 1014, 1018, 1042.
Groil. *Par.*, I, 404.
Groin (le). *Par.*, I, 451, 690, 1163, 1170.
Groing (le). *Auv.*, 236, 403.
— *Bourb.*, 315, 521, 530.
Groisé. *Tours*, 1081.
Groisier. *Rouen*, 859.
Groisy. *Par.*, I. 1193.
Groleau. *Poit.*, 256, 710, 1258.
— *La Roch.*, 390.
Grolée. *Dauph.*, 33, 131, 222, 224, 253, 255, 257.
— *Montp.-Mont.*, 322.
— *Par.*, I, 444.
Grolier. *Auv.*, 162.
— *Dauph.*, 39, 198.
— *Lyon*, 5, 6, 25, 91.
— *Poit.*, 536, 537, 543, 793, 1528.
Grolière (la). *Bourges*, 529.
Grollet. *Al.*, 72.
Grollier. *Bourg.*, I, 122.
Gromaire. *Als.*, 601.
Gronac. *Bourges*, 426.
Grondeau. *Par.*, II, 168.
Gronguet. *Montp.-Mont.*, 892.
Grout. *Par.*, II, 937.
Groôte. *Fland.*, 224.
Gros. *Auv.*, 117, 130, 135, 136, 137, 397.
— *Lyon*, 16, 412, 652, 952.
— *Montp.-Mont.*, 290, 608, 1496.
— *Prov.*, I, 527, 563, 656, 677, 790, 905, 926.

— *Prov.*, ii, 290, 651, 667.
— *Toul.-Mont.*, 79, 280, 711, 922, 1081, 1337.
Gros (du). *Guy.*, 1141.
Gros (le). *Auv.*, 38, 291, 438.
— *Bourb.*, 429.
— *Bret.*, i, 292.
— *Champ.*, 541.
— *Orl.*, 623, 628.
— *Par.*, ii, 1219.
— *Poit.*, 1382, 1488.
— *Rouen*, 896.
Grosbois. *Lyon*, 214.
— *Tours*, 193.
Grosleux, *Bourg.*, i, 406.
Groscol. *Al.*, 1138.
Groselier. *Lyon*, 261.
Groseliers (des). *Pic.*, 80, 318, 802.
Grosjean. *Bourg.*, i, 1149.
— *Orl.*, 869.
— *Prov.*, ii, 416.
Groslard. *Orl.*, 315.
Groslé. *Bourg.*, i, 13.
Groslier. *Soiss.*, 419.
Groslon. *Lim.*, 233.
Grosourdi. *Al.*, 620.
— *Caen*, 19, 23, 36, 656.
— *Rouen*, 4.
Grospré (du). *Fland.*, 154, 340.
Grossaine. *Soiss.*, 214, 227.
Grossart. *Champ.*, 11, 409.
Grossat. *Par.*, iii, 461.
Grossave. *Bourges*, 286.
Grosse. *Als.*, 622.
Grosseau. *Prov.*, i, 14.
Grosselles. *Par.*, ii, 1030.
Grosset. *La Roch.*, 210.
Grosseteste. *Champ.*, 194, 358, 837.
— *Par.*, i, 317, 1320.
Grossetière (la). *Poit.*, 1229.
Grossi. *Prov.*, ii, 630, 641.
Grossier. *Bourb.*, 591.
Grossin. *Par.*, i, 524.
— *Rouen*, 523, 687, 1251.
— *Tours*, 1243.
Grossinière (la). *Poit.*, 811.
Grossolles. *Guy.*, 172.
— *Montp.-Mont.*, 1146, 1147.
Grosteste. *Par.*, iv, 165.
Grotet. *Orl.* 407.
Grou. *Soiss.*, 24.
Grou (du). *Prov.*, ii, 15.
Grouchet. *Rouen*, 537, 568.
Grouchi. *Rouen*, 217, 218, 221.
Grouchy. *Par.*, ii, 783.
Groue (la). *Soiss.*, 395.

Grouesson. *Poit.*, 05.
Grouet. *Orl.*, 130.
Grougnard. *Prov.*, i, 748.
Grouin. *Bourb.*, 127.
— *Orl.*, 33.
Groulard. *Champ.*, 166.
— *Fland.*, 890.
— *Lorr.*, 286.
— *Rouen*, 1092.
Groult. *Par.*, ii, 854, 1068.
Grous. *Als.*, 890.
Grousmard. *Als.*, 1033.
Grousse. *La Roch.*, 447.
Groust. *Par.*, i, 1020.
Grousteau. *Orl.*, 90, 739.
Grout. *Bret.*, i, 167, 185, 221, 239, 905.
— *Bret.*, ii, 428, 435, 465, 509, 609.
— *Lorr.*, 225, 234.
— *Par.*, i, 942.
Grouvel. *Rouen*, 97.
Groux (des). *Soiss.*, 750.
Grouzclier. *Lorr.*, 44.
Groyc (la). *Lim.*, 433.
Grozelier. *Bourg.*, i, 241, 283, 332, 345, 346.
Grozeliers (des). *Fland.*, 11, 296.
Gruaux. *Guy.*, 196.
Grubis. *Dauph.*, 234.
Gruchet. *Rouen*, 1170.
Gruchi. *Rouen*, 852.
Grude. *Tours*, 65, 942.
Grüe. *Prov.*, i, 1234.
Grüe (la). *Bret.*, i, 170.
— *Bret.*, ii, 1121.
— *Orl.*, 933.
Gruel. *Al.*, 25, 49, 756, 1145.
— *Als.*, 640.
— *Dauph.*, 40, 278.
— *Guy.*, 12.
— *Poit.*, 66.
Gruellon. *Bourg.*, i, 1121.
Gruenwaldt. *Als.*, 478.
Gruer. *Bourg.*, ii, 69.
Gruet (le). *Orl.*, 440, 441, 955.
Gruge. *Soiss.*, 521.
Grugé. *Bourg.*, i, 143.
Grugel. *Poit.*, 1382.
Grugelin. *Tours*, 340, 1510.
Gruin. *Fland.*, 15.
— *Par.*, i, 517.
— *Par.*, ii, 554, 741, 742.
— *Par.*, iii, 578, 609.
Gruinet. *Poit.*, 1091.
Grumelier. *Fland.*, 15, 241, 243, 275, 1047.

Grumel. *Lyon*, 173.
Grumet. *Bourg.*, II, 274.
Grune. *Als.*, 798.
Grunet. *Prov.*, II, 832.
Grusloos. *Fland.*, 130.
Grusse. *Als.*, 944.
Gruter. *Tours*, 149, 546.
Grutre. *Fland.*, 1174.
Grutuze (de). *Champ.*, 106, 247, 248.
Gruyer. *Bourg.*, II, 7.
Gruyer (le). *Bret.*, II, 461.
Gruzet. *Orl.*, 230.
Gruzon. *Fland.*, 569, 778.
Gruzon (de). *Pic.*, 801.
Gruzot. *Bourg.*, II, 473.
Guacoisin. *Tours*, 503.
Guadart. *Orl.*, 877.
Guai. *La Roch.*, 42, 263.
Guai (du). *La Roch.*, 70.
Guai (le). *Lyon*, 842, 949.
— *Tours*, 1137.
Guairoard. *Prov.*, I, 1157, 1163, 1164, 1165.
Guairard. *Prov.*, I, 1143, 1155, 1180, 1183.
Guairos. *Guy.*, 813.
Guais. *Tours*, 1449.
Gual (le). *Bret.*, I, 109.
Gualabert. *Toul.-Mont.*, 227, 239.
Gualez (le). *Bret.*, I, 594, 672.
— *Bret.*, II, 206.
Guallopin. *Guy.*, 1090.
Gualy (de). *Montp.-Mont.*, 1037.
— *Par.*, I, 120.
Guaragnol. *Vers.*, 203.
Guarapuy. *Montp.-Mont.*, 1111.
Guarbuzat. *La Roch.*, 136.
Guarette. *Prov.*, I, 658.
Guarinie. *Prov.*, I, 563.
Guast (de). *Montp.-Mont.*, 474, 537, 915, 916.
Guat (le). *Bourg.*, II, 279, 374.
Guay. *Bourg.*, II, 274.
Guay (du). *Bret.* I, 269.
Guay (le). *Orl.*, 378.
— *Par.*, III, 434.
Guazzo. *Fland.*, 184.
Gubaer (le). *Bret.*, I, 286, 703.
Gubert. *Bret.*, II, 1094.
— *Prov.*, I, 10, 14, 41.
— *Prov.*, II, 442, 453.
Gubillon. *Par.*, II, 261.
Guchery. *Par.*, III, 457.
Gudin. *Bourb.*, 222, 566.
Gué. *Tours*, 494, 855, 881, 902, 949, 1328, 1405.

Gué (du). *Al.*, 1046, 1185.
— *Bourb.*, 461, 478.
— *Bourg.*, II, 4.
— *Caen*, 166.
— *Lyon*, 2, 254.
— *Par.*, I, 572, 974, 1032.
— *Par.*, II, 11, 102, 229, 239, 370, 989.
— *Par.*, III, 229.
— *Poit.*, 608, 876.
— *Rouen*, 195.
— *Vers.*, 41, 159.
Gué (le). *Bret.*, II, 379, 456, 527.
Gueau. *Bret.*, I, 508.
— *Orl.*, 56, 622, 633, 649, 681.
— *Par.*, II, 285.
Guebin. *Lorr.*, 148.
Guébriac. *Bret.*, I, 98.
Guebrunet. *Par.*, I, 1349.
Guédan. *Montp.-Mont.*, 483.
Guedei (le). *Al.*, 809, 815.
Guedeville. *Par.*, I, 170.
Guédier. *Rouen*, 62.
— *Tours*, 14.
Guédois (le). *Caen*, 738.
Guédon. *Par.*, I, 680.
Guédon. *Montp.-Mont.*, 310.
Guedoux. *Tours*, 1488.
— *Tours*, 949.
Gueffier. *Lyon*, 937.
— *Par.*, I, 960.
Gueffronneau. *Orl.*, 12.
Guégant. *Bret.*, I, 287.
Guégen. *Bret.*, I, 40.
Guéguen. *Bret.*, I, 319, 664, 714.
— *Bret.*, II, 425, 870, 1040.
Guéhart. *Bret.*, I, 35.
Guehenneuc. *Bret.*, I, 562, 613, 614, 615.
— *Bret.*, II, 126.
Guéhéri. *Al.*, 1161.
Guehery. *Par.*, I, 1212.
— *Par.*, II, 457.
Gueho. *Bret.*, II, 667.
Guéidan. *Prov.*, I, 483, 1015.
— *Prov.*, II, 236, 239.
Gueidon. *Prov.*, I, 721, 1062.
— *Prov.*, II, 354.
Gueimeu. *Guy.*, 949.
Gueirard. *Prov.*, I, 992, 1182.
Gueiroard. *Prov.*, I, 1021.
Gueissan. *Prov.*, I, 1277.
Gueit. *Prov.*, II, 751.
Guélain. *Rouen*, 776.
Guélan. *Montp.-Mont.*, 1338.
Guéland. *Bourg.*, I, 330.

— *Bourg.*, II, 6, 97.
Gueldrop. *Soiss.*, 279.
Gueldrope. *Par.*, I, 687.
Guele. *Bourg.*, I, 726.
Guelen. *Bret.*, II, 218, 444.
Guelengue. *Fland.*, 1157.
Guélinard. *Poit.*, 437.
Guelle (la). *Lim.*, 365.
— *Par.*, II, 591.
Guellens. *Fland.*, 1327.
Gueller. *Als.*, 581.
Guelloé. *Al.*, 20.
Guélot. *Bourg.*, II, 26, 88, 500.
Guelton. *Prov.*, II, 472.
Guémadeuc. *Bret.*, I, 583, 722.
— *Bret.*, II, 166.
Guermanfou. *Bret.*, II, 622.
Guémichon. *Champ.*, 554.
Guémin. *Dauph.*, 217, 222.
— *Prov.*, 1002.
Guemir. *Tours*, 1216.
Guénan. *Poit.*, 285.
Guénand. *Tours*, 225, 231, 1061.
Guenant. *Bourges*, 229.
Guenard. *Bourg.*, I, 470.
Guénard. *Lyon*, 1033.
Guénardière. *Tours*, 1357.
Guénault. *Lorr.*, 102.
Guénaut. *Bourges*, 81.
Guendieu. *Al.*, 805.
Guéneau. *Bourb.*, 64, 69, 411.
— *Bourg.*, I, 552, 856.
— *Bourg.*, II, 234, 240, 260.
Guénebault. *Bourg.*, II, 478, 508, 623.
Guénégaud. *Par.*, I, 99, 156, 1198.
— *Par.*, II, 381, 1009.
Guenegaut. *Par.*, III, 53, 77, 92, 93.
Guenelon. *La Roch.*, 160.
Guenet. *Par.*, I, 1238.
— *Al.*, 234, 359, 459, 460.
— *Guy.*, 250.
— *Rouen*, 127, 607, 650, 668, 727.
— *Vers.*, 67.
Guenette. *Orl.*, 209, 763.
Guenheim. *Als.*, 489.
Guenichol. *Bourg.*, II, 40.
Guénier. *Bourges*, 287.
Guénin. *Als.*, 715.
— *Bourg.*, II, 244, 505.
— *Pic.*, 116.
Gueninard. *Bourg.*, II, 236.
Guénineau. *Tours*, 92, 522, 884, 1008, 1140.
Gueniot. *Bourg.*, II, 263.
— *Par.*, II, 212.

— *Par.*, IV, 59, 574.
Gueniveau. *La Roch.*, 156.
Guennec (le). *Bret.*, I, 854.
Guénois. *Bourges*, 12, 99, 285, 303, 399, 400.
— *Par.*, II, 597.
Guénon. *Poit.*, 897, 1101.
Guenon. *La Roch.*, 167, 377.
Guénot. *Tours*, 1061.
Guénoult. *Caen*, 644.
Guepfer. *Als.*, 111, 113.
Guer (de). *Bret.*, I, 170, 361, 699, 720.
Guerande (la). *Bret.*, I, 635.
Guérard. *Champ.*, 708.
— *Par.*, IV, 588.
— *Pic.*, 122, 137, 380, 732.
— *Poit.*, 530.
— *Prov.*, I, 64.
— *Prov.*, II, 184.
— *Rouen*, 846, 1415.
Guérart. *Caen*, 567.
Guéraud. *Montp.-Mont.*, 256.
Gueraud. *La Roch.*, 236.
Guerbin. *Tours*, 206.
Guerbois. *Par.*, II, 881.
Guerchais. *Tours*, 1471.
Guerchan. *Tours*, 998.
Guerchois (le). *Par.*, I, 413.
— *Rouen*, 13, 32, 45, 630, 669.
Guéreau. *Auv.*, 154.
— *Poit.*, 498.
Guerepin. *Bourg.*, II, 623.
Guéret. *Al.*, 808, 964.
— *Bourb.*, 361, 536.
— *Orl.*, 756, 321.
— *Par.*, III, 512.
Guerey. *Par.*, I, 1157.
Gueri. *Al.*, 889, 1138, 1142.
— *Par.*, I, 170, 171.
Gueribalde. *Par.*, II, 1233.
Gueribaldi. *Toul.-Mont.*, 1116.
Gueribourg. *Par.*, I, 330.
Guéric. *Montp.-Mont.*, 1035.
Guériel. *Montp.-Mont.*, 71.
Guérier. *Auv.*, 87.
— *Tours*, 1260.
Guerif. *Tours*, 519.
Guérignon. *Bourb.*, 561.
Guerin. *Al.*, 269, 278, 286, 695, 758, 1030, 1051, 1064, 1229, 1244, 1247, 1248.
— *Als.*, 798.
— *Auv.*, 11, 54, 183, 291, 309, 406, 434, 443, 535.
Guérin. *Bourb.*, 7, 20, 21, 25, 501.

— *Bourg.*, I, 103, 1140.
— *Bourg.*, II, 318.
— *Bret.*, I, 167, 218, 401, 502, 690, 843.
— *Bret.*, II, 1085.
— *Caen*, 226, 272, 664.
— *Champ.*, 304, 788.
— *Dauph.*, 46, 149, 190, 226, 404.
— *Fland.*, 29, 1235, 1286.
— *Guy.*, 2, 18, 65, 101, 199.
— *Lim.*, 323.
— *Lorr.*, 25, 432.
— *Lyon*, 118, 159, 223, 338, 439, 451, 604, 664.
— *Montp.-Mont.*, 21, 330, 381, 509, 594, 800, 830.
— *Orl.*, 720, 734.
— *Par.*, I, 752, 836, 841, 1101, 1317, 1365, 1373.
— *Par.*, II, 292, 360, 613, 816, 873, 1000, 1040, 1196.
— *Par.*, III, 9, 291, 326, 407, 474, 480, 560, 573.
— *Par.*, IV, 508, 673, 802.
— *Pic.*, 405, 621.
— *Poit.*, 170, 240, 310, 379, 518, 522, 1018, 1382.
— *Prov.*, I, 145, 256, 381, 466, 796, 1170, 1181, 1195 *bis*, 1197.
— *Prov.*, II, 14, 450, 670, 742, 808, 826, 836.
— *La Roch.*, 173, 392.
— *Rouen*, 292, 302, 303, 891, 912, 1167, 1234.
— *Soiss.*, 198, 219, 233, 398, 418, 567, 675, 703, 713, 854.
— *Toul.-Mont.*, 655, 656, 806.
— *Tours*, 123, 420, 578, 760, 909, 947, 983, 1002, 1036, 1208, 1303, 1459.
— *Vers.*, 101.
Guérineau. *Orl.*, 790.
— *Poit.*, 1021, 1089, 1225.
Guerinet. *Bourg.*, I, 47.
— *Poit.*, 998.
— *La Roch.*, 406.
Guéringaud. *Auv.*, 181, 191, 307.
Guérinière (la). *Al.*, 1211.
— *Par.*, I, 1074.
— *Par.*, II, 1127.
— *Poit.*, 238, 262, 372, 626, 627, 1294, 1553.
Guerinois. *Par.*, I, 1305.
Guérinot, *Al.*, 994.
Gueriteau. *La Roch.*, 259.
Gueritot. *Bourg.*, I, 1136.

Guermange (de). *Lorr.*, 294.
Guermar. *Bret.*, II, 536.
Guermeur (du). *Bret.*, I, 293, 295, 329, 702.
— *Bret.*, II, 239.
Guern (le). *Bret.*, I, 851.
Guerne (de). *Soiss.*, 167, 384, 614.
Guernel. *Al.*, 227.
Guernier. *Fland.*, 35.
Guernisac. *Bret.*, I, 706, 944.
Guernon. *Caen*, 86, 106, 160, 177.
Guernouval. *Fland.*, 504.
Guéroard. *Prov.*, II, 423, 432, 490.
Guéroir (du). *Poit.*, 315.
Guérois. *Prov.*, II, 829.
Guéron. *Caen*, 455.
— *Par.*, III, 509.
Guéros. *Lyon*, 1049.
Gueros (de). *Prov.*, I, 584.
Guérot. *Bret.*, II, 403, 608, 746.
Guérouard. *Poit.*, 760.
Guéroul. *Prov.*, II, 451.
Gueroult. *Al.*, 92, 198, 213, 219, 224, 264, 270, 507, 568, 644, 645, 736, 881, 974, 975, 1026, 1041, 1062, 1144, 1249.
— *Caen*, 68, 97, 303, 755.
— *Par.*, I, 17, 156, 1249, 1305.
— *Rouen*, 516, 530, 584, 670, 735, 798, 1151.
Guéroust. *Tours*, 266.
Guerpel. *Al.*, 28, 31, 39, 43, 49, 51, 79, 85, 376, 497, 543, 774, 779, 786, 1194.
Guerpoisson. *Bret.*, I, 430. V. Kerpoisson.
Guerre. *Lorr.*, 113, 626.
Guerre (de). *Par.*, I, 203.
Guerre (la). *Bret.*, I, 879.
— *Par.*, I, 1358.
— *Par.*, III, 244.
Guerreau. *Rouen*, 451, 452, 464, 465.
Guerren (du). *Lorr.*, 259.
Guerret. *Bourg.*, I, 550, 1207.
Guerrey. *Par.*, III, 412.
Guerri. *Auv.*, 70, 448.
— *Poit.*, 214, 345, 351, 372, 512, 637, 706, 1007, 1081, 1123, 1249.
Guerrier. *Al.*, 1041, 1207.
— *Lorr.*, 251.
— *Lyon*, 132, 623.
Guerron. *Lim.*, 420.
Guerry. *Bret.*, I, 193, 308, 396, 451.
— *Fland.*, 1328.
— *Orl.*, 82, 756, 770.

Guersans. *Bret.*, I, 433.
Guerschin. *Lorr.*, 548.
Guertener. *Als.*, 628.
Guertin. *Par.*, III, 461.
Guerton. *Orl.*, 944.
Gueru (le). *Al.*, 226.
Guérusseau. *Poit.*, 148, 346, 351, 1123.
— *La Roch.*, 28.
Guervasic. *Bret.*, I, 894.
Guerville. *Al.*, 83, 216, 1187.
— *Par.*, IV, 269.
Guerrout. *Lim.*, 324.
Guery. *Bourges*, 7.
— *Lim.*, 389.
Gués. *Prov.*, II, 759.
Guésart. *Rouen*, 442.
Guesbin. *Poit.*, 854.
Guesbins. *Tours*, 210, 216, 1305.
Guesclin. *Tours*, 356, 420.
Guesclin (du). *Bret.*, I, 22, 378, 400.
— *Bret.*, II, 770.
Guesdan. *Dauph.*, 193.
Guesde. *Al.*, 1039.
Guesdon. *Al.*, 1103.
— *Bourg.*, I, 407.
— *Bret.*, I, 96, 360.
— *Bret.*, II, 193, 554, 1130.
— *Caen*, 794.
— *Champ.*, 231.
— *Par.*, II, 789.
— *Par.*, III, 127.
— *Poit.*, 18, 971, 1116.
— *Rouen*, 890, 907.
Guesel. *Als.*, 684, 937.
Guesguière. *Fland.*, 768.
Gueslin. *La Roch.*, 261.
Guesnier. *Orl.*, 358.
— *Par.*, II, 585.
Guespin. *Bret.*, II, 379.
— *Prov.*, II, 89.
— *Tours*, 945.
Guespin (de). *Als.*, 169, 702.
Guespré. *Al.*, 729.
Guesselin. *Bret.*, II, 484, 1110.
Guessi. *Prov.*, I, 700.
Gueston. *Par.*, I, 1013, 1032, 1130.
— *Par.*, II, 479.
Guestre. *Par.*, II, 852, 853.
— *Vers.*, 209.
Guet. *Bret.*, II, 412.
— *Tours*, 964.
Guet (du). *Vers.*, 137.
Guétand. *Lyon*, 669.
Guetier. *Tours*, 357.

Guéton. *Lyon*, 16, 510.
Guettart. *Rouen*, 1117.
Guette. *Poit.*, 553.
— *Tours*, 223.
Guette (la). *Bourg.*, I, 9.
Guetté. *Par.*, I, 256.
Guetteville. *Rouen*, 320, 694, 868.
Guetton. *Prov.*, I, 1104.
Guetz (des). *Orl.*, 215.
Gueudin. *Par.*, III, 333.
Gueule (la). *Bourg.*, II, 170.
Gueulette. *Caen*, 873.
— *Par.*, III, 404.
Gueullay. *Pic.*, 73, 79, 122, 196.
Gueulle (la). *Orl.*, 317, 356, 395.
Guéval. *Pic.*, 765.
Guevauvillier. *Pic.*, 646, 762.
Gueviller. *Als.*, 97. **V.**
Guey. *Bret.*, I, 346.
Guez. *Prov.*, I, 761.
Guez (de). *Lim.*, 51.
Guez (des). *Al.*, 513, 650.
Guezennec. *Bret.*, I, 967.
Guezille. *Bret.*, I, 596.
Guezol. *Bret.*, II, 850.
Guffroy. *Pic.*, 735.
Guhaye (la). *Guy.*, 1140.
Gui. *Dauph.*, 437.
— *Guy.*, 865.
— *Montp.-Mont.*, 49, 50, 462, 799, 1342.
— *Poit.*, 165.
— *Prov.*, II, 313, 807.
— *La Roch.*, 331, 334, 336.
— *Toul.-Mont.*, 726, 736, 950, 955.
— *Tours*, 1337, 1417.
Guialois. *Bourg.*, II, 171.
Guiard. *Toul.-Mont.*, 293.
— *Tours*, 898.
Guiardu. *Montp.-Mont.*, 821.
Guiaret. *Fland.*, 4.
Guiart. *Bourges*, 332, 387.
— *Poit.*, 1525.
— *Soiss.*, 66, 76, 316, 568.
Guiardrie (la). *La Roch.*, 406.
Guibal. *Montp.-Mont.*, 7, 204, 219, 1270.
— *Toul.-Mont.*, 708.
Guibaudet. *Bourg.*, I, 67, 74.
— *Bourg.*, II, 49, 100.
Guibault. *Poit.*, 838, 839, 889.
Guibaut. *Montp.-Mont.*, 1498.
— *Prov.*, I, 1200.
Guibert. *Bret.*, II, 394, 398, 611.
— *Fland.*, 1497.
— *Guy.*, 868.

— *Lim.*, 321.
— *Lorr.*, 536.
— *Montp.-Mont.*, 821, 1337.
— *Orl.*, 341.
— *Par.*, I, 1088.
— *Par.*, II, 375, 1217.
— *Par.*, IV, 563.
— *Pic.*, 718.
— *Poit.*, 1287.
— *Prov.*, I, 683, 1019, 1055.
— *Prov.*, II, 362, 643, 659, 699.
— *La Roch.*, 312, 313.
— *Toul.-Mont.*, 6, 1192.
— *Tours*, 256, 1012, 1079, 1107.
Guibora. *Soiss.*, 401.
Guiboras. *Champ.*, 369.
Guibourg. *Bourg.*, I, 856.
— *Par.*, IV, 161.
Guiboutticr. *Tours*, 1488.
Guibreteau. *Poit.*, 1370.
Guicarnou. *Bret.*, I, 942.
Guichans. *Montp.-Mont.*, 290.
Guichard. *Al.*, 390, 1104.
— *Bourg.*, I, 229, 394, 396, 760.
— *Bourg.*, II, 270.
— *Bret.*, I, 177, 813.
— *Bret.*, II, 59, 395, 446.
— *Caen*, 224, 786.
— *Champ.*, 10, 296, 915.
— *Lorr.*, 579.
— *Lyon*, 148.
— *Orl.*, 801, 804.
— *Par.*, I, 150.
— *Poit.*, 291, 293, 295, 1121, 1158.
— *Prov.*, I, 91, 800, 813, 1004.
— *Prov.*, II, 35, 255, 352, 690.
— *La Roch.*, 265.
— *Rouen*, 447.
— *Tours*, 1382.
Guichardet. *Bourg.*, II, 33.
Guichardy. *Bret.*, I, 307, 457.
Guichart. *Bourges*, 256.
Guiche. *Soiss.*, 346.
Guiche (la). *Bourg.*, I, 116, 1288.
— *Lyon*, 241.
— *Par.*, II, 163.
Guichelet. *Bourg.*, I, 425.
Guichenérer. *Guy.*, 932.
Guichenné. *Guy.*, 1152.
Guicheré. *Poit.*, 1331.
Guichet. *Bret.*, I, 81.
— *Lyon*, 744.
— *Poit.*, 1258, 1384.
Guichon. *Lorr.*, 535.
— *Lyon*, 667.
— *Par.*, I, 171, 1239.

— *Par.*, II, 282, 368.
— *Par.*, III, 235, 321.
— *Par.*, IV, 150, 152.
— *Tours*, 1030.
Guichot. *Bourg.*, II, 371.
Guicqueau. *Bret.*, II, 487.
Guide. *Prov.*, I, 224.
Guide (la). *Par.*, II, 1212.
Guidet. *Champ.*, 594.
Guidevaux. *Bourg.*, I, 1268.
Guidi. *Prov.*, I, 1350.
— *Prov.*, II, 16, 481, 533.
Guidin. *Fland.*, 347, 1120.
Guido. *Bret.*, II, 254.
Guidoin. *Guy.*, 1098.
Guidon. *La Roch.*, 208.
Guidot. *Bourg.*, II, 379.
— *Champ.*, 612, 801.
Guiemus. *Guy.*, 131.
Guien. *Prov.*, I, 628.
Guienro. *Al.*, 198.
Guier. *Als.*, 635.
Guierche (la). *Bret.*, I, 184.
Guicrct (de). *Pic.*, 835.
Guierville. *Al.*, 241, 374, 443.
— *Rouen*, 291, 301, 328, 719. V. Giverville.
Guiesin. *Par.*, III, 295.
Guiestel. *Toul.-Mont.*, 539.
Guiet. *Par.*, I, 807, 810.
— *Poit.*, 762, 1090, 1200.
— *Tours*, 1048, 1059, 1156, 1279.
Guieu. *Prov.*, I, 670, 1086.
— *Prov.*, II, 365.
Guieux. *Par.*, I, 1215.
Guieuznou. *Bret.*, I, 546.
Guiffrey. *Dauph.*, 22.
Guignace. *Par.*, I, 720.
Guignant. *Lyon*, 661.
Guignard. *Bourg.*, I, 1178.
— *Bret.*, I, 512.
— *Bret.*, II, 471.
— *Dauph.*, 148.
— *Lyon*, 14, 15, 44, 518.
— *Par.*, I, 1316.
— *Poit.*, 293, 722, 764, 1245, 1388, 1423.
— *Prov.*, II, 694.
Guignardeau. *Poit.*, 1172.
Guignasse. *Orl.*, 368, 493, 574.
— *Par.*, III, 428.
Guignau. *Orl.*, 720.
Guignaud. *Bourg.*, II, 474.
Guigne. *Bourg.*, I, 561, 1209.
Guignet. *Montp.-Mont.*, 825.
— *Pic.*, 515.

Guignon. *Als.*, 70.
— *Bret.*, II. 575.
— *Pic.*, 564.
— *Poit.*, 514.
Guignot. *Lorr.*, 158.
— *La Roch.*, 92.
Guigon. *Montp.-Mont.*, 696.
Guigonis. *Prov.*, I, 648.
Guigou. *Dauph.*, 36, 620.
— *Lyon*, 395.
— *Par.*, II, 464, 563, 679, 1010.
— *Par.*, III, 456.
— *Prov.*, I, 100, 109, 1301.
Guigues. *Prov.*, I, 1223, 1225, 1226, 1228, 1271, 1332, 1403.
— *Prov.*, II, 214, 244, 526, 533.
Guihard. *Bret.*, I, 442, 504.
Guiho. *Bret.*, I, 161.
— *Bret.*, II, 34.
Guihou. *Bret.*, I, 223.
— *Par.*, II, 636, 786.
Guilbaut. *Bret.*, II, 336, 487.
Guilbert. *Bourg.*, II, 499, 502.
— *Pic.*, 300.
— *Toul.-Mont.*, 134, 144.
Guildal. *Bret.*, II, 696.
Guilebert. *Pic.*, 818.
Guilhem. *Guy.*, 1229.
— *Montp.-Mont.*, 1102.
Guilhermi. *Prov.*, I, 664.
Guilhet. *Prov.*, I, 555, 637.
Guillain. *Par.*, III, 345.
— *Pic.*, 188, 206, 727.
— *Rouen*, 919.
Guillais. *Orl.*, 768.
Guillamier. *Bourg.*, I, 564, 928.
Guillard. *Al.*, 436, 459.
— *Bourg.*, I, 1137.
— *Bret.*, I, 356, 558, 631.
— *Bret.*, II, 253, 471.
— *Lyon*, 227.
— *Orl.*, 667.
— *Par.*, II, 137, 139, 145, 564, 1174.
— *Par.*, III, 316.
— *Poit.*, 478.
— *La Roch.*, 35, 106.
— *Rouen*, 383, 780.
— *Tours*, 307, 1090.
Guillardet. *Bourg.*, II, 18, 508.
Guillardin. *Poit.*, 557.
Guillart. *Par.*, I, 797, 897.
Guillaud. *Dauph.*, 274.
Guillaudeu. *Bret.*, I, 205, 466, 495, 814.
— *Bret.*, II, 471.

— *Poit.*, 460.
— *La Roch.*, 13, 271.
Guillaume. *Al.*, 715.
— *Bourg.* I, 33, 84, 157, 319, 331, 1015.
— *Bourg.*, II, 27, 259, 353, 481.
— *Bret.*, I, 93.
— *Bret.*, II, 436, 437, 442, 807.
— *Champ.*, 19, 41, 114, 125, 135, 470, 478, 575, 586, 616, 735.
— *Lim.*, 416.
— *Lorr.*, 42, 43.
— *Montp.-Mont.*, 1169.
— *Orl.*, 529, 621.
— *Par.*, I, 248, 628, 784, 907.
— *Par.*, II, 100.
— *Par.*, IV, 14, 15, 26, 292.
— *Prov.*, II, 736.
— *Rouen*, 25, 843.
— *Soiss.*, 245, 753, 754.
— *Tours*, 1049.
Guillaume (St-). *Poit.*, 1502.
Guillaumeau. *Lim.*, 426.
— *La Roch.*, 328, 352.
Guillaumel. *Champ.*, 726, 804.
Guillaumet. *Bourg.*, I, 740.
Guillaumie (la). *Par.*, I, 912, 1162.
— *Rouen*, 28.
Guillaumot. *Bourg.*, I, 777.
Guillanray. *Al.*, 998.
Guillaut. *Bret.*, II, 673.
Guillay. *Bret.*, I, 159.
Guille. *Par.*, II, 744.
— *Toul.-Mont.*, 735.
Guille (la). *Bourg.*, I, 594.
— *Bourg.*, II, 61, 192.
Guillé. *Al.*, 1020.
Guilleau. *Rouen*, 936.
Guillebault. *Poit.*, 104, 582, 602, 786, 1218, 1261, 1384.
— *Tours*, 899.
Guillebaut. *Bret.*, II, 473.
— *Fland.*, 254.
Guillebert. *Al.*, 175, 495.
— *Caen*, 12, 46, 424, 610, 753.
— *Champ.*, 800.
— *Fland.*, 290.
— *Montp.-Mont.*, 321, 1352.
— *Par.*, II, 336.
— *Par.*, III, 303.
— *Par.*, IV, 326.
— *Rouen*, 233, 770.
Guillebon. *Bourb.*, 274.
— *Par.*, I, 477.
— *Par.*, II, 452.
— *Par.*, III, 120.

— *Pic.*, 719, 843.
— *Soiss.*, 11.
Guillebout. *Al.*, 1136.
Guillegaud. *Poit.*, 810.
— *Vers.*, 230.
Guillein. *Bret.*, II, 966.
— *La Roch.*, 310.
Guillem. *Toul.-Mont.*, 328, 420, 1328.
Guillemain. *Guy.*, 990.
— *La Roch.*, 168.
— *Vers.*, 308.
Guillemard. *Par.*, I, 685.
— *Poit.*, 839.
— *Soiss.*, 465.
Guillemardet. *Bourg.*, II, 175.
Guillemare. *Rouen*, 880.
Guillemart. *Bourg.*, I, 257.
— *Par.*, III, 140.
Guillemaux. *Tours*, 255.
Guillemeau. *Par.*, I, 932.
— *Par.*, II, 3.
— *Par.*, III, 456.
— *Poit.*, 125, 847, 1003.
Guillemet. *Bourg.*, I, 659.
— *Lim.*, 144.
— *Par.*, I, 1142.
— *Par.*, I, 1310.
— *Poit.*, 1164.
— *Toul.-Mont.*, 752.
Guillemeteau. *La Roch.*, 347, 354.
Guillemi. *Toul.-Mont.*, 170.
Guillemin. *Al.*, 717, 726.
— *Bourb.*, 516.
— *Bourg.*, I, 621, 658, 851, 928, 1012, 1034.
— *Bret.*, I, 526.
— *Bret.*, II, 525.
— *Champ.*, 551.
— *Lyon*, 646, 665.
— *Par.*, I, 781, 817.
— *Par.*, II, 366.
— *Poit.*, 499, 1418.
Guilleminet. *Montp.-Mont.*, 5, 67, 876, 896, 898.
— *Poit.*, 798.
— *Toul.-Mont.*, 893.
Guilleminot. *Bourg.*, II, 238, 257, 258, 371.
Guillemont. *Pic.*, 702.
Guillemot. *Bret.*, I, 63, 112, 601, 603.
— *Bret.*, II, 76, 80.
— *Lim.*, 320.
— *Par.*, I, 220.
— *Par.*, II, 521.
— *Poit.*, 530, 658, 666, 912.

— *La Roch.*, 266.
— *Tours*, 575, 1268.
Guillen. *Prov.*, I, 933, 947, 1013.
Guiller. *Bret.*, I, 642, 851, 852.
— *Par.*, I, 200.
— *La Roch.*, 182.
Guillerain. *Par.*, I, 661.
Guillerand. *Par.*, II, 814.
Guilleraut. *Par.*, I, 6, 305.
Guillereau. *Bourb.*, 415.
— *Par.*, II, 126.
— *Poit.*, 1263.
Guillerie. *Par.*, III, 414.
Guillerin. *Tours*, 626.
— *Prov.*, I, 578.
Guillerme. *Prov.*, I, 1036, 1047.
— *La Roch.*, 311.
— *Toul.-Mont.*, 85, 1145.
Guillermin. *Als.*, 69, 707.
— *Bourg.*, I, 447.
— *Lyon*, 446.
— *Toul.-Mont.*, 26, 127.
Guillermo. *Bret.*, I, 160, 493.
— *Bret.*, II, 90, 1078, 1117.
Guillermy. *Montp.-Mont.*, 1018.
Guillery. *Par.*, I, 326.
— *Tours*, 840.
Guillet. *Al.*, 990.
— *Bret.*, II, 95.
— *Dauph.*, 27, 106, 153.
— *Fland.*, 185.
— *Lyon*, 91, 615, 620.
— *Par.*, I, 1190.
— *Poit.*, 1176.
— *Prov.*, I, 1145.
— *La Roch.*, 333, 335.
— *Tours*, 1439.
Guilleton. *Dauph.*, 282.
Guilleux. *Par.*, I, 392.
Guillever. *Bourg.*, II, 298, 302.
Guillevin. *Bret.*, I, 701.
— *Bret.*, II, 538.
Guilli. *Caen*, 699.
Guilliens. *Bourg.*, I, 191.
Guillier. *Bourg.*, I, 285, 343.
— *Bourg.*, II, 366, 476.
— *Bret.*, I, 377.
— *La Roch.*, 96, 101.
— *Par.*, II, 528, 1141, 1255.
— *Par.*, III, 220.
— *Poit.*, 1040, 1394.
Guillière (la). *Bret.*, II, 62.
Guilliers. *Bourb.*, 416, 491.
Guillin. *Al.*, 1241.
— *Als.*, 212.
— *Fland.*, 1118.

Guilliot. *Prov.*, I, 1158.
Guilliou. *Fland.*, 217.
Guillo. *Bret.*, I, 753.
Guillochain. *Tours*, 1310.
Guillocheau. *Bret.*, II, 337, 472.
— *Poit.*, 808, 844.
Guilloire. *Prov.*, I, 82.
Guillois. *Par.*, I, 115, 431, 442.
— *Par.*, II, 334.
— *Par.*, III, 228, 521.
— *Poit.*, 1065.
Guillemanche. *Auv.*, 286.
Guillemon. *Lyon*, 288, 337.
Guillemont. *Montp.-Mont.*, 461, 471.
Guillon. *Bourb.*, 322, 539.
— *Bourges*, 72, 123, 509.
— *Bourg.*, I, 411, 579, 691, 695, 698.
— *Bourg.*, II, 632.
— *Bret.*, I, 157, 182.
— *Bret.*, II, 233, 513, 476.
— *Guy.*, 620.
— *Lyon*, 32, 506, 619, 912.
— *Montp.-Mont.*, 763.
— *Par.*, IV, 62, 249.
— *Poit.*, 315, 554, 803, 848, 1075, 1087.
— *Prov.*, II, 481.
— *La Roch.*, 366, 385.
— *Toul.-Mont.*, 1215.
— *Tours*, 7, 992, 996, 1042.
Guillonville. *La Roch.*, 210.
Guillore. *Bret.*, II, 462, 830.
Guilloret. *Par.*, III, 343.
Guillori. *Poit.*, 512, 1548.
Guillot. *Auv.*, 390.
— *Bourb.*, 22.
— *Bourges*, 12, 528.
— *Bourg.*, I, 398, 412, 918, 1046.
— *Bourg.*, II, 235, 256, 285, 381, 579.
— *Bret.*, II, 445.
— *Caen*, 198, 213, 560.
— *Fland.*, 68.
— *Lorr.*, 666.
— *Lyon*, 614, 740, 744, 971.
— *Montp.-Mont.*, 662, 833.
— *Par.*, I, 722, 1315.
— *Par.*, II, 190, 504.
— *Par.*, III, 114.
— *Poit.*, 35, 1335, 1517.
— *Prov.*, II, 326, 327.
— *La Roch.*, 353, 386.
— *Rouen*, 489, 841, 884, 1316.
— *Soiss.*, 399, 400, 560, 785.
— *Tours*, 179, 250, 619, 794, 924, 931, 1078, 1079, 1095.

Guilloteau. *Bret.*, I, 339.
— *Bret.*, II, 484.
— *Par.*, I, 824.
— *Poit.*, 354, 622.
— *Toul.-Mont.*, 56.
— *Tours*, 429, 434, 671.
Guillotel. *Bret.*, II, 597.
Guillotière (la). *Poit.*, 241.
Guillotin. *Lorr.*, 679.
— *Poit.*, 1111.
— *La Roch.*, 202.
— *Tours*, 88.
Guilloton. *Bret.*, II, 955.
Guillou. *Bourg.*, II, 14, 87, 550.
— *Bret.*, II, 585, 1035, 1136.
— *Poit.*, 1478, 1479.
Guillouet. *Bourb.*, 4, 282.
— *Bret.*, II, 608, 916.
Guillozou. *Bret.*, I, 320, 649.
— *Bret.*, II, 153, 259.
Guilluy. *Pic.*, 122.
Guilo. *Bret.*, II, 840.
Guimard. *Poit.*, 304.
— *La Roch.*, 190.
Guimarho. *Bret.*, II, 580.
Guimaro. *Bret.*, I, 890.
Guimault. *Tours*, 1063.
Guimbellot. *Guy.*, 861.
Guimblet. *Tours*, 142.
Guimoneau. *Bourb.*, 542.
Guimonneau. *Rouen*, 15.
Guimont. *Al.*, 1042.
— *Bourges*, 242, 528.
— *Bret.*, II, 18, 431.
— *Orl.*, 456, 915, 917.
— *Par.*, II, 800.
— *Par.*, III, 423, 515.
— *Poit.*, 465.
— *Tours*, 803.
Guin (de). *Prov.*, I, 897.
Guin (le). *Pic.*, 814.
Guinard. *Bret.*, II, 394.
— *Montp.-Mont.*, 134.
— *Par.*, IV, 41.
— *Poit.*, 1450.
Guinaud. *Prov.*, II, 233.
Guinault. *Poit.*, 486.
— *Tours*, 1063.
Guinaut. *Bourg.*, I, 241.
— *Lyon*, 745.
Guinay. *Orl.*, 424.
Guinbeau. *Béarn*, 128.
Guinberteau. *La Roch.*, 217.
Guincestre. *Al.*, 956, 983.
Guinchard. *Al.*, 1236.
— *Prov.*, II, 583.

Guinche. *Bret.*, ii, 852.
Guindan. *Bourges*, 407.
Guindre. *Lim.*, 341.
Guiné. *Par.*, i, 1259.
Guinebault. *Par.*, iv, 443.
— *Poit.*, 236, 237, 239, 1226.
Guinebaut. *Bret.*, ii, 801.
— *Orl.*, 424.
Guinefault. *Poit.*, 1183.
Guinel. *Bret.*, ii, 491.
Guinemant. *Bret.*, ii, 10.
Guinemant. *Bourg.*, i, 1078.
Guinemont. *Tours*, 1060.
Guines. *Fland.*, 722, 1385.
Guineset. *Montp.-Mont.*, 824.
Guinet. *Bourb.*, 193, 194.
— *Par.*, i, 90, 790, 922, 1199, 1401.
— *Par.*, iii, 565.
— *Prov.*, i, 945, 1016.
— *Soiss.*, 835.
Guing (de). *Bret.*, i, 391.
Guingamp. *Bret.*, i, 99. V.
Guingan. *Lim.*, 115, 137.
Guingard. *Lyon*, 1001.
Guingaud. *Lorr.*, 543.
Guinguené. *Bret.*, i, 581.
Guinodeau. *Poit.*, 30, 354.
Guinoire. *Bourg.*, i, 570.
Guinoiseau. *Tours*, 327, 554, 888, 891, 931, 950, 1131, 1443.
Guinot. *Auv.*, 224.
— *Lim.*, 466.
— *Lorr.*, 12, 16.
— *Par.*, ii, 71.
— *La Roch.*, 81, 102, 109, 110, 190, 191, 357, 398.
Guintart. *Poit.*, 790.
Guintrand. *Prov.*, i, 884, 885.
— *Prov.*, ii, 370, 553, 554, 627.
Guiny (de). *Bret.*, i, 421.
Guiodan. *Dauph.*, 496.
Guioiset. *Bourg.*, ii, 497.
Guiole (la). *Lyon*, 453.
Guiolle (la). *Par.*, iii, 418.
Guion. *Al.*, 7, 12, 544, 546, 551, 552, 770, 849, 1180.
— *Dauph.*, 596.
— *Lyon*, 610, 639.
— *Par.*, i, 117, 183, 732, 1371.
— *Poit.*, 85, 453, 1171, 1197.
— *Prov.*, ii, 69, 361, 772, 773.
— *Toul.-Mont.*, 1171.
— *Tours*, 644.
Guion (le). *Pic.*, 609.
Guionneau. *Tours*, 268.
Guionnet. *Guy.*, 91, 814, 1104.

— *Par.*, i, 1150.
— *Poit.*, 783, 974, 976, 999.
Guiosé. *Tours*, 1138.
Guiot. *Al.*, 772.
— *Auv.*, 161.
— *Bourges*, 19, 416, 430.
— *Champ.*, 31, 34, 175, 182, 558, 590, 609, 620, 842, 844, 886.
— *Fland.*, 201, 428, 1400.
— *Lorr.*, 250, 609, 618, 628.
— *Lyon*, 177, 628, 1005.
— *Par.*, i, 374, 970, 1205, 1206, 1226, 1245, 1294.
— *Poit.*, 299, 301, 315, 557, 560, 565, 770, 804, 856, 876, 914, 1490, 1496, 1503, 1504, 1506, 1519.
— *Prov.*, ii, 748.
— *Rouen*, 31, 602, 972.
— *Soiss.*, 78.
— *Toul.-Mont.*, 855, 856.
— *Tours*, 1512.
Guiot (des). *Soiss.*, 389.
Guiou. *Lyon*, 969.
Guiral. *Guy.*, 399.
Guiraman. *Prov.*, i, 519, 924, 1230.
Guiramand. *Lyon*, 425, 558.
— *Prov.*, ii, 250, 431.
Guiran. *Pic.*, 250.
— *Prov.*, i, 404, 890, 895, 1274.
— *Toul.-Mont.*, 507.
— *Rouen*, 207.
Guirand. *Montp.-Mont.*, 738.
— *Prov.*, i, 923, 957, 982, 1002.
— *Prov.*, ii, 266, 386.
Guirande. *Bourges*, 90.
Guiranton. *Béarn*, 167.
Guirard. *Montp.-Mont.*, 941.
— *Par.*, iii, 340.
— *Prov.*, i, 704, 831.
— *Prov.*, ii, 535.
Guirau. *Par.*, i, 1210.
Guiraud. *Bourg.*, ii, 496.
— *Montp.-Mont.*, 76, 251, 1060, 1303.
— *Poit.*, 698, 1298.
— *Toul.-Mont.*, 713, 728, 729.
Guiraut. *Guy.*, 1048.
Guirbaldy. *Toul.-Mont.*, 1124.
Guiret. *Prov.*, i, 1060.
Guiri. *Champ.*, 355.
— *Par.*, i, 53, 1342.
— *Rouen*, 401.
Guiry. *Par.*, ii, 45.
— *Vers.*, 4, 97.
Guis. *La Roch.*, 63.
Guisain. *Par.*, i, 277, 291.

Guiscard. *Fland.*, 1460.
— *Toul.-Mont.*, 1015.
Guiscardie (la). *Toul.-Mont.*, 1162.
Guise. *Fland.*, 1236.
— *Prov.*, I, 372.
— *Soiss.*, 452. V.
Guiselin. *Fland.*, 1308.
Guisinnier. *Lorr.*, 152, 167.
Guislain. *Soiss.*, 325.
— *Vers.*, 101.
Guisné. *Fland.*, 1092.
Guisselin. *Pic.*, 316, 332, 335, 104, 824.
Guistel. *Pic.*, 482.
Guistre (de). *La Roch.*, 405.
Guitard. *Fland.*, 864.
— *Montp.-Mont.*, 1215.
— *Par.*, II, 1057.
— *Toul.-Mont.*, 1474.
Guitardy. *Lyon*, 792, 980.
Guitart. *Guy.*, 1073.
Guitel. *Poit.*, 1460.
Guitière (la). *Poit.*, 1216.
Guito. *Bret.*, II, 917, 1132.
Guiton. *Al.*, 795, 805.
— *Bourges*, 466.
Guitot. *Bourb.*, 415.
Guittard. *Lim.*, 69, 76, 218, 219.
Guitteau. *Poit.*, 830, 974.
— *Tours*, 1261.
Guitterin. *Als.*, 920.
Guittet. *Tours*, 1480.
Guittière. *Tours*, 993.
Guitton. *Auv.*, 491, 492.
— *Boury.*, II, 14, 87, 550.
— *Bret.*, I, 125, 155, 175.
— *Bret.*, II, 332, 1053.
— *Caen*, 520.
— *Lim.*, 55.
— *Lyon*, 86.
— *Poit.*, 1026, 1080.
— *Prov.*, I, 565, 727.
— *Prov.*, II, 289.
— *Tours*, 211, 283, 1128, 1483.
Guivaudan. *Prov.*, I, 796.
Guivrai. *Dauph.*, 588.
Guivre. *Soiss.*, 728.
Guizardie (la). *Montp.-Mont.* 1214.
Guize. *Prov.*, I, 1402.
Guize (de). *Bourb.*, 556.
Guizelain. *Pic.*, 824.
Guizot. *Montp.-Mont.*, 1418.
Gulivardaie (la). *Poit.*, 1220.
Gumbrac. *Als.*, 447.
Gumel. *Bret.*, II, 1086.
Gumeri. *Auv.*, 63.

Gumin. *Dauph.*, 18, 126, 148, 199, 266.
Gunther. *Als.*, 222, 894.
Gunthier. *Als.*, 219.
Guntzer. *Als.*, 283, 444, 478, 791.
Guory. *Bret.*, I, 270.
Gupillot. *Bourg.*, I, 1120, 1121.
Gurge. *La Roch.*, 323.
Gurie. *Tours*, 180.
Gurly. *Par.*, I, 120.
Guslard. *Poit.*, 1409.
Gusteau. *Poit.*, 1138.
Gutman. *Als.*, 874.
Guttembager. *Als.*, 640.
Guvat. *Poit.*, 467.
Guvet. *Toul.-Mont.*, 1207.
Guy. *Bourg.*, I, 673, 1247.
— *Bourg.*, II, 191, 304, 480, 566.
— *Bret.*, II, 31, 551.
— *Lim.*, 42, 66, 173, 374.
— *Par.*, II, 670, 938.
— *Par.*, III, 149, 340.
— *Par.*, IV, 489.
Guyard. *Bourg.*, II, 61, 69, 135, 208.
— *Orl.*, 548, 663.
— *Par.*, IV, 50, 562.
Guyart. *Bourg.*, I, 240, 313, 848, 873.
— *Par.*, III, 526.
Guye. *Bourg.*, I, 31, 95, 322.
— *Bourg.*, II, 493.
Guyénard. *Bourg.*, I, 638, 897, 964.
Guyenne. *Par.*, IV, 291.
Guyennet. *Bourg.*, II, 400.
Guyenro. *Caen*, 6, 648.
— *Rouen*, 94.
Guyet. *Bourg.*, I, 46, 69, 79.
— *Bret.*, I, 211, 684.
— *Par.*, II, 113, 626, 698, 700, 879.
— *Par.*, III, 219.
— *Par.*, IV, 499.
Guyeu. *Par.*, IV, 100.
Guygnasse. *Par.*, III, 428.
Guymard. *Lim.*, 83.
Guyolle (la). *La Roch.*, 320.
Guyomar. *Bret.*, I, 102, 533, 536.
— *Bret.*, II, 954, 1016, 1017, 1075.
Guyon. *Bourg.*, I, 165, 397, 946, 1172.
— *Bret.*, I, 98.
— *Bret.*, II, 429, 504.
— *Lim.*, 441.
— *Montp.-Mont.*, 858.
— *Orl.*, 15, 126, 128, 337, 353.
— *Par.*, II, 122, 1211.

FIN DU TOME PREMIER.

39038 — PARIS. Imprimerie Renou et Maulde, rue de Rivoli, 144.

ARMORIAL GÉNÉRAL

DE FRANCE

Paris. — Imp. de PILLET fils aîné, rue des Grands-Augustins, 5.

INDICATEUR

DU GRAND

ARMORIAL GÉNÉRAL

DE FRANCE

RECUEIL OFFICIEL DRESSÉ EN VERTU DE L'ÉDIT DE 1696

PAR

CHARLES D'HOZIER

JUGE D'ARMES

PUBLIÉ PAR LE *CABINET HISTORIQUE*

TOME SECOND

PARIS

AU BUREAU DU *CABINET HISTORIQUE*

RUE DES GRANDS-AUGUSTINS, 5

—

MD.CCC.LXVI

ARMORIAL GÉNÉRAL DE FRANCE

TABLE

DES NOMS INSCRITS DANS CE RECUEIL

H

Haard (de). *Lorr.*, 198.
Habains. *Poit.*, 209.
Haban. *Guy.*, 700.
Habas (de). *Béarn*, 15.
Habel. *Bret.*, II, 217.
— *Caen*, 737.
Habert. *Lorr.*, 668.
— *Orl.*, 98, 764, 765, 916.
— *Par.*, I, 838.
— *Par.*, III, 211, 278, 402.
— *Pic.*, 484.
— *Poit.*, 720.
— *Prov.*, I, 514, 531.
— *La Roch.*, 14, 15, 19.
— *Vers.*, 110.
Habet. *Bret.*, II, 1015.
Habey. *Bourg.*, I, 1142.
Habigant. *Bourg.*, II, 49.
Habin. *Als.*, 889.
Haboury. *Pic.*, 626.
Habot. *Lorr.*, 285.
Haboust. *Auv.*, 446.
Habrec. *Als.*, 466.
Habrie. *Montp.-Mont.*, 839.
Hacaux. *Tours*, 1139.
Haccou. *Fland.*, 356.
Hache. *Pic.*, 667, 775, 313.
Hache (la). *Caen*, 345, 512, 521.
Hachette. *Champ.*, 364, 366.
Hachin. *Bret.*, II, 472.
— *Fland.*, 369, 777.

— *Orl.*, 388, 434, 472.
Hacquart. *Soiss.*, 669.
Hacquet. *Fland.*, 34.
— *Poit.*, 461, 1180, 1326.
— *Rouen*, 916.
— *Tours*, 1022.
Hacqueteau. *Champ.*, 239.
Hacqueton. *Poit.*, 651.
Hacqueville. *Als.*, 1047.
— *Par.*, IV, 268, 630.
Hacourt (d'). *Lorr.*, 3, 126.
Hacte. *Lyon*, 364, 416, 616, 631.
— *Par.*, III, 485.
Hacteau. *Par.*, I, 268.
Hactzel. *Als.*, 479.
Hadden. *Als.*, 1016.
Hade (du). *Guy.*, 362.
Hadertenne (d'). *Lorr.*, 420.
Hadisten. *Lorr.*, 316.
Hadsebaut. *Fland.*, 63.
Haen (de). *Lorr.*, 199 *ter*, 315 *bis*.
Haffner. *Als.*, 260, 571, 658, 763, 852, 1062.
Haffont (du). *Bret.*, I, 710.
Haffrengues. *Fland.*, 129.
Hafringue (d'). *Pic.*, 187.
Haget. *Caen*, 135.
Haghe. *Fland.*, 1230, 1247.
Hagot. *Tours*, 1462.
Haguais (le). *Par.*, III, 60, 98.
Hagueau. *Bourges*, 403.

1

Hagueneau. *Als.*, 37. *V.*
Haguenback. *Als.*, 147, 179, 693, 706, 874, 921, 941.
Haguener *ou* Haguerner. *Bourg.*, I, 331.
— *Par.*, I, 1299.
Haguenot. *Montp.-Mont.*, 792, 810.
Hagues (des). *Soiss.*, 276, 277.
Haguet. *Bret.*, II, 1020.
— *Dauph.*, 563.
— *Pic.*, 895.
Hai. *Dauph.*, 329.
— *Poit.*, 251, 1271.
Haicault. *Bret.*, II, 802.
Haie (de). *Lorr.*, 210, 649.
Haie (la). *Al.*, 18, 22, 82, 87, 155, 193, 371, 551, 588, 676, 773, 1030, 1127.
— *Caen*, 250, 301, 432, 758.
— *Fland.*, 32, 60, 113, 146, 151, 162, 517, 546, 547, 568, 572, 580, 618, 808, 938, 1165, 1278, 1483, 1494.
— *Guy.*, 120.
— *Lorr.*, 152, 106.
— *Poit.*, 226, 244, 270, 271, 274, 277, 374, 635, 708, 794, 796, 826, 1026, 1285, 1421, 1430, 1556.
— *Prov.*, II, 412.
— *Soiss.*, 26, 77, 775.
Haies (des). *Al.*, 2, 17, 36, 81, 136, 217, 242, 300, 306, 315, 321, 324, 376, 439, 542, 561, 578, 617, 710, 752, 846, 847, 869, 1021, 1176, 1210.
— *Caen*, 130.
— *Champ.*, 840.
— *Fland.*, 1338.
— *Guy.*, 40.
— *Lyon*, 233, 336.
— *Poit.*, 650, 715, 1001, 1300, 1312, 1317.
— *Prov.*, II, 486.
— *Rouen*, 46, 349, 861, 1396.
— *Soiss.*, 524.
Haigne (la). *Caen*, 592.
Haillet. *Rouen*, 590, 725.
Bailly. *Fland.*, 155, 842.
Haillot. *Bret.*, II, 214.
Hainal (de). *Lorr.*, 442 *bis.*
Hainault. *Caen*, 370.
Hainaut. *Orl.*, 29.
Haincque. *Par.*, I, 724.
Hainfrai. *Rouen*, 142, 909.
Hainier. *Fland.*, 387.
Hainin *Fland.*, 76, 107 113, 120

137, 243, 344, 351, 361, 624, 841, 870, 893, 1381, 1444.
— *Pic.*, 166, 682, 795.
— *Soiss.*, 149.
Haire (de). *Tours*, 535.
Haireau. *Tours*, 1487.
Hairet (de). *Bourg.*, II, 179.
Hais. *Al.*, 37, 174, 192.
— *Rouen*, 528, 1190.
Hais (de). *Bourges*, 286.
Haiselin. *Lorr.*, 524.
Haitze. *Guy.*, 269.
Haitze (de). *Prov.*, I, 447.
Haize (la). *Fland.*, 871.
Haizer. *Als.*, 980.
Hal (du). *Soiss.*, 365.
Halbout. *Al.*, 777, 810, 866.
— *Bret.*, II, 842.
— *Rouen*, 376.
Haldat. *Lorr.*, 99.
— *Par.*, I, 365.
Halde (du). *Bourges*, 232.
— *Par.*, II, 869.
— *Par.*, III, 455.
Halegon. *Bret.*, II, 744.
Halenc. *Toul.-Mont.*, 260.
Halencourt (de). *Lorr.*, 480.
Halemal (de). *Pic.*, 140.
Halet (du). *Bourb.*, 509.
Halen (de). *Orl.*, 940.
Halgan. *Bret.*, II, 197.
Halgoet (du). *Bret.*, I, 357, 629.
— *Bret.*, II, 544, 710.
— *Par.*, II, 477, 742.
Halgoet. *Vers.*, 5.
Halgrain. *Orl.*, 691.
Halgrin. *Al.*, 988.
Halin. *Tours*, 552.
Hallai. *Al.*, 1204.
— *Rouen*, 294.
Hallai (du). *Caen*, 257, 374, 576.
Hallay (du). *Bret.*, I, 210.
Halle (de). *Fland.*, 1362.
— *Lyon*, 47.
Halle (le). *Caen*, 559.
Hallé. *Al.*, 1191.
— *Bourg.*, II, 623.
— *Bret.*, II, 947, 997.
— *Par.*, I, 40, 146, 1330.
— *Par.*, II, 91, 217, 683, 1175.
— *Par.*, III, 259, 511.
— *Rouen*, 68, 496, 724.
— *Tours*, 488, 1001.
Hallé (du). *Tours*, 866.
Hallena. *Bret.*, II, 222.
Hallenault. *Bret.*, II, 222.

Hallencourt. *Soiss.*, 147.
Hallencourt (d'). *Pic.*, 406.
Hallet. *Fland.*, 63.
Halley (du). *Vers.*, 135.
Halli. *Al.*, 453, 614, 615.
— *Par.*, i, 395.
Hallier. *Fland.*, 1178.
— *Par.*, i, 1327.
— *Pic.*, 523.
Halloi. *Fland.*, 1472.
Hallot. *Caen*, 725.
— *Guy.*, 295, 688.
— *Lorr.*, 666, 674, 678.
— *Orl.*, 334, 396, 594, 600.
— *Par.*, i, 445.
— *Par.*, ii, 196, 919, 1241.
— *Par.*, iii, 65.
— *Par.*, iv, 378, 385, 395.
Hallou. *Poit.*, 24.
Hallouin. *Bret.*, i, 177, 309, 310.
Halloury. *Bret.*, ii, 992.
Halloy. *Par.* i, 513.
— *Pic.*, 59, 550.
Halluin. *Pic.*, 269, 317, 355.
Hallwin. *Fland.*, 773, 1125.
Hally (du). *Fland.*, 20.
Halna. *Bret.*, i, 710.
Halouze (la). *Bret.*, ii, 751.
Halper (le). *Bret.*, ii, 681.
Halter. *Als.*, 657.
Halvack. *Als.*, 607.
Halverne (ou Halveruc). *Als.*, 995.
Haly. *Montp.-Mont.*, 1182.
Ham. *Als.*, 479, 688, 1043.
Ham (de). *Pic.*, 710.
Ham (du). *Bret.*, ii, 106, 1052.
Hamaide (la). *Fland.*, 18, 55, 58, 73, 99, 263, 282, 298, 314, 1319.
— *Pic.*, 159.
Hamal (de). *Fland.*, 1306, 1442.
— *Lorr.*, 335, 442 bis.
— *Pic.*, 137, 682.
Hamard. *Al.*, 1109.
Hamars (de). *Bret.*, i, 376.
Hamart. *Bret.*, ii, 418.
— *Par.*, ii, 1203.
Hamay. *Bret.*, ii, 507.
Hamberger. *Als.*, 854.
Hambi. *Soiss.*, 246.
Hambize. *Fland.*, 723.
Hameau. *Tours*, 88, 559, 880, 1184.
Hamel. *Soiss.*, 730.
Hamel (du). *Al.*, 149, 171, 329, 354, 398, 441, 455, 642, 651, 762, 764, 956, 1011, 1105, 1108, 1211.
— *Bret.*, i, 506, 921.

— *Bret.*, ii, 429, 803.
— *Caen*, 25, 32, 33, 37, 200, 204, 205, 229, 264, 286, 432, 532, 537, 622, 716, 718, 736, 790.
— *Champ.*, 199, 372, 779, 887.
— *Fland.*, 1260, 1337.
— *Guy.*, 14, 73, 86, 89,
— *Orl.*, 131.
— *Par.*, i, 406.
— *Par.*, ii, 208, 441.
— *Par.*, iii, 151, 397.
— *Pic.*, 716, 717.
— *Prov.*, i, 558, 639.
— *La Roch.*, 67, 319.
— *Rouen*, 64, 77, 135, 661, 684, 688, 1017, 1152.
— *Tours*, 274.
— *Vers.*, 294.
Hameleau. *Tours*, 272.
Hamelin. *Al.*, 581, 1229, 1234.
— *Caen*, 441.
— *Lorr.*, 437.
— *Par.*, i, 1197, 1283.
— *Par.*, ii, 198, 205, 307.
— *Rouen*, 150, 152.
— *Tours*, 500, 1034, 1257, 1276, 1295, 1297, 1300, 1515.
Hameline. *Al.*, 472.
Hamelot. *Tours*, 898.
Hamers. *Als.*, 636, 664.
Hames (de). *Par.*, iv, 125.
Hamet. *Bourg.*, ii, 286.
Hamilton. *Vers.*, 64.
Hammerel. *Als.*, 305, 670, 836.
Hamon. *Al.*, 85, 145, 474.
— *Bret.*, i, 318, 422, 627, 641, 925, 978.
— *Bret.*, ii, 94, 498, 575, 587, 1132.
— *Par.*, iii, 301.
— *Rouen*, 103, 815.
— *Tours*, 1199.
Hamonnou. *Bret.*, i, 630.
Hampel. *Als.*, 185.
Han (de). *Champ.*, 145, 527.
— *Fland.*, 1443.
— *Lorr.*, 49, 122, 155, 486.
Han (du). *Bret.*, i, 279.
— *Orl.*, 610, 637.
Hanapier. *Orl.*, 444.
Hanaw. *Als.*, 48.
Hance. *Vers.*, 55.
Handanger. *Champ.*, 144.
Handré. *Orl.*, 481.
Handresson (d'). *Champ.*, 607.
Hanecart. *Fland.*, 57.

Hanequin. *Tours*, 878.
Hangest. *Als.*, 264.
— *Champ.*, 152, 875.
— *Soiss.*, 2, 82, 475, 787.
Hangest (d'). *Par.*, II, 1093.
Hangnet. *Béarn*, 152.
Hangouart. *Fland.*, 102, 128, 134.
Hangre (de). *Pic.*, 106.
Hanicotte. *Pic.*, 786.
Hanicque. *Par.*, III, 278
— *Pic.*, 87, 362, 446, 568, 833.
Hanigue. *Fland.*, 1496.
Hanique. *Tours*, 1307.
Hanisset. *Soiss.*, 211.
Hanivel. *Par.*, III, 70.
— *Rouen*, 569, 705, 1168.
— *Soiss.*, 30.
Hannart. *Fland*, 68, 78, 588.
Hannaw (d'). *Fland.*, 61.
Hanne. *Lorr.*, 347.
Hannedouche. *Pic.*, 228, 130, 145.
Hannequin. *Champ.*, 11, 41, 266, 683.
— *Lorr.*, 434.
— *Par.*, II, 402.
Hannes (de). *Poit.*, 145, 158, 188.
Hannet. *Orl.*, 447, 448.
Hannier. *Bret.*, II, 383.
— *Tours*, 1460.
Hannot. *Caen*, 424, 520, 682.
— *Soiss.*, 654.
Hannuie. *Montp.-Mont.*, 779.
Hanocq (de). *Champ.*, 273.
Hanon. *Fland.*, 225, 626, 720.
— *Pic.*, 233.
Hanoque (de). *Soiss.*, 293.
Hanoque. *Als.*, 13.
— *Par.*, III, 123.
Hanot. *Orl.*, 701.
Hanquitté. *Tours*, 1170.
Hans. *Als.*, 193, 387, 625, 1031.
Hansie. *Prov.*, II, 764.
Hansquerque. *Pic.*, 686.
Hanssi. *Al.*, 140.
Hante (la). *Champ.*, 157.
— *Par.*, II, 411.
— *Soiss.*, 647.
Hantes. *Als.*, 676.
Hantier (le). *Al.*, 167, 185, 314, 407, 408, 819, 1210.
Hanwel. *Pic.*, 125, 680.
Haquo. *Fland.*, 1128.
Haran. *Tours*, 1254.
Harancdor. *Guy.*, 268.
Haranc. *Tours*, 1299.
Harancdet. *Soiss.*, 10.

Harangot. *Tours*, 538, 1211.
Haranguier. *Bourg.*, II, 243.
— *Soiss.*, 713.
Haraucourt. *Lorr.*, 247, 404, 406.
Haraucourt (d'). *Tours*, 1242.
Harauguier (d'). *Bourg.*, I, 533.
Harbei. *Prov.*, I, 1033.
Harbet. *Bourg.*, II, 4.
Harbonnier. *Lorr.*, 271.
Harchies. *Fland.*, 65, 160, 251, 374.
— *Soiss.*, 383.
Harchies (de). *Pic.*, 200, 232, 493.
Harcouet. *Bret.*, II, 229, 321, 666.
Harcourt. *Caen*, 255, 308.
— *Par.*, I, 180, 1236, 1246.
— *Poit.*, 469.
Harcourt (d'). *Par.*, II, 316, 451, 1191, 1205.
Hardas (du). *Soiss.*, 176.
— *Tours*, 263, 413, 1114, 1330, 1528.
Hardat (du). *Tours*, 942.
Hardelai. *Al.*, 887.
— *Rouen*, 257.
Harden. *Rouen*, 295, 302.
Hardenstête. *Fland.*, 211.
Hardesoif. *Al.*, 590, 814.
Hardewst. *Fland.*, 479.
Hardi. *Al.*, 314, 346, 366, 574, 598, 766, 807, 1091, 1139.
— *Fland.*, 245, 869, 1000, 1204, 1264, 1265.
— *Lorr.*, 471, 508.
— *Poit.*, 1162.
— *La Roch.*, 253, 329, 364.
— *Rouen*, 667, 1331.
— *Soiss.*, 152, 280, 483, 623, 780.
— *Tours*, 255, 754, 907, 818, 1139.
Hardi (le). *Caen*, 95, 117.
— *Fland.*, 5, 6, 8, 12, 13, 242, 1047.
Hardian. *Tours*, 1517.
Hardivilliers. *Bourges*, 176.
Hardoncourt. *Par.*, II, 856.
Hardonne. *Fland.*, 1231.
Hardoüet. *Caen*, 640.
Hardouin. *Al.*, 229, 231, 456.
— *Bret.*, II, 336, 475, 630.
— *Caen*, 211.
— *Dauph.*, 542.
— *Orl.*, 739, 740, 761.
— *Par.*, II, 511.
— *Par.*, III, 581.
— *Poit.*, 1012.
— *La Roch.*, 204.
— *Tours*, 348, 350, 1071, 1418.
Hardouineau. *Bret.*, I, 178.
— *Tours*, 1083, 1304.

Harduineau. *La Roch.*, 204.
Hardume. *Fland.*, 702.
Hardy. *Bourb.*, 72.
— *Bret.*, I, 385, 909.
— *Bret.*, II, 455, 456, 551, 899, 1061.
— *Orl.*, 315.
— *Par.*, I, 344, 882, 1088, 1161.
— *Par.*, II, 168, 1210, 1211.
— *Par.*, III, 369, 385.
— *Par.*, IV, 7.
Hardy (le). *Par.*, II, 289, 1030.
— *Par.*, IV, 408, 417.
Harel. *Al.*, 709, 712, 796, 961.
— *Bret.*, I, 804.
— *Bret.*, II, 420.
— *Rouen*, 917.
Haremberg. *Als.*, 376, 995.
Harembert. *Bret.*, II, 9.
Haren. *Caen*, 417.
Harenc. *Al.*, 438.
— *Lyon*, 265, 331.
Harene. *Par.*, III, 281.
Harengen. *Als.*, 924.
Harent. *Par.*, I, 205, 248.
Hargenvilliers. *Par.*, I, 237, 320.
Harias. *Toul.-Mont.*, 521.
Haribel (le). *Par.*, III, 403.
Hariette (d'). *Béarn*, 143, 163.
Harivel. *Bret.*, II, 501.
Harivel (le). *Al.*, 249, 465, 482, 568, 797.
— *Caen*, 157, 363, 364, 541, 596, 708, 709.
Harington. *Bret.*, II, 435.
Harismandi. *Béarn*, 142.
Harlai. *Al.*, 785.
— *Par.*, I, 433, 774, 865, 876, 884.
Harlan. *Par.*, III, 144, 318.
Harlau. *Par.*, I, 1264.
Harlay. *Par.*, II, 943.
— *Par.*, III, 70, 73.
Harlebeck. *Fland.*, 427. V.
Harlet. *Fland.*, 262, 1373, 1478.
— *Soiss.*, 403.
Harleux. *Fland.*, 1259.
Harlon. *Par.*, IV, 11.
Harlus. *Lorr.*, 437.
— *Par.*, II, 1080.
— *Soiss.*, 187, 208.
Harman. *Bret.*, I, 90.
Harment. *Par.*, I, 1242.
— *Soiss.*, 113.
Harmonville (d'). *Al.*, 106.
Harnas. *Pic.*, 616.
Harnault. *Orl.*, 539.

— *Tours*, 1047.
Arnitscht. *Als.*, 875.
Harnoir. *Rouen*, 1242.
Harnois. *Fland.*, 180.
Harnoncourt. *Lorr.*, 340.
Harosteguy. *Vers.*, 184.
Harou. *Al.*, 870.
— *Fland.*, 289.
Harouard. *Par.*, I, 984.
— *Par.*, II, 98.
— *Par.*, III, 380, 385.
— *Tours*, 911, 1244.
Harouis. *Par.*, I, 772.
Harquay. *Bret.*, I, 207.
Harquel. *Lorr.*, 393, 413, 604.
Harquin. *Bret.*, I, 360.
— *Lorr.*, 631.
Harriage. *Guy.*, 1148.
Harsant. *Dauph.*, 532.
Harscoet. *Bret.*, I, 615.
Harsent. *Soiss.*, 170, 379, 787.
Harson. *Caen*, 576.
Hart (du). *Béarn*, 143, 148.
Hartman. *Als.*, 87, 416.
Hartongue. *Champ.*, 719.
Hartschin. *Als.*, 86, 440.
Harville. *Par.*, I, 101, 153, 216, 1056, 1145.
— *Par.*, II, 987, 1110.
Harzelle. *Rouen*, 874.
Harzillemont. *Soiss.*, 98, 32, 81, 243, 394, 159.
Hasco. *Als.*, 715.
Haslaver. *Als.*, 811.
Hason. *Par.*, II, 1250.
Hasselt. *Als.*, 270, 275.
Hastcha. *Als.*, 662.
Hasté. *Al.*, 994.
Haste. *Poit.*, 1029.
Haste (le). *Bret.*, I, 185.
Hasteriau. *Tours*, 1463.
Hastier. *Bourb.*, 145.
Hastrel. *La Roch.*, 40.
— *Soiss.*, 4, 26, 641, 643.
Hatier. *Par.*, II, 602.
Haton. *Tours*, 146, 1117.
Hatte. *Fland.*, 208.
— *Montp.-Mont.*, 308.
— *Par.*, III, 224.
Hatté. *Par.*, II, 280, 320, 366, 375.
Hattin. *Par.*, II, 535.
Hatton. *Orl.*, 741.
Hattu. *Fland.*, 145.
Hau. *Als.*, 457.
Hau (de). *Fland.*, 704.
Hau (du). *Béarn*, 112.

Hanart. *Par.*, I, 1265.
Haubois. *Bret.*, II, 417.
Haubourdin. *Pic.*, 795.
Hauchemail. *Caen*, 66.
Haud. *Par.*, I, 1358.
Haudart. *Al.*, 866.
Haudemond. *Tours*, 865.
Haudessens. *Montp.-Mont.*, 43, 97, 656.
— *Par.*, I, 16, 27, 1005, 1073.
Haudique. *Vers.*, 137.
Haudicquer. *Par.*, I, 1249.
Haudiquetz. *Fland.*, 184.
Haudion. *Fland.*, 993.
Haudion (de). *Pic.*, 164.
Haudouart. *Pic.*, 176.
Haudouin (de). *Champ.*, 429, 430, 564.
Haudry. *Par.*, II, 1009.
Hauetel. *Par.*, I, 126, 501.
Hauge (du). *Béarn.*, 92.
Haugel. *Als.*, 658.
Haugoubart. *Fland.*, 259, 317, 1039.
Haugoumart. *Bret.*, II, 178.
Haulebert. *Tours*, 970.
Haulin. *Fland.*, 616.
Haulle (la). *Caen*, 67.
— *Par.*, IV, 607.
Haulles (des). *Al.*, 110.
— *Par.*, I, 1132.
Haulmesnil. *Par.*, III, 122.
Hault (de). *Champ.*, 727.
Hault (du). *Fland.*, 1024, 1338, 704.
Hault (de). *Lorr.*, 2, 127.
Hault (le). *Pic.*, 130.
— *Tours*, 1086.
Haultoi (du). *Champ.*, 894.
Haultpoul. *Toul.-Mont.*, 399.
Haumeinel. *Als.*, 597.
Haumeisser. *Als.*, 677.
Haumont. *Toul.-Mont.*, 1236.
Haumont (de). *Pic.*, 491.
Haumonté. *Champ.*, 528.
Haun. *Als.*, 420.
Haupineau. *Tours*, 1472.
Haupoul. *Montp.-Mont.*, 763.
Haurech. *Pic.*, 192, 422.
Haurel. *Prov.*, I, 44.
Hauri. *Tours*, 1031, 1051.
Hausen (de). *Lorr.*, 416.
Hauss. *Als.*, 302.
Haussai (du). *Caen*, 27, 61, 623, 648, 650, 691.
Hausse (la). *Lorr.*, 155.
Haussei. *Al.*, 76, 91, 101, 210, 231, 601.

Haussi. *Soiss.*, 119.
Haussonville. *Par.*, I, 769.
Haut (le). *Soiss.*, 564, 565, 612.
Hautance. *Vers.*, 259.
Hautbourdin. *Fland.*, 563. V.
Hauteclaire. *Lim.*, 270.
Hautecourt. *Par.*, III, 557.
Hautefaie. *Poit.*, 111, 114, 1017.
Hautefaye. *Par.*, I, 1299.
— *Par.*, III, 7.
Hautefle (la). *Poit.*, 1381.
Hautefois (de). *Poit.*, 158, 1040.
Hautefont. *Poit.*, 1521.
Hautefort. *Lim.*, 168.
— *Par.*, II, 441.
Hautefort (d'). *Pic.*, 107.
Hautefort. *Poit.*, 600.
— *Prov.*, II, 585.
— *Toul.-Mont.*, 1019.
— *Vers.*, 232.
Hautemaison (la). *Fland.*, 1356.
Hautement. *Rouen*, 841, 850.
Hauterive. *Bret.*, I, 337.
Hauteroque. *Par.*, IV, 136.
Hauteroque (la). *Al.*, 615.
Hauterüe (la). *Bret.*, II, 756.
Hautes (des). *Orl.*, 361.
Hauteseille (de). *Lorr.*, 455.
Hautesvignes. *Guy.*, 512.
Hauteville. *Caen*, 531, 789.
— *Par.*, I, 530.
Hauteville (de). *Dauph.*, 314.
Hautie (d'). *Pic.*, 823.
Hautier. *Par.*, I, 1053.
Hautier (le). *Par.*, IV, 542.
Hautier. *Rouen*, 1184.
Hautin. *Par.*, III, 296.
Hautoi (du). *Lorr.*, 124, 355, 363, 370, 390, 576.
Hauton. *Al.*, 775, 806.
Hautonnière (la). *Par.*, I, 1250.
— *Tours*, 415.
Hautport. *Fland.*, 56, 1338.
Hautvigney. *Caen....*
Hauvel. *Rouen*, 292.
Hauzen. *Champ.*, 634.
Havard. *Al.*, 710.
— *Orl.*, 970.
— *Toul.-Mont.*, 890.
— *Tours*, 355, 1340.
Havart. *Bret.*, I, 174.
— *Fland.*, 1204.
— *Par.*, III, 360, 436.
— *Soiss.*, 145, 732.
Havé. *Par.*, IV, 518, 744, 745, 749.
Havel. *Soiss.*, 727.

Havery. *Orl.*, 316.
Haveskerke. *Fland.*, 1098.
Havet. *Fland.*, 973, 996.
— *Soiss.*, 813.
Havetel. *Champ.*, 414.
Havis. *Par.*, I, 359.
Havoil. *Bret.*, I, 551.
— *Bret.*, II, 161.
Havon. *Tours*, 1111.
Hay. *Bret.*, I, 4, 244, 166, 170, 436,
467, 728.
— *Bret.*, II, 96.
Hay (le) *Par.*, III, 364.
Hayard. *Par.*, I, 605.
Haye (la). *Bret.*, I, 20, 83, 86, 87,
239, 307, 316, 357, 385, 638, 722,
724, 725, 733, 846, 948.
— *Bret.*, II, 170, 292, 510, 597, 755,
756, 767.
— *Orl.*, 416.
— *Par.*, I, 1398.
— *Par.*, III, 327, 446.
— *Par.*, IV, 213, 507.
— *Pic.*, 185, 220, 320, 322, 333, 342,
353, 590, 664, 793, 794, 831, 894,
— *Rouen*, 27, 266, 274, 277, 285,
287, 296, 311, 792, 848, 917,
1112, 1151, 1166, 1219, 1242,
1363.
— *Tours*, 21, 320, 334, 372, 427,
428, 749, 897, 960, 1073, 1153,
1347, 1372, 1376, 1401, 1410,
1462. V.
— *Vers.*, 206.
Hayer (le). *Al.*, 198, 219, 220, 273,
349, 412, 494, 650, 918, 1141,
1248.
Hayer. *Als.*, 548.
Hayer (le). *Par.*, II, 421, 925.
— *Tours*, 207, 1316.
Hayers (des). *Bret.*, II, 5, 447.
— *Bret.*, I, 418.
Hayes (des). *Bret.*, II, 393, 434, 435,
508.
— *Orl.*, 662.
— *Par.*, II, 335, 499.
— *Par.*, III, 191.
— *Tours*, 340, 427, 1012, 1411,
1438.
— *Vers.*, 100.
Hayet. *Prov.*, I, 39.
— *Guy.*, 1142.
Hayettes (des). *Par.*, I, 1191.
— *Par.*, III, 220, 483.
Hayeux (des). *Bret.*, II, 194.
Haynière (de). *Orl.*, 198.

Haynin. *Pic.*, 167, 682, 795.
Hayot. *Al.*, 1008, 1012, 1022, 1048.
— *Par.*, II, 940.
Haz (du). *Soiss.*, 157.
Hazard. *Orl.*, 352, 417, 432.
— *Par.*, III, 444.
— *Rouen*, 897.
Hazardière (la). *Caen*, 99, 101.
Hazart. *Fland.*, 842.
Hazebaert. *Fland.*, 696.
Hazebrouck. *Fland.*, 718. V.
Hazon. *Orl.*, 417.
— *Par.*, III, 123.
Héard. *Tours*, 114, 115, 691, 1385.
Heaume. *Par.*, IV, 557.
Heauville (d'). *Soiss.*, 56.
Hébert. *Al.*, 196, 437, 438, 467, 702,
800, 809, 827, 832, 848, 1186.
— *Caen*, 23, 31, 114, 115, 116, 118,
418, 421, 427, 564, 655, 667, 697,
733, 736, 762.
— *Champ.*, 704.
— *Fland.*, 1016.
— *Montp.-Mont.*, 832.
— *Par.*, I, 305, 372, 754, 795, 796,
1065, 1160, 1203, 1275.
— *Par.*, II, 853, 1247.
— *Par.*, III, 125, 342.
— *Par..*, IV, 180, 220, 502.
— *Rouen*, 29, 125, 325, 499, 508,
513, 542, 554, 575, 693, 719, 720,
785, 789, 797, 847, 889, 951, 1266,
1376.
— *Soiss.*, 109, 186, 201, 223, 409,
459, 564, 697.
— *Tours*, 853, 1179, 1181, 1245.
Hebrais. *Dauph.*, 270.
Hébrail. *Par.*, III, 432.
Hébrail. (d'). *Montp.-Mont.*, 1072,
1073.
— *Toul.-Mont.*, 857.
Hébrard. *Dauph.*, 135, 580.
— *Guy.*, 301, 312, 877, 993, 1035.
— *Montp.-Mont.*, 622, 1100.
— *Toul.-Mont.*, 57, 969, 1177.
Hécart. *Champ.*, 337.
— *Par.*, II, 482.
Heck. *Als.*, 657.
Heckel. *Als.*, 622.
Hecker. *Als.*, 495, 897.
Heckman. *Fland.*, 179, 788.
Hecquart. *Par.*, I, 535.
Hecquet (du). *Caen*, 266, 284.
— *Rouen*, 31.
Hecquin. *Fland.*, 1233.
Hector de Marie. *Champ.*, 372.

Hector. *Fland.*, 1144.
— *Voy.* Marie. *Par.*, i, 2.
— *Par.*, ii, 160, 444.
— *Tours*, 323.
Hebdebaut. *Fland.*, 343.
Hedehou. *Al.*, 242.
Hedelin. *Bret.*, i, 179.
— *Lyon*, 237, 545.
Hédival. *Lorr.*, 29.
Hédouis. *Prov.*, ii, 119.
Hédouville. *Soiss.*, 50, 137, 464.
Hédouville (d'). *Champ.*, 203.
— *Lorr.*, 8.
Héduin. *Pic.*, 706.
— *Soiss.*, 716.
Hée. *Al.*, 1091.
Heemskerk. *Bret.*, i, 342.
Heère (de). *Par.*, ii, 9, 383, 431, 1088.
Heffler. *Als.*, 506.
Hegelin. *Als.*, 73.
Hégobure (d'). *Béarn*, 129, 139.
Hegret. *La Roch.*, 286.
Heguelin. *Als.*, 914, 921.
Héguy. *Guy.*, 837.
Héguy (d'). *Toul.-Mont.*, 693.
Hegwant. *Als.*, 1055.
Heideler. *Als.*, 621.
Heiden. *Lorr.*, 338.
Heidet. *Als.*, 728.
Heimburger. *Als.*, 757.
Heims (de). *Fland.*, 1238, 1443.
Hein. *Als.*, 568.
Heindel. *Als.*, 1028.
Heinderien. *Fland.*, 52, 469.
Heindrick. *Fland.*, 1158.
Heingiart. *Fland.*, 200, 717, 721.
Heisgen. *Lorr.*, 315.
Heinglé. *Fland.*, 1166, 1169.
Heinius. *Als.*, 882.
Heisch. *Als.*, 92, 914.
Heisne. *Fland.*, 1313.
Heiss. *Par.*, ii, 243, 740.
Heitel. *Als.*, 650.
Heitz. *Als.*, 949.
Heizingre. *Als.*, 1046.
Hélande. *Rouen*, 1185.
Helderick. *Als.*, 243.
Heldin. *Bourb.*, 409.
Heldre (de). *Fland.*, 1153.
Heleck. *Als.*, 461.
Héliand (d'). *Tours*, 424, 433, 674, 1194.
Heliant. *Vers.*, 20.
Hélias. *Auv.*, 147.
Helick. *Als.*, 627, 629, 796.

Helie. *Par.*, ii, 678.
— *Poit.*, 33.
— *La Roch.*, 448.
— *Voy.* Elie. *Rouen*, 235, 844, 852.
— *Toul.-Mont.*, 585.
— *Tours*, 1261.
Hélie (d'). *La Roch.*, 209.
Helier. *Poit.*, 1061.
Helies. *Al.*, 578, 819, 822, 860, 1166, 1184.
— *Caen*, 2, 5, 6, 7, 9, 17.
— *Bret.*, ii, 233, 234, 360, 519.
— *Guy.*, 33.
Heligon. *Bret.*, ii, 456.
Helin. *Bret.*, i, 40.
— *Par.*, iv, 166.
Helinge. *Als.*, 623.
Héliot. *Bourg.*, ii, 14, 75, 484, 624.
— *Par.*, ii, 50, 227.
— *Par.*, iii, 170, 488, 518.
— *Toul.-Mont.*, 135, 193.
Hélis. *Dauph.*, 114.
Hélissant. *Par.*, ii, 1255.
Helissent. *Par.*, i, 1122, 1304.
— *Par.*, iii, 171.
Hellault (de). *Tours*, 119.
Hellavet. *Tours*, 548.
Helle. *Fland.*, 1004.
Hellemant. *Pic.*, 678.
Hellevai. *Poit.*, 784.
Hellies. *Prov.*, i, 1104.
Helliot. *Par.*, i, 174.
Hellot. *Par.*, iii, 152.
— *Par.*, iv, 393.
— *Rouen*, 675, 791, 812, 839, 1244.
Hellouin. *Al.*, 787, 1012.
— *Rouen*, 70, 91, 592, 673, 1233.
— *Tours*, 413.
— *Caen*, 8, 54, 428, 431, 755.
Helmaigre. *Als.*, 805.
Helminger. *Lorr.*, 444.
Helmster. *Als.*, 638.
Helmus. *Als.*, 566.
Helnesse. *Soiss.*, 806.
Helo. *Bret.*, i, 523, 784.
Helpock. *Als.*, 455.
Helsberger. *Als.*, 562.
Heltien. *Al.*, 197.
Heltzelback. *Als.*, 860.
Helvetius. *Par.*, i, 1199.
Helviesterz. *Als.*, 1053.
Helwick. *Als.*, 462.
Hem. *Par.*, i. 248.
— *Rouen*, 143.
Hem (de) *Soiss.*, 129, 561.
Hemant. *Par.*, ii, 207.

Hemard. *Lorr.*, 537.
— *Par.*, iv, 21, 27, 234, 699.
Hémart. *Par.*, ii, 263.
— *Pic.*, 2, 379, 405, 431, 445, 703.
Hembois (des). *Fland.*, 1009.
Heineri. *Rouen*, 320.
Hemeri (d'). *Champ.*, 743.
Hemery. *Bourg.*, ii, 39, 63, 72.
— *Bret.*, ii, 1014, 1074.
— *Montp.-Mont.*, 288.
Hemery (de). *Poit.*, 96.
Hemmaud. *Als.*, 1033.
Hemon. *Bret.*, ii, 872.
— *Pic.*, 317, 318, 854.
— *Rouen*, 412, 437, 441, 442.
Hémot. *Lyon*, 622.
Hempf. *Als.*, 654.
Hemricourt. *Lorr.*, 342.
Hen (de). *Pic.*, 385, 594.
Hénart. *Lorr.*, 47.
— *Rouen*, 779.
Hénaud. *Prov.*, i, 1180, 1181.
Hénault. *Bourges*, 262.
— *Bourg.*, i, 70.
— *Champ.*, 424.
— *Guy.*, 47.
— *Par.*, i, 188, 1057, 1109.
— *Par.*, ii, 330, 380, 558, 624, 1055.
— *Par.*, iii, 200, 279.
— *Par.*, iv, 333.
— *Rouen*, 869, 895.
— *Soiss.*, 860.
— *Tours*, 325, 1203, 1204.
Hendrixen. *Fland.*, 192, 226.
Henerick. *Als.*, 111.
Henier. *Par.*, i, 887, 1206.
— *Par.*, ii, 393, 475, 560, 657, 735.
Héniu. *Champ.*, 724.
— *Fland.*, 5, 12, 165, 281, 319, 356, 1492.
— *Lyon*, 751.
— *Par.*, iii, 451.
— *Poit.*, 1448.
Henin-Liétart. *Champ.*, 473.
Hennault (de). *Pic.*, 832.
Hennebou. *Bret.*, i, 688.
Hennebuise. *Fland.*, 1010.
Hennecart. *Soiss.*, 818.
Hennegrave. *Soiss.*, 732.
Henneman. *Fland.*, 686.
Hennequin. *Bourg.*, i, 202.
— *Bret.*, i, 350.
— *Champ.*, 182.
— *Lorr.*, 332, 523, 534, 594, 653, 678, 679.

— *Par.*, i, 165, 873, 1094, 1132.
— *Par.*, ii, 450, 549, 550, 586.
— *Par.*, iii, 128.
— *Poit.*, 491.
— *Prov.*, i, 634.
— *Soiss.*, 348, 381, 482, 508.
— *Rouen*, 369, 372, 374, 375.
Henner. *Als.*, 98.
Hennest. *Champ.*, 316.
Hennet. *Fland.*, 1269, 1303, 1352, 1498, 1500.
Hennezel. *Fland.*, 1312.
Hennezel (de). *Lorr.*, 133, 474 ter, 475, 476, 479.
Hennin. *Soiss.*, 594.
Henning. *Als.*, 480.
— *Lorr.*, 404.
Henninger. *Als.*, 1016.
Hennion. *Fland.*, 509.
Hennot. *Caen*, 243, 273, 274, 275, 281, 291, 302.
Hennuyer. *Soiss.*, 489, 491.
Hénon. *Tours*, 1241.
Henonville. *Rouen*, 1162.
Henri. *Als.*, 947, 1095.
— *Caen*, 437, 736.
— *Champ.*, 203.
— *Prov.*, i, 240, 1121, 1129, 1130, 1306, 1336, 1340.
— *Prov.*, ii, 104.
— *Soiss.*, 164.
— *Tours*, 159, 532, 1157.
Henrici. *Als.*, 432, 439, 565.
Henriet. *Bourg.*, i, 1177.
— *Prov.*, i, 940, 1127.
— *Tours*, 952.
Henriette. *Champ.*, 335.
— *Par.*, i, 39.
— *Par.*, iii, 229.
Henrion. *Bourg.*, i, 73, 1152, 1153.
— *Bourg.*, ii, 52.
— *Lorr.*, 122.
— *Par.*, iii, 532.
Henriot. *Bourg.*, ii, 3, 63, 90.
Henriqués. *Guy.*, 136, 825.
Henriquez. *Lorr.*, 280.
— *Rouen*, 654, 680.
Henry. *Bourg.*, i, 159, 652, 707.
— *Bourg.*, ii, 241, 340, 366, 575, 576.
— *Bret.*, i, 199, 228, 249, 364, 381, 382, 401, 602, 603, 614, 632, 704, 797.
— *Bret.*, ii, 11, 273, 854.
— *Fland.*, 1066, 1303.
— *Lorr.*, 476, 612.

— *Lyon*, 260, 251, 476, 647, 659, 666, 767, 772, 865, 876, 982, 1045, 1047, 1050.
— *Par.*, i, 189, 287, 396, 593.
— *Par.*, ii, 532, 729, 1122, 1123, 1181.
— *Par.*, iii, 467.
— *Par.*, iv, 90, 98.
— *Poit.*, 1376.
— *Rouen*, 548.
Hensens, *Fland.*, 684.
Henu. *Tours*, 1202.
Henuyer. *Fland.*, 7.
Heppensac. *Als.*, 807.
Héquet. *Pic.*, 629.
Hequot. *Par.*, iii, 335.
Hérail (d'). *Montp.-Mont.*, 118, 126, 472.
Heraines. *Rouen*, 1284.
Héral. *Par.*, ii, 963.
Hérambourg. *Rouen*, 108, 392, 687, 689, 774, 840, 891.
Hérard. *Tours*, 1419.
Hérardin. *Par.*, i, 1079.
— *Par.*, ii, 657.
Héraud. *Guy.*, 940.
— *Prov.*, ii, 251, 750.
Hérault. *Bourb.*, 106, 168, 385.
— *Bourges*, 36, 399.
— *Caen*, 432, 510, 523.
— *Champ.*, 118.
— *Par.*, ii, 177, 856, 975, 1069, 1268.
— *Poit.*, 532, 1078.
— *Prov.*, i, 1211, 1327.
— *La Roch.*, 127, 145, 359.
— *Rouen*, 413.
— *Tours*, 1004.
— *Vers.*, 162.
Heraut. *Par.*, i, 151, 1261, 1342.
Héraut. *Toul.-Mont.*, 393.
Herbaré. *Rouen*, 900.
Herbault. *Par.*, iii, 123, 417.
— *Poit.*, 768, 1059, 1518.
— *Tours*, 996.
Herb. *Als.*, 836.
Herbec (le). *Tours*, 756.
Herbée. *Tours*, 1475.
Herbel. *Lorr.*, 462.
Herbelet. *Lorr.*, 383, 387.
Herbelin. *Al.*, 164.
— *Orl.*, 612.
— *Par.*, iii, 383.
— *Soiss.*, 64, 204, 563, 581, 770, 777.
— *Tours*, 402.

Herbeling. *Als.*, 446, 621.
Herbelot. *Par.*, i, 1169.
Herbereau. *Tours*, 142, 529, 548, 580, 732, 915, 975, 1523.
Herbers. *Par.*, i, 128.
Herbert. *Bret.*, i, 915.
— *Poit.*, 76, 274, 991, 1014, 1047, 1392, 1405.
— *La Roch.*, 303.
Herbet. *Par.*, iii, 309.
Herbeville (d'). *Lorr.*, 144, 393.
Herbières (des). *Tours*, 1525.
Herbiers (des). *Poit.*, 78, 274, 634.
Herbin. *Lorr.*, 208, 647.
— *Par.*, i, 1193.
— *Par.*, ii, 635.
— *Vers.*, 233.
Herbinot. *Caen*, 490.
— *Par.*, i, 1141.
— *Soiss.*, 760.
Herbouville. *Poit.*, 770.
Hercé (d'). *Tours*, 400.
Hercé (de). *Tours*, 404, 1183.
Herche (la). *Soiss.*, 798.
Hercy (de). *Fland.*, 294, 825.
Hereau. *Tours*. 751.
Héreaud. *La Roch.*, 176.
Herel. *Al.*, 1242.
— *Bret.*, ii, 425.
Heremberg. *Al*, 764.
— *Als.*, 11, 416.
Hereng. *Fland.*, 109, 773.
Herff. *Als.*, 11.
Hergue. *Prov.*, i, 1106.
Héri. *Rouen*, 1115.
Héricart. *Soiss.*, 157, 186, 387.
Héricé. *Tours*, 390.
Héricé (le). *Bret.*, i, 694.
Hérici. *Pic.*, 454.
Herici (le). *Al.*, 249, 484, 648.
— *Caen*, 184, 456.
Héricot. *Tours*, 1511.
Héricourt. *Fland.*, 368, 803.
— *Montp.-Mont.*, 989.
— *Pic.*, 676.
— *Soiss.*, 25, 102, 214, 286, 474.
Heriez. *Prov.*, i, 1429, 1452.
Herifort. *Fland.*, 187, 195.
Hériguet. *Pic.*, 731.
Hériguier. *Fland.*, 28, 385, 386, 406, 419.
Herinx. *Par.*, i, 1254.
— *Par.*, ii, 1071.
Heriscé (le). *Tours*, 397.
Hérissart. *Soiss.*, 50.
Hérissart (de). *Pic.*, 618.

Hérissent. *Fland.* 599.
Hérissi. *Caen.* 11, 25, 32.
Hérisson. *Bret.*, i, 96.
— *Bret.*, ii, 14, 504.
— *Champ.*, 566.
— *Toul.-Mont.*, 341, 407, 442, 1311.
Hérisson (d'). *La Roch.*, 206.
Hérisson (le). *Al.*, 833.
Héritier (l'). *Guy.*, 909.
— *Par.*, i, 205, 979, 1060.
— *Rouen*, 886.
— *Tours*, 1378.
Héritte. *Orl.*, 742, 762.
Herlau. *Par.*, ii, 1032, 1245.
— *Par.*, iv, 692.
Herlaut. *Par.*, i, 358.
Herlesheim. *Als.*, 207. V.
Herleville. *Pic.*, 719.
Herm (l'). *Toul.:Mont.*, 207.
Herman. *Als.*, 149, 201, 336, 381, 402, 403, 502, 658, 758, 826, 1013, 1045.
Hermand *Soiss.*, 821.
Hermant. *Fland.*, 1269.
— *Pic.*, 458, 761.
Hermant (d'). *Champ.*, 32, 35, 86, 101, 835.
Hermeaux (des). *Lyon*, 665.
Hermenc. *Toul.-Mont.*, 931.
Herment. *Par.*, ii, 65, 298, 928, 965, 978.
— *Par.*, iv, 267.
— *Rouen*, 854.
Hermerel. *Caen*, 5, 8, 82, 670.
Hermes. *Als.*, 828.
Hermier. *Bourg.*, i, 1180.
Hermieu. *Al.*, 1142.
Hermille. *Bourg.*, i, 993, 1258.
Herminal. *Al.*, 1210.
Hermine (St-). *Vers.*, 163.
Hermine (Ste-). *Lim.*, 43, 44, 226, 232.
— *Par*, ii, 1215, 1239.
Hermite (d'). *Prov.*, ii, 373, 422.
Hermite (l'). *Guy.*, 429.
Hermitte. *Lyon*, 668.
— *Prov.*, i, 39, 138, 456, 604, 1107, 1146.
Hermitte (l'). *Al.*, 89, 90, 91, 104, 121, 211, 261, 273, 312, 442, 469, 532, 568, 576, 600, 1021.
— *Fland.*, 769, 770.
— *Lim.*, 192.
— *Orl.*, 240.
— *Par.*, iv, 16, 23, 25, 323, 648, 656.
— *Rouen*, 84, 508.

Hermitte (Ste-). *Par.*, ii, 89.
Hernault. *Orl.*, 556.
— *Tours*, 979, 1481.
Hernem. *Als.*, 819.
Hernet. *Bourges*, 265.
Hernezel. *Lorr.*, 132.
Hernigen. *Als.*, 163.
Hernot. *Rouen*, 914.
Hernoton (d'). *Par.*, i, 792.
Hernoux. *Bourg.*, i, 166.
— *Bourg.*, ii, 154.
Héron. *Al.*, 570, 584, 808, 817, 819, 1191.
— *Bourb.*, 7, 277.
— *Fland.*, 64.
— *Par.*, i, 65, 118, 304, 325, 378, 441, 442, 477, 535, 1171.
— *Par.*, ii, 236, 287, 534, 660, 684, 774, 784.
— *Par.*, iii, 6, 114, 197, 223.
— *Par.*, iv, 729.
— *La Roch.*, 28.
— *Rouen*, 439, 452, 454, 534.
— *Soiss.*, 856.
— *Vers.*, 50.
Héron (du). *Orl.*, 615.
Herou. *Bret.*, i, 353.
— *Par.*, ii, 774.
Hérouard. *Al.*, 762.
— *Bourges*, 303.
Hérouet. *Rouen*, 16.
Hérouf. *Caen*, 447.
Héroult. *Al.*, 920.
— *Caen*, 559, 569, 593.
— *Bourg*, i, 199.
— *Par.*, ii, 84.
Héroys. *Bourb.*, 3, 8, 267, 440.
Herpilleau. *Bourges*, 519, 520.
Herpin. *Bret.*, i, 330.
— *Par.*, iv, 631.
— *Poit.*, 583.
— *Tours*, 562.
Herpont. *Fland.*, 768.
Herquin. *Fland.*, 1479.
Herr. *Als.*, 115, 231, 1015, 1056.
Herre (de). *Orl.*, 334, 341, 352.
Herré. *Tours*, 1203.
Herreau. *Bret.*, i, 161.
Herrier (le). *Fland.*, 1167.
Herry. *Fland.*, 1203.
Hersant. *Caen*, 678.
— *Poit.*, 153, 503, 1253.
— *Tours*, 1111.
Hersé. *Tours*, 1122, 1358.
Hersemberg. *Als.*, 424.
Hersens. *Par.*, i, 767, 1279.

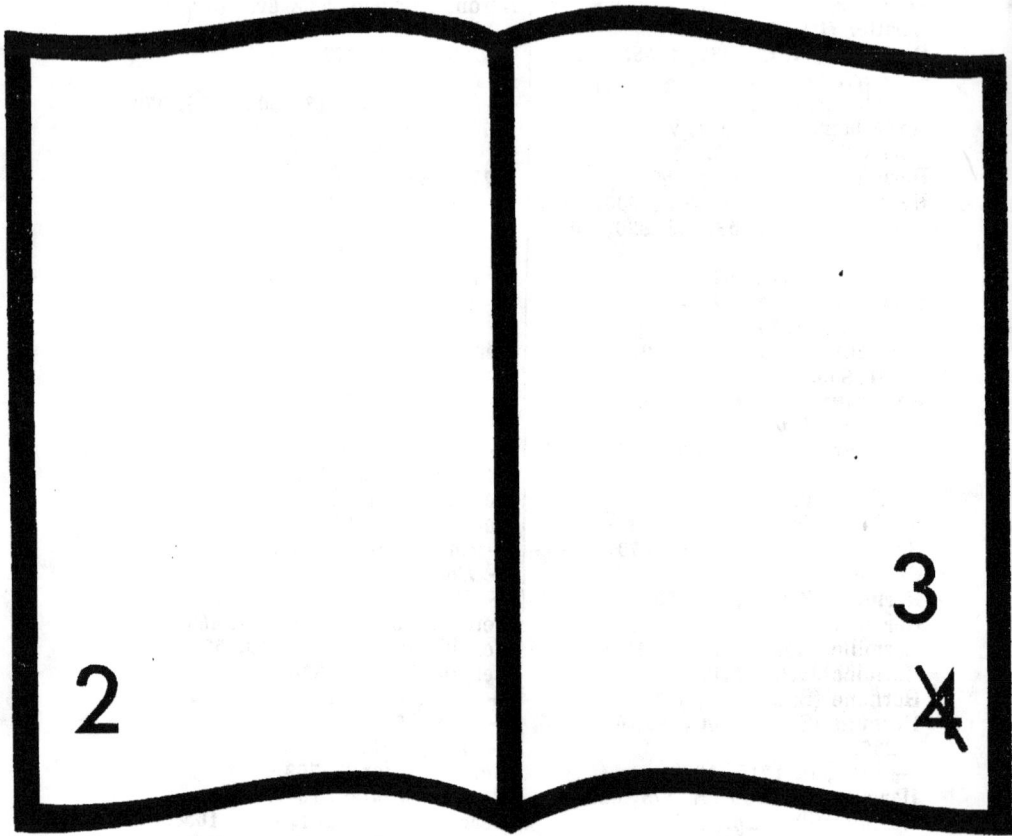

Hersent. *Al.*, 200, 967, 1029
— *Par.*, II, 478.
— *Rouen*, 927.
— *Vers.*, 61.
Hersin. *Pic.*, 785.
Hersinger. *Als.*, 714.
Herstenstein. *Als.*, 1050.
Hert (de). *Pic.*, 563.
Hertaing. *Fland.*, 278, 293, 295.
Hertault. *Pic.*, 825.
Hertes (de). *Pic.*, 18, 37, 66, 398, 763, 849.
Hertfelt. *Bret.*, I, 164.
Hertzock. *Als.*, 83, 349, 408, 489, 695.
Hervache. *Bret.*, II, 384.
Hervagault. *Bret.*, II, 382.
Hervart. *Par.*, I, 9, 434.
Hervault (d'). *Tours*, 6, 540.
Hervé. *Al.*, 708, 1053.
— *Bourges*, 385.
— *Bret.*, I, 547, 662.
— *Bret.*, II, 20, 235, 397, 576, 960, 962, 963, 965, 995, 1105.
— *Par.*, I, 553, 588.
— *Par.*, II, 981.
— *Par.*, IV, 173.
— *Poit.*, 764, 1022, 1215.
— *La Roch.*, 138.
— *Tours*, 980, 1013.
Hervet. *Orl.*, 831.
Hervi. *Pic.*, 468, 752.
Hervier. *Par.*, II, 622.
Hervieu. *Al.*, 723.
— *Bret.*, II, 200, 251.
— *Caen*, 267, 288, 306, 307.
Hervieux. *Rouen*, 262, 1162.
Hevillard. *Bret.*, II, 1105.
Hervillé (d'). *Pic.*, 116.
Hervilli. *Soiss.*, 129, 290.
Hervilliers (d'). *Fland.*, 28, 404, 970, 971.
Hervilly. *Par.*, II, 1233.
— *Pic.*, 869.
Hevin. *Bret.*, II, 403.
Hervin. *Fland.*, 475, 809, 964.
— *Lyon*, 1020.
Hervot. *Bret.*, II, 439.
Hervouet. *Bret.*, II, 379, 478, 844.
Hervy. *Fland.*, 25.
— *Lim.*, 323.
Hervy (d'). *Bourg.*, I, 170.
Héry. *Lyon*, 617.
Hesdin. *Fland.*, 1161.
— *Pic.*, 493. V.
Hesnard. *Al.*, 803, 1092.

Hesnault. *Al.*, 1091.
Hespel. *Fland.*, 105, 119, 122, 166, 378, 540, 541, 761.
Hespitalier. *Toul.-Mont.*, 235.
Henri. *Al.*, 648.
Hessau. *Poit.*, 460.
Hesse, prieuré. *Lorr.*, 660.
Hesse. *Pic.*, 614.
Hesseler. *Lyon*, 20, 38, 69, 211, 282, 951.
Hesselin. *Par.*, II, 782.
— *Par.*, III, 319.
— *Soiss.*, 245, 380.
Hestellet. *Guy.*, 273.
Heu. *Bourb.*, 39.
Heu (le). *Caen*, 734.
Heuch. *Als.*, 394, 410.
Heude. *Par.*, I, 1194.
Heude (de). *Champ.*, 194.
Heudebert. *Al.*, 313, 325, 1204.
— *Caen*, 22, 560.
— *Par.*, I, 775.
Heudel. *Par.*, III, 408.
Heudelot. *Champ.*, 751, 752, 757.
— *Bret.*, I, 228.
— *Fland.*, 31.
— *Par.*, II, 848.
Heudes (de). *Orl.*, 276.
Heudi. *Al.*, 33.
Heudiart. *Pic.*, 707.
Heudier. *Rouen*, 864.
Heudine. *Caen*, 130, 612.
Heudricey. *Pic.*, 423.
Heüe. *Fland.*, 223, 683.
Heuger. *Soiss.*, 32, 212, 216.
Heugin. *Als.*, 399.
Heugleville (d'). *Rouen*, 25, 209, 277, 1015.
Heulant. *Par.*, II, 888.
Heulard. *Bourb.*, 385.
Heulert. *Par.*, I, 823.
Heullin. *Tours*, 1272.
Heumont. *Champ.*, 259.
Heupel. *Als.*, 458.
Heurard. *Dauph.*, 260.
Heureux (d'). *Prov.*, I, 601.
Heureux (l'). *Rouen*, 117, 787.
Heurlebout. *Fland.*, 223.
Heurtault. *Bourges*, 4, 22, 33, 38, 45, 128, 129, 133, 135, 163, 198, 330, 339.
— *Bret.*, I, 93, 127.
— *Par.*, II, 232, 538, 747.
— *Par.*, III, 415.
— *Poit.*, 1261, 1302.
— *Rouen*, 59, 144, 666, 1103.

— *Tours*, 329.
Heurtaut. *Lyon*, 671.
Heurtebize. *Soiss.*, 287, 561.
Heurteux (de). *Pic.*, 360.
Heurtevant (d'). *Pic.*, 835.
Heusch. *Par.*, I, 1035.
Heuseler. *Guy.*, 847.
Heuslin. *Soiss.*, 208, 689.
Heust (de). *Rouen*, 234, 666, 713.
Heutin. *Fland.*, 678.
Heuvrard. *Par.*, IV, 271, 272.
Heuvron. *Soiss.*, 242.
Heuzé. *Bret.*, II, 456.
— *Caen*, 298, 313, 323, 437.
— *Rouen*, 518, 519, 534, 935.
Hevés. *Prov.*, II, 221.
Hevete. *Lorr.*, 148.
Heveterre (d'). *Béarn*, 8, 47.
Hevilly. *Bourg.*, I, 1218, 1219.
Hézard. *Orl.*, 596.
Hezecques (d'). *Champ.*, 86, 870.
Hezecques (de). *Pic.*, 682.
Hiart. *Rouen*, 461, 883, 1362.
Hiarville. *Soiss.*, 487.
Hibaud. *Lyon*, 917.
Hibert. *Champ*, 364, 366.
— *Par.*. III, 282.
Hibert (d'). *Pic.*, 155.
Hibon. *Tours*, 75.
Hibou. *Dauph.*, 147.
Hic (du). *Montp.-Mont.*, 1124.
Hicler. *Als.*, 381.
Hicleweg. *Als.*, 93.
Hicoust (ou Huoust). *Champ.*, 544.
Hideux. *Par.*, II, 631.
Hiel. *Bourges*, 289.
— *Pic.*, 740.
Hielle. *Als.*, 676.
Hières. *Prov.*, I, 163. Ville.
Hières (d'). *Dauph.*, 98.
Hiérick. *Als.*, 699.
Hierosme. *Rouen*, 1243.
Hiffel. *Als.*, 672.
Higer. *Als.*, 665.
Higourdaye (la). *Bret.*, II, 1005.
Hil. *Lorr.*, 691.
Hilaire *Lorr.*, 635.
— *Poit.*, 725, 907.
Hilaire (St-). *Bourb.*, 105, 109, 110.
— *Fland.*, 478.
— *Lorr.*, 635.
— *Par.*, I, 1248.
— *Poit.*, 725, 907.
— *Poit.*, 476, 872. Chap.
— *Toul.-Mont.*, 69.
Hilairet. *La Roch.*, 239.

Hilariet. *La Roch.*, 371.
Hilburger. *Lorr.*, 374.
Hildebrand. *Als.*, 895.
Hilier (St-). *Lorr.*, 358, 440, 677,
Hillaire. *Guy.*, 241.
— *Montp.-Mont.*, 331, 532.
Hillerin. *Par.*, II, 1083, 1266.
— *Poit.*, 307, 574, 711, 1265.
Hillevin. *La Roch.*, 17, 57.
Hiltzock. *Als.*, 635.
Himbert. *Par.*, IV, 198.
Himmermen. *Als.*, 9.
Himon. *Al.*, 749.
Hindel (de). *Als.*, 29, 1028.
Hindret. *Lorr.*, 575.
— *Lyon*, 4.
— *Par.*, I, 279, 280, 409.
Hindrieu. *Bret.*, II, 660.
Hinselin. *Vers.*, 8.
Hingant. *Bret.*, I, 57, 564, 570,
672.
Hinsselin. *Orl.*, 227.
— *Par.*, I, 946, 1018, 1134, 1154.
— *Par.*, III, 485.
Hiongue (d'). *Poit.*, 111.
Hipmayer. *Als.*, 483.
Hipolite (St-). *Als.*, 342. V.
— *Montp.-Mont.*, 211.
Hirbec. *Bret.*, II, 597.
Hirchel. *Als.*, 662.
Hirchenghe. *Fland.*, 1044.
Hirchinhan. *Als.*, 424.
Hire (la). *Par.*, II, 1148.
— *Soiss.*, 196.
Hiron. *Tours*, 877, 940.
Hirinez. *Pic.*, 781.
Hirsinger. *Als.*, 672, 856.
Hirstel. *Als.*, 228.
His (de). *Par.*, I, 749.
His. *Rouen*, 1116.
Hiton (de). *Béarn*, 85, 90, 95.
Hitschler. *Als.*, 380, 398, 633, 653,
853.
Hitte (la). *Orl.*, 231, 858.
— *Toul.-Mont.*, 398.
Hiver (l'). *Pic.*, 298.
Hivers. *Bourg.*, I, 1196.
Hobchéde. *Lorr.*, 264.
Hobenstricker. *Als.*, 467.
Hobré. *Fland.*, 371.
Hobstein. *Als.*, 1016.
Hoc (le). *Rouen*, 1110.
Hocart. *Fland.*, 1495.
— *Par.*, I, 1062.
— *Par.*, II, 530, 625, 797, 812.
— *Par.*, III, 229.

Hoccart. *Champ.*, 8, 21, 195, 219, 232, 238, 239, 342, 446, 679, 737.
Hocdoffer. *Als.*, 656.
Hoedt. *Pic.*, 738.
Hochard. *Bret.*, II, 454.
— *Fland.*, 1335.
— *Pic.*, 356.
— *Rouen*, 119.
Hochede. *Pic.*, 384, 546.
Hochoser. *Als.*, 756, 768.
Hocourt. *Par.*, IV, 130.
Hocquart. *Als.*, 749.
— *Vers.*, 175.
Hocquet. *Champ.*, 210.
— *Fland.*, 26, 415, 849.
— *Pic.*, 178, 760.
Hodeau. *Bourges*, 254.
— *Par.*, I, 1153.
— *Par.*, III, 482.
Hodebert. *Tours*, 1182.
Hodebourg. *Par.*, II, 411.
Hodencq. *Par.*, I, 952.
Hodeneq. *Par.*, II, 535.
— *Pic.*, 394.
Hodenger. *Champ.*, 144.
Hodet. *Par.*, I, 1247.
Hodic. *Par.*, I, 796.
— *Par.*, II, 437.
Hodoart. *Orl.*, 28, 42.
Hodoul. *Prov.*, I, 91, 415.
Hoen (d'). *Als.*, 161, 923.
Hoën. *Lorr.*, 282.
Hofderbruck. *Als.*, 1069.
Hoffelize (d'). *Lorr.*, 47, 225, 293, 459, 460 *bis*, 687.
Hofman. *Als.*, 82, 384, 642, 1029.
Hofsmit (d'). *Lorr.*, 307.
Hofter. *Als.*, 10.
Hogu. *Par.*, I, 1097.
Hoguais. *Al.*, 724.
Hogue (la). *Al*, 576.
— *Orl.*, 651, 787.
— *Par.*, II, 1064.
— *Par.*, III, 374.
— *Rouen*, 154, 679, 810.
— *Vers.*, 148.
Hoguet. *Poit.*, 275, 276.
Hoilde Ab. (St-). *Lorr.*, 153.
Hoisnard. *Tours*, 1450.
Holbach. *Lorr*, 325.
Holier. *Toul.-Mont.*, 940.
Holick. *Als.*, 1021.
Hollain. *Fland.*, 66.
Hollande. *Lorr.*, 600, 621, 664.
— *Par.*, IV, 249.
Hollande (de). *Pic.*, 26, 688.

Hollebeck. *Fland.*, 1262.
Holler. *Lorr.*, 284.
Hollongue (de). *Fland.*, 1365.
Holsofer. *Als.*, 655.
Holtz. *Als.*, 202, 707, 956.
Holtzapfel. *Als.*, 277.
Homassale. *Lorr.*, 351.
Hombliéren. *Soiss.*, 458.
Homblot. *Soiss.*, 560.
Hombour. *Lorr.*, 238.
Homeau. *Pic.*, 593.
Homerat. *Prov.*, II, 407.
Hommasel. *Pic.*, 633.
Homme (du). *Al.*, 847, 915.
— *Caen*, 511, 746, 773.
Homme (l'). *Dauph.*, 476, 513.
— *Par.*, I, 1332.
— *Par.*, II, 730.
Homme (du). *Rouen*, 92.
Homme (l'). *Vers.*, 196.
Hommeau. *Poit.*, 1019.
Hommei (de). *Al.*, 156, 893, 908, 1140.
Hommes (des). *Poit.*, 191.
Hommets (des). *Caen*, 319.
Hommets. *Pic.*, 105.
Hommets (des). *Rouen*, 309, 310, 690, 720.
Hommin. *Orl.*, 14.
Homo. *Champ.*, 693.
Honde (la). *Al.*, 138.
Hondis (de). *Prov.*, I, 1359.
Hondrat. *Montp.-Mont.*, 14.
Honfalize, prieuré au comté de Chini. *Lorr.*, 262.
Hongnan. *Par.*, I, 443.
Hongrin. *Par.*, IV, 543.
Honnemer. *Bret.*, II, 909.
Honnet. *Par.*, IV, 98,
Honneur (d'). *Par.*, II, 913.
Honorat (d'). *Prov.*, I, 380, 847, 866, 1092, 1093.
Honorat. *Prov.*, II, 287, 342, 634.
Honorati. *Lyon*, 282, 518, 723.
— *Prov.*, II, 440.
Honoré (l'). *Bret.*, I, 711.
Honoré. *Fland.*, 29, 905, 972.
Honoré (St-) *(confrérie)*. *Lorr.*, 64.
Honoré. *Par.*, I, 1387.
— *Par.*, IV, 404.
Honoré (d'). *Prov.*, I, 458, 496, 526, 961.
Honoré (l'). *Rouen*, 138.
Honoré. *Soiss.*, 714.
Honscotte. *Fland.*, 478. **V.**
Hontabat. *Guy.*, 373, 1149.

Honte (de). *Pic.*, 328.
Hontoise. *Fland.*, 459.
Hopitau (l'). *Tours*, 1146.
Hopnan. *Als.*, 939.
Hopsemer. *Fland.*, 681.
Hoquelus. *Rouen*, 1057, 1077.
Hoquiquant. *Vers.*, 22.
Hordain. *Fland.*, 1036.
Hordal. *Lorr.*, 592.
Hordosse. *Guy.*, 179.
Horeau. *Al.*, 982.
— *Par.*, i, 1168.
Horgmade. *Fland.*, 1442.
Horguelin. *Champ.*, 12, 335, 336, 337, 355, 855.
Horin. *La Roch.*, 352.
Hornes (de). *Fland.*, 142, 1154, 1441.
Hornet. *Soiss.*, 549.
Horo (le). *Bret.*, ii, 1099.
Horoser. *Fland.*, 725.
Horray. *Bourges*, 275.
Horreau. *Par.*, ii, 409.
Horrez. *Als.*, 1050.
Horri. *La Roch.*, 110, 322, 323.
Horvoy. *Par.*, iii, 372.
Horruin. *Fland.*, 483.
Horry. *Orl.*, 207.
Horsarieu. *Guy.*, 520.
Hortal. *Dauph.*, 331.
Hortscheid. *Als.*, 114.
Hosdier. *Par.*, ii, 321.
Hosman. *Als.*, 583, 1026.
Hospital (l'). *Bourb.*, 215, 278.
— *Bourg.*, ii, 303.
— *Bret.*, i, 894.
— *Champ.*, 11, 40, 569.
— *Guy.*, 1200.
— *Orl.*, 836.
— *Par.*, i, 35, 675, 1157.
— *Par.*, iii, 41, 43, 62, 79, 96, 478.
— *Par.*, iv, 13.
— *Toul.-Mont.*, 4, 1269.
Hospitalières (*couv. Niort*). *Poit.*, 1114.
Hossard. *Tours*, 1098.
Hossart. *Par.*, iii, 360.
Hosseure (de). *Lorr.*, 266.
Hossingen (*couvent de religieuses*). *Lorr.*, 567.
Hostagec (d'). *Prov.*, i, 342, 343, 344.
Hoste (l'). *Bourg.*, ii, 280.
— *Caen*, 480.
— *Champ.*, 525.
— *Guy.*, 142, 637.

Hoste. *Lorr.*, 620.
— *Lyon*, 179.
Hoste (l'). *Par.*, i, 929.
— *Par.*, ii, 550.
— *Par.*, iii, 287.
— *Pic.*, 383, 596.
Hoste. *Soiss.*, 490.
Hostel (l'). *Par.*, i, 170.
— *Par.*, ii, 202.
Hostel d'Escots (l'). *Champ.*, 588.
Hostellier (l'). *Al.*, 1101.
— *Bret.*, i, 785.
Hostelliers de Verdun (les) (*Comm.*). *Lorr.*, 668.
Hostein. *Guy.*, 100, 1012.
Hostingue. *Caen*, 73, 74, 78, 438, 758.
Hoston. *Fland.*, 805.
— *Pic.*, 186.
Hostun (d'). *Par.*, i, 444, 445.
Hostun. *Par.*, ii, 1141.
Hot (du). *Fland.*, 32, 55, 94, 106, 141, 155, 357, 598, 704, 705, 792.
Hotman. *Fland.*, 1339.
— *Orl.*, 27, 399, 413, 837.
— *Par.*, i, 29, 35.
— *Par.*, ii, 1138.
— *Par.*, iv, 793.
Hotot. *Caen*, 115, 116.
Hottot. *Rouen*, 855, 1135.
Hou. *Prov.*, i, 659.
— *Tours*, 1054
Houard. *Bourg.*, i, 245.
Houart. *Rouen*, 894.
Houasse. *Prov.*, i, 826, 1044.
Houbrel. *Pic.*, 414.
Houbronne. *Pic.*, 673.
Houchet. *Auv.*, 422.
Houchin. *Pic.*, 799.
Houdault. *Par.*, i, 1270, 1271.
Houdemare (d'). *Rouen*, 551, 678.
Houdemont. *Tours*, 1199, 1206, 1218.
Houdencq. *Soiss.*, 755.
Houdetot. *Par.*, ii, 36, 1079.
— *Rouen*, 552, 563, 1131.
Houdiart. *Par.*, i, 1252.
Houdin. *Par.*, i, 51, 476.
— *Par.*, ii, 69.
Houdon. *Par.*, ii, 985.
Houdon. *Tours*, 1521.
Houdot. *Als.*, 528.
— *Par.*, i, 262.
— *Par.*, iii, 332.
Houdouard. *Par.*, iii, 391.
Houdouart. *Al.*, 358.

Houdreville. *Champ.*, 173, 174.
Houdri. *Poit.*, 996.
Houdry. *Bourg.*, II, 257.
— *Tours*, 23, 387, 393.
Houe. *Fland.*, 275.
Houël. *Caen*, 584, 615, 737.
— *Orl.*, 188.
— *Par.*, II, 977, 1204.
— *Rouen*, 207, 309, 313, 356.
Houerlant. *Fland.*, 79, 595, 983.
Houet. *Al.*, 711.
— *Lorr.*, 16, 161.
Houëtteville. *Caen*, 748.
Houetteville (d'). *Al.*, 109, 635, 1132.
Hougue. *Als.*, 126.
— *Fland.*, 68.
Houin. *Fland.*, 899.
Houles. *Toul.-Mont.*, 723.
Houlette. *Al.*, 870.
Houlettes (de). *Prov.*, II, 727.
Houlier. *Poit.*, 326.
Houline. *Champ.*, 798.
Houllai (du). *Al.*, 231, 234, 295, 298, 304, 317, 359, 427, 616, 638, 910, 911.
— *Rouen*, 24, 606, 651, 668.
Houlle (la). *Bret.*, I, 853, 892.
Houllebec. *Rouen*, 1236.
Houllei. *Prov.*, I, 1368.
Houllet. *Rouen*, 135, 926.
Houllier. *Tours*, 1465.
Houllière. *Tours*, 373, 1453.
Houllin. *Tours*, 894.
Houllon. *Pic.*, 400.
Houmeau. *La Roch.*, 194, 241.
Hounneau (d'). *Tours*, 1452.
Houpigni. *Al.*, 833.
Houppeville. *Rouen*, 129.
Houppin. *Pic.*, 613, 859.
Hourdan. *Prov.*, I, 137.
Hourdebourg. *Al.*, 1105.
Hourdel. *Pic.*, 626, 632, 738.
Houri. *Champ.*, 36.
Hourier. *Par.*, IV, 128.
Hourlet. *Soiss.*, 814.
Hourlier. *Par.*, III, 116.
— *Soiss.*, 175.
Hours (le). *Bourges*, 98.
Hours. *Montp.-Mont.*, 1412.
Houry. *Orl.*, 435.
Houssaie. *Tours*, 829.
Houssaie (la). *Al.*, 118, 303, 310, 320, 446, 851, 903, 905, 910, 1080, 1081, 1201, 1205, 1218.
— *Caen*, 276, 535.
— *Par.*, I, 996.

— *Rouen*, 101, 104, 305, 306, 576, 801, 1151, 1220, 1222, 1246, 1249.
Houssaye. *Pic.*, 212, 494, 862.
Houssaye (la). *Bret.*, I, 859.
Housse (de). *Champ.*, 626.
Housse (la). *Rouen*, 435.
Housseau. *Fland.*, 854.
— *Tours*, 225.
Houssel. *Montp.-Mont.*, 23.
Housset. *Par.*, I, 552.
— *Par.*, II, 1158.
— *Par.*, III, 433.
Houssin. *Tours*, 1263.
Houstet. *Par.*, II, 153.
Houtin. *Tours*, 1471.
Houtte (van). *Pic.*, 155.
Houtteville (d'). *Al.*, 109, 635, 1132.
Houx. *Al.*, 909.
Houx (du). *Bret.*, I, 283.
— *Champ.*, 564.
— *Lorr.*, 155, 294, 474, 687.
— *Par.*, I, 262.
— *Soiss.*, 73, 371.
Houx (le). *Bret.*, I, 357.
— *Par.*, II, 667.
— *Par.*, III, 145, 261.
— *La Roch.*, 259.
— *Tours*, 321, 999, 1503.
Houy. *Orl.*, 136.
— *Par.*, III, 418.
Houzé. *Fland.*, 1320, 1322, 1469.
— *Orl.*, 351, 477, 487.
— *Soiss.*, 252, 530.
Houzel. *Lorr.*, 608.
Hoyau. *Orl.*, 439.
— *Tours*, 257, 1321, 1449.
Hoyelen. *Fland.*, 1239.
Hozier (d'). *Par.*, I, 1091, 1170.
Hu (du). *Fland.*, 358.
Huard. *Al.*, 724, 793.
— *Bourges*, 260, 277, 279.
— *Caen*, 138, 637, 673.
— *Lyon*, 475.
— *Montp.-Mont.*, 466.
Huart. *Bret.*, I, 124, 379, 436, 471, 473, 474, 728.
— *Bret.*, II, 899.
— *Champ.*, 838.
— *Fland.*, 1222.
— *Orl.*, 212, 221, 375.
— *Par.*, I, 633, 1348.
— *Par.*, II, 76.
— *Rouen*, 771.
Huau. *Tours*, 522.
Huault. *Caen*, 177.
— *Par.*, I, 148.

— *Par.*, ii, 254, 436.
— *Par.*, iv, 457.
Hubac. *Bret.*, i, 279, 333, 340, 341, 349.
— *Montp.-Mont.*, 1411.
— *Prov.*, i, 116, 117.
— *Prov.*, ii, 434.
Hubardière (la). *Poit.*, 1238.
Hubaudière. *Bret.*, ii, 900.
Hubaut. *Par.*, iii, 364.
Huberland. *Fland.*, 590.
Huberson. *Al.*, 1017.
Hubert. *Al.*, 746, 961, 1195.
— *Voy.* Lasse. *Bret.*, i, 609.
— *Bret.*, ii, 1008.
— *Lorr.*, 461.
— *Lyon*, 82, 416, 940.
— *Montp.-Mont.*, 1298.
— *Orl.*, 337, 922.
— *Par.*, i, 368.
— *Par.*, ii, 116, 172, 623, 657, 740, 1009.
— *Par.*, iii, 114, 125, 262, 343, 396, 508.
— *Par.*, iv, 251, 551.
— *Pic.*, 484, 780.
— *Prov.*, i, 85.
— *Poit.*, 529, 992.
— *Rouen*, 2, 596, 667, 936.
— *Soiss.*, 487.
— *Tours*, 11, 23, 35, 686, 852, 937, 1211, 1420.
Hubert (St-). *Fland.*, 1458.
— Monastère. *Lorr.*, 262.
Hubey. *Bret.*, ii, 1138.
Hubi. *Par.*, i, 1119, 1155.
Hubigneau. *Soiss.*, 504, 610.
Hubin. *Bret.*, i, 505.
— *Bret.*, ii, 491.
— *Par.*, i, 284.
Hublin. *Orl.*, 531.
Hubon. *Champ.*, 234.
Hucafol. *Toul.-Mont.*, 947.
Huchard. *Orl.*, 291.
Hucglas (d'). *Guy.*, 8.
Huchedé. *Par.*, iii, 283.
Huchéde. *Tours*, 876.
Hucheret. *Bourg.*, ii, 103.
Huchet. *Bret.*, i, 203, 244, 318, 443, 462, 465, 476, 891.
— *Bret.*, ii, 122, 522, 867.
Huchon. *Pic.*, 635.
Hucqueville. *Bret.*, ii, 484, 488.
Hudault. *Orl.*, 459.
— *Tours*, 1014.
Hude. *Par.*, iii, 476.

Hudée. *Tours*, 686.
Hudel. *Lorr.*, 628.
Hudeleine. *Pic.*, 4.
Hudemont. *Tours*, 1202.
Hudevert. *Pic.*, 503.
Hudin. *Pic.*, 368.
Hüe *Al.*, 96, 583, 1046.
— *Bret.*, ii, 583, 1136.
— *Caen*, 28, 33, 94, 102, 132, 13 142, 143, 159, 172, 201, 228, 229, 232, 279, 405, 417, 441, 489, 601, 607, 615, 630, 746.
— *Champ.*, 893.
— *Fland.*, 204.
— *Lorr.*, 541, 542.
— *Lyon*, 855.
— *Montp.-Mont.*, 1297.
— *Orl.*, 756.
— *Par.*, ii, 857.
— *Par.*, iii, 275, 601.
— *Par.*, iv, 616.
— *Rouen*, 63, 595, 657, 813, 1183.
— *Toul.-Mont.*, 703, 718, 719, 878.
— *Tours*, 1, 1248.
Huerne. *Par.*, iii, 453.
— *Par.*, iv, 25, 547, 765.
Huet. *Al.*, 518, 1002, 1050, 1151, 1158, 1173.
— *Bourges*, 385, 415.
— *Bret.*, ii, 172, 509, 842, 870.
— *Caen*, 558, 571.
— *Fland.*, 838, 1335, 1394.
— *Orl.*, 206, 208.|
— *Par.*, i, 752, 1134, 1375.
— *Par.*, iii, 131, 146, 579.
— *Par.*, iv, 8.
— *Pic.*, 652, 693, 714, 780.
— *Poit.*, 1273, 1542.
— *La Roch.*, 4, 20, 28, 304, 432, 437.
— *Rouen*, 16, 506, 514.
— *Soiss.*, 72, 463, 606, 797.
— *Tours*, 243, 304, 489, 909, 952, 1467, 1524.
Huez. *Champ.*, 133, 711.
— *Par.*, 1099.
— *Par.*, ii, 1065.
Huffel. *Als.*, 254, 787.
Hug. *Als.*, 91.
Hugalis. *Lyon*, 173.
Huger. *Par.*, ii, 99.
Huges. *Rouen*, 698.
— *Soiss.*, 212.
Huget. *Als.*, 866.
— *Soiss.*, 463.
Hugin. *Als.*, 21, 632.

2

Hugla. *Toul.-Mont.*, 1005.
Hugles. *Par.*, I, 351.
Huglo. *Fland.*, 803, 810, 812.
Hugo. *Lorr.*, 9, 258, 387.
— *Par.*, III, 446.
— *Soiss.*, 300.
Hugon. *Bourb.*, 106, 170, 386, 409.
— *Bourg.*, I, 193, 637, 707, 708, 724, 832.
— *Caen*, 635.
— *Dauph.*, 414.
— *Guy.*, 395, 1015.
— *Lim.*, 119, 175.
— *Par.*, I, 168.
— *Poit.*, 1487.
Hugonet. *Bourg.*, I, 1172.
— *Prov.*, I, 1189.
Hugoni. *Prov.*, I, 1408.
Hugonières (des). *Bourg.*, I, 401.
Hugonin. *Lyon*, 387.
— *Toul.-Mont.*, 7.
Hugonis. *Prov.*, I, 114.
Hugonneau. *Poit.*, 562, 563, 853.
Hugonnenc. *Toul.-Mont.*, 751.
Hugonnet. *Lyon*, 179, 661.
Hugot. *Bourg.*, II, 351.
— *Fland.*, 1260.
— *Par.*, IV, 705.
Huguenat. *Lorr.*, 473.
Huguenet. *Bourg.*, I, 569, 753, 920, 1032, 1239, 1241.
— *Vers.*, 51.
Hugueni. *Lorr.*, 564.
Huguenin. *Als.*, 675, 709, 863.
— *Soiss.*, 312.
Huguenot. *Lorr.*, 604.
Hugueny. *Par.*, III, 150.
Hugues. *Bourb.*, 509.
— *Bret.*, I, 920, 928.
— *Fland.*, 1158.
— *Montp.-Mont.*, 468, 669.
— *Prov.*, II, 528.
— *Tours*, 235.
— *Toul.-Mont.*, 704, 1057.
Hugues (d'). *Dauph.*, 568.
— *Prov.*, I, 44, 150, 297, 1412, 1458.
Huguet. *Auv.*, 130, 173.
— *Bret.*, I, 238.
— *Bret.*, II, 502.
— *Champ.*, 675.
— *Montp.-Mont.*, 1417.
— *Orl.*, 71, 403, 464, 828.
— *Par.*, I, 893, 901, 902, 981, 1046, 1119.
— *Par.*, II, 291, 303.
— *Par.*, III, 482.

— *Pic.*, 634, 820.
— *Prov.*, I, 20.
— *Tours*, 1004, 1009, 1285.
Hugueteau. *Poit.*, 485.
Hugueville. *Bret.*, II, 1065.
— *Poit.*, 964.
Huguin. *Als.*, 222, 378, 1050.
— *Par.*, III, 148.
Huiard. *Rouen*, 428, 1137.
Huiliers de Metz (les). (*Comm.*). *Lorr.*, 561.
— de Vic. *Lorr.*, 570.
Huiliers (les). (*Comm.*). *Poit.*, 807.
Huillard. *Bret.*, II, 994.
Huillermet. *Pic.*, 506.
Huillier. *Bourg.*, II, 255.
Huillome. *Orl.*, 235.
Hüin. *Lorr.*, 582 *bis*, 584, 288.
Huis. *Als.*, 448.
Hüis. *Fland.*, 797.
Huissier (d'). *Bourg.*, I, 147.
Huissier (l'). *Al.*, 48.
Huissiers (les) du parlement de Metz, *Lorr.*, 647.
— du présidial de Metz. *Lorr.*, 644.
— du présidial de Verdun, *Lorr.*,
Huit. *Prov.*, II, 593.
Huizecourt. *Pic.*, 860.
Huligon. *Bret.*, II, 729.
Hulin. *Als.*, 758.
— *Pic.*, 892.
Hullin. *Bret.*, I, 693.
— *Caen*, 510, 526.
— *Tours*, 72, 75, 82, 120, 152, 345, 363, 426, 442, 574.
Hulman. *Als.*, 447.
Hulot. *Par.*, II, 43.
Hulster. *Fland.*, 1105.
Humbelot. *Bourg.*, I, 265.
— *Lyon*, 228.
Humbert. *Als.*, 873.
— *Bourg.*, I, 1023, 1039, 1041, 1242.
— *Bourg.*, II, 74, 105.
— *Dauph.*, 523.
— *Lorr.*, 132, 236, 478, 479, 631, 658, 673.
— *Lyon*, 657.
— *Par.*, II, 136.
— *Prov.*, I, 265, 595.
Humblot. *Bourg.*, II, 190, 236.
— *Champ.*, 537, 887.
— *Lorr.*, 435.
— *Par.*, III, 338.
Humes (d'). *Bourg.*, I, 146.
Humery. *Orl.*, 338, 351, 476, 367, 348.

Hunies (de). *Bourg.*, II, 246.
— *Champ.*, 493.
— *Par.*, IV, 444.
Humet. *Bourg.*, I, 452.
Humière. *Pic.*, 822.
Humières. *Par.*, II, 178.
Hunault. *Bret.*, II, 803.
— *Tours*, 425, 553, 566, 574, 873, 1271.
Hunaut. *Toul.-Mont.*, 101, 420, 869, 1275.
Hunchant. *Bret.*, II, 510.
Hune (la). *Tours*, 1030.
Hunelaye (la). *Bret.*, I, 21.
Hunelstein *ou* Hunolstein. *Lorr.*, 291.
Hunin. *Fland.*, 817.
Huningue. *Als.*, 170. *V.*
Huo. *Bret.*, I, 684, 685, 782, 841.
Huon. *Bret.*, I, 45, 288, 295, 297, 319, 355, 657, 669.
— *Bret.*, II, 83, 207, 208, 965.
- *Par.*, III, 173.
— *La Roch.*, 170, 347.
Huost. *Orl.*, 919.
Huot. *Bourb.*, 522.
— *Bourg.*, I, 789, 792, 1054, 1068, 1134, 1136, 1261.
— *Par.*, I, 1125.
— *Par.*, II, 656, 1064, 1166.
— *Par.*, III, 529.
— *Soiss.*, 400.
Huotter. *Soiss.*, 60.
Hupais. *Prov.*, II, 238, 239.
Hupais (d'). *Prov.*, I, 908, 1003.
Hupeau. *Orl.*, 530.
Huppenoir. *Orl.*, 729.
Huproie (la). *Champ.*, 130, 462.
Huquet. *Pic.*, 639.
Hurard. *Rouen*, 25, 112, 532.
Hurault. *Bret.*, I, 277.
— *Lorr.*, 506, 529, 667.
— *Orl.*, 52, 95, 573, 762, 833, 944.
— *Par.*, I, 62, 240.
— *Par.*, II, 203, 715, 1208, 1243.
— *Par.*, III, 408.
— *Par.*, IV, 239.
— *La Roch.*, 146.
— *Rouen*, 399, 1087.
— *Tours*, 1000.
Hure (le). *Al.*, 550, 892, 1146.
— *Rouen*, 329.
Huré. *Par.*, I, 227.

— *Par.*, IV, 528.
Hureau. *Bret.*, II, 1055.
— *Par.*, I, 967, 1368.
— *Par.*, II, 238.
— *Rouen*, 1376.
Hurel. *Caen*, 567.
— *Rouen*, 788.
Hurie. *Prov.*, II, 763.
Hurigny. *Bourg.*, II, 215.
Hurino. *Par.*, II, 797.
Hurion. *Bourb.*, 216.
Hurlot. *Lorr.*, 123.
— *Poit.*, 1257.
Hurol. *Par.*, III, 128, 470.
Hurot. *Caen*, 566.
Hurson. *Par.*, II, 1095.
Hurst. *Als.*, 712, 713.
Hurstel. *Als.*, 402.
Hurstieck. *Als.*, 1046.
Hurtault. *Tours*, 993, 1081.
Hurtrel. *Par.*, I, 668.
Hurtret. *Pic.*, 728.
Huslin. *Fland.*, 293, 295.
— *Poit.*, 1269, 1270, 1275.
Hussancourt. *Pic.*, 849.
Hussard. *Orl.*, 581.
Husseville. *Al.*, 228
Husson. *Al.*, 1168, 1170, 1171.
— *Champ.*, 626.
— *Lorr.*, 247, 414, 437, 529, 625, 681.
— *Par.*, II, 298, 648.
— *Par.*, III, 254.
— *La Roch.*, 24, 137, 163.
Hustenot. *Lorr.*, 645.
Hustin. *Fland.*, 394, 396, 441.
Hustour. *Prov.*, I, 1836.
Hut. *Lyon*, 314.
Huteau (d'). *Toul.-Mont.*, 62.
Hutelier. *Pic.*, 407, 702.
Hutet. *Bourg.*, II, 498.
Huth. *Als.*, 462.
Hutier. *Bourb.*, 23.
Huttin. *Fland.*, 20, 880.
Huvet. *Lyon*, 47.
Huvier. *Pic.*, 706.
Huyer. *Bourg.*, II, 483.
— *Bret.*, II, 1083.
Huz. *Bret.*, I, 210.
Huz (de). *Lorr.*, 41.
Hwecksman. *Als.*, 475.

I

I (d'). *Bourges*, 1.
  (de). *Champ.*, 428.
Ibars (St-). *Montp.-Mont.*, 1174. V.
Ibernadou. *Toul.-Mont.*, 634.
Ibery (St-). *Montp.-Mont.*, 556. V.
Icard. *Montp.-Mont.*, 806, 1542.
— *Par.*, I, 564.
— *Prov.*, I, 692, 764, 1039.
— *Toul.-Mont.*, 1278.
Icardéne. *Prov.*, I, 786.
Icatelmsoone. *Fland.*, 1092.
Icaxi. *Prov.*, I, 1148.
Icher. *Montp.-Mont.*, 61, 66.
— *Toul.-Mont.*, 647, 649, 1179, 1185.
Ichstatten (d'). *Als.*, 186.
Ichtratzheim (d'). *Als.*, 31, 37, 1037.
Iddekinghe. *Fland.*, 395.
Ifs (des). *Caen*, 482.
Igest (St-). *Tours*, 805.
Ignace. *Bourg.*, II, 348.
— *Prov.*, II, 581, 584.
Ignon (St-). *Champ.*, 161.
— *Lorr.*, 146, 208, 367, 369, 410, 484, 486, 487, 623.
Igny d'). *Bourg.*, I, 1194.
Igonen. *Montp.-Mont.*, 765.
Igonin. *Bourb.*, 355.
— *Poit.*, 820.
Igou. *Rouen*, 107, 536, 571, 1005.
Ilange (d'). *Lorr.*, 596, 665.
Ilement (d'). *Lorr.*, 47.
Ilicques. *Fland.*, 458.
Ille (l') Bouchard. *Tours*, 1508. V.
Iller. *Als.*, 487, 791.
Illi (d'). *Dauph.*, 568.
Illier (St-). *Lorr.*, 358, 440, 539, 540. *Voir* St-Hillier.
Illiers. *Par.*, II, 186.
Illinvert (d'). *Fland.*, 460.
Illixant. *Bret.*, II, 534, 540.
Imbault. *Bret.*, I, 59.
Imberdier. *Auv.*, 457.
Imbert. *Bourb.*, 404.
— *Bourg.*, I, 409.
— *Bret.*, I, 899.
— *Fland.*, 51, 104, 116, 117, 118, 129, 130, 141, 166, 167, 573, 578, 579, 787, 791, 796.
— *Guy.*, 1139.
— *Lyon*, 655, 733, 755, 979.

— *Orl.*, 133, 725, 753.
— *Par.*, II, 163.
— *Pic.*, 823.
— *Poit.*, 550, 556, 1153.
— *Prov.*, I, 25, 51, 52, 54, 56, 62, 97, 140, 357, 393, 663, 792, 840, 901, 907, 936, 947, 964, 1030, 1053, 1154, 1164, 1180, 1198, 1311, 1354, 1451.
- *Prov.*, II, 222, 224, 257, 413, 555, 608.
— *Toul.-Mont.*, 568, 878.
— *Vers.*, 58.
Imbert (d'). *Montp.-Mont.*, 303, 334, 1087.
Imbleval. *Rouen*, 222, 460, 461, 1392.
Imbleville (d'). *Al.*, 370, 509.
Imbs. *Als.*, 765.
Imfeld. *Als.*, 548.
Imler. *Als.*, 467.
Imling. *Als.*, 468.
Immeloot. *Fland.*, 200, 209.
Immendenyen (d'). *Als.*, 770.
Immerselle (d'). *Bourg.*, I, 1007.
Impérial (d'). *Prov.*, I, 608.
Imprimeurs. *Poit.*, 816.
Imprimeurs (les) de Metz. (*Communauté.*) *Lorr.*, 613.
Impringer. *Als.*, 703.
Imsser. *Als.*, 1083.
Inard. *Caen*, 677, 679.
— *Prov.*, I, 1429.
— *Toul.-Mont.*, 953.
Incamp (d'). *Béarn*, 131, 135.
Incarville (d'). *Rouen*, 1017.
Incourt (d'). *Pic.*, 55.
Indien (l'). *Prov.*, I, 1226.
Infernel. *Prov.*, I, 1190.
Ingelgen. *Lorr.*, 82, 189.
Ingilliard. *Fland.*, 94, 517, 762, 767.
Inglande (d'). *Lorr.*, 690.
Ingrand. *Poit.*, 562, 766, 850.
Ingrande. *Tours*, 1507. V.
Inguelnetter. *Als.*, 13.
Inguelstett. *Als.*, 633.
Inguembert (d'). *Lyon*, 605.
Innocens (des). *Guy.*, 113, 342.
— *Toul.-Mont.* 458, 506.
Inval (d'). *Pic.*, 834, 840, 845, 853.
Ipre. *Fland.*, 206, 207. V.

— *Pic.*, 314, 434, 445, 616.
Irai (d'). *Lorr.*, 631.
Irail. *Montp.-Mont.*, 361, 374, 691, 706.
Irembury (d'). *Béarn*, 144, 146, 148.
Irenne. *Montp.-Mont.*, 1003.
Iriex (St-). *Guy.*, 922.
Irisson. *Toul.-Mont.*, 341.
Irland. *Poit.*, 24, 25, 39, 40, 80, 836.
Irlande (d'). *Al.*, 229, 232, 307, 453, 454, 610, 628, 911.
rson (d'). *Soiss.*, 223.
Irvoix. *La Roch.*, 258.
Isabeau. *Par.*, I, 1279, 1322.
Isabel. *Par.*, I, 1145.
Isalis. *Par.*, II, 480.
Isai (d'). *Lorr.*, 631.
Isambart. *Rouen*, 704.
Isambert. *Orl.*, 366, 367, 439.
— *Par.*, I, 978.
Isarn (d'). *Montp.-Mont.*, 320, 1213.
Isbergh. *Fland.*, 104.
Ischenger (d'). *Als.*, 141.
Isembart. *Fland.*, 313, 647, 649, 855, 969.
Isle. *La Roch.*, 186, 363, 400.
Irsi (d'). *Lorr.*, 596.
Isle (d'). *Bourges*, 120, 293.
Isle (l'). *Al.*, 724.
— *Bourg.*, I, 421.
— *Bret.*, I, 305, 307, 968.
— *Bret.*, II, 389, 398, 570.
— *Caen*, 199.
— *Champ.*, 670.
— *Fland.*, 350. V.
— *Guy.*, 872, 885.
— *Montp.-Mont.*, 673, 1236.
— *Par.*, I, 60, 103, 155, 1009.
— *Poit.*, 828.
— *Toul.-Mont.*, 851, 1166, 1480.
Isle (de l'). *Dauph.*, 280.
— *Lorr.*, 117, 126, 132, 150.
— *Par.*, III, 53, 146.
Islé (d'). *Guy.*, 905.
Isleau (d'). *Poit.*, 983.
Islechauvet (l'Ab.). *Poit.*, 946, 1209.
Islejourdain (l'). *Montp.-Mont.*, 1036. V.
Islemarivault (l'). *Rouen*, 507.
Isles. *Prov.*, II, 712.
Isles (des). *Caen*, 207, 208, 215, 219, 514, 628, 640, 677.
— *Poit.*, 664.
Isnard. *Dauph.*, 118, 188.
— *Prov.*, I, 125, 136, 149, 211, 224.

227, 235, 250, 258, 407, 991, 1087, 1159, 1160, 1219, 1358, 1375, 1388, 1390, 1395.
— *Prov.*, II, 364, 412, 426, 436, 458, 461, 462, 541, 542, 635, 652, 714.
Isnardi. *Prov.*, I, 989, 1133.
— *Prov.*, II, 403.
Isnardon. *Prov.*, I, 23.
Isnel. *Montp.-Mont.*, 805.
— *Rouen*, 249, 1084.
Isoard. *Prov.*, I, 860, 999, 1000, 1456.
— *Prov.*, II, 205, 222, 341, 390.
Isoré. *Par.*, I, 1159.
Isouard. *Prov.*, I, 734, 838.
Isourdin. *Prov.*, II, 806.
Isque. *Pic.*, 306.
Issalene. *Prov.*, II, 354.
Issalier (d'). *Toul.-Mont.*, 1224, 1380.
Issaly. *Par.*, III, 12, 242.
Issaly (d'). *Toul.-Mont.*, 244.
Issanchon. *Montp.-Mont.*, 769, 1518.
Issanove. *Montp.-Mont.*, 1440.
Issard. *Prov.*, I, 434, 500.
Issata. *Montp.-Mont.*, 1103.
Issaurat. *Prov.*, I, 262, 1294, 1295.
Issautier. *Prov.*, I, 997, 1001.
Issembourg (d'). *Lorr.*, 471.
Isserie. *Prov.*, I, 731.
Issert. *Montp.-Mont.*, 615.
Issigiac. *Guy.*, 907.
Issoire. *Auv.*, 464. V.
— *Montp.-Mont.*, 1438.
Isson (d'). *Poit.*, 1208.
Issoudun, *Bourges*, 214. V.
Istis (d'). *Guy.*, 904.
Itchler. *Als.*, 655.
Itey. *Guy.*, 939.
Ithéas. *Toul.-Mont.*, 249.
Ithier. *Mont.-Mont.*, 353.
— *Par.*, I, 112, 160.
— *Toul.-Mont.*, 91, 1080.
Iunc. *Als.*, 424.
Iuncker. *Als.*, 71.
Ivart. *Tours*, 1332.
Ive (d'). *Fland.*, 1481.
Iven. *Poit.*, 634.
Iver. *Tours*, 341.
Iveri. *Auv.*, 501.
Ivernerie. *Guy.*, 1180.
Ivert. *Bourges*, 434.
— *Toul.-Mont.*, 602.
Ives. *Prov.*, II, 778.
Ivolas. *Montp.-Mont.*, 257.
Ivon. *Als.*, 368.

— *Lyon*, 710.
— *Poit.*, 196, 1146.
— *Toul.-Mont.*, 943.
Ivonnet. *Als.*, 993.
Ivori (d'). *Champ.*, 88, 158.
Izalguier. *Toul.-Mont.*, 1286.
Izallier (d'). *Montp.-Mont.*, 1034.
Izambeau. *Poit.*,
Izambert. *Poit.*, 1045, 1230, 1234, 1276, 1322.

Izarn. *Toul.-Mont.*, 298, 609, 616, 761, 975, 1014, 1130.
Izarn (d'). *Fland.*, 1296, 1325.
Ize (d'). *Dauph.*, 131, 597, 598, 639 *bis*, 640 *bis*.
Izem (d'). *Béarn*, 106, 108.
Izeran (d'). *Dauph.*, 94.
Izesté. *Béarn*, 142, 148.
Izori. *Poit.*, 454.

J

Jaân. *Prov.*, II, 676.
Jabac. *Par.*, I, 282.
Jabin. *Fland.*, 1315.
— *Par.*, III, 20.
Jabinet. *Bret.*, II, 1000.
Jaboin. *La Roch.*, 373, 393.
Jaboin. *Guy.*, 1024.
Jabre. *Orl.*, 241, 243, 377.
Jacen. *Prov.*, II, 430.
Jachia. *Bourg.*, II, 15.
Jachier. *Par.*, II, 559, 569.
Jachiet. *Bourg.*, I, 51.
— *Bourg.*, II, 53.
Jachs. *Als.*, 297.
Jacklen. *Als.*, 97, 926.
Jacob. *Bourg.*, I, 26, 55, 147, 190, 318, 312.
— *Bourg.*, II, 242, 309, 370, 375, 575.
— *Bret.*, II, 539.
— *Dauph.*, 454.
— *Lorr.*, 145.
— *Par.*, I, 270, 411.
— *Par.*, II, 1053.
— *Par.*, III, 567.
— *Par.*, IV, 679.
— *Pic.*, 388.
— *Poit.*, 147, 849.
— *Prov.*, I, 1458.
— *Prov.*, II, 389.
— *Soiss.*, 150.
— *Toul.-Mont.*, 137.
Jacobé. *Champ.*, 40, 195, 196, 207, 208, 226, 371, 652.
— *Lorr.*, 249.
Jacobin (le). *Bret.*, I, 450, 454, 461, 653.
Jacobins (les) (*relig.*). *Poit.*, 378.
Jacobines de Metz (les) (*relig.*). *Lorr.*, 564.
Jacobson. *Fland.*, 189.

Jacomel. *Fland.*, 423.
— *Pic.*, 563, 814.
Jacomont. *Prov.*, II, 644.
Jacon. *Prov.*, I, 110.
Jacops. *Fland.*, 72, 101, 103, 137, 155, 178, 372.
Jacot. *Toul.-Mont.*, 973.
Jacquard. *Bourg.*, I, 562, 601, 644, 925, 1104.
Jacquart. *Par.*, I, 1087.
Jacquelin. *Caen*, 620.
— *Lyon*, 595.
— *Poit.*, 796, 820, 993.
Jacquelot. *Bourb.*, 29, 386.
— *Bret.*, I, 398, 513, 718.
— *Champ.*, 83.
— *Tours*, 112, 143, 350, 564, 918.
Jacquemart. *Champ.*, 214.
Jacquemet. *Bourg.*, I, 124.
— *Dauph.*, 266, 592.
— *Lyon*, 753.
Jacquemeton. *Lyon*, 805.
Jacquemin. *Fland.*, 365, 1458.
— *Lorr.*, 365, 366, 520 *bis*, 621, 639, 678 *bis*.
— *Lyon*, 45.
— *Poit.*, 101, 553, 1001.
Jacquenon. *Champ.*, 258.
Jacquemont. *Lyon*, 1049.
Jacquenet. *Bourb.*, 301, 492.
— *Bourg.*, I, 474.
Jacquerault. *Pic.*, 23.
Jacquereau. *Tours*, 582.
Jacquerie. *Fland.*, 15, 997.
Jacques. *Auv.*, 499, 528.
— *Bourges*, 47.
— *Bourg.*, I, 700, 702, 703, 1099, 1103, 1205.
— *Bourg.*, II, 303.
— *Fland.*, 990, 1452.
— *Lorr.*, 631.

— Montp.-Mont., 689.
— Orl., 360, 362, 366.
— Par., 1, 375, 751.
— Par., 11, 377, 381, 1244.
— Poit., 333, 334, 853, 1504.
— Prov., 1, 951.
— Rouen, 146.
— Tours, 732, 1411.
Jacques (de). Dauph., 301.
Jacques (St-) (Pri.). Poit., 1422.
— Prov., 1, 565, 581, 603, 666, 694, 757.
Jacquesson. Al., 566.
— Bourg., 11, 624.
— Caen, 165.
— Champ., 357, 358, 373, 667, 673.
Jacquet. Al., 219, 1142.
— Bourges, 379, 530.
— Bourg., 1, 299, 435, 441, 572.
— Lyon, 147, 222, 223, 229, 230, 343, 534.
— Montp.-Mont., 24, 133, 372, 587, 633.
— Orl., 466, 763.
— Par., 1, 368.
— Par., 111, 370.
— Poit., 476, 479.
— Rouen, 196, 427.
— Vers., 242.
Jacquier. Champ., 211.
— Fland., 1318, 1326, 1461.
— Lorr., 40.
— Lyon, 393, 463, 609, 710, 728, 737, 977.
— Par., 1, 199, 861.
— Par., 11, 646, 655.
— Prov., 11, 311.
— Toul.-Mont., 623.
Jacquin, Bourg., 1, 273, 807.
— Lyon, 552, 638, 948, 1026.
— Par., 1, 281.
— Poit., 1150.
Jacquinet. Lyon, 954.
Jacquinot. Als., 382.
— Bourg., 1, 248, 298, 555, 787.
Jacquot. Als., 830.
— Bourg., 1. 246, 1060, 1061, 1073, 1218.
— Par., 1, 516.
— Poit., 819, 826.
Jactet. Bourg., 1, 166.
Jadon. Auv., 80, 240, 383.
Jadon (de). Bourb., 388, 628.
Jafeu. Auv., 148.
Jaffin. Guy., 831.
Jagault. Bourges, 277, 377.

— Par., 1, 272.
Jager. Als., 165, 266, 403.
Jagher. Fland., 445.
Jagonnai. La Roch., 102.
Jagre. Als., 241, 253, 619.
Jagu. Bret., 1, 116.
— Bret., 11, 548, 1139.
Jagueu. Soiss., 708.
Jahan. Poit., 771, 1287, 1453.
— Tours, 829, 832, 1037.
Jahouen. Bret., 11, 518.
Jai. Dauph., 70.
— Guy., 431, 863.
— Prov., 1, 472, 972.
— Prov., 11, 684.
Jai (du). Par., 1, 1096.
Jai (le). Al., 1250.
— Par., 1, 83, 248, 885, 1286.
— Poit., 990.
— Tours, 251.
Jailla. Toul.-Mont., 739.
Jaillant. Par., 1, 1072.
Jaille (la). Bret., 1, 230.
— Tours, 220, 397, 1164.
Jaillé. Montp.-Mont., 1279.
Jaillot, Par., 111, 325.
Jaillumier. Lorr., 653.
Jaine. Prov., 1, 788.
Jaisse. Prov., 11, 84, 109, 688.
Jajollet. Al., 704.
Jal (du). Montp.-Mont., 744.
Jal (St-). Auv., 360.
Jalabert. Montp.-Mont., 784.
— Toul.-Mont., 896.
Jaladon. Bourb., 600.
— Par., 1, 530.
Jalaguière. Montp.-Mont., 858.
Jalamet. Toul.-Mont., 460.
Jalenguer. Toul.-Mont., 1164.
Jali. Champ., 740.
Jalier. Lyon, 26.
Jalifer. Bourg., 11, 279.
Jaliffier. Poit., 1501.
Jaligny. Bourb., 171.
Jallet. Bret., 1, 937.
— Bret., 11, 1083.
— Par., 1, 1037.
— Tours, 572.
Jalli. Auv., 386.
Jallier. Bourg., 1, 8.
Jalliot. Guy., 8.
Jallon. Orl., 750.
Jallot. Auv., 357.
— Caen, 246, 326, 327.
— Par., 111, 277.
Jalon. Lorr., 611.

Jalou. *Par.*, II, 305.
Jalouaine (de). *Tours*, **819.**
Jaloux. *Par.*, I, 104.
Jalras. *Guy.*, 500.
Jamar. *Als.*, 308.
Jamard. *Bourg.*, II, 629.
— *Par.*, IV, 15.
Jamart. *Fland.*, 1017, 1034, **1315.**
— *Par.*, II, 412, 503.
Jamba (le). *Bret.*, I, 314.
Jambes. *Lim.*, 77.
Jambon. *Al.*, 302.
Jambourg. *Pic.*, 848.
Jambre (le). *Bret.*, II, 41.
Jame. *Prov.*, I, 737, 1006.
Jame (de). *Tours*, 729.
Jamen. *Lim.*, 368.
— *Par.*, I, 88.
— *Par.*, III, 202.
Jamerai. *Tours*, 154, 511.
Jameron. *Par.*, III, 559.
— *Tours*, 509, 1269.
James. *Al.*, 71, 127.
— *Bourg.*, II, 94.
— *Bret.*, I, 55.
— *Lyon*, 427.
— *Rouen*, 89.
James (de). *Bourb.*, 28, 104.
— *Poit.*, 93.
Jamet. *Bret.*, II, 418.
— *Caen*, 692.
— *Guy.*, 396.
— *Lyon*, 776, 777.
— *Par.*, I, 77.
— *Par.*, III, 198.
— *Poit.*, 382, 1209, 1213, **1281.**
— *Rouen*, 881, 913.
— *Tours*, 956, 1213.
Jamier. *Lyon*, 997.
Jamigui. *Caen*, 712.
Jamin. *Bourb.*, 173, 433.
— *Bourg.*, II, 30, 78.
— *Lyon*, 56.
— *Poit.*, 701, 1154, 1197.
— *La Roch.*, 275.
— *Tours*, 327, 329, **1313.**
Jamineau. *Tours*, 322.
Jammé. *Prov.*, I, 1354.
Jammet. *Toul.-Mont.*, 395, 662, 1302.
Jamoais. *Bret.*, I, 7, 878, 880.
Jamon. *La Roch.*, 265.
Jamonnet. *Dauph.*, 275.
Jamot. *Al.*, 505, 1182, 1216, 1217.
Janas. *Montp.-Mont.*, 727.
Jandron. *La Roch.*, 260.

Janel. *Lyon*, 1024.
Janesta. *Toul.-Mont.*, 561.
Janet. *La Roch.*, 242.
Janeureau. *Bourges*, 437.
Janguy. *Bret.*, II, 837.
Jani. *Lyon*, 334.
Janin. *Bourg.*, II, 404.
— *Lyon*, 140, 618, 673, **723**, 1045, 1047.
— *Toul.-Mont.*, 54.
Jannart. *Fland.*, 984.
— *Par.*, I, 512, 1348.
— *Par.*, II, 556, 1120.
— *Soiss.*, 78.
Janné (St-). *Béarn*, 147.
Janneau. *Par.*, IV, 540, **542.**
— *Poit.*, 226, 1188.
Jannel. *Bourg.*, I, 232, 314, **928.**
Jannet. *Bourg.*, I, 626, 633, **1158.**
Janneteau. *Tours*, 1024.
Janniard. *Bourg.*, II, 326.
Jannin. *Bret.*, II, 788.
Jannisson. *Par.*, III, 368.
Jannod. *Bourg.*, I, 1012.
Jannon. *Bourg.*, I, 69, **247**, **320**, **326**, 345, 589, 908, 1146.
— *Lyon*, 120.
Jannot. *Als.*, 907.
— *Bourg.*, I, 334.
— *Lyon*, 933.
— *Par.*, III, 354, 415.
Janols. *Toul.-Mont.*, 967.
Janon. *Bourg.*, II, 64, **110**, **392**, 507
— *Prov.*, I, 1079.
Janotan. *La Roch.*, 380.
Jansan. *Lyon*, 654.
Jansat. *Fland.*, 864.
Janselme. *Dauph.*, 460, **556.**
— *Lyon*, 164.
Jansenne. *Fland.*, 214.
Jansens. *Fland.*, 491.
Janson. *Bourg.*, I, 849.
— *Lorr.*, 360, **537.**
Jantal. *Poit.*, 1556.
Jantet. *Bourg.*, I, 11.
— *Bourg.*, II, 630.
Janthial. *Bourg.*, I, 449.
— *Bourg.*, II, 160.
Janton. *Lyon*, 134, **151.**
— *Toul.-Mont.*, 515.
Jantot. *Bourg.*, I, 916.
Janure. *Poit.*, 123, 153, **162**, **163**, 1040.
Januret. *Als.*, 224.
— *Poit.*, 515.
Janvei. *Auv.*, 584.

Janvelle. *La Roch.*, 186, 196.
Janveret. *Orl.*, 595.
Janvier. *Al.*, 993.
— *Bourg.*, I, 1172.
— *Lyon*, 691.
— *Orl.*, 70, 608, 614.
— *Par.*, II, 368.
— *Par.*, III, 31.
Janville. *Al.*, 858.
Japie. *La Roch.*, 377.
Japin. *Par.*, II, 295.
Jappin. *Lorr.*, 531.
— *Par.*, I, 1160.
Jaquelenet. *Bourg.*, II, 501.
Jaquemier. *Par.*, IV, 52.
Jaquemin. *Bourg.*, II, 3, 12.
— *Par.*, IV, 528.
Jaquet. *Bourg.*, II, 268, 283.
— *Pic.*, 723.
— *Prov.*, II, 307, 308.
Jaquin. *Prov.*, I, 274.
Jaquinet. *Guy.*, 925.
Jaquinot. *Bourg.*, II, 89, 91, 106, 414.
— *Par.*, IV, 56.
Jaquotot. *Bourg.*, II, 1.
— *Par.*, III, 289.
Jarbie. *Lyon*, 1026.
Jarcelas. *Bourg.*, I, 427.
Jard. *Poit.*, 1116.
Jard (du). *Poit.*, 933. Ab.
Jarday. *Vers.*, 138.
Jardé. *Par.*, II, 1153.
Jardel. *Poit.*, 803.
— *Soiss.*, 836.
Jardi (de). *Champ.*, 376.
Jardin. *Bourges*, 413.
— *Poit.*, 1116.
— *Toul.-Mont.*, 1298.
Jardin (du). *Al.*, 111.
— *Bret.*, II, 416.
— *Fland.*, 782, 995, 1136.
— *Par.*, I, 780, 878, 1289.
— *Par.*, III, 61, 416.
— *Soiss.*, 773.
Jardiner (de). *Par.*, I, 828.
Jardins (des). *Al.*, 290, 619, 905.
— *Par.*, II, 574.
— *Par.*, III, 379.
— *Pic.*, 519, 693, 717.
— *Tours*, 210, 238, 633.
Jardon. *Champ.*, 276.
Jardons (des). *Bourb.*, 326.
Jardrin. *Tours*, 918.
Jarente. *Prov.*, I, 452, 534, 536, 813
— *Prov.*, II, 148.

Jaretz. *Lyon*, 688.
Jari. *Tours*, 868, 892, 1209, 1318, 1473, 1521.
Jarie (la). *Poit.*, 845, 1047, 1251.
— *Tours*, 1524.
Jariel (du). *Bret.*, II, 911.
Jariel (le). *Par.*, I, 172, 276.
— *Par.*, II, 529.
— *Tours*, 386, 396.
Jarière (la). *Poit.*, 664.
Jarige. *Lim.*, 160, 470.
Jarin. *Lorr.*, 156.
Jariot. *Bourb.*, 555.
Jarisse (la). *Bourges*, 477.
Jarit. *La Roch.*, 165.
Jarlai. *Poit.*, 667.
Jarlaud. *Montp-Mont.*, 815.
Jarnac. *Lim.*, 359.
Jarnage (de). *Bourges*, 189.
Jarnigan. *Bret.*, I, 165.
Jarno. *Bret.*, II, 421, 548.
— *Poit.*, 33.
Jarosson. *Par.*, III, 420.
Jarreau. *Orl.*, 882.
Jarret. *Tours*, 161, 309, 425, 1030, 1200.
Jarri. *Poit.*, 106, 831, 878, 1055.
Jarriau. *Poit.*, 494.
Jarrie (du). *Guy.*, 1181.
Jarrie (la). *Par.*, II, 314.
Jarrier (le). *Tours*, 1162.
Jarrige. *Guy.*, 798.
Jarrige (la). *Bourb.*, 533.
Jarron. *Orl.*, 368, 478.
Jarry. *Al.*, 750.
— *Bourg.*, I, 151, 246.
— *Bourg.*, II, 236.
— *Bret.*, II, 389.
— *Par.*, I, 568, 817, 1333.
Jars. *Par.*, II, 66.
Jarsaillan. *Bourg*, II, 189.
Jarsan. *La Roch.*, 176.
Jart (le). *Bret.*, I. 708.
— *Tours*, 48.
Jarulat. *Bourg.*, II, 632.
Jary. *Als.*, 41.
— *Lim.*, 346.
Jarzai. *Tours*, 511.
Jarzé. *Tours*, 102, 710.
Jas (de). *Bourb.*, 28.
— *Par.*, I, 327.
— *Par.*, III, 476.
Jas (du). *Toul.-Mont.*, 1278.
Jaseren. *Toul.-Mont.*, 1287.
Jassaud. *Prov.*, I, 428, 868.
— *Toul.-Mont.*, 12.

Jassault. *Caen*, 129.
— *Par.*, I, 807, 818, 863, 1019.
Jasses (de). *Béarn*, 26, 136, 137.
Jassoi. *Lorr.*, 613, 625.
Jau (le). *Par.*, I, 1074.
Jaubart. *Bourb.*, 48.
Jaubert. *Bourg.*, I, 240.
— *Bourg.*, II, 478.
— *Lim.*, 156, 343, 383.
— *Lorr.*, 665.
— *Par.*, III, 282.
— *Prov.*, I, 698, 906, 907, 932, 1067, 1289.
— *Prov.*, II, 324, 325.
— *Toul.-Mont.*, 394, 813.
Jaucen. *Lim.*, 158.
— *Par.*, I, 59.
Jaucourt. *Bourg.*, II, 11, 232, 235.
— *Orl.*, 678.
— *Par.*, I, 438, 823, 1135.
— *Par.*, II, 286.
— *Tours*, 847.
Jaudonnet. *Bret.*, II, 107.
— *Poit.*, 65, 651, 785, 888, 1430.
Jaudouin. *Poit.*, 214, 1141.
Jaudronneau. *Poit.*, 1175.
Jauffret. *Prov.*, I, 1174.
— *Prov.*, II, 220, 222, 726.
Jauffroi. *Prov.*, II, 44.
Jaufran. *Toul.-Mont.*, 247, 257, 1016, 1024.
Jaufret. *Montp.-Mont.*, 1419.
Jaufroy. *Prov.*, I, 441, 513, 1131.
Jaugeon. *Par.*, III, 410.
Jaugey. *Bourg.*, I, 833.
Jaule. *Montp.-Mont.*, 610.
Jaulle (la). *Rouen*, 867.
Jaume. *Par.*, I, 322.
Jaumier. *Poit.*, 14, 107, 160, 663, 1473.
Jaumond. *Prov.*, II, 256.
Jaunac. *Toul.-Mont.*, 1345.
Jaunay. *Par.*, I, 995, 1121.
— *Poit.*, 425, 436.
Jaune. *Prov.* I, 990.
Jaune (le). *Rouen*, 93, 692, 728, 766, 852.
Jauneau. *Tours*, 1087.
Jaunie (la). *Guy.*, 294, 298, 1018, 1067.
Jauniére (la). *Bret.*, II, 787.
Jaupitre. *Bourges*, 60, 63, 225, 325.
Jaupitré. *Orl.*, 273, 347, 445, 481.
Jaureguy. *Bret.*, I, 284, 676.
Jaurillac. *Poit.*, 855.
Jauroy. *Toul.-Mont.*, 362.

Jauson. *Orl.*, 962.
Jaussat. *Prov.*, II, 440.
Jaussaud. *Montp.-Mont.*, 522, 906, 1427.
— *La Roch.*, 186.
Jaussein. *Guy.*, 865, 1092.
Jausseran. *Prov.*, I, 1237, 1352.
— *Prov.*, II, 207.
Jaussions. *Toul.-Mont.*, 1052.
Jausson. *Toul.-Mont.*, 1123.
Jauston. *Als.*, 811.
Jauvel. *Prov.*, II, 658.
Jauvelle. *Par.*, I, 585.
Jauvin. *Par.*, III, 126.
— *Par.*, IV, 566.
— *Tours*, 1024.
Jaux. *Poit.*, 1038.
Jauziondi. *Béarn*, 70.
Javard. *Lyon*, 735.
Javari. *Tours*, 158, 605, 612, 963, 993.
Javarry. *Orl.*, 356, 489.
Javaud. *Toul.-Mont.*, 1026.
Javault. *Orl.*, 621.
Javel. *Bourg.*, I, 566.
— *Guy.*, 110.
Javeleau. *Tours*, 1129.
Javelle. *Lyon*, 810.
Javen (de). *Dauph.*, 267.
Javerlac. *Guy.*, 1078.
Javerlhac. *Poit.*, 1489.
Javette. *Lyon*, 689.
Javi. *Lyon*, 652.
Javin. *Prov.*, II, 494.
Javon. *Prov.*, I, 857.
Jay. *Lim.*, 60, 71.
— *Pic.*, 829.
Jay (de). *Vers.*, 188.
Jay (du). *Soiss.*, 98, 99, 189, 388.
Jay (le). *Bourb.*, 286.
— *Bourg.*, I, 108.
— *Bourg.*, II, 569.
— *Orl.*, 314, 454, 781, 816.
— *Par.*, II, 849.
— *Par.*, IV, 265, 569.
Jayac. *Par.*, III, 359.
Jaye. *Prov.*, I, 1155.
Jazier. *Bret.*, I, 21.
Jazut. *Bourg.*, II, 232.
Jean. *Als.*, 71, 182, 213, 558, 568, 590, 610, 860, 1107.
— *Bourg.*, II, 378.
— *Bret.*, I, 119, 356, 577, 581, 951, 972.
— *Bret.*, II, 84, 587, 1074.
— *Caen*, 639.

— *Champ.*, 467.
— *Prov.*, I, 463, 697, 783, 969, 974, 2088, 1390.
— *Prov.*, II, 219, 303. 518, 552, 600, 642, 779.
— *La Roch.*, 257.
— *Rouen*, 109, 901, 935.
Jean (de). *Béarn.*, 74.
— *Bourges*, 40, 230.
— *Guy.*, 20, 116, 857.
— *Montp.-Mont.*, 119, 387, 398, 421, 543, 629, 783, 806, 1147, 1484.
— *Par.*, I, 34.
— *Par.*, II, 374, 596, 861, 1055, 1175.
— *Par.*, III, 257.
— *Poit.*, 619.
— *Toul.-Mont.*, 19, 86, 90, 115, 198, 206, 456, 519, 557, 643, 703, 789.
— *Vers.*, 145.
Jean (St-). *Al.*, 217.
— *Béarn*, 95.
— *Bourg.*, I, 432.
— *Bourg.*, II, 394.
— *Bret.*, I, 721.
— *Fland.*, 627, 844.
— *Guy.*, 195, 537, 928.
— *Lorr.*, 57.
— *Montp.-Mont.*, 388, 503, 1341.
— *Par.*, I, 511, 1330, 1337.
— *Poit.*, 654, 932. *Ab.*, 1303. *Rel.*, 1467, 1551.
— *Prov.*, I, 390.
— *Toul.-Mont.*, 297, 523, 689, 861.
— *Vers.*, 65.
— d'Angely. *La Roch.*, 420. V.
— Baptiste. *Poit.*, 126. Ch.
— de Metz. (*Commanderie*). *Lorr.*, 660.
— Pied-de-Port. *Béarn*, 25. V.
Jeander. *Lorr.*, 411.
Jeandin. *Lorr.*, 674.
Jeanneau. *Tours*, 1129.
Jeannet. *Champ.*, 651.
Jeannin. *Bourg.*, I, 29, 30, 67, 313, 1236, 1237.
— *Bourg.*, II, 148.
— *Par.*, III, 116.
Jeannot. *Bourb.*, 122, 415, 504.
— *Par.*, I, 73.
— *Par.*, IV, 150.
Jeansson. *Champ.*, 342.
Jéard. *Prov.*, II, 86, 295, 318, 347, 426, 428.
Jeaume. *Prov.*, II, 669.
Jeger. *Lorr.*, 545.

Jegou. *Bret.*, I, 45, 116, 260, 356.
— *Bret.*, II, 206, 207, 549, 862, 992.
Jéguic. *Bret.*, I, 363, 687.
Jegun. *Guy.*, 148.
Jeguy. *Bret.*, II, 668.
Jehanne. *Bret.*, II, 400.
Jehé. *La Roch.*, 236.
Jehors. *Bret.*, II, 389.
Jehot. *Lorr.*, 534.
Jëisoff. *Als.*, 283.
Jémois. *Toul.-Mont.*, 990.
Jenin. *Soiss.*, 165.
Jenlis. *Pic.*, 693.
Jensolen. *Prov.*, I, 20.
Jentet. *Poit.*, 257, 365, 1194.
Jentil. *Par.*, III, 397.
Jentot. *Lorr.*, 55.
Jérémie. *Par.*, II, 666.
Jerenon. *Prov.*, I, 1193.
Jerla. *Montp.-Mont.*, 184.
Jerosme. *Prov.*, I, 528.
Jerphanion. *Montp.-Mont.*, 367.
Jesan. *Guy.*, 697.
Jesletten. *Als.*, 929.
Jesse. *Prov.*, I, 1199.
Jessé., *Montp.-Mont.*, 293.
Jesseaume. *Par.*, I, 1285.
Jesson. *Lyon*, 710.
— *Montp.-Mont.*, 925.
Jeste. *Lyon*, 293.
Jesu. *Soiss.*, 137.
Jésuites (les). *Poit.*, 363, 585. Rel.
— de Metz. *Lorr.*, 408.
— de Verdun. *Lorr.*, 566.
Jeudon. *Par.*, II, 901.
— *Tours*, 1079.
Jeudri. *Tours*, 391.
Jeudy. *Par.*, I, 382.
Jeuffronneau. *Orl.*, 344, 349.
Jeulia. *Montp.-Mont.*, 1292.
Jeumin. *Bourg.*, I, 403.
Jeune. *Montp.-Mont.*, 347.
Jeune (le). *Al.*, 77, 573, 784.
— *Als.*, 2.
— *Bourg.*, II, 38, 99.
— *Bret.*, I, 335, 548.
— *Bret.*, II, 492.
— *Champ.*, 129, 305, 915.
— *Fland.*, 1270, 1354.
— *Lorr.*, 203.
— *Orl.*, 800.
— *Par.*, I, 1138.
— *Par.*, II, 593.
— *Par.*, III, 388, 517.
— *Par.*, IV, 694.
— *Pic.*, 557, 569.

— *La Roch.*, 258.
— *Rouen*, 382.
— *Tours*, 116, 241, 247, 249, 497, 688, 727, 923, 978, 1270.
Jeunesse. *Bret.*, II, 249, 378.
— *Par.*, I, 439.
Jeunesse (la). *Lorr.*, 600, 630, 633, 659.
Jeunet. *Bourg.*, I, 1167.
Jeuvy. *Als.*, 225.
Jevauguet. *Auv.*, 303.
Jevet. *Bret.*, II, 557.
Jevin. *Tours*, 754.
Jezegou. *Bret.*, II, 964.
Jezel. *Als.*, 619.
Joannes. *Als.*, 16, 992.
Joannet. *Par.*, I, 1276.
— *Par.*, III, 223.
— *Par.*, III, 223.
Joannet (du). *Auv.*, 401, 445.
Joannin. *Bourg.*, II, 349.
Joannis. *Dauph.*, 475, 561.
— *Prov.*, I, 407.
— *Prov.*, II, 242, 325, 591, 624.
Jobal. *Lorr.*, 38, 214, 223, 385, 460, 651.
Jobant. *Lyon*, 922.
Jobart. *Bret.*, II, 361.
— *Lorr.*, 3, 5, 6.
— *Par.*, I, 606.
— *Pic.*, 869.
— *Rouen*, 110.
Jobé. *Al.*, 868.
Jobei. *Rouen*, 930.
Jobelin. *Prov.*, I, 1129.
Jobelot. *Bourg.*, I, 588, 615, 616, 617, 1027, 1056, 1114.
Jobert. *Champ.*, 791.
— *Lyon*, 12, 56, 1030.
— *Orl.*, 206.
— *Par.*, I, 585, 1118.
— *Par.*, IV, 564, 568.
— *Soiss.*, 68.
Jobet. *Poit.*, 193, 1178, 1337, 1404.
— *La Roch.*, 348, 351.
Jobrillac. *Bourb.*, 528.
Jocard. *Bourg.*, I, 1250.
Jocet. *Bret.*, I, 21, 224, 600, 631, 818, 931.
— *Bret.*, II, 59.
Jocquet. *Fland.*, 241.
Jodart. *Lyon*, 238.
Jodon. *Par.*, III, 444.
Jodot. *Bourg.*, II, 577.
Jodrillat. *Bourg.*, II, 172, 556.
— *Par.*, IV, 526, 527.

Joelnan. *Bret.*, II, 905.
Joet. *Rouen*, 520.
Joffard. *Tours*, 1101.
Joffrion. *Poit.*, 1137, 1379.
Joffroy. *Orl.*, 873.
Jofs. *Als.*, 46.
Jogues. *Orl.*, 359, 412, 413.
Johain. *Als.*, 238.
— *Bourg.*, I, 802.
Johan. *Al.*, 1000.
— *Orl.*, 357, 471.
- *Par.*, I, 356.
Johannart. *Lyon*, 328.
Johanne. *Orl.*, 754, 785.
— *Par.*, I, 154, 491, 492.
— *Par.*, II, 319, 635.
— *Par.*, IV, 90, 502.
— *Poit.*, 813.
Johannin. *Lyon*, 103, 339.
Johanny. *Montp.-Mont.*, 678.
Joibert. *Champ.*, 25, 218, 279, 359.
— *Par.*, II, 1193.
Joie (la). *Bourges*, 272.
— *Caen*, 224.
Joigneau. *Bourg.*, II, 330.
Joigni. *Guy.*, 47.
Joigni (de). *La Roch.*, 334, 361.
Joigny. *Par.*, II, 697.
— *Vers.*, 58.
Joillis. *Guy.*, 874.
Joineau. *Fland.*, 801.
Joinet. *Par.*, II, 1198.
Joire. *Fland.*, 186, 188.
Jois. *Fland.*, 1177.
Joisel. *Par.*, I, 898, 930, 977, 1288.
— *Par.*, II, 856.
— *Par.*, III, 456.
Jolain. *Par.*, IV, 163.
Joli. *Auv.*, 121.
— *Champ.*, 103.
— *Lorr.*, 52, 117, 237, 355, 362, 433, 465, 666, 681.
— *Lyon*, 248, 305, 665.
— *La Roch.*, 87, 94, 173, 185, 186, 448.
— *Tours*, 325, 1136, 1148.
Jolibois. *Lorr.*, 641.
Jolicard. *Bourg.*, I, 653.
Joliclerc. *Bourg.*, I, 243.
Joliot. *Bourg.*, I, 61, 648, 845, 1025.
Jolivet. *Champ.*, 854.
— *Lyon*, 945.
— *Tours*, 514, 520.
Jollain. *Par.*, II, 1141.
— *Par.*, III, 414.
Jollan. *Bret.*, I, 306.

Jolli. *Al.*, 783.
— *Guy.*, 869.
— *Pic.*, 403, 572, 582, 603, 605, 804.
— *Poit.*, 811, 832, 1223, 1357, 1371, 1533.
Jolli (le). *Caen*, 74, 116.
Jolliard. *Bourg.*, ii, 367.
Jolliet. *Par.*, ii, 1242.
Jollis. *Bret.*, i, 810, 813.
Jolly. *Bourb.*, 18, 417.
— *Bourges*, 70, 507.
— *Bourg.*, ii, 20, 23, 33, 43, 46, 53, 55, 56, 64, 65, 98, 107, 138, 145, 147, 156, 202, 227, 291, 494, 502.
— *Bret.*, ii, 186, 419, 732.
— *Fland.*, 1324, 1476.
— *Par.*, iii, 142, 364, 488, 556.
— *Par.*, iv, 236, 653.
— *Vers.*, 68.
Jolo. *Toul.-Mont.*, 1049, 1068.
Joly. *Als.*, 252.
— *Bourg.*, i, 31, 43, 45, 52, 54, 58, 61, 71, 78, 83, 89, 91, 95, 193, 195, 240, 247, 280, 284, 301, 302, 303, 317, 323, 346, 480, 723, 869, 870, 871, 1013, 1061, 1064, 1213.
— *Mont.-Montp.*, 67, 635.
— *Par.*, i, 176, 873.
— *Par.*, ii., 258, 269, 295, 547, 787, 997, 1073, 1153, 1161, 1193.
— *Toul.-Mont.*, 1191.
Jomard. *Bourg.*, i, 57, 617.
— *Bourg.*, ii, 480.
— *Lyon*, 7.
Jomaron. *Dauph.*, 276.
Jomart. *Par.*, ii, 1238.
Jomas. *Par.*, iii, 512.
Jommail. *Guy.*, 1077.
Jon. *Lyon*, 628.
— *Tours*, 875.
Jon (du). *La Roch.*, 64.
— *Soiss.*, 53.
— *Tours*, 367.
Jonas. *Al.*, 370.
— *Par.*, ii, 508.
Jonca. *Toul.-Mont.*, 1273.
Jonchat. *Bourg.*, i, 270.
Jonché. *Bret.*, ii, 360.
Joncheray. *Par.*, i, 1348.
Jonchère. *Tours*, 1110.
Jonchére (la). *Fland.*, 284.
Jonchères. *Bourg.*, ii, 183.
Joncheria. *Toul.-Mont.*, 1478.
Jonchié. *Bret.*, i, 95, 911.
Joncourt. *Pic.*, 894, 895.
Jone (le). *Pic.*, 159, 162.

Jongleur. *Soiss.*, 350, 492, 698.
Jongleur (le). *Par.*, i, 305.
Jonguière. *Bret.*, ii, 484.
Jonière (la). *Lim.*, 151, 154.
Jonnart. *Fland.*, 285.
Jonneau. *Bret.*, ii, 63.
Jonnier. *Bourb.*, 513.
Jonquet. *Montp.-Mont.*, 744, 1414.
— *Orl.*, 201, 709.
— *Poit.*, 854, 866.
Jonquiès. *Prov.*, ii, 426, 449.
Jonquière. *Toul.-Mont.*, 139.
Jonquières (la). *Prov.*, i, 65.
Jontière (la). *Lyon*, 164.
Jonvelle. *Bourg.*, i, 1221.
Jonville (de). *Prov.*, i, 10, 83, 251.
Joodtz. *Fland.*, 1230.
Jorant. *Par.*, iii, 3.
Jorda. *Toul.-Mont.*, 1483.
Jordan. *Als.*, 1088.
— *Dauph.*, 592.
— *Montp.-Mont.*, 146.
— *Prov.*, ii, 375.
Jordani. *Prov.*, i, 34, 188, 1346, 1376.
Jordi. *Toul.-Mont.*, 1442.
Jorel. *Par.*, i, 1190.
Joret. *Rouen*, 880, 1117.
— *Tours*, 947.
Jorgain. *Béarn*, 128.
Jori (St-). *Lorr.*, 213, 650.
Jorie (la). *Guy.*, 1072.
Jorieu. *Soiss.*, 106.
Joris. *Guy.*, 831.
Jorix. *Fland.*, 194.
Jornot. *Bourg.*, i, 280, 289, 452.
— *Bourg.*, ii, 75, 151, 347, 556.
Jorre (de). *Poit.*, 702.
Josel. *Rouen*, 191.
Joseph. *Bourg.*, i, 848, 875.
— *Prov.*, ii, 666, 388.
— *Soiss.*, 711.
Josian. *Bourb.*, 102, 116.
— *Bourg.*, i, 278.
Josnai. *Tours*, 1035.
Josne (de). *Fland.*, 394.
Jossau. *Prov.*, ii, 342.
Jossaud. *Prov.*, ii, 124.
Josse. *Bourb.*, 407.
— *Fland.*, 1246, 1300.
— *Lorr.*, 596.
— *Par.*, i, 19.
— *Par.*, ii, 539, 541.
— *Par.*, iv, 219.
— *Pic.*, 467.
— *Soiss.*, 67, 70.

Josse (de). *Toul.-Mont.*, **129, 850.**
Josselin. *Bret.*, I, 36.
— *Lorr.*, 434.
— *Poit.*, 1286.
Jossenaz ou Jossenay. *Vers.*, 77.
Josserand. *Bourg.*, I, 162.
— *Lyon*, 128, 658, 743.
— *Prov.*, I, 118.
Josses. *Guy.*, 735.
Josset. *Bret.*, II, 569.
— *Caen*, 793.
— *Guy.*, 530, 904.
— *Montp.-Mont.*, 465.
— *Par.*, I, 1227.
Josseteau. *Champ.*, 72.
Jossey. *Par.*, IV, 525.
Josset. *Par.*, III, 421.
Jossier. *Fland.*, 1436.
— *Par.*, III, 177.
Jossis. *Guy.*, 740, 1209.
Josson. *Bret.*, II, 131.
— *Fland.*, 991.
— *Par.*, II, 105.
Jossouin. *Montp.-Mont.*, 1442.
Jost. *Als.*, 68, 90, 601, 794.
— *Par.*, II, 606.
— *Par.*, III, 121.
Joüai. *Al.*, 972.
Jouain. *Bourg.*, II, 27.
Jouamin. *Bret.*, II, 916, 954.
Jouan. *Bret.*, II, 93.
— *Caen*, 48, 49, 300, 765.
— *Par.*, I, 173, 1380.
— *Par.*, II, 598.
— *Prov.* II, 459.
— *Rouen*, 562, 847, 883.
— *Tours*, 1242.
— *Vers.*, 103.
Jouaneau. *Bret.*, II, 471.
Jouanique. *Lyon*, 928.
Jouanneau. *Tours*, 973.
Jouanne. *Par.*, III, 455.
— *Poit.*, 756.
Jouanneau. *Poit.*, 1291.
Jouard. *Bourg.*, I, 303.
— *Bourg.*, II, 565.
Jouatre. *Poit.*, 1222.
Jouault. *Al.*, 1004.
— *Bret.*, I, 153, 164, 179.
— *Bret.*, II, 858.
— *Par.*, I, 1228.
— *Par.*, IV, 551.
— *Poit.*, 249, 1393.
Jouax. *Poit.*, 788.
Joubardière (la). *Bourges*, 274.
Joubert. *Als.*, 554.

— *Bourges*, 237, 264.
— *Bret.*, II, 406, 446, 468.
— *Dauph.*, 123, 175, 324, 325, 416.
— *Lim.*, 92, 238, 385.
— *Lyon*, 957.
— *Montp.-Mont.*, 26, 29, 831, 869, 879.
— *Par.*, I, 593, 758.
— *Par.*, II, 279, 529.
— *Par.*, III, 242.
— *Poit.*, 82, 205, 208, 237, 373, 490, 507, 509, 529, 589, 590, 604, 721, 1197, 1246, 1457.
— *Prov.*, II, 783.
— *La Roch.*, 108, 262.
— *Tours*, 4, 295, 327, 1130, 1131, 1260, 1341.
Joubin. *Bret.*, I, 903.
Joucquet. *Par.*, III, 526.
Joudon. *Bourg.*, I, 272.
Joudreville. *Lorr.*, 184.
Joüe. *Al.*, 951.
— *La Roch.*, 226.
Joüen. *Al.*, 317, 832, 861, 888.
— *Bret.*, II, 1108.
— *Dauph.*, 91.
— *Tours*, 521.
Joüenne. *Al.*, 77, 504, 705, 1002, 1092.
— *Caen*, 35, 349, 412, 459.
— *Vers.*, 96.
Jouer. *Als.*, 846, 968.
Jouery. *Toul.-Mont.*, 1114, 1120, 1173.
Joües (des). *Al.*, 107.
Jouet. *Béarn*, 154.
— *Bret.*, II, 408.
— *Caen*, 582.
— *Montp.-Mont.*, 1447.
— *Par.*, I, 709.
— *Prov.*, I, 186.
— *La Roch.*, 306.
— *Soiss.*, 311.
— *Tours*, 135, 893.
Jouffrard. *Poit.*, 1325.
Jouffrault. *Poit.*, 1084.
Jouffrey. *Prov.*, I, 298.
Jouffrez. *Dauph.*, 19, 527.
Jouffroy. *Bourg.*, I, 634, 639, 643, 646, 699, 1006, 1106.
— *Bourg.*, II, 370, 492.
Jougla. *Montp.-Mont.*, 20, 267, 601.
— *Toul.-Mont.*, 113, 129, 475, 638, 972, 993.
Jougleins. *Guy.*, 804.
Jouglet. *Pic.*, 495, 798.

Jouhan. *Bret.*, I, 359, 361, 551, 658, 720.
— *Orl.*, 531, 542.
Jouhanne. *Orl.*, 375.
Jouhannic. *Bret.*, I, 323, 888.
Jouhot. *Poit.*, 170.
Joüi. *Toul.-Mont.*, 700.
Joüi (de). *Dauph.*, 358.
Jouillain. *Tours*, 1258.
Joüin. *Al.*, 885.
Jouin. *Bourges*, 268.
— *Bret.*, I, 182, 343.
— *Par.*, II, 43.
— *Par.*, IV, 74.
Jouin (St-). *Poit.*, 1431.
— *Tours*, 87, 529.
Jouineau. *Poit.*, 1393.
Joulain. *Tours*, 609, 903, 996, 1024, 1369.
Joulaud. *Bret.*, II, 640.
Joulhac. *Par.*, III, 119.
Joulia. *Toul.-Mont.*, 695.
Jouliau. *Bourg.*, II, 540.
Joulienne. *Par.*, III, 447.
Jouliet. *Toul.-Mont.*, 668.
Joulin. *Bourges*, 50, 238.
— *La Roch.*, 5.
Joullan. *Bret.*, I, 499.
Joulliens. *Montp.-Mont.*, 1240.
Joumard. *Orl.*, 1015.
Joumart. *Lim.*, 297.
Joumier. *Bourges*, 280.
Jouneau. *Bret.*, I, 402, 569.
Jouny. *Bret.*, II, 252.
Jouppi. *Lorr.*, 272.
Jouques. *Prov.*, I, 440.
Jour. *La Roch.*, 177.
Jour (du). *Bourg.*, II, 154.
— *Fland.*, 1364.
— *Par.*, I, 880.
— *Toul.-Mont.*, 300.
Jourault. *Bret.*, II, 112.
Jourda. *Montp.-Mont.*, 367, 370.
— *Toul.-Mont.*, 1438, 1440, 1477.
Jourdain. *Al.*, 613, 1179.
— *Als.*, 415.
— *Bourges*, 116, 389.
— *Bourg.*, II, 284, 285.
— *Bret.*, I, 245, 332, 479, 809, 920.
— *Bret.*, II, 455.
— *Caen*, 635, 733.
— *Champ.*, 7, 13, 15, 17, 418, 473, 654, 673, 682, 684.
— *Guy.*, 7.
— *Lim.*, 443.
— *Lorr.*, 535, 679.

— *Par.*, II, 364, 921.
— *Par.*, III, 568.
— *Pic.*, 386.
— *Poit.*, 27, 69, 159, 347, 360, 459, 505, 509, 542, 558, 1128, 1340.
— *Prov.*, I, 321, 599.
— *Rouen*, 852.
— *Toul.-Mont.*, 630, 1230.
Jourdan. *Bourg.*, II, 211.
— *Caen*, 294, 647.
— *Guy.*, 521, 1044.
— *Lyon*, 300, 662, 837.
— *Par.*, II, 452.
— *Par.*, III, 404.
— *Prov.*, I, 412, 616, 662, 800, 927, 973, 1058, 1305.
— *Prov.*, II, 26, 350, 619, 647, 660.
— *Tours*, 920, 951.
Jourdani. *Prov.*, I, 255, 269, 505, 991, 1361.
— *Prov.*, II, 537.
Jourdeuil. *Champ.*, 761, 768.
— *Poit.*, 1505.
Jourdi. *Par.*, I, 1249.
Jourdi (de). *Vers.*, 307.
Jourdieu. *Soiss.*, 318.
Jourdin. *Soiss.*, 18.
Jourin. *Bret.*, II, 543, 547.
Jourland. *Soiss.*, 476, 689.
Jourlant. *Champ.*, 686.
Journa. *Prov.*, I, 946.
Journault. *La Roch.*, 137.
Journée. *Montp.-Mont.*, 1117.
Journet. *Par.*, I, 1206.
— *Prov.*, II, 218.
— *Toul.-Mont.*, 733.
Journot. *Bourg.*, I, 657.
Jourvellot. *Poit.*, 439, 701.
Jouslard. *Poit.*, 46, 116, 117, 136, 154, 160, 168, 589.
Joualin. *Orl.*, 753.
Jouslin. *Poit.*, 1023, 1252, 1336.
Joussant. *Poit.*, 54, 806, 838.
Jousse. *Fland.*, 186.
— *Orl.*, 360, 387, 391, 472.
— *Par.*, I, 1201.
Jousse (de). *La Roch.*, 83.
Jousseau. *Poit.*, 875.
Jousseaume. *Bret.*, I, 900.
— *Bret.*, II, 801.
— *Par.*, II, 873.
— *Poit.*, 44, 162, 252, 432, 513, 640, 1197, 1480.
— *Tours*, 298, 321, 322, 328, 330, 331, 1087, 1512, 1525.
Jousselin. *Lim.*, 149.

— *Orl.*, 250.
— *Poit.*, 350, 1087, 1090.
— *Tours*, 511, 597, 1009, 1055, 1141, 1518.
— *Vers.*, 12.
Jousselinière (la). *Poit.*, 544.
Joussemet. *Poit.*, 1247.
Jousserand. *Montp.-Mont.*, 28.
Jousserant. *Poit.*, 60, 307, 919, 1523.
Joussereau. *Poit.*, 559.
Jousses. *Tours*, 293.
Jousset. *Par.*, I, 973.
— *Vers.*, 5.
Joussineau. *Lim.*, 145.
Jousson. *Poit.*, 38.
Jousteau. *Poit.*, 865.
Jouton. *Par.*, IV, 795.
Jouvancy. *Par.*, I, 1217.
Joave. *Lyon*, 759.
— *Montp.-Mont.*, 363, 931.
— *Prov.*, I, 142, 952.
— *Prov.*, II, 712, 716.
Jouvé. *Dauph.*, 193.
Jouvelier. *Par.*, I, 1300.
Jouvene. *Prov.*, I, 543, 626.
— *Prov.*, II, 629.
Jouvenel. *Poit.*, 1461.
Jouvenet. *Par.*, II, 930.
— *Par.*, III, 321.
Jouvin. *Al.*, 234.
— *Par.*, II, 97, 392.
Jouvrine. *Auv.*, 562.
Joux (de). *Lyon*, 178.
Joux (du). *Bourg.*, II, 398.
Jouy. *Bret.*, II, 233.
— *Par.*, III, 413.
— *Par.*, IV, 92.
Jouyère (la). *Bret.*, I, 577.
Joyard. *Lyon*, 292, 614.
Joye. *Pic.*, 806.
Joyenne. *Fland.*, 1297.
Joyère (la). *Tours*, 118, 137, 505, 506, 573, 580.
Joyes (des). *Orl.*, 232.
Joyeuse. *Als.*, 292.
— *Champ.*, 54, 84, 86.
— *Par.*, I, 1182.
— *Par.*, II, 440, 1152.
— *Soiss.*, 285, 608.
Joyeux. *Par.*, I, 1321.
— *Pic.*, 14, 742.
— *Poit.*, 867, 966, 1055, 1533,
— *La Roch.*, 307.
Joyot. *Bourg.*, I, 1138.
Jubainville. *Lorr.*, 594.
Jubart. *Par.*, III, 340.

Jubart. *Par.*, IV, 102.
Jubelin. *Poit.*, 1328.
Jubert. *Par.*, I, 780.
— *Par.*, II, 509, 850.
— *Par.*, III, 302.
— *Rouen*, 62, 275, 419, 529, 648, 1325, 1326.
Jubié. *Lyon*, 642.
Jubin. *Bret.*, I, 678.
Juchault. *Bret.*, I, 157, 167, 169, 173.
— *Bret.*, II, 174, 180.
Juchereau. *Al.*, 1010.
— *Par.*, III, 600.
— *Poit.*, 654.
Juchet. *Orl.*, 808.
Jud. *Als.*, 665.
Judas. *Pic.*, 71.
Judault. *Lim.*, 343.
Judde. *Rouen*, 76, 78, 745.
Jude. *Par.*, III, 380.
Judes. *Bret.*, II, 376.
Juenin. *Bourg.*, I, 429.
Jugan. *Bret.*, II, 23.
Juge. *Guy.*, 913, 970.
— *Lim.*, 152.
— *Prov.*, I, 625.
Juge (de). *Montp.-Mont.*, 383, 933.
Juge (le). *Bourg.*, II, 286.
— *Lyon*, 607.
— *Orl.*, 339, 468.
— *Par.*, I, 181, 616, 1132, 1148, 1207, 1263.
— *Par.*, II, 378, 1135.
— *Tours*, 667.
Jugéals. *Auv.*, 549.
Juges. *La Roch.*, 263.
Juges (des). *Toul.-Mont.*, 12, 111.
Jugie (la). *Bret.*, II, 568.
— *Guy.*, 1172.
Juglard. *La Roch.*, 62.
— *Toul.-Mont.*, 157.
Juglard (du). *Tours*, 1511.
Jugny. *Prov.*, I, 1069.
Jugon. *Bret.*, I, 910.
Juguenous. *Montp.-Mont.*, 1209.
Juguin. *Tours*, 1158.
Juhault. *Bret.*, II, 1124.
Juhel. *Al.*, 792.
— *Bret.*, II, 453, 923.
Juhier. *Tours*, 402.
Juhulé. *Caen*, 348.
Juiardi. *Prov.*, I, 402, 478, 1294, 1295.
Juif. *Als.*, 726.
— *Montp.-Mont.*, 776.

— *Par.*, II, 1101.
— *Poit.*, 1122.
Juigné. *Bret.*, I, 380.
— *Par.*, II, 262, 378.
Juigné (de). *Tours*, 83, **1194, 1197.**
Juignet. *Bourb.*, 274.
— *Par.*, III, 378.
Juillard. *Bret.*, II, 592, 597.
Juilliard. *La Roch.*, 256.
Juillot. *Par.*, IV, 640.
Juiu. *Guy.*, 1034.
— *Montp.-Mont.*, 53, 707.
— *Poit.*, 1089.
Juin (de). *Pic.*, 571, 623, 664.
Juines. *Prov.*, II, 364.
Juisard. *Orl.*, 232, 871,
Juissard. *Fland.*, 68.
Juittier. *Tours*, 841.
Julia. *Toul.-Mont.*, 738, **1131.**
Juliani. *Toul.-Mont.*, 603.
Julianis. *Prov.*, I, 484.
Juliard. *Par.*, II, 132.
— *Toul.-Mont.*, 24, 40, 124.
Julien. *Al.*, 782.
— *Auv.*, 50, 87.
— *Bourg.*, I, 93, 228, 345, 1147.
— *Bourg.*, II, 93, 204.
— *Fland.*, 438, 1038.
— *Guy.*, 211, 873, 1069.
— *Lim.*, 273.
— *Lorr.*, 564.
— *Lyon*, 918.
— *Montp.-Mont.*, 174, 286, 312, 455, 490, 535, 1350, 1438.
— *Orl.*, 332.
— *Par.*, I, 1168.
— *Par.*, II, 180.
— *Par.*, III, 357.
— *Prov.*, II, 121, 371, 382, 421, 443, 452, 457, 564, 660, 740.
— *Rouen*, 822, 1241.
— *Toul.-Mont.*, 303, 311, 315, 533, 590, 730, 731, 1118, 1185.
Julien (St-). *Bourb.*, 40, 134, 319, 356, 394, 531, 533, 556.
— *Bourg.*, II, 278.
— *Guy.*, 8, 330, 346, 889.
— *Lim.*, 189.
— *Lorr.*, 482.
— *Montp.-Mont.*, 305, 1124.
— *Par.*, II, 294.
— *Toul.-Mont.*, 319, 918.
Julienne. *Par.*, IV, 76, 536.
— *Tours*, 1066.
— *Par.*, III, 187.
Julier. *Als.*, 107.

Juliot. *Guy.*, 618.
Julliavi. *Prov.*, I, 1341.
Jullien. *Caen*, 245, 249, 298, 311, 419, 451, 562.
— *Prov.*, I, 120, 774, 820, 1052, 1156, 1170, 1207, 1221, 1237, 1241, 1242, 1447, 1448.
Jullien (St.-). *Caen*, 762.
Jullieron. *Lyon*, 851.
Julliot. *Al.*, 194, 399, 400.
— *Poit.*, 791, 1137.
Jultion. *Pic.*, 15.
Jumeau *Al.*, 1023.
— *Fland.*, 835.
— *Orl.*, 838.
Jumeau (le). *Tours*, 165, 292, 360, 1521.
Jumel. *Bourges*, 357.
— *Par.*, IV, 104.
Jumel (le). *Par.*, II, 1028, 1210.
— *Rouen*, 327, 341.
Jumelais (la). *Bret.*, II, 784.
Jumelet. *Soiss.*, 139.
Jumen. *Lim.*, 415.
Jumentier (le). *Par.*, III, 335.
Jumeray. *Tours*, 579.
Jumilhat. *Guy.*, 419.
Jun. *Bret.*, I, 816.
Junca. *Par.*, I, 52.
Junéa (du). *Guy.*, 328, 551, 803, 810, 846, 987, 1051, 1165, 1200.
Junet. *Bourg.*, I, 875.
Junien (St.-). *Lim.*, 107.
Junier (le). *Guy.*, 228.
Junivet. *Toul.-Mont.*, 634.
Junot. *Bourg.*, I, 1175.
— *Lyon*, 136, 856.
— *Par.*, I, 235.
— *Par.*, III, 471.
Junquières. *Par.*, II, 575, 735.
Jupie. *Guy.*, 308.
Juppeau. *Orl.*, 754, 912.
Jupille. *Tours*, 288.
Jupin. *La Roch.*, 276.
Juqueau. *La Roch.*, 291.
Juquée. *Prov.*, I, 1415.
Jurain. *Bourg.*, I, 60, 1021.
Jurami. *Prov.*, I, 805.
Jurant. *Prov.*, I, 1432.
Jure. *Prov.*, I, 1150.
Jurian. *Prov.*, I, 575.
Jurie. *Montp.-Mont.*, 368.
Jurnet. *La Roch.*, 145.
Jurquet. *Montp.-Mont.*, 944.
Jusquin. *Prov.*, I, 1018.
— *Prov.*, II, 359.

3

Jussac. *Par.*, ı, 1095.
— *Vers.*, 214.
Jussan. *Montp.-Mont.*, 1059.
Jusseaume. *Al.*, 618, 1236.
— *Tours*, 1095.
Jussey. *Bourg.*, ı, 1220.
Jussieu. *Lyon*, 400, 619, 734.
Jussoi. *Lorr.*, 613.
Jusson. *Guy.*, 440.
Jussy. *Par.*, ıv, 52, 453.
Just. *Prov.*, ıı, 286
Just (St.-). *Al.*, 14, 40.
— *Fland.*, 868.
— *Par.*, ı 1128.
— *Poit.*, 909.
Justamon. *Montp.-Mont.*, 824, 1439.
Juste. *Prov.*, ı, 759.
Juste (le). *Fland.*, 245, 881, 882, 1505.
Justeau. *Poit.*, 1123, 1440.
— *Tours*, 928, 1073.

Justel. *Par.*, ıı, 1194.
Justemont (Ab. de l'ordre de Pré-montré). *Lorr.*, 562.
Justetz. *Montp.-Mont.*, 358.
Justice de Clairvaux (la). *Lorr.*, 177.
Justice de Durbai. *Lorr.*, 88, 89.
Justrobe. *Montp.-Mont.*, 1293.
Juteau. *Orl.*, 621.
Jutton. *Bret.*, ıı, 448, 814.
Juvanckant. *Fland.*, 1230.
Juvels. *Fland.*, 1231.
Juvenal. *Prov.*, ıı, 830.
Juvenceau. *Auv.*, 39, 88, 437.
Juvenel. *Montp.-Mont.*, 116.
Juvenis. *Dauph.*, 514.
Juvet. *Champ.*, 604.
Juvigny. *Caen*, 340.
Juvin. *Fland.*, 1085, 1086, 1126.
Juyé. *Lim.*, 172.
Jüyé. *Caen*, 168, 413.

K

Kageneck. *Als.*, 87, 265, 812.
Kalt. *Als.*, 880.
Kann. *Als.*, 668.
Karin. *Als.*, 78.
Kast. *Als.*, 287, 298, 339, 629, 755.
Kastembert. *Par.*, ı, 279.
Kastemberger. *Als.*, 481.
Kauffer. *Als.*, 663, 665.
Kaufman. *Als.*, 479.
Kaune. *Als.*, 448.
Keebergh. *Fland.*, 1374.
Keffer. *Als.*, 347, 945, 1033.
Kefferme. *Als.*, 80.
Keifflin. *Als.*, 294, 795, 910.
Keiser. *Als.*, 427.
Keisser. *Als.*, 838.
Keiserver. *Als.*, 203. V.
Keller. *Als.*, 62, 175, 429, 730, 911, 936.
Kellerman. *Als.*, 450, 567.
Kempf. *Als.*, 128, 848, 875, 933, 1069, 1078.
Kempfer. *Als.*, 420, 478.
Keneck. *Als.*, 722.
Kengard. *Par.*, ı, 1323.
Kenigoute. *Als.*, 965.
Kennedy. *Fland.*, 1405.
Kenop. *Fland.*, 711.
Kepfel. *Als.*, 49.
Keraldanet. *Bret.*, ı, 557.
Keraleau. *Bret.*, ıı, 775.

Kerally. *Bret.*, ıı, 122, 129, 380, 896.
Keramnoal. *Bret.*, ıı, 788.
Kerangard. *Bret.*, ıı, 282.
Berano. *Bret.*, ıı, 548.
Kerarel. *Bret.*, ı, 99.
Kerargrec. *Bret.*, ı, 259.
Keraudrain. *Bret.*, ıı, 878.
Kerauguen. *Bret.*, ı, 949.
Keraulen. *Bret.*, ıı, 1138.
Kerautret. *Bret.*, ıı, 544, 894.
Keravion. *Bret.*, ıı, 761.
Kerbesson. *Bret.*, ıı, 682.
Kerbiguet. *Bret.*, ıı, 1022.
Kerbisrant. *Bret.*, ıı, 524.
Kerblois. *Bret.*, ıı, 682.
Kerboudon. *Bret.*, ıı, 877.
Kerboul. *Bret.*, ıı, 962.
Kerbouric. *Bret.*, ı, 118, 259, 715.
— *Bret.*, ıı, 548.
Kerbourié. *Bret.*, ı, 118, 259, 715.
Kerboutier. *Bret.*, ı, 124.
— *Bret.*, ıı, 763.
Kerbrunot. *Bret.*, ıı, 702.
Kercabin. *Bret.*, ı, 763, 862.
Kercabus. *Bret.*, ıı, 296.
Kercadie. *Bret.*, ıı, 284.
Kercadio. *Bret.*, ı, 943.
Kercassia. *Bret.*, ıı, 1116.
Kerdandreau. *Bret.*, ıı, 525.
Kerdaniel. *Bret.*, ı, 102, 114, 970.

— Bret., II, 156, 704, 842.
Kerdroniou. Bret., II, 743.
Keredelleau. Bret., II, 560.
Keredin. Bret., II, 844.
Kereil. Bret., I, 58.
Kerel. Bret., I, 641.
Kerelec. Bret., II, 780.
Kerellant. Bret., II, 560.
Kerellec. Bret., I, 956.
Kerelon. Bret., II, 1011.
Keremar. Bret., I, 322, 612.
Kerempuis. Bret., I, 660.
Kerengar. Bret., I, 290, 537.
Kerennedy. Bret., II, 436.
Kerenor. Bret., II, 221, 544.
Kerer. Als., 835.
Kererault. Bret., I, 55, 207.
Kereseau. Bret., I, 755.
Kerespert. Bret., II, 549.
Kereven. Bret., II, 993.
Kereury. Bret., II, 429.
Kerfaven. Bret., II, 973.
Kergadaran. Bret., I, 953, 958.
— Bret., II, 122.
Kergadiou. Bret., I, 274, 275.
— Bret., II, 955.
Kergaran. Bret., II, 785.
Kergariau. Bret., II, 152.
Kergariou. Bret., I, 99, 285, 951.
— Bret., II, 196, 210, 271, 525.
Kergo. Bret., II, 460.
Kergoet. Bret., I, 282, 320, 657, 663, 709
Kergorlay. Bret., I, 37, 53, 101, 105, 345.
Kergoudel. Bret., I, 38, 39.
Kergouet (du). Bret., II, 161.
Kergoulien. Bret., II, 705.
   ergoumar. Bret., II, 892, 1032.
Kergounovern. Bret., I, 291.
Kergozou. Bret., I, 14, 15, 201, 297, 374, 438, 965.
Kergraas. Bret., II, 272.
Kergré. Bret., II, 538.
Kergrist. Bret., I, 255, 837, 949, 961, 962.
Kergroadez. Bret., I, 271, 552.
Kergroas. Bret., I, 651, 835.
Kerguec. Bret., I, 451.
Kerguelen. Bret., I, 274, 900.
— Bret., II, 712.
Kerguern. Bret., I, 981.
Kerguessé. Bret., II, 937.
Kerguezec. Bret., I, 260.
Kerguisio. Bret., I, 47, 274, 278, 544, 548.

— Bret., II, 285.
Kergos. Bret., I, 709.
Kergulec. Bret., II, 698.
Kergus. Bret., I, 52, 656, 664, 718, 719, 824.
— Bret., II, 943.
Kerguyomar. Bret., II, 1032.
Kerhoent. Bret., I, 225.
— Bret., II, 128, 129, 130, 131, 132, 349, 991.
— Caen, 526.
Kerhorhan. Bret., II, 786.
Kerhorlay. Bret., I, 841.
Kerhoslay. Bret., II, 1003.
Keridec. Bret., II, 1018.
Kerilly. Bret., II, 993.
Kerimel. Bret., II, 955.
Keringaut. Bret., II, 635.
Kerio. Bret., II, 526, 848.
Keriven. Bret., II, 1035.
Kerivon. Bret., I, 662.
— Bret., II, 785.
Kerjagu. Bret., II, 92, 785.
Kerjan. Bret., I, 290.
— Bret., II, 785.
Kerjavilly. Bret., II, 549.
Kerjoual. Bret., I, 668.
Kerkadavern. Bret., II, 1032.
Kerlan. Bret., I, 937.
Kerleau. Bret., I, 51, 111, 527, 538, 545, 547, 711, 805, 949.
— Bret., II, 221.
Kerleck. Bret., I, 346, 541, 712.
Kerleguen. Bret., I, 848.
— Bret., II, 697.
Kerlemendec. Bret., II, 703.
Kerleuguy. Bret., I, 702, 707, 752.
Kerliviou. Bret., I, 951.
Kerleaquen. Bret., I, 53, 654, 655, 700.
Kermabon. Bret., I. 833.
— Bret., II, 668.
Kermadec. Bret., I, 894.
— Bret., II, 149.
Kermahart Bret., II, 698.
Kermalcave. Bret., II, 787.
Kermanoy. Bret., II, 739.
Kermarchon. Bret., I, 942.
— Bret., II, 231.
Kermarec. Bret., I, 133, 605.
Kermareschal. Bret., II, 842.
Kermarquer. Bret., I, 257.
— Bret., II, 526, 845.
Kermasson. Bret., II, 849.
Kermel. Bret., I, 667, 669, 671, 674, 955, 959.

— *Bret.*, II, 530. 1010.
Kermellec. *Bret.*, I, 288, 645, 946, 976.
— *Bret.*, II, 545, 733.
Kermen. *Bret.*, II, 1037.
Kermenau. *Bret.*, II, 943.
Kermenguy. *Bret.*, I, 553.
Kermeno. *Bret.*, I, 47, 181, 360, 361, 440, 520, 526, 654, 706.
Kermeulf. *Bret.*, II, 866.
Kermeur. *Bret.*. II, 535, 703, 787, 1025.
Kermo. *Bret.*, II, 537.
Kermoel. *Bret.*, I, 746.
Kermoisau. *Bret.*, I, 107.
— *Bret.*, II, 270.
Kermoler. *Bret.*, II, 724.
Kermorial. *Bret.*, I, 839.
Kermorvan. *Bret.*, I, 294, 253.
— *Bret.*, II, 278.
Kernatous. *Bret.*, II, 53.
Kernavenois. *Bret.*, II, 343.
Kerneussat. *Bret.*, II, 559.
Kernezne. *Bret.*, I, 360, 537, 541, 544, 679, 706.
Kernisant. *Brei.*, II, 398.
Kernotter. *Bret.*, II, 170.
Kerobezec. *Bret.*, II, 780.
Kerohatz. *Bret.*, I, 655.
Keroignant. *Bret.*, I, 667.
Kéroual. *Bret.*, II, 964.
Kerouallan. *Bret.*, I, 250, 642.
Kerouarno. *Bret.*, II, 846.
Kerouart. *Bret.*, I, 293, 552, 896.
Keroudant. *Bret.*, I, 297.
Keroudet. *Bret.*, I, 282.
Keroulas. *Bret.*, II, 713.
Keroullas. *Bret.*, I, 283, 292, 295, 335, 544, 545, 787.
Kerousy. *Bret.*, I, 259, 594, 837.
— *Bret.*, II, 287.
Kerpaen. *Bret.*, I, 684.
Kerpezdron. *Bret.*, II, 44.
Kerpoisson. *Bret.*, I, 860.
Kerquelen. *Bret.*, I, 361.
— *Bret.*, II, 290.
Kerqueru. *Bret.*. II, 733.
Kerquery. *Bret.*, I, 125.
Kerquesec. *Bret.*, II, 547.
Kerrec. *Bret.*, I, 257.
Kerret. *Bret.*, I, 543, 554, 599, 850, 947.
Kerret. *Bret.*, II, 89, 226, 1014.
Kerroul. *Bret.*, II, 93.
Kerrouyaut. *Bret.*, I, 597.
Kersaliou. *Bret.*, II, 151.

— *Bret.*, I, 605.
— *Bret.*, II, 225, 554.
Kersant. *Bret.*, II, 959.
Kersas. *Bret.*, I, 100.
Kersausan. *Bret.*, II, 153, 236, 285, 709, 965.
Kersauzou. *Bret.*, I, 269, 274, 280, 289, 295, 352, 462, 538, 539, 548, 551.
Kerseau. *Bret.*, I, 338. 944.
— *Bret.*, II, 54, 59.
Kersengily. *Bret.*, I. 648, 661.
— *Bret.*, II, 49, 157.
Kersestein. *Bret.*, II, 543.
Kerstau. *Bret.*, II, 696.
Kerstle. *Als.*, 638.
Kersuaguen. *Bret.*, II, 525.
Kersulgas. *Bret.*, II, 713.
Kersulguen. *Bret.*, I, 273, 556.
Kersulien. *Bret.*, II, 785.
Keruclo. *Bret.*, I, 181.
Keruelen. *Bret.*, I, 350.
Keruen. *Bret.*, I, 549, 948.
Keruffé. *Bret.*, II, 90,
Kerusec. *Bret.*, I, 967.
Kerusingard. *Bret.*, II, 1028.
Kervain. *Bret.*, II, 540.
Kervec (le). *Bret.*, II, 1116.
Kerveder. *Bret.*, I, 956.
Kerveno. *Bret.*, II, 1019.
Kervenozael. *Bret.*, I, 358, 842.
Kerveno. *Poit.*, 189, 231, 1146, 1227.
Kerver. *Par.*, I, 470.
Kerverien. *Bret.*, I, 391, 747.
Kervern. *Bret.*, II, 548.
Kerviche. *Bret.*, I, 315,
— *Bret.*, II, 767.
Kervicher. *Bret.*, I, 359.
Kervilleau. *Bret.*, II, 152.
Kervilly. *Bret.*, II, 776.
Kervinozael. *Bret.*, II, 91.
Keruolez. *Bret.*, I, 487.
Kesmele. *Fland.*, 1161.
Kespertz. *Fland.*, 372.
Kessel. *Als.*, 344, 986.
— *Fland.*, 116, 137, 142, 146.
Kesseler. *Als.*, 84, 409, 475, 634.
Kesselring. *Als.*, 217.
Kessinger. *Als.*, 157, 501, 871, 688.
Ketry. *Fland.*, 1212.
Ketterling. *Als.*, 113.
Kent. *Als.*, 983.
Kiebler. *Als.*, 406.
Kiechler. *Lorr.*, 289, 372.
Kieffer. *Als.*, 176, 625.
Kiel. *Als.*, 39.

Kien. *Als.*, 343, 506.
Kiener. *Als.*, 692, 866, 1068.
Kieselstat. *Lorr.*, 546.
Kieuch. *Als.*, 580.
Kieuszheim. *Als.*, 187. V.
Kifferberg. *Als.*, 188.
Kilburger. *Bourg.*, i, 266.
Kim. *Als.*, 639, 981.
Kindel. *Als.*, 431.
Kippenheim. *Als.*, 238, 254, 767, 787.
Kips. *Als.*, 465, 466.
Kirch. *Als.*, 459, 1043, 1057.
Kirchkeim. *Als.*, 31.
Kirpatrick. *Par.*, i, 440.
— *Par.*, ii, 129, 534.
Kittelard. *Fland.*, 1227.
Kitz. *Als.*, 456.
Kleimbrot. *Als.*, 126.
Klein. *Als.*, 429, 436, 669, 680, 829,
  860, 1057, 1070.
— *Lorr.*, 372, 404.
Kleingel. *Als.*, 722.
Kleinger. *Als.*, 888.
Kleinman. *Als.*, 160, 161.
Klié. *Als.*, 194, 1061.
Klim. *Als.*, 1025.
Klinglin. *Als.*, 269, 270, 704, 917.
Klocker. *Als.*, 530.
Klotzlin. *Als.*, 504, 862.
Knechtlin. *Als.*, 855.
Knéel. *Als.*, 156.
Kneen. *Als.*, 40.
Kneppe. *Lorr.*, 328.
Kniébec. *Als.*, 439.
Kniebs. *Als.*, 280.
Knob. *Als.*, 687.
Knœpfer. *Als.*, 752.
Knortz. *Als.*, 834.
Kob. *Als.*, 454.

Kobel. *Als.*, 413.
Koch. *Als.*, 433, 747.
— *Lorr.*, 270.
Kœller. *Als.*, 322.
Kœng. *Als.*, 276, 759.
Kœnich. *Als.*, 403, 1080.
Koffman. *Als.*, 461.
Koll. *Als.*, 458, 567, 637.
Kolman. *Als.*, 673.
Kopff. *Als.*, 221.
Kopp. *Als.*, 376, 395 636, 1017,
  1048.
Korneman. *Als.*, 584.
Korvais. *Als.*, 668.
Kouft. *Als.*, 1017, 1048.
Koulignage. *Als.*, 182.
Koupschmid. *Als.*, 624.
Koutz. *Als.*, 611.
Krackau. *Als.*, 844.
Kraff. *Als.*, 77, 355.
Kreb. *Als.*, 19, 38, 640, 811.
Kremer. *Als.*, 808.
Kretzinguen. *Als.*, 729.
Kreyenriedt. *Als.*, 931, 932.
Krigelstein. *Als.*, 1067.
Krien. *Als.*, 617.
Kromer. *Als.*, 607.
Kronnoyer. *Als.*, 1051.
Kuabe. *Als.*, 646.
Kuchel. *Als.*, 464.
Kuelle. *Als.*, 622.
Kuen. *Als.*, 374.
Kunast. *Als.*, 446.
Kunté. *Als.*, 834.
Kuntz. *Als.*, 621.
Kuost. *Fland.*, 218.
Kursner. *Als.*, 276.
Kutter. *Als.*, 500.

L

Labadie. *Poit.*, 155, 158.
Labadie (de). *La Roch.*, 345.
Labaig. *Béarn*, 57.
Labat. *Béarn*, 86, 89.
— *Bret.*, ii, 223.
— *Guy.*, 241, 331, 400, 803, 813,
  814, 895, 989, 1150, 1167, 1217.
— *Lyon*, 624.
— *Toul.-Mont.*, 185, 419, 864, 1291.
Labat (de). *La Roch.*, 188, 359.
Labatu. *Béarn*, 100.
Labatut. *Guy.*, 1174.

— *Toul.-Mont.*, 1210.
Labaur. *Toul.-Mont.*, 1305.
Labaye. *Auv.*, 390.
Labbé. *Als.*, 322.
— *Bourges*, 23, 24, 26, 32, 39, 60,
  163, 338, 339.
— *Lorr.*, 47, 458.
— *Lyon*, 224, 655.
— *Pic.*, 810.
— *Soiss.*, 83.
— *Tours*, 868, 1467.
Labeau. *Toul.-Mont.*, 532.

Labeaubérard. *Lyon*, 51.
Labége. *Toul.-Mont.* 38.
Laben. *Fland.*, 396.
Labesse. *Guy.*, 1110.
Labet. *Bourg.*, I, 600.
Labeur. *Par.*, I, 1165.
Labiron. *Poit.*, 1557.
Labit. *Pic.*, 616.
Lable. *La Roch.*, 167.
Labon. *Pic.*, 448.
Labonne. *Guy.*, 1105, 1111, 1126.
Laboreix. *Bourb.*, 315, 537, 538.
Laborel. *Prov.*, II, 507, 508.
Laborey. *Bourg.*, I, 593, 596, 614, 639, 786, 863, 878, 1113, 1125.
Laboreys. *Vers.*, 226.
Laborie. *Als.*, 754.
— *Dauph.*, 420.
— *Lyon*, 644.
— *Toul.-Mont.*, 1070.
Labories. *Bourg.*, I, 109, 116, 448.
— *Bourg.*, II, 222, 346, 568.
Labory. *Bret.*, II, 385.
Labotière. *Guy.*, 847.
Labotte. *Bourg.*, II. 74.
Labour. *Béarn*, 5.
— *Poit.*, 149.
Labourel. *Toul.-Mont.*, 304, 472.
Labouret. *Soiss.*, 6, 705.
Laboureur (le). *Als.*, 24, 227, 228.
— *Lorr.*, 224, 308, 309, 654.
— *Par.*, II, 350.
Labourieux. *Auv.*, 86.
Labournaix. *Auv.*, 289, 406.
Laboutant. *Par.*, III, 442.
Labre (de). *Fland.*, 786.
— *Soiss.*, 319, 493.
Labrie. *Prov.*, II, 423.
Labriet (le). *Lorr.*, 80, 239 *bis*, 663.
Labro. *Toul.-Mont.*, 1170.
Labruez. *Orl.*, 631.
Lac (du). *Auv.*, 144, 189, 257, 341, 424, 428, 430, 468.
— *Bourges*, 475.
— *Guy.*, 1010.
— *Lim.*, 354.
— *Montp.-Mont.*, 697, 1291.
— *Orl.*, 22, 143, 245, 496, 522, 917.
— *Par.*, I, 314, 1112.
— *Par.*, II, 1125, 1192.
— *La Roch.*, 142.
— *Vers.*, 158.
— *Toul.-Mont.* 30, 546.
Laca. *Lyon*, 734.
Lacam. *Guy.*, 1027.
Lacan. *Toul.-Mont.*, 402.

Lacanal. *Toul.-Mont.*, 963, 964.
Lacant. *Vers.*, 76.
Lacary. *Toul.-Mont.*, 846.
Lacassin. *Toul.-Mont.*, 1265.
Lachard. *Bourg.*, II, 213, 564.
Lacharier. *Lyon*, 657.
Lachat. *Caen*, 629.
Lachau. *Lim.*, 240, 243.
Lachère. *Guy.*, 879.
Lacheron. *Lyon*, 230, 378.
Lachez. *Fland.*, 353.
Lachiver. *Bret.*, I, 618, 668.
Lachoué. *Bret.*, I, 932.
Lachy. *Par.*, III, 473.
Lacolle. *Auv.*, 563.
Lacon. *Lorr.*, 664.
Lacorée. *Par.*, I, 966, 1345.
Lacras. *Lyon*, 672.
Ladan. *Fland.*, 986.
Ladeforet. *Prov.*, II, 377.
Ladic. *Toul.-Mont.*, 1017.
Ladoireau. *Par.*, I, 721.
Ladoux. *Toul.-Mont.*, 1108, 1120.
Ladrix. *Toul.-Mont.*, 1338, 1340.
Ladrigué. *Bret.*, II, 953.
Lafemas. *Par.*, I, 58, 120.
Laffite. *Pic.*, 696.
Laffre (de). *Pic.*, 32.
Lafler. *Poit.*, 1313.
Lafiton. *Poit.*, 1059.
Lagadec (le). *Bret.*, II, 230, 361.
Lagaré. *Toul.-Mont.*, 1122.
Lagasne (la). *Bret.*, II, 795.
Lagasse. *Montp.-Mont.*, 1497.
Lagau. *Par.*, II, 782.
— *Par.*, III, 253, 566.
Lâge (de). *Bourges*, 143, 438.
— *Lim.*, 331, 424.
Lage. *Par.*, I, 272.
— *Prov.*, I, 471.
— *Rouen*, 564.
Lage (de). *La Roch.*, 86, 113, 195.
— *Poit.*, 52, 132, 560, 1546.
— *Soiss.*, 295.
Lageard. *Guy.*, 49, 161, 423, 431. 647.
Lageard. *Lim.*, 270, 350.
Lagel. *Bourb.*, 256.
Lagentie. *Toul.-Mont.*, 1101.
Lager. *Bourg.*, I, 426.
— *Lyon*, 659, 675.
Lagerie. *Montp.-Mont.*, 1016.
Lages. *Montp.-Mont.*, 1254.
Laget. *Dauph.*, 476.
— *Prov.*, I, 145, 463, 497, 501, 524, 743, 971, 1357, 1435.

— *Prov.*, ii, 288.
Lagier. *Prov.*, ii, 37.
Lagier (St·). *Lyon*, 414.
Laglantier. *Bourg.*, i, 241.
Lagneau. *Tours*, 1167.
Lagnel. *Prov.*, ii, 92.
— *Rouen*, 852, 1255.
Laguay. *Montp.-Mont.*, **1168.**
Lagni. *Champ.*, 359.
— *Soiss.*, 751, 752.
Lagny. *Fland.*, 185.
— *Par.*, i, 157, 1161.
— *Par.*, iii, 31.
Lagon. *Fland.*, 624.
Lagorée. *Toul.-Mont.*, **1102.**
Lagot. *Rouen*, 454.
Lagoust. *Guy.*, 662.
Lagrené. *Pic.*, 46. Voy. la Grené
Lagros. *Bourg.*, ii, 617.
Lague. *Guy.*, 686.
— *Prov.*, i, 701.
Lagueuil. *Guy.*, 1035.
Laguille. *Bourg.*, i, 261.
— *Bourg.*, ii, 183, 188.
— *Champ.*, 670, 842.
Lahonde. *Montp.-Mont.*, **260.**
Lahou. *Bret.*, ii, 203.
Lai. *Als.*, 267.
— *Rouen*, 550, 551.
Lai (de). *Lyon*, 104.
— *Poit.*, 805.
Laideguine. *Par.*, iii, 483.
Laidet. *Prov.*, i, 284, 287, 294, 295,
298, 299, 371, 380, 382, 445, 490,
528, 897, 977.
— *Prov.*, ii, 50, 301.
Laidier. *Prov.*, ii, 277.
Laigle. *Bret.*, i, 285.
— *Bret.*, ii, 1029.
— *Par.*, i, 1212.
— *Prov.*, ii, 475.
Laigle (de). *Champ.*, 784.
— *Lorr.*, 13.
— *La Roch.*, 113, 117.
Laigne (de). *Bourges*, 82, 85, 186,
423.
Laigne (la). *La Roch.*, 100.
Laigneau. *Champ.*, 36, 37.
— *Par.*, iii, 369.
— *Poit.*, 721, 1253.
Laignel. *Fland.*, 168.
Laignier. *Champ.*, 718.
Laigre. *Bret.*, ii, 597.
Laigue. *Guy.*, 800.
Laillé. *Poit.*, 1320, 1328.
Laille. *Tours*, 835.

Laillère. *Toul.-Mont.*, 341.
Laillet. *Bourg.*, ii, 338.
Laillier. *Bourg.*, ii, 342.
Laimarie. *Als.*, 7.
Laimé. *Bourg.*, ii, 533.
Laimerie. *Auv.*, 168.
— *Toul.-Mont.*, 453.
Laincourt. *Pic.*, 736.
Lainé. *Lorr.*, 16.
— *Par.*, iii, 127.
— *La Roch.*, 216, 238.
— *Rouen*, 584, 764, 765, 1244.
Laines (de). *Poit.*, 206, 441, 513, 623.
Lains (de). *Toul.-Mont.*, 81.
Lair. *Bret.*, i, 156.
— *Bret.*, ii, 202.
— *Caen*, 251, 365, 502, 745.
— *Par.*, i, 1338.
— *Rouen*, 1153.
— *Tours*, 640.
Lair (de). *Bourb.*, 26.
Lairac. *Toul.-Mont.*, 174, 1168.
Lairan (de). *Pic.*, 860.
Laire (de). *Al.*, 861.
— *Auv.*, 35, 60, 65, 149, 276, 283,
348, 407, 410, 434, 438.
— *Champ.*, 88, 149, 158, 242.
— *Dauph.*, 295.
— *Fland.*, 179, 955.
— *Soiss.*, 292, 840.
Lairez. *Fland.*, 279, 821.
Lais (du). *Toul.-Mont.*, 17.
Laisant. *Vers.*, 308.
Laisné. *Al.*, 925, 1078.
— *Bourg.*, i, 743.
— *Bret.*, ii, 536.
— *Caen*, 613, 667, 688, 718, 791.
— *Dauph.*, 118.
— *Lim.*, 267, 272.
— *Lyon*, 754, 832.
— *Orl.*, 4, 168, 343, 345, 480, 612,
686.
— *Par.*, i, 159, 791, 1388.
— *Par.*, ii, 93, 135, 404, 693.
— *Poit.*, 161, 871, 1456.
— *Tours*, 1378.
Laisson. *Bourg.*, ii, 303.
Laistre (de). *Als.*, 251.
— *Bourges*, 523.
— *Bret.*, i, 178.
— *Champ.*, 209, 215, 422, 602, 620
— *Lorr.*, 200, 282.
— *Orl.*, 378.
— *Par.*, i, 258, 398, 784, 986, 1014,
1110.
— *Par.*, ii, 618.

— *Par.*, III, 271.
— *Par.*, IV, 399.
— *Rouen*, 459, 769.
— *Soiss.*, 198.
Laisuel. *Fland.*, 800.
Laitour. *Montp.-Mont.*, 1219. V.
Laizeris. *Bret.*, I, 983.
Lajard. *Montp.-Mont.*, 418, 434.
Lajies. *Guy.*, 928.
Lal (de). *Béarn.*, 103.
Lalain. *Champ.*, 205.
— *Fland.*, 416, 417, 787.
Lalaire. *Soiss.*, 490, 532.
Lalanne. *Par.*, I, 196.
Lalbertie. *Toul.-Mont.*, 991.
Laleu. *Fland.*, 1309.
— *Par.*, I, 386.
Lalig. *Par.*, I, 466.
Laliman. *Guy.*, 205, 206.
Lalisse. *Guy.*, 953.
Lalleman. *Toul.-Mont.*, 695.
— *Lyon*, 148.
Lallemand. *Auv.*, 385.
— *Bourg.*, I, 561, 650, 787.
— *Pic.*, 616.
— *La Roch.*, 408.
Lallemant. *Champ.*, 24, 40, 50, 361.
— *Fland.*, 31, 870.
— *Lorr.*, 31, 416.
— *Par.*, I, 202.
— *Par.*, II, 389, 788.
— *Par.*, IV, 276.
— *Prov.*, II, 263, 807.
— *Rouen*, 879.
Lallier. *Al.*, 865.
— *Caen*, 97, 730.
— *Lyon*, 227, 284.
— *Montp.-Mont.*, 1206.
— *Orl.*, 93.
— *Par.*, I, 202, 496, 1108, 1235.
— *Par.*, III, 125, 483.
Lallière. *Pic.*, 86.
Lallo. *Montp.-Mont.*, 1119.
Lallot. *Lim.*, 470.
Lallouette. *Soiss.*, 497, 730.
Lallouette (de). *Lorr.*, 577.
Lalo. *Toul.-Mont.*, 366, 1186.
Laloi. *Par.*, I, 844.
Lalonier. *Poit.*, 576.
Laloue. *Fland.*, 1263, 1490.
Lalun. *Par.*, I, 387, 443.
Lama. *Toul.-Mont.*, 1280.
Lamar. *Prov.*, I, 233.
Lamaudie. *Guy.*, 727.
Lamavec. *Lim.*, 459.
Lamballais. *Tours*, 333.

Lambardière. *Tours*, 1166.
Lambarre. *Tours*, 499, 533.
Lambart. *La Roch.*, 120.
Lambaye. *Béarn.*, 91. V.
Lambelin. *Bourg.*, II, 77.
— *Fland.*, 1118.
Lambellain. *Par.*, II, 775.
Lambert. *Al.*, 234, 298, 300, 306, 321, 443, 613, 625, 1032.
— *Als.*, 671, 1071.
— *Bourg.*, I, 68, 70, 127, 240, 322, 922, 1165, 1194.
— *Bourg.*, II, 43, 49, 53, 173, 176, 333, 504.
— *Bret.*, I, 387, 403, 419, 559, 727, 864, 905, 926.
— *Bret.*, II, 232.
— *Champ.*, 567, 595, 597, 620, 636, 752, 774.
— *Dauph.*, 107, 151.
— *Fland.*, 316, 358, 426, 1040, 1115.
— *Guy.*, 212, 1086, 1127.
— *Lim.*, 47, 237, 421, 428.
— *Lorr.*, 148, 579.
— *Orl.*, 3, 11, 18, 194, 259, 316, 345, 347, 408, 409, 463, 477.
— *Par.*, I, 216, 272, 376, 379, 638, 789, 882, 918, 948, 1377, 1378.
— *Par.*, II, 513, 609, 736, 849.
— *Par.*, III, 377, 380, 410, 453, 480.
— *Par.*, IV, 509.
— *Poit.*, 19, 346, 1007, 1031, 1094.
— *Prov.*, I, 215, 525, 624, 650, 720, 725, 825, 939, 1007, 1276, 1282, 1294.
— *Prov.*, II, 285, 445, 785.
— *La Roch.*, 15, 203, 204, 250, 411.
— *Rouen*, 323, 354, 411, 417, 674, 774, 820, 821, 874, 1391.
— *Soiss.*, 167, 463.
— *Tours*, 1146.
— *Vers.*, 62, 75, 181.
Lambert (St-). *Al.*, 898.
— *Champ.*, 887.
— *Lyon*, 1010.
Lamberterie. *Guy.*, 434, 435, 918, 1078.
Lambertie. *Guy.*, 461.
— *Lim.*, 73, 77.
— *Lorr.*, 340, 482, 578.
— *Par.*, II, 1201.
— *Poit.*, 297, 724.
Lambés. *Montp.-Mont.*, 1130.
Lambesc. *Prov.*, I, 475. Bar.
Lambilly. *Bret.*, I, 227.
Lambin. *Als.*, 276.

— *Lorr.*, 369, 648, 681.
Lambinet. *Als.*, 395.
Lambon. *Par.*, ii, 483.
Lambot. *Prov.*, ii, 190.
Lambotte. *Par.*, iii, 458.
Lamboul. *Tours*, 356.
Lambrat. *Toul.-Mont.*, 636.
Lambreck. *Als.*, 71, 616.
Lambron. *Tours*, 824.
Lambry. *Bourg.*, ii, 480.
Lamects. *Pic.*, 95.
Lameye. *Guy.*, 396.
Lamelin. *Fland.*, 293, 825, 1213.
Lamenerie. *Bret.*, ii, 527.
Lamer. *Par.*, i, 1340.
— *Soiss.*, 336, 484, 499, 502.
Lamet. *Champ.*, 799.
— *Par.*, i, 127, 436.
— *Par.*, ii, 271, 665, 1222.
— *Par.*, iii, 253, 254, 314, 315.
— *Soiss.*, 155.
Lamezan. *Toul.-Mont.*, 1275.
Lamezas. *Guy.*, 102.
Lamfritte. *Als.*, 1033.
Lami. *Al.*, 177, 282, 878, 1114.
— *Caen*, 591.
— *Champ.*, 637.
— *Guy.*, 906, 913.
— *Lorr.*, 227, 598.
— *Lyon*, 747,
— *Par.*, i, 670, 1152.
— *Rouen*, 580.
— *Sois.*, 47, 492, 710.
— *Tours*, 136, 965.
Lamiable. *Pic.*, 303.
Lamie. *Toul.-Mont.*, 1173, 1482.
Lamin. *Bourg.*, ii, 430.
Laminoi. *Prov.*, i, 1217.
Lamiral. *Bourg.*, ii, 478, 489.
— *Bret.*, ii, 387.
— *Par.*, i, 1151.
— *Poit.*, 1187.
Lamirault. *Orl.*, 20, 122, 332, 334, 335, 343, 346, 349, 352, 453.
— *Par.*, iii, 140.
— *Pic.*, 772.
— *Poit.*, 301.
— *Soiss.*, 420.
Lamiré. *Orl.*, 832, 1014.
Lamire. *Pic.*, 111, 240, 248.
Lamiron. *Prov.*, ii, 745.
Lamognon. *Lyon*, 731.
Lamoignon. *Montp.-Mont.*, 1.
— *Par.*, i, 863, 875, 1036.
Lamon. *Prov.*, i, 27.
Lamonerie (de). *Lim.*, 142.

Lamont (de). *Lorr.*, 481 *bis.*
Lamoreux. *Béarn*, 159.
Lamour. *Bret.*, i, 44, 933.
— *Soiss.*, 748.
Lamouroux. *Montp.-Mont.*, 798.
Lamourdieu. *Prov.*, ii, 443.
Lamoureux. *Als.*, 1059.
— *Béarn*, 132, 155.
— *Bret.*, i, 179.
— *Bret.*, ii, 461.
— *Fland.*, 1320.
— *Lyon*, 750.
— *Poit.*, 44, 814, 845, 1011.
— *Prov.*, ii, 232.
— *Guy.*, 381, 396, 397, 518, 810.
Lamperier. *Bret.*, ii, 732.
Lampinet. *Bourg.*, i, 590, 612, 768, 787, 898.
Lample (de). *Béarn*, 134.
Lampugnan. *Lorr.*, 288.
Lamre. *Fland.*, 1177.
Lamy. *Bourb.*, 306, 467.
— *Bourg.*, i, 60, 267, 1210.
— *Bourg.*, ii, 192, 213.
— *Bret.*, i, 351.
— *Fland.*, 991, 996.
— *Par.*, ii, 288, 603.
— *Par.*, iii, 435.
— *Vers.*, 128, 149.
Lan. *Poit.*, 1375.
Lan (de). *Bourb.*, 448.
— *Toul.-Mont.*, 1465.
Lana. *Bret.*, i, 240.
Lanapla. *Montp.-Mont.*, 1080.
Lanaspeze. *Toul.-Mont.*, 462.
Lanau. *Béarn*, 110.
— *Guy.*, 36, 1074.
Lanauti. *Prov.*, ii, 661.
Lancaube. *Béarn*, 80.
Lancè. *Orl.*, 825.
Lance. *Prov.*, i, 832.
— *Soiss.*, 133.
Lance (la). *Lorr.*, 153.
Lancefosse. *Toul.-Mont.*, 161.
Lancel. *Fland.*, 829.
Lancelin. *Al.*, 722.
— *Dauph.*, 289.
Lancelongue. *Toul.-Mont.*, 1217, 1285.
Lancelot. *Bourg.*, ii, 556.
— *Lorr.*, 343.
— *Tours*, 552.
Lances (des). *Fland.*, 1359.
Lancesseur. *Caen*, 343, 509, 511.
Lancfranque. *Guy.*, 193.
Lanchalz. *Fland.*, 147.
Lanchére. *Lim.*, 377.

Lanchi. *Soiss.*, 728.
Lanci. *Soiss.*, 39, 496.
Lancier. *Bourg.*, I, 1059.
Lancize. *Caen*, 220, 504.
Lancluse. *Par.*, II, 1087.
Lançon. *Lorr.*, 81, 223.
Lancon. *Prov.*, II, 675.
— *Soiss.*, 841.
Lancri. *Soiss.*, 411, 572.
Lancri (de). *Pic.*, 836, 843.
Lancry. *Fland.*, 832.
— *Par.*, IV, 330.
Lancy. *Par.*, I, 1086, 1159, 1342.
Landais. *Al.*, 1161, 1162.
— *Bret.*, I, 94, 183, 940.
— *Bret.*, II, 1112.
— *Caen*, 429.
— *Par.*, I, 3, 926.
— *Par.*, III, 559.
— *Poit.*, 19.
— *Tours*, 1466.
— *Vers.*, 25, 69.
Landais (de). *Pic.*, 170.
Landalle. *Rouen*, 77.
Landannet. *Bret.*, II, 778.
Landas. *Fland.*, 28, 78, 79, 311, 312, 596.
Landau. *Als.*, 381.
Lande (de). *Montp.-Mont.*, 121.
Lande (la). *Al.*, 207, 208, 211, 213, 218, 371, 502, 591, 592, 751.
— *Als.*, 842.
— *Auv.*, 343.
— *Béarn*, 32.
— *Bourges*, 246, 451.
— *Bret.*, I, 247, 395, 604.
— *Bret.*, II, 487, 730, 733, 953.
— *Caen*, 358, 710, 745.
— *Guy.*, 264, 265, 268, 271, 378, 464, 466, 467, 470, 816, 870, 1142.
— *Lorr.*, 629.
— *Orl.*, 7, 333, 347, 352.
— *Par.*, I, 279.
— *Par.*, II, 416.
— *Par.*, III, 139.
— *Poit.*, 31, 53, 68, 330, 836, 891, 954.
— *La Roch.*, 76, 361.
— *Rouen*, 246.
— *Tours*, 84, 422, 436, 539, 1026, 1196, 1200, 1216, 1354.
— *Vers.*, 21, 59, 122.
Landelle. *Bourb.*, 418.
— *Bret.*, II, 765.
— *Par.*, IV, 279.

— *Tours*, 1464.
Landelle (la). *Bret.*, I, 897.
Landelles (des). *Al.*, 912.
Landemarre. *Rouen*, 902.
Landernau. *Bret.*, I. 335.
Landernault. *Poit.*, 618, 642.
Landereau. *Tours*, 1262.
Landes. *Toul.-Mont.*, 285, 536, 725, 771, 1067.
Landes (de). *Fland.*, 1313.
Landes (des). *Al.*, 484, 868.
— *Bourg.*, I, 91, 338.
— *Bourg.*, II, 19, 45.
— *Bret.*, I, 952.
— *Bret.*, II, 904.
— *Caen*, 680, 720.
— *Lyon*, 21.
— *Orl.*, 163, 918.
— *Par.*, I, 827.
— *Pic.*, 895.
— *La Roch.*, 306.
— *Tours*, 16, 349, 1262.
Landevi. *Tours*, 91, 532, 545.
Landigon. *Bret.*, II, 556.
Landine. *Lyon*, 398.
Lando. *Par.*, II, 593.
Landois. *Bourb.*, 390.
— *Bret.*, II, 529.
— *Par.*, II, 1091.
Landon. *Al.*, 1172.
Landorte. *Toul.-Mont.*, 1337.
Landouillette. *Par.*, I, 69, 70, 180.
Landragin. *Champ.*, 718, 719.
Landre. *Orl.*, 352.
Landre (de). *Lorr.*, 57, 363, 390, 504.
Landreau (du). *Poit.*, 43, 1282.
Landrecies. *Fland.*, 1504. V.
Landres (de). *Champ.*, 253.
Landres (des). *Orl.*, 765, 939.
Landri. *Caen*, 638.
— *Guy.*, 119, 459.
— *Prov.*, I, 711.
— *Rouen*, 605.
Landriau. *La Roch.*, 272.
Landrieu. *Guy.*, 156.
Landrieux. *Pic.*, 643.
Landrin. *Prov.*, I, 657.
Landru. *Pic.*, 102.
— *Soiss.*, 846.
Landry. *Bret.*, II, 86.
— *Par.*, I, 646.
— *Par.*, II, 867.
— *Par.*, III, 259.
Landsperg. *Als.*, 30, 31, 125, 780, 788, 1037.

Landy. *Pic.*, 831.
Laneau. *Prov.*, II, 94.
Lanegrie. *Guy.*, 687.
Lanel. *La Roch.*, 303.
Lanerenon. *Bourg.*, I, 1178.
Lanespede. *Toul.-Mont.*, 1272.
Laneveau. *Tours*, 106, 421, 671, 1257.
Lanevere. *Guy.*, 1020.
Lanfranc. *Montp.-Mont.*, 1220.
Lang. *Als.*, 444, 445, 805, 871.
Langa. *Béarn*, 10.
Langaigne. *Pic.*, 753.
Langan. *Bret.*, I, 25, 566, 693, 760.
— *Bret.*, II, 220, 726.
Langasque. *Prov.*, I, 1395.
Langault. *Champ.*, 16, 24.
Lange. *Al.*, 595, 596.
— *Als.*, 809.
— *Guy.*, 1125.
— *Lyon*, 752.
— *Par.*, I, 408, 1324.
— *Par.*, II, 238, 1170.
— *Par.*, III, 381.
— *Par.*, IV, 78.
— *Prov.*, II, 245.
— *Rouen*, 814.
Lange (de). *Bourb.*, 85.
— *Lorr.*, 87.
— *Poit.*, 385.
— *La Roch.*, 143.
Langeais. *Tours*, 846. V.
Langehai. *Bourg.*, I, 263.
Langelard. *Orl.*, 549.
Langelé. *Par.*, II, 592.
Langelier. *La Roch.*, 303.
Langelevie. *Tours*, 1404.
Langellerie. *Soiss.*, 138, 710.
Langellery. *Par.*, III, 413.
Langer. *Bourg.*, II, 259.
Langeret. *Prov.*, I, 740.
Langerie. *Al.*, 1194.
Langes (de). *Dauph.*, 35, 411, 412, 522.
Langevin. *Caen*, 62.
— *Par.*, I, 1017.
— *Pic.*, 623.
Langevinaye. *Bret.*, II, 1000.
Langhe (de). *Fland.*, 730, 1082.
Langhéac. *Auv.*, 42, 111, 471, 496.
Langhedal. *Fland.*, 231.
Langheté. *Fland.*, 1136.
Langlade. *Bourb.*, 407.
— *Bret.*, I, 344.
— *Guy.*, 381.
— *Lim.*, 395.

— *Lyon*, 729.
— *Montp.-Mont.*, 332, 378.
— *Rouen*, 387, 388.
— *Toul.-Mont.*, 1353.
Langlart. *Fland.*, 776.
Langlas. *Toul.-Mont.*, 1034.
Langle. *Bret.*, I, 216, 409, 429, 443, 521.
— *Bret.*, II, 128, 422.
Langle (de). *Rouen*, 43, 363, 366, 367.
— *Vers.*, 189.
Langlée. *Fland.*, 244, 773.
— *Par.*, I, 194.
— *Par.*, III, 526, 599.
Langlet. *Par.*, I, 432.
Langlier. *Par.*, III, 423.
Langlois. *Al.*, 5, 24, 356, 373, 501, 799, 978.
— *Bourb.*, 77, 190.
— *Bourges*, 105.
— *Bourg.*, I, 596, 841, 1109.
— *Bret.*, I, 154, 172, 178, 483, 603.
— *Caen*, 287, 503, 522.
— *Champ.*, 104, 115, 409, 454, 461, 708.
— *Fland.*, 344, 346, 760.
— *Lorr.*, 210.
— *Lyon*, 113, 384, 583, 602.
— *Par.*, I, 45, 72, 105, 207, 222, 227, 311, 375, 407, 484, 493, 594, 677, 849, 891, 948, 959, 1034, 1282, 1329.
— *Par.*, II, 174, 213, 236, 510, 624, 631, 647, 658, 793, 1006, 1060, 1202.
— *Par.*, III, 14, 66, 115, 123, 329, 362, 434, 549, 566.
— *Par.*, IV, 81, 86, 527.
— *Pic.*, 28, 71, 799.
— *Poit.*, 1406, 1422.
— *Prov.*, I, 486, 571, 1046.
— *Prov.*, II, 489.
— *Rouen*, 3, 19, 69, 224, 282, 307, 334, 419, 423, 439, 531, 532, 539, 566, 647, 699, 700, 799, 804, 854, 864, 878, 1372.
— *Soiss.*, 281.
— *Toul.-Mont.*, 50, 504.
— *Tours*, 253.
— *Vers.*, 10, 114, 138, 139.
Langlumé. *Champ.*, 797.
Langmarc. *Fland.*, 672.
Langon. *Dauph.*, 27.
— *Guy.*, 347.
— *Prov.*, II, 460.

Langorans. *Al.*, 280.
Langot. *Champ.*, 203.
Langou. *Guy.*, 1165.
Langouet. *Champ.*, 418.
Langouria. *Bret.*, i, 202, 226, 228, 229, 721.
Langoust. *Als.*, 320.
Langrac. *Par.*, ii, 288.
Langrau. *Fland.*, 1033.
Langres. *Champ.*, 317. V.
Langrognet. *Bourg.*, i, 1075.
Langros. *Par.*, ii, 1097.
Languedoc. *Montp.-Mont.*, i. Prov.
Languedoue. *Par.*, ii, 1232.
— *Par.*, iv, 317.
Languedor. *Rouen*, 46, 661.
Languedou. *Tours*, 353, 1418.
Languet. *Bourg.*, i, 79, 80, 147, 163, 165, 233, 247, 482.
— *Bourg.*, ii, 73, 370.
Languetin. *Rouen*, 820.
Lani. *La Roch.*, 234.
Laniel. *Montp.-Mont.*, 349.
Lanier. *Bourg.*, i, 1216.
Lanigry. *Bret.*, ii, 47.
Lanis. *Guy.*, 1123.
Lanjon. *Bourges*, 265.
Lanlo. *Toul.-Mont.*, 1159, 1175.
Lanlou. *Bret.*, i, 251.
Lanne. *Champ*, 53.
Lanne (la). *Par.*, ii, 1072, 1094.
— *Béarn*, 81.
— *Guy.*, 95, 368, 475, 535, 553, 622, 691, 835, 914, 1028, 1061.
— *Toul.-Mont.*, 379, 606, 932, 940, 1210, 1259, 1342, 1354.
Lanne (Ste-). *Toul.-Mont.*, 1247.
Lanneau. *Par.*, ii, 743.
Lannelan. *Par.*, ii, 537.
Lannelu. *Bourges*, 519.
Lanneri. *Champ.*, 672.
Lannes (de). *Bourges*, 122.
— *Montp.-Mont.*, 586, 695.
— *Toul.-Mont.*, 83, 118, 539, 1281.
Lannes (des). *Poit.*, 166.
Lannet. *Prov.*, ii, 231.
Lannezual. *Bret.*, i, 716.
Lannion. *Bret.*, i, 23, 662.
— *Par.*, iii, 64.
Lannoi. *Bourges*, 256.
— *Caen*, 357.
— *Lorr.*, 283, 309, 313.
— *Pic.*, 138, 163, 815.
— *Rouen*, 338, 633.
Lannoy. *Bourg.*, i, 712.
— *Fland.*, 89, 90, 99, 101, 116, 119,

146, 149, 153, 158, 310, 325, 340, 350, 352, 353, 367, 402, 563, 761, 827, 997, 1113, 1114.
— *Par.*, i, 1270.
Lanon. *Par.*, i, 222.
— *Pic.*, 233.
Lanoy *Par.*, ii, 588, 589.
Lanozouart. *Fland.*, 1174.
Lanquet. *Vers.*, 30.
Lanquetot. *Rouen*, 890.
Lansac. *Guy.*, 52, 369, 516, 718, 806, 972.
Lansade. *Lim.*, 290.
Lanselme. *Prov.*, i, 909.
Lanser. *Lorr.*, 276.
Lansse. *Prov.*, i, 246.
Lansullien. *Bret.*, i, 116.
Lansully. *Bret.*, i, 699.
Lantage. *Champ.*, 280.
— *Par.*, i, 23, 86.
— *Par.*, ii, 1059.
Lantages (de). *Lorr.*, 526.
Lanteaume. *Montp.-Mont.*, 1433.
— *Prov.*, ii, 246.
Lanternier (le). *Rouen*, 603.
Lanthonie (de). *Lim.*, 172, 296, 464.
Lanthome. *Par.*, ii, 472.
Lanti. *Bourges*, 43.
Lantier. *Prov.*, i, 31.
Lantilhac. *Guy.*, 27, 1109.
Lantilli. *Caen*, 343.
Lantin. *Bourg.*, i, 248.
— *Bourg.*, ii, 24, 56, 65, 88, 136.
Lantivi. *Tours*, 80, 433, 985, 1197.
Lantivy. *Bret.*, i, 194, 251, 261, 322, 323, 324, 363, 525, 641, 714, 864.
— *Bret.*, ii, 290, 291, 501, 732, 763, 765, 766.
Lantoine. *Soiss.*, 250.
Lantois. *Prov.*, i, 313, 1456.
— *Toul.-Mont.*, 731.
Lantron. *Montp.-Mont.*, 990, 1007.
Lanty. *Bourb.*, 58.
Lantz. *Als.*, 421.
Lanua. *Par.*, ii, 403.
Lanusse. *Béarn*, 82.
— *Toul.-Mont.*, 36, 1231, 1238, 1338, 1346.
Lanuzol. *Bret.*, ii, 53.
Lanvin. *Pic.*, 215.
Laon (St-). *Poit.*, 1428. Ab.
Laon. *Soiss.*, 440, V.; 441, Ev.
Lapchier. *Auv.*, 424.
Lapelier. *Als.*, 448.
Laplein. *Bourges*, 347.
Lapostelle. *Par.*, i, 1180.

Lappara (de). *Par.*, II, 885.
Lappeau. *Montp.-Mont.*, 462.
Laprant. *Bourg.*, I, 1037.
Lapré. *Bourg.*, I, 243.
Lapre. *Bret.*, I, 878.
Laragon. *Bret.*, II, 461.
Larbouillart. *Pic.*, 871.
Larce (de). *Lorr.*, 434.
Larcebault. *Guy.*, 1026.
Larche. *Montp.-Mont.*, 1311.
Larche (de). *Par.*, I, 515.
Larcher. *Bourg.*, I, 78, 337.
— *Bourg.*, II, 105, 329, 356.
— *Bret.*, I, 226.
— *Bret.*, II, 179, 600.
— *Caen*, 11, 12, 13, 104, 333, 387, 646.
— *Champ.*, 1, 43.
— *Fland.*, 600, 1322.
— *Par.*, I, 916.
— *Par.*, II, 13, 382, 690, 737, 1064.
— *Par.*, IV, 21, 522.
— *Prov.*, II, 454.
— *Rouen*, 306, 414.
— *Vers.*, 100.
Larchevesque. *Bourges*, 137.
Lard. *Guy.*, 300, 318, 684, 685, 808.
Lard (le). *Bourges*, 366.
Lardancher. *Bourg.*, I, 1243.
Lardaret. *Auv.*, 147.
Lardasse. *Béarn*, 161.
Lardé. *Al.*, 988.
— *Orl.*, 630.
— *Pic.*, 247, 361.
Lardeau. *Lim.*, 384.
— *Par.*, I, 79.
— *Par.*, III, 522.
— *Poit.*, 1091.
Lardenoi. *Lorr.*, 336.
Lardenois. *Champ.*, 241.
Larderet. *Lyon*, 777.
Lardcry. *Bourg.*, II, 580.
Lardeux (le). *Tours*, 1208.
Lardier. *Par.*, III, 310.
— *Pic.*, 463.
Lardière. *Orl.*, 840.
Lardieu. *Prov.*, II, 428.
Lardillier. *Lyon*, 685.
Lardillon. *Bourg.*, I, 472.
Lardonnet. *Prov.*, I, 1023.
Lardy. *Par.*, II, 632.
Lare. *Vers.*, 191.
Laré (de). *Par.*, III, 387.
Lareillet. *Guy.*, 1208.
Laretegui. *Guy.*, 1147.
Lareur. *Bret.*, II, 519.

Larey. *Toul.-Mont.*, 604.
Larfeulie. *Auv.*, 138.
Large (du). *Bret.*, I, 259, 952.
Large (le). *Al.*, 895.
— *Bourb.*, 499.
— *Bourges*, 17, 21, 23, 35, 226.
— *Bret.*, I, 335, 385.
— *Bret.*, II, 508.
— *Champ.*, 143, 182, 894, 879, 680.
— *Orl.*, 653, 938.
— *Par.*, I, 310, 1030.
— *Poit.*, 770, 1177.
— *La Roch.*, 278.
— *Tours*, 377, 848, 1370, 1508.
— *Vers.*, 114.
Largeau. *Poit.*, 1558.
Largenet. *Tours*, 504.
Largentier. *Champ.*, 122, 305, 478, 579, 902.
— *Lorr.*, 648.
Largeois. *Al.*, 968.
Largier. *Montp.-Mont.*, 1246.
Largilla (le). *Lorr.*, 329.
Largillière. *Par.*, II, 206.
Laridon. *Bret.*, I, 340.
Lariés. *Toul.-Mont.*, 1033.
Larieu. *Guy.*, 1168, 1207.
Larivé. *Fland.*, 298.
Larivinen. *Bret.*, II, 231.
Larlan. *Bret.*, I, 221, 432, 447, 628, 637.
Larlat. *Toul.-Mont.*, 324, 1215.
Larmandie. *Guy.*, 922.
Larmavaille. *Guy.*, 195.
Larmellière. *Prov.*, II, 637.
Larmier. *Bourg.*, II, 253.
Larminat. *Lorr.*, 688.
Larminière. *Poit.*, 607.
Larmodieu. *Prov.*, I, 129.
Larmusière. *Montp.-Mont.*, 1443.
Larnac. *Montp.-Mont.*, 486, 493.
Larnache. *Poit.*, 1315.
Larnagol. *Toul.-Mont.*, 267.
Larnaudie. *Guy.*, 1178.
— *Toul.-Mont.*, 1031.
Laro. *Toul.-Mont.*, 1257.
Laroire. *Lyon*, 686.
Laron. *Toul.-Mont.*, 606.
Laroudy. *Als.*, 838, 839.
Larque. *Toul.-Mont.*, 1377.
Larquevat. *Fland.*, 1023.
Larquey. *Guy.*, 630, 1030.
Larquier. *Lorr.*, 202.
Larragoyen. *Béarn.*, 144.
Larralde. *Guy.*, 375.
Larrat. *Guy.*, 406.

Larravar. *Guy.*, 1216.
Larray. *Bourg.*, I, 993.
Larre. *Guy.*, 376, 939, 1146.
Larré. *Rouen*, 280, 1155.
Larrezet. *Guy.*, 756.
Larrieu. *Béarn*, 84.
— *Guy.*, 505.
— *Toul.-Mont.*, 20, 483, 984, 1214.
Larrio. *Guy.*, 1193.
Larrivez. *Lyon*, 618.
Larrogue. *Guy.*, 1034.
Larroudé. *Guy.*, 682.
Larroux. *Montp.-Mont.*, 1016.
Larroy. *Toul.-Mont.*, 1252.
Lars. *Bret.*, I, 270, 271, 319.
Larsonnier. *Soiss.*, 592.
Larsonnière. *Par.*, II, 78.
Lart. *Pic.*, 741.
Lart (de). *Champ.*, 789.
Lart (le). *Bret.*, I, 717.
Lartesie. *Lim.*, 315.
Lartigaud. *Guy.*, 841.
Lartigolle. *Toul.-Mont.*, 1262.
Lartigue. *Béarn*, 156.
— *Guy.*, 402, 407, 496, 910, 1013, 1151.
— *Montp.-Mont.*, 1115.
— *Toul.-Mont.*, 466, 625, 1267.
Lartiguer. *Fland.*, 9, 10.
Lartois. *Al.*, 977.
Lartre (de). *Bourges*, 429.
Larusse. *Lyon*, 758.
Lary. *Montp.-Mont.*, 1122.
— *Toul.-Mont.*, 1239.
Lary (St-). *Montp.-Mont.*, 1186.
Las (de). *Béarn*, 133, 137.
— *Bourb.*, 90, 195.
— *Fland.*, 455.
— *Guy.*, 138, 1128.
— *Orl.*, 954.
Las (des). *Toul.-Mont.*, 258, 260, 1000.
Lasbros. *Auv.*, 549.
Lascambery. *Fland.*, 280.
Lascor. *Béarn*, 148.
Lascours. *Prov.*, I, 691, 695.
Lascous. *Guy.*, 138.
Lasdalies. *Auv.*, 535.
Lasequetier. *Bret.*, II, 428.
Lasne. *Bourges*, 67, 68, 457.
— *Bret.*, I, 231, 691, 883.
Lasneau. *Tours*, 817, 1296.
Lasnereau. *Tours*, 1276.
Lasnier. *Bourg.*, II, 377.
— *Orl.*, 520.
— *Par.*, III, 277.

— *Tours*, 71, 72, 79, 91, 541, 552, 564.
— *Vers.*, 226.
Laspic. *Bourges*, 328.
Laspoix. *Poit.*, 442, 1412, 1427, 1428.
Lasquier. *Champ.*, 872.
Lassay. *Orl.*, 787.
— *Tours*, 1329. V.
Lassé. *Bourges*, 144.
Lasse (de). *Bret.*, I, 435, 449.
Lasseran. *Bret.*, II, 415.
— *Toul.-Mont.*, 1261.
Lasserre. *Béarn*, 75, 89, 96.
— *Guy.*, 1041.
Lasseré. *Par.*, I, 884.
Lasseret. *Bourg.*, II, 578.
Lasset. *Montp.-Mont.*, 178.
Lasseur (le). *Al.*, 27, 28, 37, 287, 308, 1024, 1179.
— *Bret.*, II, 477, 481.
Lassi. *Guy.*, 847.
Lassolle. *Toul.-Mont.*, 1268.
Lasson. *Champ.*, 650.
— *Fland.*, 1304.
Lassus. *Guy.*, 911.
— *Toul.-Mont.*, 632, 1464, 1487.
Lastallot. *Guy.*, 1193.
Laste (de). *Fland.*, 823.
Lastes. *Guy.*, 1212.
Lastic. *Auv.*, 203, 315.
— *Bourb.*, 312.
— *Dauph.*, 307, 354, 467.
— *Lim.*, 440.
— *Montp.-Mont.*, 327.
— *Par.*, I, 1276.
Lastier. *Auv.*, 538.
Lastor. *La Roch.*, 399.
Lastre. *Par.*, I, 532.
Lastre (de). *Bourges*, 80.
— *Par.*, IV, 79.
— *Poit.*, 68, 88, 264.
— *La Roch.*, 79.
Lastre d'Ayette (de). *Pic.*, 193.
Lata. *Dauph.*, 157.
Latagnan. *Par.*, II, 267.
Latainville. *Par.*, III, 376.
Latger (de). *Toul.-Mont.*, 83, 535, 625, 877.
Latié. *Prov.*, I, 1128.
Latier. *Bourges*, 370.
— *Dauph.*, 93, 291, 292, 309, 321, 333, 460, 462.
Latiffi. *Pic.*, 715.
Latil. *Prov.*, I, 276, 304, 315, 320, 537, 689, 704, 1339, 1376, 1450.
— *Prov.*, II, 362.

Latis (de). *Montp.-Mont.*, 1310.
Latre (de). *Soiss.*, 328.
Lattaignan. *Pic.*, 690.
Lattaignant. *Par.*, I, 803, 909.
Lattay (de). *Bret.*, II, 909.
Lattre (de). *Bret.*, I, 61.
— *Fland.*, 193, 232, 599, 624, 844, 1001, 1128.
— *Pic.*, 123, 143, 225, 302, 319, 340, 387, 591, 752, 768, 772, 779, 814, 815.
Lattu. *Pic.*, 381.
Lau (de). *Béarn*, 106.
Lau (du). *Guy.*, 309, 448, 919, 947, 1189.
— *La Roch.*, 324, 325.
Laubardemont. *Par.*, II, 803.
Laube. *Bourg.*, II, 219.
Laube (de). *Bourg.*, I, 439.
— *Dauph.*, 165, 447.
— *Lyon*, 55.
Lauberge. *Montp.-Mont.*, 1562.
Lauberie. *Caen*, 99, 209, 463.
Laubie. *Vers.*, 78.
Laubier. *Bret.*, I, 176.
— *Poit.*, 1032.
Laubigeois. *Fland.*, 644, 1269.
Laubinière (de). *Tours*, 139.
Laubrai. *Poit.*, 489, 1127.
Laubri. *Soiss.*, 688.
Laubries. *Caen*, 111, 118, 120.
Laubrussel (de). *Lorr.*, 210, 653, 661.
Laubuge. *Poit.*, 665.
Lauche. *Als.*, 1050.
Lauci. *Champ.*, 872.
Laudan (de). *Auv.*, 429, 461.
Laudault. *Bret.*, II, 93.
Laudet. *Par.*, I, 364.
Laudier. *Al.*, 171, 1108.
Laudière. *Rouen*, 375.
Laudin. *Lim.*, 9.
Laudiner (de). *Auv.*, 487, 494.
Laudouin. *La Roch.*, 319.
Laudriau. *Poit.*, 1200.
Laudrième. *Bourb.*, 305.
Laudun. *Montp.-Mont.*, 521, 1415.
— *Toul.-Mont.*, 84.
Lauga. *Fland.*, 1025.
Laugar. *Béarn*, 103, 108.
— *Guy.*, 1188, 1190.
Laugé (de). *Poit.*, 350.
Laugeois. *Orl.*, 64.
— *Par.*, I, 745, 984, 1160, 1216.
— *Par.*, II, 695, 876.
Lauger. *Als.*, 528.
— *Guy.*, 1214.

— *Montp.-Mont.*, 1431, 1432.
— *Rouen*, 231.
Laugié. *Bret.*, II, 710.
Laugier. *Bret.*, I, 353.
— *Prov.*, I, 21, 56, 125, 222, 322, 428, 434, 517, 647, 748, 799, 851, 852, 916, 948, 1009, 1101, 1114, 1150, 1207, 1338, 1376.
— *Prov.*, II, 64, 79, 113, 114, 303, 310, 314, 357, 391, 392, 409, 465, 510, 514, 535, 542, 544, 553, 555, 603, 625, 626, 698, 715.
Laugnac. *Guy.*, 310.
Laugne. *Als.*, 562.
Laumel (de). *Pic.*, 827.
Laumonier. *Soiss.*, 142, 261.
Laumont. *Lorr.*, 481.
Laumosne (de). *Champ.*, 621.
Laumoy. *Orl.*, 290.
— *Par.*, IV, 236, 418.
Launai. *Al.*, 157, 178, 179, 225, 316, 344, 535, 648, 658, 732, 734, 736, 764, 985, 989, 1126.
— *Bourges*, 449.
— *Rouen*, 678, 807, 1188.
— *Soiss.*, 331.
Launai (de). *Lorr.*, 162.
Launay. *Als.*, 89.
— *Bourg.*, I, 434.
— *Bret.*, I, 635, 661, 849, 919, 925.
— *Bret.*, II, 143, 310, 390, 585, 851, 864, 969, 990.
— *Caen*, 17, 712.
— *Fland.*, 602, 1267.
— *Guy.*, 633.
— *Lyon*, 55.
— *Orl.*, 166, 541, 639, 889.
— *Par.*, I, 13, 1117, 1252.
— *Par.*, II, 359, 725, 900.
— *Par.*, III, 354, 412, 553.
— *Par.*, IV, 615.
— *Poit.*, 781, 829, 1134.
Launay (de). *Prov.*, I, 567.
— *Tours*, 116, 164, 299, 314, 315, 373, 516, 525, 552, 569, 615, 757, 833, 908, 996, 1172, 1244, 1247, 1250, 1358, 1436, 1443.
Laune. *Vers.*, 164.
Launoi. *Champ.*, 155, 345, 865.
Launoi (de). *Lorr.*, 18, 309, 313.
Launoy. *Bret.*, I, 117.
— *Orl.*, 554.
Laur (de). *Montp.-Mont.*, 185, 751, 1091, 1092.
— *Toul.-Mont.*, 532, 723, 763, 1482.
Laur (du). *Béarn*, 112.

Laure (la). *Par.*, III, 422, 454.
Laurance. *La Roch.*, 145, 197.
Laurans. *Montp.-Mont.*, 470.
— *Toul.-Mont.*, 369, 863.
Laurans (St-). *La Roch.*, 329.
Lauravenne. *Lim.*, 366.
Laure. *Dauph.*, 56, 590.
— *Lyon*, 20, 374, 386.
— *Prov.*, I, 67, 162, 706.
— *Prov.*, II, 365.
Laureau. *Bourg.*, I, 76.
— *Bourg.*, II, 411.
— *Orl.*, 7, 24.
— *Poit.*, 956.
— *Soiss.*, 715.
Laurence. *Caen*, 452.
Laurenceau. *Par.*, IV, 146, 147.
— *Poit.*, 829, 892.
— *La Roch.*, 365.
Laurenchet. *Bourg.*, II, 21, 53.
Laurencie (la). *Lim.*, 52, 58.
— *Poit.*, 163, 166.
Laurencin. *Bourg.*, II, 220.
— *Bret.*, II, 177, 468.
— *Lyon*, 9, 31, 114, 265, 507, 510.
— *Par.*, I, 401.
— *Tours*, 41.
Laurençon. *Tours*, 1356.
Laurendeau. *Orl.*, 727.
Laurens. *Guy.*, 1201.
— *Prov.*, I, 387, 532, 566, 665, 890,
897, 901, 986, 1013, 1032, 1054,
1058, 1347, 1348.
— *Tours*, 300, 732, 1287.
Laurens (du). *Tours*, 160.
Laurens (St-). *Guy.*, 922, 1077.
Laurent. *Als.*, 725, 756.
— *Bourb.*, 449, 569, 571.
— *Bourges*, 272.
— *Bourg.*, I, 475, 856, 924, 982.
— *Bourg.*, II, 12, 60, 251, 289, 476,
496, 583.
— *Bret.*, II, 394, 397, 584.
— *Champ.*, 126, 133, 493, 728, 877.
— *Dauph.*, 403.
— *Fland.*, 11, 321, 354, 895, 1045,
1172, 1178, 1224.
— *Lim.*, 139, 403.
— *Lorr.*, 192, 355, 358, 361, 391,
532, 540, 608, 680.
— *Lyon*, 633, 640, 726, 972.
— *Par.*, III, 200, 286, 366, 463.
— *Par.*, IV, 10.
— *Poit.*, 302, 861, 1280, 1383, 1519.
— *Prov.*, II, 81, 285, 324, 494, 506,
548, 644, 817.

— *Soiss.*, 332.
Laurent (du). *Al.*, 229, 1137.
— *Bourg.*, I, 12.
— *Bret.*, I, 503, 847.
— *Montp.-Mont.*, 140, 304, 478.
— *Orl.*, 187.
— *Par.*, I, 69, 1397.
— *Par.*, II, 400, 472.
— *Prov.*, II, 812.
— *Vers.*, 41.
Laurent (St-). *Al.*, 548, 918.
— *Caen*, 139, 407, 412, 607, 733.
— *Dauph.*, 353.
— *Prov.*, II, 739.
— *Toul.-Mont.*, 124, 139.
— *Vers.*, 2.
Laurereins. *Fland.*, 215, 216.
Laurés. *Montp.-Mont.*, 9, 669.
Laureteau. *Pic.*, 211.
Lauriat. *Auv.*, 498.
Lauriau. *Tours*, 1169.
Laurice. *Lyon*, 501, 658.
Lauridoin. *Fland.*, 1156.
Laurie. *Auv.*, 479.
— *Lyon*, 391.
Laurier. *Bourb.*, 202.
— *Bourg.*, II, 34.
— *Poit.*, 1291.
Laurier (le). *Caen*, 668.
Laurière. *Guy.*, 678.
Laurières. *Als.*, 978.
— *Par.*, III, 517.
Laurières (de). *Poit.*, 427, 479, 1146,
1199.
Lauriers (des). *Poit.*, 590.
Laurin. *Champ.*, 637.
Lauriol. *Bourb.*, 105.
Lauriot. *Poit.*, 526.
Lauris. *Prov.*, I, 910. B.
Lauris (de). *Prov.*, II, 398.
Lauroy. *Fland.*, 1498.
Laure (la). *Guy.*, 180, 546, 855.
Lausel. *Montp.-Mont.*, 900.
Laussac. *Montp.-Mont.*, 704.
Lausserois. *Bourg.*, I, 199.
Lauta. *Guy.*, 1046.
— *Toul.-Mont.*, 29.
Lautard. *Montp.-Mont.*, 829.
Lautaret. *Prov.*, I, 855, 1090.
Lautenschlager. *Als.*, 338.
Lauterback. *Als.*, 357. V.
Lauterbourg. *Als.*, 46, V.
Lauthier. *Bret.*, I, 347.
Lautier. *Montp.-Mont.*, 1001.
— *Par.*, I, 293.
— *Par.*, II, 106, 541.

— *Par.*, iii, 122, 471.
— *Prov.*, i, 1326.
— *Prov.*, ii, 530, 829.
— *Toul.-Mont.*, 573, 688.
Lautoing. *Auv.*, 211.
Lautrai. *Poit.*, 524.
Lautrec. *Montp.-Mont.*, 277.
— *Toul. Mont.*, 34, 259.
Lauverdy. *Par.*, ii, 764, 901.
Lauvergnat. *Poit.*, 310, 312, 869.
Lauvin. *Par.*, i, 1348.
— *Pic.*, 215.
Laux (de). *Prov.*, ii, 249, 300.
Laux (du). *Par.*, iii, 105.
— *Poit.*, 299.
Lauze. *Par.*, i, 67.
Lauze (de). *Bourg.*, i, 427.
— *Toul.-Mont.*, 161, 1216.
Lauzel. *Auv.*, 378.
Lauzemont. *Bourg.*, i, 920.
Lauzerte. *Montp.-Mont.*, 1160. V.
Lauzières. *Montp.-Mont.*, 1302.
— *Par.*, iv, 171.
Lauzin. *Toul.-Mont.*, 1281, 1287.
Lauzon. *Poit.*, 14, 62, 78, 87, 465, 696, 698, 889.
Lavatere. *Montp.-Mont.*, 1042.
— *Toul.-Mont.*, 717.
Laval. *Auv.*, 26, 387.
— *Bourg.*, i, 433.
— *Bourg.*, ii, 142.
— *Champ.*, 73.
— *Fland.*, 145, 347.
— *Guy.*, 450, 730, 889, 1162.
— *Lyon*, 463, 466, 656.
— *Montp.-Mont.*, 476, 1018.
— *Par.*, i, 295, 1080, 1269.
— *Par.*, ii, 543, 899, 1237.
— *Par.*, iii, 535.
— *Poit.*, 97.
— *Rouen*, 557.
— *Soiss.*, 563, 663.
— *Toul.-Mont.*, 562, 966, 1067, 1164.
— *Tours*, 1440. V.
— *Vers.*, 71.
Lavand. *Pic.*, 880.
Lavandier. *Guy.*, 857.
Lavandio. *Bret.*, i, 397.
Lavandrier. *Bourges*, 88.
Lavanant. *Bret.*, i, 789.
Lavau. *Bourges*, 70, 370, 478.
— *Bret.*, i, 40.
— *Bret.*, ii, 1055.
— *Champ.*, 492, 888.
— *Montp.-Mont.*, 1170.

— *Par.*, i, 1262.
— *Poit.*, 39, 256, 485, 506, 527, 559, 815, 1440, 1447.
Lavaud. *Guy.*, 11..... 3, 807, 862, 911, 1057, 1169.
Lavaugar. *Toul.-Mont.*, 1224.
Lavaur. *Auv.*, 459.
Lavaure. *Guy.*, 946.
— *Lyon*, 1009.
Lavaux. *Lim.*, 180.
Lavendier. *Pic.*, 750.
Lavenier. *Bourb.*, 405.
Laverac. *Toul.-Mont.*, 291.
Lavernet. *Bourg.*, i, 257.
— *Bourg.*, ii, 553.
Lavernier. *Pic.*, 630.
Laverot. *Bourb.*, 554.
Laviale. *Guy.*, 1124.
Lavignac. *Lim.*, 459.
Lavignat. *Guy.*, 919.
Lavignon. *Lorr.*, 530.
Lavier. *Als.*, 800.
— *Bourg.*, i, 779.
Lavilli. *Champ.*, 889.
Laviol. *Guy.*, 826.
Lavisale. *Guy.*, 917.
Lavisé. *Soiss.*, 188.
Lavit. *Montp.-Mont.*, 292, 715, 908, 1447.
— *Toul.-Mont.*, 541, 1199.
Lavocat. *Bret.*, i, 183.
— *Champ.*, 660.
— *Par.*, i, 51, 182, 808, 923.
— *Par.*, ii, 815.
— *La Roch.*, 311.
Lavoine. *Soiss.*, 809, 841.
Lavoir (le). *Poit.*, 553.
Lavois. *Poit.*, 806.
Lavoisé. *Rouen*, 77.
Lavoisier. *Soiss.*, 405.
Lavonde. *Montp.-Mont.*, 467, 469, 1539, 1540.
Layen (de). *Lorr.*, 404.
Layer. *Poit.*, 1518.
Lazaré. *Prov.*, i, 1161.
Lazein. *Toul.-Mont.*, 1313.
Lazenier. *Auv.*, 469.
Lazeri. *Prov.*, i, 1353.
Lazerme. *Montp.-Mont.*, 1368.
Lazert. *Montp.-Mont.*, 142.
Lazure. *Vers.*, 231.
Léa. *Prov.*, i, 258.
Léal. *Lyon*, 101.
Léandre. *Soiss.*, 141.
Léard. *Guy.*, 1130.
Léau. *Lyon*, 932.

7

Leau (de). *Bret.*, I, 902.
— *Bret.*, II, 232.
Leaumont. *Toul.-Mont.*, 341, 1242.
Leauté. *Bourg.*, I, 48, 149, 241, 767, 1142, 1145.
Léauté. *Bourg.*, II, 75, 261.
— *Par.*, II, 605.
Leaux (de). *Orl.*, 58.
Lebahice. *Bret.*, II, 547.
Lebault. *Poit.*, 255, 294.
Lebet. *Guy.*, ...
Lebonne. *Fland.*, 1210.
Lebre. *Lyon*, 929.
Lécaille. *Par.*, I, 242.
Lecamie. *Poit.*, 1488.
Lechapt. *Tours*, 1091.
Lecharnier. *Bourg.*, II, 342.
Lecher. *Montp.-Mont.*, 437,
Leck (de). *Als.*, 196.
Lécluse. *Caen*, 734, 744.
Lecluzeau. *Orl.*, 495, 496.
Lécot. *Champ.*, 295.
Lecoux. *Toul.-Mont.*, 653.
Ledal. *Bret.*, II, 1032.
Ledé (de). *Soiss.*, 493.
Ledet. *Orl.*, 537.
Ledier (le). *Al.*, 776.
Ledy. *Als.*, 76.
Lée. *Bret.*, I, 315, 482.
— *La Roch.*, 156.
Leempulte (de). *Pic.*, 680.
Lenclave. *Lim.*, 333.
Lenement. *Lim.*, 217, 218.
Leffe (de). *Bourges*, 305.
Leffler. *Als.*, 819.
Legalis. *Par.*, I, 703.
— *Poit.*, 425, 923.
Legarde. *Bret.*, II, 20.
Légat. *Lyon*, 386.
Légé. *Par.*, IV, 89.
Leger. *Guy.*, 797.
— *Montp.-Mont.*, 814.
— *Orl.*, 600, 812.
Léger. *Par.*, I, 213, 214, 533, 1269, 1307.
— *Poit.*, 715, 1068.
— *Soiss.*, 246.
— *Tours*, 66.
Léger (St-). *Par.*, II, 420.
— *Prov.*, II, 97.
- *La Roch.*, 38.
— *Rouen*, 700, 1163.
— *Toul.-Mont.*, 430, 502.
Legevin. *Par.*, II, 60.
Legxe. *Bret.*, I, 185.
— *Bret.*, II, 214, 251.

Legier. *Al.*, 245.
— *Lyon*, 323.
— *Par.*, I, 720.
— *Poit.*, 28, 51, 292, 581, 900, 1208, 1216.
— *Prov.*, I, 115, 127, 470, 1153, 1208, 1216.
— *Prov.*, II, 316, 798.
Legier (St-). *La Roch.*, 102.
Legière. *Prov.*, I, 55.
Legleoux. *Orl.*, 376, 495.
Léglise. *Béarn*, 74.
Leglise (de). *Prov.*, I, 577.
Leglouanne. *Bret.*, II, 843.
Legontail. *Fland.*, 1341.
Legorgne. *Pic.*, 628.
Legoume. *Fland.*, 1336.
Legret. *Par.*, IV, 32.
Legru. *Fland.*, 1019.
Leguer. *Soiss.*, 370.
Leguier. *Al.*, 758.
Leguillette. *Soiss.*, 852.
Leguiré. *Soiss.*, 365.
Lehman. *Als.*, 1077.
Leiby. *Als.*, 1070.
Leidecker. *Als.*, 640, 667, 790.
Leidet. *Guy.*, 154.
Leidier. *Rouen*, 384.
Leidon. *Montp.-Mont.*, 823.
Leignadier. *Montp.-Mont.*, 906.
Leigne (de). *Par.*, II, 336.
Leillé. *Poit.*, 1006.
Leilleu. *Al.*, 530.
Leimarie. *Guy.*, 917.
Leine. *Par.*, I, 101.
Leirac. *Montp.-Mont.*, 1145. V.
Leiret. *Par.*, I, 90.
Leizis. *Montp.Mont.*, 533.
Leis (du). *Bourg.*, II, 317.
Leissat. *Toul.-Mont.*, 578.
Leitersperger. *Als.*, 449.
Lelay. *Bret.*, I, 34, 257, 717, 720.
— *Bret.*, II, 204, 229.
Lelcé. *Par.*, II, 621.
Lelère. *Toul.-Mont.*, 1313.
Leles (de). *Pic.*, 121.
Leleu. *Pic.*, 571, 572, 700, 704, 731, 784.
Lelez. *Fland.*, 143.
Lelicocq. *Bret.*, II, 530.
Lelot. *Poit.*, 428.
Leloy. *Caen*, 779.
Leman. *Fland.*, 593, 1260.
Lemanier. *Al.*, 797.
Lemasne. *Bret.*, I, 168.
Leme (de). *Béarn*, 77.
Lemeré. *Vers.*, 115.

Lemcry. *Par.*, ı, 620, 1055.
Lemo. *Bret.*, ı, 46.
Lemocé. *Par.*, ıv, 526.
Lemoin. *Bret.*, ıı, 635.
Lémont. *Auv.*, 194.
Lemp., *Als.*, 442.
Lempereur. *Bret.*, ıı, 381.
— *Lyon*, 449, 628, 629.
— *Par.*, ı, 992, 1064.
— *Pic.*, 842, 846.
Lemperier. *Par.*, ı, 75.
Lempérière. *Al.*, 237, 788.
Lemps. *Fland.*, 1174.
— *Lyon*, 744.
Lemps (de). *Dauph.*, 78.
Lenard. *Par.*, ı, 681.
Lencerf. *Bret.*, ıı, 586.
Lencloistre. *Poit.*, 279. Rel.
Lenclos. *Par.*, ıı, 363.
Lendormy. *Par.*, ı, 28, 281, 376.
Lenet. *Bourg.*, ı, 39, 46, 252, 300.
— *Bourg.*, ıı, 40, 55, 68.
— *Par.*, ıı, 1154.
Lenfant. *Prov.*, ı, 328, 351, 388, 433, 434, 977.
— *Tours*, 180, 771, 994, 1505.
Lenfantin. *Tours*, 1200.
Lenfernat. *Champ.*, 137.
Lenfranc. *Rouen*, 1235.
Lengaigne. *Pic.*, 824.
Lengineur. *Par.*, ı, 365.
Lenglet. *Pic.*, 139.
Lengra. *Toul.-Mont.*, 1390.
Lenier. *Par.*, ı, 648.
Lennes. *Fland.*, 1170.
Lennevez. *Bret.*, ı, 358.
Lenof. *Guy.*, 1026.
Lens. *Als.*, 320.
— *Par.*, ı, 1255.
Lens (de). *Fland.*, 33, 723, 870, 1014.
— *Pic.*, 192, 222.
Lentendu. *Par.*, ı, 1066.
Lentilhac. *Toul.-Mont.*, 1048.
Lentillac. *Auv.*, 552.
Lentivy (de). *Tours*, 80. V. Lantivy.
Léobard. *Toul.-Mont.*, 1037.
Léocate. *Prov.*, ıı, 653.
Leon. *Bret.*, ı, 284.
Léon. *Bret.*, ıı, 156.
— *Poit.*, 497.
— *Prov.*, ı, 268, 669, 748, 1125, 1402.
— *Prov.*, ıı, 379, 528.
— *Tours*, 818.
Léon (de). *Fland.*, 79, 454.

Léon (St-). *Bourges*, 191.
Léon de Toul (St-), chanoine. *Lorr.*, 105.
Léonard. *Bret.*, ı, 158, 310.
— *Caen*, 9, 648.
— *Lim.*, 4.
— *Montp.-Mont.*, 79, 753, 1286.
— *Par.*, ı, 40, 1046, 1140, 1194.
— *Par.*, ıı, 252.
— *Pic.*, ı, 401.
— *Poit.*, 525.
— *Prov.*, ı, 407.
Léonard (St-). *Al.*, 1125,
— *Lim.*, 286.
— *Poit.*, 1423. Prieuré.
Leopart. *Als.*, 441.
Léotard. *Prov.*, ı, 893.
— *Prov.*, ıı, 331, 624.
Léoté. *Pic.*, 780.
Léouiaud. *Prov.*, ı, ...
Lepel. *Pic.*, 661.
Lépicier. *Soiss.*, 4, 186, 218, 321, 323, 459.
Lépissier. *Tours*, 1256.
Lepo. *Orl.*, 890.
Lepreuil. *Par.*, ı, 1226.
Leques. *Montp.-Mont.*, 59.
Ler. *Als.*, 401.
Lerbatz. *Guy.*, 1185.
Lerbette. *Tours*, 1511.
Lerchtufeld. *Als.*, 557.
Léré. *Par.*, ıı, 524.
Leret. *Poit.*, 511.
Lereteyre. *Bret.*, ıı, 58.
Lerette. *Fland.*, 1333.
Lerey. *Champ.*, 756.
Leri. *Caen*, 416.
Léri. *Champ.*, 393.
Lériable. *Poit.*, 748.
Leridon. *Poit.*, 827.
Leriget. *Lim.*, 371, 382.
— *Par.*, ıı, 662, 976, 1268.
Leris. *Toul.-Mont.*, 955, 966.
Lerissé. *Toul.-Mont.*, 640.
Lermet. *Al.*, 1133.
Lermette. *Rouen*, 699.
Lermier. *Tours*, 1102.
Lerminé. *Fland.*, 1153.
Lerminier. *Pic.*, 245, 256, 469, 646.
Lermoi. *Rouen*, 773.
Lernaut. *Rouen*, 693.
Lerrault. *Tours*, 752.
Lers (de). *Dauph.*, 356.
Lerse. *Als.*, 639.
Lert. *La Roch.*, 109.
Lery. *Lyon*, 726.

Lesbette. *Fland.*, 1465.
Lesbros. *Dauph.*, 597.
Lesburne. *Soiss.*, 159.
Lescadieu. *Pic.*, 614.
Lescaille. *Als.*, 522.
— *Fland.*, 58.
— *Lorr.*, 15, 26, 153, 160, 167.
Lescalle. *Prov.*, ii, 337.
Lescaller. *Bourg.*, ii, 552.
Lescalopier. *Par.*, i, 901, 1233.
Lescar. *Béarn*, 80. V.
Lescart. *Pic.*, 634, 699.
Lescaudu. *Bret.*, i, 746.
Leschallier. *Bourg.*, i, 257.
Leschamps (de). *Par.*, ii, 634.
Leschassier. *Par.*, i, 553, 566, 871.
— *Par.*, ii, 533.
Leschaux. *Bourg.*, i, 1251.
Leschelle. *Bourg.*, i, 642.
Leschemeau. *Poit.*, 849.
Leschenault. *Bourg.*, ii, 31.
Lescholle. *Fland.*, 973.
Lesclache. *Bourb.*, 576.
Lesclancher. *Al.*, 970.
Lesclau. *Tours*, 1530.
Lesclause. *Auv.*, 392.
Lesclotaire. *Als.*, 497.
Lescofier. *Montp.-Mont.*, 677.
Lescolasse. *Caen*, 336, 758.
Lescolcray. *Orl.*, 936.
Lescolle. *Bret.*, ii, 598.
Lesconiac. *Bret.*, ii, 275.
Lescorce. *Poit.*, 710, 1250.
Lescorciére. *Poit.*, 890.
Lescorie. *Poit.*, 216, 234, 262.
Lescorné. *Orl.*, 462.
Lescorse. *Bret.*, i, 511, 778.
Lescot. *Bourg.*, i, 319, 1157.
— *Bret.*, ii, 444.
— *Dauph.*, 11, 43, 95, 179.
— *Par.*, i, 1264.
— *Par.*, iii, 418.
— *Pic.*, 462, 653, 887.
— *Soiss.*, 808, 811.
— *Tours*, 1070.
Lescoubert. *Bret.*, ii, 781.
Lescouble. *Bret.*, ii, 764.
Lescouet. *Bret.*, i, 175, 200, 219.
Lescours. *Guy.*, 160.
Lescourt. *Lim.*, 352.
— *Par.*, ii, 1158.
Lescout. *Guy.*, 1064.
Lescoux. *Orl.*, 93, 204.
— *Soiss.*, 157.
Lescu. *Bret.*, i, 244, 424, 428, 464, 756.

Lescuras. *Guy.*, 1094.
Lescure. *Auv.*, 559, 563.
— *Montp.-Mont.*, 26, 770, 873.
— *Poit.*, 696.
— *Toul.-Mont.*, 933, 964, 990, 1051.
— *Tours*, 624.
Lescureur. *Al.*, 1035.
— *Par.*, ii, 398.
Lescut (de). *Lorr.*, 218.
Lescuyer. *Bourg.*, i, 287.
— *Pic.*, 692, 699, 701.
— *Soiss.*, 520.
Lesdin. *Rouen*, 33.
Lesdo. *Rouen*, 49, 683, 811.
Lesgaléon. *Lyon*, 258.
Lesgalery. *Lyon*, 336, 640, 1000, 1051.
Lesgreley. *Lyon*, 306, 949.
Lesignat. *Lim.*, 54.
Leslide. *Bourg.*, i, 293, 454.
Leslie. *Vers.*, 18, 145, 220.
Leslylesloy. *Orl.*, 910.
Lesme (de). *Bourges*, 305.
Lesmerie. *Lim.*, 59, 63, 64.
Lesmor. *Bret.*, ii, 951.
Lesnard. *Poit.*, 1238.
Lesnay. *Bret.*, ii, 445.
Lesné. *Bourg.*, i, 567.
— *Bret.*, 122, 127, 128.
— *Fland.*, 819.
— *Pic.*, 847.
— *La Roch.*, 323, 326, 346, 350, 352.
— *Tours*, 1054.
Lesnel. *Pic.*, 452, 638.
Lesnerac. *Al.*, 230.
— *Caen*, 37, 304.
Lesneveu. *Bret.*, ii, 111.
Lesnier. *Guy.*, 168, 834.
Lesnière. *Al.*, 785.
Lespagneul. *Tours*, 695, 932.
Lespagnol. *Bret.*, ii, 1001.
— *Tours*, 1175, 1192.
Lesparler. *Bret.*, i, 701.
Lesparvier. *Dauph.*, 248.
Lespau. *Fland.*, 93.
— *Guy.*, 802.
Lespaulle. *Fland.*, 366, 760, 772, 802, 1125.
Lespault. *Pic.*, 328, 360, 579.
Lespée. *Béarn*, 93.
Lesperon. *Pic.*, 242, 250, 257, 288.
Lespert. *Rouen*, 838.
Lespervier. *Par.*, iii, 443.
Lespés. *Guy.*, 294, 299, 374, 472, 888, 975, 1154, 1209, 1228.
Lespiau. *Prov.*, i, 809.

— Toul.-Mont., 138, 1282, 1297.
Lespinai (de). Tours, 86, 103, 105, 172, 979, 1031, 1147, 1272, 1513.
Lespinard. Bret., 1, 20.
— Lyon, 583, 602.
Lespinau. Champ., 634.
Lespinay. Poit., 242.
Lespinay (Martiville). Pic., 507.
Lespine. Als., 369.
— Auv., 278.
— Bourg., 1, 776.
— Champ., 678.
Lespine (de). Lorr., 323.
Lespinette. Bourg., 1, 576.
Lespineu. Poit., 1456.
Lespingale. Lorr., 252, 617.
Lespingneu. Bret., 11, 751.
Lespinoi. Rouen, 1315.
Lesquelen. Bret., 1, 649, 717, 719.
Lesquen. Bret., 1, 88, 177, 254, 285, 813, 836, 889.
— Bret., 11, 223, 224, 283, 949, 996.
Lesquern. Bret., 1, 298.
Lesquevin. Pic., 260, 516.
— Soiss., 562.
Lesrat. Bret., 1, 180, 433.
— Bret., 11, 331.
Lessard. Caen, 566.
— Bret., 11, 738.
— Par., 1, 1157.
Lessaut. Bourg., 1, 1215.
Lesseline. Caen, 496, 497.
Lessoré. Bourg., 11, 499.
Lestable. Lim., 478.
Lestache. Champ., 412, 413.
Lestaing. Guy., 859.
Lestang. La Roch., 340.
— Tours, 180, 194, 198, 1039, 1510.
— Vers., 123.
Lestard. Par., 111, 520.
Lestel. Bret., 11, 148.
Lestelle. Guy., 954, 1054.
Lestendart. Pic., 342.
Lestenou. Tours, 225, 1072.
Lesteve. Pic., 392.
Lestevenon. Fland., 160.
Lestic. Bret., 1, 616.
Lestingant. Orl., 279.
Lestobec. Bret., 1, 270, 272, 334, 341, 949.
— Bret., 11, 1024.
Lestoffé. Champ., 865.
Lestoc. Par., 1, 32.
Lestoille. Pic., 85, 323, 460.
Lestoille (de). Tours, 531.
Lestonnac. Guy., 248.

Lestorcq. Pic., 56.
Lestoré. Orl., 336.
Lestouard. Lyon, 648.
Lestourbillon. Bret., 1, 307.
Lestournel. Toul.-Mont., 1047.
Lestrac. Bourg., 11, 634.
— Bret., 11, 622.
Lestradagat. Bret., 11, 778.
Lestrade. Auv., 533.
— Toul.-Mont., 1164.
Lestrade (de). Prov., 1, 837.
Lestrange. Montp.-Mont., 436, 446.
Lestrant. Bret., 11 869.
Lestrelin. Pic., 224.
Lestrière. Pic., 804.
Lestu. Vers., 121.
Lesuen. Bret., 11, 1002.
Lesval. Bourg., 1, 478.
— Bourg., 11, 489.
— Guy., 806, 902, 903, 938.
Lesvat (de). Tours, 506, 508.
Lesvermé. Lorr., 366.
Letiel. Pic., 804, 805.
Leto. Fland., 1208.
Letourmi. Tours, 1390.
Letten. Fland., 1237.
Lettet. Fland., 1163.
Lettier (le). Poit., 685.
Lettre (de). Bourg., 1, 224, 226, 227.
— Soiss., 175, 319, 495, 502.
Leu (le). Champ., 61, 96, 457.
— Fland., 144, 579, 764, 788, 896, 1225.
— Orl., 583.
— Par., 1, 80, 157, 609, 1094, 1149.
— Par., 11, 1247.
— Par., 111, 510, 533.
— Soiss., 99, 303, 304, 441, 760.
Leu (St-). Par., iv, 4.
Leucourt. Bourg., 1, 730.
Leuffer. Als., 375.
Leugard. Toul.-Mont., 510.
Leugerat. La Roch., 393.
Leullier Par., iv, 130.
Leupé Fland., 1153, 1154.
Leura. Fland., 813.
Leurault. Poit., 281, 660.
Leure. Rouen, 929.
Leuré. Fland., 993.
— Orl., 696.
Leurie (de). Lorr., 671.
Leuroux. Bourges, 286. V.
Leury. Fland., 834.
Leusse (de). Dauph., 213, 221, 226
Leutier. Prov., 11, 784.
Leuvarde. Fland., 245.

Leuve. *Fland.*, 742.
Leuville. *Orl.*, 464.
Leux (de). *Bourg.*, i, 848.
Leuze. *Prov.*, i, 577, 1011.
Leuze (de). *Montp.-Mont.*, 194, 195, 310, 797, 1333, 1543.
Levacys. *Fland.*, 1456.
Leval. *Fland.*, 243.
Leval (de). *Pic.*, 156.
Levain. *Bret.*, i, 988.
Levansse. *Prov.*, i, 242.
Levaré. *Tours*, 1481.
Levault. *Bret.*, ii, 609.
Levei. *Champ.*, 742.
Léveillé. *Bourges*, 16, 22.
— *Bret.*, ii, 504.
Levemont. *Par.*, iv, 246.
Lévemont. *Vers.*, 115.
Leveni. *Prov.*, i, 759.
Levens. *Prov.*, i, 1377.
— *Prov.*, ii, 535, 536.
Levent. *Vers.*, 219.
Levéque. *Tours*, 308, 733, 997, 1118.
Leveraut. *Bret.*, ii, 1091.
Levers. *Bourb.*, 553.
Levescat. *La Roch.*, 380.
Levesque. *Bourg.*, i, 744.
— *Bret.*, ii, 469.
— *Pic.*, 703, 753.
— *Prov.*, i, 339, 810.
— *Soiss.*, 14, 20, 37, 474, 698, 836.
Levesquot. *Lim.*, 427.
Levest. *Prov.*, i, 1051.
Levet. *Lyon*, 531.
Levezou. *Toul.-Mont.*, 1197.
Levezy. *Dauph.*, 181, 566.
Levi. *Lyon*, 520, 814, 905.
— *Par.*, i, 15, 300.
— *Prov.*, i, 672, 981, 1308.
— *Prov.*, ii, 686.
— *Toul.-Mont.*, 587, 865.
Levicart. *Pic.*, 589.
Levier. *Par.*, i, 477.
Levigne. *Fland.*, 325.
Levis. *Bourb.*, 17, 38.
— *Dauph.*, 257.
— *Par.*, ii, 163, 220, 857, 1019.
— *Par.*, iii, 16, 40.
Lévis. *Montp.-Mont.*, 148.
Levistau. *Bourg.*, ii, 410.
Leviston. *Lorr.*, 238.
Levit (le). *Bourb.*, 141.
Levitterie. *Al.*, 903.
Levoidan. *Fland.*, 102.
Levy. *Bret.*, ii, 467.
Lexier. *Lorr.*, 192.

Lexin. *Fland.*, 1032.
Ley. *Fland.*, 1244.
Leyris (du). *Lim.*, 181, 418.
Lezac. *Bret.*, ii, 1025.
Lezai. *Poit.*, 875, 1011.
Lezan. *Poit.*, 994.
Lezart (du). *Bret.*, i, 105.
Lezau. *Poit.*, 794.
Lezat. *Toul.-Mont.*, 871.
Lézat. *Montp.-Mont.*, 1178. V.
Lezay. *Bourg.*, i, 1289.
Lezeau. *Al.*, 123, 466, 467, 587.
Lezeret. *Montp.-Mont.*, 1187.
Lezery. *Bret.*, ii, 898.
Leziart. *Bret.*, i, 184, 185, 679, 857, 891.
— *Bret.*, ii, 143.
Lezier. *Par.*, i, 1179.
Lezignan. *Montp.-Mont.*, 125.
Lezildry. *Bret.*, i, 105, 111, 941.
Lezineau. *Par.*, ii, 1159.
— *Tours*, 63, 64, 960.
Lezinel. *Bret.*, ii, 894.
Lezon. *Poit.*, 1383.
Lezongart. *Bret.*, ii, 1035.
Lezormel. *Bret.*, i, 280, 965.
— *Bret.*, ii, 876.
Lezot. *Bret.*, i, 383, 649.
— *Bret.*, ii, 415.
Lezoux. *Auv.*, 157. V.
Lezuret. *Bret.*, ii, 149.
Lezury (de). *Bourb.*, 198, 299.
Lhéri. *Prov.*, ii, 367.
Lhéritier. *Lyon*, 999, 1001.
— *Orl.*, 539.
— *Par.*, iii, 304.
Lherm. *Toul.-Mont.*, 70, 510, 1217.
Lhermenier. *Orl.*, 758.
Lhermite. *Orl.*, 796, 824.
— *Pic.*, 810.
Lhermitte. *Bret.*, ii, 386.
Lheureux. *Orl.*, 629.
Lhomédé. *Poit.*, 810, 1265, 1289.
Lhomme. *Bourg.*, i, 1100, 1245.
— *Bourg.*, ii, 98, 476, 511.
— *Bret.*, ii, 391.
— *Lyon*, 385.
— *Orl.*, 634.
Lhommeau. *Par.*, iii, 259.
Lhommedieu. *Par.*, iv, 602.
Lhommel (de). *Soiss.*, 461.
Lhopitau. *Tours*, 1002, 1522.
Lhostellier. *Bret.*, i, 77.
Lhospital. *Als.*, 317.
— *Lyon*, 775.
— *Prov.*, ii, 476.

Lhoste. *Soiss.*, 552, 610.
Lhostelier. *Orl.*, 575.
Lhuillier. *Par.*, IV, 358, 559.
— *Prov.*, 210.
— *Tours*, 12, 23, 39, 282, 344, 844.
— *Vers.*, 77.
Lhuissier. *Par.*, III, 306.
Liabé. *Lorr.*, 584.
Liais. *Bret.*, I, 25, 184.
Lialbis. *Prov.*, I, 901.
Lialbissi. *Prov.*, I, 677, 954.
Liard. *Bourg.*, II, 106.
Liardi. *Fland.*, 1451.
Liars (de). *Fland.*, 207.
Liart. *Champ.*, 369.
Liault. *Pic.*, 467.
Libaudière. *Champ.*, 781, 890.
Libault. *Bourges*, 289, 528.
— *Poit.*, 951.
— *Bret.*, I, 176.
Libaut. *Bret.*, II, 1104.
Liberge. *Al.*, 825, 890.
Libert. *Fland.*, 98, 131, 507, 1364.
Libertas. *Prov.*, I, 343, 346.
Libertière. *Bret.*, II, 510.
Libis. *Als.*, 1082.
Libon. *Par.*, III, 300.
Libordière (la). *Soiss.*, 762.
Libourne. *Guy.*, 585.
Licerasse. *Béarn*, 35, 80, 150.
Liceri. *Béarn*, 141, 145.
Lichos. *Béarn*, 84.
Lichteissen. *Als.*, 573.
Lichtenberger. *Als.*, 367, 864, 865.
Lichy. *Bourb.*, 53, 87, 413.
Licques (de). *Pic.*, 260.
Lidroinel. *Als.*, 404.
Lié (de). *Al.*, 302, 327.
Lie (la). *Pic.*, 593, 844.
Liébaut. *Bourg.*, I, 829, 1215.
— *Par.*, III, 149.
Lieblin. *Als.*, 726.
Liégard. *Al.*, 787.
— *Bourges*, 87.
— *Caen*, 571.
— *Rouen*, 843.
Liégave. *Lorr.*, 661.
Liége. *Poit.*, 70, 757, 759, 764, 881, 978, 1461, 1534.
— *La Roch.*, 425.
Liége (de). *Orl.*, 291.
Liégeard. *Pic.*, 332, 359.
Liegeois. *Fland.*, 315.
Liégeois. *Lorr.*, 439, 675, 678.
Lienard. *Als.*, 575.
Liénard. *Bourges*, 302.

— *Champ.*, 793.
— *Fland.*, 577, 624.
Lienart. *Soiss.*, 318, 350, 354.
Liennard. *Par.*, II, 330.
Lienou. *Fland.*, 67, 281, 614.
Liens. *Par.*, III, 273.
Liens (des). *Vers.*, 308.
Liéres (de). *Pic.*, 191, 198, 666.
Liers. *Guy.*, 630.
Licterie (la). *Guy.*, 97.
Liethervelle. *Pic.*, 660.
Lietrevelt. *Fland.*, 207.
Liettersberguer. *Als.*, 1025.
Lictzelbourg. *Als.*, 246.
Lieu (du). *Dauph.*, 302.
— *Lyon*, 70.
— *Par.*, I, 920.
Lieudé. *Par.*, II, 1013.
Lieur (le). *Champ.*, 470.
Licura. *Fland.*, 621, 622.
Lieurai. *Al.*, 126, 362, 445, 634, 636, 933, 935.
— *Rouen*, 381.
Lieuron. *Prov.*, I, 469.
Lieuru. *Fland.*, 287.
Lieutard. *Prov.*, II, 229.
Lieutaud. *Prov.*, I, 21, 104, 499, 500, 914, 1172.
— *Prov.*, II, 427, 443, 552.
Lieutaut. *Par.*, II, 1020.
Lieutier. *Prov.*, I, 1451.
Lievin. *Fland.*, 442, 677, 1242.
Lievord. *Als.*, 625.
Liévre. *Bourg.*, I, 1125.
Liévre (du). *Bret.*, II, 402, 423.
— *Lyon*, 310.
Liévre (le). *Bourg.*, II, 611.
— *Bret.*, I, 246.
— *Bret.*, II, 503, 599.
— *Caen*, 50, 58, 60, 342, 411, 499, 578, 782.
— *Champ.*, 893.
— *Dauph.*, 553.
— *Lorr.*, 435, 438.
— *Orl.*, 238, 247, 249, 814.
— *Par.*, II, 217, 257, 308, 380.
— *Par.*, III, 506.
— *Par.*, IV, 418.
— *Pic.*, 145.
— *Poit.*, 580, 982, 1042.
— *Rouen*, 1106, 1223.
— *Tours*, 757, 966, 1526.
— *Vers.*, 174.
Liffargues. *Toul.-Mont.*, 1133.
Ligaire (Saint-). *Poit.*, 348. *Rel.*
Ligarde. *Guy.*, 162.

Liger. *Bourg.*, ii, 246.
— *Bret.*, i, 160.
— *Bret.*, ii, 484, 1072.
— *Guy.*, 1146.
— *La Roch.*, 149.
— *Tours*, 406, 898, 1119, 1361.
Ligier. *Auv.*, 69, 130, 149, 151, 161, 167.
— *Bourg.*, i, 753, 903, 1036, 1141.
— *Bourg.*, ii, 58.
Ligier (Saint-). *Bourg.*, i, 216.
Lignac. *Par.*, iv, 745.
— *Toul.-Mont.*, 117.
Lignac (de). *Pic.*, 723.
Lignau. *Lim.*, 385.
Ligne. *Par.*, ii, 11.
Ligueau (du). *La Roch.*, 398.
Lignereuse. *Soiss.*, 773.
Ligneris (des). *Orl.*, 182.
Ligneville. *Bourg.*, i, 638.
Ligni. *Bourges*, 190, 292.
— *Champ.*, 77.
— *Fland.*, 1178.
— *Pic.*, 727, 733.
— *Soiss.*, 103, 405.
Lignier. *Par.*, iv, 133.
— *Soiss.*, 753.
— *Toul.-Mont.*, 1180.
Lignière. *Pic.*, 724, 761.
Lignières. *Fland.*, 815.
— *Montp.-Mont.*, 1494.
— *Poit.*, 1420, 1481.
Ligny. *Montp.-Mont.*, 77.
— *Par.*, iii, 272.
Ligondés. *Prov.*, ii, 469.
Ligondez. *Bourb.*, 112, 210, 297.
Ligondez (du). *Bourges*, 142, 232, 293.
Ligoniés. *Auv.*, 234, 555, 530.
Ligonnet. *Als.*, 151.
Ligounier, *Montp.-Mont.*, 319, 320.
Ligour. *La Roch.*, 74, 428.
Ligueil. *Tours*, 1308.
L guge. *Poit.*, 903.
Liguières, *Par.*, iii, 438.
Lilavois. *Tours*, 1439.
Lilia. *Bourg.*, ii, 283.
Lillaye. *Caen*, 571.
Lillers. *Pic.*, 731.
Limairac. *Toul.-Mont.*, 1014.
Limbadière. *Poit.*, 536.
Liimbourg. *Lorr.*, 543.
Limburger. *Als.*, 1055.
Limeau. *Orl.*, 923.
Limègue. *Rouen*, 935.
Limelle. *Tours*, 78, 528.
Limiers. *Tours*, 504, 906.

Limogal. *Prov.*, ii, 752, 793, 795.
Limoges. *Fland.*, 1453.
— *Guy.*, 1179.
— *Lim.*, 165, 469.
— *Poit.*, 871.
— *Rouen*, 429, 571.
— *Vers.*, 53.
Limon, *Bret.*, 565, 584.
Limon (de). *Par.*, ii, 142.
Limonnier. *Fland.*, 1114.
Limonnier (le). *Bret.*, i, 194, 212, 397.
Limoreau. *Par.*, iv, 451.
Limosin. *Lorr.*, 511.
— *Fland.*, 345.
— *Montp.-Mont.*, 306.
— *Soiss.*, 174, 466.
Limousin. *Guy.*, 141, 799, 1047.
— *Lim.*, 7, 120, 227, 228, 288.
Limpach. *Lorr.*, 547.
Lin (du). *Montp.-Mont.*, 1114.
Linage. *Bret.*, i, 349.
— *Champ.*, 26, 29, 41, 137, 213, 216, 734.
— *Lorr.*, 21, 164.
— *Soiss.*, 366.
Linan. *Poit.*, 1027.
Linanges. *Als.*, 832, 1104.
Linant. *Rouen*, 108.
Linard. *Bourg.*, ii, 160.
— *Lyon*, 454.
Linas. *Poit.*, 164, 294, 1479.
Linas (de). *Toul.-Mont.*, 584.
Linauer. *Tours*, 1156.
Linbœuf. *Rouen*, 387.
Lincel. *Prov.*, ii, 838.
Lincourt. *Lorr.*, 96.
Lindaw. *Als.*, 520.
Lindemner. *Als.*, 183.
Lined. *Prov.*, ii, 770.
Linel. *Soiss.*, 856.
Linerosa. *Pic.*, 801.
Lines (de). *Pic.*, 666.
— *Bret.*, 216.
Linès (des). *Poit.*, 575.
Ling. *Als.*, 1014.
Lingendes. *Bourb.*, 4, 102, 278.
— *Champ.*, 780.
— *Lyon*, 250. 1009.
— *Par.*, ii, 278.
Lingier. *Poit.*, 231, 739.
Linières. *Bourges*, 357. V.
— *Lorr.*, 602.
— *Orl.*, 838.
Liniers (de). *Poit.*, 91, 175, 267, 271, 1425, 1431.

Linois. *Bret.*, II, 1040.
— *Par.*, IV, 405.
Linon, *Orl.*, 873.
Linon (du). *Poit.*, 476.
Linsoulas. *Montp.-Mont.*, 935.
Linster. *Lorr.*, 347.
Lintal. *Rouen*, 462.
Lintot. *Rouen*, 422, 223.
Liobard. *Bourg.*, II, 289.
Lion. *Bourg.*, II, 98.
— *Fland.* 1361, 1470.
— *Lyon*, 555, 583, 647, 650.
— *Prov.*, II, 396, 625, 803.
Lion (de). *Bourg.*, I, 336.
— *Montp.-Mont.*, 1485.
Lion (du). *Auv.*, 269, 270.
— *Champ.*, 108, 540.
— *Guy.*, 326, 327, 717.
— *Toul.-Mont.*, 214.
Lioncourt. *Champ.*, 301.
Lion d'Angers. *Tours*, 1506. V.
Lioni. *Prov.*, I, 642.
Lionne. *Dauph.*, 263.
— *Fland.*, 589.
— *Par.*, I, 237.
— *Par.*, II, 177. 833, 1099.
Lionnet. *Bret.*, II, 480, 481.
— *Lyon*, 302, 438, 624, 666.
— *Montp.-Mont.*, 440.
— *Poit.*, 1320, 1329.
Lions. *Dauph.*, 418, 565.
— *Prov.*, I, 245, 1123, 1291, 1328.
Lions (des). *Par.*, IV, 10, 247, 681.
— *Pic.*, 127, 140, 142, 159, 171, 206.
— *Soiss.*, 531.
Liot. *Lyon*, 384.
— *Pic.*, 203, 219, 223.
Liotaud. *Dauph.*, 482, 596.
— *Lyon*, 2, 33, 44, 497, 750.
— *Prov.*, II, 164, 735, 800.
Liou. *Dauph.*, 406.
Liouche (le). *Prov.*, I, 421.
Liousse. *Dauph.*, 64.
Lioutard. *Lyon*, 758.
— *Prov.*, I, 1453.
Liouze. *Caen*, 575, 717, 718.
Lipmann. *Als.*, 485.
Lippens. *Fland.*, 90, 343.
Lippi. *Lyon*, 143.
Liquart. *Guy.*, 835.
Liques (de). *Montp.-Mont.*, 363, 364.
Liquet (du). *Fland.*, 199.
Liraudin. *Guy.*, 846.
Lirholas. *Montp.-Mont.*, 480.
Liri. *Soiss.*, 778.
Liris, *Poit.*, 711.

Liron. *Bret.*, II, 25.
Lirot. *Bret.*, 337.
— *Par.*, I, 692.
Lis (de). *Bourges*, 167, 287.
— *Bret.*, I, 200, 381, 392, 746.
— *Dauph.*, 416.
Lis (du). *Al.*, 1193.
— *Par.*, I, 1134.
— *Prov.*, I, 47.
Lisaut. *Bourg.*, II, 351.
Liscoet. *Par.*, I, 259.
Liscoet (du). *Bret.*, I, 621, 678, 966, 967.
— *Tours*, 245, 248.
Lisconet. *Tours*, 1083.
Lisé. *Tours*, 636.
Lisland. *La Roch.*, 72.
Lisle (de). *Pic.*, 710.
— *Prov.*, I, 211, 590, 601, 724, 874.
— *Prov.*, II, 476.
— *Tours*, 36, 397, 881.
Lisle en Barois (Abb.). *Lorr.*, 153.
Lissac. *Bret.*, II, 439.
— *La Roch.*, 226.
Lissalde. *Guy.*, 174, 700.
Lissargue. *Al.*, 1039.
Lissat. *Bourg.*, II, 153.
Lisseche. *Béarn*, 140.
Liste (du). *Fland.*, 1456.
Listel (de). *Bourb.*, 181.
Listenailles. *Lim.*, 392.
Listerie. *Guy.*, 804, 890.
Litaud. *Poit.*, 779.
Lithaire. *Caen*, 79, 81.
Litolfi. *Rouen*, 366.
Littard. *Lorr.*, 87.
Litté. *La Roch.*, 281.
Litteman. *Fland.*, 797.
Littesperger. *Als.*, 489.
Litz. *Als.*, 569.
Livache. *Dauph.*, 68, 69.
Livardie. *Guy.*, 1106, 1114.
Live (la). *Par.*, I, 215.
Livec (le). *Bret.*, I, 362, 677, 680, 892.
— *Bret.*, II, 45, 125, 667, 781.
Livenne. *Lim.*, 41, 48, 226, 431.
— *La Roch.*, 348.
Livennes (de). *La Roch.*, 398.
Livet. *Al.*, 370, 463, 899, 900.
— *Rouen*, 274, 287, 297, 300.
Livet (du). *Poit.*, 745, 1047.
Livier (du). *Guy.*, 757, 961, 962.
Livoire. *Par.*, III, 369.
Livre. *Rouen*, 336.
Livron. *Béarn*, 59, 70, 84.

— *Bourg.*, I, 555.
— *Lim.*, 72, 78.
— *Par.*, I, 1084.
— *Vers.*, 37.
Lix. *Als.*, 665.
Lixier. *Lorr.*, 241.
Lizac. *Bret.*, I, 275, 285, 332, 949.
— *Bret.*, II, 52.
Lizard. *Par.*, I, 1143.
Lizemann. *Als.*, 474.
Lizerman. *Als.*, 1029.
Lizi. *Soiss.*, 104, 110, 111, 224, 513.
Lizieux. *Al.*, 866.
Lizine. *Soiss.*, 477.
Lizot. *Al.*, 543, 695, 717.
Lizy. *Dauph.*, 540.
Lo (St-). *Als.*, 497.
— *Pic.*, 595.
Lobbes (des). *Fland.*, 365.
Lobeirac. *Montp.-Mont.*, 704, 706, 942.
Lobel. *Fland.*, 359, 366, 560, 758, 789, 1122, 1261.
Lobet. *Prov.*, I, 754.
— *Tours*, 754.
Lobiés. *Toul.-Mont.*, 180.
Lobigant. *Bourg.*, II, 368.
Lobinois. *Par.*, I, 685.
Lobit. *Guy.*, 1212.
Lobligeois. *Soiss.*, 747.
Loboi. *Pic.*, 808.
Lobot. *Bourg.*, I, 467, 470.
Lobstein. *Als.*, 571.
Lobry. *Fland.*, 623.
Locart. *Fland.*, 127, 136, 588, 1118.
Lochard. *Caen*, 5.
Lochart. *Par.*, II, 145.
Lochaud. *Prov.*, II, 332.
Loche. *Al.*, 959, 1020.
Locheau. *Orl.*, 389.
Loches. *Guy.*, 403, 1036.
— *Tours*, 1309.
Loches (de). *Montp.-Mont.*, 622.
Lochet. *Bret.*, II, 23.
— *Orl.*, 127.
— *Poit.*, 1137.
Lochon. *Orl.*, 219, 809, 1016.
Lockman. *Als.*, 1010.
Lockmer. *Als.*, 654.
Locquet. *Bret.*, I, 91, 169, 930.
Locre (de). *Fland.*, 1007.
Locre (la). *Bourb.*, 21.
Lodève. *Montp.-Mont.*, 303.
Lodieu. *Lyon*, 641.
Lodin. *Bret.*, II, 393.
Lodut. *Bret.*, II, 910.

Loé (la). *Par.*, II, 768, 1128.
Loeben. *Als.*, 260.
Loeille (de). *Lyon*, 493.
Loémaria. *Lorr.*, 259.
Loen (de). *Lorr.*, 315.
Loere. *Pic.*, 91.
Loere (la). *Soiss.*, 12, 297, 699.
Loet. *Prov.*, II, 578.
Lœuvre. *Caen*, 281, 324, 446.
Loevillier. *Pic.*, 754.
Loffel. *Als.*, 223, 885.
Logé. *Al.*, 465, 481, 1155.
— *Tours*, 401.
Loge (la). *Bourg.*, I, 140, 215.
— *Bourg.*, II, 10, 76, 95, 96, 98, 233, 245, 258, 368.
Logeais. *Tours*, 1301.
Logeois. *Poit.*, 510, 1318.
— *Soiss.*, 38.
Loger. *Caen*, 763.
— *Orl.*, 822.
— *Par.*, I, 763.
Logerot. *Par.*, I, 428.
Loges (des). *Bourg.*, I, 603.
— *Bret.*, I, 216, 393, 866.
— *Bret.*, II, 899.
— *Caen*, 555.
— *Poit.*, 884, 885.
— *Tours*, 485, 646, 756.
Loget. *Bourb.*, 389.
Logier. *Lyon*, 746.
Logre. *Bourg.*, I, 1055, 1069, 1214.
Loguenhague. *Fland.*, 165.
Lohac. *Bret.*, I, 122.
Lohan. *Bret.*, II, 263.
Loheac. *Bret.*, I, 359.
— *Bret.*, II, 499.
Lohen. *Fland.*, 900.
Lohier. *Bret.*, II, 388.
Lohiest. *Vers.*, 243.
Lohinel. *Fland.*, 972.
Lohn. *Als.*, 141, 896.
Lohu. *Al.*, 1236.
Loid. *La Roch.*, 21, 300.
Loie (de). *La Roch.*, 413.
Loiffert. *Al.*, 955.
Loigerot. *Bourg.*, I, 1072, 1134.
Loin (de). *Montp.-Mont.*, 169.
Loines. *Par.*, I, 945.
Loines (de). *Bourges*, 4, 498.
— *Par.*, II, 516, 733.
— *Poit.*, 672.
Loinville. *Prov.*, II, 668.
Loir. *Caen*, 29, 33.
— *Soiss.*, 568.
Loir (du). *Rouen*, 310.

Loire (la). *Bourges*, 107.
— *Par.*, i, 6, 718.
— *Tours*, 838.
Lois. *Fland.*, 1234.
— *Lyon*, 310, 321.
— *Montp.-Mont.*, 5, 27, 77, 590, 609, 617, 644, 875, 887.
— *Par.*, i, 390.
— *Par.*, ii, 375, 401.
— *Prov.*, ii, 87, 105.
— *Soiss.*, 217.
Loise. *Fland.*, 1260.
Loiseau. *Al.*, 989.
— *Bourb.*, 109, 272.
— *Bourg.*, i, 1257.
— *Bourg.*, ii, 537.
— *Par.*, i, 542, 553, 896.
— *Par.*, ii, 266.
— *Par.*, iii, 121.
— *Par.*, iv, 244.
— *Pic.*, 873.
— *Poit.*, 771, 920, 1254, 1377.
— *Rouen*, 870, 1167.
— *Tours*, 901.
Loisel. *Al.*, 151, 177, 271, 537, 831, 865, 1091.
— *Caen*, 557, 558, 704, 721.
— *Par.*, i, 50.
— *Par.*, ii, 227, 1124.
— *Par.*, iv, 137.
— *Pic.*, 479.
— *Soiss.*, 130.
— *Vers.*, 165.
Loisillon. *Bret.*, ii, 680.
— *Par.*, i, 1261.
Loisir (le). *Bret.*, ii, 623.
Loison. *Al.*, 280, 751, 774.
— *Als.*, 386, 585, 659.
— *Bourg.*, i, 50.
— *Bourg.*, ii, 58, 62.
— *Lorr.*, 48.
— *Par.*, i, 392.
— *Rouen*, 887.
Loisson. *Champ.*, 24, 40.
Loistron. *Bret.*, i, 332.
— Loistron. *Par.*, i, 404.
Loisy (du). *Bourg.*, i, 844, 1030.
Loisy. *Bourg.*, ii, 150.
Loizé. *Tours*, 1404.
Loizeau. *La Roch.*, 432, 436.
Lolabé. *Rouen*, 319.
Lolanier. *Montp.-Mont.*, 1308.
Lolier. *Auv.*, 38, 49, 437, 561.
— *Montp.-Mont.*, 881.
Lolivier. *Dauph.*, 565.
Lollier. *Lyon*, 308.

Lolmie. *Montp.-Mont.*, 1097.
Lomagne. *Toul.-Mont.*, 1295, 1300.
Lombard. *Als.*, 573.
— *Bourb.*, 199, 200.
— *Bourg.*, i, 469, 941.
— *Bourg.*, ii, 334.
— *Champ.*, 723.
— *Dauph.*, 67.
— *Fland.*, 216, 1223.
— *Guy.*, 2, 490.
— *Lorr.*, 30, 480.
— *Lyon*, 654.
— *Montp.-Mont.*, 385, 570.
— *Par.*, i, 1274, 1393.
— *Par.*, 304.
— *Poit.*, 1343.
— *Prov.*, i, 209, 234, 245, 249, 254, 276, 387, 395, 419, 486, 931, 960, 1173, 1228, 1409, 1446.
— *Prov.*, ii, 432, 453, 484, 520, 536, 581, 822.
— *Rouen*, 256.
— *Toul.-Mont.*, 69, 790, 1104.
Lombardi. *Prov.*, ii, 751.
— *Toul.-Mont.*, 1277.
Lombardon. *Prov.*, i, 582.
Lombart. *Par.*, ii, 785, 798, 840, 979, 1214.
— *Pic.*, 142, 866.
Lombelon. *Al.*, 107.
Lombeltérie (de). *La Roch.*, 180.
Lombez. *Toul.-Mont.*, 1269.
Lomblais (le). *Tours*, 876.
Lombrail. *Toul.-Mont.*, 13, 64, 118, 125, 141.
Loménie. *Caen*, 201.
— *Lim.*, 135, 189, 322.
— *Par.*, ii, 246, 383, 724, 991.
— *Poit.*, 314,
— *Prov.*, i, 459, 505.
Lomerard. *Pic.*, 780.
Lomet. *Bourb.*, 148.
Lomeron. *Tours*, 227, 667, 1287.
Lomlai. *Al.*, 45, 81, 87, 101, 103, 154, 155, 164, 248, 250, 573, 601, 628, 818.
Lommeau. *Par.*, iv, 369.
Lommeau (de). *Tours*, 912.
Lompré. *Par.*, ii, 379.
Lompui. *Guy.*, 18.
Lon (de). *Auv.*, 564.
— *Toul.-Mont.*, 112, 214, 514, 708.
Lonbelon. *Rouen*, 553.
Londe (la). *Bret.*, ii, 416.
— *Caen*, 564, 668.
Long. *Prov.*, i, 664, 1040, 1066, 1330.

Long (du). *Guy.*, 163, 583, 663, 752, 853.
Long (le). *Bourb.*, 20, 25, 109, 216, 503, 520.
— *Bret.*, I, 155, 484, 510, 563.
— *Bret.*, II, 696, 1117.
— *Fland.*, 1208, 1494.
— *Montp.-Mont.*, 820, 1319.
— *Orl.*, 751.
— *Par.*, III, 328.
— *Par.*, IV, 411.
— *Rouen*, 1330.
— *Soiss.*, 280, 380.
— *Tours*, 755.
Longard. *Toul.-Mont.*, 569.
Longarron. *Toul.-Mont.*, 516.
Longaunai. *Caen*, 86, 170, 216.
Longbois. *Caen*, 206.
Longchamps. *Al.*, 292, 1204, 1250.
— *Par.*, II. 860.
— *Prov.*, I, 27.
Longé. *Rouen*, 819.
Longecombe. *Vers.*, 193.
Longelve. *Par.*, IV, 805.
Longenal. *Lim.*, 467.
Longepierre. *Par.*, II, 839.
Longer. *Par.*, II, 988.
Longes (de). *Lyon*, 127.
Longeville. *Lorr.*, 14, 159.
Longier. *Prov.*, I, 951, 952.
Longis. *Prov.*, I, 955, 971, 1051.
Longpré. *Al.*, 1223.
— *Lorr.*, 625.
Longrais (des). *Bret.*, II, 387.
Longue (du). *Prov.*, I, 1335.
Longueau. *Champ.*, 484.
— *Orl.*, 290.
Longueil. *Als.*, 10.
— *Champ.*, 438, 480.
— *Par.*, I, 65, 864, 1034, 1262, 1400.
— *Par.*, II, 366, 647.
— *Par.*, III, 225.
Longueil (de). *Tours*, 105, 461, 978.
Longuemort (de). *Pic.*, 871.
Longuenault. *Orl.*, 495.
Longuerue. *Rouen*, 522.
Longues. *Par.*, II, 179.
Longuet. *Toul.-Mont.*, 250.
— *Orl.*, 21, 24, 30, 336, 337, 343, 344, 346, 365, 312.
— *Par.*, I, 586.
— *Pic.*, 874.
Longueval. *Bourges*, 475.
— *Guy.*, 1117.
— *Lorr.*, 24, 165.
— *Par.*, II, 1159, 1167.

— *Soiss.*, 414.
— *Toul.-Mont.*, 154.
Longuevergue. *Montp.-Mont.*, 1078, 1081.
— *Toul.-Mont.*, 720.
Longueville. *Bourg.*, I, 10.
— *Bourg.*, II, 610, 611.
— *Bret.*, I, 333.
— *Orl.*, 870.
— *Toul.-Mont.*, 919.
Longuion, Chap. *Lorr.*, 150.
Longval. *Al.*, 979.
Longval (de). *Tours*, 1127.
Lonjon. *Toul.-Mont.*, 389, 1200, 1280.
Lonlai. *Caen*, 363.
Lonne. *Guy.*, 1191.
Lons (des). *Guy.*, 1203.
Lontal. *Montp.-Mont.*, 849.
Lonquer (le). *Bret.*, II, 688.
Lonthieu. *Pic.*, 819.
Lonville. *Par.*, I, 626.
Loô. *Fland.*, 1098, V.
Loot. *Fland.*, 1159.
Looze. *Fland.*, 815.
Lopes. *Bret.*, II, 488.
— *Guy.*, 825, 840.
Lopés (de). *Toul.-Mont.*, 12, 459.
Lopiet. *Par.*, I, 1307.
Lopin. *Par.*, II, 1114.
— *Tours*, 827, 849, 1245.
Lopinot. *Par.*, I, 229, 230.
Lopis. *Vers.*, 190.
Lopitte. *Champ.*, 879.
Loppe (de). *Par.*, II, 47.
Loppin. *Bourg.*, I, 45, 227, 236, 320, 347.
— *Bourg.*, II, 89, 97, 100, 184, 341, 480, 484.
Lopriac. *Bret.*, I, 62, 447, 456, 721.
Loquet. *Bret.*, II, 319, 494, 521.
— *La Roch.*, 369.
— *Rouen*, 34, 797, 865, 897.
Loqui. *Prov.*, I, 1132.
Loquifier. *Guy.*, 1047.
Lor (de). *Lyon*, 536, 954.
— *Poit.*, 773.
— *Prov.*, II, 493.
Lorain. *Bourg.*, I, 1030, 1281.
— *Champ.*, 24, 30.
— *Soiss.*, 348.
Lorain (le). *Lorr.*, 148, 638.
— *Orl.*, 91, 823.
Loraine. *Prov.*, I, 1176.
Lorains (de). *Lorr.*, 371.
Lorans. *Bret.*, I, 973.
— *Bret.*, II, 183.

Loras. *Dauph.*, 202, 226, 234, 240, 241, 446.
— *Lyon*, 6, 607.
Lordat. *Toul.-Mont.*, 585, 697, 862, 887.
Lordau. *Béarn*, 164.
Lordelot. *Bourg.*, II, 497.
— *Par.*, I, 700.
Lorderel. *Prov.*, II, 624.
Lordre. *Poit.*, 1203.
Lore. *Al.*, 1030.
Loré. *Rouen*, 971.
Loreal. *Bret.*, I, 166.
Loreau. *Lyon*, 754.
— *Poit.*, 548.
— *Soiss.*, 718.
Lorel. *Pic.*, 563.
Loremy. *Fland.*, 947.
Lorenchet. *Bourg.*, I, 66, 218, 238, 348, 465, 471.
— *Par.*, II, 1186, 1191.
— *Par.*, III, 244.
Lores. *Poit.*, 463.
Loret. *Bret.*, I, 722.
— *Guy.*, 116.
— *Par.*, IV, 416.
Lorette. *Par.*, I, 390.
Lorgerie. *Poit.*, 1236.
Lorgeril. *Bret.*, I, 573.
— *Rouen*, 1093.
Lorguez. *Prov.*, I, 195. V.
Lorho. *Bret.*, II, 667, 673.
Lori. *Par.*, I, 1020.
— *Poit.*, 1302, 1309, 1351.
Lorie (de). *Lim.*, 150.
Lorières. *Montp.-Mont.*, 1147.
Lorieul. *Par.*, II, 513.
Lorieu. *Orl.*, 718, 722.
Lorigla. *Caen*, 198.
Lorillière. *Al.*, 1063.
Lorimier. *Par.*, II, 1145.
Lorin. *Poit.*, 767.
Lorine (de). *Par.*, II, 330, 1013.
Lorinet. *Champ.*, 683.
Lorinier. *Rouen*, 1240.
Loriol. *Bourg.*, I, 266, 393, 1178.
— *Montp.-Mont.*, 830.
Lorion. *Par.*, II, 401.
Loriot. *Al.*, 1183.
— *Poit.*, 527.
— *Tours*, 1482.
Loris. *Par.*, I, 1204.
Lorman. *Guy.*, 500.
Lormand. *Al.*, 396.
Lormande. *Toul.-Mont.*, 498.
Lorme. *Rouen*, 409.

— *Par.*, III, 290, 599.
Lorme (de). *Bourb.*, 158.
— *Bret.*, II, 381, 390, 432.
— *Dauph.*, 392.
— *Lyon*, 146, 229, 540, 755.
— *Orl.*, 211, 609, 767, 970.
— *Par.*, I, 516, 747.
— *Prov.*, I, 602, 712, 714.
— *Prov.*, II, 21, 141.
— *Soiss.*, 669.
— *Tours*, 904, 927, 1363, 1382.
Lormeau *Champ.*, 472.
Lormeille. *Par.*, I, 822.
Lormel. *Rouen*, 914.
Lormelet. *Rouen*, 928.
Lormelin. *Fland.*, 1018.
Lormier. *Al.*, 125.
— *Par.*, I, 110.
— *Soiss.*, 788.
Lornay. *Bourg.*, II, 313.
Lorne. *Par.*, II, 136.
Lorne (de). *Bourb.*, 447.
Lornemar. *Lorr.*, 482.
Lornot. *Bourg.*, II, 534.
Loron. *Orl.*, 395.
— *Tours*, 17.
Lorraine (la province). *Lorr.*, 119.
Lorraine. *Par.*, II, 368.
— *Par.*, III, 31, 44, 55, 67, 83, 103.
— *Poit.*, 1485.
— *Vers.*, 23, 268, 271.
Lorri. *Lorr.*, 98.
Lorry. *Orl.*, 430, 504.
Lort. *Guy.*, 862.
Lort (de). *Lim.*, 167.
— *Montp.-Mont.*, 275, 291, 297, 1269, 1272, 1477, 1493, 1561.
— *Prov.*, I, 593.
— *Toul.-Mont.*, 413, 1062.
— *Vers.*, 53.
Lorteau. *Poit.*, 1207.
Lorthe. *Guy.*, 1116.
Lorthior. (?) *Fland.*, 991.
Lortie. *La Roch.*, 62.
Lorville. *Orl.*, 166.
Lory. *Als.*, 588.
— *Bret.*, I, 179, 773.
— *Bret.*, II, 180, 619.
— *Par.*, II, 131.
— *Par.*, III, 194.
— *Vers.*, 160.
Los (de). *Fland.*, 345, 803.
Losceh. *Bret.*, II, 963.
Losies. *Auv.*, 501.
Losme. *Als.*, 168.
Losme (de). *Lyon*, 245, 799, 800.

Losniguen. *Pic.*, 805.
Lossandière. *Par.*, ii, 534.
— *Par.*, iii, 220.
— *Poil.*, 1302.
— *Rouen*, 455.
Losse. *Guy.*, 221, 365, 432.
Losse (de). *Tours*, 362.
Lossendière. *Tours*, 158, 1002, 1034.
Lostal. *Béarn*, 29, 151.
Lostange. *Montp.-Mont.*, 1183.
Lostau. *Béarn*, 27, 83, 100.
— *Guy.*, 106, 118.
Loste. *Fland.*, 722.
— *Pic.*, 416 495, 496.
— *Prov.*, ii, 101.
Loste (de). *Lorr.*, 545.
Lostelier. *Bourges*, 126.
Lostelle (de) *Champ.*, 544.
Lostellier. *Dauph.*, 304, 455.
Lostelot. *Guy.*, 738.
Lostenge. *La Roch.*, 75, 196.
Lostic. *Bret.*, ii, 577.
Losvelde. *Pic.*, 422.
Loterin. *Bret.*, ii, 428.
Loti. *Prov.*, ii, 612.
Lottin. *Par.*, i, 614.
— *Par.*, ii, 137, 186, 555.
— *La Roch.*, 296.
Louagère (la). *Poit.*, 1302.
Louail. *Bret.*, i, 11.
Louaillé. *Poit.*, 978.
Louain. *Bourg.*, i, 1152.
Louaisel. *Bret.*, i, 568.
Louan. *Bourb.*, 24, 268, 386.
Louanne. *Fland.*, 1261.
Louans. *Bourg.*, ii, 537.
Louat. *Par.*, i, 702.
Louau. *Bourges*, 63.
Loubarson. *Toul.-Mont.*, 481.
Loubat. *Bourg.*, i, 395.
— *Lyon*, 10, 19, 26.
— *Toul.-Mont.*, 81.
Loubens. *Montp.-Mont.*, 1084.
— *Toul.-Mont.*, 309, 1148.
Loubère. *Montp.-Mont.*, 1172.
Loubere (la). *Auv.*, 575.
Loubère (la). *Par.*, i, 5.
Louberie (de). *Montp.-Mont.*, 385.
Loubers. *Par.*, ii, 355.
— *Toul.-Mont.*, 651, 653, 659, 664.
Loubert. *Al.*, 623.
— *La Roch.*, 63.
— *Rouen*, 386, 393.
Loubert (la). *Béarn*, 160.
— *Lorr.*, 121.
Loubes. *Guy.*, 114.

— *Toul.-Mont.*, 516.
Loubes (de). *Orl.*, 817, 825, 842.
— *Tours*, 689.
Loubessin. *Toul.-Mont.*, 1217.
Loubet. *Dauph.*, 195.
— *Pic.*, 217.
— *Toul.-Mont.*, 640, 807.
Loubie. *Béarn*, 112.
Loubie (la). *Bret.*, ii, 1135.
— *Guy.*, 1082.
Loubier. *Montp.-Mont.*, 239.
— *Toul.-Mout.*, 765.
Loubière (la). *Lim.*, 51, 62, 373.
Loubouy, *Toul.-Mont.*, 424.
Loucel. *Auv.*, 522.
Loucelles. *Caen*, 117, 118.
Loucelles (de). *Orl.*, 76.
Loucet. *Auv.*, 506.
Louchard. *Al.*, 839, 849.
Louche. *Prov.*, i, 1199.
— *Rouen*, 139, 789, 884.
Louchereau. *Poit.*, 182.
Louchet. *Pic.*, 575.
Louchier (le). *Fland.*, 318.
Louci (le). *Caen*, 300, 305.
Loud. *Als.*, 566.
Loudeix. *Lim.*, 11.
Loudun. *Tours*, 1350. V.
Loudurant. *Al.*, 657.
Loue (la). *Orl.*, 90, 734.
Loué (le). *Bret.*, ii, 414.
Louede. *Toul.-Mont.*, 406.
Louel. *Fland.*, 212.
Louën (de). *Soiss.*, 59, 247, 320, 737.
Louer. *Bret.*, i, 777.
— *Prov.*, ii, 774.
Louest. *Pic.*, 604.
Louet. *Montp.-Mont.*, 1342.
— *Orl.*, 205, 206.
— *Toul.-Mont.*, 1289.
— *Tours*, 67, 100, 142, 144, 298,
  305, 306, 522, 530, 531, 982,
  1522.
Louet (du). *Bret.*, i, 271, 319, 458,
  705.
— *Bret.*, ii, 58.
Louette. *Pic.*, 625.
Louigni. *Prov.*, i, 1127.
Louis. *Al.*, 311, 331, 1201, 1209,
  1215.
— *Bourg.*, i, 1193.
— *Bourg.*, ii, 623.
— *Bret.*, i, 32, 772.
— *Guy.*, 1145.
— *Orl.*, 899.
— *Prov.*, ii, 625.

— *Rouen*, 846.
Louis (Saint-) *Prov.*, I, 931.
Louiset. *Bourg.*, I, 864, 872, 887.
Louit. *Prov.*, I, 1277.
Loul't. *Tours*, 209, 749.
Loulle (de). *Dauph.*, 198, 268, 269, 318, 332, 334.
Loumade. *La Roch.*, 182.
Loumé. *Toul.-Mont.*, 1353.
Loup (du). *Guy.*, 1076, 1197.
Loup (le). *Bourg.*, I, 194.
— *Bourg.*, II, 35.
— *Bret.*, I, 169, 178, 307, 306, 311, 513.
— *Par.*, III, 57.
— *Rouen*, 1324.
Loup (Saint-). *Al.*, 313.
— *Als.*, 202.
— *Bourg.*, II, 285.
— *Toul.-Mont.*, 740.
Loupes. *Guy.*, 90, 167, 492, 807.
Loupiac. *Toul.-Mont.*, 284, 1038, 1076, 1085.
Louppe (la). *Orl.*, 74, 162, 168, 179.
Louradou. *Toul.-Mont.*, 1055.
Lourd. *Prov.*, II, 270, 272.
Lourde. *Toul.-Mont.*, 1317.
Lourdes. *Caen*, 7.
Lourdet. *Par.*, I, 123, 247.
Loureau, *Poit.*, 1147.
Loureux. *Al.*, 192.
Lourme. *Prov.*, I, 544.
Lourmel. *Bret.*, II, 836.
Lourson. *Vers.*, 193.
Lous. *Guy.*, 1156.
Loustran. *Al.*, 1250.
Loustrel. *Al.*, 243, 624, 626, 758.
Loutre (le). *Par.*, I, 298, 327.
— *Rouen*, 864.
Loutz. *Als.*, 606.
Louvain. *Champ.*, 787.
— *Par.*, I, 94.
Louvancourt. *Par.*, IV, 305.
Louvart. *Bret.*, I, 681.
— *Bret.*, II, 835.
Louvat. *Bourg.*, I, 10.
— *Bourg.*, II, 635.
— *Dauph.*, 11, 104, 221, 554.
— *Par.*, I, 162.
— *Rouen*, 264.
Louvaut. *Par.*, I, 309.
Louveau. *Al.*, 1029, 1225.
— *Poit.*, 123.
— *La Roch.*, 157.
Louvel. *Al.*, 1160.
— *Bret.*, I, 206, 207, 400, 752.

— *Bret.*, II, 1039.
— *Caen*, 9, 185, 202, 214, 224.
— *Fland.*, 127.
— *Pic.*, 245, 553, 836, 847.
— *Rouen*, 29, 47, 657, 692, 811, 895.
— *Tours*, 1108.
Louvencourt. *Par.*, I, 836, 936, 1278.
— *Par.*, II, 44, 577.
— *Par.*, III, 113.
— *Pic.*, 12, 24, 67, 75, 377, 381, 564, 584, 689.
Louverei. *Champ.*, 156.
Louverie. *Al.*, 884.
Louverot. *Bourg.*, I, 1234.
Louvet. *Al.*, 160, 700, 759, 798.
— *Bourg.*, I, 612.
— *Montp.-Mont.*, 646, 667, 672, 866.
— *Orl.*, 453.
— *Poit.*, 782.
— *Prov.*, I, 304.
— *Soiss.*, 698.
— *Vers.*, 208.
Louvet (du). *Par.*, II, 712.
Louvetel (le). *Rouen*, 17.
Louvetière (la). *Caen*, 357.
Louveux (le). *Tours*, 24.
Louviers. *Par.*, II, 219, 1235.
— *Par.*, III, 355, 360.
— *Rouen*, 1010.
Louvigni. *Al.*, 230, 622, 626, 892, 897.
— *Rouen*, 1160.
Louvigny. *Pic.*, 477.
Louvinier. *Soiss.*, 269.
Louvon. *Rouen*, 770.
Louvraie (la). *Al.*, 324.
Louvrier. *Champ.*, 608.
Loux (des). *Guy.*, 1210.
Louzeaux. *Guy.*, 1015.
Louze (de). *Dauph.*, 488.
Loyac. *Guy.*, 114, 1006.
Loyal. *Champ.*, 794.
— *Par.*, IV, 500.
Loyard. *Béarn*, 28, 158.
Loyau. *Poit.*, 1136, 1239.
Loyauté (la). *Champ.*, 773, 890.
Loye. *Bourg.*, I, 1035, 1135.
— *Bret.*, I, 330.
Loyé. *Fland.*, 1170.
Loye (la). *Caen*, 755.
Loyer. *Al.*, 961, 962, 973.
— *Bret.*, II, 147.
— *Lyon*, 832.
— *Par.*, III, 557.
Loyer (du). *Rouen*, 288.
Loyer (le). *Tours*, 13.

Loyère (la). *Lorr.*, 654.
Loyez. *Pic.*, 798.
Loynes (de). *Orl.*, 317, 329, 343, 359, 360, 361, 362, 363, 390, 394, 412, 425, 436, 438, 465, 492.
Loynet. *Vers.*, 127.
Loyre. *Par.*, I, 82.
Loys. *Lorr.*, 370 *bis.*
— *Par.*, III, 372.
Loz. *Bret.*, I, 431, 436, 605, 669, 969, 973.
— *Bret.*, II, 526.
Loz (du). *Guy.*, 665.
Lozanne. *Als.*, 6.
Lozannes. *Bourb.*, 310.
Loze. *Toul.-Mont.*, 1310.
Loze (de). *Montp.-Mont.*, 1496.
Lozecart (de). *Pic.*, 186.
Lozenay. *Bret.*, II, 455.
Lozer. *Toul.-Mont.*, 1248.
Lozeran. *Montp.-Mont.*, 835, 889.
Lozeux (de). *Par.*, II, 417.
Lozier. *Al.*, 800.
Lozières. *Montp.-Mont.*, 201.
Lozon. *Guy.*, 455.
Lu. *Par.*, I, 836.
Luant. *Bourg.*, I, 193.
Luat. *Toul.-Mont.*, 1275.
Lubac. *Prov.*, II, 680.
Lubel. *Champ.*, 741.
— *Par.*, I, 245.
Luberssat. *Guy.*, 1079.
Lubert. *Par.*, I, 427.
Lubiare (de). *Prov.*, I, 602.
Lubin. *Bret.*, II, 184, 186, 669.
Lubois. *Caen*, 404, 482, 586.
Lubriat. *Orl.*, 68, 199, 684.
Luc. *Als.*, 810.
— *Prov.*, I, 1020.
— *Rouen*, 777.
Luc (de). *Dauph.*, 296, 450.
Luc (du). *Prov.*, I, 192. C.
Lucador. *Montp.-Mont.*, 1092.
Lucas. *Auv.*, 34.
— *Bret.*, I, 313, 531.
— *Bret.*, II, 433, 558, 609, 771.
— *Caen*, 22, 223, 281, 317, 318, 427, 687.
— *Dauph.*, 206.
— *Fland.*, 631.
— *Guy.*, 1149, 1155.
— *Par.*, I, 446, 581, 897, 909, 1215, 1383.
— *Par.*, II, 110, 1240.
— *Par.*, III, 477.
— *Pic.*, 444, 549, 585, 757, 808.

— *Poit.*, 100, 201, 820, 1432, 1459.
— *Rouen*, 144, 267, 272, 273, 335, 580, 834, 903, 921, 1118.
— *Toul.-Mont.*, 114, 318.
— *Tours*, 248, 1065.
Lucasseau. *Bourb.*, 550.
Lucat. *La Roch.*, 148.
Lucé. *Caen*, 180.
Luce. *Fland.*, 811.
— *Par.*, I, 110.
— *Par.*, III, 287.
— *Prov.*, I, 1121, 1369, 1377.
Luce (Ste-). *Lyon*, 619.
Lucenay. *Bourg.*, II, 35, 355.
— *Lyon*, 625.
Lucet. *Par.*, IV, 240.
Luchat. *Bourb.*, 321, 567.
Luche (de). *Poit.*, 699.
Luchet. *La Roch.*, 171, 211, 377.
Luchon. *Toul.-Mont.*, 290.
Lucienne (ou Lurienne ?). *Caen*, 437.
Luciller. *Champ.*, 507.
Lucinge. *Bourg.*, I, 419, 1287.
Lucmajour. *Guy.*, 870, 902.
— *Montp.-Mont.*, 1147.
Luçon. *Poit.*, 572 V., 932.
Lucot. *Bourg.*, I, 48, 55, 233, 336, 348.
— *Bourg.*, II, 74, 328.
— *Par.*, I, 218.
— *Poit.*, 843.
Lucresse *Tours*, 1423.
Lucron. *Bourg.*, II, 314.
Lude (de). *Champ.*, 53.
Lude (le). *Tours*, 1515 V., 302 C.
Ludeau. *Tours*, 851.
Ludec (le). *Bret.*, II, 532.
Ludet. *Par.*, I, 299.
— *Toul.-Mont.*, 1127.
Ludière. *Al.*, 1029.
Ludot. *Champ.*, 127.
— *Par.*, II, 138.
Ludres (de). *Bourg.*, I, 204.
Lueau. *Poit.*, 792.
Lueil (de). *Prov.*, I, 32, 120.
Luette. *Bret.*, II, 379.
Lugal. *Toul.-Mont.*, 968, 1017.
Lugan. *Toul.-Mont.*, 649, 740.
Luganterie. *Guy.*, 659.
Lugat. *Guy.*, 399.
— *Par.*, II, 681.
Lugier. *Als.*, 170.
Lugneot. *Bourg.*, II, 331, 341.
Lugré. *Poit.*, 426.
— *Tours*, 721, 940.
Luguy (du). *Lyon*, 377.
Luhandre. *Bret.*, I, 840.

— *Bret.*, ii, 263.
Lui (de). *Prov.*, i, 1013.
Luillier. *Auv.*, 521, 525.
— *Bourb.*, 497, 506, 507.
— *Bourg.*, i, 115, 448.
— *Bourg.*, ii, 171, 224, 342.
— *Lim.*, 39.
— *Lorr.*, 36, 581.
— *Orl.*, 16, 17, 334, 347, 350, 351,
   358, 366, 395, 415, 452, 493, 503,
   527, 558, 562.
— *Par.*, i, 172, 398, 1104, 1163,
   1193, 1319.
— *Par.*, ii, 662, 818, 968, 1066.
— *Poit.*, 547, 548.
Luines. *Tours*, 846 V.
Luinier. *Tours*, 902.
Luirault. *Poit.*, 1357.
Luiré. *Bret.*, ii, 115.
Luirot. *Bourg.*, ii, 103.
Luiset. *Bourg.*, i, 10, 15.
Luitens, *Fland.*, 317.
Luiton. *Lorr.*, 465, 471.
Lujet. *Bourg.*, ii, 632.
Luker. *Guy.*, 824.
Lulhet. *Toul.-Mont.*, 1316.
Lullin. *Orl.*, 467.
Lully. *Par.*, ii, 376, 430, 849.
— *Par.*, iii, 59.
Lumagne. *Lyon*, 700, 701.
— *Par.*, iii, 32, 34, 92.
Lumargne. *Par.*, ii, 1088.
Lumeau (de). *Tours*, 1007.
Lumes (de). *Par.*, ii, 50, 109.
Lumier (St-). *Champ.*, 731.
Luneau. *Tours*, 1092.
Lunel. *Montp.-Mont.*, 1236 V.
— *Par.*, ii, 675.
— *Rouen*, 133, 543, 903.
— *Toul.-Mont.*, 316, 1186.
Luneman. *Guy.*, 842.
Luns. *Guy.*, 364, 622.
Lupé. *Guy.*, 967.
— *Montp.-Mont.*, 992, 1129, 1130,
   1176, 1221.
Lupiac. *Guy.*, 180.
Luppé. *Par.*, ii, 1129.
— *La Roch.*, 149.
— *Toul.-Mont.*, 330, 364, 977, 1203.
Luque. *Montp.-Mont.*, 434.
— *Pic.*, 463.
— *Prov.*, ii, 625.
Luqueron. *Par.*, ii, 891.
Luquet. *Bourges*, 173.
— *Prov.*, i, 1104.
Lur. *Guy.*, 36, 968.

Lurbe. *Béarn*, 138.
— *Guy.*, 348.
Lure. *Bourg.*, i, 1221.
Lurié. *Tours*, 1175.
Lurienne. *Par.*, i, 1397.
— *Rouen*, 115.
Lurier. *Pic.*, 412.
Lurieu. *Lyon*, 808.
Lusie. *Prov.*, ii, 774.
Lusies. *Guy.*, 222, 556.
Lusignan. *Par.*, i, 1016.
— *Par.*, ii, 1062, 1126.
— *La Roch.*, 115, 157.
Lussac. *Bourges*, 429.
Lussan. *Toul.-Mont.*, 1201.
Lusse. *Prov.*, i, 244.
Lusseron. *Poit.*, 1463.
Lusson. *Par.*, i, 50, 389.
Lusson. *Tours*, 944, 1274.
Lussy. *Toul.-Mont.*, 1244.
Lustrac. *Guy.*, 852.
Lut (de). *Orl.*, 579.
Lutard. *Pic.*, 726.
Lutardie (la). *Lim.*, 53.
Luthier. *Par.*, ii, 144, 352.
Luthumière (la). *Caen*, 325.
Lutier. *Tours*, 212.
Lutinet. *Champ.*, 596.
Lutreau. *Bourb.*, 408.
Lutrel. *Rouen*, 781.
Lutz (de). *Tours*, 19, 803.
Lutzelbourg (de). *Lorr.*, 244.
Luvison (le). *La Roch.*, 307.
Lux (de). *Champ.*, 286.
— *Par.*, ii, 904.
— *Soiss.*, 172.
— *Tours*, 514, 610.
Luxe. *Guy.*, 18, 379.
Luxembourg. *Als.*, 830.
— *Par.*, i, 1164.
— *Vers.*, 12.
Luxerat. *Lorr.*, 88.
Luxeuil. *Bourg.*, i, 886, 1071.
Luyeix. *Dauph.*, 343.
Luzaré. *Bret.*, ii, 994.
— *Montp.-Mont.*, 1125.
— *Toul.-Mont.*, 349.
Luzeau. *Bret.*, i, 157, 158, 160.
Luzenne. *Bourb.*, 156.
Luzerne (la). *Al.*, 108.
— *Caen*, 158, 223, 413.
— *Fland.*, 1328.
— *Par.*, ii, 628.
— *Rouen*, 383.
Luzi. *Auv.*, 285.
— *Dauhp.*, 232.

Luzignan. *Poit.*, 156, 592. Officiers.
Luzigny. *Bourg.*, ii, 631.
Luzines. *Bourg.*, i, 420.

Luzy. *Bourg.*, i, 296.
— *Lyon*, 790.
Luzy (de). *Montp.-Mont.*, 367, 1262.

M

Mabet. *Bret.*, ii, 1076.
Mabiés. *Lyon*, 29, 213.
Mabile. *La Roch.*, 147.
Mabille. *Bret.*, ii, 483, 830.
— *Par.*, i, 672.
— *Par.*, iii, 119.
— *Tours*, 508. 525, 811, 887, 888, 917, 1030.
Mabilleau. *Bret.*, ii, 802.
Mabilli. *Prov.*, i, 1058.
Mabire. *Par.*, i, 51, 1347.
— *Rouen*, 1238.
Mabon. *Tours*, 1520.
Maboul. *Par.*, i, 786.
— *Par.*, ii, 320.
— *Poit.*, 138.
Mabre (v. Cramoisi). *Par.*, i.
Mabré. *Al.*, 732.
Macadré. *Prov.*, i, 988, 1151, 1218.
Macaire. *Al.*, 17.
— *Fland.*, 1403.
Macaire (saint). *Guy.*, 586.
Macari (saint). *Béarn*, 6.
Macaud. *Poit.*, 1157.
Macaut. *Bourg.*, i, 554.
Macary. *Montp.-Mont.*, 525.
Macaye (de). *Lorr.*, 260, 261.
Macé. *Al.*, 147, 701.
— *Bourges*, 328, 335, 378, 384, 522.
— *Bret.*, i, 155, 161, 168, 810, 811.
— *Bret.*, ii, 69, 475, 506, 537, 998, 1027, 1054, 1055.
— *Caen*, 69, 569, 576, 582, 586.
— *Orl.*, 630.
— *Par.*, i, 813.
— *Par.*, ii, 101, 783, 798.
— *Par.*, iv, 92, 93, 248.
— *Poit.*, 150, 226, 737.
— *La Roch.*, 417.
— *Tours*, 872, 921, 941.
Macet. *Bourg.*, ii, 115, 194.
Machard. *Pic.*, 465.
Machault. *Bret.*, i, 331, 336.
— *Caen*, 180.
— *Par.*, i. 297, 805, 881, 1231.
Machaut. *Bourg.*, ii, 93.
— *Orl.*, 42, 523.
— *Par.*, iii, 117.

— *Soiss.*, 3.
Mache (la). *Caen*, 441.
Macheco. *Bourg.*, i, 28.
— *Bourg.*, ii, 63, 68.
Machecou. *Bret.*, i, 511.
Machefer. *Tours*, 215.
Machereau. *Bourg.*, ii, 256.
— *Poit.*, 1181.
Macheri. *Fland.*, 1242, 1266.
Macherie (la). *Guy.*, 1077.
Macheron. *Bourg.*, ii, 496.
Machet. *Poit.*, 1513.
Macheter. *Lorr.*, 644.
Machinot. *Par.*, ii, 944.
Machois (le). *Rouen*, 601, 813.
Machon (le). *Fland.*, 90, 108, 313, 350.
Machons (des). *Lim.*, 468.
Machou. *Lyon*, 636.
Machoud. *Par.*, i, 1271.
Maci. *Bourges*, 454.
Mackau. *Als.*, 788.
Maclot. *Par.*, ii, 512.
Macmahon. *Fland.*, 337, 739.
Macnemara. *Bret.*, ii, 33.
Macon. *Bourg.*, i, 128, 1055.
— *Lorr.*, 510.
Maçon (le). *Tours*, 1100.
— *Vers.*, 224.
Macouin. *Poit.*, 866.
Macquart. *Par.*, ii, 975.
Macqueflan. *Fland.*, 820.
Macquenon. *Poit.*, 63.
Macquer. *Als.*, 572.
Macqueré. *Rouen*, 361.
Macquerel. *Pic.*, 526, 536, 736.
— *Soiss.*, 128, 746.
Mocqueres. *Rouen*, 1280.
Macqueron. *Pic.*, 756.
Macqueville. *Vers.*, 37.
Madaillan. *Guy.*, 295, 686.
— *Par.*, i, 563.
— *Par.*, ii, 981, 982, 984.
— *Tours*, 230, 435, 672, 1312.
Madaille. *Montp.-Mont.*, 294, 1275.
Madaire. *Lim.*, 72.
Madancé. *Als.*, 856, 882.
Madelain. *Al.*, 88.

Madeleine. *Al.*, 967.
Madeleine (la) de Metz, religieuse de l'ordre de Saint-Augustin. *Lorr.*, 565.
Mader. *Als,*, 411, 486, 1018.
Maderan. *Par.*, iv, 531.
Madère. *Toul.-Mont.*, 1209.
Madeuc. *Bret.*, ii, 774.
Madic. *Bret.*, i, 39, 227, 412.
Madiére. *Toul.-Mont.*, 755, 765.
Madiéres. *Lyon*, 103, 143, 154, 278, 369, 507, 513, 609, 720, 819, 841.
— *Orl.*, 1001.
Madières. *Montp.-Mont.*, 794, 809.
Madieu. *Auv.*, 158.
Madignières. *Lyon*, 533.
Madon. *Prov.*, i, 550.
— *Prov.*, ii, 573, 597.
Madot. *Bourb.*, 132, 359.
Madou. *Toul.-Mont.*, 1340.
Madras. *Guy.*, 1115.
Madre (de). *Fland.*, 73
Madrière. *Toul.-Mont.*, 1073, 1082.
Madries (de). *Fland.*, 1263.
Madris (de). *Lorr.*, 229, 655.
Madron. *Toul.-Mont.*, 8, 13, 21, 113, 145, 585.
Madronnet. *Guy.*, 55, 176.
Madry. *Als.*, 674.
Maduel. *Caen*, 593.
Madurant. *Lim.*, 296.
Maduron. *Montp.-Mont.*, 13.
Maerle (de). *Fland.*, 1102.
Maerten. *Fland.*, 161, 509.
Maes. *Fland.*, 215, 1163.
— *Pic.*, 746.
Maeschaleck. *Fland.*, 232.
Maffran. *Lim.*, 360.
Maffre. *Prov.*, ii, 831.
Maffré. *Montp.-Mont.*, 132, 140, 141.
— *Toul.-Mont.*, 573, 671.
Maflet. *Rouen*, 324, 325.
Magagnos. *Prov.*, i, 1379.
Magallon. *Prov.*, i, 641, 747, 784.
Magalon. *Prov.*, i, 1054.
Magalotti. *Vers.*, 119.
Magaud. *Auv.*, 452, 489.
Magdelaine (la). *Tours*, 258.
Magdeleine (la). *Bourg.*, i, 271.
— *Bourg.*, ii, 550, 558.
Magdeleine. *Prov.*, i, 429.
Magdelena (la). *Prov.*, ii, 485.
Magdeleneau. *Bret.*, ii, 486.
Magdelin. *Par.*, ii, 240.
Mage. *Bourb.*, 298.
— *Toul.-Mont.*, 854.

Mage (de). *Montp.-Mont.*, 388, 1203.
Magent. *Champ.*, 155.
Mageron. *Champ.*, 253.
— *Lorr.*, 178, 419, 490, 527.
Maget. *Bret.*, ii, 505.
Magi. *Prov.*, i, 542, 548, 566, 570, 1028.
— *Soiss.*, 610.
Magilena. *Guy.*, 962.
Magistrat de la ville de Luxembourg (le). *Lorr.*, 269.
Magnac. *Lim.*, 275, 336.
Magnan. *Lim.*, 361.
— *Orl.*, 860.
— *Poit.*, 493, 495.
— *Prov.*, i, 844, 858, 918, 1012.
— *Prov.*, ii, 570, 626.
— *La Roch.*, 241, 340, 391.
Magnan (le). *Soiss.*, 570.
Magnanis. *Toul.-Mont.*, 922.
Magnard. *Dauph.*, 130.
Magnaux. *Poit.*, 1216.
Magne. *Guy.*, 1012.
— *Montp.-Mont.*, 1575.
Magné. *Par.*, iv, 571.
Magné (de). *Tours*, 528.
Magnet. *Auv*, 413.
Magneu. *Lyon*, 220.
Magneux. *Par.*, i, 1166.
Magneville. *Caen*, 11, 17, 422.
Magney (du). *Tours*, 1405.
Magni. *Al.*, 1234.
— *Lyon*, 501.
— *Prov.*, i, 154, 554.
— *Rouen*, 753.
— *Soiss.*, 390.
— *Tours*, 837.
Magnier. *Par.*, i, 1318.
— *Pic.*, 617.
Magnien. *Bourg.*, ii, 54, 185, 345, 497, 586.
Magnin. *Bourb.*, 5.
— *Bourg.*, i, 69, 95, 344, 402 564, 691, 958, 1257, 1273.
— *Bourg.*, ii, 292, 374.
— *Dauph.*, 143, 147, 148, 151.
— *Lorr.*, 201, 226.
— *Lyon*, 70, 71, 516.
— *Montp.-Mont.*, 477, 483.
— *Poit.*, 453.
— *Prov.*, i, 468.
Magniol. *Prov.*, i, 197.
Magnol. *Montp.-Mont.*, 54, 1280.
Magnon. *Pic.*, 779.
Magnon (du). *Lim.*, 295.
Magnons (des). *Bourges*, 147.

Magny. *Par.*, iii, 483.
Magon. *Bret.*, i, 73, 74, 75, 77, 81, 436, 489, 905.
Magontier. *Vers.*, 105.
Magot. *Poit.*, 1117.
Magoulet. *Par.*, iii, 413,
Magoutet. *Bourges*, 415.
Magre. *Toul.-Mont.*, 604.
Magron. *Guy.*, 1201.
Maguelier. *Bret.*, ii, 476.
Maguelonne. *Toul.-Mont.*, 116, 691.
Maguen. *Bourges*, 308, 310,
Maguet. *Fland.*, 694.
Maguin. *Lorr.*, 201.
Maguir. *Fland.*, 501.
Magy. *Lim.*, 293.
Maha. *Bret.*, ii, 1130.
Mahaine. *Par.*, i, 748.
Mahault. *Caen*, 614.
— *Lorr.*, 676.
— *Rouen*, 1346.
Mahé. *Bret.*, i, 281.
— *Bret.*, ii, 404, 434, 724, 841, 846, 891, 1028.
— *Par.*, ii, 923.
— *Tours*, 984.
Mahéas. *Auv.*, 305.
Maheu. *Al.*, 159, 733, 864, 1189.
— *Caen*, 287, 402, 403, 599, 404, 500, 579, 620.
Mahi. *Fland.*, 1207.
— *Poit.*, 1309.
Mahias. *Vers.*, 124.
Mahiencourt. *Par.*, i, 1087.
Mahier. *Al.*, 234, 831, 840, 1160.
— *Bret.*, ii, 730.
— *Rouen*, 1158.
Mahieu. *Caen*, 52, 318, 759.
— *Fland.*, 317, 412, 1117, 1118.
— *Lorr.*, 259.
— *Montp.-Mont.*, 289.
— *Par.*, iv, 135.
— *Pic.*, 819.
— *Soiss.*, 45, 486.
Mahis. *Par.*, i, 1391.
Mahon. *Bourges*, 116.
— *Orl.*, 174.
— *Par.*, iv, 96.
— *Rouen*, 869.
Mahot. *Al.*, 760.
— *Bret.*, ii, 817.
Mahudet. *Champ.*, 765.
Mahuet. *Bourg.*, i, 1055, 1060.
— *Bret.*, ii, 851.
— *Champ.*, 181.
— *Lorr.*, 207, 621.

Mahy. *Als.*, 120.
— *Bourb.*, 25.
— *Orl.*, 87, 738, 763.
Mai. *Auv.*, 360, 395.
— *Lyon*, 33, 75, 102, 315, 756, 834, 986, 992, 998.
Mai (de). *Fland.*, 1162.
— *Guy.*, 817, 1049.
— *Pic.*, 296.
— *Poit.*, 444.
— *Prov.*, i, 810.
— *Soiss.*, 140, 322, 340.
Mai (du). *Al.*, 563.
— *Champ.*, 317, 818.
— *Dauph.*, 3.
— *Lyon*, 248, 606, 643.
— *Montp.-Mont.*, 405.
— *Par.*, i, 21, 380.
— *Rouen*, 572.
— *Toul.-Mont.*, 7, 131, 196, 469.
Maidieu. *Guy.*, 352.
Maière (le). *Tours*, 263.
Maifos. *Bourg.*, i, 1198.
Maignac. *Bourb.*, 127.
— *Bourges*, 341.
Maignan. *Poit.*, 915, 1028, 1441.
Maignart. *Al.*, 124.
— *Par.*, i, 792, 915, 1247.
— *Rouen*, 269, 420, 480, 541, 659, 673.
Maignaut. *Guy.*, 915.
Maignaux (de). *Toul.-Mont.*, 378.
Maigne. *Auv.*, 357, 573.
— *Lyon*, 638.
Maigné. *Montp. - Mont.*, 657, 745, 1322.
Maigné (de). *Bret.*, i, 178.
— *Poit.*, 242, 518.
Maignen. *Bourges*, 68, 309.
— *Champ.*, 769.
Maignen (le). *Al.*, 93, 105, 212, 283, 507, 575, 594, 752, 994.
— *Bret.*, i, 171, 306, 512, 525, 527, 591.
— *Bret.*, ii, 85, 1121.
— *Caen*, 218, 343, 719.
— *Par.*, i, 1128.
— *Poit.*, 253.
— *Rouen*, 554, 895.
Maignennerie. *Tours*, 411.
Maignet. *Par.*, ii, 173.
Maigneville. *Toul.-Mont.*, 480.
Maigni. *Al.*, 651.
Maignol. *Auv.*, 384.
— *Guy.*, 1020.
— *Par.*, ii, 618.

Maignon. *Bret.*, ii, 1015.
Maignos. *Guy.*, 496, 949, 1209.
Maigre. *Dauph.*, 516.
— *Montp.-Mont.*, 1418.
Maigre (le). *Bret.*, i, 835.
— *Bret.*, ii, 710.
— *Caen*, 418, 419, 560.
— *Par.*, i, 115.
— *Rouen*, 279, 732.
Maigret. *Lorr.*, 656.
Maigrot. *Bourg.*, i, 746, 1270.
Mailhère. *Montp.-Mont.*, 794.
Mailhot. *Lim.*, 118.
Maillaberon. *Toul.-Mont.*, 762.
Maillac. *Montp.-Mont.*, 945, 1039.
— *Toul.-Mont.*, 42.
Maillan. *Bourg.*, ii, 274.
— *Montp.-Mont.*, 1315.
— *Prov.*, i, 1043.
Maillane. *Prov.*, i, 456.
Maillard. *Bourges*, 267, 469.
— *Bourg.*, i, 43, 328, 760, 939, 1273.
— *Bourg.*, ii, 5, 77, 81, 82, 94, 508.
— *Bret.*, i, 177.
— *Bret.*, ii, 30, 296.
— *Caen*, 8, 162.
— *Guy.*, 35, 449, 454.
— *Lorr.*, 123, 125, 478.
— *Montp.-Mont.*, 829.
— *Orl.*, 649.
— *Par.*, i, 289, 307, 555, 711, 1030, 1070.
— *Par.*, iii, 120, 150, 338, 492, 494.
— *Par.*, iv, 551, 774.
— *Pic.*, 230, 294, 395, 556, 608, 747, 847.
— *Poit.*, 223, 1156.
— *Prov.*, i, 950, 1039.
— *Prov.*, ii, 101, 361, 459.
— *La Roch.*, 340.
— *Rouen*, 85, 803, 832, 927.
— *Soiss.*, 46, 162, 413, 493, 518, 519, 567, 759.
— *Toul.-Mont.*, 51.
— *Tours*, 297, 886, 1523.
Maillardière (la). *Bret.*, ii, 992.
Maillart. *Champ.*, 147, 154, 247, 271.
— *Par.*, ii, 293, 514, 663, 674, 764, 942.
Maillart-Malarte. *Al.*, 22, 155, 158, 193, 242, 287, 355, 402, 405, 406, 413, 428, 481, 495, 518, 535, 536, 618, 711, 718, 722, 728, 832, 896, 920, 967, 1237, 1254.
Maillasson. *Poit.*, 404.
Maillant (le). *Bret.*, ii, 293, 680.

Maille. *Bourges*, 523.
— *Par.*, i, 1331.
— *Pic.*, 712.
— *Prov.*, i, 1318.
— *Prov.*, ii, 743, 747.
Maillé. *Bret.*, ii, 29, 325.
— *Orl.*, 84, 218, 245, 376.
— *Par.*, ii, 36, 306.
— *Par.*, iii, 3.
— *Poit.*, 208, 283, 644, 1429.
Maillé (de). *Tours*, 140, 301, 375, 630, 1418, 1429, 1515.
Maillefaut. *Poit.*, 1078.
Maillefer. *Champ.*, 19, 45, 49, 57, 67, 95, 362, 365, 456, 457.
Maillefert. *Rouen*, 688.
Maillerais. *Poit.*, 607.
Mailleri. *Fland.*, 362.
Mailleroncourt. *Bourg.*, i, 592, 1100.
Maillet. *Al.*, 309, 458.
— *Als.*, 1060.
— *Bourges*, 390, 453.
— *Bourg.*, ii, 485.
— *Champ.*, 112, 115, 116, 132, 711.
— *Dauph.*, 107, 434.
— *Lorr.*, 15, 96, 160, 181, 411, 615, 658.
— *Orl.*, 483, 550.
— *Par.*, i, 286, 970.
— *Par.*, iii, 530.
— *Par.*, iv, 663, 664.
— *Pic.*, 411, 636, 639, 795, 807, 856, 886.
— *Poit.*, 784, 807, 1164.
— *Prov.*, i, 574.
— *Rouen*, 119, 129, 592, 799.
— *Toul.-Mont.*, 546.
Mailleton. *Orl.*, 969.
Mailli. *Champ.*, 94, 376, 587, 589, 603, 606, 691, 881.
— *Fland.*, 25, 140, 143, 340, 481, 997.
— *Rouen*, 1270, 1416.
— *Soiss.*, 298, 573.
Mailli (de). 147, 1513.
Mailloc. *Par.*, ii, 966, 1067.
Maillocheau. *Poit.*, 1257.
— *La Roch.*, 231.
Mailloe. *Al.*, 299, 301.
Malloi. *Al.*, 1047.
Maillol. *Toul.-Mont.*, 484.
Maillos. *Toul.-Mont.*, 1252, 1339.
Maillot. *Al.*, 439.
— *Bourg.*, i, 628, 842, 948, 1041, 1165.
— *Caen*, 670.

— *Champ.*, 212, 232, 586.
— *Fland.*, 389, 847.
— *Par.*, I, 100.
— *Pic.*, 90, 129.
— *Rouen*, 386.
— *Toul.-Mont.*, 537, 675, 709.
Maillou. *Bret.*, II, 430.
Mailly. *Bourg.*, I, 281, 289, 790, 929, 989.
— *Bourg.*, II, 48, 107, 134, 151.
— *Par.*, I, 36, 52, 475, 825, 1255.
— *Par.*, II, 35, 503, 1108, 1183, 1210.
— *Par.*, III, 216.
— *Pic.*, 552, 591, 621, 681.
— *Toul.-Mont.*, 555.
— *Vers.*, 163.
Maime (St-). *Prov.*, I, 625.
Main. *Poit.*, 1063, 1064, 1112.
Main (St-). *Bret.*, I, 695.
Mainadier. *Toul.-Mont.*, 723, 771.
Mainard. *Bret.*, I, 334.
— *Poit.*, 887.
Mainaud. *Prov.*, II, 756.
Mainbert. *Montp.-Mont.*, 744.
— *Par.*, III, 514.
Mainbielle (de). *Poit.*, 265, 268.
Mainbourg. *Lorr.*, 296, 462.
Maindestre. *Par.*, III, 476.
Maindextre. *Orl.*, 400, 417, 475.
Maindorge. *Rouen*, 923.
Maine. *Prov.*, I, 305.
Maine (de). *Montp.-Mont.*, 37, 1115.
Maine (du). *Par.*, III, 191.
— *Al.*, 867.
— *Fland.*, 1445.
— *Lyon*, 691.
— *La Roch.*, 55.
— *Rouen*, 582.
— *Toul.-Mont.*, 14, 363, 370, 723.
Maine (le). *Tours*, 761.
Mainé. *Pic.*, 396.
— *Toul.-Mont.*, 1251.
Mainet. *Rouen*, 725, 1164.
Mainet (du). *Par.*, I, 1124.
Mainey. *Bourg.*, II, 37, 475.
Mainferme (la). *Orl.*, 490.
— *Par.*, III, 146.
Maingard. *Bret.*, I, 909.
Maingarneau. *Poit.*, 246.
Maingart. *Bret.*, II, 62, 445.
Mainguy. *Bret.*, II, 6, 935, 1082.
Mainial. *Toul.-Mont.*, 1190.
Mainic. *Toul.-Mont.*, 1177.
Mainiel. *Lorr.*, 602, 665.
Mainier. *Prov.*, I, 360, 507.

— *Prov.*, II, 83, 178, 180.
— *Toul.-Mont.*, 1144.
Mainier (le). *Rouen*, 1152.
Mainière (de). *Tours*, 528.
Mainon. *Par.*, II, 710.
— *Par.*, III, 452.
— *Soiss.*, 49, 146, 321, 341, 345, 347, 481, 498, 517, 522, 712.
— *Toul.-Mont.*, 1342.
Mainsiliers. *Lorr.*, 180.
Mainssonnat. *Bourg.*, I, 120.
Mainsy. *Bourb.*, 157.
Maintaye (la). *Poit.*, 1403.
Maintenant. *Par.*, IV, 337.
Mainteterne. *Al.*, 234, 892, 1217.
Maintier (le). *Bret.*, II, 66.
Mainton. *Auv.*, 526.
Maintrieu. *Al.*, 480.
Mainville. *Al.*, 298.
Mainvielle (de). *La Roch.*, 96.
Mairat (le). *Par.*, I, 863, 865, 878, 922, 1250.
— *Par.*, II, 160.
Maire. *Bourg.*, I, 316, 571, 1098.
— *Bourg.*, II, 39, 75.
— *Lorr.*, 295, 612, 638, 644.
— *Pic.*, 549, 561.
— *Poit.*, 1199.
— *Prov.*, I, 1317, 1388.
Maire (le). *Al.*, 92, 100, 176, 350, 472, 509, 569, 573, 742, 819, 820.
— *Bourg.*, I, 596, 1090, 1104.
— *Bret.*, II, 1022.
— *Champ.*, 125, 618.
— *Fland.*, 62, 387, 397, 416, 417, 766, 851, 853, 1225, 1441.
— *Guy.*, 199.
— *Lorr.*, 125.
— *Montp.-Mont.*, 435.
— *Orl.*, 39, 66, 354, 452, 599, 601, 616, 638, 691, 697, 799.
— *Par.*, I, 369, 546, 843, 931, 1285.
— *Par.*, II, 118, 780.
— *Par.*, IV, 274, 388, 395, 549.
— *Prov.*, I, 634.
— *Prov.*, II, 280.
— *La Roch.*, 196, 285.
— *Soiss.*, 80, 144, 463, 524, 565, 567, 568, 569, 593, 785, 794.
— *Toul.-Mont.*, 456.
— *Tours*, 264, 265, 816, 1120, 1155, 1326.
— *Vers.*, 106, 206.
Maire et échevins d'Asbourg (les). *Lorr.*, 568.
— de Bastogne. *Lorr.*, 567.

— de Bittebourg. *Lorr.*, 269.
— du bourg d'Echternac. *Lorr.*, 266.
— de la Cour du Louet de St-Pierre. *Lorr.*, 567.
— d'Esche, au duché de Luxembourg. *Lorr.*, 265.
— de Thonen, au duché de Luxembourg. *Lorr.*, 265.
Maireau. *Par.*, I, 404.
Maires (des). *Caen*, 293, 309.
Mairesse. *Fland.*, 14, 102, 158, 291, 297, 620, 626.
Mairet. *Bourg.*, I, 607, 630, 850, 1102.
Mairetet. *Bourg.*, I, 47.
— *Bourg.*, II, 61.
Maireville. *Montp.-Mont.*, 167.
— *Toul.-Mont.*, 819.
Mairie (la). *Dauph.*, 452.
— *Rouen*, 447, 457.
Mairol. *Bourg.*, I, 632.
Mairot. *Bourg.*, I, 92, 564, 726, 731, 828, 1071, 1103, 1126.
Mais. *Pic.*, 488.
Mais (du). *Caen*, 591.
Maisnel. *Al.*, 709.
Maisniel (du). *Pic.*, 240, 275.
Maison. *Al.*, 946.
Maison (la). *Bret.*, I, 350.
— *La Roch.*, 229.
Maisonas. *Bourg.*, I, 403.
Maisondieu. *Poit.*, 60, 83, 1430.
Maisonneau. *Tours*, 1474.
Maisonneuve. *Dauph.*, 453.
— *Lorr.*, 639.
— *Par.*, III, 487.
— *La Roch.*, 193, 279.
Maisonneuve (la). *Als.*, 127.
— *Bret.*, II, 705.
— *Tours*, 1463.
Maisonnet. *Par.*, III, 366.
Maisonoue. *Toul.-Mont.*, 1069.
Maisonrouge. *Par.*, III, 314.
Maisons (des). *Lim.*, 125.
— *Tours*, 805.
Maisonseule. *Lyon*, 608.
— *Toul.-Mont.*, 919.
Maisonville. *Bourg.*, I, 974.
Maissat. *Par.*, I, 894.
— *Par.*, II, 513.
Maisse. *Prov.*, I, 1026.
Maisset. *Toul.-Mont.*, 1204.
Maisson. *Toul.-Mont.*, 1275.
Maistre. *Bourb.*, 333, 334, 573, 578.
— *Bourg.*, I, 445, 728, 832, 870, 1038, 1048.

— *Bourg.*, II, 566.
— *Prov.*, I, 61.
Maistre (le). *Al.*, 699, 701, 875, 955, 1114, 1141, 1161.
— *Bret.*, I, 345, 417.
— *Bret.*, II, 35, 410 602.
— *Caen*, 197, 202, 206, 208, 211, 677.
— *Champ.*, 207, 408, 649.
— *Dauph.*, 169, 145.
— *Fland.*, 63,
— *Lyon*, 17.
— *Orl.*, 224, 357, 897, 916.
— *Par.*, II, 33, 892, 1073, 1177.
— *Par.*, III, 237, 457, 471, 517.
— *Par.*, IV, 5, 24, 258, 673.
— *Poit.*, 1342, 1392.
— *Prov.*, I, 597.
— *La Roch.*, 83.
— *Rouen*, 317, 401, 597, 708, 746, 752, 894, 923, 936, 1334.
— *Toul.-Mont.*, 569.
— *Tours*, 72, 295, 530, 1422, 1457, 1468, 1524.
Maitre. *Poit.*, 1119.
Maitre (de). *Montp.-Mont.*, 191.
Maitre (le). *Pic.*, 81, 776, 795.
— *Soiss.*, 858.
Maitreau. *Poit.*, 506.
Maitrise. *Bourg.*, I, 334.
Maitz (du). *Montp.-Mont.*, 633.
— *Par.*, II, 898, 1269, 1036.
Maixant (St-). *Poit.*, 121 hôtel de ville, 126 abb., 988 off., 994.
Maiziéren. *Bourg.*, II, 130.
Maizières. *Par.*, II, 45.
Maizières (des). *Fland.*, 7, 9, 254, 323, 387, 1035.
Majance. *Guy.*, 123.
Majeudi (la). *Béarn*, 76, 123.
Majeur (le). *Pic.*, 122.
Majol. *Prov.*, I, 1039.
Majolli. *Prov.*, I, 1022, 1334.
Majonade. *Guy.*, 315.
Major. *Par.*, III, 508.
Majoret. *Toul.-Mont.*, 34, 173.
Majou. *Poit.*, 576, 1195, 1259, 1276.
Majoul. *Toul.-Mont.*, 1160.
Majour. *Auv.*, 91.
— *Pic.*, 736.
Majourel. *Toul.-Mont.*, 812.
Majousse. *Prov.*, I, 1033.
Mal. *Toul.-Mont.*, 980.
Mal (le). *Tours*, 298.
Malabiou. *Toul.-Mont.*, 537.
Malabois. *Lim.*, 153, 316.

Malabrun. *Bourg.*, i, 562.
Malacan. *Toul.-Mont.*, 546.
Maladière (la). *Als.*, 184.
Malafosse. *Montp.-Mont.*, 880, 947.
— *Toul.-Mont.*, 718.
Malaire. *Toul.-Mont.*, 715.
Malaisé. *Als.*, 702.
Malaise (de). *Lorr.*, 342.
Malaison. *Poit.*, 1498.
Malan. *Prov.*, ii, 305.
Malapert. *Fland.*, 12, 21, 26, 27, 1208.
Malaquin. *Par.*, i, 627.
Malard. *Prov.*, i, 23.
Malardens. *Béarn*, 105.
Malaret. *Toul.-Mont.*, 572, 855, 945, 1291.
Malartie. *Guy.*, 399, 845, 870.
Malartie. *Par.*, i, 1213.
Malasagne. *Montp.-Mont.*, 616.
Malassis. *Rouen*, 911, 1293.
Malatié (la). *Toul.-Mont.*, 1218.
Malaubert. *Toul.-Mont.*, 322, 345, 1267.
Malaunai. *Tours*, 1471.
Malaunay. *Poit.*, 272.
Malaval. *Montp.-Mont.*, 138, 146, 149.
— *Prov.*, i, 649, 718, 841.
Malavergne. *Lim.*, 20, 338.
Malbame. *Als.*, 606.
Malbec. *Bret.*, ii, 710, 996.
— *Guy.*, 451, 456, 834, 877, 1017.
— *Montp.-Mont.*, 425, 934.
— *Poit.*, 563.
Malbeste. *Par.*, iii, 406, 514.
Malbois. *Als.*, 573.
— *Montp.-Mont.*, 1044.
— *Toul.-Mont.*, 1263.
Malbosc. *Montp.-Mont.*, 377, 385.
Malbranche. *Tours*, 1275.
Malbrans. *Orl.*, 772.
Malchard. *Lorr.*, 608, 609 *bis*, 625.
Malcotte. *Fland.*, 1362.
Malcouran. *Bourg.*, i, 1024.
Maldant. *Tours*, 749.
Maldeben. *Fland.*, 927.
Maldeine. *Toul.-Mont.*, 711.
Maldent. *Poit.*, 894, 964.
Malderé. *Rouen*, 196, 220.
Maldonnat. *Fland.*, 278, 961.
Maldure. *Fland.*, 973.
Malechat. *Bourg.*, ii, 7.
Malecoste. *Toul.-Mont.*, 792.
Maledent. *Lim.*, 3, 4, 15, 23, 136, 214, 415, 416.
Maleguat. *Guy.*, 728

Malen. *Dauph.*, 246.
Malenfant. *Caen*, 339.
— *Toul.-Mont.*, 1398.
Maleprade. *Guy.*, 881, 882.
Malerbe. *Prov.*, i, 998.
Maleschard. *Bourg.*, ii, 66, 67.
Malescot. *Bret.*, i, 206.
— *Guy.*, 103, 405.
— *Orl.*, 240, 757.
Malestroit. *Bret.*, ii, 291.
Malet. *Caen*, 144, 563.
— *La Roch.*, 199, 213.
— *Toul.-Mont.*, 1347.
Malezieu. *Par.*, ii, 464, 834.
— *Vers.*, 139.
Malfilastre. *Caen*, 373, 715.
— *Rouen*, 342.
— *Tours*, 574.
Malfillatre. *Al.*, 93, 575, 804, 1194, 1199.
Malfin. *Bourg.*, ii, 83.
Malfreix. *Auv.*, 286.
Malgast. *Toul.-Mont.*, 750.
Malgras. *Bourg.*, ii, 78.
Malguiche. *Orl.*, 41.
Malherbe. *Al.*, 37, 41, 67, 76, 78, 208, 467, 478, 562, 612, 752, 755, 777, 786.
— *Bret.*, i, 977.
— *Bret.*, ii, 676, 901, 1119.
— *Caen*, 144, 149, 176, 378, 406, 516, 650, 664, 772.
— *Lorr.*, 635.
— *Orl.*, 243, 411, 489.
— *Par.*, i, 1252.
— *Par.*, iii, 295.
— *La Roch.*, 264, 281.
— *Rouen*, 24, 904.
— *Soiss.*, 842.
— *Tours*, 278, 1143, 1154.
— *Vers.*, 234.
Malbeüe. *Rouen*, 418.
Malhol. *Montp.-Mont.*, 180.
Maliac. *Toul.-Mont.*, 459.
Malian. *Montp.-Mont.*, 328, 329.
— *Par.*, i, 79, 165, 295, 296, 305, 584, 672, 768, 903, 1022, 1086, 1127, 1182, 1225.
Malide. *Guy.*, 192, 500.
Malifaut. *Lyon*, 557.
Malignon. *Montp.-Mont.*, 925.
Malinas. *Lyon*, 445, 667.
Malineau. *Poit.*, 170, 1160.
— *La Roch.*, 413, 418.
— *Tours*, 107, 130, 131, 503, 561.
Malinet. *Fland.*, 204.

Malingrau. *Fland.*, 1301.
Malingre. *Par.*, III, 464.
Malinguelien. *Par.*, IV, 139.
Malinguen. *Par.*, I, 1197.
Mélinsart. *Champ.*, 884.
Malis. *Prov.*, II, 663.
Maliveau. *Bourges*, 274.
— *Tours*, 205, 208, 531.
Maliverni. *Prov.*, I, 893, 953.
Malivert. *Bourg.*, I, 7.
— *Lyon*, 836.
Malivarde. *Fland.*, 486.
Mallac. *Guy.*, 850.
— *Toul.-Mont.*, 867.
Mallard. *Lyon*, 665.
— *Orl.*, 395, 468.
— *Rouen*, 391.
Mallart. *Bret.*, II, 773.
— *Pic.*, 404.
Mallat. *La Roch.*, 397.
Mallausanne. *La Roch.*, 228.
Mallebranche. *Par.*, I, 871.
— *Par.*, IV, 65.
Mallefille. *Guy.*, 846.
Mallemain. *Pic.*, 100, 410.
Mallemains. *Par.*, I, 1404.
Mallemanche. *Poit.*, 902.
Malleré. *Bourb.*, 497.
Malleret. *Lim.*, 43, 189.
— *Poit.*, 216, 309.
Malleroy. *Bourg.*, I, 201.
— *Par.*, III, 491.
Malles (de). *Lorr.*, 339.
Mallesie. *Rouen*, 448.
Mallesieux. *Pic.*, 891.
Mallet. *Al.*, 10, 245, 589, 772, 780, 1012, 1095, 1177.
— *Auv.*, 243, 275, 370, 371, 416, 431, 508.
— *Bourb.*, 548.
— *Bourg.*, II, 358.
— *Bret.*, II, 511.
— *Dauph.*, 190.
— *Fland.*, 282, 288, 1127, 1201.
— *Guy.*, 107, 248, 426, 459, 836, 927, 932, 1038, 1071, 1203.
— *Lyon*, 604, 672.
— *Montp.-Mont.*, 1247, 1248.
— *Orl.*, 626.
— *Par.*, I, 710, 896, 920, 1075, 1126, 1237, 1273, 1274, 1282.
— *Par.*, II, 193, 584.
— *Par.*, III, 285, 328, 460, 476, 479.
— *Par.*, IV, 65, 132.
— *Pic.*, 538, 617, 711, 843, 847.
— *Poit.*, 1139, 1337, 1389.

— *Rouen*, 254, 259, 333, 598, 995, 1150, 1167, 1168, 1368.
— *Soiss.*, 460.
Mallevaut. *Lim.*, 134, 139, 152.
Malleville. *Al.*, 221, 228, 237, 322, 456, 627, 628, 640, 726, 886, 901.
— *Par.*, I, 424.
— *Rouen*, 67, 222, 1220, 1242.
— *Toul.-Mont.*, 808, 956, 1065.
Malliau. *Montp.-Mont.*, 721, 1566.
Malliaud (le). *Bret.*, I, 888.
Mallier. *Par.*, II, 36.
Malliet. *Bourg.*, I, 424.
Mallo. *Bourg.*, I, 247, 328.
Mallon (St-). *Bret.*, I, 229.
Mallot. *Toul.-Mont.*, 640.
Malluande (de). *Pic.*, 425.
Malmaison (de). *Lorr.*, 2.
Malmaison (la). *Orl.*, 601, 631, 641.
Malmedi. *Lorr.*, 592.
Malmie (la). *Toul.-Mont.*, 201, 892.
Malmont. *Lyon*, 296.
— *Montp.-Mont.*, 304.
Malmouche. *Tours*, 628.
Malnoé. *Par.*, I, 531.
Malnoi (de). *Lorr.*, 55, 71.
Malnoüe. *Al.*, 237, 786, 921.
— *Rouen*, 730.
Malo. *Par.*, II, 4, 562.
Malo du Bousquet. *Lyon*, 111.
Maloisel. *Caen*, 494.
— *Soiss.*, 274.
Malon. *Par.*, I, 77, 820.
— *Par.*, II, 678.
Malordy. *Montp.-Mont.*, 137, 1448.
Malortie. *Al.*, 36, 306, 377, 1173, 1204.
— *Caen*, 229.
— *Par.*, II, 1077.
— *Rouen*, 46, 312, 1218, 1225, 1240, 1252.
Malortigue. *Par.*, I, 1060.
Malorty. *Soiss.*, 359.
Malot. *Al.*, 925.
— *Bourg.*, II, 64.
— *Par.*, I, 328, 1393.
Maloteau. *Fland.*, 62.
Malouin. *Caen*, 583.
Malouit. *Lorr.*, 114.
Malpaix. *Fland.*, 852, 1269.
Malpas. *Bourg.*, I, 686, 745.
Malpeire. *Toul.-Mont.*, 40.
Malpel. *Vers.*, 295.
Malpoix. *Bourg.*, II, 13, 44, 102.
Malpoy. *Bourg.*, I, 324, 476.
Malprade. *Toul.-Mont.*, 5.
Malras. *Auv.*, 460, 461.

— *Toul.-Mont.*, 1161.
Malronmé. *Guy.*, 163.
Malroux. *Auv.*, 223.
— *Toul.-Mont.*, 274, 948.
Malsagne. *Auv.*, 162.
Malsat, *Orl.*, 599.
Malseigné. *Lim.*, 392
Malterre. *Bret.*, I, 580.
Malteste. *Bourg.*, I, 50, 251, 294, 327, 470.
— *Bourg.*, II, 112.
— *Poit.*, 1244.
Malthe. *Lyon*, 819.
Maluet. *Toul.-Mont.*, 875.
Maluin. *Montp.-Mont.*, 1185.
Maluseau. *Als.*, 725.
Malvau. *Orl.*, 1002.
Malvaut. *Poit.*, 157, 910.
Malvey. *Montp.-Mont.*, 542.
Malvilain. *Par.*, I, 64, 1054.
— *Par*, III, 434.
Malvin. *Guy.*, 75, 93, 210, 265, 289, 299, 530.
Malvois'n. *Lorr.*, 463, 471.
Malvoisine. *Bourb.*, 281.
Malzac. *Montp.-Mont.*, 592.
— *La Roch.*, 427.
Malzard. *Par.*, III, 560.
Mamay. *Bourg.*, I, 992.
Mambre. *Bourg.*, II, 242.
Mameglire. *Toul.-Mont.*, 1113.
Mamer. *Par.*, III, 319.
Mamet. *Rouen*, 1400.
Mamin. *Guy.*, 1041.
Mammetz. *Pic.*, 211, 212, 741.
Mammez. *Par.*, III, 529.
Mamye (le). *Als.*, 521.
Mana. *Par.*, III, 384.
Manac. *Bret.*, II, 531.
Manadé. *Guy.*, 798.
Manai. *Pic.*, 560.
Manas. *Toul.-Mont.*, 975.
Manaut. *Toul.-Mont.*, 317, 1297.
Mançay (de). *Bourges*, 521.
Mance. *Par.*, I, 695.
Manceau. *Par.*, III, 482.
— *Poit.*, 135, 351, 1129.
— *Prov.*, I, 754.
— *La Roch.*, 264.
— *Rouen*, 870, 866.
Manceau (le). *Al.*, 1104, 1106.
— *Tours*, 894.
Mancel. *Al.*, 302, 609, 1200, 1205.
— *Bret.*, I, 725.
— *Bret.*, II, 453.
— *Pic.*, 349.

Mancel (le). *Caen*, 174, 592.
— *Rouen*, 332, 335.
Mancéna. *Als.*, 499.
Mancenan. *Bourg.*, I, 1018.
Manchain. *La Roch.*, 201.
Manche. *Par.*, IV, 101.
Manche (de). *Bourg.*, I, 146.
Manchin. *Orl.*, 811.
Manchon. *Bret.*, I, 33.
— *Par.*, III, 346.
— *Rouen*, 1136.
Mancin. *Dauph.*, 415.
Mancini. *Par.*, I, 121.
— *Par.*, III, 20.
Mandaron. *Prov.*, I, 1036.
Mandat. *Lim.*, 319.
— *Par.*, I, 903, 923.
— *Par.*, II, 354, 1071.
— *Toul.-Mont.*, 22.
Mandé (Saint). *La Roch.*, 429.
Mandel. *La Roch.*, 142.
Mandens. *Toul.-Mont.*, 1089.
Manderscheid. *Als.*, 429.
Manderscheide *Lorr.*, 285, 316.
Mandi. *Soiss.*, 338.
Mandinis. *Pic.*, 330.
Mandolière (la). *Lyon*, 237.
Mandols. *Prov.*, II, 615.
Mandon. *Montp.-Mont.*, 602.
— *Poit.*, 1491.
— *Prov.*, II, 201, 675.
Mandoueil. *Toul.-Mont.*, 674.
Mandoul. *Toul.-Mont.*, 537.
Mandronnet. *Montp.-Mont.*, 888.
Mandroux. *Tours*, 828, 1517.
Manejean. *Lorr.*, 149.
Manel (le). *Lim.*, 459.
Manelli. *Lorr.*, 97.
Manen. *Montp.-Mont.*, 204.
Manenc. *Prov.*, I, 667, 1351.
Manent. *Dauph.*, 114, 478.
— *Toul.-Mont.*, 163, 609, 864.
Manes. *La Roch.*, 407.
Manes (des). *Auv.*, 591.
Manés. *Toul.-Mont.*, 513.
Manessier. *Fland.*, 13.
— *Pic.*, 24, 90, 234, 235, 239, 271, 436, 442, 568, 570.
— *Rouen*, 1159.
Manesson. *Par.*, I, 1370.
Manessy. *Lyon*, 651.
Manet. *Guy.*, 924, 990.
Manez. *Pic.*, 792.
Mange. *Bourg.*, II, 111.
Mangé. *Fland.*, 794.
Mangeant. *Tours*, 810.

Mangelschot. *Fland.*, 1374.
Mangeon. *Lorr.*, 353.
Mangeot. *Lorr.*, 614, 626, 671.
— *Tours*, 277.
Mangeot (du). *Soiss.*, 551.
Mangette. *Guy.*, 867.
Mangin. *Bourges*, 83.
— *Lorr.*, 272, 353, 357, 459, 612.
— *Lyon*, 234.
— *Poit.*, 86, 817.
Mangin (du). *Champ.*, 249, 341.
Mangon. *Caen*, 242, 294.
Mangot. *Orl.*, 93.
— *Par.*, II, 512.
Mangou. *Poit.*, 133, 1006, 1011, 1092, 1105.
Manheule (de). *Lorr*, 522.
Maniban. *Guy.*, 100, 168, 930.
— *Toul.-Mont.*, 110, 842.
Manicher. *Al.*, 1184.
Manier. *Bourg.*, II, 139.
Manière (la). *La Roch.*, 137.
Manières. *Guy.*, 1174, 1176, 1179, 1198.
Maniface. *Par.*, II, 623.
Manigon. *Bret.*, II, 1030.
Manigre. *Orl.*, 337.
Manihet. *Bret.*, II, 1008.
Manillon. *Lyon*, 165.
Manin. *Bourg.*, II, 86, 241, 245, 247.
— *Fland.*, 380.
— *Lorr.*, 525.
— *Lyon*, 17, 27.
— *Prov.*, I, 629.
Manion. *Als.*, 982.
Maniquet. *Dauph.*, 90, 113.
Manissi. *Dauph.*, 36, 91, 95.
Manissier. *Lyon*, 296.
Manivault. *Par.*, IV, 668.
Maniville. *Par.*, II, 39, 1222.
Manjon. *Champ.*, 279.
Manjot. *Par.*, III, 225.
— *Poit.*, 202.
Manmacher. *Als.*, 615.
Mann. *Als.*, 720.
Mannai. *Pic.*, 648.
Mannback. *Al.*, 4.
Mannordorf. *Als.*, 450.
Manne (la). *Par.*, III, 574.
Manneck. *Fland.*, 995.
Mannes (de). *Poit.*, 458, 1110.
Manneville. *Par.*, I, 1205.
— *Par.*, IV, 396.
— *Pic.*, 280.
— *Rouen*, 200, 404, 702, 885.
Mannevy. *Poit.*, 1125.

Mannier. *Bret.*, II, 1103.
— *Soiss.*, 846.
Mannouri. *Al.*, 12, 14, 15, 31, 32, 33, 45, 46, 91, 190, 230, 503, 532, 545, 548, 598, 736, 753, 761, 762, 765, 773, 782, 852, 1101, 1152.
— *Caen*, 155.
— *Rouen*, 320, 910.
Manny. *Montp-Mont.*, 39.
Manny (du). *Lim.*, 52, 364.
Manoel. *Montp.-Mont.*, 836.
Manoie. *Prov.*, II, 447.
Manoir. *Al.*, 859.
Manoir (du). *Bret.*, II, 541.
Manoli. *Prov.*, I, 824.
Manosque. *Prov.*, I, 859.
— *Prov.*, II, 569. V.
Manote. *Toul.-Mont.*, 1484.
Manots. *Guy.*, 82.
Mans. *Tours*, 277. E.
Mans (du). *Bret.*, I, 208.
— *Orl.*, 783.
— *Tours*, 867, 1526.
Mansard. *Vers.*, 60.
Mansart. *Par.*, I, 156.
— *Par.*, II, 454.
Manscri. *Lorr.*, 668.
Manse. *Prov.*, I, 540.
Manseau. *Par.*, I, 147.
Mansecourt. *Soiss.*, 163, 368.
Mansclière (la). *Bret.*, II, 909.
Mansencal. *Toul.-Mont.*, 441.
Mansier. *Vers.*, 278.
Mansois (le). *Caen*, 301.
Manson. *Prov.*, II, 112 119.
— *Tours*, 1305.
Mantau. *Poit.*, 345.
Mante. *Par.*, II, 237.
— *Par.*, III, 332.
Mante (de). *Montp.-Mont.*, 18, 130, 1267, 1274, 1280.
Mantellier. *Bourg.*, I, 412, 415.
Manteville. *Lorr.*, 484.
Mantonnière (la). *Auv.*, 147.
Mantrotte. *Tours*, 397.
Mantz. *Als.*, 581.
Mannel. *Lorr.*, 391.
— *Par.*, II, 735.
— *Prov.*, II, 284.
— *Pic.*, 314.
Manvieu (St)-. *Caen*, 359, 786.
Manvillé. *Champ.*, 66.
Manze. *Dauph.*, 587.
Maoulle. *Prov.*, I, 600.
Map (le). *Bret.*, I, 787.
Mappus. *Als.*, 447, 480.

Maquaire. *Par.*, ii, 124.
Maquelin. *Soiss.*, 360.
Maquerel. *Pic.*, 526, 536.
Maqueron. *Par.*, ii, 1154.
Maquière. *Lyon*, 538.
Marabel. *Bourg.*, i, 1272.
Maragon. *Bret.*, ii, 237.
Marai (de). *Bourges*, 270.
Maraimbert. *Al.*, 515.
Marain. *La Roch.*, 174.
Maraine. *Al.*, 1035.
Marais. *Al.*, 137, 958, 1148.
— *Caen*, 565, 668.
— *Montp.-Mont.*, 1356.
— *Par.*, ii, 882.
— *Rouen*, 1103.
— *Tours*, 260, 730, 1077.
Marais (de). *Lorr.*, 368.
Maralde. *Par.*, ii, 1011.
Maraleck. *Fland.*, 1049.
Marallar. *Guy.*, 218.
Maran. *Fland.*, 451.
— *Tours*, 501, 1510.
Maran (le). *Bret.*, ii, 208.
Maranchon. *Lyon*, 180.
Marandé. *Bourges*, 180, 394.
— *Par.*, ii, 191.
Marans. *Bourg.*, i, 941.
— *Poit.*, 1466.
Maransac. *Montp.-Mont.*, 1218.
Marant. *Bret.*, i, 56.
Maras. *Guy.*, 59, 77, 542, 814.
Marat. *Auv.*, 393.
Marattes. *La Roch.*, 128.
Marau. *Toul.-Mont.*, 162.
Maraval. *Toul.-Mont.*, 718, 719.
Marback. *Als.*, 460, 487, 568.
Marbais. *Fland.*, 245, 294, 328.
Marbœuf. *Al.*, 212.
— *Bret.*, i, 6, 16, 25, 446, 457, 467.
— *Poit.*, 264, 950, 1400.
— *Rouen*, 577, 965.
Marbœuf. *Caen*, 182.
Marbodin. *Bret.*, i, 11.
Marbos. *Bourg.*, i, 249.
Marbotin. *Guy.*, 27, 42, 97.
Marbré. *Bret.*, i, 780.
Marc. *Bourg.*, i, 81, 250.
— *Bourg.*, ii, 18, 612.
— *Lorr.*, 617.
— *Par.*, i, 346.
— *Par.*, ii, 548, 557.
— *Pic.*, 639.
— *Prov.*, ii, 343.
— *Rouen*, 646, 651, 734, 784, 848, 849, 1190, 1221, 1335.

— *Soiss.*, 464, 696.
Marc (de). *Fland.*, 3, 157, 1190, 1496.
— *Toul.-Mont.*, 86, 914, 1296.
Marc (du). *Poit.*, 1107.
Marc (la). *Par.*, ii, 500.
Marc (St-). *Bret.*, i, 282.
— *Bret.*, ii, 440.
— *Guy.*, 111, 638, 950, 1127.
— *Prov.*, i, 352, 379, 526.
— *Prov.*, ii, 5, 13, 14, 219.
— *Toul.-Mont.*, 1205.
Marca. *Lyon*, 618, 950.
Marcadé. *Caen*, 58, 61, 277, 446.
— *Guy.*, 129, 204.
— *Par.*, i, 491, 570, 941.
— *Par.*, ii, 682.
— *Par.*, iii, 398.
— *Poit.*, 1390.
— *Rouen*, 1375.
Marcadet. *Pic.*, 685.
Marcadie. *Prov.*, i, 1418.
Marcadier. *Bret.*, ii, 398, 425.
Marcadiers. *Poit.*, 817.
Marcai. *Bourges*, 87.
Marcasseau. *Poit.*, 979.
Marcassus. *Fland.*, 2.
Marcatel. *Rouen*, 419.
Marcault. *Par.*, i, 1334.
Marçay. *Orl.*, 25, 1003.
Marcé. *Tours*, 293, 630, 634.
Marceau. *Bourg.*, 76.
— *Champ.*, 125.
Marcel. *Al.*, 725.
— *Dauph.*, 322, 328, 333, 465.
— *Montp.-Mont.*, 481.
— *Orl.*, 318.
— *Par.*, i, 592, 803, 1219.
— *Prov.*, i, 950.
— *Prov.*, ii, 745, 821.
— *Rouen*, 630.
— *Tours*, 1383.
Marcelange. *Prov.*, ii, 483.
Marcelat. *Par.*, iv, 655.
Marceli. *Toul.-Mont.*, 262.
Marcelin. *Bourb.*, 552.
— *Prov.*, i, 925.
— *Prov.*, ii, 806.
Marcellanges. *Bourb.*, 180, 209, 284.
Marcellat. *Bourb.*, 627.
Marcelot. *Par.*, iv, 524.
Marcenay. *Bourg.*, ii, 192.
— *Par.*, iv, 574.
Marcés. *Par.*, i, 991, 1064.
Marcesserie. *Rouen*, 273, 422.
Marcette. *Pic.*, 203.
Marcez. *Fland.*, 4.

— *Par.*, ii, 415, 933.
— *Par.*, iv, 19.
Marcha. *Montp.-Mont.*, 659.
Marchai. *La Roch.*, 168.
Marchais. *Orl.*, 351.
— *Par.*, i, 645.
— *Par.*, ii, 510, 1095.
— *Poit.*, 1163.
— *Rouen*, 129.
— *Tours*, 527.
Marchal. *Als.*, 406.
Marchand. *Al.*, 702, 703, 732, 1010, 1023, 1031, 1049.
— *Bourg.*, i, 436, 558, 570, 694, 835, 969, 972, 997, 1009, 1051, 1227, 1278.
— *Bourg.*, ii, 315, 373.
— *Champ.*, 360, 838.
— *Fland.*, 855, 1012, 1210.
— *Guy.*, 370, 511, 959.
— *Lorr.*, 86, 177, 274, 277 *bis*, 281, 368, 506, 640.
— *Lyon*, 130.
— *Par.*, ii, 38, 67, 170, 298, 536.
— *Par.*, iv, 42, 803.
— *Pic.*, 380, 570, 573, 576, 594, 811, 815.
— *Poit.*, 122, 129, 372, 504, 865, 1170, 1246, 1364, 1525.
— *La Roch.*, 157, 265, 357.
— *Soiss.*, 320, 372, 565.
— *Toul.-Mont.*, 12.
— *Tours*, 234, 238, 484, 889, 1086.
— *Vers.*, 38.
Marchand (le). *Bourges*, 30, 101.
— *Bret.*, ii, 199, 1100.
— *Rouen*, 70, 92, 605, 665, 776, 796, 838, 1104, 1114, 1328.
— *Tours*, 796, 962, 1355, 1361.
Marchandet. *Bourg.*, i, 690.
Marchandière (la). *Par.*, i, 348.
Marchandon. *Guy.*, 123, 196.
— *Lim.*, 12, 345.
Marchands (les). *Poit.*, 395, 808, 1268. Communauté.
Marchands (les) de la ville de Bar. *Lorr.*, 20.
— de Damvillers. *Lorr.*, 671.
— de Montmédy. *Lorr.*, 633.
— de Nanci. *Lorr.*, 119.
— de Verdun. *Lorr.*, 668, 673.
— de Vic. *Lorr.*, 297.
— de blé. Communauté. *Poit.*, 457, 555, 1170, 1521.
Marchangi. *Lyon*, 234.
Marchant. *Bourb.*, 58, 71, 455.

— *Orl.*, 736.
— *Par.*, i, 544, 722, 1065, 1169.
— *Par.*, iii, 318, 377, 418, 469, 471, 472, 569.
— *Prov.*, i, 169.
Marchant (le). *Caen*, 31, 569, 585, 590, 598, 613.
— *Par.*, i, 324, 1159.
Marchat. *Orl.*, 423.
Marche (la). *Bourb.*, 314, 317, 320, 530.
— *Bret.*, i, 980.
— *Caen*, 251.
— *Champ.*, 293.
— *Orl.*, 147, 553.
— *Par.*, i, 1236.
— *Par.*, iii, 409.
Marché. *Bret.*, ii, 443.
— *Fland.*, 820.
Marché (du). *Bourg.*, i, 246, 393.
Marchegai. *Poit.*, 1278.
Marcher (le). *Rouen*, 1232.
Marcheres. *Al.*, 9, 49.
Marchés. *Guy.*, 1067, 1091.
Marchesseau. *Tours*, 1516.
Marcheville. *Champ.*, 97.
Marchezière (la). *Poit.*, 516.
Marchienne. *Fland.*, 390. V.
Marchier. *Dauph.*, 145.
Marchin (de). *Lorr.*, 89, 332, 335.
Marchis (du). *Rouen*, 382.
Marchois (le). *Rouen*, 883.
Marchureau. *Lyon*, 96.
Marciac. *Bourg.*, i, 965.
— *Toul.-Mont.*, 1335. V.
Marcillac. *Bourges*, 6, 334.
— *Lim.*, 176, 481.
— *Montp.-Mont.*, 139, 1090. V.
— *Par.*, ii, 300, 372, 566.
— *Pic.*, 436.
— *Toul.-Mont.*, 301.
Marcillé. *Bret.*, i, 757, 814.
Marcilli. *Al.*, 140.
— *Poit.*, 761.
Marcillier. *Dauph.*, 37.
Marcilly. *Par.*, ii, 74.
— *Par.*, iii, 302.
Marcinickeim. *Als.*, 1014.
Marck. *Par.*, iii, 87.
Marck (le). *Bourges*, 241.
Marckolzheim. *Als.*, 148. V.
Marclot. *Lyon*, 833. Voy. Coquiet.
Marcois. *Par.*, iii, 229.
Marcol. *Lorr.*, 120 *bis*.
Marcollai. *La Roch.*, 434.
Marcon. *Poit.*, 1442.

Marconnai. *Poit.*, 51, 102, 341, 559, 800, 1346.
— *La Roch.*, 55.
— *Tours*, 183, 1285.
Marconnay. *Bourg.*, I, 304.
— *Par.*, II, 1115.
Marconnet. *Caen*, 422.
Marconnier. *Toul.-Mont.*, 991.
Marcot. *Montp.-Mont.*, 863.
Marcotte. *Pic.*, 738, 739, 740.
— *Soiss.*, 80, 124.
Marcou. *Par.*, II, 584.
Marcoul. *Lim.*, 337.
Marcourelles. *Toul.-Mont.*, 1193.
Marcous. *Montp.-Mont.*, 361, 1137.
— *Dauph.*, 642.
Mardeaux (des). *Pic.*, 707.
Mare. *Fland.*, 31.
Mare (de). *Champ.*, 291.
Mare (la). *Al.*, 448, 572, 615, 771, 798, 882, 908.
— *Bourg.*, I, 26, 27, 36, 37, 38, 88, 311, 325, 342, 474.
— *Bourg.*, II, 23, 28, 86, 89, 480.
— *Caen*, 578, 682, 692, 701.
— *Guy.*, 839.
— *Lim.*, 217.
— *Soiss.*, 565, 568, 784, 786, 854.
Mareau. *Par.*, II, 35.
— *Par.*, III, 11.
— *Tours*, 885, 986, 1420.
Mareaudet. *Tours*, 1473.
Marebisquai. *Béarn*, 163.
Marec. *Bret.*, I, 49, 828.
— *Bret.*, II, 79.
Maréchal. *Pic.*, 816, 819.
Marechal. *Tours*, 337.
Maregou. *Auv.*, 456.
Marei. *Prov.*, I, 1350.
Mareil. *Bret.*, I, 349, 977.
Mareinx. *Béarn*, 71.
Marel. *Fland.*, 178.
— *Lyon*, 612.
Marelet. *Guy.*, 440.
Marelier. *Bourg.*, I, 1160.
Marelieras. *Lim.*, 136.
Marellet. *Prov.*, II, 330.
Maremonde. *Al.*, 904.
Marenc. *Prov.*, I, 1289, 1299.
Marenches. *Bourg.*, I, 558, 1129.
Marencourt *La Roch.*, 212.
Marens. *Montp.-Mont.*, 1218.
Marentier. *Prov.*, I, 1028.
Mares (des). *Al.*, 979.
— *Caen*, 26.
— *Champ.*, 479.

— *Fland.*, 423, 1267.
— *Par.*, I, 627.
Marescal. *Par.*, I, 548, 1179, 1180, 1190.
— *Poit.*, 1548.
Marescault. *Fland.*, 1435.
Mareschal. *Als.*, 490, 618, 626.
— *Bourb.*, 29, 107, 111, 114, 267, 351, 393.
— *Bourg.*, I, 415, 595, 610, 612, 615, 618, 619, 626, 635, 665, 672, 747, 825, 829, 898, 903, 1006, 1019, 1108, 1112.
— *Bourg.*, II, 7.
— *Bret.*, I, 511.
— *Bret.*, II, 483, 1079.
— *Champ.*, 214, 522, 745.
— *Dauph.*, 160.
— *Fland.*, 217, 1447.
— *Lorr.*, 217, 618.
— *Montp.-Mont.*, 475, 698, 1428.
— *Par.*, II, 647.
— *Par.*, III, 134, 148, 459.
— *Par.*, IV, 50, 124.
— *Poit.*, 373, 1224.
Mareschal (le). *Al.*, 361, 481, 1146.
— *Bourges*, 22, 73.
— *Caen*, 724, 762.
— *Lorr.*, 51.
— *Orl.*, 292.
— *Poit.*, 152.
— *Rouen*, 137, 371, 372, 373, 396, 510.
— *Toul.-Mont.*, 894.
Mareschau. *Als.*, 36.
— *Lorr.*, 37.
— *Orl.*, 376, 633.
— *Tours*, 936.
Maréchaussée (la). *Poit.*, 1473. Off.
Mareschaux. *Par.*, I, 1130.
— *Par.*, II, 406.
— *Poit.*, 397, 569, 774, 805, 870, 918, 931, 966, 1091, 1177, 1268, 1285, 1520.
Mareschaux (les) de Luxembourg. *Lorr.*, 684.
— de Rambervilliers. *Lorr.*, 618.
— de Thionville. *Lorr.*, 690.
— de Verdun. *Lorr.*, 668.
— Mareschaux (les). Communauté. *Poit.*, 364, 520.
Mareschet. *Bourb.*, 186.
Marescot. *Al.*, 10, 196, 319, 325, 619, 692, 700, 705, 736, 773, 785.
— *Bret.*, II, 530.
— *Montp.-Mont.*, 171.

— *Orl.*, 795.
— *Par*, i, 094.
— *Par.*, ii, 476.
— *Prov.*, ii, 447.
— *Tours*, 1118.
Maresqueres. *Guy.*, 1069.
Marest. *Bourg.*, i, 277.
— *Bourg.*, ii, 554.
— *Bret.*, i, 950.
Marest (du). *Fland.*, 1122.
— *Lyon*, 21, 58, 94, 108, 119, 315, 320, 516, 527, 539, 585, 686.
— *Par.*, iii, 137.
— *Rouen*, 697.
Marest (des). *Tours*, 191.
Mareste. *Bourg.*, i, 11.
— *Rouen*, 80, 271, 653, 874.
Marests (des). *Bourg.*, ii, 608.
— *Caen*, 199.
— *Fland.*, 12, 281, 398.
— *Montp.-Mont.*, 625.
— *Par.*, i, 780, 798, 1164.
— *Par.*, ii, 863, 864, 888, 948, 1081, 1116, 1148.
— *Pic.*, 723.
— *Poit.*, 1072.
— *Rouen*, 1150, 1155, 1182, 1294, 1325.
— *Soiss.*, 121.
Maret. *Auv.*, 468.
— *Bourb.*, 9, 442.
— *Champ.*, 796.
— *Lyon*, 235, 815.
— *Par.*, i, 1326.
— *Soiss.*, 658.
Marette. *Al.*, 457.
— *Par.*, i, 1204.
Marette (de). *Tours*, 892.
Mareuil. *Al.*, 221.
— *Caen*, 216, 531, 542.
— *Par.*, i, 330.
— *Par.*, ii, 328, 654.
— *Pic.*, 20, 27.
— *Poit.*, 1498.
Mareuille (de). *Tours*, 350.
Mareville. *Pic.*, 441, 575.
— *Toul.-Mont.*, 588.
Marez. *Vers.*, 176.
Marfin. *Toul.-Mont.*, 412, 1293, 1323, 1325.
Marga. *Par.*, iii, 283, 365.
Margadel. *Lorr.*, 32, 504.
Margaillan. *Dauph.*, 68.
Margalet. *Prov.*, i, 399.
— *Prov.*, i, 943.
Margand. *Bourg.*, ii, 135.

Margauc. *Orl.*, 896.
Margariteau. *Tours*, 912, 974.
Margaron. *Lyon*, 621.
Margas. *Par.*, iv, 751.
— *Rouen*, 828, 830.
— *Soiss.*, 844.
Margastaud. *Rouen*, 125.
— *Toul.-Mont.*, 135, 1211.
Margat. *Bourges*, 28, 106, 401.
— *Orl.*, 559.
Margathaud. *Montp.-Mont.*, 1182.
Margeon. *Guy.*, 1064.
Margeot. *Al.*, 545, 752, 1079.
— *Rouen*, 354, 1269.
Margeret. *Par.*, i, 49.
— *Par.*, iii, 48, 50.
Margeri. *Soiss.*, 385.
Margeride. *Bourg.*, i, 576.
Margerin. *Pic.*, 889, 892.
Margeron. *Lorr.*, 150.
Margillemont (de). *Pic.*, 845.
Margival. *Par.*, i, 240.
Margnac. *Poit.*, 1010.
Margonne. *Al.*, 1026.
— *Lyon*, 173, 502.
Margoton. *Tours*, 1190.
Margouillat. *Par.*, i, 1128.
Margoux. *Bourges*, 446.
Margras. *Rouen*, 865.
Margri. *Pic.*, 151.
Margu. *Fland.*, 739.
Marguaire. *Bourg.*, i, 1275.
Marguenat. *Par.*, i, 216.
Marguerie. *Al.*, 46, 53, 579, 589, 598.
— *Bourb.*, 50.
— *Caen*, 1, 13, 17, 27, 31, 174, 175, 177, 182, 199, 361, 407, 409, 607.
— *Soiss.*, 160, 162.
Marguerin. *Al.*, 98.
Marguerit. *Al.*, 67, 70, 80, 100, 102, 210, 212, 216, 229, 463, 470, 583, 602, 603, 969.
— *Montp.-Mont.*, 386.
— *Orl.*, 367.
— *Prov.*, i, 904, 1014, 1020, 1024, 1027.
— *Prov.*, ii, 284, 560.
— *Rouen*, 44, 649.
Marguerite. *Poit.*, 475.
Margueritte. *Par.*, i, 437.
Marguicolas. *Lyon*, 903.
Marguier. *Bourg.*, i, 764, 1173, 1175.
Marguin. *Bourg.*, ii, 359.
Marguisan. *Toul.-Mont.*, 22.
Mari. *Prov.*, i, 1391.
— *Prov.*, ii, 764.

Mari (de). *Caen*, 198, 205, 473, 639.
Maria. *Prov.*, I, 864, 917.
Maria (le). *Lyon*, 161.
Mariache. *Poit.*, 916.
Mariage. *Soiss.*, 378, 569.
Marial. *Toul.-Mont.*, 358.
Mariandal (relig. de l'Eglise de). *Lorr.*, 683.
Mariany. *Bourg.*, I, 1022.
Marias. *Guy.*, 158.
Mariau. *La Roch.*, 369.
Mariault. *Tours*, 1129.
Mariaval. *Fland.*, 1102, 1115, 1122, 1125.
Maribrosc. *Rouen*, 251.
Maridal. *Lorr.*, 191, 215.
Maridat. *Lyon*, 14.
— *Montp.-Mont.*, 748.
— *Orl.*, 131,
— *Par.*, II, 268.
Maridor. *Par.*, II, 72, 923.
— *Par.*, III, 233.
— *Tours*, 282.
Marie. *Al.*, 75, 216, 480, 752, 776, 813, 1100, 1102, 1181.
— *Auv.*, 193, 307, 466, 473.
— *Bourg.*, I, 183, 185, 186, 473, 1022.
— *Bourg.*, II, 332, 352.
— *Bret.*, II, 917.
— *Caen*, 317, 610.
— *Lim.*, 465.
— *Montp.-Mont.*, 604.
— *Par.*, I, 1158.
— *Par.*, II, 1121, 1151.
— *Par.*, III, 270.
— *Pic.*, 609.
— *Poit.*, 797.
— *Prov.*, I, 87, 329, 1121.
— *Prov.*, II, 707, 815.
— *Rouen*, 501, 822, 881, 894, 1374.
— *Soiss.*, 560, 721.
— *Toul.-Mont.*, 582, 920, 1133.
— *Tours*, 758, 1159, 1193, 1362, 1480.
Marie (de). *La Roch.*, 191.
Marie (le). *Al.*, 973, 1159.
— *Dauph.*, 108.
— *Par.*, I, 1052, 1333.
Marie (Ste-). *Al.*, 95, 462, 603, 1198.
— *Béarn*, 143.
— *Caen*, 85, 104, 138, 142, 164, 178, 210, 213, 220, 278, 376, 592, 710, 705.
— *Guy.*, 1129.
— *Poit.*, 1504.
— *Vers.*, 184.

— de Metz. *Chap. Lorr.*, 560.
— de Pont-à-Mousson. Ab. *Lorr.*, 58.
— Madeleine de Verdun. *Chap. Lorr.*, 528.
Marié (de). *Montp.-Mont.*, 517.
Marié (le). *Caen*, 350, 795.
— *Champ.*, 267.
— *Pic.*, 35, 446.
— *Rouen*, 101, 1313, 1316, 1317.
— *Tours*, 144, 145, 148, 166, 178, 562, 1086.
Marien. *Lorr.*, 185, 228, 615, 625, 682.
Marier. *Lyon*, 222.
— *Orl.*, 485.
— *Par.*, I, 37, 308.
Mariers. *Bourges*, 479.
Mariés. *Als.*, 171.
Mariet. *Champ.*, 758.
— *Pic.*, 56.
— *Poit.*, 1362.
— *Toul.-Mont.*, 537.
Mariette. *Orl.*, 161, 332, 347, 353, 398, 416, 465.
— *Par.*, I, 1280.
— *Par.*, II, 964.
— *Par.*, III, 148, 216, 475.
— *Toul.-Mont.*, 947.
— *Tours*, 261.
Marieux (des). *Al.*, 448, 928.
Marigna. *Bourg.*, I, 1232, 1251.
— *Pic.*, 229.
Marignac. *Als.*, 8.
— *Toul.-Mont.*, 719.
Marignon. *Prov.*, I, 579.
Marignane. *Prov.*, I, 471. M.
Marigné. *Guy.*, 369.
Marigner. *Al.*, 692, 985, 1114.
— *Par.*, I, 844, 1257.
— *Vers.*, 49.
Marigni. *Lorr.*, 547.
— *Lyon*, 612.
Marignier. *Bourb.*, 476.
Marigny. *Orl.*, 364.
— *Par.*, III, 529.
— *Pic.*, 141.
Marigo. *Bret.*, I, 359.
Marillac. *Par.*, I, 782, 1132, 1254.
— *Par.*, II, 374.
Marille. *La Roch.*, 404.
Marillet. *Poit.*, 489, 1039, 1300, 1313, 1315, 1322.
Marillet. *Tours*, 1140.
Marillier. *Champ.*, 756.
— *Montp.-Mont.*, 934.

Marin. *Auv.*, 471.
— *Bourg.*, I, 640, 830, 910, 982, 1243.
— *Bret.*, I, 336, 431.
— *Caen*, 162, 599.
— *Dauph.*, 443.
— *Fland.*, 649, 1452.
— *Guy.*, 171, 244, 623.
— *Par.*, II, 34, 889.
— *Poit.*, 245, 246, 285, 383, 622, 957, 1226, 1252.
— *Prov.*, I, 6, 9, 35, 124, 133, 223, 410, 558, 585, 595, 597, 689, 718, 1101, 1145, 1149, 1206.
— *Prov.*, II, 312, 376, 560, 683, 707, 710, 716.
— *Tours*, 247, 1078.
— *Vers.*, 176.
Marine (la). *Als.*, 263.
Marines. *Par.*, II, 404.
— *Vers.*, 130, 131, 174.
Marinet. *Poit.*, 505.
Maringues. *Auv.*, 136. V.
Marinier. *Lyon*, 302, 328, 428, 430.
Marinier (le). *Rouen*, 192, 279.
Marinon. *Bourg.*, I, 393, 394.
Mariochot. *Par.*, I, 1220, 1323.
Mariolle. *Al.*, 873.
Marion. *Bourb.*, 47.
— *Bourg.*, I, 328.
— *Bourg.*, II, 556, 557.
— *Bret.*, I, 8, 183, 789.
— *Bret.*, II, 634.
— *Lorr.*, 607.
— *Lyon*, 636, 949, 959.
— *Montp.-Mont.*, 858.
— *Par.*, I, 148, 463, 470, 493.
— *Par.*, II, 632.
— *Prov.*, I, 701, 1065.
— *Toul.-Mont.*, 90.
— *Vers.*, 178.
Marionelle. *Lorr.*, 115.
Mariotte. *Champ.*, 745.
— *Montp.-Mont.*, 2, 50, 1365.
— *Poit.*, 1491.
— *Toul.-Mont.*, 145, 480.
Mariouse (la). *Caen*, 102, 356.
Marirennes (des). *La Roch.*, 138.
Marisi. *Champ.*, 120, 125.
Marissal. *Fland.*, 3, 8, 28, 379, 787, 1115, 1117.
— *Pic.*, 424.
Maritain. *Bourg.*, II, 300.
Mariteau. *Bret.*, I, 639.
— *Poit.*, 493.
Marivehault. *La Roch.*, 307.

Marivetz. *Champ.*, 748.
Marivin. *Al.*, 404.
Marizy. *Par.*, I, 1192.
Marjollet. *Bret.*, II, 749.
Marlac. *Auv.*, 296.
Marlat. *Champ.*, 55.
Marlaud. *La Roch.*, 235.
Marle. *Par.*, I, 120, 164, 182.
— *Par.*, IV, 425.
— *Prov.*, I, 578.
— *Rouen*, 429.
— *Soiss.*, 609. V.
Marle (de). *Soiss.*, 361, 364, 526, 611.
Marlé. *Par.*, III, 120.
Marles (de). *Par.*, III, 310.
Marliaves. *Toul.-Mont.*, 53
Marlier. *Fland.*, 980.
— *Pic.*, 411.
Marlière (la). *Par.*, I, 1158.
— *Par.*, III, 370.
— *Pic.*, 99, 536.
Marlin. *Par.*, III, 124.
Marlois. *Als.*, 941.
Marlon. *Bourg.*, II, 151.
— *Par.*, III, 468.
Marloret (le). *Bourg.*, I, 203.
Marlot. *Bourg.*, II, 326.
— *Champ.*, 59, 867.
— *Par.*, I, 665.
— *Par.*, II, 228.
— *Par.*, III, 166.
— *Rouen*, 8, 78, 910.
Marlotti. *Prov.*, II, 460.
Marlou. *Bourg.*, I, 37, 38, 283.
Marmagne. *Bourges*, 478.
Marmande. *Guy.*, 593.
— *Par.*, II, 65.
— *Toul.-Mont.*, 505.
Marmau. *Pic.*, 628.
Marmet. *Bourg.*, I, 691.
— *Champ.*, 744.
— *Prov.*, I, 430.
Marmier. *Bourg.*, I, 1099.
Marmiesse. *Toul.-Mont.*, 116.
Marmion. *Bourb.*, 556.
Marmon. *Orl.*, 367.
Marmousse. *Rouen*, 860.
Marmussard. *Tours*, 921.
Marnais (de). *Dauph.*, 32, 33, 59, 273.
Marnard. *Prov.*, I, 1035.
Marnasse. *Auv.*, 122.
Marne (de). *Lorr.*, 5, 10, 163.
Marnes (de). *Tours*, 1317.
Marnez. *Bourg.*, I, 902.
Marni. *Soiss.*, 215, 462.

Marnic (le). *Bret.*, II, 686.
Marnier. *Prov.*, I, 1048.
Marniéres. *Bret.*, I, 288, 854.
— *Bret.*, II, 188.
Marniet. *Prov.*, II, 583.
Marnihac. *Toul.-Mont.*, 1171.
Marnix. *Bourg.*, I, 1235, 1285.
— *Fland.*, 1012.
— *Pic.*, 164.
Marnoult. *Al.*, 919.
Marochon. *Lyon*, 509.
Maroest. *Als.*, 442.
Marois. *Par.*, IV, 151.
— *Poit.*, 53, 199, 1186.
— *La Roch.*, 37, 38.
Maroleau. *Soiss.*, 793.
Marolles. *Al.*, 1016.
— *Bourges*, 170, 525.
— *Bret.*, II, 843.
— *Fland.*, 1000.
— *Lyon*, 234.
— *Orl.*, 283.
— *Toul.-Mont.*, 537.
Marolles (de). *Tours*, 217.
Marolot. *Vers.*, 7.
Maron. *Guy.*, 23.
— *Prov.*, I, 765, 773, 795.
Maronne. *Orl.*, 63.
Maronne (la). *Pic.*, 385.
Maronnier. *Pic.*, 32.
Marot. *Bourg.*, II, 479.
— *Bret.*, I, 244.
— *Bret.*, II, 66, 406.
— *Champ.*, 343.
— *Fland.*, 379.
— *Guy.*, 863, 1015.
— *Poit.*, 129, 140, 502, 766, 841, 879, 975, 1534, 1535.
— *La Roch.*, 351.
Marotin. *Par.*, II, 868.
Marotte. *Bourb.*, 614.
— *Fland.*, 475.
— *Orl.*, 427, 440, 454.
Marou. *Guy.*, 841.
— *Poit.*, 22.
Maroul. *Toul.-Mont.*, 516.
Marpelai. *Rouen*, 241.
Marpineau. *Fland.*, 1439.
Marpon. *Bourges*, 9, 14, 183, 322, 336.
— *Bourg.*, I, 457.
— *Par.*, I, 1148, 1386.
Marquadier. *Caen*, 341.
Marquais (des). *Pic.*, 799.
Marquant. *Pic.*, 705.
Marque. *Bourg.*, I, 124, 434, 446.

— *Bourg.*, II, 568.
Marque (de). *Béarn*, 87.
Marque (la). *Bret.*, II, 964.
— *Fland.*, 1470.
— *Guy.*, 1162.
— *Toul.-Mont.*, 1208.
— *Par.*, III, 198.
— *Pic.*, 882.
— *Poit.*, 833.
— *Toul.-Mont.*, 698, 1254, 1255, 1258, 1293, 1321.
Marque (des). *Soiss.*, 256.
Marquef. *Montp.-Mont.*, 1338.
Marqueisat. *Guy.*, 424.
Marquelet. *Par.*, IV, 194, 197, 419.
Marquer. *Bret.*, I, 756.
— *Bret.*, II, 393.
Marqueraye (la). *Bret.*, I, 406.
— *Bret.*, II, 309, 1006.
— *Tours*, 305, 1262, 1519.
Marqueri. *Prov.*, II, 438, 612.
Marqueron. *Lyon*, 919.
Marques (de). *Bret.*, I, 165.
Marqués. *Toul.-Mont.*, 376.
Marquesi. *Prov.*, I, 953.
Marquet. *Al.*, 806.
— *Dauph.*, 285, 286, 313, 597.
— *Lyon*, 625, 1035.
— *Orl.*, 783, 798.
— *Poit.*, 454, 533, 847.
— *Tours*, 219, 882.
Marquet (du). *Bret.*, II, 480, 1000.
Marquetet. *Caen*, 103, 151.
Marquette. *Fland.*, 595.
— *Soiss.*, 16, 44, 45, 48, 51, 290, 297, 304, 341, 345, 352, 362 478, 484, 485, 486, 488, 489, 494, 495, 501, 508.
Marqueur (le). *Als.*, 187.
Marquez. *Bret.*, I, 295, 296.
Marquier. *Caen*, 399, 417, 707.
— *Toul.-Mont.*, 610, 864.
Marquier (le). *Rouen*, 775.
Marquières. *Caen*, 130.
Marquis. *Bourb.*, 68, 69.
— *Bourg.*, I, 817, 1006, 1015.
— *Lim.*, 461.
— *Lyon*, 81.
— *Prov.*, I, 1099.
— *Prov.*, II, 741.
— *Tours*, 107, 108, 121, 904, 1014, 1133.
Marquis (le). *Bourg.*, II, 281.
— *Lorr.*, 61.
Marquisan. *Prov.*, I, 4, 122, 149, 1241.

Marquisant. *Prov.*, II, 791.
Marragon. *Montp.-Mont.*, 175.
— *Toul.-Mont.*, 518.
Marran. *Bourges*, 522.
Marraquier. *Guy.*, 200.
Marrassé. *Toul.-Mont.*, 1288.
Marrast. *Montp.-Mont.*, 404.
— *Toul.-Mont.*, 25, 1091.
Marre. *Toul.-Mont.*, 655.
Marré. *Orl.*, 759.
Marre (la). *Lorr.*, 157.
— *Lyon*, 297, 298.
— *Par.*, I, 471, 1181, 1223.
— *Par.*, III, 376, 402, 528.
— *Par.*, IV, 689.
— *Rouen*, 227, 286, 306, 592, 621, 700, 812, 836, 839, 864, 871, 1091, 1093, 1110, 1118, 1155, 1237.
— *Vers.*, 57.
Marreau. *Orl.*, 317, 339, 347, 352, 353, 354, 485.
Marres (des). *Rouen*, 250, 281.
Marroli. *Prov.*, I, 812.
Marrot. *Prov.*, I, 701, 1004, 1048.
Marrou. *Toul.-Mont.*, 1283, 1297.
Marrulier. *Bourg.*, I, 637, 826.
Mars. *Als.*, 410.
— *Bret.*, II, 711.
Mars (de). *Bourb.*, 587, 588.
Mars (St-). *Al.*, 851.
— *Bourg.*, II, 45.
— *Par.*, II, 61.
Marsa. *Montp.-Mont.*, 1014.
— *Toul.-Mont.*, 237, 251, 1096.
Marsai. *Poit.*, 535, 910, 1177.
— *Tours*, 29, 225, 227.
Marsal. *Dauph.*, 583.
— *Lorr.*, 290. V.
Marsalencq. *Toul.-Mont.*, 497.
Marsan. *Guy.*, 325, 471, 1007, 1163.
— *Prov.*, I, 1334.
— *Prov.*, II, 507.
Marsane. *Dauph.*, 319, 460.
Marsanges. *Als.*, 99.
Marsange. *Poit.*, 402.
Marsault. *Poit.*, 457, 481, 807, 974, 975, 978, 1549.
Marsault (St-). *La Roch.*, 178, 375.
Marseillas. *Montp.-Mont.*, 1171.
Marseille. *Al.*, 54.
— *Par.*, IV, 729.
— *Pic.*, 402.
— *Prov.*, I, 533, V. 568, 578, 756, 787.
— *Toul.-Mont.*, 1260.
Marsi. *Prov.*, I, 217.

Marsieu. *Caen*, 445.
Marsillargues. *Montp.-Mont.*, 1306.
Marsille. *Orl.*, 946.
— *Pic.*, 204.
Marsilly. *Caen*, 720, 789.
Marslatour (de). *Lorr.*, 578.
Marso, *Béarn*, 106.
Marsolier. *Montp.-Mont.*, 464.
— *Toul.-Mont.*, 1270, 1424.
Marsolière (la). *Tours*, 1429.
Marsollier. *Orl.*, 123.
— *Par.*, I, 12, 1239.
— *Par.*, II, 53, 230, 301, 505, 559.
Mart (le). *Bourg.*, I, 1122.
Marte (de). *Fland.*, 625.
Marteau. *Champ.*, 504.
— *Guy.*, 581, 810.
— *Orl.*, 503, 542, 545, 546.
— *Par.*, II, 38.
— *Pic.*, 779.
— *Prov.*, II, 97, 631.
— *Soiss.*, 334.
Martel. *Al.*, 128, 175, 225, 348, 366, 397.
— *Bourges*, 447.
— *Bourg.*, I 1286.
— *Bourg.*, II, 294, 369, 535.
— *Bret.*, I, 167, 171, 172, 176.
— *Bret.*, II, 254, 511, 670.
— *Caen*, 732.
— *Dauph.*, 170, 230.
— *Fland.*, 90, 685.
— *Guy.*, 1182.
— *Montp.-Mont.*, 45, 365, 393.
— *Par.*, I, 388.
— *Par.*, II, 224.
— *Par.*, III, 93.
— *Poit.*, 91, 277, 401, 657, 660, 661, 721, 1384.
— *Prov.*, I, 472, 973, 1128, 1292.
— *Prov.*, II, 5, 522, 839.
— *Rouen*, 200, 366, 498, 528, 558, 570, 579, 1335.
— *Toul.-Mont.*, 625.
— *Vers.*, 148.
Martelange. *Montp.-Mont.*, 133.
Martelière (la). *Par.*, I, 807.
Martellet. *Rouen*, 790, 796.
Martelli. *Montp.-Mont.*, 1356.
— *Prov.*, I, 40, 91, 92, 94, 137, 152, 929, 944, 1144, 1154, 1162, 1177, 1230, 1379.
— *Prov.*, II, 207, 269, 258, 273, 275, 491.
Martemeille (la). *La Roch.*, 178.

Martene. *Bourg.*, ii, 56, 79, 112, 181, 572.
Martenet. *Bourg.*, i, 919, 1123, 1128.
— *Fland.*, 808.
Martenne. *Bourg.*, i, 231, 323, 481.
Martenot. *Bourg.*, 33, 248.
Marteville. *Pic.*, 507.
Marthe. *Lorr.*, 661.
Marthe (Ste-). *Champ.*, 898.
— *Par.*, i, 378. (?).
— *Par.*, ii, 526, 586.
— *Tours*, 584.
Marti. *Toul.-Mont.*, 561, 1028, 1309.
Martial. *Bourg.*, i, 430.
— *Guy.*, 136, 860, 862, 908, 1215.
— *Poit.*, 1504.
Martial (de). *Lorr.*, 335.
Martial (St-). *Bourg.*, i, 1064.
Martialot. *Lim.*, 322, 331.
Martiel (St-). *Auv.*, 578.
Martigué. *Tours*, 1519.
Martigni. *Champ.*, 46.
— *Guy.*, 16, 97.
— *Soiss.*, 36, 54, 58, 61, 228, 513, 543, 544, 660.
— *Tours*, 879.
Martignon. *Prov.*, i, 692.
Martigny. *Fland.*, 209.
— *Lyon*, 218.
— *Montp.-Mont.*, 650.
Martignes. *Prov.*, i, 440. V.
Martimart. *Toul.-Mont.*, 444.
Martimont. *Vers.*, 60.
Martimpré. *Lorr.*, 155, 479, 480 *bis*.
Martin. *Al.*, 297, 438, 482, 814, 918, 982, 1007, 1047, 1049, 1159.
— *Als.*, 511, 1066.
— *Auv.*, 194, 372, 410.
— *Béarn*, 108, 130.
— *Bourb.*, 3, 4, 212, 482.
— *Bourges*, 271, 305.
— *Bourg.*, i, 60, 244, 551, 655, 741, 846, 864, 869, 915, 929, 1007, 1061, 1064, 1158, 1162.
— *Bourg.*, ii, 74, 223, 369, 571.
— *Bret.*, i, 158, 195, 212, 213, 215, 321, 351, 380, 397, 398, 622, 859, 970.
— *Bret.*, ii, 324, 407, 435, 480, 493, 512, 572, 600, 636, 830, 855, 877, 919, 1037, 1079, 1081.
— *Caen*, 405, 432, 506, 511, 795.
— *Champ.*, 43, 51, 99, 223, 360, 376, 502, 600, 721, 872, 882, 904.
— *Dauph.*, 514, 524, 525. *Voy. Dizi-mieu.*

— *Fland.*, 22, 107, 414, 650, 1145 1179, 1180.
— *Guy.*, 18, 56, 78, 140, 458, 810, 843, 1058, 1073, 1114, 1119, 1126, 1169, 1170.
— *Lim.*, 16, 48, 51, 86, 113, 135, 287, 421, 422, 425.
— *Lorr.*, 14, 27, 160, 182, 194, 618.
— *Lyon*, 81, 107, 121, 138, 264, 437, 475, 626, 643, 790.
— *Montp.-Mont.*, 136, 213, 250, 314, 330, 453, 528, 777, 796, 804, 832, 1163, 1289, 1314, 1317, 1328, 1343, 1371, 1440.
— *Orl.*,, 236, 238, 333, 366, 396, 502, 524, 608, 625, 698, 834, 892, 913, 1622.
— *Par.*, i, 437, 972, 1061, 1104, 1194, 1288, 1366, 1399.
— *Par.*, ii, 379, 407, 552, 608, 700, 851, 1270.
— *Par.*, iii, 128, 149, 151, 432, 484, 493.
— *Par.*, iv, 653.
— *Poit.*, 164, 241, 858, 963, 998, 1000, 1014, 1018, 1019, 1023, 1026, 1072, 1113, 1215, 1220, 1233, 1321, 1322.
— *Prov.*, i, 51, 191, 252, 515, 556, 572, 602, 604, 678, 698, 700, 705, 707, 715, 717, 792, 973, 975, 985, 1005, 1085, 1089, 1091, 1096, 1103, 1106, 1121, 1160, 1196 *bis*, 1262, 1263, 1264, 1320, 1397, 1408, 1430, 1434, 1435, 1438.
— *Prov.*, ii, 70, 95, 163, 213, 231, 258, 275, 304, 331, 337, 348, 364, 374, 384, 388, 448, 467, 562, 604, 612, 635, 654, 676, 682, 791, 809, 810.
— *La Roch.*, 166, 230, 239, 257, 263, 342, 343.
— *Rouen*, 102, 109, 353, 694, 727, 879, 904, 927.
— *Soiss.*, 35, 136, 151, 152, 278, 343, 512, 513, 539, 558, 624, 699.
— *Toul.-Mont.*, 5, 67, 95, 174, 181, 238, 286, 326, 408, 494, 543, 545, 573, 709, 815, 820, 921, 979, 1039, 1063, 1274, 1314, 1315, 1326, 1330, 1444.
— *Tours*, 16, 813, 848, 1011, 1076, 1190, 1358.
— *Vers.*, 103.
Martin (St-). *Al.*, 9, 10, 313.
— *Als.*, 309.

— *Auv.*, 153.
— *Béarn*, 166.
— *Bourb.*, 157.
— *Bourg.*, I, 347, 463.
— *Bourg.*, II, 495.
— *Bourges*, 377.
— *Caen*, 412, 557.
— *Fland.*, 508.
— *Guy.*, 465, 657, 844, 1056, 910, 930, 969, 1093, 1143, 1186, 1196, 1217.
— *Lim.*, 136.
— *Lyon*, 632.
— *Montp.-Mont.*, 173, 379, 424, 1026, 1134.
— *Par.*, I, 911, 1367.
— *Par.*, III, 331.
— *Pic.*, 348, 573, 742, 802.
— *Poit.*, 261, 463, 481, 518, 1042.
— *Prov.*, I, 527, 913, M. 948, 967, 1330.
— *La Roch.*, 179, 401.
— *Soiss.*, 11.
— *Toul.-Mont.*, 383, 384, 1336.
— *Tours*, 2, 377.
Martin de la Glandière (St). Ab. *Lorr.*, 399.
Martin des Granges (St-). *La Roch.* 406.
Martinais. *Dauph.*, 136, 137, 421.
Martinbosc. *Al.*, 567, 1195.
— *Rouen*, 916.
Martincourt. *Bourg.*, II, 341.
Martine, *Lorr.*, 14, 21.
— *Pic.*, 368, 371, 704.
— *Prov.*, II, 453.
— *Soiss.*, 127.
Martine (la). *Bourg.*, I, 101, 103, 113, 114, 407.
— *Bourg.*, II, 221.
— *Lim.*, 247.
— *Toul.-Mont.*, 177.
Martineau. *Bourg.*, I, 184, 185, 186.
— *Bret.*, I, 155, 157.
— *Bret.*, II, 799.
— *Par.*, I, 786, 936, 1139, 1217.
— *Par.*, II, 379, 700.
— *Poit.*, 198, 227, 528, 966, 1030, 1131, 1263.
— *La Roch.*, 58.
— *Tours*, 137, 333, 576, 865, 1037, 1065, 1076, 1195, 1534.
Martinel. *Toul.-Mont.*, 709.
Martinenc. *Prov.*, I, 36, 47, 81, 153, 1156, 1172, 1144, 1227, 1229.
Martinene. *Par.*, II, 42.

Martinengue. *Prov.*, II, 633.
Martinenque. *Par.*, IV, 548.
Martinet. *Bourb.*, 272, 297, 544, 551
— *Bourg.*, I, 1188.
— *Bret.*, I, 131.
— *Champ.*, 880.
— *Lorr.*, 532.
— *Par.*, I, 828, 936, 1139, 1217.
— *Par.*, II, 464.
— *Poit.*, 543, 1502.
— *Soiss.*, 216.
— *Tours*, 904, 1257, 1275.
Martinetz. *Fland.*, 1504.
Martini. *Dauph.*, 60, 406.
— *Guy.*, 516, 538, 1182.
— *Lorr.*, 275, 290, 293, 346.
— *Montp.-Mont.*, 270.
— *Par.*, I, 1363.
— *Prov.*, I, 14, 124, 390, 479, 1353.
Martinière. *Lyon*, 42, 234, 251, 793.
Martinière (la). *Lyon*, 87, 172.
— *Orl.*, 840.
— *Vers.*, 298.
Martinon. *Auv.*, 256, 468.
— *Dauph.*, 422.
— *Montp.-Mont.*, 418, 468, 800.
— *Par.*, I, 1106, 1201.
— *Prov.*, II, 224.
Martinot. *Bourg.*, II, 88.
— *Pic.*, 858, 859.
— *Prov.*, I, 971, 1163.
— *Vers.*, 181.
Martinpré. *Als.*, 902.
Martins (de). *Prov.*, I, 424.
Martins (des). *Bourg.*, I, 154.
— *Fland.*, 313.
— *Montp.-Mont.*, 1304.
Martinsert. *Soiss.*, 751, 843.
Martinville, *Par.*, I, 385.
— *Pic.*, 17.
— *Rouen*, 18, 720, 1015, 1306.
Marto. *Prov.*, I, 1283.
Martoin. *Montp.-Mont.*, 778.
Martonne. *Rouen*, 64, 689.
Martonnie (la). *Guy.*, 427, 438.
— *La Roch.*, 192.
Martourel. *Dauph.*, 245.
Martray (du). *Bourg.*, II, 566.
Martres. *Toul.-Mont.*, 182, 498, 801, 965, 1146, 1169.
Martrin. *Toul.-Mont.*, 299.
Martron. *Dauph* , 391. Voy. Latour.
Marvaud. *Poit.*, 1019.
Marveillau. *Poit.*, 271, 804, 1194, 620.
Marville. *Dauph.*, 300.

— *Lorr.*, 561. V.
— *Orl.*, 538.
Marvilliers. *Orl.*, 339.
Marzac. *Bret.*, I, 881.
Marzé. *Lyon*, 216.
Marzolphe. *Als.*, 827.
Mas (du). *Al.*, 1100.
— *Als.*, 528.
— *Auv.*, 45, 69, 287, 293, 441, 462, 478, 484, 485.
— *Bret.*, I, 219, 306, 337, 507, 515, 807.
— *Bret.*, II, 380.
— *Dauph.*, 173.
— *Fland.*, 968, 1125, 1189.
— *Guy.*, 154, 726, 729, 736, 811, 817, 833, 842, 854, 908, 921, 1023, 1045, 1055, 1088.
— *Lim.*, 18, 75, 363, 389.
— *Lyon*, 8, 317, 525, 626, 999.
— *Montp.-Mont.*, 171, 299, 324, 378, 487, 743, 791, 933, 1008, 1121, 1169, 1284, 1565.
— *Par.*, I, 800, 1022.
— *Par.*, II, 188.
— *Par.*, III, 380.
— *Par.*, IV, 60.
— *Poit.*, 840, 1106, 1521.
— *Prov.*, I, 35, 944, 954.
— *La Roch.*, 260, 437.
— *Rouen*, 467.
— *Toul.-Mont.*, 122, 265, 354, 533, 562, 620, 626, 657, 667, 687, 694, 707, 710, 754, 858, 963, 965, 1120, 1173, 1304, 1327.
— *Tours*, 408.
Masbourdet (du). *Bourb.*, 207.
Masbourg. *Lorr.*, 319, 347.
Mascarel. *Montp.-Mont.*, 883.
— *Rouen*, 55, 61.
Mascarenc. *Toul.-Mont.*, 538, 539.
Mascarin. *Bret.*, I, 831,
Mascaron. *Béarn*, 196.
— *Montp.-Mont.*, 1068.
— *Prov.*, I, 10.
— *Prov.*, II, 453.
— *Toul.-Mont.*, 26.
Maschard. *Lorr.*, 608, 609 *bis.*
Mascicault. *Tours*, 841.
Masclari. *Poit.*, 1141.
Masclary. *Montp.-Mont.*, 6, 20.
— *Par.*, II, 594.
— *Par.*, IV, 262.
Mascon. *Auv.*, 77, 392, 423, 425.
— *Rouen*, 243, 245, 761.
Mascrani. *Rouen*, 639.

Mascranni. *Lyon*, 698, 699, 700, 900.
Mascranny. *Par.*, III, 30, 37, 450.
— *Par.*, IV, 764.
Mascrany. *Soiss.*, 367.
Masculins. *Als.*, 641.
Masdazil. *Montp.-Mont.*, 1175. V.
Maselier. *Toul.-Mont.*, 646.
Maserany. *Par.*, I, 785.
Maset. *Prov.*, II, 355.
Masgillier (du). *Lim.*, 337.
Masgontier. *Fland.*, 1294.
Masgoué. *Bret.*, II, 541.
Masin. *Vers.*, 198.
Masivau. *Lim.*, 316.
Masko. *Als.*, 240.
Masle (du). *Bret.*, I, 926.
Masle (ie). *Par.*, III, 576.
Maslin. *Bourb.*, 74, 190.
Maslon. *Caen*, 568, 572, 611.
Maslorit. *Tours*, 1530.
Masméjan. *Toul.-Mont.*, 301.
Masnau. *Montp.-Mont.*, 1214.
Masne. *Fland.*, 1495.
Masnier. *Lyon*, 137, 563.
Masois. *Par.*, I, 693.
Masoudon. *Champ.*, 197.
Masparault. *Guy.*, 244, 316.
— *Par.*, I, 1086.
— *Par.*, II, 10, 362.
Maspoil. *Prov.*, II, 701.
Massac. *Fland.*, 1502.
— *Guy.*, 400.
— *Orl.*, 38.
— *Par.*, I, 822.
— *La Roch.*, 402.
— *Toul.-Mont.*, 995.
Massacré (du). *La Roch.*, 330.
Massacret. *Guy.*, 447.
Massal. *Lorr.*, 662.
— *Toul.-Mont.*, 1166.
Massandre. *Al.*, 899.
— *Guy.*, 953.
Massancs. *Dauph.*, 344.
Massannes. *Montp.-Mont.*, 4, 21, 24, 50, 206, 793, 1527.
Massans (St-). *Par.*, II, 175.
— *Soiss.*, 81, 125.
Massant. *Guy.*, 706.
Massant (de). *Lorr.*, 200.
Massara. *Lyon*, 74, 497.
Massard. *Bourg.*, I, 292.
— *Bourg.*, II, 138.
— *Fland.*, 1469, 1483.
— *Orl.*, 135, 785.
— *Par.*, IV, 76.
Massas. *Guy.*, 179.

Massassis. *Als.*, 530.
— *Tours*, 378.
Massay. *Par.*, ii, 1198.
Masse. *Bourb.*, 129.
— *Dauph.*, 192, 316.
— *Fland.*, 214, 404, 1154.
— *Lyon*, 946.
— *Orl.*, 392.
— *Par.*, i, 1066.
— *Pic.*, 701, 713, 714, 720, 856.
— *Prov.*, i, 673, 1084, 1213.
— *La Roch.*, 267, 321.
— *Rouen*, 1044, 1407.
— *Tours*, 1514.
Massé. *Champ.*, 9, 25, 41.
— *Par.*, iv, 764.
— *Poit.*, 227, 382, 1211.
— *Prov.*, ii, 35, 421.
— *Soiss.*, 572.
— *Toul.-Mont.*, 517.
Masse (la). *Guy.*, 798.
Masse (le). *Al.*, 870.
Masseau. *Orl.*, 437.
— *La Roch.*, 267.
Massebuau. *Toul.-Mont.*, 1167.
Masseille. *Rouen*, 1156.
Masseilles. *Tours*, 176, 300, 303, 304, 374, 1026, 1522.
Massel. *Par.*, i, 528.
Masselin. *Par.*, i, 68, 331.
— *Tours*, 832.
Masselot, *Fland.*, 818.
Masseman. *Guy.*, 647.
Massembach. *Lorr.*, 646, 647.
Massencome. *Toul.-Mont.*, 382.
Massenot. *Bourg.*, i, 483.
Masseron. *Dauph.*, 563, 585.
Masses, *Auv.*, 405, 452, 463.
Masses (des). *Orl.*, 334.
Masset. *Par.*, ii, 1213.
— *Prov.*, ii, 654.
Massey. *Bourg.*, i, 1257.
Massi. *Fland.*, 1447.
— *Par.*, i, 125.
— *Prov.*, i, 1378.
Massia. *Montp.-Mont.*, 1295, 1317.
Massiac. *Bret.*, i, 337.
— *Montp.-Mont.*, 1294.
Massiat. *Toul.-Mont.*, 1426.
Massiet. *Fland.*, 348, 471, 1228.
Massieu. *Guy.*, 911, 939.
— *Toul.-Mont.*, 709.
Massif (le). *Rouen*, 1133.
Massillan. *Montp.-Mont.*, 22, 534.
Massillon. *Prov.*, ii, 496.
Massin. *Montp.-Mont.*, 66.

— *Prov.*, i, 1216.
Massineau. *Poit.*, 1218.
Massiot. *Guy.*, 858, 1073.
— *Par.*, ii, 916.
— *Poit.*, 1011.
— *La Roch.*, 38, 158.
— *Toul.-Mont.*, 515.
Massip. *Guy.*, 531, 808, 1050.
Massis. *Dauph.*, 349.
— *Prov.*, ii, 186, 189, 823, 824.
Masso, *Lyon*, 3, 68, 362.
Massogne. *La Roch.*, 347.
Massol. *Bourg.*, i, 41, 52, 90, 233.
— *Bourg.*, ii, 51.
— *Par.*, i, 975.
Massolac. *Toul.-Mont.*, 255.
Masson. *Bourg.*, i, 255, 576, 600, 741, 791, 1045.
— *Bourg.*, ii, 528, 530, 531.
— *Bret.*, i, 8.
— *Caen*, 414.
— *Champ.*, 183, 346, 559, 561, 599, 612, 620, 623, 723, 803, 836.
— *Fland.*, 19.
— *Lorr.*, 362, 508.
— *Lyon*, 440, 745, 915.
— *Montp.-Mont.*, 122, 345.
— *Orl.*, 288, 364, 400, 407, 441, 542.
— *Par.*, i, 365, 367, 428, 1236, 1244, 1301, 1322, 1342, 1345.
— *Par.*, ii, 371, 680, 952.
— *Par.*, iii, 183, 300, 458, 595.
— *Par.*, iv, 22, 77.
— *Pic.*, 592, 708, 728, 797.
— *Poit.*, 243, 289, 502, 509, 628, 979, 980, 985, 991, 1146, 1282, 1298.
— *La Roch.*, 63, 65, 270.
— *Rouen*, 846.
— *Toul.-Mont.*, 1129.
— *Tours*, 874, 1011.
— *Vers.*, 186.
Masson (le). *Auv.*, 444.
— *Bret.*, i, 979.
— *Bret.*, ii, 402, 420, 423, 566, 608, 966.
— *Tours*, 572, 882, 959, 986, 1200.
Massonnais. *Bret.*, ii, 970.
Massonne (de). *Bourges*, 424.
Massonneau. *Poit.*, 530, 541, 1457.
Massonnet (le). *Par.*, i, 1157.
Massonnière ((a). *Pic.*, 619.
Massons (les) de Metz. (*Communauté.*) *Lorr.*, 618.
— de Thionville. *Lorr.*, 690.

— de Verdun. *Lorr.*, 669.
Massons (les). (*Communauté.*) *Poit.*, 342, 365, 397, 520, 568, 1128.
Massot. *Al.*, 1238, 1251.
— *Dauph.*, 274, 351.
— *Par.*, III, 565.
— *Prov.*, II. 497.
— *Toul.-Mont.*, 3.
Massoteau. *Poit.*, 247.
Massou. *Orl.*, 340.
Massougne. *Poit.*, 349, 735, 740, 1031, 1422.
Massoyer. *Vers.*, 16.
Massu. *Par.*, III, 515.
Massuau. *Par.*, II, 556.
— *Tours*, 549.
Massue. *Bret.*, II, 686.
— *Tours*, 697.
Massues (des). *Par.*, IV, 148.
Massuet. *Champ.*, 270.
Massugue. *Prov.*, I, 258.
Massy. *Toul.-Mont.*, 723.
Mast (du). *Pic.*, 462.
Mastin. *Fland.*, 547.
— *Par.*, II, 470.
— *Prov.*, I, 119.
Mastine. *Caen*, 756.
Mastribat. *Poit.*, 67.
Masuguier. *Prov.*, I, 1380.
Matagron. *Orl.*, 589.
Matagrin. *Champ.*, 715.
Matalian. *Prov.*, I, 608.
Matarel. *Tours*, 1282.
Mataron. *Prov.*, I, 760.
Matalt. *Lim.*, 469.
Matère. *Lim.*, 174.
Matéron. *Prov.*, I, 308, 1053, 1147.
Matflon. *Orl.*, 148.
Mathan. *Al.*, 75, 76, 214, 475, 605.
— *Caen*, 137, 143, 156, 186, 409, 600.
Matharel. *Auv.*, 82, 186, 458.
Mathas. *Par.*, I, 1340.
— *Par.*, II, 1234.
Mathé. *Bret.*, I, 172.
— *Par.*, II, 667.
— *Tours*, 387, 1049.
Mathei. *Par.*, I, 673.
Matheire. *Fland.*, 749.
Mathelin. *Lorr.*, 176, 320.
— *Par.*, IV, 536.
Mathenot. *Bourg.*, I, 76.
Matheron. *Bourb.*, 199.
— *Bourges*, 445.
— *Toul.-Mont.*, 1197.
Matherot. *Als.*, 291.

— *Bourg.*, I, 548, 549, 550, 556, 559, 593, 618, 750, 790, 792, 926, 929, 1124.
Mathert. *Poit.*, 1067.
Matheu. *Par.*, III, 491.
Mathevon. *Lyon*, 335, 772.
Mathey. *Bourg.*, I, 866.
— *Bourg.*, II, 177, 339.
Mathezou. *Bret.*, I, 284, 552, 787.
Mathi. *Prov.*, I, 1275.
Mathias. *Guy.*, 955.
— *Montp.-Mont.*, 372.
Mathié. *Champ.*, 527.
Mathier. *Par.*, III, 366.
Mathiet. *Lorr.*, 659.
Mathieu. *Als.*, 243, 658.
— *Auv.*, 292, 496, 586.
— *Bourg.*, I, 289, 298.
— *Bourg.*, II, 151, 474, 630.
— *Champ.*, 173.
— *Fland.*, 883, 1435.
— *Guy.*, 94, 1054.
— *Lorr.*, 674.
— *Lyon*, 243, 647.
— *Montp.-Mont.*, 720.
— *Par.*, I, 1105.
— *Par.*, II, 109.
— *Par.*, IV, 277.
— *Pic.*, ...
— *Poit.*, 1523, 1524.
— *Prov.*, I, 21, 45, 115, 144, 428, 473, 952, 984, 1195 *a*, 1083.
— *Prov.*, II, 295, 390, 544, 672.
— *Toul.-Mont.*, 661, 1098, 1099, 1110, 1183.
— *Tours*, 1284.
Mathieu (St-). *La Roch.*, 190, 191, 195, 457, 458.
Mathis. *Al.*, 1029.
— *Lorr.*, 234, 659.
Mathon. *Bourg.*, I, 573.
— *Fland.*, 668.
— *Par.*, III, 145.
— *Pic.*, 156, 560, 855, 860.
Mathonnet. *Bourges*, 264, 268.
Mathoud. *Bourg.*, I, 105.
Mathurel. *Tours*, 623.
Mathurin. *Caen*, 518.
Mathurins. Relig. *Poit.*, 947.
Mathus. *Bourg.*, II, 361.
Matignon. *Al.*, 683.
— *Bret.*, I, 253.
— *Par.*, III, 48, 88, 89.
— *Vers.*, 271.
Matinel. *Caen*, 67, 74, 82, 316, 756.
Matins (des). *Par.*, I, 621.

— *Par.*, ii, 920.
Matissard. *Fland.*, 778, 804.
— *Pic.*, 23, 278.
Matisson. *Guy.*, 547.
Maton. *Par.*, i, 602.
Matons. *Al.*, 809, 990.
Matra. *Soiss.*, 665.
Matrais (la). *Tours*, 411, 416.
Matrux. *Lim.*, 454.
Matte. *Montp.-Mont.*, 46, 640.
Matteron. *Prov.*, ii, 428.
Matti. *Prov.*, i, 259, 836, 1122, 1123, 1369.
Matton. *Lyon*, 624, 663, 686.
Mattot. *Par.*, i, 688.
Matulon. *Lyon*, 670.
Maty. *Dauph.*, 590.
Matz. *Als.*, 1003.
Matzar. *La Roch.*, 77.
Maubert. *Orl.*, 344.
— *Par.*, ii, 179.
— *La Roch.*, 299.
— *Tours*, 163.
Maubet. *Auv.*, 27, 349, 369, 374, 378.
Maubeuge. *Champ.*, 140, 861.
— *Fland.*, 1307. V.
Maubeugé. *Soiss.*, 3.
Maublanc. *Bourg.*, i, 662, 1008.
Maubogne. *Rouen*, 817, 913.
Maubois. *Bourges*, 277, 412, 525.
Maubourget. *Montp.-Mont.*, 1136. V.
Mauboussin. *Tours*, 1100, 1110.
Maubrai. *Tours*, 1162.
Maubreuil. *Soiss.*, 548.
Maubuisson. *Al.*, 885, 898.
— *Orl.*, 66, 193, 198, 199, 626.
Maubuquet. *Rouen*, 1357.
Maucazre (le). *Bret.*, i, 655.
Maucen. *Par.*, i, 839.
Maucigné. *Poit.*, 1099.
Mauclerc. *Al.*, 1078.
— *Bourg.*, i, 201.
— *Champ.*, 200, 357, 504.
— *Orl.*, 890.
— *Par.*, i, 315, 1157.
— *Par.*, iii, 354.
— *Par.*, iv, 148, 301.
— *Pic.*, 232.
— *Poit.*, 184, 236, 617, 630, 1243.
— *Soiss.*, 309.
— *Tours*, 1446.
Maucolin. *Lorr.*, 436, 531.
Mauconduit. *Rouen*, 820.
— *Toul.-Mont.*, 488.
Mauconvenant. *Caen*, 55.

Maucorps. *Par.*, ii, 681.
Maucourt. *Fland.*, 1470.
— *Par.*, ii, 603.
— *Par.*, iii, 246.
Maucouvant. *Champ.*, 248, 251, 916.
Maucuni. *Lorr.*, 675.
Maudel. *La Roch.*, 142.
Maudemain. *Al.*, 977, 978.
Maudet. *Bret.*, i, 385.
— *Bret.*, ii, 63, 312.
— *Par.*, ii, 603.
— *La Roch.*, 300.
— *Tours*, 259, 286, 1117.
Maudin. *Par.*, i, 68.
Maudinet. *Bourg.*, i, 713, 872, 1212.
Maudivire. *Pic.*, 330.
Maudot. *Poit.*, 1509.
Mauduisson. *Orl.*, 393, 468.
Mauduit. *Al.*, 360, 640.
— *Bourges*, 23, 194, 294.
— *Bret.*, i, 782.
— *Caen*, 414, 720.
— *Lorr.*, 133.
— *Par.*, i, 594.
— *Par.*, ii, 609.
— *Poit.*, 778, 841, 843.
— *Rouen*, 301, 352, 771, 1225, 1236.
— *Tours*, 1356, 1513.
— *Vers.*, 309.
Mauduy. *Orl.*, 1013.
Mauferet. *Champ.*, 759.
Mauflastre. *Poit.*, 563, 1525.
Maugarei. *Lorr.*, 535.
Maugars. *Tours*, 877, 961.
Maugas. *Bret.*, ii, 413, 551.
Maugay. *Bourg.*, i. 1101.
Mauge. *Poit.*, 840.
Maugé. *Montp.-Mont.*, 1483.
— *Toul.-Mont.*, 1068.
Mauge (de). *Caen*, 185.
Maugeois. *Orl.*, 574.
Maugenest. *Bourges*, 291.
Mauger. *Al.*, 217.
— *Caen*, 108, 734.
— *Champ.*, 181.
— *Orl.*, 184.
— *Par.*, i, 1179.
— *Par.*, iv, 63, 760.
— *Rouen*, 821, 877.
Maugère (la). *Al.*, 222.
Maugeron. *Bourg.*, ii, 154.
Mauges. *Toul.-Mont.*, 94.
Mauges (de). *Bourg.*, ii, 223.
Maugin. *Lorr.*, 272, 612.
— *Par.*, i, 1233.
— *Par.*, iii, 403,

— Poit., 551.
— Tours, 958.
Maugiron. Dauph., 221, 251, 632.
— Vers., 202.
Maugis. Par., II, 46, 111.
Maugrain. Tours, 987.
Maugran. Orl., 583.
Maugras. Bourg., I, 227.
Maugrin. Guy., 22.
Maugue. Als., 269.
Mauguerit. Prov., I, 928.
Mauguet. Champ., 725.
— Par., II, 704.
Maugui. Champ., 743.
Mauguin. Bourg., II, 107, 353.
Maujouan. Bret., II, 393, 407.
Maujuré. Par., III, 131.
Maulay (de). Poit.. 581.
Maulde (de). Fland., 5, 14, 67, 155, 249, 252.
Maulde. Pic., 301, 326, 331.
Mauléon. Guy., 796.
— Lorr., 585.
— Montp.-Mont., 1064, 1120, 1128, 1133, 1138, 1140, 1177.
— Par., II, 997.
— Par., III, 75.
— Poit., 582, Off., 632.
— Toul.-Mont., 40, 366, 812, 891, 1219.
Maulevaut. Als., 190.
Maulgué. Soiss., 762.
Maulin. Caen, 108.
Maulne. Tours, 756, 1439.
Maulnoury. Par., I, 873.
Maulouet. Champ., 177, 178.
Maultrat. Tours, 628.
Maumen. Guy., 469, 1190.
Maumenet. Bourg., I, 250.
Maumigny. Bourb., 84.
Maumillon. Poit., 410, 559.
Maumont. Bourb., 133, 315.
— Bourges, 289.
— Lim., 136.
— Tours, 297.
Maumousseau. Par., I, 1103.
Maumussard. Tours, 874, 973.
Maunest. Prov., I, 1012.
Maunier. Orl., 744.
— Prov., I, 926, 962, 1033, 1369.
— Prov., II, 238, 437, 441, 362, 589, 735, 749, 751.
Maunière. Prov., I, 1231.
Maunoir. Bret., II, 388.
— Tours, 76, 889, 1259.
Maumorry. Bourb., 54, 183.

Maunory. Par., III, 352.
Mauny. Orl., 737.
— Par., IV, 55, 704.
Maupain. Al., 1048.
Mauparti. Champ., 758, 767.
Maupas. Champ., 343, 361, 667, 681, 682, 846.
— Poit., 1478.
Maupassant. Fland., 783.
— Lorr., 433.
— Tours, 1000.
Maupeou. Montp.-Mont., 315, 988.
— Par., I, 263, 601, 817, 899.
— Par., III, 258, 271.
— Vers., 66, 161.
Maupetit. Caen, 450.
— Fland., 685.
— Guy., 831.
— Poit., 494.
Maupillé. Bret., II, 597.
Maupin. Champ., 786.
— Orl., 700.
— Pic., 754.
Maupinot. Champ., 53, 64, 363.
— Par., II, 121.
Maupiré. Poit., 902.
Maupoint. Fland., 325, 1186.
— Par., II, 840.
— Par., III, 482.
— Vers., 177.
Maupois. Champ., 779.
— Par., III, 126.
Mauprime. Soiss., 306.
Mauprivé. Orl., 63.
— Soiss., 655.
Maupu. Par., I, 835.
Mauquois. Rouen, 459.
Maur (St-). Bourb., 135, 320.
— de Hatton-Chastel. Lorr., 622. Chap.
— de Verdun. Lorr., 528. Ab.
Maurage. Fland., 1311.
— Soiss., 422.
Maurai. Champ., 464.
Mauran. Toul.-Mont., 1087.
Maurandi. Toul.-Mont., 1049.
Maurat. Poit., 1209, 1339, 1501, 1503.
Maurat (de). Tours, 626.
Maure. Béarn, 83.
— Lim., 460.
— Prov., I, 590, 712, 732, 1062, 1069, 1380.
— Prov., II, 90, 575.
— La Roch., 430.
Maure (St-). Par., IV, 242, 469.
— Vers., 60.

Mauréal. *Bourg.*, I, 1113.
Maureau. *Bret.*, I, 294, 337.
— *Guy.*, 43.
— *Prov.*, II, 221, 657.
Mauregard. *Al.*, 1220.
Maurei. 42, 539, 550, 781, 786, 868, 1127.
Maureillan. *Montp.-Mont.*, 290, 297, 1276.
Maurel. *Montp.-Mont.*, 166, 802.
— *Prov.*, 258, 269, 314, 352, 381, 388, 430, 440, 518, 892, 896, 902, 940, 1297, 1327, 1419, 1422, 1428, 1434, 1439, 1449, 1453, 1456.
— *Prov.*, II, 267, 354, 357, 540, 721, 746, 839.
— *Toul.-Mont.*, 143, 228, 875, 961, 1475.
Maurellet. *Prov.*, I, 538.
Maurelli. *Prov.*, I, 933.
Maurens (de). *Prov.*, II, 476.
Maurer. *Als.*, 861.
Maurès. *Guy.*, 61, 403, 1209.
Maureti. *Prov.*, II, 241.
Maureu. *Montp.-Mont.*, 830.
Mauri. *Als.*, 225, 632.
— *Lyon*, 321, 848.
— *Prov.*, II, 311.
— *La Roch.*, 238.
— *Toul.-Mont.*, 93, 572, 744, 855, 856, 878, 879, 934.
Mauri (St-). *Poit.*, 132, 1035.
Mauriac. *Auv.*, 583. V.
Maurial. *Guy.*, 1180.
Mauriau. *Guy.*, 1199.
Maurice. *Al.*, 1139.
— *Als.*, 158.
— *Bourg.*, II, 415.
— *Bret.*, II, 670.
— *Caen*, 406, 755.
— *Lim.*, 426.
— *Lorr.*, 355, 477.
— *Par.*, I, 108, 314, 374, 431, 487, 1283.
— *Par.*, II, 1227.
— *Pic.*, 248, 459, 460, 468.
— *Rouen*, 36, 114, 835, 1109.
— *Toul.-Mont.*, 239, 700.
— *Tours*, 79.
Maurice (St-). *Als.*, 124.
— *Bourg.*, I, 700, 819, 874, 905.
— *Lim.*, 326.
— *Montp.-Mont.*, 1087.
— prieuré. *Poit.*, 562.
— *Prov.*, I, 1190.
— *Soiss.*, 194.

Mauriceau. *Bret.*, II, 469.
— *Par.*, I, 53.
Mauricet. *Rouen*, 1103.
Maurici. *Toul.-Mont.*, 84.
Maurie. *Guy.*, 1173, 1182.
Maurier. *Bourg.*, II, 380.
Maurin. *Bret.*, II, 429.
— *Lyon*, 427.
— *Par.*, I, 963.
— *Par.*, II, 1025, 1033.
— *Par.*, 3, 204.
— *Prov.*, I, 731, 1276, 1277, 1299.
— *Prov.*, II, 355, 609, 779.
— *Toul.-Mont.*, 603, 810, 1242, 1488.
Maurine. *Prov.*, I, 1322.
Maurion. *Guy.*, 1015
Mauris (St-). *Bourg.*, I, 547, 555, 559, 638, 1126, 1134, 1218.
Maurisard. *Prov.*, I, 928, 930.
Maurisi. *Prov.*, I, 1427.
Mauroi. *Al.*, 351, 367.
— *Bourges*, 306.
— *Caen*, 628.
— *Champ.*, 485, 487.
— *Guy.*, 19.
Maurois. *La Roch.*, 183.
Mauron. *Prov.*, I, 1309.
Maurouard. *Rouen*, 882.
Mauroy. *Bourb.*, 116.
— *Par.*, I, 115, 1039.
— *Par.*, II, 1160.
— *Par.*, III, 136.
— *Par.*, IV, 449.
Maury. *Bret.*, I, 212, 416, 417.
— *Lim.*, 126.
— *Montp.-Mont.*, 125, 604.
— *Orl.*, 841.
Mausard. *Par.*, III, 146.
Mausenqual. *Guy.*, 1099.
Maussabré. *Tours*, 207, 212, 215, 1251.
Maussac. *Montp.-Mont.*, 269, 270, 1272, 1279.
— *Toul.-Mont.*, 118.
Maussan. *Toul.-Mont.*, 1467.
Mausse. *Pic.*, 357.
Maussé (de). *Orl.*, 183.
Maussion. *Par.*, I, 276.
— *Tours*, 120, 658, 1520.
Mausson. *Tours*, 130, 221.
Mausuet. *Par.*, I, 580.
Mauton. *Prov.*, I, 780.
Mautrot. *Par.*, III, 413.
Mauvais. *Par.*, I, 1175, 1258.
— *Par.*, II, 612.
Mauvaiset. *Champ.*, 791.

— Soiss., 163.
Mauvans. Prov., I, 1008.
Mauvelle. Orl., 747.
Mauvernai. Lyon, 604, 685.
Mauvezin. Guy., 916, 1066.
— Montp.-Mont., 1279. V.
Mauviel. Rouen, 848, 1329.
— Tours, 98.
Mauvier. Prov., I, 1274.
Mauvière (la). Tours, 1210.
Mauvieux. Caen, 25.
Mauvif. Tours, 1264, 1265.
Mauvilain. Par., I, 1008.
Mauvire. Prov., I, 1348.
Mauvize. Poit., 300, 1444.
Mavoine. Prov., I, 1286.
Mauvoir. Tours, 939, 941.
Mauvoisin. Rouen, 337.
Maux (des). Champ., 705.
Mauxion. Bret., II, 481.
Mauzerant. Poit., 1107.
Mauzy. Toul.-Mont., 533.
Mavallier. Bourb., 131.
Mavault. Poit., 598.
Mavelot. Par., I, 1150.
Maver. Als., 943.
Maveralt. Fland., 1359.
Mavereau. Poit., 109.
Mavière. Tours, 587.
Maviot. La Roch., 134.
Maxe de Bar(St-). Lorr., 100. Chap.
— de Toul. Lorr., 57, Chap.
Maximi. Bourb., 116.
— Dauph., 81, 154.
Maximin. Prov., I, 1438.
Maximin (St-). Prov., II, 206. V.
May (du). Bourb., 363.
— Bourg., I, 26, 46, 84, 670, 1206.
— Par., III, 246.
— Vers., 81.
Mayard. Dauph., 99, 411.
Mayat. Bourb., 18, 19, 104, 219.
Mayaud. Par., II, 1085.
— Poit., 61, 93, 335, 696, 776, 827.
Maye (le). Par., I, 1259.
— Par., II, 552.
— Par., III, 303, 555.
— Poit., 15, 1462.
Mayence. Dauph., 186.
Mayenne. Tours, 403. V.
Mayenneville. Pic., 268.
Mayer. Als., 72, 87, 113, 126, 512, 893, 903, 906.
— Bourg., I, 609.
— Par., II, 1096.
— Prov., II, 577.

Mayer (le). Bret., I, 352.
— Guy., 127.
Mayère. Prov., I, 53.
Mayerhoffer. Als., 14, 15.
Mayet. Auv., 127, 128, 134.
— Par., II, 706.
Mayeur (le). Pic., 122.
Maynard. Lim., 109, 160, 394, 435, 475.
Mayne (du). Bourg., I, 267.
Mayol. Lyon, 682. 774.
— Montp.-Mont., 438, 448.
— Prov., I, 403, 1086.
— Prov., II, 541, 720, 834.
Mayolle. Toul.-Mont., 1179.
Mazac. Guy., 399.
Mazade. Montp.-Mont., 592, 1236.
Mazade. Prov., I, 769.
Mazannet. Toul.-Mont., 570. V.
Mazan. Lyon, 421.
— Prov., I, 1152.
— Prov., II, 261, 449, 487.
Mazangues. Prov., I, 439.
Mazard. Lyon, 553.
Mazarin. Champ., 157. V.
Mazarini. Par., I, 105, 441.
Mazars. Toul.-Mont., 442, 1180, 1195.
Mazas. Toul.-Mont., 768.
Mazat. Auv., 408.
Mazaudier. Montp.-Mont., 1305.
Maze. Bret., II, 669.
— Fland., 1496.
— Rouen, 538, 778.
Mazeau. Poit., 1139, 1356.
Mazeau (du). Bourb., 265, 537.
Mazec. Bret., I, 103, 341.
Mazel. Auv., 157.
— Bourg., I, 511.
— Fland., 1436.
— Montp.-Mont., 448, 837, 1353.
— Par., I, 240.
— Par., III, 160.
Mazel (du). Dauph., 593.
Mazelet. Montp.-Mont., 854.
Mazelier. Bourg., II, 583.
Mazelin. Bourges, 63.
Mazeline. Par., I, 732.
— Rouen, 767.
Mazollières. Guy., 177, 853, 915.
Mazencourt. Soiss., 385.
Mazenod. Lyon, 12, 145, 361, 768, 1051.
— Par., IV, 81.
Mazens. Toul.-Mont., 650.
Mazeran. Toul.-Mont., 292, 315.

Mazcrant. *Montp.-Mont.*, 664, 1040.
Mazére. *Béarn*, 160.
Mazére (la). *Toul.-Mont.*, 1252, 1284.
Mazéres. *Montp.-Mont.*, 1175. V.
— *Toul.-Mont.*, 817.
Mazerolles. *Toul.-Mont.*, 781.
Mazet. *Guy.*, 941.
— *Lyon*, 126.
— *Montp.-Mont.*, 899.
— *Prov.*, I, 816.
— *Prov.*, II, 352, 364, 367.
Mazet (du). *Lim.*, 418.
Mazette. *Bret.*, II, 355.
Mazier. *Bourg.*, I, 548.
Maziére. *Orl.*, 732.
Maziére (la). *Toul.-Mont.*, 1227.
Maziéres. *Auv.*, 573.
— *Bourges*, 343, 381.
— *Bourg.*, I, 568, 621, 1128.
— *Par.*, II, 545, 861, 1126.
— *Par.*, IV, 672.
— *Toul.-Mont.*, 738, 1344.
Maziéres (des). *Tours*, 906, 932, 936, 961.
Maziers (le). *Par.*, II, 211, 296.
Mazille. *Fland.*, 821.
Mazille (de). *Bourb.*, 349.
Mazin. *Prov.*, II, 334.
Mazis (des). *Rouen*, 56.
Mazouet. *Bret.*, II, 868.
Mazoureux. *Bourb.*, 607.
Mazoyer. *Bret.*, I, 165.
— *Bret.*, II, 311.
— *Par.*, III, 387.
Mazué. *Toul.-Mont.*, 522.
Mazuel. *Auv.*, 164.
— *Bourb.*, 614.
Mazuet. *Lorr.*, 144.
Mazure. *Fland.*, 1232.
— *Par.*, III, 25.
— *Toul.-Mont.*, 334.
Mazure (la). *Al.*, 295.
— *Rouen*, 1164, 1221.
Mazureau. *Bret.*, II, 1067.
Mazures (de). *Soiss.*, 755.
Mazures (des). *Bret.*, II, 585, 922.
Mazurier (le). *Caen*, 581.
— *Rouen*, 200, 252, 256, 1169.
Mazuyer. *Lyon*, 125, 217.
— *Par.*, III, 234.
Mazuyer (le). *Toul.-Mont.*, 111, 133, 887.
Mé (du). *Lyon*, 4.
— *Par.*, II, 242, 835.
Mé (le). *Par.*, III, 298.
Mésille. *Prov.*, I, 1131.

Meanec. *Bret.*, II, 710.
Meauche. *Prov.*, II, 106.
Meaudre. *Lyon*, 1034.
Meaulne (de). *Tours*, 95, 398, 418.
Meaume. *Bourb.*, 204.
Meaume (de). *Fland.*, 486.
Meaune. *Rouen*, 1081.
Meaune (de). *Bret.*, I, 217, 275.
Meaussé (de). *Orl.*, 782.
Meausse (de). *Tours*, 652.
Meau. *Bourg.*, I, 105, 110, 114, 120.
Meau. *Bourg.*, II, 207.
Meau (de). *Dauph.*, 158.
— *Lorr.*, 201.
— *Prov.*, I, 1027.
— *La Roch.*, 102.
Meaux. *Caen*, 173.
— *Par.*, I, 89.
— *Soiss.*, 143, 177, 207.
Meaux (de). *Lyon*, 57, 220, 227, 228, 860.
— *Par.*, IV, 175, 477.
Méchaussée (la). *Champ.*, 758.
Meche (la). *Pic.*, 505.
Mechine. *Tours*, 998, 1015, 1017.
Medal. *Toul.-Mont.*, 1105.
Médalon. *Béarn*, 77.
Médard. *Bourg.*, II, 308.
— *Montp.-Mont.*, 1412.
Médecins (les) de Pont-à-Mousson. *Lorr.*, 148. *Communauté.*
— de Vic. *Lorr.*, 583.
Meder. *Als.*, 487.
Medi. *Poit.*, 953.
Médiaville. *Béarn*, 140.
Medicis. *Poit.*, 432.
Médicis. *Prov.*, I, 1048.
Médine. *Rouen*, 1228.
Medinger. *Als.*, 912.
Medler. *Als.*, 443.
Médon. *Orl.*, 350.
— *Toul.-Mont.*, 158.
Medouiller. *Orl.*, 446.
Medrade. *Toul.-Mont.*, 348.
Médrane. *Montp.-Mont.*, 1158.
Medrane. *Toul.-Mont.*, 363, 1238, 1250.
Medville. *Montp.-Mont.*, 182.
Mée. *La Roch.*, 359, 393.
Mée (du). *Bourg.*, I, 304.
— *Caen*, 777.
— *Fland.*, 1309.
Mée (le). *Bret.*, II, 384, 408, 709.
— *Par.*, I, 738.
Méel. *Als.*, 596.
Meequenen. *Champ.*, 323.

Mées. *Prov.*, i, 843. V.
Meffrein. *Prov.*, i, 1429.
Mefredi. *Prov.*, ii, 734, 775, 776, 777.
Megaudois. *Par.*, i, 36.
Mége. *Auv.*, 54, 356, 385.
Megé. *Prov.*, i, 1245.
Megemont. *Auv.*, 146.
Mégi. *Prov.*, i, 1432.
Megi. *Prov.*, ii, 538.
Mégier. *Lyon*, 930.
Meginhac. *Guy.*, 908.
Megissiers. *Poit.*, 481. Communauté.
Megre. *Toul.-Mont.*, 589.
Mégret. *Lyon*, 307, 957.
Megret. *Par.*, iv, 262.
— *Pic.*, 514, 533, 537.
Megrier. *Guy.*, 1042.
Meguer. *Fland.*, 1234.
Méguerlin. *Als.*, 566.
Méguin. *Als.*, 744.
Méguyon. *Tours*, 57, 104.
Mehabert. *Tours*, 1095.
Mehabet. *Orl.*, 890.
Mehaignery. *Bret.*, i, 411.
— *Bret.*, ii, 88.
Méhée. *La Roch.*, 329.
Méhénérie. *Tours*, 1439.
Meherenc. *Caen*, 2, 3, 10, 14, 26, 49, 319, 447, 648.
— *Rouen*, 121, 578.
Meheust. *Bret.*, ii, 577.
Mehun. *Bourges*, 254. V.
Mei. *Prov.*, i, 254.
Meiche. *Als.*, 937.
Meifredi. *Prov.*, i, 1054, 1057.
Meige. *Bourb.*, 612.
Meignan. *Tours*, 149, 1026.
Meignan (le). *Par.*, ii, 810.
— *Par.*, iii, 286, 407.
— *Tours*, 650, 1461.
Meignau. *Fland.*, 18, 873.
Meignot. *Pic.*, 668.
Meigret. *Bourb.*, 25, 30, 146.
— *Par.*, i, 499.
— *Par.*, ii, 697.
— *Par.*, iii, 374.
— *Poit.*, 427, 740, 741.
Meiguyon. *Tours*, 560, 564.
Meilhan. *Guy.*, 873, 1201.
Meilha. *Toul.-Mont.*, 716.
Meilher. *Toul.-Mont.*, 547.
Meillac. *Lim.*, 250.
Meillan. *Bourg.*, i, 18.
Meillardet. *Bourg.*, i, 560.
Meillat. *Caen*, 728.

Meillibut. *Rouen*, 84, 797.
Meiller. *Lyon*, 675.
Meilleur (le). *Bret.*, i, 451.
Meillier. *Bret.*, ii, 860.
Meimix. *Guy.*, 50.
Meinard. *Guy.*, 170, 637.
— *Prov.*, i, 673, 1269.
— *Prov.*, ii, 305, 306, 394.
Meinardie. *Guy.*, 1082, 1085.
Meinier. *Prov.*, i, 948, 988.
— *Prov.*, ii, 332, 489, 834.
Meinier (de). *Lorr.*, 328.
Meinin. *Lyon*, 724.
Meiran. *Auv.*, 170, 240, 244.
Meiranes. *Prov.*, i, 856.
Meiras. *Montp.-Mont.*, 934, 1240.
Meirau. *Prov.*, ii, 104, 107, 640.
Meirier. *Prov.*, i, 120.
Meironnet. *Prov.*, i, 388, 396, 407, 439, 442.
Meirounenc. *Montp.-Mont.*, 825.
Meis. *Lorr.*, 310.
Meisfren. *Prov.*, i, 935, 1051.
Meisière. *Prov.*, ii, 310.
Meissonnier. *Prov.*, i, 107.
Meizonnet. *Guy.*, 1020.
Mejac. *Toul.-Mont.*, 1048.
Mejacasse. *Toul.-Mont.*, 1067.
Méjan. *Montp.-Mont.*, 27, 903.
Mejanel. *Montp.-Mont.*, 601, 843, 844, 845.
Mejannes. *Montp.-Mont.*, 1213.
Mejannet. *Toul.-Mont.*, 288, 289, 1153, 1379.
Melac. *Als.*, 379, 520.
Mélanger. *Soiss.*, 567.
Melat. *Dauph.*, 204, 220.
Melenet. *Bourg.*, i, 70.
Melet. *Guy.*, 52, 164, 169, 178, 181, 182, 317, 641.
— *Lorr.*, 615.
— *Par.*, i, 380.
Meleti. *Prov.*, i, 361, 930.
Meleveau. *Poit.*, 1123.
Meliand. *Par.*, iii, 238, 287.
Méliant. *Orl.*, 296.
Meliant. *Par.*, i, 429, 543, 890, 913, 1145, 1208.
Melié. *Toul.-Mont.*, 498.
Melier. *Prov.*, ii, 623.
Melignan. *Guy.*, 548.
Melin. *Bourg.*, i, 47.
— *Champ.*, 101, 102, 550, 860.
— *Par.*, iii, 469.
Melinais (le). *Bret.*, ii, 500.
Méline. *Lyon*, 221.

Melion. *Al.*, 759, 778.
Mélion (St-). *Béarn*, 120.
Meliot. *Bourg.*, I, 1057.
Melland. *Tours*, 269.
Mellé. *Prov.*, II, 761.
Melle (du). *Par.*, I, 660.
Melleroi. *Champ.*, 127.
Mellescar. *La Roch.*, 105.
Mellet. *Al.*, 635.
— *Bret.*, I, 216, 222, 243, 374.
— *Bret.*, II, 22.
— *Dauph.*, 343.
— *Montp.-Mont.*, 1131.
— *Toul.-Mont.*, 150.
Melleville. *Orl.*, 338.
— *Rouen*, 213.
Melliau. *Prov.*, I, 267.
Melliaut. *Bret.*, I, 175, 509.
Mellier. *Bret.*, I, 168.
— *Lyon*, 389, 721, 910.
— *La Roch.*, 267.
Mellière (la). *Al.*, 93, 574, 816.
— *Soiss.*, 123.
Mellin (du). *Guy.*, 923.
Melloir (St-). *Tours*, 275, 636,
Mellon. *Bret.*, I, 882.
— *Prov.*, I, 112, 1151, 1211, 1215.
Melloret. *Bret.*, II, 385.
Meloir (St-). *Bret.*, I, 578, 634.
— *Bret.*, II, 216, 754.
Méloise (la). *Bourg.*, II, 176.
Melon. *Guy.*, 13, 52, 502, 505.
— *Lim.*, 161, 179, 465.
— *Montp.-Mont.*, 65.
Melorel (le). *Bret.*, II, 377.
Melot. *Fland.*, 1476.
— *Lyon*, 455.
Melquer. *Als.*, 475, 650.
Melson. *Par.*, II, 442.
Melun. *Al.*, 317.
— *Auv.*, 119, 120.
— *Caen*, 269.
— *Guy.*, 157.
— *Par.*, I, 229.
— *Par.*, III, 89.
— *Par.*, IV, 558.
— *Pic.*, 150, 486.
Meluras. *Pic.*, 866.
Melval. *Champ.*, 45, 366, 455, 456, 801.
Melverel. *Rouen*, 206.
Membrede. *Béarn*, 117, 118.
Memerel. *Lyon*, 97.
Memie (la). *Bourg.*, I, 450, 451.
Memin. *Tours*, 1147.
Ménage. *La Roch.*, 339.

— *Tours*, 75, 87, 102, 544, 556, 565, 897, 1167.
Ménagé. *Tours*, 1355.
Menager. *Guy.*, 65, 138, 900.
— *Lyon*, 108.
— *Montp.-Mont.*, 496, 809.
— *Par.*, I, 1304.
— *Rouen*, 839, 1344, 1385, 1404.
Ménager. *Par.*, II, 765.
Menant. *Par.*, I, 481, 954.
— *Par.*, III, 200.
Menard. *Al.*, 430, 1036, 1037, 1182.
— *Bret.*, II, 453, 455, 1079.
— *Lorr.*, 640.
— *Par.*, I, 412, 614, 1048.
— *Par.*, II, 165, 542, 1096, 1102, 1222.
— *Par.*, IV, 538.
— *Tours*, 483, 513, 533, 943.
— *Vers.*, 155.
Ménard. *Bret.*, I, 976.
— *Auv.*, 350.
— *Montp.-Mont.*, 248, 258, 261, 263, 964.
— *Orl.*, 40, 89, 178, 208, 754, 900.
— *La Roch.*, 30, 231.
Menardeau. *Bret.*, I, 163, 164, 174, 777.
— *Bret.*, II, 29.
— *Par.*, I, 1060.
— *Par.*, II, 243.
— *Par.*, III, 244.
— *Poit.*, 236.
— *Tours*, 82, 537.
Menardière (la). *Caen*, 21, 406, 623, 655.
Menaud. *Par.*, II, 798.
— *Poit.*, 536.
Menault. *Bourb.*, 323.
— *Orl.*, 331, 364, 457.
— *Vers.*, 203.
Menaut. *Al.*, 1190.
— *Tours*, 1394.
Menc (de). *Prov.*, I, 398, 933.
Mende. *Montp.-Mont.*, 426.
Mendès. *Guy.*, 203, 1144, 1214.
Mendosse. *Guy.*, 57.
Mene. *Toul.-Mont.*, 989.
Mene (de). *Prov.*, II, 306.
Meneac (de). *Par.*, IV, 327.
Meneau (le). *Par.*, III, 361, 565.
Meneau. *La Roch.*, 170, 382.
Menec (le). *Bret.*, II, 704.
Menechet. *Soiss.*, 217.
Meneguerre. *Poit.*, 1074.
Menehould (Ste-). *Champ.*, 521. I′.

Menela. *Pic.*, 833.
Menelaus. *Pic.*, 445.
Menessin. *Vers.*, 108.
Menesson. *Soiss.*, 140. 659.
Menestre. *Toul.-Mont.*, 569.
Menestrel (le). *Par.*, I, 44, 161.
— *Par.*, II, 734.
— *Par.*, IV, 544.
Menestrier. *Bourg.*, I, 201, 1054, 1059.
— *Lyon*, 407, 412.
Menet. *Par.*, III, 484.
Menethou. *Orl.*, 559.
Meneust (le). *Bret.*, I, 153, 445, 463.
— *Par.*, II, 454.
Meney. *Dauph.*, 194.
Mengaud. *Montp.-Mont.*, 404, 781.
— *Prov.*, I, 1296.
— *Prov.*, II, 245, 506.
Mengaut. *Toul.-Mont.*, 157.
Mengeot. *Lorr.*, 509.
Mengin. *Lorr.*, 11.
— *Soiss.*, 392.
— *Par.*, I, 890.
Meniac. *Soiss.*, 105.
Meniçay. *Poit*, 827.
Menicier (le). *Caen*, 100, 221.
Menière. *Pic.*, 691.
Menières. *Lim.*, 184.
Menière (de). *Tours*, 122.
Meniés. *Als.*, 443.
Meniés (de). *Lorr.*, 129.
Menigault. *Bourges*, 430.
Menin. *Fland.*, 425. V.
— *Par.*, III, 490.
Méniolle. *Soiss.*, 120.
Menisson. *Champ.*, 128.
Menjot. *Al.*, 139.
— *Par.*, I, 924.
— *Par.*, II, 360.
Menne (de). *Par.*, II, 125.
Menneron. *Par.*, I, 14.
Mennweg. *Als.*, 12, 41, 397, 710.
Menolière (la). *Bret.*, II, 1009.
Menon. *Al.*, 283, 1058, 1064.
— *Dauph.*, 74, 79, 105, 196.
— *Orl.*, 246.
Menonville. *Lorr.*, 291, 584.
Menot. *Lim.*, 141.
— *Lorr.*, 567.
Menou. *Als.*, 571.
— *Bourg.*, 273, 447.
— *Fland.*, 92.
— *Orl.*, 12, 26, 43, 336, 721, 828.
— *Par.*, II, 1215.
— *Poit.*, 286, 1320.

— *Tours*, 18, 46, 183, 199, 202, 283, 284, 1510.
— *Guy.*, 313.
Menouvrier. *Bourges*, 477.
— *Bret.*, II, 968.
— *Par.*, II, 1025.
— *Poit.*, 15.
Menoux. *Champ.*, 632.
Mensat. *Lim.*, 161.
Mentzer. *Als.*, 721.
Menu. *Par.*, III, 420.
— *Par.*, IV, 34, 35.
Menu (le). *Rouen*, 836.
Menudel. *Lyon*, 374.
— *Auv.*, 386.
Menüe (la). *Bourg.*, II, 173.
Menuisiers de Metz (le). *Communauté. Lorr.*, 609.
— de Rembervillers. *Lorr.*, 686.
— de Vic. *Lorr.*, 569.
Menuisiers (les). *Communauté. Poit.*, 342, 399, 569, 653, 812.
Menuteau. *La Roch.*, 141, 269.
Menvallon. *La Roch.*, 179.
Meny. *Par.*, III, 389, 482.
Mequelbaut. *Als.*, 564.
Mer. *Bret.*, II, 157.
— *Rouen*, 1160.
— *Soiss.*, 62, 345, 350, 359, 464, 660, 661.
Mer (la). *Bourb.*, 211.
— *Prov.*, I, 1221.
— *La Roch.*, 193.
Mérans, *Toul.-Mont.*, 1316. V.
Merat (le). *Orl.*, 820.
Merault. *Bret.*, I, 410.
Mérault. *Lorr.*, 593.
— *Par.*, I, 896, 1198.
— *Par.*, II, 351, 365, 390.
— *Par.*, III, 288.
— *Lyon*, 1048.
Mercadier. *Prov.*, I, 1000.
— *Prov.*, II, 293, 744.
— *Toul.-Mont.*, 250, 640, 1013, 1167.
Mercastel. *Vers.*, 307.
Mercenne. *Tours*, 1392.
Mercereau. *Poit.*, 1242.
Merceret. *Bourg.*, I, 695, 1050.
Merceri. *Bret.*, I, 791.
Merceron. *Poit.*, 842.
— *Tours*, 1024.
Merchier. *Pic.*, 121, 147, 438, 496.
Merchion. *Dauph.*, 204, 437.
Merci. *Als.*, 110, 169.
Mercier. *Al.*, 733, 989, 1115.

— Auv., 4, 349.
— Bourb., 114, 270.
— Bourges, 123, 281, 334.
— Bourg., I, 340, 602, 992, 1023, 1243.
— Bourg., II, 145, 210, 499.
— Bret., I, 545, 785.
— Dauph., 62.
— Fland., 578, 871, 1501.
— Guy., 125, 197, 807, 830, 838, 909, 1092.
— Lorr., 629.
— Lyon, 373, 483.
— Montp.-Mont., 288, 384, 605, 836, 1285.
— Orl., 548, 900, 1020.
— Par., I, 171, 287, 672, 1031, 1053, 1313, 1323.
— Par., III, 184, 239, 388.
— Pic., 393, 396, 594.
— Poit., 697, 1217, 1235, 1238.
— Prov., II, 598.
— La Roch., 59, 212, 266, 291.
— Toul.-Mont. , 384, 579, 1033, 1190.
Mercier (le). Als., 791, 801, 864, 878, 892.
— Bret., I, 158, 169, 298, 492.
— Bret., II, 85, 87, 316, 475, 588, 590, 599, 968.
— Caen, 14, 212, 342, 513.
— Fland., 25, 141, 289.
— Lim., 274.
— Orl., 379.
— Par., II, 723, 773.
— Par., IV, 618.
— Rouen, 405,, 575, 1325, 1359, 1367.
— Soiss., 154, 295, 506, 564, 750.
— Tours, 9, 174, 296, 330, 983, 1104, 1517.
Merciers (les) de Luxembourg. Lorr., 684.
— de Metz. Lorr., 559.
— de Rembervillers. Lorr., 684.
— de Thionville. Lorr., 689.
Merciers (les). Communauté. Poit., 386, 457, 544, 1026, 1187, 1477, 1492, 1498, 1544.
Merckel. Als., 6, 643, 981.
Merclaire. Champ., 345.
Mercoran. Montp.-Mont., 276, 286.
Mercouran. Toul.-Mont., 426.
Mercure. Bourg., II, 350.
— Montp.-Mont., 358.
Mercurin. Prov., I, 247, 1369, 1379.
— Prov., II, 341, 342, 694, 710.

Mercy (de). Soiss., 363.
Merduy. Lyon, 1031.
Merdy. Bret., II, 917.
Merdy (du). Bret., I, 130, 260.
Méré. Al., 655.
— Poit., 383.
— Prov., I, 607.
— Prov., II, 349.
Méré (de). Tours, 1015.
Mère-Eglise (Ste-). Caen, 246, 247.
Meredieu. Guy., 506, 589, 924.
Merei. La Roch., 139.
Merelessart. Soiss., 59, 119, 301.
Merendal. Prov., I, 420.
— Prov., II, 333.
Merentier. Prov., I, 713.
Meret. Poit., 555.
Meretum. Prov., II, 828.
Merez. Montp.-Mont., 738.
Merez (de). Dauph., 306.
Merg. Als., 977.
Mergé (du). Lim., 295.
Merger. Bourg., II, 346.
Mergerie. Prov., II, 447.
Mergilet. Als., 454.
Mergue (du). Par., I, 377.
Merguelinghen. Fland., 462, 468, 1151, 1152, 1159, 1170.
Merguier. La Roch., 260.
Meri. Als., 1050, 1234.
— Guy., 146.
— Soiss., 163.
Meric. Guy., 956, 1106.
— Prov., II, 750, 805.
— Toul.-Mont., 84, 688, 959, 1002, 1317.
Mericq. La Roch., 3.
Meridié. Toul.-Mont., 1350.
Mériel. Prov., II, 770.
Meriel (du). Pic., 757.
Merielle, Lyon, 1828.
Merien. Par., II, 364.
— Tours, 188.
Merignac. Guy., 18, 341, 533, 968.
— Par., 1151.
— Poit., 1554.
Mérignon. Prov., I, 1378.
Mérigon. Prov., I, 217, 455.
Mérigot. Bourb., 304.
— Lim., 129.
— Par., II, 233, 865.
—Poit., 538, 551, 1107.
Meriguet. Prov., I, 1094.
Meriguiot. Pic., 480.
Méril. Prov., II, 763.
Merilles. Par., I, 827.

13

Mérimont. *Montp.-Mont.*, 121.
Mérindol. *Dauph.*, 13.
— *Prov.*, i, 351, 439, 904.
Méritau. *Prov.*, ii, 843.
Méritens. *Toul.-Mont.*, 357, 1345, 1347.
Meriveaux. *La Roch.*, 181.
Merlac. *Montp.-Mont.*, 1497.
Merlanchon. *Lyon*, 1049.
Merland. *Pic.*, 668.
— *Poit.*, 384, 760, 1140, 1168, 1252, 1260, 1274, 1275, 1279.
Merlat. *Par.*, i, 61.
— *La Roch.*, 359.
Merlant. *Als.*, 233.
Merle. *Auv.*, 73, 328.
— *Bourg.*, i, 1272, 1273.
— *Bourg.*, ii, 72, 255.
— *Dauph.*, 462.
— *Lyon*, 98, 136, 160, 369, 372, 1019.
— *Montp.-Mont.*, 71, 344, 422, 629.
— *Par.*, i, 235, 466.
— *Par.*, iii, 330.
— *Prov.*, i, 116, 957, 1204, 1323, 1325.
— *La Roch.*, 164.
Merle (du). *Al.*, 23, 26, 27, 229, 236, 308, 315, 437, 553, 558, 723.
— *Bourges*, 460.
— *Soiss.*, 148.
Merle (le) *Bret.*, i, 353.
— *Tours*, 924.
Merlebeck. *Fland.*, 677.
Merles. *Guy.*, 42, 907, 823.
Merlet. *Bret.*, ii, 30, 1069.
— *Caen*, 109, 117.
— *Poit.*, 1275.
— *La Roch.*, 270.
— *Tours*, 1139.
Merleux. *Pic.*, 694.
Merlie. *Guy.*, 1086.
Merlin. *Als.*, 995.
— *Fland.*, 856.
— *Par.*, i, 1341.
— *La Roch.*, 138.
Merlou. *Champ.*, 892.
Mermety. *Bourg.*, i, 4.
— *Bourg.*, ii, 271.
Mermier. *Lyon*, 291.
— *Montp.-Mont.*, 477, 478.
Mermillod. *Bourg.*, ii, 380.
Mernet. *Lyon*, 755.
Mernot. *Prov.*, ii, 767.
Mérode *Fland.*, 1153, 1330, 1434, 1443.

— *Lorr.*, 661.
— *Pic.*, 788.
— *Soiss.*, 608.
Mérois. *La Roch.*, 308.
Meromont. *Par.*, i, 765.
Meronne *Prov.*, i, 1105.
Mérot. *Al.*, 1043.
Merquier. *Toul.-Mont.*, 587.
Merre (de), *Fland.*, 531.
Morsant. *Bret.*, ii, 1061.
Merselle. *Pic.*, 728.
Mertem. *Fland.*, 373, 378.
Mertras. *Champ.*, 321, 916.
Merty. *Bourg.*, i, 323.
Meru. *Bourg.*, i, 256.
Mervache. *Poit.*, 856.
Mervielleux. *La Roch.*, 407.
Merviel. *Toul.-Mont.*, 1178, 1188.
Mervilel. *Auv.*, 553.
— *Fland.*, 936. V.
Mery (de). *Lorr.*, 49, 619.
Mesaiger. *Par.*, iii, 120.
Mesaubouin. *Bret.*, i, 321.
Mésaugué. *Als.*, 91.
Mescant (du). *Bret.*, i, 270, 271, 536.
Meschatin. *Bourb.*, 107, 267.
Mescheu. *La Roch.*, 210.
Meschin. *Poit.*, 112, 1460.
— *La Roch.*, 428.
Meschine. *Tours*, 600.
Meschinet. *Poit.*, 426.
Mesclop. *Guy.*, 1112, 1113.
Mesdack. *Fland.*, 227, 441.
Meseret (du). *Caen*, 589.
Mesgouet (du). *Bret.*, ii, 1036.
Mesgrigni. *Champ.*, 126.
Mesgrigny. *Bourb.*, 59.
— *Par.*, i, 898, 1156, 1306.
— *Poit.*, 79, 586, 913.
Mesgringny. *Par.*, iii, 63.
Mésial. *Toul.-Mont.*, 923.
Meslaï. *Rouen*, 926.
— *Tours*, 1443.
Mesle (de). *Bourges*, 450.
— *Toul.-Mont.*, 413.
Mesle (de). *Bret.*, ii, 913, 953.
— *Par.*, ii, 42, 141, 1014.
— *Tours*, 978.
Mesleau. *Al.*, 1024.
Meslier. *Tours*, 1277.
Mesligni. *Lorr.*, 40, 45.
Meslin. *Bret.*, ii, 591.
— *Caen*, 32, 282, 413.
— *Poit.*, 1438.
Meslon. *Bret.*, ii, 204.
Mesmack. *Fland.*, 1154.

Mesmaer. *Fland.*, 1172.
Mesmaer (de). *Lorr.*, 325.
Mesmay. *Bourg.*, I, 558, 595, 613, 659, 772, 1007, 1012.
Mesmé. *Tours*, 239.
Mesmes. *Guy.*, 322.
— *Par.*, I, 81, 865.
Mesmes (de). *Champ.*, 702.
— *Par.*, III, 217.
— *Prov.*, II, 165.
Mesmin. *Fland.*, 1168.
— *Vers.*, 16.
Mesmin (St-). *Bourb.*, 252.
— *Bourges*, 526.
— *Lorr.*, 651.
— *Orl.*, 113, 305, 306, 307, 344, 362, 420, 460, 467.
— *Par.*, III, 453.
— *Par.*, IV, 357.
Mesmont. *Pic.*, 530.
Mesnage. *Caen*, 178, 181, 520.
— *Poit.*, 458.
— *Soiss.*, 565.
Mesnager. *Al.*, 653.
— *Bret.*, II, 409, 582, 903.
— *Par.*, III, 270, 508.
— *Poit.*, 1129.
— *Soiss.*, 560.
Mesnager (le). *Bret.*, I, 309.
Mesnard. *Bourges*, 375, 518.
— *Caen*, 184.
— *Lim.*, 429.
— *Par.*, IV, 132.
— *Poit.*, 90, 255, 260, 264, 268, 271, 295, 503, 534, 708, 738, 850, 1078, 1081, 1104, 1105, 1158, 1216, 1228, 1293, 1357, 1376, 1417, 1439, 1530.
— *Prov.*, I, 1060.
— *La Roch.*, 193, 212, 261, 351, 414.
— *Soiss.*, 797.
Mesnaye. *Bret.*, II, 65, 509, 1121.
Mesne (du). *Al.*, 318.
Mesné. *Poit.*, 1385.
Mesneau. *Par.*, I, 997.
Mesnel. *Dauph.*, 150.
— *Pic.*, 865.
Mesnet *Par.*, I, 1298.
Mesnier. *Bourg.*, I, 1247.
— *Montp.-Mont.*, 1437.
— *Par.*, IV, 206.
— *Prov.*, I, 747, 1079.
— *Tours*, 1216.
Mesnil. *Par.*, III, 203, 478, 493.
Mesnil (du). *Al.*, 89, 141, 164, 194, 195, 190, 598, 1037, 1160, 1166.
— *Bourges*, 126, 244.

— *Bourg.*, I, 667.
— *Bret.*, II, 6.
— *Caen*, 4, 10, 12, 15, 35, 102, 110, 333, 531, 536, 537, 539, 541, 561, 562, 633, 650.
— *Champ.*, 282, 284, 786.
— *Fland.*, 801, 1280.
— *Lorr.*, 150, 157, 313, 318 *bis*, 400.
— *Lyon*, 637.
— *Montp.-Mont.*, 794.
— *Par.*, I, 1087, 1223.
— *Par.*, IV, 53, 133, 163.
— *Pic.*, 240, 282, 763, 836, 850, 853, 894.
— *Rouen*, 230, 331, 336, 341, 353, 444, 445, 447, 462, 798, 1192, 1227.
— *Tours*, 64, 296, 297, 398, 418, 549, 569, 885, 891, 900, 950, 1182.
— *Vers.*, 40.
Mesnil Adelée (du). *Caen*, 352, 515, 523, 707, 783, 792.
Mesnil-Bérard. *Al.*, 610, 761.
Mesnil-Bérard (du). *Caen*, 710.
Mesnilcotté (du). *Rouen*, 40, 499, 670.
Mesnildot (du). *Caen*, 53, 59, 232, 250, 290, 296, 310, 444, 759, 766.
Mesnilcuri (du). *Rouen*, 47.
Mesnil-Germain (du). *Al.*, 846.
Mesnil-la-Goubée (du). *Rouen*, 450.
Mesnil-Jourdain (du). *Par.*, IV, 113, 370.
— *Rouen*, 1335.
Mesnil-Lieuri (du) *Al.*, 583.
Mesnil-Rousset. *Al.*, 914.
Mesnil-Simon (du). *Bourges*, 59.
Mesnil-Varin (du). *Al.*, 880, 901.
Mesnil-Vri (du). *Caen*, 95, 322.
Mesnilles. *Rouen*, 1307.
Mesnoalet. *Bret.*, I, 536, 663.
Mesnoallet. *Bret.*, II, 259.
Mesnot. *La Roch.*, 356.
Mesplaux. *Fland.*, 1072.
Mesplées. *Béarn*, 111. V. des Claux.
Mesplez. *Toul.-Mont.*, 325.
Mesprève. *Bret.*, II, 705.
Mesquin. *Rouen*, 787.
Messac. *La Roch.*, 199.
Messageot. *Par.*, II, 792.
Messandière (la). *Bret.*, II, 302.
Messat. *Lorr.*, 637.
Messavin. *Lyon*, 970.
Messay. *Champ.*, 779.
Messei. *Poit.*, 1540.
Messeman. *Fland.*, 1169.
Messemé. *Poit.*, 278, 286.
Messent. *Caen*, 289. 312.

Messes. *Montp.-Mont.*, 124.

Messey. *Bourg.*, I, 300.

Messier. *Fland.*, 985.

— *Lyon*, 41, 42, 98, 160, 496.

— *Pic.*, 115, 268.

— *La Roch.*, 179.

— *Tours*, 828.

Messier (le). *Rouen*, 444.

Messière. *Al.*, 995.

— *Par.*, I, 1177.

Messignat. *Lim.*, 382.

Messine. *Fland.*, 671. V.

Mession. *Bourg.*, II, 575.

— *La Roch.*, 364.

Messonnier. *Dauph.*, 509.

— *Guy.*, 738.

— *Par.*, I, 367.

Mesteltard. *Fland.*, 1474.

Mesteyer. *La Roch.*, 8.

Mestivier. *Bret.*, II, 288, 444.

— *La Roch.*, 308.

Mestolat. *Toul.-Mont.*, 248.

Mestrac. *Auv.*, 521.

Mestre. *Guy.*, 1106.

— *Toul.-Mont.*, 713, 1474.

Mestre (de). *Fland.*, 1243.

Mestreau. *Poit.*, 1342, 1529.

Mestrieux. *Bret.*, I, 287, 551, 702.

Mesturas. *Lim.*, 358.

Mesturier. *Poit.*, 1107.

Mesures (des). *Guy.*, 1043.

Mesureur (le). *Fland.*, 259.

Métairie (la). *Bourg.*, II, 347.

Métais. *Poit.*, 1486.

Métais (le). *Rouen*, 689, 934.

Métayer. *Bourg.*, II, 175.

— *Champ.*, 163.

— *Lyon*, 466.

— *Par.*, II, 101.

— *Par.*, III, 62.

— *Poit.*, 497, 848, 970. 1098.

— *Tours*, 960.

Métayer (le). *Al.*, 545.

— *Bret.*, I, 222, 252, 604, 637, 939.

— *Bret.*, II, 46, 602, 605, 650, 758, 906.

— *Caen*, 32, 623.

— *Rouen*, 27, 113, 369, 391, 417, 957.

Metays. *Orl.*, 728.

Meteren. *Fland.*, 460. V.

Métérie (la). *Poit.*, 1230.

Meternick. *Als.*, 323.

Metet (du). *Soiss.*, 822.

Metge (de). *Toul.-Mont.*, 51, 64.

Methé. *La Roch.*, 188, 384.

Metiquer. *Als.*, 868.

Métivier. *Bourb.*, 498, 501, 512, 601.

— *Guy.*, 100, 168.

— *Par.*, I, 1123.

— *Poit.*, 774, 984, 1084.

— *Toul.-Mont.*, 712.

— *Tours*, 203, 208, 1042. 1371.

Metjan. *Fland.*, 1315.

Métois. *Poit.*, 823, 1531.

Metra. *Prov.*, II, 661.

Métras. *Lyon*, 105, 170.

Mets (du). *Pic.*, 778.

— *Soiss.*, 228, 688.

Mette. *Guy.*, 1044.

Metternic. *Lorr.*, 264.

Metz. *Lorr.*, 601. Chap.

— *Lorr.*, 644. V.

Metz (de). *Par.*, II, 887.

Metz (du). *Champ.*, 782, 891.

— *Orl.*, 866.

— *Par.*, III, 451.

— *Par.*, IV, 138.

Metzenhausen. *Lorr.*, 285.

Metzer. *Als.*, 658.

Metzheim. *Als.*, 1023.

Metzleim. *Als.*, 412.

Metzquer. *Als.*, 123, 979.

Meuble (du). *Bourb.*, 407.

Meuche. *Pic.*, 809.

Meulinière (la). *Poit.*, 516, 1226.

Meulle (de). *Orl.*, 506.

Meullebec. *Fland.*, 179, 182.

Meulles (de). *Par.*, II, 647.

Meullier. *Tours*, 1393.

Meulore. *Tours*, 1423.

Meunier (le). *Tours*, 259, 923, 1177, 1180.

Meuny (de). *Orl.*, 142, 822.

Meur (de). *Bret.*, I, 945.

— *Bret.*, II, 201, 231.

Meur (le). *Par.*, IV, 582, 768.

Meurantais. *Tours*, 1177.

Meurdrac. *Al.*, 148.

— *Caen*, 246, 451.

Meure (de). *Montp.-Mont.*, 439, 449, 454.

Meure (la). *Prov.*, I, 717.

Meuret. *Guy.*, 255.

Meurger. *Al.*, 704.

Meurgey. *Bourg.*, I, 609.

Meurice. *Pic.*, 759.

Meurier. *Pic.*, 471, 636.

Meurin. *Pic.*, 206.

Meurimont. *Lorr.*, 366.

Meurisset. *Fland.*, 1210.

Meusinier. *Pic.*, 307.

Meusinière. *La Roch.*, 330.
Meuslan. *Par.*, ii, 261.
Meusnier. *Bourg.*, ii, 581.
— *Bret.*, ii, 425.
— *Lim.*, 143.
— *Lyon*, 538.
— *Montp.-Mont.*, 941.
— *Orl.*, 780, 812, 841.
— *Par.*, i, 325, 407, 515, 914, 873, 893.
— *Par.*, ii, 181, 363, 537, 619, 837.
— *Par.*, iv, 667.
— *Poit.*, 862, 1245.
Meusnier (le). *Al.*, 226, 979.
— *Lim.*, 268.
Meusnière (la). *Orl.*, 333.
Meuves (de). *Par.*, ii, 522.
Mévoire *La Roch.*, 329.
Mevoulhons. *Prov.*, i, 1413.
Meya. *Toul.-Mont.*, 180.
Meyer. *Als.*, 416, 435, 563, 588, 597, 623, 635, 682, 688, 764, 859, 940, 953, 990, 1045, 1047, 1061.
— *Dauph.*, 446.
Meylac. *Als.*, 520.
Meynard. *Toul.-Mont.*, 15, 31, 37, 80, 152, 163, 499.
Meyran. *Bret.*, i, 287.
Mezangé. *Par.*, i, 293.
Mézanges. *Al.*, 49, 177, 182, 183, 186, 198, 210, 398, 409, 469, 495, 498, 534, 553, 731, 1129, 1252.
Mezanville. *Pic.*, 895.
Mézard. *Prov.*, ii, 681.
Mézard (St-). *Toul.-Mont.*, 1263.
Meze. *Montp.-Mont.*, 542. V.
Mezé. *Vers.*, 119.
Mezec (le). *Bret.*, i, 122, 434, 445.
— *Bret.*, ii, 713.
Mezei (de). *Lorr.*, 129, 133.
Mezenguel. *Rouen*, 1187.
Mezenne. *Dauph.*, 424.
Mezeretz. *Par.*, i, 467.
Mezerets. *Par.*, ii, 508.
Mezier. *Champ.*, 300.
Mezière (la). *Orl.*, 903.
Mezières. *Al.*, 237.
— *Champ.*, 20, V. 286, 303.
— *Lorr.*, 342.
— *Prov.*, ii, 479.
— *La Roch.*, 14.
— *Tours*, 759.
Mezieu. *Lyon*, 555.
— *Poit.*, 406.
Mezin. *Guy.*, 917.
Mezodier. *Dauph.*, 343.

Mézonnières (de). *Lorr.*, 675.
Mezoyer. *Bourg.*, ii, 144.
Mezre (le). *Fland.*, 798.
Mezros. *Bret.*, ii, 1136, 1138.
Mezuer. *Als.*, 88.
Mézure. *Toul.-Mont.*, 1329.
Mezy. *Bourg.*, i, 1216, 1220.
Mialet. *Lim.*, 191.
Mialhe. *Toul.-Mont.*, 730, 731.
Miallet. *Auv.*, 543, 550.
— *Montp.-Mont.*, 42, 1264.
Miane. *Prov.*, i, 824.
Miannay. *Pic.*, 556, 752.
Miard. *Al.*, 852, 1147.
— *Bourg.*, ii, 129, 532.
— *Dauph.*, 584.
— *Lyon*, 970.
Miau. *Toul.-Mont.*, 654.
Mibielle. *Guy.*, 644.
Mical. *Montp.-Mont.*, 571.
Micard. *Bourg.*, ii, 275.
Micaud. *Orl.*, 734.
Micault. *Bourb.*, 191, 462.
— *Bret.*, ii, 580.
Micaut. *Bourg.*, i, 344, 474.
— *Lyon*, 223.
Micha. *Bourg.*, ii, 77.
— *Dauph.*, 128, 205, 244.
Michaelis. *Prov.*, i, 226, 268, 405, 430, 438, 476, 891, 901, 943.
— *Toul.-Mont.*, 39.
Michaillet. *Bourg.*, i, 1281.
Michalet. *Lyon*, 916.
Michallet. *Par.*, iii, 492.
Michalon. *Dauph.*, 216.
Michard. *Bourg.*, ii, 272.
Michard. *Prov.*, i, 965.
Michau. *Bret.*, i, 27, 166, 213.
— *Orl.*, 417, 782, 794, 800, 977.
— *Par.*, ii, 321, 457, 562.
Michaud. *Bourg.*, i, 8, 404, 1171, 1180, 1197, 1269
— *Bourg.*, ii, 271.
— *Dauph.*, 588.
Michaudière (la). *Bourg.*, i, 36, 42, 53, 67, 90, 331.
Michault. *Pic.*, 455, 639, 687, 754, 756, 760, 762, 854.
— *La Roch.*, 267.
Michault (le). *Al.*, 327, 612.
Michaut. *Lyon*, 921.
— *Par.*, i, 381, 1160, 1277.
— *Prov.*, ii, 478.
— *Toul.-Mont.*, 290, 1147, 1159, 1379.
— *Poit.*, 702, 1104.

Micheau. *Poit.*, 302, 967, 1086, 1108, 1109.
Michel. *Als.*, 799.
— *Bourb.*, 385, 406, 428, 465.
— *Bourges*, 37, 373.
— *Bourg.*, i, 348, 464.
— *Bourg.*, ii, 86, 100, 357, 502, 608.
— *Bret.*, i, 257, 276, 957.
— *Bret.*, ii, 171, 234, 314, 315, 526, 635.
— *Caen*, 46, 83, 96, 97, 109, 194, 198, 202, 206, 208, 221, 222, 231, 280, 283, 286, 288, 292, 295, 302, 303, 428, 429, 432, 444, 445, 446, 669.
— *Dauph.*, 272, 416, 428, 512.
— *Fland.*, 330, 1176.
— *Guy.*, 106.
— *Lorr.*, 509, 630.
— *Lyon*, 76, 120, 229, 259, 405, 511, 642, 819, 875, 923, 924, 1022.
— *Montp.-Mont.*, 313, 343, 322, 323, 327, 335, 650.
— *Orl.*, 736.
— *Par.*, i, 111, 597, 702, 741, 1099, 1123, 1375.
— *Par.*, ii, 63, 843.
— *Par.*, iv, 30, 62.
— *Prov.*, i, 587, 662, 665, 693, 745, 754, 838, 839, 857, 903, 940, 996, 1049, 1065, 1066, 1077, 1087, 1088, 1156, 1297, 1437, 1438.
— *Prov.*, ii, 223, 243, 255, 290, 318, 336, 361, 374, 376, 454, 584, 598, 712.
— *La Roch.*, 185.
— *Soiss.*, 661.
— *Toul.-Mont.*, 694.
— *Tours*, 810.
— *Vers.*, 207.
Michel (le). *Al.*, 122, 232, 233, 293, 296, 319, 471, 629, 676, 1204.
— *Rouen*, 67, 881.
Michel (St-). *Béarn*, 88.
— *Dauph.*, 19.
— *Lim.*, 54.
— *Orl.*, 337.
— *Poit.*, 945. Relig.
— *Prov.*, ii, 451.
— *Toul.-Mont.*, 1328.
Michelet. *Bourb.*, 406.
— *Al.*, 1013, 1224, 1233, 1244.
— *Champ.*, 199, 453.
— *Lorr.*, 79, 198, 240, 247, 618, 627, 663.

— *Montp.-Mont.*, 708, 709.
— *Par.*, i, 87, 692.
— *Par.*, ii, 626, 924.
— *Par.*, iii, 313.
— *Poit.*, 557.
— *Tours*, 329.
Michelier. *Fland.*, 778.
Michelin. *Champ.*, 129, 130, 464, 475, 490, 494.
— *Fland.*, 589, 872.
— *Par.*, i, 598, 1146.
— *Poit.*, 967, 968.
— *Rouen*, 277.
— *Tours*, 1374.
Miohelinot. *Bourg.*, i, 300.
Michelleau. *Bret.*, i, 311.
Michelon. *Bourb.*, i, 505.
— *Lim.*, 120.
— *Par.*, iii, 567.
— *Prov.*, i, 1174.
Michelot. *Bret.*, ii, 1131.
Miches. *Bourg.*, i, 335.
Michetel. *Dauph.*, 537.
Michette. *Bourg.*, i, 8.
Michiel. *Bret.*, i, 225, 501, 515, 516.
— *Bret.*, ii, 255, 314, 1094.
Micholin. *Bourg.*, ii, ...
Michon. *Bourg.*, i, 10, 116.
— *Bourg.*, ii, 18, 270, 301.
— *Dauph.*, 192.
— *Lyon*, 12, 29, 30, 238, 245, 246, 248, 249, 250, 505, 861, 902.
— *Par.*, ii, 385.
— *Tours*, 1242, 1346.
Michotet. *Bourg.*, i, 787, 789.
Michy. *Par.*, iii, 328.
Miconnet. *Bourg.*, ii, 156.
Micou. *Lyon*, 422.
Micout. *Bourg.*, ii, 571.
Midan. *Bourg.*, i, 341.
— *Bourg.*, ii, 62, 500.
Miderge. *Tours*, 63.
Midi. *Rouen*, 815.
Midon. *Orl.*, 335.
Midon (le). *Caen*, 656.
Midorge. *Par.*, ii, 527, 888, 943.
— *Rouen*, 151.
— *Soiss.*, 110.
Midou. *Orl.*, 18.
Midoz. *Bourg.*, i, 1137.
Midre. *Bourb.*, 302, 536, 539.
Midrouet. *Champ.*, 456, 503.
Midy. *Bourg.*, i, 768, 776.
— *Bret.*, ii, 480.
— *Lim.*, 132, 293.
— *Par.*, i, 355.

— *Par.*, II, 762.
Miée. *Par.*, II, 76.
Miée (de). *Al.*, 40, 41, 88, 551, 573.
Miegeville. *Toul.-Mont.*, 788.
Miel. *Champ.*, 206.
Miel (le). *Caen*, 138.
Miélan. *Toul.-Mont.*, 1335. V.
Mielle. *Bourg* II, 29.
Miellet. *Pic.*, 767.
Mienson. *Fland.*, 358.
Mierbe. *Rouen*, 893.
Miesch. *Als.*, 1074.
Miestre (de). *Fland.*, 113.
Miette. *Bourg.*, I, 93.
Mieulet (de). *Toul.-Mont.*, 392, 1283.
Mieussans. *Guy.*, 958.
Mieux (de). *Al.*, 541, 723.
Miffant. *Caen*, 2, 9, 29, 622.
— *Rouen*, 198, 199, 207, 229, 231, 722, 730, 1091, 1092.
Miffaut. *Pic.*, 861.
Migard. *Bourg.*, I, 602.
Migault. *Par.*, IV, 571.
— *Poit.*, 1542.
Migeon. *Fland.*, 1267.
Migeot. *Champ.*, 271.
Miget. *Lyon*, 456, 759.
— *Orl.*, 134.
— *Par.*, III, 419.
— *Poit.*, 118, 168.
— *La Roch.*, 262, 263.
Migier. *Orl.*, 517.
Migieu. *Bourg.*, I, 5, 16, 47.
Miglos. *Montp.-Mont.*, 1177.
— *Poit.*, 577.
— *Toul.-Mont.*, 869.
Mignan. *Par.*, I, 354.
— *Prov.*, II, 626.
Mignard. *Par.*, I, 435.
— *Prov.*, I, 946, 965.
Mignaut. *Montp.-Mont.*, 1483, 1492.
Migné. *Par.*, III, 14.
Mignen. *Poit.*, 786, 1035.
Mignier (le). *Al.*, 5, 752.
Mignon. *Al.*, 982.
— *Bourges*, 14, 29.
— *Par.*, I, 225.
— *Par.*, II, 233, 630, 763.
— *Pic.*, 113.
— *Tours*, 1157.
— *Vers.*, 58.
Mignonneau. *Orl.*, 699.
— *La Roch.*, 31, 304.
Mignost. *Orl.*, 409, 426.
Mignot. *Al.*, 861.
— *Bourg.*, I, 189, 555, 685, 948, 952.

— *Bret.*, II, 559.
— *Caen*, 443.
— *Fland.*, 1493.
— *Lyon*, 56, 205, 206.
— *Orl.*, 392.
— *Par.*, III, 396, 447.
— *Poit.*, 1497.
— *Prov.*, I, 542.
— *Soiss.*, 192, 313, 357, 521, 526, 835.
— *Tours*, 1065.
Miguet. *Bourg.*, I, 1179.
Mihée. *Lim.*, 235.
Mijonnet. *Bourges*, 270.
Mil. *Toul.-Mont.*, 1478.
Milâ. *Béarn.*, 125.
Mila, *Toul.-Mont.*, 236.
Milan. *Prov.*, I, 378.
— *Prov.*, II, 223.
— *La Roch.*, 136.
Milani. *Prov.*, II, 214, 225.
Milbeau. *Bret.*, I, 836.
Miler. *Toul.-Mont.*, 112.
Milet. *Lyon*, 325.
Milhau. *Prov.*, I, 539.
Milice (la). *Fland.*, 1297.
Milin. *Par.*, III, 321.
Millac. *Guy.*, 724.
Millain. *Par.*, II, 780.
— *Par.*, III, 254.
Millan (de). *Prov.*, I, 443, 1318.
Millanchére (la). *Poit.*, 1333.
Millandre. *Bourges*, 479.
Millange. *Bourb.*, 362.
Millanger. *Lim.*, 392.
Millanges. *Par.*, I, 1140.
Millani. *Prov.*, I, 408.
Millard. *Champ.*, 616.
Millas. *Toul.-Mont.*, 1446. V,
Millasseau. *Tours*, 1128.
Millau. *Montp.-Mont.*, 317, 1037. V.
— *Poit.*, 1328.
— *Toul.-Mont.*, 407, 1192.
Millaud. *Orl.*, 457.
Millaut. *Bourb.*, 419.
Mille. *Bourg.*, II, 51, 295.
— *Prov.*, I, 968.
— *Prov.*, II, 543, 589.
Millen. *Pic.*, 450.
Miller. *Als.*, 1017.
— *Champ.*, 316.
Millerai. *Dauph.*, 507.
Milleret. *Bourg.*, II, 634.
Millet. *Al.*, 246, 248, 461, 1107.
— *Bourges*, 9, 31, 36, 69, 409, 413.
— *Bourg.*, I, 37, 249, 548, 785.

— *Bourg.*, ii, 529.
— *Bret.*, ii, 509, 566.
— *Caen*, 231.
— *Champ.*, 367.
— *Dauph.*, 186, 587.
— *Fland.*, 247.
— *Guy.*, 1091.
— *Lorr.*, 60, 114, 263, 354, 357, 539.
— *Orl.*, 871.
— *Par.*, i, 380, 537, 1217.
— *Par.*, ii, 229, 585, 1103, 1112.
— *Par.*, iii, 326, 567.
— *Par.*, iv, 77.
— *Poit.*, 453, 1277, 1495.
— *Prov.*, ii, 106, 456, 715, 716.
— *Rouen*, 917.
— *Toul.-Mont.*, 572, 735.
— *Tours*, 670, 1111.
Milletiére (la), *Al.*, 310, 1208.
Milleton. *Bourg.*, ii, 85.
— *Champ.*, 254.
Milletot. *Bourg.*, i, 49, 77, 162.
Milleville. *Orl.*, 64, 185, 608, 693.
— *Rouen*, 227, 228, 244.
Milley. *Bourg.*, ii, 11.
Milli. *Prov.*, ii, 632.
— *Rouen*, 45.
Millien. *La Roch.*, 273.
Milliére. *Bourg.*, i, 4, 29, 66, 90.
— *Bret.*, ii, 413.
— *Caen*, 51, 62, 74.
— *Lyon*, 411.
Milliére (la). *Poit.*, 904.
Millieret. *Bourg.*, i, 2, 11.
Millieu. *Par.*, i, 1243.
Millin. *Bourb.*, 65, 76, 78, 89, 613.
— *Bourg.*, i. 854.
Million. *Prov.*, i, 1362.
Milloch. *Bret.*, i, 524.
Millochin. *Par.*, i, 1242.
Millon. *Bret.*, i, 824, 978.
— *Bret.*, ii, 540, 578, 1135.
— *Montp.-Mont.*, 805, 807.
— *Par.*, ii. 777, 1092, 1206.
— *Par.*, iii, 326.
— *Pic.*, 832, 845.
Millondon. *Pic.*, 157.
Millori. *Poit.*, 1397, 1399.
Millot. *Bourb.*, 419.
— *Bourg.*, i, 230, 340.
— *Bourg.*, ii, 58, 81, 361, 370.
— *Bret.*, ii, 607.
— *Champ.*, 291.
— *Lorr.*, 397.
— *Prov.*, i, 237, 239.

— *Prov.*, ii, 533.
— *Soiss.*, 18, 855.
Millotel. *Lorr.*, 209.
Millotet. *Bourg.*, i, 50, 51, 95, 328, 339.
— *Lyon*, 3, 140, 906.
Millotot. *Bourg.*, i, 68.
Millouïn. *Poit.*, 1189.
Milloy. *Vers.*, 31.
Milly. *Par.*, iv, 120, 726.
Milnoel. *Pic.*, 819.
Milocheau. *Tours*, 1133.
Milon. *Al.*, 924.
— *Bourges*, 6, 13.
— *Guy.*, 553, 1050.
— *Lorr.*, 682.
— *Par.*, i, 98, 788, 1017, 1150, 1260.
— *Par.*, iv, 273.
— *Soiss.*, 666.
— *Tours*, 2, 158, 851, 1243.
Milory. *Bret.*, i, 921.
Milsent. *Bret.*, ii, 125.
Milson. *Champ.*, 34, 847.
Milsonneau. *Par.*, i, 315.
— *Tours*, 1316.
Mimale. *Toul.-Mont.*, 1227.
Mimaute. *Poit.*, 1378.
Mimerel. *Pic.*, 558.
Mimiague. *Guy.*, 962.
Mimin. *Champ.*, 570.
Minaielles. *La Roch.*, 199.
Minard. *Bourb.*, 450.
— *Bourges*, 385.
— *Bourg.*, i, 60, 151, 339, 463.
— *Bourg.*, ii, 53, 71, 72, 73, 109, 233, 250.
— *Poit.*, 568.
Minaud. *Bourb.*, 317.
Minaute. *Champ.*, 770.
— *Poit.*, 1316.
— *Tours*, 121, 672.
Minbiele. *Par.*, iii, 322.
Minbré. *Al.*, 968.
Mincé. *Poit.*, 565.
Miuch. *Als.*, 49.
Mindel. *Als.*, 573.
Mindre. *Montp.-Mont.*, 1341.
Mine (de). *Prov.*, ii, 459.
Minée. *Tours*, 901.
Mines. *Poit.*, 1008.
Minet. *Al.*, 861.
— *Par.*, i, 1345.
— *Par.*, ii, 674.
— *Soiss.*, 566, 567.
Minette. *Champ.*, 285.

— Par., IV, 719.
Mineur (le). Bret., II, 429.
— Tours, 1053.
Mingaud. Prov., I, 783.
Mingault. Champ., 692.
— Poit., 491.
Mingeon. Bourg., I, 1120.
Minget. Lyon, 615.
Mingiaud. Prov., II, 523.
Mingon. Tours, 979, 988.
Mingot. Par., I, 599.
Minguet. Par., III, 398.
Miniac. Bret., I, 18, 19, 567, 568, 588.
Minier. Bret., I, 498.
— Orl., 376, 390.
Minière. Bret., II, 447.
— Lyon, 374, 1022, 1033.
Minière (des). Al., 650, 972.
Minichy (le). Bret., I, 58, 946.
Minimes (les) de Metz. Couv. Lorr., 561.
— de Verdun. Lorr., 672.
Minimes (les). rel. Poit., 442.
Mininck. Als., 564.
Minoie (la). Rouen, 65.
Minot. Bret., I, 717.
— Par., I, 68.
— Poit., 876, 1522.
— Prov., II, 449.
— Soiss., 224.
— Tours, 918.
Mintalimbert. La Roch., 327.
Mintier (le). Bret., I, 17, 129, 249, 410, 617, 826, 862, 886, 935.
— Bret., II, 580.
Minut. Toul.-Mont., 11.
Minuti. Prov., I, 1192.
— Prov., 749, 751, 760, 761 807.
Minvielle. Béarn, 106.
— Guy., 102, 146.
Miolan. Dauph., 191.
— Prov., I, 494.
Miolet. Fland., 1472.
Miolis, Prov., I, 984.
Miollais. Par., I, 442.
Miolle. Soiss., 385, 566.
Mion. Bourg., I, 1226.
— Lorr., 636.
— Vers., 223.
Mionvaudre. Bourb., 316.
Miot. Champ., 546.
— Montp.-Mont., 868.
Miotte. Lyon, 397.
— Par., I, 145.
Miou. Champ., 632, 635, 532.

Miquel. Toul.-Mont., 654, 659, 760, 987.
Miquelet. Lorr., 629.
Mir. Toul.-Mont., 807.
Mirabeau. Par., I, 633.
— Par., II, 980.
— Prov., I, 929. M.
Mirabel. Montp.-Mont., 1495.
— Prov., I, 606.
— Toul.-Mont., 952. V.
Mirabon. Par., II, 691.
Miradoux. Montp.-Mont., 1145.
Mirail. La Roch., 288.
Miraillet. Montp.-Mont., 134.
— Prov., I, 1283.
Miral. Par., I, 244, 366.
Miral (du). Lim., 163.
Miraman. Toul.-Mont., 1464.
Miramant. Montp.-Mont., 485.
Mirambeau. Guy., 817.
Mirambel. Guy., 948.
Miramont. Auv., 551.
Mirande (de). La Roch., 21, 22, 23.
Mirandol. Guy., 510, 560, 761.
Mirasol. Poit., 979.
Mirarasson. Béarn, 92.
Mirat (du). Guy., 88.
Miraud. Lyon, 238.
Mirault. Vers., 156, 159, 211.
Miraumont. Orl., 317.
— Pic., 762.
Mircourt. Lorr., 390.
Mirdondel. Bourg., I, 770, 1141.
Mire. Al., 368.
Miré. Bourges, 381.
— Bret., II, 72.
Mire (de). Par., IV, 57, 59, 252, 378, 379.
Mire (la). Dauph., 160.
— Toul.-Mont., 490, 1198, 1206.
Mire (le). Bourb., 508.
— Champ., 551.
— Par., I, 1263.
— Par., III, 161, 407.
— Rouen, 47, 335, 698, 863.
— Soiss., 369.
Mirebault. Tours, 1518. V.
Miremont. Montp.-Mont., 329, 1131.
— Soiss., 151.
Mirepie. Bourges, 379.
Mirepois. Guy., 954.
Mirepoix. Montp.-Mont., 407.
Mireval. Champ., 502.
Mirevel (le). Tours, 389.
Mirey Fland., 108.
Miribel. Dauph., 404.

Mirleau. *Bret.*, II, 591.
Mirmandre. *Bourb.*, 316, 320.
Mirmant. *Montp.-Mont.*, 2, 125, 1517.
Miroi. *Champ.*, 719.
Miron. *Orl.*, 9, 341, 366, 368, 387.
— *Par.*, II, 266, 1114, 1123.
— *Par.*, III, 320.
— *Vers.*, 147.
Mirot. *La Roch.*, 279.
Miroul. *Fland.*, 93, 128, 557, 561.
Miroy. *Soiss.*, 671.
Misantier. *Par.*, II, 1246.
Misaubin. *Guy.*, 994.
Misboth. *Fland.*, 414.
Miserelle. *Prov.*, 1062.
Misine. *Toul.-Mont.*, 1286.
Mison. *Prov.*, I, 283. M.
Missandre. *Guy.*, 812.
Missel. *Montp.-Mont.*, 1424.
Misset. *Bourg.*, II, 477.
— *La Roch.*, 286.
Missi. *Caen*, 153, 410, 599.
Missier. *Prov.*, I, 279.
Mission de Metz (la). *Lorr.*, 563. Cong.
— de Toul. *Lorr.*, 103.
Missolier. *Tours*, 968.
Missols. *Montp.-Mont.*, 933.
Missouner. *Montp.-Mont.*, 925.
Missoz. *Montp.-Mont.*, 257.
Mistral. *Dauph.*, 6, 119, 129, 297, 595.
Mistre (de). *Fland.*, 182.
Mit. *Toul.-Mont.*, 388.
Mitault. *Poit.*, 130, 529, 530, 533, 542, 804, 1063, 1451, 1459.
Mitaut. *Lyon*, 224.
Mitautier. *Par.*, IV, 87.
Mitebeau. *Par.*, I, 574, 704.
Mithon. *Orl.*, 757.
Mithou. *Bourg.*, II, 220.
Miti. *Prov.*, II, 760.
Mitollat. *Lorr.*, 422.
Miton. *Bourg.*, II, 617.
— *Rouen*, 457, 1415.
Mitonneau. *Par.*, I, 680.
— *Soiss.*, 797.
Mitou. *Lyon*, 113.
Mitouflet. *Par.*, III, 460.
Mitre. *Prov.*, I, 117, 981.
— *Prov.*, II, 502.
Mitri. *Champ.*, 863.
Mitte. *Par.*, III, 38.
Mittenack. *Als.*, 131, 182.
Mitteran. *Bourges*, 405.

Mittien. *Orl.*, 954.
Miville. *Als.*, 441.
Moaire (de). *Bret.*, I, 384, 486.
Mobillon. *Fland.*, 1484.
Moblet. *Prov.*, II, 634.
Mocard *Caen*, 609.
Mocet. *Par.*, II, 1180.
— *Tours*, 159, 226.
Mochard. *Orl.*, 824.
Mochot. *Bourg.*, I, 40, 53, 70.
Mocquel, *Als.*, 287.
Mocquot. *Bourb.*, 49, 71, 77.
— *Bourg.*, I, 189.
Modars. *Lorr.*, 325.
Modera. *Lorr.*, 407, 408 bis, 614.
Moderat. *Bourb.*, 612.
Moderi. *Guy.*, 132.
Modes (de). *Lyon*, 213.
Modica. *La Roch.*, 39.
Modo. *Lorr.*, 115.
Moegling. *Als.*, 458.
Moeillac. *Lim.*, 461.
Moel. *Bret.*, II, 601, 621.
Moelien. *Bret.*, I, 548.
Moenin. *Fland.*, 683.
Moet. *Champ.*, 49, 59, 64.
— *Par.*, I, 1333.
— *Par.*, III, 470.
Mogas. *Tours*, 305, 343.
Moges. *Caen*, 406, 407, 609.
— *Par.*, I, 405.
— *Rouen*, 713, 721.
Mogeville (de). *Lorr.*, 649.
Mogniat. *Lyon*, 948.
Mogron (du). *Guy.*, 1057.
Mogue. *Auv.*, 73.
Mogy. *Als.*, 503.
Mohé. *Lorr.*, 442.
Mohier. *Rouen*, 374.
Moi. *Par.*, II, 1132.
Moignat. *Als.*, 887.
— *Lyon*, 164, 168.
Moignon. *Bret.*, II, 852.
— *Par.*, I, 195.
Moilleron. *Par.*, I, 383.
Moinard. *Bret.*, I, 780.
Moinaud. *Poit.*, 976.
Moine. *Poit.*, 997.
Moine (le). *Al.*, 226, 391, 652, 756, 761, 771, 879, 1160, 1176.
— *Als.*, 278.
— *Bourg.*, I, 5, 476.
— *Bret.*, I, 168, 177, 246, 316, 339, 341, 412, 467, 524, 575, 638, 682, 772.
— *Bret.*, II, 70, 97, 218, 220, 408,

419, 467, 551, 552, 554, 555, 556, 594, 840, 858, 901, 913, 954.
— Caen, 711.
— Champ., 7, 15, 296, 500, 651, 652, 683, 839, 915.
— Fland., 57, 259.
— Lorr., 147, 206, 347, 649.
— Lyon., 330, 418.
— Orl., 239, 482, 701, 724, 877, 881.
— Par., I, 19, 71, 134, 214, 215, 1130, 1199, 1222, 1280, 1366.
— Par., II, 662, 1156, 1175, 1176, 1185.
— Par., III, 263, 273, 343, 357, 363, 387, 465, 477, 484, 527.
— Pic., 62, 559, 713, 811, 830.
— Prov., I, 873.
— La Roch., 90, 91, 192, 264, 407.
— Rouen, 194, 205, 207, 426, 607, 717, 731, 768, 776, 1076.
— Soiss., 170, 382, 569.
— Tours, 970, 1400, 1438, 1448, 1485.
Moinerie. Tours, 1315.
Moinet. Al., 161, 162, 173, 348, 735, 1057.
— Bourb., 332, 567, 570, 572.
— Bret., II, 437, 511.
— Lyon, 661.
— Par., II, 93.
Moinie. Guy., 519.
Moinier. Prov., I, 1425.
— Prov., II, 382.
— Tours, 213.
Moinot. Bourg., I, 854.
Moireau. Par., I, 253.
— Par., IV, 553, 554.
Moiria. Bourg., I, 3, 7, 15, 19.
— Lyon, 39.
Moirie (de). Bret., I, 178.
Moiries. Prov., II, 561.
Moirod. Bourg., I, 192.
Moiron. Fland., 92.
Moisain. Bret., I, 160, 260, 822.
Moisan. Soiss., 351.
Moisant. Auv., 270.
— Poit., 70.
— Tours, 811.
Moisard. Poit., 896.
Moïse. Als., 1011.
Moiset. Par., I, 389, 1382.
— Pic., 874, 890.
Moisi. Fland., 1144.
Moislin. Soiss., 703.
Moisnel. Pic., 750, 751.

Moison. Bret., I, 934.
— Bret., II, 428.
Moissac. Montp.-Mont. 1161. V.
— Prov., I, 537, 559.
Moissant. Caen, 137.
— Rouen, 66.
Moissard. Al., 850, 869.
— Bourg., I, 115.
Moissens. Guy., 730, 1207.
Moisset. Guy., 1148.
— Toul.-Mont., 671.
Moissety. Montp.-Mont., 1180.
Moisson. Caen, 115, 398, 399, 463.
— Par., I, 880.
— Prov., I, 1040.
— Rouen, 72.
Moissonnier. Lyon, 305, 804, 805.
Moissot. Toul.-Mont., 367.
Moitié. Guy., 112, 582.
Moitier (le). Par., IV, 117.
Moix. La Roch., 317.
Moizière (la). Lyon, 951.
Moizou. Bourg., II, 404.
Mol. Bourg., I, 330, 334, 828.
— Bret., I, 276, 285, 288, 289, 544, 558.
— Bret., II, 155.
— Par., III, 368.
Molan. Bourg., II, 288.
Molandou. Prov., II, 464.
Molar. Prov., I, 819.
Molard. Par., IV, 63.
Molard (du). Dauph., 82, 94, 434.
— Montp.-Mont., 1545.
Molé. Al., 967.
— Auv., 62, 562.
— Bourg., I, 244.
— Champ., 123.
— Par., I, 865, 897.
— Par., II, 356.
— Par., III, 553.
— Pic., 809.
Molée. Bourg., II, 111.
Molei (du). Par., I, 1230.
Molein. Par., II, 1243.
Molembay. Fland., 61, 63, 1007.
Molenes. Guy., 708.
Molènes. Lyon, 400.
Molenier. Montp.-Mont., 1042.
Moléon. Tours, 794.
Molère. Poit., 964.
Molère (la). Guy., 134.
— Par., I, 242.
— Toul.-Mont., 1030.
Molerot. Bourg., II, 169.
Molet. Montp.-Mont., 879.

Molette (de). *Montp.-Mont.*, 323, 947.
Moleur (le). *Lorr.*, 152, 167.
Moli. *Montp.-Mont.*, 1015.
— *Toul.-Mont.*, 65, 1079, 1123, 1376.
Molice. *Par.*, III, 381.
Molien. *Bret.*, II, 91, 103, 202.
— *Lyon*, 151, 513.
— *Par.*, III, 7.
Molier. *Guy.*, 175, 176.
— *Montp.-Mont.*, 1093.
Molière. *Lyon*, 392.
— *Prov.*, I, 644.
Molière (la). *Al.*, 325.
Molières. *Montp.-Mont.*, 998.
Molières (de). *Toul.-Mont.*, 232, 403,
951, 1409.
Molimar. *Toul.-Mont.*, 1239.
Molimart. *Guy.*, 382.
Molin. *Lyon*, 165, 370, 879.
— *Par.*, III, 196.
— *Poit.*, 158.
— *Prov.*, II, 87.
Molin (du). *Par.*, II, 376, 568.
Molinais. *Tours*, 1482.
Moline (de) *Lyon*, 90.
Molineri. *Toul.-Mont.*, 1091, 1095,
1100.
Molinet (du). *Champ.*, 2, 31, 40, 418,
747.
Molinier. *Prov.*, I, 60, 1059, 1152.
— *Prov.*, II, 589.
— *Toul.-Mont.*, 88, 293, 518, 1383.
Molins. *Montp.-Mont.*, 553, 779.
Molins (des). *Champ.*, 859.
Molitard. *Orl.*, 78, 687, 833.
Moll. *Als.*, 463.
Moll (de). *Fland.*, 24, 355.
Mollambaix (de). *Pic.*, 884.
Mollard. *Par.*, II, 1144, 1271.
Mollart. *Bret.*, I, 346.
— *Prov.*, II, 690.
Molles (de). *Montp.-Mont.*, 207, 209.
Mollet. *Al.*, 1184, 1187.
— *Bourb.*, 552.
— *Fland.*, 129, 1262.
— *Par.*, I, 1059.
— *Par.*, II, 280.
— *Prov.*, II, 567.
— *Soiss.*, 688.
Mollien. *Par.*, I, 275, 388.
— *Pic.*, 816.
Molliez. *Bret.*, I, 403.
Mollin. *Pic.*, 399.
— *Prov.*, I, 441.
Mollinger. *Al.*, 338.
Mollinières. *Prov.*, I, 708.

Molois. *Poit.*, 883.
Molombe. *Bourg.*, I, 1198.
Molvaux. *Par.*, III, 532.
Molzheim. *Als.*, 618.
Momas. *Guy.*, 471.
Momas (de). *Soiss.*, 414.
Momat. *Bourb.*, 619.
Montbrière. *Caen*, 633.
Mome. *Poit.*, 1014.
Momen. *Toul.-Mont.*, 1231, 1234.
Momes. *Bourb.*, 619.
Momil. *Pic.*, 708.
Mommarès. *Guy.*, 954.
Mommignon. *Pic.*, 563.
Mommonnier. *Fland.*, 156, 363.
Mon (du). *Prov.*, I, 703.
Monac. *La Roch.*, 398, 425.
Monachi. *Toul.-Mont.*, 721.
Monaldi. *Fland.*, 279.
Monamy. *Bourb.*, 332.
Monbeil. *Tours*, 1339.
Monbet. *Toul.-Mont.*, 1228.
Monbeuil. *La Roch.*, 358, 366.
Monblanc. *Prov.*, II, 652.
Monbré. *Al.*, 1179.
Monbrun. *Tours*, 657.
Monce (de). *Orl.*, 889.
Monceau. *Orl.*, 883.
— *Pic.*, 406, 460.
— *Poit.*, 1375.
Monceau (de). *Lorr.*, 281.
— *Soiss.*, 52, 591.
Monceau (du). *Par.*, I, 68, 1018,
1155.
— *Par.*, II, 57, 134, 303, 653.
Monceaux. *Al.*, 1201.
— *Par.*, I, 1034.
— *Par.*, II, 802.
— *Rouen*, 1183.
Monceaux (des). *Par.*, III, 359.
Moncel. *Dauph.*, 281.
Moncel (du). *Al.*, 302.
— *Caen*, 323, 451.
— *Par.*, I, 271.
— *Rouen*, 578, 984.
Moncelas. *Orl.*, 171.
Moncelet. *Auv.*, 524.
— *Tours*, 145, 500, 1109.
Moncheaux. *Pic.*, 660, 791.
Monchel (du). *Pic.*, 779.
Moncheron. *Al.*, 219, 220, 225, 262,
512, 1149, 1223, 1237.
Monchi. *Als.*, 277.
— *Champ.*, 841.
— *Par.*, I, 2, 49, 271, 1204.
— *Pic.*, 2, 312, 386, 595, 771.

— *Rouen*, 94, 240, 451, 453, 456, 488, 1329.
Monchi (de). *Soiss.*, 412, 416.
Monchot (du). *Champ.*, 131.
Monchy. *Par.*, II, 1031, 1108.
— *Par.*, IV, 117, 782.
Monck. *Guy.*, 382.
Monclar. *Toul.-Mont.*, 973. V.
Monclos. *Lorr.*, 433.
Moncorbié. *Bourb.*, 400.
Moncorps. *Par.*, IV, 442, 637.
Moncourrier. *La Roch.*, 172.
Moncourt. *Lorr.*, 640.
Moncrif. *Poit.*, 17, 900.
Moncrif (de). *Prov.*, I, 568.
Moncroc. *Guy.*, 916.
Mondain. *Tours*, 304.
Mondeau. *Toul.-Mont.*, 378.
Mondei (de). *Lyon*, 340.
Mondeot. *Par.*, I, 1234.
Mondeltheim. *Als.*, 839.
Mondenard. *Guy.*, 14, 38, 43, 917.
— *Montp.-Mont.*, 1002, 1220.
Mondésir. *Guy.*, 313.
— *Par.*, IV, 8, 13, 472, 756.
Mondésir (de). *Prov.*, I, 627.
Mondet. *Fland.*, 321.
Mondétour. *Orl.*, 858.
— *Poit.*, 861.
Mondeval. *Champ.*, 629.
Mondi. *Toul.-Mont.*, 1472.
Mondie (la). *Lim.*, 443.
Mondière. *Tours*, 1441, 1469.
Mondière (la). *Al.*, 313, 316, 317, 320, 621, 785, 1000, 1209.
Mondières. *Par.*, I, 151.
Mondion. *Par.*, II, 1094.
— *Rouen*, 254, 460.
— *Tours*, 360, 361, 365, 366, 665, 1143, 1150, 1154.
Mondoet. *Lim.*, 287.
Mondollot. *Par.*, IV, 91.
Mondon. *Lim.*, 165.
— *Poit.*, 32, 73.
Mondonville. *Orl.*, 431, 689.
Mondoré. *Orl.*, 314, 834.
Mondot. *Poit.*, 423.
Mondoubleau. *Tours*, 1320. V.
Mondragon. *Prov.*, II, 634.
— *Tours*, 291.
Mondran. *Toul.-Mont.*, 167.
Mondreville. *Orl.*, 518.
Moneau. *Bret.*, II, 677.
Monebas. *Lorr.*, 675.
Moneins. *Béarn*, 125, 148.
— *Guy.*, 15, 160.

Monereau. *Guy.*, 5.
Moneri. *Dauph.*, 353, 593.
Moneron. *Par.*, I, 488.
Monestai. *Bourges*, 229.
Monestay. *Bourb.*, 496.
— *Vers.*, 245.
Monestet. *Lim.*, 354.
Monestié. *Toul.-Mont.*, 657.
Monestrol. *Toul.-Mont.*, 863.
Monet. *Par.*, I, 820.
— *Pic.*, 93, 309, 335, 719.
Monferville. *Rouen*, 1189.
Monfils. *Par.*, IV, 540.
Monfuron. *Prov.*, I, 538.
Mongant. *Pic.*, 414.
Mongardin. *Toul.-Mont.*, 1267.
Mongareux. *Orl.*, 518.
Mongé. *Par.*, I, 1310.
Monge. *Prov.*, I, 1016, 1312.
— *Prov.*, II, 140, 386.
Mongenet. *Bourg.*, I, 1075, 1141.
Mongeot. *Bourg.*, II, 17.
— *Champ.*, 71, 416, 746, 757, 867, 914.
Mongès. *Prov.*, I, 1071.
Mongey. *Bourg.*, I, 30, 78.
Mongi. *Guy.*, 501.
Mongin. *Bourg.*, I, 711, 1211.
— *Bourg.*, II, 9.
— *Lim.*, 431.
— *Par.*, I, 392, 1008.
— *Prov.*, I, 659, 697.
— *Prov.*, II, 581.
Monginet. *Par.*, I, 496.
Monginot. *Als.*, 1058.
— *Bourg.*, I, 249, 477.
— *Bourg.*, II, 87.
— *Champ.*, 766, 770.
— *Lorr.*, 127.
— *Lyon*, 800.
— *Orl.*, 840.
— *Par.*, I, 1135.
— *Pic.*, 478.
— *Soiss.*, 131, 845.
Mongins. *Prov.*, I, 263, 1377, 1378.
Mongodin. *Tours*, 581.
Mongouin. *Al.*, 1203.
Mongru. *Bourb.*, 566.
Monguiot. *Soiss.*, 281.
Moni. *Caen*, 503.
— *Fland.*, 1351.
— *Guy.*, 78.
Moni (de). *Lyon*, 772.
Monic. *Bourg.*, II, 295.
Monicart. *Lorr.*, 194.
Monicault. *Bourges*, 30, 111, 121, 226, 408.

— *Par.*, ı, 284.
Monie. *La Roch.*, 192.
Monier. *Auv.*, 166.
— *Dauph.*, 381, 382.
— *Prov*, ı, 125, 129, 131, 186, 423, 498, 559, 609, 618, 625, 648, 649, 744, 1179, 1189, 1243.
— *Prov.*, ıı, 54, 182, 187, 206, 260, 265, 492, 595, 596, 597, 721, 736, 755, 793, 836.
— *La Roch.*, 300.
Monigeon. *Bourg.*, ıı, 478.
Monigspolette. *La Roch.*, 97.
Moniu. *Bourg.*, ı, 11, 408, 532, 604, 1151, 1237.
— *Bourg.*, ıı, 60, 95, 475, 483.
— *Dauph.*, 24, 155.
— *Fland.*, 193.
— *Lyon*, 368.
— *Par.*, ııı, 378, 507.
— *Prov.*, ı, 1157.
Moniqueron. *Par.*, ıv, 83.
Monistrol. *Lyon*, 686.
Monjon. *Lim.*, 106.
— *Poit.*, 62, 778.
Monjot. *Soiss.*, 296.
Monleges. *Prov.*, ıı, 646.
Monléon. *Lorr.*, 296.
— *Tours*, 233.
Monmerqué. *Lorr.*, 245.
— *Par.*, 787.
Monnard. *Montp.-Mont.*, 302.
Monnart. *Fland.*, 1212.
Monnay. *Poit.*, 493.
Monne. *Tours*, 1343.
Monnedlor. *Lim.*, 468.
Monnel. *Fland.*, 66, 323.
Monnerat. *Par.*, ıı, 466.
Monnereye (la). *Bret.*, ı, 15, 34, 194, 208, 209, 213, 215, 220, 381, 464, 507.
— *Bret.*, ıı, 748.
Monnereau. *La Roch.*, 140, 354.
Monneri. *Poit.*, 1489.
Monnerie. *Tours*, 1479.
Monnerie (la). *Poit.*, 1490.
Monnerot. *Par.*, ıı. 633, 692, 952.
— *Par.*, ııı, 315.
— *Poit.*, 1049, 1175.
Monnery. *Bret.*, ıı, 555, 902, 911.
Monnes (de). *Toul.-Mont.*, 693.
Monnestier. *Prov.*, ıı, 325.
Monnet. *Auv.*, 184, 249.
— *Bourg.*, ı, 478, 1266.
— *Bourg.*, ıı. 46, 144, 159.
— *Champ.*, 699, 860.

— *Lyon*, 372, 424, 921.
— *Montp.-Mont.*, 1117.
— *Orl.*, 471.
— *Soiss.*, 261.
Monni. *Champ.*, 770.
Monnier. *Bourg.*, ı, 118, 599, 625, 634, 951, 1011, 1107, 1112, 1240, 1281.
— *Bourg.*, ıı, 161, 527, 529.
— *Bret.*, ıı, 473, 478, 837, 1098.
— *Fland.*, 1116, 1436.
— *Montp.-Mont.*, 403, 1074.
— *Par.*, ıı, 676, 695, 1200.
— *Par.*, ıv, 680.
— *Tours*, 932.
Monnier (le). *Al.*, 217, 858.
— *Caen*, 384, 447.
— *Fland.*, 410, 1262.
— *Rouen*, 11, 411, 482, 803, 833, 931.
Monnière (la). *Lyon*, 80, 141.
Monniot. *Bourg.*, ı, 220, 817.
Monnoie. *Rouen*, 888.
Monnot. *Bourg.*, ı, 1068.
— *Champ.*, 739.
— *Fland.*, 1334.
— *Orl.*, 27, 866.
Monnoye (la). *Bourg.*, ı, 64.
— *Bourg.*, ıı, 63.
— Monnoyeur. *Bourg.*, ı, 742.
Monod. *Bret.*, ı, 334.
Monorif. *Par.*, ı, 564.
Monot. *Lyon*, 382.
— *Toul.-Mont.*, 803.
Monpellier. *Par.*, ı, 694.
Monpreu. *Soiss.*, 590.
Monqueron. *Bourg.*, ı, 682.
Monrafet. *Toul.-Mont.*, 972.
Monricoux. *Toul.-Mont.*, 983. V.
Monroux. *Lim.*, 391.
— *Toul.-Mont.*, 1332.
Mons. *Guy.*, 86, 89, 166, 637.
Mons (de). *Dauph.*, 21.
— *Montp.-Mont.*, 289, 1272.
— *Par.*, ıı. 289, 697.
— *Pic.*, 7, 11, 12, 243, 562.
Mons (des). *Poit.*, 659, 1472.
Monsallier. *Tours*, 908.
Monsegur. *Guy.*, 994.
Monseignat. *Soiss.*, 331, 478.
Monserat. *Toul.-Mont.*, 184.
Monseron. *Champ.*, 556.
Monsicourt. *Fland.*, 1496.
Monsie (la). *Guy.*, 733, 1077.
Monsière. *Poit.*, 1129.
Monsigot. *Orl.*, 677.

— *Paris.* ii, 139.
Monspey. *Lyon*, 208, 284.
Monstellon. *Montp.-Mont.*, 617.
Monstevejouls. *Montp.-Mont.*, 1040, 1047, 1056.
Moustron. *Toul.-Mont.*, V. Escouloubre.
Monsure (de). *Pic.*, 437.
Monsures. *Par.*, i, 154.
— *Pic.*, 12.
— *Rouen*, 438, 442, 443, 457.
Mont (de). *Tours*, 29, 194, 229.
Mont (du). *Al.*, 105.
— *Auv.*, 487.
— *Bourb.*, 392.
— *Bourges*, 192, 447, 502, 503.
— *Bourg.*, i, 106, 285, 449, 535, 757, 910, 1040.
— *Bourg.*, ii, 209, 211, 215, 226, 360, 570.
— *Bret.*, i, 376.
— *Caen*, 27, 133, 490.
— *Fland.*, 355, 895, 1279, 1461, 1466.
— *Guy.*, 1206.
— *Lim.*, 396, 466.
— *Lorr.*, 265, 276.
— *Lyon*, 786, 861.
— *Montp.-Mont.*, 66, 762, 1020, 1060, 1109.
— *Orl.*, 362, 541.
— *Par.*, i, 272, 273, 1274.
— *Par.*, iv, 805.
— *Pic.*, 126, 641.
— *Poit.*, 699, 1326.
— *Rouen*, 209, 250, 359, 858, 870, 886, 900, 921, 925, 1154, 1165.
— *Soiss.*, 101, 695, 813.
— *Toul.-Mont.*, 264, 322, 358, 891, 965.
— *Tours*, 665, 812, 1072, 1154, 1249.
Mont (St-). *Toul.-Mont.*, 344. V.
Montagnac. *Bourb.*, 121, 300, 512.
— *Lim.*, 461.
— *Montp.-Mont.*, 276.
— *Prov.*, i, 812, 1044.
Montagne. *Auv.*, 156.
— *Dauph.*, 35, 99.
— *Lyon*, 394, 507, 603.
— *Montp.-Mont.*, 25.
— *Pic.*, 596.
— *Prov.*, i, 84, 105, 1195 bis.
— *La Roch.*, 195, 272, 274.
— *Toul.-Mont.*, 161, 389, 919,
— *Tours*, 1187.
Montagne (la). *Champ.*, 290, 889.
— *Guy.*, 46, 98, 344, 800, 816.

— *Poit.*, 775.
— *Rouen*, 207.
— *Soiss.*, 781.
Montagni. *Lyon*, 918.
Montagnier. *Prov.*, ii, 334, 244.
Montagnon. *Par.*, i, 732.
Montagu. *Bourg.*, i, 155, 260.
— *Montp.-Mont.*, 1142, 1148.
— *Par.*, i, 273.
— *Rouen*, 405.
— *Tours*, 196.
Montagut. *Al.*, 575.
Montai. *Toul.-Mont.*, 964.
Montaignac. *Par.*, i, 1098.
Montaigu. *Bourg.*, i, 1024, 1232.
— *Bret.*, i, 275.
— *Caen*, 218.
— *Fland.*, 865.
— *Guy.*, 79, 640.
— *Montp.-Mont.*, 355, 555, 645.
— *Par.*, i, 241, 242, 401.
— *Poit.*, 272, 720, 932, 1379.
— *Vers.*, 206.
Montaigut (de). *Lorr.*, 241, 608.
Montainard. *Dauph.*, 48.
— *Montp.-Mont.*, 1304.
Montaitier. *Guy.*, 947.
Montal. *Auv.*, 85, 221, 533.
— *Toul.-Mont.*, 1015, 1033, 1426.
Montalambert. *Bret.*, i, 438, 472, 883, 923.
— *Guy.*, 293, 294, 711.
— *Lim.*, 48, 87.
— *La Roch.*, 43, 340, 355.
Montalan. *Guy.*, 633.
Montalé. *Bret.*, i, 163.
Montalier. *Guy.*, 1006.
Montallais. *Tours*, 501.
Montallan. *Rouen*, 124, 1242.
Montallot. *Par.*, iii, 118.
Montanard. *Prov.*, ii, 207, 439, 494.
Montande. *Bourg.*, i, 279.
Montandre, *La Roch.*, 152.
Montanet. *Lim.*, 183.
Montangon. *Champ.*, 280, 554, 734.
Montanier. *Auv.*, 13, 118, 353, 356.
— *Bourb.*, 214.
— *Bourg.*, i, 6, 18.
— *Bourg.*, ii, 634.
— *Montp.-Mont.*, 189, 289, 776, 1424.
— *Toul.-Mont.*, 962, 965, 972.
Montant. *Lyon*, 129, 465.
Montarant. *Orl.*, 487.
Montarbi. *Champ.*, 590, 747, 751.
Montard. *Poit.*, 871.
Montardi. *Guy.*, 452.

Montarel. *Lorr.*, 263.
Montargis. *Lim.*, 383.
Montargon. *Par.*, III, 123.
— *Soiss.*, 854.
— *Tours*, 751, 1118.
Montarlot. *Bourg.*, I, 833.
Montastruc. *Toul.-Mont.*, 1258.
Montauban. *Als.*, 957.
— *Dauph.*, 12, 58, 414, 517.
— *Lorr.*, 529.
— *Montp.-Mont.*, 988.
— *Par.*, I, 1174.
— *Vers.*, 202, 203.
Montaubrie. *Toul.-Mont.*, 1232.
Montaud. *Prov.*, I, 383, 389, 908.
— *Prov.*, II, 316, 478, 818.
Montaudon. *Guy.*, 75.
Montaudoin. *Bret.*, II, 815.
Montaudran. *Bourg.*, I, 2.
Montault. *Bret.*, I. 322.
— *Caen*, 400.
— *Guy.*, 915, 1204.
— *Montp.-Mont.*, 1075, 1113, 1139, 1142, 1175, 1207.
— *Par.*, I, 1204, 1252.
— *Par.*, II, 308, 877.
— *Par.*, III, 86, 393.
— *Rouen*, 1370.
— *Toul.-Mont.*, 182, 1242, 1296, 1319, 1331.
Montauvert. *Als.*, 499.
Mont-aux-Aigles (du). *Rouen*, 958.
Montauzier. *Poit.*, 244, 1247.
Montaziegier. *Bourb.*, 390, 511.
Montazier. *Poit.*, 556. Relig.
Montbault. *Poit.*, 254.
— *La Roch.*, 30.
Montbayen. *Champ.*, 17.
Montbazon. *Tours*, 846. V.
Montbel. *Par.*, I, 405.
— *Tours*, 200, 1050, 1252.
Montberol. *Guy.*, 1124.
Montberrot. *Bret.*, I, 859.
Montbertaut. *Fland.*, 274, 326.
Montbery. *Als.*, 158.
Montbelon. *Pic.*, 306, 316.
Montbiel. *Poit.*, 1392.
Montblanc. *Toul.-Mont.*, 1103.
Montblarn. *Rouen*, 212, 255, 1388.
Montboissier. *Auv.*, 245, 249, 405, 488, 489.
— *Par.*, II, 158, 1215.
Montbosc. *Caen*, 675.
Montbourcher. *Bret.*, I, 442, 469.
Montboucher. *Par.*, II, 183.
Montbourchex. *Bret.*, II, 821.

Montbrac. *Montp.-Mont.*, 695.
Montbrai. *Caen*, 397.
— *Fland.*, 1081, 1149.
Montbran. *Montp.-Mont.*, 129, 1100.
— *Poit.*, 925.
Montbrizon. *Lyon*, 1000. V.
Montbron. *Fland.*, 15, 1385.
— *Lim.*, 82, 432.
— *La Roch.*, 23.
Montbrun. *Toul.-Mont.*, 394.
Montbur. *Auv.*, 123.
Montcalvy. *Toul.-Mont.*, 1171.
Montchal. *Par.*, I, 887.
Montchanin. *Bourg.*, I, 125.
— *Lyon*, 402, 869, 877, 1014.
Montchat. *Bourg.*, I, 192.
Montchenu. *Dauph.*, 65, 125, 412, 450.
Montcla. *Béarn*, 96.
Montclair. *Rouen*, 532.
Montclar. *Auv.*, 192.
— *Bourb.*, 211.
— *Guy.*, 1134.
Montcontour. *Bret.*, I, 128.
Montcrif. *Champ.*, 302.
Montdor. *Lyon*, 23, 715, 904.
Monte. *Guy.*, 857.
Monte (de). *Prov.*, II, 649.
Monteau. *Bourg.*, II, 44, 166.
— *Poit.*, 810.
— *Prov.*, I, 606.
Montech. *Toul.-Mont.*, 865.
Monteclair. *Al.*, 99.
— *Par.*, II, 838.
Monteclat. *Lyon*, 540.
Montecler. *Tours*, 372, 1449.
Montécuculi. *Lorr.*, 321.
Montegat. *Auv.*, 243, 267.
Montégui. *Fland.*, 1332.
Montegut. *Toul.-Mont.*, 249, 262.
Monteil. *Al.*, 823, 849.
— *Auv.*, 123, 584.
— *Dauph.*, 248.
— *Lim.*, 249.
— *Toul.-Mont.*, 958, 1146, 1153, 1313.
Monteil (du). *Bourg.*, I, 290.
— *Guy.*, 646, 651.
— *Poit.*, 554.
Monteillet. *Auv.*, 512.
— *Lyon*, 620, 842.
Monteillieu. *Bourg.*, II, 607.
Monteils. *Montp.-Mont.*, 137, 435, 449, 813.
Montel. *Toul.-Mont.*, 1141, 1143.
Montel (de). *Dauph.*, 125.

Nupées (de). *Toul.-Mont.*, 110, 492, 669.
Nuper. *Caen*, 227.
Nupié. *Rouen*, 240.

Nupieds. *Par.*, i, 679.
— *Tours*, 1451.
Nuquet. *Bourg.*, ii, 181.
Nuzières. *Lyon*, 1044.

O

O (d'). *Par.*, i, 1150, 1245.
— *Par.*, ii, 921.
— *Vers.*, 39.
O de Boniot. *Dauph.*, 100, 297, 485, 487, 492, 494.
Obé. *Bret.*, ii, 384.
Obein. *Fland.*, 701.
Obel. *Caen*, 26.
Obelstein (d'). *Lorr.*, 291.
Oberberckein. *Als.*, 347. V.
Oberholzer. *Fland.*, 220.
Oberkirch. *Als.*, 36, 37, 45.
Oberlin. *Als.*, 375, 471, 687.
Obernheim. *Als.*, 273. V.
Oberre (d'). *Tours*, 1094.
Obert. *Fland.*, 99, 100, 102, 145, 352, 359, 795, 956.
— *Pic.*, 150.
Obreck. *Als.*, 250, 299, 1104.
Obrier. *Als.*, 151.
Obrion. *Lorr.*, 43.
Ochain (d'). *Lorr.*, 328, 344.
Ochard. *Bret.*, ii, 455.
Ochier. *Poit.*, 531, 975, 979, 989.
Ockinger. *Als.*, 452.
Ocquoy (d'). *La Roch.*, 322.
Octamery. *Pic.*, 455.
Octeau. *La Roch.*, 381.
Odam. *Lorr.*, 37, 189.
Odart. *Tours*, 39.
Odeau. *Tours*, 1391.
Odemaer. *Fland.*, 54, 998.
Odeman. *Al.*, 68, 567, 584, 588, 595, 1196.
Odet. *Guy.*, 1211.
Odie. *Bret.*, ii, 396.
Odin. *Lyon*, 247.
Odol. *Montp.-Mont.*, 924.
Odou. *Prov.*, i, 755.
Odouard. *Al.*, 436, 447.
Odoüart. *Rouen*, 424.
Odoucet. *Soiss.*, 461.
Odoyer. *Dauph.*, 447.
Odra. *Lyon*, 1048.
Offange (Ste-). *Par.*, ii, 1007.
— *Tours*, 302.

Offelize (d'). *Lorr.*, 459, 460bis.V. Hoffelize.
Officier. *Poit.*, 591, 1467.
Officiers (les) du bailbage de Bar. *Lorr.*, 5.
— de la prévosté de Bar. *Lorr.*, 6.
— de la juridiction de Chauvanci. *Lorr.*, 661.
— de la prévôté de Damvillers. *Lorr.*, 632.
— de la prevôté de Marville. *Lorr.*, 640.
— du bailliage de Metz. *Lorr.*, 662, 687.
— des eaux et forêts de Metz. *Lorr.*, 642, 687.
— de l'hôtel de ville de Metz. *Lorr.*, 644.
— de la monnaie de Metz. *Lorr.*, 643.
— de la table de marbre de Metz. *Lorr.*, 642.
— de la prévôté de St-Michel. *Lorr.*, 153.
— des eaux et forêts de Montmédy. *Lorr.*, 640.
— du bailliage de Moutiers-sur-l'Aux. *Lorr.*, 151.
— des eaux et forêts de Nanci. *Lorr.*, 143.
— de la prévôté de Neufchasteau. *Lorr.*, 130.
— de la prévôté de St-Nicolas. *Lorr.*, 114.
— de la prévôté de Pierrefitte. *Lorr.*, 26.
— des eaux et forêts de Pont-à-Mousson. *Lorr.*, 147.
— de la justice de Rembervillers. *Lorr.*, 568.
— du bailliage de Thionville. *Lorr.*, 691.
— du bailliage de Toul. *Lorr.*, 104.
— du baillage de Verdun. *Lorr.*, 680.
— des traites foraines de Verdun. *Lorr.*, 678.

Offignies (d'). *Fland.*, 884.
Offinger. *Als.*, 889.
Offois (d'). *Pic.*, 521.
Offray. *Bret.*, II, 19.
Ogard. *Poit.*, 620.
Oger. *Pic.*, 17, 408, 569.
— *Poit.*, 476.
Oger (d'). *Par.*, I, 150, 274.
Ogeron. *Poit.*, 75, 293, 1329, 1338, 1350, 1420.
— *Tours*, 1146.
Ogier. *Bourb.*, 218, 332.
— *Bourges*, 308.
— *Bret.*, II, 447.
— *Caen*, 265.
— *Fland.*, 846.
— *Par.*, I, 150, 472, 960.
— *Par.*, III, 462.
— *Pic.*, 607.
— *Poit.*, 1509.
— *Tours*, 515.
Ogilley. *Orl.*, 20.
Ogron. *Poit.*, 477.
Ohier. *Pic.*, 361.
Oime (d'). *Guy.*, 557.
Oineau (d'). *Poit.*, 87.
Oinel (d'). *Al.*, 54, 246, 786.
Oinet. *Fland.*, 1487.
Oing (d'). *Bourges*, 276.
Oinville (d'). *Al.*, 361.
Oiron (d'). *Bourb.*, 129.
— *Bourges*, 450.
— *Bourg.*, I, 652.
— *Poit.*, 1321.
Oiselet (d'). *Bourg.*, I, 672.
Oisy (d'). *Fland.*, 827.
Ojanarte (d'). *Toul.-Mont.*, 1421.
Olanier. *Dauph.*, 542.
— *Lyon*, 260.
Olaignon. *Montp.-Mont.*, 697.
Olagnier. *La Roch.*, 365, 388.
Olbel (d'). *Caen*, 684.
Oléron. *Béarn*, 130. V.
Olier. *Auv.*, 441.
— *Bourg.*, II, 352.
— *Dauph.*, 159.
— *Toul.-Mont.*, 672, 706, 712, 958, 961, 985, 1002, 1172.
Oliéres (des). *Auv.*, 169.
— *Prov.*, I, 580, 619.
Olieulen (d'). *Prov.*, I, 108.
Olimant. *Bret.*, I, 357.
Olin. *Par.*, I, 1213.
Olineau. *La Roch.*, 371.
Olioules (d'). *Prov.*, II, 823.
Olivari (d'). *Prov.*, I, 171, 457, 495.

Olive. *Al.*, 1151.
— *Champ.*, 131.
— *Prov.*, I, 225, 556, 725, 743, 803, 870, 1054, 1056, 1100, 1122, 1164.
Olive (d'). *Guy.*, 377.
— *Montp.-Mont.*, 997, 1215.
— *Toul.-Mont.*, 136, 142, 253.
Oliveau. *Poit.*, 235, 1223, 1547.
Olivera. *Guy.*, 1144.
Olivet. *Bourg.*, I, 1049.
Olivier. *Al.*, 1020, 1257.
— *Auv.*, 214.
— *Bourb.*, 82, 419.
— *Bourges*, 388.
— *Bourg.*, I, 444.
— *Bourg.*, II, 223, 361.
— *Bret.*, I, 158, 163, 174, 281, 610.
— *Bret.*, II, 35, 199, 215, 217, 539, 846, 1062, 1074.
— *Fland.*, 983, 995.
— *Lorr.*, 12, 146, 324, 483.
— *Lyon*, 53, 359, 743, 756, 1040.
— *Orl.*, 621, 1017.
— *Par.*, I, 196.
— *Par.*, II, 83, 377, 782, 1074, 1075.
— *Par.*, III, 128, 148, 300.
— *Pic.*, 437.
— *Poit.*, 38, 49, 50, 289, 290, 498, 566, 1075, 1097, 1278, 1486.
— *Prov.*, II, 239, 255, 256, 271, 274, 317, 362, 446, 650, 654, 739, 756, 762, 778, 789, 790, 791.
— *Rouen*, 786, 924.
— *Toul.-Mont.*, 13, 1284, 1287, 1296.
— *Tours*, 129, 380, 984, 1003, 1143, 1257, 1389, 1421, 1427.
Olivier (d'). *Montp.-Mont.*, 134, 202, 272, 756, 1063, 1414.
— *Prov.*, I, 444, 466, 548, 633, 716, 730, 732, 737, 817, 938, 958, 976, 980, 1007, 1017, 1056, 1178, 1201, 1215, 1264, 1291, 1298, 1404.
Olivier (l'). *Bret.*, I, 354, 713, 719, 848, 891, 943.
Oliviero. *Bret.*, II, 1029.
Ollevau. *Bret.*, II, 391.
Olliençon. *Rouen*, 318.
Olliençon (d'). *Al.*, 35, 208, 371, 579, 810, 814.
— *Caen*, 409.
Ollier. *Als.*, 635.
— *Lyon*, 674, 929.
— *Par.*, I, 259, 350, 929, 1252, 1342.
— *Par.*, II, 358, 529, 553, 564, 932.
— *Par.*, III, 122.
Ollin. *Par.*, II, 160.

Olliouler (d'). *Prov.*, I, 968.
Ollivier. *La Roch.*, 143, 251.
— *Soiss.*, 1, 200.
Olliviére. *Prov.*, I, 1060.
Olmières (d'). *Montp.-Mont.*, 1476.
— *Toul.-Mont.*, 79.
Olonne. *Pic.*, 726.
Olri. *Lorr.*, 637.
Olter. *Als.*, 478.
Omaer. *Fland.*, 192.
Omaignac. *Guy.*, 208.
Ombres (des). *Poit.*, 1467.
Ombret. *Prov.*, II, 269.
Omer (St-). *Champ.*, 393, 710.
— *Fland.*, 718.
— *Par.*, III, 210.
Omérat. *Prov.*, I, 1058.
Oms (de). *Toul.-Mont.*, 1416, 1420.
Ondedei. *Al.*, 508.
— *Par.*, I, 68.
Ondet. *Tours*, 1137.
Ondis (d'). *Prov.*, I, 229.
Onfray. *Bret.*, II, 428.
Onfroi. *Caen*, 24, 25, 145.
— *Rouen*, 38.
Onglevert. *Pic.*, 769.
Ongni (d'). *Lyon*, 5.
Ongnies (d'). *Soiss.*, 60, 506.
Onodocho. *Champ.*, 144.
Onulphe. *Pic.*, 416.
Opéde (d'). *Prov.*, I, 429, 574.
Oradour (d'). *Auv.*, 275.
— *Bourb.*, 157.
— *Montp-Mont.*, 1186.
Orain. *Tours*, 1193.
Oraison. *Caen*, 233.
— *Prov.*, II, 66. **M.**
— *Toul.-Mont.*, 1289.
Oraison (d'). *Prov.*, I, 459, 585, 847.
Oramville (d'). *Al.*, 646, 970, 1136.
Orange (d'). *Par.*, II, 1173.
— *Prov.*, I, 813.
Oratoire (l'). *Poit.*, 166. *Communauté.*
Orbec (d'). *Al.*, 872.
Orbessan (d'). *Bourges*, 508.
— *Montp.-Mont.*, 1177.
— *Toul.-Mont.*, 406, 416, 622, 1312.
Orbinot (d'). *Champ.*, 893.
Orceau. *Par.*, II, 447, 652, 679.
— *Par.*, III, 568.
— *Rouen*, 513.
— *Tours*, 491, 841.
— *Vers.*, 2.
Orcel. *Prov.*, I, 990.
Orcelle. *Lyon*, 643.

Orchinfaing (d'). *Lorr.*, 265.
Orchamp (d'). *Bourg.*, I, 608, 609, 664, 1107.
Orchier. *Prov.*, II, 766.
Orchies. *Fland.*, 645. **V.**
Orchival. *Fland.*, 1336.
Orcivalle. *Lyon*, 623.
Ordan. *Prov.*, I, 1317.
Orde (d'). *Guy.*, 296, 308, 690.
Ordoï (d'). *Guy.*, 377.
Oremieu (d'). *Pic.*, 220, 258.
Oren. *Bret.*, II, 383.
— *Toul.-Mont.*, 464.
Orens (St-). *Béarn*, 9.
— *Toul.-Mont.*, 380, 386, 634.
Orent (d'). *Bourges*, 199, 287.
Orfavre. *Guy.*, 863.
Orfeuil (d'). *Poit.*, 126, 313.
Orfevre (l'). *Bret.*, I, 689.
Orfévres. *Poit.*, 385, 395, 435, 582, 1057, 1189. *Communauté.*
Orfèvres (les) de Metz. *Lorr.*, 607. *Communauté.*
— de Toul. *Lorr.*, 41.
— de Verdun. *Lorr.*, 567.
— de Vic. *Lorr.*, 687.
Orge (d'). *Champ.*, 616.
— *Lorr.*, 29.
Orgelet. *Bourg.*, I, 965.
Orgemont (d'). *Par.*, IV, 628.
Orgias. *Prov.*, II, 644.
Orglande (d'). *Al.*, 1196.
— *Caen*, 85.
Orgon (d'). *Prov.*, I, 513, 521, 989.
Orguain (d'). *Lorr.*, 529.
Orgueil (d'). *Montp.-Mont.*, 1218.
Oriala. *Toul.-Mont.*, 1471.
Oriesme. *Bourg.*, II, 377.
Orieult. *Rouen*, 297.
Orieux. *Bret.*, II, 422.
Orignac (d'). *Poit.*, 741.
Origni (d'). *Champ.*, 27, 52, 63, 65, 93, 201, 206, 416, 420, 421, 693.
— *Prov.*, I, 67.
— *Soiss.*, 328, 362, 526.
— *Tours*, 276.
Origny (d'). *Bourg.*, I, 117.
— *Bret.*, I, 836.
— *Par.*, II, 328.
— *Par.*, III, 598.
— *Pic.*, 512, 513, 527, 530.
Orillac (d'). *Als.*, 219.
— *Par.*, IV, 123, 126, 726.
— *Rouen*, 405.
Orillard. *Orl.*, 767.
— *Tours*, 1365.

Orillaud. *Poit.*, 1456.
Orin. *Bret.*, II, 399, 425, 751.
Oriocourt (d'). *Champ.*, 181, 183.
Oriol. *Als.*, 79.
Oriol (d'). *Bret.*, I, 49, 50, 320.
Oriou. *Bret.*, I, 360.
Orisi (d'). *Champ.*, 346.
— *Lorr.*, 361.
Oritel. *Bret.*, I, 255, 396.
Oriulé (d'). *Béarn*, 120.
Orival (d'). *Rouen*, 263.
Orlant (d'). *Par.*, IV, 5.
Orléans. *Bret.*, II, 483.
— *Fland.*, 1495.
— *Orl.*, 35, 50, 317, 349, 536.
— *Par.*, III, 51, 86.
Orlet (d'). 347.
Orlodo (d'). *Champ.*, 237, 346, 542.
Orlonnac (d'). *Toul.-Mont.*, 408.
Ormes (des). *Par.*, I, 1288.
— *Tours*, 1256.
Ornadat (d'). *Béarn*, 109.
Ornaison. *Par.*, I, 80, 145, 157.
Ornaison (d'). *Lyon*, 719.
Ornans. *Bourg.*, I, 945.
Orneval. *Vers.*, 290.
Ornezan (d'). *Prov.*, I, 300.
Ornhac (d'). *Montp.-Mont.*, 483.
Oro (d'). *Guy.*, 467.
Oroignan (d'). *Béarn*, 3, 128.
Orphelin (l'). *Caen*, 145.
Orquevaux. *Lorr.*, 124.
Orré. *Poit.*, 51, 263.
Orri. *Poit.*, 999.
Orry. *Par.*, II, 679.
Orsan (d'). *Bourg.*, I, 311, 624.
Orsanne (d'). *Bourges*, 14, 44, 48, 196, 244, 507.
Orscheid. *Als.*, 1090.
Ortafa (d'). *Toul.-Mont.*, 1124.
Ortelan (d'). *Par.*, II, 626.
Ortes (d'). *Guy.*, 932.
Ortez. *Béarn*, 107. V.
Orth. *Als.*, 996.
Orthe. *Lorr.*, 186.
Orthierrre (d'). *Tours*, 15.
Orthiou. *Tours*, 523, 871.
Ortigue. *Poit.*, 952.
Ortigue (d'). *Prov.*, II, 35.
Ortigues (d'). *Prov.*, I, 1232.
Ortion. *Bret.*, II, 807.
Ortolain (d'). *Montp.-Mont.*, 641.
Ortreau. *Poit.*, 75.
Orval. *Lorr.*, 567. Ab.
Orval (d'). *Orl.*, 156.
Orvault (d'). *Tours*, 119.

Orvaux (d'). *Bret.*, I, 513.
— *Par.*, II, 1067.
Orville (d'). *Al.*, 6, 222, 235, 241, 305, 356, 456, 625, 708, 874, 920, 1077, 1145, 1219.
— *Orl.*, 349.
Ory. *Par.*, III, 432.
Osber. *Tours*, 390.
Osbert. *Bret.*, I, 345.
— *Caen*, 52, 78, 107, 109, 290, 324, 760.
Osbourg (d'). *Lorr.*, 312.
Osmont. *Al.*, 47, 50, 88, 102, 148, 209, 214, 296, 313, 328, 583.
— *Als.*, 611.
— *Caen*, 160, 556, 557, 560.
— *Par.*, I, 1095.
— *Par.*, II, 730.
— *Par.*, III, 191.
— *Rouen*, 29, 251, 280, 434, 1130.
— *Tours*, 181.
Osouf. *Caen*, 667, 669.
Ossandon (d'). *Auv.*, 22, 238.
— *Bourb.*, 20, 173.
Ossat (d'). *Pic.*, 508, 536, 887.
Ossein (d'). *Als.*, 838, 933.
Ossel. *Als.*, 410.
Osselin (d'). *Pic.*, 698.
Ossun (d'). *Guy.*, 383.
Osta (d'). *Soiss.*, 203.
Ostaly (d'). *Montp.-Mont.*, 377.
Ostome. *Champ.*, 277.
Ostove (d'). *Pic.*, 101.
Ostrel (d'). *Fland.*, 1012.
Ostrelle (d'). *Par.*, II, 1151.
Oswald (d'). *Lorr.*, 276.
Otten. *Fland.*, 1232.
Otto. *Als.*, 174, 978.
Oualle. *La Roch.*, 146.
Ouan (St-). *Tours*, 315, 1529.
Oudaille. *Lyon*, 249, 250.
Oudan. *Champ.*, 70.
Oudan (d'). *Prov.*, I, 1214.
Oudart. *Champ.*, 720.
— *Fland.*, 293, 1482.
— *Rouen*, 771.
Oudeau. *Bourg.*, I, 723, 1020, 1067.
Ouderne (d'). *Lorr.*, 653.
Oudet (de). *Lorr.*, 641.
Ourdet. *Prov.*, I, 569.
Oudin. *Bourg.*, II, 233, 509.
— *Champ.*, 80, 365, 728.
— *Poit.*, 477.
— *Tours*, 890.
Oudinet. *Champ.*, 91, 216, 695.
— *Par.*, II, 365.

— Vers., 106.
Oudinot. Par., I, 759.
— Par., III, 304.
— Poit., 1521.
Oudouart. Bret., II, 403.
Oudousin. Prov., II, 352.
Oudry. Bourb., 475.
— Poit., 1327, 1335.
Ouën (St-). Caen, 28, 172.
— La Roch., 269.
— Rouen, 10, 28, 201, 204, 221, 458,
   686, 710, 733, 775, 1084, 1093,
   1361.
Ouëssi (d'). Al., 81, 209, 462, 504,
   610, 703, 1193.
Ouessei (d'). Caen, 367.
Ouetteville (d'). Rouen, 60.
Ouffert. Prov., II, 711.
Oullier. Montp.-Mont., 812.
Ouloy. Par., I, 412.
Ourches (d'). Bourg., I, 222.
Ouri. Lorr., 667, 681.
Ourogne (d'). Guy., 593.
Ourri. Al., 1190.
Ours (de). Rouen, 134.
Ours (des). Montp.-Mont., 224.
Ours (St-). Dauph., 20, 403.
Oursel. Par., I, 130, 950.
— Rouen, 827.
Oursin. Bret., I, 932.
— Par., I, 377.
Ourtis. Prov., II, 610.
Ourweller. Als., 413.
Ousel. Als., 563.
Ousselin. Pic., 788, 817.
Oussolin (d'). Prov., I, 1313.

Oustil. Poit., 494.
Outhier. Bourg., I, 748, 1269.
Outin. Rouen, 895, 926.
Outreleau (d'). Poit., 332.
Outremande (d'). Fland., 21.
Outremer (d'). Bret., II, 804, 805.
— Fland., 1452.
Outremont (d'). Fland., 1443.
Ouvrard. Par., II, 631.
— Poit., 529.
— Tours, 370, 1446.
Ouvreleuil. Par., II, 443.
Ouvière. Prov., I, 991, 992, 993.
Ouvriane. Pic., 149.
Oyembruge (d'). Lorr., 267.
Oyon. Pic., 715.
Ozan. Al., 1001.
— Soiss., 564.
Ozanne. Bret., I, 341.
— Rouen, 1226.
Ozanne (d'). Lorr., 593, 605, 652,
   661.
Ozanneau. Poit., 572.
Ozenne (d'). Al., 409, 1186.
Ozias. Poit., 1149.
— La Roch., 228.
Ozier. Bret., II, 507.
Ozon. Orl., 276, 511, 701.
— Par., IV, 570.
— Poit., 1224.
Ozon (d'). Guy., 383.
Ozouer (d'). Orl., 581.
Ozoul. Rouen, 1347.
Ozoul (d'). Prov., I, 1324.
Ozouville (d'). Caen, 305, 321.

P

Pabot. Tours, 1204.
Pac (du). Toul.-Mont., 1352.
Pacagne. Orl., 531.
Pacard. Bourg., I, 312, 1234.
— Lyon, 670.
Pacaroni. Rouen, 753, 1326, 1332.
Pacault. Par., III, 142.
Paccard. Bourg., II, 351.
Pacé. Bret., II, 407.
Pachau. Par., I, 729, 924.
— Par., II, 889.
Paché. Montp.-Mont., 1294.
Pacher. Als., 209.
Pachin. Champ., 775.
Pachins. Toul.-Mont., 1003, 1107.

Pachon. Als., 731.
Pachot. La Roch., 141.
Pacins. Dauph., 486.
Pacot. Champ., 518, 791.
— Guy., 142.
Pacquelet. Lyon, 313.
Pacquet. Bourb., 571.
— Lyon, 7, 27, 280.
Pacquier. Lyon, 223.
Pacquote. Bourg., I, 1219.
Padefer. Guy., 840.
Padet. Bret., II, 20.
Padilo. Tours, 529.
Padoux. Bourg., II, 50.
Padres (de). Toul.-Mont., 555.

Pagan. *Par.*, III, 354.
— *Prov.*, I, 244, 1324.
Pagany. *Bourb.*, 63, 84.
Pagart. *Pic.*, 221, 742.
Page. *Bourges*, 520.
— *Bourg.*, I, 1064.
— *Bourg.*, II, 497.
— *Lorr.*, 17, 135, 162.
— *Pic.*, 724, 725.
— *Prov.*, II, 741.
— *Tours*, 1513.
Page (le). *Bret.*, I, 108, 677.
— *Bret.*, II, 294, 592, 918.
— *Orl.*, 42.
— *Par.*, I, 1012, 1225.
— *Par.*, II, 1236.
— *Par.*, III, 474.
— *Poit.*, 22.
— *Rouen*, 2, 65, 486, 693, 769, 819, 837, 1158, 1363.
— *Soiss.*, 791.
— *Tours*, 261, 923, 982, 1346.
— *Vers.*, 132.
Pageau. *Par.*, I, 1307, 1308.
— *Poit.*, 1150, 1232.
Pageon. *Orl.*, 482.
Pageot. *Bourg.*, I, 699.
— *Bret.*, II, 1084.
— *Tours*, 1085.
Pager. *Poit.*, 365.
Pagès. *Bourg.*, II, 565.
— *Guy.*, 1122.
— *Montp.-Mont.*, 135, 606, 688, 825, 851, 1412.
— *Prov.*, I, 166.
— *Toul.-Mont.*, 188, 564, 623, 660, 946, 973, 978, 986, 998, 999, 1464.
Pages (de). *Bourg.*, I, 442.
Pagesy. *Montp.-Mont.*, 836.
Paget. *Champ.*, 783.
— *Par.*, I, 565.
— *Par.*, II, 349, 704, 705.
— *Toul.-Mont.*, 182, 858, 859.
Pagez. *La Roch.*, 303.
Pagi. *Prov.*, II, 292, 338, 339.
Pagiot. *Bret.*, I, 218.
Pagis. *Lyon*, 625.
Pagnat (de). *Bourg.*, II, 607.
Pagni. *Lorr.*, 223, 385.
Pagnion. *Lim.*, 142, 337.
Pagnol. *Als.*, 699.
Pagnon. *Par.*, III, 425.
Pagny. *Vers.*, 309.
Pagot. *Bourg.*, I, 1028.
— *Bret.*, II, 460.
— *Par.*, III, 118, 317.

— *Tours*, 809.
Paguelle. *Bourg.*, I, 710.
Paguenet. *Poit.*, 222.
Pai (de). *Lyon*, 785.
Paige (le). *Bret.*, I, 965.
— *Par.*, I, 1223, 1283.
Paigné. *Al.*, 807.
Paignon. *Lim.*, 122.
— *Lyon*, 723, 809.
— *Par.*, III, 135.
— *Prov.*, II, 298.
Pailhasse. *Toul.-Mont.*, 1069.
Pailla. *Champ.*, 263.
Paillard. *Al.*, 170, 182, 705, 1107.
— *Bourb.*, 473.
— *Orl.*, 862.
— *Tours*, 318, 1201, 1214, 1342.
Paillardet. *Par.*, I, 10.
Paillart. *Champ.*, 165, 269.
— *Par.*, IV, 675.
— *Pic.*, 381, 383, 574, 575, 586, 594, 721.
— *Poit.*, 330, 560, 761.
— *Soiss.*, 409, 560.
Paille. *Poit.*, 845.
Paillé. *Poit.*, 1440.
Pailler. *Lim.*, 130.
— *Poit.*, 868.
Pailleret. *Prov.*, II, 327.
Pallert. *Lorr.*, 89.
Paillet. *Par.*, I, 618, 734.
— *Poit.*, 1540.
— *La Roch.*, 186.
Paillette. *Champ.*, 595, 726.
Pailleur (le). *Caen*, 574.
Paillez. *Montp.-Mont.*, 818, 1080, 1212.
Paillier (le). *Bret.*, II, 430.
Paillon. *Poit.*, 570.
Paillot. *Bourb.*, 68.
— *Bourg.*, II, 556.
— *Champ.*, 116, 128, 136, 298, 301, 360, 783.
— *Par.*, II, 648.
— *La Roch.*, 171, 184.
— *Tours*, 399, 1436.
Paillou. *Orl.*, 264.
— *Poit.*, 853.
— *Tours*, 1136.
Pailloux. *Bourb.*, 273, 276.
Pain. *Bourg.*, I, 259.
— *Dauph.*, 250, 251, 254, 632.
— *Par.*, II, 950.
— *Par.*, III, 302.
— *Par.*, IV, 257.
— *Poit.*, 47, 980, 1038, 1479.

— Rouen, 119, 511, 631, 698.
Pain (du). Bret., II, 547.
Pain (le). Bourges, 197, 383.
Paineau. Poit., 1288, 1370.
— Tours, 65, 68, 335, 584, 530.
Painel. Al., 774.
Painparré. Poit., 1194.
Painssod. Bourg., II, 630.
Painteur (le). Al., 237, 320, 898.
Pair (St-). Bret., I, 561, 569.
Pairai. La Roch., 282.
Pairat (du). Rouen, 303.
Paire. Lyon, 627, 628, 731, 802, 867, 1002.
Paire (du). Poit., 1159.
Pairot. Par., I, 467.
Païs. Dauph., 101.
Paisan. Als., 670.
Paisant. Al., 804.
Paissant. Caen, 164, 605.
Paissaud. Bourg., II, 566.
Paisseau. Bourg., I, 103.
Paitré. Champ., 264.
Paix (du). Fland., 616.
Paix (la). Pic., 536, 537.
Paix (St-). Rouen, 1167.
Paix de Cœur. Rouen, 50, 484, 1016.
Pajadis. Guy., 864.
Pajoldt. Auv., 219.
Pajon. Orl., 729.
— Par., I, 592.
Pajot. Bourb., 406, 544.
— Bourg., I, 1231, 1234.
— Caen, 416.
— Champ., 183, 447.
— Dauph., 489.
— Fland., 180.
— Lyon, 44.
— Orl., 858, 1005.
— Par., I, 175, 298, 366, 380, 703, 910.
— Par., II, 48, 68, 259, 264, 304, 527, 670, 770, 771.
— Par., III, 260.
— Poit., 1243.
Pajottin. Tours, 825.
Palain. Bourg., II, 563, 567.
Palais (St-). La Roch., 374.
Palamain. Bourg., II, 606.
Palaprat. Bret., I, 271.
— Toul.-Mont., 453.
Palarin. Toul.-Mont., 124.
Palasne. Bret., II, 405.
Palatin de Dio. Bourges, 477.
Palatso. Par., II, 636.
Palerne. Dauph., 202.

— Lyon, 417, 524, 765.
— Par., I, 200.
Palet. Par., I, 1075.
— La Roch., 428.
Palette. Béarn, 162.
Palfart. Fland., 192.
Palhasse. Montp.-Mont., 1203.
Palienne. Bourges, 20.
Paliéres. Fland., 1485.
Palierne. Bourb., 2, 7, 13, 21, 54, 149, 177, 407.
— Bret., II, 747.
Palis. Toul.-Mont., 314, 458, 1376.
Palisot. Pic., 121.
Palisse. Bret., II, 670.
Palisse (la). Als., 374.
Palissier. Toul.-Mont., 767.
Palizot. Soiss., 408.
Pallabos. Bourb., 545, 548.
Palladan. Prov., II, 672, 713.
Pallane. Toul.-Mont., 424.
Pallardi. Poit., 432, 983, 1033, 1060, 1103, 1118, 1126, 1161.
Pallas. Als., 255.
— Fland., 214.
— Par., II, 71.
— Prov., I, 61, 803.
Pallastre. Poit., 122.
Palleau (des). Par., IV, 531.
Pallenc. Poit., 455.
Palleron. Bourg., I, 430.
— Lyon, 140.
Palletaut. Bourb., 540.
Palley. Par., I, 41.
Palli. Fland., 66, 315, 803.
Pallier. Dauph., 498.
— Guy., 1104, 1121.
— Prov., II, 580.
Palliot. Fland., 72.
— Poit., 1150.
Pallissade. Bret., II, 998.
Pallole. Toul.-Mont., 1482.
Pallordet. Bourg., I, 409. 416.
Pallot. Guy., 26.
Pallu. Par., I, 217, 399, 889, 1151, 1297, 1335.
— Par., II, 263, 555, 940.
— Poit., 102, 1486, 1505.
— Tours, 3, 1038, 1053, 1039, 1523.
Pallu (la). Al., 2, 9, 10, 34, 367, 541, 547.
— Par., II, 125, 277.
Palluat. Lyon, 265, 775, 1000.
Palluau. Par., II, 469, 1063.
Palluelle (la). Par., II, 1178.
Palmade. Toul.-Mont., 403.

Palme. *Caen*, 101.
— *Rouen*, 12, 45, 536, 648, 690.
Palme (de). *Bret.*, I, 279.
Palmié. *Toul.-Mont.*, 950, 985.
Palmier. *Montp.-Mont.*, 136.
Palmondière (la). *Bourg.*, II, 218.
Paloque. *Guy.*, 291.
Palot. *Toul.-Mont.*, 1110.
Palotte. *Guy.*, 911.
Palteau. *Bourges*, 310.
Palu. *Bret.*, II, 59, 230.
Paludier. *Bret.*, II, 1075.
Palüe. *Guy.*, 886.
Paluelle (la). *Caen*, 217.
Palun (la). *Prov.*, I, 981.
Palussière. *Tours*, 985.
Palustre. *Poit.*, 145, 505, 993, 1004.
Palvis. *Montp.-Mont.*, 636.
Palvoisin. *Bourges*, 427.
Pamart. *Fland.*, 11, 252.
— *Pic.*, 799.
Pamblan. *Guy.*, 497.
Pamelle. *Fland.*, 467, 1083.
Pamiers. *Montp.-Mont.*, 1047, 1211. V.
Pamiés. *Toul.-Mont.*, 604, 1343.
Pampelume. *Par.*, IV, 242.
Pamprou. *Poit.*, 902.
Panafieu. *Montp.-Mont.*, 327.
Panais. *Tours*, 854.
Panassac. *Toul.-Mont.*, 462.
Panavinon. *Bourb.*, 576.
Panay. *Bourb.*, 176, 178.
Pancé. *Al.*, 1012.
Pancouque. *Fland.*, 976, 1177.
Pandin. *Lim.*, 204, 354.
— *Poit.*, 115, 116, 339, 413, 1010.
Pandreau. *Montp.-Mont.*, 685.
Paneau. *Par.*, II, 788.
Panebeuf. *Toul.-Mont.*, 2.
Panée. *Montp.-Mont.*, 733.
Panel. *Bourg.*, I, 698.
Panet. *Par.*, I, 248.
Panetier. *Bourb.*, 478.
— *Montp.-Mont.*, 735.
Paneton. *Par.*, III, 535.
Paneveire. *Auv.*, 394.
Panier. *Bourg.*, I, 1173.
— *Bourg.*, II, 508.
— *Lyon*, 616.
— *Poit.*, 487, 493, 502, 503, 1080, 1331.
Panisse. *Prov.*, II, 130.
Panix. *Toul.-Mont.*, 659.
Pannard. *Tours*, 266, 416, 1120.
Pannart. *Par.*, I, 1235.
Panne. *Lim.*, 464.

Panne (la). *Champ.*, 633.
— *Lorr.*, 642.
Pannerie (la). *Poit.*, 1249.
Pannet. *Bourb.*, 387.
Pannet (le). *Bret.*, II, 607.
Pannetier. *Bourg.*, II, 301.
— *Champ.*, 335.
— *Par.*, II, 436.
Pannetier (le). *Bret.*, II, 307.
— *Tours*, 384, 964, 391, 393, 396, 1173.
Panneville. *Rouen*, 565.
Pannier. *Bret.*, II, 422, 591, 968, 972.
— *Pic.*, 521.
— *La Roch.*, 438.
Panon. *Prov.*, I, 1154, 1233.
Panossin. *Bourg.*, I, 425.
Panouse (la). *Montp.-Mont.*, 1093.
— *Toul.-Mont.*, 1090.
Panoux. *Poit.*, 1039, 1155, 1166.
Panouze (la). *Bret.*, I, 634.
Pans. *Prov.*, I, 1341.
Pansa. *Pic.*, 488.
Pansard. *Bourg.*, I, 1062.
Pansin. *Bourg.*, II, 565.
Pantadis (du). *Lim.*, 455.
Pantaléon. *Lorr.*, 79, 602, 662.
— *Poit.*, 43.
— *Prov.*, I, 1098.
Pantin. *Bret.*, I, 497.
— *Par.*, I, 1236.
— *Rouen*, 868.
— *Tours*, 918.
Pantoise. *Bourg.*, II, 5.
Pantost. *Lyon*, 100, 148, 432, 549, 938.
Pantot. *Toul.-Mont.*, 701.
Pantouflet. *Par.*, III, 352.
Pantrion. *Als.*, 449.
Paolou. *Bret.*, II, 561.
Paon. *Rouen*, 1091.
Paon (le). *Soiss.*, 810.
Papail. *Toul.-Mont.*, 66.
Paparel. *Par.*, II, 518.
— *Vers.*, 63.
Paparin. *Prov.*, I, 292, 293.
Papault. *Poit.*, 57, 1396, 1517.
Papavoine. *Rouen*, 99, 660, 671, 817.
Pape. *Dauph.*, 321, 344.
Pape (de). *Fland.*, 222, 316, 487, 1228.
Pape (le). *Bret.*, I, 195, 361, 362, 543, 683.
— *Bret.*, II, 113.
— *Par.*, III, 480.
— *Rouen*, 861.

Papeau. *Poit.*, 914.
Papel. *Rouen*, 418.
Papelard. *Fland.*, 132.
Papelier. *Als.*, 864, 869, 870.
Paperel. *Lorr.*, 475.
Papet. *Dauph.*, 214, 216.
Papeti. *Prov.*, I, 936.
Papias. *Bret.*, II, 874.
Papigni. *Lorr.*, 490.
Papillault. *Poit.*, 5 $^3/_{11}$, 881, 1447, 1448.
Papillon. *Bourg.*, I, 335, 464.
— *Bourg.*, II, 60, 110, 89, 330, 333.
— *Champ.*, 356, 839.
— *Guy.*, 822.
— *Lim.*, 420.
— *Lyon*, 471.
— *Par.*, I, 736.
— *Par.*, II, 409, 410.
— *Prov.*, I, 167.
Papillot. *Al.*, 965.
— *Orl.*, 434.
Papin. *Bret.*, II, 1093.
— *Orl.*, 203.
— *Par.*, I, 1301.
— *Pic.*, 284, 458, 758.
— *Poit.*, 225, 487.
— *La Roch.*, 266.
— *Tours*, 1518.
Papineau. *Poit.*, 1252.
Papon. *Bourb.*, 348.
— *Dauph.*, 452.
— *Lyon*, 240, 256, 258, 263, 865, 867.
— *Par.*, III, 20.
— *Poit.*, 425.
Papot. *Auv.*, 138.
Papotière (le). *Tours*, 277.
Papus. *Guy.*, 994.
— *Montp.-Mont.*, 1062.
— *Toul.-Mont.*, 179, 192, 516, 848.
Paquelet. *Lim.*, 324.
Paquelon. *Als.*, 17, 823.
Paquenot. *Soiss.*, 609.
Paquet. *Par.*, II, 732.
Paquinot. *Tours*, 1101.
Para. *Toul.-Mont.*, 1097.
Parabère. *Guy.*, 1151.
Parache. *Pic.*, 752.
Paraclet. *Pic.*, 38.
Paradan. *Montp.-Mont.*, 947.
Parades (de). *Toul.-Mont.*, 126, 917.
Paradis. *Auv.*, 278.
— *Lyon*, 381, 669.
— *Montp.-Mont.*, 1237.
— *Par.*, II, 650.

— *Par.*, III, 489.
Parage. *Tours*, 1529, 1433.
Parai (de). *Al.*, 299, 323, 326.
Parai (le). *Rouen*, 1245.
Paraire. *Guy.*, 850.
— *Par.*, II, 662.
— *Toul.-Mont.*, 190, 1162.
Parastre. *Als.*, 843.
— *Par.*, IV, 152.
Parat. *Par.*, II, 961.
— *Soiss.*, 512.
Paratge. *Béarn*, 77.
Parault. *Poit.*, 970, 1018.
Paraut. *Guy.*, 954.
Parautignat. *Auv.*, 298.
Parc (du). *Bourg.*, I, 8.
— *Bret.*, I, 41, 42, 53, 54, 57, 203, 320, 427, 453, 599, 646, 667, 672, 718, 949.
— *Bret.*, II, 271, 855.
— *Caen*, 268, 672.
— *Orl.*, 476.
— *Par.*, I, 1008.
— *Par.*, II, 1011.
— *Par.*, IV, 154.
— *Rouen*, 569, 1131.
Parceval. *Orl.*, 784.
Parcevaux. *Bret.*, I, 47, 787.
— *Bret.*, II, 713.
Parchappe. *Champ.*, 4, 42, 218, 304, 369, 480, 565, 566, 574.
Parchas. *Lyon*, 334.
— *Montp.-Mont.*, 369, 438.
Parchot. *Par.*, III, 494.
Parcin. *Orl.*, 192.
Parcon. *Par.*, I, 297.
Pardaillan. *Bourg.*, I, 651.
— *Montp.-Mont.*, 1135.
— *Toul.-Mont.*, 872, 1466.
Pardalien. *Rouen*, 1407.
Parde. *Lyon*, 1045.
Pardé. *Rouen*, 886.
Pardeillan. *Guy.*, 1066.
Pardes. *Toul.-Mont.*, 88.
Pardieu. *Orl.*, 637, 682.
— *Rouen*, 193, 227, 1056.
Pardou. *Bourges*, 423.
Pardoux (St-). *Auv.*, 61.
— *Lim.*, 180. V. Lamotte.
Paré. *Orl.*, 701.
Pareau. *Bourg.*, I, 763, 877.
Parédes. *Fland.*, 1310.
Parei. *Prov.*, I, 1153.
Pareire. *Montp.-Mont.*, 1093.
Parel. *Poit.*, 1445.
Parent. *Bourb.*, 193.

— *Bourg.*, I, 17.
— *Bourg.*, II, 505.
— *Fland.*, 785, 1126, 1265.
— *Lyon*, 117.
— *Orl.*, 877, 879.
— *Par.*, I, 947, 1140.
— *Par.*, II, 136, 354, 388.
— *Par.*, III, 421.
— *Par.*, IV, 125, 395.
— *Poit.*, 707.
— *Rouen*, 198, 208, 211, 845, 876.
— *Soiss.*, 568, 785.
Parenteau. *Poit.*, 508, 1396.
Parère. *Fland.*, 1461.
Parere. *Poit.*, 1238.
Paresset. *Bourg.*, II, 508.
Paressot. *Bourg.*, I, 335.
Paret. *Bourg.*, I, 1241.
— *Par.*, I, 604.
— *La Roch.*, 242.
Parey. *Par.*, II, 314.
Parfait. *Bourb.*, 252.
— *Orl.*, 306, 566.
— *Par.*, III, 63, 72, 75, 77, 80, 89.
Parfait (le). *Caen*, 763.
Parfouru. *Caen*, 493, 494, 740, 743.
Pargaud. *Bourg.*, I, 1012, 1240.
Parge (du). *Champ.*, 634.
Pargi (du). *Soiss.*, 565.
Pariel. *Toul.-Mont.*, 954.
Parieu. *Toul.-Mont.*, 1272.
Parigaut. *Champ.*, 336.
Parigny. *Poit.*, 205.
Parigot. *Bourg.*, I, 237, 475.
— *Bourg.*, II, 30.
Parin. *Lyon*, 602.
Paris. *Al.*, 763, 805, 807, 863, 1233.
— *Bourb.*, 85, 413, 480.
— *Bourg.*, I, 604, 863, 1060, 1064.
— *Bret.*, I, 175, 342.
— *Bret.*, II, 491.
— *Champ.*, 23, 35, 337, 340, 798, 818.
— *Dauph.*, 42, 400.
— *Fland.*, 505, 1259.
— *Lim.*, 239, 268.
— *Lyon*, 117, 169.
— *Orl.*, 70, 331, 347, 363, 396, 414, 451, 455, 479, 480, 483, 501, 676.
— *Par.*, I, 323, 539, 579, 639, 895, 901, 910, 919, 941, 977, 978, 1005, 1154, 1197, 1280, 1372.
— *Par.*, II, 54, 285, 353, 431, 519, 564, 651, 842, 854, 989, 1218, 1263.
— *Par.*, III, 125, 143, 165, 409, 413, 458, 565.

— *Par.*, IV, 58.
— *Poit.*, 1444.
— *Prov.*, I, 972.
— *Prov.*, II, 452.
— *La Roch.*, 228.
— *Rouen*, 228, 1003.
— *Toul.-Mont.*, 465, 481, 495, 1253, 1262, 1301.
— *Tours*, 9, 1338, 1445, 1454.
— *Vers.*, 267.
Paris (de). *Pic.*, 263.
— *Soiss.*, 732.
Parise. *Bourg.*, I, 238.
Pariset. *Bourg.*, I, 1277, 1278.
— *Prov.*, I, 991.
Parisi. *Prov.*, II, 574.
Parisis. *Fland.*, 1249.
— *Pic.*, 424.
Parison. *Bourb.*, 599.
Parisot. *Al.*, 294, 532.
— *Bourg.*, I, 70, 475, 479, 553, 1149.
— *Bourg.*, II, 328, 329, 625.
— *Champ.*, 44, 753, 877, 886.
— *Fland.*, 16.
— *Lorr.*, 28, 38, 235, 354, 532, 675.
— *Par.*, I, 581.
— *Par.*, II, 7.
Parjadis. *Lim.*, 470.
Parlan. *Prov.*, II, 475.
— *Toul.-Mont.*, 458.
Parliau. *Toul.-Mont.*, 661.
Parlier. *Montp.-Mont.*, 422.
Parmentier. *Champ.*, 62, 99, 432.
— *Fland.*, 1154, 1263.
— *Pic.*, 866.
— *Poit.*, 1074.
— *La Roch.*, 438.
— *Soiss.*, 359, 717, 718, 727, 804, 859.
Parmentier (le). *Rouen*, 244, 508.
Parnajon. *Bourges*, 48.
Parnajon. *Par.*, I, 1273.
Parnisse. *Rouen*, 1315.
Paroiche. *Fland.*, 329.
Parois (des). *Al.*, 315, 479, 616, 617, 831, 1203.
Paroy (du). *Bourg.*, I, 537, 700.
Paroy (le). *Bourg.*, II, 184.
Parpin. *Toul.-Mont.*, 1281.
Parque. *Par.*, I, 964.
— *Par.*, III, 143.
Parquet. *Bourg.*, I, 857.
Parra. *Bourg.*, I, 2.
— *Dauph.*, 188.
Parrand. *Montp.-Mont.*, 365.

Parre (la). *Montp.-Mont.*, 489.
Parreau. *Guy.*, 315, 694.
Parret. *Prov.*, I, 1426.
Parriel. *Montp.-Mont.*, 1096.
Parrinet. *Prov.*, I, 946.
Parron. *Dauph.*, 201.
Pars (de). *Pic.*, 679, 790.
— *Poit.*, 1498.
Parseau. *Bret.*, I, 391.
Partaria. *Béarn*, 122.
Partarieu. *Guy.*, 825.
Partel. *Pic.*, 892.
Partenai. *Champ.*, 249.
Partenay. *Bret.*, II, 584.
— *Poit.*, 289. V.
Partenay (de). *Pic.*, 101.
Particelle. *Lyon*, 373, 377.
Partit. *Prov.*, I, 994, 995, 996.
Partus. *Prov.*, I, 932.
Parvillac. *Guy.*, 205.
Parville. *Pic.*, 412.
Parvillers. *Pic.*, 577, 858.
Parvillez. *Champ.*, 3, 12, 32.
Pas. *Béarn*, 28, 70.
— *Bret.*, I, 794.
— *Guy.*, 125.
— *Montp.-Mont.*, 51, 880.
— *Par.*, I, 435, 1212.
— *Rouen*, 517, 567, 576, 587, 590, 688.
Pas (de). *Lorr.*, 595, 655.
— *Par.*, II, 1031, 1036.
Pas (du). *Bret.*, I, 154, 164, 173, 179.
— *Bret.*, II, 1077.
— *Poit.*, 409, 467, 919, 1290.
— *Tours*, 80, 381, 529.
Pascal. *Auv.*, 79, 283, 286, 288, 292, 293.
— *Bourg.*, I, 423.
— *Dauph.*, 67, 74, 239, 560.
— *Lyon*, 381, 396.
— *Montp.-Mont.*, 51, 52, 198, 640, 732, 855, 869, 1049, 1346, 1543.
— *Par.*, II, 690.
— *Par.*, III, 517.
— *Pic.*, 880.
— *Prov.*, I, 995, 1001, 1084, 1269, 1324.
— *Prov.*, II, 288, 289, 451, 678, 699, 700, 831.
— *Poit.*, 1136.
— *Toul.-Mont.*, 54, 679, 1114, 1378.
Pascalis. *Prov.*, II, 598.
Pascalot. *Toul.-Mont.*, 968.
Pascart. *Fland.*, 1238.
Pascau. *Guy.*, 1166.

Pascault. *Lim.*, 271.
— *Poit.*, 558, 1508.
Paschal. *Lorr.*, 332 *bis*.
Pascot. *Bret.*, II, 962.
Pasdeloup. *Tours*, 994.
Pases (de). *Toul.-Mont.*, 19.
Pasier. *Prov.*, II, 171.
Pasquay. *Als.*, 437.
Pasqué. *Lim.*, 82.
Pasquer. *Tours*, 629, 1141.
Pasqueraye. *Tours*, 74, 908, 929, 958, 975.
Pasquereau. *Bourg.*, II, 178.
Pasqueron. *Poit.*, 563, 565, 1557.
Pasquet. *Bourges*, 443, 449.
— *Dauph.*, 118, 233, 244, 440.
— *Guy.*, 513, 1013, 1014, 1180.
— *Lim.*, 440.
— *Par.*, II, 1167.
— *Poit.*, 546, 724, 1093.
— *Prov.*, II, 519.
Pasquiau. *Bourg.*, II, 364.
Pasquier. *Al.*, 1050, 1106.
— *Als.*, 419.
— *Bourg.*, I, 42, 164, 965, 1255.
— *Bourg.*, II, 373.
— *Bret.*, I, 726.
— *Bret.*, II, 388, 397, 637, 799, 1006.
— *Caen*, 694.
— *Champ.*, 335.
— *Fland.*, 228, 1467.
— *Lim.*, 77.
— *Orl.*, 465, 722, 739.
— *Par.*, I, 169, 211, 294, 349, 1197. 1279, 1317.
— *Par.*, II, 282, 1054, 1242.
— *Par.*, III, 2, 139, 391.
— *Par.*, IV, 585, 586.
— *Pic.*, 435, 827.
— *Poit.*, 1373.
— *La Roch.*, 418.
— *Soiss.*, 853.
— *Tours*, 155, 952, 1338.
Pasquier (du). *Bourg.*, II, 170, 174, 180, 553.
— *Lorr.*, 45.
Passac. *Orl.*, 482.
— *Tours*, 382.
Passadière-Brichet (la). *Tours*, 953.
Passage (du). *Soiss.*, 283.
Passart. *Auv.*, 313.
— *Par.*, I, 21, 99, 939, 1131, 1176, 1203, 1259.
Passart. *Par.*, IV, 121, 723.
Passavant. *Als.*, 953.
— *Par.*, III, 129.

Passe (la). *Montp.-Mont.*, 1065.
— *Toul.-Mont.*, 383.
Passeban. *Poit.*, 1083.
Passebon. *Prov.*, ı. 739.
Passefons. *Auv.*, 532.
Passelaigue. *Guy.*, 221, 313, 673, 693, 1121.
Passemalet. *Bret.*, ıı, 691.
Passemar. *Toul.-Mont.*, 59, 218.
Passerat. *Bourg.*, ı, 7 *bis*, 847, 1020.
— *Bourg.*, ıı, 633.
— *Lyon*, 943.
— *Par.*, ı, 267, 566.
— *Par.*, ıı, 540.
— *Rouen*, 1390.
Passeret. *Bourg.*, ı, 906.
Passet. *Tours*, 1513.
Passey. *Bourg.*, ıı, 299.
Passiac. *Lim.*, 375.
Passieu. *Montp.-Mont.*, 1050,
Passinge. *Lyon*, 237, 817.
Passius. *Montp.-Mont.*, 1556.
Pasté. *Champ.*, 163, 717.
Pasteau. *Poit.*, 1239.
— *Tours*, 659, 1130.
Pastel. *Auv.*, 396.
Pastelière (la). *Poit.*, 213, 603, 1178.
Pasteur. *Fland.*, 802.
Pastin. *Fland.*, 1164.
Paston (St-). *Montp.-Mont.*, 1179.
Pastor. *Par.*, ıı, 408.
Pastorel. *Lyon*, 650.
— *Prov.*, ı, 944.
Pastoret. *Prov.*, ı, 1064.
Pastorius. *Als.*, 663.
Pastou (St-). *Toul.-Mont.*, 377.
Pastoul. *Toul.-Mont.*, 565, 566.
Pastour. *Bret.*, ı, 319, 659.
— *Montp.-Mont.*, 458.
— *Prov.*, ıı, 391, 771.
— *Soiss.*, 296.
Pastoureau. *Guy.*, 781, 1091.
— *Lim.*, 41.
— *Soiss.*, 295, 660.
— *Toul.-Mont.*, 891.
Pastourel. *Montp.-Mont.*, 48, 239.
— *Par.*, ı, 1278.
— *Toul.-Mont.*, 1191.
Pastrana. *Lorr.*, 328.
Pastre. *Guy.*, 1033.
Pastre (de). *Montp.-Mont.*, 120, 713.
Pastronnet. *Prov.*, ı, 1345, 1346.
Pasturant. *Poit.*, 419.
Pasturat. *Auv.*, 182.
Pastureau. *Poit.*, 134, 150, 295, 596, 1012, 1031, 1122, 1424.

— *La Roch.*, 412, 414, 415.
Pasturel. *Auv.*, 87.
— *Lyon*, 360, 495, 631, 712, 822, 864.
— *Montp.-Mont.*, 878.
Patac. *Prov.*, ı, 700, 785.
Patac (de). *Toul.-Mont.*, 266.
Pataillier. *Al.*, 1134.
Patard. *Bret.*, ıı, 793.
Patare. *Orl.*, 404.
— *Soiss.*, 463.
Patarin. *Guy.*, 929, 1185, 1215.
Patas. *Orl.*, 343.
— *Tours*, 826, 831.
Patault. *Bourges*, 441, 442, 528, 529.
Paté, *Prov.*, ıı, 472.
Patei. *Prov.*, ı, 546.
Patenostre. *Par.*, ıv, 74.
Patenôtre. *Bret.*, ı, 613.
— *Champ.*, 792.
Paternay. *Pic.*, 707.
Pateste. *Pic.*, 661.
Patfort. *Fland.*, 373.
Pathay. *Orl.*, 836.
Pati. *Auv.*, 129.
— *Guy.*, 14, 15, 168, 534, 560, 716, 806, 807.
Pati (du). *Al.*, 262, 660.
Patichot. *Bourg.*, ıı, 511.
Patien. *Toul.-Mont.*, 544.
Patier. *Bret.*, ıı, 417, 448.
Patin. *Bret.*, ıı, 695.
— *Dauph.*, 296.
— *Orl.*, 646.
— *Par.*, ı, 543.
— *Par.*, ıı, 257.
— *Soiss.*, 459.
Patineau. *Tours*, 1153.
Patis. *Bret.*, ıı, 897, 898.
Patis (des). *Orl.*, 225.
— *Tours*, 1407.
Patissier. *Lyon*, 521.
— *Soiss.*, 706.
Patissiers (les) de Metz. (*Commun.*) *Lorr.*, 569.
Patissiers. (*Commun.*) *Poit.*, 815.
Patoillard. *Bret.*, ıı, 391.
Potoilliate. *Soiss.*, 480.
Paton. *Fland.*, 829.
— *Lorr.*, 188.
— *Montp.-Mont.*, 1556.
Patornay. *Bourg.*, ı, 579, 597, 686, 1114. V. du Fié.
Patot. *Tours*, 983.
Patou. *Fland.*, 1114.
Patou (le). *Caen*, 22, 622, 652.

Patouflet. *Bourges*, 276.
Patouillet. *Bourg.*, ı, 574, 696, 832.
Patoulet. *Par.*, ı, 96.
Patourel. *Prov.*, ı, 711.
Patoy. *Orl.*, 637.
Patras. *Dauph.*, 566.
— *Guy.*, 178.
— *Montp.-Mont.*, 67.
— *Par.*, ıı, 1236.
— *Pic.*, 303, 320.
Patreau. *Poit.*, 344.
Patri. *Al.*, 391, 588.
— *Caen*, 2, 15, 24, 71, 405.
Patriarche. *Bourg.*, ıı, 183.
Patrice. *Al.*, 209, 476, 751, 805.
Patricot. *Bret.*, ıı, 484.
Patrière. *Tours*, 1167.
Patrine. *Toul.-Mont.*, 1484.
Patris. *Montp.-Mont.*, 26, 61, 865, 1092, 1094.
Patrix. *Rouen*, 321.
— *Tours*, 753.
Patrocle. *Par.*, ıı, 208.
Patron. *Lyon*, 612.
— *Montp.-Mont.*, 822.
— *Par.*, ı, 388.
Patronnier. *Guy.*, 664.
Patrosse. *Poit.*, 775.
Patru. *Pic.*, 618.
Patry. *Bret.*, ıı, 1018.
Patté. *Pic.*, 633.
Pattier. *Al.*, 966, 1101.
— *Rouen*, 410.
Patu. *Par.*, ı, 305, 578, 836, 1196, 1308.
— *Par.*, ıı, 531, 683.
— *Par.*, ııı, 240, 553, 562.
Patural. *Lyon*, 242.
Pature. *Pic.*, 320, 335, 668.
Paturel. *Rouen*, 867.
Paturle. *Lyon*, 847.
Paturot. *Fland.*, 226.
Patus. *Orl.*, 393.
Patusset. *Bourg.*, ı, 735.
Pau. *Toul.-Mont.*, 1181.
Pau (de). *Pic.*, 746.
Pau (St-). *Guy.*, 1168.
Pauche (de). *Montp.-Mont.*, 686, 702.
Pauché. *Bourg.*, ıı, 337.
Paucheron. *Lorr.*, 235, 657.
Pauchet. *Orl.*, 727.
Paucheville. *Montp.-Mont.*, 400.
Paucy. *Montp.-Mont.*, 1085.
— *Toul.-Mont.*, 116.
Paufin. *Champ.*, 162.
Pauguet. *Poit.*, 182.

Paui. *Tours*, 1304.
Paul. *Fland.*, 1226.
— *Guy.*, 956.
— *Lorr.*, 634.
— *Montp.-Mont.*, 8, 56, 250, 638, 895.
— *Par.*, ıı, 617.
— *Pic.*, 91.
— *Poit.*, 1290.
— *Prov.*, ı, 447, 472, 525, 564, 661, 959, 979, 1128.
— *Prov.*, ıı, 179, 225, 226, 228, 229, 743, 764, 768, 781, 782, 784, 793, 794.
— *Rouen*, 149, 574.
Paul (de). *Montp.-Mont.*, 403.
Paul (St-). *Al.*, 282, 291, 1058.
— *Auv.*, 209, 495.
— *Bourb.*, 605.
— *Orl.*, 255, 256, 664, 947.
— *Par.*, ı, 439.
— *Par.*, ıv, 76, 168.
— *Prov.*, ı, 219. V.
— *Poit.*, 927, 1432.
— *Rouen*, 97.
— *Soiss.*, 696.
— *Toul.-Mont.*, 69, 1305.
— de Leon. (*Communauté.*) *Bret.*, ı, 3.
— Trois Chastaux. *Dauph.*, 345. V.
— de Verdun. (*Ab.*). *Lorr.*, 566.
Paulard. *La Roch.*, 267.
Paulet. *Auv.*, 161.
— *Dauph.*, 12.
— *Lyon*, 801.
— *Montp.-Mont.*, 15, 27.
— *Prov.*, ı, 810, 991.
Pauli. *Als.*, 384.
Pauliac. *Toul.-Mont.*, 397.
Paulian. *Prov.*, ıı, 531.
Paulier. *Tours*, 1292.
Paulin. *Poit.*, 1410.
Paulins. *Als.*, 822.
Paulmier. *Par.*, ıv, 626, 527.
— *Tours*, 510, 930, 1028, 1086.
Paulmier (le). *Al.*, 142, 147, 148, 151, 152, 153, 154, 156, 195, 347, 395, 410, 411, 426, 532, 533, 537, 864, 920, 1127.
Paulo (de). *Toul.-Mont.*, 8, 9, 37, 64, 94, 317, 688, 862, 863.
Pauloy. *Pic.*, 712.
Paulus. *Bret.*, ıı, 176.
Paumeau. *Tours*, 607.
Paumier. *Bourges*, 438.
— *Bret.*, ıı, 430, 589, 592, 598.

— *Poit.*, 1120, 1474.
Paumier (le). *Caen*, 151, 333.
— *Rouen*, 297, 498, 508, 593, 677, 735.
Pause (de). *Montp.-Mont.*, 1164.
Pausseron. *Bourb.*, 68, 457.
Paute. *Guy.*, 875.
Pautenet. *Bourg.*, I, 1058, 1063.
Pautheret. *Bourg.*, I, 701.
Pauthier. *Bourg.*, I, 1165, 1258.
Pautras. *Bourg.*, I, 456.
Pautrie. *Prov.*, I, 833.
Pautrieu. *Dauph.*, 59.
Pautrisel. *Bourges*, 139.
Pautrot. *Poit.*, 1528.
Pautte. *Lim.*, 40, 47.
Pauvaire. *Prov.*, I, 1222.
Pauvel. *Als.*, 245, 794.
Pauvert. *Guy.*, 1122, 1125.
— *Par.*, III, 248.
— *Tours*, 934.
Pauvre (le). *Tours*, 1278.
Paux (des). *Guy.*, 327.
Pauzadé. *Guy.*, 1193.
Pauze. *Dauph.*, 219.
Pauze. *Toul.-Mont.*, 973.
Pavageau. *Bret.*, II, 478, 481.
Pavant. *Champ.*, 141, 149, 161, 240.
Pavart. *Par.*, II, 74.
Paveau. *Poit.*, 1002.
Pavée. *Montp.-Mont.*, 99, 951, 1318.
Pavel. *Auv.*, 462.
Pavés. *Prov.*, I, 33, 121, 160.
Pavie. *Lyon*, 413.
— *Prov.*, I, 312.
— *Rouen*, 784, 919.
— *Toul.-Mont.*, 5, 204. V. Bécarie.
Pavillac. *Guy.*, 943.
— *Montp.-Mont.*, 1066.
Pavillon. *Orl.*, 129.
— *Par.*, I, 107, 246.
— *Par.*, IV, 215.
— *Prov.*, I, 935.
— *Rouen*, 219.
Pavin. *Poit.*, 28, 46, 453, 818, 921.
Paviot. *Al.*, 398, 726.
— *Dauph.*, 517.
— *Lorr.*, 402.
— *Rouen*, 87, 512, 556, 652, 670, 699.
Pavous. *Als.*, 185.
Payan. *Prov.*, I, 90, 94, 406, 409, 999.
— *Prov.*, II, 700, 716, 785.
Payard. *Bourges*, 268.
Payart. *Soiss.*, 728.

Payaut. *Prov.*, I, 444, 923.
Paye. *Auv.*, 248, 445.
— *Tours*, 1517, 1529.
Payé. *Lim.*, 355.
Payelle. *Fland.*, 28, 392, 416.
— *Par.*, I, 388.
Payen. *Al.*, 355, 722.
— *Als.*, 768.
— *Caen*, 202, 508, 522, 532, 535, 634.
— *Champ.*, 87, 212, 216, 570.
— *Dauph.*, 343, 460.
— *Guy.*, 128, 827.
— *Lorr.*, 628.
— *Montp.-Mont.*, 44.
— *Par.*, I, 153, 159, 1136, 1216.
— *Par.*, II, 524.
— *Par.*, III, 399.
— *Par.*, IV, 170, 179.
— *Pic.*, 125, 146, 154, 178, 199, 201, 679.
— *Prov.*, I, 664.
— *La Roch.*, 32, 337.
— *Rouen*, 1094.
— *Soiss.*, 370, 662.
— *Toul.-Mont.*, 636.
Payet. *Lorr.*, 639.
— *Tours*, 554.
Payeuvelz *Fland.*, 735.
Payon. *Toul.-Mont.*, 178.
Payot. *Lorr.*, 639.
— *Par.*, II, 916.
Pays. *Montp.-Mont.*, 931.
— *Tours*, 1166.
Pays (du). *Bret.*, I, 357, 926.
Pays (le). *Bret.*, I, 692.
— *Bret.*, II, 84.
Pazeri. *Prov.*, I, 461, 486, 993.
— *Par.*, I, 292.
Pé (du). *Bret.*, I, 165.
— *Bret.*, II, 36, 1090.
— *Par.*, IV, 279.
Pé (St-). *Béarn*, 72, 126.
— *Lorr.*, 646.
Peaget. *Bourg.*, I, 917.
Péan. *Bret.*, I, 115, 118, 331, 559, 822.
— *Bret.*, II, 386, 396, 410, 418.
— *Guy.*, 1135.
— *Orl.*, 556.
— *Par.*, I, 18, 1152, 1177.
— *Par.*, II, 1059.
— *Par.*, III, 559.
— *Poit.*, 556, 575, 778, 920, 1261.
— *Tours*, 854, 1093.
— *Vers.*, 109.

Peaucelier. *Par.*, I, 408.
Peautrier. *Prov.*, I, 1083.
— *Prov.*, II, 436.
Pèbre. *Prov.*, I, 20, 32, 158, 1188.
Pécard. *Bourg.*, II, 587.
Pécaud. *Bourg.*, I, 968, 969, 970, 971, 972.
Pecca. *Dauph.*, 342, 451.
Pech. *Montp.-Mont.*, 177, 180, 766, 773, 1295.
— *Toul.-Mont.*, 491, 515.
Pechaubés. *Guy.*, 882.
Pechberti. *Toul.-Mont.*, 937.
Pechenart. *Champ.*, 547.
Pechepeyrou. *Montp.,-Mont.*, 1157.
Pecherard. *Par.*, III, 430.
Pechert. *Auv.*, 178.
Pecheur (le). *Champ.*, 78.
Pecheux (le). *Tours*, 1534.
Péchin. *Champ.*, 256, 739.
Pécholier. *Toul.-Mont.*, 1377.
Peclavé. *Par.*, I, 685,
Peclavés. *Guy.*, 348.
Pécoil. *Lyon*, 15, 32, 37, 68, 71, 86, 508.
Pecoil. *Par.*, I, 776.
— *Par.*, II, 710, 1104.
Pécou. *Lyon*, 3.
Pecou. *Par.*, II, 352.
Pecoul. *Lyon*, 26.
Pécoul. *Par.*, IV, 131.
— *Prov.*, I, 1089, 1090.
Pécourt. *Lyon*, 81.
— *Soiss.*, 563, 839.
Pecquent. *Pic.*, 738.
— *Rouen*, 293.
Pecquet. *Pic.*, 381.
Pecquot. *Bourges*, 22.
— *Par.*, I, 803.
— *Par.*, II, 318, 553.
Pedrillan. *Toul.-Mont.*, 1349.
Pédelmas. *Guy.*, 694.
Pedelux. *Béarn*, 147.
Pedesclaux. *Guy.*, 871, 915, ...
— *Toul.-Mont.*, 1268
Pedo. *Toul.-Mont.*, 236.
Pedron. *Bret.*, II, 603, 604, 606, 621.
Péfaux. *Béarn*, 104.
Peffer. *Als.*, 800.
Pégasse. *Bret.*, I, 108, 678, 843.
Pegeau. *Bret.*, II, 417.
Pegeoux. *Auv.*, 160, 247, 275.
Pegère. *Auv.*, 493.
Pegère. *Par.*, I, 948, 955.
Pegnié. *Bourb.*, 418.
Pégon. *Prov.*, I, 1113.

Pégoux. *Bourb.*, 128.
Pegranger. *Guy.*, 641.
Peguier. *Prov.*, II, 438.
Peguilhan. *Toul.-Mont.*, 183.
Peguilhon. *Par.*, 285.
Pegurier. *Toul.-Mont.*, 252.
Peicherand. *Dauph.*, 403.
Peichon. *Prov.*, I, 246.
Peichpeyrou. *Vers.*, 225.
Peigné. *Orl.*, 331.
— *Poit.*, 127.
Peigné (le). *Par.*, I, 207.
— *Par.*, II, 1224.
— *Rouen*, 32, 69, 100, 660.
Peignon. *Bret.*, II, 658.
Peigu. *Poit.*, 430.
Peilhe (de). *Prov.*, I, 46.
Peillac. *Bret.*, II, 328.
Peillaud. *Dauph.*, 585.
Peille. *Fland.*, 140.
Peillon. *Lyon*, 752.
— *Prov.*, I, 733, 1381.
Peimegeas. *Guy.*, 867.
Peinat. *Lim.*, 358.
Peinaud. *Guy.*, 1017.
Peinde (la). *Auv.*, 495.
Peindériés. *Toul.-Mont.*, 217.
Peineau. *Tours*, 1392.
Peini. *Prov.*, II, 110.
Peintert. *Soiss.*, 795.
Peinterie (la). *Caen*, 744.
Peinteur (le). *Caen*, 99, 208, 741.
Peintre (le) *Tours*, 43, 1242.
— *Vers.*, 197.
Peintres de Metz (les). *Communauté. Lorr.*, 610.
Peinturier. (le). *Rouen*, 1121.
Peira (de). *Champ.*, 729.
Peirac. *Auv.*, 536.
Peiran. *Prov.*, I, 1319.
Peiran (du). *Toul.-Mont.*, 1034.
Peirard. *Lyon*, 290, 736.
— *Par.*, II, 979.
Peirat. *Montp.-Mont.*, 126, 387.
— *Par.*, II, 54.
Peirat (du). *Poit.*, 1473.
Peirault. *Poit.*, 55, 80, 592.
Peiré. *Béarn*, 74, 102, 112, 119, 135, 151.
Peire. *Par.*, I, 1225.
— *Prov.*, I, 1010.
— *Prov.*, II, 120, 132, 567, 709, 818, 819.
— *Toul.-Mont.*, 229, 266, 584, 953.
Peire (la), *Guy.*, 160, 560, 691, 830.
Peirecave. *Guy.*, 916.

Peirelongue. *Toul.-Mont.*, 1232.
Peiret. *Montp.-Mont.*, 671, 689, 698, 699, 700, 706.
— *Par.*, ı, 738.
Peirichaud. *Guy.*, 861.
Peirie (la). *Toul.-Mont.*, 1295. 1299.
Peirier. *Prov.*, ı, 728.
— *La Roch.*, 282.
Peiriere. *Toul.-Mont.*, 270, 1084, 1104.
Peirille. *Montp.-Mont.*, 1202.
Peiroller (de). *Auv.*, 588.
Peiron. *Auv.*, 274.
— *Prov.*, ıı, 95, 268, 269.
Peiron (du). *Guy.*, 827, 1110, 1152.
Peironnel. *Auv.*, 271.
— *Montp.-Mont.*, 1351.
Peironnenc. *Montp.-Mont.*, 1100.
— *Toul.-Mont.*, 1170.
Peironnet. *Guy.*, 911.
— *Prov.*, ı, 193.
— *Soiss.*, 185.
Peironnie. *Toul.-Mont.*, 267.
Peironnien. *Guy.*, 155, 1026, 1027.
Peirosset. *Toul.-Mont.*, 669.
Peirot. *Toul.-Mont.*, 1183. 1185.
Peirotte. *Prov.*, ı, 1441.
Peirouset. *Toul.-Mout.*, 1278.
Peirousse. *Guy.*, 158, 659.
Peiroux. *Poit.*, 916.
Peiruis. *Prov.*, ı, 678.
Peirusse. *Auv.*, 204.
— *Guy.*, 263, 504.
— *Toul.-Mont.*, 262, 1092, 1377.
Peis. *Als.*, 410.
— *Prov.*, ı, 733.
Peissac. *Toul.-Mont.*, 1031.
Peisson. *Dauph.*, 143, 326.
— *Lyon*, 78, 129, 137, 539.
Peissonneau. *Lyon*, 336.
Peissonnel. *Prov.*, ı, 432, 442, 815, 1334.
— *Prov.*, ıı, 505, 517.
Peitavei. *Auv.*, 547, 551.
Peites (de). *Toul.-Mont.*, 9.
Peitiers. *Dauph.*, 333.
Peix. *Auv.*, 545.
— *Prov.*, ı, 1037, 1064, 1066.
Pejoant. *Toul.-Mont.*, 1476.
Pelais. *Par.*, ı, 1174.
Pelamourgue. *Fland.*, 1325.
Pelan. *Bret.*, ı, 319.
— *Bret.*, ıı, 283.
Pelaprat. *Toul.-Mont.*, 1046.
Pélapussins. *Bourg.*, ıı, 294.
Pelard. *Par.*, ıı, 222.
— *Tours*, 1064.

Pelart. *Bret.*, ıı, 520.
Pélart. *Soiss.*, 568.
Pelau. *Guy.*, 10, 399, 531, 538.
Pelauque. *Toul.-Mont.*, 217.
Pelaut. *Bourges*, 471.
Pelé. *Pic.*, 712.
— *Tours*, 1006, 1133, 1218.
Pelé (le). *Bret.*, ıı, 596.
— *Rouen*, 915.
Pelegri. *Toul.-Mont.*, 671.
Pelegrin. *Toul.-Mont.*, 1268.
Peleporc. *Toul.-Mont.*, 1352.
Pélerin. *Tours*, 1133.
Peles. *Guy.*, 698.
Pelet. *Par.*, 93, 231.
— *Pic.*, 884.
— *Prov.*, ı, 537.
— *Toul.-Mont.*, 1013.
Peleus. *Tours*, 1155.
Pelgaut. *Poit.*, 462.
Pelgrain. *Tours*, 1041.
Pelicot. *Bret.*, ı, 75, 238.
Pélicot. *Montp.-Mont.*, 832.
Pelignère. *Auv.*, 149.
Pelin. *Lyon*, 413.
Pelissier. *Als.*, 145.
— *Auv.*, 41, 47, 68, 56, 71, 74, 84, 172, 275, 277, 289, 293, 294, 300, 357, 408, 414, 431, 462, 484.
— *Bourb.*, 336.
— *Bourg.*, ı, 235, 240.
— *Bourg.*, ıı, 56, 91, 106, 393.
— *Bret.*, ı, 119, 448, 959.
— *Bret.*, ıı, 840.
— *Dauph.*, 20, 402.
— *Guy.*, 38.
— *Lyon*, 443, 770.
— *Montp.-Mont.*, 19, 66, 362, 600, 694, 740, 1429.
— *Par.*, ı, 400.
— *Par.*, ıı, 853.
— *Par.*, ıv, 11.
— *Toul.-Mont.*, 34, 711, 716, 989, 1484.
— *Vers.*, 70.
Pelissière (la). *Par.*, ııı, 439.
Pelisson. *Bret.*, ıı, 173, 418.
- *Dauph.*, 6, 84, 127, 206, 220, 226, 391, 443.
— *Par.*, ı, 1121.
— *Poit.*, 31, 32, 62, 805.
— *Tours*, 374, 984, 1455.
Pélissonnier. *Bourg.*, ı, 751, 1237, 1247.
Pellapra. *Dauph.*, 342.
Pellard. *Al.*, 449, 450, 1137.

— *Par.*, I, 307.
— *Par.*, III, 185.
Pellart. *Fland.*, 1057.
— *Lorr.*, 179.
— *Poit.*, 190, 425, 1199, 1547.
Pellas. *Prov.*, I, 419, 958.
— *Prov.*, II, 257, 759.
Pellé. *Dauph.*, 593.
— *Fland.*, 1448.
— *Par.*, I, 195.
— *Par.*, III, 370, 410, 530.
— *Par.*, IV, 14, 22, 81.
— *Toul.-Mont.*, 414.
Pelle (la). *Al.*, 961.
Pellé (le). *Caen*, 286.
Pellegas. *Rouen*, 289, 293, 324, 1224.
Pellegrain. *Par.*, II, 326.
Pellegri. *Montp.-Mont.*, 1053.
Pellegrin. *Bourb.*, 461.
— *Dauph.*, 461, 463.
— *Lyon*, 652.
— *Montp.-Mont.*, 480, 1064.
— *Prov.*, I, 755, 943, 944, 1361, 1405.
— *Prov.*, II, 409, 719, 752, 809.
— *Rouen*, 134.
— *Bourg.*, I, 960.
— *Fland.*, 1312.
— *Montp.-Mont.*, 869.
— *Orl.*, 217, 521, 798.
— *Par.*, II, 456.
— *Par.*, III, 11, 338.
— *Poit.*, 34, 74, 485, 513, 767, 228, 1014, 1116.
— *Soiss.*, 314.
Pellerin (le). *Al.*, 241, 395, 511, 836, 844.
Pellesault. *La Roch.*, 186.
Pellet. *Bourg.*, II, 15.
— *Dauph.*, 163.
— *Lim.*, 223.
— *Montp.-Mont.*, 200, 323, 324, 665, 740, 1313, 1566.
Pelletan. *Montp.-Mont.*, 303.
Pelletault. *La Roch.*, 194.
Pelletera. *Bourg.*, I, 443, 448.
Pelletier. *Als.*, 318.
— *Bourges*, 245.
— *Bourg.*, I, 49, 327, 333, 341, 1020, 1262.
— *Bourg.*, II, 91, 112, 175, 238, 255, 353, 360, 502, 503.
— *Lorr.*, 483, 484.
— *Lyon*, 180, 936.
— *Montp.-Mont.*, 188.
— *Orl.*, 285, 936.

— *Par.*, III, 305, 367, 403, 407, 427, 585.
— *Pic.*, 222.
— *Prov.*, I, 111.
— *Poit.*, 505, 526, 977, 1006, 1229, 1462, 1464.
— *Soiss.*, 355, 593, 750.
— *Toul.-Mont.*, 177.
— *Tours*, 379, 834, 838, 1007, 1281, 1367.
Pelletier (le). *Al.*, 197, 652, 703, 750, 816, 980, 981, 1108, 1110, 1309.
— *Bret.*, II, 429, 605, 845.
— *Caen*, 171, 703.
— *Champ.*, 271.
— *Orl.*, 190, 407.
— *Par.*, I, 425, 773, 774, 779, 793, 795, 799, 819, 865, 914, 973, 1220.
— *Par.*, II, 45, 209, 367, 521, 794, 1185.
— *Par.*, III, 9, 256.
— *Par.*, IV, 184, 503, 550.
— *Rouen*, 104, 407, 409, 411, 545, 854, 1316, 1366.
— *Tours*, 57, 66, 89, 254, 847, 888, 895, 897, 1170, 1387, 1388.
Pelletiers de Metz (les). (*Comté.*) *Lorr.*, 610.
— de Toul. *Lorr.*, 104.
Pelleton. *Pic.*, 652.
Pelletot. *Rouen*, 1168.
Pelletraut. *Poit.*, 970.
Pellevay. *Bret.*, I, 421.
— *Bret.*, II, 73.
Pellevé. *Caen*, 376.
— *Par.*, II, 1124, 1140.
Pelleveau. *La Roch.*, 275, 299.
Pellicat. *Prov.*, I, 553.
Pellicot. *Prov.*, I, 537, 942, 1344, 1346, 1382.
— *Prov.*, II, 521.
Pellier. *Bret.*, II, 173, 1118.
— *Montp.-Mont.*, 138, 154.
— *La Roch.*, 280.
— *Tours*, 500, 1460.
Pellieu. *Bourg.*, II, 617.
Pelliot. *Orl.*, 235.
Pellisselli. *Prov.*, I, 1100.
Pellisseri. *Prov.*, I, 598, 1271.
— *Prov.*, II, 392.
Pellissier. *Prov.*, I. 295, 324, 506, 525, 753, 931, 937, 982, 1414, 1416, 1418, 1426, 1440, 1442, 1444, 1454.
— *Prov.*, II, 323, 590, 666, 685, 691, 717.

Pellonie (la). *Bret.*, II, 31.
Pelloquin. *Lim.*, 275.
— *Montp.-Mont.*, 1560.
— *Orl.*, 744, 745, 759.
— *Poit.*, 858, 1030.
Pellot. *Bourg.*, I, 422.
— *Lorr.*, 284.
— *Par.*, I, 989.
— *Par.*, II, 485.
— *Rouen*, 732.
Pelloteau. *Bret.*, II, 1090.
Pelluis. *Par.*, II, 260.
— *Tours*, 489.
Pelorce. *Dauph.*, 126.
Pelourde. *Poit.*, 72.
Peloux. *Dauph.*, 596.
Peloux (du). *Montp.-Mont.*, 445, 1251.
— *Toul.-Mont.*, 1448.
Pelras. *Toul.-Mont.*, 1057.
Pelroux. *Toul.-Mont.*, 66.
Pelt. *Guy.*, 822.
Peltot. *Poit.*, 1180.
Peltreau. *La Roch.*, 433.
Péluche. *Auv.*, 558.
Péluse. *Lyon*, 954.
Pelussi. *Lyon*, 1032.
Pelut. *Toul.-Mont.*, 149.
Pely. *Bourg.*, I, 341.
Pelz. *Fland.*, 1321.
Pelzers. *Fland.*, 818.
Péméja. *Toul.-Mont.*, 457.
Pempoullou. *Bret.*, I, 716.
Pempoulou. *Bret.*, II, 1139.
Pemy. *Par.*, III, 328.
Pena. *Prov.*, II, 278, 279.
Penanguer. *Bret.*, II, 543.
Penart. *Champ.*, 274.
Penchoadic. *Bret.*, I, 967.
— *Bret.*, II, 152, 159, 1016.
Pencoulo. *Bret.*, II, 47.
Penderia. *Montp.-Mont.*, 1047.
Pene. *Par.*, III, 55.
Pené. *Prov.*, I, 345, 346.
Pene (de). *Toul.-Mont.*, 310, 1257.
Penel. *Caen*, 458, 652.
— *Par.*, III, 367.
— *Par.*, IV, 535.
— *Rouen*, 770, 853.
Penet. *Bourg.*, I, 598.
— *Bourg.*, II, 217, 292.
— *Lyon*, 285, 584, 920.
— *Prov.*, II, 540.
Penetreau. *Poit.*, 1224.
Peneudret. *Bret.*, II, 734, 783.
Penevaire. *Toul.-Mont.*, 494, 1098.

Penfentenio. *Bret.*, I, 291, 295, 297, 331, 339, 360, 597, 657, 769.
— *Bret.*, II, 83, 697.
Penhoet. *Bret.*, II, 1040.
Penicaud. *Guy.*, 871.
Penicher. *Par.*, III, 152.
Penichon. *Bourb.*, 303.
Pénier. *Bourges*, 138, 433.
Penifort. *Bret.*, I, 339.
Penigault. *Poit.*, 144, 842.
— *La Roch.*, 292.
Penigot. *Lim.*, 339.
Peniguel. *Bret.*, II, 1070.
Penillon. *Orl.*, 129, 135.
Penin. *Lyon*, 733.
— *Pic.*, 182.
— *Poit.*, 24, 80, 327, 335.
Penisseau. *Poit.*, 782.
Penmarck. *Bret.*, I, 278, 440.
— *Bret.*, II, 152, 271.
Pennard. *Tours*, 424.
Pennarmenez. *Bret.*, II, 1011.
Penne (de). *Montp.-Mont.*, 1050.
Penne (la). *Prov.*, II, 652.
Pennebrot. *Fland.*, 483.
Pennec (le). *Bret.* I, 170, 175, 733.
— *Bret.*, II, 780, 973.
Pennel. *Pic.*, 758.
Pennelan. *Par.*, I, 41, 641.
Pennelec. *Bret.*, II, 786.
Penneman. *Fland.*, 1180.
Pennencoet. *Bret.*, I, 347.
Pennencouet. *Bret.*, II, 286.
Pennenec. *Bret.*, I, 62, 672.
Penner. *Als.*, 976.
Pennes (des). *Prov.*, I, 644, 528.
Pennet. *Par.*, II, 178.
Pennineckbroot. *Fland.*, 692.
Pennot. *Par.*, I, 255.
Penon. *Dauph.*, 57.
— *Par.*, I, 115, 293.
— *Par.*, II, 518.
Penoncourt. *Par.*, I, 1284.
Penot. *Bourb.*, 568.
Pentecoste. *Bret.*, II, 597.
Pentheville (de). *Pic.*, 659.
Penvern. *Bret.*, I, 11, 533.
Peny. *Par.*, II, 89.
Pepie. *Par.*, III, 12.
Pepier. *Lyon*, 1005.
Pepin. *Bourb.*, 477.
— *Bret.*, I, 193, 210, 379, 386, 446, 582, 677, 812, 814.
— *Bret.*, II, 16, 60, 67, 266.
— *Champ.*, 341.
— *Lyon*, 633.

— *Montp.-Mont.*, 153, 307, 330, 953.
— *Par.*, I, 944, 1229, 1378.
— *Par.*, II, 5, 8, 177, 362, 371, 550.
— *Par.*, III, 137, 196, 329.
— *Pic.*, 284, 679.
— *Poit.*, 495, 1098.
— *La Roch.*, 218.
— *Rouen*, 770.
— *Soiss.*, 229, 562.
— *Tours*, 1466.
Pépinaut. *Toul.-Mont.*, 688.
Pépinière (la). *Tours*, 1449.
Péponet. *Par.*, IV, 567.
Pepra. *Prov.*, II, 806.
Pepratz. *Toul.-Mont.*, 806, 816, 821.
Peprunes. *Toul.-Mont.*, 998.
Pequent (le). *Al.*, 304, 871.
Péquineau. *Tours*, 17.
Per (du). *Caen*, 297.
Perachon. *Bourg.*, II, 204.
Peraire. *Auv.*, 131.
Perance. *Poit.*, 387.
Pérard. *Bourg.*, I, 33, 44, 83, 265.
— *Bourg.*, II, 27, 162, 392, 494.
— *Champ.*, 855.
— *Dauph.*, 590.
Perarnau. *Toul.-Mont.*, 1466.
Péras. *Bourg.*, I, 1007.
Pérat. *Poit.*, 605.
— *Toul.-Mont.*, 845.
Peraud. *Prov.*, I, 417.
Perault. *Bret.*, II, 596, 599, 859.
— *Fland.*, 1050.
— *Par.*, IV, 559.
— *Poit.*, 1062, 1076, 1220.
— *La Roch.*, 386.
— *Vers.*, 146.
Peray. *Lyon*, 1030, 1031.
Perbet. *Montp.-Mont.*, 684.
— *Toul.-Mont.*, 920.
Perceval. *Al.*, 733.
— *Caen*, 23.
— *Par.*, I, 1132.
— *Par.*, III, 435.
Percevaux. *Bret.*, I, 556. V. Parce-
vaux.
Perchappe. *Rouen*, 277.
Perche (du). *Al.*, 145, 196, 395, 653, 693, 957, 1225.
— *Tours*, 824.
Perche (la). *Al.*, 971.
— *Bret.*, I, 77.
Perchenet. *Champ.*, 665, 668.
Percheron. *Bret.*, I, 290.
— *Orl.*, 697.
— *Par.*, IV, 158.

— *Soiss.*, 268.
— *Tours*, 50.
Perches (des). *Tours*, 1041.
Perci. *Caen*, 367, 369, 760.
— *Rouen*, 639.
Percot. *Orl.*, 378.
Percout, *Fland.*, 502.
Percusson. *Rouen*, 905.
Perderix. *Par.*, I, 111.
Perdigeau. *Toul.-Mont.*, 1207.
Perdigon. *Montp.-Mont.*, 170.
Perdiguier. *Par.*, II, 136.
Perdoux. *Orl.*, 252.
Perdreau. *Par.*, I, 155, 613.
— *Par.*, II, 1025.
— *Tours*, 948.
Perdri. *Fland.*, 884.
Perdriau. *La Roch.*, 276.
Perdriel. *Al.*, 739.
Perd:igeon. *Par.*, I, 1317.
Perd:iguier. *Bret.*, I, 350.
Perd:iset. *Bourg.*, II, 40, 335, 499.
Perdrix. *Montp.-Mont.*, 3, 619, 868.
Perdru. *Fland.*, 325, 327.
Perdu. *Pic.*, 30, 54, 391, 610, 639.
Perdussain. *Lyon*, 631, 632.
Peré. *Bret.*, II, 436.
Peré (du). *Orl.*, 909.
— *Pic.*, 701.
— *Poit.*, 921.
Père (le). *Als.*, 778.
— *Lyon*, 72.
— *Par.*, I, 90, 472.
— *Pic.*, 508.
— *Rouen*, 378.
— *Soiss.*, 550.
Père (St-). *Bourges*, 22.
— *Prov.*, I, 393.
— *Toul.-Mont.*, 793.
Pereau. *Poit.*, 1130.
Peregre. *Guy.*, 1144.
Perei (du). *Soiss.*, 670.
Perelle. *Lorr.*, 582.
— *Par.*, II, 517.
Perelles. *Al.*, 652.
Perenno. *Bret.*, I, 684.
— *Bret.*, II, 133.
Perennes. *Bret.*, II, 548.
Perés. *Guy.*, 1070.
Peret. *Par.*, II, 534.
— *Par.*, III, 274.
— *Poit.*, 788.
Perette. *Lyon*, 3, 119, 498.
Perey. *Bourg.*, I, 577, 578, 595, 685, 697.
— *Par.*, II, 82.

Perez. *Montp.-Mont.*, 1139.
— *Prov.*, ii, 470.
— *La Roch.*, 324.
— *Toul.-Mont.*, 43, 482, 1259, 1287.
Perez (de). *Par.*, ii, 103.
Pergaut. *Lim.*, 325.
Peri. *Champ.*, 741.
Peri (St-). *Guy.*, 469.
Pericard. *Al.*, 121.
— *Champ.*, 114, 117, 125.
— *Lorr.*, 249.
— *Par.*, i, 1273.
— *Par.*, ii, 129, 569.
Péricaud. *Als.*, 307.
Péricaudet. *Bourg.*, ii, 186.
Périchon. *Bret.*, ii, 785.
— *Lyon*, 53, 97, 854, 909.
— *Par.*, i, 420, 1207, 1256.
— *Par.*, iii, 367, 536.
— *Poit.*, 1231.
Péricot. *Guy.*, 408.
Péridret. *Poit.*, 1075.
Perien (de). *Bret.*, i, 256, 290, 852.
Perier. *Al.*, 182, 187, 287, 297, 306, 326, 1023, 1129, 1168, 1171.
Perier. *Auv.*, 125, 243, 246, 391.
— *Béarn*, 49, 94.
— *Dauph.*, 587, 591.
— *Fland.*, 221.
— *Lyon*, 539, 729, 751, 871.
— *Montp.-Mont.*, 694, 892, 893, 910.
— *Par.*, i, 120, 322, 603.
— *Par.*, iii, 274, 527, 558.
— *Rouen*, 34, 342, 746, 1294.
— *Tours*, 1216.
Perier (du). *Bret.*, i, 283, 713.
— *Guy.*, 167, 168, 626, 806, 814.
— *Par.*, ii, 507, 608, 610, 927, 1137.
— *Prov.*, i, 440, 892, 1122, 1381.
— *La Roch.*, 54.
— *Toul.-Mont.*, 10, 54, 570, 894.
Perière. *Lim.*, 3.
Perierre. *Bret.*, ii, 677.
Périers (des). *Par.*, i, 1093.
Péries (des). *Al.*, 237, 300, 307, 316, 322, 616, 827, 834, 872, 909, 914.
Perieu (du). *Guy.*, 148, 912, 1084.
Periez. *Toul.-Mont.*, 1285.
Perigault. *Bourb.*, 332.
— *Bret.*, ii, 389, 408, 411, 852.
Périgni. *Orl.*, 891.
Perignon. *Champ.*, 71, 666.
— *Lorr.*, 25, 166.
— *Montp.-Mont.*, 1020.
— *Par.*, i, 683.
— *Par.*, ii, 637.

— *Prov.*, i, 1380.
Perigny. *Par.*, i, 122, 123.
Perigueux. *Guy.*, 508. V.
Pérille. *Lorr.*, 488.
— *Lyon*, 927.
Perin. *Al.*, 137.
— *Als.*, 304, 539, 743.
— *Fland.*, 810, 877.
— *Lorr.*, 347.
— *Par.*, i, 359, 1102.
— *Par.*, iii, 379, 387, 489, 495, 496, 518.
— *Poit.*, 758, 949.
— *Tours*, 166, 871.
Perinage. *Fland.*, 876.
Perine. *Bourb.*, 123.
Périne (la). *Toul.-Mont.*, 683.
Perineau. *Bret.*, ii, 404, 794.
— *Poit.*, 1261.
Perinelle. *Par.*, iii, 137.
Périnet. *Bourges*, 28, 110, 520.
— *Champ.*, 226, 197.
— *Par.*, ii, 131.
— *Tours*, 890.
Periny. *Bret.*, i, 912.
Perion. *Rouen*, 842.
Périsel. *Auv.*, 137.
Périsol. *Prov.*, i, 1394.
Perissans. *Béarn*, 91, 94.
Périssaut. *Guy.*, 1160.
Périsse. *Bourges*, 445.
Perissol. *Dauph.*, 108, 199, 485, 516.
Perlan. *Par.*, iii, 134.
Perle. *Lorr.*, 331.
Perle (la). *Poit.*, 1121.
Perly. *Bret.*, ii, 1100.
Pern (St-). *Bret.*, i, 168, 245, 246, 437, 747, 813.
Pernan (de). *La Roch.*, 191.
Pernay. *Bourg.*, i, 52.
Pernel. *Al.*, 221, 1222.
— *Bourg.*, ii, 334.
Pernelle. *Rouen*, 21, 270.
Pernes (de). *Bourg.*, i, 262.
Pernet. *Bourg.*, ii, 349.
— *Lorr.*, 672.
— *Orl.*, 953.
— *Par.*, i, 247, 248, 347.
— *Par.*, ii, 1.
Perneti. *Lyon*, 436.
Pernières (de). *Bourges*, 398.
Pernin. *Bourb.*, 466.
— *Bourg.*, i, 525.
Perno. *Lyon*, 813.
Pernon. *Toul.-Mont.*, 944.
Pernost. *Vers.*, 74.

Pernot. *Bourg.*, ı, 1129, 1254.
— *Bourg.*, ıı, 6, 184.
— *Champ.*, 758, 773.
— *Fland.*, 1301, 1471.
— *Par.*, ıı, 762.
— *Tours*, 1210.
Perochet. *Champ.*, 359.
Perochon. *Poit.*, 218.
Perodon. *Lyon*, 166, 536.
Péroles. *Lorr.*, 642.
Perollet. *Lyon*, 623.
Pérollier. *Lyon*, 625.
Pérols. *Toul.-Mont.*, 861.
Peron. *Bourges*, 100, 505.
— *Bret.*, ı, 134.
— *Par.*, ıı, 103.
— *Poit.*, 867.
— *Rouen*, 1121.
Péron (du). *Fland.*, 419, 1258.
— *Guy*.....
— *Lorr.*, 365.
— *Par.*, ı, 252, 255.
— *Pic.*, 547.
— *Prov.*, ıı, 427.
Peronin. *Guy.*, 155.
Peronne. *Champ.*, 335.
— *Rouen*, 1152.
Peronne (la). *Montp.-Mont.*, 61.
Peronneau. *Fland.*, 1490.
Peronnen. *Montp.-Mont.*, 1413.
Peronnet. *Lyon*, 324, 391, 617.
— *Montp.-Mont.*, 663.
— *Par.*, ıı, 837.
— *Poit.*, 480.
Peronnin. *Bourg.*, ıı, 277.
Peros. *Guy.*, 1019.
Perossel. *Lyon*, 608.
Perot. *Poit.*, 1119, 1133.
Perot. *Tours*, 209, 1040, 1041.
Peroteau. *Poit.*, 230, 1208, 1223.
Perotteau. *Tours*, 912.
Perotou. *Poit.*, 1553.
Perou. *Bret.*, ı, 60.
Pérou. *Tours*, 1115.
Pérou (du). *Orl.*, 196.
Pérousse (la). *Lyon*, 68.
Peroust. *Par.*, ı, 498.
Peroux (du). *Bourb.*, 299, 566, 573.
Perouze. *Dauph.*, 222, 225, 238, 240, 247.
— *Pic.*, 659.
Perpére. *Montp.-Mont.*, 1171.
Perpétuel. *Pic.*, 844.
Perpignan. *Béarn.*, 75.
— *Toul.-Mont.*, 1476, 1485.
Perpoint. *Par.*, ı, 1389.

Perrache (de). *Prov.*, ı, 178, 351, 932, 1266, 1338.
Perrachon. *Bourg.*, ıı, 395, 416.
— *Dauph.*, 24, 64, 139.
— *Lyon*, 130, 287, 607, 610, 710, 730, 904.
Perrai (du). *Par.*, ı, 569, 593, 1237 1384.
Perraimond. *Prov.*, ı, 1292, 1336, 1349.
— *Prov.*, ıı, 509.
Perrat. *Prov.*, ıı, 645.
Perrau. *La Roch.*, 350.
Perrault. *Bourges*, 338.
— *Bourg.*, ı, 222, 290.
— *Bourg.*, ıı, 8, 209, 354, 491.
— *Bret.*, ı, 12, 159, 712.
— *Lyon*, 162.
— *Par.*, ı, 725, 1239.
— *Par.*, ıı, 875.
— *Tours*, 236, 237, 1070.
Perraux. *Al.*, 781.
Perré. *Bret.*, ı, 932.
Perré (du). *Rouen*, 51.
Perreau. *Bourb.*, 25.
— *Bourg.*, ı, 142, 335, 349, 960, 1273.
— *Bourg.*, ıı, 529, 580, 582.
— *Bret.*, ıı, 634.
— *Lyon*, 655.
— *Par.*, ııı, 118.
Perrecault. *Lyon*, 543.
Perreciot. *Bourg.*, ı, 629.
Perrei. *Caen*, 433, 713.
Perrelle. *Par.*, ı, 29.
Perrelle (la). *Caen*, 119, 456.
Perreney. *Bourg.*, ı, 29, 40, 236, 323, 1045.
— *Bourg.*, ıı, 533.
Perrenin. *Bourg.*, ı, 1266.
Perrenois. *Par.*, ı, 1343.
Perrenot. *Bourg.*, ı, 561, 718, 743, 860, 910
Perret. *Auv.*, 544.
— *Bourb.*, 445, 452.
— *Bourg.*, ı, 6, 13, 298, 752.
— *Bourg.*, ıı, 237, 290.
— *Bret.*, ı, 665.
— *Caen*, 715.
— *Champ.*, 589.
— *Dauph.*, 42.
— *Lyon*, 634.
— *Prov.*, ıı, 235, 317.
Perretier. *Lyon*, 453.
Perretin. *Orl.*, 387.
Perreton. *Lyon*, 816.

Perrette. *Rouen*, 526.
Perri. *Prov.*, I, 1341.
Perriat. *Prov.*, II, 651.
Perricaud. *Lyon*, 308.
Perrier. *Bourg.*, I, 74, 110, 344, 464.
— *Bourg.*, II, 215, 258, 478, 489, 510, 565.
— *Bret.*, II, 326, 327, 971.
— *Par.*, IV, 542.
— *Prov.*, II, 104, 594, 685.
— *Tours*, 1173.
Perrière. *Tours*, 1529.
Perrière (du). *La Roch.*, 184.
— *Orl.*, 922.
— *Prov.*, II, 457.
— *Tours*, 961.
Perries. *Lyon*, 411.
Perrigot. *Bourg.*, I, 333.
Perriguet. *Par.*, I, 1385.
Perrin. *Bourb.*, 12, 212, 564.
— *Bourg.*, I, 191, 603, 670, 784, 952, 1029, 1059.
— *Bourg.*, II, 30.
— *Bret.*, I, 177.
— *Bret.*, II, 605.
— *Dauph.*, 96.
— *Lorr.*, 458, 537.
— *Lyon*, 30, 42, 88, 112, 128, 619, 648, 649, 668, 673, 736, 748, 796, 869, 934, 984, 1025, 1036, 1051.
— *Montp.-Mont.*, 317, 992.
— *Par.*, I, 243, 450, 451, 695.
— *Prov.*, I, 405, 413, 416, 451, 917, 927, 945, 957, 995, 1275.
— *Prov.*, II, 189, 252, 634, 638, 750.
— *Soiss.*, 558, 845.
— *La Roch.*, 342, 344, 345.
— *Toul.-Mont.*, 493, 530, 533, 646, 878, 1122, 1125, 1204.
Perrineau. *Tours*, 887.
Perrinet. *Lyon*, 947.
— *Par.*, I, 351, 1048.
— *Prov.*, I, 49, 948.
— *Prov.*, II, 439.
— *La Roch.*, 446.
Perrini. *Prov.*, I, 433.
Perrinot. *Bourg.*, I, 644, 669, 827, 1105, 1157.
Perrion. *Bret.*, II, 405.
Perriquet. *Bourg.*, II, 76.
Perris. *Toul.-Mont.*, 579.
Perrochel. *Par.*, I, 1203.
Perroches. *Tours*, 645, 648.
Perroi (du). *Rouen*, 34, 317.
Perron. *Auv.*, 404, 465.

— *Bourg.*, I, 627, 713, 1033, 1034, 1122, 1142, 1178.
— *Lim.*, 190.
Perronne. *Caen*, 224, 225.
Perronnet. *Tours*, 667.
Perrot. *Al.*, 762, 764, 1096.
— *Auv.*, 304.
— *Bourb.*, 600.
— *Bourges*, 15, 88, 135, 287.
— *Bourg.*, I, 63, 77, 248, 860, 904.
— *Bourg.*, II, 485.
— *Bret.*, I, 339.
— *Bret.*, II, 1022, 1036.
— *Champ.*, 785.
— *Lyon*, 158, 175, 325, 427, 748, 1020, 1046.
— *Or.*, 26.
— *Par.*, I, 303, 621, 966, 238.
— *Par.*, II, 37, 59, 88, 234, 1212, 1226.
— *Par.*, III, 221.
— *Prov.*, I, 192.
— *Soiss.*, 782.
Perrotat. *Montp.-Mont.*, 494.
Perrotin. *Bourb.*, 23, 113, 388.
— *Bourges*, 28, 121, 193, 230.
— *Bret.*, I, 349.
— *Champ.*, 119.
— *Dauph.*, 22, 128, 238.
— *Par.*, I, 187.
— *Par.*, III, 176.
Perroton. *Par.*, IV, 679.
Perrotte. *Par.*, I, 741.
Perrouin. *Bret.*, II, 454.
Perrouve. *Prov.*, I, 1122.
Perruchot. *Bourg.*, I, 77, 287.
Perruchot. *Par.*, I, 326.
Perruquiers (les) de Metz. (*Commun.*) *Lorr.*, 619.
— de Verdun. *Lorr.*, 670.
Perry. *Bourb.*, 561.
Persaeg. *Tours*, 1020.
Persanges. *Bourg.*, I, 1233.
Persat. *Bourb.*, 351.
Perse. *Rouen*, 1331.
Perseran. *Orl.*, 346.
Perseval. *Tours*, 27.
Persi. *Guy.*, 312, 313.
Persillon. *Guy.*, 348, 599.
Persin. *Montp.-Mont.*, 14, 802, 1119, 1133, 1219.
— *Pic.*, 573.
— *La Roch.*, 39.
— *Toul.-Mont.*, 323.
Persiot. *Bourg.*, I, 858, 1028, 1032.
Persode. *Lorr.*, 196.

Person. *Champ.*, 713.
— *Par.*, III, 397.
Personne. *Bourg.*, I, 304.
— *Caen*, 346.
Personne (la). *Champ.*, 453, 777.
— *Soiss.*, 255.
— *Toul.-Mont.*, 1164, 1190.
Personnier. *Bourg.*, II, 344.
Pertat. *Par.*, I, 48.
Pertel (le). *Bret.*, II, 503.
Pertet. *Toul.-Mont.*, 617.
Perthe (de). *Champ.*, 440.
Perthuis. *Par.*, I, 448, 449.
— *Par.*, IV, 10, 12, 13, 261.
— *Prov.*, I, 528. *V.*
Pertout. *Caen*, 376.
Pertuis. *Bret.*, II, 488.
— *Dauph.*, 334.
Pertuis (de). *Soiss.*, 541.
Pertuis (du). *Bourb.*, 317.
— *Bourges*, 444.
Pertuiset. *Bourg.*, I, 693.
Pertuisot. *Bourg.*, II, 346.
Perues. *Pic.*, 807.
Perus. *Toul.-Mont.*, 1334.
Perussault. *Bourges*, 446.
Perusse (la). *Dauph.*, 520.
Perussé. *Prov.*, I, 156, 518.
Pery. *Lim.*, 77, 81.
Pesant (le). *Rouen*, 2, 63, 656.
Peschant. *Bourb.*, 206, 303, 309, 538.
Peschard. *Bret.*, I, 194, 390, 887, 927.
— *Par.*, IV, 236.
— *Tours*, 246, 729, 1284.
Pesche (la). *Bourg.*, I, 243, 481.
Pescher. *Lyon*, 12.
Pescher (du). *Par.*, IV, 359.
Peschery. *Als.*, 148, 207, 675, 959.
Pescheur. *Als.*, 841.
— *Bourg.*, I, 843, 991.
— *Bourg.*, II, 261.
— *Par.*, III, 481.
Pescheurs (les) de Verdun. *Lorr.*, 673.
Peschier (du). *Auv.*, 182.
Peschiolini. *Prov.*, I, 1061.
Peser. *Als.*, 872.
Pesflau. *Fland.*, 1484.
Pesin. *Fland.*, 989.
Peslo. *Tours*, 1088.
Pesme. *Bourg.*, I, 739.
Pesneau. *Bret.*, II, 1065.
Pesnel. *Al.*, 191.
Pesseau. *Al.*, 1063.
— *Orl.*, 418, 483.
Pesseguier. *Prov.*, II, 11.

Pesselier. *Par.*, I, 1259.
Pessels (de). *Lim.*, 171.
Pessemesle. *Par.*, I, 767.
Pessemesse. *Montp.-Mont.*, 623, 905.
— *Toul.-Mont.*, 10.
Pessére (St-). *Toul.-Mont.*, 1208.
Pesseu. *Poit.*, 276.
Pesson. *Bourg.*, I, 17.
Pestalozzi. *Par.*, I, 1070.
Pestau. *Fland.*, 1304.
Pestault. *Poit.*, 1003.
Pestel. *Par.*, I, 1312.
— *Rouen*, 15, 568, 582, 701, 730, 1155.
Pestelz. *Auv.*, 580.
Pestivien. *Bret.*, I, 659.
— *Soiss.*, 245.
Pestrin. *Prov.*, II, 484.
Pestrot. *Bourg.*, I, 1077.
Petau. *Orl.*, 494.
— *Par.*, I, 881.
— *Par.*, III, 104, 218.
— *Par.*, IV, 159.
— *Vers.*, 50.
Peter. *Als.*, 698, 756.
Petereau. *Par.*, II, 609.
Peterzols. *Als.*, 719, 870.
Petier. *Bourg.*, I, 912, 1058, 1061.
Petigau. *Lorr.*, 133.
Petin. *Lorr.*, 636.
Petineau. *Orl.*, 719, 958.
Peting. *Als.*, 367.
— *Bourg.*, I, 566.
Petiniau. *Lim.*, 266.
Petiot. *Bourg.*, II, 102, 489.
— *Lim.*, 11, 18, 21, 129.
Petit. *Al.*, 718, 853, 965, 979.
— *Bourb.*, 504, 620.
— *Bourges*, 34, 175, 233.
— *Bourg.*, I, 65, 90, 217, 231, 281, 285, 292, 293, 317, 319, 322, 325, 342, 472, 532, 554, 596, 712, 735, 758.
— *Bourg.*, II, 3, 59, 60, 67, 71, 87, 133, 135, 147, 155, 376, 393, 501, 537.
— *Bret.*, II, 23, 1084.
— *Champ.*, 58, 262, 529, 533, 545, 591, 691, 692, 755, 895.
— *Dauph.*, 316.
— *Fland.*, 97, 420, 707, 709, 742, 963, 1129, 1171, 1229, 1241, 1267, 1301, 1365.
— *Guy.*, 1029.
— *Lim.*, 145.
— *Lorr.*, 593.

— *Lyon*, 295.
— *Montp.-Mont.*, 199, 276, 372, 485, 887.
— *Orl.*, 83, 643, 723, 742, 909.
— *Par.*, I, 29, 56, 114, 157, 173, 276, 315, 375, 381, 484, 554, 597, 725, 951, 1053, 1094, 1173, 1208, 1369.
— *Par.*, II, 12, 49, 139, 209, 538, 674, 676, 941, 978, 1091.
— *Par.*, III, 13, 121, 131, 164, 169, 287, 417, 550.
— *Par.*, IV, 83, 95, 239, 548, 553, 559, 658.
— *Pic.*, 378, 379, 380, 768, 773, 786, 801.
— *Poit.*, 390, 518, 644, 973, 1015, 1103, 1187, 1293.
— *Prov.*, I, 1204, 1222.
— *La Roch.*, 5, 12, 230, 244, 349.
— *Rouen*, 393, 651, 683, 751, 796, 798, 811.
— *Soiss.*, 65, 73, 199, 208, 214, 376, 464, 643, 754, 763, 797.
— *Toul.-Mont.*, 619, 752, 760, 943, 945, 959, 977, 1005, 1233, 1236.
— *Tours*, 140, 578, 727, 825, 939, 1140, 1245, 1510.
— *Vers.*, 74, 244.
Petit (le). *Al.*, 38, 50, 298, 754, 826.
— *Bret.*, I, 311, 504.
— *Caen*, 27, 150, 409, 464, 482, 489, 584, 726.
— *Champ.*, 15, 562.
— *Lorr.*, 548.
— *Par.*, I, 320, 348, 400, 533, 541.
— *Par.*, II, 660, 666, 672, 902.
— *Rouen*, 250, 415, 1150.
— *Tours*, 498, 523.
Petitbenoist. *Bourg.*, I, 1177.
Petitbois. *Bret.*, II, 836.
Petitbon. *Bourges*, 460.
Petitchet. *Dauph.*, 34.
— *Lyon*, 447, 634.
Petitclervaux. *Lorr.*, 488. Abb.
Petitcœur. *Al.*, 571.
— *Caen*, 2, 3.
Petite (la). *Bourg.*, I, 1150.
Petiteau. *Prov.*, II, 73.
— *Tours*, 523, 587.
Petitevenot. *Bourg.*, I, 629.
Petitgas. *Al.*, 1033, 1040, 1055, 1063, 1233, 1237, 1240, 1244.
Petiti. *Prov.*, II, 688.
Petitin. *Lyon*, 291.
Petitjean. *Bourb.*, 40, 433.

— *Bourg.*, I, 61, 243, 481, 866, 1246.
— *Bourg.*, II, 41.
— *Champ.*, 375, 529, 600, 775, 885.
— *Par.*, II, 320.
— *Par.*, III, 332.
— *Poit.*, 660, 1225, 1469.
— *Tours*, 250, 297, 314, 1530.
Petit-Maire. *Par.*, II, 70.
Petitmont. *Fland.*, 1387.
Petitot. *Al.*, 464.
— *Bourb.*, 601.
— *Bourg.*, I, 1018, 1262, 1263.
— *Champ.*, 596, 619, 623.
— *Par.*, I, 1399.
Petitpas. *Fland.*, 114, 116, 125, 340.
— *Par.*, II, 654.
Petitpié. *Champ.*, 489.
Petitpied. *Par.*, I, 158, 363, 595, 1141.
— *Par.*, II, 1149, 1175, 1224, 1274.
Petitprivé. *Orl.*, 470.
Petmesser. *Als.*, 377.
Petra. *Prov.*, II, 742.
Petrant. *Poit.*, 854.
Petras. *Lyon*, 392.
— *Prov.*, I, 83, 166, 524.
Petré. *Lorr.*, 674.
Pétré. *Soiss.*, 135, 286, 332, 358, 424, 606.
Petremand. *Dauph.*, 557.
Petremant. *Als.*, 2.
— *Bourg.*, I, 551, 592, 601, 628, 790, 1108, 1109, 1177.
Petrequin. *Dauph.*, 586.
— *Lyon*, 311, 397.
Petrin. *Lyon*, 407.
Petrineau. *Tours*, 896.
Petris. *Guy.*, 36.
Petro. *Lyon*, 115.
Petron. *Caen*, 200, 230.
Petrot. *Bourb.*, 519.
— *Par.*, IV, 271, 434.
Petureau. *Poit.*, 1506.
Peu. *Par.*, I, 402.
— *Tours*, 1196.
Peu (le). *Caen*, 636.
Peui le (de). *Bourges*, 489.
Peuilly. *Par.*, IV, 93.
Peulemeule. *Fland.*, 1118.
Peuli. *Rouen*, 219.
Peultre (le). *Par.*, III, 29.
— *Poit.*, 893, 898.
Peuny. *Poit.*, 1025.
Peuplin. *Bourg.*, I, 269.
Peurier (le). *Tours*, 1170.

Peusaye. *Pic.*, 730.
Peut. *Lyon*, 630.
Peutat. *Bourg.*, II, 366.
Peuti (du). *Soiss.*, 495, 504, 611.
Peuvigné. *Vers.*, 72.
Peuvret. *Al.*, 432.
— *Par.*, II, 1137.
— *Par.*, III, 438.
Peux (du). *La Roch.*, 165.
Peverel. *Al.*, 077.
Peville. *Auv.*, 321.
Peyrat(du). *Lim.*, 19, 314, 404.
Peyre. *Par.*, I, 122.
Peyronnet. *Bret.*, I, 362.
Pezan. *Toul.-Mont.*, 186.
Pezaro. *Par.*, I, 1126.
Pezé. *Al.*, 1234.
— *Bret.*, II, 455.
— *Pic.*, 692, 718.
— *Par.*, I, 845.
— *Par.*, III, 281.
— *Soiss.*, 722
Pezenas. *Montp.-Mont.*, 654. V.
Pezerat. *Bourg.*, I, 296.
Pezet. *Prov.*, II, 263.
— *Toul.-Mont.*, 669.
Pezeux. *Tours*, 855.
Pezilla. *Toul.-Mont.*, 1446.
Pézot. *Als.*, 842.
— *Poit.*, 518.
Pezran (St-). *Bret.*, I, 679.
Pezron. *Bret.*, I, 629, 675.
— *Bret.*, II, 49, 80.
Pfeil. *Als.*, 633.
Pfeiller. *Als.*, 1051.
Pfitzinguer. *Als.*, 1002.
Pfulb. *Als.*, 937.
Phal (St-). *Bourb.*, 56, 416.
— *Bourg.*, II, 287, 310.
— *Orl.*, 44.
Phale (St-). *Par.*, IV, 43.
Pharamus. *Bret.*, I, 722.
Pheli. *Lyon*, 23.
Phélines. *Lyon*, 399, 480, 481, 1036.
Phelion. *Tours*, 813.
Phelip. *Bret.*, II, 1085.
— *Montp.-Mont.*, 596.
— *Prov.*, II, 245.
— *Toul.-Mont.*, 352.
— *Vers.*, 67.
Phelipeaux. *Par.*, I, 323, 779.
Phelipot. *Tours*, 368.
Phelippart. *Par.*, II, 601.
— *Par.*, III, 363.
Phelippeau. *Tours*, 886, 955.
Phelippeaux. *Bret.*, I, 332.

— *Lim.*, 2.
— *Par.*, II, 227, 836.
— *Par.*, III, 584.
— *Tours*, 935.
— *Vers.*, 66.
Phelippes. *Poit.*, 287, 440, 442, 664, 1191, 1472.
— *Prov.*, II, 501.
Phelippi. *Poit.*, 1030.
Phelippon. *Par.*, II, 583.
— *Poit.*, 1434.
Phelippot. *Poit.*, 396.
Phélis. *Lyon*, 557.
Phemy. *Orl.*, 963.
Phéniscien. *Caen*, 637.
Philbert. *Champ.*, 843.
— *Lorr.*, 297.
— *La Roch.*, 302.
— *Tours*, 1021.
Philbert (St-). *Rouen*, 225.
Philebois. *Par.*, I, 525.
Philibé. *Bourb.*, 562.
Philiberi. *Guy.*, 951.
Philibert. *Bourg.*, II, 216.
— *Dauph.*, 57, 58, 422, 485.
— *Lyon*, 70, 92, 400, 457, 529, 605, 684, 725, 766.
— *Prov.*, I, 249, 277.
Philidor. *Vers.*, 13, 38.
Philiot. *Bret.*, II, 705.
Philip. *Prov.*, I, 1125.
Philipes. *Lyon*, 698.
— *Tours*, 242.
Philippart. *Lorr.*, 286.
Philippe. *La Roch.*, 204.
Philippes. *Al.*, 1, 2, 9, 188, 242, 260, 402, 725, 729, 760, 780, 993, 994, 1045, 1054, 1173, 1176, 1183, 1199, 1256.
— *Als.*, 982.
— *Bourges*, 277.
— *Bourg.*, I, 588, 594, 606, 607, 1101.
— *Bret.*, I, 22, 397.
— *Bret.*, II, 532, 871.
— *Caen*, 3, 6, 25, 100, 110, 117, 228, 661, 667, 670, 771, 781.
— *Champ.*, 284, 449.
— *Fland.*, 59.
— *Lim.*, 267.
— *Montp.-Mont.*, 826.
— *Orl.*, 352, 437.
— *Par.*, I, 311, 402, 646, 870, 1178.
— *Par.*, IV, 774.
— *Prov.*, I, 925, 949, 1051.
— *Rouen*, 702, 729, 1135.

Philippes. *Suiss.*, 310, 334, 654, 721.
— *Vers.*, 96.
Philippeville. *Fland.*, 1335. V.
Philippi. *Als.*, 374.
— *Pic.*, 872, 875.
Philippin. *Champ.*, 739.
— *Fland.*, 1497.
Philippo. *Fland.*, 799.
Philippon. *Bourb.*, 384, 543, 545.
— *Lyon*, 953.
Philipponart (le). *Par.*, ii, 803.
Philipponat (le). *Par.*, iii, 430.
Philippot. *Bourges*, 389.
— *Bret.*, i, 128.
— *Bret.*, ii, 606, 623, 770.
— *Par.*, ii, 4, 75, 172, 259, 307, 1220.
Philipoteau. *Champ.*, 167.
Philisbourg. *Als.*, 378. V.
Philot. *Bret.*, ii, 836.
Philpain. *Champ.*, 754.
Phitzbourg. *Als.*, 200.
Phlutzbourg. *Als.*, 164.
Pi-et-Vila. *Toul.-Mont.*, 1484.
Piade. *Pic.*, 581.
Piage. *Lyon*, 439.
Pianelle. *Bourg.*, i, 204.
— *Lyon*, 13, 37, 581, 699, 831.
Piardat. *Par.*, iv, 479.
Piardeau. *La Roch.*, 266.
Piaron. *Bourb.*, 558.
Piarron. *Bourges*, 45, 47, 129, 287.
— *Lyon*, 538, 641.
Piart. *Bourg.*, i, 789, 1284.
Piat. *Par.*, iv, 529.
Piat (le). *Bourges*, 181.
Piau. *Tours*, 1194, 1215, 1457.
Piauraud. *Guy.*, 27.
Piaut. *Poit.*, 907.
Pic-de-Père. *Guy.*, 27, 31, 163.
Pic (St-). *Poit.*, 178.
Picaper. *Toul.-Mont.*, 308.
Picapère. *Montp.-Mont.*, 1046.
Picard. *Al.*, 450, 692, 794, 910.
— *Bourges*, 138, 257.
— *Bourg.*, ii, 144, 152, 253, 276.
— *Bret.*, i, 281, 284.
— *Fland.*, 622.
— *Lorr.*, 620, 626, 637.
— *Montp.-Mont.*, 1293.
— *Orl.*, 547.
— *Par.*, i, 300, 958, 1204, 1216, 1336.
— *Par.*, ii, 916.
— *Par.*, iii, 331, 333, 334, 491.
— *Par.*, iv, 689, 692, 697.
— *Pic.*, 72, 89, 545.

— *Poit.*, 355, 356, 510, 949, 1096, 1133, 1346.
— *Tours*, 1388.
Picard (le). *Caen*, 179, 205.
— *Par.*, i, 131, 771, 799, 800, 958, 1060, 1158.
— *Par.*, ii, 73, 272, 284, 1081, 1218.
— *Par.*, iii, 256.
— *Tours*, 413, 505.
Picarel. *Toul.-Mont.*, 663.
Picart. *Bourg.*, i, 849, 928, 1010.
— *Champ.*, 522, 608.
— *Soiss.*, 267, 462, 562, 601, 621.
Picart (le). *Bret.*, i, 611.
— *Bret.*, ii, 220, 288, 477.
— *Champ.*, 99, 304, 534.
— *Rouen*, 81, 198, 201, 211, 260, 852, 885, 1150.
Picasse. *Prov.*, i, 134.
Picaud. *Bourb.*, 576.
— *Bret.*, i, 198, 223, 224, 307, 860, 929.
Picault. *Bourges*, 332.
— *Bret.*, ii, 163, 506, 1039, 1118.
— *Lyon*, 126.
— *Orl.*, 3, 342, 343, 728, 730, 763, 771.
— *Par.*, i, 1090.
— *Par.*, iv, 792.
— *Poit.*, 290, 927, 1041.
— *Tours*, 631, 1243.
— *Vers.*, 136.
Picavant. *Caen*, 589.
Picenas. *Prov.*, i, 433.
Pichard. *Bourb.*, 300.
— *Bret.*, i, 44.
— *Bret.*, ii, 472, 826.
— *Guy.*, 88, 502, 504, 809, 880.
— *Lim.*, 123, 144, 328.
— *Lorr.*, 244.
— *Poit.*, 438, 606, 1157, 1199, 947.
Pichat. *Poit.*, 1528.
— *Prov.*, ii, 291.
— *Tours*, 1259.
Pichaud. *Guy.*, 1059.
Pichault. *Poit.*, 1358, 1414.
Piche. *Al.*, 960.
Picheau. *Bret.*, ii, 468.
Pichel. *Als.*, 567.
Pichenot. *Bourg.*, ii, 248.
Picher. *Orl.*, 246.
Pichereau. *Poit.*, 535, 1448.
— *Soiss.*, 803, 804.
Picheret. *Lyon*, 734.
Picholini. *Prov.*, i, 974.
Pichon. *Al.*, 694, 763, 1125.

Pichon. *Bret.*, ii, 576, 577, 705.
— *Dauph.*, 153.
— *Guy.*, 2, 17, 28.
— *Lim.*, 20.
— *Lyon*, 318, 609.
— *Montp.-Mont.*, 449.
— *Orl.*, 344, 499.
— *Par.*, i, 936, 940, 943.
— *Par.*, ii, 49.
— *Par.*, iii, 560.
— *Pic.*, 649.
— *Poit.*, 1522.
— *Prov.*, i, 654.
— *La Roch.*, 201, 387.
Pichonnat. *Par.*, iv, 554, 702.
Pichot. *Bourg.*, i, 1016.
— *Bret.*, ii, 214, 419, 1135.
— *Guy.*, 1109.
— *Par.*, iv, 262.
— *Poit.*, 517.
— *Tours*, 1262.
Pichotel. *Als.*, 556.
— *Bret.*, ii, 13.
— *Guy.*, 1059,
Pick. *Als.*, 468.
— *Guy.*, 27, 28, 31, 145, 168.
Picodeau. *La Roch.*, 295.
Picois (le). *Rouen*, 151.
Picol. *Bret.*, ii, 309.
Picolier. *Bourg.*, i, 444.
Picon. *Guy.*, 167.
— *Lyon*, 774.
— *Montp.-Mont.*, 490.
Piconnet. *Par.*, i, 1216.
Picori. *Al.*, 118, 635, 636, 899.
Picorin. *Par.*, i, 824.
Picoron. *Poit.*, 132.
Picot. *Al.*, 604, 608, 790, 1218.
— *Bourges*, 499.
— *Bret.*, i, 82, 93, 95, 312, 493.
— *Bret.*, ii, 358.
— *Caen*, 1, 153, 309, 421, 424.
— *Champ.*, 561, 577, 796.
— *Guy.*, 594.
— *Montp.-Mont.*, 45.
— *Orl.*, 28, 339.
— i, 49, 155, 1310.
— *Par.*, ii, 786.
— *Par.*, iii, 341.
— *Par.*, iv, 500.
— *Poit.*, 108, 825, 879.
— *Rouen*, 904.
— *Soiss.*, 106, 107.
— *Tours*, 1094.
Picoteau. *Bourg.*, i, 702, 862, 1225,
Picquant. *Lorr.*, 351.

Picquer. *Lorr.*, 146.
Picques. *Par.*, ii, 552, 659, 819.
— *Par.*, iii, 260, 263.
Picquet. *Fland.*, 490.
— *Par.*, iii, 381.
— *Pic.*, 66, 437, 445.
Pictori. *Champ.*, 132, 706.
Pidancier. *Bourg.*, ii, 340.
Pidansot. *Par.*, i, 1201.
Pidard. *Bourg.*, ii, 480.
Pidet. *Al.*, 788.
Pidou. *Par.*, ii, 709, 840, 986.
Pidoussière (la). *Tours*, 1433.
Pidoux. *Al.*, 744.
— *Par.*, iv, 91, 178.
— *Poit.*, 36, 37, 87, 279, 289, 860,
878, 1437, 1450, 1452, 1550.
Pidouy. *Poit.*, 396.
Pié (la). *Par.*, ii, 284, 1126.
Pie. *Prov.*, i, 1347.
Piedbon. *Tours*, 892.
Piebotté. *Pic.*, 533.
Pièce. *Pic.*, 5, 602.
Pieck. *Als.*, 426.
Piécourt. *Fland.*, 1061.
Piedefer. *Bourg.*, i, 1148.
— *Par.*, ii, 2, 1072.
Piedelièvre. *Rouen*, 1170, 1231.
Piedevache. *Al.*, 997.
Piedfort. *Pic.*, 407, 793.
Piedmenu. *Dauph.*, 210.
Piedmont. *Dauph.*, 392.
Piednoir. *Bret.*, i, 913, 915, 916.
Piednu. *Bourb.*, 6, 278.
Piedoué. *Caen*, 8, 136, 168, 185, 481,
490, 491, 558, 573, 590.
— *Rouen*, 664.
Piegay. *Lyon*, 76.
Piégu. *Bourges*, 293.
Piel. *Al.*, 1100.
— *Fland.*, 1238.
— *Rouen*, 893.
Pienne. *Par.*, i, 1390.
Piennes. *Caen*, 213.
Piennes (de). *Orl.*, 206.
Pier. *Als.*, 660, 895.
Pierecave *Béarn*, 99.
Piercey. *Bourg.*, i, 1245.
Piercot. *Soiss.*, 22, 25, 204, 697.
Pieret. *Fland.*, 33.
Piermont. *Fland.*, 210.
Pierrart. *Fland.*, 1270.
Pierre. *Bourb.*, 73, 79, 192.
— *Bourg.*, ii, 52, 107, 343.
— *Bret.*, i, 713, 924.
— *Bret.*, ii, 386, 539, 669.

— *Lorr.*, 123, 414, 526, 667.
— *Par.*, II, 1228.
— *Poit.*, 238.
— *Prov.*, I, 189, 1047, 1129.
— *Tours*, 711, 758, 1020, 1059.
Pierre (de). *Al.*, 303, 546, 597, 763, 830, 862, 1167.
— *Bourg.*, I, 61, 231, 276, 702, 733, 845, 915, 949, 1028, 1032, 1072.
— *Caen*, 9, 93, 105, 115, 206, 208, 261, 303, 437, 504, 625, 728, 775.
Pierrebasse (de). *Tours*, 1528.
Pierre (la). *Als.*, 63.
— *Bret.*, I, 155, 292, 322, 324, 524, 527, 643, 772.
— *Champ.*, 221, 860.
— *Dauph.*, 121.
— *Fland.*, 266, 1013, 1014.
— *Lyon*, 735, 875, 979.
— *Montp.-Mont.*, 218, 845.
— *Par.*, II, 675.
— *Poit.*, 479, 757.
— *Prov.*, I, 807.
— *Prov.*, II, 716.
— *Rouen*, 780, 1188.
— *Tours*, 962.
Pierre (St-). *Al.*, 825.
— *Lyon*, 649.
— Chap. *Poit.*, 15, 713, 725.
— *La Roch.*, 209.
— *Rouen*, 310.
— *Toul.-Mont.*, 475, 764.
— de Bar. Chap. *Lorr.*, 99.
— de Metz. Ab. *Lorr.*, 406.
— de Nancy. Chap. *Lorr.*, 464.
— de Remiremont. Ab. *Lorr.*, 472.
Pierrebuffier. *Par.*, I, 1277.
Pierrebuffière. *Bourges*, 88, 108.
Pierrebussière. *Par.*, III, 31.
Pierredon. *Montp.-Mont.*, 205, 1353.
Pierrefeu. *Bourg.*, I, 13.
— *Lyon*, 170.
Pierrefeuillade. *Poit.*, 1087.
Pierrefitte. *Al.*, 106, 210, 503, 573, 575, 595.
— *Tours*, 264.
Pierrefitte (de). *Lim.*, 456, 457.
Pierrefort. *Lyon*, 713, 1039, 1040.
— *Toul.-Mont.*, 466.
— *Tours*, 1108.
Pierrefrance. *Toul.-Mont.*, 538.
Pierremont de Metz (St-). Ab. *Lorr.*, 607.
Pierrepont. *Caen*, 27, 73, 134, 219, 227, 231, 276, 292, 426, 445, 489, 647, 657, 673, 678, 683.

Pierre Puellier (St-). Chap. *Poit.*, 72.
Pierres. *Béarn*, 105.
— *Tours*, 44, 105, 230, 232, 425.
Pierres (des). *Montp.-Mont.*, 359, 586, 1263.
— *Orl.*, 841.
— *Par.*, II, 530.
— *Vers.*, 29.
Pierret. *Guy.*, 844.
— *Par.*, II, 892.
— *Rouen*, 60.
Pierri. *Al.*, 362.
— *Poit.*, 424.
Pierri (de). *Bourges*, 306.
Pierrin. *Als.*, 952.
Pierrombeux. *Lorr.*, 513.
Pierron. *Lorr.*, 595.
— *Par.*, I, 668.
— *Poit.*, 992.
— *Soiss.*, 239.
Piers. *Fland.*, 456, 702.
Pierseau. *Poit.*, 1132.
Piet. *Bret.*, II, 350, 351, 973, 1096, 1260.
— *Lim.*, 382.
— *La Roch.*, 352, 353.
Pietaut. *Bourg.*, I, 570.
Pieters. *Bret.*, I, 499.
Pietrasanta (de). *Pic.*, 807.
Pietre. *Al.*, 615.
— *Champ.*, 334, 650, 651, 671.
— *Par.*, I, 1254.
Piètre. *Par.*, II, 123, 706.
Pietrequin. *Bourg.*, II, 629.
— *Champ.*, 740, 764.
Piette. *Bret.*, II, 748.
— *Par.*, II, 1212.
Piettin. *Fland.*, 572.
Pifault. *Tours*, 1114.
Piffault. *Al.*, 149, 725.
Piffon. *Guy.*, 123, 1052.
Pigache. *Caen*, 283, 285, 388, 448, 458, 663.
— *Rouen*, 784, 792, 923.
Pigaillard. *Guy.*, 889.
Pigalle. *Prov.*, II, 386.
Pigalleau. *Bourg.*, II, 3.
Piganière (la). *Caen*, 340, 778.
Piganol. *Auv.*, 544.
Pigasse. *Al.*, 20, 227, 237, 238, 1034.
Pigau. *Al.*, 623.
Pigault. *Bret.*, I, 845.
— *Pic.*, 813.
— *Rouen*, 1226.
— *Tours*, 1016.
Pigeard. *Guy.*, 1117, 1120.

Pigeat. *Tours*, 752.
Pigeault. *Bret.*, II, 1136.
Pigenat. *Bourg.*, I, 267.
— *Prov.*, I, 1001.
Pigeon. *Caen*, 437, 630.
— *Guy.*, 1111.
— *Par.*, I, 325.
— *Par.*, II, 595.
— *Poit.*, 1205.
— *Rouen*, 120, 466.
Pigeon (le). *Bret.*, II, 196.
Piget. *Bourg.*, I, 321.
— *Bourg.*, II, 94, 257.
Pigiri. *Bourges*, 456.
Pigis. *Par.*, I, 648.
— *Par.*, II, 842.
Pignan. *Prov.*, I, 1281, 1319.
Pignan-la-Vacherie (de). *La Roch.*, 203.
Pignant. *Orl.*, 958.
Pignart. *Orl.*, 700.
Pignault. *Bourges*, 464.
Pigné. *Lim.*, 121.
— *Pic.*, 293.
Pigneau. *Soiss.*, 144, 711.
Pignerol. *Toul.-Mont.*, 186.
Pignet. *Poit.*, 1536, 1539.
Pignet (du). *Prov.*, I, 8, 436.
Pignier. *Bourg.*, I, 720.
— *Pic.*, 638.
Pignol. *Guy.*, 718.
— *Montp.-Mont.*, 180.
— *Prov.*, I, 159.
Pignolet. *Par.*, I, 54.
Pignon. *Bret.*, II, 437.
Pignonneau. *Poit.*, 92, 331.
Pignot. *Bourges*, 284, 285.
— *Poit.*, 1190.
Pigon. *Bret.*, II, 505.
— *Rouen*, 6.
Pigonnière (la). *Bret.*, II, 586.
— *Prov.*, II, 468.
Pigony. *Bourb.*, 614.
Pigornet. *Lim.*, 388.
Pigouillet. *Poit.*, 786.
Piguerre. *Orl.*, 181, 183.
Piguery. *Fland.*, 59, 1440.
Pigues. *Toul.-Mont.*, 1126.
Pihan. *Bret.*, II, 672, 679, 847.
— *Tours*, 1345.
Piher. *Bret.*, II, 508.
Pijart. *Par.*, II, 859, 1099.
Pijault. *Bourges*, 445.
— *Par.*, III, 295.
Pijon. *Par.*, IV, 663.
— *Toul.-Mont.*, 888.

Pijs (de). *Guy.*, 158, 532, 914, 1117.
Pilata. *Lyon*, 311.
Pilavoine. *Par.*, I, 233, 309.
— *Rouen*, 1327.
Pileman. *Als.*, 771.
Piles (de). *Béarn*, 104.
Pileur (le). *Par.*, I, 306.
— *Par.*, II, 165, 714, 725.
— *Par.*, III, 55.
Pilgault. *Tours*, 925.
Pilgue. *Als.*, 111.
Pilhon (du). *Dauph.*, 68, 120, 284, 483, 508.
Pillac. *Poit.*, 1511.
Pillafort. *Prov.*, I, 1096.
Pillard. *Bourg.*, I, 1098.
— *Par.*, III, 118, 406.
— *Pic.*, 386, 602.
— *Poit.*, 489.
Pillault. *Bourges*, 308, 524.
— *Par.*, II, 675.
Pillavoine. *Al.*, 637.
— *Tours*, 1279.
Pille (de). *Par.*, II, 516.
— *Prov.*, I, 420.
— *Tours*, 1088.
Pille (la). *Champ.*, 862.
Pillement. *Lorr.*, 53, 151, 165.
Pilleron. *Dauph.*, 554.
Pilles. *Toul.-Mont.*, 1325.
Pillet. *Bret.*, I, 404.
— *Bret.*, II, 557, 670.
— *Lyon*, 649, 928.
— *Par.*, III, 594.
— *Tours*, 1099.
Pillette. *Al.*, 907, 1093.
Pilleur (le). *Rouen*, 435, 556.
Pilleveuve. *Pic.*, 846.
Pilliard (du), *Als.*, 322.
Pillier. *Orl.*, 635.
— *Prov.*, II, 89, 656.
Pilliers. *Al.*, 221, 355, 647.
— *Par.*, IV, 137.
— *Rouen*, 395.
Pillois. *Tours*, 1383.
Pillon. *Al.*, 549, 1044, 1110.
— *Par.*, I, 256, 1269.
— *Par.*, II, 69, 244.
— *Rouen*, 197, 292, 314, 431.
— *Tours*, 1078, 1114.
Pillorge. *Bret.*, II, 417.
Pillot. *Als.*, 82, 691.
— *Bourg.*, I, 256, 258, 266, 666, 1007, 1039.
— *Bourg.*, II, 189, 191, 507.
— *Champ.*, 584.

— *Guy.*, 191.
— *Lyon*, 615.
— *Par.*, ı, 704, 1189.
— *Par.*, ıv, 586.
— *Poit.*, 105, 333, 487, 822, 1003.
— *La Roch.*, 253.
Pilotte. *Lyon*, 243, 716.
Pilloust. *Par.*, ıv, 432.
Pillury. *Dauph.*, 211.
Pilou. *Pic.*, 50.
Pilonneau. *Poit.*, 949.
Pilot. *Fland.*, 769.
— *Pic.*, 410, 411.
— *Tours*, 331.
Piloty. *Montp.-Mont.*, 1349.
Pilouzei. *Lorr.*, 547.
Pilverdier. *Par.*, ı, 440.
Pimon. *Soiss.*, 717.
Pimont. *Bourg.*, ı, 1238.
— *Par.*, ı, 1241.
— *Par.*, ııı, 194.
Pimperigas. *Bourb.*, 534.
Pin. *Bourb.*, 30, 113, 273.
— *Prov.*, ı, 93.
Pin (de). *Lorr.*, 338.
Pin (du). *Al.*, 364, 1165.
— *Als.*, 198.
— *Bourges*, 52.
— *Bourg.*, ı, 414, 602.
— *Bret.*, ı, 290, 833.
— *Champ.*, 278, 422.
— *Guy.*, 906, 955, 1023, 1151, 1186, 1215.
— *Lim.*, 11, 113, 138, 216.
— *Lyon*, 556.
— *Montp.-Mont.*, 488, 998, 1518.
— *Orl.*, 878.
— *Par.*, ı, 1237.
— *Par.*, ıı, 42, 576.
— *Par.*, ııı, 231.
— *Poit.*, 96, 428, R, 725, 870, 995, 1081, 1511.
— *Prov.*, ı, 622.
— *Prov.*, ıı, 291, 617.
— *Rouen*, 294, 1217.
— *Toul.-Mont.*, 1110.
— *Tours*, 344, 662, 902, 1172.
Pina. *Bourg.*, ı, 653.
— *Dauph.*, 98, 405.
Pinant. *Par.*, ı, 157.
Pinard. *Bourg.*, ıı, 46, 238, 251.
— *Bret.*, ıı, 416, 470, 1001.
— *Lyon*, 934.
— *Orl.*, 82, 84.
— *Tours*, 959, 1115.
Pinardi. *Lyon*, 83, 108, 419, 594.

Pinardiére (la). *Bourb.*, 134.
— *Orl.*, 147, 557.
Pinart. *Bret.*, ı, 108, 132, 411, 528.
Pinault. *Al.*, 737.
— *Bourb.*, 554.
— *Fland.*, 51.
— *Guy.*, 155, 1057.
— *Poit.*, 209, 614, 1079.
Pinaut. *Par.*, ıı, 1166.
— *Toul.-Mont.*, 488, 489, 522.
Pinbel. *Als.*, 427.
— *Lyon*, 316.
pinbert. *Toul.-Mont.*, 637.
pinbertrand. *Guy.*, 857.
pinbon. *Béarn*, 108, 119.
pincé. *Tours*, 295, 315, 917, 1524.
pincel. *Prov.*, ıı, 61.
pincepré. *Pic.*, 97, 875.
pinchard. *Al.*, 965.
pinchart. *Soiss.*, 353.
pinchenet. *Prov.*, ıı, 541.
pinchon. *Fland.*, 555, 633.
pinçon. *Bret.*, ıı, 987.
pinder. *Als.*, 302.
Pindrai. *Guy.*, 431, 445, 452, 653.
Pindrais. *Lim.*, 64.
Pindray. *Poit.*, 459.
Pindre (de). *La Roch.*, 213.
Pindré. *Lorr.*, 372.
Pine. *Prov.*, ı, 832.
Pineau. *Bourges*, 266, 525.
— *Bret.*, ı, 306, 775.
— *Bret.*, ıı, 426.
— *Guy.*, 839.
— *Orl.*, 529, 537, 919.
— *Par.*, ıv, 665.
— *Poit.*, 49, 120, 230, 336, 371, 1071, 1378.
— *La Roch.*, 141, 361.
— *Toul.-Mont.*, 587.
— *Tours*, 939, 1256.
Pinel. *Al.*, 544, 697, 770.
— *Bourg.*, ı, 1119.
— *Bret.*, ı, 936.
— *Bret.*, ıı, 943.
— *Caen*, 113.
— *Fland.*, 1060.
— *Prov.*, ıı, 775.
— *Rouen*, 1226.
— *Toul.-Mont.*, 565, 683, 821.
Pineon. *Bret.*, ı, 206, 207.
Pinet. *Bourb.*, 66, 73, 78, 79, 190, 465, 486.
— *Bourges*, 467.
— *Caen*, 559.
— *Guy.*, 674, 1111, 1119.

— *Lyon*, 178, 786, 935.
— *Par.*, I, 686.
— *Par.*, III, 354.
— *Par.*, IV, 652.
— *Poit.*, 481, 863.
— *Toul.-Mont.*, 811, 813.
Pineton. *Par.*, II, 881.
Pinette. *Bourges*, 51, 133.
— *Orl.*, 869.
— *Par.*, I, 518, 908, 909, 922.
Pinette (la). *Toul.-Mont.*, 1303.
Pinevoise. *Orl.*, 899.
Pinezeau. *Poit.*, 1271.
Pinezon. *Bret.*, I, 218, 321.
— *Bret.*, II, 97.
Pingard. *Fland.*, 282.
— *Par.*, I, 81.
— *Soiss.*, 74.
Pingart. *Par.*, II, 516.
Pingault. *Bourges*, 279.
— *Orl.*, 736.
— *Par.*, II, 1239.
Pingenet. *Bourg.*, I, 1133.
Pingon. *Bourg.*, II, 276, 633.
— *Dauph.*, 442.
Pingray. *Par.*, I, 1093.
Pingré. *Dauph.*, 335, 346.
— *Par.*, II, 550, 684.
— *Pic.*, 3, 34, 44, 49, 53, 76, 80, 85, 385, 388, 390, 391, 566, 601, 688, 800, 849, 880.
Pinguenet. *Champ.*, 54, 737.
Pinguet. *Lorr.*, 100, 652.
— *Pic.*, 387, 393, 620, 846.
— *Tours*, 982.
Pingueux (le). *Bret.*, I, 409.
Pinguis. *Champ.*, 697.
Piniac. *Montp.-Mont.*, 375.
Pinier. *Bourges*, 529.
Pinière. *Montp.-Mont.*, 504.
Pininsol (la). *Toul.-Mont.*, 1301.
Piniot. *Poit.*, 149, 183, 207, 617, 1192, 1193.
— *La Roch.*, 31.
Pinkevert. *Guy.*, 1149.
Pinlan. *Béarn*, 46, 82, 104, 108, 109, 112.
Pinmartin. *Guy.*, 1112.
Pinmure. *La Roch.*, 62.
Pinnaud (la). *Tours*, 984.
Pinon. *Bret.*, II, 92.
— *Lyon*, 146.
— *Par.*, I, 872, 894, 1297.
— *Par.*, II, 205, 549, 1051, 1174.
— *Soiss.*, 459.
— *Toul.-Mont.*, 460.

— *Tours*, 818, 839.
Pinondel. *Par.*, IV, 93.
Pinos. *Par.*, II, 1189.
Pinot. *Bret.*, II, 745.
— *Lim.*, 124, 127.
— *Montp.-Mont.*, 1251.
— *Poit.*, 825, 882.
Pinpilliére. *La Roch.*, 218.
Pinpie. *Montp.-Mont.*, 558, 559.
Pins (de). *Montp.-Mont.*, 74, 1122, 1123, 1221.
— *Toul.-Mont.*, 32, 112, 570, 877. Voy. Camaliéres.
Pinsarrat. *Guy.*, 1026.
Pinsepred. *Pic.*, 390.
Pinson. *Caen*, 563.
— *Orl.*, 917.
— *Par.*, I, 605, 1284, 1289.
— *Par.*, III, 238, 563.
— *Poit.*, 22.
Pinsonneau. *Champ.*, 259.
— *Par.*, I, 726.
— *Par.*, II, 683, 722.
— *Poit.*, 1304, 1312.
Pinsonniére (la). *Caen*, 722.
Pintaflour. *Fland.*, 1239.
Pintard. *Champ.*, 338.
— *Orl.*, 659.
Pintault. *La Roch.*, 293.
Pintereau. *Rouen*, 1332.
Pinterel. *Par.*, II, 203, 322.
— *Par.*, III, 563.
— *Soiss.*, 19, 63, 64, 73, 643.
— *Vers.*, 98.
Pinteville. *Champ.*, 3, 4, 5, 6, 20, 37, 42, 356, 411, 412, 417.
Pintier. *Lim.*, 461.
Pintieu. *Poit.*, 309.
Pinzon. *Bret.*, I, 695.
Pioche. *Bourg.*, II, 379.
— *Bret.* II, 417, 631.
— *Soiss.*, 150, 315, 324, 558.
— *Vers.*, 278.
Piochel. *Rouen*, 787.
Pioger. *Bret.*, I, 221.
— *Par.*, I, 221.
— *Par.*, II, 263.
— *Par.*, III, 345, 375, 489.
— *Pic.*, 19, 553, 561.
— *Poit.*, 542.
— *Tours*, 846.
Piolenc. *Montp.-Mont.*, 938, 1434.
Piolenc. *Prov.*, I, 392, 1003.
Pioligni. *Bourges*, 90.
Piolle. *Prov.*, I, 861.
— *Prov.*, II, 30, 31, 573, 574.

Piollin. *Tours*, 934.
Pion. *Bourg.*, I, 149.
— *Bourg.*, II, 569.
— *Bret.*, II, 483.
— *Par.*, I, 737. (?)
— *Par.*, II, 536.
Pioroy. *Lyon*, 306.
Piot. *Bourg.*, II, 510.
— *Champ.*, 373, 529, 538, 741.
— *Dauph.*, 227.
— *Lyon*, 115, 620.
— *Par.*, I, 601.
Pioton. *Lyon*, 1008.
Piozet. *Tours*, 1040.
Pipart. *Par.*, III, 301.
Pipaud. *Guy.*, 142.
Pipault. *Par.*, II, 922, 1070.
— *Par.*, III, 496.
Pipologne. *Poit.*, 560.
Pipemond. *Soiss.*, 235.
Piperaï. *Al.*, 292, 299, 613.
— *Rouen*, 484.
Piperel. *Al.*, 831, 869.
Piperoux. *Lim.*, 377.
Pipion. *Als.*, 967.
Pipre (le). *Fland.*, 28, 343.
Piprezelle. *Fland.*, 1144.
Piquefeu. *Al.*, 972.
— *Rouen*, 920.
Piquelé. *Bourg.*, II, 217.
Piquelin. *Bret.*, II, 1020.
Piquenot. *Al.*, 851.
— *Caen*, 315.
Piquepée. *Toul.-Mont.*, 636.
Piquer. *Toul.-Mont.*, 1486.
Piques. *Par.*, I, 76, 165, 687, 854, 1040.
Piquet. *Bret.*, I, 465, 486.
— *Bret.*, II, 530.
— *Orl.*, 378, 772.
— *Par.*, II, 769, 1249.
— *Par.*, IV, 59, 545.
— *Pic.*, 13, 16, 18, 76, 88, 567, 582, 588, 589.
— *Poit.*, 1104.
— *Rouen*, 7, 34, 384, 458, 783, 919.
— *Soiss.*, 70, 278, 370.
— *Toul.-Mont.*, 1382.
— *Tours*, 1206.
Pirault. *Tours*, 1132.
Pirch. *Montp.-Mont.*, 808.
Pire (du). *Pic.*, 800.
— *Soiss.*, 33, 696, 700, 834.
✦ Piret. *Bourg.*, II, 285.
— *Fland.*, 1366.
— *Lorr.*, 278, 320.
— *Tours*, 1135.

Piretony. *Par.*, I, 347.
Piriou. *Bret.*, II, 1022.
Pirmont. *Par.*, I, 1089.
Piron. *Auv.*, 115, 235.
— *Bourb.*, 497.
— *Bourg.*, II, 290, 497.
— *Bret.*, II, 772.
Pirot. *Lyon*, 244.
— *Par.*, I, 1247.
— *Par.*, II, 737.
— *Par.*, III, 50.
Pirou. *Fland.*, 1061.
— *Vers.*, 27.
Pirouel. *Bourg.*, I, 1034.
Pirpou. *Par.*, III, 365.
Pirraimond. *Prov.*, I, 1287.
Pirville. *Prov.*, II, 620.
Pisani. *Prov.*, II, 527.
Piscart. *Rouen*, 632.
Piscatori. *Prov.*, I, 586, 816.
Piscatoris. *Prov.*, I, 900.
Pise (de). *Lorr.*, 233.
Pise (la). *Montp.-Mont.*, 210, 837.
Pison. *Montp.-Mont.*, 739, 748.
— *Par.*, I, 662.
Pissard. *Toul.-Mont.*, 1242.
— *Tours*, 870.
Pissaut. *Bourg.*, I, 1062.
Pisse (la). *Guy.*, 1094.
— *Poit.*, 1490.
Pisseleu. *Pic.*, 676, 677, 797.
Pissevier. *Fland.*, 586.
Pissonnet. *Tours*, 91.
Pissonnier. *Prov.*, II, 772.
Pissonnet. *Par.*, II, 1099.
Pissot. *Fland.*, 986.
Pist. *Poit.*, 141.
Pistie. *Prov.*, II, 292.
Pistoo. *Lorr.*, 49.
Pistre. *Montp.-Mont.*, 345, 1422, 1423.
Pitache. *Al.*, 713.
Pitard. *Al.*, 19, 48, 249, 470, 765, 769, 812, 859.
— *Caen*, 534.
— *La Roch.*, 418.
— *Tours*, 976.
Pitart. *Soiss.*, 262.
Pitat. *Champ.*, 98.
Pitault. *Poit.*, 1138.
Pitatouin. *Bret.*, I, 753.
Pitel. *Par.*, II, 1083.
Piterle. *Lyon*, 953.
Piteu. *Bret.*, II, 424.
Pithiviers. *Orl.*, 289.
Pitiot. *Lyon*, 649, 684.
Pitois. *Bourb.*, 91, 225.

— *Bourg.*, ı, 217.
— *Bourg.*, ıı, 85, 91.
— *Bret.*, ıı, 678.
— *Lyon*, 839.
— *Poit.*, 509.
Pitolet. *Bourg.*, ı, 1148.
Piton. *Caen*, 517.
Pitos. *Prov.*, ıı, 744.
Pitot. *Montp.-Mont.*, 15.
Pitouais. *Bret.*, ı, 357, 686, 839.
Pitous. *Toul.-Mont.*, 1433.
Pitpance. *Fland.*, 249, 250.
Pitre (de). *Fland.*, 1337.
Pitrelé. *Bret.*, ıı, 43.
Pittiére (la). *Al.*, 242.
Pitton. *Par.*, ı, 849.
— *Prov.*, ı, 423, 978.
Pivardiére (la). *Orl.*, 1007.
Pivart. *Orl.*, 462.
Piveau. *Guy.*, 1101.
Pivert. *La Roch.*, 13.
Pizani. *Prov*, ı, 427.
Pizannes. *Guy.*, 1047.
Pizart. *Par.*, ı, 112, 963, 1194.
— *Par.*, ıı, 573.
Pize (de). *Bourg.*, ı, 56, 349.
— *Bourg.*, ıı, 496.
Pize (la). *Toul.-Mont.*, 258.
Pizon. *Dauph.*, 193, 401, 417.
Pla (de). *Béarn*, 13, 78, 80.
Place (la). *Béarn*, 79.
— *Bourg.*, ıı, 94.
— *Champ.*, 566.
— *Fland.*, 57, 1033, 1034.
— *Lim.*, 91.
— *Lyon*, 459, 474, 970.
— *Montp.-Mont.*, 1432.
— *Par.*, ı, 583.
— *Rouen*, 71.
— *Soiss.*, 29, 390, 782, 783.
Places (des). *Bourg.*, ı, 256.
— *Bourg.*, ıı, 190.
— *Bret.*, ıı, 836.
— *Lyon*, 371.
— *Par.*, ı, 477.
— *Tours*, 58.
Placi. *Al.*, 1103.
Placier. *Pic.*, 499.
Pladinel. *Toul.-Mont.*, 1070.
Plagnard. *Lyon*, 434.
Plaigne (la). *Guy.*, 217, 823, 1189.
Plaigner (de). *Auv.*, 578.
Plaignols. *Montp.-Mont.*, 917.
Plain (la). *Bourb.*, 16, 346, 403, 443.
Plainbaut. *Par.*, ııı, 575.
Plainpié. *Rouen*, 1183.

Plaire. *Poit.*, 462.
Plaisance. *Bourg.*, ı, 1128.
— *Poit.*, 925.
— *Toul.-Mont.*, 343.
Plaisançon. *Lyon*, 958.
Plaisant. *Fland.*, 412.
Plaisant (le). *Poit.*, 445.
Plan. *Prov*, ı, 850.
Plan (du). *Guy.*, 833, 1064.
— *Prov.*, ı, 962.
— *Prov.*, ıı, 699.
— *Toul.-Mont.*, 1271.
Planard. *Toul.-Mont.*, 940.
Planaverghne. *Toul.-Mont.*, 1052.
Plancader. *Toul.-Mont.*, 997.
Plancat. *Toul.-Mont.*, 421, 1337.
Planchart. *Lorr.*, 542.
Planchat. *Montp.-Mont.*, 15, 56, 58, 1328.
Planche. *Guy.*, 395, 946.
Planche (la). *Al.*, 840, 1254.
— *Bourb.*, 611.
— *Bourges*, 34.
— *Bret.*, ıı, 568.
— *Caen*, 699.
— *Orl.*, 293.
— *Par.*, ııı, 341.
— *Pic.*, 354, 815.
— *Prov.*, ıı, 473.
— *La Roch.*, 61.
— *Rouen*, 814.
— *Tours*, 246, 397, 435, 1084, 1217, 1407.
Plancher. *Bret.*, ıı, 226.
Plancher (des). *Al.*, 905.
— *Caen*, 400, 562.
Planchette. *Dauph.*, 478, 479.
Planchon. *Caen*, 585, 658.
— *Pic.*, 790.
Planchut. *Prov.*, ı, 478, 914.
Plancoet. *Bret.*, ı, 938.
Plançois (le). *Rouen*, 875.
Plancy. *Par.*, ı, 69.
Plane (la). *Par.*, ıv, 542.
— *Prov.*, ı, 325, 1414.
Planes (de). *Toul.-Mont.*, 528, 634.
Planes (de las). *Toul.-Mont.*, 94.
Plancse. *Montp.-Mont.*, 1090.
Planézes (de). *Toul.-Mont.*, 1090.
Planis. *Prov.*, ı, 510.
Planne (de). *Par.*, ıı, 87.
Plannes. *Rouen*, 312.
Planque. *Montp.-Mont.*, 15, 24, 25, 1556.
— *Par.*, ıı, 195.
Planqueri. *Rouen*, 1361.

Planquer (des). *Caen*, 762.
— *Fland.*, 626.
— *Pic.*, 792.
Planquois (le). *Rouen*, 128, 503.
Plans (des). *Montp.-Mont.*, 599.
Planson. *Par.*, I, 771.
   Par., IV, 3, 8, 739.
Planta. *Dauph.*, 288, 291, 293.
Plantaue. *Montp.-Mont.*, 4.
— *Toul.-Mont.*, 550.
Plantamour. *Bourg.*, I, 423, 1018.
Plantard. *Pic.*, 760.
Plantat. *Montp.-Mont.*, 650.
Plantavit. *Montp.-Mont.*, 291.
Planté. *Al.*, 811.
Plante. *Dauph.*, 496.
— *Prov.*, I, 1063.
Plante (la). *Fland.*, 1192.
Planteau. *Guy.*, 1114, 1115, 1116, 1122.
Planterose. *Béarn*, 18, 113.
— *Rouen*, 137, 543, 582, 719, 859, 907.
Plantier. *Bourg.*, I, 654.
— *Guy.*, 1199.
— *Montp.-Mont.*, 487, 599.
Plantier (du). *Dauph.*, 142.
Plantière. *Par.*, III, 272.
Plantin. *Montp.-Mont.*, 634.
— *Prov.*, II, 683, 804.
Plantis (des). *Guy.*, 1030.
Plantis (du). *Poit.*, 252, 875, 1003, 1545.
Plantou. *Rouen*, 483.
Plard. *Al.*, 1020.
Plarom. *Als.*, 125.
Plas (de). *Auv.*, 3.
— *Montp.-Mont.*, 991.
Plassan. *Guy.*, 203.
Plasse. *Prov.*, II, 337.
— *Toul.-Mont.*, 951, 980.
Plasse (de). *Lim.*, 159, 437.
Plasse (la). *Guy.*, 194, 795.
Plasserel. *Al.*, 884.
Plasses (des). *Lim.*, 267.
Plasson. *Guy.*, 636.
Plastre (du). *Bourg.*, I, 6.
— *Bourg.*, II, 294.
Plastrier. *Par.*, II, 1055.
— *Par.*, III, 428.
— *Rouen*, 1, 822, 849.
Plat. *Prov.*, II, 665.
Plat (du). *Par.*, I. 115.
Plat (le). *Tours*, 1123.
Platéa. *Toul.-Mont.*, 1383.
Platel. *Lorr.*, 356.

Platemont. *Fland.*, 338.
Platet. *Lyon*, 614.
Platevoet. *Fland.*, 378, 548, 811.
Platon. *Lyon*, 594.
Platz. *Als.*, 450.
Platz (des). *Toul.-Mont.*, 265.
Planche. *Prov.*, I, 931.
Plaux (de). *Auv.*, 565.
Plé. *Pic.*, 578.
Plebeau. *Par.*, I, 393.
Plegaven. *Toul.-Mont.*, 1111.
Pleineséve. *Rouen*, 66.
Pleigues (las). *Toul.-Mont.*, 1262.
Pleine (la). *Guy.*, 512, 977.
— *Toul.-Mont.*, 321.
Pleix (du). *Bourb.*, 466, 484.
— *Fland.*, 1352.
— *Guy.*, 180, 592.
— *Orl.*, 364.
— *Poit.*, 377, 538, 539, 794, 1211, 1457.
Plendoux. *Prov.*, I, 460.
Plessard. *Caen*, 200.
Plesse (la). *Al.*, 107, 109, 111, 115, 434, 632.
— *Bret.*, II, 907, 910.
Plesses (de). *Montp.-Mont.*, 919.
Plessier (du). *Bret.*, I, 12, 426.
— *Lorr.*, 599.
— *Par.*, IV, 529, 657,
— *Pic.*, 281, 848.
— *Soiss.*, 843.
Plessis. *La Roch.*, 304.
Plessis (du). *Al.*, 74, 403, 816, 1022.
— *Als.*, 279.
— *Bourb.*, 71.
— *Bourges*, 263.
— *Bret.*, I, 185, 443, 546, 573, 680, 855, 968.
— *Bret.*, II, 64, 153, 272, 396, 705, 1016.
— *Champ.*, 917.
— *Dauph.*, 228.
— *Fland.*, 1207, 1449.
— *Guy.*, 96, 844.
— *Lorr.*, 115, 599, 606, 657.
— *Orl.*, 90, 96, 160, 215, 252, 831, 833,
— *Par.*, I, 116.
— *Par.*, II, 131, 1164.
— *Par.*, III, 129, 558.
— *Pic.*, 104, 110, 342, 778.
— *Poit.*, 101, 465, 774, 1351, 1352, 1406, 1447, 1531.
— *Prov.*, I, 298, 643.
— *Prov.*, II, 20.

— *Rouen*, 1157.
— *Tours*, 372, 639, 1219, 1462, 1463, 1483.
— *Vers.*, 134.
Plessis-Chastillon (du). *Orl.*, 813, 1013.
— *Par.*, ıı, 853.
Plessis-Cintré (du). *Bret.*, ı, 476.
Plessis-Huon (du). *Bret.*, ıı, 784.
Plessis-Josset (du). *Bret.*, ıı, 48.
Plessis-Mornai (du). *Lorr.*, 371.
Plessis-Penfo (du). *Bret.*, ı, 656.
Plessis-Richelieu. *Par.*, ıı, 14.
Plestan. *Bret.*, ıı, 575.
Plet. *Bret.*, ıı, 592.
— *La Roch.*, 370.
Pletianne. *Toul.-Mont.*, 1315.
Pleting. *Fland.*, 1322.
Pletz. *Fland.*, 935.
Pleu. *Guy.*, 586.
Pleure. *Par.*, ıı, 356.
Pleuvier. *Bret.*, ıı, 61.
Plex (du). *La Roch.*, 382.
Plez (des). *Champ.*, 731.
Plezeux. *Prov.*, ı, 652.
Plichon. *Fland.*, 962.
— *Lyon*, 264.
Plichon (Je). *Rouen*, 830.
Plickbourg. *Als.*, 766.
Plingey. *Bourg.*, ıı, 169.
Plisson. *Orl.*, 444.
— *Par.*, ııı, 286.
— *Par.*, ıv, 701.
— *Poit.*, 838.
Plissonneau. *Bret.*, ıı, 485.
Plochat. *Lyon*, 526.
Ploermel. *Bret.*, ı, 24.
Ploesquellec. *Bret.*, 109, 256, 257, 605, 716, 942, 960, 966.
Ploeuc. *Bret..* ı, 347, 549, 708.
Plomet. *Bourges*, 62.
— *Montp.-Mont.*, 14.
Plommier. *Fland.*, 7, 9, 248.
Plonay. *Poit.*, 237.
Plongeron. *Soiss.*, 482.
Plos. *Toul.-Mont.*, 38.
Plos (de). *Montp.-Mont.*, 291.
Ploto. *Fland.*, 33.
Ploton. *Lyon*, 767.
Plouais. *Bret..* ıı, 944.
Ploudi. *Poit.*, 1224.
Plouer (de). *Poit.*, 199.
Plouguet (du). *La Roch.*, 397.
Plouin. *Bret.*, ıı, 547.
Plouvier. *Champ.*, 336.
— *Fland.*, 448.

Plouzeau. *Tours*, 1049.
Plumancic. *La Roch.*, 284.
Plumangat. *Bret.*, ıı, 1110.
Plumant. *Lim.*, 68.
Plumelet. *Als.*, 507.
Plumentier. *Par.*, ıı, 507.
Plumet. *Lyon*, 1025.
Plumet (le). *Rouen*, 1314, 1315.
Plumier. *Montp.-Mont..* 301.
— *Prov.*, ı, 1053.
Plumion. *Fland.*, 1148, 1157.
Plunket. *Lorr.*, 331.
Pluviault. *La Roch.*, 428.
Pluvié. *Bret.*, ı, 226, 683.
Pluviers. *Al.*, 391, 707.
Pluvinet. *Orl.*, 881.
Pluys. *Orl.*, 744.
Poan. *Par.*, ı, 1303.
— *Soiss.*, 71.
Pochat. *Lyon*, 739.
Pochet. *Bourg.*, ıı, 632.
— *Fland.*, 1189, 1311, 1469.
— *Prov.*, ıı, 52, 63, 547.
— *Tours*, 1365.
Pochin. *Lyon*, 1023.
Pochineau. *Tours*, 1356.
Pocholler. *Soiss.* 172.
Pochon. *Orl.*, 2, 30, 343, 348, 397, 413, 454.
Pochonnier. *Prov.*, ıı, 765, 768.
Pocquelin. *Bourges*, 497.
— *Par.*, ıı, 654, 805, 813, 1000.
— *Par.*, ıv, 135.
— *Pic.*, 402, 238.
— *Tours*, 1097.
Podenas. *Montp.-Mont.*, 1136.
Podiot. *Guy.*, 901.
Poelly. *Bret.*, ı, 754.
Poencés. *Bret.*, ı, 970.
Poëte (le). *Al.*, 1219.
Poeze (la). *Tours*, 92, 147.
Pohier. *Bret.*, ıı, 818.
Poi (du). *Guy.*, 1040, 1165, 1216.
Poidevin. *Bret.*, ı, 930.
— *Bret.*, ıı, 507.
Poidonir. *Fland.*, 1036.
Poifâtre. *Guy*, 330.
Poignant. *Bourges*, 61.
— *Caen*, 567, 570.
— *Par.*, ı, 411.
— *Par.*, ııı, 114.
— *Poit.*, 103, 133, 600, 1111, 1432, 1487, 1546.
— *Tours*, 1037.
Poigneur (le). *Rouen*, 1156, 1157.
Poil (du) *Prov.*, ı, 1131.

Poilbeau. *Tours*, 730.
Poilbois. *Lorr.*, 659.
— *Soiss.*, 569.
Poilhes. *Montp.-Mont.*, 609.
Poilier. *Toul.-Mont.*, 735.
Poille. *Par.*, iii, 485.
Poille fils. *Caen*, 529.
Poillei. *Caen*, 38, 489.
Poilleret. *Bourb.*, 318.
Poilleur. *Tours*, 972.
Poilley. *Bret.*, i, 220.
Poilli. *Lyon*, 664.
Poillon. *Fland.*, 574.
Poillot. *Par.*, i, 1323.
Poillou. *Soiss.*, 373.
Poilly. *Par.*, iii, 422.
Poiloué. *Orl.*, 197.
Poilpré. *Bret.*, i, 48.
— *Bret.*, ii, 570, 572, 577.
— *Tours*, 875.
Poilroux, *Prov.*, ii, 404.
Poilvilain. *Bourb.*, 212.
— *Bourg.*, ii, 216.
— *Caen*, 220, 340, 508, 514, 522, 774, 784.
— *Par.*, i, 1324.
Poily (de). *Pic.*, 353.
Poince. *Bret.*, i, 110.
Poinçon. *Bourg.*, i, 697.
Poinel. *Bourg.*, i, 1074.
Poing. *Toul.-Mont.*, 1485.
Poingnet. *Soiss.*, 127.
Poinset. *Lim.*, 432.
Pointe (la). *Bourg.*, i, 780.
Pointeau. *Orl.*, 741.
— *Par.*, iii, 309.
Pointet. *Bret.*, ii, 386, 413.
— *Dauph.*, 582.
Pointieure (de). *Pic.*, 224.
Poipe (la). *Dauph.*, 2, 33, 231, 241.
Poippe (la). *Lyon*, 33, 34, 722.
Poirel. *Bourg.*, i, 1150, 1263.
— *Champ.*, 176.
— *Par.*, i, 158.
— *Par.*, ii, 439, 445.
— *Par.*, iii, 132, 203.
— *Pic.*, 384.
— *La Roch.*, 143, 144.
— *Tours*, 359, 1145.
Poiresson. *Champ.*, 581, 582, 589.
Poiret. *Orl.*, 174.
Poirier. *Caen*, 256, 271, 272.
— *Lyon*, 316.
— *Orl.*, 938.
— *Par.*, ii, 1221.
— *Par.*, iii, 389.

— *Poit.*, 352.
— *Prov.*, i, 97, 155.
— *Rouen*, 646, 717, 1164.
— *Tours*, 884, 940, 1078, 1125, 1388.
Poirier (du). *Par.*, i, 271, 291.
— *Tours*, 18, 25, 1368.
Poirière (la). *Orl.*, 915.
Poirot. *Als.*, 197, 727.
Poirou. *Als.*, 704.
Pois (de). *Bret.*, i, 386, 388, 392.
— *Fland.*, 778.
— *La Roch.*, 258, 263.
Pois (du). *Par.*, i, 285, 400.
Poisnet. *Par.*, ii, 229.
Poispaille. *Poit.*, 311.
Poissi. *Rouen*, 399.
Poissier. *Poit.*, 222.
Poisson. *Al.*, 117, 246, 638, 1015, 1164.
— *Auv.*, 15, 66, 71, 153, 279, 280, 282, 289, 294, 437, 442, 445.
— *Bourg.*, i, 1149.
— *Bret.*, i, 28.
— *Champ.*, 754.
— *Dauph.*, 376.
— *Fland.*, 1035.
— *Montp.-Mont.*, 1025.
— *Orl.*, 969.
— *Par.*, i, 249, 851, 1176.
— *Par.*, ii, 786, 799, 927, 1026, 1129.
— *Par.*, iii, 308.
— *Prov.*, i, 305.
— *Rouen*, 293, 1238, 1239.
— *Toul.-Mont.*, 634.
— *Tours*, 108, 119, 530, 553, 584, 903, 909, 915, 1209, 1269, 1534.
— *Vers.*, 19, 30.
Poissonneau. *Lyon*, 613.
Poissonnet. *Orl.*, 516.
Poissonnière (la). *Tours*, 1078.
Poistevilain. *Al.*, 250.
Poistevin. *Al.*, 396.
Poitart. *Bret.*, ii, 1086.
Poitevin. *Al.*, 1033.
— *Bret.*, i, 245, 346.
— *Bret.*, ii, 432, 436.
— *Champ.*, 364, 897.
— *Guy.*, 127, 874.
— *Lorr.*, 227.
— *Montp.-Mont.*, 13, 45.
— *Par.*, i, 1162, 1209.
— *Par.*, ii, 765.
— *Par.*, iii, 520.
— *Pic.*, 893.
— *Poit.*, 375, 376, 477, 521, 600, 831, 1282, 1437.

— *Prov.*, II, 402.
— *Soiss.*, 264.
— *Toul.-Mont.*, 892.
— *Tours*, 10, 64, 220, 918, 1033, 1038.
Poitevin (le). *Caen*, 228, 249, 268, 297, 315, 662, 688.
Poiveron. *Par.*, I, 1319.
Poitras. *Tours*, 56, 995.
— *Orl.*, 242.
Poitou. *Poit.*, 772, 1398, Province, 900.
Poitiers. *Vers.*, 177.
— Ville, 19, Corps de ville, 20, université, 581.
— *Guy.*, 39.
— *Bourg.*, I, 784, 1045, 1100, 1195.
Poitier. *Tours*, 668.
— *Soiss.*, 372.
— *Poit.*, 912.
— *Pic.*, 821.
Poivre (le). *Champ.*, 71, 700, 764, 873.
— *Lyon*, 409, 939.
Poivre (de). *Montp.-Mont.*, 304.
Poix (de). *Bourges*, 85, 233, 450.
— *Par.*, III, 270, 601.
— *Poit.*, 92, 891, 892.
Poize (le). *Fland.*, 698.
Poizé. *Tours*, 1040.
Pojon. *Orl.*, 547.
Pol (St-). *Auv.*, 316.
— *Pic.*, 736.
— *Toul.-Mont.*, 134.
Polaillon. *Montp.-Mont.*, 1560.
— *Par.*, I, 38.
— *Par.*, III, 14.
Polard. *Poit.*, 971.
Polastre. *Bourg.*, I, 649.
— *Toul.-Mont.*, 576.
Polastron. *Guy.*, 180.
— *Montp.-Mont.*, 1030, 1037, 1117, 1137.
— *Par.*, II, 841, 844.
— *Soiss.*, 226.
— *Toul.-Mont.*, 370, 1250.
Polat. *Bourg.*, I, 433.
Polet. *Bourg.*, I, 1152.
Polette. *Lyon*, 914.
Polhoel. *Pic.*, 605.
Poliac. *Par.*, III, 245.
Policard. *Guy.*, 205.
Polier. *Montp.-Mont.*, 587.
Polignac. *Par.*, II, 1182.
— *Rouen*, 1008.
Poligni. *Dauph.*, 141, 501.

Polignier. *Pic.*, 871.
Poligny. *Bourg.*, I, 703, 755, 1053, 1105.
Polin. *Al.*, 365, 774, 848.
Polini. *Lyon*, 522.
Polla. *Prov.*, I, 1302, 1303.
Pollard. *Par.*, III, 6, 251.
Pollart. *Bourges*, 1,
— *Par.*, I, 223, 902.
— *Par.*, II, 178, 1170.
— *Soiss.*, 723.
Pollatec. (le). *Bret.*, II, 541.
Polle. *Par.*, III, 300.
Pollet. *Bourg.*, I, 118.
— *Dauph.*, 437.
— *Fland.*, 55, 510, 776, 779, 1121.
— *Rouen*, 236, 559, 709, 765.
Polletière (la). *Al.*, 912.
Polliard. *Fland.*, 1434.
Polliart. *Par.*, II, 1036, 1234.
Pollin. *Caen*, 130.
Pollinchove. *Fland.*, 50, 200, 310, 674.
Polloud (de). *Dauph.*, 203.
Polly. *Bret.*, I, 172.
Poloticq (le). *Bret.*, II, 601.
Poluche. *Orl.*, 335, 340, 387, 439, 470, 478, 671.
Poly. *Bourg.*, I, 749.
Pomard. *Bourg.*, II, 176.
Pomadère. *Guy.*.....
Pomarède. *Toul.-Mont.*, 1125.
Pomeau. *Poit.*, 852.
Pomei. *Lyon*, 172.
Pomeirolle. *Toul.-Mont.*, 1075, 1083, 1087, 1377.
Pomerie. *Auv.*, 575.
Pomet. *Prov.*, I, 96, 109, 116, 117, 151, 1150, 1188.
— *Prov.*, II, 450, 453, 706.
Pomier. *Auv.*, 442.
— *Guy.*, 33, 76.
— *Montp.-Mont.*, 831.
— *Prov.*, II, 103.
Pomiez. *Toul.-Mont.*, 956.
Pommares. *Rouen*, 531.
Pomme. *Lim.*, 298.
Pomme (la). *Par.*, II, 46.
Pommé. *Béarn*, 102.
Pommelière (la). *Tours*, 1029, 1030.
Pommerais. *Rouen*, 909.
Pommerais (la). *Tours*, 1433.
Pommeray. *Poit.*, 248, 270, 520.
Pommeraye (la). *Bret.*, I, 518.
Pommeret. *Bret.*, I, 644.
— *Bret.*, II, 226, 399.

— *Par.*, II, 815.
Pommeret (du). *Al.*, 838, 1216.
Pommereu. *Par.*, I, 791, 806, 886, 931.
— *Par.*, II, 846.
Pommereuil. *Fland.*, 403.
Pommereul. *Al.*, 108.
Pommerie. *Lim.*, 169.
Pommet. *Lim.*, 89.
Pommier. *Lim.*, 252, 434.
— *Lyon*, 293.
— *Par.*, I, 51.
— *Poit.*, 1024.
Pompadour. *Guy.*, 442.
— *Lim.*, 334, 337.
— *Montp.-Mont.*, 1511, 1512.
— *Par.*, I, 1176, 1330.
— *Par.*, II, 747.
Pomperi. *Champ.*, 795.
— *Soiss.*, 63, 668.
Ponac. *Bourges*, 430.
Ponard. *Bourb.*, 63, 187, 413.
Ponat. *Lyon*, 261.
Ponce. *Par.*, IV, 82.
Ponce (de). *Soiss.*, 762.
Ponceau. *Par.*, IV, 35.
Poncel. *Bourges*, 418,
Poncelet. *Bourg.*, I, 443, 863.
— *Bourg.*, II, 225.
— *Par.*, III, 394.
Poncelin. *Bourg.*, I, 710, 1055, 1060, 1071, 1212, 1213.
— *Bret.*, I, 296, 533.
Ponceou. *Tours*, 873.
Poncerot. *Bourg.*, II, 252, 255.
Poncet. *Bourb.*, 8, 437, 441.
— *Bourges*, 402, 409, 413.
— *Bourg.*, I, 126, 438, 1267.
— *Bourg.*, II, 208, 209, 222, 273, 313, 316, 565.
— *Dauph.*, 214, 508.
— *Guy.*, 846.
— *Lyon*, 291.
— *Par.*, I, 295, 312, 549.
— *Par.*, II, 170, 225, 554, 564.
— *Prov.*, I, 1204.
— *Prov.*, II, 713.
— *Toul.-Mont.*, 530, 673.
Poncet (du). *Montp.-Mont.*, 320.
Poncher. *Auv.*, 380.
— *Par.*, I, 804.
— *Tours*, 1097.
Ponchet. *Poit.*, 846.
Ponchier. *Toul.-Mont.*, 257.
Ponchon. *Auv.*, 308.
— *Lyon*, 390, 1026.

— *Par.*, II, 1005.
— *Soiss.*, 740.
Poncy. *Par.*, IV, 24.
Pond. *Prov.*, II, 446.
Pondavy. *Bret.*, II, 553, 1060.
Pone. *Bourg.*, I, 1169.
Ponetis. *Lyon*, 254, 977.
Poneu. *Lyon*, 856.
Pongueneau. *Par.*, III, 388.
Poni. *Prov.*, I, 647.
Ponier. *Par.*, III, 467.
Ponnard. *Bourges*, 230, 373.
Ponnat. *Dauph.*, 94, 98, 119, 145, 146.
Ponnelle. *Bourg.*, II, 231.
Ponniou. *Pic.*, 724
Ponot (de). *Bourb.*, 574.
Ponquet. *Bourg.*, I, 968.
Pons. *Auv.*, 33, 193, 255, 280, 298, 446, 494, 584.
— *Bourg.*, I, 1142.
— *Champ.*, 903.
— *Dauph.*, 338, 599.
— *Fland.*, 400.
— *Guy.*, 6, 214, 366, 621, 735, 953, 1185, 1203.
— *Lim.*, 70, 71, 266.
— *Lyon*, 323.
— *Montp.-Mont.*, 116, 118, 360, 692.
— *Par.*, I, 1304.
— *Par.*, II, 1037, 1171.
— *Par.*, III, 99, 105.
— *Prov.*, I, 732, 789, 1244, 1303, 1362, 1363, 1406, 1436.
— *Prov.*, II, 296, 297, 426.
— *Toul.-Mont.*, 238, 239, 304, 816, 1195, 1467.
Pons (de). *Pic.*, 440.
— *Poit.*, 166, 434, 1535, 1537, 1539, 1551.
Ponsard. *Toul.-Mont.*, 494.
Ponsart. *Bourg.*, II, 25.
— *Soiss.*, 9.
Ponsin. *Prov.*, I, 722.
Ponsoet. *Champ.*, 246.
Ponsoie. *Prov.*, I, 550.
Ponsonnaille. *Auv.*, 318.
Pont (de). *La Roch.*, 57, 155.
— *Als.*, 117, 761.
Pont (du). *Al.*, 494, 595, 600, 617, 798, 802, 812, 861, 950, 982, 1101.
— *Béarn*, 2, 32.
— *Bourges*, 269, 280, 478.
— *Bourg.*, I, 733.
— *Bret.*, I, 435, 449, 460, 678.
— *Bret.*, II, 575, 681, 812.

— Caen, 175, 230, 432, 605.
— Champ., 357.
— Dauph., 465, 586.
— Fland., 199, 588, 590, 985, 1263, 1317, 1481, 1498.
— Guy., 296, 401, 1094.
— Lorr., 540.
— Lyon, 233, 235, 418, 615, 735.
— Montp.-Mont., 77, 312, 348, 349, 430, 435, 1047, 1249.
— Par., I, 218, 316, 395, 1273.
— Par., II, 614.
— Par., III, 472.
— Par., IV, 54, 76.
— Pic., 169, 559, 595, 637, 796.
— Poit., 467, 481, 503, 514, 558, 758, 760, 765, 702, 846, 928, 1105.
— Prov., I, 465, 594, 774, 950.
— Prov., II, 363.
— La Roch., 176.
— Rouen, 203, 212, 510, 562, 586, 702, 707, 718, 736, 893.
— Soiss., 259, 715.
— Toul.-Mont., 87, 97, 138, 481, 1338, 1475, 1484, 1438.
— Tours, 61, 67, 68, 83, 209, 263, 292, 546, 728, 895, 915, 931, 966, 1044, 1092, 1267, 1292, 1298, 1301, 1457, 1508, 1514.
Pontac. Béarn, 46. V.
— Guy., 4, 6, 20, 22, 26, 59. 63, 167, 345, 368, 1006.
Pontagion. Guy., 692.
Pontaignan. Guy., 1160.
Pontaine. Soiss., 606.
Pontais. Bret., II, 389.
Pontamis. Fland., 1247.
Pontamougeard. Bourg., I, 688.
Pontamousson. Lorr., 146. V.
Pontarlier. Bourg., I, 1183.
Pontarsin. Pic., 892.
Pontault. Par., III, 516.
Pontaut. Caen, 794.
— Montp.-Mont., 1221.
Pontavice. Bret., I, 231, 689.
— Caen, 339, 507, 537, 538, 770.
Pontavier. Tours, 408.
Pontbréant. Par., IV, 170.
Pontbriant. Lim., 90.
Pontbuisson. Al., 775.
Poncerot. Vers., 128.
Pontchabert. Lim., 357.
Pontchapelle. Al., 11, 210.
Pontcharras. La Roch., 175.
Pontchesne. Poit., 525.
Pontevez. Prov., II, 41, 471, 811.

Pontdauzége. Toul.-Mont., 1435.
Pont de Cés. Tours, 1506. Ville.
Pont-de-Compiègne (de). Par., IV, 268, 500.
Pont-de-l'Arche. Rouen, 186.
Pont-de-Marans (du). Tours, 507.
Pontdevaux. Bourg., I, 537.
Pontdevelle. Bourg., I, 374.
Pontduchasteau. Auv., 144. V.
Ponte (de). Vers., 25, 233.
Ponteaudemer. Rouen, 314.
Pontech. Toul.-Mont., 1478.
Pontenet. Bourg., II, 92.
Pontein. Bourg., II, 267.
Pontet. Fland., 203.
— Tours, 1163.
Pontèves. Prov., I, 173, 180, 508, 547, 845, 948, 1118.
Pontfoux. Caen, 503.
Ponthault. Al., 483, 1162, 1167.
Ponthieu. Par., II, 178.
— Par., III, 251.
— Pic., 261, 610, 658, 764.
— La Roch., 71.
Pontho. Bret., II, 860.
Ponthon. Par., II, 601, 624.
— Pic., 816.
Ponthos. Bret., I, 630.
Pontier. Bourg., I, 1098.
— Montp.-Mont., 135.
— Prov., I, 83, 994.
— Toul.-Mont., 650.
Pontifroy. Lorr., 606. Ab.
Pontieux. Lim., 296.
— Poit., 1112.
Pontis (de). Dauph., 506.
Pontis. Par., II, 463.
— Prov., I, 308, 848.
Pontivy. Bret., I, 641.
Pont-le-Roy. Prov., I, 630.
Pontmarin. Fland., 400.
Pontmouret (du). Rouen, 674.
Pontois (le). Bret., I, 287, 338.
— Bret., II, 156, 198.
Pontoise. Guy., 121, 847.
— Tours, 46, 316, 1519.
Ponton. La Roch., 227.
Pontonnerce. Par., II, 929.
Pontonnier. Prov., I, 359.
Pontot. Soiss., 679.
Pontou. Guy., 1162.
Pontous. Bourg., I, 281, 343.
Pontoux. Prov., I, 1413.
Pontplancoet (de). Bret., I, 551.
Pontprouin (du). Bret., II, 431.
Pontrevé. Pic., 384, 578, 608.

Pontrobert. *Auv.*, 550.
Pontrobert (du). *Bret.*, ii, 433.
Ponts (des). *Bourb.*, 264.
— *Dauph.*, 529.
Pont-Sainte-Marie. *Guy.*, 928.
Pont-Saint-Pierre (du). *Lyon*, 72, 73, 86, 498, 502.
Pontus. *Lyon*, 959.
Pontval *Bret.*, i, 106, 175, 518, 882.
— *Bret.*, ii, 181, 224, 773.
Pontville. *Rouen*, 378, 750.
Ponty. *La Roch.*, 257.
Pontz (de). *Champ.*, 582, 585.
Poôt. *Fland.*, 1156.
Popal. *Lyon*, 236.
Popelard. *Bourg.*, ii, 83.
Popelineau. *La Roch.*, 297.
Popillon. *Bourb.*, 3, 267.
Popineau. *Bourges*, 284, 287, 288.
Popinier. *Bourges*, 453.
Popinot. *Par.*, iii, 354.
Poppé. *Fland.*, 1212.
Popperinghe. *Fland.*, 1085. *V.*
Poppet. *Fland.*, 253.
Populus. *Par.*, ii, 983, 1180.
Poquelin. *Par.*, i, 117, 228.
Poquet. *Al.*, 887.
— *Par.*, iii, 473.
— *Tours*, 914, 974.
Poquières. *Bret.*, i, 734.
Porc (le). *Rouen*, 443.
Porcaro. *Bret.*, i, 15, 723.
Porcelet. *Montp.-Mont.*, 528, 914, 1310.
Porcelle. *Fland.*, 364.
Porcelly. *Par.*, i, 559.
Porchaiance. *Lorr.*, 86.
Porchebon. *Poit.*, 1159.
Porcher. *Bourges*, 253, 451.
— *Guy.*, 830.
— *Par.*, i, 56, 214, 707.
— *Par.*, ii, 525.
— *Par.*, iv, 628.
— *Poit.*, 1212, 1304.
Porcher (le). *Bret.*, i, 231.
— *Bret.*, ii, 268.
Porchère. *Poit.*, 779.
Porcheret. *Bourg.*, ii, 340.
Porcheron. *Bourges*, 142.
— *Lyon*, 420.
— *Orl.*, 916.
— *Par.*, iv, 627.
— *Par.*, ii, 1013, 1244.
— *Poit.*, 90, 312, 857, 903, 1411.
— *Tours*, 688.
Porchery. *Par.*, ii, 764.

Porchon. *Par.*, i, 1251.
— *Par.*, ii, 74.
Porci. *Lorr.*, 147.
Porcon. *Bret.*, 694, 843.
— *Bret.*, ii, 88.
Porcq (le). *Pic.*, 670, 740, 767, 770, 773, 776.
Porée. *Bret.*, ii, 504, 507, 509, 729, 997.
— *Bret.*, i, 81, 83, 692, 814, 915, 919.
Poressot. *Bourg.*, ii, 62.
Poret. *Al.*, 83, 327, 601, 604, 853.
— *Caen*, 368, 460, 457, 458, 694, 716, 784.
— *Par.*, ii, 536.
— *Rouen*, 258, 879.
Porlier. *Par.*, i, 298.
— *Par.*, ii, 411, 1087, 1102.
— *Par.*, iii, 454.
Porquelle. *Fland.*, 454.
Porquet. *Fland.*, 181, 1061.
— *Pic.*, 816, 817.
Porquier (le). *Caen*, 697.
Porlodée. *Guy.*, 144.
Porrade. *Prov.*, i, 591, 628, 1058, 1060.
— *Prov.*, ii, 82.
Porral. *Lyon*, 770.
— *Montp.-Mont.*, 698.
Porre. *Prov.*, i, 194, 1306.
Porreau. *Bourges*, 237, 393.
Porreault. *Poit.*, 441.
Porret. *Bourg.*, ii, 221, 280.
Porrey. *Bourg.*, i, 1140.
Porri. *Prov.*, i, 578, 644, 660, 670.
Porrier. *Bourg.*, ii, 226, 228.
Porsinoguer. *Bret.*, ii, 261.
Port (du). *Bourg.*, i, 398.
— *Bourg.*, ii, 283, 284, 286.
— *Dauph.*, 94, 154, 189.
— *Lim.*, 233, 274.
— *Lyon*, 75, 82, 135, 500.
— *Par.*, i, 214, 821, 936, 953, 1098.
— *Prov.*, i, 1357.
— *Prov.*, ii, 149.
— *La Roch.*, 139, 263.
— *Soiss.*, 170.
— *Toul.-Mont.*, 1286.
— *Tours*, 914, 973.
— *Vers.*, 191.
Porta. *Montp.-Mont.*, 144.
Portail. *Par.*, i, 1201.
— *Par.*, iii, 43, 71, 76, 78, 218, 515.
— *Tours*, 709, 713, 1509.

Portail (du). *Al.*, 287, 1251.
— *Als.*, 151.
— *Guy.*, 806, 819.
— *Orl.*, 234.
Portais. *Bret.*, i, 480.
— *Bret.*, ii, 557, 558.
Portal. *Auv.*, 52.
— *Montp.-Mont.*, 75, 505, 569, 599, 885, 1212, 1423.
— *Par.*, i, 1249.
— *Toul.-Mont.*, 320, 561, 562, 1104.
Portal (du). *Bret.*, ii, 998.
— *Poit.*, 919.
— *Tours*, 1005.
Portalés. *Montp.-Mont.*, 45, 97, 660, 858.
Portalis. *Prov.*, i, 42, 58, 60, 61, 160, 1178, 1191.
Portalon. *Montp.-Mont.*, 265.
Portanier. *Lyon*, 622.
Portart. *Orl.*, 541.
Porte. *Prov.*, i, 977, 1185.
— *Prov.*, ii, 207, 609.
Porte (de). *Prov.*, i, 1353.
Porte (la). *Al.*, 479, 588, 639.
— *Als.*, 905.
— *Auv.*, 55, 224.
— *Béarn*, 161.
— *Bourb.*, 199.
— *Bourges*, 23, 76, 77, 78.
— *Bourg.*, i, 4, 119.
— *Bourg.*, ii, 317.
— *Bret.*, i, 185, 261, 753.
— *Caen*, 431.
— *Dauph.*, 25, 247.
— *Fland.*, 422, 958.
— *Guy.*, 51, 55, 420, 674, 866, 920, 1044, 1171, 1198, 1205.
— *Lim.*, 47.
— *Lorr.*, 78, 384.
— *Lyon*, 10.
Montp.-Mont., 1168, 1214.
— *Orl.*, 233.
— *Par.*, i, 11, 239, 280, 328, 895, 921, 1006, 1029, 1136, 1144, 1160, 1243, 1257.
— *Par.*, ii. 159, 216, 446, 551, 887, 1264.
— *Par.*, iii, 125, 393, 394.
— *Pic.*, 96, 386, 496, 708, 739, 861, 866.
— *Poit.*, 163, 292, 404, 555, 668, 739.
— *Prov.*, ii, 461, 569.
— *La Roch.*, 114, 173, 178, 179, 195, 214, 306, 375.

— *Rouen*, 384, 589, 665, 677.
— *Soiss.*, 531, 722.
— *Toul.-Mont.*, 32, 458, 505, 703, 889, 1285, 1308, 1312, 1469, 1477.
— *Tours*, 754, 755, 758, 922, 948, 951, 1194, 1459, 1479, 1481, 1482.
Porteau. *Par.*, i, 1144.
— *Poit.*, 379, 1236, 1294.
— *La Roch.*, 24.
Porteau (du). *Bret.*, ii, 1069.
Porteaux (des). *Als.*, 555.
Portebise. *Bret.*, i, 491.
Portebize (de). *Tours*, 506.
Portepin. *Auv.*, 271.
— *Guy.*, 79.
Porter. *Bret.*, ii, 443.
Porteret. *Bourg.*, i, 683.
Portes. *Guy.*, 889.
— *Poit.*, 539.
— *Toul.-Mont.*, 1466.
Portes (de). *Champ.*, 157.
— *Montp.-Mont.*, 710.
Portes (des). *Al.*, 141, 316, 404, 412, 538, 1043.
— *Als.*, 587.
— *Bret.*, i, 409, 890, 895.
— *Dauph.*, 110, 196.
— *Lyon*, 675.
— *Par.*, i, 1244.
— *Poit.*, 1214.
— *Rouen*, 800.
— *Tours*, 774, 1472.
Portessan. *Montp.-Mont.*, 975.
Portgust. *Fland.*, 1442.
Portier. *Bourg.*, i, 648, 1068, 1228.
— *Bret.*, ii, 432, 436.
— *Prov.*, i, 159, 1223, 1227, 1230.
— *La Roch.*, 283.
Portier (le). *Al.*, 302, 314, 456, 541, 835, 1206.
— *Tours*, 291.
Portois. *Fland.*, 70, 592.
Portonnier. *Prov.*, ii, 767.
Portzheim. *Lorr.*, 176, 286, 336, 344.
Portzmoguer. *Bret.*, i. 296.
Posque. *Bourb.*, 547.
Possac. *Montp.-Mont.*, 745.
Possel. *Prov.*, i, 2, 19, 98.
— *Prov.*, ii, 491.
Posset (du). *Tours*, 1188.
Posté. *Al.*, 1032.
Poste. *Champ.*, 431.
Postel. *Al.*, 109, 117, 440, 444, 632, 633, 635, 639, 640.
— *Caen*, 442, 455, 583, 694.
— *Fland.*, 982.

— *Par.*, i, 203.
— *Par.*, ii, 1130.
— *Par.*, iii, 407.
— *Pic.*, 175, 328, 598, 655, 700, 717.
— *Rouen*, 451.
Postis. *Rouen*, 310.
Postolle. *Par.*, i, 247.
— *Pic.*, 619.
Posuel. *Lyon*, 140.
— *Toul.-Mont.*, 495.
Pot. *Bourg.*, i, 320.
— *Orl.*, 92.
— *Par.*, i, 71.
— *Par.*, iv, 58.
Pot (de). *Pic.*, 30.
Pot (le). *Par.*, i, 386.
Potart. *Rouen*, 97, 727, 789, 844.
Potel. *Caen*, 609.
— *Par.*, ii, 397, 432, 433.
Poterat. *Champ.*, 132.
— *Rouen*, 556, 557, 956.
Poterel. *Bret.*, ii. 509.
Poterie (la). *Al.*, 749.
— *Dauph.*, 75.
— *Guy.*, 1158.
— *Orl.*, 837.
— *Rouen*, 35.
Poterlat. *Dauph.*, 271, 454.
Poteron. *Bret.*, ii, 384.
Potet. *Lorr.*, 653.
Pothault. *Al.*, 247.
Pothenot. *Vers.*, 297.
Pothouin. *Par.*, ii, 283.
Potier. *Al.*, 104, 824, 965, 1141, 1165, 1182.
— *Bourges*, 141.
— *Bret.*, ii, 14, 15, 359, 421, 435, 494.
— *Caen*, 196, 200, 201, 204, 266, 505, 564.
— *Champ.*, 603.
— *Fland.*, 150, 585, 1112, 1263.
— *Lyon*, 638.
— *Orl.*, 331, 342, 498.
— *Par.*, i, 77, 160, 257, 777, 866, 1036, 1159.
— *Par.*, ii, 204, 477, 723, 1017, 1241.
— *Par.*, iii, 82.
— *Par.*, iv, 756.
— *Poit.*, 142, 559, 1270.
— *Rouen*, 191, 226, 536, 537, 694, 799, 924, 929, 1119.
Potier (le). *Par.*, ii, 55.
Potiére. *Auv.*, 63, 395.
Potiéres. *Par.*, iv, 55.

Potiers (les) d'étain de Metz. *Lorr.*, 615. *Communauté.*
— de Verdun. *Lorr.*, 670.
Potiers. *Poit.*, 567, 716, 807, 1027, 1071, 1191. *Communauté.*
Potin. *Al.*, 1110,
— *Bourges*, 27.
— *Bourg.*, ii, 494.
— *Champ.*, 184, 612.
— *Orl.*, 28, 142, 531, 667.
— *Rouen*, 1362.
Pothus. *Bourg.*, i, 846, 1071.
Potot. *Bourg.*, i, 160, 1259.
— *Bourg.*, ii, 247, 583.
— *Lyon*, 124, 671.
Potreau. *Poit.*, 1170.
Potrelot. *Champ.*, 345.
Pots (des). *Par.*, iv, 407.
Potteau. *Fland.*, 165, 516, 542.
Pottemin. *Par.*, i, 696.
Potterie (la). *Par.*, i, 1015.
— *Par.*, iv, 122.
— *Pic.*, 412.
Pottevin. *Par.*, i, 403.
Pottier. *Pic.*, 797.
— *Soiss.*, 237, 460, 486, 562, 564, 646, 704, 806.
— *Tours*, 957, 1161, 1302, 1315, 1415.
Potton. *Tours*, 240.
Poublang. *Guy.*, 1158.
Pouche. *Montp.-Mont.*, 133.
Poucques. *Pic.*, 341, 345, 675.
Poucques (de). *Fland.*, 153, 157, 979, 1001.
Poudenard. *Guy.*, 800.
Poudenas. *Toul.-Mont.*, 351, 363.
Poudenx. *Guy.*, 259, 382, 468, 473.
Pouderoux. *Lyon*, 23, 42, 253, 254, 984.
Poudiux. *Guy.*, 884.
Poudre. *Poit.*, 1485.
Poudrel. *Dauph.*, 494.
Poudret. *Poit.*, 1095.
Poudrier. *Par.*, iii, 447.
Pouétart. *Bret.*, i, 438.
Pouffier. *Bourg.*, i, 36, 313, 317.
— *Bourg.*, ii, 22.
Pougault. *Bourb.*, 411, 491.
Pougeaud. *Prov.*, i, 834.
Pougeois. *Champ.*, 104.
Pouget. *Guy.*, 1008.
— *Montp.-Mont.*, 72, 640, 792, 897, 1265, 1348, 1368.
— *Poit.*, 1120, 1330.
Pouget (du). *Bourb.*, 157, 321, 522.

— *Toul.-Mont.*, 545.
Poughol. *Auv.*, 575.
Pouguet. *Poit.*, 1144, 1177.
Pouhat. *Bourg.*, I, 619.
Poui (de). *Montp.-Mont.*, 1220.
Poui (du). *Guy.*, 285, 286, 1184.
Pouillaude. *Fland.*, 290.
Pouille. *Fland.*, 1121, 1264.
Pouilleau. *Vers.*, 40.
Pouilli. *Champ.*, 74, 75, 243, 244, 246, 252, 270, 273.
Pouilliou, *La Roch.*, 311.
Pouillon. *Fland.*, 159.
— *Orl.*, 419.
Pouillot. *Par.*, IV, 549.
Pouilly. *Bourg.*, I, 243.
— *Lorr.*, 327, 407, 545.
— *Par.*, III, 526.
Pouittier. *Prov.*, I, 704.
Poujade. *Guy.*, 730.
Poujalle. *Als.*, 778.
Poujat. *La Roch.*, 307.
Poujeois. *Soiss.*, 848.
Poujol. *Montp.-Mont.*, 12.
Poujols. *Guy.*, 1038, 1107.
— *Toul.-Mont.*, 1129.
Poulain. *Bourges*, 503.
— *Bourg.*, I, 305, 1170.
— *Bret.*, I, 169, 252, 253, 569, 614, 821, 825, 826.
— *Caen*, 566.
— *Par.*, III, 240.
— *Poit.*, 559.
— *Rouen*, 389, 786.
Poulanlou. *Bret.*, II, 1012.
Poulart. *Bret.*, II, 2, 308, 379.
— *Par.*, III, 376.
Poulary. *Poit.*, 169.
Poulat. *Prov.*, I, 983.
Poule. *Fland.*, 122, 126, 131, 139, 158, 541.
Poulet. *Par.*, II, 303.
— *Prov.*, II, 663.
— *La Roch.*, 283, 298.
Pouletquel. *Bret.*, I, 557.
Poulignac. *La Roch.*, 390.
Poulin. *Prov.*, I, 660.
Poullain. *Al.*, 138, 347, 450, 500, 698, 706, 783, 825.
— *Bourg.*, II, 190, 191, 335, 558.
— *Orl.*, 616, 674.
— *Par.*, II, 668, 1237.
— *Pic.*, 597, 599.
— *Soiss.*, 729.
— *Tours*, 120, 130, 131, 150, 557, 569, 1266.

Poullanc. *Bret.*, II, 76, 171, 197, 328, 388, 390, 573, 574, 586, 666, 1015.
Poullard. *Al.*, 1021.
— *La Roch.*, 183.
— *Tours*, 86, 261, 271, 549.
Poulle. *Bret.*, II, 471, 491, 508.
— *Prov.*, II, 726.
Poullereau. *Fland.*, 996.
Poullet. *Bourg.*, II, 13.
— *Fland.*, 604.
— *Prov.*, I, 952, 1029.
— *Soiss.*, 56, 60, 175, 529, 861.
Poulletier. *Par.*, II, 339, 692.
— *Par.*, IV, 322, 325.
Poulleve. *Orl.*, 769.
Poullier. *Bret.*, I, 54.
— *Pic.*, 639.
Poullion. *Rouen*, 897.
Poulmic (du). *Bret.*, I, 539, 627.
— *Bret.*, II, 284.
Poulpiquet. *Bret.*, I, 344, 705, 754.
— *Bret.*, II, 228.
Poulpre. *Prov.*, I, 1034.
Poulpre (du). *Bret.*, I, 391, 539, 541, 543, 548, 553, 555.
Poulpry (du). *Bret.*, II, 706.
Poultier. *Pic.*, 470, 474, 755.
— *Soiss.*, 393.
Poultier (le). *Rouen*, 30.
Poultrain. *Pic.*, 748.
Poumey. *Bourg.*, II, 535.
Poumier. *La Roch.*, 284.
Poumière. *Prov.*, II, 679.
Poumiés. *Toul.-Mont.*, 720.
Pouot (du). *Tours*, 1138.
Poupaille. *Poit.*, 461, 1133.
Poupardin. *Bourges*, 28, 40, 235, 376.
Poupart. *Champ.*, 345.
— *Par.*, I, 219, 731.
— *Par.*, II, 668.
— *Par.*, IV, 214.
— *Pic.*, 709.
— *Poit.*, 189, 515, 1368.
— *Tours*, 1523.
Poupault. *Champ*, 706.
Poupaux. *Bourges*, 518.
Poupe. *Fland.*, 987.
Poupé. *Auv.*, 490, 491.
— *Tours*, 1191.
Poupeau. *Poit.*, 88, 803.
Poupet (le). *Caen*, 75, 81, 244, 251, 444, 685, 756, 757, 758.
— *Par.*, I, 293, 1085.
Poupin. *Poit.*, 310.
Poupine. *Al.*, 1248.

Poupinel (le). *Caen*, 196.
Pouponnet. *Poit.*, 1188.
Poupot. *Bourg.*, I, 203, 538.
— *Bourg.*, II, 608.
Pouquières *Montp.-Mont.*, 926.
Poura. *Lyon*, 674.
Pourat. *Par.*, II, 233.
Pourceau (le). *Bret.*, I, 861, 862.
— *Bret.*, II, 1073.
Pourcel (le). *La Roch.*, 157.
Pourcelet. *Prov.*, I, 1027.
Pourcellet. *Tours*, 825.
Pourcelli. *Prov.*, II, 833.
Pourcelot. *Bourg.*, I, 1098.
Pourcher. *Bourg.*, II, 475, 490, 537.
Pourcin. *Prov.*, I, 988.
— *Prov.*, II, 552, 627.
Pouré. *Par.*, IV, 155.
Pourel. *Toul.-Mont.* 774.
Pourelle. *Soiss.*, 707.
Pouret. *Champ.*, 543.
— *Guy.*, 327.
— *Montp.-Mont.*, 513.
— *Par.*, II, 853.
Pourey. *Bourg.*, I, 1051.
Pourfour. *Par.*, II, 360.
Pourgueri. *Guy.*, 517. 670.
Pourias. *Prov.*, I, 940.
Pouriat. *Bret.*, II, 176.
Pourielle. *Par.*, III, 369.
Pourier. *Pic.*, 873.
— *Soiss.*, 549, 551.
Pourmin. *Bourges*, 371.
Pourrières. *Prov.*, I, 522. V.
Pourroi (de). *Dauph.*, 22, 27, 28, 33,
   37, 52, 61, 63, 117, 133, 137. 152,
   275, 388.
Poursai. *Lorr.*, 477. Ab.
Poursain. *Auv.*, 505.
Poursin. *Bourg.*, I, 456.
Pourteau. *Béarn*, 121.
Pourtier. *Bourg.*, I, 572, 1245.
Poaru. *Champ.*, 546, 547.
Pousan. *Toul.-Mont.*, 154.
Pousargues. *Montp.-Mont.*, 1095.
Pouseveau (du). *Tours*, 1252.
Poussard. *Bourg.*, II, 161.
— *Guy.*, 250.
— *La Roch.*, 105, 166, 378.
Poussardière. *Tours*, 53.
Poussechat. *Par.*, I. 1325.
— *Par.*, II, 117.
Pousselière (la). *Bourges*, 522.
Poussemothe. *Par.*, I, 981, 1319.
— *Par.*, II, 524.
Poussepin. *Par.*, I, 947.

— *Par.*, II, 229, 349, 387.
Poussergues. *Montp.-Mont.*, 814.
Pousset. *Al.*, 971.
— *Tours*, 301.
Poussin. *Al.*, 444, 804.
— *Par.*, III, 347.
— *Poit.*, 1169.
— *La Roch.*, 261.
— *Soiss.*, 18, 145, 205, 225, 354,
   480, 481, 486, 503, 558, 686.
Poussineau. *Poit.*, 25, 50, 75, 456,
   791, 818.
— *Toul.-Mont.*, 616.
Poussoi (de). *Toul.-Mont.*, 8.
Pousson. *Toul.-Mont.*, 990.
Poussonel. *Toul.-Mont.*, 518.
Poussy. *Bourg.*, I, 164, 234.
— *Bourg.*, II, 252, 253.
— *Par.*, II, 594.
Pousteau. *Orl.*, 782.
— *Poit.*, 1000.
— *Tours*, 1443, 1447.
Poustoly. *Montp.-Mont.*, 722.
Poutet. *Lorr.*, 187, 220, 249.
Pouthe. *Lim.*, 115, 146.
Pouthier. *Bourg.*, I, 652, 791, 859,
   1006, 1105.
Poutrel. *Toul.-Mont.*, 1146.
Poutrel (le). *Caen*, 167, 396, 398.
Pouve (le). *Fland.*, 1173.
Pouvère. *Prov.*, I, 828.
Pouverin. *Prov.*, II, 441, 438.
Pouville. *Orl.*, 400.
Poux. *Bourg.*, I, 666, 830.
Poux (du). *Bourb.*, 575.
Pouyade (la). *Lim.*, 414.
Pouzadoux. *Auv.*, 96, 1041.
Pouzargues. *Toul.-Mont.*, 96, 1041.
Pouzat. *Auv.*, 485.
Pouzet. *Poit.*, 1046.
Pouzieux. *Tours*, 202.
Pouzols (de). *Toul.-Mont.*, 97, 98.
Poy (du). *Vers.*, 186.
Poya. *Par.*, III, 177.
Poyade (la). *Béarn*, 93, 108, 111.
Poyant. *Poit.*, 259.
Poyault. *Lim.*, 419, 425.
Poyen. *Bourg.*, I, 471, 472.
— *Bourg.*, II, 486.
Poyer. *Al.*, 577, 874.
— *Rouen*, 703, 725.
Poyet. *Bret.*, I, 180.
— *Lyon*, 972, 985, 1004.
— *Tours*, 106, 110.
Poyet (du). *Dauph.*, 304.
Pozzo (del). *Par.*, I, 56.

Pra (de). *Bourg.*, i, 221, 793, 1251.
Pra (du). *La Roch.*, 146.
Prache. *Montp.-Mont,*, 767.
— *Pic.*, 649.
Pracomtal. *Bourb.*, 255.
— *Par.*, iii, 36.
Pracos. *Par.*, ii, 1098.
Pradal. *Lyon*, 432.
— *Toul.-Mont.*, 82, 96, 658.
Pradan. *Dauph.*, 464.
Pradault. *Lim.*, 423.
Prade. *Prov.*, ii, 660.
Prade (la). *Guy.*, 1129, 1227.
— *Toul.-Mont.*, 1253.
Pradé. *Par.*, i, 1020.
Pradeaux (des). *Lim.*, 461.
Pradel. *Auv.*, 584.
— *Fland.*, 1244.
— *Lyon*, 20, 622.
— *La Roch.*, 147.
Pradel (de). *Montp.-Mont.*, 659, 760, 795, 802, 1315.
Pradelle. *Tours*, 817.
Pradelle (la). *Lim.*, 424.
Pradelles. *Toul.-Mont.*, 556, 1144, 1145, 1170, 1389.
Prades. *Montp.-Mont.*, 1178. V.
— *Toul.-Mont.*, 732, 764.
Prades (de). *Auv.*, 78, 80, 419, 432.
Pradet (du). *Lim.*, 400.
Pradeville. *Auv.*, 394.
Pradier. *Montp.-Mont.*, 686, 687, 688.
— *Toul.-Mont.*, 250, 1062.
Pradignat. *Lim.*, 422.
Pradillon. *Guy.*, 900.
Pradines. *Montp.-Mont.*, 296.
— *Par.*, ii, 1275.
— *Toul.-Mont.*, 139, 278, 1106, 1177.
Pradmas. *Lim.*, 459.
Pradon. *Auv.*, 251.
— *Prov.*, ii, 665.
Pradou (du). *Tours*, 637.
Prady. *Toul.-Mont.*, 660.
Praele (du). *Al.*, 170.
Pragelier. *Lim.*, 297.
Prai. *Toul.-Mont.*, 523.
Praie (la). *Lyon*, 91, 108, 367.
Prailly. *Par.*, iii, 134.
Praire. *Lyon*, 333.
Pralard. *Lyon*, 667.
Pralon. *Lyon*, 16.
Prampart. *Bret.*, i, 776.
Prandière. *Lyon*, 1034.
Praneus. *Montp.-Mont.*, 432.
Pranier. *Lorr.*, 626.
Pransigny. *Bourg.*, i, 873.

Prarond. *Montp.-Mont.*, 457.
Pras (de). *Prov.*, i, 1125, 1126.
Praslin. *Lorr.*, 622.
Prat. *Dauph.*, 30, 531.
— *Prov.*, ii, 679, 697.
Prat (de). *Bourg.*, ii, 10.
Prat (du). *Auv.*, 424.
— *Dauph.*, 18, 529.
— *Guy.*, 845, 943, 944, 995, 1033, 1141, 1199, 1201.
— *Lyon*, 140.
— *Montp.-Mont.*, 513, 536, 1250.
— *Par.*, i, 1140.
— *Par.*, ii, 568, 622, 797.
— *Pic.*, 812.
— *Toul.-Mont.*, 186, 461, 486, 535, 618, 947, 1154, 1310, 1329, 1348, 1351, 1448, 1484.
— *Vers.*, 1
Prats (des). *Toul.-Mont.*, 442.
Pratz de Meuillan. *Toul. - Mont.*, 1447. V.
Praud. *Prov.*, ii, 767.
Prauger. *Pic.*, 127.
Pravieux. *Lyon*, 813.
Pravoux. *Lyon*, 767.
Praye (la). *Bourg.*, i, 275.
Pré (de). *Bourg.*, ii, 627.
Pré (du). *Al.*, 147, 461, 729, 862.
— *Als.*, 23, 145, 240, 1006.
— *Auv.*, 509.
— *Bourb.*, 86.
— *Bourg.*, i, 423, 1186, 1223.
— *Bourg.*, ii, 100, 333, 484.
— *Bret.*, ii, 399, 789, 806.
— *Caen*, 57, 95, 96, 194, 711.
— *Dauph.*, 130.
— *Fland.*, 313, 517, 979.
— *Guy.*, 178, 1071.
— *Lim.*, 220.
— *Lyon*, 40, 297, 686.
— *Montp.-Mont.*, 119.
— *Orl.*, 354, 466.
— *Par.*, i, 790, 952, 1137.
— *Par.*, ii, 936, 978, 1087, 1178, 1215.
— *Par.*, iii, 127, 433.
— *Par.*, iv, 589, 738.
— *Pic.*, 714.
— *Prov.*, ii, 452, 627.
— *Rouen*, 265, 369, 382.
— *Toul.-Mont.*, 1211.
— *Tours*, 303, 508.
Préau. *Bourb.*, 41, 208.
— *Fland.*, 283, 323.
— *Par.*, i, 242.

— *Par*, II, 675.
— *Poit.*, 537, 538, 541, 1439.
Préaud. *Bourg.*, I, 122.
Préaux. *Orl.*, 339.
— *Rouen*, 768.
Préaux (de). *Bourges*, 85, 103, 170, 172.
Préaux (des). *Poit.*, 266.
Precelles. *Soiss.*, 122.
Prechac. *Montp.-Mont.*, 1144, 1185.
— *Toul.-Mont.*, 1242, 1337.
Préchonnet. *Bourb.*, 127, 520.
Préchonville. *Bourges*, 527.
Predeau. *Par.*, III, 457.
Prédepère. *Toul.-Mont.*, 458.
Prédeseigle. *Vers.*, 28.
Predet. *Par.*, I, 304,
Prédour. *Bret.*, II, 867, 868.
Préc (la). *Auv.*, 297.
— *Par.*, II, 859.
Prégent. *Tours*, 989, 1255, 1320.
— *Orl.*, 907.
Préhac. *Béarn*, 10,
— *Toul.-Mont.*, 320,
Préhamon. *Bret.*, II, 538.
Préhu. *Bret.*, II, 971.
Preire. *Prov.*, I, 1021, 1354,
Preis. *Als.*, 79, 100.
Preissac. *Toul.-Mont.*, 947, 954.
Preissat. *Guy.*, 654, 882.
Prel. *Dauph.*, 422.
Prel (du). *Bourg.*, I, 569.
— *Lorr.*, 342.
Prélasque. *Par.*, III, 7.
Prelle (de). *Caen*, 249, 316, 444.
Prélon. *Toul.-Mont.*, 1262.
Prémagni. *Rouen*, 773.
Prémont. *Al.*, 945.
— *Par.*, III, 325.
Prémontrés de Nanci (les). *Lorr.*, 112. Relig.
— de Benoistevaux. *Lorr.*, 566.
Prenal. *Lyon*, 538.
Prépaud. *Prov.*, I, 557.
Prepetit. *Al.*, 808.
— *Bret.*, I, 184.
— *Caen*, 561.
Prés (St-). *La Roch.*, 404.
Preschac. *Guy.*, 813, 917, 944.
Prescheresses de Metz (les). Couvent. *Lorr.*, 564,
Preseau. *Tours*, 84, 92, 439, 523.
Préseaux (des). *Tours*, 1215.
Présillon. *Béarn*, 136.
Présin. *Fland.*, 320.
Presle. *Lyon*, 144.

— *Rouen*, 804, 841.
Pressac. *Poit.*, 443.
Pressac (de). *La Roch.*, 391:.
Pressagne. *Auv.*, 415.
Pressart. *Poil.*, 557.
Pressat. *Lim.*, 271, 273.
Pressigni. *Tours*, 1252.
Pressins. *Dauph.*, 585.
— *Lyon*, 42.
Pressoir (du). *Par.*, III, 353.
Prestre. *Lorr.*, 676, 677.
Prestre (le). *Bourb.*, 59.
— *Bret.*, I, 213. 768.
— *Bret.*, II, 526.
— *Caen*, 194, 222,
— *Fland.*, 156, 196, 244.
— *Lyon*, 338.
— *Par.*, I, 133, 202, 766, 1068.
— *Par.*, II, 514.
— *Par.*, III, 414.
— *Par.*, IV, 375.
— *Pic.*, 34, 609, 627, 632.
Presty. *Par.*, II, 1252.
— *Par.*, III, 289.
Preteseille. *Bret.*, II, 411.
Pretet. *Bret.*, II, 674.
Prétiane. *Montp.-Mont.*, 1077, 1078:.
Pretot. *Caen*, 563.
Preudhomme. *Soiss.*, 412, 503, 729.
— *Tours*, 834, 922.
Preuf. *Auv.*, 392.
Preuil (de). *Toul.-Mont.*, 164.
Preuil (du). *Guy.*, 1195.
— *Poit.*, 503.
Preuil (St-). *Par.*, II, 190
Preuille (la). *Poit.*, 1229.
Preuilli. *Tours*, 820, 844, 1309.
Preux (le). *Champ.*, 785, 787, 794.
— *Rouen*, 772.
Préval. *Rouen*, 824, 863.
Prévatel. *Caen*, 293.
Prévenguières. *Toul.-Mont.*, 302, 1395.
Prevenguières. *Montp.-Mont.*, 1051.
Preverand. *Bourb.*, 29.
— *Lim.*, 45, 58, 227, 390.
Prevereau. *Bourb.*, 172.
— *La Roch.*, 325.
Préville. *Bourges*, 243, 279.
— *Orl.*, 559.
— *Poit.*, 398, 660.
Prévost. *Bourb.*, 108.
— *Bourges*, 236.
— *Bourg.*, I, 276, 346, 690, 1028, 1138.
— *Bourg.*, II, 11, 100, 186, 240, 246

— *Bret.*, ı, 211, 410, 565, 566.
— *Bret.*, ıı, 83, 377, 406, 407, 478, 583, 962, 1000.
— *Champ.*, 153, 727, 866.
— *Fland.*, 218, 322, 779, 989.
— *Guy.*, 246, 1110.
— *Lim.*, 60, 70, 331.
— *Lorr.*, 643.
— *Lyon*, 944.
— *Orl.*, 5, 131, 331, 349, 409, 445, 557, 663.
— *Par.*, ı, 324, 371, 723, 755, 933, 970, 1006, 1053, 1129, 1257, 1320.
— *Par.*, ıı, 54, 368, 408, 605, 653.
— *Par.*, ııı, 316, 323, 336.
— *Par.*, ıv, 212, 665.
— *Pic.*, 18, 20, 71, 144, 171, 443, 450, 581, 607, 699, 717, 784, 806, 814, 847, 862, 867, 868.
— *Poit.*, 92, 155, 184, 193, 406, 569, 604, 614, 615, 633, 853, 1145, 1489.
— *La Roch.*, 31, 126, 151.
— *Soiss.*, 17, 28, 104, 159, 581, 642, 686.
— *Toul.-Mont.*, 398, 499, 744, 750, 1314.
— *Tours*, 133, 184, 332, 535, 834, 886, 943, 972, 1007, 1380.
— *Vers.*, 243.
Prévost (le). *Al.*, 30, 43, 45, 72, 77, 78, 93, 191, 223, 231, 233, 307, 455, 458, 574, 585, 755, 1200.
— *Bret.*, ı, 576.
— *Caen*, 105, 106, 110, 148, 150, 155, 158, 242, 297, 340, 413, 415, 450, 523, 524.
— *Fland.*, 110, 111, 363, 571.
— *Orl.*, 435, 911.
— *Par.*, ıı, 288, 646, 1105.
— *Par.*, ııı, 270.
— *Rouen*, 599, 751, 762, 763.
— *Tours*, 646, 729.
Prévost et eschevins de Neufchasteau (les). *Lorr.*, 88.
Prévosté de Pont-à-Mousson (la). *Lorr.*, 98.
Prez (de). *Orl.*, 197, 522.
Prez (des). *Al.*, 358, 700, 781, 845.
— *Bourb.*, 57, 65, 185, 488, 595.
— *Bourges*, 24, 78.
— *Bourg.*, ıı, 315.
— *Bret.*, ı, 723.
— *Bret.*, ıı, 869, 1066.
— *Caen*, 756.
— *Fland.*, 1034, 1439, 1450.
— *Lim.*, 437.

— *Lorr.*, 628, 638.
— *Montp.-Mont.*, 27, 897, 1259.
— *Orl.*, 126, 132, 135, 696, 763.
— *Par.*, ı, 1154.
— *Par.*, ıı, 277, 1039.
— *Par.*, ıv, 5, 320.
— *Pic.*, 119, 147, 158, 416, 547.
— *Poit.*, 154, 158, 193, 194, 369, 657, 1200.
— *Rouen*, 413, 558, 1163, 1328.
— *Soiss.*, 606.
— *Toul.-Mont.*, 1423.
— *Tours*, 854.
Prezeau. *Fland.*, 1309, 1311, 1316.
Prichard *La Roch.*, 430.
Pricq. *Guy.*, 37.
Prié. *Par.*, ıı, 739.
Pric. *Vers.*, 56.
Priech-de-Lestrade (de St-). *Lim.*, 472.
Priélé. *Toul.-Mont.*, 350, 361.
Prier. *Bret.*, ı, 376.
Priest (St-). *Auv.*, 421.
— *Lyon*, 333, 712, 790.
— *Montp.-Mont.*, 451.
Prieur. *Bourg.*, ıı, 157, 498, 505.
— *Champ.*, 674.
— *Orl.*, 733.
— *Par.*, ı, 116.
— *Par.*, ıı, 53.
— *Par.*, ııı, 276, 279, 430, 462, 472.
— *Poit.*, 1160, 1353.
— *La Roch.*, 168.
— *Toul.-Mont.*, 1262.
— *Vers.*, 141.
Prieur (le). *Al.*, 215, 504, 770.
— *Bret.*, ıı, 1070.
— *Rouen*, 825.
Priezac. *Bourg.*, ı, 295.
Prigent. *Bret.*, ı, 45, 286, 650.
— *Bret.*, ıı, 228, 229, 336, 964, 965.
Prignet. *Champ.*, 603.
Prigneur (le). *Rouen*, 245.
Prihonnet. *Bourb.*, 505.
Pril. *Als.*, 491.
Primanier. *Bret.*, ı, 883.
— *Bret.*, ıı, 422, 457.
Primatiale-de-Nanci (la). *Lorr.*, Ch. 145.
Primaudaie. *Al.*, 683.
Primaudaye (la). *Orl.*, 114.
— *Poit.*, 2, 1141.
Primaudière (la). *Tours*, 1524.
Primault. *Fland.*, 1407.
— *Poit.*, 1086.
Prime. *Par.*, ııı, 297.

Primori. *Al.*, 910.
Princay (de). *La Roch.*, 402.
Prince (le). *Al.*, 831, 1229.
— *Caen*, 731.
— *Fland.*, 133.
— *Par.*, I, 1220.
— *Rouen*, 1364, 1365.
Princé. *Tours*, 566, 576.
Priuet. *Als.*, 776.
— *Lorr.*, 326.
Pringet. *Bourges*, 528.
Pringle. *Rouen*, 537.
Pringles (de). *Bourg.*, I, 78.
Priustet. *Bourg.*, I, 244.
Priol. *Bret.*, II, 604.
Prioleau. *Poit.*, 1023.
Priolo. *Champ.*, 2, 58.
— *Vers.*, 201.
Prioron. *Dauph.*, 345.
Priou. *Par.*, III, 386.
Prioul. *Bret.*, I, 404, 408.
— *Bret.*, II, 415, 440, 745.
Pri,é. *Par.*, III, 393.
Prisset. *Als.*, 784.
Prisy. *Bourb.*, 71, 88, 191, 470.
Prival (St-). *Soiss.*, 203.
Privat. *Lyon*, 155.
— *Montp.-Mont.*, 821, 1299, 1303.
— *Prov.*, II, 76.
— *Toul.-Mont.*, 1152.
Privat (St-). *Montp.-Mont.*, 841, 1437.
Privé. *Orl.*, 358, 425, 461.
Privé (St-). *Champ.*, 228.
Privey. *Bourg.*, I, 588.
Privière (la). *Poit.*, 632.
Prix (de). *Al.*, 319, 326.
— *Toul.-Mont.*, 1098.
Prize. *Poit.*, 1147.
Pro. *Par.*, II, 581.
Probusse. *Prov.*, II, 786, 787.
Procheville. *Lorr.*, 31, 211, 650.
Procureur. *Fland.*, 884.
Procureurs au parlement de Metz (les). *Lorr.*, 619.
— au baillage de Metz. *Lorr.*, 643.
— au baillage de Thionville. *Lorr.*, 689.
— au baillage de Verdun. *Lorr.*, 679.
Procureurs. *Communauté. Poit.*, 922, 925, 1037, 1194, 1465.
Prodhome. *Bret.*, II, 275, 405.
Prod'hon. *Bourg.*, I, 833.
Profillet. *Champ.*, 526, 523.
Profit. *Bret.*, II, 226.
Proger. *Par.*, II, 300.
Proget. *Par.*, I, 274.

— *Toul.-Mont.*, 887.
Prohengues. *Lyon*, 515.
— *Toul.-Mont.*, 115.
Prohet. *Auv.*, 349, 369.
Proint. *Poit.*, 498.
Proisier. *Bret.*, II, 961.
Proizi (de). *Champ.*, 440.
Proizi. *Soiss.*, 147, 152, 292, 349, 361.
Prolon. *Lyon*, 835.
Promentier. *Fland.*, 223, 1071, 1090, 1167.
Prompt. *Rouen*, 890.
Pron (du). *Par.*, I, 1327.
Prondre. *Par.*, II, 583.
Pronneur. *Fland.*, 1036.
Pronnevin. *Fland.*, 1017.
Pronsard. *Orl.*, 178.
Propagation de la Foi de Metz (la). *Rel. Lorr.*, 564.
Proqueau. *Par.*, IV, 29.
Prose. *Toul.-Mont.*, 734.
Prospert. *Tours*, 579.
Prost. *Bourg.*, I, 16, 661.
— *Bourg.*, II, 607.
— *Lyon*, 25, 40, 42, 53, 116, 288, 334, 498, 640, 856.
— *Par.*, I, 108.
Prota. *Par.*, III, 475.
Proteau. *Guy.*, 395.
Prou. *Orl.*, 336, 338.
— *La Roch.*, 29.
Prouais. *Al.*, 1051.
Prouest. *Bret.*, II, 427.
Prouencé. *Tours*, 1506. V.
Prouères. *Guy.*, 973.
— *La Roch.*, 235.
Prougen. *Toul.-Mont.*, 119, 478.
Prouho. *Toul.-Mont.*, 641.
Prouin. *Bourg.*, II, 45.
— *Orl.*, 700.
Prouliac. *Toul.-Mont.*, 1065.
Prouliat. *Auv.*, 182.
Proun (le). *Par.*, I, 1319.
Proust. *Bret.*, I, 161.
— *Bret.*, II, 28, 1105.
— *Par.*, II, 73, 815, 817.
— *Par.*, IV, 121.
— *Poit.*, 498, 770, 791, 880, 1269, 1401.
— *Prov.*, I, 1321.
— *La Roch.*, 255.
Proust (le). *Orl.*, 49, 670.
Prousteau. *Orl.*, 338, 724.
— *Poit.*, 510, 955, 1214.
— *La Roch.*, 387.

Prout. *Prov.*, I, 1268.
Prouterie (la). *Par.*, II, 302.
Proutteau. *Tours*, 839.
Prouvenza. *Par.*, II, 1092.
Prouvère. *Al.*, 777, 1172.
Prouvi. *Lorr.*, 333.
Prouvier. *Bourg.*, I, 960.
Prouville. *Fland.*, 962, 967.
— *Lorr.*, 492.
Prouvin. *Prov.*, II, 424, 430.
Proux. *Guy.*, 1164.
— *Poit.*, 1335, 1366.
Proux (le). *Tours*, 1091.
Provençal. *Bret.*, I, 295.
— *Prov.*, II, 130, 177, 587, 588.
Provence. *Prov.*, I, 437.
Provenchère. *Orl.*, 352, 359, 386, 434, 474, 475.
Provereau. *Bourb.*, 171.
Provin. *Prov.*, I, 106.
Provins. *Par.*, IV, 298.
— *Prov.*, I, 1430.
Provost. *Bret.*, I, 356, 400.
Provost (le). *Bret.*, I, 696.
Proyelle. *Fland.*, 1503.
Prozelle. *Par.*, I, 473.
Prucques. *Fland.*, 325.
Prudant. *Prov.*, I, 1036.
Prudeau. *Lim.*, 375.
Prudent. *Tours*, 319.
Prud'homme. *Al.*, 1092, 1183.
— *Als.*, 1074.
— *Bret.*, II, 472, 1104.
— *Fland.*, 65, 100, 342, 361.
— *Par.*, I, 496.
— *Par.*, II, 719.
— *Par.*, III, 287, 410, 445.
— *Pic.*, 147.
— *Poit.*, 1210.
— *Rouen*, 1355.
— *Tours*, 647, 948, 1107.
Prudhomme (le). *Lorr.*, 55, 417.
Prudhommeau. *Tours*, 296, 1218.
Pruel. *Poit.*, 496.
Pruel (de). *Bourg.*, I, 649.
— *Toul.-Mont.*, 875.
Prugue. *Guy.*, 319, 320, 329, 332, 346, 384, 976.
Pruilante. *Prov.*, I, 552.
Prüille. *Guy.*, 124.
Pruines (de). *Toul.-Mont.*, 1171.
Prun. *Toul.-Mont.*, 1483.
Prunay. *Orl.*, 808.
Prune (la). *Toul.-Mont.*, 69, 510, 1048.
Pruneau. *Poit.*, 487.

Prunelay. *Orl.*, 182, 263, 687, 688, 989.
— *Par.*, IV, 555.
Prunelle. *Orl.*, 618.
— *Par.*, III, 187.
Prunes. *Toul.-Mont.*, 960.
Prunet. *Montp.-Mont.*, 812, 912.
— *Par.*, II, 765.
— *Par.*, III, 411.
Prunier. *Bourb.*, 568.
— *Caen*, 604.
— *Dauph.*, 108, 109, 141, 177, 412.
— *Par.*, II, 844, 990.
— *Prov.*, I, 759.
— *La Roch.*, 257.
— *Rouen*, 935.
— *Tours*, 1341.
Pruslai. *Al.*, 1001.
Prusse. *Orl.*, 390.
Pruville. *Dauph.*, 552.
Pucelle. *Par.*, II, 1203, 1230.
— *Par.*, III, 140.
— *Soiss.*, 568.
Puch. *Guy.*, 1068.
— Puchot. *Rouen*, 40, 43, 47, 106, 498, 508, 509, 583, 596, 648, 680, 686, 707, 977.
Puech. *Fland.*, 6.
— *Lorr.*, 309.
— *Montp.-Mont.*, 69, 852.
— *Prov.*, II, 294.
— *Toul.-Mont.*, 764.
Puechréchaut. *Toul.-Mont.*, 742.
Puel (de). *Montp.-Mont.*, 1055.
— *Toul.-Mont.*, 1130, 1165.
Puels (du). *Guy.*, 808.
Puetel. *Als.*, 1015.
Pugeault. *Bourg.*, I, 284.
— *Bourg.*, II, 133.
Puget. *Lyon*, 92.
— *Montp.-Mont.*, 1023.
— *Prov.*, I, 426, 537, 787, 963.
— *Prov.*, II, 332, 387, 634, 725.
— *Toul.-Mont.*, 110, 193, 846, 847.
Puget (du). *Bourg.*, I, 195, 292, 1047.
— *Bourg.*, II, 138.
— *Bret.*, I, 417.
— *Fland.*, 1409.
— *Pic.*, 810.
— *Prov.*, I, 1364.
Pugin. *Bret.*, II, 620, 637.
Pugnau. *Guy.*, 44.
Pugnère. *Prov.*, I, 222, 1350, 1381, 1382.
Pugnerel. *Prov.*, I, 496.
Pugnier. *Montp.-Mont.*, 1102, 1104.

Pui (du). *Al.*, 786.
— *Bourges*, 145, 198, 527.
— *Champ.*, 156, 180, 452, 580.
— *Dauph.*, 20, 65, 66, 159, 176, 232, 334, 356, 388, 394, 464, 465, 474, 554.
— *Fland.*, 202, 584, 1124, 1207, 1229, 1258.
— *Guy.*, 106, 227, 408, 502, 624, 630, 780, 811, 849, 883, 941, 993, 1005, 1027, 1055, 1087, 1088, 1089, 1130, 1132, 1170, 1205, 1207.
— *Lorr.*, 8, 10, 144, 158, 482.
— *Lyon*, 207, 236, 253, 559, 603, 616, 665, 799, 866, 868, 978, 1021, 1033.
— *Montp.-Mont.*, 316, 367, 676, 828, 1216.
— *Par.*, 1, 282, 372, 373, 374, 388, 744, 1080, 1223, 1224, 1247, 1390.
— *Poit.*, 285, 500, 561, 786, 840, 948, 1002, 1054, 1201, 1459.
— *La Roch.*, 244, 312, 194.
— *Toul.-Mont.*, 126, 197, 272, 504, 515, 576, 645, 646, 748, 858, 1029, 1068, 1086, 1101, 1211, 1232, 1319, 1477.
— *Tours*, 205, 726, 1061.
Pui (St-). *Toul.-Mont.*, 1200. V.
Puibergeon (de). *Tours*, 205.
Puiblou. *Poit.*, 1275.
Puibusque. *Toul.-Mont.*, 332, 858.
Puic (du). *Pic.*, 491, 677, 678.
Puichaud. *Poit.*, 1391.
Puichemin. *Poit.*, 1082.
Puichon. *Pic.*, 725.
Puidorat. *Prov.*, II, 486.
Puigornet. *La Roch.*, 241.
Puigros. *Dauph.*, 484, 496.
Puiguyon. *Poit.*, 1035, 1380, 1427.
Puilagarde. *Toul.-Mont.*, 930. V. 1069.
Puilaroque. *Toul.-Mont.*, 930. V.
Puilaurens. *Toul.-Mont.*, 857. V.
Puilevesque. *Toul.-Mont.*, 1017. V.
Puilhot. *Als.*, 306.
Puilon. *Par.*, II, 716.
Puilon (le). *Bret.*, II, 367.
Puimalie. *Guy.*, 1073.
Puimin. *Poit.*, 640, 1294.
Puiminault. *Bourges*, 521.
Puimlro. *Béarn*, 73, 157.
Puimirol. *Guy.*, 1137.
Puimissons. *Toul.-Mont.*, 1070.
Puiniot. *Poit.*, 610.
Puinotredame. *Tours*, 656. V.
Puiolas. *Montp.-Mont.*, 502.

Puirousset. *Poit.*, 144, 210, 490, 1190, 1211.
Puis. *Pic.*, 102, 144, 499, 727.
Puis (du). *Als.*, 321.
— *Bourg.*, I, 124, 272, 436, 1072.
— *Prov.*, I, 413, 433, 557, 669, 675, 770, 834.
— *Rouen*, 63, 149, 247, 254, 349, 401, 795, 1239, 1348.
— *Soiss.*, 256, 369, 817, 858.
Puisaie. *Al.*, 225, 261, 265, 345, 1037, 1128, 1223.
Puisard. *Tours*, 1172.
Puisaye. *Bret.*, I, 693.
Puissant. *Champ.*, 557, 601, 621.
— *Dauph.*, 15.
Puissentus. *Toul.-Mont.*, 1211.
Puiverdier. *Orl.*, 153.
Pujo. *Guy.*, 257, 383.
Pujol. *Guy.*, 320, 840, 843.
— *Montp.-Mont.*, 11, 60, 72, 1074, 1250. Voy. *Fixes*.
— *Par.*, I, 258.
— *Par.*, II, 446.
— *Toul.-Mont.*, 427, 431, 475, 501, 512, 514, 706, 930, 980, 1115, 1123, 1240, 1474.
Pujols. *Guy.*, 829, 901, 995.
Pujos. *Guy.*, 147.
— *Toul.-Mont.*, 1252, 1300.
Puleu. *Par.*, III, 152.
Pulignieux. *Lyon*, 175, 294, 637, 644, 665.
Pulleu. *Par.*, I, 383.
— *Par.*, II, 717.
— *Rouen*, 57.
Pulleux. *Pic.*, 750.
Pumichel. *Prov.*, I, 513.
— *Prov.*, II, 270, 273.
Punget. *Bourges*, 593.
Punex (le). *Prov.*, I, 643.
Pupier. *Lyon*, 672, 809, 1006.
Pupil. *Lyon*, 109, 110.
Puquery. *Fland.*, 1449.
Purés (de). *Lyon*, 31, 512.
Puret. *Champ.*, 735.
Purpan. *Toul.-Mont.*, 201.
Purseigle. *Bourb.*, 408.
Pusey. *Bourg.*, I, 1080, 1081.
Pusque (de). *Dauph.*, 561.
Pussai. *Par.*, I, 553.
Pussi. *Caen*, 79.
Pussort. *Par.*, II, 713.
— *Par.*, III, 233.
Pusterle. *Montp.-Mont.*, 880.
Putrié. *Tours*, 1444.

Puttecoste. *Al.*, 32, 34, 1165.
Puttois. *Al.*, 1172.
Putz. *Lorr.*, 281, 331.
Puveteil. *Lyon*, 1005.
Puvetis. *Lyon*, 1007.
Puy (du). *Bourb.*, 288, 289.
— *Bourg.*, II, 300, 304.
— *Bret.*, I, 465.
— *Bret.*, II, 998.
— *Lim.*, 145, 178, 394, 401, 431, 434, 478.
— *Orl.*, 183, 656.

— *Par.*, II, 80, 298, 607, 633, 708, 1140, 1267.
— *Par.*, III, 7, 10, 197, 297, 356, 400, 495.
— *Vers.*, 23, 208.
Puyau. *Béarn*, 155, 159.
Puyau (du). *Par.*, I, 1225.
Puydufou. *Par.*, II, 857.
Puyfoyard. *Lim.*, 289.
Puylata. *Bourg.*, II, 20.
Puys (du). *Par.*, IV, 586, 588, 615, 686.

Q

Quach. *Toul.-Mont.*, 1470.
Quactione. *Pic.*, 195.
Quai (de). *Poit.*, 1101.
Quaireau. *Prov.*, I, 1155.
Quanquery. *Par.*, I, 1162.
Quantitau. *Guy.*, 1046.
Quarente *Vers.*, 226.
Quarré. *Bourg.*, I, 29, 30, 32, 34, 60, 205, 273, 280, 294, 295, 297, 298, 335.
— *Bourg.*, II, 25, 41, 108, 491, 509.
— *Par.*, I, 811.
Quarrée. *Pic.*, 146.
Quartier. *Bourb.*, 457.
— *Bourg.*, I, 875.
— *Par.*, I, 1376.
Quatrebarbes *Bret.*, I, 276, 504.
— *Par.*, II, 535.
— *Tours*, 82, 123, 427, 431, 545, 1405.
— *Vers.*, 14.
Quatrebœufs. *Tours*, 732.
Quatrefages. *Poit.*, 1555.
Quatrehommes. *Par.*, I, 1310.
— *Par.*, II, 1113.
Quatrepuis. *Al.*, 68, 571.
Quatresols. *Par.*, III, 98.
— *Par.*, IV, 99.
Quay. *Bourg.*, II, 632.
Quay (le). *Bret.*, II, 610.
Qué (de). *Montp.-Mont.*, 988.
Quéant. *Fland.*, 970.
Québriac. *Bret.*, I, 911.
Queckebille. *Fland.*, 715, 716, 735.
Quegain. *Bourg.*, I, 605.
Quehen. *Bret.*, II, 958.
Queheri. *Tours*, 1474, 1475.
Queila (du). *Guy.*, 1109.
Queilar. *Prov.*, I, 478.
Queilas. *Montp.-Mont.*, 507.

Queille (la). *Auv.*, 8, 396.
— *Montp.-Mont.*, 1034, 1035.
— *Toul.-Mont.*, 339, 1255.
Queiras. *Bourg.*, I, 867.
— *Dauph.*, 601. V.
— *Montp.-Mont.*, 1309.
Queissat. *Guy.*, 801.
Quela. *Rouen*, 462.
Quelain. *Par.*, I, 871.
Quelen. *Bret.*, I, 101, 197, 374, 472, 473, 549, 700, 703.
— *Bret.*, II, 147, 581.
— *Par.*, III, 105, 550.
Quelier. *Par.*, II, 1104.
Quelin. *Par.*, II, 1219.
— *Tours*, 1269.
Quellenec (du). *Bret.*, I, 718.
Quellerie. *Pic.*, 168.
Quellier. *Tours*, 893.
Quelo. *Bret.*, II, 297.
Quelque (de). *Pic.*, 329.
Quemener. *Bret.*, I, 654, 900.
Quemereuc. *Bret.*, I, 630.
Quémet. *Lyon*, 176.
Quemi (de). *Soiss.*, 56.
Quempel. *Bret.*, I, 674.
Quemper. *Bret.*, I, 247, 974.
Quénard. *Orl.*, 969.
Quenau. *Poit.*, 181.
Queneau. *Bourg.*, II, 582.
— *Bret.*, II, 839.
Quenec. *Bret.*, II, 1027.
Quenelle. *Soiss.*, 11.
Quenequin. *Pic.*, 777.
Quengo. *Bret.*, I, 12, 13, 33.
Quénin. *Prov.*, II, 135, 161.
Quenneville. *Champ.*, 535.
— *Par.*, I, 119.
Quenouville. *Rouen*, 431.

Quentin. *Al.*, 375.
— *Caen*, 716.
— *Champ.*, 874.
— *Fland.*, 1023, 1203.
— *Par.*, I, 772. 809, 1023.
— *Par.*, II, 54, 382, 915, 974, 1154.
— *Par.*, III, 305, 390.
— *Rouen*, 683, 691.
— *Tours*, 12, 206, 484.
— *Vers.*, 2, 19, 295.
Quentin (St-). *Al.*, 907.
— *Auv.*, 388.
— *Bourb.*, 446, 551.
— *Caen*, 24, 72.
— *Champ.*, 81, 144, 160, 244.
— *Orl.*, 726.
— *Par.*, IV, 246, 247.
— *Par.*, II, 1027.
— *Poit.*, 97, 1052, 1451.
— *Rouen*, 752.
Quenu. *Pic.*, 701.
Quer (de). *Bret.*, I, 214.
Queralbant. *Bret.*, I, 527, 528.
Queranrou. *Bret.*, II, 195.
Quérard. *Bret.*, II, 386, 387.
— *Champ.*, 335.
Quéraud. *Bret.*, II, 557.
Querboudet. *Bret.*, I, 723.
Quercadi. *Bret.*, 906.
Quercy. *Orl.*, 687.
Querecques. *Pic.*, 716.
Querelles. *Montp.-Mont.*, 14, 590.
Quereric. *Bret.*, I, 244.
Querespert. *Bret.*, 958.
Queret. *Al.*, 707.
— *Bret.*, II, 776, 994.
Quergof. *Bret.*, II, 621.
Quergu. *Bret.*, I, 560.
Querguesec. *Bret.*, I, 206.
Quergurelen. *Bret.*, 558.
Quérière. *Al.*, 232, 233.
Quériot. *Lyon*, 675.
Queriot. *Bret.*, II, 667.
Queriou. *Bret.*, II, 780.
Quermellec. *Bret.*, I, 9.
Quermenguy. *Bret.*, II, 160.
Quermeur. *Bret.*, I, 662, 830.
Quernegus. *Bret.*, I, 525.
Querouart. *Par.*, II, 1230.
Querouvat. *Pic.*, 789.
Quéroy (du). *Lim.*, 22.
Querquelen. *Bret.*, I, 338, 540, 704.
Querrec. *Bret.*, II, 582.
Querreye. *Poit.*, 207.
Quers. *Bourg.*, II, 1153.
Quersaliou. *Bret.*, I, 199.

Querven. *Bret.*, I, 349.
— *Par.*, I, 201.
Querveno. *Bret.*, I, 733.
Querver. *Fland.*, 1473.
Quervolis. *Par.*, II, 804.
Quesmas. *Par.*, I, 1249.
Quesnai. *Al.*, 871.
Quesnai (du). *Caen*, 407.
— *Prov*, II, 291.
Quesnay (du). *Par.*, IV, 259.
— *Pic.*, 749.
Quesne (du). *Al.*, 301.
— *Caen*, 103, 520.
— *Fland.*, 894.
— *Par.*, I, 1109, 1253.
— *Pic.*, 674.
— *Prov.*, I, 98.
— *La Roch.*, 69, 290.
— *Rouen*, 254, 284, 287, 289, 290, 291, 300, 301, 304, 308, 311, 517, 540, 569, 599, 1217, 1218, 1235, 1238.
Quesne (de). *Soiss.*, 465, 720.
Quesne (le). *Rouen*, 9, 131, 561, 777, 863.
Quesnel. *Caen*, 217, 233.
Quesnel (du). *Al.*, 55, 542, 790, 875.
— *Fland.*, 1038, 1468.
— *Par.*, I, 102, 1385.
— *Pic.*, 611.
— *Rouen*, 194, 395, 586, 1132.
Quesnet (du). *Soiss.*, 110, 299.
Quesnoi. *Prov.*, II, 480.
Quesnoi (du). *Caen*, 338, 612.
— *Fland.*, 26, 116, 875.
— *Rouen*, 434, 1222.
Quesnoi (le). *Fland.*, 1335. V.
Quesnoy. *Pic.*, 327.
Quesnoy (du). *Par.*, I, 316.
— *Par.*, II, 70.
Quesse (de). *Par.*, IV, 243.
Quétaut. *Bourg.*, I, 762, 936.
Queteneau. *Poit.*, 1353.
Quetier. *Bret.*, I, 272, 424.
Quetil. *Caen*, 268, 512, 772.
Quets. (des). *Par.*, III, 373.
Quêu (le). *Al.*, 87.
Queue (la). *Par.*, II, 222, 228.
Queuron. *Caen*, 320.
Queux (de). *La Roch.*, 104.
Queux (le). *Bourg.*, II, 254.
— *Champ.*, 95.
— *Par.*, I, 1341.
— *Par.*, II, 596.
— *Par.*, IV, 23.
— *Soiss.*, 814, 569.

Queval. *Fland.*, 1150.
— *Rouen*, 894.
Quevauvilliers. *Pic.*, 752.
Quevilly. *Par.*, iii, 429.
Quibel. *Rouen*, 896.
Quiblier. *Lyon*, 521.
Quidebeuf. *Al.*, 955.
Quidu. *Bret.*, ii, 604.
Quiellet. *Bourg.*, ii, 566.
Quiem (le). *Par.*, i, 1387.
Quien. *Lorr.*, 608.
Quiennot. *Pic.*, 817.
Quieru (le). *Caen*, 362.
Quieu (le). *Fland.*, 418, 790, 851.
— *Pic.*, 9.
Quieze (la). *Vers.*, 207, 210.
Quignon. *Pic.*, 85, 397, 587, 709.
Quilfistre. *Bret.*, i, 125.
Quiliguien. *Bret.*, ii, 526.
Quillardet. *Bourg.*; i, 250, 313.
— *Bourg.*, ii, 80, 339.
Quilleau. *Caen*, 225.
— *Rouen*, 131.
Quillebeuf. *Rouen*, 117.
Quilleri. *Bourges*, 256.
Quillet. *Al.*, 321, 347, 1114.
— *Bret.*, ii, 902.
— *Par.*, ii, 615.
— *Soiss.*, 458.
Quilleval. *Fland.*, 748.
Quilliet. *Soiss.*, 558, 644.
Quillot. *Bourg.*, ii, 62, 350.
Quimper. *Bret.*, i, 1. V.
Quimperle. *Bret.*, i, 687. V.
Quin. *Bourb.*, 291.
Quin (le). *Par.*, i, 253.
— *Par.*, iii, 536.
Quinaut. *Par.*, ii, 245.
Quincarnon. *Al.*, 110, 113, 436.
— *Guy.*, 384.
— *Rouen*, 380.
Quincé. *Al.*, 481.
— *Bret.*, ii, 550.
Quincy. *Als.*, 23, 1023.
Quineau. *Orl.*, 789.
Quinemont. *Tours*, 712, 714.
Quinery. *Bourg.*, ii, 313.
Quiney. *Bourg.*, i, 430 (?).

Quingey. *Bourg.*, i, 1106.
Quinghen. *Fland.*, 396.
Quingue. *Als.*, 611.
Quinnebel. *Rouen*, 803.
Quinnebeuf. *Rouen*, 34.
Quinodel. *Lorr.*, 287.
Quinoi. *Poit.*, 1100.
Quinot. *Bourg.*, i. 923.
— *Champ.*, 109, 463.
— *Vers.*, 218.
Quinquedou. *Fland.*, 1228.
Quinquempoix. *Champ.*, 903.
Quinquet. *Bourges*, 71.
— *Par.*, ii, 1040.
— *Soiss.*, 7, 9, 11, 23, 192, 209, 229, 458, 650, 834, 835.
Quinquiet. *Par.*, iv, 38.
Quinsac. *Bourges*, 378.
Quinson. *Dauph.*, 201, 207.
— *Lyon*, 25, 168, 312, 740.
— *Par.*, i, 93.
Quinssard. *Als.*, 1014.
Quintaine. *Caen*, 211.
Quintanadoine. *Al.*, 627.
— *Rouen*, 733.
Quintard. *Poit.*, 329.
Quintel. *Bret.*, ii, 679.
Quintis *Guy.*, 1171.
Quintin. *Bret.*, i, 57, 647, 665, 946, 949.
— *Bret.*, ii, 43, 522.
— *Guy.*, 1116.
— *Montp.-Mont.*, 114.
Quintinie (la). *Par.*, i, 1231.
Quiquebeuf. *Par.*, i, 134.
— *Par.*, iii, 183, 438.
Quiqueran. *Prov.*, ii, 80, 121.
Quiquery. *Toul.-Mont.*, 707.
Quirin (St-). *Lorr.*, 568. Pr.
Quirit. *Tours*, 20, 35.
Quirot. *Bourg.*, i, 76, 572, 687, 694.
Quiton. *La Roch.*, 189.
Quitteville. *Rouen*, 191.
Quivy. *Fland.*, 1353, 1497.
Quoy (de). *Montp.-Mont.*, 642.
Quoy (le). *Als.*, 121.
— *Par.*, i, 1299.
— *Soiss.*, 379, 391, 783.

R

Rabache. *Pic.*, 700, 719.
— *Tours*, 842.
Rabani. *Auv.*, 465.

Rabar. *Guy.*, 77, 227, 361.
Rabart. *Par.*, ii, 988.
Rabasse. *Prov.*, i, 446, 893.

Rabasté. *Bret.*, I, 216, 220.
Rabaste. *Montp.-Mont.*, 689.
Rabastens. *Montp.-Mont.*, 400.
— *Toul.-Mont.*, 69, 196, 851.
Rabat. *Bourg.*, II, 362.
Rabaud. *Toul.-Mont.*, 727.
Rabaudi. *Toul.-Mont.*, 193, 485.
Rabaudy. *Montp.-Mont.*, 1035.
Rabault. *Fland.*, 1239.
— *Poit.*, 80, 862.
— *Tours*, 1071, 1310.
Rabeau. *Orl.*, 565, 1019.
— *Par.*, II, 1093.
— *Poit.*, 837.
Rabec. *Par.*, I, 1218.
Rrbethe. *Poit.*, 862.
Rabi. *Dauph.*, 600.
Rabier. *Bourges*, 278, 370.
— *Bret.*, I, 348.
— *Guy.*, 876, 1104.
— *Prov.*, I, 873, 1246.
Rabiet. *La Roch.*, 275.
Rabillac. *Lim.*, 339.
Rabillaud. *Prov.*, I, 406, 899.
Rabillé. *Poit.*, 187, 380.
Rabin. *Bourb.*, 481.
— *Montp.-Mont.*, 1179.
— *Tours*, 69, 901.
Rabins. *Prov.*, I, 211, 229, 230.
Rabion. *Guy.*, 1017.
Rabiot. *Bourg.*, I, 260, 261, 265, 270, 818.
— *Bourg.*, II, 188, 553, 555.
— *Lorr.*, 236.
Rabodanges. *Al.*, 860.
— *Par.*, I, 773.
— *Prov.*, II, 483.
Raboin. *La Roch.*, 301.
Rabot. *Dauph.*, 13, 73, 133, 148, 528.
Rabotteau. *La Roch.*, 424.
Rabouin. *Bourb.*, 479.
— *Bourges*, 416.
— *Par.*, II, 659, 1052, 1224.
Rabreuil. *Poit.*, 26, 66.
Rabu. *Bret.*, II, 312.
Rabuel. *Bourg.*, I, 419, 916.
— *Bourg.*, II, 281.
Rabus. *Lyon*, 230.
Rabusson. *Bourb.*, 552, 610, 611.
— *La Roch.*, 259.
Rabut. *Tours*, 564, 565, 917.
Rabutin. *Bourg.*, I, 114, 262, 263,
— *Bourg.*, II, 310.
— *Par.*, II, 981.
Raby. *Bourb.*, 501, 503, 514.

— *Toul.-Mont.*, 337, 1340.
Racapé. *Par.*, II, 1197.
Racappé. *Tours*, 107, 150, 433, 587, 670.
Racaud. *Montp.-Mont.*, 493.
Racaudet. *Poit.*, 182, 1179.
Racault. *Lim.*, 53.
— *Orl.*, 150, 271, 276.
— *Par.*, IV, 38, 40.
Rachais. *Dauph.*, 83, 127, 128, 158, 160, 220.
Rachaud. *Poit.*, 200.
Rache. *Bourb.*, 418.
Rachel. *Par.*, I, 1224.
— *Prov.*, I, 26.
Rachelin. *Toul-Mont.*, 144.
Rachelle. *Prov.*, II, 442.
Rachon. *Par.*, III, 126.
Racine. *Al.*, 1203.
— *Bourg.*, I, 1012.
— *Par.*, I, 1064, 1266.
— *Par.*, II, 180, 795.
— *Rouen*, 142, 691, 692.
— *Soiss.*, 383, 566.
Racinoux. *Bret.*, I, 199, 202, 211, 217.
Raciquot. *Tours*, 1525.
Racle. *Bourg.*, II, 336.
— *Lorr.*, 190.
Raclet. *Bourg.*, I, 668, 682.
— *Poit.*, 520.
Raclot. *Par.*, II, 418.
Racord. *Prov.*, I, 953.
Racouet. *Bret.*, II, 835.
Rada. *Bourg.*, I, 1172, 1176.
Rade (la). *La Roch.*, 207.
Radeau. *Lyon*, 854.
Radegonde (Ste-). *Poit.*, 17. Comm.
Radenac. *Bret.*, II, 622.
Radière. *Al.*, 871.
Radigeois. *Al.*, 694, 708.
Radiguel. *Rouen*, 935.
Radiguet. *Tours*, 1386.
Radisson. *Lyon*, 1026.
Radix. *Lyon*, 727.
— *Prov.*, I, 833.
Rado. *Bret.*, I, 63.
— *Bret.*, II, 47, 653.
Radulphe. *Caen*, 34, 101, 170, 350, 363, 365, 367, 412, 623.
— *Al.*, 592.
Rafanel. *Toul.-Mont.*, 307.
Raffalé. *Par.*, I, 826.
Raffard. *Lyon*, 179.
— *Par.*, I, 314.
Rafayet. *Auv.*, 467.

Raffée. *Pic.*, 501.
Raffel. *Prov.*, ii, 143.
Raffelin. *Par.*, i, 530.
Raffelis. *Prov.*, i, 208, 384.
Raffier. *Bourb.*, 554, 610.
Raffin. *Bourg.*, i, 457.
— *Champ.*, 256.
— *Guy.*, 307, 1132.
— *Orl.*, 865.
— *Montp.-Mont.*, 200, 502.
Rafflon. *Par.*, ii, 1229.
Raffon. *Par.*, iii, 412.
Raffrai. *Tours*, 949, 974.
Raffy. *Par.*, ii, 790.
— *Par.*, iii, 367.
— *Toul.-Mont.*, 1043, 1267.
Rafin. *Prov.*, ii, 577, 579.
Rafinie (la). *Toul.-Mont.*, 276, 392.
Raflé (le). *Bret.*, ii, 18.
Raflin. *Champ.*, 360.
— *Lyon*, 77, 134.
Ragareu. *Par.*, i, 776,
Ragaud. *Bret.*, i, 159, 162, 175, 177.
Ragaut. *Bourges*, 289.
Ragé (de). *Lorr.*, 321.
Ragecourt. *Lorr.*, 229, 401.
Ragereau. *Par.*, i, 684.
Rages (des). *Poit.*, 1485.
Raget. *Pic.*, 378.
— *Prov.*, ii, 712.
Ragmet. *Bourg.*, i, 1242.
Ragois (le). *Lorr.*, 619.
— *Par.*, i, 9, 212, 820, 917, 1222, 1238.
— *Par.*, ii, 931.
— *Pic.*, 886.
Ragon. *Bourges*, 29.
— *Bret.*, ii, 558.
— *Lyon*, 139.
Ragonneau. *Poit.*, 499.
— *Tours*, 185.
Ragot. *Bourg.*, ii, 348.
— *Par.*, iii, 322.
— *Poit.*, 392, 767.
— *Rouen*, 40.
— *Tours*, 887.
— *Vers.*, 192.
Ragoul. *Montp.-Mont.*, 406.
Ragu. *Bourges*, 384, 406.
Raguaine. *Al.*, 348, 409, 427, 779.
Ragueau. *Bourges*, 37, 104, 110, 162, 236, 333, 404, 406, 421.
Ragueneau. *Guy.*, 20, 249.
— *Par.*, iii, 338.
— *Poit.*, 1438, 1454.
— *Toul.-Mont.*, 233.

Raguenet. *Par.*, i, 205.
— *Par.*, iv, 567.
Raguenne. *La Roch.*, 300, 301.
Raguerre. *Soiss.*, 262.
Raguideau. *Bret.*, ii, 146, 467, 559.
Raguier. *Par.*, ii, 15, 1012.
Raguin. *Als.*, 1063.
— *Tours*, 1061.
Raguinneau. *Tours*, 1148.
Raguiot. *Par.*, ii, 502.
Raguit. *Poit.*, 540.
Ragusse. *Prov.*, i, 1253. *M.*
Rahault. *Par.*, i, 513.
— *Par.*, ii, 543.
Rahier. *Bret.*, ii, 749, 754.
— *Par.*, iv, 18, 164.
— *Tours*, 1443.
Rahier (le). *Lorr.*, 341.
— *Par.*, ii, 1209.
Rahon. *Auv.*, 440.
— *Bourg.*, i, 787.
Rai. *Dauph.*, 310.
— *Lyon*, 304, 436, 452, 530, 663.
— *Toul.-Mont.*, 194.
Rai (de). *Pic.*, 255, 262.
Raibaud. *Prov.*, i, 1132, 1149, 1358, 1383, 1384, 1399, 1407.
— *Prov.*, ii, 107, 743.
— *Toul.-Mont.*, 572.
Raibaut. *Vers.*, 192.
Raibert. *Prov.*, i, 1386.
Raigade. *Toul.-Mont.*, 991.
Raige. *Orl.*, 39.
Raignac. *Toul.-Mont.*, 490.
Raignier. *Poit.*, 1142.
Raillard. *Bourg.*, i, 766, 1067.
— *Bourg.*, ii, 379.
Raillaune. *Prov.*, i, 1015.
Raidet. *Prov.*, i, 942.
Raimbaud. *Bourg.*, ii, 281, 293.
— *Prov.* ii, 232.
Raimbaudière. *Bret.*, i, 401.
Raimbault. *Tours*, 61, 967.
Raimbert. *Prov.*, i, 217, 240.
Raimbourg. *Rouen*, 922.
Raimon. *Lyon*, 98.
Raimond. *Al.*, 735.
— *Auv.*, 120, 166, 295.
— *Bourg.*, i, 222, 482, 942, 1281.
— *Bourg.*, ii, 96, 246, 310.
— *Dauph.*, 167, 429, 583.
— *Fland.*, 1466.
— *Guy.*, 16, 32, 85, 286, 303, 311, 424, 434, 439, 464, 516, 668, 821, 845, 878, 879, 1009, 1063, 1103.

— *Lyon*, 105, 327, 551, 552, 669.

— *Montp.-Mont.*, 38, 305, 384, 823, 929, 1213.

— *Par.*, I, 842, 928, 1246.

— *Par.*, II, 531, 798.

— *Par.*, III, 115, 239, 383.

— *Poit.*, 84, 558.

— *Prov.*, I, 502, 1006, 1095, 1110, 1130, 1357, 1453, 1454.

— *Prov.*, II, 276, 288.

— *Toul.-Mont.*, 85, 93, 113, 136, 482, 547, 814, 961, 1129, 1222.

Raimondet. *Bourg.*, I, 1279, 1280.

Raimondier. *Poit.*, 1105.

Raimondin. *Prov.*, I, 721, 884.

Raimondis. *Lyon*, 443.

— *Prov.*, I, 95, 170, 171, 197, 250, 540, 1015, 1264.

— *Prov.*, II, 516.

Raimonenc. *Prov.*, II, 724.

Raimonneau. *Par.*, III, 429.

Raimont. *La Roch.*, 116, 216.

Raimont. *Tours*, 1072.

Rain. *Bourg.*, I, 1258.

— *Par.*, III, 531.

— *Toul.-Mont.*, 763.

Rainal. *Montp.-Mont.*, 1283.

— *Par.*, II, 1056.

— *Par.*, III, 595.

Rainal. *Toul.-Mont.*, 64, 1066, 1077, 1092, 1097, 1379. *Voy. Reinal.*

— *Vers.*, 72.

Rainaldi. *Montp.-Mont.*, 422.

— *Toul.-Mont.*, 1077, 1097.

Rainard. *Prov.*, I, 1130.

Rainart. *Tours*, 925.

Rainaud. *Montp.-Mont.*, 182, 717, 718.

— *Prov.*, I 250,, 277, 352, 418, 707, 930, 1000, 1127, 1194.

— *Prov.*, II, 220, 224, 278, 299, 352, 358, 690.

— *Toul.-Mont.*, 518.

Rainaude. *Prov.*, I, 1216.

Rainaudi. *Prov.*, I, 1130.

Raince. *Par.*, II, 622, 656.

Raincheval. *Pic.*, 788.

Raine (de). *Tours*, 404.

Raineau. *Par.*, III, 416.

Raines (de). *Fland.*, 1045.

Raines (des). *Auv.*, 211.

Rainier. *Toul.-Mont.*, 1085, 1158. Voy. Reinier.

Rains. *Par.*, IV, 195.

Rainssant. *Par.*, II, 1213.

Rainville. *Caen*, 722.

Rais (du). *Par.*, IV, 0, 749.

Raisin. *Par.*, II, 999, 1227.

Raison. *Bret.*, I, 114, 262.

— *Bret.*, II, 205, 892.

— *Soiss.*, 359.

— *Tours*, 774.

Raisonnet. *Bourg.*, I, 674.

Raisse (de). *Fland.*, 835.

Raisson. *Prov.*, I, 23, 28, 105, 1215, 1231.

Raistre. *Bret.*, II, 599.

Raiti (de). *Poit.*, 42, 63.

Raiti. *Soiss.*, 840.

Raizon. *Poit.*, 180, 225.

Rajalot. *Toul.-Mont.*, 630.

Rajat. *Lyon*, 1033.

Rajaud. *Bourg.*, I, 346.

Rajot. *Bourg.*, II, 27, 43.

Raley. *Bourg.*, II, 363.

Ralinard. *Tours*, 1119.

Rallet. *Bret.*, I, 241.

Rallier. *Bret.*, I, 9.

— *Tours*, 954.

Rallu. *Par.*, I, 842.

— *Par.*, II, 279.

— *Vers.*, 149.

Ram (de). *Fland.*, 1246.

Rama (la). *Bourb.*, 158, 175, 354.

— *Champ.*, 297.

Ramadier. *Vers.*, 113.

Ramagua. *Toul.-Mont.*, 1478.

Ramaille. *Bourg.*, I, 244.

— *Bourg.*, II, 66.

Ramart. *Par.*, IV, 504.

Ramasson. *Bourg.*, I, 1257.

Ramault. *Fland.*, 1077.

Ramault (des). *Fland.*, 0000.

Rambaud. *Guy.*, 1075.

— *Lyon*, 12, 152, 422, 424, 939.

— *Montp.-Mont.*, 754, 755.

— *Prov.*, I, 652.

— *Toul.-Mont.*, 16.

Rambaudière (la). *Bret.*, II, 645.

Rambault. *Par.*, III, 131.

— *Poit.*, 498, 1478, 1483.

Ramberge. *Poit.*, 246.

Rambert. *Al.*, 596.

— *Prov.*, I, 1195. A. 1287.

— *Toul.-Mont.*, 368.

Ramberville. *Poit.*, 631.

— *Lorr.*, 373.

Rambervillers. *Lorr.*, 568. V.

Rambouillet. *Par.*, I, 55, 386, 1024.

— *Par.*, II, 509, 884.

Rambour. *Champ.*, 277, 354.

— *Soiss.*, 197.

Rambourg. *Tours*, 1089.
Rambri. *Fland.*, 792.
Rambures. *Par.*, II, 1182.
Rame (de). *Dauph.*, 222.
Rameau. *Bourg.*, I, 404.
— *Bourg.*, II, 155, 400.
— *Orl.*, 867.
— *Pic.*, 803.
Ramefont. *Montp.-Mont.*, 1187.
Ramei. *Lyon*, 255, 260, 263, 542, 869.
Ramel. *Bourg.*, I, 633, 665.
— *Montp.-Mont.*, 795, 1293.
— *Prov.*, I, 1440.
Rameray. *Orl.*, 162.
Rameru. *Bret.*, I, 323.
— *Lim.*, 155.
Ramery. *Fland.*, 95, 96, 579, 580, 793, 1113.
Rameseval (de). *Pic.*, 788.
Ramstein. *Als.*, 196.
Ramey. *Bourg.*, I, 952, 1152.
Ramezax. *Poit.*, 185, 192, 1141.
Ramiel. *Toul.-Mont.*, 686.
Ramière (la). *Guy.*, 304, 444, 953.
Ramillon. *Als.*, 631.
Ramilly. *Bourg.*, I, 264.
Raminoire (la). *Champ.*, 889.
Ramisse (la). *Bourg.*, I, 237, 334, 342.
— *Bourg.*, II, 27, 91, 110, 393, 481, 502, 505.
Ramond. *Toul.-Mont.*, 1060.
Ramondene. *Toul.-Mont.*, 1160.
Ramondi. *Toul.-Mont.*, 199.
Ramonerie (la). *Fland.*, 277.
Ramonnet. *Par.*, III, 396.
Ramoux. *Lyon*, 520.
Rampal. *Prov.*, I, 711, 1065.
Rampant. *Rouen*, 663.
Rampillon. *Poit.*, 197, 201, 381, 427, 513, 574, 575, 1284.
Rampin. *Prov.*, I, 1210.
Rampnoux. *Champ.*, 367.
Rampont. *Bourg.*, I, 287.
— *Lorr.*, 667.
Ranbare. *Pic.*, 69, 87.
Rance. *Guy.*, 1129, 1130.
Ranché. *Tours*, 746.
Rancher. *Orl.*, 184, 913.
— *Par.*, I, 869.
— *Par.*, III, 117, 296.
Ranchin. *Montp.-Mont.*, 5, 43, 46, 598, 872.
— *Toul.-Mont.*, 529, 556.
— *Par.*, III, 160.
Ranchin (de). *Prov.*, II, 483.
Ranchon. *Par.*, I, 770, 1215.

Rançon. *Soiss.*, 568.
Ranconnet. *Rouen*, 35.
Rancou. *Fland.*, 1351.
Rancourt. *Orl.*, 330.
Rancourt (de). *Pic.*, 310.
Rancurel. *Prov.*, I, 952.
Randan. *Lyon*, 594.
Randerade. *Lorr.*, 131.
Randon. *Montp.-Mont.*, 601.
— *Par.*, I, 221.
— *Toul.-Mont.*, 1181.
Rane. *Montp.-Mont.*, 1254.
Ranfracy. *Tours*, 657.
Rangar. *La Roch.*, 68.
Ranger. *Lorr.*, 132.
Rangeuil. *Vers.*, 54.
Rangeval. *Lorr.*, 40.
Rangier. *Montp.-Mont.*, 831.
Rangot. *Poit.*, 266, 711, 1077, 1426, 1429, 1430.
Rangouse. *Guy.*, 351.
Rangueil. *Par.*, I, 15, 102, 343.
— *Soiss.*, 388, 395, 569, 673.
Rangueil (de). *Pic.*, 837.
Ranguet. *Poit.*, 1272.
Ranguier. *Prov.*, II, 808.
Raujon. *Lim.*, 291.
Rannon. *Bret.*, II, 192, 193, 285.
Ranques. *La Roch.*, 150.
Ranquet. *Montp.-Mont.*, 372, 698, 1560.
— *Par.*, I, 453.
Ranquetat. *Béarn*, 120.
Ransarne. *La Roch.*, 178.
Ranson. *La Roch.*, 328, 348.
Ranteau. *Guy.*, 333.
Rantier. *Bourg.*, II, 331.
— *Par.*, II, 595.
Rantre. *Fland.*, 243, 833, 883, 1018, 1209.
— *Pic.*, 194.
Rantz (de). *Fland.*, 249, 250.
— *Par.*, II, 85.
Ranval. *Auv.*, 257.
Ranvier. *Lyon*, 66.
— *Tours*, 13, 21.
Raoul. *Bret.*, I, 97, 296, 308, 434, 640.
— *Bret.*, II, 189, 530, 603, 623, 962, 1139.
— *Caen*, 717.
— *Guy.*, 86, 96, 345.
— *Lim.*, 78.
— *Par.*, III, 194, 290.
— *Poit.*, 159, 264, 601.
— *Prov.*, II, 376.

— La Roch., 360, 368.
— Soiss., 633.
Raoul (des). Tours, 1131.
Raoulais. Bret., ii, 502.
Raouls (des). Bret., ii, 813, 1080.
Raoult. Fland., 834, 836.
— Par., i, 1274.
— Pic., 633, 815.
Raoulx. La Roch., 315.
Raousset. Prov., ii, 16, 125, 127, 131, 132, 140, 469, 471, 472.
Raousset (de). Prov., i, 379, 891.
Raoux. Prov., ii, 170, 695, 707.
— Toul.-Mont., 582.
Rapaillon. Poit., 455.
Rapé. Par., ii, 610.
Rapelet. Soiss., 795.
Rapet. Guy., 1010.
Raphaelis. Prov., i, 206, 535, 693, 890, 892, 959, 964, 966, 1301, 1303.
— Prov., ii, 521, 593.
Raphel. Prov., ii, 524.
Raphelin. Tours, 526.
Raphelis. Prov., i, 171, 176, 187, 204.
Raphellis (de). Tours, 99.
Rapi. Fland., 1487.
Rapiat. Poit., 1548.
Rapidel. Toul.-Mont., 817.
Rapilli. Caen, 337.
Rapin. Bourg., i, 817, 927.
— Bourg., ii, 32.
— Par., iii, 331.
— Montp.-Mont., 1017.
— Toul.-Mont., 337.
Rapinat. Champ., 10, 34.
Rapine. Bourb., 47, 54, 81, 288.
Rapouël. Lorr., 603.
Rapouel. Par., i, 65.
Rappe. Fland., 695, 1180.
Rappelet. Pic., 843.
Rappet. Lyon, 387.
Raquet. Par., i, 1266, 1267.
— Soiss., 219, 223, 646.
Raquet (du). Poit., 1293.
Raquois. Rouen, 384.
Ras. Guy., 913.
Ras (de). Fland., 1460.
Rascas (de). Prov., i, 502, 577, 845, 909.
Rasclé. Bourg., i, 1081, 1175.
Rasibus. Prov., ii, 657.
Rasières (des). Fland., 633.
Rasle. Bourg., ii, 610.
— Champ., 215.

— Orl., 32, 557, 792.
— Par., ii, 653.
— Par., iii, 575.
Rasoir. Fland., 251, 252, 257.
Raspal. Prov., ii, 657.
Raspaud. Toul.-Mont., 1482.
Raspide. Toul.-Mont., 395.
Rasplandz. Toul.-Mont., 605.
Rasque (de). Prov., i, 177.
Rasquin. Fland., 1467, 1473, 1478.
Rasse. Pic., 134.
Rassent. Al., 243.
— Par., ii, 860, 1050.
Rasset. Soiss., 317, 338, 496, 514, 840.
Rasseteau. Poit., 1442, 1446, 1470.
Rassinne. La Roch., 164.
Rasson. Fland., 315.
Rassus. Auv., 157, 439.
Rast. Montp.-Mont., 344.
Rastel. Prov., i, 300.
Rastinhac. Toul.-Mont., 1127.
Rastion. La Roch., 296.
Rastit. Prov., i, 494, 918, 956, 957.
Rastoil. Bourb., 154.
Rastoin. Montp.-Mont., 1348.
— Prov., ii, 746.
Rastouin. Prov., i, 11.
Rastoux. Prov., ii, 359.
Rat. Bourges, 461.
— Lyon, 109, 133, 502, 917.
— Montp.-Mont., 602.
Rat (le). Par., ii, 682, 777, 877, 967.
— Par., iii, 331.
— Par., iv, 749.
— P. ov., ii, 457.
Ratabon. Par., i, 345.
— Par., iii, 160.
Rataboul. Toul.-Mont., 629, 1184.
Ratauret. Lyon, 637.
Rataut. Lim., 239.
Rateau. Guy., 676.
Rateau (du). Tours, 78.
Rathambaussen. Als., 26, 30, 35, 239, 248, 273, 274, 275, 771, 780, 788, 792.
Rathier. Champ., 526, 534.
Ratier. Caen, 37.
— Dauph., 201.
— Guy., 350, 911, 1135.
— La Roch., 176.
Ratlige. Bret., ii, 833.
Raton. Lyon, 46.
Ratonis. Tours, 601.
Ratouin. Bret., i, 339.
Ratte. Bourg., i, 700.

— *Montp.-Mont.*, 6, 8, 56, 60.
Ratte (la). *Par.*, III, 152.
Ratteau. *Bourg.*, I, 750.
— *Par.*, IV. 503.
Rau (de). *Pic.*, 707.
Rauch.   460, 933, 1010.
Raucheer. *Als.*, 343.
Raucourt. *Bourg.*, I, 732.
— *Lorr.*, 125.
— *Orl.*, 348, 423, 952.
Raude. *Bourb.*, 554.
Raudet. *Bourg.*, II, 581.
Raudot. *Bourg.*, I, 165.
— *Bourg.*, II, 411.
— *Par.*, I, 447.
— *Par.*, III, 551.
Rauffreville. *Rouen*, 449.
Raulais. *Bret.*, II, 840.
Raules. *Pic.*, 358.
Raulet. *Prov.*, I, 676.
— *Toul.-Mont.*, 812.
Raulin. *Champ.*, 406.
— *Fland.*, 187, 444.
— *Lorr.*, 154, 605, 681.
— *Rouen*, 215.
Raulsy. *Toul.-Mont.*, 532.
Rault. *Poit.*, 789, 1536.
Rauques (de). *La Roch.*, 416.
Rausaveras. *La Roch.*, 183.
Rauville. *Caen*, 457.
Ravachol. *Lyon*, 89.
Ravaing. *Toul.-Mont.*, 870.
Ravallet. *Caen*, 297, 306.
— *La Roch.*, 101.
Ravarein. *Par.*, I, 1103.
Ravari. *Toul.-Mont.*, 716.
Ravarin. *Lyon*, 627.
Ravary. *Par.*, IV, 641.
Ravat. *Lyon*, 110, 833.
Ravateau. *Bourb.*, 406.
Ravaud. *Tours*, 1446.
Ravaudière. *Al.*, 1034, 1040.
Ravault. *Lorr.*, 218, 652.
— *Orl.*, 42, 395.
— *Par.*, I, 1350.
— *La Roch.*, 205.
Ravaux. *Prov.*, I, 320.
— *Soiss.*, 479.
Raveau. *Poit.*, 1066.
Ravel. *Auv.*, 6.
— *Montp.-Mont.*, 1211.
— *Prov.*, I, 651, 1041, 1042, 1427, 1441.
— *Prov.*, II, 251, 310, 312, 698.
— *Toul.-Mont.*, 250.
Ravelais (la). *Bret.*, II, 991.

Ravelingau. *Fland.*, 215.
Ravelingue. *Par.*, II, 814.
Ravelli. *Prov.*, I, 1172, 1224.
— *Prov.*, II, 260, 271, 364.
Raveneau. *Orl.*, 593, 680.
— *Par.*, II, 501.
— *Par.*, III, 392.
— *Poit.*, 711, 1425.
— *Tours*, 1530.
Ravend. *Caen*, 47, 255, 256, 745.
Ravenel. *Bret.*, I, 13, 732, 755.
— *Bret.*, II, 553, 900.
— *Champ.*, 622.
— *Lorr.*, 56.
— *Par.*, I, 311, 1112.
— *Par.*, III, 374.
— *Poit.*, 465, 1499.
Raveni. *Pic.*, 389.
Ravent. *Bret.*, II, 424.
Raverchon. *Bourg.*, I, 1277.
Ravert (de). *Prov.*, II, 360.
Ravet. *Bourb.*, 324.
Raveton. *Al.*, 227, 328, 431.
Ravety. *Bourg.*, II, 42.
Ravidal. *Auv.*, 267.
Ravier. *Bourges*, 414.
— *Bourg.*, I, 264, 663, 994.
— *Champ.*, 613.
— *Dauph.*, 122.
— *Lorr.*, 645.
— *Lyon*, 675.
Ravière. *Par.*, I, 527.
— *Par.*, II, 1061.
Ravignan. *Par.*, II, 1134.
Ravilhon. *Par.*, I, 376.
Ravineau. *Champ.*, 57, 63.
— *Par.*, IV, 275.
Ravinet. *Bourg.*, I, 63, 337, 467.
Ravion. *Orl.*, 577, 583.
— *Par.*, III, 307.
Raviot. *Bourg.*, I, 1256.
— *Bourg.*, II, 93, 479.
Ravissac. *Montp.-Mont.*, 1250.
Ravisy. *Bourb.*, 420.
Ravoir (du). *Tours*, 1385.
Ravot. *Bourges*, 333, 470.
— *Champ.*, 369, 701.
— *Par.*, I, 225, 1122.
Ray. *Bourg.*, I, 127, 249.
— *Fland.*, 978.
Ray (le). *Bret.*, II, 141, 798, 803.
Raye. *Poit.*, 1283.
Raye (de). *Tours*, 938.
Rayer. *Orl.*, 937, 947.
— *Par.*, I, 482.
— *Tours*, 1085.

Rayer (le). *Bret.*, i, 985.
— *Par.*, iv, 15.
Rayes (de). *Bret.*, i, 970.
Raymond. *Bret.*, ii, 814.
— *Orl.*, 501.
Rayolle. *Prov.*, i, 697.
Raze (de). *Bourg.*, i, 575, 1224, 1226.
Razes. *Lim.*, 106, 290, 383.
Razes (de). *Poit.*, 63, 67, 77, 81, 561, 584, 839, 1115, 1245.
Razilly. *Par.*, i, 199.
— *Vers.*, 10.
Réal. *Lyon*, 330, 801.
— *Par.*, i, 1271.
— *Prov.*, i, 311.
— *La Roch.*, 183, 197.
Réal (de). *Dauph.*, 289.
Réals. *Montp.-Mont.*, 1281.
Reance (de). *Champ.*, 581, 631.
Réart (de). *Toul.-Mont.*, 1441, 1486.
Reau. *Bret.*, ii, 539.
— *Orl.*, 543.
— *Par.*, i, 1225.
Reau (du). *Tours*, 100, 552.
Reau (la). *Poit.*, 334. R.
Réault. *La Roch.*, 141.
Reaulte (la). *Tours*, 757.
Réauté (la). *Bret.*, ii, 905.
— *Caen*, 639.
Réaulx (des). *La Roch.*, 281.
Reaux (des). *Champ.*, 86, 463.
— *Par.*, iii, 221, 453.
Reazel. *Bret.*, ii, 588.
Reb. *Als.*, 1019.
Rebais. *Al.*, 919.
Rebart. *Rouen*, 873, 898.
Rebaud. *Lyon*, 444.
Rebaut. *Fland.*, 1072.
Rebaux. *Prov.*, i, 1107.
Rebel. *Guy.*, 850.
Reberguer. *Soiss.*, 173, 418, 205.
Rebhan. *Als.*, 454, 455.
Rébie. *Toul.-Mont.*, 847.
Rebière. *Bourb.*, 529.
Rebillé. *Par.*, iii, 203.
— *Tours*, 1135.
Rebillot. *Bourg.*, i, 1219.
Rebilly. *Bourg.*, i, 1068.
Reblai. *Guy.*, 29, 39, 160.
Rebod. *Bourg.*, i, 5.
Rebondi. *Tours*, 920.
Réboul. *Auv.*, 42, 49.
Reboul. *Montp.-Mont.*, 831, 902, 903, 418, 536, 631, 1413, 1416.
— *Par.*, i, 420.
— *Prov.*, i, 244, 394, 396, 399, 653,

721, 743, 833, 855, 860, 862, 928, 1001, 1024.
— *Prov.*, ii, 414, 419, 567.
— *Toul.-Mont.*, 521.
Reboulaye (la). *Auv.*, 430.
Réboule. *Champ.*, 547.
Reboulet. *Toul.-Mont.*, 919.
Reboullet. *Prov.*, i, 1165.
Rebour. *Bourg.*, ii, 340, 366.
— *Bret.*, i, 633.
Rebourg. *Lyon*, 414.
Rebours (le). *Al.*, 808, 827, 1043, 1059.
— *Caen*, 723.
— *Orl.*, 122, 444, 657.
— *Par.*, i, 523, 776, 894, 1071, 1237, 1273.
— *Rouen*, 840.
Reboursel. *Lorr.*, 334.
Rebout. *Orl.*, 340.
— *Soiss.*, 481.
Reboutier. *Montp.-Mont.*, 951, 965.
— *Toul.-Mont.*, 455.
Rebreget. *Bourb.*, 470.
Rebstock. *Als.*, 654.
Rebuffat. *Prov.*, ii, 321.
Rebuffé. *Orl.*, 353.
Rebuffet. *Prov.*, i, 485, 1406.
Rebut. *Rouen*, 895, 1287.
— *Tours*, 1248.
Rebuti. *Prov.*, i, 680.
Rec (le). *Bret.*, ii, 1017.
Receurt. *Guy.*, 348.
Réchaut. *Lyon*, 634.
Rechignevoisin. *Bourges*, 81, 185, 522.
— *Poit.*, 84, 86, 906.
Rechou. *Bret.*, ii, 550.
Rechou (du). *Bret.*, i, 258.
Récicourt. *Champ.*, 884.
Recius. *Als.*, 1007.
Reclaines. *Bourb.*, 17, 120, 377, 553.
— *Dauph.*, 224, 243.
Reclause. *Toul.-Mont.*, 657, 1182.
Reclencs. *Bourg.*, ii, 5, 23, 26, 30, 53, 69, 78, 342, 498.
Reclennes. *Bourg.*, i, 50, 53, 58, 71, 220, 226, 233, 297, 323.
— *Bret.*, i, 505.
Reclesne. *Tours*, 735, 755.
Reclus (du). *Guy.*, 665, 946, 1098.
Recolin. *Montp.-Mont.*, 1563.
Recoquillé. *Orl.*, 189, 607, 642.
Recossier. *Montp.-Mont.*, 945.
Recouder. *Poit.*, 923.
Recoup. *Caen*, 575.

Recourdon. *Dauph.*, 210.
Recourt. *Soiss.*, 58.
Recoussery. *Toul.-Mont.*, 949.
Recouvreurs de Metz (les). Communauté. *Lorr.*, 617.
Recusson. *Al.*, 353.
— *Rouen*, 279, 736, 823, 862, 1162.
Recy. *Bourg.*, I, 665.
Redde. *Par.*, III, 285.
Redde (le). *Par.*, II, 387.
Rederer. *Als.*, 626.
Redier. *Montp.-Mont.*, 1331.
Redige. *Bourg.*, II, 286.
Redmont. *Bourg.*, I, 735.
Redin. *Lorr.*, 343.
Rédon. *Auv.*, 55, 472.
Redon. *Bret.*, I, 863.
— *Guy.*, 395, 674, 683, 881.
— *Lorr.*, 612, 613.
— *Montp.-Mont.*, 65, 995.
— *Poit.*, 1311.
— *Toul.-Mont.*, 1206.
Redortier. *Prov.*, II, 235.
Redordier. *Prov.*, I, 898.
Redoullé. *Tours*, 1005.
Réduit. *Als.*, 1013.
Refahy. *Bourg.*, I, 709.
Reffageau. *Poit.*, 1073.
Reffai. *Champ.*, 536.
Reffier. *Soiss.*, 777.
Reffort. *Bourges*, 432.
Reffroignet. *Bourg.*, I, 553.
Refregé. *Toul.-Mont.*, 306.
Refuge. *Bret.*, I, 417.
— *Guy.*, 1059.
— *Soiss.*, 62.
Refuge (de). *Par.*, I, 150, 160, 174.
Regalliez. *Prov.*, II, 370.
Regard. *Bourg.*, I, 14.
— *Bourg.*, II, 627.
Regaud. *Bourg.*, I, 1278.
Regaudot. *Champ.*, 342.
Regemorte. *Als.*, 18.
Regent. *Bourg.*, I, 778, 1079.
Reghat. *Par.*, I, 1277.
Regina (de). *Prov.*, I, 1022.
Régis. *Bourg.*, I, 717, 718, 720.
— *Montp.-Mont.*, 472, 953.
Regis. *Prov.*, I, 485, 596.
— *Toul.-Mont.*, 951, 967, 1170.
Régnard. *Bourg.*, I, 1010, 1042.
— *Fland.*, 1173.
Regnard. *Als.*, 109.
— *Bourb.*, 472, 619.
— *Bourg.*, II, 249, 364, 557, 633.

— *Champ.*, 97, 169, 172, 178, 376, 691.
— *Lim.*, 427.
— *Lyon*, 657, 803, 981.
— *Montp.-Mont.*, 834.
— *Orl.*, 126, 868.
— *Par.*, I, 300, 636, 637, 1270, 1313.
— *Par.*, II, 777, 1054, 1230, 1253.
— *Par.*, III, 126, 381, 576.
— *Par.*, IV, 54, 58, 278, 541.
— *Pic.*, 94, 115, 533, 705.
— *Prov.*, I, 246, 247, 267.
— *Tours*, 1378, 1379.
— *Vers.*, 187.
Regnart. *Soiss.*, 485, 491, 511.
Regnaud. *Bourg.*, I, 196, 712, 752, 759, 865, 875, 971, 1016, 1038, 1089, 1169, 1180, 1279.
— *Champ.*, 64, 65, 227, 237, 337, 341, 686, 797.
— *Dauph.*, 113, 199.
— *Lyon*, 10, 24, 26, 156, 157, 370, 410, 448, 449, 511, 549, 545, 906.
— *Prov.*, I, 53.
— *La Roch.*, 313.
Regnaudin. *Bourg.*, I, 183, 187.
— *Bourg.*, II, 366.
Regnaudot. *Bourg.*, I, 741.
— *Bourg.*, II, 65, 373.
Regnauld. *Als.*, 628.
— *Par.*, IV, 382, 402.
Régnault. *Al.*, 1012, 1036, 1044, 1250.
Regnault. *Bourb.*, 472.
— *Bourg.*, II, 33, 34, 65, 505.
— *Caen*, 103, 141.
— *Lorr.*, 57, 245.
— *Orl.*, 267, 436.
— *Par.*, I, 134, 216, 251, 291, 311, 316, 526, 629, 753, 1217, 1234, 1322.
— *Par.*, II, 1250.
— *Par.*, III, 130, 152, 317, 417, 523.
— *Pic.*, 633, 727.
— *Poit.*, 64, 308, 377, 538, 604, 605, 909, 1457.
— *Rouen*, 481, 795, 805, 835.
— *Soiss.*, 115, 210, 246, 273, 356, 458, 673, 689, 698, 754, 782.
— *Tours*, 1023.
— *Vers.*, 132, 215, 242.
Régnaut. *Toul.-Mont.*, 1253.
Règne (du). *Tours*, 357.
Régnier. *Al.*, 1151.
Regnier. *Bourb.*, 548.
— *Bourg.*, I, 91, 341.

— *Champ.*, 484.

— *Fland.*, 112, 574, 590.

— *Lorr.*, 225, 232, 654, 655.

— *Orl.*, 552, 586, 1005.

— *Par.*, I, 707, 1135.

— *Par.*, II, 158, 1149, 1242.

— *Par.*, II, 148, 189.

— *Pic.*, 354, 552.

— *Poit.*, 100, 147, 346, 458, 486, 615, 635, 921, 1127, 1237, 1516.

— *La Roch.*, 333, 411.

— *Soiss.*, 39, 591.

— *Vers.*, 220.

Regnier (du). *Bourg.*, II, 48, 96, 243.

— *Orl.*, 816.

Regnoult. *Al.*, 896, 1065, 1224, 1233, 1238.

Regnous ? *Par.*, II, 747.

Regnouval. *Par.*, IV, 116, 132.

Régoud. *Toul.-Mont.*, 1041.

Regouvier. *Bret.*, II, 192.

Reguain. *Poit.*, 1206.

Régues. *Toul.-Mont.*, 1472.

Regui. *Toul.-Mont.*, 688.

Reguiers (de). *Fland.*, 1086.

Réguimet. *Lyon*, 219.

Rehaut. *Bret.*, I, 817.

Rehé. *Lorr.*, 149.

Rehin. *Als.*, 475.

Rei. *Fland.*, 1295.

— *Guy.*, 1086.

— *Prov.*, I, 138, 789, 996, 1023, 1038, 1299, 1300.

Reibaud. *Prov.*, I, 254, 259, 1101, 1453.

— *Prov.*, II, 536.

Reibault. *Par.*, II, 8.

Reiber. *Als.*, 75, 465.

Reich. *Als.*, 25, 242, 258, 471, 599, 683, 713, 808, 944, 966, 1051.

— *Par.*, I, 296.

Reich (de). *Toul.-Mont.*, 20, 728, 1142, 1151.

Reichelt. *Als.*, 445.

Reichen. *Als.*, 183, 947.

Reichestein. *Als.*, 175, 204, 205, 215, 709.

Reidellet. *Bourg.*, I, 3, 18.

— *Bourg.*, II, 276.

Reids. *Als.*, 405.

Reifelden. *Als.*, 610.

Reifemberg. *Lorr.*, 491.

Reifle. *Als.*, 765.

Reigadé. *Guy.*, 958.

Reignac. *Auv.*, 355.

— *Guy.*, 400, 807, 959.

Reignon. *Poit.*, 182, 598, 1145, 1195.

Reigon. *Tours*, 1215.

Reiheiheim. *Als.*, 299.

Reilhac. *Montp.-Mont.*, 1107, 1448.

Roilhan. *Montp.-Mont.*, 23.

Reilieu. *Lyon*, 322.

Reillac. *Bourges*, 454.

— *Toul.-Mont.*, 32, 1089.

Reillanne. *Prov.*, II, 31, 63. Vic.

Reille. *Orl.*, 687.

— *Prov.*, I, 232.

Reilleux. *Bourg.*, II, 228.

Reimey. *Als.*, 481.

Reimond. *Prov.*, I, 1438.

Reims. *Par.*, II, 927.

Reims (de). *Champ.*, 367.

— *Lorr.*, 34, 112.

Rein (de). *Fland.*, 1099.

Reinack. *Als.*, 68, 95, 96, 167, 175, 213, 214, 217, 358, 366, 731, 799, 919, 922, 947, 965.

Reinal. *Guy.*, 1169.

— *Toul.-Mont.*, 188, 480, 1045, 1046, 1140. V. Rainal.

Reinaldi. *Montp.-Mont.*, 1053.

— *Toul.-Mont.*, 213.

Reinard. *Montp.-Mont.*, 137.

— *Prov.*, I, 717, 1447.

— *Prov.*, II, 528.

Reinarde (la). *Prov.*, I, 562, 563, 666.

Reinaud. *Auv.*, 422.

— *Dauph.*, 33, 217, 255, 472, 562.

— *Guy.*, 876, 1125, 1179.

— *Montp.-Mont.*, 539, 1305, 1367, 1431, 1476, 1566.

— *Prov.*, I, 57, 99, 112, 285, 306, 602, 653, 705, 737, 806, 812, 895, 938, 1008, 1034, 1416.

— *Prov.*, II, 68, 272, 675, 709.

— *La Roch.*, 240.

Reinaude. *Prov.*, II, 717.

Reinaudi. *Prov.*, II, 780.

Reinaudin. *Prov.*, II, 384.

Reincay. *Bret.*, II, 339.

Reine. *Al.*, 283.

Reine (la). *Bourb.*, 469.

Reinerie (la). *Auv.*, 299.

Reines (de). *Toul.-Mont.*, 219, 475.

Reinet. *Lorr.*, 112.

Reinholt. *Als.*, 1016.

Reinie (la). *Guy.*, 724, 1035.

Reinier. *Als.*, 845.

— *Dauph.*, 493, 594.

— *Guy.*, 425, 611.

— *Poit.*, 1280.

— *Prov.*, I, 666, 787, 967, 1082, 1329, 1429, 1433.
— *Prov.*, II, 226, 388, 390, 538.
— *Toul.-Mont.*, 24, 115, 551.
Reinier (du). *Par.*, I, 483.
— *Par.*, III, 119.
Reinod. *Lorr.*, 268.
Reintaler. *Als.*, 449.
Reinter. *Als.*, 1047.
Reiphen. *Fland.*, 1091.
Reiroller. *Auv.*, 309.
Reirolles. *Bourg.*, II, 223.
Reiron. *Prov.*, I, 667.
Reischtette. *Als.*, 118, 714.
Reiss. *Als.*, 441, 758.
Reisseheim. *Als.*, 302.
Reisson. *Prov.*, II, 415, 420.
Reit. *Auv.*, 223.
Reiter. *Als.*, 296, 606, 646.
Reivolle. *Bourg.*, I, 105.
Reixsins. *Fland.*, 227.
Reizet. *Als.*, 184.
Rejanin. *Lyon*, 557.
Relard. *Pic.*, 635, 766.
Relaton. *Bourg.*, I, 898.
Relhac. *Par.*, IV, 189.
Reli. *Pic.*, 554.
— *Rouen*, 37, 578, 1137.
Reliat. *Guy.*, 558.
Relinghen. *Als.*, 993.
Relingue. *Par.*, II, 1073.
Reliquet. *Bret.*, II, 1106.
Rellier. *Bourg.*, I, 960.
— *Par.*, II, 243.
Relogne. *Lyon*, 469, 804, 877.
Relongue. *Toul.-Mont.*, 347, 850.
Rely. *Par.*, IV, 114.
Rema. *Toul.-Mont.*, 1249.
Remasses. *Tours*, 1392.
Remauri. *Toul.-Mont.*, 404.
Rembercourt. *Lorr.*, 670. V.
Rembold. *Als.*, 408.
Remejon. *Dauph.*, 382.
Réméon. *Orl.*, 88, 95, 96, 376, 756, 757.
Remeri. *Fland.*, 665.
Remetz. *Pic.*, 189.
Remeuge *Poit.*, 1228.
Remezeau. *Prov.*, I, 545.
Remfeld. *Als.*, 645.
Remi. *Als.*, 227.
— *Champ.*, 377.
— *Fland.*, 391, 414, 418, 841.
— *Lorr.*, 49, 144.
— *Prov.*, I, 27.
— *Rouen*, 463.

Remi (St-). *Al.*, 96, 289, 565, 606, 654. (*V. Boulenc*).
— *Champ.*, 236, 250, 670, 677.
— *Lorr.*, Ab. 283 541.
— *Prov.*, II, 137. V.
Remigeou. *Poit.*, 283, 288, 1468.
— *Tours*, 196.
Remigny. *Par.*, IV, 243, 352.
Remille. *Bourb.*, 541.
Reminiac. *Bret.*, II, 507.
— *Par.*, I, 555.
Remiremont. *Lorr.*, 480. V.
Remise. *Montp.-Mont.*, 29.
Remisson. *Par.*, I, 1322.
Remollard. *Poit.*, 399.
Remolu. *Soiss.*, 718.
Remon. *Als.*, 591.
— *Bourg.*, II, 31, 377, 378, 510, 585.
— *Bret.*, II, 184.
— *Bourb.*, 116, 433, 536.
— *Bourg.*, I, 19, 53, 301, 302, 305.
— *Champ.*, 122, 134, 321, 322, 598.
— *Par.*, I, 95, 357.
— *Par.*, II, 812, 930.
— *Par.*, IV, 39.
— *Prov.*, II, 131.
— *Tours*, 746, 1070, 1205.
Remont, *Soiss.*, 550.
Remord (du). *Tours*, 1298.
Rempin. *Prov.*, I, 1233.
Rempoux. *Lim.*, 388.
Remungol. *Bret.*, II, 254.
Remusat. *Dauph.*, 526.
— *Prov.*, I, 548, 550, 722, 1083, 1107.
— *Prov.*, II, 350, 387, 661.
Remy. *Par.*, I, 754.
— *Par.*, II, 882.
— *Par.*, III, 348, 534.
Remy (St-). *Par.*, III, 425.
Renaire. *Guy.*, 831.
Renalier. *Toul.-Mont.*, 818, 1307.
Renard. *Bourb.*, 460, 597.
— *Bourg.*, II, 555, 556, 579.
— *Bret.*, II, 668.
— *Champ.*, 572, 669, 703.
— *Dauph.*, 16, 483, 490, 500, 519.
— *Fland.*, 1120, 1324, 1458.
— *Guy.*, 1006, 1035, 1211.
— *Lyon*, 145, 221, 1031.
— *Montp.-Mont.*, 847.
— *Orl.*, 21, 335, 338, 347, 406, 443, 884.
— *Par.*, I, 111, 249, 398, 579.
— *Par.*, II. 887, 903.
— *Par.*, III, 132.
— *Poit.*, 461.

— *Tours*, 42, 245, 612, 636, 948, 1140.
Renard (le). *Al.*, 1215.
Renard Fuchsemberg. *Champ.*, 160.
Renardet. *Bourg.*, II, 303.
Renardière. *Tours*, 87, 985.
Renau. *Al.*, 1230.
Renaud. *Bourb.*, 281, 312, 343, 386, 403.
— *Bourges*, 290, 455.
— *Bret.*, I, 273.
— *Bret.*, II, 282, 456, 505, 593, 645, 850.
— *Lyon*, 121, 424, 614, 726, 757, 800, 946.
— *Par.*, I, 1310.
— *Par.*, II, 465, 653, 693.
— *Par.*, III, 390.
— *Prov.*, II, 791, 824.
— *La Roch.*, 141, 177, 285.
Renaudeau. *Poit.*, 1484.
Renaudet. *La Roch.*, 180, 205, 227, 381.
Renaudin. *Lim.*, 12.
— *Par.*, II, 652.
— *Par.*, III, 514.
— *Poit.*, 955, 1380.
— *La Roch.*, 251.
— *Tours*, 644.
Renaudie. *Lim.*, 341.
Renaudot. *Par.*, II, 518.
Renaudou. *Bourges*, 526.
Renault. *Caen*, 453, 482, 612.
— *Lorr.*, 640, 692 *bis*.
— *Poit.*, 69, 185, 187, 203, 460, 532, 573, 611, 772, 1135, 1225.
— *Rouen*, 33, 524.
— *Soiss.*, 7, 69.
— *Tours*, 376, 547, 632, 885, 899, 988, 1090.
Renazd. *Tours*, 1306.
Renbaud. *La Roch.*, 433, 437.
Réné. *Lorr.*, 147.
— *Poit.*, 265.
— *Tours*, 1283.
Reneaume. *Montp.-Mont.*, 950.
— *Orl.*, 504.
Renebeau. *La Roch.*, 314.
Renec. *Bret.*, II, 61.
Renel. *Bourg.*, I, 409, 417.
Reneleau. *Poit.*, 1299, 1378.
Reneteau. *La Roch.*, 436.
Reneurel. *Par.*, II, 1241.
Reneuve. *Soiss.*, 464, 465.
Renier. *Caen*, 154.
— *La Roch.*, 150, 351.

Renier (du). *Orl.*, 784.
Renin. *Fland.*, 1479. V.
Rennefort. *Al.*, 659.
Rennel. *Lorr.*, 145, 218, 245, 469.
Rennepont. *Champ.*, 593.
Rennes. *Al.*, 1064.
— *Bret.*, I, 3. V.
Renneval. *Vers.*, 293.
Renneville. *Prov.*, II, 33, 602.
— *Rouen*, 14.
Renoire. *Poit.*, 493.
Renon. *Poit.*, 18, 1077.
Renou. *Orl.*, 798, 812, 908.
— *Poit.*, 849.
— *Tours*, 59, 570, 914, 950, 1068, 1200, 1334.
Renouard. *Al.*, 363, 1052.
— *Bourges*, 109.
— *Bret.*, I, 166, 475, 476.
— *Fland.*, 533.
— *Lim.*, 271, 379.
— *Montp.-Mont.*, 349.
— *Orl.*, 358, 393.
— *Par.*, I, 254, 796, 883, 1391.
— *Par.*, II, 463, 647, 738.
— *Par.*, III, 303, 478.
— *Pic.*, 391.
— *La Roch.*, 343.
— *Vers.*, 305.
Renouf. *Caen*, 556.
— *Vers.*, 180.
Renoul. *Caen*, 396.
— *Prov.*, I, 1039.
Renourd. *Prov.*, II, 778.
Renoust. *Orl.*, 62.
Renoux. *Prov.*, I, 790, 963, 1009, 1104, 1295, 1310.
— *Prov.*, II, 422, 521, 727, 803.
Renouyer. *Montp.-Mont.*, 1432.
Renson. *Fland.*, 1471.
Rente (la). *Bourg.*, II, 614.
Renti. *Soiss.*, 358, 464.
Rentier. *Prov.*, I, 1200, 1396.
Renty. *Orl.*, 216, 816.
Rentz. *Als.*, 820.
— *Par.*, II, 975.
Renuamont. *Lorr.*, 308, 309.
Renusson. *Champ.*, 171, 172, 512.
— *Tours*, 261, 1093, 1478, 1479, 1485.
Renvillée. *Tours*, 1032.
Réolle (la). *Guy.*, 912. V.
Repaire (de). *Guy.*, 515.
Repaire (du). *Lim.*, 315.
Repas. *Bourg.*, I, 143.
— *Bourg.*, II, 236, 391.

Repas. *Bourg.*, 1, 143.
— *Bourg.*, 11, 236, 391.
Repassard. *La Roch.*, 289.
Repaus. *Bourg.*, 11, 344.
Repellin. *Dauph.*, 71.
Repin. *Poit.*, 57.
Repy. *Bourg.*, 11, 269.
Requier. *Prov.*, 1, 655, 735, 761.
Requier (le). *Al.*, 773.
Requestat. *Auv.*, 503.
Requiston. *Prov.*, 1, 1096.
Resch. *Als.*, 123, 881.
Resli. *Al.*, 631, 684.
Reslut. *Orl.*, 861.
Resne (le). *Caen*, 562.
Resnel. *Al.*, 1062.
— *Caen*, 580, 597.
Resnel (du). *Rouen*, 50, 160, 501, 672, 686.
Resnier. *Poit.*, 561.
— *La Roch.*, 175.
Resolières. *Toul.-Mont.*, 1189.
Respin. *Fland.*, 843.
Respingez. *Lim.*, 362.
Ressaire. *Bourg.*, 11, 108.
Ressedoul. *Poit.*, 1326.
Resseguerie (la). *Toul.-Mont.*, 966.
Resseguier. *Lim.*, 52.
— *Toul.-Mont.*, 19, 117, 276, 821, 949, 1087, 1261.
Resson. *Dauph.*, 551.
— *Lyon*, 549.
Restaurand. *Prov.*, 11, 110.
Restaurant. *Montp.-Mont.*, 242, 520, 923, 1434.
Reste. *Toul.-Mont.*, 962, 998.
Reste (du). *Bret.*, 11, 970, 1001.
Restouble. *Montp.-Mont.*, 807.
Restre (le). *Tours*, 512, 882, 1273.
Retail (du). *Poit.*, 700.
Retard. *Pic.*, 766.
— *Soiss.*, 837.
Reteau. *Soiss.*, 49.
Retel. *Par.*, iv, 86, 806.
Retondeur. *Par.*, 1, 1151.
Rettever. *Als.*, 468.
Retz. *Bourg.*, 11, 219.
Retz (de). *Montp.-Mont.*, 333, 379, 424, 1352.
Retz (du). *Fland.*, 147, 337, 339, 773, 799, 1261.
Reu (du). *Lyon*, 615.
Reubens. *Fland.*, 680.
Reud. *Bourg.*, 1, 590, 605.
Reuderard. *Als.*, 637.
Reugny. *Bourb.*, 91.

— *Vers.*, 127.
Reuillard. *Prov.*, 11, 683.
Reulant. *Lorr.*, 285.
Reumont. *Lorr.*, 349, 611.
Reuntz. *Als.*, 437.
Reussi. *La Roch.*, 182.
Reusson. *Prov.*, 11, 793.
Revangé. *Bourb.*, 2, 20, 150, 267.
Revault. *Poit.*, 356.
Revaux. *La Roch.*, 163.
Reveau. *Poit.*, 452, 538, 1341.
Reveil. *Bret.*, 11, 576.
Reveillault. *La Roch.*, 192, 193, 389.
Reveillé. *Tours*, 610, 1033.
Revel. *Als.*, 779.
— *Dauph.*, 16, 52, 172.
— *Lyon*, 412, 955.
— *Montp.-Mont.*, 765.
— *Prov.*, 11, 523, 830.
— *Toul.-Mont.*, 559, 573.
Revelière. *Tours*, 917.
Revelin. *Lyon*, 754.
Revellois. *Pic.*, 377.
Révérand. *Soiss.*, 706.
Reverchon. *Lyon*, 932.
Reverdi. *Poit.*, 1066.
— *Tours*, 103, 531, 831, 856, 1158, 1279.
Reverdin. *Toul.-Mont.*, 1121.
Reverdis. *La Roch.*, 66.
Reverdit. *Prov.*, 11, 509.
Reverdy. *Bourb.*, 19.
— *Bourg.*, 11, 269.
— *Lyon*, 667.
Reverend. *Fland.*, 181.
Révérend. *Par.*, 111, 509.
Reveroni. *Lyon*, 106, 145, 442.
Reversat. *Montp.-Mont.*, 19, 425, 426, 832, 867 1517.
— *Toul.-Mont.*, 845 (?)
Reversé. *Par.*, 11, 479.
Revertegat. *Prov.*, 1, 29.
Revert. *Prov.*, 1, 389, 436, 1165, 1206.
— *Prov.*, 11, 784.
Revi. *Soiss.*, 666.
Reviers. *Caen*, 52, 212.
— *Orl.*, 211.
Revignan. *Guy.*, 499.
Revignes. *Poit.*, 441.
Revilase. *Dauph.*, 55, 415, 502, 506, 512, 513.
Revillon. *Orl.*, 861.
Revily. *Toul.-Mont.*, 220.
Revirard. *Bourg.*, 11, 68.
Revol. *Bret.*, 1, 166, 248.
— *Bret.*, 11, 727.

26

— *Dauph.*,169, 200, 211, 246, 277, 448.
— *Lorr.*, 595.
— *Lyon*, 9.
— *Par.*, ii, 669.
Revolet. *Poit.*, 1093.
Revoyé. *Prov.*, i, 1160.
Rexis. *Fland.*, 1408.
Rey. *Bourg.*, ii, 21, 29, 87, 94, 172, 188, 331, 344.
— *Montp.-Mont.*, 73, 887, 1099, 1337.
— *Prov.*, ii, 225, 227, 411, 414, 592, 735, 840.
— *Toul.-Mont.*, 356, 657, 712, 1041.
Rey (le). *Orl.*, 771.
Reymond. *Lim.*, 286, 376.
Reymondie (la). *Lim.*, 276.
Reynart. *Pic.*, 94, 705.
Reynaud. *Als.*, 662.
— *Bourg.*, i, 413.
— *Lim.*, 38, 59, 64, 74, 82, 238, 390.
Reynen (de). *Montp. - Mont.*, 800, 1051.
Rez (de). *Par.*, ii, 695, 820.
Rezer. *Als.*, 657.
Rhaye. *Pic.*, 716.
Riable (le). *Poit.*, 927.
Rialis. *Prov.*, i, 921.
Riallais. *Bret.*, ii, 413.
Riancé. *Par.*, ii, 129.
Riancourt. *Pic.*, 357.
Riane. *Als.*, 669.
Rians (de). *Prov.*, i, 405, 483, 496, Ab., 514, 669, 1030.
— *Prov.*, ii, 613.
Riant. *Bret.*, i, 254.
Riants. *Al.*, 160, 1056.
Riantz. *Par.*, i, 39.
— *Par.*, ii, 1217.
Riard. *Bourg.*, i, 293, 453.
— *Bourg.*, ii, 161, 534.
Riau. *Prov.*, ii, 122.
— *La Roch.*, 232.
Riault. *Bourg.*, ii, 336.
— *Bret.*, ii, 47.
Riaville (de). *Lorr.*, 545.
Ribail. *Guy.*, 909.
Riballier. *Tours*, 406.
Ribardière (la). *Poit.*, 568, 1108.
Ribat. *Montp.-Mont.*, 500.
Ribaud. *Prov.*, ii, 833.
Ribaudière (la). *Poit.*, 1106.
Ribault (le). *Bret.*, i, 184.
Ribault. *Poit.*, 817, 1500.
— *Rouen*, 116, 314, 872.
— *Tours*, 618, 956, 1115.
Ribaupierre. *Als.*, 199. V.

Ribaut. *Prov.*, i, 244, 248.
— *Toul.-Mont.*, 1090.
Ribaute. *Toul.-Mont.*, 1307, 1316.
Ribe. *Prov.*, ii, 255.
Ribé. *Bret.*, ii, 593, 594.
Ribe (de). *Prov.*, i, 966, 993, 998, 1211.
Ribe (la). *Toul.-Mont.*, 1058.
Ribeaucourt. *Pic.*, 564.
Ribeire. *Auv.*, 13, 34, 100, 283, 379.
— *Par.*, i, 777.
— *Poit.*, 1363.
Ribens. *Fland.*, 187.
Ribére. *Rouen*, 732.
Ribereix. *Guy.*, 443, 550, 920.
Riberette. *Par.*, ii, 2.
Riberolle. *Fland.*, 352.
— *Lorr.*, 527.
— *Montp.-Mont.*, 191.
Ribert. *Als.*, 883.
Ribes. *Toul.-Mont.*, 1423, 1484.
Ribes (de). *Montp.-Mont.*, 521, 953.
Ribet. *Toul.-Mont.*, 417.
Ribette. *Guy.*, 940.
Ribier. *Al.*, 748.
— *Auv.*, 530, 580, 589.
— *Fland.*, 6, 8.
— *Par.*, i, 1097.
— *Par.*, iv, 632.
— *Poit.*, 1524.
— *Prov.*, i, 852, 1051, 1383.
— *Prov.*, ii, 490.
— *Tours*, 1512.
— *Vers.*, 58.
Riblemont. *Soiss.*, 460. V.
Ribodon. *Par.*, i, 691, 888.
— *Par.*, ii, 387.
Ribon. *Bret.*, ii, 178.
Ribot. *Bourges*, 134.
— *Bret.*, ii.
— *Vers.*, 210.
Ribotti. *Prov.*, ii, 440.
Ribou. *Bret.*, ii, 446, 481.
Ribouly. *Lyon*, 649.
Ribour. *Bourg.*, ii, 282.
Ribout. *Caen*, 565.
Riboux. *Bourg.*, i, 1007.
Ribui (de). *Tours*, 1524.
Ricard. *Bourg.*, i, 244, 511, 512.
— *Bret.*, i, 709.
— *Fland.*, 410, 1440.
— *Lim.*, 88.
— *Montp.-Mont.*, 51, 52, 58, 150, 1438.
— *Par.*, i, 288.
— *Par.*, iii, 45, 83.
— *Par.*, iv, 116, 126, 128, 378.

— *Prov.*, ı, 4, 5, 24, 31, 122, 134,
337, 339, 340, 367, 661, 919, 934,
938, 1166, 1183, 1224, 1225, 1226,
1227, 1355, 1384, 1385.

— *Prov.*, ıı, 330, 415, 416, 429, 456,
585, 625.

— *Toul.-Mont.*, 38, 81, 312, 499, 715,
775.

— *Vers.*, 179.

Ricarville. *Rouen*, 213.

Ricaud. *Montp.-Mont.*, 525.

— *Prov.*, ı, 26, 27, 1148, 1240.

— *Prov.*, ıı, 420, 795.

— *Toul.-Mont.*, 1245.

Ricaudi *Prov.*, ı, 322, 1428.

Ricault. *Orl.*, 334.

Rich. *Als.*, 654.

Rich (du). *Pic.*, 739.

Richal. *Toul.-Mont.*, 1464.

Richard. *Al.*, 649, 909, 929.

— *Als.*, 285, 470, 726.

— *Auv.*, 114.

— *Bourb.*, 410, 479.

— *Bourges*, 427.

— *Bourg.*, ı, 45, 49, 62, 65, 318,
333, 338, 467, 595, 600, 611, 805,
908, 1037, 1267.

— *Bourg.*, ıı, 7, 51, 52, 80, 84, 111,
143, 345, 379.

— *Bret.*, ıı, 181, 232, 391, 454, 584.

— *Caen*, 785.

— *Champ.*, 262.

— *Dauph.*, 111, 127, 353, 375, 393,
454, 570, 595.

— *Fland.*, 810.

— *Guy.*, 159, 208, 1088.

— *Lim.*, 344.

— *Lorr.*, 63, 120, 129, 134, 350,
417, 683.

— *Lyon*, 90, 126, 142, 165, 172,
377, 747, 1008.

— *Montp.-Mont.*, 595.

— *Orl.*, 150, 792.

— *Par.*, ı, 327, 400, 678, 721, 1228,
1242.

— *Par.*, ıı, 83, 550, 616.

— *Par.*, ııı, 246, 295, 314, 470, 496.

— *Pic.*, 147, 442.

— *Poit.*, 29, 81, 301, 359, 379, 443,
497, 763, 860, 904, 979, 1390, 1461,
1462.

— *Prov.*, ı, 1144.

— *Prov.*, ıı, 420, 516, 588, 613,
671, 712.

— *La Roch.*, 87, 159, 240, 291, 314,
342, 438.

— *Rouen*, 527.

— *Soiss.*, 67, 735.

— *Toul.-Mont.*, 890.

— *Tours*, 41, 144, 393, 881, 891,
919, 937, 984, 1029, 1039, 1048,
1451, 1522.

Richardais (la). *Bret.*, ıı, 841.

Richardeau. *Tours*, 1082.

Richardet. *Champ.*, 257.

Richardie (la). *Auv.*, 310, 311, 403,
416, 464.

— *Bourb.*, 155, 296, 297.

— *Guy.*, 663.

Richardière. *Tours*, 33.

Richardière (la). *La Roch.*, 209.

Richardin. *Bourb.*, 24.

Richardot. *Bourg.*, ı, 597, 641, 673,
865, 901, 1014, 1110, 1127, 1135,
1209, 1231.

— *Bret.*, ı, 182.

Richau. *Bret.*, ı, 943.

— *Bourg.*, ı, 349.

— *Prov.*, ı, 309, 316, 330, 455, 851,
886, 929, 1081, 1410, 1423, 1452.

— *Prov.*, ıı, 336, 393, 399.

— *Toul.-Mont.*, 237.

Richaud. *Poit.*, 822, 848, 852, 1029.

Richaudeau. *Poit.*, 1408.

— *Tours*, 173, 870, 929.

Richauss. *Orl.*, 286.

Richaume. *Prov.*, ı, 868.

Riche. *Montp.-Mont.*, 670.

Riche (le). *Al.*, 780.

— *Fland.*, 1258.

— *Par.*, ı, 319.

— *Par.*, ıı, 672.

— *Par.*, ıv, 15, 20.

— *Pic.*, 487, 575.

— *Poit.*, 128, 434, 476, 968, 1055.

— *Rouen*, 1242.

— *Tours*, 750, 859.

Richebourg. *Champ.*, 461, 477.

— *Par.*, ııı, 404.

— *Par.*, ıv, 38.

— *Poit.*, 525.

— *Rouen*, 906, 946.

Richelet. *Champ.*, 859.

— *Poit.*, 463.

Richelieu. *Par.*, ıı, 926.

— *Pic.*, 859.

— *Tours*, 1507.

Richeline. *Prov.*, ı, 709.

Richelme. *Prov.*, ıı, 515.

Richelot. *Poit.*, 441, 707, 1274.

— *Tours*, 362, 660, 1144.

Richemont. *Als.*, 176, 685.

— *Champ.*, 772.
— *Fland.*, 136, 311, 956, 1095.
— *Par.*, III, 15.
— *Toul.-Mont.*, 970.
Richen. *Auv.*, 130.
Richenaw. *Als.*, 553.
Richer. *Al.*, 137, 391, 678, 963.
— *Als.*, 108, 153.
— *Bourges*, 280.
— *Bourg.*, I, 188.
— *Bret.*, II, 191, 192.
— *Caen*, 32, 342, 482, 625.
— *Champ.*, 551.
— *Lorr.*, 208.
— *Lyon*, 78, 85.
— *Orl.*, 618, 658.
— *Par.*, I, 174, 761, 954, 976, 1219, 1248, 1340, 1345.
— *Par.*, II, 266, 301, 694.
— *Par.*, III, 408, 434, 459, 472, 479, 533.
— *Par.*, IV, 96, 173.
— *Prov.*, I, 1446.
— *Rouen*, 49, 300, 659.
— *Tours*, 305, 729, 730, 1437, 1528.
Richeraye. *Montp.-Mont.*, 78.
Richereau. *Poit.*, 1441.
Richeri (de). *Prov.*, II, 718, 719, 834.
Richeteau. *Poit.*, 29, 269, 464, 789, 909, 1338, 1426.
Richette. *Al.*, 925.
Richeux. *Tours*, 1079.
Richeville. *Toul.-Mont.*, 979.
Richi. *Lyon*, 102.
Richier. *Bourg.*, I, 900, 1240.
— *Caen*, 61, 208.
— *La Roch.*, 59.
Richiéri. *Prov.*, I, 186.
Richieud. *Prov.*, I, 865.
Richome. *Bret.*, I, 16, 80.
— *Par.*, III, 426.
— *Vers.*, 4.
Richomme. *Lim.*, 464.
— *Rouen*, 512, 523, 687, 693.
Richon. *Guy.*, 117, 345, 1058, 1062.
Richou. *Bourb.*, 395, 615, 616.
Richoux. *Poit.*, 1320, 1331.
Richshoffer. *Als.*, 281, 284, 299, 444.
Richy. *Bourg.*, II, 223.
Rick (de). *Fland.*, 1069, 1172.
Rickert. *Als.*, 98.
Ricœur. *Al.*, 215, 393, 534.
— *Caen*, 481.
Ricol. *Dauph.*, 44, 76, 274.
Ricomes. *Toul.-Mont.*, 1079, 1165.

Ricord. *Prov.*, I, 1351, 1363, 1383, 1384, 1406, 1407.
Ricordais (la). *Bret.*, II, 556.
Ricordeau. *Par.*, I, 210.
Ricosme. *Montp.-Mont.*, 651, 800, 811, 813.
Ricou. *Dauph.*, 501, 622.
Ricouart. *Fland.*, 1231.
— *Par.*, I, 46, 1046, 1197, 1220.
— *Pic.*, 762.
Ricouf. *Caen*, 573.
Ricouffe. *Prov.*, I, 248, 252, 255, 260, 262.
Ricoult. *Caen*, 454.
Ricourt. *Bourges*, 522.
— *Fland.*, 120, 138, 793, 806, 807, 1122.
— *Lorr.*, 575.
Ricous. *Vers.*, 176.
Ricousse. *Par.*, I, 107.
Ricout. *Bret.*, I, 275.
Ricoux. *Prov.*, I, 836, 1107.
Ricq. *Rouen*, 722, 1127.
Ricq (de). *Caen*, 158.
Ricque (de). *Pic.*, 496.
Ricque (le). *Pic.*, 794.
Rideau. *Par.*, I, 1137.
Rideau (de). *La Roch.*, 315.
Ridel. *Par.*, I, 167.
— *Par.*, II, 517, 565.
— *Par.*, III, 361.
— *Rouen*, 421, 705, 782.
Rideo (du). *Tours*, 1523.
— *Tours*, 315.
Rideux. *Montp.-Mont.*, 47.
Ridouet. *Lorr.*, 690.
— *Tours*, 304, 421, 672.
Rie (de). *Al.*, 1177.
— *Bourg.*, I, 1154.
Riece. *Bourg.*, I, 111, 123, 197.
Rieden. *Als.*, 132, 498.
Riége. *Toul.-Mont.*, 457.
Riéges (des). *Bourb.*, 132.
Riegger. *Als.*, 198, 878.
Riel. *Als.*, 666, 667.
Riellau. *Bret.*, II, 508.
Rielle. *Bourg.*, II, 27.
Riencourt. *Champ.*, 141, 562, 686.
— *Par.*, I, 1379.
— *Pic.*, 256, 558, 834.
— *Rouen*, 437, 466, 1390.
— *Soiss.*, 313. V. *Driencourt*.
Rietemant. *Lyon*, 91.
Rieu (de). *Par.*, I, 1367.
— *Vers.*, 110.
— *Al.*, 576, 581.

— *Champ.*, 261.
— *Fland.*, 1271, 1401, 1409.
— *Guy.*, 1019.
— *Lyon*, 920.
— *Par.*, II, 1221.
— *Rouen*, 766.
— *Toul.-Mont.*, 406, 410.
Rieusset. *Montp.-Mont.*, 833.
Rieutort (de). *Montp.-Mont.*, 673.
Rieuval. *Toul.-Mont.*, 627, 637.
Rieux. *Al.*, 180, 684, 685.
— *Bret.*, I, 178, 565.
— *Lim.*, 146.
— *Par.*, III, 101.
— *Toul.-Mont.*, 678,
Rieux (de). 410.
Rieux (des). *Bret.*, I, 518.
— *Bret.*, II, 381.
— *Dauph.*, 555.
Rieux (du). *Pic.*, 43, 383, 560, 566.
Riez. *Prov.*, I, 861. V.
Riez (du). *Pic.*, 163, 661.
Rifaudé. *Al.*, 716, 725.
Rifaut. *Par.*, II, 1143.
Riffarde. *Montp.-Mont.*, 352.
Riffault. *Poit.*, 467, 755, 758.
Riffelman. *Als.*, 884.
Rifflé. *Par.*, IV, 445, 639.
— *Vers.*, 129.
Riflé (du). *Tours*, 1302.
Rigal. *Guy.*, 955, 1042.
— *Montp.-Mont.*, 950, 1167, 1351.
— *Toul.-Mont.*, 411, 935, 979.
Rigand. *Toul.-Mont.*, 28.
Rigaud. *Auv.*, 4, 148, 378, 385.
— *Bourges*, 228.
— *Dauph.*, 233, 347.
— *Guy.*, 155, 156, 648, 1124.
— *Lyon*, 143, 458, 684, 851, 983, 1025.
— *Montp.-Mont.*, 139, 169, 174, 770, 1441.
— *Poit.*, 992, 1034, 1067, 1109.
— *Prov.*, I, 702.
— *Prov.*, II, 696, 840.
— *Toul.-Mont.*, 534, 686, 696, 944.
Rigaudie (la). *Guy.*, 163, 673.
Rigault. *Bret.*, II, 749, 1118.
— *Orl.*, 716.
— *Par.*, I, 390.
— *Par.*, II, 61, 730.
— *Par.*, III, 149.
— *La Roch.*, 290, 298.
— *Soiss.*, 571, 805.
— *Vers.*, 95.
Rigaut. *Bourg.*, I, 455, 924, 1048.

— *Fland.*, 1205.
— *Tours*, 98, 673, 991, 1078, 1257.
Rigé. *Orl.*, 871.
Rigioly. *Lyon*, 66, 67.
— *Par.*, II, 207, 1084.
Riglet. *Bourges*, 2, 60, 90, 121, 167, 184, 190, 334.
Rignac. *Montp.-Mont.*, 3, 660.
— *La Roch.*, 101.
Rignalet. *Toul.-Mont.*, 679.
Rignauld. *Bourb.*, 596.
Rigné de la Planche. *Poit.*, 331.
Rigné (de). *Tours*, 44, 194.
Rigoine. *Bourg.*, I, 598.
Rigolenne. *Bret.*, II, 919, 922.
Rigoley. *Bourg.*, I, 28, 37, 330, 334.
— *Bourg.*, II, 493.
Rigoley. *Par.*, II, 669.
Rigollé. *Bret.*, I, 46, 52.
Rigollet. *Bourg.*, II, 41, 50, 142.
— *Prov.*, II, 610.
Rigolot. *Champ.*, 185.
Rigollot. *Par.*, III, 186.
Rigon. *Prov.*, I, 683.
Rigonnier. *Poit.*, 21.
Rigord. *Prov.*, I, 600, 603, 1032.
Rigordi. *Prov.*, I, 1283, 1329.
Rigot, *Dauph.*, 183.
Rigouin. *Par.*, III, 364.
Rigoulet. *Montp.-Mont.*, 1329, 1342.
Rigoullet. *Par.*, I, 1313.
Rigoulphe. *Prov.*, II, 375.
Rigoult. *Rouen*, 541.
Rigues (de). *Lorr.*, 98, 465.
Riguet. *Poit.*, 18, 534.
Richouei. *Caen*, 203, 223, 376.
Rillart. *Par.*, II, 389.
— *Soiss.*, 41.
Rillé. *Lorr.*, 676.
Riller. *Bourg.*, II, 316.
Rim. *Fland.*, 77.
Rimbaud. *Prov.*, I, 610, 839, 943, 963, 1384.
Rimbaudière (la). *Bourges*, 524.
Raimbault. *Bourges*, 375.
— *Poit.*, 542, 1457.
Rimbert. *Champ.*, 881.
— *Orl.*, 179.
— *Pic.*, 296.
— *Poit.*, 1222.
Rimbold. *Als.*, 1053.
Rimond. *Bourg.*, II, 140, 155.
Rimont. *Bourg.*, I, 111, 121.
Rimonteil. *Guy.*, 1128.
Rinard. *Montp.-Mont.*, 1430.
Rincéent. *Soiss.*, 836.

Rinier. *Par.*, III, 330.
Ringard. *Pic.*, 598.
Ringaut. *Toul.-Mont.*, 87.
Ringére. *Poit.*, 840, 889.
Ringler. *Als.*, 301, 467, 468.
Ringlier. *Poit.*, 1021, 1033.
Ringuier. *Fland.*, 535.
Rinoi. *Caen*, 633.
Rinnillier. *Par.*, I, 729.
Rinsart. *Soiss.*, 358.
Rio. *Bret.*, II, 185, 604.
Riobière. *Bourb.*, 325.
Rioblanc. *Bourb.*, 536.
Riocreux. *Toul.-Mont.*, 19.
Riois (de). *Bourg.*, II, 157.
Riol (des). *Auv.*, 182.
Riolant. *Par.*, III, 1256.
Riolé. *Montp.-Mont.*, 429.
Rioleau. *Poit.*, 168.
Riolet. *Bourg.*, I, 152, 466.
— *Toul-Mont.*, 1119.
Riollet. *Bourg.*, II, 234.
Riollan. *Tours*, 68, 584.
Riols. *Toul.-Mont.*, 576.
Riols (de). *Montp.-Mont.*, 1271.
Riom. *Auv.*, 97. V.
— *Bourg.*, II, 336.
Rion (de). *Champ.*, 257, 716.
— *Dauph.*, 180.
Riot. *Poit.*, 877, 889.
Riotour. *Prov.*, II, 799.
Riotte. *Par.*, IV, 263, 563.
Riou. *Bret.*, I, 573, 574.
Riou. *Par.*, III, 336.
— *Poit.*, 373, 1242.
Riou (de). *Lim.*, 465.
Riouffe. *Prov.*, I, 999.
Rioulen. *Bret.*, I, 549.
Rioult. *Al.*, 6, 31, 1177.
— *Par.*, I, 104, 469, 561, 883.
— *Par.*, II, 518.
— *Par.*, III, 227.
— *Vers.*, 54.
Riousset. *Prov.*, II, 650.
Rioux. *Bret.*, II, 601.
Rioux (des). *Lyon*, 13, 124, 504.
Rioux (du). *Bourb.*, 6, 18.
Ripart. *Par.*, IV, 546, 570.
Ripaud. *Prov.*, II, 631.
Ripault. *Caen*, 195, 204, 229.
— *Par.*, I, 1118.
Ripé (de). *La Roch.*, 115.
Ripe (la). *Bourges*, 265, 267.
Ripert. *Dauph.*, 332, 347, 467.
— *Prov.*, I, 2, 21, 26, 42, 179, 278, 495, 605, 818, 835, 1022, 1192, 1217.

— *Prov.*, II, 33, 42, 460, 602, 653, 672, 678, 692.
Ripoche. *Rouen*, 870.
— *Tours*, 970.
Ripotte. *Lyon*, 910.
Ripoux. *Bourb.*, 269.
Rippier. *Par.*, I, 979.
Riquart. *Als.*, 613.
Riquebourg. *Pic.*, 624.
Riquebusc. *Fland.*, 1236.
Riquemard. *Bourg.*, II, 138.
Riquers. *Fland.*, 461.
Riquet. *Fland.*, 29.
— *Poit.*, 34.
— *Toul.-Mont.*, 109, 173, 890.
Riqueti. *Dauph.*, 504.
— *Par.*, I, 68.
— *Prov.*, I, 467, 561, 596, 678, 707.
Riquety. *Par.*, III, 16.
Riqueur, *Vers.*, 15.
Riquier. *Al.*, 834, 838.
— *Prov.*, II, 365.
— *Toul.-Mont.*, 808.
Riquinel. *Bret.*, II, 560.
Riquiston. *Prov.*, II, 396.
Ris. *Bourg.*, I, 411.
— *Par.*, I, 246.
Ris (de). *Bret.*, II, 290.
— *Rouen*, 649.
Ris (du). *Bourges*, 442.
— *Poit.*, 918.
Ris (le). *Pic.*, 793.
Risbourg. *Fland.*, 651.
Riselle. *Toul.-Mont.*, 343. V.
Rison. *Bret.*, I, 522.
Rispaud. *Prov.*, II, 558.
Riss. *Als.*, 619, 796, 797, 831, 890.
Rissan. *Guy.*, 311.
— *Par.*, I, 156.
Risseul. *Fland.*, 938.
Ritter. *Als.*, 702.
Rivagerie (la). *La Roch.*, 398.
Rivail (du). *Dauph.*, 152.
Rival. *Lyon*, 795, 982.
Rival (du). *Guy.*, 1087.
Rivalière (la). *Dauph.*, 66.
— *Lyon*, 1007.
Rivalin. *Poit.*, 1189.
Rivals, *Montp.-Mont.*, 176, 178.
— *Toul.-Mont.*, 516, 567, 855, 857, 859, 1308, 1312.
Rivart. *Fland.*, 1135, 1434, 1438.
Rivasson. *Guy.*, 1113.
Rivau (de). *Tours*, 981.
Rivau (du). *Guy.*, 129.
— *Poit.*, 919, 1004.

— *Tours*, 192, 194, 401, 409, 734, 925, 1310.
Rivaudeau. *Poit.*, 372, 384, 1243.
Rivault. *Poit.*, 556, 899.
— *La Roch.*, 395.
Rive (de). *Soiss.*, 297, 510.
Rive (du). *Fland.*, 959.
Rive (la). *Rouen*, 712.
Riveau. *Poit.*, 36.
Rivedieu. *Toul.-Mont.*, 1244.
Rivelle. *Fland.*, 138.
Rivelt. *Caen*, 629.
Riverain. *Guy.*, 925, 926.
— *Tours*, 1510.
Riverie. *Lyon*, 9, 22, 55.
Riverieux. *Lyon*, 120, 133.
Riverin. *Montp.-Mont.*, 332.
Rivers (de). *Lorr.*, 486.
Riverson. *Lyon*, 390.
Rives (de). *Guy.*, 685.
— *Montp.-Mont.*, 275.
— *Prov.*, I, 286.
— *Toul.-Mont.*, 708, 1169.
Rives (la). *Montp.-Mont.*, 1204.
Rivet. *Al.*, 1021, 1050.
— *Lyon*, 623, 660.
— *Par.*, II, 393, 473.
— *Par.*, III, 119.
— *Poit.*, 457.
— *Vers.*, 205.
Rivet Cotiby. *La Roch.*, 137.
Rivette. *Fland.*, 837.
Rivier. *Montp.-Mont.*, 1435.
Riviére. *Al.*, 295, 297, 844, 1099.
— *Als.*, 99, 189, 593.
— *Bourb.*, 449.
— *Bourges*, 180, 229.
— *Bourg.*, I, 721.
— *Dauph.*, 391, 419, 479, 497.
— *Lim.*, 469.
— *Lyon*, 303, 312, 648, 816.
— *Montp.-Mont.*, 18, 127, 326, 619, 794, 927, 1134, 1332.
— *Par.*, I, 853, 1155.
— *Par.*, II, 880, 946, 1274.
— *Par.*, III, 167, 214.
— *Poit.*, 530, 1232.
— *Prov.*, I, 794, 1044.
— *Prov.*, II, 294.
— *La Roch.*, 160, 367.
— *Soiss.*, 396, 799.
— *Tours*, 713, 795, 914, 1253, 1359.
— *Toul.-Mont.*, 355, 376, 1246, 1263.
Riviére (la). *Al.*, 656, 727.
— *Bourges*, 51, 305, 465.

— *Bourg.*, I, 26.
— *Bourg.*, II, 14.
— *Bret.*, I, 251, 253, 254, 593, 824.
— *Bret.*, II, 213, 552, 562, 829.
— *Caen*, 16, 23, 185, 278, 416, 542, 665, 721.
— *Fland.*, 16, 102, 107, 1306.
— *Guy.*, 9, 551, 556, 1007, 1012, 1069.
— *Lim.*, 150, 176.
— *Lorr.*, 409, 624.
— *Lyon*, 621.
— *Orl.*, 275.
— *Par.*, I, 5, 168, 637. (Voyez Casteras).
— *Par.*, II, 237.
— *Par.*, III, 101, 337.
— *Pic.*, 718.
— *Poit.*, 468, 517.
— *Rouen*, 239, 295.
— *Toul.-Mont.*, 67.
— *Tours*, 347, 534, 1428.
Riviéres (des). *Tours*, 341.
Riville. *La Roch.*, 427.
Rivis (de). *Auv.*, 556.
— *Montp.-Mont.*, 117, 123.
Rivoct. *Fland.*, 1396.
Rivoire. *Dauph.*, 191.
— *Lyon*, 454, 749, 791, 793, 934.
Rivoire (la). *Lyon*, 818.
— *Par.*, I, 1275.
Rivol. *Prov.*, II, 294.
— *Toul.-Mont.*, 518.
Rivole (de). *Dauph.*, 104.
Rivoy. *Bret.*, II, 537.
Roaix (de). *Montp.-Mont.*, 403, 502, 821, 1311, 1312, 1337.
Roaldez. *Toul.-Mont.*, 948.
Roard. *Bourg.*, II, 577.
— *Par.*, IV, 572.
Roatin. *Poit.*, 31, 52, 53, 56, 211, 702.
Robardet. *Bourg.*, I, 1265.
— *Bourg.*, II, 488.
Robart. *Fland.*, 1232.
— *Pic.*, 634.
Robat. *Bret.*, II, 806.
Robaton. *Par.*, I, 636, 1124.
Robaux (de). *Fland.*, 277, 1326, 1331.
Robbe. *Al.*, 1034.
— *Caen*, 28.
— *Par.*, II, 615.
— *Pic.*, 579, 683.
Robeau. *Orl.*, 426.
Robec. *Bourg.*, I, 721.
— *Rouen*, 1069.

Robeische. *Tours*, 926.
Robelin. *Bourb.*, 410, 420.
— *Bourg.*, I, 30, 646, 902, 1252.
— *Fland.*, 192.
— *Pic.*, 269, 739.
Robelot. *Bourg.*, I, 229, 480.
— *Lorr.*, 623.
Roberby. *Bourg.*, I, 1275.
Roberdau. *Als.*, 904.
Roberday. *Par.*, III, 529.
Roberdé. *Orl.*, 476.
Roberdeau. *Par.*, I, 1375.
Roberge. *Par.*, I, 1136, 1176.
— *Par.*, III, 175.
Roberie. *Guy.*, 907.
Roberre. *Par.*, II, 43.
Robert. *Bourb.*, 411, 412.
— *Bourges*, 69, 129, 287, 323, 420.
— *Bourg.*, I, 275, 322, 441, 524.
— *Bourg.*, II, 43, 241, 534, 564.
— *Bret.*, I, 183, 253, 279, 313, 640, 819, 830.
— *Bret.*, II, 416.
— *Champ.*, 39, 249, 335.
— *Dauph.*, 168, 169.
— *Fland.*, 622.
— *Guy.*, 301, 801.
— *Lyon*, 28, 656, 1044.
— *Montp.-Mont.*, 244, 620, 767, 1033.
— *Par.*, I, 79, 113, 162, 167, 173, 515, 823, 837, 874, 890, 917, 942, 1148, 1149, 1169, 1336.
— *Par.*, II, 314, 499, 541, 603, 647, 707, 1051, 1120.
— *Par.*, III, 222, 324, 416, 451, 472, 485, 486, 489, 511.
— *Par.*, IV, 34, 35, 36, 198, 775.
— *Pic.*, 864.
— *Poit.*, 85, 178, 216, 222, 229, 231, 373, 374, 375, 380, 438, 455, 622, 980, 1154, 1176, 1231, 1233, 1237, 1238, 1240, 1244, 1245, 1517, 1518.
— *Prov.*, I, 222, 223, 409, 666, 776, 808, 933, 945, 947, 1016, 1397.
— *Prov.*, II, 369, 543, 696.
— *La Roch.*, 140, 158, 255, 366, 375.
— *Rouen*, 686, 785, 843.
— *Soiss.*, 462.
— *Toul.-Mont.*, 155, 234, 400, 494, 553, 632, 652, 697, 704, 858, 859, 1076, 1220, 1304.
— *Tours*, 307, 1069, 1131, 1144, 1192, 1203, 1211, 1528.
— *Vers.*, 231.
Robert (le). *Montp.-Mont.*, 24.

Robertet. *Bourges*, 382, 407.
Roberti. *Lorr.*, 316 *bis*.
— *Pic.*, 187, 746.
— *Prov.*, II, 427.
— *Toul.-Mont.*, 574, 714.
Roberts (des). *Lorr.*, 661.
Roberty. *Bourg.*, I, 835.
Robette. *Fland.*, 341, 653.
Robichon. *Al.*, 716, 727, 1154.
— *Bourb.*, 201.
— *Orl.*, 733.
— *Poit.*, 48.
Robidan. *Tours*, 1322.
Robien. *Bret.*, I, 103, 317, 458, 461, 628, 706.
— *Bret.*, II, 149, 768.
Robillard. *Al.*, 240, 582, 604.
— *Caen*, 570, 723.
— *Champ.*, 38.
— *Fland.*, 542, 763, 764, 1452.
— *Guy.*, 109, 905, 1020.
— *Orl.*, 72, 347.
— *Par.*, III, 466.
— *Prov.*, I, 1027.
— *Rouen*, 155.
— *Tours*, 28, 1368.
— *Vers.*, 21, 108.
Robillart. *Bret.*, I, 911.
— *Bret.*, II, 508.
— *Par.*, II, 941.
Robillaud. *Prov.*, I, 1027.
Robin. *Bourb.*, 463, 487.
— *Bourges*, 231, 242, 275, 445.
— *Bourg.*, II, 244, 270, 277, 312, 373.
— *Bret.*, I, 179.
— *Bret.*, II, 472, 681.
— *Champ.*, 202, 357, 507, 537, 838.
— *Dauph.*, 252, 455, 593.
— *Fland.*, 697, 1495.
— *Lim.*, 381.
— *Lorr.*, 267.
— *Montp.-Mont.*, 21, 493, 901.
— *Orl.*, 378.
— *Par.*, I, 289, 1314.
— *Poit.*, 31, 513, 773, 808, 851, 1173, 1211, 1218, 1221, 1386, 1413, 1550.
— *Prov.*, I, 478.
— *La Roch.*, 314.
— *Rouen*, 487.
— *Tours*, 161, 207, 726, 853, 867, 1086, 1136, 1248, 1347.
Robinault. *Bret.*, II, 71, 421.
Robine. *Al.*, 1102.
Robineau. *Bret.*, I, 509, 575, 576.

— *Par.*, I. 993, 1007, 1056.
— *Par.*, II, 937.
— *Par.*, III, 319, 484, 523.
— *Poit.*, 60, 206, 242.
— *Prov.*, I, 415.
— *Soiss.*, 222.
Robinet. *Bourb.*, 122.
— *Bourg.*, I, 535.
— *Bret.*, II, 1087.
— *Guy.*, 459, 507, 666.
— *Lyon*, 221.
— *Par.*, II, 504.
— *Par.*, III, 328.
— *Par.*, IV, 551.
— *Poit.*, 1397.
— *La Roch.*, 376.
Robinière (la). *Bourg.*, I, 1222.
— *Poit.*, 572.
Robinot. *Bret.*, II, 781.
— *Par.*, II, 1.
— *Par.*, III, 363.
— *Par.*, IV, 80, 801.
Robiou. *Bret.*, I, 257.
— *Bret.*, II, 267, 755.
Robins. *Prov.*, II, 128.
Robitaille. *Fland.*, 1235.
Robiqué. *Prov.*, II, 527.
Roblastre. *Par.*, IV, 385, 587.
— *Soiss.*, 626.
Robles (des). *Fland.*, 100.
Roboli. *Prov.*, I, 450.
Robouan. *Poit.*, 1111.
Robuste. *Caen*, 51.
— *Lim.*, 361.
Rocabay. *Bret.*, II, 429.
Rocafort. *Lyon*, 447.
Rocart. *Lim.*, 74, 81, 87.
Rocas. *Prov.*, I, 1124.
— *Tours*, 364, 1145.
Rocbillard. *La Roch.*, 211.
Rocca (de). *Bourg.*, I, 726.
Roch. *Als.*, 411.
— *Prov.*, II, 660.
Rochai. *Tours*, 1233.
Rochain (du). *Auv.*, 221.
Rochais. *Par.*, I, 1235.
— *Poit.*, 1168.
— *Tours*, 1370.
Rochaix. *Auv.*, 491.
Rochambaut. *Orl.*, 457.
Rochambault. *Poit.*, 1421.
Rochard. *La Roch.*, 299.
— *Tours*, 637.
Rochart. *Poit.*, 487, 495, 500, 644, 1429.
Rochas (du). *Bourg.*, II, 279.

Rochas. *Prov.*, II, 743.
Rochat. *Prov.*, II, 719.
Roche. *Bourg.*, II, 15, 378.
— *Guy.*, 117, 119, 135, 175, 498, 847, 877, 852, 944, 1022, 1037.
— *Lim.*, 22.
— *Lyon*, 674, 675, 897, 929, 944, 946.
— *Montp.-Mont.*, 346, 494, 533, 704, 724, 725, 525, 805, 1093, 1417.
— *Orl.*, 824.
— *La Roch.*, 237.
— *La Roch.*, 239.
— *Tours*, 1163.
Roche (de). *Bret.*, I, 899.
Roche (la). *Al.*, 244.
— *Auv.*, 199, 421, 429, 461.
— *Bourb.*, 106, 110, 116, 125, 126, 519, 597.
— *Bourges*, 255, 258, 274.
— *Bourg.*, I, 107, 144, 415.
— *Bourg.*, II, 130, 206.
— *Bret.*, I, 691.
— *Bret.*, II, 235, 679, 778.
— *Champ.*, 302.
— *Dauph.*, 350.
— *Lorr.*, 409, 544, 597.
— *Lyon*, 121, 214, 382, 630.
— *Montp.-Mont.*, 55, 67, 874, 1144, 1165.
— *Orl.*, 32, 332.
— *Par.*, I, 60, 1100.
— *Par.*, II, 331, 1096.
— *Pic.*, 545, 767, 822.
— *Poit.*, 375, 606, 703, 1508.
— *Prov.*, I, 624, 932, 1049, 1180, 1221.
— *La Roch.*, 227.
— *Rouen*, 931.
— *Soiss.*, 362.
— *Toul.-Mont.*, 10, 15, 23, 61, 99, 188, 602, 891, 977.
— *Tours*, 235, 813, 852, 889, 890, 1134.
— *Vers.*, 81, 162.
Rocheaimon (la). *Bourges*, 125.
— *Montp.-Mont.*, 423.
Rocheaimond (la). *Bourb.*, 333, 362, 363, 533, 576, 605.
— *Guy.*, 453, 455, 457, 458.
Rocheaimont (la). *Vers.*, 58.
Rocheandry (la). *Lim.*, 362.
Rocheazère. *Bret.*, II, 149.
Rochebernard (la). *Bret.*, I, 4. V.
— *Prov.*, II, 435.
Rochebillard (la). *Bret.*, I, 523.

Rocheblave. *Montp.-Mont.*, 196.
Rochebonne. *Montp.-Mont.*, 371, 374.
Rochebouet (la). *Par.*, 1, 1236.
Rochebriant (la). *Bourb.*, 299.
Rochebrun. *Prov.*, 1, 316, 857, 1068, 1085.
— *Prov.*, 11, 383.
Rochebrune. *Bret.*, 11, 910.
— *Dauph.*, 528.
— *Fland.*, 243.
Rochechinard. *Dauph.*, 268.
Rochechouard. *Poit.*, 76.
Rochechouart. *Boury.*, 11, 234.
— *Bret.*, 1, 333.
— *Lim.*, 75, 81.
— *Montp.-Mont.*, 1036.
— *Orl.*, 293.
— *Par.*, 1, 81, 1036, 1255.
— *Par.*, 11, 10,
— *Pic.*, 135.
— *Toul.-Mont.*, 905.
— *Vers.*, 83.
Rochechouart (la). *Bret.*, 11, 13.
Rochechouart (de). *Tours*, 638.
Rochedragon. *Bourb.*, 131, 607.
Rochefaton (la). *Poit.*, 916, 927.
Rochefaut. *Caen*, 742.
Rochefort. *Auv.*, 17, 112, 312, 346, 495.
— *Bourges*, 36, 182.
— *Bret.*, 11, 113.
— *Guy.*, 251, 621, 1073.
— *Lorr.*, 182, 202.
— *Lyon*, 37, 46, 51, 788, 879, 980, 983.
— *Montp.-Mont.*, 423, 1158.
— *Par.*, 1, 1092, 1246.
— *Par.*, 11, 96.
— *Par.*, 111, 171.
— *Poit.*, 1432.
— *Prov.*, 1, 603.
— *Prov.*, 11, 332.
— *La Roch.*, 392.
— *Toul.-Mont.*, 58.
— *Tours*, 239, 1062.
Rochefoucaud (la). *Lyon*, 787, 996.
— *Poit.*, 370, 371, 1250.
Rochefoucauld (la). *Auv.*, 322.
— *Par.*, 1v, 156.
— *La Roch.*, 36, 42, 163, 184, 185, 369, 376.
— *Vers.*, 66.
Rochefoucault (la). *Lim.*, 230, 237.
— *Par.*, 1, 197, 1037, 1135.
— *Par.*, 11, 974, 1030, 1163, 1183.
— *Par.*, 111, 21, 69.

— *Tours*, 224, 225, 372.
Rochefoucaut (la). *Bourg.*, 1, 107.
Rochegiron (la). *Prov.*, 11 (*baronie*), 549.
Rochelambert (la). *Auv.*, 30, 71, 238, 422, 488.
— *Montp.-Mont.*, 1096, 1100.
— *Soiss.*, 167, 168.
Rochelle (la). *Bourg.*, 1, 1217.
— *Soiss.*, 369.
Rochelon. *Bret.*, 11, 531.
Rocheloudun (la). *Bourges*, 78.
Rochemacé (la). *Bret.*, 1, 438.
— *Lyon*, 802.
Rochemaillet (la). *Tours*, 954.
Rochembeau. *Prov.*, 1, 604.
Rochemont. *Par.*, 111, 190.
Rochemontet. *Toul.-Mont.*, 887.
Rochemore. *Montp.-Mont.*, 22, 57, 257, 589, 728.
— *Prov.*, 1, 707.
Rochenegly (la). *Montp.-Mont.*, 693.
Rochent (du). *Par.*, 1v, 299.
Rochepierre (de). *Prov.*, 11, 487.
Rocheportail. *Par.*, 11, 298.
Rocher. *Lyon*, 529.
— *Montp.-Mont.*, 144, 833.
— *Par.*, 1, 1256.
— *Par.*, 11, 680.
— *Par.*, 111, 15, 373.
— *Par.*, 1v, 631.
— *La Roch.*, 214, 402, 425.
— *Tours*, 201, 490, 871, 901, 981, 1436, 1465.
Rocher (du). *Al.*, 605, 702, 1093, 1096.
— *Bret.*, 1, 29, 30, 127, 175, 584, 592, 622.
— *Caen*, 537, 792, 793.
— *Bret.*, 11, 64, 238, 382, 510.
— *Fland.*, 29.
— *La Roch.*, 268.
— *Tours*, 414, 926, 953.
Rochereau. *Champ.*, 463.
— *Lorr.*, 216.
— *Par.*, 1, 171, 423.
— *Par.*, 111, 293.
— *Poit.*, 917.
Rocheret (du). *Lorr.*, 394.
Rocherot. *Tours*, 761, 1247.
Rocheroux (la). *Bret.*, 1, 840.
Rochereul. *Bret.*, 11, 460.
Rochers (des). *Lim.*, 425.
Rochery. *Bourb.*, 414.
Roches (de). *Dauph.*, 187.
Roches (des). *Als.*, 119.

— *Auv.*, 22, 222, 539.
— *Lyon*, 219, 227.
— *Par.*, III, 284.
— *Poit.*, 39, 273, 1379, 1381, 1420.
— *La Roch.*, 161, 327.
— *Tours*, 404, 645, 962.
Roche-St-André (la). *Bret.*, I, 172.
— *Poit.*, 252, 253.
— *Bret.*, II, 335.
Roches-Herpin (des). *Bourges*, 137.
Rochet. *Bourg.*, I, 595, 639, 1033.
— *Poit.*, 565.
Rochet (du). *La Roch.*, 401.
Rocheteau. *Poit.*, 1109.
Rochetifagne (la). *Rouen*, 891.
Rocheton. *Par.*, IV, 623.
— *Poit.*, 1400.
Rochette. *Auv.*, 16, 37, 43, 50, 67, 69, 132, 290, 400, 401, 436, 442, 444.
— *Bourg.*, II, 355.
— *Dauph.*, 164.
— *Lim.*, 323.
— *Lyon*, 300, 657, 1022.
— *Par.*, I, 697.
Rochette (la). *Al.*, 1204.
— *Montp.-Mont.*, 369, 371, 376, 437, 1255.
— *Pic.*, 848.
Rochettes (des). *Poit.*, 375, 1250.
Rocheux. *Par.*, I, 320.
Rocheville. *Bret.*, II, 1011.
Rochi. *Toul.-Mont.*, 1064.
Rochier. *Bourges*, 427.
— *Poit.*, 22.
— *Toul.-Mont.*, 459.
Rochier (de). *Montp.-Mont.*, 1247.
Rochin. *Al.*, 1130.
— *Tours*, 1241.
Rochon. *Als.*, 844.
— *Auv.*, 61.
— *Bourb.*, 526.
— *Fland.*, 1299.
— *Lim.*, 43.
— *Orl.*, 957.
— *Par.*, I, 373, 420.
— *Par.*, III, 405.
Rochouard (la). *La Roch.*, 448.
Rocole. *Lorr.*, 254.
Rocoules. *Par.*, I, 749.
Rocourt. *Al.*, 660.
— *Pic.*, 683.
Rocquembach. *Als.*, 216.
Rocque (la). *Pic.*, 822.
Rocques (de). *Bourb.*, 115.

Rocquet. *La Roch.*, 409, 415.
Rocquigni. *Pic.*, 337.
Rodais *Bret.*, II, 1068.
— *La Roch.*, 7.
Rodarel. *Guy.*, 872, 1016.
— *Par.*, II, 83.
Rodat. *Toul.-Mont.*, 280, 1163, 1176.
Rodave. *Guy.*, 827.
Rodde. *Auv.*, 428.
Rodde (la). *Pic.*, 267.
Rode. *Lyon*, 528.
Rode (la). *Bourg.*, II, 146, 158.
— *Guy.*, 1153.
— *Montp.-Mont.*, 1259.
Rodelle (le). *Bret.*, I, 281, 349.
Roder. *Als.*, 249.
Rodes. *Prov.*, I, 1082.
— *Toul.-Mont.*, 1469.
Rodes (de). *Bourges*, 502.
— *Bourg.*, I, 396.
— *Fland.*, 230.
— *Montp.-Mont.*, 385.
— *Orl.*, 50, 550, 552, 1003.
Rodet. *Par.*, III, 384.
Rodez. *Montp.-Mont.*, 1085. V.
Rodiel. *Toul.-Mont.*, 528.
Rodier. *Bourg.*, II, 354.
— *Montp.-Mont.*, 201, 835, 1320.
— *Poit.*, 504, 1499.
— *Prov.*, I, 151.
— *Toul.-Mont.*, 527.
— *La Roch.*, 114, 269.
Rodoan. *Fland.*, 1305.
Rodolet. *Lyon*, 532.
Rodolosse. *Toul.-Mont.*, 192.
Rodon. *Dauph.*, 337.
Rodorel. *Montp.-Mont.*, 1107.
Rodouan. *Champ.*, 774.
— *Lorr.*, 14, 160.
Rodriguès. *Guy.*, 125.
Roedlin. *Als.*, 231.
Roel. *Toul.-Mont.*, 1308.
Roello (du). *Bret.*, I, 120.
Roère. *Lyon*, 683.
Roère (la). *Orl.*, 768.
Roesse. *Rouen*, 247.
Roez (de). *Fland.*, 1439.
Roffay. *Poit.*, 660, 1473.
Roffinie (la). *Auv.*, 586.
Roffray. *Poit.*, 237.
Roffignac. *Lim.*, 134, 310, 400.
Rogeau. *Pic.*, 602.
Roger. *Al.*, 431, 971.
— *Bourb.*, 203, 408.
— *Bourges*, 5, 99, 240.
— *Bourg.*, II, 18, 67, 205, 564.

— *Caen*, 285, 288, 318, 368, 422, 447, 612, 668, 763.
— *Champ.*, 340, 734.
— *Fland.*, 1260, 1356.
— *Lim.*, 366, 367.
— *Lyon*, 610.
— *Montp.-Mont.*, 1062.
— *Orl.*, 97, 413, 747, 751, 791, 948.
— *Par.*, I, 33, 1082, 1168, 1272, 1318.
— *Par.*, II, 46, 540, 738.
— *Par.*, III, 253, 323, 435.
— *Pic.*, 110, 122, 401, 596, 604.
— *Poit.*, 337, 815, 1187.
— *La Roch.*, 276.
— *Rouen*, 464, 692, 823, 933.
— *Soiss.*, 337, 540, 560.
— *Toul.-Mont.*, 489.
— *Tours*, 910, 1102, 1110.
Roger (du). *Guy.*, 143, 1129.
Rogère. *Soiss.*, 749, 844.
Rogeri. *Toul.-Mont.*, 1165, 1192.
Rogeron. *Caen*, 519.
Roggher. *Pic.*, 812.
Rogier. *Bourb.*, 16.
— *Bret.*, I, 161, 225, 422.
— *Caen*, 394, 492.
— *Champ.*, 91, 92, 100, 366.
— *Fland.*, 71, 319, 328, 675.
— *Guy.*, 804.
— *Lim.*, 9.
— *Lyon*, 42, 890.
— *Montp.-Mont.*, 1339, 1340, 1347.
— *Par.*, I, 1122, 1233.
— *Par.*, II, 569.
— *Pic.*, 220, 790.
— *Poit.*, 48, 141, 368, 464, 601, 646, 652, 740, 790, 1395, 1416, 1419, 1443, 1535.
— *Prov.*, II, 272, 723.
— *Rouen*, 720.
— *Tours*, 804.
Rognac. *Prov.*, I, 438.
— *Prov.*, II, 705.
Rognard. *Lyon*, 171, 375.
Rogon. *Bret.*, I, 54, 172, 181, 246, 456, 590, 596, 597, 825, 969.
— *Bret.*, II, 162, 543, 574, 581, 582.
— *Fland.*, 1465.
— *Prov.*, I, 1031.
Rograst. *Toul.-Mont.*, 732.
Rogre. *Al.*, 897.
Rogres. *Par.*, IV, 37, 260.
Roguet. *Pic.*, 232, 716.
— *Tours*, 848, 1135.
Rohan. *Bret.*, I, 860, 861.

— *Par.*, I, 1304.
— *Par.*, II, 1162.
— *Par.*, III, 39, 40, 41.
— *Rouen*, 1127.
Rohanis (du). *Auv.*, 118.
Rohard. *Al.*, 267, 1258.
— *Rouen*, 825.
Rohart. *Pic.*, 520, 521, 522, 874.
Rohault. *Par.*, II, 337.
— *Pic.*, 529, 576.
Rohold. *Als.*, 446.
Roi. *Dauph.*, 552.
— *Guy.*, 880, 1053.
— *Poit.*, 313, 424, 443, 739, 784, 888, 948, 951, 1037, 1115, 1231, 1234, 1321, 1330, 1348, 1369, 1397.
— *Prov.*, II, 534.
— *La Roch.*, 231, 256.
— *Tours*, 1303, 1351.
Roi (du), *Guy.*, 27, 497, 752.
Roi (le). *Al.*, 182, 200, 220, 634, 1002, 1225, 1236, 1264.
— *Als.*, 171, 269, 529.
— *Bourges*, 136, 272, 386, 410.
— *Caen*, 16, 100, 101, 106, 117, 146, 217, 422, 514, 519, 574, 761, 785, 786.
— *Champ.*, 181.
— *Fland.*, 19, 96, 119, 376, 866, 1070, 1458.
— *Guy.*, 858.
— *Lorr.*, 212, 251, 288.
— *Lyon*, 58, 735, 754.
— *Pic.*, 6, 72, 78, 244, 289, 331, 318, 353, 380, 433, 461, 463, 469, 475, 485, 588, 635, 675, 749, 763, 810.
— *Poit.*, 46, 258, 426, 1154, 1542.
— *Prov.*, I, 674, 1052, 1220.
— *La Roch.*, 406.
— *Rouen*, 89, 146, 455, 596, 728, 859, 934, 1161, 1235.
— *Soiss.*, 189, 305, 403, 731.
— *Toul.-Mont.*, 82, 86.
— *Tours*, 370, 442, 689, 121, 774, 899, 1091, 1106, 1260, 1398, 1512, 1533.
Roi du Quesnel (le). *Pic.*, 321.
Roide (le). *Rouen*, 61.
Roie (la). *Poit.*, 241.
Roiffe. *Als.*, 264.
Roiffemberg. *Lorr.*, 270.
Roignant. *Bourg.*, II, 282.
Roignon. *Poit.*, 794.
Roile. *Bourg.*, II, 70.
Roillet. *Toul.-Mont.*, 812.

Roinville. *Caen*, 29.
Roinette. *Par.*, III, 147.
Roirand. *Poit.*, 257, 686.
Roire. *Lyon*, 753.
Roire (de). *Toul.-Mont.*, 15.
Rois (des). *Auv.*, 358.
— *Bourg.*, I, 17.
— *Lyon*, 445.
Roisin. *Fland.*, 50, 298, 299, 319.
Roissy. *Par.*, II, 441.
Roiver. *Prov.*, I, 1195. B.
Rojot. *Par.*, III, 278.
Rol. *Guy.*, 369.
Roland. *La Roch.*, 80, 420.
Role. *Pic.*, 732.
Rolichon. *Lyon*, 176, 442.
Rolin. *Bourb.*, 606.
— *Champ.*, 136, 486.
— *Orl.*, 503.
— *Par.*, I, 199.
— *Par.*, III, 7.
— *Poit.*, 28.
Rolinde. *Par.*, I, 892.
Rolins (des). *Bourb.*, 430, 444.
Roll. *Als.*, 122, 708.
Rolland. *Auv.*, 159.
— *Bourb.*, 84.
— *Bourges*, 65, 112, 175, 459, 490.
— *Bourg.*, I, 1135, 1136, 1250.
- *Bret.*, I, 606, 607, 615, 623, 885.
— *Champ.*, 18, 19, 50, 87, 339, 362, 363, 457, 458, 698.
— *Dauph.*, 29, 124, 478, 481.
— *Guy.*, 101, 852, 1060.
— *Lyon*, 25, 133, 216, 622, 690, 785.
— *Montp.-Mont.*, 772.
— *Par.*, I, 862, 890, 965, 1051, 1122.
— *Par.*, II, 521, 537, 662, 664, 680, 741, 767, 775, 877, 878, 879, 1021, 1053.
— *Par.*, III, 204, 233, 422, 458, 566, 577.
— *Par.*, IV, 50, 347.
— *Prov.*, I, 329, 395, 652, 917, 982, 1006, 1066.
— *Prov.*, II, 266, 340, 365, 540, 798.
— *Rouen*, 829, 838.
— *Soiss.*, 466, 500, 541.
— *Toul.-Mont.*, 20, 313, 664, 678, 706, 1045.
— *Tours*, 573, 981, 1524.
— *Vers.*, 123, 161.
Rollandi. *Prov.*, II, 568.
Rollandin. *Prov.*, I, 821.
Rollant. *Bret.*, 442, 528, 540, 961, 1003, 1088.

Rollat. *Auv.*, 133.
— *Bourb.*, 20, 38, 110, 236, 327, 513, 555.
Rolle. *Guy.*, 161.
— *Par.*, III, 425.
Rellé. *La Roch.*, 302.
Rolleau. *Poit.*, 1377.
— *Toul.-Mont.*, 1292.
Rollet. *Als.*, 204, 955.
— *Auv.*, 4, 11, 14, 129, 351, 352, 363, 403.
— *Bourg.*, I, 15, 1170, 1268.
— *Bourg.*, II, 40, 162, 358, 491, 629.
— *Bret.*, I, 227.
— *Bret.*, II, 951.
— *Caen*, 82.
— *Champ.*, 408.
— *Lorr.*, 418.
— *Lyon*, 626, 971.
— *Par.*, I, 340.
— *Rouen*, 907.
— *Toul.-Mont.*, 23, 25, 1298.
— *Tours*, 1195.
Rollet (du). *Al.*, 369.
Rolli. *Lorr.*, 492.
Rollier. *Bourg.*, I, 1040.
Rollin. *Bourges*, 504.
— *Bourg.*, II, 501.
— *Lorr.*, 125.
— *Lyon*, 17, 123, 211, 724, 780, 855.
— *Pic.*, 663.
Rollinde. *Par.*, II, 559, 654.
Rollon. *Bret.*, I, 607, 610.
Rollot. *Bourb.*, 395, 396.
— *Dauph.*, 256.
— *Par.*, I, 36.
— *Par.*, II, 868.
Rolon. *Lorr.*, 680.
Rolwague. *Als.*, 434.
Romade (la). *Auv.*, 591.
Romagère (la). *Guy.*, 445, 462, 423, 918.
Romagne. *Tours*, 926.
Romain. *Bret.*, II, 443.
— *Champ.*, 408.
— *Par.*, II, 651.
— *Pic.*, 410.
— *Poit*, 1463.
— *Rouen*, 893, 1222.
— *Tours*, 894, 916.
Romain (le). *Caen*, 667.
Romain (St-). *Poit.*, 1464.
Romainville. *Caen*, 218.
— *Fland.*, 781.
— *Orl.*, 219, 832.

Romalet. *Guy.*, 373, 965.
Roman. *Prov.*, I, 448, 469, 674, 676, 722, 974, 976, 979, 1016, 1101, 1102.
Roman (de). *Lyon*, 605.
Romance. *Champ.*, 322.
— *Vers.*, 266.
Romanet. *Auv.*, 110.
— *Bourg.*, I, 1196.
— *Dauph.*, 595.
— *Lim.*, 13, 109, 120, 312.
— *Lyon*, 55.
— *Par.*, II, 678, 795.
— *Pic.*, 3, 376, 850.
— *Prov.*, I, 1330.
Romani. *Prov.*, I, 937, 1099.
— *Prov.*, II, 416, 580.
Romans. *Dauph.*, 264. V.
Romat. *Guy.*, 149, 887.
Rombau. *Fland.*, 1451.
Rombeck. *Fland.*, 33.
Rombi. *Fland.*, 1190, 1495.
Romblai (de). *Pic.*, 805.
Rombois. *Par.*, IV, 261.
Rombout. *Fland.*, 189.
Rome. *Auv.*, 163.
— *Bret.*, I, 514.
— *Bret.*, II, 524.
— *Montp.-Mont.*, 365.
— *Prov.*, I, 653.
Rome (de). *Prov.*, II, 49.
Romé. *Rouen*, 96, 263, 487, 646, 665, 667.
Rome (St-). *Montp.-Mont.*, 314.
— *Toul.-Mout.*, 295. Voy. Avessens.
Romecourt. *Lorr.*, 149, 157.
Romegat. *Prov.*, I, 197, 997.
Romei. *Prov.*, I, 470.
Romel. *Als.*, 478.
Romelin. *Bret.*, II, 216.
Romergat. *Prov.*, II, 515.
Romet. *Al.*, 279.
Romette. *Bourb.*, I, 920, 1120.
Romier. *Lyon*, 523.
Romieu. *Bret.*, II, 519.
— *Lyon*, 438, 640.
— *Montp.-Mont.*, 485, 643, 1369.
— *Prov.*, I, 534, 557.
Romieu (de). *Prov.*, II, 314, 633.
— *Tours*, 892.
Romigny. *Par.*, II, 182.
Romille. *Bret.*, I, 230.
Romilley. *Tours*, 389, 394.
Romilli. *Caen*, 465.
Romilly. *Montp.-Mont.*, 624.
— *Par.*, I, 35.

Romme. *Dauph.*, 617.
Rommecourt. *Bourg.*, I, 155, 651.
— *Bourg.*, II, 257.
— *Champ.*, 170, 291.
Rommer. *Als.*, 388.
Rommier (du). *Bourg.*, I, 863.
Romond. *Prov.*, II, 110, 113, 292, 306, 601.
Romoules. *Prov.*, I, 558.
Romp. *Als.*, 506.
Rompler. *Als.*, 427.
Roms. *Fland.*, 1086.
Ronan. *Bourg.*, II, 352.
Ronat. *Montp.-Mont.*, 369.
Ronce (la). *Al.*, 953.
— *Bourg.*, I, 288.
— *Bourg.*, II, 399.
— *Bret.*, II, 206.
— *Par.*, I, 1050.
Roncerai. *Tours*, 954, 1142.
Ronceray. *Bret.*, II, 904, 1110.
Roncherolles. *Caen*, 31.
— *Par.*, II, 88.
— *Rouen*, 256, 407, 408, 1134, 1356.
Roncheval. *Lyon*, 676.
Ronci. *Soiss.*, 39, 291, 311.
Roncourt. *Lorr.*, 49, 125.
Rond (du). *Lorr.*, 96, 316.
Ronde. *Par.*, I, 1201.
Ronde (la). *La Roch.*, 158.
Rondeau. *Al.*, 1003.
— *Bourb.*, 200, 202, 605.
— *Par.*, III, 292, 410.
— *Pic.*, 527.
— *Poit.*, 521, 1279.
— *La Roch.*, 166.
— *Rouen*, 54, 832, 877.
— *Tours*, 809, 1001, 1170, 1184, 1360.
Rondei. *Guy.*, 1042.
Rondel. *Bret.*, II, 277, 675, 680, 796.
— *Rouen*, 858.
— *Toul.-Mont.*, 527.
Rondelac. *Lim.*, 358.
Rondelet. *Par.*, I, 420.
Rondelot. *Par.*, II, 656.
Rondet. *Lyon*, 113, 529, 1046.
Rondey. *Bourg.*, 1081.
Rondière. *Bret.*, I, 561.
Rondiers (des). *Bret.*, I, 127, 823.
Rondin. *Bourges*, 135.
— *Champ.*, 557, 560.
— *Orl.*, 760.
Rondot. *Bourg.*, 226.
Ronel. *Lorr.*, 130, 131.
Rongère. *Al.*, 1107.

Ronjon. *Lyon*, 225.
Ronkell. *Als.*, 476.
Ronnai. *Al.*, 1080.
Ronnat. *Auv.*, 576.
Ronquerole (de). *Vers.*, 307.
Ronquières. *Toul.-Mont.*, 1108.
Ronsai (du). *Tours*, 1282.
Ronsard. *Orl.*, 236.
— *Tours*, 45.
Ronsens. *Toul.-Mont.*, 361.
Ronty. *Bourg.*, I, 466.
— *Par.*, III, 140.
Ronville. *Fland.*, 1383.
Ronzis. *Lyon*, 767.
Rooguer. *Als.*, 661.
Ropidie. *Poit.*, 571.
Ropp (de). *Als.*, 158.
Roquan (la). *Toul.-Mont.*, 1266.
Roquant (le). *Montp.-Mont.*, 1033, 1063, 1126, 1220.
Roquart. *Poit.*, 459, 1112, 1120.
— *Prov.*, II, 466.
Roque. *Bourb.*, 128.
— *Par.*, II, 803.
— *Par.*, III, 225.
Roque (de). *Montp.-Mont.*, 142, 251.
Roque (la). *Al.*, 239, 247, 1130, 1140.
— *Als.*, 303, 1019.
— *Auv.*, 205, 493, 531, 536.
— *Béarn*, 115.
— *Bourb.*, 125.
— *Caen*, 144, 148, 356, 461, 540, 543, 564, 586, 608, 715.
— *Guy.*, 29, 89, 364, 548, 717, 1008, 1009.
— *Montp.-Mont.*, 358, 677, 893, 894, 1334.
— *Par.*, I, 1102, 1308.
— *Par.*, IV, 387.
— *Poit.*, 1222.
— *Prov.*, I, 755, 915, M. 1065.
— *Rouen*, 55, 76, 156, 364, 465, 722, 1297.
— *Toul.-Mont.*, 327, 498, 656, 1276.
— *Tours*, 410, 1190.
Roquebouillac. *Als.*, 695.
Roquebouillac (la), *Toul.-Mont.*, 22, 27, 249.
Roquebrun. *Prov.*, II, 321.
Roquebrune. *Toul.-Mont.*, 1467.
Roquefeuil. *Als.*, 388.
— *Lim.*, 169.
— *Montp.-Mont.*, 7, 42, 311, 420, 600, 1040.
— *Par.*, I, 1388.
— *Toul.-Mont.*, 1124, 1149, 1162.

Roquefort. *Lorr.*, 261.
— *Montp.-Mont.*, 408, 1177.
— *Prov.*, I, 725.
— *Toul.-Mont.*, 40, 205, 606, 664, 1014, 1316, 1375.
Roquejeoffre. *Guy.*, 720, 731, 832.
Roquelaure. *Auv.*, 22, 118, 248.
— *Montp.-Mont.*, 604, 1034.
— *Par.*, II, 646, 899.
— *Toul.-Mont.*, 1245, 1312.
Roqueli. *Prov.*, I, 1087.
Roquemaure. *Prov.*, I, 1043.
Roquemaucel. *Montp.-Mont.*, 1010.
Roquemaurel. *Toul.-Mont.*, 1048.
Roquemback. *Als.*, 216, 483, 849, 930.
Roquemont. *Montp.-Mont.*, 1357.
Roquemore. *Montp.-Mont.*, 561. V.
Roquepersin (la). *La Roch.*, 274.
Roquepine. *Guy.*, 915.
— *Par.*, IV, 263.
Roqueplan. *Montp.-Mont.*, 679.
Roques. *Toul. - Mont.*, 6, 37, 244, 626, 683, 692, 708, 735, 999, 1096, 1239, 1305, 1330, 1344, 1467.
— *Tours*, 1132.
Roques (de). *Bret.*, I, 176.
— *Fland.*, 802.
Roquet. *Par.*, II, 703, 804.
— *Pic.*, 709.
— *Poit.*, 718.
Roquette. *Guy.*, 698, 828, 836, 1025.
— *Montp.-Mont.*, 203, 1120, 1205.
— *Orl.*, 490.
— *Par.*, I, 10, 750.
— *Par.*, II, 124.
— *Rouen*, 23, 842.
— *Toul.-Mont.*, 18, 115, 285, 305, 479, 1109.
Roquette (la). *Guy.*, 7, 1146.
— *Montp.-Mont.*, 1057.
Roquevert. *Soiss.*, 698.
Roqui. *Toul.-Mont.*, 122.
Roquier. *Bourges*, 130.
— *Prov.*, II, 823.
— *Toul.-Mont.*, 68.
Roquigni. *Pic.*, 771.
— *Rouen*, 205, 206, 221, 224, 458.
Rormé (de). *Lorr.*, 342.
Rortais (de). *Poit.*, 232, 233, 261, 376, 388, 618, 626, 1219, 1242, 1252.
Ros (de). *Fland.*, 906.
Rosa. *Als.*, 814.
Rosanges. *Bret.*, II, 1001.
Rosay. *Bourg.*, I, 1193.

Roscazre. *Bret.*, I, 355, 590.
Roscoet (du). *Bret.*, I, 193, 606, 640.
Rosdortafa. *Toul.-Mont.*, 1417, 1418.
Rose. *Al.*, 123, 361.
— *Als.*, 892.
— *Bourges*, 115.
— *Bourg.*, I, 681.
— *Champ.*, 539.
— *Fland.*, 315, 594, 1163.
— *Par.*, I, 210, 918.
— *Par.*, II, 1267.
— *Toul.-Mont.*, 429, 1357.
Rose (la). *Guy.*, 203.
— *Montp.-Mont.*, 181.
— *Prov.*, I, 87.
— *Toul.-Mont.*, 395, 876.
Rosée. *Als.*, 871.
— *Par.*, II, 374.
Roscl. *Toul.-Mont.*, 538, 1225.
Rosely. *Toul.-Mont.*, 1227.
Rosen. *Als.*, 159.
Rosensvieg. *Als.*, 474.
Rosetaing. *Bourg.*, I, 12.
Rosettes (des). *Caen*, 275, 434, 438.
Rosevignan. *Al.*, 557.
Rosheim. *Als.*, 48. V.
Rosi. *Par.*, I, 135.
Rosiat. *Bret.*, II, 258.
Rosié. *Guy.*, 824.
Rosier. *Bourb.*, 563.
Rosier (du). *Lyon*, 206, 256, 257,
   289, 689, 791, 792, 865, 983,
   1032.
Rosiers (des). *Auv.*, 165.
— *Bourges*, 428.
Rosières. *Par.*, II, 455.
Rosily. *Bret.*, I, 361.
Roslin. *Al.*, 390.
Rosmadec. *Bret.*, I, 522, 750, 834.
— *Par.*, II, 841.
— *Vers.*, 17.
Rosmaet. *Bret.*, II, 786.
Rosmar. *Bret.*, I, 250, 355, 602.
— *Bret.*, II, 207.
Rosnai. *Al.*, 30.
— *Champ.*, 12, 355, 402, 416, 686.
Rosnay. *Par.*, II, 511.
Rosnel. *Par.*, I, 311.
Rosnivinien. *Bret.*, I, 23, 32, 412,
   661.
Rosoir (du). *Par.*, II, 685.
Rospiec. *Bret.*, I, 359, 712, 941, 947.
Rossai. *Lorr.*, 278.
Rossain. *Prov.*, I, 1001.
Rossan. *Prov.*, I, 1019, 1356.

— *Tours*, 1081.
Rossaner. *Guy.*, 129, 288, 289.
Rossard. *Orl.*, 213, 792.
Rossare. *Lyon*, 339.
Rosse. *Al.*, 537, 979, 1133.
Rossel. *Bourg.*, I, 806.
— *Montp.-Mont.*, 504, 515, 801, 1410,
   1536.
— *Par.*, II, 635, 1271.
— *Par.*, IV, 15, 25, 27, 149.
— *Toul.-Mont.*, 172.
Rosselière (la). *Tours*, 1445.
Rosselin. *Bret.*, II, 434, 561.
— *Prov.*, II, 398.
Rossellet. *La Roch.*, 161.
Rosserie (la). *Montp.-Mont.*, 360.
Rosset. *Als.*, 573.
— *Bourg.*, I, 1277.
— *Dauph.*, 12, 122.
— *Lyon*, 168, 666.
— *Montp.-Mont.*, 649,
— *Par.*, I, 238, 257, 421, 595.
— *Par.*, II, 648, 676, 948.
— *Prov.*, I, 616, 1040.
— *Rouen*, 1337.
Rossi. *Fland.*, 160.
Rossignol. *Bourb.*, 468.
— *Bourges*, 107, 265.
— *Bourg.*, II, 214.
— *Bret.*, II, 950.
— *Caen*, 195, 196, 243, 448.
— *Fland.*, 1297.
— *Guy.*, 429.
— *Lim.*, 373.
— *Lyon*, 116, 132, 640, 747.
— *Par.*, I, 227, 594, 919, 931, 1088,
   1119.
— *Par.*, II, 545, 789.
— *Par.*, III, 511.
— *Poit.*, 759.
— *Prov.*, I, 970.
— *La Roch.*, 409.
— *Toul.-Mont.*, 511, 512, 967, 1166.
— *Tours*, 901.
Rossillon. *Lyon*, 859.
Rossolin. *Prov.*, I, 1027.
Rostagne. *Prov.*, II, 804.
Rostagnent. *Prov.*, II, 193, 754.
Rostagni. *Prov.*, I, 452.
Rostain. *Prov.*, II, 255.
Rostaing. *Auv.*, 193.
— *Bourg.*, I, 826.
— *Dauph.*, 103, 259, 293, 449, 450,
   513, 633.
— *Lyon*, 6, 335, 788.

1084, 1091, 1166, 1192, 1277, 1280, 1298, 1390.

Sabatier, *Montp.-Mont.*, 12, 258, 628, 644, 648, 730, 805, 943.

Sabazan. *Toul.-Mont.*, 345.

Sabin. *Prov.*, I, 691.

Sabine. *Caen*, 115.

— *Par.*, II, 551.

Sabinet. *Par.*, IV, 328.

— *Soiss.*, 566, 785.

Sablé. *Tours*, 1396. V.

Sabliére (la). *Montp.-Mont.*, 145, 148.

— *Par.*, I, 277.

Sablon. *Auv.*, 27, 350, 354.

— *Par.*, III, 386.

Sablonniéres (des). *Orl.*, 347.

Sablons (des). *Tours*, 1127.

Sabo. *Prov.*, I, 1455.

Sabot. *Lyon*, 41, 103, 606.

Sabotiers (les). *Poit.*, 527. *Communauté.*

Saboureau. *Poit.*, 486, 898, 1135.

Saboureux. *Vers.*, 144.

Sabourin. *Guy.*, 74, 83.

— *Poit.*, 72, 359, 618, 624, 764, 793, 968, 1073, 1127.

Sabouroux. *Guy.*, 350.

Sabout. *Montp.-Mont.*, 356, 405.

Sabran. *Montp.-Mont.*, 14.

— *Prov.*, I, 181, 270, 426, 523, 584, 589, 709, 851, 1090.

— *Prov.*, II, 395, 422, 462, 475, 482.

Sabre. *Bourg.*, II, 293.

Sabré. *Guy.*, 697.

Sabrevois. *Al.*, 642.

— *Orl.*, 163, 257, 265, 943.

— *Par.*, I, 356.

Sabrier. *Prov.*, I, 539.

Sabrulet. *Prov.*, II, 841.

Sac (le). *Bourges*, 405.

Sacco. *Prov.*, I, 536.

Sache. *Prov.*, I, 1392.

Sacher. *Bourg.*, II, 186.

— *Poit.*, 147, 152, 791, 829.

Sachet. *Poit.*, 216, 217.

Sachi. *Pic.*, 35, 37, 49, 63, 64, 81, 381, 391, 392, 394, 403, 446, 622, 688.

Sachmarter. *Fland.*, 1066.

Sachot. *Par.*, III, 536.

— *Poit.*, 1149.

Sachs. *Als.*, 275, 284, 337.

Saconnay. *Lyon*, 32.

Saconnins. *Bourb.*, 275.

Sacquepée. *Pic.*, 22, 432, 468.

Saint-Sacrement (le). Religieuses de Nancy. *Lorr.*, 112.

— de Rambervillers. *Lorr.*, 510.

— de Toul. *Lorr.*, 104.

Sacriste. *Guy.*, 580, 1004.

Sacy. *Par.*, I, 291.

Sacy (de). *Soiss.*, 780.

Sade (de). *Prov.*, II, 126, 688.

Sadier. *Bourg.*, II, 343, 551.

Sadin. *Lyon*, 852.

Sadirac. *Guy.*, 1004.

— *Montp.-Mont.*, 1132.

Sadirant. *Guy.*, 99.

Sadoc. *Par.*, I, 1133.

Sadosky (de). *Pic.*, 149.

Sadot. *Par.*, III, 560.

Sadou. *La Roch.*, 379.

Sadoul. *Toul.-Mont.*, 1013.

Sadourni. *Auv.*, 183, 302.

Sadron. *Bourges*, 423.

Saffalin. *Prov.*, I, 929.

Saffange. *Lyon*, 371.

Saffin. *Guy.*, 403.

Saffort. *Béarn*, 106.

Saffrai. *Caen*, 167, 183.

Saffran. *Par.*, III, 474.

Saffray. *Al.*, 105.

Saffre. *Bourg.*, II, 68.

Saffré. *Bret.*, II, 175.

Saffren. *Béarn*, 113.

Saffy. *Orl.*, 504.

Sage. *Bourb.*, 608.

— *Guy.* 907.

— *Par.*, I, 1047.

Sage (le). *Al.*, 710, 812, 1107, 1185, 1190, 1206.

— *Bourg.*, I, 265.

— *Bret.*, I, 21.

— *Bret.*, II, 679, 1008.

— *Champ.*, 413.

— *Fland.*, 1209, 1210.

— *Par.*, IV, 623.

— *Pic.*, 819.

— *Poit.*, 1008.

— *Soiss.*, 462.

— *Tours*, 1110, 1364.

Sagé. *Toul.-Mont.*, 1295.

Sageron. *Guy.*, 401.

Sagés (du). *Guy.*, 175, 852, 1013, 1066.

Saget. *Béarn*, 100.

— *Bourges*, 284.

— *Bourg.*, I, 345, 466.

— *Bourg.*, II, 24, 492.

— *Bret.*, I, 980.

— *Bret.*, II, 376, 379.

— *Montp.-Mont.*, 399.
— *Par.*, IV, 200, 574, 688.
— *La Roch.*, 187.
— *Toul.-Mont.*, 124, 125, 131, 819.
— *Tours*, 818, 998.
Sagey. *Bourg.*, I, 958.
Sagiran. *Lyon*, 670.
Sagnac. *Guy.*, 853.
Sagne (de). *Bourg.*, II, 170.
Sagnes (de). *Auv.*, 86.
Sagnier. *Bret.*, I, 105, 169.
— *Toul.-Mont.*, 1193.
Sagost. *Par.*, I, 1297.
Sagot. *Rouen*, 973.
Sagry. *Bourg.*, I, 947.
Saguez. *Champ.*, 26, 233, 333, 334, 680.
Saguier. *Pic.*, 519, 532, 691, 852.
— *Soiss.*, 780.
Sahüe. *Montp.-Mont.*, 685, 692.
Sahuguet. *Champ.*, 74, 75, 76, 84.
— *Lim.*, 401.
Saï. *Montp.-Mont.*, 1332.
Saige. *Guy.*, 122, 949.
Saige (le). *Bret.*, I, 374, 632.
Saignard. *Montp.-Mont.*, 457.
Saigne. *Prov.*, I, 1009.
Saigne (la). *Bourb.*, 133, 532.
— *Guy.*, 916, 947.
— *Lim.*, 187.
Saignes (des). *Auv.*, 181, 216.
Sailbant. *Guy.*, 1078.
Sailhaut. *Champ.*, 140.
Sailland. *Tours*, 760, 1014, 1273.
Saillans. *Bourg.*, I, 403.
— *Orl.*, 175.
Saillant. *Bourb.*, 102.
— *Lyon*, 282.
— *Poit.*, 576.
Saillant (du). *Lim.*, 400.
Saillard. *Al.*, 932, 1162.
Saillart. *Fland.*, 987.
Saillenfert. *Caen*, 481.
Saillet. *Lorr.*, 24, 166, 242, 349, 522.
Sailli. *Al.*, 119.
— *Fland.*, 131.
— *Lorr.*, 491.
— *Rouen*, 394, 400.
Saillot. *Par.*, II, 573.
Sailly. *Orl.*, 676, 685.
— *Par.*, I, 82.
— *Par.*, II, 607.
— *Par*, IV, 392, 394, 503.
Saimbut. *Bourb.*, 350.
Saimond. *Fland.*, 1481.
Sain. *Auv.*, 34.

— *Orl.*, 11, 342, 399.
— *Par.*, III, 56.
— *Prov.*, I, 1089.
— *Tours*, 12.
Sain (de). *Bourg.*, II, 308.
— *Champ.*, 876.
— *Par.*, I, 719, 1392.
— *Pic.*, 109, 881.
Saindivau. (de). *Pic.*, 267.
Saine. *Bourges*, 226.
Sainerval. *Pic.*, 394.
Sainfray. *Pic.*, 670.
Sains. *Par.*, I, 1172.
Saint. *Bourg.*, I, 158.
Saintegais (la). *Soiss.*, 539.
Saintes. *Toul.-Mont.*, 604.
Sainteteste. *Lorr.*, 567.
Saintippe. *Guy.*, 948.
Saintive. *Soiss.*, 715.
Sainton. *Par.*, IV, 509.
— *Poit.*, 535, 1451.
Saintonge. *Orl.*, 2, 363.
— *Par.*, I, 121, 978.
— *Par.*, IV, 102.
Saintot. *Par.*, I, 1009.
— *Par.*, III, 72.
Saintours. *Guy.*, 558, 559.
Saintoux. *Guy.*, 221, 513, 543, 711, 713, 855.
Saintré. *Poit.*, 497.
Sainxe. *Orl.*, 161.
Sainxe (de). *Par.*, IV, 555.
Saisi. *Tours*, 856.
Saison *Bourg.*, II, 179.
Saisseval. *Pic.*, 4, 83.
— *Soiss.*, 147, 711.
Saisset. *Par.*, I, 1182.
Saissinel. *Toul.-Mont.*, 768.
Saissot. *Tours*, 1393.
Saive. *Dauph.*, 62, 134.
Saix (de). *Dauph.*, 535.
— *Montp.-Mont.*, 782.
Saix (du). *Bourg.*, I, 565, 1016, 1288.
— *Lyon*, 813.
Saixon. *Orl.*, 261.
Sajault. *Bourg.*, II, 58.
Sajot. *Bret.*, I, 514.
Salaberi. *Par.*, I, 983.
Salabery. *Par.*, III, 8.
Saladin. *Lyon*, 88, 323, 511, 608, 837.
Salagnac. *Guy.*, 380, 418, 429, 610, 902.
— *Lim.*, 42, 231.
— *Vers.*, 40, 143.
Salani. *Toul.-Mont.*, 538, 539.

Salardie. *Toul.-Mont.*, 1047.
Salas. *Montp.-Mont.*, 621.
Salasse. *Bret.*, I, 272.
Salat. *Bourges*, 31, 392.
— *Guy.*, 941.
Salaun. *Bret.*, I, 320, 647.
— *Bret.*, II, 81, 540, 711.
Salavert. *Toul.-Mont.*, 740.
Salbert. *La Roch.*, 119, 212, 400.
Salcede. *Par.*, III, 210.
Saldaigne. *Par.*, II, 633.
Salées. *Toul.-Mont.*, 1454.
Saleine (la). *Orl.*, 222.
— *Par.*, I, 561.
Saleman. *Toul.-Mont.*, 677.
Salemard. *Lyon*, 30.
Salernes. *Al.*, 911.
Salers. *Auv.*, 578, 591.
Sales (de). *Tours*, 428.
Salettes. *Béarn*, 18, 73.
— *Guy.*, 1194.
Salier. *Bourg.*, I, 65.
— *Prov.*, II, 282.
— *Tours*, 378.
Saliéres. *Bourg.*, I, 573.
Saliés. *Béarn*, 34, 90.
Salignac. *Poit.*, 101.
Saligni. *Champ.*, 220, 235.
Salingant. *Rouen*, 791.
Salingarde. *Toul.-Mont.*, 1054.
Salinier. *Toul.-Mont.*, 101, 637.
Salinis. *Béarn*, 102.
Salins. *Bourg.*, I, 574, 718, 782, 907.
Salins (de). *Lorr.*, 7, 246, 622.
Salis. *Guy.*, 51, 712.
Salival. *Lorr.*, 289. *Abb.*
Salive. *Lyon*, 648.
Salivet. *Bourg.*, I, 770.
Salla. *Prov.*, I, 1445.
Salla (la). *Soiss.*, 647.
Sallade. *Prov.*, I, 643, 830.
Sallaine (de). *Tours*, 287.
Sallamanca. *Lorr.*, 329.
Sallano. *Par.*, I, 642.
Sallart. *Par.*, I, 701.
Salle. *Lyon*, 663.
— *Prov.*, I, 561, 570, 1195 a, 1241.
Salle (de). *Toul.-Mont.*, 3, 336, 521, 546, 607, 802.
— *Tours*, 946.
Salle (la). *Auv.*, 150, 306, 418, 421, 423, 427, 432, 537, 540, 556.
— *Béarn*, 14, 73, 102, 105, 109, 111, 112, 119, 124, 131, 134, 136, 157.
— *Bourg.*, I, 444.
— *Bourg.*, II, 489.

— *Bret.*, II, 457, 531, 573.
— *Champ.*, 44, 49, 95, 321, 688, 700, 858.
— *Fland.*, 1485.
— *Guy.*, 16, 93, 255, 257, 347, 515, 520, 699, 863, 916, 927, 1077, 1149, 1153.
— *Par.*, I, 20, 150, 161, 240, 302, 935, 1023, 1389.
— *Par.*, II, 658.
— *Par.*, III, 312.
— *Pic.*, 519.
— *Poit.*, 568.
— *Prov.*, II, 477.
— *La Roch.*, 193, 396.
— *Rouen*, 825, 1394.
— *Vers.*, 187, 245.
Sallé. *Bourges*, 33, 407.
— *Bourg.*, II, 334.
— *Bret.*, I, 273.
— *Champ.*, 480.
— *Fland.*, 554, 644, 840.
— *Par.*, I, 805, 925, 949.
— *Par.*, II, 145, 160.
— *Par.*, III, 200.
— *Pic.*, 384.
— *Poit.*, 996.
Sallebert. *La Roch.*, 184.
Sallebray. *Par.*, IV, 567.
Sallecton. *Guy.*, 921.
Sallemart. *Dauph.*, 202, 444.
Sallembier. *Fland.*, 256, 358, 776, 777, 1010, 1266.
Sallenac. *Toul.-Mont.*, 1328.
Sallengre. *Fland.*, 878, 1451, 1454.
Salleneuve. *Bourb.*, 327.
Sallernes. *Prov.*, I, 1247.
Salles. *Al.*, 812.
— *Béarn*, 6.
— *Guy.*, 643.
— *Lyon*, 1003.
— *Par.*, I, 115, 964, 1199.
— *Par.*, II, 1235.
— *Poit.*, 652, 1416.
Salles (de). *Auv.*, 537.
— *Montp.-Mont.*, 209, 333, 334, 773, 844, 958, 1079, 1174.
— *Par.*, IV, 335.
— *Toul.-Mont.*, 35, 523, 654, 692, 1348.
Salles (des). *Bret.*, I, 270, 418.
— *Bret.*, II, 59.
— *Champ.*, 632.
— *Lorr.*, 6.
Sallet. *Al.*, 209, 213, 591.
— *Fland.*, 311.

— *Rouen*, 597.
— *Toul.-Mont.*, 1180.
Salletoin, *Guy.*, 652.
Sallette. *Dauph.*, 345.
Sallettes. *Prov.*, I, 50, 1084, 1105, 1196 b.
Salley. *Caen*, 29, 164, 729.
Sallias (de). *Prov.*, II, 583.
Sallier. *Bourg.*, II, 237.
— *Par.*, II, 561.
— *Par.*, III, 162.
Salligné. *Par.*, I, 987.
— *Poit.*, 1129.
Salliot. *Al.*, 1022.
Salliou. *Bret.*, I, 449, 885.
Sallo. *Béarn*, 158.
— *Par.*, II, 4.
— *Poit.*, 211, 561, 1229.
Salloi. *Al.*, 1047.
Sallomé. *Prov.*, II, 113, 294.
Sallon. *Al.*, 815.
— *Prov.*, II, 230. V.
Sallonnier. *Bourb.*, 57, 86, 88, 89, 189, 441, 488.
— *Bourg.*, II, 59.
Sallot. *Par.*, IV, 523, 532, 533.
Salm. *Lorr.*, 622.
Salme. *Toul.-Mont.*, 809.
Salmon. *Par.*, III, 134.
— *Pic.*, 806.
— *Poit.*, 846, 1322.
— *La Roch.*, 269.
— *Tours*, 19, 955, 991, 996, 1033, 1113.
Salmont. *Bret.*, II, 275.
— *Fland.*, 223, 683.
— *Lim.*, 379.
— *Orl.*, 249, 527, 529, 630.
— *Par.*, I, 323, 988, 1244.
Sal elle. *Al.*, 952.
Salnos. *Al.*, 124.
Salnoüe. *Soiss.*, 190.
Salomay. *Bourg.*, I, 109.
Sa omon. *Als.*, 223.
— *Bourges*, 523.
— *Bourg.*, I, 1060.
— *Bourg.*, II, 610.
— *Bret.*, I, 486.
— *Bret.*, II, 359.
— *Guy.*, 294.
— *Lorr.*, 636.
— *Montp.-Mont.*, 811.
— *Orl.*, 5, 338, 339, 342.
— *Par.*, I, 375.
— *Prov.*, I, 586.
— *Prov.*, II, 356.

Salon. *Bret.*, I, 2.
Salone. *Par.*, IV, 41, 43.
Salornay. *Bourg.*, II, 203, 216.
— *Orl.*, 62.
Salpernicq (de). *Pic.*, 493, 784.
Salsenac. *Toul.-Mont.*, 1329.
Salsmann. *Als.*, 282, 288, 289, 438, 453, 680, 864.
Saltel. *Toul.-Mont.*, 1142.
Saltier. *Par.*, IV, 547.
Saltun. *Par.*, IV, 63.
Saltz (de). *Lorr.*, 581.
Saluces. *Poit.*, 559, 912.
Salusse. *Lorr.*, 184.
Salva. *Dauph.*, 565, 568.
Salvain. *Guy.*, 955.
Salvaing. *Dauph.*, 104, 620, 622.
Salvan. *Toul.-Mont.*, 55, 648, 1081, 1179, 1186.
Salvaniac. *Auv.*, 548.
Salvart. *Poit.*, 480.
Salvat. *Par.*, II, 650.
— *Prov.*, I, 1083, 1445.
Salvator. *Prov.*, I, 855, 864.
Salvatori. *Champ.*, 575.
Salve. *Prov.*, I, 860, 862, 863.
Salvées. *Soiss.*, 670.
Salveroque. *Toul.-Mont.*, 456.
Salvert. *Bourb.*, 167, 209.
— *Par.*, I, 93.
— *Par.*, II, 223, 1148.
— *Poit.*, 560.
Salvetat. *Montp.-Mont.*, 1491.
— *Toul.-Mont.*, 526, 764.
Salvi. *Toul.-Mont.*, 511, 895, 1120.
Salviez. *Bourg.*, I, 1077.
Salvin. *Tours*, 494.
Salvis. *Champ.*, 742.
Salxe. *Par.*, I, 355.
Salze (de). *Montp.-Mont.*, 16, 849.
Samaler. *Toul.-Mont.*, 1488.
Samary. *Montp.-Mont.*, 182.
Samatan. *Toul.-Mont.*, 1277.
Samazan. *La Roch.*, 230.
Sambin. *Bourg.*, II, 564.
— *Dauph.*, 241.
Sambuc. *Prov.*, II, 118, 313.
Sambuci. *Prov.*, II, 278.
Sambucy. *Montp.-Mont.*, 1044, 1048, 1054.
— *Par.*, I, 389.
Sambut. *Prov.*, I, 825.
Same (le). *Fland.*, 256.
Samensa. *Als.*, 565.
Samer. *Pic.*, 329.
Sameron. *Prov.*, II, 765.

Samerot. *Toul.-Mont.*, 708.
Sameurs. *Rouen*, 1316.
Samier. *Pic.*, 720.
Samignes. *Dauph.*, 220.
Saminia y. *Lyon*, 494.
Samorey. *Lyon*, 375, 907.
Samorotz. *Bourg.*, II, 280.
Samothe. *Bourg.*, II, 571.
Samoyau. *Poit.*, 1352.
Sampart. *Fland.*, 766.
Samson. *Al.*, 219, 763.
— *Bourb.*, 39.
— *Bret.*, I, 920.
— *Bret.*, II, 442.
— *Caen*, 56, 71, 201, 665, 666, 753.
— *Champ.*, 63.
— *Lorr.*, 352, 537, 610, 681.
— *Montp.-Mont.*, 988.
— *Orl.*, 430, 606.
— *Par.*, II, 353, 510, 1272.
— *Prov.*, I, 14.
— *Rouen*, 928.
— *Soiss.*, 649, 702.
— *Toul.-Mont.*, 467, 738.
Sanadon. *Rouen*, 114, 130.
Sanbu. *Bret.*, II, 1089.
Sancenat. *Guy.*, 945, 1096.
Sancerre. *Bourges*, 102. V.
Sancey. *Par.*, IV, 566.
Sancheli. *Toul.-Mont.*, 18.
Sancierre (de). *Tours*, 265.
Sancy. *Bourg.*, I, 399.
Sandemoy. *Lim.*, 116.
Sandet. *Prov.*, I, 1064.
Sandin. *Prov.*, II, 517.
Sandine. *Lyon*, 1027.
Sandrac. *Toul.-Mont.*, 362.
Sansdras. *Pic.*, 617, 642.
Sandre. *Champ.*, 871.
Sandret. *Bourg.*, I, 1162.
— *Rouen*, 330.
Sandrier. *Orl.*, 359.
— *Par.*, I, 111.
— *Par.*, II, 221, 894.
— *Par.*, III, 262.
Sandrieux. *Montp.-Mont.*, 1563.
Sandrillon. *Rouen*, 871.
Sandron. *Pic.*, 767.
Sandrouin. *Lorr.*, 676, 678, 679, 680.
Sandrouins. *Fland.*, 1192.
Sane. *Lyon*, 928.
Sanet. *La Roch.*, 239.
Saneval. *Fland.*, 957.
Sangiery. *Fland.*, 257.
Sanglier. *Montp.-Mont.*, 442.
— *Par.*, II, 998, 1131.

— *Tours*, 181, 183, 664, 1151.
Sanguellier. *Tours*, 232.
Sanguin. *Al.*, 184.
— *Bret.*, I, 431.
— *Par.*, I, 1169.
— *Par.*, II, 407, 894, 977, 1212.
— *Prov.*, II, 601.
— *Soiss.*, 162.
— *Vers.*, 54.
Sanguinet. *Guy.*, 38.
Sanguinière. *Par.*, I, 988.
Sanhard (de). *Montp.-Mont.*, 371, 1446.
Saniac. *Montp.-Mont.*, 1263, 1264.
Sanis. *Soiss.*, 608.
Sanlégue. *Als.*, 824.
Sannaire. *Champ.*, 709.
Sanniéres. *Caen*, 153.
Sansanoir. *Orl.*, 168.
Sansier. *Poit.*, 1336.
Sansiergue. *Montp.-Mont.*, 563.
Sansirgues. *Prov.*, II, 666.
Sanson. *Pic.*, 264, 266, 472, 628, 762.
— *Tours*, 58, 549, 795, 941.
Sanson (de). *Tours*, 143.
Sansse (de). *Pic.*, 303.
Sansy. *Bourg.*, II, 348.
Santans. *Bourg.*, I, 606, 640, 1102, 1253.
Sante. *Fland.*, 1025.
— *Prov.*, II, 435.
Santerre. *Par.*, IV, 384, 613.
Santeuil. *Champ.*, 62.
— *Par.*, I, 236, 409, 666, 1069, 1268, 1370, 1381.
— *Par.*, II, 943, 1254.
— *Par.*, III, 237.
Santiers (des). *Bret.*, II, 465.
Santigny. *Montp.-Mont.*, 466.
— *Orl.*, 523.
Santilly. *Par.*, I, 696.
— *Par.*, II, 201.
Santon. *Prov.*, II, 559.
Santonat. *Lyon*, 408.
Santus. *Par.*, I, 1319.
Sanxon. *Poit.*, 533.
Sanzai. *Tours*, 32.
Sanzay. *Bourg.*, II, 59.
Saommier (le). *Al.*, 471.
Saoul. *Lim.*, 358.
Sapat. *Bourges*, 69.
Sapene. *Toul.-Mont.*, 423.
Sapey. *Dauph.*, 581.
Saphin. *Guy.*, 828.
Saphore. *Guy.*, 216, 949, 1188.
Saphoux. *Lyon*, 670, 930.

Sapient. *Bourges,* 387.
Sapin. *Bourb.,* 620.
— *Poit.,* 972, 1078.
Sapinault. *Poit.,* 45, 1412.
Sapincourt. *Par.,* iv, 808.
— *Poit.,* 96.
Sapineau. *Poit.,* 221.
Sapon. *Guy.,* 872.
Saporta. *Montp.-Mont.,* 23.
— *Soiss.,* 529.
— *Toul.-Mont.,* 888.
Sapte. *Montp.-Mont.,* 168.
Sapte (de). *Toul.-Mont.,* 126, 131, 214.
Sapuyau. *Poit.,* 1196.
Saque (de). *Prov.,* ii, 367.
Saqui (de). *Prov.,* i, 58, 63, 399.
Saragosse. *Toul.-Mont.,* 1219.
Sarande. *Al.,* 1009.
Saray (du). *Bourb.,* 154.
Sarazeni. *Tours,* 262.
Sarazin. *Bourg.,* ii, 475.
— *Bret.,* ii, 42, 392, 402.
— *Guy.,* 1135, 1141.
Sarazin (de). *Tours,* 146.
Sarbourse. *Lyon,* 667.
Sarcé (de). *Tours,* 244.
Sarcey. *Bourg.,* ii, 101, 183.
Sarcilli. *Al.,* 71, 324, 463, 469, 602.
Sarcilly. *Caen,* 152, 354.
Sarcus. *Par.,* iv, 122.
Sarda. *Toul.-Mont.,* 818.
Sardat. *Orl.,* 519.
Sarde. *Lyon,* 4, 114.
Sardet. *Bourg.,* ii, 511.
— *Tours,* 1337.
Sardié (du). *Lyon,* 755.
Sardin. *Poit.,* 596, 599, 667.
Sardine. *Lyon,* 286, 954.
Sardou. *Prov.,* i, 1318.
Saregourde. *Guy.,* 324.
Sarei. *Tours,* 753.
Sarens (de). *Pic.,* 615, 814.
Sarezac. *Guy.,* 1016.
Sargasset. *Guy.,* 1228.
Sargenton. *Guy.,* 1112.
Sarget. *Poit.,* 430, 1541, 1542.
Sariac (de). *Montp.-Mont.,* 993, 1183.
Sariac. *Toul.-Mont.,* 1280.
Sarioux. *Bourb.,* 430.
Sarit. *La Roch.,* 309.
Sarlat. *Guy.,* 223, 380, 1173.
Sarléve. *Bret.,* ii, 3.
Sarlier. *Bourg.,* ii, 141.
Sarment. *Par.,* i, 346.
Sarmet. *Prov.,* i, 731.

Sarmaus. *Guy.,* 908.
Sarra. *La Roch.,* 95.
Sarrabére. *Béarn,* 115, 123.
Sarrabourse. *Prov.,* i, 630.
Sarragos. *Bourg.,* i, 594, 637, 900, 1114.
Sarrain. *Guy.,* 166.
Sarrama. *Toul.-Mont.,* 1258.
Sarraméa. *Béarn.* 122.
Sarramejan. *Montp.-Mont.,* 694.
Sarrasin. *Bourges,* 62, 236.
— *La Roch.,* 179, 191.
— *Tours,* 1407.
Sarratori. *Prov.,* ii, 679.
Sarrau. *Lorr.,* 238.
— *Montp.-Mont.,* 1159.
— *Par.,* ii, 1102.
— *Poit.,* 1024.
Sarrau (de). *Toul.-Mont.,* 819, 1217.
Sarrault. *Orl.,* 723.
Sarraut. *Guy.,* 6, 16, 31, 314, 315, 331, 334, 886, 908, 975.
Sarrazin. *Bourb.,* 131.
— *Champ.,* 546.
— *Dauph.,* 64, 76.
— *Fland.,* 1016.
— *Lorr.,* 131, 220.
— *Lyon,* 212, 213.
— *Poit.,* 876.
— *Prov.,* i, 860.
Sarre (de). *Bourb.,* 103.
Sarre (la). *Bourb.,* 408.
Sarreau. *Pic.,* 90.
Sarrebourse. *Orl.,* 10, 33, 278, 355, 489.
Sarrecave. *Montp.-Mont.,* 1210.
Sarret. *Auv.,* 160, 559, 572.
— *Montp.-Mont.,* 4, 7, 120, 121, 122, 287, 419, 597, 618, 1308.
— *Toul.-Mont.,* 716.
Sarreveille. *Rouen,* 573.
Sarri. *Champ.,* 672.
Sarrieu. *Bourb.,* 113.
— *Montp.-Mont.,* 1187.
— *Toul.-Mont.,* 418, 1352.
Sarrigues. *Toul.-Mont.,* 1423.
Sarrol. *Guy.,* 1171.
Sarron. *Bourg.,* ii, 207.
Sarrosot. *Par.,* i, 363.
Sarrou. *Guy.,* 1076.
Sarrus. *Toul.-Mont.,* 1102.
Sarsay. *Vers.,* 218.
Sarsfield. *Bret.,* i, 314.
— *Bret.,* ii, 1060.
Sart. *Fland.,* 102, 284, 287, 299, 615.

Sart (du). *Champ.*, 296, 297, 888.
— *Fland.*, 92, 294, 342.
— *Par.*, III, 467.
— *Rouen*, 245, 280.
— *Soiss.*, 299, 746.
Sart (le). *Fland*, 277, 318, 357, 1268.
— *Par.*, I, 1262.
Sartesse (la). *Béarn*, 114.
Sartiges. *Auv.*, 583, 590.
Sarton. *Bourges*, 392.
Sartre. *Lyon*, 673.
— *Par.*, II, 682, 726, 761.
Sartre (de). *Montp.-Mont.*, 56, 270.
Sartrel. *Montp.-Mont.*, 797.
Sarzat. *Poit.*, 1043.
Sasis. *Fland.*, 486.
Sassai (de). *Tours*, 231.
Sassé (de). *Tours*, 197.
Sassenage. *Dauph.*, 23, 24, 141, 221, 457.
Sassenaye. *Vers.*, 157.
Sasserie. *Tours*, 1153.
Sassey. *Bourg.*, II, 356.
Sassi (de). *Prov.*, II, 520.
Sassuet (la). *Lorr.*, 313.
Sassy. *Prov.*, I, 172, 1395.
Satabin. *Bret.*, II, 524.
Sateher. *Tours*, 1373.
Satier. *Toul.-Mont.*, 933, 939.
Sattier. *Bourg.*, I, 806.
Sattler. *Als.*, 546, 564, 703.
Saturnin (St-). *Auv.*, 220.
Satzerat. *Toul.-Mont.*, 1470.
Saubarne. *Rouen*, 835.
Saubat. *Guy.*, 165, 309, 530, 595.
Saubert. *Montp.-Mont.*, 848.
Saubinet. *Toul.-Mont.*, 467.
Saubois. *Bret.*, II, 399.
Saubolle. *Toul.-Mont.*, 1281, 1300.
Saucamart. *Rouen*, 1339.
Sauche (de). *Montp.-Mont.*, 645.
Sauchère. *Poit.*, 575, 671.
Saudalle. *Caen*, 688.
Saudelet. *Poit.*, 258, 1295.
Saudet. *Montp.-Mont.*, 1422.
Saudhers. *Als.*, 174, 218, 230.
Saudras. *Champ.*, 883.
Saudrat. *Als.*, 634.
Saudray. *Bret.*, II, 402, 445.
Saudraye (la). *Bret.*, I. 707, 987.
Saudubois. *Tours*, 571.
Saueillange. *Auv.*, 174. V.
Sauflieu (St-). *Soiss.*, 412.
Saufourche. *Guy.*, 816.
Saugé. (*Prieuré*). *Poit.*, 901.
Saugentis. *Toul.-Mont.*, 328.

Sauger. *Bourb.*, 48.
— *Orl.*, 424.
— *Par.*, I, 222, 561.
— *Rouen*, 835.
Saugère (la). *Tours*, 153, 426, 428, 530, 1272.
Saugerie (la). *Orl.*, 396.
Saugeron. *Al.*, 1023, 1257.
— *Guy.*, 108, 1063.
Sauginel. *Guy.*, 1215.
Saugnac. *Guy.*, 881.
Sauguier. *Pic.*, 517.
Sauguirat. *Toul.-Mont.*, 1131.
Sauguis. *Béarn*, 20.
Saugy. *Par.*, IV, 637.
Saujard. *Par.*, I, 1084.
Saul (de). *Prov.*, I, 1055.
Saulai. *Tours*, 894.
Saulau. *Toul.-Mont.*, 637.
Saulaye (la). *Bret.*, I, 887.
Saulcières (de). *Bourg.*, II, 232, 576.
Saule. *Béarn*, 132.
— *Bourg.*, I, 745.
Saule (de). *Dauph.*, 469.
Saulière. *Guy.*, 435.
— *La Roch.*, 111.
Saulieu. *Bourb.*, 20, 55, 454.
— *Bourges*, 331.
— *Par.*, I, 466.
Saulieu (St-). *Champ.*, 426, 800.
Saullière. *Al.*, 1250.
Saulnier. *Bourg.*, I, 1166.
— *Bourg.*, II, 413.
— *Lim.*, 268, 376, 423, 431.
— *Lorr.*, 59.
— *Poit.*, 1102, 1217.
— *La Roch.*, 321, 327, 336.
— *Soiss.*, 719.
Saulnier (du). *Auv.*, 135, 179, 570.
Saulnier (le). *Bret.*, II, 566, 703, 908.
Sauls. *Montp.-Mont.*, 518.
Saulsoir. *Pic.*, 806.
Sault. *Prov.*, II, 67.
Sault. (du). *Bret.*, II, 275, 681.
— *Dauph.*, 505.
— *Guy.*, 11, 74, 81, 344, 378, 582, 583, 701, 782, 1069.
— *Lim.*, 273.
— *Par.*, II, 256, 724.
— *Par.*, III, 430.
— *La Roch.*, 194, 200, 231.
— *Rouen*, 776.
Sault (le). *Bret.*, I, 291.
Saulx. *Bourb.*, 179, 409.
— *Bourg.*, I, 124, 240, 328.

— *Bourg.*, ii, 478.
— *Par.*, i, 1165.
— *Par.*, ii, 1169.
— *Vers.*, 70.
Saulx (de). *Champ.*, 89, 275, 780.
Saulx (des). *Bourges*, 234.
Saumaire. *Par.*, i, 1076.
Saumaize. *Bourg.*, i, 216.
Saumarest. *Caen*, 301, 311, 313.
Saumemont. *Poit.*, 875.
Saumier (le). *Caen*, 434.
Saumur. *Tours*, 461, 487. V.
Saunade (de). *Bourb.*, 335.
Saunai. *Als.*, 155.
Saunat. *Lyon*, 810.
Saunay. *Soiss.*, 457.
Sauner. *Toul.-Mont.*, 1473.
Saunhac. *Toul.-Mont.*, 1074.
Saunic. *Als.*, 633.
Saunier. *Bret.*, i, 664.
— *Guy.*, 419, 430, 435, 446, 454, 657, 1047, 1079.
— *Montp.-Mont.*, 309, 370, 1220, 1368.
— *Par.*, i, 1318, 1346.
— *Par.*, ii, 525.
— *Pic.*, 617, 895, 320, 791.
— *Prov.*, i, 1445.
— *Toul.-Mont.*, 678.
— *Vers.*, 99.
Saunier (le). *Rouen*, 854, 862, 900.
Saunois. *Par.*, i, 1349.
— *Par.*, iii, 127.
Saupat (du). *Als.*, 134.
Saupin. *Bret.*, ii, 799.
— *Par.*, i, 232.
Saur. *Als.*, 561.
Sauren. *Prov.*, i, 473, 1185, 1416.
— *Prov.*, ii, 553.
Sauron. *Lyon*, 736.
— *Prov.*, i, 683.
— *Prov.*, ii, 349, 371.
Sauret. *Auv.*, 214, 273, 503, 522.
— *Bourb.*, 564.
— *Guy.*, 1109, 1112.
— *Lyon*, 925, 934.
— *Prov.*, i, 1040.
— *Prov.*, ii, 663.
Saureux. *Fland.*, 13, 251.
Saurs. *Toul.-Mont.*, 64.
Sausay. *Bourg.*, ii, 224.
Sansay (du). *Bret.*, ii, 56.
Sauserie (la). *Par.*, iv, 543.
Sausion. *Bourg.*, i, 432.
Saussai (du). *Al.*, 834.
— *Fland.*, 1477.

— *Caen*, 73, 112, 113, 215, 219, 221, 267, 298, 306, 702.
— *Rouen*, 357, 717, 913.
Saussaie (la). *Lyon*, 748.
Saussat. *Auv.*, 178.
Saussay (de). *Par.*, i, 1031.
Saussay (du). *Par.*, iii, 157, 394.
— *Vers.*, 226.
Saussaye (la). 83, 1013.
Sausse. *Rouen*, 251.
Sausset. *Par.*, i, 1258.
Saussine. *Montp.-Mont.*, 492, 924.
Saussoi (du). *Fland.*, 1043.
Saussoir. *Soiss.*, 547.
Sausson. *Bourb.*, 433.
Saussoy. *Par.*, ii, 619, 1270.
— *Par.*, iv, 84, 85, 798, 802.
Sauteiron. *Guy.*, 131.
— *Prov.*, i, 931.
Sautel. *Lyon*, 175.
Sautereau. *Bourg.*, i, 7.
— *Dauph.*, 85, 88, 161, 234, 407.
— *Poit.*, 801.
— *Prov.*, i, 1100.
Sauterisse. *Guy.*, 175.
Sauteron. *Prov.*, i, 1115, 1120, 1405.
Sautheville. *Lorr.*, 201.
Sautier. *Als.*, 510, 694.
— *La Roch.*, 33.
Santoi (du). 817.
Sautray. *Par.*, iii, 398.
Sautré (de). *Tours*, 501.
Sautreau. *Par.*, ii, 1254.
Sautrel. *La Roch.*, 250.
Sautuc. *Rouen*, 801.
Sauvage. *Al.*, 744, 822, 968.
— *Als.*, 188.
— *Auv.*, 582.
— *Bourg.*, i, 908.
— *Bourg.*, ii, 317.
— *Bret.*, i, 241.
— *Caen*, 50, 82, 270, 314, 629.
— *Champ.*, 607.
— *Guy.*, 397, 803.
— *Lorr.*, 350 ter, 478.
— *Par.*, i, 296, 487, 1087, 1302.
— *Par.*, ii, 519.
— *Par.*, iii, 413, 458, 459.
— *Par.*, iv, 349.
— *Pic.*, 818.
— *Soiss.*, 608.
— *Tours*, 750.
Sauvage (du). *Toul.-Mont.*, 278.
Sauvage (le). *Rouen*, 762, 618.
Sauvagère (la). *Al.*, 305, 860.
— *Poit.*, 1216.

Sauvageot. *Bourg.*, ɪ, 729, 1133.
— *Bourg.*, ɪɪ, 174, 210, 213, 552.
— *Bret.*, ɪ, 17.
Sauvages. *Montp.-Mont.*, 375.
Sauvaget. *Bret.*, ɪ, 187, 227, 448, 587.
— *Bret.*, ɪɪ, 219, 596, 793, 827, 928.
— *La Roch.*, 317, 318.
Sauvaire. *Prov.*, ɪ, 110, 122, 359, 635, 637, 645, 1024, 1026, 1189.
— *Prov.*, ɪɪ, 363, 414, 415, 430, 457, 526.
Sauvajunte. *Béarn*, 106.
Sauval. *Rouen*, 833.
Sauvan. *Montp.-Mont.*, 918, 1417.
— *Par.*, ɪ, 1162.
Sauvard. *Al.*, 967.
Sauvat. *Par.*, ɪᴠ, 40.
Sauve. *Montp.-Mont.*, 210.
— *Prov.*, ɪ, 1068, 1106.
Sauvé. *Bret.*, ɪ, 30.
Sauvecane. *Prov.*, ɪɪ, 237.
Sauvegrain. *Vers.*, 80.
Sauvenelle. *Guy.*, 87, 1055.
Sauvensa. *Toul.-Mont.*, 1084.
Sauvestre. *Guy.*, 883.
— *Par.*, ɪɪ, 1084, 1117.
— *Poit.*, 291.
— *La Roch.*, 199.
— *Tours*, 1416.
Sauveterre. *Béarn*, 122. ᴠ.
— *Toul.-Mont.*, 137, 278, 1352.
Sauveur (St-). *Al.*, 1202.
— *Caen*, 370, 721.
— de Metz. *Chap. Lorr.*, 203.
Sauveur. *Par.*, ɪ, 48.
Sauvin. *Guy.*, 902.
— *Montp.-Mont.*, 962, 1423.
— *Par.*, ɪɪɪ, 604.
— *Prov.*, ɪ, 276, 1386.
Sauvion. *Par.*, ɪɪ, 463, 580, 689, 842.
Sauvion. *Par.*, ɪɪɪ, 424.
— *Vers.*, 2, 63.
Sauvon. *Prov.*, ɪ, 1134, 11 5.
Sauzai. *Bourges*, 25, 163, 177, 335.
Sauzay. *Poit.*, 57, 61, 69, 100, 278, 554, 657, 827, 969, 970, 976, 1537.
Sauzay (du). *Auv.*, 250.
— *Bourb.*, 25, 264.
— *Dauph.*, 100.
— *Lyon*, 98, 210, 283, 858, 965, 1016.
Sauzeau. *Poit.*, 1084.
Sauze. *Auv.*, 287.
Sauzède. *Auv.*, 376.
Sauzes. *Guy.*, 821.

Sauzet. *Montp.-Mont.*, 361.
Sauzet (du). *Lim.*, 153, 318.
Sauzillon. *Lim.*, 126.
Sauzin. *Dauph.*, 374.
Sauzion. *Lyon*, 118, 503, 836.
Savaillant. *Toul.-Mont.*, 1215.
Savalette. *Par.*, ɪɪ, 293.
— *Par.*, ɪɪɪ, 522.
Savari. *Bourges*, 85, 226.
— *Lorr.*, 209.
— *Toul.-Mont.*, 1025, 1052.
— *Tours*, 624, 1015, 1066.
Savarin. *Bourg.*, ɪ, 5.
— *Bourg.*, ɪɪ, 271, 607.
— *Vers.*, 205.
Savarit. *La Roch.*, 250, 431.
Savaron. *Auv.*, 81.
— *Lyon*, 77, 78.
Savary. *Bourg.*, ɪ, 717.
— *Bret.*, ɪɪ, 553.
— *Orl.*, 223.
— *Par.*, ɪ, 106, 149, 637, 1033, 1379.
— *Par.*, ɪɪɪ, 167, 514.
— *Poit.*, 131, 188, 208, 219, 388, 711, 738, 1145, 1553.
— *Prov.*, ɪ, 563.
Savart. *Bourges*, 288.
— *Orl.*, 377.
Savatier. *Bourges*, 519.
Savatte. *Poit.*, 86, 906.
Savaudin. *Lim.*, 461.
Save. *Bourb.*, 54.
— *Fland.*, 62, 987.
Savelly. *Par.*, ɪɪ, 386.
Savereux. *Soiss.*, 562.
Saverne. *Als.*, 330, Baill., 385. ᴠ.
Saves. *Toul.-Mont.*, 1350.
Savetiers. *Poit.*, 809. *Communauté.*
Saveuse (de). *Pic.*, 5, 145.
Saveuses. *Par.*, ɪɪɪ, 87.
Savi. *Montp.-Mont.*, 1344.
— *Prov.*, ɪ, 1038.
— *Prov.*, ɪɪ 649.
— *Toul.-Mont.*, 471.
Savignac. *Bourb.*, 180.
— *Montp.-Mont.*, 1155, 1175.
— *Poit.*, 140, 491, 600, 601.
— *Toul.-Mont.*, 938, 939, 976, 993, 1097.
Savignat. *Auv.*, 244, 245.
Savigne. *Prov.*, ɪ, 1045.
Savigni. *Champ.*, 374.
— *Bourges*, 262.
— *Caen*, 165, 534, 776.
— *Poit.*, 394.

Savignon. *Prov.*, i, 542, 562.
Savigny. *Par.*, iii, 469.
Savin. *Bret.*, i, 310.
— *Montp.-Mont.*, 965.
— *Par.*, ii, 406.
— *Poit.*, 951, 1089, 1235, 1291.
Savin (St-). *Poit.*, 411, 860, 990. *Ab.*
Savinas. *Par.*, i, 1223.
Savine. *Champ.*, 488.
Savines. *Montp.-Mont.*, 1122, 1135.
Savoie. *Dauph.*, 584.
Savoin. *Prov.*, i, 1093.
Savois. *Toul.-Mont.*, 3.
Savoiset. *Par.*, iii, 134.
Savonnière. *Par.*, ii, 59.
Savonnières. *Par.*, i, 915, 1033.
— *Prov.*, i, 539.
Savonnières (de). *Tours*, 137, 241,
    294, 308, 347, 601, 1411, 1511,
    1528.
Savornin. *Prov.*, i, 278.
Savot. *Bourg.*, ii, 99, 479, 583.
— *Par.*, i, 357, 403.
Savouret. *Soiss.*, 679.
Savournin. *Prov.*, i, 611, 1092, 1392.
— *Prov.*, ii, 311.
Savoye. *Orl.*, 318.
— *Par.*, i, 250.
— *Par.*, iii, 51.
Saxe. *Als.*, 458, 473.
— *Bret.*, ii, 422, 724.
— *Prov.*, i, 830.
Saxée. *Orl.*, 911.
Saxer. *Als.*, 449.
Saxi. *Prov.*, ii, 90, 646.
Saxu. *Rouen*, 787.
Saxy. *Par.*, i, 1130.
Saye (de). *Lim.*, 364.
Sayette (la). *Poit.*, 335.
Sayve. *Bourg.*, i, 318, 321, 325.
— *Bourg.*, ii, 111, 534.
Sazilli. *Tours*, 192.
Sbouski. *Prov.*, i, 539.
Scacht. *Fland.*, 221.
Scador. *Fland.*, 1062.
Scaglia. *Dauph.*, 212.
— *Par.*, i, 493.
Scaille. *Fland.*, 1458.
Scalberge. *Orl.*, 191.
Scambeher. *Als.*, 1040.
Scarion. *Poit.*, 254.
Scaron. *Bourges*, 46.
— *Par.*, i, 208.
— *Par.*, ii, 1090.
Scarron. *Lyon*, 500.
— *Orl.*, 554, 817.

— *Soiss.*, 160.
Scauron. *Poit.*, 1056.
Scavel (du). *Lyon*, 818.
Scellier. *Pic.*, 32, 37, 147, 279, 463.
Scepeaux (de). *Tours*, 95, 138, 140,
    143, 145, 429, 435, 443, 520, 1271.
Schabler. *Als.*, 455, 469.
Schach. *Als.*, ...
Schacperoman. *Fland.*, 977, 978.
Schade. *Als.*, 418.
Scharff. *Lorr.*, 693.
Schaff-mbourg. *Lorr.*, 683.
Schaffner. *Als.*, 84.
Schal. *Als.*, 1043.
Schard. *Als.*, 1009.
Scharoot. *Fland.*, 1100.
Schattenmain. *Als.*, 12.
Schatzler. *Par.*, ii, 915.
Schatz. *Als.*, 272, 463.
Schaub. *Als.*, 510.
Schauvimbourg. *Lorr.*, 273.
Schavembourg. *Als.*, 72, 167, 676,
    839, 920.
Schawinan. *Als.*, 462.
Schedel. *Als.*, 396.
Scheffer. *Als.*, 265, 1030.
Scheffmacher. *Als.*, 90, 309, 904,
    956.
Scheibel. *Als.*, 480.
Scheid. *Als.*, 286.
Scheck. *Als.*, 376.
Schelestat. *Als.*, 353. V.
Schell. *Als.*, 472, 495, 1027.
Schellniger. *Als.*, 241, 385.
Schelmacker. *Als.*, 508.
Schemitz. *Par.*, ii, 1228.
Schemmann. *Als.*, 488.
Scheneck (de). *Lorr.*, 267.
Scheneckbocker. *Als.*, 295.
Schenher. *Als.*, 464.
Scheppelin. *Als.*, 148, 200, 225, 702.
Scherb. *Als.*, 680, 858, 1057, 1068.
Scherer. *Fland.*, 120.
Scheton (de). *Poit.*, 427.
Schettman. *Als.*, 616.
Scheumacker. *Als.*, 501.
Scheurer. *Als.*, 878, 879.
Scheurling. *Als.*, 77.
Schevacker. *Als.*, 563.
Scheveichard. *Als.*, 381.
Schevendemann. *Als.*, 479.
Schever. *Als.*, 455, 465, 488, 492,
    1058, 1096.
Schevre. *Als.*, 989.
Schielin. *Als.*, 926.
Schick. *Als.*, 691.

Schilling. *Als.*, 722, 925.
Schinckel. *Fland.*, 68, 210, 232, 1105.
Schirck. *Als.*, 961.
Schittier. *Als.*, 281.
Schlei. *Als.*, 1031.
Schlitz. *Als.*, 1051.
Schlisueque. *Als.*, 932.
Schlitzurg. *Als.*, 399.
Schmauf. *Als.*, 44.
Schmid. *Als.*, 74, 163, 292, 439, 451, 454, 483, 484, 677, 689, 690, 698, 774, 893, 983, 985.
Schmider. *Als.*, 579.
Schmidlin. *Als.*, 509.
Schmidman (de). *Soiss.*, 153.
Schmitzbourg. *Als.*, 19, 20.
Schmouck. *Als.*, 480.
Schmureck. *Als.*, 1033.
Schneider. *Als.*, 40, 173, 174, 426, 459, 1046, 1065.
Schneilin. *Als.*, 511.
Schneuber. *Als.*, 488.
Schocamker. *Fland.*, 1176.
Schodt (de). *Fland.*, 1176.
Schoell. *Als.*, 433.
Schoff. *Als.*, 121, 161.
Schofferter. *Als.*, 984.
Schollenberg. *Als.*, ...
Scholtis. *Lorr.*, 682.
Schombeck. *Als.*, 95, 690.
Schonaw. *Als.*, 207.
Schoukart. *Als.*, 431.
Schoulter. *Als.*, 512, 660, 1090.
Schuelin. *Als.*, 193.
Schuermans. *Pic.*, 491.
Schuevi. *Lorr.*, 618.
Schulmeisser. *Als.*, 38.
Schultris. *Als.*, 211.
Schumer. *Als.*, 811.
Schunring. *Als.*, 818.
Schuttelare. *Fland.* 217.
Schutz. *Als.*, 13, 1072.
Schuvenster. *Tours*, 45.
Schvag. *Als.*, 294, 441, 443.
Schwaller. *Als.*, 210.
Schwartz. *Als.*, 476, 1055.
Schweig. *Als.*, 452.
Schweighenser. *Als.*, 397.
Schwende. *Als.*, 795.
Schwengsfeur. *Als.*, 393.
Schwert. *Als.*, 659.
Schwilgué. *Als.*, 92, 708.
Schwingre. *Als.*, 735.
Sciette. *Tours*, 907, 950.
Scoffier. *Bourges*, 194, 456.
Scorailles. *Vers.*, 17.

Scorailles (de). *Bourb.*, 595.
— *Bourg.*, I, 279.
— *Bourg.*, II, 138, 149, 167, 176.
Scorbiac. *Guy.*, 170.
Scordet. *Bourg.*, I, 1106.
Scorjon. *Fland.*, 65, 314, 400, 605, 977, 978, 991, 995, 1314.
Scot. *Al.*, 174, 350.
— *Bret.*, I, 626.
— *Orl.*, 91, 208.
— *Rouen*, 70, 647, 701, 703, 710, 1223.
— *Tours*, 232, 1050.
Scotte. *Pic.*, 322, 348.
Scouin. *Par.*, II, 1272.
Scourjon. *Par.*, II, 1254.
Scouvion. *Pic.*, 100, 112, 701, 720, 839.
Scribe. *Pic.*, 398.
Scudery. *Par.*, II, 208.
Scupel. *Als.*, 463, 565.
Séas. *Prov.*, I, 1425, 1426.
Seautrier. *Prov.*, I, 1202.
Seaux (des). *Bret.*, I, 195.
Sebastiane. *Prov.*, II, 52, 60.
Sébastien (St-). *Montp.-Mont.*, **923.**
Sébastien. *Soiss.*, 776.
Sébéré. *Bret.*, I, 916.
Sebert. *Montp.-Mont.*, 1422.
— *Rouen*, 829.
Sebes. *Toul.-Mont.*, 724.
Sébille. *Champ.*, 7.
Sebille. *Guy.*, 831.
— *Tours*, 1008.
Sebire. *Par.*, II, 1078, 1085.
Sebire. *Rouen*, 288, 298.
Sebisins. *Als.*, 445.
Sebollin. *Prov.*, I, 638, 660.
Sébouville. *Par.*, IV, 250.
Sebouville. *Rouen*, 1333, 1345.
Sec (le). *Al.*, 52, 183, 233, 407, **543,** 650, 1175.
Secart. *Rouen*, 12.
Séchamp. *Lorr.*, 147.
Seché. *Bret.*, II, 474.
Sechenot. *Par.*, III, 507.
Sechère (le). *Lim.*, 389.
Sèches (de). *Montp.-Mont.*, 1115.
Sécillon. *Bret.*, I, 858, 859.
Second. *Prov.*, I, 64, 1158.
Secondat. *Guy.*, 72, 298, 299, **624.**
Secousse. *Par.*, I, 1160, 1205.
— *Par.*, III, 181.
Sécoux. *Par.*, IV, 475, 694.
Secq (le). *Par.*, I, 296, 992.
— *Par.*, II, 459.

— Pic., 813.
Secque (le). Par., IV, 276.
Secretain. Poit., 842.
— Bret., II, 19, 491.
Secretain. Par., II, 64.
Sedazes. Auv., 498, 564.
Sedaii. Toul.-Mont., 1293.
Sedan. Champ., 257. V.
Séde. Montp.-Mont., 1186.
Sède. Toul.-Mont., 1298.
Sédillac. Montp.-Mont., 1058, 1142.
Sedillac. Toul.-Mont.. 1254, 1267.
Sedillier. Tours, 771.
Sedillion. Par., I, 663.
Seès. Al., 189.
Seffroy. Bret., II, 691.
Ségaines. Dauph., 263.
Segallers (le) Bret., I, 535, 556.
Segard. Fland., 898, 1503,
— Par., IV, 19.
Ségault. Bourg., I, 470.
Segent. Fland., 1404.
Ségla. Montp.-Mont., 197, 1008, 1208.
— Toul.-Mont., 35.
Segler. Als., 614.
Seglière. Bourb., 135, 307, 358, 360.
Seglineau. Par., II, 625.
Seigneuret. Champ., 896.
Segoilllet. Bourg., II, 26.
Segon. Lim., 21, 336.
— Pic., 794, 795.
Segonne. Toul.-Mont., 726.
Segonnés. Guy., 1011.
Segons (de). Toul.-Mont., 1104, 1115.
Segonzac. Bourb., 523, 567.
— Par., I, 389.
— Par., II, 334, 669.
— La Roch., 192.
Segonzat. Auv., 113.
Segrais. Tours, 244.
Segré. Tours, 1506. V.
Segris. Orl., 902.
Segua. Toul.-Mont., 575.
Seguard. Bret., II, 622.
Seguélla. Lyon, 738.
Seguenot. Bourg., I, 87, 236, 329.
— Bourg., II, 262, 263.
— Par., IV, 353.
Segui. Auv., 199.
— Guy., 672.
— Montp.-Mont., 1107.
— Toul.-Mont., 66, 156, 1078, 1116, 1117, 1135, 1166, 1378.
Seguicht. Als., 394.
Seguien. Prov., I, 982.

Seguier. Orl., 270.
— Par., I, 158, 168, 295.
— Par., II, 1268.
— Par., IV, 80, 260.
— Prov., I, 160.
— Prov., II, 359.
— Rouen, 815, 1332, 1336.
— Toul.-Mont., 37, 720.
Seguin. Al., 142, 772, 779.
— Als., 848.
— Bourb., 124, 125, 127.
— Dauph., 339, 459.
— Guy., 828.
— Lyon, 147, 460, 715.
— Montp.-Mont., 64, 117, 329, 644.
— Par., I, 7], 33, 89, 152, 305, 1311.
— Par., II. 532.
— Par., III, 192, 392, 496, 497.
— Prov., I, 715.
— Prov., II, 317, 336, 363.
— La Roch., 354, 370.
— Tours, 9, 41, 898, 1276.
— Vers., 277.
Seguineau. Par., III, 351.
— La Roch., 364.
Seguinière. La Roch., 180.
Seguiran. Par., I, 1106.
— Prov., I, 394, 468, 483, 572, 901, 902, 903, 904, 915, 984.
— Prov., II, 14.
Séguret. Lim., 6.
Seguiron. Par., II, 652.
Ségur. Béarn, 108.
— Guy., 9, 21, 24, 25, 51, 621, 811, 925, 1008.
— Par., III, 115.
Ségur (de). Tours, 363.
Ségure. Tours, 1152.
Séguret. Al., 1031.
— Montp.-Mont., 1084.
— Toul.-Mont., 1159, 1169.
Seguyer. Par., III, 30.
Seigle. Lyon, 643.
— Montp.-Mont., 429, 431.
Seiglières. Par., I, 1210.
— Par., II, 640.
— Par., III, 82.
Seignan. Toul.-Mont., 1251.
Seigne. Bourb., 417.
Seigné. Toul.-Mont., 1325.
Seignerolles. Par., I, 813.
Seignet. La Roch., 126.
Seigneauret. Prov., II, 667.
Seigneur. Bourg., I, 568.
— Par., II, 670.

— *Par.*, IV, 245, 673.
Seigneur (le). *Al.*, 867, 1134.
— *Caen*, 442.
— *La Roch.*, 271.
— *Rouen*, 92, 237, 244, 442, 489, 500, 581, 598, 653, 704, 733.
— *Vers.*, 131.
Seigneureau. *Tours*, 190, 1284.
Seigneuret. *Dauph.*, 333.
— *Montp.-Mont.*, 708.
— *Orl.*, 378.
— *Par.*, I, 162.
— *Prov.*, I, 584, 834.
— *Rouen*, 855, 905.
— *Toul.-Mont.*, 183.
Seignoret. *Prov.*, II, 72.
Seignouert. *Toul.-Mont.*, 919.
Seilhade. *Guy.*, 404.
Seillans. *Prov.*, I, 905.
Seillon (de). *Prov.*, II, 836.
Seillons (de). *Tours*, 89, 693.
Seine. *Prov.*, I, 842. V. 1232.
Seingon. *Guy.*, 1102.
Seises. *Fland.*, 679.
Seissan. *Montp.-Mont.*, 1113.
Seissel. *Bourg.*, I, 5, 6, 15.
Seisses. *Tours*, 233.
Seisses (de). *Toul.-Mont.*, 387.
Seisson. *Prov.*, I, 1130, 1369.
Seitre. *Lyon*, 467, 774.
— *Prov.*, I, 516.
Seitz. *Als.*, 503, 831.
Séjot. *Poit.*, 1487.
Séjournant. *Champ.*, 534.
— *Lyon*, 357, 358, 517.
Séjourné. *Par.*, I, 436.
— *Pic.*, 180.
— *Tours*, 877.
Sel (de). *Bourb.*, 605.
Selerie. *Montp.-Mont.*, 1063.
Seliger. *Als.*, 1027.
Selin. *Fland.*, 121. V.
Selincart. *Par.*, II, 47.
— *Par.*, III, 208.
Sélis (de). *Pic.*, 178.
Selle. *Als.*, 753, 1093.
— *Vers.*, 259.
Selle (la). *Auv.*, 396.
— *Bourb.*, 459.
— *Bourges*, 244.
— *Lyon*, 623, 930.
— *Orl.*, 359.
Selles. *Bourges*, 59. V.
— *Bret.*, I, 129, 586.
— *Par.*, II, 303.
— *Rouen*, 773, 851, 896, 1241.

Selles (de). *Caen*, 14, 50. 53, 58, 210, 424, 464, 670.
— *Lorr.*, 464.
Sellier. *Als.*, 82.
— *Lorr.*, 232.
— *Par.*, III, 492.
— *Rouen*, 141, 444, 446, 463.
Sellier (du). *Poit.*, 555.
Sellier (le). *Caen*, 82, 410, 438.
— *Fland.*, 13, 394, 589, 840, 843, 853.
— *Par.*, IV, 118.
— *Soiss.*, 12, 79, 687.
— *Tours*, 880, 990.
Selliers de Metz (les). *Lorr.*, 609. *Communauté.*
— de Verdun. *Lorr.*, 672.
Selliers. *Poit.*, 481, 551, 715, 803, 929, 1025, 1092, 1519. *Com.*
Sellon. *Dauph.*, 175.
— *Montp.-Mont.*, 826.
— *Prov.*, I, 675.
Selvat. *Toul.-Mont.*, 1428, 1473, 1474, 1479.
Selve. *Orl.*, 129.
— *Par.*, II, 297, 1180.
— *Par.*, IV, 234.
Selve (de). *Toul.-Mont.*, 1088.
Selve (la). *Lim.*, 474.
— *Montp.-Mont.*, 826.
Selvois. *Par.*, I, 642, 959.
— *Par.*, II, 1099.
— *Par.*, III, 493.
Selzer. *Lorr.*, 568.
Semallei. *Al.*, 267, 663, 1252.
Semelier. *Bourges*, 11, 69, 328.
Semelier (le). *Par.*, III, 471.
— *Par.*, I, 354.
Semen. *Par.*, III, 443.
— *Rouen*, 899.
Semeri. *Prov.*, I, 1386.
Semestrier. *Lyon*, 954.
Semienti. *Lim.*, 463.
Semiliard. *Par.*, I, 752.
Semilli. *Rouen*, 348, 349, 355.
Semillion. *Soiss.*, 793.
Séminaires. *Poit.*, 479, 762.
Semons. *Bourg.*, I, 627.
Semur. *Boury.*, II, 264, 613.
Semyn. *Bourb.*, 4, 13, 28, 122, 180, 346.
Senac. *Toul.-Mont.*, 1348.
Senailles. *Par.*, III, 312.
Senamant. *Lim.*, 131.
Sénat. *La Roch.*, 309.
Senaud. *Auv.*, 577.

Senault. *Bourg.*, II, 167.
Senaux. *Toul.-Mont.*, 117, 1043.
Sendet. *Toul.-Mont.*, 687.
Sendras. *Par.*, III, 585.
Sendre. *Guy.*, 813.
Sendres (de). *Montp.-Mont.*, 1528.
Séne (la). *Guy.*, 977.
Sénecal. *Rouen*, 1192.
Sénéchal. *Bourges*, 520.
— *Pic.*, 787.
— *La Roch.*, 405.
Senedé. *La Roch.*, 211.
Senegon. *Orl.*, 904.
Senei. *Al.*, 828, 841, 1097.
Senequier. *Prov.*, I, 117, 1315.
Senergues. *Toul.-Mont.*, 1106.
Seneric. *Par.*, II, 741.
Senés. *Prov.*, I, 98, 105, 107, 111,
  131, 871. Ev. 1110. V. 1153, 1165.
— *Prov.*, II, 458, 498.
Seneschal. *Bourg.*, I, 1123.
— *Fland.*, 392, 1163, 1313.
— *Par.*, II, 864.
— *Par.*, III, 288,
Seneschal (le). *Bret.*, I, 22, 197, 293,
  449, 834.
— *Poit.*, 28.
— *Rouen*, 213, 219, 223, 227, 452.
Seneschau. *Orl.*, 601.
Seneschaud. *Poit.*, 975.
Seneschet. *Poit.*, 575.
Senestor. *Caen*, 614.
Senet. *Toul.-Mont.*, 486.
Senetérre. *La Roch.*, 110.
Senez. *Caen*, 635.
Senézes. *Auv.*, 451.
Senglon. *Montp.-Mont.*, 343.
Senicourt. *Par.*, II, 271.
— *Par.*, IV, 406.
— *Pic.*, 850.
Senigou. *Pic.*, 485.
— *Par.*, III, 398.
Senistera. *Toul.-Mont.*, 1431.
Senlis. *Par.*, II, 963.
— *Par.*, IV, 13. V.
Senne. *Poit.*, 792.
Senneterre. *Bourb.*, 40, 53.
— *Montp.-Mont.*, 460.
— *Par.*, II, 380, 517, 523, 731,
  1019, 1159, 1160.
Senneville. *Bourges*, 134, 452, 498.
— *Orl.*, 418.
Sennevoy. *Bourg.*, I, 161.
— *Bourg.*, II, 308, 309.
— *Par.*, IV, 448.
Sennezerguet. *Auv.*, 546.

Senoc. *Lorr.*, 311, 322, 359, 360,
  615, 619, 625, 681.
Senolet. *La Roch.*, 408.
Senot. *Caen*, 5, 14, 658.
Senouville. *Orl.*, 247.
Sens. *Montp.-Mont.*, 487.
— *Par.*, III, 522.
— *Toul.-Mont.*, 1344.
Sens (du). *Fland.*, 1015.
Sens (le). *Al.*, 211, 243, 343, 896,
  897, 919, 943, 944.
— *Caen*, 148, 155, 156, 175, 201,
  284, 291, 311, 317, 595, 612.
— *Par.*, I, 390, 712.
— *Par.*, II, 562, 1031.
— *Rouen*, 243, 291, 294, 350, 356,
  665, 1225, 1228.
Sensal. *Prov.*, I, 116.
Sensier. *Par.*, II, 78.
— *Soiss.*, 565.
Sentier. *Par.*, I, 969.
Sentignat. *Auv.*, 171.
Sentis. *Toul.-Mont.*, 418.
Sentons. *Guy.*, 1029.
Senuant. *Béarn*, 160.
Senwig. *Als.*, 795.
Seny (St-). *Par.*, IV, 190.
Séon. *Lyon*, 801.
Seplet. *Rouen*, 908.
Sepmeries. *Fland.*, 877.
Seppa. *Fland.*, 247, 894, 977.
Septemes. *Prov.*, II, 24.
Septfons. *Toul.-Mont.*, 1372. V.
Septier. *Orl.*, 716.
— *Tours*, 1120.
Sequeville. *Par.*, II, 1171.
Seraffon. *Als.*, 716, 1060.
Seraigne. *Pic.*, 68.
Seran. *Al.*, 79, 373, 803.
— *Caen*, 7, 159, 412.
— *Guy.*, 634.
— *Rouen*, 353.
Seranne. *Montp.-Mont.*, 813, 814,
  818.
Seras. *Toul.-Mont.*, 500.
Seraucourt. *Lorr.*, 134.
Serazin (le). *Bret.*, 434.
Serbelante. *Orl.*, 547.
Serbos. *Guy.*, 907.
Sercey. *Bourg.*, I, 243, 264, 325.
Sercillier. *Tours*, 322.
Sercleux. *Bret.*, II, 673.
Sercy. *Par.*, III, 150.
Serda. *Toul.-Mont.*, 1480.
Seré. *Bret.*, I, 86, 243, 601.
— *Bret.*, II, 20, 900.

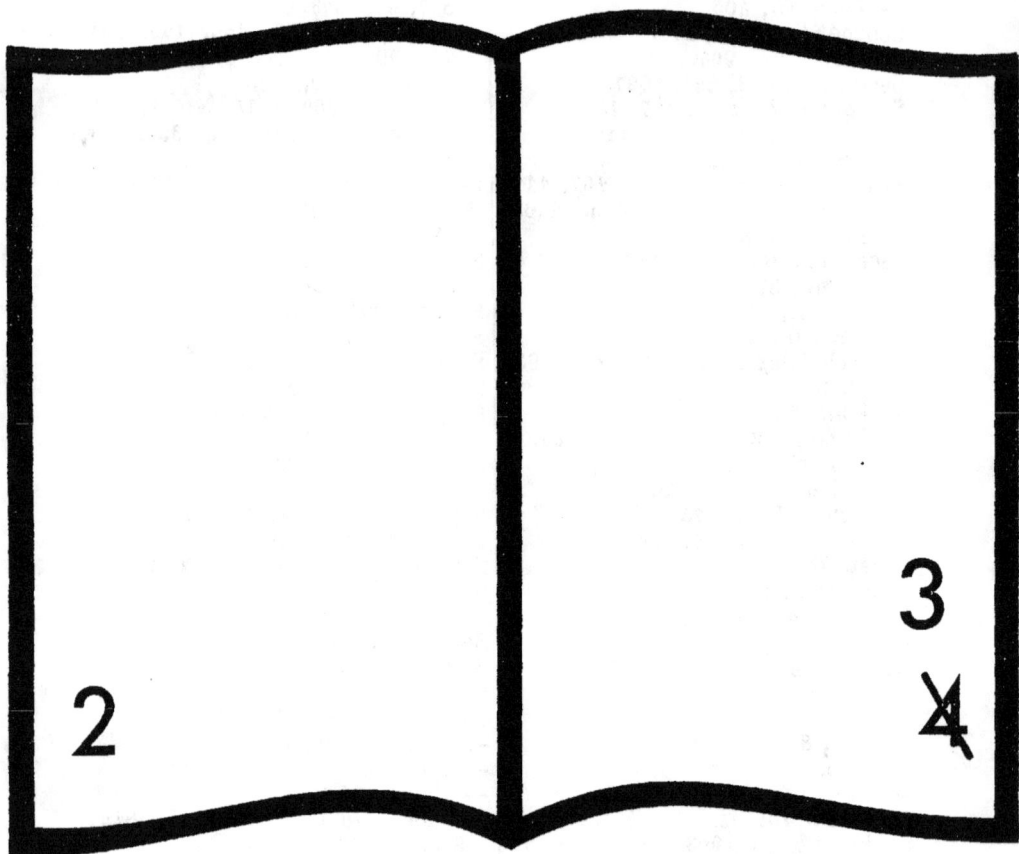

— *Montp.-Mont.*, 1069, 1072, 1073.
— *Toul.-Mont.*, 647, 1307, 1322.
Seré (le). *Bret.*, I, 667.
Sereau. *Orl.*, 717.
— *Poit.*, 386.
Serecin. *Pic.*, 804.
Seren. *Montp.-Mont.*, 825.
— *Prov.*, I, 679, 817.
— *Prov.*, II, 370, 801.
Serenon. *Prov.*, I, 1205.
Serent. *Bret.*, II, 763.
Serezin, *Tours*, 145, 294, 1273, 1525.
Sergent. *Bourges*, 32.
— *Fland.*, 187.
— *Orl.*, 125, 490.
— *Pic.*, 131, 198, 658, 660, 754, 757.
— *Soiss.*, 462.
— *Tours*, 1412.
Sergeres. *Bourb.*, 61, 62, 455.
Sergetiers. *Poit.* (*Communauté*). 436,
   545, 549, 568, 705, 716, 719, 799,
   931, 1025, 1058, 1510, 1544, 1545.
Seriac. *Toul.-Mont.*, 1334.
Serian. *Toul.-Mont.*, 1063.
Seribes. *Toul.-Mont.*, 1418.
Sericourt. *Par.*, I, 257.
— *Pic.*, 849.
Serie. *Montp.-Mont.*, 1286.
Serieck. *Fland.*, 777, 778, 792.
Serier. *Fland.*, 1171.
Series. *Auv.*, 568.
— *Prov.*, I, 623.
Serignac. *Montp.-Mont.*, 1060.
— *Toul.-Mont.*, 1200, V. 1234.
Serignan. *Prov.*, I, 719.
Serignol. *Toul.-Mont.*, 91, 560.
Serillac. *Poit.*, 919.
— *Toul.-Mont.*, 1257.
— *Tours.* (*Communauté*). 257.
Serin. *Poit.*, 270.
— *Toul.-Mont.*, 98, 751.
Serinchamps. *Lorr.*, 485.
Serinin (St-). *Montp.-Mont.*, 1052.
Seris (de). *Béarn*, 115.
Serisolle. *Prov.*, I, 1049.
Serizier. *Par.*, II, 497, 628.
— *Par.*, III, 475.
— *Soiss.*, 539.
Serlan. *Par.*, III, 121.
Serlant. *Poit.*, 425.
Sermage. *Bourg.*, I, 730, 734.
Sermanton. *Poit.*, 112, 339.
Serment. *Dauph.*, 405.
— *Par.*, II, 91.
Sermenti. *Lim.*, 250.
Sermonnet. *Als.*, 401.

Sermet. *Bourg.*, I, 562.
— *Prov.*, I, 797.
— *Prov.*, II, 188, 191, 728, 734, 735,
   748.
Sermitte. *Bret.*, II, 1133.
— *Prov.*, II, 390.
Sermoise. *Par.*, I, 1402.
Sernaut. *La Roch.*, 194.
Serneau. *Tours*, 1192.
Sermin (St-). *Toul.-Mont.*, 80.
Sernoire. *Pic.*, 569.
Seron. *Par.*, I, 450.
— *Par.*, IV, 79.
Seronne. *Al.*, 161, 413.
Serordet. *Prov.*, II, 770.
Seros. *Bourg.*, I, 718.
Serot. *Caen*, 688.
— *Soiss.*, 722.
Serouge. *Par.*, I, 393.
Seroux. *Par.*, IV, 1.
Serpaudaye (la). *Bret.*, I, 848.
Serpes. *Montp.-Mont.*, 1062.
Serpes (de). *Champ.*, 288, 346.
Serpin. *Bret.*, I, 879.
— *Bret.*, II, 748.
Serqueil. *Lorr.*, 541.
Serrant. *Bret.*, I, 223, 316, 317, 785,
   890.
Serras. *Montp.-Mont.*, 1565.
Serrat. *Prov.*, I, 216, 233, 247.
Serre. *Bourb.*, 617.
— *Lim.*, 248.
— *Lorr.*, 100, 101, 115, 456.
— *Prov.*, II, 611, 818.
Serre (de). *Lyon*, 37, 278, 358, 498,
   636, 657, 737.
— *Par.*, III, 396.
— *Pic.*, 702.
— *Tours*, 1044.
Serre (du). *Guy.*, 32.
— *Prov.*, I, 88, 282, 315, 328, 573,
   641, 790, 1280, 1328, 1422.
Serre (la). *Als.*, 272,
— *Guy.*, 108, 759, 858, 866, 1181.
— *Lorr.*, 546.
— *Montp.-Mont.*, 41, 811.
— *Poit.*, 1076.
— *La Roch.*, 238.
— *Toul.-Mont.*, 239, 265, 400, 506,
   554, 602, 1177, 1381.
Serré. *Fland.*, 1020, 1207.
— *Lorr.*, 157.
— *Par.*, I, 430, 981, 1022.
Serrée (la). *Lyon*, 1016.
Serreau. *Al.*, 1127.
Serres (de). *Auv.*, 7.

— *Champ.*, 789, 881.
— *Dauph.*, 344, 424, 461, 500.
— *Montp.-Mont.*, 10, 12, 16, 23, 41, 66, 149, 249, 261, 431, 443, 827, 1241, 1242.
— *Toul.-Mont.*,, 411, 489, 632, 727, 730, 966, 1167, 1183, 1309, 1349, 1477.
Serres (des). *Prov.*, II, 549.
Serret. *Dauph.*, 291, 308.
— *Fland.*, 1476.
— *Prov.*, I, 1176, 1284.
Serrey. *Bourg.*, II, 84.
Serri. *Prov.*, I, 100, 126.
Serrian. *Prov.*, II, 282.
Serrier. *Prov.*, II, 108.
Serrier (de). *Lorr.*, 640.
Serrières. *Montp.-Mont.*, 424.
Serrières (de). *Par.*, II, 134.
Serrin. *Prov.*, I, 1063.
Serrurier. *Toul.-Mont.*, 552, 949, 1014.
— *Soiss.*, 51, 502.
Serrurier (le). *Champ.*, 338.
Serruriers (les) de Metz. (*Communauté*). *Lorr.*, 562.
— de Verdun. *Lorr.*, 669.
— de Vic. *Lorr.*, 569.
Serruriers. (*Communauté*). *Poit.*, 527, 705, 717, 800, 1017, 1072.
Serrus. *Prov.*, I, 1173.
Sers (de). *Toul.-Mont.*, 98, 100, 101.
Sersander. *Pic.*, 191.
Sertein. *La Roch.*, 65.
Sertines (de). *Bourg.*, I, 194.
Serton. *La Roch.*, 405.
Seruinian. *Prov.*, I, 803.
Serurier. *Pic.*, 515.
Servais. *Fland.*, 1455.
— *Lorr.*, 281.
Servande. *Bret.*, I, 856, 897.
Servane. *Prov.*, II, 87.
Servant. *Auv.*, 442.
— *Lyon*, 459, 546, 663, 667, 1047, 1052.
— *Par.*, III, 525.
— *Prov.*, II, 633.
Servanteau. *Poit.*, 1204, 1206.
Serveau. *Pic.*, 719.
Servelingue. *Fland.*, 1164.
Servelle. *Bret.*, II, 599.
Serven. *Guy.*, 1112.
Serves (de). *Bourg.*, I, 196.
Servien. *Dauph.*, 303.
— *Par.*, II, 273, 292.
Servient. *Lyon*, 11.

Servière. *Dauph.*, 441.
— *Guy.*, 949.
Servières. *Bourb.*, 394.
Serviget. *Bret.*, II, 576.
Servigni. *Lorr.*, 229.
Serville. *Rouen*, 1122.
Servin. *Par.*, III, 309.
Servires. *Pic.*, 676.
Servoint. *Auv.*, 117, 131.
Servolles. *Auv.*, 451.
Servon. *Bret.*, II, 832.
Servonne. *Bret.*, I, 408.
Servonnet. *Lyon*, 167.
Servouse. *Poit.*, 825.
Sery. *Bourg.*, II, 187.
Sesac. *La Roch.*, 173.
Sésas. *Guy.*, 367, 925.
Sesmaisons. *Bret.*, I, 153, 171.
— *Bret.*, II, 178, 180.
Sesmaisons (de). *Tours*, 132.
Sesne (le). *Par.*, IV, 386.
— *Rouen*, 380, 841, 1302.
Sesseau. *La Roch.*, 339.
Sesseval. *Pic.*, 312, 691.
Sesti. *Prov.*, I, 555.
Sestier. *Tours*, 650.
Seston. *Lyon*, 225.
Setaron. *Lyon*, 877.
Setier. *Lyon*, 738.
Seton. *Par.*, IV, 122.
Settick. *Als.*, 470.
Sétulle (la). *Fland.*, 654.
Seudé (de). *Poit.*, 180, 181.
Seugler. *Als.*, 686.
Seugniac. *Lim.*, 244.
Seugnot. *Bourg.*, II, 71.
Seuhaye. *Lorr.*, 639.
Seul (de). *Tours*, 1213.
Seur (le). *Champ.*, 501, 561.
— *Fland.*, 1453.
— *Lorr.*, 340, 659, 674.
Seurat. *Orl.*, 367, 388, 397, 405, 426, 647.
Seurchalle. *Pic.*, 895.
Seure. *Lyon*, 960.
Seuré (de). *Rouen*, 302, 772.
Seureau. *Tours*, 573, 871.
Seurot. *Champ.*, 739.
Seurrat. *Bourg.*, I, ...
Seurre. *Bourg.*, I, 275.
— *Bourg.*, II, 113.
Seuvreau. *Bourg.*, II, 58.
Sevaing. *Fland.*, 1319.
Sevant. *Prov.*, I, 1405.
Séve. *Bret.*, I, 332.
— *Dauph.*, 621.

— *Lorr.*, 593.
— *Lyon*, 1, 3, 7, 18, 494, 495, 682, 907, 910, 965.
— *Par.*, II, 111, 247, 557, 626, 1201.
— *Par.*, III, 83.
— *Prov.*, I, 359.
Sevelinges. *Lyon*, 240, 584.
Sever (St-). *Guy.*, 601, 631, 1012.
Sévérac. *Auv.*, 253, 256, 485.
— *Guy.*, 305.
— *Montp.-Mont.*, 1047. V.
— *Toul.-Mont.*, 559, 707, 728.
Severagot. *Bourges*, 291.
Severat. *Lyon*, 40, 309, 906, 1001.
Severin. *Par.*, I, 349.
Severois. *Al.*, 363.
Severt. *Bourg.*, I, 102, 194.
— *Par.*, I, 879.
Sevestre. *Caen*, 578.
— *La Roch.*, 252.
— *Rouen*, 844.
Sevie (la). *Poit.*, 801.
Sevigne. *Béarn*, 137, 167.
Sévigné. *Bret.*, I, 4, 210, 271.
— *Bret.*, II, 79.
— *Par.*, III, 35.
— *Tours*, 1211.
Sevigni. *Lorr.*, 529.
Sevigny. *Bourg.*, II, 531.
Sevilette. *Orl.*, 317.
Sevin. *Al.*, 350, 472.
— *Auv.*, 8.
— *Bret.*, I, 113, 161.
— *Guy.*, 350, 548, 1129, 1139.
— *Orl.*, 339, 340, 400, 423, 484, 786.
— *Par.*, I, 38, 147, 149, 577, 734, 746, 893, 1069.
— *Par.*, II, 179, 185, 317, 368, 544, 1211.
— *Par.*, III, 164, 186.
— *Pic.*, 721.
— *Poit.*, 1389.
— *Toul.-Mont.*, 20, 134, 1008.
— *Tours*, 241, 270, 688, 770.
Sevre. *Poit.*, 1429.
Sextier. *Pic.*, 181.
Seysse (de). *Lim.*, 294.
Seyssel. *Bourg.*, II, 276.
Seyturier. *Bourg.*, I, 193, 296, 416.
Seyzac. *Lim.*, 392.
Sezanne. *Champ.*, 795. V.
Sezet. *Soiss.*, 592.
Sezille. *Par.*, III, 460.
— *Soiss.*, 122, 126, 281, 720.
Sforce. *Par.*, I, 410.

Siace. *Prov.*, I, 319.
Sibelle. *Prov.*, II, 585.
Sibert. *Lyon*, 527, 542, 544.
— *Montp.-Mont.*, 476.
— *Par.*, I, 1344.
Sibille. *Als.*, 868.
Sibilleau. *Poit.*, 498.
Sibleyras. *Montp.-Mont.*, 349.
Sibon. *Prov.*, I, 326.
Sibot. *Lyon*, 107.
Sibou. *Prov.*, II, 450.
Sibour. *Als.*, 282.
— *Tours*, 3.
Sibourg. *Par.*, I, 30, 31, 1210.
— *Par.*, II, 41.
Sibran. *Caen*, 438.
Sibrich. *Lorr.*, 547.
Sibuet. *Dauph.*, 415, 484, 497, 583, 611.
Sibuller. *Poit.*, 1191, 1192.
Sibut. *Lyon*, 167, 417.
Sicaud. *Bourb.*, 599.
— *Lyon*, 900.
Sicard. *Champ.*, 47.
— *Montp.-Mont.*, 135.
— *Par.*, II, 1106.
— *Poit.*, 57, 453, 651, 655, 830.
— *Prov.*, II, 19, 239, 417, 423, 470, 761.
— *Prov.*, I, 32, 96, 271, 791, 885, 919, 958, 970, 1047, 1359.
— *Toul.-Mont.*, 308, 616, 892, 1125, 1306, 1487.
— *Tours*, 413, 639.
Sicardière (la). *Tours*, 1347.
Sicas. *Prov.*, I, 978.
Sicault. *Poit.*, 1408.
— *Tours*, 976, 1062, 1311.
— *Vers.*, 205.
Sichlerin. *Als.*, 959.
Sidler. *Als.*, 36.
Sidobre. *Montp.-Mont.*, 910.
Sidoine. *Lorr.*, 546.
Sidolle. *Prov.*, I, 928.
Siében. *Als.*, 437.
Sienne (de). *Tours*, 911.
Sierck. *Lorr.*, 443. V.
Sière. *Montp.-Mont.*, 915.
Sieur (le). *Al.*, 861.
— *Champ.*, 505.
— *Pic.*, 393, 395.
Sieuve. *Prov.*, I, 613.
Siffles. *Par.*, I, 88.
Sifflet. *Champ.*, 789.
— *Pic.*, 647.
Siffredi. *Tours*, 239.

Siffredy. *Als.*, 306.
— *Bourg.*, I, 574.
Sigalle. *Guy.*, 907.
Sigallin. *Prov.*, II, 462.
Sigallon. *Prov.*, I, 1325.
Sigalloni. 1304, 1325.
Sigalloux. *Prov.*, II, 511.
Sigarel. *Bret.*, I, 271.
Sigaud. *Dauph.*, 223, 261, 417.
— *Montp.-Mont.*, 371.
— *Prov.*, I, 603, 1328.
Sigaudi. *Prov.*, I, 360.
Sigault. *Bourg.*, II, 15, 57, 506.
— *Par.*, III, 162.
Sigay. *Bret.*, I, 184.
Sigean. *Montp.-Mont.*, 1489.
Sigel. *Als.*, 1002.
Sigenaud. *Als.*, 691.
Signac. *Guy.*, 714.
Signal. *Als.*, 695.
Signe. *Prov.*, II, 496.
Signe (le). *Pic.*, 382.
Signeret. *Prov.*, II, 586.
Signet (du). *Al.*, 174.
Signi. *Caen*, 346.
— *Soiss.*, 503, 625.
— *Tours*, 235.
Signier. *Soiss.*, 145, 337.
Signon. *Tours*, 820.
Signoret. *Bret.*, II, 392.
— *Prov.*, I, 1391.
Signy. *Poit.*, 657.
Sigogne. *Tours*, 1010.
Sigogne (de). *Prov.*, II, 473.
Sigogné. *Tours*, 206.
Sigoigne. *Tours*, 1486.
Sigoin. *Dauph.*, 518.
— *Prov.*, I, 302, 320, 321, 322.
— *Prov.*, II, 618.
Sigongue. *Orl.*, 795.
Sigonne. *Tours*, 1476.
Sigonneau. *Tours*, 295.
Sigot. *Champ.*, 544.
Sigoville. *Caen*, 85.
Silaine. *Champ.*, 633, 635.
Silbérard. *Als.*, 447.
Silbert. *Prov.*, I, 935.
Sillebon. *Bourg.*, II, 75.
Silguy. *Bret.*, II, 261, 262.
Siliol. *Montp.-Mont.*, 1429.
Sillans. *Al.*, 409, 478.
— *Caen*, 132.
Sillard. *Bret.*, I, 889.
Sillat. *Lyon*, 124.
Sillegues. *Béarn*, 122.
Siller. *Als.*, 717.

Silleron. *Bourges*, 453.
Sillet (du). *Bourg.*, I, 552, 930.
Silleur (le). *Al.*, 250, 251.
— *Tours*, 1120, 1121.
Silli. *Rouen*, 1159.
Sillimant. *Bourg.*, I, 11.
Sillol. *Dauph.*, 320.
Silly. *Orl.*, 348.
— *Als.*, 211.
Silva. *Guy.*, 133, 909, 1143, 1145.
— *Prov.*, II, 390.
Silvabelle. *Prov.*, II, 373.
Silvecanne. *Lyon*, 23.
— *Montp.-Mont.*, 55.
— *Par.*, II, 323, 604.
— *Prov.*, I, 449, 910, 939.
— *Prov.*, II, 582, 139.
Silvestre. *Bourg.*, II, 571.
— *Bret.*, II, 505.
— *Dauph.*, 560, 567, 568.
— *Guy.*, 1020.
— *Lyon*, 1024.
— *Par.*, I, 514.
— *Prov.*, II, 37, 607, 608.
Silvi. *Prov.*, I, 777, 884, 933, 982, 992, 1008, 1107.
— *Prov.*, II, 240, 248, 276, 307, 548, 650, 662.
Simandi. *Toul.-Mont.*, 1182.
Simard. *Orl.*, 745, 755.
Simart. *Bourg.*, I, 1042, 1140.
— *Guy.*, 799, 1011.
Simay. *Prov.*, I, 962.
Simcon. *Prov.*, I, 745.
Siméon. *Lorr.*, 122.
— *Lyon*, 808.
Simfray. *Par.*, III, 358.
Simian. *Dauph.*, 591.
— *Montp.-Mont.*, 344.
— *Prov.*, I, 749, 1052, 1276.
— *Prov.*, II, 516, 351.
Simiane. *Dauph.*, 9, 136, 195, 329, 330.
— *Montp.-Mont.*, 578.
— *Par.*, I, 71, 239.
Simianne. *Prov.*, I, 718, 914, 1023, 1028. M.
Simion. *Prov.*, , 950.
Simionis. *Prov.*, I, 992, 993.
Simiot. *Prov.*, I, 477, 1009.
Simon. *Al.*, 324, 568, 827, 906, 1098.
— *Als.*, 201, 206, 394, 575, 681, 1004.
— *Bourges*, 376.
— *Bourg.*, I, 57, 87, 321, 334, 471, 962, 1179.

— *Bourg.*, II, 60, 235, 244, 262, 344, 345, 586, 612.
— *Bret.*, I, 153, 154, 157, 158, 306, 311, 336, 534, 535, 536, 850, 889, 923, 955.
— *Bret.*, II, 378, 379, 385, 417, 425, 547, 676, 1080, 1126.
— *Caen*, 60, 85, 137, 244, 257, 260, 271, 279, 291, 299, 312, 315, 317, 320, 322, 439, 444, 477, 582.
— *Champ.*, 171, 295, 592, 606, 617.
— *Dauph.*, 254, 333.
— *Fland.*, 109, 1263, 1269.
— *Guy.*, 754.
— *Lim.*, 426.
— *Lorr.*, 396, 413.
— *Lyon*, 1003.
— *Montp.-Mont.*, 139, 1110.
— *Orl.*, 68, 77, 189, 543, 545, 550, 551, 553, 685.
— *Par.*, I, 323.
— *Par.*, III, 150, 337, 387, 534.
— *Par.*, IV, 2, 123, 126.
— *Pic.*, 389.
— *Poit.*, 112, 118, 505, 665, 908, 992, 1007, 1225, 1255, 1484.
— *Prov.*, I, 416, 475, 476, 564, 625, 685, 853, 894, 954, 966, 967, 989, 1005, 1128, 1129, 1130, 1411.
— *Prov.*, II, 98, 115, 162, 263, 275, 401, 548.
— *Rouen*, 439, 733, 829, 1416.
— *Soiss.*, 105.
— *Tours*, 76, 98, 101, 190, 262, 542, 832, 1457, 1484, 1486.
Simon (St-). *Auv.*, 560.
— *Caen*, 48, 166, 186.
— *Par.*, I, 628.
— *Par.*, II, 589.
— *Par.*, III, 91, 96, 99, 102.
— *La Roch.*, 362, 458.
Simoneau. *Montp.-Mont.*, 139.
Simonere. *Als.*, 398.
Simonet. *Soiss.*, 686.
Simoni. *Fland.*, 766.
— *Lorr.*, 205, 246, 526.
— *Toul.-Mont.*, 689.
Simonin. *Bourb.*, 102, 478.
— *Lorr.*, 526.
Simonnault. *Poit.*, 183, 1398.
Simonne (la). *Pic.*, 706.
— *Soiss.*, 134, 294.
Simonneau. *Fland.*, 677.
— *Poit.*, 188, 292, 1160.
— *Tours*, 354, 1394.

Simonnet. *Bourges*, 289, 385.
— *Bret.*, II, 55.
— *Champ.*, 158, 159, 165.
— *Lyon*, 611.
— *Orl.*, 480.
— *Par.*, I, 227, 603, 727, 736, 914.
— *Par.*, II, 73, 188, 225, 920.
— *Par.*, III, 331, 478.
Simonnin. *Bourg.*, I, 632, 842, 944, 1035, 1157, 1160, 1166, 1184.
Simonnot, *Bourg.*, I, 296.
— *Bourg.*, II, 109.
— *Champ.*, 778.
— *Orl.*, 17, 341, 353, 446, 496.
Simphal. *Soiss.*, 854.
Sinckstat. *Bret.*, I, 500.
Sinçon. *Poit.*, 1544.
Sinelli. *Prov.*, I, 1064.
Sineti. *Prov.*, II, 29, 34, 584, 589, 669.
Sinfrais. *Par.*, II, 1251.
Singaraut. *Lim.*, 330, 442.
Singler. *Als.*, 123.
Singloir. *Al.*, 1178.
Sinitton. *Prov.*, II, 781.
Sinodaux (les). (*Communauté*). *Lorr.* 156.
Sinsart. *Champ*, 258.
Sinson. *Orl.*, 8, 342, 406, 499.
Sintier. *Bourges*, 380.
Siochan. *Bret.*, I, 47, 79.
— *Bret.*, II, 235, 963.
Sion. *Par.*, III, 282, 380.
Sion (de). *Fland.*, 98, 342.
Sionnaire. *Champ.*, 322.
Siot. *Vers.*, 187.
Sirac. *Bret.*, II, 542.
— *Guy.*, 156, 1007.
Siradan. *Toul.-Mont.*, 1356.
Siraudin. *Bourg.*, I, 441.
Sircourt. *Lorr.*, 487.
Sire. *Bourg.*, II, 507.
— *Tours*, 1346.
Sire (le). *Par.*, IV, 528.
Sirebon. *Bourg.*, I, 855, 1016.
Sirech. *Toul.-Mont.*, 248.
Siredei. *Par.*, I, 301.
Siredy. *Bourg.*, II, 26, 309.
Sirejan. *Auv.*, 367.
— *Champ.*, 903.
— *Par.*, I, 1297.
— *Par.*, II, 515.
Siret. *Poit.*, 1395.
Sireuil. *Tours*, 338.
Sireul. *Tours*, 921, 955, 956.
Sirgan. *Montp.-Mont.*, 1014.

— *Toul.-Mont.*, 553, 1388.
Sirié. *Montp.-Mont.*, 611.
Sirier. *Soiss.*, 406.
Sirijanis. *Prov.*, I, 428.
Sirly. *Als.*, 168.
Sirmond. *Auv.*, 6, 117, 363.
Sirmont. *Par.*, I, 1193.
Sirnet. *Par.*, I, 950.
Sirois, *Fland.*, 1484.
Sirol. *Toul.-Mont.*, 1283.
Sirot. *Bourb.*, 460.
— *Bourg.*, I, 339.
— *Bourg.*, II, 60, 90.
— *Bret.*, I, 182, 338.
— *Rouen*, 1190.
Siroutot. *Bourg.*, I, 1261.
Siroux. *Orl.*, 731.
Sirredey. *Bourg.*, I, 303, 304.
Sirvelingues. *Soiss.*, 25.
Sirven. *Toul.-Mont.*, 536, 674, 1376.
Sirvingen. *Lyon*, 207, 244.
Siry (de). *Bourb.*, 103.
Siry. *Bourg.*, I, 264, 267.
— *Bourg.*, II, 170, 178.
Sisseret. *Auv.*, 125.
Sisson. *Lorr*, 21, 164 *bis*.
Sistat. *Toul.-Mont.*, 1381.
Siste. *Bourges*, 386.
Sisterne. *Montp.-Mont.*, 896.
Sisteron, *Prov.*, I, 307, V. 935.
Sivelle. *Lyon*, 628, 646.
Sivert. *Bourg.*, I, 114.
Sivier (St-), *Montp.-Mont.*, 1129.
Siville. *Prov.*, II, 361.
Sivion. *Tours*, 503.
Six. *Fland.*, 190, 777, 1102, 1170.
Sixdeniers *Par.*, II, 103.
Slives. *Par.*, II, 1139.
Smittre. *Fland.*, 373, 799, 800.
Snourt. *Fland.*, 1119.
Sobiti. *Prov.*, II, 737.
Sobrier. *Al.*, 453, 702, 712, 797.
Socard. *Par.*, I, 1212.
Sochet. *Bret.*, I, 277, 559.
— *Par.*, II, 1108.
— *Poit.*, 572.
Sochey. *Bourg.*, I, 400.
Socieu. *Tours*, 821.
Sode. *Toul.-Mont.*, 1333.
Soeffer. *Als.*, 615.
Sognot. *Par.*, IV, 85.
Sogon. *Tours*, 850.
Sohier. *Caen*, 449.
— *Fland.*. 1266.
Sohu. *Als.*, 887.
Soi (de). *Lorr.*, 331.

Soie (de). *Fland.*, 1444, 1477.
Soigny. *Pic.*, 676.
Soin. *Orl.*, 741.
Soirot. *Bourg.*, I, 330, 345, 469.
— *Bourg.*, II, 97, 107, 411.
Soise (de). *Soiss.*, 627, 714.
Soisel. *Soiss.*, 206.
Soisi. *Champ.*, 578.
Soissan. *Prov.*, I, 535, 693.
Soissans. *Vers.*, 156.
Soisson. *Lyon*, 24, 47, 910.
Soissons. *Bourg.*, I, 731.
— *Par.*, I, 1179.
— *Soiss.*, 239. V.
— *Tours*, 1121.
Soisy. *Poit.*, 407.
Soixon. *La Roch.*, 289.
Soizi. *Tours*, 166.
Sol (du). *Guy.*, 630.
— *Toul.-Mont.*, 981, 1065, 1209, 1319.
Solabel. *Toul.-Mont.*, 456.
Solages. *Auv.*, 349.
— *Bourges*, 34.
Solages. *Par.*, IV, 349.
— *Toul.-Mont.*, 258, 296, 1152, 1194.
Solages (de). *Montp.-Mont.*, 174.
Solaine (de). *Tours*, 271.
Solaires. *Toul.-Mont.*, 1041.
Solan. *Bourg.*, II, 337.
Solancerre. *Montp.-Mont.*, 1066.
Solanet. *Montp.-Mont.*, 10, 93.
— *Toul.-Mont.*, 296, 500, 1131, 1140.
Solas. *Montp.-Mont.*, 873, 1527.
— *Toul.-Mont.*, 914, 915.
Soldat. *Bourg.*, II, 363.
Soleil. *Toul.-Mont.*, 160.
Soleil (du). *Lyon*, 99, 103, 126, 145, 146, 304, 367, 396, 401, 407, 494.
Soleillet. *Prov.*, I, 144.
Sol-isel. *Par.*, II, 722.
Soleliage. *Auv.*, 465.
Soler. *Toul.-Mont.*, 1466, 1479.
Soleriez. *Montp.-Mont.*, 188.
Soleseil. *Lyon*, 334.
Solet. *Orl.*, 214.
Soleville. *Toul.-Mont.*, 1210.
Solgni. *Lorr.*, 692.
Solié (du). *Auv.*, 543.
Solier. *Dauph.*, 10.
— *Prov.*, II, 16, 40.
Solier (du). *Montp.-Mont.*, 311, 830, 963, 1295, 1442, 1443.
Solignac. *Guy.*, 584.
— *Poit.*, 1210.
Solignonne *La Roch.*, 283.

Soligny. *Dauph.*, 407.
Soliminihac. *Guy.*, 362, 363, 425, 536, 801, 925.
Solimont. *Tours*, 884.
Solinhac. *Montp.-Mont.*, 990.
— *Toul.-Mont.*, 921, 978, 1374.
Solle. *Prov.*, I, 537.
Sollery. *Prov.*, I, 980.
Sollier. *Prov.*, I, 453, 476, 692, 908, 980.
Sollières (de). *Prov.*, II, 454.
Sollies. *Prov.*, I, 19.
Solminiac. *Montp.-Mont.*, 1226.
Solon. *Soiss.*, 545, 842.
— *Toul.-Mont.*, 427, 624.
Solu. *Par.*, I, 181, 1152, 1255.
Solvet. *Par.*, IV, 187.
Sombarde. *Bourg.*, I, 571.
Sombreuil. *Als.*, 45.
Somer (de). *Pic.*, 230.
Somere. *Par.*, I, 75.
Sommeri (de). *Tours*, 189.
Sommeville. *Champ.*, 834.
Sommierre. *Auv.*, 77, 428.
Sommière. *Bourg.*, I, 439.
— *Bourg.*, II, 309.
— *Champ.*, 631.
Sommieure. *Pic.*, 835.
Somny. *Als.*, 992.
Son (de). *Champ.*, 82, 240.
— *Soiss.*, 17, 266, 696.
Songeson. *Bourg.*, I, 995.
Songeux. *Bret.*, II, 276.
Sonis. *Toul.-Mont.*, 344.
Sonne (de). *Poit.*, 807.
Sonneau. *Tours*, 728.
Sonnel. *Pic.*, 432.
Sonnerant. *Lim.*, 373.
Sonnet. *Al.*, 836, 1207.
— *Bret.*, II, 539.
— *Caen*, 354, 380, 460, 502.
— *Orl.*, 859.
— *Par.*, I, 1287, 1298.
— *Par.*, IV, 257.
— *Poit.*, 264, 1398, 1406, 1422.
Sonneux (le). *Rouen*, 842.
Sonnier. *Par.*, II, 801.
Sonning. *Par.*, II, 721.
— *Rouen*, 68, 281, 491, 718.
Sonois. *Bourg*, II, 9.
Sons (de). *Montp.-Mont.*, 586.
Sonzier. *Dauph.*, 84, 197.
Sopitre. *Par.*, I, 44.
Soranteau. *Poit.*, 519.
Sorapueru. *Béarn*, 148.
Sorbaj. *Fland.*, 827.

Sorbarie. *Béarn*, 6.
Sorbec. *Montp.-Mont.*, 896.
Sorberio. *Béarn*, 71, 76.
Sorbier. *Guy.*, 298, 1110, 1114.
Sorbière. *Lyon*, 130, 164, 179.
— *Par.*, III, 454.
Sorbiers. *Tours*, 204.
Sorchoette. *Tours*, 148.
Sorchrette. *Tours*, 59.
Sorcy. *Vers.*, 22.
Sordaillet. *Bourg.*, II, 104.
Soreau. *Bret.*, I, 354.
— *Bret.*, II, 1075.
— *Par.*, II, 224.
— *Poit.*, 645.
Sorel. *Bret.*, II, 414.
— *Caen*, 707.
— *Par.*, I, 244.
— *Soiss.*, 119, 123, 131.
Soret. *Bourg.*, II, 238, 251.
— *Par.*, III, 294.
— *Par.*, IV, 246.
— *Soiss.*, 676.
Sorhande. *Guy.*, 699.
Sorhoit. *Par.*, IV, 539.
Sorhouette. *Tours*, 567.
Sorien. *Soiss.*, 207.
Sorin. *Bret.*, I, 155.
— *Bret.*, II, 1095.
— *Caen*, 67, 76, 79, 754, 761.
— *Par.*, I, 538.
— *Par.*, III, 282.
— *Poit.*, 1314.
— *Rouen*, 592.
— *Tours*, 1421, 1444, 1454.
Sorlin. *Lyon*, 96.
— *La Roch.*, 295.
Sormel. *Bret.*, I, 655.
Sornay. *Bourg.*, I, 720.
Sornet. *Bourg.*, I, 1021, 1142, 1150.
Sorny. *Par.*, II, 551.
Sorsinde. *Prov.*, II, 775.
Sorsy. *Orl.*, 283.
Sortin. *Bret.*, II, 601.
Sory. *Lim.*, 276.
Sossin. *Prov.*, I, 638, 639, 819.
— *Prov.*, II, 375.
Sossions. *Guy.*, 104.
Sot (le). *Pic.*, 594, 607, 759.
Sotmeur. *Bret.*, II, 92.
Souaille. *Dauph.*, 600.
— *Par.*, I, 1368.
Souaille (de). *Soiss.*, 107.
Soualhat. *Auv.*, 133.
Souard. *Tours*, 36, 802, 822, 828.
Souart. *Par.*, I, 1282.

— *Par.*, II, 769, 1269.

Souattin. *Rouen*, 75.

Soubeiran. *Montp.-Mont.*, 375, 759, 855, 837, 1082.

— *Toul.-Mont.*, 85, 490.

Soubens. *Toul.-Mont.*, 629.

Soubersat. *Montp.-Mont.*, 1442.

Soubeyran. *Par.*, III, 388.

Soubiran. *Béarn*, 165.

— *Guy.*, 851.

— *Toul.-Mont.*, 408, 409, 1171.

Soubleyras. *Montp.-Mont.*, 1287.

Soublière (la). *Orl.*, 202.

Soubranis. *Auv.*, 3, 124.

Soubras. *Par.*, I, 1320.

Soubrier. *Toul.-Mont.*, 527.

Soubry. *Lyon*, 526.

Soubsmaigne. *Guy.*, 1121.

Soucadoux. *Montp.-Mont.*, 1058.

Soucani. *Pic.*, 886.

Soucanie. *Soiss.*, 731, 732, 751.

Soucanier. *Pic.*, 833.

Soucany (le). *Par.*, III, 404.

Soucelier. *Lorr.*, 586.

Soucelle (de). *Tours*, 84.

Souceller. *Par.*, I, 1253.

Souchai. *Tours*, 814, 815.

Souchais. *Par.*, III, 362.

Souchard. *Bourb.*, 571, 620.

— *Poit.*, 502.

— *Prov.*, I, 1033.

— *La Roch.*, 423.

— *Tours*, 1399.

Souchay. *Bret.*, I, 491.

— *Orl.*, 392, 788, 789, 903.

Souche. *Al.*, 959, 960, 970.

Souche (la). *Bourb.*, 27, 61, 186, 236, 266, 281, 436, 451.

— *Bourges*, 79, 529.

Souché. *Tours*, 816.

Soucheiron. *Prov.*, I, 618, 684.

Soucher. *Poit.*, 239, 428, 708.

Souches (des). *Al.*, 1093.

Souchet. *Champ.*, 790.

— *Par.*, III, 323.

Souchet (du). *Lim.*, 57, 61, 70, 71, 87.

Souchez. *Bourges*, 381.

Souchier. *Lim.*, 360, 361.

Souchoie. *Prov.*, I, 626.

Souchon. *Bourb.*, 48.

— *Dauph.*, 514.

— *Lyon*, 800.

— *Montp.-Mont.*, 266, 1432.

— *Prov.*, I, 407.

— *Prov.*, II, 353.

— *Toul.-Mont.*, 771.

Souciet. *Bourges*, 32.

Soucy. *Par.*, I, 630, 1174.

Soudan (le). *Caen*, 733.

Soudanes (des). *Poit.*, 402.

Soudeille. *Lim.*, 393.

Souderie (la). *Auv.*, 460.

Soudet. *Toul. Mont.*, 391.

Soudoyer (le). *Al.*, 1191.

Souech. *Toul.-Mont.*, 1358.

Souef. *Par.*, I, 550.

Soueff. *Bret.*, II, 418.

Souet. *Par.*, III, 558.

Souétre. *Montp.-Mont.*, 293.

SouffIin (de). *Pic.*, 793.

Soufflot. *Par.*, II, 656.

Souffrain. *Bourges*, 427, 521.

Souffret. *Prov.*, II, 758, 759.

Sougé. *Tours*, 1099.

Souger. *Tours*, 1100.

Sougla. *Toul.-Mont.*, 535.

Sougit. *Soiss.*, 460.

Sougy. *Orl.*, 1018.

Souhé. *Poit.*, 1281.

Souhei. *Fland.*, 471.

Souhet. *Par.*, I, 727, 1211.

Souhier. *Bret.*, II, 870.

Souillac. *Montp.-Mont.*, 1004.

— *Par.*, I, 1265.

— *Par.*, II, 349.

Souillard. *Par.*, III, 372.

Souillart. *Pic.*, 792.

— *Soiss.*, 559.

Souillier. *Lim.*, 394.

Souin. *Bret.*, II, 912.

— *Champ.*, 74, 460.

Souisse. *Bret.*, I, 333.

Soul (du). *Par.*, II, 670.

— *Tours*, 658, 1055, 1056.

Soulaguet. *Toul.-Mont.*, 1141.

Soulaire (de). *Poit.*, 634.

Soulaigre. *Vers.*, 152, 183.

Soulance. *Toul.-Mont.*, 410.

Soulard. *Poit.*, 900.

— *La Roch.*, 259, 368, 377.

Soulas. *Orl.*, 677.

— *Par.*, III, 519.

— *Poit.*, 334.

— *Tours*, 10, 817, 1240.

Soulat. *Poit.*, 809.

Souleau. *Auv.*, 562.

Soulédes (de). *Béarn*, 88.

Soulègre. *Toul.-Mont.*, 764.

Souleillat. *Prov.*, I, 922.

Soulery. *Toul.-Mont.*, 481, 1223.

Soules. *Toul.-Mont.*, 1243.

Soulés. *Guy.*, 849.
Soulet. *Bourges*, 283, 284.
— *Par.*, i, 597, 1006, 1236.
— *Par.*, ii, 663.
— *Par.*, iii, 241.
— *Poit.*, 1144.
Souliagou. *Toul.-Mont.*, 974.
Soulié. *Toul.-Mont.*, 87, 501, 1280, 1292, 1302, 1314, 1328.
Soulier. *Auv.*, 363.
— *Montp.-Mont.*, 200, 440, 1326.
Soulier (du). *Poit.*, 403, 545, 723, 1420.
Souliers. *Par.*, ii, 516, 1089.
— *Prov.*, ii, 355, 599.
Soullac. *Guy.*, 432.
Soullaud. *Poit.*, 1276.
Soulle (du). *Poit.*, 1486.
Soullebien. *Caen*, 763.
Soulliat. *Guy.*, 1093.
Soullier (du). *Guy.*, 866.
Souillière. *Guy.*, 655.
Soulliles. *Prov.*, i, 695.
Soulmare. *Rouen*, 821.
Soulmontier. *Par.*, iii, 378.
Souloise. *Lim.*, 172.
Soulon. *Guy.*, 37.
Soulot. *Rouen*, 851.
Soulz. *Als.*, 66. V.
— *Béarn*, 36.
Soumac. *Champ.*, 344.
Soumard. *Caen*, 677.
Soumart. *Bourges*, 456.
Soumart (de). *La Roch.*, 99.
Souner. *Als.*, 376.
Soupat (du). *Als.*, 134.
Soupetz (de). *Montp.-Mont.*, 1109.
Souplet. *Fland.*, 1171.
— *Par.*, iv, 808.
Sourbie. *Montp.-Mont.*, 1427.
Sourbière. *Montp.-Mont.*, 1429.
Sourbromie. *Als.*, 1090.
Sourd (le). *Bourg.*, ii, 160.
— *Par.*, i, 1226.
— *Par.*, ii, 484, 849.
— *Par.*, iii, 132.
— *Tours*, 1387, 1400.
Sourdeau. *Fland.*, 263.
— *Poit.*, 1350.
— *Tours*, 1004.
Sourdeval. *Rouen*, 823.
Sourdille. *Tours*, 423, 440.
Sourdis. *Toul.-Mont.*, 1046, 1047, 1055, 1062, 1070.
Sourdon. *Rouen*, 885.
Sourgeon. *Prov.*, i, 1163.

Souriteau. *Poit.*, 527, 1446.
Sourse. *Prov.*, i, 368.
Soursin. *Prov.*, i, 630.
Souslefour. *Par.*, iv, 248.
Souslemontier. *Par.*, iv, 3, 12.
Sousmain. *Tours*, 811.
Sousmarmout. *Par.*, iv, 796.
Soussai (de). *Tours*, 322.
Soussclier. *Bourg.*, i, 338.
— *Bourg.*, ii, 77, 82.
Soussct. *Poit.*, 1479.
Sousson (de). *Tours*, 347.
Soustre. *Lim.*, 479.
Sout. *Par.*, ii, 673.
Soutag. *Als.*, 575, 879.
Souterene. *Toul.-Mont.*, 16.
Soutouli. *Toul.-Mont.*, 1188.
Soutter. *Fland.*, 236.
Souveille. *Toul.-Mont.*, 1267.
Souverainpré. *Als.*, 436.
Souvert. *Bourg.*, i, 325.
— *Bourg.*, ii, 86.
Souvigeon. *Auv.*, 395.
Souvigné. *Tours*, 317.
Souvigni. *Al.*, 30, 559, 768.
Souvigny. *Poit.*, 901.
Souville. *Poit.*, 1222.
Souvré. *Al.*, 211.
— *Par.*, ii, 737.
Souvroulhe. *Toul.-Mont.*, 411.
Souy. *Par.*, iv, 806.
Souzelles. *Tours*, 300.
Soyer. *Par.*, ii, 67.
— *Pic.*, 609, 706.
— *Poit.*, 784, 1300.
— *Rouen*, 548.
Soyeret. *Bourg.*, ii, 269.
Spag. *Als.*, 582.
Spaldin. *Fland.*, 190.
Spanheim. *Par.*, ii, 998.
Spannat. *Fland.*, 469.
Spans. *Prov.*, ii, 373.
Sparron. *Lyon*, 557.
Spart. *Als.*, 1090.
Spech. *Als.*, 335.
Spechardt. *Als.*, 481.
Speindler. *Als.*, 649.
Spellebout. *Fland.*, 713.
Spendon. *Par.*, iii, 386.
Sperelli. *Prov.*, i, 630.
Spierre. *Fland.*, 1123.
Spifame. *Par.*, i, 398.
Spillard. *Fland.*, 1088.
Spilleben. *Fland.*, 1100.
Spilman. *Als.*, 286, 442, 460, 644.
Spineinsfeldt. *Als.*, 1086.

Spiquet. *Fland.*, 438.
Spon. *Als.*, 395.
Spoor. *Als.*, 457, 460.
Spoulet. *Fland.*, 1314.
— *Poit.*, 912.
Sprauve. *Als.*, 815.
Springer. *Fland.*, 868.
Sproc. *Soiss.*, 279.
Stable. *Lorr.*, 150, 157.
Stabule. *Als.*, 46.
Stacker. *Als.*, 74.
Stadel. *Als.*, 435, 496.
Stadieu. *Toul.-Mont.*, 90.
Stainville. *Lorr.*, 10, 158.
Stal. *Als.*, 654.
Stalparet. *Bret.*, I, 491.
Stample. *Bourb.*, 419.
— *Par.*, II, 1110.
— *Par.*, III, 434.
Stanbrun. *Als.*, 1023.
Standon. *Prov.*, I, 102.
Stanguinguant. *Bret.*, I, 896.
Stapart. *Champ.*, 675, 787.
Stapaert. *Fland.*, 95.
Stappens. *Pic.*, 191.
Stardin. *Par.*, I, 64.
Staron. *Lyon*, 261.
Starre. *Par.*, IV, 30.
Stassin. *Lorr.*, 278, 308, 327.
Staub. *Als.*, 424, 861.
Staudacher. *Als.*, 456.
Staudt. *Lorr.*, 543.
Stavaye. *Pic.*, 845.
Stavin. *Fland.*, 699.
Stazel. *Als.*, 41.
Stebloch. *Als.*, 492.
Stecher. *Als.*, 455.
Steck. *Fland.*, 651.
Stecklin. *Als.*, 1061.
Stedel. *Als.*, 283, 454, 457, 476, 645.
Steenhuit. *Fland.*, 122.
Steffe. *Lyon*, 146, 846.
Steffel. *Als.*, 873.
Steffen. *Als.*, 643.
Steidelin. *Als.*, 210.
Steig. *Als.*, 1016.
Steiger. *Als.*, 92.
Steimfre. *Als.*, 803.
Steing (de). *Lorr.*, 310, 336, 338.
Steintz. *Als.*, 719.
Stekinguer. *Als.*, 686.
Stelhauzer. *Als.*, 657.
Stelz. *Als.*, 929.
Stemback (de). *Lorr.*, 339, 340.
Stemmelin. *Als.*, 682.
Stempel. *Als.*, 618.

Steneck. *Lorr.*, 338.
Stener. *Als.*, 631.
Stenhel. *Als.*, 244.
Stern. *Als.*, 792.
Sternold. *Fland.*, 1190.
Stertmenn. *Als.*, 49.
Sternenfelz. *Als.*, ...
Sterzock. *Al.*, 48.
Sthevenot. *Pic.*, 204.
Stiens. *Fland.*, 1154.
Stiller. *Als.*, 491.
Stippe. *Pic.*, 722, 724.
Stippick. *Als.*, 127.
Stirzel. *Als.*, 86, 87.
Stirtzelbron. *Lorr.*, 390. Ab.
Stock. *Als.*, 495, 654.
Stocken. *Als.*, 461.
Stoeffel. *Als.*, 471.
Stolz. *Als.*, 582, 778, 789.
Stor. *Als.*, 284, 646.
Storck. *Als.*, 481, 634.
Storeck. *Als.*, 636.
Stoumpf. *Als.*, 262.
Stoupe. *Lyon*, 512, 609.
Stouphe. *Fland.*, 1482.
Stouppe (de). *Soiss.*, 839.
Strabau. *Fland.*, 686, 1227.
Stracon. *Poit.*, 46.
Strada. *Auv.*, 46.
Strasbourg. *Als.*, 491. **V.**
Strastour. *Poit.*, 1256.
Streiss. *Als.*, 982.
Streitt. *Als.*, 22, 662.
Strelen. *Als.*, 1048.
Streng. *Als.*, 129, 669, 934.
Stresser. *Als.*, 466.
Stricq. *Pic.*, 769.
Strobe. *Fland.*, 1155.
Stroll. *Als.*, 1007.
Struickman. *Bret.*, II, 329.
Stuart. *Dauph.*, 481, 561.
— *Fland.*, 1161.
— *Lorr.*, 538.
Suaire. *Par.*, I, 1332.
Suarde. *Fland.*, 1243.
Suarez. *Dauph.*, 477.
Suasse (de). *Bret.*, I, 114.
Suau. *Toul.-Mont.*, 982, 1294.
Suau (de). *Guy.*, 709, 719.
Suaudau. *Poit.*, 489, 844, 1124, 1163, 1183.
Suberville (de). *La Roch.*, 226.
Subguedeau. *Fland.*, 1164.
Subbe. *Prov.*, II, 248.
Subleau, *Par.*, II, 667.
— *Tours*, 877.

Sublet. *Rouen*, 1324, 1330.
Subligeau. *Fland.*, 1016.
— *Tours*, 833, 1052.
Subra. *Toul.-Mont.*, 404.
Subrecasse. *Toul.-Mont.*, 1299.
Subsol. *Toul.-Mont.*, 737.
Subtil. *Caen*, 719.
— *Par.*, I, 964.
— *Par.*, II, 1152.
Suc (de). *Toul.-Mont.*, 730.
Succa (de). *Fland.*, 317.
Succard. *Montp.-Mont.*, 824, 832.
Suchet. *Prov.*, I, 107, 923, 924, 950.
Suchon. *Orl.*, 429.
Sucre (de). *Fland.*, 264, 280, 321, 960.
Sucy. *Als.*, 188, 189.
Sudel. *Pic.*, 22.
Suderie (la). *Montp.-Mont.*, 1125.
Sudre. *Auv.*, 354.
— *Guy.*, 801.
— *Montp.-Mont.*, 774.
Sudregauzi. *Toul.-Mont.*, 220.
Sudriac, *Montp.-Mont.*, 1032.
— *Toul.-Mont.*, 1221.
Sudrie (la). *Lim.*, 129.
— *Toul.-Mont.*, 1021, 1038.
Suduirand. *Lyon*, 284, 710, 903.
Sueil (du). *Prov.*, I, 1158.
Suelling. *Fland.*, 209.
Suère (de). *Toul.-Mont.*, 1187, 1221, 1494.
Suetin. *Par.*, II, 62.
Sueur (le). *Al.*, 208, 477, 574.
— *Caen*, 6, 82, 83, 145, 169, 415, 459, 599, 605, 651.
— *Orl.*, 181.
— *Par.*, I, 254.
— *Pic.*, 847.
— *Rouen*, 459, 488, 723, 750, 794, 1285.
— *Soiss.*, 401, 686, 759, 848.
Suffize. *Dauph.*, 347.
— *Montp.-Mont.*, 448.
Suffren. *Prov.*, I, 385.
— *Prov.*, II, 2, 11.
Suffret. *Prov.*, I, 1319, 1320, 1321.
Suger. *Als.*, 83.
— *Champ.*, 83, 142, 525.
Sugni. *Soiss.*, 198.
Sugy. *Par.*, III, 524.
Suhard. *Caen*, 10, 13, 19, 27, 32, 35, 37, 423, 683.
— *Rouen*, 22, 770.
— *Tours*, 918, 1384.
Suhart. *Al.*, 1237, 1251.

Suidre. *La Roch.*, 320.
Suidreau. *Bourg.*, I, 4.
Suillac. *Prov.*, I, 431.
Suing. *Fland.*, 1262.
Suiragol. *Montp.-Mont.*, 610.
Suirot. 92, 145, 148, 153, 155, 223, 347, 595, 1082, 1125, 1166.
— *Tours*, 532.
Suisse. *Als.*, 657.
Suit (St-). *Pic.*, 376.
Sullin. *Par.*, III, 372.
Sully. *Par.*, II, 600.
Sulmare. *Rouen*, 827, 846.
Sulpice. *Par.*, II, 1014.
Sulpice (St-). *Poit.*, 1471.
Sunaron. *Prov.*, II, 776.
Suneon. *Prov.*, II, 783.
Supeley (St-). *La Roch.*, 209.
Superi (St-). *Toul.-Mont.*, 971.
Supernielle. *Béarn*, 132.
Suplet (St-). *Rouen*, 44.
Suplici. *Toul.-Mont.*, 162.
Surant. *Poit.*, 408.
Surat. *Par.*, I, 1163.
— *Par.*, III, 479.
Surblé. *Caen*, 453.
Sureau. *Par.*, III, 124.
— *Poit.*, 557, 1494.
— *Soiss.*, 344.
Suret. *Als.*, 594.
Surget. *Bourg.*, I, 560.
— *Caen*, 735.
Surguier. *Guy.*, 1170.
Surian. *Prov.*, I, 470, 765, 1025.
Surieu. *Dauph.*, 263.
Surin. *Caen*, 20.
— *Vers.*, 23.
Surlandet (de). *Tours*, 271.
Surle. *Prov.*, I, 614.
Surlemont. *Orl.*, 699.
Surmain. *Bourg.*, I, 342, 343.
— *Bourg.*, II, 80.
Surmon. *Bourg.*, I, 843.
Surmont. *Al.*, 267, 973, 1024, 1104, 1252.
— *Fland.*, 65, 91, 104, 140, 317, 529.
Surnel. *Par.*, I, 381.
Surney. *Par.*, II, 12.
Surques (de). *Fland.*, 414, 421, 840, 976.
Surrat (de). *Pic.*, 215.
Surtainville. *Caen*, 308.
Surville. *Dauph.*, 67, 98.
— *Montp.-Mont.*, 1246.
— *Par.*, 1174.
Survodi. *Prov.*, II, 797.

Susanne. *Rouen*, 3, 98, 210, 216, 232, 233, 1074.
Sussat, *Guy.*, 860.
Sussaye (de). *Bret.*, II, 335.
Sust (de). *Prov.*, II, 794.
Sustros. *Prov.*, II, 786.
Sutaine. *Champ.*, 690.
Suter. *Als.*, 166.
Sutton. *Prov.*, I, 818.
Suty. *Bourg.*, I, 699.

Suys (de). *Lorr.*, 369.
Suzanne. *Prov.*, 289.
Suzanneau. *Poit.*, 616, 1269.
Suzannet. *Poit.*, 183, 617, 633, 1147.
Suzar. *Als.*, 951.
Suze. *Soiss.*, 104, 853.
Suze (la). *Pic.*, 821.
Suzemont. *Lorr.*, 652.
Suzilli. *Tours*, 623.
Suzineau. *Bret.*, II, 477.

T

Tabar. *Al.*, 763.
Tabaret. *Dauph.*, 400.
Tabari. *Pic.*, 505, 509, 522, 532.
— *Soiss.*, 542, 543.
Tabaril. *Al.*, 795.
Tabarin. *Poit.*, 1517.
Tabaut. *Bourges*, 85, 191, 441, 444.
Tabeau. *Par.*, III, 166.
Taboi. *Al.*, 1228.
Tabol. *Prov.*, I, 986.
Taboué. *Par.*, III, 467.
Tabouet. *Bourges*, 127.
Tabour. *Par.*, I, 1253.
— *Prov.*, II, 2, 6.
Tabouret. *Bourg.*, I, 329.
— *Bourg.*, II, 74, 89, 101.
— *Champ.*, 607, 615, 659.
— *Rouen*, 493, 523.
Tabourier. *Orl.*, 608.
Tabourot. *Bourg.*, II, 42.
— *Bourg.*, I, 80, 464, 1242.
Tac (du). *Bret.*, II, 398, 399.
Tache (la). *La Roch.*, 169.
Tachel. *Rouen*, 1395.
Tachereau. *Bret.*, I, 450.
— *Par.*, I, 232, 1110.
— *Poit.*, 896.
— *Tours*, 10, 20, 843, 854, 856, 783, 1410.
Taconnet. *Bourg.*, II, 614.
— *Par.*, III, 269.
— *Par.*, IV, 748.
Tacquet. *Fland.*, 360, 365.
Tadés. *Prov.*, I, 1314.
Taffin. *Fland.*, 22, 906, 974, 996, 1003.
— *Pic.*, 145, 191, 194.
Taffinot. *Bourg.*, I, 80.
Taffoureau. *Par.*, IV, 519, 658.
Taffu. *Orl.*, 768.
— *Tours*, 26, 1240.

Tafignon. *Champ.*, 119.
Tages. *Guy.*, 317.
Taglan. *Als.*, 677.
Tagnier. *Champ.*, 866.
Tagny. *Bourg.*, II, 611.
Tagueret. *Pic.*, 727.
Tahureau. *Tours*, 269.
Taignier. *Al.*, 618.
— *Tours*, 386.
Taignou. *Fland.*, 880.
Tailland. *Montp.-Mont.*, 1437.
Taillanderie (la). *La Roch.*, 177.
Taillandier. *Als.*, 301.
— *Auv.*, 447.
— *Lyon*, 365, 653.
— *Par.*, II, 210, 302.
— *Rouen*, 818.
Taillandiers. *Poit.*, 549. *Communauté.*
Taillant. *La Roch.*, 413.
Taillard. *Bourg.*, I, 1061.
— *Bret.*, II, 1041.
— *Par.*, II, 99.
— *Par.*, IV, 568.
Taillardat. *Auv.*, 387.
Taillardouire. *Prov.*, I, 1402.
Taillart. *Bret.*, I, 604, 609, 620.
Taillas (de). *Prov.*, II, 484.
Taillasson. *Toul.-Mont.*, 500.
Taille (la). *Orl.*, 286, 289, 296, 297, 983, 1023.
— *Par.*, II, 929.
— *Poit.*, 167, 1125.
Taillebot. *Par.*, II, 85.
— *Rouen*, 248, 258, 260, 268, 927.
Taillefer. *Bret.*, II, 997.
— *Caen*, 524.
— *Guy.*, 582, 648, 654, 992, 1080, 1081, 1175.
— *Poit.*, 374, 1245.
— *Toul.-Mont.*, 651, 751.

— *Bret.*, I, 610, 821.

Taillefumier. *Lorr.*, 23 *bis*, 24, 165 *ter*, 219 *ter*, 595.

Taillemot. *Bourg.*, I, 1069.

Taillenis. *Tours*, 28, 48.

Taillepied. *Par.*, IV, 377.

Tailleris. *Pic.*, 701.

Taillet. *Prov.*, II, 369.

— *Rouen*, 804.

Tailleur (le). *Bourb.*, 108.

Tailleurs de Metz (les). *Lorr.*, 561. *Communauté*.

— de Montmédi. *Lorr.*, 633.

— de Rembervillers. *Lorr.*, 685.

— de Thionville. *Lorr.*, 689.

— de Verdun. *Lorr.*, 668.

— de Vic. *Lorr.*, 569.

— de Poitiers. 342, 518, 537, 567, 719, 812, 1027, 1095, 1188, 1268, 1520, 1543. *Communauté*.

Tailleurs (des). *Pic.*, 290, 321.

Taillevigne. *Montp.-Mont.*, 1292.

Taillevin. *Lorr.*, 417.

Taillevis. *Orl.*, 237.

Tailli. *Pic.*, 681.

Taillière. *Bourb.*, 18.

Taillis (du). *Al.*, 1098.

— *Toul.-Mont.*, 499.

Taillon. *Bourges*, 38.

Taillourdeau. *La Roch.*, 145.

Tailprest. *Tours*, 1520.

Tairacy. *Toul.-Mont.*, 1096.

Taisand. *Bourg.*, I, 72, 75.

Taisne. *Fland.*, 388.

Taissard. *Bourg.*, II, 38, 70, 108.

Tajard. *Guy.*, 319.

Tajault. *La Roch.*, 264, 265.

Talamer (de). *Prov.*, I, 172.

Talameux. *Auv.*, 155.

Talandeau. *Tours*, 958.

Talaret. *Guy.*, 1013.

Talaru. *Als.*, 324.

— *Bourg.*, I, 107.

— *Lyon*, 31, 713, 719, 720.

Talbart. *Champ.*, 748.

Talbert. *Bourg.*, I, 595, 901.

Talbot. *Al.*, 876.

Taleireau. *Guy.*, 656, 661.

Talhouet. *Bret.*, I, 17, 125, 525, 648, 898.

— *Bret.*, II, 43, 270, 733.

Talibert. *Guy.*, 807.

Tallandier. *Soiss.*, 341.

Tallard. *Dauph.*, 598. V.

Tallec. *Bret.*, II, 778.

Tallemandier. *Auv.*, 473.

Tallemant. *Fland.*, 1145.

— *Par.*, II, 509, 885.

Talleran. *Lim.*, 297.

Tallevast. *Caen*, 10, 30, 425.

Tallon. *Rouen*, 1241.

Talmant. *Prov.*, I, 554.

Talmont. *Poit.*, 932. Ab.

Talon. *Al.*, 1013, 1145.

— *Auv.*, 527, 559.

— *Bourb.*, 102.

— *Champ.*, 336.

— *Fland.*, 1486.

— *Par.*, I, 800, 866.

— *Par.*, II, 466, 479, 560, 1016, 1211.

— *Par.*, III, 15, 455, 494.

— *Poit.*, 1410.

— *Toul.-Mont.*, 1116.

Talonneau. *Tours*, 1021, 1035.

Talour. *Tours*, 938, 962.

Talvendre. *Caen*, 379, 794.

Tamagnon. *Prov.*, I, 17.

Tamaignan. *Guy.*, 211, 212, 263, 1066.

Tamarit. *Toul.-Mont.*, 1422.

Tambeurin. *Prov.*, I, 676.

Tambonneau. *Orl.*, 509, 511.

— *Par.*, I, 917.

Tament. *Champ.*, 168.

Tamerie (la). *Toul.-Mont.*, 454.

Tameron. *Prov.*, II, 766, 767, 770.

Tamerlée. *Lyon*, 981.

Tamisier. *Bourg.*, I, 1237.

— *Par.*, I, 755.

— *Prov.*, II, 594.

Tamoinault. *Lim.*, 329.

Tan. *Bourg.*, I, 286.

Tance (de). *Champ.*, 892.

Tanchard. *Bourg.*, I, 1262.

Tanches (des). *Al.*, 715.

Tancrede. *Par.*, II, 883.

Tandault. *Lim.*, 335.

Tandebars. *La Roch.*, 139.

Tandon. *Montp.-Mont.*, 620, 625, 636, 648, 796.

Tandron. *Tours*, 1215.

Tandt. *Fland.*, 739, 1249.

Tane (la). *Guy.*, 918.

Tanéart. *Soiss.*, 796.

Tanel. *Bret.*, II, 572.

Tanesse. *Guy.*, 127, 205.

Tanet. *Bret.*, II, 576.

Tanguy. *Bret.*, I, 849, 850.

— *Bret.*, II, 165.

— *Poit.*, 957, 1142.

Tanion. *Bret.*, II, 1134.

Tannai. *Al.*, 140, 693.
Tannequin. *Fland.*, 200.
Tannerie. *Orl.*, 632.
Tanneur. *Als.*, 118.
Tanneur (le). *Al.*, 775,
— *Bret.*, II, 400, 969.
Tanneurs de Marville (les). *Lorr.*, 632. *Communauté.*
— de Metz. *Lorr.*, 561.
— de Rembervillers. *Lorr.*, 687.
— de Vic. *Lorr.*, 569.
— de Poitiers. 363, 396, 433, 545, 713, 799, 929, 930, 1386, 1495, 1543. *Communauté.*
Tannier. *Fland.*, 1460.
Tannois. *Champ.*, 685.
Tanouarn. *Bret.*, I, 209, 394, 433.
— *Bret.*, II, 87, 113,
Tanquerai. *Al.*, 1174.
— *Caen*, 429, 674.
Tanqueré. *Bret.*, II, 396.
Tanson. *Par.*, I, 1338.
Taphanel. *Auv.*, 158.
Tapie (la). *Bourg.*, I, 190.
— *Toul.-Mont.*, 1058.
Tapin. *Bourg.*, I, 237, 316, 324, 345.
— *Bourg.*, II, 73, 109.
Tapinière. *Bourg.*, I, 111, 115.
Tapol. *Guy.*, 1136.
Taquenet. *Bourb.*, 195.
Tarade. *Als.*, 800.
— *Par.*, I, 764, 974.
— *Par.*, II, 714.
— *Par.*, III, 227.
Tarade (de). *Béarn*, 86. V. *Tarride.*
Tarain. *La Roch.*, 255.
Tarais. *La Roch.*, 271.
Tarascon. *Prov.*, II, 123. V.
— *Montp.-Mont.*, 1072. V.
Taravant. *Auv.*, 112, 408.
Tarbe. *Dauph.*, 498.
Tarbes. *Guy.*, 382. Ev.
Tarboucher. *Par.*, III, 300.
Tard (le). *Poit.*, 785.
Tardé. *Bourb.*, 347, 501, 502.
Tardevelle. *Poit.*, 1297.
Tardi. *Guy.*, 954.
— *Lyon*, 339, 586, 625, 840, 860.
Tardieu. *Lim*, 363.
— *Montp.-Mont.*, 1354.
— *Par.*, II, 1112.
— *Prov.*, I, 215, 451, 1049, 1370, 1386, 1447.
— *Prov.*, II, 527, 561.
— *Toul.-Mont.*, 1475.
Tardif. *Bourges*, 42.

— *Caen*, 214, 222.
— *Lyon*, 671, 919.
— *Orl.*, 575, 576, 811.
— *Par.*, I, 282.
— *Par.*, II, 313, 417, 1254.
— *Poit.*, 851, 1212.
— *Toul.-Mont.*, 1465.
— *Tours*, 851.
Tardin. *Montp.-Mont.*, 437.
Tardineau. *Par.*, III, 135, 302.
Tardival. *Toul.-Mont.*, 691.
Tardivet. *Lim.*, 288.
Tardivi. *Prov.*, I, 221, 731, 1387.
— *Prov.*, II, 320.
Tardon. *Montp.-Mont.*, 538.
Tardy. *Bourg.*, I, 75, 76, 400, 1188.
— *Bourg.*, II, 75, 287, 291, 484.
— *Lim.*, 138.
— *Par.*, I, 1324.
— *Par.*, II, 1148.
— *Par.*, III, 440.
— *Par.*, IV, 740.
— *La Roch.*, 338.
Tareil. *Bret.*, II, 1099.
Tarel. *Rouen*, 706.
Taret. *Guy.*, 329.
— *Tours*, 1516.
Targas. *Toul.-Mont.*, 275.
Targer. *Poit.*, 1068.
— *Par.*, I, 521.
Target. *Poit.*, 949.
Targni. *Soiss.*, 752.
Targue (la). *La Roch.*, 235.
Tarigny. *Lyon*, 301.
Tarin. *Par.*, I, 1110.
Taris. *Guy.*, 824.
Tarlé. *Par.*, IV, 4.
Tarlin. *Soiss.*, 2.
Tarnat. *Lim.*, 158.
Tarneau. *Guy.*, 164, 194.
Tarnezieu. *Dauph.*, 203.
Taron. *Par.*, IV, 418.
— *Prov.*, I, 684, 715, 717.
Tarqué. *Par.*, II, 637.
Tarrabust. *Montp.-Mont.*, 751.
Tarrade. *La Roch.*, 402.
Tarragon. *Orl.*, 164.
Tarrague. *Guy.*, 1008, 1184.
Tarraube. *Toul.-Mont.*, 1199. V.
Tarride. *Béarn*, 93, 114.
Tarrisse. *Toul.-Mont.*, 1140.
Tart (du). *Par.*, II, 621.
Tartaise. *Par.*, III, 131.
Tartaix. *Prov.*, II, 642.
Tartanac. *Montp.-Mont.*, 390.
— *Toul.-Mont.*, 322, 323, 346, 1325.

Tartarin. *Par.*, ı, 1136, 1252.
— *Par.*, ııı, 141.
— *Poit.*, 820, 1440.
Tartas. *La Roch.*, 136.
— *Fland.*, 1355.
— *Guy.*, 121, 126, 901, 931.
Tarteau. *Als.*, 187.
Tartegrain. *Pic.*, 693.
Tartel. *Par.*, ı, 306, 602, 664, 1276.
Tartereau. *Par.*, ıı, 1012.
— *Poit.*, 344, 1123.
Tarteron. *Montp.-Mont.*, 833.
— *Par.*, ı, 883.
— *Par.*, ıı, 548.
— *Par.*, ııı, 456.
Tartier (le). *Champ.*, 17.
Tartif. *Soiss.*, 857.
Tartre (du). *Pic.*, 325.
Tartre (la). *Lorr.*, 147.
Tartre (le). *Al.*, 963.
Tarvenner. *Lorr.*, 466.
Tascher. *Al.*, 277, 284, 1255.
— *Tours*, 1069.
Tassard. *Soiss.*, 560.
Tassart. *Lorr.*, 290.
Tasse. *Bret.*, ı, 919.
— *Fland.*, 252.
Tasseau. *Al.*, 1094.
Tassel. *Champ.*, 751.
Tassereau. *Poit.*, 1121.
Tasseron. *La Roch.*, 185.
Tassi. *Auv.*, 319, 507.
— *Par.*, ı, 1281.
— *Prov.*, ı, 135.
— *Prov.*, ıı, 410, 413.
Tassic (de). *Lorr.*, 645.
Tassin. *Champ.*, 483, 492.
— *Orl.*, 362, 433, 473.
— *Par.*, ı, 1033.
Tassinet. *Bourg.*, ıı, 75.
Tassinot. *Lorr.*, 221.
Tassis. *Prov.*, ı, 1120.
Taste (la). *Toul.-Mont.*, 318, 1213.
— *Vers.*, 3.
Tastet. *Guy.*, 178, 771, 974, 988, 1034, 1147.
Tatin. *Poit.*, 1308, 1418.
Tatinelau. *Fland.*, 816.
Taudon. *Tours*, 900.
Taulade (la). *Guy.*, 598.
Taulan. *Montp.-Mont.*, 1412.
Taulie. *Montp.-Mont.*, 1330.
Tauloine. *Bourg.*, ı, 1183.
Tault. *Bret.*, ıı, 428.
Taupin. *Bourg.*, ıı, 364.
— *Vers.*, 84.

Taupinart. *Par.*, ı, 1245.
Taureau. *Tours*, 169.
Tauriac. *Lim.*, 170.
— *Montp.-Mont.*, 1042, 1043, 1055.
Taurin. *Caen*, 222, 227.
Taurines. *Toul.-Mont.*, 85.
Taurou. *Lyon*, 998.
Taut (du). *Bourb.*, 220.
Tauvai. *Champ.*, 294.
Tauxier. *Champ.*, 419
— *Par.*, ı, 560, 961.
— *Par.*, ıı, 654, 946.
— *Par.*, ııı, 309, 432.
— *Soiss.*, 829.
Tauzie. *Guy.*, 270.
Tauzin. *Guy.*, 521, 837.
Tavan. *Prov.*, ı, 791.
Tavanelle. *Prov.*, ı, 796.
Taveau. *Bourg.*, ı, 768.
— *Poit.*, 108, 161, 414, 1109.
Taverne. *Champ.*, 362.
— *Fland.*, 190, 199, 345, 780.
Taverneja. *Toul.-Mont.*, 1322.
Tavernier. *Orl.*, 69, 445.
— *Pic.*, 598.
— *Soiss.*, 327, 413, 562, 727, 855.
Tavernier (le). *Rouen*, 876, 824.
Taviel. *Fland.*, 148, 158, 162, 578, 1114, 1444.
Tavignon. *Bret.*, ı, 109, 612, 666, 952.
Taxi. *Prov.*, ı, 926, 1147.
— *Prov.*, ıı, 249, 308, 527, 608.
Taxil. *Prov.*, ı, 1087, 1205, 1274, 1334.
— *Prov.*, ıı, 520, 553.
Taxis. *Lyon*, 406.
Tayalte. *Fland.*, 1240.
Tayat. *Als.*, 903.
Teard. *Tours*, 908, 1337.
Téard (de). *Fland.*, 1354.
Teaules. *Montp.-Mont.*, 948.
Tebeau. *La Roch.*, 61.
Tech. *Als.*, 676.
Téclet. *Als.*, 129.
Tehillac. *Bret.*, ıı, 655.
Teil. *La Roch.*, 403.
Teil (du). *Al.*, 1017.
— *Bret.*, ıı, 483.
— *Caen*, 366.
— *Guy.*, 453, 663.
— *Lim.*, 370.
— *Poit.*, 469, 668, 902, 905, 1432.
— *Prov.*, ıı, 570.
Teilhard. *Auv.*, 88, 213, 439, 440.
Teijllac. *Lim.*, 480.

Teillard. *Par.*, iv, .96.
— *Toul.-Mont.*, 1050.
Teillé. *Poit.*, 109, 155, 172.
— *La Roch.*, 81.
Teille (du). *Pic.*, 822.
Teilleu. *Poit.*, 496.
Tellier. *Soiss.*, 708, 793.
Teinier. *Montp.-Mont.*, 1070.
— *Toul-Mont.*, 1314, 1322.
Teinturier. *Bourg.*, ii, 91.
— *Bret.*, ii, 1023.
— *Par.*, iii, 408.
Teinturiers de Metz (les). (*Comm.*). *Lorr.*, 618.
Teinturiers. (*Comm.*). *Poit.*, 520, 779, 1056.
Teissere. *Prov.*, i, 687, 1065, 1233.
— *Prov.*, ii, 499, 500, 713, 805.
— *Toul.-Mont.*, 954.
Teissier. *Dauph.*, 334.
— *Prov.*, i, 592, 979.
— *Prov.*, ii, 215, 708.
Teissière. *Prov.*, i, 128.
Teissières. *Guy.*, 447, 452, 453.
Teissonnière (la). *Bourg.*, ii, 287, 292.
Tel (de). *Bourg.*, i, 562.
Tel (du). *Par.*, iii, 518.
Tellier (le). *Al.*, 189, 616, 707, 727, 788, 967, 1097.
— *Bourges*, 61, 443.
— *Bourg.*, i, 165, 238.
— *Bourg.*, ii, 279.
— *Bret.*, ii, 900.
— *Caen*, 25, 98, 171, 215, 225, 230, 233, 432, 570, 613, 641, 675, 731.
— *Dauph.*, 594.
— *Fland.*, 309.
— *Par.*, i, 407, 470, 887, 906.
— *Par.*, ii, 317, 327, 468, 514, 707, 711, 728, 737.
— *Par.*, iii, 21, 214, 383, 444, 512, 578.
— *Par.*, iv, 248, 586, 699, 765.
— *Pic.*, 181, 379, 409, 522, 872.
— *Poit.*, 329.
— *Prov.*, i, 93.
— *Rouen*, 71, 135, 156, 276, 284, 390, 410, 422, 492, 710, 730, 773, 775, 986, 1221, 1230, 1234, 1332, 1369, 1374.
— *Tours*, 1015, 1020.
Tellières. *Al.*, 917.
Tellin (du). *Fland.*, 1475.
Tellois (le). *Al.*, 838.

Tely (du). *Lyon*, 85.
Temezy. *Prov.*, i, 1196 *bis*.
Tempier. *Montp.-Mont.*, 931.
— *Prov.*, i, 1011.
Temple. *Montp.-Mont.*, 255.
Temple (du). *Orl.*, 57, 65.
— *Poit.*, 501, 852, 883.
Temple (le). *Soiss.*, 750.
Templeri. *Prov.*, i, 397, 463.
Templier. *Bret.*, ii, 489.
— *Prov.*, ii, 766, 771.
Temps (des). *Orl.*, 748.
Temps (du). *Champ.*, 444.
Tenaille. *Orl.*, 872.
Tenaillier. *Prov.*, i, 807.
Tenant. *Guy.*, 919, 920.
— *Par.*, iii, 428.
Tenault. *Poit.*, 539, 1442.
Tende. *Par.*, ii, 997.
— *Par.*, iv, 727.
Tendron. *Tours*, 1391.
Tenelle. *Champ.*, 720.
— *Par.*, iv, 33.
Tenes (de). *Toul.-Mont.*, 639.
Tenet. *Lim.*, 235.
— *Toul.-Mont.*, 371.
Tennarre. *Bourg.*, ii, 16.
Tenneson. *Fland.*, 1361.
Tenneur (le). *Caen*, 149.
— *Par.*, i, 490.
— *Par.*, ii, 124.
Tenny. *Al.*, 964.
Tenon. *Bourb.*, 55, 80, 286, 410.
Tenours (le). *Bret.*, i, 727, 831.
Tenque. *Montp.-Mont.*, 608.
Tenre. *Fland.*, 132, 806, 1042.
Tenremande. *Fland.*, 3, 165, 1014.
Tepenier. *Bourb.*, 615.
Terail (du). *Montp.-Mont.*, 665.
Terans. *Bret.*, ii, 849.
Terasson. *Lim.*, 269.
Teraules. *Auv.*, 165.
Terci. *Lorr.*, 252.
Terdelan. *Fland.*, 1172.
Tere (de). *Caen*, 94, 104.
Terel. *Lorr.*, 190.
Terguer. *Bourg.*, i, 1067.
Tériton. *Poit.*, 1380.
Terlet. *Par.*, ii, 108.
— *Par.*, iii, 125.
Terlon. *Toul.-Mont.*, 121.
Termans. *Bret.*, ii, 154.
Terme (du). *Champ.*, 630.
— *Guy.*, 877.
Termelier. *Bret.*, ii, 1004.
Termellier (le). *Bret.*, i, 799, 801.

Termes. *Toul.-Mont.*, 1263.
Termine. *Montp.-Mont.*, 1326.
Ternan. *Orl.*, 731.
Ternaux. *Bourg.*, ii, 290.
— *Pic.*, 671.
Ternay. *Orl.*, 901.
Ternay. *La Roch.*, 400.
Terne. *Al.*, 115.
Terne (du). *Tours*, 1262.
Terneire. *Auv.*, 461.
Ternier. *Auv.*, 46.
Terniset. *Lorr.*, 151, 164.
Ternisieu. *Pic.*, 247.
Ternois. *Fland.*, 586.
Teron. *Champ.*, 887.
Teron (du). *Montp.-Mont.*, 202.
Teronneau. *Poit.*, 205, 260, 623, 639, 1144, 1270.
Terrade. *Guy.*, 213.
Terrade (la). *Béarn*, 30.
— *Bret.*, i, 178.
Terrai. *Lyon*, 812.
Terras. *Prov.*, i, 167, 1006.
— *Prov.*, ii, 479, 580, 808.
Terrasse. *Auv.*, 153.
— *Bourges*, 39.
— *Lyon*, 477, 613, 1051.
Terrasson. *Lyon*, 47, 77, 155, 379, 604, 635, 727, 904, 920.
Terre. *Orl.*, 339.
Terre (de). *Fland.*, 1121.
Terre (la). *Bret.*, i, 922.
Terreau. *Par.*, i, 1237.
Terrena. *Toul.-Mont.*, 1425.
Terrenoire. *Lyon*, 587.
Terret. *Bourg.*, ii, 349, 360, 534.
Terriau. *Tours*, 836.
Terride. *Toul.-Mont.*, 1227.
Terrien. *Bret.*, i, 483, 484.
— *Bret.*, ii, 489.
Terrier. *Bourg.*, i, 556, 559, 565, 656, 909, 1078, 1128, 1215.
— *Fland.*, 426.
— *Par.*, iii, 371.
— *Par.*, iv, 190, 557.
— *Tours*, 997.
Terrier (le). *Caen*, 229.
— *Rouen*, 285.
Terrière. *Poit.*, 986, 1045.
Terrieu. *Toul.-Mont.*, 1129.
Terrin. *Prov.*, ii, 134.
Terrion. *Bourg.*, i, 330, 483.
— *Bourg.*, ii, 493, 500.
Terriou. *Lim.*, 177, 251, 252.
Terrisse. *Bret.*, i, 161.
— *Montp.-Mont.*, 1298.

— *Toul.-Mont.*, 808.
Tersac. *Toul.-Mont.*, 887, 1386.
Tersmiel. *Prov.*, i, 769.
Terton. *Bret.*, ii, 691.
Tertre. *Pic.*, 314, 315.
Tertre (du). *Al.*, 286, 913, 1049.
— *Bret.*, i, 281, 357, 943.
— *Bret.*, ii, 386, 389, 440, 1012.
— *Caen*, 64, 252, 265, 438, 439.
— *Poit.*, 1334.
— *Rouen*, 439.
— *Tours*, 122, 163, 169, 171, 299, 422, 1007, 1125, 1273, 1277.
— *Vers.*, 142.
Tertule. *Par.*, i, 1206.
Tertule (de). *Prov.*, i, 894.
Tertules. *Dauph.*, 101, 102, 355.
   V. Labaume.
Tervau. *Pic.*, 869.
Terves (de). *Tours*, 92.
Tervy. *Bourg.*, i, 852.
Tesnière. *Caen*, 340
Tesnières. *Par.*, ii, 402.
Tespe. *Par.*, iv, 541.
Tespes (de). *Bourges*, 336.
Tessé. *Tours*, 867.
Tesseneau. *Poit.*, 1312, 1318, 1319.
Tesseré. *Montp.-Mont.*, 179.
Tessereau. *Poit.*, 1048, 1493, 1501, 1555.
— *La Roch.*, 206, 208.
— *Tours*, 850.
Tessier. *Bret.*, ii, 460, 461, 490.
— *Champ.*, 353.
— *Lim.*, 157, 158, 440.
— *Lyon*, 93, 165, 621.
— *Montp.-Mont.*, 242, 808, 847, 1350.
— *Par.*, iii, 273.
— *La Roch.*, 25, 270, 298.
— *Toul.-Mont.*, 663.
— *Tours*, 900, 1468.
Tessier (le). *Al.*, 413, 743, 791, 1003.
— *Par.*, ii, 727, 786.
Tessières. *Par.*, i, 1105.
Tesson. *Al.*, 361.
— *Caen*, 298, 344, 507, 530, 531, 535, 536, 774, 776.
— *Fland.*, 115, 126, 149, 163, 800.
— *Lyon*, 627.
— *Par.*, i, 1309.
Tessonnière (la). *Bourg.*, i, 404.
— *Par.*, ii, 1194.
Testa. *Par.*, ii, 122, 132, 361, 872, 873, 1194.
Testar. *Pic.*, 333, 506, 620, 700, 716.

Testard. *Bret.*, II, 446, 687.
— *Guy.*, 54, 649, 920.
— *Par.*, I, 308 (?), 1310.
— *Tours*, 503, 879.
Testart. *Champ.*, 795.
— *Lim.*, 2.
— *Par.*, III, 481.
— *Par.*, IV, 219.
— *Soiss.*, 162.
Testas. *Fland.*, 1384.
— *Guy.*, 826, 912, 1043.
Testat. *Lyon*, 931.
Testaut. *Lim.*, 429.
Teste. *Bourg.*, I, 950.
— *Lyon*, 659, 959.
Testebout. *Par.*, II, 60, 104, 105.
Testefolle. *Poit.*,, 647.
Testefort. *Bourg.*, II, 363.
— *Par.*, I, 761.
Testenoire. *Bourg.*, II, 349.
— *Lyon*, 784.
Testonnat. *Prov.*, I, 35.
Testori. *Prov.*, II, 529.
Testory. *Toul.-Mont.*, 495.
Testot. *Bourg.*, I, 167.
Testu. *Als.*, 730.
— *Fland.*, 1031.
— *Montp.-Mont.*, 1182.
— *Par.*, I, 886, 1082, 1180.
— *Par.*, IV, 250, 567.
— *Pic.*, 610.
— *Soiss.*, 305.
— *Tours*, 29.
Testu (le). *Caen*, 647.
— *Bret.*, I, 753.
— *Rouen*, 876.
Tetard. *Par.*, II, 1147.
Tétard. *Prov.*, I, 151.
Tétel. *Champ.*, 109, 134, 374.
Teterel. *Rouen*, 559, 578.
Tetin. *Prov.*, I, 698.
Tetton. *Fland.*, 1246.
Teuftel (de). *Pic.*, 691.
Teugnot. *Bourg.*, I, 873.
Teuil (du). *Als.*, 119.
Teule (la). *Toul.-Mont.*, 1117.
Teulére (la). *Toul.-Mont.*, 1244.
Teulier. *Toul.-Mont.*, 697, 764, 1025, 1173.
Teulon. *Guy.*, 1040.
Teureau. *Bourg.*, II, 373.
Teurlot. *Bourg.*, I, 218.
Teuse (de). *Champ.*, 729.
Teutzen. *Lorr.*, 276.
Teuvard. *Orl.*, 945.
Teuvenois. *Bourg.*, II, 338.

Teuvenon. *Bourg.*, I, 693.
Teux. *Toul.-Mont.*, 1348.
Tévache. *Fland.*, 297.
Tevenau. *Rouen*, 1375.
Teveinier. *La Roch.*, 172.
Tevenin. *La Roch.*, 233.
— *Tours*, 899.
Texandier. *Lim.*, 257, 311, 417.
Texier. *Bourb.*, 351, 524, 525.
— *Bret.*, II, 1040, 1074.
— *Dauph.*, 477.
— *Guy.*, 169, 397, 1120.
— *Lim.*, 363.
— *Montp.-Mont.*, 266.
— *Orl.*, 86, 114, 209, 500, 544, 618, 620.
— *Par.*, I, 1171, 1257.
— *Par.*, II, 1133, 1214, 1220.
— *Poit.*, 18, 48, 85, 103, 429, 430, 431, 456, 460, 505, 776, 984, 1004, 1070, 1077, 1139, 1169, 1202, 1213, 1314, 1328, 1363.
— *Soiss.*, 171.
— *Vers.*, 270.
Texier (le). *Bourg.*, I, 200.
— *Bret.*, I, 162.
— *Par.*, III, 127.
Texier d'Hautefeuille. *Lorr.*, 250.
Texiéres. *Lim.*, 123.
Textor. *Als.*, 915.
Textoris. *Auv.*, 531, 545, 561.
Tezé. *Tours*, 918.
Tezenet. *Prov.*, I, 1395.
Thainet. *Lyon*, 263.
Thais. *Bourges*, 139, 143.
— *Par.*, I, 924.
Thais de la Tour. *Lorr.*, 206.
Thalour. *Tours*, 934.
Thanne. *Als.*, 91. V.
Tharin. *Bourg.*, I, 595, 626.
Thaumas. *Bourges*, 15, 117, 407. V. Thomas.
Thaye. *Orl.*, 786.
— *Tours*, 749.
Théard. *Tours*, 558, 1193.
Théas. *Prov.*, I, 213, 214, 237, 1382.
Theaudrie. *Poit.*, 777.
Théault. *Bourges*, 257.
Thébaudin. *Tours*, 1101.
Thébault. *Bourges*, 413, 473.
— *Bret.*, I, 406, 621.
Thébaut. *Bret.*, II, 376, 385, 849, 1088.
— *Poit.*, 117, 150, 160.
Thébert. *Tours*, 1175.
Theis. *Dauph.*, 409.

— *Soiss.*, 107, 123, 124, 271, 561.
Thélis. *Lyon*, 50, 209, 711, 714.
— *Orl.*, 840.
Themines. *Guy.*, 1128.
Themoy. *Bret.*, II, 400.
Thenay. *Par.*, II, 210.
Thépault. *Bret.*, I, 652.
Therault. *Bret.*, II, 915.
Thereau. *Tours*, 1177.
Théret. *Bourges*, 369.
— *Tours*, 749.
Therezien. *Bret.*, II, 874.
Théric. *Prov.*, I, 624.
Thériot. *Orl.*, 983.
Théron. *Prov.*, I, 477.
Theron. *Pic.*, 690.
Théroulde. *Caen*, 520.
Théroulde. *Rouen*, 127, 149, 668, 764.
Therri. *Pic.*, 131, 132, 141, 724, 784.
Théry. *Poit.*, 1400.
Thésan. *Toul.-Mont.*, 120, 361.
These. *Béarn*, 91. V.
Thésut. *Orl.*, 9.
Thesut. *Par.*, I, 375.
— *Par.*, II, 810.
Thétut. *Bourg.*, I, 32, 34, 44, 45, 227, 230, 280, 315, 327, 454.
— *Bourg.*, II, 35, 178, 303, 533.
Theu (du). *Toul.-Mont.*, 1257.
Theuch. *Als.*, 664.
Theullier. *Tours*, 1216.
Theus. *Als.*, 465.
— *Prov.*, I, 649, 657, 1061.
— *Prov.*, II, 278, 389.
Theux. *Prov.*, I, 1084.
Theuzault. *Bourb.*, 494.
Thevart. *Par.*, I, 667, 1265, 1275.
— *Par.*, II, 112, 368.
Thévé. *Lyon*, 542.
Thévenard. *Lyon*, 224, 343, 956.
Thevenard. *Tours*, 279.
Thevenat. *Bourges*, 290.
Theveneau. *Bourges*, 461, 471.
— *Par.*, III, 474.
Thevenet. *Lyon*, 134, 144.
— *Poit.*, 917.
— *Soiss.*, 613.
Thevenier. *Par.*, II, 65.
Theveni. *Champ.*, 787.
Thevenin. *Bourb.*, 503.
— *Bourges*, 30, 76, 78, 239, 289.
— *Bret.*, I, 790.
— *Lim.*, 110, 269.
— *Lorr.*, 8, 158, 180.
— *Lyon*, 986.

— *Montp.-Mont.*, 958.
— *Orl.*, 593.
— *Par.*, II, 728, 776.
— *Poit.*, 227, 612, 1149.
Thevenot. *Bourg.*, I, 1253.
— *Bourg.*, II, 568.
— *Par.*, I, 396, 498.
— *Poit.*, 1344.
Thevet. *Bourges*, 470.
Thévi. *Fland.*, 24, 983.
Thevin. *Als.*, 664.
— *Poit.*, 328, 452, 831.
Thevon. *Montp.-Mont.*, 845.
Thévot *Lyon*, 1001.
Thezan. *Montp.-Mont.*, 273, 506, 516, 780, 1266, 1268, 1282, 1458, (*Communauté.*) 1479.
Thezard. *Montp.-Mont.*, 1258.
Thiange. *Bourges*, 109.
Thiange (de). *Bourb.*, 127, 505.
Thiard. *Bourg.*, I, 477.
— *Bourg.*, II, 9.
— *Par.*, II, 1090, 1273.
Thias. *Orl.*, 390.
Thiaudière. *Par.*, I, 1159.
— *Poit.*, 553.
Thiault. *Prov.*, I, 132.
Thibalier. *Lorr.*, 671.
Thiballier. *Orl.*, 347.
— *Par.*, II, 896.
Thibaud. *Prov.*, I, 891.
— *Prov.*, II, 24.
— *La Roch.*, 78, 164, 200, 258, 412, 417.
Thibaudeau. *Bret.*, I, 159, 494.
— *Fland.*, 1065.
— *Poit.*, 576, 1162, 1318.
— *La Roch.*, 204.
— *Tours*, 602.
Thibaudet. *Poit.*, 1344.
Thibaudier. *Lyon*, 301.
Thibault. *Al.*, 797, 1009.
— *Bourg.*, II, 256.
— *Bret.*, I, 340.
— *Guy.*, 74, 109, 249, 810, 966.
— *Lorr.*, 282, 291, 507.
— *Pic.*, 732.
— *Rouen*, 874, 889.
— *Soiss.*, 570.
— *Tours*, 337, 1012, 1017, 1019, 1021, 1142, 1149, 1250, 1285, 1305, 1508, 1531.
Thibaut. *Als.*, 322, 1072.
— *Bourges*, 71, 106.
— *Bourg.*, I, 110, 239, 242, 859.
— *Bret.*, II, 56.

— *Champ.*, 254.
— *Fland.*, 1146, 1147, 1277, 1505.
— *Lim.*, 69, 84, 85.
— *Lyon*, 48, 256, 437, 668, 966.
— *Montp.-Mont.*, 521.
— *Orl.*, 393, 548.
— *Par.*, I, 182, 229.
— *Par.*, II, 116, 117, 634, 1146.
— *Par.*, III, 4, 336, 391, 425.
— *Par.*, IV, 334, 338, 695, 790.
— *Poit.*, 31, 33, 139, 141, 144, 154, 171, 250, 349, 352, 371, 483, 605, 638, 824, 1038, 1046 1122, 1159, 1163, 1340, 1369.
Thibaut (St-). *Bourg.*, I, 1051.
Thiberge. *Par.*, III, 336.
Thibergeau. *Tours*, 353.
Thibert. *Al.*, 249.
— *Bourg.*, I, 62, 167, 108.
— *Par.*, I, 636, 699, 1152.
— *Par.*, II, 25, 26.
— *Par.*, III, 118, 299.
Thibery. *Montp.-Mont.*, 131. (*Abb.*).
Thibeuf. *Par.*, I, 872.
— *Par.*, II, 194.
— *Par.*, III, 217.
Thiboulat. *Rouen*, 516, 1151.
Thiboust. *Al.*, 78, 80, 500, 606.
— *Par.*, II, 505, 1224.
— *Par.*, IV, 249, 632, 762.
Thibout. *Caen*, 98, 110, 114, 213.
— *Par.*, I, 486.
Thiébault. *Bourg.*, I, 846.
— *Lorr.*, 458, 507.
Thiébault (St-) de Metz. (*Chap.*). *Lorr.*, 560.
Thiébaut. *Als.*, 229, 326, 854, 930.
— *Pic.*, 732.
Thiéblemont. *Champ.*, 748.
Thiedot. *Par.*, I, 710.
Thiein. *Lorr.*, 158, 162, 164, 317.
Thieley. *Bourg.*, II, 391.
Thielmont. *Champ.*, 179, 772.
Thienne. *Tours*, 207, 214.
Thienne (de). *Tours*, 629.
Thiennes (de). *Fland.*, 157, 312, 454, 1442, 1480.
— *Pic.*, 138, 193, 197, 199, 209, 210.
Thiennot. *Bourg.*, I, 803.
Thier. *Lorr.*, 577.
Thiéri. *Al.*, 328, 1017.
— *Champ.*, 47, 57, 345, 368.
— *Tours*, 349.
Thieriat. *Lorr.*, 512.
— *Par.*, IV, 53, 54, 57, 480.

Thieriet. *Lorr.*, 289, 294, 295.
Thiering. *Als.*, 713.
Thierion. *Champ.*, 341, 845.
Thieriot. *Par.*, III, 173.
— *Poit.*, 1284.
Thierri. *Fland.*, 806.
— *Lorr.*, 8, 9, 19, 22, 30, 334, 358, 476.
— *Rouen*, 897, 906.
Thierri (de). *Tours*, 128.
Thierriat. *Bourg.*, 536.
— *Fland.*, 759.
— *Par.*, I, 1023.
Thiers. *Tours*, 794.
Thiersaut. *Lorr.*, 261.
— *Par.*, II, 319, 551.
Thiery. *Auv.*, 151, 453.
— *Bourges*, 255.
— *Bourg.*, I, 60.
— *Bourg.*, II, 43.
— *Bret.*, I, 25, 38, 202, 205.
— *Par.*, I, 598.
— *Par.*, II, 141, 455, 833.
— *Par.*, III, 308.
— *Par.*, IV, 92, 100.
— *Pic.*, 399, 545.
— *Toul.-Mont.*, 937.
— *Vers.*, 9.
Thieslin. *Orl.*, 798.
— *Tours*, 260, 1335, 1425.
Thiesmont. *Orl.*, 959.
Thiesny. *Poit.*, 341.
Thiesse. *Al.*, 231.
Thies-é. *Bret.*, II, 838.
Thiesset. *Par.*, IV, 274.
Thiest. *Als.*, 819.
Thietri. *Lorr.*, 476.
Thieu. *Par.*, III, 348.
Thiculaine. *Pic.*, 659, 683.
Thieulin. *Al.*, 11, 753, 765, 1176, 1235.
— *Rouen*, 794.
Thieuville. *Caen*, 107, 259, 720.
— *Rouen*, 286, 292, 352.
Thievin. *Al.*, 711, 716.
— *Par.*, III, 342.
Thil (du). *Pic.*, 342, 343.
— *Toul.-Mont.*, 522.
Thines (de). *Béarn*, 7.
Thinier. *Bourges*, 266.
Thinnay. *Poit.*, 1159.
Thinot. *Soiss.*, 249.
Thioli. *Lyon*, 171, 751.
Thiolière. *Lyon*, 328, 594.
Thionville. *Lorr.*, 385, 639, 547, V.
Thioult. *Caen*, 85, 182, 184.

Thiraud. *Prov.*, II, 9.
Thiraut. *Al.*, 1105.
Thire (de). *Caen*, 732.
Thir l. *Par.*, I, 1165.
— *Par.*, II, 135.
Thiri. *La Roch.*, 300.
Thiriat. *Par.*, IV, 337.
Thiriet. *Lorr.*, 289, 294, 295, 472.
Thiri n. *Lorr.*, 637.
— *Orl.*, 740.
Thirou. *Al.*, 839.
— *Lim.*, 362.
Thirou (du). *Al.*, 245.
Thiroux *Bourg*, II, 180, 614.
— *Par.*, I, 1081.
— *Pic.*, 686.
Thisson. *Als.*, 409.
Thisy. *Lyon*, 973. V.
Thiville. *Orl.*, 218, 526.
Thoard. *Prov.*, I, 774.
Thobris. *Pic.*, 725, 726.
Thoinard. *Orl.*, 314, 317, 333, 346, 348.
Thois (du). *Bret.*, II, 50.
Thoisy. *Bourg.*, I, 149.
— *Bourg.*, II, 232, 238.
Thollet. *Orl.*, 271.
Thollon. *Prov.*, II, 500.
Tholomé. *Lyon*, 36, 225.
Tholssac. *Caen*, 438.
Tholozan. *Dauph.*, 114, 170, 518, 566.
Thoman. *Als.*, 869, 885.
Thomas. *Al.*, 1050.
— *Als.*, 951.
— *Auv.*, 157, 455.
— *Bourb.*, 386, 437.
— *Bourges*, 138, 241, 257, 393, 408.
— *Bourg.*, I, 31, 42, 52, 325, 1283.
— *Bourg.*, II, 26, 52, 60, 174, 507, 553.
— *Bret.*, I, 120, 420, 587, 596, 600, 625, 930, 966.
— *Bret.*, II, 457, 464, 583, 584, 838, 839, 840.
— *Caen*, 76, 75, 103, 115, 296, 313, 446, 729, 749.
— *Champ*, 674, 719, 877.
— *Dauph.*, 43.
— *Fland.*, 875, 1351.
— *Guy.*, 136.
— *Lim.*, 54, 65, 68, 79, 270.
— *Lorr.*, 533, 597, 652.
— *Lyon*, 524, 614, 659, 675, 685, 771, 939.
— *Montp.-Mont.*, 410, 486, 805, 1339.

— *Par.*, I, 521, 535, 1011, 1035, 1122, 1310.
— *Par.*, II, 213, 221, 258, 547, 549.
— *Par.*, III, 262, 386, 526, 531.
— *Par.*, IV, 281.
— *Poit.*, 66, 106, 251, 337, 494, 1182, 1185, 1478.
— *Prov.*, I, 6, 8, 63, 82, 99, 173, 378, 390.
— *Prov.*, II, 32, 44, 247, 283, 391, 441, 582, 602, 752, 753.
— *La Roch.*, 135, 199, 227, 317, 362, 363.
— *Rouen*, 68, 272, 406, 492, 507, 546, 718, 849, 1326, 1362.
— *Soiss.*, 257, 730.
— *Tours*, 77, 89, 129, 845, 1274, 1338.
— *Toul.-Mont.*, 153, 218, 567, 906, 915, 916.
— *Vers.*, 52.
Thomas (St-). *Fland.*, 1441.
— *Lorr.*, 63.
Thomasseau. *Par.*, III, 427.
— *Poit.*, 1085, 1230, 1289.
— *Tours*, 936, 1512.
— *Bret.*, II, 316, 448.
Thomasset, *Poit.*, 240, 243, 374, 1248.
Thom ssi. *Prov.*, II, 151.
Thomassière (la). *Lyon*, 370.
Thomassin. *Bourg.*, I, 638.
— *Bourg.*, II, 216, 614.
— *Champ.*, 176, 293.
— *Fland.*, 20.
— *Lorr.*, 18, 19, 20, 123, 162, 344, 437, 542.
— *Par.*, I, 1174.
— *Par.*, II, 189.
— *Prov.*, I, 318, 381, 429, 439, 449, 568, 620, 681, 893, 896, 983, 1023.
— *Vers.*, 16.
Thomassy. *Bourg.*, I, 565.
— *Montp.-Mont.*, 314.
Thomé. *Bret.*, I, 33.
— *Dauph.*, 14, 133.
— *Lyon*, 11, 17, 20, 24, 51, 109, 144, 161, 521, 554, 830.
— *Montp.-Mont.*, 429.
— *Par.*, II, 650, 843, 917.
— *Par.*, IV, 92.
— *Prov.*, I, 1348.
— *Prov.*, II, 607.
Thomer. *Par.*, II, 874.
Thomier. *Lim.*, 362.
Thomin. *Als.*, 530.
— *Par.*, I, 481, 1077, 1309.

Thou (du). *Caen*, 140, 492, 615.
Thoubareau. *Prov.*, II, 530.
Thoni. *Al.*, 902.
Thonier. *Par.*, I, 1169.
Thonneins. *Guy.*, 1133, 1134.
Thoos. *Fland.*, 674.
Thopie. *Prov.*, II. 330.
Thorame. *Prov.*, I, 947.
Thore. *Guy.*, 398.
Thoré. *Lorr.*, 664.
— *Par.*, III, 280, 306.
Thoreau. *Bourg.*, II, 31, 109.
— *Bret.*, I, 560.
— *Orl.*, 683.
— *Poit.*, 25, 38, 67, 327, 584, 826.
Thorel. *Bourg.*, II, 50.
— *Lorr.*, 395, 600, 664.
— *Lyon*, 106.
— *Rouen*, 7, 33, 481, 767, 1151, 1164.
Thori. *Tours*, 1510, 1515.
Thorigné. *Poit.*, 568.
Thorin. *Orl.*, 677, 1004.
— *Poit.*, 822, 1507, 1518.
Thoron. *Par.*, I, 825.
— *Prov.*, I, 138, 338, 429, 491, 551, 846.
Thorot. *Bourg.*, I, 865.
Thory. *Orl.*, 335.
Thosse (de). *Pic.*, 331, 811.
Thou (de). *Bourges*, 15.
— *Bourg.*, I, 1011.
— *Par.*, II, 309, 1167.
Thouair. *Caen*, 733.
Thouand. *Montp.-Mont.*, 131.
Thouard. *Orl.*, 456.
— *Poit.*, 982.
— *Prov.*, II, 360.
Thouars. *Poit.*, 269, 1309, 1423. V.
Thouars (de). *Champ.*, 792.
Thoui. *Toul.-Mont.*, 1483.
Thouin. *Par.*, III, 460.
— *Poit.*, 457, 1085.
Thouldet. *Prov.*, I, 804.
Thouret. *Par.*, II, 406.
— *Par.*, IV, 550.
Thouri. *Al.*, 1163.
Thouron. *Par.*, I. 1262.
— *Prov.*, II, 182.
Thouzeau. *Par.*, II, 485.
Thouzé. *Tours*, 1261.
Thouvenin. *Bret.*, II, 448.
Thouvant. *Bourg.*, II, 300.
Thuault. *Orl.*, 551.
Thubeauville. *Pic.*, 304, 830.
Thubière. *Montp.-Mont.*, 295, 298.
Thubières. *Par.*, III, 93, 100.

Thubines. *Toul.-Mont.*, 290.
Thuet. *Par.*, II, 922.
Thuilleau. *Par.*, I, 729.
Thuillier. *Orl.*, 813.
— *Par.*, II, 653.
— *La Roch.*, 410.
— *Soiss.*, 240, 609.
Thuinot. *Bourg.*, I, 871.
— *Par.*, II, 85.
Thuit. *Rouen*, 782.
Thumeri. *Lorr.*, 183, 295.
— *Rouen*, 310.
Thuneron. *Prov.*, II, 783.
Thumery. *Par.*, I, 906.
— *Par.*, II, 205, 388.
Thunin. *Prov.*, I, 1457.
Thuot. *Bourg.*, II, 365.
— *Par.*, IV, 572.
Thureau. *Par.*, II, 403.
Thuret. *Al.*, 230, 450, 1145.
Thuri. *La Roch.*, 73.
Thurin. *Par.*, II, 96.
Thurotte. *Pic.*, 708.
Thuveigni. *Champ.*, 669.
Tiadet. *Bourg.*, I, 1150.
Tianges (des). *Bret.*, II, 542.
Tiard. *Prov.*, II, 319.
Tibaud. *Tours*, 1134, 1139.
Tibaudière (la). *Tours*, 94, 885.
Tibaudot. *Par.*, I, 821.
Tibaudrie (la). *La Roch.*, 217.
Tibère. *Lorr.*, 539.
Tibergeau. *Tours*, 249.
Tichedor. *Toul.-Mont.*, 1488, 1489.
Ticquet. *Par.*, I, 531, 673, 1020, 1071.
— *Par.*, IV, 132.
Ticquette. *Pic.*, 394, 694, 699.
Tiebefon. *Lim.*, 182.
Tiébessé. *Guy.*, 260.
Tieffroi. *Rouen*, 860.
Tiéfou. *Fland.*, 290.
Tiefry. *Fland.*, 985.
Ticis. *Toul.-Mont.*, 859.
Tienne. *Bourg.*, I, 434.
Tierce. *Par.*, III, 145.
— *Rouen*, 74, 822.
Tiercelet. *Champ.*, 162.
— *Par.*, II, 247.
— *Par.*, III, 116.
Tiercelin. *Al.*, 275, 276, 1023, 1129.
— *Bourb.*, 133.
— *Bret.*, II, 338.
— *Pic.*, 300.
— *Poit.*, 283.
Tierou. *Fland.*, 872.

Tiers (du). *Poit.*, 71.
Tierse. *Prov.*, II, 763.
Tiersonnier. *Par.*, IV, 130, 136.
Tiersot. *Bourg.*, II, 367.
Tiessé. *Rouen*, 867, 907.
Tievloy (de). *Montp.-Mont.*, 1310, 1340.
Tiffaine. *Fland.*, 30.
Tiffaud. *Toul.-Mont.*, 128, 143.
Tiffenin. *Poit.*, 559.
Tiffon. *Lyon*, 143, 654, 674.
— *Toul.-Mont.*, 875.
Tiffonneau. *Poit.*, 1212.
Tiffonnet. *Par.*, III, 188.
Tige. *Lorr.*, 482.
Tiger. *Tours*, 1159.
Tigné. *Tours*, 613.
Tihévery. *Guy.*, 883.
Til (de). *Béarn*, 114
Til (du). *Guy.*, 687.
— *Lyon*, 214, 215, 925.
— *Montp.-Mont.*, 318.
— *Toul.-Mont.*, 152, 196.
Tilhac. *Toul.-Mont.*, 1244.
Tilhart. *Orl.*, 1016.
Tilhaut. *Guy.*, 111, 911.
Tilhol. *Guy.*, 907.
— *Toul.-Mont.*, 160.
Tillard. *Lyon*, 1036.
Tilleste. *Pic.*, 239, 246, 274, 275, 295, 254, 425, 452, 453, 473, 750.
Tillet de Motart. *Pic.*, 35.
Tillet (du). *Al.*, 79.
— *Guy.*, 134, 1132.
— *Lim.*, 359.
— *Montp.-Mont.*, 1107.
— *Par.*, I, 773, 909, 982, 1030.
— *Par.*, II, 275, 547.
— *Par.*, IV, 75, 455.
— *Poit.*, 651.
— *Toul.-Mont.*, 252, 1015.
Tilleul (du). *Rouen*, 317.
Tilli. *Al.*, 114, 297, 1201, 1243.
— *Caen*, 315.
— *Lorr.*, 475.
— *Rouen*, 378, 408, 441, 533, 1357.
Tellier (le). *Poit.*, 427.
Tillieu (du). *Par.*, I, 852.
Tilloi (du). *Champ.*, 737.
— *Pic.*, 583.
Tillois. *Bourges*, 276.
Tillon. *Lorr.*, 471.
Tilloy (du). *Fland.*, 197.
Tilly. *Bret.*, II, 704, 1028.
— *Par.*, IV, 396.
Tilorier. *Par.*, III, 370.

— *Soiss.*, 315.
Timbrune. *Guy.*, 680.
— *Toul.-Mont.*, 950, 1407.
Timerais. *Al.*, 1078.
Timon. *Prov.*, I, 637.
Timonet. *Bourg.*, I, 1183.
Timont. *Lyon*, 650, 940.
Tinarage. *Toul.-Mont.*, 348.
Tinardy. *Montp.-Mont.*, 275.
Tinel. *Guy.*, 693.
— *Montp.-Mont.*, 808.
Tinellis. *Prov.*, II, 83.
Tinelly. *Montp.-Mont.*, 540, 938.
Tinent. *Al.*, 321, 322.
Tinguy. *Poit.*, 630, 684, 685, 737, 738, 1248.
Tinseau. *Bourg.*, I, 597.
Tintiniac. *Bret.*, I, 212, 363, 842.
Tiossays. *Bret.*, II, 837, 845.
Tiphaine. *Par.*, III, 361.
Tiquerville. *Rouen*, 1218.
Tiquet. *Par.*, II, 514.
Tiran. *Prov.*, I, 485, 623, 613, 1083, 1231.
Tiranni. *Prov.*, I, 321.
Tirani. *Toul.-Mont.*, 502.
Tirant. *Par.*, III, 496.
— *Poit.*, 1019.
Tirant (le). *Orl.*, 136.
Tiraqueau. *Par.*, II, 1126.
— *Poit.*, 117.
Tirard. *Lorr.*, 310.
— *Par.*, III, 490.
Tircuir. *Lyon*, 215.
Tiré. *Poit.*, 914.
Tirefort. *Bret.*, I, 653, 654.
— *Toul.-Mont.*, 544.
Tirel. *Al.*, 627.
— *Als.*, 956.
— *Bret.*, II, 400, 558, 559.
— *Caen*, 558.
— *Rouen*, 110, 286, 1227.
Tirel (du). *Als.*, 119.
— *Tours*, 219.
Tiremant. *Par.*, I, 530.
Tirement. *Champ.*, 606, 624,
Tirmois. *Al.*, 4, 8, 25, 44, 54, 184, 477, 532, 548, 564, 581, 785, 1042, 1172, 1174.
Tiremois. *Par.*, I, 520.
— *Rouen*, 593, 650, 688.
Tiremon. *Guy.*, 1123.
Tiret. *Bourg.*, I, 1141.
— *Par.*, III, 292.
Tirment. *Par.*, III, 118, 274, 401.
Tirmout. *Par.*, II, 576.

Tirode. *Bourg.*, I, 1168.
Tiron. *Par.*, III, 290,
— *Rouen*, 729, 817.
Tirot. *Bret.*, II, 1029.
Tiroux. *Bourg.*, I, 269, 272, 274.
Tisnard. *La Roch.*, 66.
Tisné (du) *Par.*, I, 261.
Tison. *Par.*, II, 241.
— *Poit.*, 466.
— *La Roch.*, 112.
— *Rouen*, 278.
Tissandier. *Auv.*, 55, 582.
— *Bourb.*, 514.
— *Toul.-Mont.*, 263, 589, 989.
Tissannier. *Toul.-Mont.*, 618, 625.
Tissard. *Soiss.*, 558.
Tissart. *Orl.*, 810.
— *Par.*, II, 814.
— *Vers.*, 57.
Tissenei. *Guy.*, 829.
Tisserand. *Bourg.*, I, 346, 610.
— *Bourg.*, II, 49, 505, 509.
— *Champ.*, 200.
Tisserands de Marville (les). *Lorr.*, 672. *Communauté*.
— de Metz. *Lorr.*, 393.
— de Luxembourg. *Lorr.*, 684.
— de Rembervilliers. *Lorr.*, 686.
— de Thionville. *Lorr.*, 689.
— de Toul. *Lorr.*, 105.
— de Verdun. *Lorr.*, 673.
— de Vic. *Lorr.*, 570.
Tisserans. *Poit.*, 344, *Communauté*. 398, 544, 552, 568, 869, 861, 931.
Tisserant. *Lyon*, 938.
— *Par.*, I, 233.
— *Par.*, III, 596.
Tisserant (le). *Par.*, II, 233.
Tisseré. *Toul.-Mont.*, 784.
Tisset. *Montp.-Mont.*, 795.
Tisseur. *Lyon*, 178.
Tissier. *Bourges*, 264.
— *Bourg.*, II, 256, 377.
— *Lorr.*, 184.
— *Prov.*, I, 1455.
Tisson. *La Roch.*, 164.
Tissot. *Bourg.*, I, 1251.
— *Lyon*, 166, 294.
— *Pic.*, 208.
— *Toul.-Mont.*, 589.
Tissu. *Par.*, I, 745.
Titaire. *Rouen*, 260.
Titelouze. *Pic.*, 231.
Titeux. *Champ.*, 508.
Titou. *Par.*, I, 184, 517, 928, 939, 1010, 1032, 1104.

Tonnac. *Toul.-Mont.*, 993.
Tivolei. *Dauph.*, 166.
Tixier. *Auv.*, 152, 379.
— *Bourb.*, 198.
— *Bourges*, 325, 444.
— *Bourg.*, I, 269.
— *Bret.*, II, 312.
— *Lyon*, 180.
— *La Roch.*, 349.
— *Vers.*, 212.
Tizon. *Bret.*, I, 245.
— *Bret.*, II, 772.
— *Lim.*, 75.
Tkint. *Fland.*, 148.
Toc (du). *Par.*, I, 1023.
Tocin. *Par.*, I, 66.
Tocque. *Rouen*, 867.
Tocqué. *Tours*, 985.
Tocquet. *Lyon*, 49, 54.
Tocqueville. *Rouen*, 1090.
Tocquiny. *Lyon*, 835.
Todt. *Als.*, 1046.
Tœil. *Poit.*, 847.
Toiffié. *Prov.*, I, 1448.
Toille (la). *Toul.-Mont.*, 1325,
Toillier (du). *Orl.*, 162.
Toinard. *Par.*, III, 310.
Toirin. *Bret.*, II, 1117.
Toison. *Par.*, II, 981.
Toison (la). *Bourg.*, I, 34, 44, 270, 275, 311, 318.
— *Bourg.*, II, 43, 166, 187, 375.
Toit (du). *Fland.*, 104, 158, 570.
Toitot. *Bourg.*, I, 786.
Tolède. *Bourges*, 18.
— *Guy.*, 126.
Tolin. *Lyon*, 537.
Tolincourt. *La Roch.*, 76.
Tollemer. *Al.*, 292, 444.
— *Rouen*, 214, 323, 334, 1265.
Tolleron. *Par.*, II, 521.
Tollet. *Al.*, 1049.
— *Rouen*, 933.
Tollon. *Prov.*, I, 1261.
Tollu. *Poit.*, 1411.
Tolosan. *Prov.*, I, 904, 969, 972.
Tolosani. *Toul.-Mont.*, 4.
Tombarelli. *Prov.*, I, 1370.
Tondart. *Lyon*, 556.
Tondeurs (les) de Metz. *Lorr.*, 616. *Communauté*.
Tondu. *Bourges*, 48.
— *Bourg.*, II, 205.
Tondut. *Montp.-Mont.*, 603.
Tongas. *Montp.-Mont.*, 1449.
Tonion. *Prov.*, I, 1425.

Tonnard. *Dauph.*, 61.
Tonnelier. *Bourb.*, 49, 64, 279, 412, 414, 416, 458, 460, 473.
— *Tours*, 783, 1521.
Tonnelier (le). *Al.*, 1150.
— *Orl.*, 62, 647.
— *Par.*, I, 479, 498, 540, 781, 869, 1213.
— *Par.*, II, 256, 385, 556, 563.
— *Par.*, III, 201, 234, 557, 561.
Tonnelier (le) Breteuil. *Pic.*, 271.
Tonneliers (les) de Metz. *Lorr.*, 243, Communauté.
— de Rembervillers. *Lorr.*, 686.
— de Verdun. *Lorr.*, 669.
Tonnemin. *Lorr.*, 54.
Tonnerre. *Par.*, IV, 448.
Tonnevot. *Rouen*, 1242.
Tonnier. *Par.*, II, 1124.
Tonson. *Rouen*, 43, 59, 687, 762.
Top. *Fland.*, 738.
Topin. *Bourg.*, I, 33, 93.
Toquet. *Bourg.*, I, 962.
Toraille. *La Roch.*, 151.
Toran. *Bret.*, I, 921.
Torasse. *Bourges*, 112.
Toraval. *Bret.*, II, 1135.
Torcapel. *Al.*, 771.
Torcat. *Prov.*, I, 820.
Torchard. *Tours*, 356.
Torchart. *Poit.*, 597.
Torchebeuf. *Par.*, IV, 498.
Torchef-lon. *Bourg.*, I, 196.
— *Dauph.*, 76, 203.
Torches (de). *Montp.-Mont.*, 140, 1271.
Torchet. *Champ.*, 452, 879.
— *Soiss.*, 142.
Torchon. *Bourges*, 114, 173.
— *Pic.*, 709.
— *Tours*, 550.
Torci. *Champ.*, 226.
— *Rouen*, 208, 455, 866, 1233.
Torcol (le). *Bret.*, I, 359.
Torcy. *Bourb.*, 87.
— *Bourg.*, II, 261.
— *Par.*, I, 1328.
— *Par.*, II, 1127.
— *Par.*, III, 96.
Torcy (de). *Pic.*, 262.
Tordereau. *Fland.*, 11, 57, 243, 250, 264, 1022.
Tordot. *Bourg.*, II, 345.
Torel. *Bret.*, II, 592.
Torent. *Par.*, III, 319.
Torenti. *Auv.*, 565.

Toret. *Par.*, IV, 347.
Toret (le). *Bourg.*, II, 249.
Torgan. *Montp.-Mont.*, 141.
Torillon. *Toul.-Mont.*, 888.
Torin. *Rouen*, 855.
Toris. *Fland.*, 619.
Torison. *Guy.*, 39, 1060.
Tornant (du). *Prov.*, I, 99.
Tornel. *Prov.*, I, 1273.
Tornon. *Par.*, II, 482.
Torpanne. *Tours*, 1019.
Torquetil. *Caen*, 365.
Torre (la). *Fland.*, 213, 302, 1268.
Torrent. *Auv.*, 32.
— *Lyon*, 102.
Torrillon. *Fland.*, 605.
Tors (le). *Bourg.*, I, 158.
— *Par.*, IV, 573.
Torson. *Toul.-Mont.*, 560.
Tor. *Champ.*, 345.
Tort (de). *Toul.-Mont.*, 1436, 1438.
Tort (le). *Al.*, 697.
— *Bret.*, II, 1084, 1102.
— *Tours*, 880.
Tortal. *Dauph.*, 343.
Tortali. *Guy.*, 77, 110, 253.
Tortel. *Prov.*, I, 85, 1226.
Tortereau. *Par.*, I, 612.
Torteval. *Caen*, 603.
Tortillière. *Vers.*, 126.
Tortillon. *Auv.*, 477.
Tortouval. *Pic.*, 763.
Tortreau. *Poit.*, 519, 1206.
Toru. *Poit.*, 1361.
Toscane. *Bret.*, I, 880.
Toshé. *Tours*, 868.
Tostes. *Guy.*, 300.
Tosville. *Caen*, 379.
Tot (du). *Caen*, 437.
— *Rouen*, 432, 539, 666,
— *Soiss.*, 591.
Totaillet. *Toul.-Mont.*, 1234.
Touari. *Rouen*, 51.
Touay. *Poit.*, 923.
Toubeau. *Bourges*, 27, 327.
— *Par.*, I, 1226.
Toublanc. *Bret.*, I, 170.
— *Tours*, 905, 911, 959, 1262.
Toublet. *Bret.*, I, 811.
Toucas. *Montp.-Mont.*, 1291.
— *Prov.*, I, 103, 123.
Touchais. *Bret.*, II, 399.
— *Rouen*, 1094.
— *Tours*, 886.
Touchard. *Guy.*, 629.
— *Lim.*, 426.

— *Lyon*, 321.
— *Tours*, 369, 1300.
— *Vers.*, 197.
Touchaux. *Poit.*, 1170.
Touche. *Prov.*, i, 326, 925, 1455.
Touche (la). *Als.*, 690, 846, 847, 849.
— *Bourb.*, 15.
— *Bourges*, 80.
— *Bret.*, i, 307, 529, 630, 830.
— *Bret.*, ii, 730, 1095.
— *Caen*, 540.
— *Lim.*, 302.
— *Lorr.*, 688.
— *Poit.*, 273, 383, 395, 558, 722, 1130, 1147, 1428.
— *La Roch.*, 113, 176, 198, 212, 394.
— *Tours*, 287, 418, 990, 1072, 1183, 1361.
— *Vers.*, 18.
Touche (la) Limouzinière. *Poit.*, 3.
Touchebœuf. *Guy.*, 628.
Touchebois. *Vers.*, 125.
Touches (de). *Bourg.*, i, 326.
Touches (des). *Als.*, 392.
— *Caen*, 70, 71, 202, 212, 647.
— *Poit.*, 1178.
Touchet. *Caen*, 162, 167, 411, 608, 784.
— *Par.*, iii, 381.
— *Poit.*, 890.
Touchet (du). *Al.*, 461.
Touchin. *Par.*, i, 1405.
Toudut. *Montp.-Mont.*, 1447.
Toufevie. *Prov.*, i, 924.
Touffé. *Par.*, iv, 83.
Touffé (le). *Caen*, 638.
Touffier. *Pic.*, 253.
Touffreville. *Rouen*, 89.
Toufler. *Soiss.*, 722.
Touge (la). *Toul.-Mont.*, 684.
Tougés. *Montp.-Mont.*, 1065.
Touille. *Soiss.*, 819.
Touin. *Par.*, iii, 469.
Touja. *Béarn*, 74.
Toul. *Lorr.*, 43. V.
Toulanhouet. *Bret.*, ii, 786.
Toulboudon. *Bret.*, i, 324.
— *Bret.*, ii, 350.
Toulet. *Bourges*, 465.
— *Orl.*, 861, 881.
Toulgouet. *Bret.*, ii, 58, 229.
Toulgret. *Bret.*, i, 950.
Toulier. *Toul.-Mont.*, 508.
Toullard. *Bret.*, ii, 676.
Toullet. *Pic.*, 293, 642.

Toullier. *Bret.*, i, 560.
— *Bret.*, ii, 382.
Toullieu. *Par.*, ii, 1160.
Toully. *Lim.*, 355.
Toulon. *Dauph.*, 335, 356.
— *Lyon*, 326.
— *Prov.*, i, 16, V, 1182, 1183, 1266.
— *Prov.*, ii, 320.
— *Toul.-Mont.*, 242.
Toulonjon. *Bourg.*, i, 262.
Toulousan. *Prov.*, ii, 490.
Toulouse. *Montp.-Mont.*, 493, 803.
— *Toul.-Mont.*, 59, 547, 548, 841. V. Lautrec.
Toulouzan. *Prov.*, i, 1178.
Toumin. *Al.*, 850, 863.
Toun. *Als.*, 473.
Tounel. *Lyon*, 311.
Tounin. *Tours*, 1185.
Toupelin. *Bourg.*, i, 745.
Toupet. *Par.*, iii, 144, 226.
Toupignan. *Guy.*, 256, 260, 325.
Touques. *Caen*, 565.
Tour (du). *Auv.*, 355, 400.
— *Bourg.*, i, 196, 398.
— *Guy.*, 944.
— *Lim.*, 324.
— *Montp.-Mont.*, 1439.
— *Poit.*, 1409.
— *Soiss.*, 7, 193, 194, 589, 704.
— *Toul.-Mont.*, 443, 1261, 1274, 1277, 1291, 1292.
— *Tours*, 902, 916.
Tour (la). *Al.*, 1055.
— *Als.*, 190.
— *Auv.*, 165, 248, 253, 333, 334, 543, 561.
— *Bourb.*, 62.
— *Bourges*, 505.
— *Bourg.*, i, 510, 649, 667, 962, 1226, 1237, 1284.
— *Bret.*, ii, 159, 729, 745.
— *Dauph.*, 28, 123, 131, 295, 351, 470, 473, 531, 533.
— *Fland.*, 4, 727, 1081, 1093, 1207, 1247, 1287.
— *Guy.*, 290, 423, 620, 803.
— *Lim.*, 124.
— *Lorr.*, 286, 605.
— *Lyon*, 34, 35, 329, 767, 800.
— *Montp.-Mont.*, 218, 929, 1101, 1372.
— *Par.*, i, 35, 153, 180, 207, 243, 295, 1158, 1216, 1269, 1272.
— *Par.*, ii, 192, 1226.
— *Par.*, iii, 20, 69, 94, 506.

— *Par.*, iv, 621.
— *Pic.*, 97, 402, 429, 691.
— *Poit.*, 96, 238, 296, 406, 559, 1156, 1552.
— *Prov.*, i, 471, 552, 650, 842, 954, 1364.
— *Prov.*, ii, 81, 335, 593.
— *La Roch.*, 93, 100.
— *Rouen*, 406.
— *Toul.-Mont.*, 93, 102, 275, 389, 471, 851, 1035, 1037, 1181, 1255, 1270, 1275, 1341, 1463.
— *Vers.*, 67.
Tourailles. *Orl.*, 646.
Touraine. *Bret.*, ii, 34.
— *Caen*, 447, 507.
— *Par.*, i, 1396.
Touraud. *Bourb.*, 21.
Tourbié. *Bourg.*, i, 982.
Tourbeille (la). *Guy.*, 139.
Tourbes. *Montp.-Mont.*, 712.
Tourcet. *Bourb.*, 152.
Tourcoin. *Fland.*, 361. V.
Tourcourpiteau (la). *La Roch.*, 399.
Tourdan. *Toul.-Mont.*, 1259.
Tourdières. *Toul.-Mont.*, 814.
Tourelle (la). *Auv.*, 212.
Touren. *Guy.*, 977.
— *Prov.*, i, 1363.
Touret. *Par.*, i, 1143.
— *Prov.*, ii, 309.
— *Soiss.*, 856.
Tourette. *Lim.*, 422.
— *Par.*, i, 703.
Tourette (la). *Béarn*, 85.
Tourettes (des). *Tours*, 1515.
Tourgois. *Tours*, 1282.
Tourgrise (la). *Al.*, 180.
Touri. *Caen*, 368.
Tourlaville. *Caen*, 2.
Tourmont. *Par.*, i, 941, 1200.
— *Vers.*, 5.
Tournai. *Fland.*, 923 V.
— *Soiss.*, 14.
Tournaire. *Guy.*, 634, 1021.
— *Prov.*, ii, 221.
Tournais. *Montp.-Mont.*, 355, 571.
Tournatoire. *Prov.*, i, 989.
Tournatori. *Prov.*, ii, 321.
Tournaut. *Poit.*, 278.
— *Soiss.*, 847.
Tournay. *Par.*, i, 46, 368.
— *Par.*, iii, 348.
Tourneau. *Par.*, i, 354.
Tourneleu. *Al.*, 32, 810.
Tournebulle. *Champ.*, 223, 228, 884.

— *Lorr.*, 53.
Tournebut. *Caen*, 362, 709.
— *Rouen*, 343.
Tournée. *Tours*, 393.
Tournefort. *Prov.*, i, 942.
Tournel, *Prov.*, i, 1266.
Tourneli. *Al.*, 396, 412.
Tournelle (la). *Bourb.*, 489.
— *Bourg.*, i, 187.
— *Par.*, ii, 987, 1142, 1143, 1144.
— *Par.*, i, 518.
Tournély. *Par.*, i, 42.
Tournemine. *Bret.*, i, 18.
— *Vers.*, 56.
Tournemire. *Auv.*, 84.
— *Orl.*, 883.
— *Toul.-Mont.*, 469, 554, 867, 1071.
Tournemouche. *Bret.*, i, 57.
Tourneporte. *Tours*, 1143.
Tournereau. *Tours*, 8.
Tourneroche. *Lorr.*, 684.
Tourneur (le). *Al.*, 707, 976, 1130.
— *Bret.*, ii, 28, 77, 176, 384, 486.
— *Par.*, i, 558, 649, 720.
— *Par.*, ii, 1245.
— *Par.*, iv, 587.
— *Poit.*, 93, 96, 587, 1425.
— *La Roch.*, 226.
— *Tours*, 950, 1095, 1119.
Tourneurs. *Communauté*. *Poit.*, 716.
Tourneux (le). *Bret.*, i, 158, 159, 513.
— *Tours*, 551, 886, 895.
Tournezy. *Montp.-Mont.*, 659.
— *Prov.*, i, 685.
Tourni. *Rouen*, 854.
Tournier. *Bourg.*, i, 1279.
— *Guy.*, 1154.
— *Lyon*, 213, 226, 479, 563, 642.
— *Montp.-Mont.*, 857.
— *Par.*, i, 1087.
— *Prov.*, i, 10, 17, 19, 625, 1131, 1209, 1245.
— *Prov.*, ii, 378, 423, 424, 446.
— *Rouen*, 376.
— *Toul.-Mont.*, 128, 444, 720, 842.
— *Tours*, 8, 1370, 1371.
— *Vers.*, 286.
Tournière. *Caen*, 3, 105.
— *Prov.*, i, 865, 1082, 1428.
— *Prov.*, ii, 424, 657.
Tourniol. *Bourb.*, 302, 308, 663.
Tournion. *Rouen*, 1181.
Tournois. *Champ.*, 744.
— *Orl.*, 389.
— *Par.*, iv, 220.

Tournon. *Bourg.*, I, 1167.
— *Guy.*, 957.
— *Lyon*, 361.
— *Montp.-Mont.*, 578.
— *Prov.*, I, 926, 1338.
Tournus. *Bourg.*, II, 353.
Touron. *Guy.*, 838.
— *Lim.*, 105.
— *Prov.*, II, 432, 791.
— *Toul.-Mont.*, 654, 876.
Touronce. *Bret.*, II, 82.
— *Bret.*, I, 282, 554, 650.
Tourot. *Bret.*, II, 519.
Touroude. *Rouen*, I, 58, 1236.
Tourre. *Prov.*, I, 463.
Tourrel. *Prov.*, II, 136, 636.
Tourres. *Montp.-Mont.*, 505.
— *Par.*, II, 767.
— *Par.*, III, 596.
Tourres (des). *Prov.*, I, 534.
Tourrès. *Par.*, I, 49.
Tours. *Tours*, 845. V.
Tours (des). *Toul.-Mont.*, 1125.
Tours (las). *Lim.*, 216.
— *Montp.-Mont.*, 977.
— *Toul.-Mont.*, 1001, 1110.
Tourtai. *Tours*, 1088.
Tourtat. *Bourg.*, I, 573.
— *Bret.*, II, 696.
Tourte. *Par.*, II, 79.
Tourteau. *Montp.-Mont.*, 822, 823.
Tourtel. *Guy.*, 651, 753, 991.
— *Prov.*, I, 1227.
Tourtelier. *Als.*, 952.
Tourtenay. *Poit.*, 1422.
Tourtens. *Fland.*, 265.
Tourteron. *Lyon*, 438.
Toutial. *Guy.*, 1071.
Tourtier. *Bourges*, 394.
— *Orl.*, 29, 214, 316, 319, 342, 349, 354, 448, 472.
— *Soiss.*, 494.
Tourton. *Lyon*, 452, 518, 637.
— *Par.*, II, 34.
— *Toul.-Mont.*, 1215.
Tourtour. *Prov.*, II, 523, 762. M.
Tourveil. *Toul.-Mont.*, 6.
Touvenot. *Par.*, III, 466.
Tourves. *Prov.*, II, 723. M.
Tourville. *Orl.*, 399, 414.
— *Poit.*, 895.
— *Prov.*, II, 381.
— *Rouen*, 66, 1359.
Tourvilloy. *Montp.-Mont.*, 362.
Tousard. *Par.*, I, 969.
— *Par.*, II, 39.

Touschaleaume. *Tours*, 885.
Tousi. *Prov.*, II, 819.
Toussain. *Lyon*, 380.
Toussaint. *Bourg.*, II, 37.
— *Fland.*, 776, 1119, 1269.
Tousselin. *Bret.*, I, 163.
Tousseloir. *Bret.*, I, 352.
Tousson. *Vers.*, 298.
Toustain. *Al.*, 21, 801.
— *Caen*, 7, 105, 761.
— *Fland.*, 1271.
— *Orl.*, 286, 298.
— *Rouen*, 137, 487, 493, 602, 607, 714, 721, 736, 789, 1154, 1243.
— *Tours*, 70.
Toustin. *Pic.*, 128.
Touston. *Par.*, I, 1192.
Tout. *Pic.*, 722.
Toutenôtre. *Bret.*, I, 699, 700, 852.
Toutifaut. *Bourb.*, 602.
Toutin. *Tours*, 896, 1259.
Touton. *Guy.*, 852.
— *Montp.-Mont.*, 1145.
Touttefer. *Soiss.*, 188.
Touvenin. *Lorr.*, 180, 618.
Touvens. *Rouen*, 513.
Touvière (la). *Bourg.*, II, 153.
Touvois. *Tours*, 1348.
Touvois (du). *Tours*, 650.
Touvrey. *Bourg.*, I, 692, 1123.
Toux (le). *Bret.*, II, 544.
Touzard. *Montp.-Mont.*, 630.
Touzé. *Al.*, 966.
— *Bret.*, I, 159.
— *Bret.*, II, 397, 766, 768, 838, 845, 988.
Touzeau. *Bret.*, II, 820.
— *Poit.*, 1028.
Touzelier. *Lim.*, 387.
Touzet. *Toul.-Mont.*, 519.
Touzin. *Montp.-Mont.*, 1141.
Touzoux. *Guy.*, 261.
Toyet. *Lyon*, 230.
Toyon (de). *La Roch.*, 371.
Trabaud. *Prov.*, I, 126, 1056, 1132, 1315, 1398, 1399.
Trabie (la). *Toul.-Mont.*, 637.
Trachaussade. *Lim.*, 316.
Trache. *Prov.*, I, 1054.
Trachtz. *Fland.*, 741.
Traconet. *Toul.-Mont.*, 1236.
Tradel. *Guy.*, 393.
Traerback. *Als.*, 529.
Traham. *La Roch.*, 141.
Trahan. *Par.*, I, 1215.
— *Par.*, III, 408.

Traigneau. *Poit.*, 1010.
Train. *Poit.*, 228, 459.
Trais (des). *La Roch.*, 399.
Tramecourt. *Fland.*, 89, 886.
Tramicourt. *Pic.*, 682.
Tramerie (la). *Fland.*, 886, 968.
Tramier. *Prov.* ı, 1445.
Tramont. *Lim.*, 241.
Tramson. *Al.*, 1063.
Trancaille. *Champ.*, 779.
Trancard. *Tours*, 1344.
Trancart. *Pic.*, 58, 438, 439.
Tranchant. *Bret.*, ı, 217, 308, 619, 927.
— *Bret.*, ıı, 13.
Tranche (la). *Champ.*, 145, 146, 153, 156, 158.
Tranchée (la). *Lorr.*, 243.
— *Orl.*, 946.
Tranchéléon. *Orl.*, 175.
Tranchepain. *Par.*, ı, 481.
— *Par.*, ııı, 349.
Tranchepin. *Rouen*, 74.
Trancher (le). *Bret.*, ı, 629.
Trané (du). *Lyon*, 404.
Traner'e (la). *Pic.*, 157.
Tranier. *Toul.-Mont.*, 654.
Trans. *Prov.*, ı, 1257. **M.**
Trantouil. *Toul.-Mont.*, 502.
Trapaud. *Guy.*, 940.
Trapes (des). *Bourb.*, 416.
— *Bourges*, 65, 67.
Trapet. *Bourg.*, ıı, 501.
Trapières (des). *Bourb.*, 103.
Trasegines. *Fland.*, 724.
Trassard. *Al.*, 1105.
Trasse. *Champ.*, 109.
Traugon. *Orl.*, 258.
Travail. *Dauph.*, 536.
Travers. *Al.*, 1031, 1040.
— *Bret.*, ıı, 179.
— *Caen*, 185, 691.
— *Orl.*, 790.
— *Par.*, ıv, 521.
Traversier. *Montp.-Mont.*, 1076, 1077, 1172, 1173, 1176.
Traversier. *Toul.-Mont.*, 1316.
Travesse. *Auv.*, 523.
Travet (du). *Guy.*, 684.
Treana. *Bret.*, ı, 335, 643, 646, 712, 946.
Trebillion. *Prov.*, ı, 1177.
Trebons. *Par.*, ıı, 367.
Trébosc. *Toul.-Mont.*, 973, 983, 1117.
Trébouret. *Bret.*, ıı, 785, 786.
Trébuchet. *Bret.*, ıı, 410.

— *Poit.*, 565.
— *Tours*, 924, 976.
Trecesson. *Bret.*, ı, 227.
— *Bret.*, ıı, 108.
Trech. *Lim.*, 465, 466.
Trechot. *Pic.*, 581.
Trecour. *Prov.*, ı, 941.
Trecourt. *Bourg.*, ıı, 568.
Trecu. *Fland.*, 817.
Tredas. *Bret.*, ıı, 202.
Tredern. *Bret.*, ı, 256, 257, 703, 708, 948.
Tredos. *Montp.-Mont.*, 122, 555.
Trédoulat. *Toul.-Mont.*, 277. 822, 1136.
Trefalgan. *Bret.*, ı, 55.
Tréfons. *Lyon*, 881.   •
Trégaro. *Bret.*, ıı, 842, 852.
Trégen. *Toul.-Mont.*, 672.
Trégoin. *Montp.-Mont.*, 75, 752, **1285.**
Trégolien. *Bret.*, ıı, 1015.
Tregouet. *Bret.*, ı, 165.
Tréguier. *Bret.*, ı, 261.
— *Bret.*, ıı, 522.
Tréhaut (du). *Poit.*, 5, 262, 630, 640.
Treher. *Als.*, 469.
Trehet. *Tours*, 1089.
Tréheux. *Vers.*, 107, 218.
Treignac. *Lim.*, 396.
Treignat. *Par.*, ıv, 17.
Treille. *Auv.*, 268.
— *Bourb.*, 563.
Treille (la). *Montp.-Mont.*, 801, 1301.
— *Toul.-Mont.*, 935, 1108, 1226.
Treillet. *Bourb.*, 609.
Trein. *Auv.*, 534.
Treizans. *Als.*, 887.
Trélon. *Lyon*, 73, 495.
Tremais. *Bret.*, ı, 356.
Tremandec. *Bret.*, ıı, 840.
Tremange. *Caen*, 680.
Tremansois (le). *Caen*, 140, 407.
Tremaudan. *Bret.*, ı, 612.
Trémault. *Champ.*, 895.
Tremault. *Orl.*, 89.
Tremblai (du). *Al.*, 278.
— *Champ.*, 160.
Tremblaie (la). *Bourges*, 276.
Tremblais (la). *Tours*, 361.
Tremblay. *Orl.*, 752.
Tremblay (du). *Bourg.*, ı, 715, 1133.
— *Par.*, ı, 301.
— *Par.*, ıı, 12.
Tremble (du). *Lyon*, 290.

Tremblier (du). *Tours*, 141, 557, 565, 566, 576, 1270.
Trembly. *Bourg.*, II, 208, 348.
Tremeau. *Orl.*, 867.
Tremelin. *Bret.*, II, 499.
Tremen. *Bret.*, I, 956.
Tremenec. *Bret.*, I, 652.
— *Bret.*, II, 231.
Tremerau. *Bret.*, I, 202.
Tremereuc. *Bret.*, I, 452, 598, 600, 634, 824.
— *Bret.*, II, 457.
Tremeuge. *Auu.*, 201, 215, 218, 312.
Tremeujol. *Auv.*, 525.
Tremic. *Bret.*, I, 708, 952.
Tremigon. *Bret.*, I, 751.
Trémigou. *Bret.*, II, 1005.
Tremilio. *Bret.*, II, 523.
Tremissot. *Bourg.*, II, 481, 498.
Trémoille (la). *Par.*, II, 819, 980.
Trémolet. *Lyon*, 24, 790.
Toul.-Mont., 610.
— *Vers.*, 110.
Tremolières. *Par.*, I, 54.
Trémolieres. *Toul.-Mont.*, 1132, 1179.
Tremollet. *Bourg.*, II, 4.
— *Montp.-Mont.*, 306, 355, 440, 496, 501, 510, 654, 655, 756, 886.
Tremont. *Al.*, 224.
— *Bret.*, II, 714.
Trémont, *Montp.-Mont.*, 873.
Tremouille. *Montp.-Mont.*, 286.
Trémouilles. *Toul.-Mont.*, 1177.
Trempé. *Poit.*, 1012.
Trenaut. *Tours*, 1246.
Trenchant. *Bourb.*, 299.
— *Bourg.*, I, 769.
— *Lim.*, 322.
— *Poit.*, 1305.
— *Toul.-Mont.*
Trenchée (la). *Par.*, IV, 238.
Trenchefer. *Lim.*, 334.
Trencherie. *Toul.-Mont.*, 1489.
Trengualié. *Toul.-Mont.*, 42, 346.
Tresca. *Pic.*, 742, 803.
Tresch. *Als.*, 608.
Tresle (de). *Bret.*, II, 1115.
Tresle (le). *Bret.*, I, 470, 861.
Tresne (du). *Montp.-Mont.*, 451.
Tresnel. *Caen*, 290, 608.
Trésor (le). *Al.*, 803.
— *Caen*, 3, 10, 75, 98, 104, 207, 209, 462, 729.
Tressay (du). *Bret.*, II, 171.
Tressemanes. *Prov.*, I, 418, 576.
Tressonnière (la). *Bret.*, II, 556.

Trestelin. *Als.*, 621.
Treton. *Tours*, 434, 1141.
Trestondan. *Champ.*, 540.
Trestondant. *Bourg.*, I, 985.
Trestour. *Prov.*, I, 227, 232, 1387, 1391, 1397.
Treton. *Bret.*, I, 159.
Tretou. *Par.*, I, 611.
Tretz. *Prov.*, I, 390, 439, 1008. B.
Tretz (de). *Orl.*, 292, 297.
Tretz (des). *Fland.*, 374.
Treuil (du). *Auv.*, 192.
— *Lyon*, 430.
Treuillet. *Par.*, I, 841.
Treux (du). *Lorr.*, 311.
Trevan. *Prov.*, II, 341.
— *Tours*, 483.
Trévauray. *Lyon*, 169.
Tréve (du). *Lyon*, 233. 234, 463.
Trevegat. *Bret.*, I, 122.
Trevellec. *Bret.*, II, 124, 125, 132, 1123.
Treveneuc. *Bret.*, I, 665.
Trevenol. *Montp.-Mont.*, 523.
Treveret. *Bret.*, I, 284.
Trevet. *Rouen*, 415, 423, 439, 487.
Trevi. *Guy.*, 1140.
Treville. *Champ.*, 762.
Tréville. *Poit.*, 1517.
Treviset. *Lorr.*, 151, 164.
Trevon (du). *Bret.*, I, 686, 966, 973.
Trezel. *Bret.*, I, 112.
Trezin. *Par.*, I, 973.
— *Par.*, III, 204.
Triac. *Bret.*, I, 133, 591.
Trial. *Montp.-Mont.*, 38.
Tribara. *Bret.*, I, 556.
Tribert. *Poit.*, 864.
— *Tours*, 824.
Tribier. *Poit.*, 990.
Tribœil. *Bourges*, 146.
Triboisière (la). *Lim.*, 445.
Tribollet. *Bourg.*, I, 95, 252, 422, 464, 1141.
— *Bourg.*, II, 241.
— *Par.*, I, 1326.
Tribord. *Par.*, I, 1305.
Tribot. *Poit.*, 1529.
Tribou. *Bret.*, II, 554.
— *Pic.*, 819.
Tribouil. *Al.*, 625.
Tribouille (la). *Bret.*, II, 179.
— *Poit.*, 371.
— *Tours*, 151, 542.
Tribouilleau. *Par.*, III, 235, 252.
Triboulleau. *Par.*, I, 564.

— *Par.*, ii, 285, 722, 779, 1057.
Tributi. *Prov.*, ii, 252.
Tributis. *Prov.*, ii, 47.
Tricalet. *Bourg.*, i, 1208.
Tricaud. *Bourg.*, i, 2, 3, 12, 13.
— *Lyon*, 137, 148, 152, 283, 612, 792, 804.
Tricaut. *Bourg.*, ii, 274.
Trichaud. *Prov.*, i, 1440.
Tricon. *Montp.-Mont.*, 812.
Tricornot. *Bourg.*, i, 713, 1211.
Tricot. *Fland.*, 1493.
— *Par.*, ii, 585.
— *Par.*, iii, 120.
— *Pic.*, 867.
Tricou. *Guy.*, 1031, 1032.
Tricquet. *Tours*, 1180, 1187.
Tridon. *Bourb.*, 222, 235, 614.
Trie. *Poit.*, 646.
Triest. *Fland.*, 519.
Trietz. *Lorr.*, 331.
Triffaudu. *Caen*, 635.
Trigault. *Fland.*, 300, 401, 828.
Trillon, *Bourges*, 242.
Trillot. *Auv.*, 357.
Trillou. *Tours*, 1460.
Trimond. *Toul.-Mont.*, 916.
Trimouille (la). *Par.*, iii, 68, 69, 74.
Trincart. *Par.*, iii, 398.
Tringuier. *Bourg.*, i, 721.
— *Toul.-Mont.*, 312, 339, 771, 856.
Trinitaires (les) de Metz. *Lorr.*, 188. Couvent.
Trinité (la). *Poit.*, 98. *Ab.*
Trinquant. *Par.*, i, 1007.
Trinquet. *Lyon*, 728.
Trinquière. *Montp.-Mont.*, 7, 27.
Triobert. *Bret.*, ii, 572.
Trioche. *Par.*, iv, 376.
— *Poit.*, 856.
— *Tours*, 759, 944, 948.
— *Vers.*, 190.
Triolle. *Orl.*, 724.
Triollin. *Par.*, ii, 5.
Trion. *Guy.*, 920.
— *Prov.*, i, 1046.
Trioson. *Bourb.*, 561.
Triou. *Par.*, iii, 348.
Trioullier. *Auv.*, 426.
Tripard. *Bourg.*, i, 1166.
Tripault. *Par.*, i, 1326.
Triperet. *Par.*, i, 489, 696.
Tripet. *Par.*, iii, 392.
Tripier. *Bret.*, ii, 1093.
— *Tours*, 529, 698, 879, 1166, 1171.
Tripiez. *Tours*, 109, 152.

Tripoli. *Prov.*, ii, 229, 259.
Tripot. *Prov.*, i, 88.
Tripoul. *Prov.*, i, 1369.
Triquerie (la). *Lim.*, 325.
Triquois. *Orl.*, 357, 433, 440.
Trisac. *Tours*, 624.
Trisac (de). *Poit.*, 1342.
Tristan. *Béarn*, 81.
— *Champ.*, 441.
— *Par.*, i, 363, 1258.
— *Par.*, ii, 461.
— *Par.*, iv, 115, 134.
— *Poit.*, 1074.
— *Soiss.*, 671.
Tristange. *Auv.*, 402.
Tristoau. *Fland.*, 491, 1239.
Tristrand. *Soiss.*, 363.
Trivaut. *Poit.*, 304.
Trivier (St-). *Bourg.*, ii, 296.
Triviol. *Dauph.*, 212, 221, 448.
Troche (la). *Bourg.*, i, 206, 292.
Trochereau. *Bourb.*, 107.
Trochery. *Bret.*, ii, 898.
Troches (des). *Bret.*, ii, 542.
Trochet. *Bret.*, ii, 144.
— *Tours*, 1074.
Trochet (du). *Poit.*, 288, 1444.
Trochon. *Bourg.*, ii, 139.
— *Bret.*, ii, 482.
— *Caen*, 505, 509.
— *Orl.*, 624, 675.
— *Poit.*, 413.
— *Tours*, 126, 254, 429, 439, 440, 525, 557, 866, 878, 900, 903, 927, 928, 930, 931, 953, 1209, 1391.
Trocut. *Bourg.*, i, 2, 9, 16, 17, 67.
Troerin. *Bret.*, i, 533, 645, 663.
— *Bret.*, ii, 81.
Trogoff. *Bret.*, i, 256, 352, 674, 945, 959, 964, 966, 969.
Trogon. *Lorr.*, 624. V.
Troi. *Toul.-Mont.*, 1308.
Troies. *Champ.*, 315. V.
Troint (St-). *Prov.*, ii, 71. B.
Trois. *Bret.*, ii, 428.
Troisdames. *Par.*, i, 429, 573, 1254, 1262.
— *Par.*, ii, 789.
Troisvalets. *Bret.*, i, 772.
— *Par.*, iii, 130.
— *Par.*, iv, 206.
Troisvoisins. *Par.*, iii, 339.
Trolain. *Bret.*, i, 196.
Trollé. *Soiss.*, 204.
Trollier. *Auv.*, 438.
— *Lyon*, 101, 104, 110, 160, 500, 514.

Trollière (la). *Bourb.*, 101, 143, 390.
Trolon. *Bret.*, i, 108, 116, 407, 955.
— *Bret.*, ii, 549.
Tromback. *Als.*, 665.
Tromelin. *Bret.*, i, 111, 113, 540.
Tromer. *Als.*, 451.
Trompette. *Lorr.*, 476.
Trompodon. *Lim.*, 184, 189.
Tronc. *Bret.*, ii, 377.
— *Prov.*, i, 1025.
— *Prov.*, ii, 219.
Tronc (du). *Guy.*, 1204.
Troncet (du). *Als.*, 695.
Tronchai. *Tours*, 613.
Tronchay. *Par.*, i, 148.
— *Par.*, ii, 821.
Tronchay (du). *Orl.*, 196, 936, 939.
Tronchaye (la). *Bret.*, i, 225, 226.
Tronché (du). *Tours*, 1278.
Tronchet. *Bret.*, i, 878.
— *Par.*, iv, 213.
Tronchet (du). *Als.*, 786.
Tronchon. *Fland.*, 1175.
Tronchot. *Bret.*, ii, 218.
— *Par.*, ii, 109.
Tronckssein. *Als.*, 996.
Tronel. *Bret.*, ii, 258.
— *Toul.-Mont.*, 1348.
Troneu. *Als.*, 855.
Troney. *Lyon*, 224.
Tronot. *Bret.*, ii, 541.
Tronville. *Caen*, 174.
Trophème. *Prov.*, ii, 604.
Trople (la). *Lim.*, 367.
Trosne (du). *Al.*, 1097.
Trosnel. *Rouen*, 123.
Trossart. *Orl.*, 348, 355, 358, 499.
Trossier. *Lyon*, 669.
— *Prov.*, i, 393.
Trotant. *Champ.*, 388.
Trotebas. *Prov.*, i, 480, 994, 969.
Trotedam. *Bourg.*, i, 859.
Trotel. *Al.*, 578, 599.
Troteran. *Bret.*, i, 153.
Troteveau. *Bret.*, ii, 294.
Trotier. *Par.*, iii, 240.
— *Prov.*, ii, 552.
Trotin. *Poit.*, 1286.
— *Prov.*, i, 141.
Trottant. *Par.*, iii, 232.
Trottier. *Auv.*, 16, 72.
— *Par.*, ii, 308.
Trottignon. *Bourges*, 264.
Trouard. *Bret.*, ii, 19, 511.
— *Caen*, 334.
Trouche. *Prov.*, ii, 667.

Trouchet. *Prov.*, ii, 79.
Trouchot. *Soiss.*, 307.
Troudet. *Prov.*, ii, 630.
Trou (du). *Par.*, ii, 399.
Troüet. *Caen*, 634.
Trouilhier. *Prov.*, i, 551, 633, 640.
Trouillard. *Par.*, i, 29, 690.
— *Prov.*, ii, 362.
— *Tours*, 1178.
Trouillet. *Dauph.*, 397.
— *Tours*, 78, 673, 1112.
Trouilleur. *Lyon*, 217.
Trouillier. *Prov.*, ii, 354.
Trouillon. *Montp.-Mont.*, 816.
— *Poit.*, 444, 548, 549.
Trouilloux. *Bourg.*, ii, 281.
Trouin. *Bret.*, i, 200.
— *Bret.*, ii, 17.
Trouist. *Tours*, 1283.
Troupel. *Montp.-Mont.*, 946.
Trouquoi. *Soiss.*, 715.
Trouron. *Par.*, i, 98, 134.
Trou sens. *Toul.-Mont.*, 1265.
Troussay. *Bret.*, i, 783.
Trousseau. *Fland.*, 1452.
Trousseauville. *Al.*, 986.
— *Caen*, 84.
— *Par.*, iv, 756.
— *Rouen*, 346.
Troussebois. *Bourb.*, 14, 15, 184, 185, 493.
— *Bourges*, 73.
Troussel. *Dauph.*, 599.
Troussel. *Montp.-Mont.*, 606.
Trousset. *Montp.-Mont.*, 60, 64, 68.
— *Toul.-Mont.*, 380, 1261.
Trousset (du). *Champ.*, 287.
— *Par.*, i, 938.
— *Par.*, ii, 519, 934, 936.
Trousseville. *Par.*, ii, 613, 614.
Troussier. *Bret.*, i, 226.
— *Bret.*, ii, 358.
Troussil. *Béarn*, 61.
Troussillon. *La Roch.*, 19.
Trousson. *Bret.*, i, 553.
Trouvain. *Pic.*, 402, 404, 591, 592, 843.
Trouvaine. *Poit.*, 1403.
Trouvé. *Bourg.*, ii, 51, 337.
— *Poit.*, 1373, 1378.
— *Tours*, 982.
Trouville. *Pic.*, 39, 86, 376.
Troux (du). *Soiss.*, 788.
Trouzon. *Fland.*, 1147.
Troyes (de). *Orl.*, 10, 15, 20, 95,

319, 335, 337, 346, 353, 463, 502 507.
— *Par.*, i, 98, 1234.
— *Par.*, ii, 668.
Truallet. *Bourg.*, i, 1127.
Trublet. *Bret.*, i, 76, 84, 93, 581, 585, 811, 813.
— *Bret.*, ii, 434, 504.
Truc. *Champ.*, 28, 33, 39, 871.
— *Montp.-Mont.*, 1448.
— *Prov.*, i, 740, 1036, 1066, 1258, 1259, 1260.
— *Prov.*, ii, 363.
Truchemini. *Prov.*, ii, 637.
Truchet. *Montp.-Mont.*, 1249.
Truchetel. *Bourg.*, ii, 343.
Truchette. *Prov.*, i, 1219.
Truchi. *Dauph.*, 255.
Truchier. *Dauph.*, 339, 475, 477.
Truchin. *Bourg.*, ii, 148.
Truchis. *Bourg.*, i, 449.
Truchon. *Auv.*, 141.
— *Guy.*, 619, 1005.
Truchot. *Bret.*, i, 811.
— *Par.*, i, 674, 1081.
— *Par.*, ii, 859.
Truchses. *Als.*, 164, 167, 172, 557, 821, 920, 922.
Truchy. *Bourg.*, ii, 190.
Truci. *Prov.*, ii, 732.
Trudaine. *Par.*, i, 783, 789.
— *Par.*, ii, 269, 764.
— *Pic.*, 39, 60, 376, 320, 400, 600, 602, 835, 855.
Trudelle. *Soiss.*, 244, 713, 754, 848.
Trudon. *Par.*, iii, 348.
Truel. *Al.*, 145.
Truelle. *Rouen*, 835.
Truffé. *Par.*, iv, 806.
Truffier. *Soiss.*, 131.
Truffot. *Orl.*, 874.
Truiart. *Soiss.*, 799.
Truilhard. *Prov.*, i, 612, 613.
Truilhé. *Toul.-Mont.*, 637, 1294.
Truilher. *Prov.*, i, 837.
Truilhé. *Guy.*, 835, 848.
Truillet. *Toul.-Mont.*, 674.
Truillot. *Bret.*, i, 28.
Truinoc. *Fland.*, 203.
Trullard. *Bourg.*, ii, 3, 6, 7, 10.
Trullet. *Prov.*, i, 12, 130, 1216.
Trumeau. *Bourges*, 48, 127.
— *Lyon*, 425, 527.
— *Par.*, i, 1272.
— *Par.*, iii, 362.
— *Par.*, iv, 805.

— *Tours*, 1169.
Trumelet. *Par.*, iv, 33, 453.
Trumet. *Soiss.*, 807.
Trun (du). *Lorr.*, 490.
Trusse. *Toul.-Mont.*, 58.
Trusson. *Champ.*, 631.
— *Par.*, i, 640.
Trustes. *Als.*, 297.
Trux (du). *Lorr.*, 490.
Truyard. *Par.*, iv, 6, 748.
Truyart. *Par.*, i, 944.
Tual. *Bret.*, ii, 859.
Tuardière. *Al.*, 1243.
Tuault. *Al.*, 1171.
— *Bret.*, ii, 701.
— *Orl.*, 784.
— *Par.*, ii, 1179.
Tubart. *Tours*, 658.
Tubert. *Poit.*, 391, 510, 1466.
Tubeuf. *Par.*, i, 1227.
— *Par.*, ii, 477, 819.
Tuc (du). *Guy.*, 499.
Tucas. *Prov.*, i, 1236.
Tucien. *Soiss.*, 488.
Tude (la). *Montp.-Mont.*, 115, 116, 1301. (*V. Vissec*).
— *Toul.-Mont.*, 922.
Tudeau. *Poit.*, 203, 611.
Tudein. *Guy.*, 808.
Tuder. *Tours*, 1045.
Tudert. *Poit.*, 27.
Tudinière (la). *Orl.*, 821.
Tuée. *Orl.*, 431.
Tueur (le). *Pic.*, 330, 334.
Tufat. *La Roch.*, 150.
Tufet. *La Roch.*, 294.
Tuffai. *Al.*, 775.
Tuffeau. *Tours*, 627.
Tuffery. *Bourg.*, ii, 145.
Tuffet. *Par.*, i, 1256.
— *Poit.*, 436.
— *Prov.*, i, 848, 1076.
Tuffier. *Par.*, i, 1059.
Tuffin. *Bret.*, i, 24, 197, 198, 217.
Tughe. *Fland.*, 179, 187, 196, 198, 1286.
Tuilli. *Orl.*, 550.
Tuillier. *Bret.*, ii, 1035.
— *Fland.*, 865.
— *Guy.*, 1075.
— *Lim.*, 320, 360.
— *Par.*, ii, 717.
Tuillière. *Fland.*, 621.
Tuillière (la). *Lyon*, 982.
Tuisard. *Orl.*, 444.
Tulade. *Toul.-Mont.*, 1306.

Tullaye (la). *Bret.*, I, 161, 209, 312, 384.
— *Bret.*, II, 145.
Tulle. *Lim.*, 158.
Tulles (de). *Dauph.*, 185.
— *Toul.-Mont.*, 9.
Tullier. *Bourges*, 16, 24, 34, 184, 330.
Tulliers. *Als.*, 215, 902, 203.
Tullin. *Rouen*, 1231.
Tullou. *Rouen*, 13, 678.
Tulloué. *Par.*, I, 1308.
Tulou. *Par.*, II, 86.
Tumberel. *Bret.*, I, 929.
Tune (de). *Pic.*, 646.
Tunes (des). *Par.*, III, 524.
Tupigni. *Soiss.*, 272, 750.
Tupinier. *Bourg.*, II, 206, 207, 210, 214, 225, 567.
Tuquoi. *La Roch.*, 383.
Tuquoy. *Guy.*, 334.
Turaine. *Bourges*, 306.
Turaut. *Tours*, 1300.
Turband. *Bourg.*, II, 318.
Turc. *Prov.*, I, 468, 769.
Turckeim. *Als.*, 203. V.
Turcq. *Montp.-Mont.*, 269.
Tureau. *Bourg.*, I, 158.
— *Guy.*, 40.
Turel. *Bourg.*, II, 23, 25, 61.
— *Caen*, 557.
Turenne. *Toul.-Mont.*, 1075.
Turette (la). *Lorr.*, 559.
Turgeon. *Al.*, 1010.
Turgier. *Lorr.*, 580.
Turgis. *Caen*, 717.
— *Lorr.*, 233, 580.
— *Orl.*, 124.
— *Par.*, I, 248, 369, 839, 891.
— *Prov.*, I, 579, 1236.
— *Rouen*, 52, 72, 489, 799, 830, 931.
Turgue. *Fland.*, 1162.
Turgot. *Al.*, 73, 79, 222, 561, 589, 597.
— *Caen*, 371, 497.
— *Par.*, I, 773, 778.
— *Par.*, II, 563.
Turicquer (de). *Lorr.*, 144, 457.
Turier. *Prov.*, II, 315, 594.
Turin. *Al.*, 1057.
— *Bret.*, II, 411, 446, 695.
— *Lyon*, 513, 717, 860.
— *Prov.*, I, 939, 1443.
Turle. *Montp.-Mont.*, 183.
— *Toul.-Mont.*, 170, 670, 800, 892.

Turles. *Prov.*, I, 1269.
Turlin. *Soiss.*, 35.
Turlis. *La Roch.*, 322.
Turlot. *Bourg.*, II, 495.
Turmeau. *Orl.*, 23, 528, 552, 553.
Turmel. *Bret.*, II, 401, 409.
Turmelin. *Bret.*, I, 258, 259, 673.
Turmenies. *Orl.*, 691.
— *Par.*, I, 8, 902.
— *Par.*, II, 690.
— *Par.*, III, 221, 258.
Turmenyes. *Par.*, IV. 13.
Turmet. *Fland.*, 680.
Turninger. *Als.*, 714.
Turnis. *Toul.-Mont.*, 1176.
Turodin. *Par.*, I, 222.
Turol. *Vers.*, 52.
Turpeaux. *Poit.*, 360, 736, 1159.
Turpin. *Al.*, 30, 143, 607, 699, 737, 744, 795, 858, 878, 1098, 1142, 1193.
— *Bourb.*, 133, 454.
— *Bourges*, 84, 177, 188, 269, 280, 323.
— *Bourg.*, II, 44.
— *Bret.*, II, 794.
— *Champ.*, 68.
— *Fland.*, 58, 349, 354, 364, 380, 775, 790, 847.
— *Orl.*, 269.
— *Par.*, I, 8, 538.
— *Par.*, II, 102, 317.
— *Par.*, III, 65.
— *Poit.*, 278, 586.
— *La Roch.*, 75.
— *Rouen*, 336, 835.
— *Soiss.*, 52, 479, 487, 664.
— *Tours*, 94, 1272, 1274.
— *Vers.*, 294, 295.
Turpinat. *Par.*, I, 594.
Turpineau. *Poit.*, 1435.
— *Tours*, 1140.
Turquant. *Bret.*, I, 249.
Turquantin. *Tours*, 826, 831.
Turquau. *Poit.*, 533, 545, 971.
Turquet. *Champ.*, 743.
— *Pic.*, 603.
Turquetil. *Al.*, 567, 1188, 1195.
Turquis. *Bourges*, 279.
Turrel. *Bourg.*, I, 40, 58, 71.
— *Prov.*, I, 1292.
— *Prov.*, II, 411, 510.
Turtin. *Orl.*, 336, 455, 495.
Turzan. *Montp.-Mont.*, 1130.
Tusseau. *Par.*, I, 1096.
— *Par.*, II, 807.

— *Poit.*, 85, 151, 166, 315, 493, 661.
Tusson. *Poit.*, 672, 1061. Rel.
Tusteau. *Poit.*, 1192.
Tutault. *Poit.*, 109, 631.

Tutelle. *Pic.*, 749.
Tuvache. *Rouen*, 788.
Tuxil. *Dauph.*, 564.
Tuyart. *Bret.*, II, 454.
Tuzet. *Prov.*, I, 695.

U

Ubac. *Prov.*, I, 1142.
Ubalde (d'). *Prov.*, I, 565.
Ubelman. *Als.*, 580.
Uberti (d'). *Lorr.*, 40.
Ucel (d'). *Montp.-Mont.*, 1246.
Uche. *Bret.*, II, 437.
Uchon (d'). *Orl.*, 49, 314, 456, 498.
Udalrickopp. *Als.*, 62.
Udin. *Bret.*, I, 901.
Uffles (d'). *Bourg.*, I, 550.
Ugla. *Montp.-Mont.*, 613.
Uguet. *Bret.*, I, 17.
— *Bret.*, II, 109.
Ul. *Als.*, 861.
Ulin. *Als.*, 919, 955.
Ulliac. *Bret.*, II, 419.
Ully (d'). *Soiss.*, 654.
Ulm (d'). *Als.*, 205.
Ulmer. *Als.*, 913.
Ulmes (d'). *Guy.*, 1143.
Ulmes (des). *Bourb.*, 65, 222, 391.
— *Bourges*, 66.
Ulrick. *Als.*, 40, 456, 613, 630, 807, 1041.
Undegau. *Pic.*, 325.
Union chrétienne (l'). *Poit.*, 337. Relig.
Union. *Prov.*, I, 1182.
Unoy. *Bret.*, II, 773.
Urai. *Fland.*, 1066.
Urais. *Pic.*, 393, 582.
Uraud. *Prov.*, II, 452.
Uraux. *Fland.*, 164.
Urbain. *Par.*, IV, 175.
— *Tours*, 1472.
Urbelize. *Poit.*, 1061.
Ure (d'). *Par.*, I, 231.
Urevin. *Par.*, I, 918.
Urude. *Prov.*, II. 280.
Urfé. *Vers.*, 199.
Urgoet. *Bret.*, II, 686.
Urgueil. *Toul.-Mont.*, 1253, 1254.
Urideau. *Poit.*, 1098.
Urien. *Bret.*, II, 482.

Uriet. *Poit.*, 1509.
Uriest. *Poit.*, 557.
Urignaud. *Poit.*, 444, 1277, 1399.
Urinte. *Fland.*, 1175.
Urós (de). *Fland.*, 1101.
Uroy. *Toul.-Mont.*, 626.
Urre (d'). *Dauph.*, 277, 319, 320, 329, 337, 340, 342, 353, 354, 468.
— *Lyon*, 607, 710.
— *Pic.*, 821.
— *Toul.-Mont.*, 311.
Ursand. *Prov.*, II, 829.
Ursin. *Orl.*, 349.
Ursinus. *Als.*, 471.
Urselines (les) de Metz. *Lorr.*, 563. Ouv.
— *Poit.*, 106, 171, 714, 945, 1423.
Ursüel (d'). *Caen*, 248, 258, 263, 267, 310, 445.
Ursy. *Montp.-Mont.*, 309. V. de Chours.
Urtebie (d'). *Guy.*, 376, 377.
Urtebize. *Poit.*, 1090.
Urteux. *Pic.*, 776.
Urtières (d'). *Dauph.*, 407.
Urtis. *Prov.*, I, 806.
Urvoix. *Poit.*, 616.
Urvoy. *Bret.*, I, 126, 594, 600, 625.
— *Bret.*, II, 78.
Ussel (d'). *Auv.*, 220.
— *Bourb.*, 131, 204.
— *Bourges*, 307.
— *Lim.*, 397.
Usson (d'). *Bret.*, I, 280.
— *Montp.-Mont.*, 1070, 1082, 1445.
— *Poit.*, 463.
— *Vers.*, 279.
Uston (d'). *Toul.-Mont.*, 417, 891.
Utre. *Prov.*, II, 48.
Utzman. *Als.*, 342.
Uzard. *Guy.*, 819.
Uzelle (d'). *Par.*, I, 551.
Uzés. *Montp.-Mont.*, 561. V.
Uzès. *Guy.*, 803.
Uzille. *Bret.*, I, 377, 589.

V

Va (le). *Tours*, 1515.
Vaas. *Tours*, 1531.
Vaast. *Pic.*, 794.
Vâast (St-). *Fland.*, 291, 292, 284.
— *Par.*, i, 1269. .
— *Pic.*, 800.
Vabois. *Par.*, iii, 135.
Vabres. *Orl.*, 251.
— *Montp.-Mont.*, 1041, 1518.
— *Toul.-Mont.*, 27, 137, 543.
Vacant. *Lorr.*, 648.
Vacelet. *Bourg.*, i, 531, 926.
Vache. *Guy.*, 1008.
— *Prov.*, ii, 497.
Vache (du). *Dauph.*, 54, 121, 209, 255.
Vache (la). *La Roch.*, 36.
— *Rouen*, 496.
Vache (le). *Fland.*, 1184. 1457.
Vaché (le). *La Roch.*, 305.
Vachenc. *Prov.*, i, 487.
Vacher. *Bourges*, 459.
— *Bourg.*, i, 347.
— *Bourg.*, ii, 312.
— *Lyon*, 742.
Vacher (le). *Al.*, 1078.
— *Bret.*, ii, 560, 1071.
— *Champ.*, 738, 757.
— *Lim.*, 347.
— *Orl.*, 680.
— *Par.*, i, 147, 234, 391, 517, 691, 1202, 1219.
— *Par.*, ii, 166, 323.
— *Par.*, iii, 563.
— *Tours*, 300, 346, 348, 355, 533, 713, 1084.
Vachère. *Lyon*, 450.
Vachereau. *Par.*, ii, 962.
Vaçhères. *Prov.*, ii, 629.
Vacherie. *Lim.*, 414.
Vacherie (la). *Poit.*, 1042, 1107.
Vacheron. *Lyon*, 27, 89, 907.
Vacherot. *Bourg.*, ii, 358, 556.
— *Par* , iii, 344.
Vachet, *Fland.*, 1160.
Vachier. *Auv.*, 56, 71, 286, 431.
— *Bourb.*, 573.
— *Dauph.*, 233, 332.
— *Lyon*, 467.
— *Montp.-Mont.*, 1246.
— *Prov.*, i, 829.

— *Prov.*, ii, 114, 138, 551, 578, 627 795, 796.
Vachières (de). *Prov.*, ii, 628.
Vachon. *Dauph.*, 8, 26, 56, 151, 173, 187, 247.
— *Lyon*, 370.
Vachonne. *Par.*, iv, 390.
Vaci. *Prov.*, i, 31.
Vacon. *Bret.*, ii, 584.
— *Prov.*, i, 107, 151, 401, 907, 1174, 1263.
Vacon. *Prov.*, ii, 420.
Vacque. *Prav.*, i, 742.
Vacquerie (la). *Fland.*, 1008.
Vacquet. *Lyon*, 624.
Vacquetière (la). *Al.*, 904.
Vacquette. *Pic.*, 375, 380.
— *Prov.*, i, 1403.
Vacquez. *Toul.-Mont.*, 388, 1409, 1477, 1479.
Vacquier. *Montp.-Mont.*, 875, 907, 1141.
Vadal. *Montp.-Mont.*, 1352.
Vadenay. *Par.*, ii, 1256.
Vadier. *Poit.*, 858.
Vaerneuvick. *Fland.*, 429.
Vage (de). *Tours*, 354.
Vageot. *Bourg.*, ii, 506.
Vager. *Prov.*, ii, 543.
Vaginay. *Lyon*, 45, 234, 314.
Vagnart, *Lorr.*, 667.
Vagnon. *Rouen*, 530.
Vague. *Prov.*, i, 801.
— *Prov.*, ii, 269.
Vahaye. *Tours*, 667.
Vahaye (de). *Tours*, 284, 392.
Vaigne (le). *Par.*, i, 1226.
Vaigneur (le). *Rouen*, 363, 368.
Vaignon. *Rouen*, 661.
Vail. *Bret.*, ii, 1019.
Vaillac. *Montp.-Mont.*, 5, 1168.
— *Par.*, iv, 506.
— *Toul.-Mont.*, 1083.
Vaillac (de). *Bourges*, 311.
Vaillan. *Lorr.*, 26, 167, 353, 533.
Vaillant. *Al.*, 116, 244, 1128.
— *Bourb.*, 416, 474, 485.
— *Bourges*, 227, 466.
— *Bourg.*, i, 302, 304, 344, 957.
— *Bourg.*, ii, 24, 98, 361, 377.
— *Champ.*, 726.

— *Fland.*, 842, 1357.
— *Orl.*, 17, 23, 75, 341, 618.
— *Par.*, i, 639, 1088, 1141, 1245, 1282.
— *Par.*, ii, 788, 1070.
— *Pic.*, 98, 101, 219, 252, 272, 278, 279, 291, 338, 413, 695, 702, 757, 764.
— *Soiss.*, 34, 110, 126, 268, 285, 538, 559, 645.
— *Tours*, 634, 1072, 1099.
Vaillant (de). *Tours*, 224.
Vaillant (le). *Bret.*, ii, 50, 727, 835.
— *Caen*, 2, 27, 162, 169, 174, 694.
— *Fland.*, 24, 76, 77, 319, 599, 600, 1491.
— *Par.*, ii, 43, 208.
— *Rouen*, 431, 432, 434, 447, 457, 461, 1330, 1337.
Vaille. *Par.*, iii, 116.
— *Prov.*, i, 257, 1346.
Vaille (de). *Prov.*, ii, 360.
Vaille (la). *Auv.*, 240.
Vaillot. *Lorr.*, 113.
Vailly. *Soiss.*, 652. V.
Vairac. *Toul.-Mont.*, 268.
Vaire (du). *Guy.*, 511.
Vaires. *Guy.*, 992.
— *Rouen*, 874.
Vairie (la). *Caen*, 23, 421.
Vairon. *Soiss.*, 43, 49, 347, 480.
Vais. *Prov.*, i, 980.
Vais (de). *Toul.-Mont.*, 473.
Vaisitte. *Toul.-Mont.*, 59, 63.
Vaissade. *La Roch.*, 57.
Vaisse. *Prov.*, i, 915.
— *Prov.*, ii, 228.
Vaisse (la). *Toul.-Mont.*, 705, 1280.
Vaissière. *Montp.-Mont.*, 289, 1281.
— *Toul.-Mont.*, 1064, 1182.
Vaissière (le). *Guy.*, 114, 728, 1100.
Vaivre (de). *Champ.*, 616.
— *Par.*, i, 1273.
Val. *Montp.-Mont.*, 513.
Val (du). *Al.*, 118, 138, 139, 141, 149, 158, 172, 186, 233, 263, 270, 309, 390, 398, 402, 411, 442, 445, 494, 535, 538, 632, 634, 636, 642, 719, 745, 754, 795, 819, 845, 905, 906, 913, 951, 977, 1060, 1077, 1106, 1135, 1137, 1143, 1153, 1183, 1204, 1209.
— *Als.*, 99.
— *Bourb.*, 569.
— *Bourges*, 125, 453.
— *Bourg.*, i, 268, 736.

— *Bret.*, i, 344.
— *Bret.*, ii, 48, 385, 394, 568, 703, 766, 951.
— *Caen*, 349, 463.
— *Champ.*, 242, 579.
— *Guy.*, 27, 76, 95, 113, 145, 809.
— *Lim.*, 165, 246, 395.
— *Orl.*, 158, 410.
— *Par.*, i, 3, 629, 1258.
— *Par.*, ii, 41, 75, 944.
— *Par.*, iii, 122, 124, 125, 273, 357, 383.
— *Par.*, iv, 209.
— *Pic.*, 373, 423, 464, 479, 576, 585, 761, 770.
— *Poit.*, 852, 1171, 1172.
— *Prov.*, i, 1226.
— *Prov.*, ii, 697.
— *La Roch.*, 30.
— *Rouen*, 62, 72, 73, 87, 103, 117, 118, 206, 238, 368, 370, 425, 486, 506, 515, 530, 532, 540, 551, 572, 590, 591, 725, 749, 777, 783, 859, 917, 923, 1158, 1233, 1365, 1371.
— *Soiss.*, 259, 727.
— *Toul.-Mont.*, 115, 163, 566, 689, 945, 1052.
— *Tours*, 827, 1106, 1189, 1196, 1392, 1466, 1469, 1487.
Val (la). *Al.*, 50, 78, 223, 514, 590, 1179.
Valabres. *Prov.*, i, 389.
Valada. *Toul.-Mont.*, 234.
Valade (la). *Bourg.*, i, 267.
— *Lim.*, 336.
— *Poit.*, 562.
— *La Roch.*, 96, 187.
Valadi. *Toul.-Mont.*, 1157.
Valadon. *Bourg.*, ii, 495.
— *Montp.-Mont.*, 1273.
Valalet. *Pic.*, 24.
Valance. *Prov.*, ii, 524.
Valantin. *La Roch.*, 326, 409.
Valavieille. *Prov.*, i, 86, 1159, 1245.
Valay. *Orl.*, 509.
Valbelle. *Par.*, i, 152.
— *Par.*, ii, 502.
— *Pic.*, 204.
— *Prov.*, i, 378, 538.
— *Prov.*, ii, 373.
Valbi. *Bourg.*, ii, 477.
Valbichon (du). *Tours*, 386.
Valboi. *Prov.*, i, 1240.
Valbonnet. *Prov.*, ii, 729.
Valbrunne. *Guy.*, 664.
Valby. *Bourg.*, i, 476.

Valcourt. *Als.*, 93, 498, 695, 698.
Valcroissant. *Fland.*, 406.
Valdavid (du). *Rouen*, 391.
Val de Feinne (du). *Pic.*, 682.
Valeau. *Tours*, 943.
Valée. *Lorr.*, 630.
Valée (la). *Auv.*, 185.
— *Lorr.*, 438.
— *Rouen*, 749, 784, 839, 861.
Valefray. *Lyon*, 426.
Valeilles. *Bret.*, I, 201.
Valeix. *Auv.*, 5, 347, 358.
Valence. *Auv.*, 135.
— *Dauph.*, 287, 305, V. 388.
— *Lyon*, 239, 248.
— *Orl.*, 195.
— *Par.*, IV, 431, 781.
— *Prov.*, I, 1167, 1243, 1340.
— *Toul.-Mont.*, 1276.
Valencey. *Bourges*, 431. V.
Valenciennes. *Bourges*, 135, 245.
— *Fland.*, 244. V.
— *Poit.*, 668, 739.
Valene. *Guy.*, 1181.
Valentin. *Al.*, 353.
— *Bret.*, I, 273, 352.
— *Champ.*, 696.
— *Dauph.*, 314.
— *Lorr.*, 543.
— *Lyon*, 8, 11, 116, 127, 128, 645.
— *Par.*, I, 644.
— *Par.*, II, 276.
— *Poit.*, 1135.
— *Prov.*, I, 697, 985, 1058.
— *Soiss.*, 819.
Valerian. *Montp.-Mont.*, 514, 536.
Valernod. *Dauph.*, 290.
Vales (de). *Poit.*, 1301, 1417.
Valette. *Auv.*, 14, 362, 586.
— *Dauph.*, 311.
— *Fland.*, 760.
— *Lim.*, 361.
— *Lyon*, 1030, 1031.
— *Montp.-Mont.*, 2, 474, 1537
— *Poit.*, 456, 981, 984.
— *Toul.-Mont.*, 565, 700, 713, 916,
947, 1120.
Valette (la). *Als.*, 631.
— *Bret.*, I, 342, 983.
— *Caen*, 638.
— *Lyon*, 1007.
— *Orl.*, 123, 134.
— *Montp. - Mont.*, 217, 307, 726,
1182.
— *Toul.-Mont.*, 251, 640, 984, 998,
1101, 1187.

Valfleuri. *Lorr.*, 31.
Valgra. *Fland.*, 391.
Valicourt. *Fland.*, 2, 6, 10, 1296.
Valiech. *Toul.-Mont.*, 332.
Valier. *Prov.*, I, 825.
Valière. *Tours*, 763.
Valières (de). *Dauph.*, 469.
Valimbert. *Bourg.*, I, 620.
Valin. *Dauph.*, 27, 182, 183, 198.
Valioux. *Lyon*, 733.
Vallabled. *Pic.*, 764.
Vallade (la). *Guy.*, 814, 1079.
Vallain. *Tours*, 917, 1023.
Vallais. *Bret.*, II, 385.
Vallansan. *Prov.*, II, 550, 572, 574.
Vallant. *Lyon*, 320.
Vallat. *Montp.-Mont.*, 38, 105, 313
314, 599, 656, 807.
Vallau. *Toul.-Mont.*, 615.
Vallavoire. *Prov.*, II, 47, 51, 487,
600.
Vallay. *Bourg.*, I, 927, 1048.
Valle. *Bourg.*, I, 631.
Valle (de). *Soiss.*, 163.
Valleau. *Tours*, 872.
Vallée. *Bret.*, II, 395, 411, 442.
— *Caen*, 679.
— *Par.*, I, 974.
— *Poit.*, 130, 172, 431, 434, 540,
565, 987, 994, 1469.
— *Toul.-Mont.*, 938.
— *Tours*, 993, 1203.
— *Vers.*, 66.
Vallée (de). *Al.*, 168, 169, 243, 401,
789, 929, 957, 976, 1028, 1149.
— *La Roch.*, 91.
Vallée (la). *Al.*, 111, 121, 126, 240,
245, 294, 442, 570, 624, 639, 945.
— *Bret.*, I, 244, 565, 580.
— *Bret.*, II, 65, 339, 358.
— *Fland.*, 1146, 1262.
— *Orl.*, 376.
— *Par.*, II, 386.
— *Pic.*, 273.
— *Tours*, 1170, 1403.
Vallée-Cornée (la). *Par.*, II, 440.
Vallées (des). *Al.*, 1216.
— *Tours*, 647.
Vallei. *La Roch.*, 397.
Vallembras. *Al.*, 82, 89, 463, 465,
469, 470, 583, 592.
— *Par.*, I, 399,
Vallemin. *Prov.*, II, 517.
Vallemont. *Rouen*, 1128, 1154.
Valleombre. *Tours*, 722.
Valler. *Als.*, 1012.

Valleran. *Prov.*, ι, 153.
Vallerian. *Prov.*, ι, 797.
Valleriol. *Prov.*, ιι, 85.
Valleroi. *Lorr.*, 456.
Vallerot. *Bourg.*, ι, 296.
Vallery. *Bourb.*, 396.
Valles. *Par.*, ι, 955, 961, 1013, 1213, 1224.
Valles (de). *Al.*, 949.
Vallet. *Al.*, 630, 801.
— *Auv.*, 373, 314.
— *Bourb.*, 564.
— *Bourg.*, ι, 1174, 1179.
— *Bourg.*, ιι, 504.
— *Bret.*, ιι, 666, 970.
— *Dauph.*, 394.
— *Lyon*, 389.
— *Orl.*, 493.
— *Par.*, ι, 706, 732, 1251.
— *Par.*, ιι, 240.
— *Pic.*, 648, 730, 846.
— *Poit.*, 484, 562, 596, 1001.
— *Rouen*, 4, 856, 1005.
— *Tours*, 415, 989.
Valleton. *Bret.*, ι, 163, 773.
— *Lyon*, 171, 786, 969.
— *Montp.-Mont.*, 1245.
Vallette. *Bourb.*, 288.
— *Par.*, ιι, 1272.
— *Prov.*, ι, 210, 747, 878, 879, 1370.
— *Prov.*, ιι, 478, 636.
— *Tours*, 616, 1005, 1204.
Valleville. *Prov.*, ιι, 436.
Vallevier. *Auv.*, 300.
Vallier. *Bourg.*, ι, 106, 107, 108, 112.
— *Dauph.*, 237, 566.
— *Guy.*, 255, 1095.
— *Lim.*, 379.
— *Lorr.*, 655.
— *Par.*, ι, 224, 445, 800.
— *Prov.*, ιι, 662.
Vallière. *Par.*, ιι, 1143.
— *Prov.*, ι, 976.
— *Prov.*, ιι, 686.
Vallière (de). *Tours*, 598, 619.
Vallibour. *Montp.-Mont.*, 12.
Vallin. *Lyon*, 470.
— *Orl.*, 421, 437.
— *Par.*, ι, 13, 591.
— *Par.*, ιι, 680.
— *Par.*, ιιι, 517.
— *Par.*, ιv, 556.
Vallins. *Bourg.*, ιι, 216.
Valliquerville. *Rouen*, 241.
Vallognes. *Caen*, 278. V.
Vallois. *Bret.*, ιι, 739, 1052.

— *Orl.*, 561, 1005, 1006.
— *Par.*, ι, 158, 1077, 1280
— *Par.*, ιι, 520, 611, 1144, 1207, 1239.
— *Par.*, ιιι, 81, 100.
— *Pic.*, 820, 888.
— *Poit.*, 1338, 1381.
— *Tours*, 170, 1005, 1006, 1021.
— *Vers.*, 247.
Vallois (de). *Bret.*, ι, 184.
Vallois (le). *Al.*, 21, 22, 69, 73, 165, 187, 212, 239, 310, 358, 399, 477, 566, 571, 573, 593, 812.
— *Caen*, 37, 100, 103, 155, 415, 422, 462, 649, 663, 744, 792.
— *Rouen*, 155, 549, 684, 887.
Vallon. *Auv.*, 345, 353.
— *Bourg.*, ιι, 234, 249.
— *Bret.*, ιι, 577.
— *Par.*, ι, 1202.
— *Par.*, ιι, 5, 999.
— *Par.*, ιιι, 401.
— *Par.*, ιv, 127, 132, 136.
— *Prov.*, ιι, 495.
— *Vers.*, 211.
Valloris. *Pic.*, 642.
Vallot. *Bourb.*, 45.
— *Bourg.*, ι, 94, 317, 327, 339.
— *Bourg.*, ιι, 20, 62, 92.
— *Champ.*, 714.
— *Lyon*, 95, 757.
— *Orl.*, 723.
— *Par.*, ιι, 274, 893.
— *Par.*, ιιι, 85.
Vallou. *Orl.*, 627.
Vallouin. *Lorr.*, 644.
Vally. *Bourg.*, ιι, 57.
Valmont. *Al.*, 459, 1214.
— *Als.*, 146.
Valoi (du). *Pic.*, 780.
Valois. *Lorr.*, 480.
Valois (de). *Fland.*, 1500.
— *Tours*, 1358.
Valois (le). *Tours*, 388.
Valon. *Bourg.*, ι, 38, 41, 89.
— *Champ.*, 749.
Valons. *Soiss.*, 222, 458.
Valory. *Bret.*, ιι, 213, 214.
— *Fland.*, 377, 423.
Valory (de). *Tours*, 169, 608.
Valorz (de). *Tours*, 757.
Valot. *Poit.*, 167.
Valoux. *Guy.*, 1029.
— *Lyon*, 17, 66, 466, 474, 759.
Valouze. *Vers.*, 209.
Valozière. *Par.*, ι, 245.

Valpergues. *Champ.*, 668.
Valpin. *Bourg.*, II, 611.
Valpoutrel. *Al.*, 405, 406.
Valqué (de). *Fland.*, 126, 227, 273, 368.
Valrave. *Fland.*, 790.
Valterre. *Par.*, I, 149.
Valteru. *Tours*, 553.
Valtes. *Bret.*, II, 1003.
Valtier. *Rouen*, 892.
Valtouville. *Rouen*, 92.
Valtrain. *La Roch.*, 241.
Valtrau. *La Roch.*, 335.
Valzergues. *Bourges*, 324, 345.
— *Toul.-Mont.*, 989, 1099.
Vamel. *Toul.-Mont.*, 523.
Vampé. *Als.*, 191.
Vanacher. *Fland*, 741.
Vanaker. *Guy.*, 1046.
Vanamandel. *Fland.*, 450.
Vanamelle. *Fland.*, 1169.
Vanartine. *Fland.*, 1067.
Vanasses. *Bret.*, II, 493.
Vanaudris. *Fland.*, 1243.
Vanbalen. *Fland.*, 652.
Vanbec. *Poit.*, 1421.
Vanbeck. *Fland.*, 765.
Vanbelle. *Fland.*, 111.
Vanbercken. *Fland.*, 778.
Vanbest. *Fland.*, 1058.
Vanblotac. *Fland.*, 396.
Vanbrouck. *Fland.*, 1126.
Vancaester. *Pic.*, 883.
Vancaloen. *Fland.*, 730.
Vancantelbeck. *Fland.*, 814.
Vancassien. *Fland.*, 442.
Vancé (de). *Orl.*, 376, 758, 910.
Vancombrughe. *Fland.*, 226.
Vancosten. *Fland.*, 1145.
Vancotteren. *Fland.*, 35.
Vandalle. *Fland.*, 796, 1202.
Vandame. *Guy.*, 1.
Vandan. *Guy.*, 1005.
Vande. *Lyon*, 79, 501.
— *Par.*, II, 781, 1154.
Vandegostenne. *Fland.*, 1167.
Vandègre. *Auv.*, 271.
Vandei (de). *La Roch.*, 418.
Vandelin (St-). *Bourg.*, I, 722, 728.
Vandelle. *Par.*, II, 1275.
Vandemberg. *Guy.*, 534.
Vandemore. *Lyon*, 418.
Vandenabelle. *Fland.*, 696.
Vandenberghen. *Fland.*, 30, 100, 427.
Vandenbranden. *Guy.*, 823.
Vandenbrouck. *Fland.*, 808.

Vandenbusc. *Fland.*, 1229.
Vandencornhuise. *Fland.*, 740.
Vandendriesche. *Fland.*, 25.
Vandeneck. *Fland.*, 189.
Vandenesse. *Bourg.*, II, 19.
Vandenkellenaer. *Fland.*, 1106.
Vandenkerkove. *Fland.*, 1098.
Vandenvelde. *Fland.*, 491.
Vandenwinchel. *Fland.*, 1280.
Vanderbecken. *Fland.*, 122.
Vanderbehen. *Fland.*, 59, 63.
Vanderborck. *Fland.*, 208.
Vanderbergue. *Orl.*, 353, 421, 443.
Vanderboch. *Als.*, 1054, 1055.
Vanderbourg. *Fland.*, 212.
Vanderbrouck. *Fland.*, 209.
Vanderburck. *Fland.*, 277.
Vandercabel. *Lyon*, 390.
Vanderdouet. *Fland.*, 1096.
Vandererusse. *Fland.*, 789, 1123, 1236.
Vanderest. *Fland.*, 1151.
Vanderfosse. *Fland.*, 1105, 1229.
Vandergrack. *Fland.*, 70, 311, 1029.
Vanderhaer. *Fland.*, 147.
— *Pic.*, 486.
Vanderhaghe. *Fland.*, 61, 195, 198, 229.
Vanderhaguen. *Guy.*, 830.
Vanderhell. *Fland.*, 736.
Vanderlanen. *Fland.*, 104, 111.
Vanderlinde. *Par.*, I, 979, 1015.
— *Par.*, II, 180.
Vanderlinden. *Fland.*, 101, 571.
Vandermaer. *Fland.*, 164, 342, 904, 1124.
Vandermersch. *Fland.*, 466, 471.
Vandermesche. *Fland.*, 1080.
Vandermeulle. *Fland.*, 977.
Vandermorne. *Fland.*, 1104.
Vandermoude. *Fland.*, 355.
Vanderneck. *Par.*, I, 267.
Vandernest. *Par.*, III, 321.
Vanderruyer. *Fland.*, 199.
Vandersipe. *Fland.*, 224, 690.
Vanderstraeten. *Pic.*, 742.
Vandesteen. *Fland.*, 1122.
Vandeuil. *Par.*, II, 1232.
— *Poit.*, 516.
— *Vers.*, 54.
Vandeuil (de). *Pic.*, 849.
Vandeville. *Fland.*, 152.
Vandevostine. *Fland.*, 1175.
Vandezande. *Fland.*, 1167.
Vandichulot. *Rouen*, 86.
Vandière. *Lorr.*, 59.

Vandime. *Rouen*, 28.
Vandiquet. *Fland.*, 1301.
Vandixmude. *Fland.*, 461.
Vandole. *Pic.*, 679.
Vandraghe. *Fland.*, 185.
Vandrebais. *Fland.*, 1164.
Vandrebeck. *Fland.*, 1162.
Vandrecoutre. *Fland.*, 1077.
Vandrefosse. *Fland.*, 1162.
Vandremarle. *Fland.*, 1168.
Vandremoutz. *Als.*, 636.
Vandrenesse. *Fland.*, 1070.
Vandressart. *Fland.*, 1154.
Vands (de). *La Roch.*, 206.
Vanel. *Montp.-Mont.*, 497, 512.
— *Par.*, II, 282, 432, 675.
Vanel (du). *Pic.*, 631, 635, 757, 760.
Vanelle. *Fland.*, 1129, 1375.
— *Lyon*, 482, 955.
Vanempel. *Fland.*, 717.
Vanerai. *Champ.*, 2.
Vaneuse. *Par.*, II, 789.
Vangermez. *Fland.*, 73.
Vanghen. *Als.*, 693.
Vangrasier. *Fland.*, 1155.
Vangrol. *Par.*, I, 1125.
Vanheis. *Par.*, I, 345.
Vanheuille. *Fland.*, 1116.
Vanhilsen. *Fland.*, 694.
Vanhorn. *Fland.*, 59.
Vanhoue. *Fland.*, 757, 767.
Vanhoucle. *Fland.*, 1177.
Vanhouque. *Fland.*, 222.
Vanhout. *Fland.*, 221, 966.
Vanhoutte. *Pic.*, 155.
Vanhuemen. *Fland.*, 59.
Vanhulse. *Fland.*, 352.
Vanier. *Bret.*, II, 392.
— *Par.*, III, 147.
— *Tours*, 770.
Vanier (le). *Caen*, 786.
— *Tours*, 1201, 1362.
Vaniny. *Lyon*, 116, 514, 717.
Vanjuglante. *Fland.*, 1239.
Vankeulen. *Bret.*, I, 500.
— *Bret.*, II, 795.
Vanlaer. *Fland.*, 105, 135, 139, 155, 156, 314.
Vanlierde. *Fland.*, 870.
Vanlile. *Fland.*, 1104.
Vanlire. *Fland.*, 471.
Vanloemel. *Pic.*, 207.
Vanmarcke. *Fland.*, 1119.
Vanmuster. *Fland.*, 184.
Vanne (St-). *Lorr.*, 367. *Ab.*
Vannes. *Bret.*, I, 119. *V.*

Vannes (de). *Poit*, 1387.
Vannesson. *Bourg.*, I, 1025, 1031.
Vannet. *Als.*, 624.
— *Bourg.*, I, 725, 726.
Vanneur. *Als.*, 1092.
Vannier. *Fland.*, 1461.
— *Orl.*, 963.
Vannieukerele. *Fland.*, 1077.
Vannin. *Als.*, 626.
Vannoise. *Bret.*, II, 594.
Vannot. *Bourg.*, I, 1170.
Vannoy. *Fland.*, 393, 1122, 1261.
Vanolles. *Par.*, II, 698.
Vanoptal. *Par.*, I, 1107.
Vanpierre. *Fland.*, 52.
Vanpoelle. *Fland.*, 264.
Vanpouille. *Fland.*, 200.
Vanreminghe. *Fland.*, 1091, 1168, 1169.
Vanricard. *Fland.*, 529.
Vanrode. *Fland.*, 152, 225.
Vanrulen. *Fland.*, 905.
Vansai (de). *Tours*, 279, 283.
Vansassen. *Fland.*, 727.
Vansachore. *Lyon*, 145.
Vantenac. *Guy.*, 813.
Vanthienen. *Fland.*, 55, 135, 139, 140.
Vantier. *La Roch.*, 148.
Vantine. *Fland.*, 795, 956.
Vantran. *Fland.*, 1491.
Vantroux. *Par.*, I, 327.
Vanuelen. *Fland.*, 182, 1073, 1147.
Vanvelesteren. *Fland.*, 463.
Vanvernick. *Fland.*, 1156, 1160.
Vanwesbus. *Fland.*, 114, 167.
Vanwichs. *Fland.*, 228.
Vanzeller. *Fland.*, 346, 1125.
Vaquerel. *Par.*, I, 1170.
Vaquier. *Guy.*, 193, 328, 854.
— *Prov.*, I, 258, 266, 1392.
— *Toul.-Mont.*, 551, 766.
Var (de). *La Roch.*, 332.
Varachaut. *Lim.*, 122.
Varade. *Par.*, IV, 463.
Varadier. *Prov.*, II, 85.
Varage. *Prov.*, I, 606, 1358.
Varages. *Prov.*, II, 532.
Varai. *Champ.*, 51.
Varaignes. *Toul.-Mont.*, 204.
Varalte. *Rouen*, 776.
Varanchant. *Prov.*, I, 1018.
Varanguien. *Pic.*, 708.
Varanhieu. *Toul.-Mont.*, 1065.
Varde (la). *Al.*, 376, 377, 632.
Vareille. *Lyon*, 671.

Vareilles. *Auv.*, 490.
— *Montp.-Mont.*, 629.
— *Poit.*, 756, 862.
— *Toul.-Mont.*, 1331. V.
Varembon. *Bourg.*, II, 289.
Varenard. *Lyon*, 553.
Varenghien. *Fland.*, 836, 850.
Varengue. *Rouen*, 771.
Varenne. *Bourg.*, I, 86.
— *Lyon*, 115, 478.
— *Rouen*, 1237.
— *Toul.-Mont.*, 19.
Varenne (de). *Pic.*, 798.
Varenne (la). *Bourb.*, 125.
— *Bourges*, 25, 265. 382.
— *Par.*, III, 270.
— *Poit.*, 186, 389, 440, 1141, 1142, 1280, 1298.
— *Tours*, 753. (*Communauté.*)
Varennes. *Auv.*, 15, 80.
— *Bourb.*, 454.
— *Bourg.*, II, 108, 235.
— *Bret.*, I, 206, 374.
— *Fland.*, 143.
— *Par.*, I, 128.
— *Par.*, II, 584.
— *Par.*, IV, 350.
Varennes (de). *Tours*, 125.
Varennes (des). *Bourg.*, II, 391, 510.
Varequin. *Al.*, 1094.
Varet. *Par.*, I, 313, 649.
Varez. *Toul.-Mont.*, 17, 24, 162.
Varfaud. *Lyon*, 621.
Vari. *Champ.*, 565, 699.
Varice. *Par.*, I, 303.
— *Par.*, II, 318, 454.
— *Tours*, 97, 118, 500, 520, 521, 542, 611.
Varice (de). *Tours*, 172.
Varie. *Fland.*, 1364.
— *Par.*, III, ˮ1.
Varielery. *Toul.-Mont.*, 484.
Varignies, *Caen*, 73, 541, 604.
Varignon. *Caen*, 172.
Varin. *Al.*, 291, 564, 575, 865, 1205.
— *Bourg.*, I, 620, 636, 830, 900.
— *Caen*, 577, 606.
— *Par.*, III, 424.
— *Par.*, IV, 424.
— *Poit.*, 20, 757, 885.
— *Rouen*, 329, 515, 689, 696, 792, 819, 945.
Varinas. *Lyon*, 730.
Varion. *Prov.*, I, 962.
Varisque. *Champ.*, 281, 475.
Varizes. *Prov.*, II, 357.

Varlet. *Champ.*, 363.
— *Fland.*, 904, 1160.
— *Par.*, II, 171, 1162.
— *Pic.*, 466, 807.
— *Soiss.*, 9, 202, 309, 360, 718.
Varlut. *Fland.*, 69, 993.
Varnasseur. *Tours*, 1470.
Varnay. *Par.*, I, 1357.
Varneis. *Fland.*, 1168.
Varneston. *Fland.*, 208. *Ab.*
Varnet. *Champ.*, 525.
Varney. *Par.*, II, 987.
Varnier. *Als.*, 889.
— *Champ.*, 204, 229, 234.
— *Par.*, III, 290, 315, 409.
— *Rouen*, 930.
Varoc. *Caen*, 99, 111.
— *Rouen*, 677, 806.
Varod. *Bourg.*, I, 963.
Varoqueau. *Soiss.*, 655.
Varonge. *Lyon*, 1032.
Varoquier. *Bourb.*, 123, 127.
Varoquier. *Par.*, I, 612.
— *Par.*, II, 1077.
— *Par.*, III, 197.
— *Soiss.*, 784.
Vars. *Bret.*, II, 191.
Varsi. *Prov.*, I, 837.
Varsi (de). *Tours*, 1381.
Vart (de). *Als.*, 175.
Vartaut. *Lim.*, 387.
Vasandick. *Fland.*, 1156.
Vascar. *Rouen*, 604.
Vasclot. *La Roch.*, 66.
Vasconcelles. *Al.*, 1054.
Vase. *Pic.*, 817.
— *Prov.*, I, 257.
Vaslin. *Orl.*, 3, 343.
— *La Roch.*, 259.
Vassadel. *Auv.*, 44, 276, 288.
Vassal. *Guy.*, 219, 225, 449, 509, 557, 680, 714, 719, 918, 1077, 1132.
— *Lyon*, 384, 613.
— *Montp.-Mont.*, 151.
— *Par.*, II, 1168.
— *Par.*, IV, 162.
— *Pic.*, 777.
— *Prov.*, I, 742.
— *Toul.-Mont.*, 256, 1151.
— *Vers.*, 79.
Vassan. *Champ.*, 292, 335, 654.
— *Par.*, I, 165, 1118.
— *Par.*, III, 248.
— *Vers.*, 94.
Vassan (de). *Soiss.*, 104, 672.

Vassant. *Al.*, 624.
— *Par.*, II, 54, 107.
— *Lorr.*, 600.
Vassat. *Soiss.*, 275.
Vassau. *Bourg.*, I, 613, 907, 1015.
Vassault (le). *Poil.*, 206.
Vassaux. *Poil.*, 1143.
Vassaux (de). *Soiss.*, 191, 364, 368, 717.
Vasse. *Al.*, 758, 964.
— *Fland.*, 1039.
— *Par.*, I, 523, 698.
— *Rouen*, 1163.
Vassé. *Orl.*, 164, 656.
— *Par.*, I, 124, 379, 1195.
— *Par.*, II, 580, 985, 1155.
— *Poil.*, 23, 56.
— *Prov.*, I, 614.
= *Tours*, 213, 641, 644, 1513.
Vassel. *Caen*, 600.
Vasselin. *Par.*, I, 708.
Vasselot. *Poil.*, 339, 408, 988, 989, 1039.
Vasserot. *Toul.-Mont.*, 792, 807.
Vasset. *Par.*, I, 522.
— *Vers.*, 308.
Vasseur (le). *Al.*, 19, 346, 1004.
— *Bourg.*, I, 188.
— *Bret.*, I, 550.
— *Caen*, 694.
— *Champ.*, 264.
— *Orl.*, 240, 363, 723.
— *Par.*, I, 128, 290, 714, 905, 1197, 1260.
— *Par.*, II, 134, 524, 811, 911, 915, 1076, 1080.
— *Par.*, III, 137, 321, 460, 532.
— *Par.*, IV, 338.
— *Pic.*, 114, 190, 219, 280, 407, 497, 539, 554, 734, 748, 749, 755, 758.
— *Poil.*, 843.
— *Prov.*, I, 532, 1141, 1142.
— *La Roch.*, 355.
— *Rouen*, 31, 210, 224, 230, 746, 862, 1169.
— *Soiss.*, 411, 459, 702, 794.
— *Tours*, 1092.
— *Vers.*, 18, 50, 113, 124, 196.
Vassi. *Al.*, 73, 306.
— *Caen*, 36, 167, 226, 614.
— *Tours*, 920.
Vassière. *Par.*, I, 1334.
Vassincourt. *Lorr.*, 100.
Vassinhac. *Champ.*, 153, 267, 270, 271, 411.
Vasson. *Champ.*, 745.
— *Par.*, III, 130.

Vassor (le). *Orl.*, 333, 338, 358, 364, 365, 439, 467, 649, 661, 694, 795, 1022.
— *Par.*, II, 928.
— *Par.*, IV, 235.
Vast. *Orl.*, 817.
Vastel. *Rouen*, 931.
Vastcoy. *Par.*, II, 682.
Vataire. *Orl.*, 279, 280.
Vataire (de). *Par.*, IV, 468.
Vatas. *Toul.-Mont.*, 305.
Vatbois. *Par.*, I, 500, 1337.
— *Par.*, III, 249.
— *Rouen*, 816.
Vatel. *Caen*, 443.
— *Par.*, III, 163, 334, 350, 465.
Vatelet. *Als.*, 751.
— *Poil.*, 27.
Vatelot (de). *Tours*, 729.
Vatenai. *Champ.*, 222.
Vatier. *Par.*, IV, 730.
Vatiloud *Al.*, 1148.
Vatin. *Bourg.*, I, 1148.
Vatoy. *Bret.*, I, 278.
— *Par*, III, 470.
Vatrain. *Bret.*, II, 1089.
Vatrix. *Pic.*, 141.
Vattelot. *Al.*, 235, 238, 240, 241.
Vattier. *Champ.*, 339.
Vau (de). *Orl.*, 768.
— *Prov.*, II, 260.
Vau (du). *Bret.*, II, 807.
— *Par.*, I, 474, 602, 812, 952, 1090, 1163.
— *Poil.*, 269, 634.
— *Toul.-Mont.*, 174.
— *Tours*, 22, 174, 803, 840, 857, 1031, 1047, 1263, 1278.
Vau (la). *Par.*, II, 509.
Vau (le). *Tours*, 1521.
Vaubarnevelt. *Guy.*, 270.
Vaubelin. *Par.*, II, 605.
Vauberche. *Bret.*, II, 39.
Vaubert. *Par.*, I, 513, 1124.
— *Rouen*, 711.
Vaubertrand. *Lyon*, 621, 638.
Vaublsmen. *Fland.*, 734.
Vauborel. *Bret.*, I, 85, 477.
— *Al.*, 251.
— *Caen*, 280, 524, 525, 532, 538, 540, 795.
Vaucel. *Pic.*, 676.
Vaucelle. *Rouen*, 394, 379.
Vaucelles. *Poil.*, 1428.
Vaucenai (de). *Tours*, 102.
Vauchassade. *Bourb.*, 573, 575.

Vauchelles. *Rouen*, 837.
Vaucher. *Bourg.*, ɪ, 291.
— *Bourg.*, ɪɪ, 530.
— *Champ.*, 91, 446, 861.
— *Lorr.*, 269.
Vaucherot. *Bourg.*, ɪ, 234, 1090, 1260.
Vauchier. *Bourg.*, ɪ, 565, 1247.
Vauclair. *Als.*, 919.
Vauclerc. *Orl.*, 738.
Vaucleret. *Bourg.*, ɪ, 899.
Vauclerois. *Champ.*, 105.
— *Lorr.*, 262, 319.
Vaucocourt. *Guy.*, 1128, 1133.
Vaucorbeil. *Lim.*, 330.
Vaucorbel. *Par.*, ɪ, 119, 147.
Vaucoret. *Par.*, ɪ, 1268.
Vaucouleur. *Bret.*, ɪɪ, 942, 1131.
— *Champ.*, 660. V.
Vaucouleurs. *Bret.*, ɪ, 98, 203, 204, 213, 747, 884.
Vaucourt. *Pic.*, 822.
Vaudelet. *Tours*, 182.
Vauderanne. *Orl.*, 791.
Vauderet. *Bourg.*, ɪ, 830.
Vaudetart. *Par.*, ɪv, 206.
Vaudin. *Als.*, 393.
— *Par.*, ɪ, 1343.
— *Par.*, ɪv, 402.
Vaudiol. *Monlp.-Mont.*, 1451.
Vaudoré. *Als.*, 212.
— *Par.*, ɪv, 297.
Vaudorne. *Al.*, 759.
Vaudray. *Bourg.*, ɪ, 236.
— *Bourg.*, ɪɪ, 489.
Vaudremont. *Bourg.*, ɪ, 205.
Vaudrey. *Bourg.*, ɪ, 774, 1075.
Vaudricourt. *Pic.*, 87, 461.
— *Rouen*, 459.
Vaudroy. *Bourg.*, ɪ, 236.
Vaudry. *Bourg.*, ɪɪ, 39.
Vauferier (du). *Bret.*, ɪ, 405, 570.
Vaufleury. *Caen*, 533, 539.
Vaugart (de). *Prov.*, ɪɪ, 554.
Vaugaugout. *Lim.*, 355.
Vaugelade. *Poit.*, 556.
Vaugelas. *Poit.*, 899.
Vaugelet. *Dauph.*, 229, 444.
Vaugien. *Poit.*, 1208.
Vaugier. *Prov.*, ɪɪ, 655, 656.
Vaugines. *Dauph*, 145.
Vaugirault. *Poit.*, 608.
— *Tours*, 276, 345.
Vaugirault (de). *Tours*, 580, 586.
Vaugour. *La Roch.*, 413.
Vaugué. *Par.*, ɪɪ, 962.
Vauguion. *Al.*, 580.

Vaujani. *Dauph.*, 181.
Vaujolly. *Orl.*, 870.
Vaujoup. *La Roch.*, 347.
Vaul (du). *Pic.*, 238.
Vaulaine (la). *Tours*, 1013.
Vaulaire. *Prov.*, ɪ, 655.
Vaulegou (de). *Tours*, 891.
Vaulicher. *Par.*, ɪv, 273.
Vaultier *Soiss.*, 675.
Vaulx (de). *Soiss.*, 122, 212.
Vaumartel. *Al.*, 1104.
Vaumesle. *Al.*, 16, 17, 88, 565, 750, 762, 815.
— *Caen*, 532.
Vaumorin. *Tours*, 401, 1183.
Vaunichet. *Champ.*, 742.
Vaunot. *Als.*, 133.
Vaupilière (la). *Bourges*, 246.
Vauquelin. *Al.*, 46, 48, 77, 80, 82, 85, 104, 215, 216, 310, 478, 858, 859, 873, 877, 978.
— *Caen*, 53, 65, 159, 161, 324.
— *Par.*, ɪ, 519, 1270.
— *Par.*, ɪɪ, 1140.
— *Rouen*, 54, 300, 445.
Vauquet. *Pic.*, 642.
— *Soiss.*, 304, 340, 489, 523.
Vauquier. *Rouen*, 1112.
Vaurai (de). *Champ.*, 731.
Vauranse. *Fland.*, 1082, 1148, 1157.
Vaure (de). *Dauph.*, 242, 292.
Vaurigault. *La Roch.*, 191.
Vaurion. *Lyon*, 781.
Vauroger. *Rouen*, 1124, 1125.
Vaurs. *Monlp.-Mont.*, 1169.
Vausange. *Bret.*, ɪɪ, 378.
Vaussé. *Poit.*, 948.
Vausserre. *Dauph.*, 61, 188, 640.
Vaussin. *Bourg.*, ɪ, 154, 156, 162, 241.
Vautherin. *Bourg.*, ɪ, 1029, 1218.
Vauthier. *Bourg.*, ɪ, 74, 327.
— *Bourg.*, ɪɪ, 61, 105, 110.
— *Champ.*, 201, 372.
— *Orl.*, 197.
Vauthiery. *Vers.*, 227.
Vautier. *Bourb.*, 111.
— *Caen*, 5, 12, 18, 20, 25, 227, 252, 310, 423, 651.
— *Lorr.*, 649.
— *Lyon*, 279.
— *Par.*, ɪɪ, 295.
— *Par.*, ɪv, 210, 552, 770.
— *Rouen*, 581, 604, 786, 1265, 1293.
Vautier (le). *Al.*, 773.
Vautongre. *Lim.*, 225.

Vautrain. *Par.*, III, 131.
Vautrel (le). *Champ.*, 6, 676.
Vautrin. *Bourg.*, I, 560.
Vautron. *La Roch.*, 69.
Vauvenai (de). *Tours*, 1277.
Vauvier. *Orl.*, 71.
Vauvret. *Bourb.*, 505, 518, 600.
Vauvrille. *Bourb.*, 15, 27, 103, 270, 276, 440.
Vaux (de). *Als.*, 530.
— *Auv.*, 7, 352.
— *Bourb.*, 88.
— *Bourg.*, I, 570, 684.
— *Champ.*, 465, 613, 781.
— *Dauph.*, 7, 137, 173.
— *Lorr.*, 346, 365.
— *Lyon*, 645.
— *Montp.-Mont.*, 17, 456, 461, 612, 620, 636, 1535.
— *Orl.*, 907.
— *Par.*, I, 586.
— *Par.*, II, 1022.
— *Par.*, III, 420, 478.
— *Pic.*, 401, 565, 607, 713.
— *Poit.*, 523.
— *Toul.-Mont.*, 1212. 1345.
Vaux (des). *Al.*, 213, 251, 610, 752, 906, 1206.
— *Bret.*, I, 172, 377.
— *Bret.*, II, 83, 367, 410, 433, 573.
— *Caen*, 456.
— *Guy.*, 632, 1083, 1090.
— *Par.*, II, 652, 1105, 1112.
— *Tours*, 395, 401, 403, 1167, 1177, 1183.
Vauzay. *Poit.*, 633, 876.
Vauzé. *Béarn*, 89.
Vauzelle. *Poit.*, 813.
Vavasseur. *Bret.*, II, 417.
— *Tours*, 1105, 1120.
Vavasseur (le). *Al.*, 760, 794, 913.
— *Caen*, 689.
— *Champ.*, 234.
— *Par.*, I, 146, 730.
— *Par.*, II, 227.
— *Rouen*, 85, 388, 699, 1225.
Vay (de). *Bret.*, I, 893.
Vayen. *Prov.*, II, 144.
Vayer (le). *Bourb.*, 1.
— *Bourg.*, I, 187.
— *Bret.*, I, 407, 418, 552, 563, 595, 681. 711, 747.
— *Bret.*, II, 82, 155, 282, 444, 705.
— *Champ.*, 779.
— *Lorr.*, 218, 652.
— *Par.*, I, 904.

— *Par.*, II, 530.
— *Tours*, 241, 253, 257.
Vaz (du). *Par.*, I, 122.
Vazeilles. *Auv.*, 143, 144, 169, 453.
Vazens. *Toul.-Mont.*, 1071.
Vé (le). *Par.*, III, 4.
Veau. *Poit.*, 490.
— *Tours*, 187, 1130.
Veau (le). *Fland.*, 1044, 1499.
— *Tours*, 153.
Vecchi. *Lorr.*, 395.
Vécot (le). *La Roch.*, 202, 372.
Vedeau. *Al.*, 223, 329.
— *Par.*, I, 360, 391.
— *Prov.*, I, 458.
— *La Roch.*, 193.
Vedel. *Montp.-Mont.*, 253, 641, 661.
Vedelly. *Toul.-Mont.*, 113, 159, 173, 1096.
Vedié. *Orl.*, 259, 261.
Vedier. *Bret.*, I, 195.
— *Bret.*, II, 390.
Vedreille. *Montp.-Mont.*, 831.
Vedrenne. *Lim.*, 459.
Vedrin. *Bourb.*, 321.
Vedrines. *Guy.*, 563, 848, 1141, 1179.
Veeiner. *Lorr.*, 324.
Veelu. *Par.*, I, 397.
Vegne. *Als.*, 596.
Vehard. *Bourg.*, I, 442.
— *Bourg.*, II, 280.
— *Guy.*, 1137.
Vei (du). *Al.*, 570, 585, 599.
Veiden. *Lorr.*, 683.
Veigelin. *Als.*, 1005.
Veil (du). *Montp.-Mont.*, 629.
Veilhan. *Orl.*, 127.
Veillan. *Poit.*, 357.
Veillant. *Als.*, 255.
— *Bourb.*, 254, 255.
Veillard. *Al.*, 1031.
— *Bourb.*, 125, 345.
— *Champ.*, 122, 715.
— *Orl.*, 660.
— *Par.*, IV, 760.
— *Rouen*, 379.
— *Toul.-Mont.*, 1111.
Veillart. *Par.*, I, 1147, 1382.
— *Par.*, II, 304, 1065.
Veillat. *Bourges*, 439.
— *Poit.*, 501, 1127, 1395.
Veillau. *Tours*, 537.
Veillechèze. *Poit.*, 431, 435.
Veillerc. *Montp.-Mont.*, 259, 464.
Veillers. *Par.*, II, 273.
Veillers (de). *Fland.*, 1017.

Veillet. *Bourg.*, i, 401
— *Bret.*, ii, 571.
— *Guy.*, 266.
— *Lorr.*, 47.
— *Par.*, i, 1051.
— *Poit.*, 458.
Veillon. *Poit.*, 489, 496, 520, 673.
Veilon. *Tours*, 113.
Veine (la). *Bourb.*, 51, 56, 75.
Veines. *Dauph.*, 28, 292.
Veirac. *Montp.-Mont.*, 375.
— *Prov.*, i, 1281.
Veire. *Lyon*, 43.
Veire (de). *Auv.*, 529.
Veire (la). *Montp.-Mont.*, 1306.
Veirebrousse. *Auv.*, 524.
Veiret. *Montp.-Mont.*, 1331.
Veiroles. *Auv.*, 257.
Voisie (de). *Montp.-Mont.*, 675.
Veisse (la). *Als.*, 17.
Veissière. *Prov.*, i, 1320.
Veissière (la). *Auv.*, 425, 496, 531, 547.
Veix (de la). *Lim.*, 455.
Véjus. *Bourg.*, i, 992, 1038.
Vel (de). *Montp.-Mont.*, 353.
Velain. *Soiss.*, 799.
Velain (le). *Al.*, 233, 455, 611, 612, 622, 623, 630, 698, 1139.
Vélar. *Fland.*, 1258.
Vélard (du). *Bret.*, i, 85.
Velard. *Par.*, i, 501.
Velin. *Dauph.*, 235, 436.
Veline. *Prov.*, i, 1061.
Vellain (le). *Rouen*, 74, 312, 1229.
Vellard. *Orl.*, 142, 552.
Velle (de). *Bourg.*, i, 161.
— *Par.*, ii, 1108.
Vellena. *Bret.*, ii, 830.
Veller. *Bret.*, i, 357, 358, 981.
Vellin. *Prov.*, i, 560, 602, 669, 913, 1028.
Vemart. *Fland.*, 1162.
Venaire. *Auv.*, 342.
Venancier. *Poit.*, 563.
Venant. *Fland.*, 629, 847.
— *Par.*, i, 1262.
Venant (de). *Pic.*, 167.
Venant (St-). *Pic.*, 200.
Venard. *Par.*, iii, 135.
— *Tours*, 1011.
Venault. *Poit.*, 469, 567, 695, 696, 833.
Venavide. *Pic.*, 179.
Venbredeubec. *Tours*, 957.
Venbuzelar. *Tours*, 957.

Vence. *Prov.*, i, 229. V.
Vence (de). *Prov.*, ii, 477, 484.
Venderetz. *Rouen*, 276, 967, 1170.
Vendes. *Caen*, 154, 420, 499, 501, 603.
— *Rouen*, 360.
Vendeuil (de). *Pic.*, 835.
Vendeur (le). *Bret.*, i, 898.
Vendosme. *Fland.*, 898, 1386.
— *Par.*, ii, 892.
Venel. *Montp.-Mont.*, 119.
— *Prov.*, i, 398, 524.
— *Prov.*, ii, 293, 723, 841.
Venescamp. *Fland.*, 1238.
Veneur (le). *Bret.*, i, 591, 627, 938.
— *Bret.*, ii, 76, 543, 1007.
— *Caen*, 360.
— *Par.*, ii, 1196, 1204.
— *Rouen*, 56, 408.
Venez. *Toul.-Mont.*, 733.
Veni. *Auv.*, 78, 110, 390.
Venier. *Par.*, i, 294.
Venier (le). *Bret.*, i, 364, 419.
— *Guy.*, 854.
Veninq. *Prov.*, i, 1420.
Venis. *Fland.*, 1168.
Venissy. *Bourg.*, ii, 38.
Venldre (de). *Pic.*, 224.
Venois (le). *Al.*, 120, 775, 1214.
Venois. *Caen*, 28, 153, 180, 400.
— *Rouen*, 35 1151.
Venon. *Lim.*, 23.
Venon. *Poit.*, 131? 43.
Venot. *Bourg.*, ii, 100, 158, 166, 176.
— *Tours*, 110.
— *Par.*, i, 624.
Venriez. *Toul.-Mont.*, 1068.
Vent (le). *Soiss.*, 31, 42, 486, 502, 509.
Ventabren. *Prov.*, i, 492. Village.
Ventaillac. *Dauph.*, 471.
Vente. *Al.*, 1221.
Venteton. *Poit.*, 392, 394, 537.
Ventenac. *Bourges*, 430.
Ventenat. *Bourb.*, 322.
Ventes (de). *Dauph*, 78, 238.
Ventes (des). *Par.*, iv, 166.
Ventillac. *Auv.*, 588.
Vento (de). *Prov.*, i, 532, 544, 576, 625, 628.
Ventre. *Prov.*, i, 989, 1110, 1151.
— *Prov.*, ii, 233.
— *Toul.-Mont.*, 409.
Ventron. *Prov.*, i, 811.
Venture (de). *Prov.*, i, 568, 708, 709.

Ver (de). *Toul.-Mont.*, 42.
Ver (le). *Rouen*, 142, 435, 608, 716, 754, 932.
Verac. *Lim.*, 461.
Veran. *Prov.*, i, 1017.
Vérand. *Pic.*, 787.
Verani. *Par.*, iii, 469.
Veras. *Poit.*, 550.
Verbois. *Toul.-Mont.*, 255, 257.
Verbrout. *Fland.*, 1150.
Verchant. *Montp.-Mont.*, 655, 869.
— *Par.*, i, 664.
Verchere. *Bourg.*, i, 435, 437.
— *Lyon*, 750, 817, 951.
Vercheron. *Lyon*, 672.
Verdache. *Prov.*, ii, 270.
Verdalle, *Guy.*, 1147.
— *Poit.*, 1036.
Verdalles. *Bourb.*, 567, 575.
Verdan. *Lyon*, 76, 307, 921.
Verdeghans. *Fland.*, 327, 492, 650.
Verdeguier. *Montp.-Mont.*, 709.
Verdelet. *Bourg.*, ii, 82.
— *Lyon*, 437.
Verdelier. *Montp.-Mont.*, 1439.
Verdelin. *Guy.*, 915.
— *Prov.*, i, 1123.
— *La Roch.*, 109.
— *Toul.-Mont.*, 1349.
Verderi. *Guy.*, 828.
Verdet. *Prov.*, ii, 556, 696.
Verdicq. *Bourg.*, ii, 313.
Verdier. *Al.*, 820, 1011.
— *Auv.*, 166, 539.
— *Bourb.*, 292.
— *Bret.*, i, 281.
— *Dauph.*, 209.
— *Fland.*, 161, 166.
— *Guy.*, 375, 961, 988.
— *Lim.*, 466.
— *Par.*, i, 23, 641, 1232.
— *Par.*, iii, 442.
— *Prov.*, i, 927.
— *Prov.*, ii, 82, 148, 156.
— *Toul.-Mont.*, 707, 953, 1139, 1141, 1150, 1153.
— *Tours*, 108, 125, 133, 533, 534, 568, 591, 892, 908.
Verdier (du). *Bourges*, 51, 381.
— *Lim.*, 344.
— *Lyon*, 979.
— *Montp.-Mont.*, 946, 1159.
— *Par.*, ii, 355.
— *Tours*, 95, 496, 500, 521, 550.
Verdière. *Fland.*, 132, 810, 811.
Verdigny. *Bourb.*, 456.

Verdiguier. *Toul.-Mont.*, 486.
Verdillac. *Poit.*, 570, 1554.
Verdillin. *La Roch.*, 327.
Verdin. *Bourg.*, i, 301, 302, 304.
— *Par.*, iii, 416.
— *Poit.*, 561.
Verdines. *Auv.*, 469.
Verdon. *Bourges*, 89.
— *Tours*, 517, 931.
Verdonnet. *Auv.*, 467.
Verduc. *Bret.*, i, 285.
Verdun. *Bourg.*, i, 764.
— *Caen*, 513, 520, 532, 533, 594, 781, 786, 790.
— *Guy.*, 47.
— *Lorr.*, 519. Ev. 86. V.
— *Lyon*, 605, 624.
— *Orl.*, 441.
— *Par.*, ii, 1102.
— *Prov.*, ii, 435.
— *Toul.-Mont.*, 205, 399, 1286.
Verdure (la). *Fland.*, 20, 56, 845.
— *Pic.*, 731.
Verduron. *Montp.-Mont.*, 28.
Verdusan. *Pic.*, 815.
Verduzan. *Guy.*, 286, 1066.
— *Montp.-Mont.*, 1027, 1111, 1113, 1114.
Vère. *Poit.*, 1426.
Vereau. *Par.*, ii, 352.
Véreau. *Poit.*, 548.
Verel. *Caen*, 614.
— *Par.*, iii, 347.
— *Par.*, iv, 130, 566.
Vererux. *Fland.*, 1247.
Veret. *Bret.*, i, 806.
Véret. *Poit.*, 1388.
Vereux. *Soiss.*, 789,
Vergé. *Lyon*, 112, 726, 731.
Vergée (la). *Par.*, iii, 359, 457.
Vergelin. *Prov.*, i, 1210.
Verger (du). *Als.*, 166, 193.
— *Auv.*, 123.
— *Bret.*, i, 184, 477, 729, 784, 855.
— *Bret.*, ii, 482, 484, 488, 836, 1018.
— *Champ.*, 569.
— *Fland.*, 967.
— *Lyon*, 1030.
— *Montp.-Mont.*, 400, 401, 768, 830.
— *Orl.*, 73, 470.
— *Par.*, iv, 469.
— *Poit.*, 179, 254, 441, 871, 1295, 1419, 1539.
— *Toul.-Mont.*, 497, 536, 550, 987, 1204, 1321, 1329.
— *Tours*, 391, 1513.

Vergeron. *Guy.*, 1191.
Vergers. *Guy.*, 1218.
Vergers (des). *Par.*, IV, 13, 175.
Verges (de). *Béarn*, 13.
Verges (des). *Bourb.*, 321.
Vergeses. *Montp.-Mont.*, 353, 471.
Vergeur. *Par.*, II, 198.
Vergeur (de). *Prov.*, II, 471.
Vergeur (le). *Bret.*, II, 854.
— *Champ.*, 46, 66, 141.
— *Orl.*, 40.
Verghelle. *Fland.*, 115, 510.
Vergier. *Poit.*, 1038.
Vergier (du). *Bret.*, I, 361, 644, 682, 687, 688.
— *Guy.*, 251, 370.
— *La Roch.*, 227.
Vergis. *Prov.*, II, 249.
Vergnas. *Lim.*, 112.
Vergnaud. *Bourb.*, 408.
Vergnault. *Poit.*, 973, 1458.
— *Tours*, 190, 1287.
Vergne. *Pic.*, 529.
Vergne (de). *Toul.-Mont.*, 1434.
Vergne (la). *Al.*, 655.
— *Guy.*, 20, 24, 49, 125, 222, 245, 428, 671, 821, 976, 1093, 1178.
— *Lim.*, 149, 151, 290, 357.
— *Lyon*, 177, 716.
— *Montp.-Mont.*, 68, 865.
— *Par.*, I, 443, 451, 1125.
— *Par.*, II, 354, 1089.
— *Poit.*, 547, 548, 550, 855, 883, 923, 948, 1484, 1552.
— *Prov.*, I, 431.
— *La Roch.*, 187.
— *Vers.*, 39.
Vergnes. *Auv.*, 529.
Vergnes (des). *Bourb.*, 393.
— *Poit.*, 855.
Vergnet. *Guy.*, 926.
Vergnettes (des). *Rouen*, 744.
Vergniol. *Toul.-Mont.*, 516.
Vergnon. *Guy.*, 925.
— *Poit.*, 538.
Vergoin. *Guy.*, 168.
Vergot. *Bret.*, II, 1024.
Vergoumary. *Lyon*, 925.
Verguens. *Prov.*, II, 246, 467, 754.
Verguettes (des). *Rouen*, 372.
Verguignac. *Toul.-Mont.*, 669.
Verguin. *Prov.*, I, 30, 43.
Verhague. *Bourg.*, I, 553.
— *Fland.*, 1237.
Verhille. *Fland.*, 477.
Veri. *Poit.*, 796, 1431.

Vériaux. *Lim.*, 392.
Veriet. *Poit.*, 1221.
Verignols. *Bourg.*, I, 326.
Verignon. *Par.*, III, 425.
Verilot. *Lorr.*, 36.
Verinas. *Champ.*, 896.
Verine (la). *Vers.*, 19.
Vérineau *Poit.*, 316, 1186.
Verines. *Bourges*, 82, 449.
Véring. *Als.*, 410.
Verinne. *Auv.*, 558.
Vérité. *Par.*, III, 195.
— *Tours*, 728, 1080, 1084.
Verjus. *Als.*, 566.
— *Bourg.*, I, 440.
— *Par.*, IV, 406.
— *Prov.*, I, 1352.
Verlaine. *Lorr.*, 264.
Verlange. *Lorr.*, 489.
Verliac. *Toul.-Mont.*, 8, 68, 489.
Verlinck. *Fland.*, 903.
Vermalle. *Montp.-Mont.*, 357.
Vermanton. *Dauph.*, 35, 126.
Vermeil. *Guy.*, 1173
Vermeille. *Fland.*, 1488.
Vermeulen. *Fland.*, 356, 513.
Vermillière (la). *Prov.*, II, 468.
Vermondière (la). *Al.*, 917.
Vernade (la). *Soiss.*, 105, 235.
Vernage. *Pic.*, 504.
Vernai. *Caen*, 181 185, 403, 614.
— *Lyon*, 147, 633, 1012.
— *Soiss.*, 283.
— *Tours*, 1454.
Vernaie (la). *Poit.*, 1263.
Vernaison. *Auv.*, 6, 12.
— *Orl.*, 377, 758.
Vernajoul. *Montp.-Mont.*, 1068.
Vernas. *Par.*, I, 474.
Vernassal. *Prov.*, I, 624.
Vernat. *Auv.*, 564, 567.
— *Bourg.*, I, 414.
— *Lyon*, 744, 857.
Vernaude. *Guy.*, 1080.
Vernay. *Par.*, I, 1263.
Vernay (du). *Par.*, IV, 545.
— *Bourg.*, I, 123.
Verne. *Lyon*, 289, 1028.
Verne (du). *Bourb.*, 15, 53, 91, 409, 493.
— *Bourg.*, I, 288.
Verne (la). *Auv.*, 481.
— *Bourg.*, I, 76, 773.
— *Bourg.*, II, 79.
— *Montp.-Mont.*, 1038, 1088.
— *Toul.-Mont.*, 216, 235, 285, 286,

316, 943, 961, 971, 1072, 1114, 1156.
Verneau. *Bourg.*, II, 359.
— *Par.*, III, 152.
— *Poit.*, 771.
Vernède. *Poit.*, 1131.
Vernède (la). *Auv.*, 319.
Vernei (du). *Lyon*, 447, 624, 628, 666, 803, 804, 950.
Verner. *Als.*, 729.
Vernerey. *Bourg.*, I, 956, 1264, 1266
Vernes. *Toul.-Mont.*, 80, 84, 287, 292, 658, 942, 1115, 1189, 1303.
Vernet. *Als.*, 1059.
— *Auv.*, 9, 417.
— *Dauph.*, 98.
— *Guy.*, 380.
— *Lyon*, 157, 654.
— *Par.*, II, 772.
— *Prov.*, II, 273.
Vernet (du). *Montp.-Mont.*, 344.
— *Par.*, III, 138, 177, 341.
— *Toul.-Mont.*, 1121, 1312.
— *Vers.*, 51, 147, 195, 196.
Vernets (des). *Par.*, II, 820.
Vernette. *Toul.-Mont.*, 294.
Verneuil. *Champ.*, 232.
— *Guy.*, 248.
— *Par.*, II, 1210.
— *Poit.*, 469.
— *Rouen*, 778.
Verneuil (de). *Tours*, 481.
Verneville. *Champ.*, 559.
Verney (de). *Fland.*, 731, 1322.
Vernhes (de). *Montp.-Mont.*, 17, 1045, 1103, 1104.
Verni. *Auv.*, 131.
— *Caen*, 774.
— *Fland.*, 1038.
— *Soiss.*, 414.
Verni (de). *Pic.*, 850.
— *Toul.-Mont.*, 513, 1295.
Verniaut. *Poit.*, 97.
Vernier. *Bourg.*, I, 763, 912, 961, 1046, 1052, 1168.
— *Lorr.*, 219, 386, 506, 622 *bis*, 677.
— *Montp.-Mont.*, 1091.
— *Soiss.*, 620.
Vernière (la). *Poit.*, 1167.
Vernières. *Toul.-Mont.*, 1117, 1194.
Vornies. *Guy.*, 873.
Verniez. *Montp.-Mont.*, 958.
— *Toul.-Mont.*, 1323.
Vernimen. *Fland.*, 218, 220.
Vernin. *Als.*, 430.

— *Bourb.*, 12.
Verninac. *Toul.-Mont.*, 1087, 1108, 1112.
Verniolles. *Fland.*, 567.
— *Toul.-Mont.*, 1067, 1315, 1332.
Vernisy. *Bourg.*, II, 483.
Vernois (des). *Lyon*, 605, 616, 639, 686, 768, 917.
Vernon. *Lyon*, 434.
— *Montp.-Mont.*, 1492.
— *Par.*, II, 1197.
— *Par.*, IV, 174.
— *Rouen*, 417. V.
Vernot. *Bourg.*, I, 645, 756.
— *Poit.*, 701.
Vernou. *Par.*, II, 506, 655.
— *Poit.*, 590, 591, 995.
Vernouillet. *Rouen*, 1361.
Vernoux. *Montp.-Mont.*, 458.
Vernoy. *Bourb.*, 11, 17, 279, 406, 447.
— *Bret.*, I, 248.
Verny. *Montp.-Mont.*, 620.
— *Vers.*, 80.
Veroesten. *Fland.*, 218.
Veroit (de). *La Roch.*, 403.
Veron. *Al.*, 1004.
— *Auv.*, 81.
— *Bret.*, I, 315.
— *Champ.*, 136, 767.
— *Fland.*, 181.
— *Lyon*, 1043.
— *Montp.-Mont.*, 373.
— *Par.*, I, 218, 468.
— *Poit.*, 1461.
— *Soiss.*, 392. V. Vairon.
Veronneau. *Par.*, I, 330.
— *La Roch.*, 27, 32.
Vérot. *Bret.*, II, 143.
— *Lyon*, 113, 301, 431, 495, 745.
Verotz (de). *Champ.*, 845.
Verpeau. *Bourg.*, II, 371.
Verpel. *Als.*, 1. V. Joyeuse.
Verpillat. *Champ.*, 783.
Verport. *Fland.*, 580.
Verraes. *Fland.*, 1100.
Verraquin. *Al.*, 247, 1159, 1169.
Verranderie (la). *Lorr.*, 260.
Verrel. *Pic.*, 839.
Verrey. *Bourg.*, II, 575.
Verrian. *Prov.*, II, 503.
Verri. *Tours*, 381.
Verrier. *Champ.*, 549.
— *Fland*, 215.
— *Guy.*, 177.
— *Lim.*, 132.

— *Montp.-Mont.*, 324.
— *Prov.*, I, 116.
— *Prov.*, II, 328, 737.
— *Soiss.*, 193, 557.
— *Tours*, 802, 819, 848, 1000.
Verrier (du). *Poit.*, 855.
Verrier (le). *Al.*, 55, 86, 208, 214, 500, 501, 605, 759, 778, 784.
— *Caen*, 256, 295.
— *Par.*, I, 1211, 524, 738.
— *Par.*, II, 66, 161.
— *Par.*, III, 158, 428.
— *Par.*, IV, 63.
— *Rouen*, 863.
— *Tours*, 755.
Verrières. *Champ.*, 84, 104, 151, 167.
— *Poit.*, 496.
Verroquin. *Tours*, 272.
Verrot. *Montp.-Mont.*, 729.
Vers (de). *Bourg.*, I, 563, 684, 972, 1207, 1213.
Versat. *Lyon*, 750.
Verselle. *Bourg.*, I, 691.
Versepui. *Auv.*, 184.
Versié. *Guy.*, 447.
Verson. *Rouen*, 872.
Versoris. *Guy.*, 409, 1160.
— *Orl.*, 210, 211.
— *Par.*, I, 110.
Versuque. *Prov.*, II, 776.
Versurs. *Par.*, I, 57.
Vert. *Lyon*, 322, 1028.
— *Prov.*, II, 402.
Vert (de). *Als.*, 653, 1095.
— *Tours*, 172.
Vert (le). *Auv.*, 114.
— *Bret.*, I, 671.
— *Par.*, II, 601.
— *Pic.*, 238, 241.
Vertami. *Lyon*, 984.
Vertamont. *Orl.*, 772.
— *Par.*, I, 1040.
Verteuil. *Guy.*, 37, 60, 1136, 1174.
— *Poit.*, 623.
Verthac. *Lim.*, 400.
Verthamon. *Bret.*, II, 1111.
— *Guy.*, 90, 367, 1009.
— *Lim.*, 4, 5, 126, 137.
— *Montp.-Mont.*, 1067.
— *Par.*, II, 475, 546.
— *Par.*, III, 451.
— *Poit.*, 726.
— *Vers.*, 225.
Verthon, *Lorr.*, 565.
Vertier. *Pic.*, 107.
Verton. *Bourges*, 41.

— *Poit.*, 403.
— *Rouen*, 455, 467
Vertrau. *Poit.*, 613.
Vertus. *Champ.*, 650. V.
Vertus (de). *Soiss.*, 164.
Vervick. *Fland.*, 459. V. 1160, 1175.
Vervin. *Soiss.*, 653. V.
Vervins (de). *Soiss.*, 842.
Verzéas. *Soiss.*, 529.
Verzeau. *Soiss.*, 144, 507, 529, 592, 842.
Vesc (de). *Dauph.*, 25, 180, 300, 321, 323, 342, 468.
Veschère. *Bourb.*, 532.
Vesins. *Par.*, I, 1193.
Vesle. (de). *Bourg.*, II, 280, 553, 578.
Veslon. *Poit.*, 409.
Vespier. *Prov.*, II, 146, 594.
Vespierre. *Soiss.*, 120.
Vespin. *Prov.*, II, 366.
Vesse (de). *Fland.*, 203, 1172.
Vesse (la). *Auv.*, 431.
Vessier. *Auv.*, 112, 206.
Vessière. *Lim.*, 8.
— *Montp.-Mont.*, 4.
Vessière (la). *Toul.-Mont.*, 1141.
Vestelier. *Poit.*, 437.
Vestienne. *Fland.*, 465.
Vestier. *Lorr.*, 440.
Vestieu. *Montp.-Mont.*, 1327.
Vestion. *Montp.-Mont.*, 805.
Vestri. *Champ.*, 677.
Vestu. *Bourg.*, 66, 80.
— *Par.*, IV, 12, 688.
Vétat. *Als.*, 305.
Vetelay. *Lim.*, 222.
Vetu *Par.*, I, 317.
Veüe (la). *Bourg.*, I, 512.
— *Champ.*, 204.
— *Lyon*, 983.
— *Par.*, III, 114.
Veuillard. *Bourg.*, II, 286.
Veuilles *Soiss.*, 37.
Veuillet. *Lyon*, 145.
Veux (le). *Pic.*, 778.
Veuzé. *Poit.*, 866.
Véxiaud. *Poit.*, 1161, 1286.
Vey. *Als.*, 924.
Vey (de). *Montp.-Mont.*, 77.
Veye. *Montp.-Mont.*, 1294.
Veyrac *Montp.-Mont.*, 113.
Veylard. *Bourb.*, 213,
Veze (de). *Auv.*, 482.
— *Prov.*, II, 428.
Vez (du). *Fland.*, 472.
— *Soiss.*, 39, 523, 721.

Vezecque. *Fland.*, 710.
Vezelizo. *Lorr.*, 466.
Vezet. *Toul.-Mont.*, 670.
Vezi. *Toul.-Mont.*, 932, 941.
Veziale. *Toul.-Mont.*, 1474.
Vezian. *Montp.-Mont.*, 15.
— *Toul.-Mont.*, 28, 590.
Veziau. *Guy.*, 1120.
Vezien. *Poit.*, 21, 53, 549, 555, 698, 925, 1507.
Vezin. *Guy.*, 314.
Vezinet. *Toul.-Mont.*, 299.
Vezinier. *Orl.*, 879.
Vezins. *Toul.-Mont.*, 1099, 1174.
Vezins (de). *Prov.*, II, 461, 477.
Vezons. *Bourg.*, I, 145, 151.
Vezons (de). *Bourg.*, II, 251, 581.
Vezou. *Par.*, IV, 290.
Vezoul. *Bourg.*, I, 781.
Vial. *Bret.*, II, 182.
— *Dauph.*, 75, 89, 412, 490, 567.
— *Lyon*, 607, 810, 819, 924, 1035.
— *Prov.*, I, 1002.
— *Prov.*, II, 262, 331, 573.
— *Rouen*, 589.
Viala. *Dauph.*, 526.
— *Montp.-Mont.*, 588, 857, 1565.
— *Toul.-Mont.*, 668, 1133.
Vialard. *Auv.*, 285, 300, 426.
— *Par.*, IV, 64, 376, 377.
— *Soiss.*, 699.
— *Toul.-Mont.*, 509.
Vialart. *Par.*, I, 1260.
— *Par.*, II, 1174.
Vialet. *Prov.*, I, 646.
Vialette. *Montp.-Mont.*, 328, 1202.
— *Toul.-Mont.*, 942, 952, 969.
Vialez. *Montp.-Mont.*, 265.
Vialière (la). *Poit.*, 288.
Vialis. *Fland.*, 1472.
— *Lyon*, 57, 109, 426, 471, 766.
Vialle (la). *Auv.*, 185, 388, 452, 472.
— *Lim.*, 324.
Viallet. *Bourg.*, I, 404, 425.
— *Bourg.*, II, 283.
— *Lyon*, 936.
— *Par.*, I, 1381.
— *Par.*, II, 560.
— *La Roch.*, 134.
Vialtière (la). *Tours*, 197, 199.
Vialon. *Lyon*, 239.
Viamont (le). *Bret.*, II, 836.
Vian. *Prov.*, I, 8, 16, 495, 1243.
— *Prov.*, II, 17.
Vianden. *Lorr.*, 177. Ville.
Viane (de). *Lim.*, 67.

Viane (la). *Bourg.*, II, 609.
Vianes. *Montp.-Mont.*, 829.
Vianés. *Toul.-Mont.*, 40, 1291.
Vianey. *Toul.-Mont.*, 603.
Viange (de). *Lorr.*, 467.
Viani. *Prov.*, II, 246.
Viannet. *Lyon*, 660.
Viany. *Prov.*, I, 408, 907, 1397, 1322.
Viard. *Als.*, 80.
— *Bourb.*, 213.
— *Bourg.*, I, 169, 107, 110.
— *Bourg.*, II, 96, 159, 202, 572, 612, 613, 625.
— *Lyon*, 666.
— *Par.*, I, 59, 240, 554.
— *Par.*, II, 77.
Viarde (la). *Fland.*, 339.
Viart. *Bret.*, II, 391.
— *Champ.*, 613.
— *Lorr.*, 15, 101, 125, 151, 160, 162.
— *Lyon*, 515.
— *Par.*, IV, 240, 440, 573.
— *La Roch.*, 94.
Vias. *Guy.*, 837.
Vias (de). *Prov.*, I, 762, 1060.
Viau. *Bourb.*, 285, 483.
— *Bourg.*, I, 227.
— *Bret.*, I, 165, 173, 180, 308, 918.
— *Bret.*, II, 476, 486, 1109.
— *Orl.*, 237, 715.
— *Poit.*, 460, 565, 571, 1342, 1399.
— *Tours*, 397.
Viaud. *La Roch.*, 360.
Viault. *Poit.*, 124, 430, 482, 960, 1004.
Viaut. *Guy.*, 147, 841.
Viaux (de). *Lyon*, 147.
Vibrad. *Montp.-Mont.*, 589.
Vic. *Auv.*, 569. V.
— *Bourb.*, 385.
— *Lorr.*, 289. V.
— *Montp.-Mont.*, 115, 653.
— *Rouen*, 257.
Vic (de). *Fland.*, 126, 163, 201, 216, 343, 489.
— *Par.*, II, 399.
— *Par.*, III, 98.
— *Toul.-Mont.*, 40, 133, 1077.
Vic (St-). *Toul.-Mont.*, 216.
Vicaire. *Al.*, 55.
— *Caen*, 560.
Vicalet. *Pic.*, 993.
Vicard. *Prov.*, I, 772.
Vicari. *Prov.*, II, 167, 659.
Vicherse. *Tours*, 654. V.

Vichet. *Montp.-Mont.*, 244.
Vichi. *Dauph.*, 327.
Vichy. *Bourb.*, 319.
— *Bourg.*, I, 169.
— *Bourg.*, II, 8.
— *Par.*, I, 1338.
Vickerrheim. *Als.*, 762.
Vic-le-Comte. *Auv.*, 421.
Vicomte (le). *Al.*, 310.
— *Bret.*, I, 130, 214, 634, 637, 666,
  820, 940, 954.
— *Bret.*, II, 129, 479, 947.
— *Caen*, 154, 156, 411.
— *Rouen*, 305.
Vicomté (la). *Bret.*, II, 773.
Vicorspi. *Auv.*, 500.
Vicq. *Als.*, 389.
Victe (la). *Fland.*, 128, 425.
Victon. *Prov.*, II, 339.
— *Tours*, 834.
Victor. *Fland.*, 846.
Victor (St-). *La Roch.*, 420.
Vidal. *Bourb.*, 23, 112.
— *Bourg.*, I, 280.
— *Bourg.*, II, 153.
— *Champ.*, 153, 272.
— *Guy.*, 1111.
— *Lyon*, 626, 1029.
— *Orl.*, 296.
— *Par.*, I, 1243.
— *Par.*, IV, 553.
— *Prov.*, I, 83, 540, 1154, 1162,
  1169, 1170, 1171, 1400.
— *Rouen*, 581.
— *Toul.-Mont.*, 15, 23, 528, 531,
  550, 641, 658, 672, 700, 722, 1022,
  1029, 1163, 1206, 1218.
Vidal (du). *Montp.-Mont.*, 5, 18, 28,
  59, 166, 272, 700, 780, 956, 1016,
  1419, 1428, 1438, 1441.
Vidalés. *Toul.-Mont.*, 708.
Vidallon. *Prov.*, II, 631.
Vidalon. *Montp.-Mont.*, 11, 746, 877.
Vidampierre. *Lorr.*, 53.
Vidar. *Pic.*, 344.
Vidard. *Guy.*, 159, 969.
— *Par.*, I, 126.
— *Poit.*, 61, 294, 298, 588, 953.
— *Tours*, 228, 1142, 1152, 1258.
Vidau. *Prov.*, II, 361.
Vidaud. *Dauph.*, 620, 621, 640.
— *Lim.*, 309, 310, 313, 380.
— *Lyon*, 698.
— *Par.*, III, 241.
— *Poit.*, 317.
— *Prov.*, I, 583, 1408.

Videau. *Poit.*, 1104.
Videbien. *Rouen*, 388.
Videl. *Bret.*, II, 233.
Videlier. *Bourg.*, I, 1249.
Viderstein. *Rouen*, 578.
Vidgrain. *Tours*, 1020.
Vidon. *La Roch.*, 285.
Vidrel. *Rouen*, 783.
Vidron. *Par.*, IV, 737.
Vie. *Soiss.*, 799.
Vie (de). *Béarn*, 20, 119, 123, 154.
Vie (la). *Guy.*, 35, 94, 97, 837.
— *Tours*, 275.
Viécamp. *Auv.*, 565.
Viefville. *Lyon*, 163.
Viefville (la). *Soiss.*, 416.
Vieil. *Par.*, III, 564.
— *Prov.*, I, 1148.
— *Tours*, 770, 983, 1207, 1213.
Vieil (la). *Bret.*, II, 410, 966.
Vieil (le). *Par.*, III, 284.
— *Tours*, 664, 1148, 1150.
Vieilbourg. *Par.*, II, 943.
Vieilcastel. *Toul.-Mont.*, 1023, 1025.
Vieilchastel. *Par.*, I, 1224.
— *Par.*, II, 1221.
Vieilh. *Prov.*, I, 560.
Vieillard. *Al.*, 257, 655, 1242, 1253.
— *Par.*, III, 114.
Vieille. *Bourg.*, I, 1158.
Vieillevigne. *Toul.-Mont.*, 1027.
Vieilmaison. *Rouen*, 404.
Vieilsmaisons. *Par.*, I, 1139.
— *Par.*, II, 219.
— *Par.*, III, 272.
Viel. *Al.*, 4, 16, 40, 368, 540, 543,
  611.
— *Caen*, 60, 445, 697, 719, 750, 751.
— *Guy.*, 1186.
— *Montp.-Mont.*, 62.
— *Par.*, I, 1398.
— *Par.*, II, 719.
— *Tours*, 418.
Viel (de). *Poit.*, 722.
Vielchastel. *Par.*, IV, 44.
— *Soiss.*, 413.
Vieleine. *Lorr.*, 535.
Vielle. *Pic.*, 694.
Vielsmaisons. *Par.*, IV, 83.
— *Soiss.*, 646.
Viene. *Dauph.*, 203. V.
Vienne. *Bourg.*, I, 92, 199, 201, 475.
— *Bourg.*, II, 13.
— *Champ.*, 119, 134.
— *Guy.*, 198, 966.
— *Montp.-Mont.*, 1161.

— *Par.*, I, 904.
— *Par.*, II, 578.
— *Par.*, III, 461, 474.
— *Vers.*, 157.
Vienne (de). *Soiss.*, 139.
Vienne (la). *Champ.*, 229.
Viennot. *Bourg.*, II, 22, 35, 477.
— *Champ.*, 163, 655.
Vienois. *Dauph.*, 34, 148, 236, 239, 242.
Vienot. *Bourg.*, I, 476, 784.
— *Dauph.*, 560.
— *Fland.*, 570.
Vientz. *Als.*, 218.
Vieran. *Als.*, 745.
Viercy. *Par.*, III, 350.
Viergue. *Fland.*, 1034.
Viers. *Auv.*, 547.
Viersac. *Bourges*, 286.
Vierzon. *Bourges*, 59. V.
Vieslard. *Bourg.*, II, 355, 552.
Viesque (de). *Bret.*, I, 944.
Viesse. *Bourg.*, I, 301, 305.
— *Lorr.*, 584.
— *Vers.*, 26.
Viet. *Orl.*, 908.
— *La Roch.*, 213.
— *Soiss.*, 241.
Viette. *Al.*, 953.
— *Par.*, I, 1193.
— *La Roch.*, 161.
Viette (la). *Tours*, 304.
Vieuil. *La Roch.*, 386.
Vieul. *Prov.*, I, 1200.
Vieussens. *Montp.-Mont.*, 64.
Vieuve (le). *La Roch.*, 175.
Vieuville (la). *Al.*, 67.
— *Bret.*, II, 131.
— *Fland.*, 716, 923.
— *Par.*, II, 315, 1136.
— *Par.*, III, 38.
— *Plc.*, 481.
Vieux. *Bourg.*, I, 409.
— *Lyon*, 923.
— *Prov.*, I, 1059.
— *Prov.*, II, 379.
Vieux (des). *Fland.*, 865.
— *Par.*, I, 799.
— *Par.*, IV, 469.
Vieux (du). *Par.*, I, 606.
— *Par.*, III, 151.
Vieux (le). *Orl.*, 128.
— *Montp.-Mont.*, 1324, 1328.
— *Par.*, I, 1315.
— *Par.*, II, 576.
— *La Roch.*, 228.

Vieuxbourg. *Orl.*, 964.
Vieuxchastel. *Bret.*, II, 222.
Vieuxmoulin. *Par.*, II, 133.
Vieuxpont. *Al.*, 972.
— *Par.*, II, 620, 1169.
— *Rouen*, 488, 497.
Vièvre (de). *Orl.*, 5, 20, 25, 26.
Viez. *Tours*, 1476.
Viffroi. *Plc.*, 737.
Vigan. *Bourges*, 344.
Vigant. *Al.*, 549.
Vigareux. *Par.*, I, 148.
Vige. *Champ.*, 672.
Viger. *Caen*, 582.
— *Par.*, III, 358.
— *Toul.-Mont.*, 539.
Vigeral. *Al.*, 413.
Vigerie (la). *Guy.*, 706.
Vigier. *Auv.*, 243, 435, 567, 587.
— *Bourb.*, 11, 275, 282, 383.
— *Lim.*, 248.
— *Montp.-Mont.*, 1108.
— *Toul.-Mont.*, 706, 710.
Vigier (du). *Guy.*, 83, 192, 808, 1058.
— *Plc.*, 501.
Vigiet (du). *La Roch.*, 429.
Vignac. *Guy.*, 657.
Vignacourt. *Als.*, 175.
— *Champ.*, 161.
— *Par.*, II, 1136.
Vignals. *Toul.-Mont.*, 660, 973.
Vignau. *Bourb.*, 51, 52.
— *Toul.-Mont.*, 1358.
Vignau (de). *Béarn*, 75, 78, 114.
Vignaud (du). *La Roch.*, 325.
Vigné. *Tours*, 994.
Vigne (du). *Par.*, IV, 346.
Vigne (la). *Al.*, 467, 468, 542, 582.
— *Als.*, 677.
— *Béarn*, 102.
— *Bourb.*, 511.
— *Bourges*, 71, 508.
— *Bourg.*, I, 281.
— *Bret.*, I, 619, 636, 820, 823.
— *Caen*, 572.
— *Fland.*, 53.
— *Guy.*, 969, 1038, 1198.
— *Lorr.*, 504.
— *Par.*, I, 292, 387, 1111, 1306.
— *Par.*, II, 55, 215, 299.
— *Par.*, III, 294.
— *Prov.*, I, 735, 738, 1411.
— *Rouen*, 136, 901, 915.
— *Soiss.*, 393.
— *Tours*, 1522.
Vignea. *Toul.-Mont.*, 1064.

Vigneau (du). *Bret.*, ɪ, 340.
— *Guy.*, 216, 258, 975, 1139, 1189, 1191.
— *Lim.*, 383.
— *Orl.*, 89.
— *Poit.*, 1418.
Vignemon. *La Roch.*, 192.
Vigner (le). *Rouen*, 692.
Vigneral. *Al.*, 4, 6, 45, 46, 762.
— *Rouen*, 38, 96, 652.
Vigneran. *Champ.*, 463.
Vigneras. *Guy.*, 99, 815.
Vignereux. *Fland.*, 224, 225.
Vignerod. *Par.*, ɪɪ, 230.
Vigneron. *Champ.*, 121, 122, 771.
— *Lorr.*, 526, 598.
— *Par.*, ɪ, 971.
— *Par.*, ɪɪ, 1, 1051.
— *Par.*, ɪɪɪ, 261, 262, 323.
— *Par.*, ɪv, 127.
Vignes. *Dauph.*, 438.
— *Montp.-Mont.*, 15, 16, 807, 1287.
Vignes (de). *Bourg.*, ɪɪ, 267.
— *Toul.-Mont.*, 29, 167, 258, 724, 849, 939, 1061, 1161, 1266.
Vignes (des). *Bourg.*, ɪ, 120.
— *Bret.*, ɪ, 376.
— *Fland.*, 197, 289, 626.
— *Guy.*, 1176.
— *Poit.*, 837, 871, 1506.
Vignette. *Prov.*, ɪɪ, 699.
Vigneul. *Lorr.*, 12, 13, 159, 188, 252, 577.
Vigneur (le). *Par.*, ɪ, 396.
Vignial. *Guy.*, 135.
Vignier. *Auv.*, 324.
— *Bourb.*, 471.
— *Bourges*, 441.
— *Guy.*, 289.
— *Montp.-Mont.*, 1204, 1214.
— *Par.*, ɪɪɪ, 90, 104.
— *Poit.*, 618.
— *Toul.-Mont.*, 527.
Vignières. *Bret.*, ɪ, 175.
Vignol. *Lorr.*, 580.
— *La Roch.*, 359, 371.
Vignoles. *Auv.*, 476.
— *Champ.*, 77, 164, 694, 864.
— *Guy.*, 9.
— *Lorr.*, 115, 457.
Vignolle. *Bourges*, 191.
Vignolles. *Montp.-Mont.*, 312, 381, 662, 857, 954, 960, 1041.
— *Poit.*, 580.
Vignon. *Dauph.*, 31.
— *Lyon*, 406, 411.

— *Orl.*, 266.
— *Par.*, ɪ, 625.
— *Par.*, ɪɪɪ, 569.
— *Par.*, ɪv, 501 (?).
— *Pic.*, 169, 513.
— *Soiss.*, 496, 497.
— *Tours*, 432.
— *Prov.*, ɪ, 631.
Vignot. *Bourg.*, ɪ, 18.
Vignou (du). *Poit.*, 476, 857.
Vignoves. *Montp.-Mont.*, 39.
Vigny. *Orl.*, 989, 1020.
— *Par.*, ɪ, 104.
Vigot. *Auv.*, 235, 266.
— *Champ.*, 702.
Vigoureux. *Bourg.*, ɪ, 592, 907, 968, 1102.
— *Poit.*, 622.
Vigouroux. *Lyon*, 404.
— *Montp.-Mont.*, 948, 1330.
— *Par.*, ɪɪ, 143.
— *Toul.-Mont.*, 1074, 1117.
Vigré. *Par.*, ɪɪ, 1020.
Vigreux. *Bret.*, ɪ, 271.
— *Orl.*, 737.
Viguier. *Montp.-Mont.*, 78.
— *Poit.*, 427.
— *Prov.*, ɪ, 636, 700, 781, 958, 1163, 1189.
— *Prov.*, ɪɪ, 30, 258, 265, 302, 331, 803.
— *Toul.-Mont.*, 92, 737, 774, 1140, 1168.
Viguières. *Toul.-Mont.*, 988.
Vila (de). *Toul.-Mont.*, 687.
Vilain. *Par.*, ɪ, 1318.
— *Soiss.*, 461, 568.
Vilain (le). *Al.*, 980.
— *Rouen*, 141.
Vilaine (la). *Auv.*, 235, 404.
Vilalta. *Als.*, 162.
Vilan. *Prov.*, ɪ, 1209.
Vilar (du). *Toul.-Mont.*, 962.
Vilaret. *Toul.-Mont.*, 245, 1190.
Vilas. *Toul.-Mont.*, 1339, 1341.
Vilatte. *Dauph.*, 556.
— *Guy.*, 117, 633.
Vilatte (la). *Lim.*, 332.
Vilau. *Béarn*, 55.
Vildor. *Soiss.*, 561.
Vilé (de). *Lorr.*, 214, 393.
Vilers. *Lorr.*, 319, 330, 467, 617.
Vilette (de). *Lorr.*, 480, 481.
Vilfroid. *Soiss.*, 227.
Vilhard. *Als.*, 1003.
Vilhes (de). *Montp.-Mont.*, 1169, 1204.

Vilion. *Prov.*, I, 1142.
Vilismont. *Lorr.*, 56.
Villa. *Montp.-Mont.*, 796.
Villade. *Al.*, 549, 764.
Village. *Bourges*, 165.
Villages. *Guy.*, 161.
— *Prov.*, I, 560, 561, 570, 579.
— *Prov.*, II, 373, 376.
Villain. *Bourg.*, I, 189, 217.
— *Fland.*, 418.
— *Lim.*, 385.
— *Par.*, II, 75, 520.
— *Par.*, IV, 23.
— *Poit.*, 172.
Villain (le). *Tours*, 1090.
Villaines. *Bourb.*, 6, 9, 179, 270, 271, 277, 448.
— *Bret.*, II, 471.
— *Par.*, III, 468.
Villais. *Tours*, 1318, 1523.
Villandrai. *Poit.*, 659.
Villanneau. *Poit.*, 488.
Villantrois. *Bourg.*, II, 168.
Villard. *Soiss.*, 331.
Villard (le). *Pic.*, 640.
Villardin. *Bourb.*, 274, 428, 433, 444.
Villaret. *Montp.-Mont.*, 675, 801.
Villarmoy. *Orl.*, 794.
Villarnoul. *Bourges*, 293.
Villars. *Als.*, 170.
— *Bourb.*, 220, 351, 352, 384, 418, 483.
— *Dauph.*, 215.
— *Fland.*, 210.
— *Guy.*, 166, 665.
— *Lyon*, 927.
— *Montp.-Mont.*, 195, 747, 1568.
— *Par.*, I, 231, 232.
— *Par.*, II, 649, 718.
— *Prov.*, II, 101, 474, 612, 613.
— *Toul.-Mont.*, 1427.
Villarslabrosse. *Lim.*, 275.
Villarsvau. *Bourg.*, I, 294.
Villatel. *La Roch.*, 68.
Villatte (de). *Poit.*, 151, 218, 1147.
Villatte (la). *Bourb.*, 416.
— *Bourges*, 142.
Villault. *Soiss.*, 838.
Villaut. *Par.*, I, 428.
Villautraj. *Bourges*, 280.
Villautray. *Lim.*, 45, 206, 219, 428.
Villautrois (de). *Tours*, 510.
Ville. *Bourg.*, I, 575.
— *Bourg.*, II, 40.
— *Prov.*, I, 560, 958, 1336.

— *Rouen*, 75.
— *Toul.-Mont.*, 396, 1312.
Ville (de). *Champ.*, 541.
— *Dauph.*, 464.
— *Fland.*, 1090.
— *Lorr.*, 254, 336.
— *Lyon*, 147, 373, 423, 587, 689, 929.
— *Montp.-Mont.*, 9, 273‘ 516, 1112.
— *Par.*, III, 382, 563.
— *Pic.*, 580.
— *Prov.*, II, 676.
Ville (la). *Auv.*, 10, 40, 75, 80, 141, 147, 152, 154, 436, 443.
— *Bourb.*, 181, 350, 543.
— *Bret.*, I, 481.
— *Bret.*, II, 465.
— *Champ.*, 367.
— *Fland.*, 1221, 1222.
— *Guy.*, 400, 403, 563, 834.
— *Montp.-Mont.*, 301.
— *Par.*, I, 494.
— *Par.*, II, 1158.
— *Par.*, III, 121, 443.
— *Poit.*, 268, 275, 647, 654, 712, 714, 1421, 1425, 1427.
— *Tours*, 1279.
Villeau. *Orl.*, 689.
Villebelle. *Poit.*, 596.
Villebois. *Al.*, 137.
— *Lim.*, 155.
— *Par.*, II, 199, 204, 287.
Villebon. *Poit.*, 737.
Villecaut. *Orl.*, 479.
Villechaise. *Lyon*, 795.
Villechaize, *Poit.*, 431, 435, 982, 1000.
Villechein. *Als.*, 570.
Villechole (de). *Lorr.*, 683.
Villecoq. *Rouen*, 311.
Villecourté. *Auv.*, 493.
Villedar. *Orl.*, 349.
Villedieu. *Bourg.*, I, 288.
— *Bourg.*, II, 171, 188, 390.
Villedieu (la). *La Roch.*, 397.
Villedo. *Als.*, 277.
Villedomar. *Toul.-Mont.*, 1422.
Villedon. *Lim.*, 56, 90.
— *Poit.*, 122, 601, 998, 1033, 1047.
Villedonné. *Orl.*, 24, 332, 334, 340, 344.
— *Vers.*, 286.
Villedot. *Par.*, II, 216, 404, 505.
Villedou. *La Roch.*, 218.
Villefavars. *Lim.*, 140.
Villefontète. *Lorr.*, 126.

Villefour. *Al.*, 1061.
Villefranche. *Dauph.*, 93.
— *Guy.*, 1068.
— *Lyon*, 587. V.
— *Toul.-Mont.*, 269, 1446. V.
Villefranque. *Montp.-Mont.*, 752.
Villegay. *Poit.*, 1349.
Villegente. *Guy.*, 866.
Villegontier (la). *Bret.*, II, 132.
Villegrace. *Par.*, IV, 438.
Villehervé (la). *Poit.*, 887.
Villejaufère. *Bret.*, II, 1009.
Villejegu, *Bret.*, II, 1037.
Villele. *Toul.-Mont.*, 2, 218.
Villeléon (la). *Bret.*, II, 73.
Villeloays (la). *Bret.*, I, 649, 929.
Villelon. *Bourges*, 380.
Villelongue. *Champ.*, 91, 139, 140, 165, 427, 870.
— *Lorr.*, 489.
— *Par.*, II, 263, 370.
Villelongue (de). *Soiss.*, 38, 377.
Villeloy (la). *Bret.*, II, 759, 841.
Villelune. *Auv.*, 28.
— *Bourb.*, 122, 178, 325, 532.
— *Bourges*, 192.
Villemagne. *Montp.-Mont.*, 899.
Villemain. *Bourg.*, II, 63.
Villemandey. *Bourg.*, I, 1109.
Villemandie. *Lim.*, 234, 423.
Villeman. *Als.*, 653.
Villemare. *Par.*, I, 689.
Villemarguet. *Tours*, 1455.
Villemarais. *Orl.*, 912.
Villemausy. *Orl.*, 753.
Villemejane. *Montp.-Mont.*, 848.
Villemenot. *Bourg.*, I, 878.
Villemogne. *Lyon*, 547, 688.
Villemont. *Guy.*, 105.
— *Par.*, IV, 238.
— *Poit.*, 391.
— *La Roch.*, 320.
Villemontée. *Par.*, IV, 59.
Villemonteil. 398.
Villemore. *Champ.*, 83, 281, 862.
Villemort. *Orl.*, 130.
Villemot. *Bourg.*, II, 17, 353.
— *Lyon*, 519.
Villemontée. *Par.*, I, 394, 1231.
Villemur. *Lorr.*, 210, 649, 650, 659.
— *Montp.-Mont.*, 1175.
— *Par.*, I, 1176.
— *Par.*, II, 125.
— *Toul.-Mont.*, 372, 865, 870.
Villemus. *Prov.*, I, 449, 1393.
Villeneuve. *Al.*, 919.

— *Bourg.*, I, 727.
— *Bret.*, I, 956, 972.
— *Champ.*, 761.
— *Dauph.*, 409, 468.
— *Guy.*, 904, 1137.
— *Lyon*, 517, 781.
— *Montp.-Mont.*, 214, 562, 632, 874.
— *Orl.*, 256, 258, 692, 698.
— *Par.*, I, 197, 398, 1089.
— *Par.*, III, 17.
— *Pic.*, 333, 344, 668.
— *Poit.*, 210, 560.
— *Prov.*, I, 339, 340, 341, 344, 368, 369, 370, 371, 384, 389, 476, 682, 867, 939, 983, 1268, 1364.
— *Prov.*, II, 225, 385, 462, 615.
— *Rouen*, 1327.
— *Toul.-Mont.*, 135, 563, 570, 648, 856, 857, 1430.
— *Tours*, 87, 793, 1067.
Villeneuve (de). *Tours*, 115, 238, 318, 324, 533.
Villeneuve (la). *Orl.*, 167.
— *Vers.*, 95.
Villéon (la). *Bret.*, I, 225, 323 453, 594, 611, 616, 825, 826.
Villent-Betenack. *Lorr.*, 624. *Ab.*
Villepassans. *Guy.*, 383.
Villepaux (de). *Pic.*, 490.
Villepierre. *Bret.*, II, 943.
Villepique. *Toul-Mont.*, 36, 1274.
Villepoi. *Rouen*, 24.
Villepontoux. *Guy.*, 875, 877, 1101, 1117, 1123.
Villepoux. *Par.*, II, 328.
— *Par.*, III, 598.
Villepreux. *Guy.*, 41, 158, 163, 690, 691, 802.
— *La Roch.*, 190.
Villeprouvée. *Champ.*, 121, 356, 482.
Villeprovest. *Orl.*, 929.
Villequoi. *Bourges*, 26.
Villequoy. *Par.*, IV, 394.
Villeras. *Toul.-Mont.*, 17, 335, 339.
Villerceau. *Al.*, 531, 582.
Villeréal. *Guy.*, 1136.
Villereau. *Al.*, 166, 181, 275.
— *Orl.*, 124, 182.
— *Par.*, II, 138.
Villeret. *Poit.*, 1099.
— *Tours*, 1157, 1253.
Villeri. *Lyon*, 670.
Villerme. *Lyon*, 94, 653.
— *Rouen*, 856.
Villerna. *La Roch.*, 138.
Villeronde. *Soiss.*, 253, 749.

Villeros. *Lorr.*, 617.
Villeroux. *Toul.-Mont.*, 93.
Villers. *Al.*, 906.
— *Bourg.*, I, 160, 1029, 1039, 1106.
— *Champ.*, 275, 569, 785.
— *Fland.*, 288.
— *Orl.*, 535.
— *Par.*, I, 583, 782. 777.
— *Par.*, II, 924.
Villers (de). *Pic.*, 7, 48, 51, 56, 65, 158, 368, 387, 393, 442, 563, 568, 693, 695, 790, 794.
— *Soiss.*, 697.
Villervieux (la). *Bret.*, II, 1037.
Villesaillant. *Poit.*, 890. R.
Villesson. *La Roch.*, 16.
Villet. *Lyon*, 415.
— *Prov.*, I, 627.
— *La Roch.*, 93.
Villethebaut. *Bret.*, I, 220.
Villeton. *Dauph.*, 152.
Villette. *Al.*, 248.
— *Als.*, 16.
— *Bourg.*, I, 15, 1008.
— *Champ.*, 784.
— *Lyon*, 316, 936.
— *Montp.-Mont.*, 1012.
— *Par.*, II, 130, 1164.
— *Soiss.*, 36, 150, 154, 305, 626.
Villette (de). *Orl.*, 159.
Villette (la). *Bourg.*, I, 457.
— *Bret.*, I, 230.
— *Dauph.*, 506.
— *Guy.*, 371.
— *Pic.*, 833, 836, 853, 854.
Villevault. *Lorr.*, 212.
Villevieille. *Bourg.*, I, 566.
— *Fland.*, 1501.
— *La Roch.*, 228.
Villexandre. *Prov.*, II, 237.
Villezan. *Par.*, IV, 594.
Villi. *Caen*, 179, 598, 680.
— *Prov.*, I, 190.
Villiard. *Bourb.*, 408.
Villiers. *Al.*, 498, 698, 1076.
— *Bret.*, I, 726, 899.
— *Bret.*, II, 448.
— *Champ.*, 148, 149, 225, 241, 576.
— *Fland.*, 1445.
— *Lyon*, 324.
— *Orl.*, 241, 818.
— *Par.*, I, 71, 750, 934, 956.
— *Par.*, II, 1027, 1256.
— *Par.*, III, 454.
— *Poit.*, 138, 171, 173, 482, 1126, 1201, 1482, 1536.
— *Prov.*, I, 957, 1147.
— *Rouen*, 1081.
— *Tours*, 294.
Villiers (de). *La Roch.*, 68.
— *Soiss.*, 114, 812.
Tours, 117, 149, 265, 1531.
Villiers-Lafaye. *Bourg.*, 1, 232, 300, 568.
— *Bourg.*, II, 16, 76, 176.
Villis (de). *Montp.-Mont.*, 942.
Villod. *Bourg.*, I, 128, 289.
— *Bourg.*, II, 207.
Villoin. *Orl.*, 349, 540, 963.
Villois. *Par.*, III, 136, 386.
Villome. *Champ.*, 735.
Villon. *Prov.*, II, 834, 835.
Villot. *Auv.*, 411.
— *Bourges*, 100.
— *Bourg.*, II, 52, 159, 348.
— *Par.*, I, 588, 852.
— *Par.*, III, 273.
Villotte (de). *Lorr.*, 54.
Villoutrais. *Par.*, I, 601.
Villurbane. *Montp.-Mont.*, 76.
Vilmai. *Al.*, 1045.
Vilmain. *Orl.*, 207.
Vilmet. *Fland.*, 457.
Viltarre. *Soiss.*, 242.
Viltder. *Fland.*, 217.
Viltres (de). *Fland.*, 456.
Viluant. *Par.*, I, 877.
Vilvaut. *Par.*, II, 532.
— *Par.*, III, 578.
Vimar (de). *Tours*, 283.
Vimard. *Al.*, 950.
Vimenez. *Guy.*, 393, 622, 810.
Vimenot. *Bourg.*, I, 152.
Vimeur. *Par.*, I, 208.
— *Prov.*, I, 604.
Vimichal. *Lim.*, 1.
Vimont. *Al.*, 227, 306, 857, 865, 867.
Vimpff. *Als.*, 4.
Vin. *Lyon*, 751.
Vinaigriers. *Poit.*, 811. *Communauté.*
Vinais. *Tours*, 937.
Vinat. *Champ.*, 489.
Vinatier. *Guy.*, 884, 1147.
— *La Roch.*, 274.
Vinceneuil. *Poit.*, 1310, 1415.
Vincenot. *Par.*, II, 169.
Vincens. *Fland.*, 1381.
— *Montp.-Mont.*, 447, 1242, 1413.
— *Prov.*, I, 937, 942, 1054, 1057, 1064.
— *Prov.*, II, 77, 79, 102, 364, 366, 595, 605, 649, 664.

Vincent. *Bourb.*, 416, 417.
— *Bret.*, I, 544, 926.
— *Caen*, 570, 599.
— *Champ.*, 2.
— *Dauph.*, 46, 591.
— *Guy.*, 48, 87, 655, 889.
— *Lim.*, 5.
— *Lorr.*, 9, 158.
— *Lyon*, 458, 750, 839.
— *Orl.*, 365.
— *Par.*, I, 584, 838, 1307.
— *Par.*, II, 700.
— *Par.*, IV, 20.
— *Pic.*, 750, 757.
— *Poit.*, 97, 774, 1056, 1401.
— *Prov.*, I, 317.
— *Rouen*, 82.
— *Soiss.*, 325.
— *Toul.-Mont.*, 146, 617.
— *Tours*, 633, 916.
Vincent (St-). *Al.*, 889.
— *Champ.*, 98, 180.
— *Guy.*, 1044.
Vincenteau. *Poit.*, 1370.
Vincenti. *Montp.-Mont.*, 1248.
Vincheguerre. *Orl.*, 592, 683.
— *Par.*, IV, 2.
Vinchon. *Pic.*, 694.
Vincius. *Montp.-Mont.*, 1370.
Vinck (de). *Fland.*, 1153.
Vinconneau. *Tours*, 1156.
Vinde. *Orl.*, 577.
Vindé. *Toul.-Mont.*, 136.
Vineau. *Orl.*, 539.
Vineresgue. *Caen*, 639.
Vinet (du). *Champ.*, 729, 773.
Vinet. *Par.*, I, 1089.
— *Poit.*, 1257, 1258.
Vineux. *Par.*, II, 872.
Vingtain. *Dauph.*, 74, 389.
Vingtan. *Par.*, I, 1170, 1284.
Vingtans. *Par.*, III, 193.
Vingtdeniers. *Bret.*, II, 1010.
Vinials. *Toul.-Mont.*, 263.
Vinis. *Fland.*, 1163.
Vinnetrie. *La Roch.*, 394.
Vinock. *Fland.*, 474.
Vinols. *Lyon*, 19, 473, 689, 789, 976.
Vinols (de). *Montp.-Mont.*, 1253.
Vinon. *Bourg.*, I, 1007.
Vinot. *Bourg.*, I, 276, 284, 1080.
— *Champ.*, 901.
— *Orl.*, 354, 358, 458.
Vinquenel. *Par.*, III, 200.
Vins. *Guy.*, 561, 721, 729, 1039.

— *Par.*, I, 51, 161 ? 561.
— *Par.*, II, 693.
— *Prov.*, II, 472. M.
Vins (de). *Pic.*, 811.
Vinsot. *Fland.*, 1136.
Vinssac. *Toul.-Mont.*, 1444. V.
Vintimille. *Prov.*, I, 438, 445, 530, 623, 639, 842.
— *Prov.*, II, 32, 504, 602.
Vinx (de). *Par.*, I, 1125.
Vinx. *Par.*, III, 486.
Vioblanche. *Poit.*, 1527.
Vioi. *Soiss.*, 481.
Vioille. *Lorr.*, 618.
Viokertzheim. *Als.*, 762.
Violain. *Prov.*, II, 290.
Violaine. *Fland.*, 1294, 1327.
— *Prov.*, II, 17.
Violand. *Als.*, 691, 730.
Violard. *Als.*, 728.
Viole. *Orl.*, 183.
— *Par.*, II, 537, 893.
Violé. *Tours*, 1368.
Violeau. *Poit.*, 1202, 1366.
Violet. *Bourg.*, II, 105.
— *Montp.-Mont.*, 1171.
Violette *Pic.*, 893.
— *Poit.*, 1117.
Violette. *Soiss.*, 601.
Violière. *Poit.*, 221.
Violle. *Al.*, 645, 657.
Viollé. *La Roch.*, 374.
Violleau. *Tours*, 1021.
Viollet. *Bourg.*, I, 6, 337, 650, 706.
— *Lyon*, 157, 626.
— *Tours*, 1033.
Viollier. *Prov.*, II, 662.
Viols. *Montp.-Mont.*, 783, 1288.
Vion. *Al.*, 227, 651.
— *Dauph.*, 427.
— *Par.*, I, 958.
— *Par.*, II, 118, 382, 387.
— *Par.*, III, 195.
— *Par.*, IV, 119, 167, 370, 377, 383, 554.
— *Poit.*, 1283, 1295.
— *Rouen*, 116, 120, 121, 928.
Vionnet. *Als.*, 1049.
— *Lyon*, 431.
Viot. *Montp.-Mont.*, 1322.
— *Orl.*, 1022.
Viozot. *Lyon*, 228.
Vipart. *Rouen*, 217, 357, 361.
Virahel. *Toul.-Mont.*, 165.
Virai (de). *Prov.*, II, 448.
Virail (de). *Prov.*, I, 282, 291.

Virasel. *Guy.*, 904.
Virbent. *Toul.-Mont.*, 857.
Vireau. *Vers.*, 24.
Viredoin. *Guy.*, 1007.
Virei. *Caen*, 259, 349, 450.
Virelle. *Prov.*, i, 750.
Virengues. *Toul.-Mont.*, 1172.
Virey. *Bourg.*, i, 1219.
Virgile. *Montp.-Mont.*, 1564.
Viri (de). *Bourges*, 70.
Viridaud. *Guy.*, 991, 1095.
Viriet. *Prov.*, ii, 494.
Virieu. *Dauph.*, 29, 79, 89, 112, 121.
— *Par.*, ii, 579.
Virion. *Lorr.*, 507, 603.
Viriot. *Bourg.*, i, 853.
— *Champ.*, 334.
Virlois (le). *Champ.*, 112.
— *Fland.*, 1358.
Virobeau. *Lim.*, 74.
Viry. *Bourb.*, 16, 107, 244, 324.
— *Lyon*, 215, 817, 966.
Visade. *Lyon*, 677.
Visart. *Fland.*, 53.
Visch (de). *Fland.*, 489.
Vischambes. *Auv.*, 591.
Visconti. *Bourg.*, i, 630.
— *Par.*, i, 40.
Viscot. *Par.*, i, 688.
Visdelou. *Bret.*, i, 2, 103, 196, 224,
252, 360, 452, 597, 601, 767, 820,
826, 935.
— *Bret.*, ii, 80.
Visemal. *Bourg.*, i, 647, 732.
— *Pic.*, 133.
Viseur. *Fland.*, 765.
— *Pic.*, 581.
Viseur (le). *Al.*, 963.
Visinier. *Fland.*, 1295.
— *Par.*, i, 1127.
Visitation de Metz (la). (*Couv.*). *Lorr.*,
84.
Visitation (la). (*Mon.*). *Poit.*, 98.
Vismes (de). *Lorr.*, 662.
Visnich. *Guy.*, 374.
Vissaguet. *Auv.*, 15, 30, 135, 162.
Vissard. *Auv.*, 357.
Vissas. *Auv.*, 354.
Vissec. *Montp.-Mont.*, 39, 50, 78,
299. (*V. La Tude.*)
Vissière (la). *Bret.*, i, 61.
— *Guy.*, 183.
Viste (le). *Lyon*, 77, 175.
Visuel. *Bourg.*, ii, 633.
Vital. *Bret.*, ii, 500.
— *Prov.*, i, 962.

Vitalis. *Montp.-Mont.*, 179.
— *Prov.*, i, 30, 449, 619, 902, 931,
1026, 1178.
— *Prov.*, ii, 565.
— *Toul.-Mont.*, 520.
Vitard. *Caen*, 668.
— *Par.*, ii, 743.
— *Soiss.*, 72, 75, 536, 537, 847.
Vitart. *Par.*, i, 284, 837, 1078.
Vitasse. *Pic.*, 510, 718.
Vitem. *Lorr.*, 333.
Vitenval. *Guy.*, 905.
Vitern. *Lorr.*, 105.
Vitet. *La Roch.*, 296, 331, 338, 349.
Vitiës, *Toul.-Mont.*, 1355.
Viton. *Bourb.*, 621.
Vitrac. *Auv.*, 550.
— *Guy.*, 921, 922.
— *Toul.-Mont.*, 1166.
Vitrange. *Lorr*, 653.
Vitré. *Bret.*, i, 183.
Vitri. *Champ.*, 360, 727.
— *Pic.*, 50, 487.
— *Poit.*, 1430.
Vitriers. *Poit.*, 594, 802. (*Comm.*).
Vitriers (les) de Metz. *Lorr.*, 561.
(*Comm.*).
Vitroles. *Dauph.*, 166, 278, 555.
Vitrouil. *Al.*, 830.
Vitrouville. *Rouen*, 304.
Vitry. *Montp.-Mont.*, 116.
— *Par.*, ii, 602, 836.
— *Par.*, iii, 429.
— *Par.*, iv, 539, 616, 633.
Vitry (de). *Soiss.*, 404.
Vitte. *Bourg.*, i, 55.
— *Bourg.*, ii, 135.
— *Prov.*, i, 986.
Vittemant. *Par.*, iii, 486.
Vittier. *Bourg.*, i, 347, 472.
— *Bourg.*, ii, 67, 95, 109.
Vivans. *Dauph.*, 35, 531.
— *Guy.*, 272, 711, 879.
— *Montp.-Mont.*, 793, 895, 1134.
— *Par.*, i, 1374.
Vivant. *Pic.*, 144.
— *Soiss.*, 270.
Vivaut. *Par.*, iii, 133.
Vive (de). *Soiss.*, 515.
Vivefoi. *Rouen*, 301, 1238.
Vivet. *Al.*, 841, 894.
— *Montp.-Mont.*, 719.
— *Orl.*, 662.
— *Par.*, i, 1142.
— *Par.*, ii, 774.
— *Poit.*, 260.

Vivez. *Montp.-Mont.*, 191.
Vivi. *Fland.*, 455.
Vivian. *Bourg.*, I, 1252.
Vivien. *Bourg.*, II, 224.
— *Bret.*, I, 88, 691, 692.
— *Bret.*, II, 111, 588, 592.
— *Caen*, 505, 719.
— *Fland.*, 1445.
— *Lyon*, 122, 128, 656.
— *Par.*, I, 237, 1041, 1381.
— *Par.*, II, 200.
— *Poit.*, 928.
— *Rouen*, 832.
Vivien (de). *Pic.*, 502.
Vivier. *Lim.*, 236.
— *Montp.-Mont.*, 559, 1043, 1048.
— *Poit.*, 262.
Vivier (du). *Al.*, 969.
— *Auv.*, 395.
— *Bourges*, 142, 232.
— *Bourg.*, I, 232.
— *Bourg.*, II, 59, 607.
— *Caen*, 25, 26, 292, 293.
— *Champ.*, 266, 469.
— *Dauph.*, 8, 124, 265, 269, 270, 303, 405, 552.
— *Fland.*, 809.
— *Lorr.*, 404, 612, 660.
— *Orl.*, 464.
— *Par.*, II, 375.
— *Par.*, IV, 77.
— *Pic.*, 733, 741.
— *La Roch.*, 309.
— *Rouen*, 365.
— *Soiss.*, 464, 570, 702, 796, 858.
— *Toul.-Mont.*, 409, 592, 808, 1430, 1465.
— *Tours*, 620, 1425.
Viviers. *Montp.-Mont.*, 1545. V.
Vivoirs. *Rouen*, 910.
Vivonne. *Poit.*, 453, 561, 916.
Vix. *Als.*, 983.
Vixouse. *Auv.*, 553.
Vizdun. *Als.*, 39.
Vize (de). *Montp.-Mont.*, 1174.
— *Par.*, II, 562.
Vlaminck. *Fland.*, 33, 184.
Vocance. *Montp.-Mont.*, 441.
Vock (le). *Fland.*, 1261.
Vœsme. *Al.*, 67, 473.
Vogel. *Als.*, 70, 1095.
Vogier. *Bourb.*, 542.
Vogt. *Als.*, 605, 677, 899.
Vogtlin. *Als.*, 910.
Vogué. *Montp.-Mont.*, 443, 457.
Voguel. *Als.*, 694.

Voidier. *Bret.*, I, 217.
Voie (la). *Fland.*, 1279.
— *Guy.*, 269.
Voignat (le). *Bourg.*, II, 243.
Voigni. *Guy.*, 802.
Voigny. *Montp.-Mont.*, 1370.
Voile. *Als.*, 164.
— *Montp.-Mont.*, 1424.
Voille. *Bourges*, 10, 105, 310, 498.
— *Par.*, I, 80, 96, 119.
Voilleau. *Orl.*, 229.
Voilleaux (des). *Orl.*, 864.
Voillot. *Bourg.*, II, 370.
Voilot. *Bourg.*, I, 274.
Voineau. *Orl.*, 517.
— *Poit.*, 202, 609.
Voire. *Prov.*, II, 420.
Voirene. *Montp.-Mont.*, 1244.
Voiret. *Bourb.*, 331.
Voirette (la). *Lyon*, 1013.
Voirie (la). *Par.*, IV, 131.
— *Poit.*, 346, 348.
Voirier (le). *Soiss.*, 330, 521.
Voisambert. *Par.*, II, 349.
Voisaye (de). *La Roch.*, 217.
Voisenet. *Bourg.*, II, 368.
Voiset. *Bourb.*, 293.
Voisier. *Bourg.*, I, 1030.
Voisin. *Bourg.*, I, 913.
— *Bret.*, II, 430, 431.
— *Caen*, 428.
— *Fland.*, 873.
— *Guy.*, 104, 797, 807, 809, 1045.
— *Lyon*, 781.
— *Montp.-Mont.*, 168.
— *Orl.*, 212.
— *Par.*, I, 789, 796, 798, 875, 1215.
— *Par.*, III, 5, 409.
— *Rouen*, 46, 52, 53, 63, 485, 560, 562, 651, 666, 684.
— *Tours*, 30, 482, 853, 919, 948, 975, 1530.
Voisine. *Prov.*, I, 1220.
Voisines. *Par.*, IV, 257.
Voisins (de). *Toul.-Mont.*, 9, 557, 697, 769.
Voissane. *Dauph.*, 53, 159, 185.
Voissey. *Bourg.*, I, 1079.
Voitat. *Champ.*, 217.
Voiture (la). *La Roch.*, 427.
Voiturie. *Bourg.*, I, 970.
Voix (la). *Poit.*, 1246, 1437.
Voize (de). *Dauph.*, 161.
Volaige. *Tours*, 143, 155, 541, 556, 937.
Volaire. *Bourg.*, I, 1009.

Volan. *Montp.-Mont.*, 1437.
Volant. *Fland.*, 102, 354, 424.
— *Tours*, 1145.
Volekerie. *Fland.*, 254.
Volerer. *Tours*, 412.
Volenes. *Guy.*, 41.
Volenes (de). *Tours*, 73.
Volgetz. *Als.*, 1011.
Volgra. *Fland.*, 405.
Volgueran. *Poit.*, 101.
Vollaire. *Prov.*, II, 540, 541, 542.
Volland. *Bourges*, 346.
— *Par.*, I, 397.
— *Prov.*, I, 1001.
— *Tours*, 1018.
Vollant. *Pic.*, 129.
— *Soiss.*, 408.
Vollartier. *Bourg.*, I, 411.
Volle. *Caen*, 708.
Vollet. *Lyon*, 633.
— *Prov.*, II, 564.
— *Soiss.*, 342.
Volozan. *Montp.-Mont.*, 454.
Volpe. *Lyon*, 372.
Volpilière (la). *Auv.*, 210, 214, 215, 314, 383, 502, 516.
Volpont. *Fland.*, 700.
Volpzick. *Als.*, 62.
Volter. *Lorr.*, 688.
Voluire. *Bret.*, I, 26, 229, 891.
Voluire. *Lim.*, 82, 295.
— *Par.*, II, 1116.
Volz. *Caen*, 641.
Vonhornburg. *Als.*, 784.
Vonkirn. *Als.*, 1065.
Vonne (de). *Tours*, 212.
Vonnier. *Bourg.*, I, 580.
Vons. *Als.*, 677.
Voquet. *Rouen*, 798.
Voogt. *Fland.*, 100, 168.
Voole (de). *Fland.*, 1243.
Vorbecque. *Fland.*, 1225.
Vorce. *Tours*, 261.
Voré. *Orl.*, 819.
Vornet. *Bourg.*, I, 1139.
Vorreuille. *Bourg.*, II, 89.
Vorse. *Par.*, I, 33.
Vorstadt. *Als.*, 260.
Voruel. *Bourg*, I, 78, 242.
Vos (de). *Fland.*, 114, 147, 492, 679, 1099, 1176.
Vosgien. *Lorr.*, 130.

Vossel. *Tours*, 855.
Vossey. *Par.*, IV, 32.
Voudrelick. *Als.*, 826.
Vouet. *Orl.*, 355.
— *Par.*, II, 542, 606.
Vouges. *Par.*, II, 260, 591.
Vouges (de). *Par.*, I, 1335.
— *Poit.*, 834.
Vougni. *Champ.*, 171.
Vougny. *Par.*, I, 304.
— *Par.*, IV, 163.
Vouire. *Prov.*, I, 149.
Vouldi (du). *Champ.*, 478.
Vouldy. *Par.*, II, 200.
Voulgé. *Tours*, 1382.
Voulland. *Prov.*, II, 145.
Voullemy. *Par.*, III, 243.
Voullon. *La Roch.*, 31.
Voullon (de). *Poit.*, 145, 340, 489.
Voulon. *Lyon*, 441.
Voulonne. *Prov.*, II, 611.
Voulperie (la). *Guy.*, 514.
Voultronlacave. *La Roch.*, 302.
Vourlat. *Lyon*, 309.
Vousi (de). *Caen*, 424.
Voust (du). *Guy.*, 1072.
Vouty. *Lyon*, 625.
Vouzy (de). *Orl.*, 526.
Vove (la). *Al.*, 244, 272, 275, 359, 1000, 1004.
Voyc. *Bourg.*, II, 105.
Voye (de). *Bourg.*, I, 245.
Voye (la). *Bret.*, I, 354.
Voyé. *Tours*, 1152.
Voyenne. *Par.*, IV, 167.
Voyer. *Par.*, I, 162.
— *Par.*, II, 583, 1205.
— *Par.*, III, 102.
— *Poit.*, 827, 1141.
Voyer (de). *Tours*, 213, 218.
Voyer (le). *Bret.*, I, 540, 572.
— *Lorr.*, 38.
— *Tours*, 563, 878.
Voyerdie. *Bret.*, II, 8.
Voyon. *Lim.*, 329.
Voyon (de). *Poit.*, 161.
Vroux. *Bret.*, I, 928.
Vuidé. *Montp.-Mont.*, 402.
Vuirot. *Champ.*, 681.
Vuité. *Montp.-Mont.*, 1280.
Vullart. *Par.*, I, 7.
Vulpian. *Dauph.*, 191.

W

Wacher. *Als.*, 905.
Wackrenier. *Fland.*, 135, 525, 526, 998.
Wacque. *Fland.*, 62, 324.
Wadans (de). *Lorr.*, 287.
Waels. *Fland.*, 731.
Waelscappel. *Fland.*, 729.
Waernies. *Fland.*, 348, 773.
Waescken. *Fland.*, 1249.
Wage. *Fland.*, 35.
Wagel. *Als.*, 632.
Wagman. *Als.*, 572.
Wagner. *Als.*, 448, 566, 804, 806.
Wagnon. *Fland.*, 116, 341.
Wagré. *Fland.*, 1040.
Waha (de). *Lorr.*, 282.
Wailli. *Pic.*, 732, 822.
Wailly. *Par.*, I, 328.
Wel. *Montp.-Mont.*, 99.
Wal (de). *Lor.*, 291.
Walart. *Pic.*, 821.
Walbert. *Pic.*, 196.
Walde (de). *Fland.*, 1147.
Waldemer. *Als.*, 919.
Waldt. *Als.*, 1080.
Walemes. *Fland.*, 1395.
Waleron. *Fland.*, 1487.
Walesse. *Bret.*, II, 428.
Walet. *Fland.*, 132.
Wallart. *Fland.*, 464.
Walle (de). *Fland.*, 1117, 1487.
Wallerant (de). *Lorr.*, 319.
Wallet. *Tours*, 1519.
Walleux. *Pic.*, 214.
Wallevint. *Fland.*, 1137, 1147, 1158, 1167.
Wallouin. *Fland.*, 1165.
Walmanshaustin. *Als.*, 20.
Walot. *Lorr.*, 442.
Walquenart. *Pic.*, 729.
Walrave. *Fland.*, 1123.
Wals. *Pic.*, 624.
Waltuer. *Als.*, 67, 332.
Waltz. *Als.*, 463.
Wamester. *Als.*, 1059,
Wandre. *Fland.*, 879.
Wangen. *Als.*, 8, 247, 251, 276, 760, 783, 786, 793.
Wanin. *Pic.*, 787.
Wanner. *Als.*, 376.
Wanquetin. *Fland.*, 17.

Wansin. *Pic.*, 214.
Wante. *Fland.*, 712.
Wapnart. *Fland.*, 789.
Wapner. *Als.*, 698.
Warde (le). *Pic.*, 589.
Wardenoir. *Fland.*, 1127.
Wardes (des). *Soiss.*, 489.
Warel. *Par.*, I, 1277.
— *Soiss.*, 8, 378, 704.
Warenghien. *Fland.*, 112, 168, 841.
Waresquel. *Fland.*, 314, 562, 767, 768.
Waresquiel. *Pic.*, 483.
Waret. *Soiss.*, 622.
Wargnier ou Warquier. *Pic.*, 697.
— *Soiss.*, 258.
Wargnies. *Fland.*, 1210.
Warlet. *Soiss.*, 700.
Warlope. *Fland.*, 122.
Warnant. *Fland.*, 973, 1319.
Warne. *Pic.*, 859.
Warneins. *Fland.*, 1170.
Warnet. *Soiss.*, 138, 422, 627, 660.
Warniel. *Soiss.*, 361.
Warnier. *Pic.*, 727.
Waroquier. *Soiss.*, 567.
Warré. *Pic.*, 258, 638.
Wartensey. *Als.*, 693.
Wasblé. *Pic.*, 396.
Wasières (de). *Fland.*, 99, 101, 144, 274, 340, 370, 397.
Wasquehal. *Fland.*, 132, 1124.
Wasselin. *Fland.*, 1157.
Wasservas (de). *Fland.*, 23.
Wast. *Pic.*, 372.
Wastin. *Fland.*, 760.
Watelet. *Champ.*, 143, 165, 718.
— *Soiss.*, 498.
Waten. *Fland.*, 1246. V.
Waterloo. *Fland.*, 1210.
Watier. *Fland.*, 816, 817, 1209.
— *Pic.*, 516, 517, 873, 888, 890, 892.
Watrignant. *Fland.*, 983.
Watrin. *Soiss.*, 653.
Watronville (de). *Lorr.*, 521 *bis*, 522, 678.
Wattecamp. *Fland.*, 595.
Wattepaste *Fland.*, 779.
Watteville. *Bourg.*, I, 614.
Waubert. *Soiss.*, 560.

Waubier. *Fland.*, 959.
Waude. *Fland.*, 882.
Waurans (de). *Soiss.*, 82, 789.
Wauras. *Par.*, IV, 3.
Waurechien, *Fland.*, 837, 971.
Waurin. *Fland.*, 20.
Wautier. *Fland.*, 1115, 1320, 1321, 1337, 1662.
Webecker. *Als.*, 697, 1064.
Weensang. *Als.*, 279.
Weber. *Als.*, 640, 669, 684, 833, 852
Weeglutz. *Als.*. 504.
Wech. *Als.*, 1061.
Wechstein. *Fland.*, 676, 1103.
Weckerlin. *Als.*, 226.
Wécourt (de). *Lorr.*, 126.
Wehel. *Als.*, 29.
Weibel. *Als.*, 865.
Weigan. *Als.*, 582.
Weiler. *Als.*, 87.
Weillez. *Fland.*, 1026.
Weilmin. *Lorr.*, 617.
Weimer. *Als.*, 396.
Weisse. *Als.*, 769, 977, 982, 1044.
Weissemberg. *Als.*, 256, 837, 838.
Weissembourg. *Als.*, 42. V.
Weissembroten. *Als.*, 194.
Weitzel. *Als.*, 865, 878.
Wel (de). *Lorr.*, 329.
Welder. *Als.*, 177.
Welens. *Fland.*, 144.
Weling. *Als.* (?)
Welle. *Fland.*, 726.
Wellemeins. *Fland.*, 1171.
Welper. *Als.*, 563, 661.
Welsch. *Als.*, 897.
Weltout. *Fland.*, 1018.
Wemel. *Fland.*, 585, 807, 1123.
Weneker. *Als.*, 281, 439.
Wennemor. *Als.*, 300.
Werbeck. *Als.*, 394.
Werbier. *Pic.*, 739.
Werbière. *Fland.*, 800.
Werlin. *Als.*, 712.
Wermeille. *Fland.*, 1340.
Wermoelen. *Fland.*, 569.
Werner. *Als.*, 131, 503, 982.
Wert (du). *Als.*, 2.
Wery. *Fland.*, 7, 10, 14, 242.
Wesnert. *Als.*, 465.
Westerloo. *Fland.*, 1033.
Wetchel. *Als.*, 440.
Wetzel. *Als.*, 504.
Wez (du). *Pic.*, 677, 671.
Whise. *Bret.*, I, 579.
Wiart. *Pic.*, 672, 772, 778.

— *Soiss.*, 125, 810.
Wibail. *Soiss.*, 862.
Wicar. *Fland.*, 1028.
Wicehhùùs. *Pic.*, 197.
Wickersheim. *Als.*, 239.
Wicquet. *Pic.*, 305, 310, 311, 350, 361, 668, 669.
Widebien. *Fland.*, 821.
Widebirn. *Pic.*, 120, 126, 172, 177.
Widenlescher. *Als.*, 1013.
Widtin. *Als.*, 439.
Wiéger. *Als.*, 453, 465.
Wieland. *Als.*, 1067.
Wiers. *Pic.*, 314, 321.
Wiestner. *Als.*, 967.
Wigant. *Als.*, 1045.
Wignacourt. *Fland.*, 120, 301, 969, 1013.
Wignacourt. *Pic.*, 789.
Wignier. *Pic.*, 351.
Wihag. *Als.*, 877.
Wilbert. *Pic.*, 709.
Wilde (de). *Fland.*, 223, 327, 1148, 1166.
Wildermouth. *Als.*, 300.
Wilfroy. *Soiss.*, 458, 558.
Wilhe. *La Roch.*, 6.
Wilkin. *Als.*, 1012.
Willai. *Fland.*, 190.
Willancourt (de). *Lorr.*, 290.
Willart. *Par.*, I, 649.
— *Tours*, 491.
Willaume. *Lorr.*, 42, 43, 134, 363, 505, 583, 626, 678.
— *Poit.*, 757.
Wille. *Fland.*, 901.
Willeaume. *Soiss.*, 27, 28, 29, 244.
Willecot. *Pic.*, 356, 674.
Willelme. *Als.*, 75, 626, 881, 907.
Willeman. *Als.*, 391, 503, 847.
Willemain. *Fland.*, 50, 770.
Willermaine. *Pic.*, 788.
Willemart. *Als.*, 624.
Willemain. *Als.*, 26.
Willemey. *Bourg.*, I, 854
Willemont. *Bourg.*, I, 1187.
Willems. *Fland.*, 1148, 1149.
Willeniet. *Fland.*, 1159.
Willeret. *Bourg.*, I, 1080.
Willerme. *Als.*, 990.
— *Bourg.*, I, 942, 1186, 1279, 1283.
Willesme. *Champ.*, 266.
Willeson. *Pic.*, 482.
Willet. *Bourg.*, I, 761, 1119.
Willeton. *Fland.*, 1124.
Williane. *Als.*, 62.

Willin. *Bourg.*, i, 955, 971, 1034, 1192, 1274.
Willioen. *Als.*, 900.
Willot. *Champ.*, 67, 456.
Wiltz. *Als.*, 468, 469.
Wimf. *Als.*, 88, 89.
Winant. *Fland.*, 324.
Winciert (de). *Lorr.*, 374.
Winck (de). *Fland.*, 710.
Wincierl. *Als.*, 173.
Wincker. *Als.*, 486.
Winclement. *Fland.*, 666.
Winder. *Als.*, 770.
Wingan. *Als.*, 698, 700.
Winot. *Fland.*, 1280.
Winter. *Als.*, 443, 470.
Winterback. *Als.*, 142.
Wintlinburger. *Als.*, 478.
Wintre (de). *Fland.*, 680.
Wintrefelde. *Pic.*, 221.
Wioldre. *Als.*, 617.
Wiotz. *Als.*, 296.
Wipmart. *Als.*, 643.
Wipper. *Als.*, 856.
Wigne (de). *Pic.*, 662.
Wiquei. *Pic.*, 669.
Wirasse. *Pic.*, 95, 510, 596.
Wirte. *Als.*, 888.
Wiset. *Bourg.*, 1, 939.
Wissemberg. *La Roch.*, 6.
Witanberg. *Bret.*, ii, 1081.
Witart. *Soiss.*, 755.
Witscher. *Als.*, 942.
Witteman. *Fland.*, 619.
Wittersheim. *Als.*, 47, 788.

Wittheim (de). *Lorr.*, 274.
Wittmann. *Als.*, 435.
Wittmer. *Als.*, 491.
Witz. *Als.*, 257, 432, 687.
Wllari. *Pic.*, 333, 680.
Woerden. *Fland.*, 51, 597.
Woestine (la). *Fland.*, 74, 1074, 1161.
Wogel. *Als.*, 886.
Wogelback. *Als.*, 94.
Wolbock. *Soiss.*, 32, 275.
Wolbret. *Als.*, 988.
Woldre. *Fland.*, 1148.
Wolf. *Als.*, 24.
— *Fland.*, 253.
Wolff. *Als.*, 249, 440, 465, 612.
Wolgan. *Als.*, 688.
Wolfpré. *Als.*, 491.
Wosclager (de). *Lorr.*, 334.
Wolz. *Als.*, 33, 787, 997.
Wondeval. *Fland.*, 1243.
Wooght. *Fland.*, 127, 371.
Woorms (de). *Pic.*, 228, 486.
Wopermons (de). *Lorr.*, 346.
Wormé. *Fland.*, 407.
Wornnenburger. *Als.*, 908.
Wormout. *Fland.*, 692.
Wormscr. *Als.*, 22, 32, 238, 247, 249, 265, 393, 764.
Worstade. *Als.*, 586.
Wulder. *Fland.*, 191.
Wulelat. *Fland.*, 485.
Wulf (de). *Fland.*, 703.
Wullems. *Fland.*, 1068.
Wurtz. *Lorr.*, 373.
Wysseris. *Pic.*, 223.

X

Xevillard. *Par.*, ii, 330.
Xevillart. *Par.*, iii, 597.

Ximenes. *Fland.*, 1299, 1417

Y

Y (d'). *Pic.*, 718, 878.
— *Soiss.*, 424, 573, 822.
Y (de). *Par.*, i, 1379.
— *Par.*, ii, 6, 1129.
— *Rouen*, 153.
Ydron. *Par.*, iv, 127.
Yernaval. *Pic.*, 126.
Ygouf. *Caen*, 619.
Yoche (d'). *Guy.*, 94.

Yon. *Caen*, 49, 69, 291, 433, 703.
— *Par.*, i, 218, 273, 283, 284.
— *Par.*, ii, 673.
— *Poit.*, 1545.
Yon (St-). *Par.*, i, 1204.
— *Par.*, ii, 1164.
Yonnet. *Caen*, 433, 449.
— *Par.*, i, 1267.
Yonque. *Poit.*, 1003.

Youst. *Par.*, iii, 276.
— *Par.*, iv, 501.
Ysoré. *Par.*, ii, 1105.
Yssy (d'). *Par.*, ii, 630.
Ythier. *Par.*, iv, 85, 797.
Ytives. *Orl.*, 73.
Yvelin. *Caen*, 204, 210, 293, 766.
— *Par.*, ii, 351.
— *Rouen*, 262.
Yver. *Al.*, 41, 183, 536.
— *Caen*, 50.
— *Par.*, iv, 564.
Yvernet. *Orl.*, 968.

Yvernel. *Pic.*, 692.
Yvert. *Rouen*, 933.
Yves. *Al.*, 1139, 1142.
— *Caen*, 558.
— *Par.*, i, 252, 1230.
Yvetot. *Caen*, 682.
Yvon. *Bret.*, ii, 396, 474, 635, 642, 805.
— *Par.*, iii, 404.
Yvonnet. *Orl.*, 85.
Yvord. *Caen*, 639.
Yvry. *Par.*, ii, 587, 655.
Yvry (d'). *Orl.*, 172,
Yzet. *Caen*, 215.

Z

Zacharie. *Par.*, i, 639.
Zasse (de). *Lorr.*, 338.
Zeau (le). *La Roch.*, 136, 281.
Zeddes (de). *Champ.*, 342.
— *Lorr.*, 200, 268, 645.
Zedlitz. *Als.*, 15.
Zegel. *Als.*, 586.
Zègre. *Par.*, ii, 805.
Zeigler. *Als.*, 637.
Zein (de). *Prov.*, i, 1077.
Zeisolff. *Als.*, 287.
Zeiss. *Als.*, 422.
Zeller. *Als.*, 124, 939.
Zéner. *Als.*, 399.
Zentaroue. *Als.*, 498.
Zentgraff. *Als.*, 445.
Zepfel. *Als.*, 416.
Zerheim. *Als.*, 232, 849, 892.
Zetern. *Lorr.*, 682 *bis*.
Zeure (de). *Fland.*, 1173.
Ziegler. *Als.*, 451.
Ziekel. *Als.*, 912.
Ziével. *Lorr.*, 175.
Zigelwis. *Als.*, 96, 97.

Zilly (du). *Toul.-Mont.*, 299.
Zilof. *Fland.*, 214, 215.
Zimillier. *Prov.*, i, 669.
Zimmermen. *Als.*, 1050.
Zindel. *Als.*, 928.
Zinth. *Als.*, 848, 933, 955.
Zipper. *Als.*, 125, 681.
Zivert. *Fland.*, 992.
Zoheim. *Als.*, 358.
Zoller. *Als.*, 9, 191.
Zollern. *Par.*, iii, 94.
Zomberghe. *Fland.* 258.
Zombre (de). *Fland.*, 1171.
Zonière (de). *Fland.*, 462, 467.
Zons (de). *La Roch.*, 232.
Zorn. *Als.*, 21, 22, 30, 251, 258, 766, 770.
Zouches (de). *Lorr.*, 201.
Zuckmantel. *Als.*, 251.
Zuirin. *Als.*, 1039.
Zumstein. *Als.*, 1062.
Zurback. *Als.*, 914.
Zurlauben. *Als.*, 1105.

www.ingramcontent.com/pod-product-compliance
Lightning Source LLC
Chambersburg PA
CBHW070618270326
41926CB00011B/1728